suhrkamp taschenbuch
wissenschaft 1718

Theodor W. Adorno

Gesammelte Schriften

Herausgegeben von Rolf Tiedemann
unter Mitwirkung von
Gretel Adorno, Susan Buck-Morss
und Klaus Schultz

Band 18

Theodor W. Adorno

Musikalische Schriften V

Musikalische Aphorismen
Theorie der neuen Musik
Komponisten und
Kompositionen
Konzerteinleitungen und
Rundfunkvorträge
Musiksoziologisches

Suhrkamp

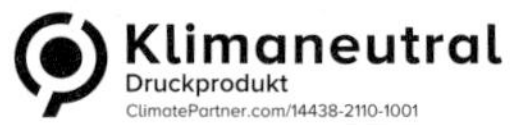

6. Auflage 2023

Erste Auflage 2003
suhrkamp taschenbuch wissenschaft 1718

Umschlag nach Entwürfen von
Willy Fleckhaus und Rolf Staudt
Druck und Bindung: C. H. Beck, Nördlingen
Printed in Germany
ISBN 978-3-518-29318-8

www.suhrkamp.de

Inhalt

I. Musikalische Aphorismen
Musikalische Aphorismen 13
Widerlegungen, 26 – Drehorgel-Stücke, 37
Zweite Nachtmusik 45

II. Theorie der neuen Musik
Neunzehn Beiträge über neue Musik 57
Atonalität, 57 – Linearer Kontrapunkt, 58 – Quartenharmonik, 59 – Klangfarbenmelodie, 59 – Musikalischer Expressionismus, 60 – Musikalische neue Sachlichkeit, 62 – Zwölftontechnik, 63 – Gemeinschaftsmusik, 66 – Formen in der neuen Musik, 67 – Motorik, 69 – Jazz, 70 – Dissonanz in der neuen Musik, 73 – Kammerorchester, 75 – Neue Polyphonie, 76 – Musikalischer Impressionismus, 77 – Neue Musik, 80 – Konstruktion in der neuen Musik, 81 – Polytonalität, 83 – Musikalischer Neoklassizismus, 83
Atonales Intermezzo? 88
Gegen die neue Tonalität 98
Exkurse zu einem Exkurs 108
Warum Zwölftonmusik? 114
Entwicklung und Formen der neuen Musik 118
Neue Musik heute 124
Zum Stand des Komponierens in Deutschland 134
Zum Verhältnis von Malerei und Musik heute 140
Über das gegenwärtige Verhältnis von Philosophie und Musik 149

III. Komponisten und Kompositionen
Johann Sebastian Bach: Präludium und Fuge cis-moll aus dem ersten Teil des Wohltemperierten Klaviers 179
»Die alte Orgel« 183
Ludwig van Beethoven: Sechs Bagatellen, op. 126 185

Franz Schubert: Großes Rondo A-Dur, für Klavier zu vier Händen, op. 107 189
Eduard Steuermanns Brahms-Ausgabe 195
Brahms aktuell 200
Notiz über Wagner 204
Wagner und Bayreuth 210
Mahler heute 226
Marginalien zu Mahler 235
Mahlers Aktualität 241
Zu einem Streitgespräch über Mahler 244
Fragment als Graphik 251
Richard Strauss 254
»Die Hochzeit des Faun«. Grundsätzliche Bemerkungen zu Bernhard Sekles' neuer Oper 263
Bernhard Sekles 269
Mascagnis Landschaft 271
Ravel 273
Béla Bartók 275
Béla Bartóks Tanzsuite 279
Über einige Werke von Béla Bartók 282
Béla Bartóks Drittes Streichquartett 287
Bartók 291
Zuschrift über Bartók 295
Marginalien zur »Sonata« von Alexander Jemnitz 296
Arnold Schönberg (I) 304
Schönberg: Serenade, op. 24 (I) 324
Schönberg: Serenade, op. 24 (II) 331
Schönberg: Fünf Orchesterstücke, op. 16 335
Situation des Liedes 345
Schönberg: Chöre, op. 27 und op. 28 354
Schönberg: Suite für Klavier, drei Bläser und drei Streicher, op. 29, und Drittes Streichquartett, op. 30 358
Zur Zwölftontechnik 363
Schönberg: Variationen für Orchester, op. 31 370
Schönberg: Von heute auf morgen, op. 32 (I) 376
Schönberg: Von heute auf morgen, op. 32 (II) 381
Stilgeschichte in Schönbergs Werk 385

Arnold Schönberg (II) 394
Schönberg: Lieder und Klavierstücke 398
Antwort eines Adepten 401
Die Musik zur »Glücklichen Hand« 408
Zu den Georgeliedern 411
Arnold Schönberg: Fünfzehn Gedichte aus »Das Buch der hängenden Gärten« von Stefan George, op. 15; Anton Webern: Fünf Lieder nach Gedichten von Stefan George, op. 4 418
Schönbergs Klavierwerk 422
Haringer und Schönberg 427
Zum Verständnis Schönbergs 428
Berg and Webern – Schönberg's Heirs 446
Alban Berg. Zur Uraufführung des »Wozzeck« 456
Alban Bergs frühe Lieder 465
Berg: Sieben frühe Lieder 469
Die Oper Wozzeck 472
Wozzeck in Partitur 480
Für Alban Berg 483
Im Gedächtnis an Alban Berg 487
Anton Webern. Zur Aufführung der Fünf Orchesterstücke, op. 10, in Zürich 513
Anton von Webern 517
Hanns Eisler: Duo für Violine und Violoncello, op. 7, Nr. 1 519
Eisler: Klavierstücke, op. 3 522
Eisler: Zeitungsausschnitte. Für Gesang und Klavier, op. 11 524
Winfried Zillig: Serenade I für acht Blechbläser 528
Ernst Křenek 531
Zur Dreigroschenoper 535
Kurt Weill: Kleine Dreigroschenmusik für Blasorchester 541
Kurt Weill 544
Nach einem Vierteljahrhundert 548
Theodor W. Adorno: Vier Lieder nach Gedichten von Stefan George für Singstimme und Klavier, op. 7 552

IV. Konzert-Einleitungen und Rundfunkvorträge mit Musikbeispielen
Zum Rundfunkkonzert vom 7. November 1930 557
Maria Herz: Kleine Rundfunkmusik – Trude Rittmann: Kammersuite – Mátyás Seiber: Divertimento für Klarinette und Streichquartett – Erich Itor Kahn: Nachtmusik
Zum Rundfunkkonzert vom 22. Januar 1931 565
Schönberg: Acht Lieder, op. 6 – Zillig: Serenade – Nikos Skalkottas: Suite
Zur Deutung Křeneks 571
Zum Rundfunkkonzert vom 22. Februar 1940 576
Schönberg: Zweites Streichquartett, op. 10 – Alexander Zemlinsky: Fünf Maeterlincklieder – Eisler: Klaviersonate, op. 1 – Křenek: Durch die Nacht
Zum Rundfunkkonzert vom 11. Juni 1940 581
Berg: Sonate, op. 1 – Mahler: Lieder – Stefan Wolpe: Sonate für Oboe und Klavier
Aus dem Ersten Mahler-Vortrag 584
Zweiter Mahler-Vortrag 588
Dritter Mahler-Vortrag 604
Arnold Schönberg. Worte des Gedenkens zum 13. September 1951 623
Einführung in die Zweite Kammersymphonie von Schönberg 627
Alban Bergs Kammerkonzert 630
Berg: Drei Stücke aus der Lyrischen Suite für Streichorchester 641
Rede über Alban Bergs Lulu 645
Alban Berg: Oper und Moderne 650
Über einige Arbeiten von Anton Webern 673
Zur Uraufführung des Klaviertrios von Eduard Steuermann 680
Eduard Steuermann: Klaviertrio 682
Das Erbe und die neue Musik 684
Schöne Stellen 695

V. Musiksoziologisches
Die stabilisierte Musik 721
Zur gesellschaftlichen Lage der Musik 729

Schlageranalysen 778
Parodie, je nachdem 788
Der Wunderkantor 790
Kitsch 791
Abschied vom Jazz 795
Vortrupp und Avantgarde 800
Musikpädagogische Musik 805
Chormusik und falsches Bewußtsein 813
Bewußtsein des Konzerthörers 815
Musik im Hintergrund 819
Warum ist die neue Kunst so schwer verständlich? 824
Verbindlichkeit des Neuen 832
Widerspruch 834
Erwiderung 836
Vorbemerkung zu »Dogmatismus, Intoleranz und die Beurteilung moderner Kunstwerke« von Christian Rittelmeyer 838
Musiksoziologie 840

Ein editorisches Nachwort zu den »Musikalischen Schriften V und VI« findet sich in Band 19 der »Gesammelten Schriften«

I

Musikalische Aphorismen

Musikalische Aphorismen

Regers Sequenzen sind der zeitgenössischen Innenarchitektur zu vergleichen. Unvermögend, die breite Fassade faßlich zu gliedern, unvermögend auch, deren prunkendem Schein Wirklichkeit zu erwirken, hat man sich sorglich ins Interieur zurückgezogen und imitiert dort die verlorene Ordnung des Baues im kleinen: nicht ohne zuvor die Rouleaux zu schließen. Man findet es ganz wohnlich bei der Lampe des Privaten, vorm künstlichen Kamin des Gemüts; die Räume sind abgestimmt aufeinander, ihre Folge ist sicher von Tür zu Tür. Nur etwas weitläufig haben es die wenigen Bewohner: wenn das Licht versagt, verirren sie sich im Dunkel. [1]

Debussy hat die Frage, wie heute Musik schließen könne, da doch ihr Beginn ungewiß sei, auf eigene und denkwürdige Weise beantwortet. Wie er die Musik imaginär voraussetzt als stetes Klingen, in dessen akustisches Bereich er plötzlich eintritt, so verläßt er sie plötzlich und läßt uns die Illusion, sie dauere weiter, weil ihr reales Ende unerreichbar ist. Seine Musik hört auf, wie ein Bild aufhört, wenn wir wegtreten von ihm. Sie verlischt. – Damit mag sein Verhältnis zu den äußeren Dingen andeutend getroffen sein. [2]

Reznicek, ein neudeutscher Komponist, hat Hebbels Judith vertont und nach dem anziehenden Helden Holofernes genannt. Als gründlicher Neudeutscher dachte er dabei auch über die Dialektik nach, die die Literaturgeschichte als Hebbel eigentümlich verzeichnet. Wie er denn mit ihr, der begrifflichen fertig geworden sei, fragt er sich rhetorisch in den Blättern der deutschen Oper in Charlottenburg, um desto drastischer nur zu antworten, er habe sie weggelassen. An der Auferstehung des Musikdramas besteht danach kein Zweifel. [3]

Die Ontologie der Operette bleibt abzubilden: mit der Erlösung des kleinen Mädchens im zweiten Rang durch das Tremolo des schönen Tenors; der formalen Zote, die alles bedeuten kann, weil sie nichts bedeutet; der Kulthandlung der Übernahme des Schlagers, den der Held singt, den der Chor weiterträgt, indem er seine Selbstheit vergißt, der dem Publikum gemeint ist; mit dem charismatischen Trottel und der Volkheit aus Carmen; mit dem Scheinwerfer am Ende. [4]

Vom schlechten Dilettanten unterscheidet den Musiker der Mangel an Begeisterung. Der Dilettant betritt Musik wie ein fremder Herr, der seine Zeit zubringen möchte; er treibt durch die Stadt und findet alles schön, woran er sich nicht stößt. Zu seinen Lobsprüchen weiß der Einheimische, der ihn führt, immer nur »ja, ja« zu sagen. Ihm sind die Straßen und Winkel zu bekannt, als daß er sie sich bestätigen müßte; vielleicht unterscheidet er sie so nah, daß er ihren Totalaspekt gar nicht mehr zu gewinnen vermag. Doch verzichtet er willig darauf, und seine Liebe ist der gleichmäßige Schritt, mit dem er jeden Gassenwinkel nachmißt, in die rechte Toreinfahrt tritt, aus der man den vorspringenden Giebel des Hauses dicht drüber erblicken kann; manchmal klinkt er eine unscheinbare Türe auf und betritt einen Hof mit der vollkommensten Innenfassade. Will der Fremde ihn mit seinem Entzücken belohnen, so antwortet er ihm allein mit dem Namen des Hofes. [5]

Die aufatmende Hornmelodie im Adagio der Freischütz-Ouvertüre zeigt zum ersten Male die Betroffenheit der glücklichen Begegnung mit verändertem Naturgrund, wie einzig der Städter sie kennt. Was an Sommerfrischen, an der Erwartung des leichten gelben Wägelchens bei der Bahnhofsperre und dem Blick aus dem Zimmer ins endlich gehaltene Tal voller Nebelbilder mehr ist als bloß die schlechte wohlhabende Distanz zum Horizont des Berechenbaren ringsum: was aus der Kraft des geschlossenen Kalküls die Kraft vielmehr zieht, unbetretene Landschaft fremd und in Freiheit vom Zwang ihres Bodens zu betreten: das ist im Freischütz genau angeredet und antwortet im Echo der großen Terz. Weber hat die Musik der echten Ferien gefunden, und Kinder, denen nach einem dichten Schulmorgen in drei Opernstunden am Nachmittag ein ganzer Sommer zusammenschießt – welcher Sommer könnte je so hell sein wie Agathens mittägliches Zimmer –: Kinder bezeugen es ihm mit dem Dank des stockenden Atems. Wehe aber dem Regisseur, der es wagte, die Dinge der Wolfsschlucht ihnen aus den Augen zu nehmen und mit Licht und Schatten im großen sie zu betrügen. Von Rechts wegen dürfen sie Spinnweb mit Blut betaut nach Hause schleppen, und wer es ihnen unterschlägt, den werden sie wenig anders fühlen als den bösen Lehrer, der sie in Arrest steckt. [6]

Wenn im Figaro Abend wird, dann ist es gut. Denn der Tag der Verstrickung, der vorüberzog, war im theatralischen Raum Wirrnis des Traumes allein, in der ich mich maskierte und in so viel Gestalten untertauchte, die nicht reden konnten. Aber der leise Schmerz um die verlorene Nadel erklingt als Signal des Erwachens: so sind wir selber noch traurig, wenn uns das begegnen soll, worauf wir vergebens gewartet haben. Im Dunkel der Erwartung allein entdeckt es sich uns wieder. Der erste Stern dann, der am unverrückbaren Bühnenhimmel erscheint, läßt hoffen, daß andere kommen und unsere schwach erhellte Melancholie zur Kuppel sich wölbe, an deren Decke die Worte sich versammeln, die uns gelten, tröstlich näher als alle Sterne draußen jemals es sind. Das Blut, das so weit uns forttrug, kehrt heim; die Pflanzen, deren Schatten wir des Tages verfallen blieben, beginnen zu sprechen, und wie sie sprechen, sind sie errettet. »Deh vieni, non tardar« – aus der entsühnten Natur ist die Angst genommen, und im innigen Ritual der Bereitschaft verhallt endlich die Klage der verlassenen Arianna. Nichts kann mehr geschehen, nachdem dies sich ereignete; nur die Parallelstimme der Erinnerung grundiert tief die Freude. – »Piu docile sono, e dico di Si« – die Lippen der Gräfin prägen das bestätigte Siegel der Versöhnung. Die Gewalt nächtlichen Trostes zog sie herbei. [7]

Die dialektische Struktur der Folge von Arnold Schönbergs Werken bestätigt sich exemplarisch durch die Macht der Erhellung, die bei ihr jedem neuen Werk über das vorangegangene gegeben ist. Als die aufgelösten Werke der früheren Zeit, die Orchesterstücke, das Monodram und die Glückliche Hand, die Intention tief noch verhüllten im Dunkel ihres Wuchses, der regellos organisch schien wie eine verschlungene Waldung, da belichteten die ersten Zwölftonkompositionen, die kamen, durchdringend das Geheimnis jener Werke; und die grellen Konturen von Helligkeit und Schatten, die ihre Rationalität freilegte, ließen dort klar zielende Konstruktion aus Phantasie erkennen, wo man blindes Wuchern vermutete. Nicht anders hatten die Orchesterstücke zuvor die sporadischen, jählings einfallenden Dissonanzen ins dichte Gefüge gezogen; nicht anders wieder auch hatten die freizügigen Dissonanzen die konstruktive Polyphonie von Kammersymphonie und Zweitem Quartett enträtselt, aus der sie entsprangen. Durch jedes Werk Schönbergs wird das vorangehende leicht und verständlich; in jedem ist das vorangehende aufgehoben: bewahrt zugleich seinem Wahrheitsgehalte nach und vernichtet mit der Macht fortschreitender Entmythologisierung. [8]

Der Ruhm der kompositorischen Persönlichkeit bleibt einstweilen noch eine Funktion von deren Inkonsequenz. Die Musiken, die allseitige Konsequenzen ziehen aus den Zellen der Aktualität, die in ihnen bereit liegen, nähern sich notwendigerweise einander an. Die Einheitlichkeit der Faktur, die den Werken der Schönberg-Schule eignet, ist nicht sowohl herrschende Doktrin als dem immanenten Zwang zuzuschreiben, aus allem, was musikalisch-technisch sich begibt, die Konsequenzen zu ziehen. Die Kontrapunktik durchdringt die Harmonik und jene sie selber; die Auflösung der harmonischen Schemata und die Lockerheit der selbständigen Stimmen heben die rhythmische Symmetrie auf und weiterhin die Symmetrie der Form; und die dergestalt kompositorisch durchdrungene Substanz verlangt nicht nach einem Orchester bloß, das sie leidlich genau darstellt, sondern nach einem, dessen Farbstruktur ebenso locker und aufgelöst, aber auch ebenso gefügt und kontrolliert sich darstellt wie die Substanz. Die wenigen, die all dem genügen, ähneln sich darin, und ihnen, den strengsten gerade, muß es begegnen, daß sie unoriginell gescholten werden eben darum und weil das zurückgebliebene Ohr im Umkreis der fortgeschrittensten Musik noch nicht zu differenzieren vermag. So konnte es immer wieder geschehen, daß man Anton Webern, der an Eigenart in der heutigen Musik seinesgleichen sucht, einen Schönberg-Epigonen nannte. Wer aber irgend*ein* Element der heutigen kompositorischen Technik aufgreift, isoliert pflegt und alles andere beim alten läßt, bleibt nicht bloß verständlich, sondern gilt auch als ursprünglich; so manche rhythmische Elementargewalt, so mancher Klangfarbenzauberer hat keine andere Genesis. Hier zumal sollte die Kritik endlich vorsichtiger werden. [9]

Die harmonische Dimension ist in der Musik zurückgedrängt heute wie in der Malerei die des Raumes. Wohl kann keineswegs, wie die Reaktion es behauptet, bei den legitimierten Werken neuer Musik von harmonischer Zufälligkeit die Rede sein; gewiß jedoch ist das harmonische Tiefenbewußtsein für die Konstruktion unserer Musik nicht mehr entscheidend. Es liegt nun der Glaube nahe, in Malerei wie in Musik sei jener Dimensionsverlust eben auf die rationale Konstruktion zurückzuführen, die das konstante Naturmaterial gewalttätig verändere. Allein damit ist wenig gesagt und gewiß nicht der Zwang erklärt, der hier wie dort ohne alle einsichtige Abhängigkeit den Dimensionsverlust ergibt. Es wäre vollends naiv, eine radikale Veränderung von Kunst allein als Veränderung des Bewußtseins zu begreifen. An ihr hat allemal Anteil die Veränderung der wirklichen Welt: sei es die faktische nun, sei es die ästhetisch vorweggenommene. Sollte nicht der Dimensionsverlust auf einen Zerfall der Dingwelt selber deuten, die ihre dritte Dimension, die der Naturtiefe, einzubüßen beginnt? Nicht zufällig ist in der heutigen Psychologie die Frage aktuell und kontrovers, ob das phänomenale Feld des Gesichtes zweidimensional oder dreidimensional sei. Jedenfalls wäre die Verwandlung des Dingraumes in einen zweidimensionalen, allseitig präsenten Flächenraum um nichts absurder als die Verwandlung des magischen in den euklidischen oder der Naturtöne in die temperierte Skala es war. Und Musik spiegelt das Schicksal der Dinge wider in klarer Transparenz. [10]

Hat man die tiefe Ähnlichkeit bemerkt zwischen dem Vorwurf von Schönbergs George-Liedern und den beiden großen Zyklen Schuberts? So wenig Georges gewaltige Dichtung mit der mittleren, wiewohl im Bilde oftmals erstaunlich sicheren Poesie Wilhelm Müllers verglichen werden darf und so gründlich es der Art von Dichtung widerstreitet, wenn Beziehungen zwischen Dichtwerken aus deren Stoffschicht hergeleitet werden: für die Musik, die häufig genug das Dichtwerk als Gebilde zerschlägt, um kraft des Zerfalls der Form seiner bedeutenden Stofflichkeit habhaft zu werden, können Stoffbeziehungen überaus wichtig werden. In den Fünfzehn Gedichten aus dem Buch der hängenden Gärten ist der Vollzug einer Liebe eher dargestellt als ihre Geschichte: sie kennt kein Gesetz als das des Schicksals und bleibt ohne Rettung dem Zusammenhang des Natürlichen eingetan. Nicht zufällig steht am Ende des Buches das – von Schönberg nicht komponierte – Gedicht »Stimmen im Strom«, das den ohne Hoffnung Liebenden sterbend in Natur löst. Hier ist mit der Gewalt des Wortes »Des Baches Liebeslied« heimgebracht und die Identität der Stoffe weist hin auf den Gegenstand liedhafter Musik selber. Sie ist ihrem Ursprung nach Trost über das Verfallensein an den Naturzusammenhang und dort muß Musik rettend am nächsten sein, wo das Lebendige zum Kreise unerbittlich sich zu schließen scheint. In der Intention des Trostes berühren sich die großen Liedwerke der Musik. [11]

Von manchen jungen Komponisten rühmt man als hervorragende Qualität ihren Bewegungswillen. Als ob es auf Bewegung ankäme ohne Rücksicht darauf, was bewegt werde. In der Maschinenwelt, die man für die Musik usurpiert, sind es Massen von Stoff oder Menschen, die bewegt werden: zu einem Zweck. Der Bewegungswille jener jungen Komponisten indessen genügt sich selber ideologisch: sie bewegen nichts und zwecklos. Wenn man schon den Abbau der Humanität betreibt, sollte man sich nach gescheiteren Ausreden umschauen. [12]

Das Lied vom kleinen Cohn hat als eigentlichen Schauplatz das frühe Warenhaus, einen Grand Bazar mit Gußeisenfront und bronziertem Zierat, darüber der grünen Kuppel und schwarzen vorspringenden Wendeltreppen an der Brandmauer. Zwar im Text ist statt dessen von einer Illumination die Rede, der kleine Cohn, zwerghaftes Judenkind mit dicken Augen, wird zu einem Gatten, der seine Frau betrügt, die blonde andere heißt Maid; daß es nicht dazu kommt, tröstet den Reserveoffizier von 1890, der die Maid sich vorbehält. Hinter der illuminierten Fassade sieht es anders aus. Der Judenknabe stirbt als Opfer eines Ritualmordes, den im gläsernen Tempel schnurrbärtige Männer zu Ehren ihrer noch unbekannten Gottheit zelebrieren. In der Menschenmenge kam er ins Gedränge, sie verschlingt ihn leibhaftig hinter den Riesenfenstern und beginnt ihn zu verdauen, während sie auf der Straße zusehen. Der zerquetschte Körper wird durch den einzigen Notausgang ausgeschieden. Nun denken Sie sich meinen Schreck, der Cohn ist weg, die wachsende Menge hat die Türen versperrt und ich bin das nächste Opfer. [13]

Man würdigt die Notenschrift, weil sie Musik als Text der Zeit entreiße und für die Dauer aufhebe. Aber ihre Gewalt reicht tief bis in die Musik selber. In ihren Größenwerten, der Wahl der Linien und Schlüssel, dem System der Versetzungszeichen haben sich frühe Gehalte von Musik niedergeschlagen, die, längst erloschen, noch alle heutige im Schriftbild bannen und erst dann zum gegenwärtigen Erscheinen durchlassen, wenn ihr die Male ihrer Herrschaft eingeprägt sind. Angesichts der steten Verkleinerung der Notenwerte, der Auflösung des geschlossenen Schriftbildes, die heute an manchen Stellen gelungen scheint, möchte man fast die musikalische Geschichte als Kampf begreifen, den die aufbegehrende Musik wider das System der Notenschrift führte, um es zu zerschlagen und an ihm ihre Produktivkraft zu vervielfachen. Aber wollte man bei musikalischer Kritik allein vom Notenbilde ausgehen, man geriete in Irrtum, so trügend ist die Macht der Schrift: Musik, deren optisches Bild vollkommen, also vom vorgedachten Zwange des Notensystems ganz emanzipiert ist, wird fast stets schlecht sein und das Wort Papiermusik, das der Jargon dafür hat, verrät eben, es herrsche die Notenschrift so weit, daß der gerade ihr erliegt, der vollends sie zu tilgen meinte. Gleichwohl läßt sich keine Musik wahrhaft ohne Kenntnis des Bildes beurteilen: nicht bloß weil man ihm erst die genaue Kenntnis des Werkes verdankt, sondern weil man am Bilde einzig den Plan des Kampfes ablesen kann, den die freigesetzten Produktivkräfte und die Macht des Gewesenen miteinander auszufechten haben, ohne daß es je gelänge, sie voneinander zu lösen. [14]

Man hat die Hermeneutik verbannt. Mit Recht: weil sie die Gehalte von Musik auf den Umkreis der subjektiven Erlebnismannigfaltigkeit, der Seelenregungen des einzelnen beschränkte, der dem musikalisch Gemeinten nicht angemessen ist, verzerrt bloß es wiedergibt, niemals der musikalischen Objektivität eindeutig zugeordnet werden kann. Jedoch man ist in der Kritik der Hermeneutik, wie der des ›Subjektivismus‹ insgesamt, zu umstandslos verfahren und hat echte Objektivität darum gerade verfehlt. Denn man hat Musik, als leeres Spiel, losgerissen von allen ihren Gehalten; Gehalten, die sie zwar nicht, als deren ›Ausdruck‹, symbolisch bedeuten muß, um welche sich aber die Figur des musikalisch Erscheinenden je und je gruppiert; nach denen die Konstellationen der Musik sich richten; als deren Chiffren sie in Geschichte lesbar sind. Freilich, diese Gehalte dürfen nicht, als ideelle ›Inhalte‹, welche die ›Form‹ der realen Musik umschlösse, isoliert und abgelöst werden. Sie sind andererseits auch nicht zum vagen Begriff eines ›Stils‹ zu verflüchtigen, der als historische Einheit den bei sich selber sinnlosen Phänomenen nachträglich einen ›Sinn‹ geben könnte. Vielmehr, die eigentlich objektiven, von der psychologischen Konstitutionsweise unabhängigen Gehalte von Musik sind stets an deren materiale, innertechnische Beschaffenheit gebunden. Dort müßte echte Hermeneutik sie aufsuchen; müßte lernen, Frage und Antwort technischer Aufgaben und Lösungen als Sprache dessen zu verstehen, was durch Musik durchscheint, ohne in ihr als seinem subjektiven ›Ausdruck‹ aufzugehen. Noch ist die musikalische Technik nicht so transparent geworden, wie gefordert wäre, wollte man ihre Deutung der abstrakten Stilkritik entreißen. Gleichwohl ist heute bereits Hermeneutik nicht ohne alle Chance. Ihr bieten als interpretierbares Material die Affekte sich dar: anstatt in vermuteten ›Gefühlen‹ des Autors, denen Hermeneutik nachhing, als die Werke auf der Höhe ihres Lebens standen, in den fremderen, immanent minder ableitbaren Assoziationen, mit denen der Hörende dem Ruf der absterbenden Werke antwortet. Sie sind weder auf den Ausdruck der Werke zurückzuführen noch auf deren Stil. In ihnen kündet fragmentarisch sich an, worum einmal die Gestalt der Werke als ihren geheimen Kern zusammenschoß. Die Kraft von einst wird in den *zerfallenden* Werken als *Hohlraum* sichtbar, den die Masse des real Erklingenden nicht mehr ausfüllt. In diesen *Hohlraum* hat hermeneutische Interpretation sich zu begeben. [15]

Die Vertreter der extremen Reaktion, von denen für alle Fälle mehr zu lernen ist als von denen des gemäßigten Fortschrittes, weil sie vom erscheinenden Gegenstand wenigstens den Choc notieren, den jene historisch-eilfertig beseitigen – die Vertreter der extremen Reaktion werden nicht müde, der neuen Harmonik ›Sadismus‹ nachzusagen; ihre Absicht sei, die Hörer leibhaft zu quälen. Damit ist Richtigeres getroffen als mit dem Gerede von Resultaten linearer Kontrapunktik, die ja schließlich, bei einiger Kunst des Kontrapunktes, auch Dreiklänge sein könnten. Die vieltönigen Akkorde sind zunächst Dissonanzen gewesen; entsprangen ausnahmslos aus schmerzlichen Affekten. Von solchem Ursprung bewahren sie mehr, als die geläufige Doktrin ihnen konzedieren möchte. Denn Freude ist heute wie damals der Musik verstellt; in Wahrheit schon, seit Beethoven, im Rezitativ der Neunten, ihren Namen vergebens beschwor. Das will nun nicht sagen, es könnten einmal, später, die Dreiklänge in ihr freudiges Recht wieder eingesetzt werden. Dies Recht ist ein bloßes Naturrecht und definitiv gebrochen. Vielmehr: die Funktion der dissonanten Akkorde ist dialektisch; dialektisch wird ihr Dissonanzcharakter negiert, nicht motorisch vergessen; das mag in Wahrheit von der Niederwerfung des Expressionsprinzips durchs Konstruktionsprinzip bedeutet sein. Hier kann das Gleichnis vom ›Sadismus‹ sich bewähren. Wie in jener erotischen Form, darin Menschen mit Natur wider Natur rebellieren, der Schmerz dialektisch wird und für eine Lust eintritt, die den Pervertierten leer und schal mag geworden sein: so gewinnt im Zentrum der Konstruktion Dissonanz dialektisch Freude oder deren Ahnung, die aus den Liebkosungen selbst der zärtlichsten Nonenakkorde längst entwich. Der Ort dieser Dialektik aber ist beide Male der menschliche Leib; beide Male vollzieht unsymbolisch die Dialektik sich im Umkreis der Empfindungen, ohne an ›Ausdruck‹ gebunden zu sein: sprengt damit die innersubjektive Region. Die billige Konsequenz: also seien die neuen Akkorde pervers, ist nicht zu fürchten. Denn der Charakter der Perversion im Sexuellen rührt davon her, daß dort bloße Natur das letzte Wort behält; daß ihre mythische Macht aus der Dialektik als beherrschend hervorgeht und schließlich verschlingt, was immer ihr dialektisch sich entgegenstellte. Anders in Musik, einem Bereich von Bildern. Ihr Konstruktionsprinzip vermag vordeutend aus dem blinden Naturzusammenhang sich zu lösen; ihre Dialektik darum je und je auf Freude sich zu richten, wo der naturalen Wirklichkeit der Menschen einzig Lust bleibt. Ob beide jemals konvergieren, wird nicht in Kunst entschieden. [16]

Wollte man erkennen, was in Hindemiths Musik Wesentliches sich zuträgt, man müßte nicht von Gemeinschaftswillen und Spielfreudigkeit, linearer Motorik und Erneuerung vorklassischer Polyphonie, sondern von dem Satz ausgehen, der über einer seiner besten Solosonaten steht: »Es ist schönes Wetter«. Überall ist Wetter in seiner Musik. Nicht im Sinne jähen, gewitterhaften, rebellischen Umschlages, wie Ernst Bloch an Werken der Schönberg-Schule es wahrnahm. Sondern so, wie ein Städter, dessen Zeit in Beruf und Freiheit aufgeteilt ist, vom Wetter sich abhängig weiß: diese Musik guckt zum Fenster hinaus. Regnet's, ist sie verdrießlich und läßt die Läden vor; oder sie wartet gleichmütig, was aus der grauen Wolkenfläche wird, bis sich zeigt, daß es sich hielt, und das Stück aufhört; oder es ist April und flattert naß vorbei; oder es kommt der leibhaftige liebe Mai; der wird dann freilich zitiert. Manchmal auch muß die Musik bei schlechtem Wetter auf die Straße; dann macht sie sich Mut, indem sie sich auf der Flöte selber etwas vorpfeift. Ihre impassibilité ist im Grunde gar nicht so gar positiv und objektiv; überhaupt nicht so, wie sie's gerne möchten. Sie ist wie das Barometer; sie registriert das Außen, das in dieser Zeit, aufgeteilt zwischen Beruf und Freiheit, das arme Innen so beherrscht, daß dem nichts anderes übrig bleibt als registrieren. Darum auch vielleicht die mechanische Musik. [17]

Das Kartenterzett der Carmen führt auf den Grund der Opernform. Es werden darin die mythischen Mächte benannt, die namenlos die Oper beherrschen. Sie begibt sich im Umkreis blinden Schicksals: daß es erhellt werde, ist ihr wahrer Augenblick. So auch im Kartenterzett. Die Freundinnen, Parzen in Zigeunerkleidern, singen vor Carmens Gesang und nach ihm beidemale das gleiche und legen um Carmen einen Zauberkreis mit dem Operettenschein von Glück. Dazwischen wird selbst ihre Nennung des Schicksals machtlos: sie muß sterben, wie sie's erkennt. Aber Carmens düsterer Ausbruch; der einzige, in dem ihre mythische Stummheit zum

Worte sich löst, bleibt der intermittierende Einsatz von Hoffnung. Er verhallt ungehört als Echo, an den starren Wänden des Schicksals. [18]

Es ist üblich, Wagner mit Schopenhauer zusammenzudenken; für den jungen Wagner wird der Einfluß Feuerbachs zugestanden. Versuchte man, anstatt ›Einflüssen‹ und manifesten Inhalten, der Gestalt des Werkes nachzuforschen: es ergäben sich Beziehungen zumal zu Hegel. Bei beiden herrscht die Idee der Totalität, bei Hegel die des Systems, das alle Wirklichkeit konkret in sich begreift; bei Wagner des Musikdramas, aus dessen Zentrum die Künste gleichermaßen konstituiert werden. Bei beiden ist es extensive Totalität, die von ihrem subjektiven Ursprung aus so weit in Realität sich erstreckt, wie sie nur dem spontanen Subjekt erreichbar wird: bei Hegel in den Bestimmungen eines ›objektiven‹ Geistes, der alle Momente bloßer Subjektivität in sich ›aufhebt‹, bei Wagner in der dekorativen Fülle des Stofflichen, die das lyrische Selbst, den ursprünglichen Träger der Opernaktion, bis in die kleinsten Motivzellen zurückdrängt. Bei beiden ist die Konkretion der Gebilde, die selber von obersten abstrakten Einheiten ausgehen, in der Dynamik gelegen; im Übergang zumal; was bei Hegel die logische Form der Mediation, leistet bei Wagner die harmonische der Modulation. Selbst der Hegelsche Umschlag der Quantität in die Qualität kommt in Wagners Steigerungen vor: in jenen harmonischen Rückungen, die plötzlich einen akkordischen Verlauf auf völlig neue Ebene transponieren. Bei beiden bleibt die Totalität, als subjektiv erzeugte, scheinhaft: bei Hegel in einem System, das die Identität von Vernunft und Wirklichkeit mit dem Preis der Wirklichkeit bezahlen muß; bei Wagner im Ersatz thematischer Entwicklung, die nicht die geschlossene Oberfläche bilden könnte, durch bloße Wiederholung, Aneinanderschichtung der Zellen; zu schweigen vom Pathos. In beiden wird der mythische Ursprung des deutschen Idealismus offenbar: in Hegels Geschichts-Mythologie nicht anders als in Wagners Mythenopern, deren Mythologie gerade an ihrer vollendeten Scheinhaftigkeit als echt sich bewährt. Beide sind dämonisch darum; beide herrschten unbeschränkt in ihrem Bereich und konnten in ihm jeden Widerstand niederschlagen; beide wurden ohnmächtig, sobald sie einmal bekannt waren. [19]

Keine Sängerin wird sich jemals die Zigarette entreißen lassen, mit der sie als Carmen in Aktion tritt; alle fügen sich dem Cliché, das auf bunten Schachteln und Litfaßsäulen triumphiert. Und sie tun recht daran. Denn die Zigarette ist Carmens magische Figur, die über die Oper herrscht wie einzig noch die weissagenden Spielkarten des Terzetts. Sie wird gefertigt in der Fabrik, in der die Zigeunerin beschäftigt ist; der Rauch aber, als dessen Priesterinnen die Fabrikmädchen auftreten, bleibt als Industrieprodukt das starke alte Räucherwerk, darin der Liebeszauber der Emanzipierten gerät. In seinem Kräuseln verschlingt sich, was von je gewesen und was jüngst verging. [20]

Wer Mahler den Vorwurf verkappter Programmusik macht, sollte genau bedenken, daß der programmatische Gehalt bei ihm von der Musik nicht, als ihr Fremdes, reproduziert wird wie bei Strauss, sondern von der Musik gänzlich aufgesaugt und verschlungen, so daß Mahler guten Rechtes die Programme streichen durfte: die Musik illustriert nicht mehr und begleitet Dekorationen von außen, sondern bildet vielmehr Dekorationen aus sich heraus, um sie dann zu begleiten; spaltet sich selber gleichsam in Ding und Musik durch den programmatischen Impuls, den sie in ihrer Tiefe empfängt. Vollends gelingt es ihr am Ende der zweiten Nachtmusik aus der Siebenten Sinfonie. Nachdem die Sologeige, die zweiten Geigen, die Solobratsche zum letzten Male, graziös, traurig und in sich verliebt, ihre sonderbaren Intervalle ausgespielt, nachdem, unbeseelter schon, versprengte Begleitfiguren und langwierige Triller es zur Kadenz gebracht haben, bleibt die offene Dekoration der Musik endlich allein; über einem Quartsextakkord, der den Charakter des Nachher definitiv gibt, in einer Melodie von Englischhorn und Oboen, in der nichts mehr redet, nur noch die Musiklandschaft friedlich, still und getröstet daliegt. Wenn dann die thematischen Gestalten zurückschleichen, dann ist es, als wäre das Schweigen vorher so groß gewesen, daß es sich schämen müßte und eilends auslöschen. Das Glück dieser Musik kennt allein noch das Auge, das aus menschenvollen Räumen durchs Fenster unbemerkt einsamer nachtheller Architektur begegnet. [21]

Das Ende des Jazz, längst prophezeit, ist gekommen. Schuld daran tragen nicht nur Stabilisierung und Reaktion mit gemütvollem Tango und falschem Marsch, sondern auch der Jazz selber. Die rhythmische Emanzipation nämlich, die er zu bringen schien und von der freundliche Komponisten sogleich sich wollten befruchten lassen, war Trug und hatte nicht die Kraft, eine Kunstmusik weiterzubringen, die in ihren eigenen technischen Fragestellungen den Jazz längst hinter sich gelassen, ehe er nur begann. Seine Freiheit und Lockerheit erstreckt sich allein auf die Akzente und Bindungen: die Betonung des guten Taktteils, in der Kunstmusik seit Brahms gebrochen, wird vom Jazz auch für die leichte Musik abgeschafft. Aber die Akzentverschiebung greift nicht in die metrisch-harmonische Konstruktion ein. Die Perioden bleiben achttaktig, wie sie nur je es waren; die ›Scheintakte‹ fügen sich den Achttaktern ein, ohne jemals sie zu sprengen; Halb- und Ganzschluß und Kadenz bleiben erhalten, ob auch zuweilen impressionistisch getrübt. Darum sind alle die Synkopen und Ausweichungen, auch die Improvisationen der Hot-music bloße Ornamente, die der blanken und banalen Fläche von Vulgärmusik aufgeklebt sind und über kurz oder lang zerbrechen müssen. Nichts falscher, als den Jazz um der Schnödheit seines Tones willen mit ›sachlichen‹ Intentionen zusammenzubringen. Er besteht aus einem System falscher Fassaden, die die eigene große Trommel herunterklopft. Entweder der Jazz müßte für die Metrik, die Harmonik – die mit dem Verzicht auf Symmetrie auch keine symmetrischen Kadenzen mehr bilden dürfte –, schließlich die Melodik aus den Synkopen die Konseqenz ziehen, wie es Strawinsky vor zehn Jahren tat. Dann fällt die Schranke zwischen Jazz und Kunstmusik und damit auch das lockende Angebot neuer Natur. Oder der Jazz muß die Synkopen aufgeben und sich nur auf die große Trommel verlassen. Dann kommt er zum Treuen Husaren. Er hat den zweiten Weg gewählt.

[22]

Widerlegungen[1]

Abstraktion. Bei der Rede vom Abstrakten wäre stets zu fragen, wovon abstrahiert wird. Das unterläßt der Einwand wider die neue Musik. Den Begriff des sinnlich Konkreten, den er ihr entgegenstellt, braucht er zweideutig. Er bezeichnet das Absehen von gewohnten Vorstellungen des Klanges, genauer allenfalls vom sinnlichen Wohlgefühl an unmittelbar Erklingendem, als Absehen von der sinnlichen Gestalt schlechthin: wie wenn die neue Musik allgemeiner wäre als die alte und der Verbindlichkeit ihrer Gestalt entzogen. Richtig ist eher das Gegenteil: in keinem geprägten Stück neuer Musik kann je ein Teil ersetzt werden durch Teile eines anderen, wie es in der vorgezeichneten Grammatik der alten Musik immerhin vorkommen mochte. Jedenfalls wird keine neue Musik, die etwas taugt, im Entscheidenden und allein Maßgebenden abstrakt sein: im Verhältnis zum Material. Oder meint man, es dürfe etwa bei Schönberg, dem die Phrase vom Abstrakten meist gilt, auch bloß ein Takt, um ein Gemeintes ›auszudrücken‹, anders ausschauen, von seinen materialen Bedingungen und gerade auch denen des Klanges sich absondern lassen? So streng allerdings hält man es nicht mit dem Abstrakten; will damit bloß ungefähr treffen, was nicht ins Ohr geht. Aber dann sollte man nicht die ästhetische Kategorie des sinnlich Ungestalteten dort bemühen, wo allein die kulinarische des schmeckenden Genießens zuständig ist, der der Wahrheitsanspruch der neuen Musik mit der ersten Note widerspricht und der sie keinen Augenblick untersteht. [23]

Experiment. Dem Glauben, es dürfe nichts versucht werden, liegt zugrunde der Aberglaube ans Organische. Nur wer Kunst als pflanzenhaft sich entfaltendes Wesen verstehen und heiligen will, möchte die Aktion des Menschen von ihr fernhalten. Der Zwang des echten Kunstwerkes unterscheidet sich darin vom naturhaft-organischen, daß das Bewußtsein des Produzierenden im Experi-

1 Hier wird nichts zu einer positiven Theorie der neuen Musik versucht, die es so wenig geben kann wie die neue Musik als Einheit. Sondern es wird allein das übliche Vokabular der musikalischen Reaktion flüchtiger Durchsicht unterzogen, zu dem Zweck, seine Anwendung unmöglich zu machen.

ment den sicheren und geschlossenen Umkreis des Gewesenen sprengt, der ihn umgibt. Der Vergleich von Kunst und Organismus selber trügt. Nur wenn der Geist des Menschen frei aus sich bestünde und die Welt souverän formte, wäre Kunst, als Zeugnis dieses Geistes, autonom und hätte Genügen an ihrem eigenen Wuchs. Da aber dem Geist solche Freiheit abgeht; da er je und je in Dialektik steht mit der gesellschaftlichen Wirklichkeit: so kommt der Kunst, die er aus sich entläßt, niemals das Recht bruchlos organischer Selbstentfaltung zu. Dies Recht wird vielmehr durchbrochen, so oft die Wirklichkeit über den selbstherrlichen Geist Macht gewinnt. Die Augenblicke des Durchbruchs zeichnen sich nicht blindlings in der Figur des Kunstwerks ab: Bewußtsein muß die Kunstwerke erhellen, um in ihnen die tragende Wirklichkeit über ihrem verstockten Für sich zu behaupten. Das Experiment aber, das die eigene Forderung des Kunstwerkes und den erhellenden Strahl des Bewußtseins ausrichtet aufeinander, ist das gute Mittel, die erkannte Forderung zu realisieren, ohne das Recht der Natur zu vergessen, an die die Forderung ergeht. Denn beide stimmen niemals im Bestehenden zusammen, sondern bloß in dem, was wird: dialektisch. Die Experimente sind die echt dialektischen Momente im Leben der Kunstwerke. [24]

Destruktion. Destruktiv wird niemals ein Kunstwerk unmittelbar zum anderen sich verhalten: nur wird vielleicht im Lichte des neuen das ältere sich verändern; aber die Augen derjenigen, die sich über Destruktion aufregen, sind selten fein genug, das zu bemerken. Sie denken an anderes. Einmal meinen sie das ›Zersetzende‹, wie es mit der geistig-literarischen Atmosphäre einer Musik, kaum ihrer absolut-kompositorischen Gestalt nach gegeben sein soll. Strawinskys Histoire du soldat, die Opern von Weill sind da die geläufigen Beispiele. Zunächst also Musik, die den Zerfall älterer Mittel als Ferment der eigenen Form einsetzt: hier klingen Dreiklänge falsch, chromatische Melodieschritte jämmerlich, geläufige Wendungen abgestanden, Zäsuren wie Löcher einer Walze. Aber all das ist Werk des Zerfalls eher als der Zersetzung: mit den falschen Tönen, die Strawinsky den Dreiklängen beifügt, wird nur die virtuelle Falschheit älterer Dreiklänge heute real auskomponiert. Freilich in der Gesinnung, deren Anspruch zu vernichten. Jedoch den Feinden solcher Zersetzung ist der Bescheid des unverdächtigen Gottfried Keller zu erteilen: »Denn man reißt nicht stets nieder, um wieder aufzubauen; im Gegenteil, man reißt recht mit Fleiß nieder, um freien Raum für Licht und Luft zu gewinnen, welche überall sich von selbst einfinden, wo ein sperrender Gegenstand weggenommen ist. Wenn man den Dingen ins Gesicht schaut und sie mit Aufrichtigkeit behandelt, so ist nichts negativ, sondern alles ist positiv, um diesen Pfefferkuchenausdruck zu gebrauchen.« – Andere verwenden den Begriff Zersetzung beim bloßen Material, das sie als unveränderlich-natürlich denken, als ob die einfachen Obertonverhältnisse in den Sternen geschrieben stünden. Stünden sie es selbst: was mit ihnen geschieht, ist Sache der Menschen; Geschichte vollzieht sich, in Kunst wie anderwärts, als Destruktion des bloß Bestehenden, das sich für natürlich ausgibt, um den Angriff des veränderten Bewußtseins von sich fernzuhalten, der aus besserer Natur kommt als das Bestehende selber. [25]

Übergang. Besonderer Argwohn ist angezeigt gegenüber den Wohlwollenden, die zwar die neue Musik scheußlich, chaotisch, absurd finden, aber akzeptieren als ein ›Übergangsprodukt‹, das zu etwas Besserem und zu neuer Ordnung führe. Die Übergangstheorie ist schädlicher als die schroffe Ablehnung derer, die die neue Musik umstandslos verwerfen, aber damit als Phänomen anerkennen, während die Übergangstheorie sie um jede Verbindlichkeit bringt, indem sie an Stelle der Stimmigkeit der Sache selbst eine vage Vorstellung von Geschichtlichkeit zur Instanz macht. Ihr ist zu begegnen mit dem Hinweis darauf, daß alle Phänomene, die in Geschichte stehen, dialektischen Charakter haben: zugleich abstoßen vom Bestehenden und es mitnehmen; also allesamt in gewissem Sinne Übergangsphänomene darstellen; daß aber über ihr Recht niemals die Reflexion auf die historische Totalität, sondern allein die auf ihre eigene Gestalt entscheidet, aus der erst Geschichte aufsteigt. Wollte man aber selbst die Geschichte nach eigentlichen und Übergangsperioden einteilen, so wäre damit kritisch nichts geleistet. Denn einmal läßt die geschlossene Periode sinnvoll sich bloß für Vergangenes, nicht für die offene Gegenwart konstituieren. Wäre aber durch solche Periodisierung der Übergangscharakter der neuen Musik garantiert, so bedeutete das nichts für Wert und Unwert. Müßte nicht die historische Periodisierung Bachs harmonischen Kontrapunkt als Übergang zwischen der Orgelpolyphonie des siebzehnten und der Sonatenhomophonie des achtzehnten Jahrhunderts deuten? Aber wer hätte wohl den Mut, das Bachische Dunkel als Vorbereitung des galanten Stiles gnädig zu dulden, nur weil er kein Pachelbel mehr und noch kein Philipp Emanuel ist? Ehe die Kritiker neuer Musik sich um deren historische Funktion bemühen, sollen sie über ihre kompositorische Qualität Rede stehen. [26]

Intellekt. Hätte einer den Schubert einen Dummkopf genannt, er hätte mit einer drastischen Formel, höflichsten Falles mit lässiger Gleichgültigkeit geantwortet. Heute wären Musiker geneigt, den gleichen Ausdruck als Kompliment zu quittieren. Die Abwässer des Irrationalismus, der mit Schopenhauer und Nietzsche die Ästhetik des neunzehnten Jahrhunderts beherrschte, sind in die kritische Umgangssprache eingedrungen, nachdem sie aus der Philosophie sich verliefen. Wenn einer ein Stück nicht versteht, ist er sogleich bereit, den Komponisten einen Intellektuellen zu schimpfen; einen Konstrukteur oder Destrukteur, wie's gerade trifft. Leicht läßt sich unterscheiden: alles an Kunst ist schlecht intellektuell, was vom Autor dazugedacht, als Bezugssystem willkürlich zugrundegelegt, programmatisch ausgerufen wird, ohne sich in der Gestalt des Werkes selber völlig auszuweisen; also was immer an Ideologie frei über dem Werk schwebt. Aber der Künstler ist legitimiert und verpflichtet, die Gestalt des Werkes – wie sie einmal in ursprünglicher Anschauung evident ward – mit allem Bewußtsein hervorzutreiben und zu kontrollieren. Kein exemplarischer Künstler hat es jemals anders gehalten; fast wäre zu vermuten, die Kraft der Natur bewähre sich daran, daß sie den Angriff des Bewußtseins zu tragen vermag, anstatt vor ihm zu flüchten und sich zu verstokken. Niemals hat große Kunst existiert, die dumm gewesen wäre, und die Macht von Bewußtsein in ihr reicht unvergleichlich viel weiter, als eine Auffassung zugestehen möchte, die Kunstwerke nicht als Gebilde von Menschen sieht, sondern mit Schöpfung in trüber Mystik verwirrt. [27]

Asozial. Manche Einwände kommen scheinbar von links. Indem die neue Musik, jedenfalls einer gewissen Haltung, ihre technischen Forderungen bis zur letzten Konsequenz treibe, werde sie unverständlich; lediglich noch dem Autor selber oder exklusiven Fach-Zirkeln einsichtig; ordne sich damit dem romantischen Individualismus, dem Glauben an die Autonomie des Kunstwerks trotz aller materialen Änderungen zu. Der Einwand wiegt schwerer als die anderen; aber er schlägt nicht durch. Er ist gerade historisch-dialektisch, trotz seines Anspruches, unzulänglich. Denn während er die Musik, mit Recht, im gesellschaftlichen Prozeß denkt, vergißt er die soziologische Deutung der Hörerschaft selber und ihrer Fähigkeit, zu verstehen. Er rechnet allein mit der geschichtlichen Veränderung des Musikmaterials, nicht mit deren Möglichkeit bei den Hörern. Das Bewußtsein der Hörer gilt ihm in weitem Umfang für konstant. Diese Konstanz wäre in der gegenwärtigen Epoche allenfalls zuzugestehen. Jedoch man wird sie weniger als naturhaft denn als gesellschaftlich zu begreifen haben. Die realen Herrschaftsverhältnisse verhindern, daß die Menschen einstweilen kollektiv einen Bewußtseinsstand erreichen, wie er in der fortgeschrittensten Musik sich anzeigt. Dem Moment der *Konstruktion* stellen alle Widerstände des bloß Organischen sich entgegen, an dessen Fortbestand die Herrschaftsverhältnisse haften. Angesichts der ideologischen Vorgeformtheit der Hörerschaft ist die Frage nach dem sozialen Recht der Werke nicht aus deren Wirkung, sondern aus ihrer objektiven Struktur heraus zu beantworten. Es darf vermutet werden, daß einer künftigen aufgehellten Verfassung der Menschheit am ehesten eine wahrhaft aufgehellte Musik zugehört, gleichgültig, wie die verdunkelte Hörerschaft von heute sich dazu stellt. Die erhellteste Musik aber ist eine solche, die vom Konstruktionsprinzip vollständig ergriffen ist; bei der alles blinde Naturmaterial in radikaler Formung durchsichtig wird. Diese Musik, zugleich die allseits konsequente, ist es aber gerade, die dem Verdikt des Asozialen am ehesten verfällt. Ihr gesellschaftliches Recht ist sachlich erkennbar, nicht heut und hier an der Wirkung zu messen. Einzig negativ bestätigt es sich. Zunächst daran, daß alle Musik, die mit dem gegenwärtigen Material arbeitet und zugleich um unmittelbare Kommunikation mit der Hörerschaft sich müht, dafür mit dem Preis der Unstimmigkeit zu zahlen hat. Jede Rücksicht auf die

Faßlichkeit, die ins Gefüge eingreift, kommt dessen Bruch gleich: sei es, daß dessen Aktualität nur partiell durchgeführt wird, während es sonst, den Hörern zuliebe, beim alten bleibt; sei es, daß ohne weiteres um der Wirkung willen auf die aktuelle Fassung des Materials verzichtet, die Aktualität literarisch umschrieben wird. Für solche Opfer aber wird die Gemeinschaftsmusik nicht zureichend belohnt. An Publikumseffekt übertrifft sie der dümmste Tonfilmschlager. Der Glaube an eine ›brauchbare‹ Musik mit ›Niveau‹, die zwischen ästhetischer und sozialer Forderung vermittle, ist illusorisch. Die Wahrheit liegt allein noch bei den Extremen. Wenn sie sich berühren, dann ist der Vorwurf des Asozialen gegen die neue Musik ohne Grund. [28]

Man rechnet den frühen und mittleren Schönberg, als Ausdrucksmusiker, heute gern zur Romantik. Die Zuordnung, platt und ohne Kenntnis des musikalisch-technischen Sachverhaltes insgesamt, ist bei den Werken der mittleren Periode, von der Kammersymphonie bis zum Pierrot, falsch geradezu. Mit ihr wird die Idee des Ausdrucks, wie der Expressionismus sie prägte, als romantischer Ausdruck mißdeutet. Dessen Funktion ist aber anders, wenigstens soweit die unmittelbare *Wirkung* in Rede steht. Ein Nocturne von Chopin gibt sich offen zum Hörer hin, nimmt ihn in sich auf; wie der Autor, so identifiziert der Hörende sich mit den ausgedrückten Gefühlen, ahmt sie nach, und Stimmung umschließt alle gemeinsam. Der expressionistische Schönberg aber, am drastischesten der der Sechs kleinen Kavierstücke, distanziert. Keinem wird es beikommen, ihren Ausdruck als Ausdruck seiner selbst zu verstehen und durchs Tor des Ausdrucks in sie einzugehen; nirgends ist Stimmung mit ihnen gesetzt. So erweist es sich an der Ursprungswirkung des expressionistischen Schönberg, die von stilgeschichtlichen Phrasen verdeckt, aber nicht aufgehoben werden kann. »Seine Werke schauen uns oft mit so großen und starren Augen an, daß wir erschrecken und zurücktreten, als wollten wir eine schützende Luftschicht zwischen uns und ihnen schaffen«, schrieb 1912, in der ersten Sammelpublikation über Schönberg, Karl Linke. Schönbergs Expressionen sind akustische Masken, die jäh dem Hörer vorgehalten werden, ihn abzustoßen und zu verändern. Indem er vor ihnen erschrickt, zerreißt das Band der Gefühlsidentität, das ihn gerade an romantische Musik bindet, und er wird frei, Musik anders zu hören denn als bloßen Spiegel seiner privaten Inwendigkeit. Mit solcher Freiheit aber erst wird eine Objektivität auch der Romantik begegnen, die von Stimmung zuvor verstellt war. So öffnet Schönbergs expressionistischer Durchbruch mit dem Horizont des Zukünftigen den des Vergangenen selber. [29]

Die Bachauffassung des neunzehnten Jahrhunderts, überhaupt dessen polyphone Bemühungen werden sinnwidrig gescholten: Umdeutungen kontrapunktisch-linearer Intentionen in harmonisch-vertikale. Die Wiederbelebung vorklassischer Polyphonie, die heute gedeiht, soll besser sein und echter. Das ist zu bezweifeln. Denn mag selbst die neu-alte Polyphonie der alten durch Ähnlichkeit überaus nahe kommen: sie vermag es nur, indem sie starr und ohne aktiv einzugreifen dem Modell der alten sich unterordnet, die sie ganz äußerlich, durch tonale Freizügigkeit, modernisiert, wobei sie in Widerspruch mit deren eigenem Erfordernis gerät. Wenn aber Schumann oder Brahms den Bach im stilhistorischen Sinne verfälschten, so geschah es, weil ihre eigene Substanz stark genug war, ihn zu durchdringen und zu verändern; in solcher Veränderung und produktiven Umformung aber bewährt ein Vorbild sich besser als in unbewegter Rekonstruktion mit einem Material, das eben der Rekonstruktion unangemessen ist. Schumann wußte – oder seine Werke bewähren das Wissen –, daß Bach nicht mit einem Material zu erwecken ist, das um alle Erfahrungen von Harmonik und Klang reicher ward, aus denen sich nicht ausbrechen läßt; darum hat er ihn umgeschmolzen, wie es zu seiner Stunde gefordert war. Die Neoklassizisten aber meinen ihn leibhaft zu besitzen in den Zentren eines Materials, das noch weit ferner dem Bachischen liegt als das Schumannsche vor neunzig Jahren. Bach rächt sich an ihnen, indem er zwar echt bleibt, sie aber dafür unecht werden. [30]

Immer wieder erstaunlich, wie alle Möglichkeiten, zu denen der gegenwärtige Musikstil in seiner Breite gelangte, als dichte Entwürfe bei Schönberg vorhanden sind; nur abgestoßen werden von der Strenge der technischen Forderung. Als er im Pierrot erstmals wieder der Aufgabe der Konstruktion größerer absolut-musikalischer Formen sich gegenüber sah – weil hier der Text nicht von der Expression aufgelöst, sondern objektiviert und stilisiert werden sollte –, veränderte sich gegenüber den Bühnenwerken und den kleinen Klavierstücken die Harmonik. Die Intervalle wurden nicht mehr frei übereinandergeschichtet, sondern, wenigstens in den homophoneren Stücken, durch Koppelung tonaler Komplexe gebildet, deren schmerzhafte Süße für den Pierrotklang, oft auch noch die Serenade charakteristisch ist; die traumhafte Reminiszenz ans neunzehnte Jahrhundert, der später die surrealistische Musik entsprang, mag in Melodramen wie »Colombine« oder »Valse de Chopin« mitgespielt haben. Jedenfalls hat Schönberg, wie im ersten Orchesterstück op. 16 das Strawinskysche Ostinato, so hier die *Polytonalität* der Nachkriegs-Franzosen vorweggenommen; ihren Aspekt aufgerollt, ohne sich lange dabei aufzuhalten. Schönstes Beispiel das latente E-Dur im dritten Teil, das schon im »Heimweh« sich ankündigt, dann in der Barkarole deutlicher wiederkehrt und schließlich in der schwebenden Tonalität des Epilogs mit schüchternen Terzen sich aussingt. Dort aber, wo die Form kontrapunktisch sich ganz auf sich selbst stellt, schlägt das harmonische Bild um. Die Passacaglia »Nacht« enthält den Entwurf der Zwölftontechnik. [31]

Es fällt schwer, Richard Strauss in die üblichen stilgeschichtlichen Begriffe einzufügen. Daß er den Neudeutschen und Wagnerianern, denen er am nächsten steht, nicht ohne weiteres zugezählt werden kann, ist früh bemerkt worden; zu unbekümmert kommt die Diatonik daher, zu schlank der Orchesterklang, zu unbeschwert der Elan, zu verspielt der Witz fürs neudeutsche Pathos. Er selber soll sich einmal einen Mendelssohnianer genannt haben. Aber auch dorthin, oder gar zur Brahmsnachfolge, paßt er nicht. Von früh auf hat er, darin mehr Erbe des Berlioz als jeder andere, durch überraschenden Eingriff die Autonomie der Form gesprengt, um die die klassische Nachfolge sich abmühte; da knallt in jegliches Rondo Eulenspiegels Pritsche herein. Zu den Impressionisten endlich steht er in Gegensatz mit den unaufgelösten melodisch-harmonischen Flächen, den abgesetzten, oftmals bis zur Banalität deutlichen Konturen; einer artistisch unkontrollierten Naivetät der musikalischen Gebärden, die selbst so modern ambitionierte Wesen wie Salome und Elektra in den Sextenparallelen von Jochanaans Verkündigungsgesang, der unglaubwürdigen Gemütlichkeit Aegisths aus der Rolle fallen läßt. So stünde man ratlos, gäbe es nicht die Texte der älteren Lieder. An ihnen aber enthüllt Strauss sich als Meister des Jugendstils; vielleicht als dessen einzig großer Meister, mehr als Wilde, d'Annunzio und Maeterlinck in der Sprache, von der bildenden Kunst zu schweigen. In ihren kühnsten Augenblicken bietet seine Musik das ohnmächtige Versprechen des Neuen; nicht das Neue selbst. Die Kurve seines Schwunges, die der Formsicherheit entweichen möchte, biegt sich zum Ornament und wird rückläufig; die Heterophonie, eben noch bereit, in den Tiefengrund der Harmonie einzustürzen, bescheidet sich bei Klexen zwischen fünfter und erster Stufe. Ornament ist alles: so wie die erotische Freiheit, die Strauss mit den Dehmelgedichten nicht anders als mit Feuersnot und Salome verherrlicht, Ornament vor der sicheren Ordnung des bürgerlichen Lebens ist, das sie in der Domestica in sich aufnimmt. Zu freundlich ist die Vision, um Macht übers Leben, Macht über die kompositorische Technik zu gewinnen, die dem Leben dienen möchte; tief bleibt der Traum durch die Dämmerung, hin zu der schönsten Frau; das Geheimnis der Liebe ist so leer wie das des Todes, und morgen wird die heimliche Aufforderung legalisiert. Deshalb tut man unrecht daran, den Strauss der Helena einen Renegaten zu nennen, der schon in der Jugend einmal das Gedicht »Stell auf den Tisch die duftenden Reseden« komponierte. Vielleicht wird man einmal das Neue in seinem Werk allein noch in der präzisen Geste finden, mit der hier einer das elektrische Licht anzündet, welches das alte Zimmer bestrahlt, bereit, im nächsten Augenblick zu verlöschen. [32]

Was unseren Eltern Photographien, Locken, Bänder bedeuteten, das werden uns, möglicherweise, einmal Schallplatten sein. Ihre Kurven sind Chiffren unserer Liebesgeschichten. Wir selbst sind längst zu unwichtig oder einander zu ähnlich geworden, um uns in Bildern zu halten. Die Photos blicken uns so fremd an, wie die Menschen selber es taten, die sie darstellen. Da meinen die Platten es besser mit uns. Jene Revellers von vor fünf Jahren: wohl bleibt auch ihnen die Geliebte von damals verborgen; aber wenn sie einem heute nochmals aus der Steinzeit der Gefühle Dinah und Miß

Hannah zusingen, dann riecht man im Augenblick, da die Platte beginnt, die Zigarette, die die Geliebte rauchte, als man ins Zimmer kam, in dem die Platte schon lief; deren feiner Rauch um ihren Mund sich kräuselte, den steinernen Mund. [33]

Als der musikalische Verismus aufkam, meinte man, nun habe das unverstellte leibhafte Leben seinen Einzug ins Operntheater genommen, ohne alle mythologische Hülle: so grell, daß man davor erschrak. Das war ein Irrtum; keine Helden könnten mythischer erscheinen als Canio und Santuzza, kein Opfer ritualer als Mimi und Butterfly, die Urbilder José und Carmen haben es offen mit dem geweissagten Schicksal und dem Tod an der vorbestimmten Stelle zu tun. Was hier fremd begegnete, war nicht das scheinlose Leben; wohl aber eine *Dingwelt*, die alle mythische Kraft an sich gerissen hat und von der nun aller Schein ausstrahlt, der um Siegmunds Schwert im Stamm verblich. Nie werde ich den Choc vergessen, den ich empfand, als mir zum ersten Male die Stelle deutlich ward, wo Butterfly von dem weißen Kriegsschiff singt, das ihr den Marineoffizier wiederbringen soll. Von solchen Kriegsschiffen meinten wir Kapitäne zu sein, als wir Kinder waren und das »Taschenbuch der Kriegsflotten« studierten; ihre Modelle haben wir in der Schreibwarenhandlung beim Gymnasium gekauft, und weil es ja die ersten aller Kriegsschiffe waren, darum wunderte es uns gar nicht, ihnen nun als gesungenen zu begegnen; von jeher hat Musik die geschichtlichen Urbilder unserer Dingwelt, selbst unseres Raumes als Projektionen empfangen. Nur ein wenig Scham mischt sich darein, daß die Urbilder, die wir für unsere allein hielten, plötzlich aus unserer Kindheit als solche der ganzen Epoche uns gegenübertreten. Erst Moholy-Nagys Photomontage des Hafens von Nagasaki, mit den beweglichen Schiffchen in der fernen Bucht und den wirklichen Lichtern, hat diese Schicht des Verismus szenisch realisiert. Es ist aber die seiner Wahrheit. [34]

Die Dingwelt ist auch in der Musik notiert; notiert eher als illustriert. Hat man den hohlen Klarinettenklang, im Schalmeiregister, bemerkt, der stets wieder in der Butterfly ertönt? Es wäre bequem, ihn als exotische Farbe aufzufassen. Aber seine Funktion ist exakter. So hohl wie dieser Klang ist der Bambus nur, aus dem Häuser gebildet sind wie das, darin »Butterfly« sich zuträgt. Es ist *Bambusmusik*; die Bambusdinge, dies lose zerbrechliche Sommerhäuschen, wo Butterfly zerbricht, ist als Ding für die Musik unmittelbar zitierbar geworden, indem es selber erklingt. [35]

Bartók, der Ungar, ist bei seinem fünfzigsten Geburtstag von seinem Vaterland schlecht behandelt worden. Das könnte wundernehmen; ist doch seine Musik national intendiert, folkloristisch weithin, wie es sonst der faschistischen Politik genehm ist; abseits vom Rationalisierungsprozeß der europäischen Musik gelegen. Wenn gleichwohl diese Musik in ihrem Ursprungsbereich, trotz und wegen dessen nationalistisch-politischer Neigung, keine Anerkennung findet, so deutet das auf einen *Doppelsinn des Folkloristischen* selber. Während nämlich die mittlere, gemäßigte Folklore nicht bloß die Heimat verherrlicht, sondern in ihrer naturhaften Einfalt bekräftigt und ein organisch-verbundenes Wesen als das völkische den Menschen einredet, dringt eine ernstliche und radikale in Tiefenräume des Materials, in denen solche Einheit und Einfalt nicht besteht, sondern zerfällt. Ihr eignet eine seltsame Macht der Dissoziation; am deutlichsten bei Strawinsky, wo sie bis ins Schizophrene getrieben wird, aber technisch auch bei Bartók, in der vollendeten Asymmetrie eines Kompositionsverfahrens, das solange in die Ursprünge sich neigt, bis es die geschlossenen Oberflächenzusammenhänge der Form auflöst und Partikeln an ihre Stelle setzt. So etwa war die Funktion der Negerplastik, auch mancher bayrischen und russischen Holzskulptur, wie der Expressionismus sie nutzte. Man wird an den Reproduktionen solcher Dinge im »Blauen Reiter« nichts vom Schollengeruch, wohl aber viel Angriff gegen den geheiligten Formkanon der historischen europäischen Kunst vorfinden; die früheste Vorzeit wird der Avantgarde zum Kampfmittel gegen das Bestehende. Etwas von dieser echt archaischen, revolutionären Folklore lebt in Bartók und um ihretwillen ist er unbequem. Auch politisch unbequem. Es gibt nicht bloß einen Folklorismus der konservativen Bodenständigkeit, sondern auch einen gegen die koloniale Unterdrückung. [36]

Wenn davon die Rede ist, daß bei Weill die Musik der vorigen Generation, als Salonmusik zumal, drohend zitiert, jäh gedeutet und gesprengt wird, so ist das keinesfalls im Sinne literarischer Parodie zu verstehen. Sondern die dialektische Kritik der »Musik von damals« vollzieht sich in technischer Strenge. Und zwar durch Montage. Indem in Mahagonny vergangene, chromatisch ornamentierte Melodien wie »Denn wie man sich bettet, so liegt man«; der turnfesthafte Marsch »Wer jemals den Kopf über Fäuste gestellt«, der Lampionbogen des Alabama-Songs nicht auf den angemessenen Harmonien erscheinen, sondern auf ostinate Baßfolgen aufgesetzt sind, heben sie und der Begleitjazz sich wechselfältig auf. Den Melodien wird ihre harmonische Kraft ausgesogen; unfähig zur Stufenbildung schwanken sie über dem ungerührt gleichförmigen Rhythmus dahin; dem Jazz aber wird aller rhythmische Scheinreichtum an Scheintakten, Synkopen, Bindungen abgenommen und die bloßen Zählzeiten laufen leer weiter. So gleichen sich beide, die alte Sentimentalität und die neue Sachlichkeit, im Nichtigen und heben sich auf. Löst sich dann aber die Musik, wie in der Alabama-Melodie oder den Schlußharmonien von Jonnys Lied, aus dem Gleichmaß: dann tastet sie über die Lücken, die eine Harmonie hier von der anderen sondern, ohne daß eine zur anderen fände. Dann ist die Subjektivität der Melodie von aller umfassenden Objektivität verlassen und hört traurig sich selber zu. So tief ist die gesellschaftliche Kritik dieser Musik in ihren technischen Zentren beschlossen. [37]

Drehorgel-Stücke

Drehorgeln klingen, wie ihr Name klingt. Mechanisches Gedudel und Weihe des Rituals vereinen sich in ihnen zur Trauer über ihr eigenes Vergangensein und zum Trost für ihren Schauplatz: die Hinterhöfe. Relikte vergessener Zeiten, dürfen sie das Banale in das Heilige fügen. Sie bedienen aufs rascheste ihre Zuhörer; vorgestern mit Donna Clara, gestern mit Märschen, heute mit Weihnachtsliedern. Aber es ist nicht jenes beliebte ›Tempo der Zeit‹, das sie auf ihrer Walze führen. Sondern der hastige Zugriff, mit welchem sie sich alles herrenlosen Musikgutes bemächtigen, verwandelt es durch Zauberei ins Vorgeschichtliche. Auf der Rückseite der Häuser offenbart alle Musik ihre eigene *Rückseite*, die sie sonst sorglich verbirgt. Daß die Liebe in den Schlagern eine Ware ist, kalt und grau; daß die Märsche Puppen gelten in gläsernen Gehäusen; aber auch daß die Choräle, eingeschneit, unter der weißen Decke ihre heilsame Wärme halten: dafür stehen die Orgeln ein. [38]

Es wäre zu glauben, sie seien im siebzehnten Jahrhundert erfunden worden. Sie haben viel vom Barock. Zumal die Technik, in der fast ihr ganzer Gehalt zu suchen ist. Die Geheimschrift der Walzen, die simple Mechanik ganz rationell schon – der Orgelmann hat keine andere Arbeitsbewegung als die Drehung der Kurbel –, die dennoch manuell bleibt; denn nichts anderes wird dabei rationalisiert als die unmittelbare menschliche Arbeitskraft selber. Leicht könnten sie zu den großen Barockorgeln sich verhalten wie die Puppenspiele zu den Trauerspielen. Auch mannigfachen Wasserkünsten, von welchen eine berühmte den Namen Wasserorgel führt, sind sie verwandt; mit diesen teilen sie den unterbrochenen Rhythmus, zwischen kreisender Bewegung und jähem Erstarren, der ihren Ausdruck in der Umwelt vorschreibt. [39]

Aber es scheint, als seien die Drehorgeln doch ein Vermächtnis erst des letzten Jahrhunderts, das so viele barocke Intentionen insgeheim wieder aufnahm und durchsetzte. Vielleicht sind sie in ihrer gegenwärtigen Gestalt erst im Zeitalter des Kaleidoskops und der Wachsfigurenkabinette erfunden worden und haben mit ihren Walzen die der Phonographen und damit die Moderne selber präludiert. Bis ins neunzehnte Jahrhundert hinein müssen ihre Vorfahren, die primitiven Leierkästen, noch existiert haben. Nun ist keiner mehr zu hören. Aber Schubert hat ihnen im letzten Lied der »Winterreise« einen Denkstein gesetzt, der sie deutet. Deutet mit *Quinten*. An ihnen haftet die Archaik der Drehorgeln, ihre Heiligkeit, ihre Gespenstigkeit zugleich. Es ist oft darüber nachgedacht worden, warum Quintenfortschreitungen, einmal der Ursprung aller mehrstimmigen abendländischen Musik, nach den gegenwärtigen Gesetzen der Harmonielehre verboten sind. Schuberts Leiermann samt den Drehorgeln könnte zur Erklärung beitragen. Wenn der unselig Liebende der »Winterreise« in seine Traumwelt wahnsinnig einstürzt, sind Quinten sein verfluchtes und rituales Geleit. Sie werden aber, in ihrer Reinheit, vom Leierkasten bewahrt, und der Leiermann ist es, dem Schuberts Liebender zu folgen wünscht. Solche Quinten sind das Echtheitssiegel nicht bloß des alten Leierkastens. Sie leben fort in den Mixturen der großen Orgeln und formen auch die Klangfarbe der heutigen Drehorgeln. Sie allein klingen so alt darin, so leer, dann wieder so bestätigt und allem subjektiven Angriff entzogen. [40]

Das Quinten-Organum macht das innerste Gesetz der Drehorgeln aus. Je prunkvoller sie, etwa in Süditalien, werden, um so beharrlicher dringt der Quintenlaut durch. Der Reichtum der Schellen und Register, mit dem man sie behängt, verkehrt sich in die Allegorie ihrer Armut. [41]

Armut wohnt ihnen als das Alte inne und Armut erweckt sie zum Leben. In den Hinterhöfen des Berliner Nordens läßt sich das beobachten. Denn die Anwohner halten den Drehorgeln die Treue. Nicht die Zille-Romantik der humpelnd tanzenden Armeleute-Kinder ist gemeint, die von dem Drehorgelklang entzückt sind. Daran mag wenig Wahres sein und gewiß nichts Gutes. Aber sicherlich lassen die Anwohner sich die Drehorgeln durch nichts entreißen. Im Umgang mit den Drehorgeln vollzieht sich etwas von jener Versöhnung mit der Technik, die einmal mehr frommen wird als aller Maschinensturm, wenn erst die Technik an ihrer rechten Stelle sich wiederfindet. [42]

Die barocken Leiergottheiten erhalten ihren Lohn unmittelbar zugeteilt und brauchen auf Gehalt so wenig zu warten wie auf die Zahlungsfähigkeit ihrer Klienten. Der Groschen wird, nach altem Herkommen, in ein Stück Papier eingewickelt und hinuntergeworfen. Die aber die Stücke auffangen, können den nächsten Tag davon leben. [43]

Die gegenwärtig auftretenden Sänger und Sängerinnen mögen leicht einer nicht fernen Generation kaum anders sich präsentieren als heute die Hofschauspieler, die das R rollen und von ihren vergangenen Großtaten erzählen: fettig bleiche Photographien des Abgelebten, noch da sie in ihrer Fülle wandeln. Wie fraglich es sonst auch mit der Forderung des ›Materialgerechten‹ bestellt sei, an diese ist sie noch nicht einmal ergangen und vor ihrem ersten Anruf müßten sie in Asche zerfallen. Das macht, daß sie allemal sich selber mit Wort und Ton ihres Gesanges identifizieren. Als feiste Priester, als üppige Hierodulen bewohnen sie die Tempel ihrer Stimmen, jenes ›Materials‹, das nicht das wahre ist, weil es an dessen Statt die unwahren Menschen selber sind. Von jeglichem musikalischen Opfer, das sie zelebrieren, behalten sie das Beste sich zum Fraß und zur Wollust vor. Vom Schein ihrer empirischen Wirklichkeit vermöchte erst die Wirklichkeit des Scheins zu emanzipieren; erst Stimmen, die nicht mehr Menschen sein wollen, sondern von der Person sich losreißen, die sie trägt und die ohnehin keine ist – sie könnten wie gute Vögel und schenkende Blumen die Menschen grüßen und versöhnen. Dazu aber will die Scheinhaftigkeit des amerikanischen Films verhelfen. Das schlanke, hochbeinige Gezücht, das dort heranwächst, in die hauchfeine Seide seiner Stimme gehüllt – es vermag jäher zu rühren als aller Gesang des Ausdrucks und zu wilden Tränen hinzureißen. Mit solchen Stimmen verdoppelt nicht länger ein Mensch sich selber, der sich halten will – sie geben anderen sich hin zum Bilde jener Lust, die von Musik versprochen ist. Wie die Gesten der Jeanette Macdonald nicht sowohl Seelenleben widerspiegeln als je und je Scheu und Passion, Koketterie und Schwung darstellen, ohne daß die Schöne einen Augenblick glauben machen wollte, dies sei sie selber – so verheißt ihre Stimme Glück. Sie zahlt es nicht mehr sich selber aus, sie schenkt es dem, der ihr zuhört. Wie solch unmenschliche Kunst die von Liebe, als die eigentlich menschlichere, entwirft, so bereitet sie den heute herrschenden Sängern zart und sicher ihr Verderben.

[44]

Fremdwörter. Musikschriftsteller, hütet Euch vor den Fremdwörtern! Seitdem sie in den Operetten sich ansiedelten, sind sie Euch nicht hold und haben sich verzaubert. Darum verwechselt Ihr sie. Wollt Ihr transzendent sagen, um etwas besonders Erhabenes zu bezeichnen, worunter Ihr Euch nichts Genaues vorstellen könnt, so sagt Ihr gewiß transzendental dafür, womit noch ganz anderes bedeutet wird, als was Ihr Euch nicht darunter gedacht habt. Neuerdings habt Ihr Euch das Wort Ideologie angewöhnt, aber nicht bloß, um Überbau und falsches Bewußtsein zu bezeichnen, sondern wann immer es um die geistige Zuständigkeit von Musik geht. Seid Ihr aber all den Versuchungen entgangen und gebraucht die Fremdwörter richtig, so seid Ihr nicht besser daran. Denn die Leser, die an Euren falschen Fremdwörtern sich nicht stoßen, finden die richtigen unverständlich und werfen Euch vor, Ihr redetet eine Geheimsprache; mit jenem sonderbaren Sprachinstinkt, der allemal das Ungenaue und Vage, weil es beliebige Assoziationen zuläßt, verständlicher findet als das bestimmt Geprägte, das dem Gedanken die Mühe der Eindeutigkeit aufzwingt. Kurz, seid vorsichtig mit Fremdwörtern. Es ist kein Segen daran. Habt ihr jedoch etwa gar erkannt, daß sie sich nicht beliebig übersetzen lassen, sondern einem Sprachgesetz zum Ausdruck dienen, so ist's das beste, Ihr verzichtet ganz aufs Schreiben. Braucht Ihr die Fremdwörter falsch, so ist mutmaßlicherweise an Eurem ganzen Schrifttum nicht so gar viel aufzuheben; braucht Ihr sie richtig, so werden die Leser Euch Dank wissen, wenn sie Euch nicht mehr zu lesen brauchen. [45]

Rundfunkeigenes. Die Forderung ›rundfunkeigener‹ Musik bedürfte dringend der Korrektur. Sie ergeht einseitig an die musikalische Produktion, als wäre diese noch eben so ungebunden wie im Zeitalter des Konzerts, während ›rundfunkeigen‹ doch gerade der unauflösliche, aber auch wechselseitige Zusammenhang von Produktion und reproduktiver Technik ist. Die Technik der Wiedergabe hätte sinnvoll sich ebensowohl an den Aufgaben zu orientieren, die die Komposition ihr stellt, wie umgekehrt. Statt dessen wird die Apparatur vergötzt: man denkt zwar die Komposition als variabel, ja als beliebig einrichtbar, nimmt aber, in einem angeblichen Zeitalter der Erfindungen, die Technik als konstant. Die Gründe mögen ökonomischer Art sein. Jedenfalls: jene Fälschung der Klangfarben im Rundfunk, die als charakteristischer Konservenbüchsen- oder corned-beef-Klang geläufig ist, wäre legitimerweise nicht dadurch zu beseitigen, daß die Komponisten sich dem Obertonverlust im Mikrophon anbequemen und auf alle feineren Farbnuancen verzichten, sondern so, daß die Mikrophontechnik verbessert wird, bis der Obertonverlust sich ausgleicht. Andererseits erweisen die Forderungen an rundfunkeigene Instrumentation sich als falsch. Nach ihnen müßte ein unkompakter, solistischer, durchsichtiger Satz am besten sich senden lassen. Das Gegenteil ist der Fall: Anton Weberns Symphonie etwa, solistisch völlig aufgeteilt und ohne allen Tuttiklang, wird durch den Klangfarbenverlust bei der Übertragung entstellt. Umgekehrt findet das Radio mit dem Tuttiklang gut sich ab, wofern er nur primitiv genug: arm an Klangkombinationen ist. Entgegen der offiziellen These der ›funkeigenen‹ Musik bedeutet die blanke Einstellung der kompositorischen Produktion auf die bestehenden Apparaturverhältnisse nicht Verfeinerung sondern Vergröberung. Die Menschen, denen die Apparatur dienen soll, müßten ihr gelegentlich die Gegenrechnung präsentieren. [46]

Jung stirbt, wen die Götter lieben. Sobald musikalische Wunderkinder auftreten, wird man neben der Feststellung technischer Vollkommenheit, der indessen noch die geistige Reife abgehe, in Kritiken der fürsorglichen Mahnung begegnen, Eltern oder Vormünder möchten einen Mißbrauch der fraglos vorhandenen Begabung verhüten und das Wunderkind nicht allzufrüh dem Sonnenlicht der Öffentlichkeit aussetzen, welches nicht bloß der Gesundheit des Schützlings nachteilig sei, sondern auch sein Selbstbewußtsein über Gebühr steigern könne. Der böse Wunsch ist Vater des törichten Gedankens: die Rede von der ›Treibhauspflanze‹ eine konziliante Umschreibung der probaten Gevatterinnenweisheit, daß gescheite Kinder nicht alt werden. Warum wünscht man Wunderkindern den Tod? Aktuelle und längst vergangene Motive verschränken sich da. Schon der vorausgesetzte Widerspruch ›technischer‹ Vollkommenheit und ›geistiger‹ Unreife entbehrt des Grundes. Kunst kennt keinen Gegensatz von Geist und Technik, sondern all ihr Gehalt liegt in den technischen Zentren beschlossen. Deren Trennung will bloß über die Beschämung eines gehaltlosen erwachsenen Musizierens täuschen, welche die Technik des Wunderkindes spielend vollbringt. Nach dem Worte eines großen Geigers sind Wunderkinder die einzigen echtbürtigen Virtuosen; sie machen die erwachsenen überflüssig und die erwachsene Welt verschwört sich wider sie. Mehr noch. Unschuldig zerbrechen Wunderkinder die Grundkategorien der heute und hier gültigen musikalischen Ordnung: die von Persönlichkeit und Entwicklung. Wenn einer, der in seiner Freizeit mit Bleisoldaten spielt und die Absicht hat, nach Erlangung der Reife, die die Kritiker ihm wünschen, Konditor zu werden – wenn so einer die Kreutzersonate kontrollierbar besser spielt als einer, der sie ›erlebt‹ und mit ihr ›gerungen‹ hat: sollte das nicht etwas gegen den Wert des Erlebens und Ringens in der Musik beweisen; zeigen, daß sie nicht aufgeht in seelischer Dynamik, Innerlichkeit und Persönlichkeit, sondern anderen Gesetzen gehorcht? Wäre mit diesem Aufweis nicht die psychisch-erbauliche, pseudoreligiöse Funktion bedroht, welcher sie unter den gegenwärtigen Verhältnissen zum wesentlichen ihre Geltung verdankt? Mit Recht vergleicht man Wunderkinder den Kometen. Jedes, das da geboren wird, verstört die musikalische und nicht bloß musikalische Ordnung in ihrem Bewußtsein von Würde, Autonomie und Freiheit. Die Gefahr fürs Bewußtsein nimmt das Unbewußte wahr und greift umstandslos auf Rituale zurück, welche die Erstgeburt, wäre es auch die des Geistes, dem Tode weihen, um dem lebenden Geschlecht den Segen zu bewahren, den es nicht verdient. – Berechtigt wäre erst eine solche Kritik an Wunderkindern, die es vermöchte, trotz der bedrohlichen Vorwegnahme sie selbst als Abbild der gleichen Ordnung zu begreifen, die sie gerne opfern möchte. So hat Schönberg es erkannt: »Wunderkinder sind solche Leute, die mit sechs Jahren schon so unbegabt sind wie andere erst mit sechzig.« Die Entzauberung der Wunderkinder taugt bloß als Mittel zur Entzauberung der Erwachsenen. [47]

Geigen und Götzen. Nach Virtuosenkonzerten von mondänem Anspruch kann man in den beflissen sachverständigen Gesprächen des Publikums stets wieder Hinweisen auf das Instrument des Geigers begegnen: seine neue Stradivari sei unvergleichlich viel schöner als die Guarneri, die er noch vor drei Jahren gespielt, und nichts käme auf gegen die Süße der Amati. So fraglos der Wert eines guten Instruments für den Geiger, so problematisch bleibt die Begeisterung des Hörers dafür. Daß er den Klang der Stradivari von heute von dem jener Guarneri soll unterscheiden können, ist unwahrscheinlich; Instrumente von Qualität auseinanderzuhalten, bedarf es der genauesten Sachkenntnis; der Musiker aber, der die leiseste Dialektfärbung der Geigenaussprache Kreislers verfolgt, wird mit ihr und den spezifisch musikalischen Momenten der Darstellung so beschäftigt sein, daß er zum Staunen über das Instrument nicht kommt; vielleicht wird er nicht einmal merken, ob der Geiger eine Guarneri oder Stradivari oder eine anständige moderne Geige spielt. Woher also die Begeisterung? So fremd sind Musik und Publikum einander geworden, daß die Musik, ein Ding, dem Publikum einzig noch die klangmaterielle Seite darbietet und die Konstruktion in sich verschließt. Dies klangmaterielle Erscheinen ist dem Hörer zu wenig, während er doch ins Zentrum nicht zu dringen vermag. Er hilft sich, indem er die Klangmaterie als Fetisch weiht, den er leibhaft sich vor Augen stellt, während die Ohren Verzicht leisten. Die Fetische sind die Meistergeigen. Man braucht bloß die Empörung zu studieren, die sich allerorten erhebt, wenn man gegen die Wichtigkeit des Instruments zaghafte Bedenken anmeldet, um einzusehen, wie stark die Affekte der Hörer sind, die, von der Musik abgeprallt, in die Geigen sich flüchten. Gleich allen gesellschaftlichen Fetischen weist auch dieser ökonomisch sich aus. Wenn selbst der Hörer der Musik entfremdet ist: eine kostbare Geige kann er besitzen und es ist das Besitzverhältnis als solches, das er in ihr anbetet und das anstelle des Funktionswertes von Musik sich rückte. [48]

Im Dunkeln. Versuch über den Wert musikalischer Expertisen: eine repräsentative Versammlung von Kritikern wird in einen Konzertsaal geladen, der vom – etwas versenkten – Orchester so gründlich geschieden ist, daß nichts, was dort sich ereignet, optisch erkannt werden kann, ohne daß doch vom Klang das mindeste verloren ginge. Es spielt ein hervorragendes Orchester unter den verschiedensten, stets unsichtbaren Dirigenten zu wiederholten Malen den ersten Satz der Fünften Symphonie: unter Toscanini, Klemperer, Furtwängler, Walter, einem alten Provinzkapellmeister, einem kleinen Korrepetitor, einem Militärmusiker, dem Führer eines Tanzorchesters und allenfalls einem Geisteskranken, der sich einredet, Nikisch zu sein und nun zur Dämpfung seines Wahnes auf die Philharmoniker losgelassen wird. Jeder Kritiker müßte jede Wiedergabe besprechen und womöglich den Dirigenten, den er ja sonst so genau zu charakterisieren weiß, nennen. Aus dem Ergebnis wären gegebenenfalls Konsequenzen für die Form der musikalischen Reproduktionskritik zu ziehen. [49]

1927-1937

Zweite Nachtmusik

Ernst Křenek, dem Freunde,
als Dank fürs Sechste Quartett

Alban Berg hatte die Idee, den »Wozzeck« verfilmen zu lassen, weil, nach Willi Reichs Angabe, »durch den Film die Möglichkeit gegeben wäre, gewisse Einzelheiten, die im Theater nie mit der gewünschten Deutlichkeit darzustellen sind – als Beispiel nannte er die Straßenszene im zweiten Akt (Fuge mit drei Themen) –, durch Teil- und Großaufnahmen vollendet zu realisieren«. Es liegt darin und besonders im Bezug auf jene musikalisch komplizierteste Szene ein Hinweis, der nicht bloß optisch-theatralisch sondern mehr noch musikalisch verlohnte aufgenommen zu werden. Die musikalische Schwierigkeit der Szene ist vorab eine der Deutlichkeit. Wie nun, wenn man ihr abhelfen könnte durch die Einführung musikalischer Großaufnahmen? Wenn man das aufnehmende Mikrophon so gut wie die Kamera beweglich machte und jeweils an die Hauptstimmen heranbrächte, während die Nebenstimmen im akustischen Hintergrund gehalten blieben? Und gar wenn man versuchte, diese Verfahrungsweise auf die Technik des Rundfunks auszudehnen und mit ihrer Hilfe eine Plastik zu erreichen, wie sie weder sonst bei der Rundfunksendung, die ja immerhin ›gesteuert‹ wird, noch gar bei der üblichen Konzertdarstellung sich ergibt? Könnte nicht am Ende das bewegliche Mikrophon zu jener Art materialgerechter Radiopraxis verhelfen, der man vergebens nachjagte, indem man den Komponisten zumutete, ›rundfunkeigen‹, nämlich primitiv zu instrumentieren? Jedenfalls würde damit wie in vielem anderen die mechanische Interpretation eine Tendenz durchsetzen, die die Kompositionstechnik längst ausgebildet hat und deren unzureichende Realisierung bislang wesentlich beitrug, die neue Musik zu isolieren: die Scheidung in Haupt-, obligate Neben- und Begleitstimmen; die Unterordnung des Klanges unter den Primat der musikalischen Konstruktion und ihrer ›Deutlichkeit‹. Das bewegliche oder beliebig auf alle Stellen des Orchesters umschaltbare Mikrophon könnte alle Fragen der Deutlichkeit lösen und die Vagheit des neuromantischen Orchesters endgültig aufheben.

Unter den Argumenten, die Schönberg in jene Vergangenheit von Romantik und Individualismus abschieben möchten, damit man ungestörter Concerti mit falschen Bässen schreiben kann, ist eines der verbreitetesten das, welches ihn als ›Espressivo‹-Musiker faßt. Man braucht nun weder seinen Ursprung im Wagnerschen Espressivo zu leugnen noch die spezifischen Espressivo-Elemente seiner früheren Werke zu übersehen, ohne doch darum die blanke Leere für fortgeschrittener als die Sphäre jenes Espressivo zu halten. Insistierende Betrachtung indessen zeigt, daß das Espressivo Schönbergs seit dem Bruch – zumindest seit den Klavierstücken op. 11, schlagend in den kleinen op. 19 oder der »Erwartung« – vom romantischen, ja von allem früheren qualitativ verschieden ist. Die abendländische expressive Musik hieß zu ihrem Beginn musica ficta: sie nahm einen Ausdruck an, den der Komponist seinen Charakteren zuerteilte, etwa wie der Dramatiker seinen Figuren, ohne daß die ausgedrückten Regungen beanspruchten, wirkliche des Autors zu sein. Die dramatische Musik, als eigentliche Sphäre der musica ficta, bot von Monteverdi bis Verdi den Schein der Passionen, und wo sie sich zum subjektiven ›Ausdruck‹ des Komponisten selber erhob, waren dessen Erfahrungen nicht sowohl in den einzelnen musikalischen Regungen unmittelbar widergespiegelt als vielmehr in der Weise, in welcher er formsetzend den musikalischen Charakteren gebot. Ganz anders bei Schönberg. Das eigentlich revolutionäre Moment an ihm, das, welches ihn Kraus und Loos als den Kritikern des ästhetischen Scheines gesellt, ist gerade der Funktionswechsel des musikalischen Ausdrucks. Es sind nicht Leidenschaften mehr fingiert, sondern im Medium der Musik unverstellte, leibhafte Regungen des Unbewußten ohne Rücksicht registriert. Ohne Rücksicht nämlich auf die Formtabus, welche die Regungen bereits einer Zensur unterwerfen, sie ›rationalisieren‹, in Ornamente versetzen, kraft eines Kanons von ›Erlaubtem‹ sie zu stilisieren gebieten. Darum hängt die Schönbergische Revolution der musikalischen Formmittel mit der Änderung des Ausdrucksgehalts, mit dem Durchbruch von dessen Wirklichkeit aufs tiefste zusammen. Die ersten atonalen Werke sind Protokolle im Sinn von psychoanalytischen Traumprotokollen. Kandinsky hat, in der frühesten Buchpublikation über Schönberg, dessen Bilder wahrhaft und chokierend »Gehirnakte« genannt. Ihr Stoff trägt alle spätere Form. Die Wundmale jener Revolution des Ausdrucks aber sind die Kleckse, die, auf den Bildern so gut wie in der Musik, als Boten des Es gleichsam gegen den kompositorischen Willen sich festsetzen, die Oberfläche verstören und von der kompositorischen Korrektur so wenig wegzuzaubern sind wie Blutspuren im Märchen. Diese Kleckse enthält treu noch die Zwölftontechnik. – Erst im Angesicht der Schönbergischen Expression wird die feige Oberflächlichkeit einer Ästhetik ganz offenbar, die die scheinlose Kundgabe des unverklärten, real leidenden Menschen in Musik romantisch nennt und solche Romantik überwunden meint durch die musica ficta des Spiels mit verlorenem Schein.

Es wäre wohl der Mühe wert, einmal der Tonartenästhetik nachzufragen, die von Schubert inauguriert, in Berlioz' Instrumentationslehre vorgetragen wird und noch in den Skrjabinschen Experimenten umgeht. Daß die Charakterisierungen der Tonarten zu nichts führten, steht außer Frage; Busoni hat das als erster zugestanden, während in der Breite des musikalischen Bewußtseins immer noch Tonartentabus wirksam scheinen. Man kann mühelos beobachten, daß tonartenästhetisch Eingeschworene, die zufällig nicht übers absolute Gehör verfügen, an ihren Charakterisierungen festhalten, auch wenn sie sich vor einem um einen Halbton zu tief gestimmten Klavier finden. Andererseits ist nicht zu verkennen, daß die Wahl ›entlegener‹ Tonarten bei Chopin, solcher mit mehr als fünf Vorzeichen, zum Stil gehört und Bedeutung hat, vergleichbar der von erlesenen Namen in der Poesie des fin du siècle; und man wird selbst Paul Bekker konzedieren, daß Beethoven in der Wahl von d-moll, f-moll und Es-Dur regelhaft verfuhr. Zur Auflösung verhilft die Behandlung des Komplexes durch Berlioz. Er spricht nicht vom Charakter der Tonarten als solcher, sondern von ihrer Wirkung auf der Violine: er macht sie vom Instrument abhängig. Die vier leeren Saiten der Geige aber sind ebenso wie die der anderen Streicher leitereigen in C-Dur. Ebenso ist das Klavier durch die Anordnung der weißen Tasten ein C-Dur-Instrument. Daher ist zu vermuten, daß die Tonartenästhetik nicht sowohl im natürlichen Eigenwesen der Tonarten als in einer historischen Praxis der instrumentalen Spielweisen entsprang, für welche C-Dur den Normalfall und Ausgangsgrund bedeutet. Die Tonartenästhetik gilt relativ auf ein Bezugssystem C-Dur, gleichgültig gegen dessen absolute Tonhöhe. Wählende subjektive Differenziertheit drückt sich in der Distanz von der Norm C-Dur aus; Chopin flieht vor dem profanum vulgus der sieben weißen Tasten und birgt sich bei den schlank erhobenen fünf schwarzen; auf der Flucht vorm Banalen glaubt er sich geborgen im Zauberreich der sechs Kreuze von Fis-Dur, wo selbst das rüde f zum eis geadelt ist, angesichts dessen der Polkas paukende Dilettant beschämt verstummt. Es ist aber die Ironie solcher Flucht vorm Banalen, daß sie aus jenem Bannkreis nicht hinausdringt und daß es in der Macht des nächstschlechten Klavierstimmers liegt, das Fis-Dur zum F-Dur zu degradieren, ohne daß die sehnsüchtige Dame es bemerkte, die sich überm Impromptu träumt.

Alle Versuche, das Verbot von harmonischen Fortschreitungen in Oktaven und Quinten zu begründen, sind gescheitert. Gleichwohl kann die Macht jenes Verbotes nicht und am wenigsten durch ›Ausnahmen‹ bestritten werden. Ja, es sind die Verbote auch für die neue Harmonik in Kraft und leicht könnte man denken, daß der Impuls ihrer Entwicklung wesentlich in der radikalen Konsequenz der Verbote, ihrer Übertragung von der Sukzession auf die Simultaneität, zu suchen sei. Beim heutigen Schönberg sind nicht bloß Oktavfortschreitungen, sondern auch Oktavverdopplungen unmöglich. Mit Quinten freilich verhält es sich anders. Sie bereits sind keine vollkommenen Konsonanzen mehr, und zwischen zwei um eine Quint voneinander entfernten Tönen können simultan solche stehen, die nichts mit der Dreiklangsharmonik zu tun haben; man wird in Zwölftonmusik kaum etwas gegen Quintenparallelen zweier Stimmen, etwa der Außenstimme eines Quartetts, einzuwenden haben, wofern nicht die Mittelstimmen mit den Außenstimmen ebenfalls parallel verlaufen oder zum Dreiklangscharakter tendieren. Die alten Verbote werden als Kritik der Konsonanz heute eher fühlbarer als bisher und verschwinden keineswegs in der angeblichen harmonischen Anarchie. Historisch wirksam, sind sie selber historisch entsprungen und nicht physikalisch oder ästhetisch zu hypostasieren. Die Fortschreitung in vollkommenen Konsonanzen scheint einem Tabu zu unterliegen, das heute auf die Konstruktion der einzelnen Klänge übergreift. Quinten aber sind dem Pferdefleisch zu vergleichen; die einstmals heiligen der ersten Mehrstimmigkeit, stets noch lockend mit archaischer Gewalt, werden verboten, weil ihr Genuß eine uralte, kaum mehr nachzudenkende Gefahr heraufbeschwört: daß Menschen sich am heiligen Fleisch sättigen und am heiligen Klang. Dies Tabu wird bewahrt, erhellt, verwandelt in der neuen Harmonik. Deren Konsonanzverbot gilt dem ›Zu schön‹ der Konsonanz; der Name des Kitschs, der heut alle solche Tabus kodifiziert, hat stets zum Gegenstand ein ›Zu schön‹. Dies Tabu ist aber nicht länger einzig auf die Unterdrükkung der sinnlichen Lust gerichtet. Vielmehr verwehrt es deren bloß scheinhafte Erfüllung in der gegenwärtigen Gesellschaft, damit sie nicht der realen gesellschaftlichen Erfüllung im Wege sei. Das Lustverbot der vollkommenen Konsonanzen ist von tiefstem Doppelsinn. Indem es das alte unwiederbringliche Glück: den Untergang in der Einheit des unartikulierten Naturzusammenhanges, die heidnische Heiligkeit des Opfers an den bewußtlosen Kosmos verpönt, zerstört es zugleich den falschen Schein des wahrhaften künftigen: dessen der bewußten Preisgabe des Selbst und der versöhnten Gewährung von Lust. Denn deren Bild, zu früh, verstellt die Veränderung der Welt, die allein erst Lust freigibt. Daher ist vom ästhetischen Bilde streng Erkenntnis des Leidens gefordert, und bloß als Leiden noch kann Kunst Lust bereiten. Mit der imago von Lust selber riefe sie unweigerlich den Menschen zurück ins Urvergangene. Im Bewußtsein der realen Unerreichbarkeit der Freude muß sie ihn stählen, damit er einmal die unerreichbare erreiche. Keine Wahl ist, die verhaßten Tabus zu brechen, als ihnen die Treue zu halten, so tödlich, daß sie darüber bewußt werden und vielleicht vergehen.

Der Einwand, dem die Zwölftonmusik stets wieder begegnet, ist der: daß sie trotz völliger Rationalisierung von Melodik, Kontrapunkt und Konstruktion die Harmonik, sowohl was den einzelnen Akkord wie die Folge der Klänge anlange, dem Zufall überlasse; daß sie zwar Schemata für die Sukzession, aber keine zwingende und unmittelbar aufzufassende Notwendigkeit des akkordischen Fortgangs kenne. Daran mißt sich in der Tat Recht oder Unrecht der Zwölftonmusik. Es ist aber von den Gegnern zentral übersehen worden, daß die Vereinheitlichung von Horizontale und Vertikale, wie sie die Zwölftonmusik inauguriert, zugleich einen Kanon des Harmonischen enthält. Anders ausgedrückt: es ließe das Gesetz, das die Zwölftontechnik ausformt, als harmonisches so gut wie als melodisch-kontrapunktisches sich fassen. Es dürfte das Gesetz der komplementären Harmonik heißen und wäre auszusprechen in der Art: daß jeder komplex gebaute Klang, jeder also, in dem die einzelnen Töne als selbständige Momente des Ganzen erhalten sind, prinzipiell zur sei's gleichzeitigen sei's sukzessiven Ergänzung diejenigen Töne der chromatischen Skala verlangt, die in ihm selber nicht vorkommen; daß also Spannung und Lösung in der Zwölftonmusik allemal mit Rücksicht auf den virtuellen Zwölfklang als ihr ›Integral‹ zu verstehen sind. Es dürfte die tiefste Relation obwalten zwischen der komplementären Harmonik der Zwölftonmusik und der Ausnutzung der komplementären Farben in der Malerei, die im neunzehnten Jahrhundert begann, und die Verwandtschaft zwischen Böcklin und dem Wagner des Tristan könnte tiefer sich ausweisen als in der Analogie der mythologischen Gegenstände. Die Frühwerke der neuen Technik sind dabei wie stets die aufschlußreichsten. Harmonisch konzipierte Stellen wie der Schluß des ersten und des langsamen Satzes aus Schönbergs Bläserquintett oder der des ersten Chors aus op. 27 zeigen jene harmonische Tendenz in gleichsam didaktischer Nacktheit. Sie wird aber um so mächtiger, je mehr die reichere Konstruktion später sie von der kompositorischen Oberfläche abzieht. Nimmt man den zwölftönigen Todesakkord Lulus als ihren vollkommenen Ausdruck, so bewährte freilich Bergs allegorischer Genius – und alle Oper ist die Versöhnung einer Allegorie – sich in einer historischen Perspektive, die schwindeln macht: wie Lulu, in der Welt des vollkommenen Scheins, nichts herbeisehnt als ihren Mörder und ihn endlich findet in jenem Klang, so sehnt alle Harmonik des verweigerten Glücks ihren tödlichen Akkord herbei als Chiffre der Erfüllung. Dies harmonische Gesetz spricht aber bereits die veränderte Zeiterfahrung aus, in der Křenek das innerste Geheimnis der neuen Musik vermutet.

Wer Musik des Zeitraums von 1600 bis 1750 betrachtet, jener Periode, welche der teleologische Stumpfsinn die vorklassische nennt, der wird – hat er es nicht mit den mächtigen Ausnahmen, mit Monteverdi, Scarlatti, Bach und Pergolesi zu tun – der Konstatierung des Langweiligen kaum sich entziehen können und sie wird vor sehr erlauchten Namen nicht haltmachen, von mittleren wie Corelli ganz zu schweigen. Der Grund der ästhetischen Langeweile ist die wirkliche. Es scheint, daß seit dem Ende der mittelalterlichen Polyphonie, seit der Erfindung des Generalbasses und des stile rappresentativo, die Musik mit einer Erfahrung sich konfrontiert sah, die sie zuvor nicht kannte: der Aufgabe, die offene Zeit zu füllen, die, der heilsgeschichtlichen Artikulation bar, als Dauer ›lange‹ weilt, verdinglicht, entfremdet den Menschen entgegensteht und ihn bedroht. Die vorklassische Musik soll die Zeit totschlagen; sie ist ›Divertimento‹ und ihre Unterhaltungsfunktion, sozial determiniert, erscheint technisch als Angst der Musik vorm Verlauf der linearen Zeit. Mit dieser konkurriert sie; es ist ihre verzweifelte Anstrengung, lange zu währen, während ihre Mittel, harmonisch kaum mehr als die Kadenz, sie in jedem Augenblick zwingen möchten zu verstummen, als wäre die Zeit überstark. Alle ›Einfühlung‹ in vorklassische Musik ist darum so völlig unmöglich und sinnwidrig, weil jene längst als Apriori niedergeschlagene Zeiterfahrung sich nicht mehr aktualisieren läßt; weil jedes Maß dafür fehlt, wie schwierig es zu jener Epoche gewesen sein muß, lange Musik zu schreiben. Einzig der Vergleich der Kurzatmigkeit eines genialen Autors wie Johann Caspar Fischer, dessen Fughetten die wichtigsten Themen des Wohltemperierten Klaviers vorwegnehmen, mit der ausgewachsenen Langeweile der Concerti grossi läßt etwas von jener Spannung ahnen. Es ist aber vielleicht der entscheidende Zug der Klassik als des Stils der motivischen Antiphonie – der ›Symphonik‹ – daß sie einmalig es vermochte, jener Erfahrung Herr zu werden. Was Haydn, was Beethoven von aller Musik des Divertissements unterscheidet, ist, daß ihre Technik, lange Zeiträume mit dem Zeitdifferential, dem Motiv beherrschend, die Zeit nicht sowohl mehr füllt als zusammenzieht; nicht vertreibt sondern unterwirft. Denn es ist die lineare Zeit, mit der auch sie es zu tun haben, anstatt der einstehenden aus der Motivtechnik der Fugen, wo die Zeitstellen der Einsätze weitgehend vertauschbar sind oder nicht durch Fortgang sondern durch Gleichgewichtsverhältnisse geregelt werden. Die Symphonik aber geht weiter, hat ihren Zeitverlauf und währt doch, der Idee nach, nur einen Augenblick. Sie bewegt sich dynamisch in Generalbaßschritten. Aber sie zwingt die Generalbaßpraxis in der vorgeschrittensten Form der Epoche, der des Mannheimer Crescendos, mit Rudimenten der uralten und als pedantisch diffamierten Imitatorik zusammen. Der Stil der ›vorklassischen‹ Musik ist paradox und vermag darum kaum länger als über dreißig Jahre sich produktiv zu behaupten. Paradox wird die vergehende, auch für die musikalische Formauffassung vergehende Zeit durch den Augenblick des identischen, in sich zeitlosen Motivs synkopiert, durch dessen gespannte Steigerung verkürzt, bis sie innehält. Zugleich bewirkt die Versetzung im antiphonischen Motivspiel, daß die Motivwiederholung nicht absinkt in die Langeweile. Wohl kontrahiert das Motiv durch gesteigerte oder geminderte Wiederholung als bannender und gebannter Moment die zeitliche Extension. Jedoch in der Antiphonie erscheint es als immer neues und gehorcht im Wechsel dort noch der Forderung der historisch ablaufenden Zeit, wo seine Identität den Ablauf virtuell aufhebt. Es ist diese Paradoxie, die in den ersten Sätzen der Fünften und Siebenten Symphonie, auch der Appassionata waltet: ihre vielen hundert Takte scheinen einer wie die sieben Jahre im Märchenberg ein Tag, und noch bei Wagner hat Alfred Lorenz Spuren dessen gewahrt, als er den ganzen Ring als in einem Moment zu vergegenwärtigend erfuhr. Im strikten Sinne aber ist die symphonische Zeit einzig Beethoven eigen und begründet die exemplarische Reinheit, die überlegene Gewalt seiner Form. Das immer wieder analogisch konstatierte ›epische‹ Moment an Schubert, dann an Bruckner ist gleichbedeutend mit der Resignation der formsetzenden musikalischen Subjektivität vor dem Zeitverlauf, der wieder, und mit unvergleichlich viel reicherem Inhalt als zuvor, gefüllt, doch nicht länger mehr dialektisch aufgehoben wird. Die Substantialität und wachsende subjektive Fülle des motivisch Einzelnen in Schuberts h-moll-Fragment verwehrt dessen antiphonische Wiederholung und deren Dynamik; die lineare Weile wächst in die Breite, wird zur Fläche, aber ihre Dauer wird bedrohlich wieder offenbar: daher die ›göttliche Länge‹. Erst Schönberg hat, in völlig veränderter Haltung, die Frage nach der musikalischen Zeit antithetisch gestellt. Freilich ganz neu: ihm geht es nicht sowohl um deren paradoxale Synthesis als um ihre Dissoziation. Daß er in der kritischen Epoche neben dem musikalischen das malerische Medium benutzte, ist musikalisch so wenig Zufall wie unterm Aspekt des Expressionismus. Die Protokolle der diskontinuierlichen Regungen zerfällen die Zeit. Als Gehässigkeit die Stücke op. 19 »Klavierfratzen« nannte, hatte man deren Tendenz, Musik zur gestischen Sichtbarkeit zu treiben, richtig verstanden, und sie ist es wohl vor allem anderen, die Schrecken erregte. Die Zwölftontechnik, die komplementäre Harmonik und ihre Formäquivalente verfügen bereits über die Zeitdimension aus einer veränderten Zeitanschauung. Das hat Křenek mit tiefster Einsicht in seiner Schrift über neue Musik festgehalten: »In dem Widerspruch gegen den Zeitablauf, der in der Idee der Rückläufigkeit seinen Ausdruck findet, liegt ein charakteristisches inhaltliches Moment der neuen Musik beschlossen ..., ihre pathetische Dialektik, die aus dem einsamen Kampf des Individuums gegen das rettungslose Vergehen im Nichts der forteilenden Zeit resultiert.« Nur daß am Ende jener Kampf, den bei Schönberg der Einzelne austrägt, sich als der der Gesellschaft enthüllen mag, und die Rückläufigkeit der Zeit oder ihre Zurücknahme in die stillstehende Bewegung des Zwölftonakkords als das notgedrungene Versprechen einer Welt, hinter welcher die historische Zeit in Vergängnis wie in Verdinglichung als bloße Vorgeschichte zurückbleibt.

1937

II

Theorie der neuen Musik

Neunzehn Beiträge über neue Musik

Atonalität, ursprünglich journalistisch-polemischer Ausdruck, gegen die Tonsprache der neuen Musik gemünzt, später positiv aufgenommen. Zur Charakteristik atonaler Musik genügt keineswegs, daß sie sich nicht an eine bestimmte Tonart bindet. Die Werke aus Regers mittlerer Zeit etwa befinden sich in so unablässiger Modulation, daß die Wahl einer Ausgangs- oder Zieltonart ganz willkürlich erscheint. Trotzdem ist es niemals jemand beigekommen, Reger atonal zu nennen. Auch das Vorwalten von Dissonanzen bietet kein zureichendes Kriterium. Strawinskys Harmonik ist oftmals sehr dissonant, aber kaum je atonal: entweder sind bei ihm die akkordbildenden Töne, konsonante und dissonante, allesamt leitereigene in einer bestimmten Tonart, die als solche gar nicht in Erscheinung zu treten braucht, oder die Dissonanzen sind absichtsvoll ›falsche‹ Noten, Substitute für ›richtige‹, die stets noch durchgefühlt werden. Unzulänglich ist schließlich auch die Definition von Atonalität als einer Harmonik, die sich nicht in Riemannschen Funktionen darstellen läßt. Die Harmonik des Impressionismus ist sicherlich oft funktionslos: nie jedoch atonal. Man dürfte dem Begriff der Atonalität am nächsten kommen, wenn man ihn auf eine Musik anwendet, in welcher vieltönige Zusammenklänge überwiegen, die nicht als aus leitereigenen Tönen einer bestimmten Tonart zusammengesetzt betrachtet werden können, und die prinzipiell nicht ›aufgelöst‹ werden. Selbst die Anwendung des Dissonanzbegriffs ist fragwürdig, da er den Gegenbegriff der Konsonanz voraussetzt, der hier entfällt. Die Tonsprache der Atonalität ist wesentlich die des Expressionismus von Schönbergs mittlerer Phase. Die vieltönigen Komplexe der »Glücklichen Hand« sind vielleicht das ausgesprochenste Beispiel. Da selbst in den Werken der freien Atonalität jedoch noch das ›tonale‹ Prinzip des kleinsten Schritts, des Leittons weiterwirkt, von der ebenfalls ›tonalen‹ Gleichheit der Oktaven zu schweigen, so haben diese Werke einen Stil wirklich

›reiner‹ Atonalität nicht auskristallisiert. Das geschieht erst in der Zwölftontechnik, die alle chromatischen und Leittontendenzen zugunsten der in der Grundreihe festgelegten Intervallfolgen aufgibt. Sie denkt das Prinzip der Atonalität zuende. Wegen der, freilich überaus formalen, Ähnlichkeit der Bezogenheit auf die Grundreihe mit der auf eine Grundtonart jedoch wird der Begriff Atonalität auf Zwölftonmusik kaum angewandt. – Außerhalb der Schönbergschule lassen sich die Frühwerke von Křenek, vieles von Varèse, manches von Bartók (erster Satz der Ersten Violinsonate) am ehesten als atonal bezeichnen. Hindemith war, ähnlich wie Strawinsky, allein schon durch den diatonischen Schnitt seiner Themen, von eigentlicher Atonalität stets ausgenommen.

Linearer Kontrapunkt, von Ernst Kurth geprägter Terminus, der als Schlagwort der neuen Musik erheblichen Einfluß ausübte, auch viel Verwirrung stiftete. Der Begriff war ursprünglich auf Bach geprägt. Er sollte bezeichnen, daß bei diesem die Simultaneität der Stimmen nicht der bloßen ausschmückenden Umkleidung eines akkordischen Schemas dienen, sondern daß sie als selbständige erfunden sind, und daß die harmonischen Verhältnisse aus den Triebkräften solcher selbständigen Stimmen resultieren. Da die Polyphonie der neuen Musikbewegung in ausdrücklichem Gegensatz zur ornamentalen, ›harmonischen‹ Polyphonie der Wagner-Straussschen Epoche entstand und die Intention verfolgte, reale Vielstimmigkeit anstelle des polyphonalen Rankenwerks der Spätromantik treten zu lassen, so traf die Parole vom linearen Kontrapunkt auf eine echt verwandte Tendenz, längst ehe eine große Anzahl der Komponisten ihr Heil in der Imitation Bachs und der sogenannten ›Vorklassik‹ suchte. Das Mißverständnis lag darin, daß man den Primat der echten Mehrstimmigkeit mit Gleichgültigkeit gegen den Zusammenklang und die harmonische Logik verwechselte. Dies Mißverständnis war freilich mehr eines der Kritiker und Theoretiker als der Komponisten. Kein verantwortlicher hat jemals darauflos kontrapunktiert, und gerade die Komponisten, die im Gebrauch der Dissonanz am weitesten gingen, die der Schönbergschule, haben ihre Polyphonie der strengsten Kontrolle durch ein Bewußtsein harmonischer Progression unterworfen, das freilich mit der tonalen Akkordik nichts mehr gemein hat. Die ›Rücksichtslosigkeit‹ gegen den Zusammenklang in der modernen Musik ist eine Legende, und die Dissonanzen sind keine zufälligen Resultate sondern gehen aus harmonischen Tendenzen selber hervor. Der Irrglaube an die harmonische Zufälligkeit der neuen Musik hat mehr als alles andere zu deren Diffamierung beigetragen. In Wirklichkeit sind heute wie stets alle eigentlichen Probleme des Kontrapunkts solche des Zusammenklangs. Ohne die simultane Relation zur gegebenen Stimme ist jeder Kontrapunkt sinnlos.

Quartenharmonik, Harmonik, die aus übereinander geschichteten Quarten gebildet ist. Ansätze finden sich schon bei Chopin in gewissen Vorhaltsbildungen (As-Dur-Ballade), bewußt eingeführt wurden die Quartenakkorde in Debussys Oper Pelléas et Mélisande und in Schönbergs gleichnamiger symphonischer Dichtung. In Schönbergs Erster Kammersymphonie spielen die Quarten harmonisch und melodisch eine gleich wichtige konstruktive Rolle. Die Quartenakkorde werden hier in immer verschiedener Weise in Dreiklänge aufgelöst. Die Quartenharmonik diente ursprünglich dazu, der Vorherrschaft des chromatischen Leittonwesens Einhalt zu gebieten, ähnlich wie die Ganztonskala, die zur gleichen Zeit aufzutreten begann. Sie zeigt eine gewisse Starrheit, die sie für besondere Wirkungen prädestiniert, es aber kaum zuläßt, etwa ein harmonisches System nach Art des Terzensystems auf ihr aufzubauen. Die Praxis hat bald zur Alteration der Quartenakkorde und schließlich zu deren Verschmelzung mit freien, vieltönigen Komplexen geführt.

Klangfarbenmelodie, in Arnold Schönbergs Harmonielehre eingeführter Begriff, der besagt, daß bloße Veränderungen der Klangfarbe gleichsam melodiebildende Funktion übernehmen, daß der Wechsel von Farben von sich aus musikalisches Ereignis werden soll. Ein Beispiel des Prinzips ist das Orchesterstück »Farben« aus Schönbergs op. 16, wo der musikalische Zusammenhang durch die unablässig wechselnde Instrumentation eines bestimmten Akkordkomplexes hergestellt wird. Bis zum Extrem getrieben ist das Prinzip an einer Stelle von Alban Bergs Wozzeck, nach der Mordszene im III. Akt, wo ein festgehaltener Ton, das kleine h, durch ein in äußerst kunstvollem Farbenwechsel konstituiertes Crescendo in sich selbst lebendig gemacht wird, ohne daß melodisch irgendetwas geschähe. Seit Einführung der Zwölftontechnik ist die Idee der Klangfarbenmelodie nicht weiter verfolgt worden. Sie ist aber darum von größter Bedeutung, weil sie extrem die Idee formuliert, die Instrumentation als integralen, konstruktiven Faktor des Komponierens selber zu behandeln und nicht als Akzidenz der Komposition äußerlich hinzuzufügen.

Musikalischer Expressionismus. Da Musik von je und zumal seit den Anfängen der Oper und des Generalbaßzeitalters mit der Vorstellung vom Ausdruck der Gemütsbewegungen verknüpft ist, so geht es nicht an, den prägnanten Stilbegriff Expressionismus einfach als Ausdrucksmusik zu definieren. Es ist darunter vielmehr jene Musik zu verstehen, die ihren Impulsen und ihrer Technik nach mit den gleichzeitigen Bewegungen des malerischen und literarischen Expressionismus zusammenhängt. Sie umfaßt im wesentlichen das Dezennium 1910-1920 und ist am verbindlichsten repräsentiert durch die Arbeiten von Schönberg und seiner Schule aus jener Epoche. Doch zeigen auch die avanciertesten Arbeiten anderer Autoren der gleichen Jahre, wie die japanischen Lieder Strawinskys und die letzten Sonaten von Skrjabin, einigermaßen verwandte Tendenzen, während nach 1920 die Jugendarbeiten von Křenek (II. Symphonie) und Hindemith (Die junge Magd) noch deutlich die Spuren der expressionistischen Phase tragen. Das expressionistische Ausdrucksideal ist insgesamt eines der *Unmittelbarkeit* des Ausdrucks. Das bedeutet ein Doppeltes. Einmal sucht die expressionistische Musik alle Konventionselemente der traditionellen zu eliminieren, alles formelhaft Erstarrte, ja alle den einmaligen Fall und seine Art übergreifende Allgemeinheit der musikalischen Sprache – analog dem dichterischen Ideal des ›Schreis‹. Zum andern betrifft die expressionistische Wendung den *Gehalt* der Musik. Als dieser wird die scheinlose, unverstellte, unverklärte Wahrheit der subjektiven Regung aufgesucht. Die expressionistische Musik will, nach einem glücklichen Ausdruck von Alfred Einstein, Psychogramme geben, protokollarische, unstilisierte Aufzeichnungen vom Seelischen. Sie zeigt sich darin der Psychoanalyse nahe. Das Bereich der expressionistischen Gehalte ist das des Unbewußten: die Darstellung der Angst steht im Zentrum, und Schönbergs

Monodram »Erwartung«, eines der konsequentesten Gebilde des musikalischen Expressionismus, gibt eine ganze Phänomenologie der Angst. Das harmonistische, affirmative Moment der Kunst wird mit dem Bann belegt: das ist von entscheidender Bedeutung für die Wahl der Mittel im musikalischen Expressionismus, die ›Zerrissenheit‹, das Vorwalten der Dissonanz. Der Begriff des ›Werkes‹ selber, als einer runden, versöhnenden Totalität, wird suspekt: allen Gebilden des musikalischen Expressionismus ist ein Zug zur Schrumpfung, zur unerbittlichen Kürze gemein. Webern hat das am weitesten getrieben.

Die bestimmte Negation der traditionellen Mittel der Musik ergibt Selektionsprinzipien, die, paradox genug, den Expressionismus wiederum zum Stil machen. Hierher gehören implizite Verbote wie das der Konsonanz und der konsonierenden Intervallfolgen in der Melodie; des homogenen Klangs; der rhythmisch gleichförmigen Entwicklung; der Sequenz; der ›thematischen Arbeit‹ im herkömmlichen Sinn; der formalen Symmetrie; im Prinzip überhaupt aller Wiederholung. Es resultiert daraus eine »Kompositionsweise aus Extremen«. Die Forderung der Unmittelbarkeit setzt sich in die Kompositionstechnik selber um: unvermittelt und ungeschlichtet werden Extreme der Dynamik, der Setzweise, der Agogik, des Ausdrucks nebeneinander gesetzt und die musikalische Kontinuität polarisiert. Das organisierende Formprinzip ist der Kontrast; das Medium aber des musikalischen Expressionismus die freie Atonalität. Die durch die expressionistischen Verbote konstituierte musikalische Sprache enthält in sich bereits latent die Grammatik der konstruktivistischen, während das musikalische Vokabular durch die expressionistische Revolte ins Unabsehbare erweitert wurde. Die ernstesten und radikalsten Kräfte der Musik haben zum Expressionismus getrieben, und es kann heute kaum große Musik vorgestellt werden, die nicht die expressionistischen Motive bestimmend in sich enthielte. Rückblickend aber zeigt sich, daß alle Innovationen des Expressionismus nicht in äußerlicher Adaptation an die Zeitstimmung eingeführt, sondern aus den innersten Tendenzen des musikalischen Materials selber entwickelt wurden, und daß der expressionistischen Anarchie allein unter allen Stilideen der gegenwärtigen Musik der ganze Reichtum eben der Tradition der musikalischen Gestaltung innewohnt, die der Expressionismus zu negieren schien.

Die Zahl der im strengen Verstande expressionistischen Stücke ist beschränkt. *Schönberg* hat das Verfahren in der Auseinandersetzung mit der – selber durchaus vorexpressionistischen – Dichtung Stefan Georges auskristallisiert (Vokalsätze des Quartetts op. 10, Lieder op. 15). Das erste vollexpressionistische Werk sind die drei Klavierstücke op. 11 (1909), deren drittes einen Kanon der expressionistischen Verbote enthält. Dem Expressionismus gehören weiter an die Orchesterstücke op. 16, das Monodram »Erwartung« und die »Glückliche Hand«. Zu den authentischsten und konsequentesten expressionistischen Gebilden zählen die sechs kleinen Klavierstücke op. 19, das Lied »Herzgewächse« op. 20 und schließlich die vier Orchesterlieder op. 22. Im »Pierrot lunaire« stehen neben ganz noch expressionistischen Stücken wie »Madonna« oder »Die Kreuze« schon konstruktivistische wie »Nacht«, »Parodie«, »Der Mondfleck«. – Der Substanz nach gehört *Weberns* gesamtes œuvre dem Expressionismus an. Die äußerste Konsequenz hat er in Stücken für Violine und Klavier, Cello und Klavier, den Bagatellen für Streichquartett und den Stücken für Kammerorchester op. 10 gezogen. Zu den vollkommensten und musikalisch reichsten Gebilden des Webernschen Expressionismus gehören die Trakl-Lieder mit Kammerbesetzung. Von *Alban Berg* sind die Stücke für Klarinette und Klavier und die Orchesterlieder nach Altenberg dem Expressionismus zuzurechnen.

Musikalische neue Sachlichkeit, Sammelbegriff für alle Gegentendenzen der neuen Musik gegen die Romantik, aber bis zu einem gewissen Grade auch gegen den Expressionismus. Unter diesen Begriff fällt Musik aus den verschiedensten Schulen und mit den verschiedensten Intentionen: der größte Teil des œuvres von Strawinsky und Hindemith, der Songstil von Kurt Weill, eine Reihe Werke von Křenek, aber in einem gewissen Sinn auch die Zwölftonmusik. Der Impuls der neuen Sachlichkeit ist ein doppelter: einmal die Musik aller überflüssigen Zutaten zu entäußern und rein aus der Notwendigkeit des konkreten musikalischen Gedankens zu entwickeln. Dies Prinzip ist gerade vom expressionistischen Schönberg formuliert worden: »Musik soll nicht schmücken, sondern wahr sein«. Zum andern aber hat man neue Sachlichkeit verstanden als Eliminierung aller Ausdrucksmomente der Musik, als deren Reduktion auf bloßes Spiel unter Rückgriff auf die gegen Wagner gerichtete Lehre Hanslicks von der tönend bewegten Form. Wäh-

rend beide Tendenzen fraglos in tiefer Beziehung miteinander stehen, hat ihre blanke Identifikation viel Unheil angerichtet, indem sie das Ideal eines materialgerechten, technisch verantwortlichen und nicht scheinhaften Komponierens mit der hämischen Freude am Schnöden, Mechanischen und Repressiven kompromittierte. Im Problem der neuen Sachlichkeit spiegelt sich ein gesellschaftliches wider, die Auflehnung gegen das Moment der Unwahrheit im Individualismus des 19. Jahrhunderts, die in faschistischen Kollektivismus umzuschlagen droht. Wahrscheinlich sind die im Sinn von Stimmigkeit ›sachlichsten‹ Werke zugleich die, welche sich der musikalischen Schnödheit am wenigsten verschrieben.
Die weite Divergenz der unter dem Namen neue Sachlichkeit gefaßten Phänomene macht es geraten, den Begriff einzuschränken und insbesondere den Neoklassizismus und die Zwölftontechnik davon auszunehmen. Neusachlich im engeren Sinn sind eine Reihe von Werken aggressiv-antiromantischen Charakters, die nicht nur den Ausdruck sondern jeden gehobenen ›Stil‹ negieren. Das authentischste Beispiel dafür ist vielleicht Strawinskys Concertino für Streichquartett, das der Komponist dem Schnurren einer Nähmaschine verglichen haben soll. Diese Haltung mechanistischer Desillusioniertheit ist sehr rasch von konformistischer ›Vertiefung‹ erfaßt worden.

Zwölftontechnik, von Arnold Schönberg ausgebildetes Kompositionsverfahren zur Organisation des musikalischen Zusammenhangs. Das Verfahren besteht darin, daß jedem Stück eine »Reihe« oder Grundgestalt zu Grunde gelegt wird, die alle zwölf Töne der chromatischen Skala in einer jeweils bestimmten und festgelegten Anordnung enthält. Diese Anordnung der zwölf Töne wird durch das ganze Stück hindurch, unter Ausschluß jeder freien Note, festgehalten, so daß jeder Ton der Komposition seinen Stellenwert in der Reihe oder einer der von ihr gesetzmäßig gebildeten Ableitungen besitzt. Denn es ist nicht so, als ob einfach die Reihe, so wie sie zuerst auftritt, das ganze Stück hindurch abgespielt würde. Vielmehr unterliegt die Reihe den weitestgehenden, wiewohl streng gebundenen Modifikationen, die jede bloß mechanische Wiederholung verhindern. Die gebräuchlichsten dieser Modifikationen sind die Umkehrung der Reihe, so daß jedem von deren Intervallen eines in der Gegenbewegung entspricht (analog wie in der Umkehrungsfuge), der Krebs, d.h. die Grundgestalt beginnend mit ihrem letzten und endend mit ihrem ersten Ton, und endlich die Umkehrung dieses Krebses. Da die vier Hauptformen der Reihe sich auf alle zwölf Stufen der chromatischen Skala transponieren lassen, so stehen bereits mit diesen wenigen Mitteln jeder Zwölftonkomposition 48 verschiedene Reihengestalten zur Verfügung. Eine weitere Modifikationsmöglichkeit ist dadurch gegeben, daß die Wahl der Oktavlage jedes einzelnen Tons in der ganzen Komposition frei ist. Schließlich bedeutet die Reihe nicht etwa bloß ein melodisches sondern ebenso ein harmonisches Prinzip, d.h. die simultan erklingenden Töne unterstehen ebenfalls dem Reihenprinzip. In einfachen Fällen bedeutet das, daß die Reihe ›zusammengeklappt‹ wird, etwa die Töne 1 2 3 gleichzeitig erscheinen und dann die Oberstimme, die mit dem Ton 1 begann, mit dem Ton 4 fortfährt. Im allgemeinen aber walten reichere Erfahrungsweisen vor, sei es, daß die Reihe geteilt und etwa die Töne der ersten Reihenhälfte von denen der zweiten begleitet werden, sei es, daß mehrere Reihengestalten und Transpositionen gleichzeitig verwandt werden (in der letzteren Technik gehen die Variationen op. 31 besonders weit). Es können einem Stück, anstatt einer Grundreihe und deren Ableitungen, auch mehrere Grundreihen zu Grunde liegen (III. Quartett). In Kompositionen großer Ausdehnung werden zuweilen durch komplizierte arithmetische Verfahren neue Grundreihen aus der ursprünglich gegebenen entwickelt (Alban Bergs Lulu). Wesentlich für den Beziehungsreichtum innerhalb der Zwölftontechnik ist die Anlage der Reihe. Diese kann etwa in Gruppen unterteilt werden, die untereinander wieder in variationsähnlicher Beziehung stehen (Webern).

Schönberg selbst hat nicht von Zwölftontechnik sondern von »Komposition mit zwölf Tönen« geredet. Der darin liegende Hinweis charakterisiert das Verfahren. Die Zwölftonstruktur einer Musik ist nicht gleichbedeutend mit der Komposition. Sie stellt eine Vorformung des Materials dar und die eigentliche Kompositionsarbeit baut sich erst auf diesem vorgeformten Material auf. Das verbreitetste Mißverständnis besteht darin, daß Laien so gut wie viele zwölftontechnisch bemühte Komponisten die Zwölftonstruktur selber für die Kompositionsleistung halten, während die Zwölftontechnik sich in Wahrheit nur dort rechtfertigt, wo es eine Musik von solcher Dichte und solcher Kompliziertheit zu organisieren gilt, daß das hoch entwickelte Zwölftonverfahren der hoch entwickelten musikalischen Substanz selber angemessen ist. Werden aus Zwölftonreihen primitive Gebilde verfertigt, so verliert das Verfahren jeden Sinn und wird zur Überbestimmung musikalischer Ereignisse, die durch weit simplere Mittel bereits zusammengehalten werden. In Wahrheit legitimiert sich die Zwölftontechnik nur dort, wo mit dem musikalischen Material ganz bestimmte historische Erfahrungen mitgegeben sind: niemals ist sie ein mathematisches Rezept zum Komponieren, niemals auch ein ›Ersatz‹ für das zerfallende Bindemittel der Tonalität, da die Zwölftonreihe niemals in der gleichen Weise als Bezugssystem durchsichtig wird wie früher die Tonart. Die historischen Tendenzen, um die es sich dabei handelt, sind insbesondere die der vollständigen motivisch-thematischen Ökonomie und permanenten Variation, wie sie Schönberg im Gefolge von Brahms entwickelt hat. Das Ideal, keinen Ton zu gestatten, der nicht motivisch-thematisch abgeleitet wäre, ist in der klassischen Musik vorgebildet. Die Zwölftontechnik hat sich dadurch auskristallisiert, daß das kompositorische Ökonomieprinzip auf das Material der Chromatik angewandt wurde: grob gesprochen durch eine Synthese von Wagner und Brahms. Indem aber die motivisch-thematischen Beziehungen total werden, hören sie auf, das musikalische Hauptereignis zu bilden und werden gewissermaßen in die Prädisposition des Materials zurückverschoben. Zwölftonmusik ist eine solche, in der Universalität der technischen Beziehungen herrscht, unabhängig vom manifesten Gang der Komposition, ja ehe nur überhaupt ein ›Thema‹ formuliert ist, wie denn auch die Themen in der Zwölftonmusik keineswegs prinzipiell mit der Reihe koinzidieren müssen. Ein weiteres historisches Motiv, das zur Zwölftontechnik geführt hat, ist die anwachsende Empfindlichkeit gegen Tonwiederholungen, die von der Zwölftontechnik nach Art eines Gesetzes formuliert worden ist. Schließlich trägt die Zwölftontechnik der Tendenz jedes Akkords aus der freien Atonalität Rechnung, in einen solchen umzuschlagen, der die in ihm selber nicht enthaltenen Töne enthält.

Schönberg hat reihenähnliches Material schon in der expressionistischen Phase (1. Orchesterstück aus op. 16, Passacaglia aus Pierrot) gelegentlich verwandt, ohne sich bewußte Rechenschaft darüber zu geben. Die Technik der Grundgestalten hat er dann, nach der großen Pause in seiner Produktion, in den Klavierstücken op. 23 und der Serenade op. 24 entwickelt. Das letzte der Klavierstücke und der Gesangssatz der Serenade sind die ersten von ihm publizierten Zwölftonkompositionen; die Suite op. 25 und das Bläserquintett op. 26 die ersten großen Werke, die, jeweils mit einer Reihe durch alle Sätze hindurch haushaltend, der neuen Technik sich bedienen. Er hat zunächst die Zwölftontechnik auf mehr oder minder traditionelle musikalische Formen (Sonate, Variation) angewandt. Seit dem ersten Satz des III. Streichquartetts hat er dann immer freiere, allen traditionellen Formschemata fernere Zwölftonformen entwickelt (IV. Streichquartett, Violinkonzert). Auch die Oper »Von heute auf morgen« ist eine Zwölftonkomposition. Schönbergs Schüler Webern und Berg haben die Zwölftontechnik als erste übernommen. Webern hat sie zunächst auf seine aus dem Expressionismus kommende Setzweise angewandt (Streichtrio), ist dann aber zu einer merkwürdigen Simplifizierung seines Stils gelangt, bei der die Reihenbeziehungen als solche zum musikalischen Hauptereignis werden (Klaviervariationen, Streichquartett). Berg hat die Zwölftontechnik seit der Lyrischen Suite für Streichquartett benutzt, aber möglichst unauffällig seinem chromatisch durchsetzten Stil einverleibt und auch in seine Zwölftonstrukturen, durch die Wahl der Grundreihe, ausgiebige tonale Komplexe einbezogen (Violinkonzert). Von jüngeren Komponisten haben sich besonders Ernst Křenek, Hanns Eisler und Eduard Steuermann um die selbständige Konstruktion von Zwölftonformen bemüht.

Gemeinschaftsmusik, die besonders in Deutschland heimischen, aber auch in andern Ländern spürbaren Tendenzen, die Entfremdung zwischen der neuen Musik und dem Publikum, die sich aus der technischen Entwicklung der Musik selber ergab, durch bewußte Anpassung an die Aufnahmefähigkeit des Publikums, zumal der sogenannten Jugend, zu überwinden. Die vorherrschende Intention war dabei die, die Verdinglichung der Musik als eines im Konzert ausgestellten Gegenstandes zu brechen und musikalische Formen nach der Spielfähigkeit ausführender Laien einzurichten. Es sollte nicht nur die Trennung von Musik und Publikum, sondern auch die von Ausübendem und Zuhörer überwunden werden. Wie aber das Ideal einer solchen unmittelbaren Stellung der Kunst in der gegenwärtigen Gesellschaft deren realen Bedingungen widerspricht, so ist die Gemeinschaftsmusik gescheitert. Musikalisch bedeutet sie wesentlich Simplifizierung und fällt hinter den Stand der musikalischen Produktivkräfte zurück; die Resultate sind meist nichts anderes als eine Verwässerung neusachlicher und neoklassizistischer Gebilde, deren Primitivität in ununterbrochenem Konflikt mit der modernen Tonsprache liegt, die dabei überall vorausgesetzt bleibt. In Deutschland kam ein sektiererhafter, fanatischer Haß gegen das Individuum und alle vorgeblich individualistischen Elemente der Musik hinzu, die man musikalisch überwunden meinte, indem man sie unterdrückte. Geist und Interpretation der Musik sollten ›kollektiv‹ sein. Dennoch hat den Massen gegenüber die kollektivistisch geplante Musik die Konkurrenz mit dem Schlagerbetrieb der leichten nie aufzunehmen vermocht. Schließlich ist die deutsche Gemeinschaftsmusik in der politischen untergegangen. Die einzigen Versuche kollektivistischer Musik, die wirklich Neues brachten und über die leere Beteuerung der Verbundenheit hinausgingen, waren die Werke von Hanns Eisler.

Formen in der neuen Musik. In bezug auf größere Formen lassen sich am wenigsten einheitliche Tendenzen in der neuen Musikbewegung feststellen. Der Neoklassizismus manipuliert zitierend vergangene Formtypen, ohne deren Widerspruch zu seinem eigenen Material viel nachzufragen: ja, der Widerspruch ist ein Ferment seiner Wirkung. Die Musik der Schönbergschule ist unmittelbar aus der kritischen Auseinandersetzung mit den großen ›dynamischen‹ Formen der sogenannten klassischen Musik, insbesondere Sonate und Variation, hervorgegangen. Während die früheren Werke Schönbergs bis zur expressionistischen Phase diese Formen selber benutzen, einzig sie durch motivische Arbeit und Polyphonie kontrahierend, nehmen die Werke seiner Spätzeit, seit der Erfindung der Zwölftontechnik, die Probleme dieser traditionellen Formen als solche der Konstruktion wieder auf. Nur der Expressionismus hat ganz auf vorgegebene Formen verzichtet. Aber charakteristischer Weise hat er entweder sich auf sehr knappe Stücke beschränkt, die das Formproblem als das einer Auseinandersetzung mit der musikalischen Zeit gar nicht aufkommen lassen, oder zur Organisation der Formen das dichterische Wort hereingezogen. Eine Ausnahme bildet nur etwa das letzte der Orchesterstücke aus op. 16, das »obligate Rezitativ«, das sich um prosaartige, ganz freie und dennoch zwangvoll logische Formgebung bemüht. Die Ansätze nach dieser Richtung, am weitesten im Monodram »Erwartung« getrieben, sind außer in dem ›athematischen‹ Stil Alois Hábas und seiner Schule bis heute kaum aufgenommen worden. Einer großen expressionistischen Prosaform recht nahe kommt der freilich stets noch rondoähnliche zweite Satz aus Alban Bergs Streichquartett op. 3. In der Sphäre der Zwölftontechnik drängte sich durch die ausgiebige Benutzung des ›Krebses‹ auch für die Formbildung als ein neues Prinzip die vollständige Rückläufigkeit, kreisförmige Geschlossenheit auf. Ein Modell dafür stellte schon vor der Zwölftontechnik der krebsgängige Doppelkanon des Pierrot lunaire. Besonders Alban Berg hat mit solchen Formen operiert: es finden sich bei ihm zahlreiche, sei's wörtlich sei's andeutungsweise, rückläufige Sätze, von denen das Adagio des Kammerkonzerts, das Allegro misterioso der Lyrischen Suite und das große Orchesterzwischenspiel der Lulu genannt seien. Eine ähnliche Linie hat Křenek verfolgt. Berg, bei dem der Aufteilung in kleinste musikalische Atome der planende Wille zur großen Architektur beigesellt ist, hat das Problem der großen Form immer aufs neue in Angriff genommen. Zu den merkwürdigsten Ergebnissen seiner Formbehandlung zählt der erste Satz der Lyrischen Suite, eine Sonatenform ohne Durchführung, und die »Monoritmica« der Lulu, ein großer, wiederum rückläufiger Satz, dessen Zusammenhang durch einen kunstvoll behandelten Grundrhythmus erzielt wird.

Bei Schönberg treten die Formfragen seit dem ersten Satz des III. Streichquartetts wieder in den Vordergrund, der unter Verzicht auf sonatenartige Gliederung eine Ostinato-Bewegung über weite Strecken festhält und dabei große thematische Komplexe einander gegenüberstellt, ohne das Schema von Durchführung und Reprise zu bemühen. Intentionen dieser Art beherrschen völlig das IV. Streichquartett und das Violinkonzert, Werke, die zwar dem Geiste nach durchaus sonatenhaft, dialektisch gebaut sind und Themen formulieren, entwickeln und festhalten, ohne jedoch dabei irgend vorgegebene Schemata heranzuziehen. Der erste Satz des Violinkonzerts ist eine Kombination von Sonaten- und Scherzocharakter.

Wenn es überhaupt möglich ist, etwas wie eine ›Idee‹ der Formgestaltung in der neuen Musik zu bezeichnen, dann möchte man als solche Idee die der statischen Form angeben: einer Form, in der jedes einzelne Ereignis gleich nahe zum Mittelpunkt liegt, in der

Begriffe wie Entwicklung und Fortgang – wenn auch in den verschiedenen Schulen aus ganz verschiedenen Gründen – mehr und mehr ihren Sinn verlieren und in der in einem gewissen Sinn die Musik zur Zeit indifferent sich verhält. Strawinsky unterstreicht den ›stehenden‹ Charakter seiner Musik durch die willentlich undynamische Anlage seiner Sätze; in der Zwölftontechnik stellt sich die Statik fast gegen den Willen der Komponisten, durch das Schwergewicht des Materials her. Merkwürdig genug ist die neue Musik gerade in dieser Idee dem Impressionismus aufs tiefste verwandt, dem sie in jeder anderen Hinsicht opponiert. Man kann Schönbergs allerjüngste Produktion als den Versuch betrachten, aus dieser Statik auszubrechen, während Strawinsky in ihr eigentlich das unverrückbare und verpflichtende Gesetz der neuen musikalischen Sprache zu statuieren sucht.

Motorik, eine besonders während der Anfänge der neuen Musikbewegung vorwaltende Kompositionsweise, die den Zusammenhang zwischen den musikalischen Einzelereignissen durch eine gleichmäßige, ununterbrochen stampfende Bewegung herzustellen unternimmt. Das Prinzip ist dem des Perpetuum mobile aus dem 19. Jahrhundert und gewissen Spielformen aus dem 18. verwandt. Es unterscheidet sich aber von ihnen dadurch, daß hier, nach dem Fortfall der traditionellen harmonischen Bindemittel, der kontinuierlichen Bewegung *allein* formbildende Funktion zugemutet wird, und daß die Vorstellung des Maschinellen hereinspielt, die – jazzähnlich – die Zählzeiten starr fixiert und zugleich durch stoßweise, unregelmäßige Gegenakzente Abwechslung zu schaffen sich bemüht. Einfache Beispiele für Motorik sind gewisse Stücke von Bartók (Allegro barbaro, 2. Satz des Zweiten Quartetts) und Hindemith (Finale des Quartetts op. 16). Die Primitivität und Eintönigkeit des Verfahrens ist früh empfunden worden. Man hat sich vor allem damit zu helfen gesucht, daß man, bei Beibehaltung der Grundbewegung, die Gegenakzente zu unregelmäßigen rhythmischen Gruppen entwickelte, so daß simultan starre Identität der Zählzeiten und größte Mannigfaltigkeit der Taktart herrscht. Durch die frühe Aufstellung dieses Prinzips hat Strawinsky den größten Einfluß zumal auf die junge Generation der westlichen Länder ausgeübt. Das charakteristische Modell dieser Variante des motorischen Stils ist der Tanz des Opfers aus dem Sacre du printemps. Andere Komponisten, voran Hindemith (Erstes Klavierkonzert) haben versucht, den motorischen Stil durch Einbeziehung kontrapunktischer Imitatorik auszugestalten.

Jazz, der Stil der von Amerika etwa seit dem ersten Weltkrieg ausgehenden und seitdem über die ganze Welt verbreiteten, von einem kleineren oder größeren Ensemble – der »band« – gespielten Tanzmusik. Dieser Stil ist in erster Linie einer der *Darstellung*. Er bezog sich ursprünglich auf paraphrasierende, zumal rhythmische Improvisationen sei's einzelner Spieler, sei's des ganzen Ensembles, im Rahmen vorgegebener, meist sehr simpler Kompositionen. In der kommerziellen Praxis ist die Improvisation mehr und mehr verdrängt worden. An ihre Stelle ist das Jazz-Arrangement getreten, die zuweilen äußerst raffinierte Bearbeitung der zugrunde liegenden Kompositionen durch Spezialisten, entweder Standardbearbeitungen für allgemeinen Gebrauch oder Spezialbearbeitungen für bestimmte bands. Das Ausgangsmaterial dieser Bearbeitungen aber bilden, mit wenigen Ausnahmen, entweder fest etablierte ältere oder jeweils kurrente, von einer kleinen Gruppe von Verlegern lancierte Schlagermelodien, die ihrerseits sehr häufig mit dem Jazzstil als solchem nur wenig zu tun haben und in der verschiedensten Weise bearbeitet werden können. Eine Ausnahme machen nur die von vornherein auf Jazz-Arrangements angelegten »Rhythm Numbers«.
Das sinnfälligste Charakteristikum des Jazzstils ist das Vorwalten der Synkope und von erweiterten synkopierten Bildungen, die von sich aus zu neuen Symmetrien – »Scheintakten« – zusammentreten. Schon der einfache Cakewalk-Rhythmus läßt sich im Sinne von Scheintakten 3/16 + 3/16 + 2/16 im Rahmen des Zweivierteltaktes auffassen. Entscheidend aber sind nicht die Synkopen als solche, die dem ursprünglich improvisatorischen Element entsprechen, sondern deren Relation zu einer maschinenhaft starr festgehaltenen Grundzählzeit, die entweder durch Viertelschläge markiert oder wenigstens schweigend respektiert und vorgestellt wird. Reiz und Verständnis des Jazz sind gebunden an die Simultaneität einer unverrückbaren Regelmäßigkeit und der Tendenz, aus dieser gleichsam herauszufallen oder zu stolpern, um doch stets wieder

auf sicherem rhythmischen Grunde zu landen. Der Jazz, so ließe sich sagen, unterwirft den Spieler und Hörer einem immerwährenden Test: wie weit sein musikalisches Bewußtsein es vermag, der Norm ein Schnippchen zu schlagen, ohne doch im Ernst jemals von ihr sich zu entfernen. Dieser Doppelcharakter ist dem Jazz in all seinen Elementen eigentümlich. Auch der Klang, der die Instrumente ›vokalisiert‹, ein Mechanisches subjektiv furniert, ohne doch die Vormacht des Mechanischen zu brechen, spiegelt die gleiche Intention wider.

Historisch ist der Jazzstil teils aus der Volksmusik der amerikanischen Neger (Spirituals und Blues), teils aus dem synkopierten amerikanischen Gassenhauer (Ditty) hervorgegangen, dessen Spuren bis in die dreißiger Jahre des vorigen Jahrhunderts zurückweisen. Seit W. Sargeants sorgfältigem und gelehrtem Buch »Jazz hot and hybrid« sind die Neger-Ursprünge klargestellt und in allen technischen Details identifiziert, zugleich aber der Glaube an die primitive Spontaneität des gegenwärtigen Jazz scharf zurückgewiesen. Von großer Bedeutung für die Ausbildung des Stils muß die Einführung des Gehtanzes gewesen sein, der den Grundrhythmus als marschähnlich definiert. Die Disposition des Jazzorchesters ist denn auch ohne die des Militärorchesters nicht denkbar. Die expressiven Elemente stammen aus der Salonmusik; die besonderen harmonischen Reizmittel aus dem Impressionismus. Die Idee des Jazz ist am nächsten verwandt der des Excentricclowns und der amerikanischen Filmgroteske. Doch hat die Forschung alle die letzteren Aspekte bislang weit weniger hervorgehoben als die volksmusikalischen. In der melodischen, harmonischen und metrischen Grundstruktur indessen steht der Jazz durchaus auf dem Boden der herkömmlichen Tanzmusik und hat diese zwar ornamentiert, aber nicht wesentlich verändert. Die Innovationen liegen vorwiegend im Bereich rhythmischer und instrumentaler Tricks. Die Spielweisen zumal von Klarinette, Trompete, Saxophon, Posaune und Schlagzeug haben dem Jazz sehr viel zu verdanken.

Der Jazzstil war bereits vor dem ersten Weltkrieg im Ragtime im wesentlichen ausgebildet. Dieser beschränkte sich aber aufs Klavier. Der erste Jazz-»fad« ergab sich mit dem Auftreten der ersten bands. Damals kam auch der Name Jazz auf. Da Grundidee und Spielregeln seitdem feststehen, kann von Geschichte im eigentlichen Sinn schwerlich die Rede sein. Es handelt sich vielmehr um Vorgänge nach Art des Wechsels der Kleidermoden. Dahinter steht vorab der Wille, den Absatz des immer Gleichen durch immer neue Aufmachung zu sichern und der jeweiligen Aufmachung durch rigorose ›Stilisierung‹ möglichst verpflichtenden Charakter zu geben. Mit der zunehmenden technischen und ökonomischen Konzentration der popular music industry und der damit gegebenen Standardisierung der Produkte nehmen die Stilwandlungen des Jazz schließlich den Charakter bloßer Manipulation zu Reklamezwekken an.

Soweit es echte Entwicklungstendenzen im Jazz gibt, hängen sie eben mit der Konzentrations- und Standardisierungsbewegung, und dem Willen, ihr sich zu entziehen, zusammen. Jazz, ursprünglich ein soziales Randphänomen, das vom Lumpenproletariat herkam, ist vom Betrieb der communication industry mehr und mehr geglättet, seiner bescheiden chokierenden Züge entäußert und vollkommen aufgesaugt worden. Die Tendenz zielt nach zwei Extremen: einmal dem Ausschleifen aller Ecken, dem Abstoßen aller ›Rohheiten‹ zugunsten eines möglichst runden, satten, oft überzukkerten Klanges; andererseits dem Ideal, Synkope und Scheintakt in ein kunstgewerblich elegantes, virtuoses Tricksystem zu bringen, das rhythmische Finesse und Harmlosigkeit vereint. Die Reklameworte Sweet und Swing bezeichnen diese beiden Extreme. Swing war zunächst eine von den besten Kapellen ausgehende Gegenbewegung gegen die Standardisierung und Glättung zugunsten kühneren und spontaneren Musizierens, wurde aber sogleich vom Betrieb ergriffen.

Erheblich war seit Debussy der Einfluß des Jazz auf die Kunstmusik beider Erdteile. Während fraglos viele seriöse Komponisten durch Anbiederung an die smarte und technisch avancierte Tanzmusik ihrer Isolierung zu entgehen und Anschluß an den Markt zu gewinnen hofften, muß zugestanden werden, daß es auch in der autonomeren Produktion kaum einen Namen gibt, der auf die Anregung des Jazz nicht irgend reagiert hätte. Das erklärt sich außer aus der vorgeblichen Zeitgemäßheit des Jazz rein musikalisch damit, daß die Emanzipation von den der Tonalität inhärenten Symmetrieverhältnissen, insbesondere vom Akzent auf dem guten Taktteil, dem Jazz sehr entgegenkam. Es seien nur Milhaud (Le bœuf sur le toit), Hindemith (Kammermusik op. 24, No. 1; Suite »1922«), Křenek (»Jonny spielt auf«), Kurt Weill (dessen Dreigroschenoper von Anbeginn in Jazz-Arrangements gespielt wurde) genannt. Das wichtigste Resultat der Begegnung dürften Strawinskys »Ragtime« und Piano Rag Music, vor allem aber die Histoire du soldat sein. In der letzteren ist die gesamte Jazztechnik, insbesondere die des Schlagzeugs, einer kompositorischen Intention dienstbar gemacht und gleichsam durch diese gedeutet.

Dissonanz in der neuen Musik. Der Kristallisationspunkt aller neuen Tendenzen der Harmonik ist die Dissonanz, die in der Tonsprache fast sämtlicher Schulen ins Zentrum rückt und von der schließlich auch die neuen Strukturen des harmonischen Zusammenhangs sich herleiten lassen. Die Verselbständigung der Dissonanz hat sich während der Romantik vollzogen. Die Dissonanz ist der wesentlichste Ausdrucksträger, Symbol für Schmerz und Leid. Sie hat zugleich eine rein musikalische Bedeutung, nämlich die, der Herrschaft der musikalischen Formel, des tonalen Dreiklangssystems so weit wie möglich sich zu entziehen und die Einmaligkeit des musikalischen Augenblicks durch ein einmaliges, konkretes, nicht clichéhaftes Mittel zu realisieren. Diese beiden Tendenzen der Dissonanz sind schließlich in der neuen Musik ganz frei gesetzt worden. Aber schon um die Mitte des 19. Jahrhunderts geht Wagner (Walküre, II. Akt, einen Takt vor dem großen Ausbruch Wotans »O heilige Schmach«) zur Bildung eines Akkords, der sechs verschiedene Töne (c-f-as-des-ces-eses) enthält, und in dem, durch die Lage voneinander getrennt, die vier durchs Intervall der kleinen Sekunde aufs schärfste dissonierenden Töne ces-c-des-eses simultan auftreten; ein Akkord also von dem Typus, wie er besonders in einer bestimmten Phase der freien Atonalität eine große Rolle spielt. Solche Dissonanzen lassen sich selbstverständlich allesamt im Sinn der traditionellen Harmonielehre durch ›harmoniefremde‹ Töne (Kombination von Orgelpunkt und Vorhaltsbildung) erklären, treten aber durch eine besondere Ausdruckskraft und Pointierung so in den Vordergrund, daß sie den Charakter einer gewissen Selbständigkeit annehmen und weithin als ›Akkorde‹ eigener Art, unabhängig von ihrer Genesis im harmonischen Schema, aufgefaßt werden. Diese Tendenz zur Verselbständigung der Dissonanz nimmt beim späten Wagner so zu, daß gewisse Zusammenklänge wie Akkorde von der Form e-cis-g-b-f in der Götterdämmerung (Rheintöchterdrohung) und im Parsifal (Kundrymotiv, besonders bei Parsifals Ausbruch »Amfortas! Die Wunde!«) geradezu als Leitakkorde fungieren. In der gesamten Wagnernachfolge ist das Bereich der Dissonanz immer mehr ausgebreitet worden. Einen gewissen Umschlagpunkt bedeutet der Wiedererkennungsakkord in der Orestszene von Richard Straussens Elektra, der sieben verschiedene Töne enthält. Er steht nicht mehr als Ausdruck der Verzweiflung, sondern um die einander widersprechenden, auf- und niederwogenden Empfindungen des ekstatischen Augenblicks widerzuspiegeln: ein gleichsam in sich selbst bewegter und artikulierter Akkord. Von da an wird die Dissonanz fähig, alle Möglichkeiten des Ausdrucks auf sich zu nehmen; der Gegensatz Konsonanz = Lust und Dissonanz = Schmerz wird hinfällig, der Konsonanzbegriff verliert seine Geltung und damit, in seiner Universalität, schließlich auch der Dissonanzbegriff selber. Es gibt nur noch Dissonanz und damit gar keine mehr. Am Ende dieser Entwicklung hört die universale Dissonanz auf, überhaupt noch wesentlich expressiv zu fungieren und wird zum harmonischen Material, ganz frei von den Fesseln des tonalen Schemas, ganz artikuliert und ›polyphon‹ in sich selber, zum harmonischen Medium einer konstruktiven Verfahrungsweise. Diese Entwicklung jedoch hat sich nicht mehr bei Strauss abgespielt, in dessen Musik die Dissonanzen, selbst die kühnsten, stets als versprengte Einzelwirkungen stehen blieben und vom tonalen Schema revoziert wurden. Die Totalität der Dissonanz ist vorab durch Arnold Schönberg erzwungen worden, der zugleich mit der expressiven Entwicklung der Dissonanz diese rein musikalisch aus der Konstruktion entwickelte und aus ihr selber konstruktive Konsequenzen zog. Seine theoretische Kritik am Begriff des harmoniefremden Tons, seine Einführung bisher verbotener Umkehrungen dissonierender Akkorde (schon in der Verklärten Nacht), die Einbeziehung der Quartenharmonik, die immer stärkere Heranziehung von großer Septime und kleiner None zur Artikulation des Akkords in sich selbst, das polyphonische Übereinanderlagern ganzer harmonischer Komplexe in der Glücklichen Hand – all dies deutet in die gleiche Richtung, die Statuierung des Prinzips der Dissonanz als des verbindlichen der harmonischen Selektion. Doch sind andere Autoren an der Ausbreitung des Dissonanzprinzips beteiligt gewesen. Die impressionistische Harmonik wurde besonders von Ravel im Sinn der Verselbständigung der Dissonanz entwickelt. Ähnliche Züge finden sich beim frühen Schreker. Strawinsky hat die Dissonanz, im Gegensatz zu ihrer psychologischen Funktion in der Romantik, zum Bild des extremen physischen Schmerzes gemacht (Sacre du printemps), hat sie als Sprengmittel der musikalischen ›Kultur‹ durch Dissoziation der Harmonie in ›falsche Noten‹ benutzt und schließlich im Neoklassizismus zur Verhärtung der harmonischen Zelle. Der sehr weitgehende Gebrauch der Dissonanz bei Bartók resultiert teils aus der Schärfung des impressionistischen Kommas zur kleinen Sekunde, teils aus dem Willen, dem volksmusikalischen Intervall der neutralen Terz durch Kopplung der kleinen und großen ein kunstmusikalisches Äquivalent zu schaffen (nachgewiesen von E. v. d. Nüll). Wann immer in der neuen Musik Dissonanzen auftreten, macht sich einer der hier angedeuteten Typen der Dissonanz-Behandlung fühlbar. Die Bewegungstendenz der dissonanten Harmonik scheint damit gegeben zu sein, daß jeder der mehrtönigen Klänge virtuell in einen solchen treibt, der diejenigen Töne der chromatischen Skala bringt, die jener nicht selbst enthält (komplementäre Harmonik). Diese Tendenz, spürbar seit dem Tristan, ist am deutlichsten ausgeformt in gewissen mehr homophon gedachten Momenten des Expressionismus, z. B. in der »Erwartung«, und der Zwölftonmusik. Die konformistische Wendung der neuen Musik fällt weithin mit einer Milderung der Dissonanz durch deren Rückbeziehung auf das tonale Schema zusammen.

Kammerorchester, eine seit 35 Jahren existierende und für die neue Musikbewegung in ihrer Breite überaus charakteristische Form des Ensembles. Das erste Werk für Kammerorchester ist Schönbergs Kammersymphonie (1906). Von ganz anderer Seite her kam Richard Strauss mit der Ariadne dem Kammerorchester nahe. Die beiden exemplarischen kammerorchestralen Werke, denen zahllose andere nachgefolgt sind, waren Schönbergs Pierrot lunaire und Strawinskys Histoire du soldat. Die Idee des Kammerorchesters wird nicht durch eine bestimmte Besetzung bezeichnet. Der Umfang der herangezogenen Mittel kann von dem des klassischen kleinen Orchesters bis zu ganz kleinen Kammerbesetzungen reichen. Straussens Ariadne und Schönbergs Zweite Kammersymphonie gehören dem ersteren, die Quintettbesetzung des Pierrot dem letzteren Typus an. Entscheidend vielmehr ist, daß der volle Reichtum der Klangfarben, weit hinausgehend über die traditionelle vom Streichquartett determinierte Kammermusik, dem Ideal solistischer Wirkungen dienstbar gemacht wird. Dabei spielen die Holzbläser eine besondere Rolle, während die unendliche Streicherperspektive des neuromantischen Orchesters ebenso wie die ›Pedalwirkungen‹ der Hörner negiert werden. Das Grundprinzip des Kammerorchesters ist, den kompakten und schwimmenden Tuttiklang in einer in sich völlig artikulierten Durchsichtigkeit aufzulösen. Während das Kammerorchester einer außerordentlichen Verfeinerung der farblichen Wirkungen zustrebt, ist es zugleich bestimmt durch den Wunsch, ohne schmückendes Beiwerk, ohne Verdoppelungen, ohne harmonische Füllstimmen die musikalische Konstruktion als solche möglichst angemessen darzustellen. Die Erfordernisse der realen Polyphonie der neuen Musik spielen dabei die ausschlaggebende Rolle: die fünfzehn Instrumente von Schönbergs Erster Kammersymphonie sind gewählt, um die teilweise sehr verwickelten kontrapunktischen Vorgänge möglichst sinnfällig zu machen. So ist die Idee des Kammerorchesters der der ›Sachlichkeit‹ aufs engste verwandt. Unter den jüngeren Komponisten zeigt vor allem das gesamte œuvre von Hindemith durch die Technik des Kammerorchester sich bestimmt.

Neue Polyphonie. Die Tendenz zu real vielstimmigen Bildungen, die für die neue Musik charakteristisch, wenn auch keineswegs universal ist, kann nicht einfach als Gegenschlag gegen das Vorwalten akkordisch-homophonen Denkens in der ganzen Generalbaßperiode und insbesondere der Romantik verstanden werden. Sie hat weit bestimmtere technische Gründe und ist eine Funktion der neuen Kompositionsidee selber. Das auf Brahms und eigentlich Beethoven zurückdatierende Streben nach vollkommener Ökonomie, nach Ausschluß jedes Zufälligen, nicht der thematischen Substanz selber Entspringenden, führt notwendig zu einer Durchbildung alles dessen, was früher bloße harmonische Füllstimme war. Das vormals Akzidentielle wird in Beziehung zum thematischen Hauptereignis gesetzt und damit die sekundäre Stimme mehr und mehr profiliert und verselbständigt. Es ist für diesen Vorgang überaus bezeichnend, daß beim früheren Schönberg die meisten Begleitstimmen aus ›Resten‹ von Hauptstimmen gewonnen sind und festgehalten werden, während die Hauptereignisse bereits gewechselt haben. Weiter wird durch die anwachsende Dichte und Konzentration der thematischen Beziehungen die umständliche Sukzession thematischer Expositionen und Entwicklungen als dekonzentriert und schwach empfunden. Die Straffung der Relationen der Zeitfolge involviert eine Straffung auch der simultanen Ereignisse, wenn nicht horizontale und vertikale Dimension des Komponierens auseinanderweisen sollen. Daher die Neigung, Entwicklungen, die man früher nacheinander gebracht hätte, gleichsam übereinander zu legen und kontrapunktisch-kombinatorisch zu behandeln. Dieser Schritt ist besonders deutlich zwischen Schönbergs Erstem Quartett und der wesentlich kürzeren Ersten Kammersymphonie, deren große Durchführung ebenso wie die späteren Partien wesentlich in komplizierter Kanonik und in Themenkombinationen besteht. Die harmonische Tendenz zur Dissonanz kommt dem sehr entgegen, einmal, indem sie der Polyphonie Zusammenklänge freigibt, die früher ausgeschlossen waren, dann, indem jeder Akkord durch seine eigene reale Vielstimmigkeit bereits virtuell polyphon ist. Schließlich gehören die polyphonen Techniken der Imitatorik und Kanonik nach dem Fortfall des tonalen Bezugssystems zunächst zu den sinnfälligsten Mitteln des musikalischen Zusammenhalts, obwohl gerade ihre Sinnfälligkeit leicht den Charakter des Mechanischen annimmt und Schönberg ihnen gegenüber immer wieder größte Behutsamkeit hat walten lassen.

Der Primat der Polyphonie gilt eigentlich nur in der Schönbergschule. Die Zwölftontechnik terminiert in einer Art von ›reinem‹ polyphonen Satz. Ursprüngliche, sehr stark polyphone Tendenzen hat Křenek. Die Polyphonie Hindemiths entspringt teils im Rückgriff auf die alte, teils in der instrumentalen Vorstellung: das Problem des harmonischen Sinnes der Polyphonie tritt bei ihm zugunsten des Zusammenhangs der Bewegung sehr zurück. Insgesamt ist es die Bedeutung der Polyphonie, durch die sich der Stil der neuen Musik im Umkreis Deutschlands – vor Hitler – von dem der westlichen wie der slawischen Länder unterscheidet, die bei aller harmonischen Differenzierung, aller instrumentalen Plastik der Einzelstimme das Prinzip der realen Mehrstimmigkeit kaum je anerkennen.

Musikalischer Impressionismus. Der populäre Sprachgebrauch versteht unter musikalischem Impressionismus alle Musik, die in irgendeiner Weise subjektive Reflexe auf Reize der sichtbaren Welt festzuhalten trachtet. Als Stilbegriff aber ist Impressionismus wesentlich enger zu fassen, wofern er nicht mit schildernder Programmusik einerseits und mit spätromantischer Stimmungsmusik andererseits ganz verfließen soll. Man wird dann Impressionismus nicht durch die ohnehin stets problematische Beziehung auf die gegenständliche Welt zu definieren haben, sondern durch die eigene technische Verfahrungsweise. Darunter wird man aber am ehesten jene verstehen, welche die Musik der Malerei des französischen Impressionismus abgelernt hat, ohne dabei stets und in allen Fällen an die Wiedergabe von ›Eindrücken‹ zu denken. Bei dieser Übernahme entspricht dem malerischen Begriff der Atmosphäre der des schwebenden, nicht durch bestimmte Konturen gebundenen Klangs, wie er ursprünglich aus den Pedaleffekten zumal des Lisztschen Klaviersatzes und der davon abgeleiteten Orchestertechnik sich ergab. Das Ideal solchen Klangs involviert die Auflösung aller kompakten Flächen. Den ›Kommata‹ der Malerei entsprechen musikalisch kleinste tupfenähnliche Klangeinheiten, die zu einem opalisierenden, ungemein differenzierten und jede gröbere Artikulation vermeidenden Ganzen verschwimmen. Das wird nicht nur durch die instrumentale Setzweise – etwa das *laisser vibrer* des Klaviers – gefördert, sondern besonders auch durch die Wahl der harmonischen Mittel. Indem in die Akkorde entfernter liegende Obertöne einbezogen werden, wird gewissermaßen in jedem Klang sein irrationales ›Schwingen‹, das sonst lediglich als Funktion der subjektiven Wahrnehmung erscheint, real auskomponiert. Die gebräuchlichste harmonische Formel, die das bewerkstelligt, ist der große Nonenakkord, während als ›Kommata‹ simultane Sekunden, die ihrerseits wieder auf den Nonenakkord zurückweisen, verwandt werden. Die durch solche Mittel gegebenen Klangkomplexe werden eher verschoben als entwickelt: anstelle harmonischen Stufendenkens tritt die parallele Fortbewegung der Akkorde, welche kaum harmonische Spannungen austrägt. Der ›schwebende‹, nicht eigentlich fortschreitende Klang resultiert oftmals in einem gleichsam unausgelösten, suspendierten Reiz, schmeichelnd zugleich und quälend. Solchen Wirkungen dient vorab der Gebrauch des übermäßigen Dreiklangs und der von ihm abgeleiteten Ganztonskala.

Die Tendenz zur Suspension des musikalischen Verlaufs dürfte das zentrale Prinzip des Impressionismus bezeichnen. Man kann diesen geradezu definieren als eine Musik, die in Symbiose mit der Malerei tritt, nicht in dem Sinn, daß sie äußere Gegenstände abbildet, sondern daß sie auf eigentliche zeitliche Gestaltung verzichtet und in der Zeit so hängen bleibt wie ein Bild im Raum. Daher der eigentümlich statische, oftmals gleichsam präludierende Charakter so vieler impressionistischer Musik. Die Auflösung in kleinste Einheiten hat im Impressionismus niemals den Sinn ›motivischer Arbeit‹, sondern lediglich den, den Klang so aufzuteilen, daß er in der Zeit schwebend still gehalten wird. Die Schwierigkeit des Hörens besteht daher darin, nicht auf ›Melodien‹, nicht auf motivische oder thematische Entwicklungen oder Steigerungen zu warten, überhaupt die Musik gar nicht in Kategorien ihres zeitlichen Verlaufs zu hören, sondern gleichsam räumlich, simultan. Da alle Musik in der Zeit verläuft, ist diese Idee des Impressionismus paradox in sich selber und niemals wörtlich realisiert, sondern stets nur durch kunstreiche Veranstaltungen symbolisiert. Sie erklärt aber, daß der Impressionismus durchwegs mit kürzeren Formen sich bescheidet, daß er auf Polyphonie ebenso verzichtet wie auf melodische Gestaltung im traditionellen Sinn und daß er fast ganz in der Schaustellung harmonischer und koloristischer Komplexe besteht, deren melodisch-motivischer Kern so reduziert ist, daß auch er im Grunde nur nach harmonisch-klanglicher Deutung verlangt. Die Insistenz des Impressionismus auf den sogenannten natürlichen Obertonverhältnissen bringt es mit sich, daß an die Dreiklangsgrundlage und an die Voraussetzungen der Tonalität selber nicht gerührt wird. Die Bindung an die Tonalität setzt zugleich der Aufgelöstheit des impressionistischen Idioms selber enge Grenzen. Dadurch unterscheidet sich der Impressionismus von anderen ›aufgelösten‹ Kompositionsweisen, insbesondere der des Expressionismus.

Der hier entwickelte Begriff des Impressionismus bezeichnet dessen Idee. Er ist von extremer Art und keineswegs in der Breite der ›impressionistischen‹ Produktion realisiert. Am nächsten kommt ihm die mittlere Periode Debussys. Während dessen frühe Werke, auch die innovatorischen wie das Prélude à l'après-midi d'un faune und das Streichquartett, zwar alle Elemente der impressionistischen Sprache enthalten, aber auf eine traditionellere Vorstellung des musikalischen Verlaufs anwenden, machen die Spätwerke Debussys den Versuch, aus den Klängen konturierte musikalische Konstruktionen aufzubauen. Sie verhalten sich zum orthodoxen Impressionismus vergleichsweise wie Cézanne zum malerischen. Ravel gehört dem Impressionismus mehr dem Vokabular als der Formidee nach an, nur seine früheren Klavierstücke können als impressionistisch in einem einigermaßen strengen Sinn gelten. Bei Dukas, der eine Zeitlang mit Debussy zusammen genannt wurde, ist das impressionistische Ideal von Anfang an ins Süße gemildert. Die Strenge der Debussystischen Auswahlprinzipien ist so wenig wie die Subtilität seiner Verfahrungsweise von irgendeinem anderen Impressionisten erreicht worden. In einem erweiterten Sinn könnte man einer gewissen lockeren Pinselführung wegen, welche die Farbe von den vorgegebenen Schemata emanzipiert, bei Strauss von etwas wie deutschem Impressionismus reden, obwohl er wiederum das impressionistische Vokabular niemals angenommen hat. Der Idee der schwebenden, impressionistischen Statik ist Skrjabin eng verwandt. Schließlich bietet das impressionistische Denken in harmonisch-koloristischen Komplexen die Voraussetzungen, von denen die Entwicklung Strawinskys ausging.

Neue Musik, Sammelbegriff für alle die musikalischen Strömungen etwa seit dem Impressionismus, denen ein bestimmter Charakter von Modernität zukommt, in dem Sinn, daß sie aus der Kontinuität der musikalischen Entwicklung zunächst ausbrechen, chokhaft die musikalische Sprache entfremden und dem kontemplativ genießenden Publikums-Geschmack den Krieg ansagen. Es besagt dabei wenig, ob und in welchem Maße einige der untereinander divergenten Richtungen der neuen Musik später mit dem Publikum ihren Frieden gemacht oder sogar geradeswegs kollektivistischen Tendenzen sich verschrieben haben. Entscheidend ist die Erfahrung des Bruches selber, von der auch jene neue Musik, die später eingelenkt hat, sich nicht hat freimachen können. Die Kategorie des Bruches und der jähen Entfremdung wird dem Phänomen tiefer gerecht als die der ›Antiromantik‹, unter welcher man akademisch die meisten Repräsentanten der neuen Musik zusammenzufassen pflegt, obwohl der Begriff des Antiromantischen dem Epigonen- und Mitläufertum den bequemsten Spielraum läßt. Das sinnfälligste Zeichen des Bruchs ist die Verselbständigung der Dissonanz, die ursprünglich bei allen Schulen der neuen Musik sich beobachten läßt und die noch überall dort nachwirkt, wo man l'ordre après le désordre proklamiert. Auf der Schwelle zur neuen Musik steht der

Impressionismus, der bereits deutlich den Charakter technologischer Modernität aufweist, dabei aber einigermaßen bruchlos von der traditionellen Sprache der Musik ausgeht. Als charakteristische Schulen der neuen Musik werden behandelt: Expressionismus, Neue Sachlichkeit, Gemeinschaftsmusik, Neoklassizismus, zwölftontechnischer Konstruktivismus. Dem wären etwa noch radikal folkloristische Tendenzen wie die von Bartók, dem früheren Strawinsky und in gewissem Sinn auch Janáček zuzuzählen, welche versucht haben, die Dur-Moll-Tonalität der abendländischen Musik und alle mit ihr musikalisch zusammenhängenden Strukturen durch Rückgriff auf eine ältere, vortonale Tonsprache oder auf musikalische Idiome, die von der abendländischen Musikkultur nicht vollständig erfaßt worden sind, zu durchbrechen. Besonders in den Anfängen hat der radikale Folklorismus Innovationen durchgesetzt, die mit der Blut- und Bodenromantik der faschistischen Ära nichts gemein haben und in vielem mit den avanciertesten Intentionen des Expressionismus sich berühren. Es liegt hier eine weitgehende Analogie zur bildenden Kunst vor.

Es versteht sich danach, daß der Begriff der neuen Musik keineswegs mit dem der zeitgenössischen übereinstimmt. So liegt etwa das Werk von Richard Strauss in seiner Ganzheit vor der Schwelle der neuen Musik, obwohl Salome und Elektra hart an der Grenze stehen. Das gleiche gilt für Reger, der die Chromatisierungstendenz bis ins Extrem treibt, und für Mahler, dessen letzte Werke die eigentliche Vermittlung zwischen Schönberg und der Wiener Tradition darstellen. Schließlich sei ausdrücklich vermerkt, daß neben der neuen Musik überall traditionalistische Kompositionsweisen herlaufen, insbesondere die Ausläufer der neudeutschen (Wagnerischen) Schule, des Impressionismus und älterer akademischer Richtungen wie der von Brahms und César Franck.

Konstruktion in der neuen Musik. Wenn es überhaupt möglich ist, einen Fluchtpunkt der Entwicklungslinien der neuen Musik zu bezeichnen, so wäre er wohl als Ideal der Konstruktion zu benennen. Die verschiedenen Versuche zur Emanzipation der musikalischen Sprache von den Fesseln ihrer traditionalen Gebundenheit und ihrer Reorganisierung konvergieren in dem Willen, das musikalische Naturmaterial nach allen seinen Dimensionen der bewußten und planenden Verfügung durch den Komponisten zu unterwerfen. Es zeichnet sich ab die Vorstellung eines integralen musikalischen Kunstwerks, in dem jedes Moment seine Existenz einzig der Funktion im Ganzen verdankt und in dem das Eigengewicht aller Materialien zugunsten der durchorganisierten Einheit des Ganzen aufgehoben ist. In einer solchen Musik herrscht das vollständige Ökonomieprinzip: nichts Überflüssiges wird geduldet. Es herrscht weiter das Prinzip totaler Determination: jedes Detail erschöpft sich im Dienst an der vorgeordneten Ganzheit. Alle blinden, irrationalen, ›treibenden‹ Momente werden liquidiert: daher die virtuelle Statik, daher auch die kritische, obgleich nicht blank eindeutige Stellung zum Moment der Expression. Das Kunstwerk nähert sich dem Bilde absoluter technischer Zweckmäßigkeit in sich selber an. Das heißt, technisch gesprochen, daß die Disproportionalitäten zwischen den verschiedenen Dimensionen des Komponierens zu beseitigen versucht werden. Die Spannungen zwischen Melodik und Akkordik, zwischen harmonischem und kontrapunktischem Denken, zwischen fugalem und Sonatenwesen werden tendenziell abgeschafft. In der Zwölftontechnik herrscht im Prinzip Gleichheit der vertikalen und horizontalen Struktur. Die dissonierenden Akkorde sind ›in sich‹ polyphon, während die kontrapunktischen Linien sich harmonisch ergänzen. Weberns letzte Arbeiten erreichen vollkommene Indifferenz von Sonaten- und imitatorischer Form. Die Farbe wird zum gleichberechtigten Element der Konstruktion, zugleich aber gänzlich durch diese, durch die Forderung der Deutlichkeit, bestimmt. Während der Neoklassizismus gleichsam das Bild solcher totalen Konstruktion spielerisch, aus Geschmack und in einer besonderen Gestik, entwirft, ist es der Sinn der Zwölftontechnik, das integrale Kunstwerk rein aus den Bedingungen des Materials heraus gänzlich zu realisieren. Ob freilich in der Idee des Konstruktivismus die Impulse der neuen Musik sich erschöpfen, ob nicht die Sprengkraft ihrer früheren Phasen über die vollkommene Ökonomie des Gebildes wiederum herausdrängen wird, ist fraglich. Die letzten Arbeiten Schönbergs lassen zumindest vermuten, daß mit der totalen Erfassung des Einzelnen durchs Ganze auch musikalisch nicht das letzte Wort gesprochen sei.

Polytonalität, Kompositionsstil, der in der simultanen Verwendung musikalischer Gestalten aus verschiedenen Tonarten besteht, sei es, daß ganze Gebilde in verschiedenen Tonarten erscheinen, sei es, daß wenigstens Akkorde verschiedener, entfernter Tonarten kombiniert werden. Eines der frühesten Beispiele für Polytonalität dürfte sich in Bartóks Bagatellen op. 6 (1908) finden. Die Polytonalität spielt dann insbesondere im Frankreich der ersten Nachkriegsjahre in der Schule der Six (vor allem Milhaud) eine Rolle. Strawinskys Harmonik, vor allem im Sacre du printemps, steht in manchem der Polytonalität nahe, von deutschen Komponisten haben Schreker und später gelegentlich Křenek (»Durch die Nacht«) mit polytonalen Mitteln operiert. Der Ursprung der Polytonalität ist doppelter Art. Sie war einmal nahegelegt durch die Einbeziehung der entfernter liegenden Obertöne der Harmonie, wie denn Debussy und Ravel (Violinsonate) polytonale Tendenzen zeigen. Zum andern resultiert Polytonalität aus der literarischen Vorstellung des Ineinander-Klingens von Musik räumlich verschiedenen Ursprungs, wie sie ebenfalls im Impressionismus angelegt ist und dann besonders durch gewisse szenische Ideen Strawinskys (Petruschka) gefördert wurde. Nach dem Zerfall der Tonalität bot sich das polytonale Verfahren, neben der ihm verwandten Technik des Ostinato, der rhythmischen Motorik und der parallelen Stimmverschiebung, als eines der bequemsten und handgreiflichsten Mittel zur Organisation vieltöniger, komplexer Harmonik an, die durch die stets noch fühlbaren Tendenzen der beiden kombinierten Tonarten von der Logik der traditionellen Musik profitiert. Die Äußerlichkeit des Organisationsmittels jedoch und die Beziehungslosigkeit der polytonalen Teilkomplexe untereinander haben den Reiz rasch abgestumpft und die polytonalen Möglichkeiten erschöpft.

Musikalischer Neoklassizismus, der seit etwa 1920 verbreitetste Stil der modernen Musik. Nachdruck ist dabei zu legen auf den Begriff des Stils. Denn wenn es überhaupt möglich ist, den Neoklassizismus innerhalb der ›neuen Sachlichkeit‹ in einem weiteren Sinn zu spezifizieren, dann eben dadurch, daß der Neoklassizismus den Versuch darstellt, die antiromantischen Tendenzen, die zunächst dem Stilisationsprinzip der Musik widersprechen und diese als ein undistanziertes Abbild des sinnleeren, mechanischen Lebens zu verstehen trachten, durch einen Entschluß gleichsam zum Stil zu erheben. Er will den verpflichtenden Charakter von Musik aufs neue dekretieren, die Sinnlosigkeit von gestern als positiven Sinn von morgen behaupten. Das Mittel dazu ist der Rückgriff auf sogenannte ›vorklassische‹ musikalische Modelle, auf Bach, Händel, Pergolesi, Scarlatti u.v.a. Entscheidend dabei ist der vorindividualistische und vorbürgerliche Charakter der beschworenen Modelle, die der subjektiven Dynamik, der Psychologie, dem funktionalen Übergang so wenig Raum lassen wie einem ›feuchten‹ Klang einer leittönigen Harmonik und jeglicher Transzendenz der musikalischen Gestaltung. Hervorgehoben wird der Spielcharakter der Musik; die Idee des Konzerts im älteren Sinn bietet das liebste Vorbild des Neoklassizismus, wie denn auch die neoklassizistische Bewegung zahllose Konzerte produziert hat. Die Tonsprache jedoch, auf welche jene Modelle angewandt werden, besteht wesentlich aus dem Vokabular, das die moderne Musikgeschichte dem Neoklassizismus hinterließ. Überall wirken teils Elemente der Emanzipation von der Tonalität und der dissonierenden Harmonik, teils des Impressionismus nach. Diese Elemente sind aber gewissermaßen stillgestellt oder gefroren: sie werden nicht länger im Sinn des Übergangsprinzips mit andern verknüpft, sondern atomisiert und durch einen architektonischen Plan in pointierter Härte und Kälte nebeneinander gesetzt. Der Neoklassizismus in seiner konsequenten Gestalt – die freilich von den meisten Gefolgsleuten sei's mißverstanden sei's bequem abgemildert wurde – bedeutet die Rekonstruktion der vorbürgerlichen und vordynamischen Musikformen durch das Diktat eines musikalischen Ingenieurs, der jene Formen durch die Montage der beziehungslos gemachten Fragmente der gegenwärtigen Tonsprache herstellt. Die Wirkung des echten Neoklassizismus beruht gerade in dem Widerspiel zwischen der vorgesetzten Form und der atomistischen, oft chokhaften Entfremdung der Elemente voneinander. Es erhellt daraus, daß der Neoklassizismus nicht einfach als eine kunstgewerbliche Wiederaufwärmung entschwundener Objektivität, sondern als der sehr genaue, zeitgemäße und avancierte Ausdruck der verhängnisvollsten und drohendsten, aber höchst realen gesellschaftlichen Tendenzen der gegenwärtigen Situation zu betrachten ist. Die Wahrheit des

Neoklassizismus liegt in der Rücksichtslosigkeit, mit der er jene Drohung einbekennt.

Die hier entwickelte extreme Idee des Neoklassizismus ist streng nur von Strawinsky vertreten. Der größte Teil seiner Werke gehört dem Neoklassizismus an. Als sein Klavierkonzert erschien, sah man eine radikale Abwendung von den vermeintlich radikalen Tendenzen seiner früheren Perioden. Rückblickend zeigt sich, daß sich zwar der Gestus der Werke, kaum aber die eigentlich musikalische Substanz geändert hat. Die Harmonik etwa des Oktetts und der Noces oder selbst der Histoire du soldat ist von der verschobenen, dissonant versetzten der neo-klassizistischen Periode gar nicht so sehr verschieden. Die Änderung, die sich vollzogen hat, besteht eigentlich nur darin, daß eine Tonsprache, die ursprünglich dem Ausdruck der Negativität und des Zerfalls diente, fast ohne eine Änderung zu erfahren, mit einem Mal so präsentiert wird, daß die vordem desillusionierten Formen als positiv und als Bindung vorgestellt werden, die jenes aufgelöste Material umfangen sollen, das zuvor eben der Denunziation jener Formen diente. Es ist überaus bezeichnend, daß bei zwei andern berühmten Repräsentanten des Neoklassizismus fast genau die gleiche Umdeutung der Negativität ins vorgebliche Gesetz sich ereignete wie bei Strawinsky: bei Hindemith, nach Werken wie dem Nusch-Nuschi und der Kammermusik op. 24, No. 1, mit dem Marienleben; bei Kurt Weill nach der Dreigroschenoper und Mahagonny mit dem Jasager und der Bürgschaft. Freilich mag in diesen beiden Fällen die Abhängigkeit vom Vorbild Strawinskys mitspielen.

Eine eingehende technische Analyse der neo-klassizistischen Kompositionsweise steht noch aus. Wesentlich ist die Handhabung der Tonalität so, daß alle ›organizistischen‹, vermittelnden Tendenzen ausgeschlossen werden. Die Harmonik ist durch Dissonanzen getrübt, die meist aus ›harmoniefremden‹ Tönen gebildet sind, deren ›Auflösung‹ abgebogen oder ausgespart wird. Die Kadenzen werden gleichsam auseinandergezupft. Die Melodiebildung beschränkt sich oft auf kleine und nicht entwickelte, sondern wiederholte Tongruppen. Darin wirkt deutlich der Impressionismus nach, ebenso wie in dem entwicklungslosen Aneinanderfügen von Komplexen, nur daß diese nicht länger solche des schwebenden, vagen Klangs, sondern vielmehr überdeutliche abgesetzte Figurationen sind. Die Kontrapunktik des Neoklassizismus blieb bei Strawinsky auffallend lange unentfaltet; die kontrapunktischen Neigungen Hindemiths weisen auf andere Zusammenhänge zurück (Reger). In der Bildung der größeren Form sind die vorklassischen Modelle am deutlichsten, freilich bei Strawinsky auch diese fast stets verschoben und kunstvoll entfremdet. Der Instrumentationsstil strebt Deutlichkeit und Nüchternheit an, ohne wie der des späten Schönberg die Differenziertheit der Komposition selber auszudrücken. Statt dessen bemüht sich die neo-klassizistische Instrumentation, darin wieder dem Gegenbild des Neoklassizismus, dem Impressionismus verwandt, darum, möglichst instrumentengerecht, aus der besonderen Spielweise jedes einzelnen Instruments heraus zu setzen, nicht aus Klangphantasie neue Wirkungen und Mischungen zu erproben.

Der Neoklassizismus war literarisch vorbereitet durch den Kampf Nietzsches gegen Wagner und durch die Schriften von Busoni und Cocteau (»Le coq et l'arlequin«, 1919), die beide auf Nietzsche zurückgehen. Von großem Einfluß waren weiter die Ballettkunst von Diaghilew und die späte Malweise von Picasso, die freilich niemals zu jener Art von Konformismus sich hergab wie die neo-klassizistische Musik. Im Gegensatz zu Picasso hat Strawinsky am Neoklassizismus festgehalten, ohne sich auch nur die leiseste anarchische Abweichung zu gestatten. Die äußersten Konsequenzen aus der neo-klassizistischen Doktrin – mit starken Rückverbindungen zum Dadaismus – hat Erik Satie gezogen, dessen »Socrate« (1918) heute noch vielen als reinstes Paradigma des Neoklassizismus gilt. Strawinsky hat den Neoklassizismus ins Bereich meisterlichen, voll über die Mittel verfügenden Komponierens versetzt. Doch sind auch im Rahmen des einmal etablierten Stils seine neoklassizistischen Werke überaus ungleich: sehr schwachen und substanzlosen wie der Klavierserenade, dem Apollon Musagète und dem Duo Concertante stehen sehr reiche und artikulierte Gebilde wie das Capriccio für Klavier und Orchester und das Konzert für zwei Klaviere oder die überaus hintergründige Tschaikowsky-Phantasmagorie Le baiser de la fée gegenüber. Soweit sich von einer Entwicklungstendenz des neoklassizistischen Strawinsky reden läßt, geht sie fraglos in der Richtung, der kahlen und zuweilen die Langeweile streifenden Verfahrungsweise reichere und vielfältigere Kompositionsmittel zuzuführen. Hindemith hat den Neoklassizismus der deutschen Kompositionstradition assimiliert und ihn aus seiner Starrheit gelöst, damit aber die Idee ins ›Musikantische‹ gemildert und die provokatorischen Züge ganz abgestoßen. Meister wie Bartók (1. Klavierkonzert) und Ravel in seiner letzten Zeit zeigten sich vom Neoklassizismus beeinflußt. Die jungen Komponisten fast aller Länder haben sich der Richtung verschrieben; seit Debussy ist kein Komponist soviel imitiert worden wie Strawinsky. Der gefährliche Anreiz des Neoklassizismus liegt darin, daß er den bequemen Weg darstellt, zugleich harmlos traditionalistisch und mit dem Anschein der Modernität zu komponieren. Dadurch bedroht fraglos der Neoklassizismus heute die Sauberkeit des technischen Kompositionsniveaus einer ganzen Generation.

1942

Atonales Intermezzo?

Der Aufsatz »Scarlattiana« von Alfredo Casella, den der »Anbruch« publizierte*, um seine überaus drastische These zur Diskussion zu stellen, hat es wider Erwarten nicht vermocht, solche Diskussion zu erzwingen. Es läßt sich das verstehen: den einen, die gewiß viele sind, hat Casellas Manifest derart aus der Seele gesprochen, daß sie eigenes nicht mehr hinzufügen mögen, so wenig jemals einer ein Manifest ergänzt, dessen Parole er folgt. Den anderen ist die Fragestellung so radikal entgegen, daß sie nicht einmal in dialektischen Kontakt mit ihr kommen; ihnen fehlt die kritische Einsatzmöglichkeit ihrer völligen Distanz wegen, und wo sie sich ihnen etwa gleichwohl bietet, verzichten sie eher, als daß sie die Region betreten, der Casellas Argumente entstammen. Wenn trotz Schönbergs Antwort**, die solchen Ursprungs ist und fast die weitere Diskussion ausschließt, weil der, dessen Recht zur Antwort das größte wäre, zu antworten verschmäht – wenn trotz jener schlagend lakonischen Antwort die Erörterung nochmals aufgenommen wird, so nicht darum, weil das Versprechen der Debatte billig eingelöst werden soll, nachdem die Debatte tatsächlich nicht zustande kam. Sondern die Meinung Casellas ist derart repräsentativ für die Zeitstimmung, betrifft so unmittelbar die meisten heutigen Musiker bis in ihre materielle Existenz, daß sie trotz aller Schwierigkeit, ihr polemisch zu begegnen, näher untersucht werden muß. Casellas Aufsatz bietet einen Fall gründlicher Entscheidung. Ich versuche es, einiges zu jener Entscheidung zu formulieren. Schönberg konnte auf die Entgegnung verzichten, weil sein ganzes Werk als Entgegnung, als die allein beweisende, einsteht. Meine Absicht ist nur, auf einige Züge jener Entgegnung hinzuweisen, die an den Sachen längst sich vollzog, ehe nur der Angriff

* *Vgl. Anbruch 11 (1929), S. 26ff. (Heft 1, Januar '29).*

** *Vgl. Arnold Schönberg, Zu Casellas Aufsatz »Scarlattiana«, in: Anbruch 11 (1929), S. 79 (Heft 2, Februar '29).*

erfolgte. Es wird dabei freilich nicht möglich sein, in purer musikalischer Immanenz zu beharren: so wenig Musik selber in ihr beharrt. Vielmehr ist das Problem soziologischer Erkenntnis einzuordnen, wie es sich heute zuvorderst als soziologisches Problem darstellt.

Das Programm Casellas ist bewußte, deklarierte *Reaktion*. Er verhält sich konsequenter als artistische Reaktionäre, die nicht wissen, was sie tun; ihm ist die Reaktion nicht Gegenstand freier ästhetischer Wahl, sondern er führt sie auf ihre realen gesellschaftlichen Bedingungen zurück. Er begründet unmißverständlich den Neoklassizismus durch den Faschismus. Ihr Zusammenhang wurde freilich nicht von Casella entdeckt. Ich habe ihn bereits 1927, im Septemberheft der »Musik«, bei Gelegenheit einer kritischen Betrachtung des Frankfurter Festes der Internationalen Gesellschaft für Neue Musik behauptet und von einer Stabilisierung der Musik gesprochen, die sich beeilt, der Stabilisierung der Wirtschaft zu folgen*. Ich suchte damals den fortgeschrittenen hochindustriellen Ländern den Neoklassizismus, den zurückgebliebenen bäuerlich-agrarischen den Folklorismus zuzuordnen und machte schließlich für die besondere Situation der faschistischen Staaten Italien und Spanien die Annahme eines kostümierten, gespielten Folklorismus, der es überhaupt nicht mehr mit der volksmäßigen Tradition selber zu tun hat, sondern zu ideologischem Zweck deren Surrogat herstellt. Solcher nachträglichen Tradition und planmäßig bewirtschafteten Volkskunst dient Casellas Aufsatz. Es ist hier einmal wenigstens die soziologische Destruktion der ideologischen Konstruktion voraus gewesen; die aufklärende Theorie der praktischen Verdunkelung. Gewiß ließ sich erwarten, daß der neue europäische Nationalismus nationalistische Kunst fordern werde; das Bodenständige ausspielen gegen das rational Erhellte und Aufgelöste, das kollektiv Verwertbare gegen den heute bereits wieder bedrohlich anarchischen Einzelnen; die traditionelle Oberflächenstruktur gegen die Freiheit einbrechender Phantasie. Überraschung bietet Casella bloß damit, daß er solche Aktion nicht unter der Voraussetzung geheiligter Autonomie der Geistesgeschichte beginnt, son-

* *Vgl. jetzt Gesammelte Schriften, Bd. 19: Musikalische Schriften VI, Frankfurt a. M. 1984, S. 100ff.*

dern daß er die Abhängigkeit seines Kunstprogrammes von der politischen Entwicklung selber zugesteht. Den Aufweis solcher Abhängigkeit würden sonst seine Gesinnungsfreunde gewiß als skeptische Zersetzung zu hintertreiben wissen; im Rausch neuer Sachlichkeit entzaubert er die eigene Ideologie. Er spricht aus, was gemeinhin sorgsam verhüllt wird, er stellt klar, daß die heutige Stabilisierung der Musik sich beliebig der Politik anpaßt. Dies Anpassungsverhältnis ist aber durchschaubar als ideologischer Art: kein dunkler gemeinsamer Seinsgrund läßt sich für beide, Politik und Musik, aufspüren, sondern die stabilisierte Musik richtet sich blank nach Interesse und Diktat der herrschenden Klasse. Wes Brot ich ess', des Lied ich sing': der schärfste Einwand gegen jegliche Kunstübung, die den Anspruch auf Wahrheit bewahren möchte, wird von Casellas Argumentation geliefert. Sein Manifest wirkt klärend und destruktiv. Man bekommt von unverdächtiger Instanz bestätigt, was in der Tat mit neuer Gemeinschaftskunst, Rückkehr zur Natur und klarer Serenitas gemeint ist. Sie werden aufgerufen vom Geiste des Faschismus: nicht vom geschichtlichen Stande der Musik.

Die *Argumentation* Casellas wurde bereits von Ernst Křenek scharfsinnig verfolgt*. Gleichwohl ist sie nochmals zu betrachten. Křenek nimmt eine Haltung ein, die jede prinzipielle Aussage über Kunst verwehren, durch einzelne empirische Befunde ersetzen möchte. Das läßt sich nach der jahrzehntelangen Verdeckung der konkreten ästhetischen Probleme durch den hohlen Apriorismus der abstrakt-idealistischen Kunstlehre gewiß verstehen, ist jedoch nicht ganz durchzuhalten gegenüber der Macht tatsächlicher geschichtlicher Erkenntnis, die nicht allein Theorie aus sich entläßt, sondern, um irgend faßlich zu werden, bereits theoretische Bestände voraussetzt. Křenek kritisiert etwa – übrigens sehr richtig – Casellas Begriff der *Ordnung*, den er um seiner Vieldeutigkeit willen ganz aus der Diskussion ausschließen möchte. Allein es ist völlig klar, welche Ordnung Casella meint und damit die Diskussion über Ordnung bereits zureichend konkretisiert. Casellas Ordnung ist die naturwüchsige, eine Art Ständesystem der Musik, darin

* *Vgl. Ernst Křenek, Zu Casellas Aufsatz »Scarlattiana«, in: Anbruch 11 (1929), S. 79f. (Heft 2, Februar '29).*

die Nebenstufen sich ebenso willig der Tonika und der Dominante unterwerfen wie im faschistischen Staat Arbeiter und private Unternehmer den staatlich-autoritären Syndikaten. Er konstruiert dagegen Romantik nicht bloß als Sphäre des musikalisch-expressiven Individualismus – deren Krise keiner abstreiten wird – sondern er meint damit alle musikalischen Intentionen, die jene vorgeblich naturwüchsige, statische und geschichtslose Ordnung der Musik zerstören könnten. Sehr geschickt verwendet Casella dabei den Doppelsinn des Wortes Ordnung: er gebraucht den Begriff voraussetzungsvoll, nämlich als eine solche naturwüchsige und statische Ordnung, und bezichtigt dann alle die chaotischer Kunstgesinnung, die seinem Ordnungsbegriff nicht genügen. Der aber ist keineswegs der Begriff von Ordnung schlechthin, sondern der Ordnung einer Epoche lediglich; einer solchen, in der keine subjektive Dynamik das Gefüge der einfachsten musikalischen Naturgegebenheiten erschütterte, zugleich, im Sinne seiner nationalistischen Ideologie, in die schon die dramatische Subjektivität Verdis sich nicht mehr einfügt, die Blüteperiode der italienischen Instrumentalmusik, das endende 17. und das 18. Jahrhundert. Die Ordnung, die Casella vertritt, ist eine *vorgegebene* Ordnung, eine, in der, um nochmals auf Křenek einzugehen, tatsächlich »das Individuum in bezug auf das Material stärker gebunden« ist; weil nämlich das Material der Musik längst noch nicht so tief vom freizügigen Individuum durchdrungen ward wie späterhin. Jene alte Ordnung aber ist tot. Was darin vorkam, hat sich innermusikalisch längst ausgelebt; Restitutionsversuche sind Sache ideologischer, zurückgebliebener Kleinbürger und erledigen sich sogleich. Die gesellschaftlichen Voraussetzungen jener Musik sind vergangen: den Feudalismus vermag im Stande der kapitalistisch durchrationalisierten Wirtschaft nicht einmal der Faschismus wiederherzustellen, so daß selbst, wer das Lied des Brotherrn singt, eine ästhetizistische Fiktion begeht, wenn er das 17. Jahrhundert als Muster nimmt: es ist dann nicht mehr das Lied des Brotherrn, sondern allenfalls gehört es zu dessen Wunschtraum, auch so ein Lied zu haben; es bleibt so unwirklich wie Wunschträume. Längst haben andere Ordnungen in der Musik bestanden als die des feudalen Kollektivs: die Ordnung der Romantik war beherrscht von der bürgerlichen Vorstellung der Einheit der Person, die sich Persönlichkeit nannte. Sie verging, aber sie war nicht weniger Ordnung als die des 18. Jahrhunderts und dem Stande der gesellschaftlichen Realität nicht weniger angemessen als jene. Heute vielleicht beginnt musikalisch die rational erhellte Konstruktion über der bloßen Naturbestimmtheit des Materials endlich sich durchzusetzen: Ordnung in ganz verändertem Sinn, der nicht aus vergangener Ordnung geschöpft werden kann; möglich ohne die Fiktion eines Kollektivbewußtseins, das es ja doch real nicht mehr gibt. »Ordnung ist in jeder Kunst notwendig«, sagt Casella, ohne mit der formalen Feststellung jemand zu überraschen. Aber Ordnung, so fragwürdig das Wort wurde, gibt es heute in Kunst so gut wie je: nur keine kollektiv verbindliche – nämlich mangels eines geeigneten Kollektivs – sondern bloß eine solche, die ihr Maß in sich selber trägt und sich rechtfertigt durch den Erkenntnisstand, den sie in sich selber bewährt. Auch die Ordnung, die Casella meint, wäre ja nicht vom Kollektiv vorgegeben, nicht, wie man das in jener Schicht so gern nennt, ›organisch gewachsen‹ – sie wäre abstrakt nach dem Muster eines vergangenen Kollektivs konstruiert, um den kollektiven Fiktionsgebilden des romantischen Faschismus als Ideologie zu dienen. Der Antiromantiker Casella ist weit romantischer, als was heute an Romantik in Musik sich irgend noch vorfindet: er möchte aus der musikalischen Aktualität in das Traumreich einer sinnerfüllten Epoche entfliehen, die unerreichbar ist und die es nicht gab.

Die Doppeldeutigkeit des Begriffes Ordnung kommt daran zutage, daß bei Casella Ordnung mit *tonaler* Ordnung gleichgesetzt wird. Es zählt zu den großen Leistungen von Schönbergs Harmonielehre, daß dort aufgezeigt ist, Tonalität sei nicht die naturhaft ewige Ordnung der Dinge, sondern die vergängliche der begrenzten und überschaubaren Periode. Wieviel Ordnung oder, besser anstelle des polizeistaatlichen Begriffes, wieviel Form jenseits der verfallenen tonalen Bindungen zu realisieren war, sollte man Casella, dem vormaligen Propagator des Pierrot lunaire, nicht vorstellen müssen. Die ›klassische‹ Konstruktion ist wohl aufgehoben – aber einer helleren, rationaleren und mächtigeren Konstruktion gewichen, die sich nicht mit vergangenen Kulturtiteln etikettieren läßt, die aber in Schönbergs letzten Werken objektiv evident ist, mag sie auch den Hörern noch nicht evident sein. Zurückzuweisen ist die Geste, mit der Casella erklärt: »Ich brauche hier nicht gegen eine Richtung zu polemisieren, die heute beinahe so überwunden ist wie der Kubismus in der Malerei.« Doch, er brauchte es, denn die Tatsache, daß eine erhebliche Zahl von Komponisten mit der ökonomischen Stabilisierung sich umstellte, sich umstellen mußte, um leben zu können, weil die neue Bourgeoisie geholfen haben wollte, den Krieg mit dem bedrohlichen Einbruch veränderten Bewußtseins zu vergessen, diese Tatsache beweist nichts gegen das Recht der hartnäkkigen Komponisten, aus der eigenen Situation bündig die Konsequenzen zu ziehen. Daß von einer Aufhebung der thematischen Arbeit durch Atonalität keine Rede sein kann, ist jedem evident, der sich dort näher umgetan hat – daß allerdings thematische Arbeit als ewiges Gesetz musikalischer Gestaltung zu gelten habe, ist Casella wieder zu bestreiten: allein die Partitur von Schönbergs Erwartung zeigt, daß sich auch unter Verzicht auf alle herkömmliche thematische Arbeit nicht nur sinnvoll, sondern in höchster Plastik und Klarheit komponieren läßt. Wenn die atonale Musik in Italien nicht heimisch wurde, so bestätigt das tatsächlich bloß, daß dort die Veränderung des musikalischen Bewußtseins in Breite so wenig noch gelang wie sonstwo – zudem hat Italien, gerade was Harmonik anlangt, noch sein 19. Jahrhundert nachzuholen, und es darf darum nicht verwundern, wenn dort Atonalität fremder als in anderen Ländern ist, weil der Chromatisierungsprozeß noch nicht weit genug getrieben ward. Immerhin sind die besten Arbeiten von Casella und Malipiero gerade solche, die sich radikal von der Tonalität schieden. Daß schließlich, wer heute ein Reaktionär, sich morgen in der Avantgarde finden könne, sagt nicht, daß er heute in Wahrheit kein Reaktionär sei, sondern bloß einiges gegen die Zuverlässigkeit snobistischer Avantgarden. Wenn freilich Casella selber den Princeps der Avantgardereaktion als Snob verdächtigt, Strawinsky nämlich, gegen den der Passus über Paris ja fraglos gerichtet ist, so scheint er damit den Ursprung der eigenen Bemühungen zu verleugnen: Zeichen der dämonischen Größe Strawinskys, dem nicht einmal Faschisten die Klassizität des Oedipus recht glauben, nachdem er zuvor die gleiche Klassizität in Pulcinella unter teuflisch-anmutige Ironie gesetzt. Gegen die serene Schollenkunst, die Casella avisiert, wären jedenfalls die drohend ausgehöhlten Masken des Pariser Snobismus zu verteidigen. Gleichwohl ist zu notieren, daß Casella im faschistischen Manifest der Musik sich an die scheinhaft verspielte Herkunft dessen erinnern muß, was er als schlichten Ernst und Credo neuer Kollektivität lancieren möchte. Er ahnt, daß er weit eher ein tonales Intermezzo als die angemessene Kunst einer Menschheit liefert, die »sich nach Klarheit und freudigem Optimismus sehnt«, offenbar aber doch, eben weil sie sich sehnt, jene schätzbaren Güter nicht besitzt.

Es bleibt übrig, zuzuschauen, was die Rede vom atonalen Intermezzo sagen will: sie spiegelt nicht allein die Meinung des Faschisten Casella, sondern ist symptomatisch für die Zeitstimmung in einiger Breite.

Man hat sich gewöhnt, den Begriff der Atonalität zunächst durch Angriffe auf das *Wort* zu diskreditieren – Musik ohne Töne, atonale Musik gebe es nicht, weiß der reaktionäre Spießer; versierte Leute sagen, jeder denke unter Atonalität etwas anderes, es sei also überhaupt nichts Rechtes darunter zu denken. Der Verdacht kann nicht unterdrückt werden, man bekämpfte darum so gerne das Wort atonal, weil man durch terminologische Erörterungen die Sache meint aus der Welt diskutieren zu können. Der Ausdruck ist nicht so schlecht wie man ihn macht: er stößt energisch vom Gewesenen und von der Konfusion mit Gewesenem ab. Am glücklichsten, will sagen, am besten legitimiert durch geschichtliche Aktualität scheint die Definition von Westphal, der atonal die »funktionslose« Harmonik nennt. Es wäre danach sinnvoll, eine solche Musik als atonal zu bezeichnen, bei der weder die einzelnen Akkorde noch ihr Zusammenhang als Riemannsche Funktionen darstellbar sind. Dagegen läßt sich zunächst einwenden, daß es auch solche Musik gebe, deren einzelne Akkorde tonal, also etwa aus leitereigenen Tönen einer bestimmten Tonart konstruiert seien, die aber dennoch als atonal zu gelten hätten. Man wird daraus entnehmen, daß der Zusammenhang der Akkorde als Kriterium für Tonalität oder Atonalität wichtiger ist als der Einzelakkord; vieles von Strawinsky etwa muß trotz der leitereigenen Beschaffenheit der meisten Harmonien als atonal gelten, weil die Zuordnung der Akkorde zueinander ohne funktionell-tonale Beziehung geschieht; wobei als tonal übrigens nicht bloß leitereigene, sondern auch modulatorische Zusammenhänge anzusehen sind, wie denn umgekehrt Reger, bei dem kaum ein Akkord eindeutig *einer* bestimmten Tonart zuzuordnen wäre, trotzdem kraft der rein funktionellen Struktur seiner

Modulatorik ein tonaler Komponist ist. Man kann weiter gegen die Scheidung tonaler und atonaler Musik vorbringen, es ließen sich schließlich alle überhaupt möglichen harmonischen Ereignisse auf dem Koordinatensystem der – erweiterten – Riemannschen Funktionslehre eintragen. Zugestanden: aber es lassen sich eben die Fälle ausschließen, bei denen die Darstellung so komplizierte Alterationen heranziehen muß, daß die Funktionsverhältnisse als solche überhaupt nicht mehr kenntlich sind. Es wird zudem das Ohr – ganz schwierige Grenzfälle wie den letzten Skrjabin ausgenommen – allgemein am Phänomen unmittelbar unterscheiden können, wo man es mit funktionell oder funktionslos, mit tonal oder atonal zu tun hat. Gewiß ist zwischen beiden der Grenzübergang kontinuierlich. Aber die Scheidung von zwei Sphären künstlerischer Verfahrungsweise, die sich ja nicht nach Definitionen, sondern in Geschichte bilden, kann überhaupt nicht mathematisierend vollzogen werden, sondern nur durch Bestimmung extremer Begriffe, auf die das dazwischenliegende Material interpretiert wird. Die Scheidung von tonal und atonal ist trotz aller einsichtigen Problematik der Begriffe festzuhalten.

Man muß wiederholen: die Ablösung von der funktionellen Harmonik wurde durch den Zerfall der tonalen Einheiten selber, durch die Verselbständigung der Nebenstufen, durch den Rechtsanspruch der kontrapunktischen Linien zwangvoll inauguriert. Atonalität ist nicht Zufallsprodukt experimentierenden Willens, sondern gefordert von der aktuellen Erkenntnis des geschichtlichen Standes von Musik und Musikmaterial. Je vollständiger solche Erkenntnis sich bewährt, je ›reiner‹ atonal ein Werk neuer Musik ist, um so mehr ist ihm zu vertrauen; nicht zufällig sind die Werke der höchsten technisch-immanenten Stimmigkeit die zugleich, in denen Atonalität sich am vollkommensten auskristallisiert. Nicht die Werke der Mitläufer – von Mitläufern reden ja die am liebsten, die hinterher laufen –, nicht die technisch wahllosen und unkontrollierten, sondern gerade die gefügtesten und strengsten, die modefernsten auch, machen mit Atonalität Ernst. Stets noch ist die atonale Musik die fortgeschrittenste dieser Tage; jene andere, die zwar auch mit dem funktionslosen Klang wirtschaftet, aber an den Stützpunkten tonaler Akkorde sich hält, um nicht umzufallen, ist dagegen zurückgeblieben und vermittelnd – wahrhaft Intermezzo zwischen dem vergangenen und dem gegenwärtigen Stadium der Musik. Kein Werk der musikalischen Gegenwart weist sich nach Intention und technischen Kriterien so verbindlich aus wie das Schönbergs, dessen Zwölftonverfahren Atonalität auf den Generalnenner bringt: es ist zu vermuten, daß der strikten und ausgeformten Atonalität Dauer zukommt und nicht denen, die nachträglich mit dem Gewesenen paktieren wollten, nachdem es der Vermittlung nicht erst mehr bedarf; auch denen nicht, die die neuen Mittel sogleich ihres neuen Formsinnes berauben und sie mit den alten zu einem kunstgewerblichen Brei zusammenrühren. Atonalität ist nicht eine Art zuchtloser Anregung, die zunächst von ehrlichen oder unehrlichen Maklern konsumfähig gemacht werden muß, während sie bei sich selber einsame Kuriosität bliebe. Sondern in Atonalität begibt sich die eigentlich konsequente, erkennende Musik der Zeit, und alle die verfälschen sie, die sie mit Elementen des Vergangenen durchsetzen.

So endlich wird das Interesse durchschaubar, Atonalität als Intermezzo anzusetzen. Es ist da zunächst die Rancune derer im Spiel, die nicht mitkamen, die sich wohl, wie sie es nennen, anregen ließen, aber nicht die Kraft fanden, aus dem tonal aufgelockerten Material die Folgerungen zu ziehen. Entscheidend wirken *inhaltliche* Motive. Atonalität ist nicht Sache einer luftdicht gegen die Außenwelt abgeschlossenen Musikgeschichte, sondern die Durchbrechung der tonalen Grenzen hat *reale* Bedeutung: es verzichtet ein Bewußtsein auf Tonalität, das sich nicht mehr bei der naturhaften Statik seiner Existenzbedingungen zu bescheiden gedenkt, sondern dessen aufrührerische Produktivkraft sich selber evident wird. Sie will nicht nur die naturalen Voraussetzungen verändern mehr, sondern trachtet das Naturmaterial in die Gewalt zu nehmen und in engster Fühlung mit dessen Art, aber frei von seinem dämonischen Zwang, es intentional zu durchdringen. Solcher Wille ist aber nicht isoliert musikalisch, sondern zugleich, ob auch uneingestandenermaßen, politisch. Solange der unveränderte Bestand von Natur als einem Ewigen den Grund aller Ideologie und Reaktion abgibt, solange auch mögen Reaktionäre jeden Schlages Musik nicht leiden, in der eine Naturewigkeit entzaubert wird, an deren Erhaltung sie gar zu großes Interesse haben. Nicht umsonst steht in Schönbergs Harmonielehre zentral die Polemik gegen die Obertontheorie als eine Methode »zurück zur Natur«. Das »Vorwärts zur Natur«, das er dem entgegenstellt, ist bereits ähnlich einer Kampfansage wider den trägen Bestand des natürlich Seienden, einer politischen Parole gleich. Darum ist den dumpfen Musikanten wie den Faschisten Atonalität verhaßt. Weil sie sie nicht wegleugnen können, geben sie sie für überholt aus und gebärden sich, als ob sie weiter wären – sie haben bloß nochmals die Trümmer dessen stabilisiert, was unter dem Angriff des endlich freigesetzten Bewußtseins zerbrach. Sie wittern die Sprengkraft jener Musik; darum möchten sie sie in Vergangenheit rückdatieren. Aber es ist Hoffnung, daß das Intermezzo die Wände vergangenen Formwesens durchschlage, in die sie es sperren. Heute ist sie noch verkapselt wie eine Verschwörung. Besser als die Gewöhnung des trägen Fortschrittes hat extreme Reaktion verspürt, welche Gefahr ihr droht. Sie wird die Gefahr nicht bannen. Das Intermezzo ist die Zukunft der Musik.

1929

Gegen die neue Tonalität

Hanns Gutman hat in dem Aufsatz »Man trägt wieder Dur«* die Mode der neuen Tonalität charakterisiert. Er hat sie im Rahmen der allgemeinen Reaktion des Bewußtseinslebens erkannt und rechtmäßig mit den Bildern falscher Auferstehung zusammenmontiert, wie sie uns allerorten grüßen: langen Kleidern und Militärschwänken, der naiven Unbefangenheit und der befangenen Zensur. Die neue Tonalität bezeichnet einen Abschnitt an der breiten Front – oder wenigstens der sicheren Etappe – jener Bewegung, die mit der Stabilisierung begann und durch die Wirtschaftskrise, als einer Krise der Rationalisierung zumal, beschleunigt ward: des Einmarsches ins neunzehnte Jahrhundert. Während aber Gutman den gesellschaftlichen Ursprung der neuen Tonalität klar durchschaut, vermag er nicht, aus der allgemeinen Einsicht materiale Folgerungen zu ziehen und in ausgeführter ästhetischer Kritik zu konkretisieren, wofür die soziologische Analyse wahrhaft bloß den Rahmen bietet: daß die neue Tonalität ideologische Funktion besitzt; die gesellschaftliche Wirklichkeit verhüllend, scheinhaft bei sich selber. Gutman bleibt auf halbem Weg stehen. Zwar sieht er den sozialreaktionären Ursprung der neuen Tonalität oder wenigstens ihren Zusammenhang mit Phänomenen der allgemeinen Kulturreaktion, aber er weicht vor ihrem innerästhetischen Dasein zurück und hilft sich mit der bequemen Unterscheidung zwischen denen, die echt, und denen, die unecht neutonal sind. Diese Unterscheidung verschlägt vor der Frage nach Wahrheit oder Unwahrheit von Kunst so wenig wie jede psychologische. Denn wenn der Ursprung der neuen Tonalität ideologisch, im verhüllenden Interesse gelegen ist, dann sind die bona fide-Alttöner ebensolche Schwindler wie die ehrlichen Geschäftemacher unter ihnen; läßt sich aber bei den Wer-

* *Vgl. Hanns Gutman, Man trägt wieder Dur, in: Der Scheinwerfer. Blätter der Städtischen Bühnen Essen, Jg. 4 (1930/31), Heft 14 (März '31), S. 9ff.*

ken der neuen Tonalität ernstlich zwischen echt und unecht unterscheiden, so müssen die Kriterien in den Sachen und ihrer materialen Beschaffenheit liegen und nicht in einer Gesinnung, die sich jedem kritischen Maßstab entzieht und selber erst auf Grund der materialen Einsicht erschlossen werden kann.

An dieser Stelle setzt Gutmans fundamentaler Denkfehler an. Er nimmt die allgemeine Reaktion in geistesgeschichtlicher Vagheit, ohne die technische Konstitution der Kunstwerke als ihren eigentlichen Ort zu begreifen. Er spricht vom »Nonsens«, daß »Atonalität an sich revolutionär, Tonalität hingegen a priori rückschrittlich sei«. Ganz wohl, es können atonale Musiken erzreaktionär sein: wenn sie nämlich eine altmodische Formkonstruktion oder romantische Ausdruckskomplexe mit vieltönigen Akkorden verkleiden, aus denen kompositionell keine Konsequenzen gezogen werden. Aber die Entscheidung darüber läßt sich eben allein nach der Stimmigkeit oder Unstimmigkeit der kompositorischen *Technik* vollziehen. Gutman meint, daß »die zusammenklangliche Faktur einer Musik doch schließlich nur ein kompositionstechnisches Moment bedeutet; und es ist sehr fraglich, ob oder inwieweit ein technischer Befund Rückschlüsse auf die künstlerische Gesinnung zuläßt«. Von einer Musik ist uns aber nichts anderes sicher gegeben als ihre materiale Beschaffenheit; nichts, was sich nicht den Kategorien der ›Technik‹ schließlich einordnete; nur wenn ein veralteter Begriff von Kompositionstechnik, als des beliebig Erlernbaren, von der materialen Konstitution des Gebildes Ablöslichen zugrunde liegt, mag man außertechnische Momente an der klanglichen Erscheinung von Musik hervorheben, nämlich solche, die dem vorgegebenen, traditionalen Kanon der Technik sich nicht einordnen; versteht man aber unter Technik einzig die Gesetzmäßigkeit des Gebildes in sich, dann findet sich nichts, was ihrem Zusammenhang entzogen wäre. Als Instanz statt dessen die ›Gesinnung‹ einzusetzen, würde nicht nur das Werk jeder bündigen Kontrolle entziehen, sondern zugleich einen Rückfall in die Vorstellungen von Ausdruck und Schöpfertum bedeuten, von welchen zwar die neue Musik, keineswegs aber diejenigen unter ihren Apologeten sich frei zu machen beginnen, die anstelle der Frage nach der Sache und ihrer Verbindlichkeit die nach der psychischen Beschaffenheit der Autoren setzen; einer psychischen Beschaffenheit, die kunstkritisch nur insoweit interessiert, wie sie am Gebilde selber und seiner Stimmigkeit – also der ›Technik‹ – abgelesen werden kann. Wenn einer, »Sinding im Herzen, die tollsten Mißklänge zu Papier« bringt, so wird man das nicht feststellen können, indem man ihm geradeswegs ins Herz blickt, sondern daran, daß die Mißklänge Mißklänge sind, nämlich willkürlich und unverbunden in eine Musik eingeführt, deren immanente Struktur so anders geartet, so sehr nach herkömmlichen Symmetrieverhältnissen aufgebaut ist, daß in ihr die vieltönigen Akkorde als Mißklänge erscheinen. Es gibt keine Mißklänge an sich, sondern nur relativ auf die Totalstruktur einer Musik, und der Aufweis des Zusammenhanges ist Sache der technischen Analyse. Der geheime Sinding wird in den von Gutman gemeinten Fällen nicht in den Herzen, sondern zuvor in den Kompositionen stecken; unaufgelöste, ›geschlossene‹ Melodien werden sich über aufgelösten Klängen vorfinden; achttaktige Perioden mit Halb- und Ganzschlüssen werden harmonische Abfolgen gliedern, die solcher Symmetrie ihrer eigenen Beschaffenheit nach unangemessen sind; Akkorde, deren Spannungen bestimmte Stimmführungslösungen erheischen, werden statt dessen parallel verschoben, und es wird so auf Kosten ihrer eigenen Gesetzmäßigkeit, nach Analogie der tonalen, eine Faßlichkeit herbeigeführt, die über die materialen Forderungen täuscht. Die so operieren, sind Schwindler; aber nicht bloß im Sinne der Tonalität, die sie verschleiern, ohne sie zu brechen, sondern gerade auch im Sinne der Atonalität, die sie spielen, ohne ihrem Rechtsanspruch zu genügen. Kritik, die über eine strenge Idee von Atonalität verfügt, kann sie besser und strenger überführen als die herkömmliche tonale, nach deren Gesichtspunkten nicht verfahren werden kann, wo die Forderungen der neuen Akkorde überhaupt nicht ins Blickfeld treten.

Den atonalen Schwindlern entsprechen – nach Gutman und in der Tat – die neutonalen. Er nimmt nun eine legitime und eine illegitime Rückkehr zur Tonalität an, ohne dafür technische Kriterien anzugeben, weil ihm ja der technische Befund keine Rückschlüsse auf die ›Gesinnung‹ erlaubt. Statt dessen unterscheidet er zwischen ›Wegbereitern‹ und ›Mitläufern‹ – Worten, deren Klang ihn allein skeptisch machen sollte, da er gar zu deutlich an ein abgestandenes Persönlichkeitsideal mahnt, dem niemand lauter opponiert als die Wortführer des musikalischen Neoklassizismus, dem es ja – laut

Gutman – vorab um die »Verbindlichkeit« zu tun ist. Mit dem Vertrauen zu unseren Großen ist nicht mehr zu helfen angesichts einer Situation, in der Strawinsky nicht weiß, ob er seine Psalmensymphonie dem lieben Gott oder dem Bostoner Symphonieorchester zu widmen hat, und in der Hindemith seit Jahren immer wieder das gleiche Kammerkonzert, für wechselnde Besetzung, schreibt und nur dadurch variiert, daß er immer energischer dem Genre sich zukehrt; einem Biedermeier, dem Gutman sonst nicht so hold ist. Die Autorität der Persönlichkeit verdient keinen Kredit mehr. Sie wird scheinbar gestützt durch den polemischen Begriff des ›Snobismus‹, der die Mitläufer abfertigen soll. Aber auch dessen demokratischem Anspruch sollte man sich nicht gutwillig überlassen. Denn von jeher haben Reaktionäre den Begriff des Snobismus gehandhabt, um neue, fremd begegnende Haltungen zu diskreditieren, indem sie dagegen ihre eigene, gewohnte und allgemeinverständliche Haltung als die gemeinschaftsmäßige ausgaben. Umgekehrt ist die geistige Radikalisierung des Bürgertums von jenem ›Snobismus‹, vom Willen, vorn zu marschieren und sich nichts vormachen zu lassen, weithin bestimmt, und ob es für den Intellektuellen einen anderen Zugang zum Marxismus etwa gibt als den ›Snobismus‹ der fortgeschrittensten Erkenntnis, steht sehr dahin. Das Werk Strawinskys oder Picassos, von Marcel Proust zu schweigen, ist ohne solchen Snobismus gar nicht zu denken, der leicht genug, in einer anderen Ordnung der Dinge, in ganz anderem Aspekt erscheinen wird als im Rahmen der bürgerlichen: als dialektische Vorwegnahme von deren Untergang. Darum kümmert sich Gutman nicht und hat es auch gar nicht mit dem eigentlichen, exponierten Snobismus zu tun, sondern einem mehr mittelständlerischen. Die kleinen Snobs hängt er, die großen läßt er laufen. Fruchtbar aber wäre allein die Auseinandersetzung mit den großen. Ihnen selber ist nichts angenehmer, als wenn die kleinen, zu ihrem höheren Ruhm, sichtbar baumeln.

Jedoch es bedarf bei der Kritik der neuen Tonalität gar nicht solcher Nuancen. Denn in welcher Weise einzig heute der Gebrauch von Tonalität legitim sei, das läßt an den Kompositionen sich entscheiden. Die tonalen Akkorde sind nicht nur auf reine Naturverhältnisse zurückführbar, sondern geschichtlich entsprungen und weisen allerorten die Male ihrer Geschichtlichkeit auf: von ihren Ausdruckswerten läßt sich, nachdem einmal die Romantik sie entdeckte, so wenig mehr abstrahieren wie etwa von dem psychologischen Charakter aller Leittonspannungen, aus denen tonale Musik schließlich stets wieder ihren Impuls zieht. Verwendet neue Musik diese Mittel, so geraten sie notwendig in Widerspruch mit allem, was an der neuen Musik über das tonale Wesen hinausdeutet: einem Konstruktionsprinzip, das weder von psychologischen Ausdrucksspannungen noch von den organischen Leittonverhältnissen mehr sich leiten läßt; aber auch einem gesellschaftlichen Zustand, der keinerlei Homogenität von der Art mehr gewährt, wie sie die Verbindlichkeit des tonalen Anspruches jederzeit voraussetzt. Immanent-kompositorische Widersprüche, Scheinhaftigkeit der Haltung insgesamt bezeichnen die Situation der neuen Tonalität. Es wäre nun freilich bequem und allein einem Verfahren angemessen, das im ›Snobismus‹ den ärgsten Einwand und in der unmittelbaren Adäquatheit der künstlerischen Mittel zu sich und zu der gesellschaftlichen Situation ihren einzigen Rechtsausweis sieht, wollte man darum den Gebrauch tonaler Mittel kategorisch verbieten. Wohl aber darf gefordert werden, daß die immanenten Widersprüche der neuen Tonalität fruchtbar gemacht, aller Schein an ihr produktiv eingesetzt und enthüllt wird, anstatt verhüllende Funktionen zu erfüllen. Ob dieser Forderung genügt ist, läßt sich in Strenge entscheiden. Die neue Tonalität hat ihr Recht allein als *dialektische Zersetzung der alten*. So ist in Strawinskys »Histoire du soldat«, in Weills »Mahagonny« die Falschheit, die die abgestandenen Dreiklänge, die »Musik von damals« heute virtuell zeigen, real auskomponiert; die falschen Töne, die hier den Dreiklängen beigemischt sind, wurden gleichsam aus der geschichtlichen Verfallenheit der reinen Dreiklänge gewonnen; so wird durch die Verrenkung der harmonischen Gelenke, die Verlagerung der harmonischen Schwerpunkte die Abgestandenheit und Verlogenheit der chromatischen Ausdruckssprache charakterisiert; so wird in Strawinskys »Baiser de la fée« auf dem Höhepunkt der Glanz des romantischen Orchesters ins Gespenstische übertrieben: nicht in vager Stimmung, sondern die Falschheit des Glanzes ist exakt auskomponiert, exakt ausinstrumentiert. Der Instinkt derer, die gerade bei Weill und Strawinsky immer von Destruktion reden, ist darum richtig; nur daß sie verkennen, daß solche Verfahrungsweise die einzige ist, die aus dem Stand der Mittel die Konsequenz zieht, während eine ungebrochene und ernsthafte Neutonalität, die man als ›gemeinschaftsgemäß‹ anpreist, gerade die Verfallenheit ihrer Mittel verschweigt, die sich dafür an ihnen rächt, indem nun gerade der Anspruch der Komposition auf Echtheit und Unmittelbarkeit einer tiefergreifenden technischen Analyse nicht standhält. Es läßt sich auch bei der Avantgarde die Gefahr nicht verkennen, daß die wissende und gebrochene Verwendung der Tonalität einer primitiven und geschichtslosen den Weg bereiten könnte; so wie man, als die langen Kleider wieder aufkamen, zugleich an Vorkriegsfilmen ironisch sich ergötzte. Aber andererseits geschieht gerade an dieser Stelle ein Entscheidendes in der Auseinandersetzung mit der Generation unserer Väter, das vielleicht einzig in der Gefahr der Zweideutigkeit geraten will, in der mit Haß und Liebe die Generationen sich verschränken. Die Atmosphäre dieser Auseinandersetzung ist, wie hier dem Wahnsinn, so dort der ideologischen Beschwichtigung ausgesetzt. Strawinsky und Weill haben beide Möglichkeiten weithin durchmessen und gemeistert. Die ›unliterarische‹, naive Sicherheit der anderen Neutonalen rührt allein daher, daß sie in diese Atmosphäre überhaupt nicht gedrungen sind; daß darum ihr Unternehmen verloren ist, ehe es beginnt, und ihre Verstocktheit darf nicht mit Fülle der Natur verwechselt werden. Wie lange die dialektische oder, wie ich sie nannte, die »surrealistische« Neutonalität aktuell anwendbar bleibt, läßt sich heute nicht sicher überschauen. Daß mit ihrer Prolongation die Gefahr der Verfestigung des Scheins, des Vergessens der eigentlichen Intention und endlich der fragwürdigen Stabilisierung gegeben wäre, ist nicht zu verschweigen.

Diese Stabilisierung aber ist es, die Gutman schließlich doch propagiert. Gegenüber der material-technischen Analyse macht er zwar die gesellschaftliche zur Instanz; gerade jedoch das Phänomen der Neutonalität soziologisch zu fassen, unterläßt er. Hier plötzlich spricht er der Musik eine technische Autonomie zu, die er der Kritik der Neutonalität durch die Idee der Stimmigkeit aberkennt. Er argumentiert unvermittelt: »Es gibt sehr gewichtige Gründe für die Wiedereinsetzung der Tonalität in ihre Herrschaftsrechte. Sie wurzeln alle in dem begreiflichen Wunsch der Musiker, aus der chaotischen Bindungslosigkeit der Atonalität zu neuen Bindungen zu gelangen. Und daß das neue Gesetz im Grunde nur eine weitgehende Revision des alten Gesetzes darstellt, braucht kein Manko zu sein.« Diese ›Bindungen‹ aber sind gleichbedeutend mit solchen des gesellschaftlichen Zustandes, der, einmal als Trug desillusioniert, nachträglich den Menschen wieder eingeredet werden soll, um sie glauben zu machen, sie seien eine Gemeinschaft, weil sie im Natürlichen so gut sich verstehen, während es gerade darauf ankäme, ihnen zu zeigen, daß sie keine mehr sind, und daß nichts dämonischer sie voneinanderreißt als die blinde Naturmacht, an welche sie musikalisch mit Dreiklängen sich klammern, deren Naturrecht gewiß fraglich ist. Der normative Charakter einer positiven neuen Tonalität wäre soziologisch und handwerklich gleichermaßen zu bestreiten. Soziologisch: weil sie Bindungen vortäuscht, die in der Gesellschaft nicht mehr gegenwärtig sind und, soweit sie noch übrig sein mögen, der radikalen Kritik unterstehen; handwerklich: weil ja gerade der Stimmigkeitsbegriff – den Gutman ablehnt –, nachdem einmal der Primat der Tonalität gebrochen ist, *reine* Atonalität fordert; ein Tatbestand, den Gutman wenigstens insofern anerkennt, als er Schönberg zubilligt, daß er »als einziger das atonale Problem zu Ende gedacht« habe. Gerade innertechnisch gesehen, herrscht in der Atonalität keine »chaotische Bindungslosigkeit«, sondern die strengste Dialektik von Frage und Antwort. Hier aber hypostasiert Gutman den Begriff der sozialen Verbindlichkeit anstelle der technischen. Es herrscht in seiner Argumentation ein Quid pro quo von Soziologie und immanenter Kompositionskritik, das jeden klaren Bescheid verwehrt. Es läßt sich auflösen erst, indem auch die letzte soziologische These soziologisch geklärt wird: die von der Ausschließung der Atonalität, oder wenigstens der folgerechten, durch ihre ›Unverständlichkeit‹. Denn diese Unverständlichkeit ist selber keine tragende Bestimmung der Musik, sondern nur eine Funktion des gesellschaftlichen Zustandes, dessen Interesse dahin zielen muß, in allen geistigen Dingen den Kitt des Bestehenden zu erhalten, nachdem die ökonomischen Herrschaftsverhältnisse so problematisch wurden, daß aus ihnen die Rechtfertigung des gesellschaftlichen Zustandes nicht mehr gezogen werden kann. Wenn darum die politische Agitationsmusik der radikalen Linken sich tonaler Mittel bedient, so mag sie, gemessen an der Augenblickswirkung, legitim verfahren – wobei freilich an Schlagkraft wie an Eindeutigkeit jeder Schlager mehr wert wäre als prätentiöse und gehobene neutonale Dinge, die nach einem ›Niveau‹ schielen, das material zuverlässig zu gewinnen ihnen verwehrt ist. Darüber hinaus aber ist zu fragen, ob nicht gerade die neutonale Praxis dem Anspruch des Marxismus tief entgegengesetzt, Verewigung eines blinden Naturzustandes ist, dessen Ewigkeit allein aus bürgerlicher Ideologie herstammt. Leicht wäre zu denken, daß, wenn etwa einmal eine rationalere Form der Arbeitsteilung den zahllosen Menschen, die heute der fortgeschrittensten Kunst fernstehen, es ermöglicht, anders als müde der Musik sich zu nähern; wenn ihnen ihre Zeit es erlaubt, Musik handwerklich zu verstehen, wie es heute nur die Fachleute können; wenn die hemmende Macht des Bildungsprivilegs fortfällt – daß in einer solchen Situation die Schranken gesprengt werden, die heute die Menschen von der Atonalität sondern; daß sie die Abgenutztheit nicht bloß, sondern auch die Begrenztheit der tonalen Mittel einsehen und über sie so urteilen wie Brecht über den gegenwärtigen Stand der Technik: »Sie ist noch nicht natürlich, sie ist primitiv.« Nur eine undialektische Denkweise, die zwar die musikalische Produktion als geschichtlich, die Konsumtion aber als starr denkt, kann eine solche Möglichkeit ausschließen. Der Bruch aber zwischen Produktion und Konsumtion der Musik, der heute besteht, rechnet zu den Widersprüchen der bürgerlichen Ordnung. Ihn überwinden wollen, indem man sich nach den Konsumtionsforderungen im Rahmen der gegenwärtigen Ordnung richtet, heißt den Zustand sakrosankt erklären: die Produktion aber deutet über ihn, vielleicht, gerade an den Punkten hinaus, wo die gegenwärtige Ordnung nicht hinreicht, sie aufzunehmen.

Gutman wendet sich zum Schluß gegen den Begriff des ›Fortgeschrittenseins‹ von Mitteln, wie ich ihn handhabe. »In der Kunst sind technische Momente nicht allein beweiskräftig. Man kann mit neuen Mitteln die abgestandensten Rückständigkeiten drapieren.« So mag nur eine Auffassung urteilen, die von der herkömmlichen Ästhetik die Scheidung in Form und Inhalt unkritisch übernimmt und bequem nach ihrem Maße verfährt. In Wahrheit aber werden die »abgestandenen Rückständigkeiten« der Inhalte allein daran sich erweisen, daß die »Form« bloße Draperie, nicht rein ausgeformt, selber zurückgeblieben ist. Gutmans Hinweis auf den literarischen Expressionismus verschlägt da nicht. Die Vergänglichkeit des Expressionismus rührt nicht von dessen Radikalismus, sondern vom Mangel an Radikalismus: der trüben Vermengung stimmungshafter, psychologischer, konstruktiver Elemente her, und vor allem erklärt sie sich daraus, daß, im Gegensatz zur Atonalität, der Expressionismus niemals es vermochte, eine artikulierte und einsichtige Sprache auszubilden, sondern in der Zufälligkeit der Einzeläußerung befangen blieb. Daß freilich selbst mit aller Fragwürdigkeit der Expressionismus als echter Beginn mehr taugt als der neusachliche Betrieb von heutzutage, der so tut, als ob nichts passiert wäre, scheint mir fraglos. Wohl ist der Expressionismus in subjektiver Willkür undialektisch beim Ich stehengeblieben. Aber die Grunderfahrung, die darin immerhin sich niederschlug, die des Zerfalls jeder sprachlichen Konvention, jeder vorgegebenen Sprachform, wie Gutmans und meine Generation sie noch machte: sie muß, scheint mir, auch heute aller sprachlichen Verfahrungsweise zugrunde liegen, die als verbindlich anzuerkennen ist. Die Prosa Kafkas, in Frankreich selbst die von Autoren wie Green, Jouhandeau oder des Surrealisten Aragon; auch die Dichtung Brechts kann solchen Ursprung nicht verleugnen: Brechts, der eine Dialektik der Form annimmt und niemals die bloße Form der Mitteilung als Kunstform akzeptiert; er hat, unter Preisgabe der verfallenen Inhalte, gerade die formkonstitutiven Elemente des Expressionismus auskonstruiert und ihnen eine Verbindlichkeit erwirkt, die die konventionelle Berichtform der Neusachlichkeit so wenig erreicht, wie sie vormals das expressionistische Stammeln erreichte. Seine Konstruktionen bauen sich aus Trümmern der Sprache, den einsamen, beziehungslosen Wörtern, wie unsere, die atonale Musik, die sich gerne atonal schimpfen läßt, so zweideutig auch ein Ausdruck ist, der ihr wenigstens ihren polemischen Ort anweist – wie unsere Musik mit den Trümmern der Musiksprache und dem einsamen Ton anhebt, den keine Syntax umfängt, als die aus dem Jetzt und Hier seines Einsatzes zwischen anderen Tönen sich bildet. Darum ist jede echte künstlerische Sprachform heute der Ebene der musikalischen Atonalität zugeordnet. Ein Buch wie das von Mottram, in dem – trotz der Idee der dreimaligen Wiederholung des Berichts – das Formgesetz nicht zentral steht, sondern das den Bericht einer Wirklichkeit gibt, die im Gebilde unvermittelt und undialektisch als wirklich vorausgesetzt ist – dies Buch, ein Tatsachenbericht, liegt trotz seiner Qualitäten unterhalb der Frage nach Form und Gestalt und kann darum so wenig die Atonalität widerlegen wie Flakes »Stadt des Hirns« sie beweist, die sich übrigens doch loyaler um die Konstruktion des Seins bemüht hat, als die Fülle der Nachkriegsromane, die es um so gründlicher verfehlen, je naiver sie seine Macht anerkennen.

Die Frage nach der Atonalität ist, laut Schönbergs Formel, nicht Frage der Gesinnung, sondern der Erkenntnis. Aber in der Erkenntnis ist das Moralische mitenthalten: ob das Bewußtsein von Menschen verändert oder in seinem dumpfen, beharrenden Sosein von Kunst anerkannt werden soll.

1931

Exkurse zu einem Exkurs

Zu dem »Exkurs über das Thema ›Moderne Musik‹« von Hans Georg Fellmann* seien mir einige Anmerkungen gestattet. Der Exkurs streift Probleme, die ich in meinen Arbeiten, jüngst auch im »Scheinwerfer«: in dem Aufsatz »Gegen die neue Tonalität«** und dem Rundfunkvortrag »Warum ist die neue Kunst so schwer verständlich«***, behandelt habe. Die Ansicht von Fellmann ist der meinen in allen Stücken entgegengesetzt; so gründlich entgegengesetzt, daß ich seinen Beitrag als Polemik gegen mich auffassen und mich geradeswegs verteidigen dürfte, wenn nur die Gründlichkeit des Gegensatzes in der Gründlichkeit der Argumente von Fellmann faßlich würde. Aber Fellmann zwingt mich zum Angriff und erschwert mir die Verteidigung, indem er mich überhaupt nicht angreift, sondern in Beharrlichkeit Formulierungen wiederholt, die ich längst enthüllt zu haben meinte. Polemik ist fraglos leichter zu führen, wenn man die Einwände des Gegners ignoriert und unbefangen bei den Ausgangsthesen beharrt, vollends hier, wo die Thesen die tagesüblichen sind. Nur ist solche Verfahrungsweise nicht eben fruchtbar: sie bleibt bei der These stehen, anstatt sie in der Polemik positiv weiterzuentwickeln. Mir ist nichts übrig, als Fellmann an einige Gedanken zu erinnern, von denen er nicht gerne Notiz nimmt. Da es sich jedoch dabei nicht um ein Privatissimum für Herrn Fellmann handelt, sondern um ein Publikum, nämlich das des »Scheinwerfers«, so muß mir Fellmann schon erlauben, daß ich ihn nicht bloß als polemisches Subjekt nehme, sondern zugleich als Beispiel einer geistigen Verfahrungsweise, die zu benennen mir objektiv notwendig dünkt. Ich kann mich nicht einer Haltung

* *Vgl. Hans Georg Fellmann, Exkurs über das Thema »Moderne Musik«, in: Der Scheinwerfer. Blätter der Städtischen Bühnen Essen, Jg. 5 (1931/32), Heft 6 (Oktober '31), S. 12ff.*

** *Vgl. jetzt oben S. 98ff.*

*** *Vgl. jetzt unten, S. 824ff.*

gegenüber verhalten, die keine ist, sondern kann bloß einzelnen Sätzen und Worten des »Exkurses« Exkurse hinzufügen, in der Hoffnung, sie durchsichtig zu machen. Wenn ich dabei früher Gesagtes wiederhole, so wird Fellmann es mir am wenigsten verübeln, der nicht nur früher Gesagtes, sondern auch früher Widerlegtes wiederholt.

»Respekt und Achtung vor der unbeirrbaren Konsequenz eines geistig wertvollen Schaffens bilden allein nicht die Voraussetzung für die Erfüllung des Künstlers.« Gewiß nicht, Herr Fellmann. Man kann etwa eine höchst konsequente und achtbare Kunstgesinnung haben und trotzdem schlecht komponieren: wenn nämlich diese Kunstgesinnung frei über dem Werk als dessen Ideologie schwebt, ohne das Werk selbst zu erreichen, während das Werk unstimmig ist bei sich selber und die Forderungen nicht realisiert, die die Gesinnung des Autors an dessen eigenes Werk richtet. So hat es Alban Berg in einer viel zu wenig bekannten Polemik, die vor Jahren im »Anbruch« stand, an Pfitzner dargetan. Die zwingenden Einwände gegen Pfitzner rühren aber nicht daher, daß er ein ›Romantiker‹ ist – der Ausdruck ›Romantiker‹ bleibt ebenso vieldeutig wie die Phrase ›Musikant‹ –, sondern daher, daß die kompositorische Qualität nicht zureicht, und erst die Einsicht in die kompositorische Unzulänglichkeit ermächtigt zu Konsequenzen gegenüber der Gesamthaltung: wenn sich nämlich zeigt, daß das Material, so wie es etwa der ›Romantiker‹ Pfitzner in die Hand bekommt, das leitmotivisch-chromatisch-musikdramatische Verfahren nicht mehr zuläßt, das er an sein Material wendet. Aber gegen einen vagen und material unkontrollierbaren Begriff von ›Zeitgemäßheit‹, der in so abstrakten und zudem selber romantischen Kategorien wie der des Musikanten verharrt, hätte selbst Pfitzners Unzeitgemäßheit recht, wenn sie nur bessere Musik produzierte. Mit anderen Worten: die Stilkritik kann allein aus der Kritik des konkreten Gegenstandes erwachsen und sich nicht um den Gegenstand drücken in einer Distanz, die sich als Überlegenheit und weltanschauliche Souveränität fühlt und in Wahrheit keinen anderen Grund hat als die Unkenntnis des Problemzusammenhanges im Kunstwerk selber.

»Der Schöpfer des ›Armen Heinrich‹ hat so wenig über sich hinausgefunden wie der Schöpfer der ›Gurrelieder‹ und des ›Pierrot lunaire‹.« Ja, ist es denn die Aufgabe des Künstlers, »über sich hinauszufinden«? Ist nicht gerade dies Übersich-Hinausfinden selber, mit dem Hintergrund einer Todesmythologie aus der Schopenhauer-Hartmannschen Konzeption des Unbewußten, selber so wagnerisch, so romantisch wie nur möglich? Wenn Schönberg komponiert, dann hält er doch nicht in der einen Hand die Romantik und in der anderen die neue Sachlichkeit, knetet die beiden Massen so lange durch, bis die eine die andere aufsaugt, und wenn es die neusachlich-volkstümliche ist, ist's gut, wenn's die einsam konstruktivistische ist, schlecht. Sondern er findet in jedem Werk einen Zusammenhang musikalischer *Probleme* vor, denen er nachgeht, und die er auf eine möglichst richtige und kontrollierte Weise zu lösen versucht – unter jener Kontrolle, die nicht erst wir bösen Intellektuellen und Konstruktivisten erfunden haben, sondern die Schubert, auf den sich die Musikanten so gern berufen, ebensogut kannte, und die nur heute verdrängt wird, weil sie heute aus der *Sache* heraus den sicheren Raum der gesellschaftlichen Mitteilung sprengt, in dem es die Musikanten von heute sich wohlsein lassen, gleichgültig, ob ihre Kompositionen richtig oder falsch komponiert sind. »Tragisches Künstlertum?« So romantisch sind wir gar nicht, Herr Fellmann; wenn unsere Musik Zeit braucht, so warten wir eben, wissen auch ganz gut, daß – aus gesellschaftlichen Gründen – die Wartezeit heute länger dauern mag als früher, aber im übrigen versuchen wir, einigermaßen Dauerhaftes herzustellen und unsere Musik so sorgsam und mit so guter Zutat zu kochen, daß sie schon einen finden wird, dem sie schmeckt. Ob wir dabei die Tragischen sind oder die, die eine leichtverderbliche Musik herstellen, die zudem heut und hier ja genau so wenig ihr Publikum hat wie unsere (denn uns beiden nimmt es ja der Tonfilm weg) – das zu prüfen überlassen wir den romantischen Ästhetikern, die uns die neue Gesundheit lehren wollen und dabei noch im Tristan-Jargon reden und es nicht einmal merken.

»Die Reaktion auf das harmonisch analysierende und damit zersetzende Schaffen Schönbergs, von dem der Russe ungemein stark beeinflußt wurde ...« Nun, so sehr groß ist der Einfluß Schönbergs auf Strawinsky nie gewesen. Abgesehen davon, daß Strawinsky in einigen – wenigen und nicht sehr bekannten – Werken wie den »Japanischen Liedern« die Harmonik im Schönbergischen Sinne von der Tonalität abgelöst hat, die im übrigen latent bei ihm fast durchweg wirksam bleibt – abgesehen davon hat Strawinsky nicht ein einziges der Schönbergischen Kompositionsmittel übernommen –, und die Veränderung der harmonischen Fassade bei Schönberg mag zwar Dilettanten am meisten auffallen, ist aber bloßes Akzidens viel tiefer greifender kompositorischer Veränderungen, die bei ihm sich zutrugen. Wie aber steht es mit dem harmonisch analysierenden und damit zersetzenden Schaffen? Hält man sich wörtlich an Fellmann, dann wäre jede harmonische Analyse destruktiv, und Riemann wäre als Kulturbolschewist enthüllt – woran doch gewiß nicht einmal Fellmann interessiert ist. Er nennt ›analytisch‹ nicht musikalische Erkenntnis, sondern eine musikalische Technik, ohne daß ersichtlich wäre, was eigentlich in ihr analysiert wird: Schönberg als Komponist hat die Tonalität nicht ›analysiert‹, sondern die einzelnen Stufen im tonalen Gefüge so gekräftigt, daß sie vom tonalen Schema sich nicht mehr zusammenfassen ließen und ein anderes notwendig machten; anders gesagt: er hat, aus Gründen der kompositorischen Stimmigkeit, in weitem Umfang einfachere Obertonverhältnisse durch kompliziertere ersetzt. Ich darf dazu früher Gesagtes zitieren: »Andere verwenden den Begriff Zersetzung beim bloßen Material, das sie als unveränderlich-natürlich denken, als ob die einfachen Obertonverhältnisse in den Sternen geschrieben stünden. Stünden sie es selbst: was mit ihnen geschieht, ist Sache des Menschen; Geschichte vollzieht sich, in Kunst wie anderwärts, als Destruktion des bloß Bestehenden, das sich für natürlich ausgibt, um den Angriff des verändernden Bewußtseins von sich fernzuhalten, der aus besserer Natur kommt als das Bestehende selber.«*

»Man ignorierte die auch für die musikalische Entwicklung gültigen biologischen Gesetze und übersah, daß die Kunst schließlich noch eine andere Aufgabe zu erfüllen hat als die praktische Beweisführung einer Theorie für Kenner und eingeschworene Fanatiker.« Welche biologischen Gesetze meinen Sie, Herr Fellmann? Läßt sich der Begriff des Lebendigen und Organischen auf die Sphäre der Kunstwerke, die Gebilde sind und nicht Geschöpfe, überhaupt anwenden? Werden nicht als ›biologisch‹ nur gerade die Normen

* *Vgl. jetzt oben, S. 28.*

einer bestimmten Epoche ausgegeben? – Normen, die sich änderten, nicht bloß, weil sie unzeitgemäß wurden, sondern weil in ihrem Rahmen die Probleme sich nicht mehr meistern ließen, die in Kunstwerken sich ergaben, denen selbst ursprünglich die gleichen Normen zugrunde lagen, die jetzt das Kunstwerk negiert? Dies Verhältnis bezeichne ich mit dem Ausdruck künstlerische *Dialektik*, den ich so lange festhalten muß, wie mich die Verflechtung der Probleme dazu zwingt. Diejenigen, die von der Einsicht in die künstlerische Dialektik ausgehen und an der Erkenntnis festhalten, auch wenn im allgemeinen Bewußtsein die Erkenntnisse ideologisch umnebelt werden – diese als »eingeschworene Fanatiker« zu diffamieren, ist bequem. Aber so geht es in der Polemik gegen die neue Musik nun einmal zu: die, die von ihr abfallen, sollen beweisen, daß sie nichts taugt, und die, die dabei bleiben, heißen unentwegte Fanatiker, ohne daß ihren Erkenntnisgründen nachgefragt wäre. Freilich: Kenntnis des Gegenstandes wird von jeder Kunst vorausgesetzt, und wenn diese Erkenntnis bei der neuen Musik so exklusiv ward, so trägt die Struktur der Gesellschaft die Schuld daran und nicht die spekulierenden Künstler.

»Mit dem Schlagwort ›Atonalität‹ sprach es (das Publikum) sich vor seinem Gewissen frei, ohne sich darüber klar zu sein, daß diese Atonalität nicht erst eine Erfindung unserer Zeit ist. Zwischen Kunsterzeugung und Nachfrage entstand von selbst und im natürlichen Vorgang ein luftleerer Raum.« Über diesen natürlichen Vorgang schweigt Fellmann sich aus. So wenig ich den Vorgang als solchen bestreite, so wenig natürlich erscheint er mir und so wenig ist zu seiner Erklärung mit den Worten »von selbst« beigetragen. Auf die Frage, warum die neue Kunst so schwer verständlich sei, habe ich keine andere Antwort gesucht als die, welche Fellmann nicht gibt; ich muß hier, als ›Exkurs‹ zu Fellmann, meinen ganzen Aufsatz einstellen. Jedenfalls wird man dort den Unterschied zwischen einem ›natürlichen‹ und einem geschichtlichen Vorgang zureichend markiert finden. Daß die Atonalität nicht erst eine Erfindung unserer Zeit sei – daß sie nämlich geschichtlich-dialektisch produziert ist, darin hat Fellmann recht. Dafür aber ist die Rede vom »Schlagwort« Atonalität selber schlagworthaft. Ich darf mich nochmals zitieren: »Musik ohne Töne, atonale Musik gebe es nicht, weiß der reaktionäre Spießer; versierte Leute sagen, jeder denke unter Atonalität etwas anderes, es sei also überhaupt nichts Rechtes darunter zu denken. Der Verdacht kann nicht unterdrückt werden, man bekämpfe darum so gerne das Wort atonal, weil man durch terminologische Erörterungen die Sache meint aus der Welt diskutieren zu können. Der Ausdruck ist nicht so schlecht wie man ihn macht: er stößt energisch vom Gewesenen und von der Konfusion mit Gewesenem ab.«*

Zum Ende: als letzte Instanz fürs Urteil über Kunst nimmt Fellmann ›den Menschen‹ in Anspruch. Daß über Kunst einzig von Menschen sinnvoll geurteilt wird, ist eine Banalität, die auszusprechen schon einige Überwindung kostet: mehr aber läßt sich bei bestem Willen aus der Formel nicht herausholen. Denn ›der‹ Mensch ist eine gänzlich abstrakte Kategorie, die sich geschichtlich verschieden erfüllt und aus deren abstrakter Reinheit *inhaltliche* Kriterien für Kunst oder irgendein anderes Phänomen des menschlich-geschichtlichen Lebens nicht abgeleitet werden können. ›Der‹ Mensch, der die moderne Musik nicht versteht und ablehnt, ist nicht das Naturwesen Mensch, das sich als solches überhaupt nicht auskristallisieren läßt: er ist ebenso geschichtlich produziert wie der Mensch, der die moderne Musik *ja* versteht, und dürfte vor ihm einzig die geschichtliche Zurückgebliebenheit voraushaben. Darum soll man sich nicht auf den Menschen berufen und das Pathos des allgemeinen Begriffes dort einsetzen, wo sehr besondere Antworten gemeint sind, die die Maske des Allgemein-Menschlichen doch nicht zu decken vermag. Statt dessen soll man den konkreten Problemstellungen der Kunst und den konkreten Problemen des gesellschaftlichen Prozesses nachforschen und zu erkennen trachten, wie im Einzelnen und Wirklichen Kunst und Gesellschaft sich verschränken. Damit wird man dem Menschen besser dienen: dem wirklichen Menschen, wie er in der Geschichte erscheint.

1932

* *Vgl. jetzt oben, S. 94.*

Warum Zwölftonmusik?

Keiner, der die Palette eines Malers sieht, wird ohne weiteres darauf verfallen, sie für ein Bild zu halten. Keiner wird so leicht behaupten, dies Bild, das keines ist, wäre schlecht. Am letzten aber wird man dem Maler einen Vorwurf daraus machen, wenn er auf seiner Palette die Farben, die er zu einem Bilde verwenden will, sorgsam und überlegt angeordnet hat. Vielmehr wird man es sinnvoll finden, wenn Auswahl und Anordnung der Farben auf der Palette bewußt und streng nach den Anforderungen erfolgt ist, die an den Maler das Bild stellt, das er malen will.
Ganz anders in der Musik. Da man ihr Material nicht in die Hand nehmen und kaufen kann wie die Farben des Malers; und da man die Palette des Musikers selten zu sehen bekommt, obwohl er genausogut eine braucht wie der Maler, genausogut sein Material zur Arbeit vorordnen muß wie dieser, so ist kein Komponist vor der Verwechslung von Palette und Bild sicher, sobald einmal etwas von seiner ›Palette‹ für die Öffentlichkeit sichtbar wird. Schaut dann die Palette nüchtern-praktisch aus oder hat sie gar zu wenig Ähnlichkeit mit einem Bilde, für welches sie doch genommen wird, so ist man rasch bei der Hand, das Bild nüchtern-praktisch zu nennen oder sinnlos. Hat man es aber selbst so weit gebracht, Palette und Bild zu unterscheiden, so wirkt die Verwechslung dennoch gefährlich nach. Da die Musik als eine Kunst reiner Innerlichkeit gilt, deren Eingebungen, ohne alle Bemühung des Künstlers, unmittelbar aus dem Abgrund seiner Seele oder vom Himmel kommen, so nimmt man es ihm übel, wenn man ihm anmerkt, daß es sich nicht ganz so verhält. Und man rächt sich für die zerstörte Illusion: wozu braucht er überhaupt eine Palette? Doch wohl nur, weil Himmel und Innerlichkeit ihn im Stich gelassen haben. Also ist er kein Künstler, sondern ein Handwerker oder ein Mathematiker. Fort mit ihm, fort mit der Palette, fort mit dem Bild. Daß es mit einer

Palette gemalt wurde, macht es allein schon verdächtig. Kehren wir in den Himmel zurück!

Von dieser Art ist in der Tat der Widerstand, der sich allenthalben gegen die von Arnold Schönberg ausgebildete und, mit gewissen Abwandlungen, von der gesamten jungen Wiener Schule gehandhabte Zwölftontechnik geltend macht. Denn sie ist wirklich nichts anderes, vor allem: nicht *mehr* als die Palette. Sie ist eine bestimmte Anordnung des Materials: *mit* ihr wird komponiert; nachdem sie vollzogen ist, beginnt erst das Komponieren, mit aller Not und allem Glück, das der Komposition von je innewohnte. Wer nichts hätte als eine Zwölftonreihe samt all ihren Transpositionen, Umkehrungen und Krebsen (die Krebse sind es zumal, die Schrekken erregen!), und wer nun nicht vermöchte, aus der Kraft von Phantasie zu gestalten, dem würde die Zwölftontechnik zu nichts helfen und er würde die gleiche öde, akademische Langeweile zustande bringen wie nur irgendein Konservatorianer mit seinen Dreiklängen. Die Zwölftontechnik ist kein Rezept zum Komponieren; es ist nicht zu fürchten, daß sie den ›man in the street‹ mit Hilfe eines Rechenschiebers oder einer Logarithmentafel in einen Beethoven verwandelt. Ein paar Schulmeister haben es mit der Zwölftontechnik versucht. Es hat ihnen nichts geholfen.

Das legt nun freilich die Frage nahe: warum dann überhaupt Zwölftontechnik? Erst seid Ihr Mathematiker, anstatt Komponisten, und dann hilft Euch Eure Mathematik nicht einmal zu etwas; sie bietet Euch nicht einmal die Gewähr, daß Ihr gut komponiert. Dann könnt Ihr es schon ganz bleiben lassen, gewiß die Zwölftontechnik und am liebsten auch das Komponieren. Früher hat es das ja auch nicht gegeben, und die Musik von damals gefällt uns immer noch besser als Eure nutzlosen Umstände. Wir brauchen Euch nicht!

Halt! Einiges hilft sie uns doch. Sie enthebt uns zwar nicht der Mühe des Komponierens, aber doch wenigstens der, uns das Material unseres Komponierens selber erst herzustellen, wie wenn ein Maler Cochenille-Läuse ausquetschen und Indigo kochen wollte, ehe er mit seinem Bilde anfängt. Das aber müßten wir sonst in der Tat. Gewiß, früher hat man keine Zwölftontechnik nötig gehabt. Aber das Material des Musikers war anders: es war bereits vorgeformt, und die Tradition bot ihm seine zuverlässige Palette dar: die *Tonalität*. Der Künstler aber ist wie in anderen Stücken so auch in

diesem nicht so frei, wie ihn die verklärende Sehnsucht des Publikums sich vorstellt: er kann sich sein Material nicht frei auswählen, sondern ist gebunden an das, welches ihm seine eigene geschichtliche Stunde darbietet. Wer heute mit der Tonalität arbeiten wollte, dem wären nie und nimmer die gleichen Wirkungen beschieden wie den tonalen Meistern. Das Material hat sich so verändert, daß er nur gewaltsame Stilkopien zustande brächte – oder matte und kraftlose Epigonenstücke; aber die Macht Beethovens mit der alten Tonalität zu beschwören, wäre ihm nicht beschieden. Oder besitzt sie einer von denen, die heute aufs alte Material zurückgreifen? Nein, die alte Palette ist eingetrocknet; es gilt eine andere herzustellen.
Nun wurde aber gesagt: der Komponist sei nicht ›frei‹, sondern von dem Material abhängig, wie es, notwendig und zwangvoll, zu seiner eigenen geschichtlichen Stunde sich darstellt. Er wird also auch nicht frei und frisch-fröhlich seine Palette sich zusammenstellen dürfen, sondern in der Anordnung der Palette wird sich notwendig eben jene geschichtliche Verfassung des Materials, seinem fortgeschrittensten Stande nach, darstellen müssen. Wie ist es nun mit der Zwölftontechnik? Ist sie wirklich eine freischwebende Mathematik – oder hat sie in sich eine *geschichtliche* Rechtfertigung?
Von hier aus ist ihre Notwendigkeit einzusehen. Denn das eben macht ihr Wesen aus: daß sie nicht aufs Geratewohl oder nach abstrakten Regeln, ohne Beziehung zum Stand des Materials selbst, dies Material fürs Komponieren verordnet: sondern daß all ihre Regeln, ja selbst jene Formen, die man so gerne ›mathematisch‹ schilt, nichts anderes sind als der bündige und nun freilich auch verbindliche Ausdruck jener Gesetzmäßigkeiten, die das Kompositionsmaterial selber heute den Komponisten gegenüber geltend macht. Schlicht gesagt: das kompositorische Ohr kann heute so gut wie jemals unterscheiden, was in einer Musik ›richtig‹ und was ›falsch‹ in ihr ist; nur daß es dem Nichtmusiker heute schwerer wird, das zu kontrollieren, und daß man nicht mehr auskommt mit der Forderung nach Auflösung der Dissonanzen, sondern alle möglichen anderen Gesetzmäßigkeiten wichtiger sind, die zwar früher, wohlverstanden, *auch* schon galten, aber deren Bedeutung damals von den primitivsten harmonischen Rücksichten verdeckt war. Die Zwölftontechnik aber ist der Inbegriff dieser heute, im heutigen Material ausgeformten Gesetzmäßigkeiten: nicht fürs spekulie-

rende Auge, sondern fürs wache Ohr: so gut wie vormals die Gesetzmäßigkeiten der Tonalität.

Wenn also gefordert wird, daß eine ›Grundgestalt‹, das Ausgangsmaterial der Themen, alle zwölf Töne der chromatischen Tonleiter enthalte, so bedeutet das nichts anderes als den gesetzmäßigen Ausdruck des Tatbestandes, daß, nach der Durchchromatisierung unseres Musikmaterials, das lebendige *Ohr*, unmittelbar, jede Wiederkehr eines Tones vor der Darstellung der elf anderen Töne, als Gleichgewichtsstörung – als *›falsch‹* empfindet und deshalb das Thema so gebildet sein muß, daß eine solche Störung unterbleibt. Wenn weiter *alles* aus dieser Reihe gebildet wird, so ist das ein Ausdruck, weiter, dafür, daß, nachdem die Tonalität zur Gliederung nicht mehr ausreicht, die Gliederung aus der jeweiligen einmaligen Themenstruktur zu erfolgen hat – dann aber auch in Strenge: daß dann nichts thematisch ›zufällig‹ bleiben darf, sondern alles aus dem gleichen Stoff entwickelt sein muß, wenn die Musik die gleiche Verbindlichkeit gewinnen soll, die ihr zuvor die Tonalität umstandslos verlieh. Die Technik Brahmsens, mit ihrer strengen Ökonomie der Motiv-Ausnutzung, hat das prinzipiell bereits entwickelt und mehr als in jedem anderen Stück ist gerade hierin die Zwölftonmusik der großen Tradition der Klassik verbunden. – Wenn schließlich aus den gleichen Reihen Melodik *und* Harmonik gewonnen wird, so beweist das einzig, daß heute, wo aus dem einzelnen Werk und nicht einem vorausgesetzten Koordinatensystem die Regeln kommen, nicht länger die Melodik ›individuell‹ und die Harmonik eben jenes, nur mehr äußerliche, Bezugssystem sein kann – sondern daß beide, einheitlich, nun aus dem gleichen Zentrum in Freiheit entspringen: der ursprünglichen kompositorischen *Konzeption*.

Solcher Art also ist die Palette. Und am Ende ist sie doch mehr als nur Palette: wie sie von der Konzeption des Werkes, des Einzelwerkes verlangt wird, so wirkt sie selber, mit der Strenge ihrer Auswahl, in die Komposition des Werkes wieder zurück. Aber ist das bei der malerischen Palette anders? Und vermöchte nicht in der Farbenzusammenstellung auf der Palette eines großen Malers das erfahrene Auge etwas von der malerischen Absicht selber bereits zu entdecken – so wie Reinheit und Strenge des Bildes wieder Reinheit und Strenge der Palette bezeugen?

Ca. 1935

Entwicklung und Formen der neuen Musik

Der Aufgabe, in fünfzehn Minuten etwas über Entwicklung und Formen der neuen Musik zu sagen, vermag ich nicht anders mich zu stellen, als indem ich versuche, etwas von der Situation ein Jahr nach dem Tod Arnold Schönbergs zu fixieren. Der 13. Juli 1951 ist die Zäsur in der Geschichte der neuen Musik. Nicht nur hat Schönberg sie geschaffen, das ausgelaugte und bis in all seine Möglichkeiten verbrauchte Material der Tonalität abgestoßen; nicht nur hat er die ganze Freiheit der Verfügung über die musikalischen Mittel gewonnen und zugleich die Kräfte entwickelt, die das entfesselte Material zu gestalten vermögen – er ist auch bis heute ihr wahrer Meister geblieben, und in der Gewalt und Integrität seiner Meisterschaft einer der großen Komponisten, die Tradition bewährend in der Energie, mit der er sie, ihr Erbe, umgeschmolzen hat. Es ist an der Zeit, gerade darauf, auf den kompositorischen Rang Schönbergs, mit allem Nachdruck hinzuweisen, weil die Gefahr besteht, daß man ihn zum Wegbereiter, Reformator und Systemerfinder herabwürdigt. Von jedem seiner Werke ergeht an den Künstler jene Forderung, die Rilke dem archaischen Torso Apolls absah: Du mußt Dein Leben ändern. Wenn man überhaupt von etwas wie einer verbindlichen Entwicklungstendenz der Musik reden darf, anstatt behend zu erspüren, woher der Wind weht, dann ist die Tendenz in dieser Forderung beschlossen: der des allseitig konsequenten, bis zum äußersten verantwortungsvollen Komponierens. So weit reicht aber die Verantwortung, daß um des künstlerischen Gehalts willen, wenn er es verlangt, selbst Konsequenz und integrale Gestalt wiederum drangegeben werden müssen.

Dazu verpflichtet aber nur Schönbergs Werk selbst und nicht die vielberedete Stilgeschichte, wie denn Schönberg noch in seinem letzten, englisch publizierten Buch, »Style and Idea«, den Begriff des aus seiner Logik sich entfaltenden musikalischen Gedankens nachdrücklich gegen die von oben und außen her an die Gebilde herangetragene Vorstellung ihres Stils geltend gemacht hat. Es begegnen einem heute bereits Ausdrücke wie »Schönberg, der Vater der Zwölftonmusik«. Wer im Ernst etwas von der Entwicklung der neuen Musik erfahren will, dem ist vorab zu raten, solchen abscheulichen Clichés kein Vertrauen zu schenken, überhaupt zunächst einmal die zwölf Töne auf sich beruhen zu lassen und im übrigen zu trachten, durch treues und konzentriertes Hören des Gefüges der Schönbergschen Musik und der seiner nächsten Schüler Berg und Webern sich zu versichern. Ich wüßte dafür nichts Besseres vorzuschlagen als die Werke, in denen Schönberg den Durchbruch zur neuen Musik vollzog; die musiksprachlich noch den Zusammenhang mit dem Herkömmlichen wahren, in ihrer inneren Zusammensetzung aber schon alles für Schönberg Wesentliche enthalten. Keiner kann sich ihnen gegenüber darauf berufen, man müsse mit einem System Bescheid wissen; wer sie aber wirklich versteht, dem werden dann von selbst die späteren Stücke zufallen, die um ihrer eigenen kompositorischen Organisation willen, und nicht aus reformatorischer Absicht, die Reihentechnik benutzten. Ich nenne hier also einige jener Werke, die ich für den Schlüssel der Entwicklung nicht nur Schönbergs, sondern der neuen Musik selbst halte, und die, obwohl sie überwiegend der Tonalität sich bedienen, bis heute in Wahrheit genausowenig absorbiert worden sind wie die Zwölftonwerke. Ich meine die Lieder op. 6, die vielleicht besser als alles andere zur Einleitung in die ihrer Art nach neue Musik taugen, die Orchesterlieder op. 8, die beiden Streichquartette op. 7 und op. 10, die Kammersymphonie op. 9 und schließlich die Georgelieder op. 15, die als erste die Atonalität rein ausprägen, dabei aber durchwegs faßliche Einfachheit der Faktur sich erhalten. Lassen Sie mich hinzufügen, daß der kreative Anspruch Schönbergs kaum irgendwo schlagender sich ausweist als in dieser Gruppe von Kompositionen, in denen die ursprünglichste Spontaneität der musikalischen Anschauung mit dem reichsten geistig konstruktiven Vermögen sich zusammenfindet.

Nicht unbedacht habe ich, während ich von der gegenwärtigen Entwicklung sprechen soll, Sie auf einen einzelnen Komponisten aufmerksam gemacht und auf eine Gruppe von Werken, die vierzig bis fünfzig Jahre zurückliegen. Denn was es mit der Entwicklung der Musik heute auf sich hat, ja wie fragwürdig dieser Begriff selber ist, läßt sich an dem Schicksal dieses Autors und dieser Werke entnehmen. Noch vor kurzem konnte ein Komponist von bekanntem Namen in einer öffentlichen Diskussion ohne Beschämung erklären, daß er die späten Werke Schönbergs nicht verstünde, wie es denn ja zur Signatur des Zeitalters gehört, daß die Menschen, sobald sie etwas nicht verstehen, in ihrem Unverständnis eine Bürgschaft der allerorten begehrten Naivetät sehen, und sich auch noch etwas darauf zugute tun. Ich bezweifle, daß jener Komponist besser versteht, was Schönberg vor fünfzig Jahren schrieb. Dafür aber trifft nicht ihn allein die Schuld, sondern eben jene Entwicklung, gegen deren Begriff ich Bedenken anmeldete. Offen tritt heute allerorten der alte, aber bislang latente gesellschaftliche Widerspruch hervor, daß das Bewußtsein der Menschen mit der Entwicklung des objektiven Geistes, der ihrer eigenen Kultur nicht Schritt hielt – jenes Mißlingen der Kultur, das die anthropologische Bedingung für die barbarischen Auf- und Ausbrüche der letzten Jahrzehnte darstellt. In der Musik hat dieser Bruch, der schon seit der Mitte des neunzehnten Jahrhunderts sich abzeichnet, abgründige Tiefe angenommen. Der inneren, sachlichen Entwicklung der Musik steht, aus Gründen, die ich hier nicht analysieren kann, die überwiegende Mehrheit aller Menschen nicht einmal mehr feindlich – das waren noch gute Zeiten – sondern gänzlich verständnislos und gleichgültig gegenüber. Weil aber daran auch die rein auf die Sache selbst und nicht auf die Wirkung bedachte Kunst krankt; weil es ihr droht, im Spezialistentum, schließlich im Entwerfen musikalischer Tapetenmuster zu verkümmern; weil nicht nur die Philosophen sondern auch die Künstler erst leben müssen und ihnen überdies der horror vacui die Produktivkraft verschlägt, so hat das musikgeschichtlich recht Paradoxe, wenn auch keineswegs schlechthin Einmalige sich zugetragen, daß die Komponisten, und keineswegs bloß die unbegabten, zu Defaitisten ihrer eigenen Sache, der immanent künstlerischen Entwicklung wurden. Daß die andern nicht mitkamen, haben sie zum ästhetischen Programm dessen erhoben, was sie selbst betreiben, und wer nicht mitspielt, dünkt ihnen ein altmodischer Individualist, den sie mit dem umgekehrten Spieß durchbohren. Daß die ungemeinen geistigen Anforderungen, die das endlich emanzipierte, erwachsene, infantiler Reize ledige Musikwerk an den Hörer stellt, keine Resonanz finden, hat sie dazu bewogen, diese Anforderungen selbst in den Wind zu schlagen, das höher Organisierte als Unnatur zu verfemen und mit dem herrschenden, von den kommerziellen Interessen der Kulturindustrie unablässig verstärkten Zustand der Hörerschaft zu paktieren. Da aber in dem Gang des objektiven Geistes, der Logik der Sache, eine Notwendigkeit waltet, aus der sich nicht kraft subjektiven Beliebens herausspringen läßt, und da überdies keiner der von selbstgerechter Naivetät beschworenen, allgemein verpflichtenden und zugänglichen künstlerischen Gehalte in der jetzigen Verfassung der Dinge substantiell so gegenwärtig ist, daß die einfache und unreflektierte Gestaltung daraus schöpfen könnte, so haben die Restaurationsversuche, wie hochtönend sie sich auch mit der Phraseologie ewiger Bindungen und tönenden Seins decken mögen, nicht nur Züge von Versimpelung und Regression, sondern zugleich auch etwas tief Ohnmächtiges und Maskenhaftes.

Es ist darum so schwer, von einer umfassenden Entwicklung der neuen Musik zu reden, weil auf der einen Seite unbeliebte Leute sich anstrengen, gegen den Strom der Entwicklungstendenz der Musik selber zu folgen, indem sie diese weiter treiben, während auf der anderen die kompakte Majorität, an unverhülltesten und rohesten in der Ostzone, eben diese Entwicklungstendenz als Substanzverlust, Formalismus, Dekadenz und Ähnliches denunziert und den mehr oder minder raffiniert gewundenen Weg nach rückwärts als höhere, kollektiv verbürgte Entwicklung ausschreit. Diese beiden Tendenzen lassen sich kaum noch, wie selbst die einstigen Gegner Brahms und Wagner, unter einem Entwicklungsbegriff subsumieren. Ich verkenne nicht, daß Schönberg und Strawinsky an einer Stelle sich einmal berührten; auch nicht, daß insbesondere in den Anfängen der Zwölftonmusik, etwa in den Werken von op. 25 bis op. 31, Schönbergs Impulse gewisse Analogien zum Neoklassizismus zeigen, ohne daß man freilich bei ihm den Rückgriff auf sogenannte ältere Formen überschätzen dürfte. Aber im großen gesehen ist das, was die Schönbergschule bewegt, radikal unvereinbar mit dem, was Komponisten wie Strawinsky und Hindemith verfolgen, obwohl ihm mit diesen die Ursprünge noch gemeinsam sind. Die seitdem erfolgte Erweichung des Neoklassizismus zu einem halbliterarischen und halbdilettantischen Allerweltsstil jedoch, die in der Breite der heutigen Produktion die sogenannte

Entwicklung markiert, hat vollends mit einer Entfaltung und Steigerung der künstlerischen Produktivkräfte nichts mehr zu tun. Alle Kriterien lösen sich auf ins trübe Ungefähr, und die Munterkeit des freien Betriebs übt sich ein auf den kommandierten Stumpfsinn der totalitären Systeme beider Spielarten. Der angebliche Wille zur neuen Ordnung, die Furcht vor dem Chaos, die sich da austobt, ist nichts als die Brutalität der Unsicherheit, die jeder widerstrebenden menschlichen Regung den Ausdruck verwehrt.

Gegen diese Art Entwicklung bietet aber keine Zugehörigkeit zu einer bestimmten Schule die Gewähr. Wie jede Erkenntnis starr verfestigt in den Wahn übergehen kann, so kann auch der konsequente musikalische Fortschritt, einmal systematisiert, in seinen Widersinn sich verkehren. Die Schwäche des künstlerischen Subjekts, das es nicht mehr auf sich nimmt, ein entqualifiziertes und entstrukturiertes Material in Freiheit durchzuformen und dadurch zu versöhnen, sondern an den Spruch »Eine Mauer um uns baue, sprach das fromme Mütterlein« sich hält – diese ästhetische Renegatengesinnung kann in der Zwölftonmusik ebensogut Unterschlupf suchen wie bei schlichten, herzinnigen Meistern und Tokkaten mit falschen Noten. Unter den Symptomen, die den gegenwärtigen Zustand der Musik weit fataler erscheinen lassen als jene Krise vor zwanzig oder dreißig Jahren, über die damals alles in Entsetzen geriet, ist vielleicht das ärgste das Verhalten jenes Teils der Jugend, der sich als avantgardistisch fühlt, dabei aber sich blindlings auf Reihen und Krebse verläßt, mit allen eigentlichen Errungenschaften des Schönbergschen Komponierens auch die Unterscheidungsfähigkeit für das musikalisch Sinnvolle und Unsinnige verloren und sich bei einem ganz abstrakten und darum äußerlichen und trugvollen Begriff des Stimmens bescheidet.

Soll aus der musikalischen Entwicklung keine historische Phrase werden, dann gilt es, all diese negativen Momente, die keineswegs auf ein künstlerisches Lager beschränkt sind, schonungslos sich einzugestehen, eines jeglichen Glaubens an Zauberformeln und Fetische sich zu entschlagen und an der Disziplin solcher Kritik und Selbstkritik seiner selbst mächtig zu werden und die jetzt gleichsam schon ererbte Freiheit zu erwerben. Allerdings ist es ihr eigentümlich, daß sie sich nicht besitzen läßt. Sie verwirklicht sich einzig in Unnachgiebigkeit und Resistenz. Auf fertig empfangene Formen wird sie sich nicht mehr stützen können. Wohl aber zeichnet, in den großen und authentischen Werken der neuen Musik, etwas von solcher befreiten Sprache sich ab. Es wäre musikalische Prosa, gesättigt jedoch mit allen Erfahrungen der gebundenen Verfahrungsweise von einst; eine Sprache, in der die Dynamik des Sonatenwesens sich verbände mit der integralen Einheit des polyphonischen; eine, in der der Geist der Durchführung das Ganze so durchdringt, daß es keiner einzelnen Durchführung und damit keines sonaten- oder fugenhaften Schemas mehr bedarf. Das letzte Instrumentalwerk, das Schönberg vollendete, heißt Phantasie. Vielleicht ist es keine Willkür, den Titel als Programm für Entwicklung und Form einer Musik zu nehmen, wie sie trotz allem noch möglich wäre. Phantasie hat dabei doppelten Sinn. In der musikalischen Tradition bezeichnet der Name ein aller Oberflächensymmetrie bares, aus kunstvoll gegeneinander ausgewogenen Abschnitten frei gefügtes Gebilde. Phantasie als Geistiges deutet auf Musik, die wahrhaft frei wäre, Bild dessen, was noch nicht war, der Möglichkeit, die so hoch über das bloße Dasein sich erhebt, wie es in der schwerelosen Kunst von je gemeint war und bis heute nicht gelang.

1952

Neue Musik heute

Will man überschauend zu einem bestimmten Zeitpunkt der musikalischen Situation sich versichern, so nimmt man kaum den angemessenen Standort ein. Man unterstellt eine Gesamttendenz der geschichtlichen Bewegung im Bereich Musik und möchte das Fazit ziehen. Aber die Frage ›Wo stehen wir?‹ setzt sich allzu leicht über das hinweg, worin seit undenklichen Zeiten allein Kunst sich kristallisiert: das einzelne, konkrete Werk. Die Gewohnheit, in großen historischen Perspektiven zu denken und darüber die verbindlichen und bestimmten Prägungen außer acht zu lassen, die jene Perspektiven erst hervorbringen, führt zur Wertblindheit, zur Unfähigkeit, ein Gebilde als solches überhaupt noch zu erfahren, zur behend klassifizierenden Einordnung in Richtungen, schließlich zum verwaltenden Gestus der Kunst gegenüber. Will man, anstatt sich verweilen, bloß noch wissen, wohin es führe, so verstockt man sich gegen das Entscheidende, das, was eine Musik an sich selber ist. Heute vollends, da selbst in dem, was unter dem Namen neue Musik rangiert, kein allgemeiner und verpflichtender Stil herrscht, sind Reflexionen über neue Musik schlechthin und ihren Stand schief. Darin, daß sie einiges Gute und sehr viel Schlechtes enthält, unterscheidet sie sich in nichts von der traditionellen, wie denn überhaupt der Versuch, zwei voneinander durchaus unabhängige historische Welten der Musik einander zu kontrastieren, ebenso fruchtlos ist wie die Blindheit gegen das Wesentliche, das sich verändert hat. Nur war in früheren Epochen, etwa im 17. und 18. Jahrhundert, die schlechte Musik durch Konventionen gedeckt und nicht ohne weiteres als solche zu identifizieren; dem ist wohl, teilweise wenigstens, die heute grassierende Vorliebe für das zu verdanken, was man, mit einer ganz unpassenden Analogie zur bildenden Kunst, musikalischen Barock nennt. Andererseits erschwert heute der Zerfall einer festen und verbindlichen Tradition, die Unzulänglichkeit der herkömmlichen Handwerkslehren gegenüber der freigesetzten Produktion kaum weniger die Orientierung. Aber das Kriterium, das bei der Unterscheidung guter und schlechter moderner Musik angewandt wird, ist vielfach selber Ausdruck der Verwirrung, nicht nur beim Publikum, sondern auch bei den Kritikern. Gute moderne Musik sei solche, die einen anspricht, bei der der Hörer mitkann, die ihm ›etwas gibt‹; schlechte die, welche man nicht versteht, die keinen faßlichen Zusammenhang hervorkehrt, mit der man nichts anfangen kann; auch solche etwa, die man als aufreizend und häßlich empfindet. Die unmittelbare Wirkung, oftmals die verständnisloser und daher unverständlicher Aufführungen, wird der Qualität gleichgesetzt. Das aber läuft meist darauf hinaus, daß die sogenannte gemäßigte Moderne, also Erzeugnisse, die zwar auf irgendeine Weise mit dem Strom des Neuen schwimmen, aber doch mit Bedacht sich an die eingeschliffenen Hörgewohnheiten und Erwartungen des Publikums halten, für gut, besonnen, am Ende auch noch besonders menschlich und aufrichtig passieren, während solche, die aus dem geschichtlichen Stand des musikalischen Materials und des eigenen Bewußtseins die volle Konsequenz ziehen und Wirkungen sich versagen, die nicht aus den Forderungen der Sache selbst folgen, abstrakt, intellektuell, abstrus gescholten werden. Das Lautere, zum Widerstand gegen den Betrieb Fähige, wird verfemt, das Schwächliche aber, das nach der Formel ›modern, aber nicht zu sehr‹ sich richtet, wird zum Dank für solchen Konformismus auch noch als vital, ursprünglich und gemeinschaftsträchtig bejaht.

Keineswegs ist alle sogenannte radikale Musik, deren Begriff heute sehr zu Unrecht der Zwölftonmusik gleichgesetzt wird, gut und alles andere schlecht. Nur läßt sich über Kompositionen nicht urteilen, solange man bei der angenehmen oder unangenehmen Impression stehen bleibt. Musik, die sich nicht an den Erfahrungen der radikalen Moderne im Ernst gemessen hat, wie sie von der Wiener Schule Arnold Schönbergs, Alban Bergs und Anton von Weberns vertreten ist, wird freilich kaum etwas taugen. Dabei geht es nicht um bloße Gesinnung. Was jene Schule zu ihren Neuerungen und zum harten Zusammenstoß mit dem musikalischen Konformismus brachte, war vielmehr nichts anderes als ihre Konsequenz. Neuerungen hat es auch sonst gegeben. Die Werke des jungen Strawinsky, allen voran das »Sacre du printemps«, sind voll davon. Aber diese Neuerungen haben sich auf Teilaspekte beschränkt. Sie betrafen etwa die Harmonik oder den Instrumentalklang, ließen aber anderes ganz unangefochten. Im »Sacre du printemps« ist das mit Händen zu greifen: über vieltönigen harmonischen Komplexen werden simpel tonale Motivkerne exponiert und dann verschoben wiederholt. Melodik und Harmonik widersprechen sich. Nachdem in der Harmonik die Geleise der tonalen Akkorde und Funktionen weggeräumt sind, wird der Verlauf durch das gröbste Mittel, durch undurchbrochene, allenfalls durch unregelmäßige Akzente abwechslungsreichere rhythmische Bewegung hergestellt. Die Frage nach dem Zusammenhang von Ganzem und Teil kommt gar nicht erst auf; alle Ergebnisse werden von einem Stampfen artikuliert, das ihnen selbst nur von außen widerfährt. Dem Rezept haben Strawinsky und seine Nachahmer ebenso ihren Erfolg zu verdanken, wie es einem Komponieren anstößig war, das sich selber aushört und Objektivität, wenn überhaupt, nur aus der Gesetzmäßigkeit des eigenen Gefüges zu gewinnen hofft.

Daher hat die radikale Musik in ihren bedeutenden Exponenten die Emanzipation des musikalischen Materials von der Tonalität, der die Musik ihre Entfaltung zur großen Kunst verdankt, die aber dann von der großen Musik aufgezehrt wird, allseitig durchgesetzt, in Harmonik, Klang und Melodik, aber auch in der Durchbildung der Vielstimmigkeit und in der Formgebung. Vieles, zumal von Schönberg selber, dünkt noch heute dem auf Glätte und faßliche Oberflächenzusammenhänge bedachten Ohr zerrissen. Das hat aber keinen anderen Grund, als daß er nicht länger den Zusammenhang durch bequeme Mittel wie das Abschnurren in der Zeit stiftet, sondern ihn aus dem entwickelt, wohin die Klänge von sich aus wollen, und aus dem Atmen der einen, bestimmten, spezifischen Form. Werden schließlich in der Zwölftontechnik Harmonik und Melodik tendenziell einander gleichgesetzt; werden also die Akkorde und deren Zusammenhang grundsätzlich aus derselben Reihe abgeleitet wie die Horizontale, wie Melodien und Stimmen, so steht dahinter keine Arithmetik, sondern nur eben das Bedürfnis, die Divergenz von Horizontale und Vertikale zu beseitigen, an der alle große Musik seit Bach laboriert hat.

Wollte man die gegenwärtige Situation grob charakterisieren, so könnte man wohl sagen, daß etwas von derlei Sachverhalten im

Bewußtsein der verantwortlichen Komponisten der Nachkriegsgeneration sich durchsetzte. Vor fünfundzwanzig Jahren hat auf den Musikfesten, die schon damals bedenklich Ausstellungen von Waren glichen und mehr dem Kompromiß als der Auswahl der Qualität gehorchten, der Neoklassizismus und seine folkloristischen Anhängsel geherrscht. Strawinsky und Hindemith stellten die mit unerträglicher Monotonie abgewandelten Modelle all der Concerti, Toccaten, Suiten bei, die mit falschen Noten und metrischen Spielereien sich zugleich archaisch gebärdeten und, oft mit dem Gestus unbegründeter Ironie, up to date. Das hat sich geändert: die vorsätzliche Langeweile ist den Begabteren auf die Dauer doch zu langweilig geworden. Mitspielen mag, daß die beiden Protagonisten des Neoklassizismus, Strawinsky und Hindemith, mittlerweile von diesem zum Klassizismus schlechthin übergegangen sind: sie wurden des Zwiespalts zwischen der von ihnen verfügten Objektivität und deren subjektiv-modernen Züge inne und haben darum zur Stilkopie, zum simplen Zitat der Vergangenheit oder zur akademischen Harmlosigkeit sich entschlossen. Das hat wenig Nachfolger gelockt. Die Sterilität kam zu kraß heraus, und einer Generation, welche Angst und Katastrophe der jüngsten europäischen Geschichte an sich durchlitt, klang die angedrehte Einfalt und Größe dann doch gar zu unvereinbar mit dem eigenen Zustand.

Statt dessen hat die Wiener Schule, die auf den früheren Musikfesten als eine Art deutscher Schrulle allenfalls toleriert ward – Proben hatten offene Konflikte zwischen Schönberg und der Leitung der Internationalen Gesellschaft für neue Musik gebracht –, dem Schein nach international sich durchgesetzt. Während die drei großen Wiener Komponisten tot sind und in der eigenen Stadt, die ihnen nie viel Dank wußte, kaum legitime Erben fanden, existieren Zwölftongruppen nicht nur in Deutschland, sondern auch in Frankreich, Italien, Nordamerika. Schönberg selbst soll sich des späten Triumphs nicht sehr gefreut haben. Als Darius Milhaud ihm kurz vor seinem Tod in Kalifornien von dem universalen Interesse der jungen Komponisten an der Zwölftontechnik berichtete, habe er geantwortet mit der Frage: »Ja, machen sie denn auch Musik damit?« Dabei mag gewiß etwas von der Sorge des Erfinders mitgesprochen haben um das, was er als sein Privateigentum betrachtete und was sein Gewicht doch gerade daran hat, daß es mehr ist als bloße Erfindung. Gleichwohl zeigt Schönbergs Witz eine Sorge an, die das Zentrum des gegenwärtigen Zustands trifft, die Gefahr einer Neutralisierung der produktiven Impulse der neuen Musik, die nur allzugut zum gesellschaftlichen Zustand paßt.

Zwölftonmusik, ›Dodekaphonie‹ sind heutzutage so populäre Ausdrücke wie etwa Existenzialismus. Sie werden wohl von den meisten unbedenklich mit radikaler Musik schlechterdings gleichgesetzt. Zu Unrecht. Sehr viel von dem, was im Umkreis der Wiener Schule in ihren heroischen Zeiten, von 1910 bis gegen die Mitte der zwanziger Jahre, hervorgebracht wurde, darunter vielleicht das Inspirierteste und Spontanste, bedient sich nicht der Zwölftontechnik. Diese selbst aber wird entscheidend verkannt. Grundfalsch, von einem ›Zwölftonsystem‹ zu reden, das, nach der Formel Cocteaus, die Ordnung nach der Unordnung brächte, einen Ersatz der vernutzten und liquidierten Tonalität. Die Tonalität artikulierte unmittelbar, sprachähnlich, für jeden faßlich, durch einen Vorrat harmonischer Formeln und diesen entsprechender Strukturmomente die Musik. Die Zwölftontechnik tut nichts dergleichen. Was sie leistet, spielt sich hinter den Kulissen, nicht oder kaum in den manifesten Klangerscheinungen ab. Wer etwa bei einem Zwölftonstück die Grundreihe so herauszuhören und zu behalten trachtete wie die Grundtonart einer traditionellen Komposition oder auch wie deren ›Thema‹, geriete in die Irre. Gerade daß man an neue Musik immer wieder mit falschen Erwartungen herangeht, die dann notwendig enttäuscht werden, trägt viel Schuld an den Widerständen. Insgesamt ist die Zwölftontechnik nichts anderes als der universale Ausdruck der technischen Erfahrungen – und das heißt in der Kunst immer zugleich auch: der Verbote – in denen die neue Musik sich formte. Je weniger sie an ein allgemeines Idiom mehr sich binden konnte, das ihre Momente integriert hätte, um so dringender war jede Komposition darauf verwiesen, aus sich selbst heraus einen gesetzmäßigen Strukturzusammenhang hervorzubringen, sich zum sich selbst genügenden Mikrokosmos zu gestalten. Die Technik der ›entwickelnden Variation‹, die seit dem Wiener Klassizismus unter der Schutzhülle der Tonalität heranreifte und die in der tonalen Musik in Brahms ihren folgerechtesten Repräsentanten fand, dienten bereits jenem Bedürfnis. Die Zwölftontechnik rückt es ins Zentrum: sie ist ein Verfahren totaler Variation, in dem weder eine vom je gegebenen Ausgangsmaterial unabhängige, ›freie‹ Note noch umgekehrt die unverwandelte Wiederkehr des Gleichen geduldet wird. Sie will den Gedanken der Einheit des Mannigfaltigen in der Musik streng durchsetzen. Inmitten dieses Versuchs klängen tonale Elemente äußerlich und dem konkreten Gebilde heteronom. Sie werden von der Zwölftontechnik verpönt, es sei denn, daß die Konstruktion der Reihen selber, wie zuweilen bei Berg, tonale Enklaven gestattet.

Indem aber die Zwölftontechnik das Prinzip der Variation, das, was man in der traditionellen Musik ›thematische Arbeit‹ nannte, absolut setzt; indem alles, was überhaupt geschieht, thematische Arbeit wird, hört die thematische Arbeit auf, selber den Inhalt des Komponierens zu bilden. Sie wird zu dessen Voraussetzung. Das Komponieren soll gerade dadurch freigesetzt werden, daß all das, womit früher die Musik sich abmühte, das, was das 18. Jahrhundert als ›gelehrtes‹ dem ›galanten‹ Element kontrastierte, in einen Prozeß zurückgeschoben wird, der eigentlich abgeschlossen ist, ehe der eigentliche kompositorische Akt beginnt. Zwölftontechnik ist also kein System der Musik, sondern eine Vorordnung ihres Materials; etwas, was sich auf der Palette zuträgt und nicht auf dem Bild. Diese Prädisposition des Materials rechtfertigt sich aber in künstlerischer Ökonomie nur dort, wo sie notwendig ist, wo es überhaupt etwas zu organisieren gibt. Sonst entartet sie zur bloßen Fleißübung und zum Fetischismus. Künstlerische Mittel weisen sich aus lediglich in Proportion zum künstlerischen Zweck, zum ›Komponierten‹, das resultieren soll. Werden etwa die Reihenvariationen zugunsten einer Musik manipuliert, die so einfach ist, daß sie ohne solche Künste sich zusammenfügt, so verlieren diese mit ihrer Funktion auch ihr Daseinsrecht. Die Primitivität des musikalischen Inhalts widerspricht den Umständen, die gemacht werden und die jene Primitivität meist nur um so greller hervorheben. Die Zwölftontechnik empfing ihren Sinn überhaupt nur aus der polyphonen und in jeder Hinsicht ungemein komplexen Setzweise der Wiener Schule – nur an einem wahrhaft Mannigfaltigen ist das Bedürfnis nach einer Klammer zu spüren, die es so eisern zusammenzwingt wie die Zwölftontechnik. Sie läßt von dem anarchischen und chaotischen Element des Expressionismus und der freien Atonalität als ihrer Bedingung sich nicht abspalten. Sie ist kein Absolutes.

Dazu aber wird sie heute verfälscht. Die Generation, die ihr sich verschreibt und die vielleicht dem Chaos in der Realität allzu ausgesetzt war, um ihm ästhetisch ins Auge zu sehen, läßt sich verführen von der Ordnung als solcher, ohne Rücksicht aufs Geordnete. Insofern hat die Zwölftontechnik die Erbschaft ihres Widerspiels, des abgewirtschafteten Neoklassizismus, angetreten. Sie besticht ihre Anhänger durchs Versprechen von Sicherheit. Sie beschwichtigt die Angst, der Komponist sei auf sich selber gestellt und müsse ohne Stütze dem nachhorchen, was in jedem Augenblick das Gebilde von sich aus verlangt. Man meint, sie erleichtere das Komponieren. Was sie vorbereiten soll, die kompositorische Freiheit, soll sie nun gerade abschaffen. Ein junger amerikanischer Komponist, gefragt, warum er zur Zwölftontechnik übergegangen sei, antwortete, er habe beim Komponieren nicht gewußt, aus welchen Noten er die Melodien und Harmonien, die ihm im Umriß vorschwebten, zusammenfügen sollte; nun sagten es ihm seine Grundreihe und deren Abwandlungen. Man darf sicher sein, daß die Noten, mit denen er da sein Leerbewußtsein von der eigenen Musik auffüllte, nicht die richtigen, sondern bloßer Ersatz für die Arbeit und Anstrengung des aktiven, kritischen Hörens waren. Ein barbarisch-kunstfremdes Element verbirgt sich im Inneren der künstlichen Veranstaltungen. Nicht nur halbe Dilettanten kippen dergestalt aus den Pantinen. Selbst sehr begabten Komponisten bringt die Anwendung der Zwölftontechnik für Zwecke, die von ihren ursprünglichen losgerissen sind, wenig Segen. So handhabt sie etwa Luigi Dallapiccola, fraglos eines der stärksten Talente der mittleren Generation, inmitten einer traditionell-musikdramatischen, sehr italienisch getönten Sprache, deren Drastik jenes Organisationsprinzips nicht erst bedürfte und wahrscheinlich sich mindert, sobald sie es bemüht. Auch bei Alban Berg war die Zwölftontechnik nur ein Mittel der Artikulation unter zahlreichen anderen und mit traditionellen Elementen amalgamiert. Aber bei ihm ist gerade das, was die Substanz der Zwölftontechnik ausmacht, die variierende thematische Arbeit, aufs höchste entwickelt und fügt sich dem Zwölftonverfahren sinnvoll ein. Bei ungezählten jungen Komponisten jedoch wird die Schönbergsche Technik nur noch dazu mißbraucht, die Abwesenheit eines eigentlichen kompositorischen Zusammenhangs zu verdecken. Die kompositorische Brüchigkeit liegt auf der Hand. Sophistisch und mechanisch ist die Entschuldigung, daß nach den Spielregeln alles mit rechten Dingen zugehe. Solche Symptome zeigen sich zumal auf dem Operntheater, das ja unmittelbar mit der Frage der Publikumswirkung konfrontiert ist und darum dem Druck zum Kompromiß am stärksten unterliegt. Zur Wehr gesetzt hat sich eine Avantgarde, die nicht nur die strengsten Konsequenzen aus der von ihr als verbindlich und selbstverständlich vorausgesetzten Zwölftontechnik zieht, sondern sucht, darüber hinauszugehen und das Konstruktionsprinzip weit über die Vorformung des Tonmaterials durch eine gegebene Abfolge von Intervallen hinauszutreiben. Im Klima dieser auf Schönberg verpflichteten Musik ist ein Anti-Schönbergisches offenbar, eine Art Rebellion gegen die Vaterfigur, die freilich dieser, paradox genug, ein Zuviel an Freiheit, Subjektivität und Ausdruck vorwirft. Nicht umsonst hat Pierre Boulez einen manifestartigen Aufsatz »Schönberg est mort« überschrieben. Worum es geht, ist in der Sache vorgegeben, von der diese Komponisten losmöchten. Ein Moment von Willkür eignet dem Zwölftonverfahren selbst und der Definition seiner Regeln, vor allem aber auch der Beschränkung des Konstruktionsprinzips auf die Regelung der Intervallfolge, während andere musikalische Dimensionen, wie Rhythmus und Dynamik, nicht hineingezogen werden. Die Zwölftontechnik bleibt hinter dem Ideal des ›integralen‹ Komponierens zurück, das in dem Prinzip, daß jegliche Note streng determiniert sei, fraglos mitgesetzt ist. Eng hängt damit zusammen, daß die eigentlich musiksprachlichen, kompositorischen Mittel des späten Schönberg durchweg auf die traditionelle Musik, auf tonale Verhältnisse zurückweisen und zu der von diesen musiksprachlichen Mitteln gereinigten Präformation des Tonmaterials nicht recht stimmen. Schönberg hat über diesen Widerspruch souverän sich hinweggesetzt und in der Tat einfach mit seinen Reihen ›Musik gemacht‹, nicht viel anders komponiert, als je ein großer Komponist mit seinem Material umging. Schon Webern scheint sich daran gestoßen zu haben; jedenfalls hat er in den meisten seiner späteren Zwölftonwerke, etwa seit der Symphonie, versucht, den Sprung zwischen dem Musiksprachlichen und den Reihen zu schließen. Alle musikalischen Ereignisse sollen bei ihm mit solchen der Reihenstruktur und ihrer Erscheinungsformen sich decken. Verzichtet wird auf unendlich viel von dem, was man bislang überhaupt unter Komponieren versteht. Der späte Webern verbindet eine ungeahnte Dichte der Reihenbeziehungen mit kahler kompositorischer Simplizität, vergleichbar der Malerei Mondrians. Schon seine Musik war kraft solcher Reduktion oft ›punktuell‹; freilich steht selbst in den kargsten jener Gebilde kaum eine Note, die nicht einen, wenn auch skelettierten, so doch höchst präzisen und einsichtigen musikalischen Sinn gäbe. Gegen solchen musikalischen Sinn richtet sich die Rebellion der – in sich sehr differenzierten – Gruppe junger Komponisten, zu der, außer Boulez in Frankreich, etwa Stockhausen in Deutschland, Maderna und Nono in Italien rechnen. Die objektive Konstruktion soll nun alle Elemente, vor allem auch das rhythmische, mathematisch umfangen; erstrebt wird, kraß gesprochen, die Liquidierung des Komponierens in der Komposition. Gleichgültig wird die Vorstellung des Ertönenden, die musikalische Sprache, alles dem Sinnzusammenhang nur von fern Ähnliche. Durch Austreibung des Subjekts hofft man eines kosmisch Wesenhaften teilhaftig zu werden. Die Allergie gegen den Ausdruck, wie sie in archaisierend-antiromantischen Tendenzen des Neoklassizismus sich bekundet, wird bei dessen Antipoden extrem. Man hat ihre Absichten den kybernetischen Bestrebungen der Wissenschaft und der industriellen Automation verglichen; der Ablauf ist so selbsttätig, daß, nach einem Ausdruck von E. I. Kahn, eine Art Robotermusik sich abzeichnet.

Damit freilich dürfte der Begriff des musikalischen Fortschritts sich überschlagen. Die reine Konsequenz aus dem Material regrediert vollends aufs Kunstfremde, bloß Tonphysikalische, wie denn in der Tat einige deutsche Punktuelle sich elektronischen Experimenten zuwandten. Die Anähnelung des künstlerischen Verfahrens an die Wissenschaft, ohne daß doch Kunst Wissenschaft zu werden vermöchte, macht das Wozu des Ganzen, das Dasein der Musik selbst fragwürdig und konvergiert mit der Frage, die Halldór Laxness der Lyrik gegenüber aufwirft: »Ich bekam alle Bilder von Buchenwald zu sehen ... Man kann nicht länger Dichter sein. Die Gefühle erstarren einem. Man kann seine Gefühle nicht mehr lenken, wenn man diese ausgemergelten Skelette auf einem Bild betrachtet hat;

und diese toten, aufgerissenen Münder. Das Liebesleben der Forelle – Röslein rot auf der Heide – Dichterliebe –: fertig damit, aus, Schluß. Tristan und Isolde sind tot; sind in Buchenwald gestorben; und die Nachtigall hat ihre Stimme verloren, weil wir das Gehör verloren haben; unsere Ohren sind in Buchenwald gestorben.«

Aber das Bewußtsein der Unmöglichkeit absoluter Konstruktion dämmert im Umkreis jener Komponisten selbst, Stockhausen gesteht eine Schwelle von ›Unbestimmbarkeit‹ zu, und ein eminent begabter Komponist wie Boulez scheint fähig, die selbstgewählten Fesseln abzuwerfen und, alle Erfahrungen verwertend, welche die asketische Disziplin ihm gewährt, stichhaltige Musik zu schreiben. Die musikalische Situation: das ist der Engpaß, in dem sich nicht verweilen, der sich aber auch nicht umgehen läßt und aus dem nichts unverwandelt hervortritt. Bei den stärksten kompositorischen Kräften schimmert trotz allem die Realisierung jener humanen Freiheit durch, um deretwillen die Moderne begann, das musikalische Material aufzupflügen, und die allein mit der Gewalttat versöhnen wird, welche die Musik damit auf sich nahm. Sie kann dem Fluch der Wirklichkeit sich nicht entwinden und weiß von keiner Hoffnung als der heute unscheinbaren, welche die Wirklichkeit selbst in sich enthält.

1955

Zum Stand des Komponierens in Deutschland

Soll man auf wenigen Seiten etwas über den gegenwärtigen Stand der Musik in Deutschland – und dessen Schlüssel ist das Komponieren – sagen, so wird man darauf verzichten müssen, einzelne Komponisten oder Schulen zu charakterisieren. Zu benennen wäre vielmehr das Spezifische der deutschen Situation. Fünfzehn Jahre nach dem Sturz des Hitler ist nicht länger mehr die Frage, ob Deutschland den Anschluß an die internationale Produktion gefunden hat, ob die Komponisten sich auf die Tradition der Moderne im eigenen Bereich besinnen, ob sie dem Stand barbarischer Versimpelung entronnen sind und über die technischen Mittel verfügen. Die Schwierigkeit, etwas Prägnantes zu formulieren, liegt eher darin, daß die Stile der verschiedenen Länder erstaunlich einander sich angeähnelt haben, so wie man es an der gegenstandslosen Malerei längst bemerkte. In der ernsthaft in Betracht kommenden Produktion gibt es keine nationalen Kennmarken mehr, an denen die Länder sich unterscheiden ließen, keine musikalischen Dialekte, wie sie im Laufe der Spätromantik sich herausgebildet hatten. Man wird also nach dem spezifisch Deutschen nicht im handgreiflichen Stil zu suchen haben sondern in der Verhaltensweise dem mittlerweile allgemein gewordenen Material gegenüber. Kompliziert wird das dadurch, daß jene Richtung, die fünfundzwanzig Jahre lang, bis zum Ausbruch des Dritten Reiches, als deutsche und österreichische Spezialität galt, die konsequente Atonalität und deren Systematisierung als Zwölftontechnik, nach dem Zweiten Krieg über die ganze Erde sich ausgebreitet hat. Gerade sie ließ, kraft ihres rationalen Konstruktionsprinzips, die Nationalstile verschwinden. Die Internationalisierung der Musik ist eine Funktion jener deutschen Evolution des musikalischen Materials, die mit dem Ideal umfassender motivisch-thematischer Arbeit tief in die deutsche Tradition zurückreicht. Die Zusammenhänge lassen sich weitgehend personell bestimmen. Der Webernschüler René Leibowitz hat in Paris die Schönbergische Technik gelehrt und den in ihr waltenden Zwang so zum Bewußtsein gebracht, daß sie in Frankreich, erstmals jenseits der deutschen Sprachgrenze, rezipiert wurde. Umgekehrt ist die Weiterbildung der Schönbergischen Technik zur ›seriellen‹, also die Einbeziehung aller denkbaren musikalischen Dimensionen in den Konstruktionsprozeß, von Paris, von Olivier Messiaen ausgegangen, und hat von dort insbesondere über Pierre Boulez nach Deutschland zurückgewirkt. Sie war freilich in Bergs Technik des thematischen Rhythmus und in Weberns Spätstil schon vorgeformt.

Hierzulande sind mittlerweile die älteren, akademischen Richtungen und auch die ›neudeutsche‹, die Wagnernachfolge, abgestorben, so als hätte die kleinbürgerliche Kulturreaktion der Hitlerära die nachfolgende Generation mit einer Scham erfüllt, die ihr alles verdächtig machte, was in den zwölf Jahren des Unheils obenauf war, Richard Strauss nicht ausgenommen. Organisatorisch entspricht dem, daß der »Allgemeine deutsche Musikverein«, Träger zumal des Wagnerianismus, nach dem Zweiten Krieg seine Arbeit nicht wieder aufnahm. Der Schwerpunkt der Moderne hat sich allerdings auch von der »Internationalen Gesellschaft für neue Musik« (ISCM), von der zwischen den Kriegen viele Impulse ausgingen, in Deutschland wegverlagert. Der Neoklassizismus Strawinskyschen Ursprungs, der damals ihre Programme in so weitem Maß beherrschte, ist in Deutschland so gut wie ausgestorben; vielleicht darum, weil ihm hier die theoretische Kritik aufs schärfste opponierte. Im übrigen mag die Monotonie, die von Strawinskys Werk drei Dezennien lang ausging, die jungen Musiker ebenso enttäuscht haben wie die Entwicklung Hindemiths in seinen späteren Jahren. Nur einige der Älteren, wie etwa Karl Heinrich David, bleiben noch im Hindemithischen Bereich; sonst ist der Neoklassizismus einzig noch in den Niederungen der archaisierenden Volks- und Jugendmusik zu finden, die sich zu Unrecht ›junge Musik‹ nennt.

Die Breite der Rezeption der Zwölftontechnik jedoch verursacht einiges Unbehagen. Nachdem der Halt an der überkommenen Tonalität ebenso wie an den pseudo-objektiven Formimitationen des Neoklassizismus verloren ward, lockt sicherlich sehr viele junge Komponisten das Phantom der Geborgenheit in den Zwölftonreihen. Sie verstehen als ein ›System‹, als eine Art Tonalitätsersatz, was in Wahrheit bloß ein Mittel zur konstruktiven Organisation von Ungebärdigem ist. Ungezählte Zwölftonstücke sind der rein kompositorischen Substanz nach so primitiv, daß sie eines Darstellungsmittels gar nicht bedürften, das sich einzig legitimiert, wo es komplexe, zumal polyphone Ereignisse zusammenhält. Als Darius Milhaud dem alten Schönberg kurz vor seinem Tod von dem internationalen Triumph der Zwölftontechnik erzählte, soll dieser gefragt haben: ja, komponieren sie denn auch damit? Unverkennbar ist tatsächlich die Tendenz, just das Problematische der Zwölftontechnik, den Aspekt des Mechanischen, von der eigenen kompositorischen Anstrengung Dispensierenden, oftmals Leeren und Klappernden zu übernehmen, ohne daß die Verpflichtungen und Implikationen des Verfahrens honoriert würden; vor allem aber auch, ohne daß die spontanen musikalischen Impulse und Spannungen stark genug wären, um die Manipulation der Reihen zu mehr zu machen als einem Spiel, das einem die Gewißheit verleiht, es sei jede Note, jede Farbe, jede Pause aus einem Grundmaterial ableitbar und deshalb richtig. Der Fetischismus der Reihe, eine Art Stoffgläubigkeit zweiten Grades, das Vertrauen aufs bloße Stimmen setzt sich anstelle des Komponierten; Mittel ersetzen die Zwecke.

Diese Gefahr ist international. Sucht man nach dem Besten, was heute aus Deutschland kommt, so steckt es vielleicht in der Art, in der dort die begabtesten und verantwortungsvollsten Komponisten darauf reagieren. Sie erkennen, ausdrücklich oder unausdrücklich, die Verpflichtung an, mit dem freigesetzten und durchorganisierten Material so zu operieren, daß die Komposition ihm ganz und gar sich anmißt. Aus der Gestalt des seriellen Minimums heraus soll eine ganz in sich artikulierte musikalische Sprache abgeleitet werden. Indem man sich ohne Vorbehalt dem Material und seinen Tendenzen überläßt, anstatt Reihenverfahren von oben her der Komposition aufzuzwingen, hofft man deren Sinn zu gewinnen. Bezeichnend dafür die elektronische Arbeit, die nicht etwa elektronische Klänge ›verwendet‹, sondern aus der Beschaffenheit dieser Klänge kompositorische Strukturen herauszulesen versucht. Verwandt-entgegengesetzt sind die theoretisch durch Mallarmé, praktisch durch den Amerikaner John Cage angeregten Versuche mit dem Zufallsprinzip. Sie möchten von dem gewaltsam Mechanischen heilen, indem sie der Sache selbst bis zum Absurden, bis zur Selbstauslöschung der subjektiven kompositorischen Intention sich überantworten.

Das spezifisch Deutsche ist wohl darin zu sehen, daß nicht mit Reihen, Serien, elektronischen Klängen als einem Medium komponiert, geschaltet wird, sondern daß aus derlei Gegebenheiten die gesamte kompositorische Struktur gleichsam ohne Eingriff folgen soll. Darin geht die avancierte deutsche Musik der Gegenwart, repräsentiert vor allem durch Karlheinz Stockhausen und seinen Kölner Kreis, zum äußersten: kraft der Durchformung des Materials ebenso wie seiner Lockerung; zweier einander entgegengesetzten Tendenzen, die, wie man längst bemerkt hat, miteinander konvergieren. Zu vermuten, daß diese Tendenz, zum äußersten zu gehen, im Großartigen wie im Fragwürdigen deutsch sei, ist kaum zu weit hergeholt. Der deutsche Beitrag zur Musik der Gegenwart wäre darum doch wohl wieder, wie der vor fünfzig Jahren, der des Radikalismus. Aus den Resultaten der Entwicklung des Materials werden rücksichtslos die Konsequenzen gezogen. Alles wird ausgemerzt, was in der musikalischen Sprache als Rudiment eines älteren, überholten Materials fortweste. Lieber will Musik von der Sprache sich losreißen, hoffend, daß dadurch eine neue Sprache gerät, als daß man Inkongruenzen und Unreinheiten des Mediums ertrüge.

Wohin solche Konsequenz führt, wenn sie nicht länger an einem ihr selbst entgegengesetzten, ihr widerstrebenden musikalischen Stoff sich abarbeitet, ist noch unabsehbar. Bislang sind die wichtigsten Ergebnisse jener Konzeption Werke von Stockhausen wie die Kammermusik »Zeitmaße«; die für drei Orchester gesetzten, um die Raumdimension des Komponierens bemühten »Gruppen«, das unterdessen berühmt gewordene elektronische Stück »Gesang der Jünglinge« und jüngst die »Kontakte« für elektronische Klänge, Klavier und Schlagzeug. Aber die deutsche Tendenz zum Extrem regt sich sogar in den noch überlebenden gemäßigten Schulen, etwa bei Carl Orff. Nach Provenienz und Habitus Neoklassizist, treibt er die Vereinfachung und Reduktion der Mittel so weit, daß das eigentliche Komponieren zugunsten der Erstellung dramaturgischer Hörkulissen liquidiert wird. Der restaurative Gehalt solcher Bestrebungen ist freilich das Gegenteil dessen, worauf die Kölner und Darmstädter Avantgarde zielt.

Die totale Determination berührt insofern sich mit dem Zufall, als die durchkonstruierte Musik dem Subjekt als ein so Fremdes und Inkommensurables gegenübertritt wie Zufallsereignisse. Naiv freilich wäre es, zu verkennen, daß die konstruktive Objektivität, die radikale Zurüstung des Materials, unabdingbar auf veranstaltende Subjektivität zurückverweist. Nicht jedoch ist zu bezweifeln, daß der totale Konstruktivismus, als Tabu übers subjektive Ausdrucksbedürfnis, in den Komponisten selbst Gegenkräfte mobilisiert. Die passionierte Befassung mit dem Zufall ist zugleich deren Ausdruck. Manche der begabtesten deutschen Komponisten indessen leiden derart an dem Determinismus, daß sie auszubrechen versuchen. Unter ihnen steht an erster Stelle Hans Werner Henze. In Arbeiten wie der Oper »König Hirsch« jedoch hat der Ausbruchsversuch nicht ins ersehnte Reich der Freiheit, in eine wahrhafte ›musique informelle‹ geführt, sondern nach rückwärts, in den Kompromiß. Das Jammern über den konstruktivistischen Zwang kann zum bloßen Vorwand dafür werden, in die bequemere Unfreiheit der Konvention sich zurückzuziehen.

Der Gemeinplatz, daß die musikalische Situation offen, daß die Entwicklungstendenz unentschieden sei, verdient um so mehr Mißtrauen, als die Frage nach dem historisch Stärkeren und sich Durchsetzenden keineswegs mit der nach dem Besseren identisch ist. Trotzdem gebührt der These von der ungeklärten Situation höheres Recht als vor dreißig Jahren, zu einer Periode also, da dem Einsichtigen die Überlegenheit Schönbergs und seiner Schule über die damalige gemäßigte Moderne nicht verborgen bleiben konnte. Heute stehen Kategorien wie die des musikalischen Sinnes, des nachvollziehbaren Zusammenhanges, der konkreten Logik der Gebilde in ihrer sinnlichen Erscheinung selbst in Frage; nicht einfach, weil diesen Kategorien nicht mehr entsprochen würde, sondern auch weil gegen sie selbst, als einen harmonisierenden Schein, Zweifel sich regen. Schließlich geht es darum, ob Musik, und Kunst überhaupt, fähig ist, ihren Scheincharakter zu überleben, ohne ihren eigenen Begriff aufzuheben. Was musikalisch heute in Deutschland geschieht, hat seine Gewalt daran, daß es diese Frage zuspitzt. Die Antwort wird kaum in der Musik allein entschieden werden sondern gesamtgesellschaftlich.

In den Antagonismen des heutigen Komponierens jedoch drückt der reale Zustand um so treuer sich aus, je weniger die Musik auf ihn spekuliert.

1960

Zum Verhältnis von Malerei und Musik heute

Die Analogien zwischen zeitgenössischer Malerei und Musik sind offenbar. In beiden Bereichen ist die zur zweiten Natur geronnene, konventionalisierte Formsprache der bürgerlichen Gesellschaft an sich zerfallen. Ihre Antithese ist die wie sehr auch bewußtlose Anstrengung des ästhetischen Bewußtseins, den Verblendungszusammenhang der Ideologie zu durchschlagen und das Wesen zu treffen. Dem Verzicht auf Ähnlichkeit mit dem Gegenstand in bildender Kunst entspricht darin der Verzicht aufs tonale Ordnungsschema in der Musik. Es hatte die gleiche Funktion erfüllt: das individuelle Kunstwerk an einem außerhalb seiner je eigenen Formgesetzlichkeit Liegenden, gesellschaftlich Bestätigten zu messen, sein An sich zugleich zu einem Für andere zu machen. Als diese Funktion und die immanente Forderung des Gebildes ganz auseinander traten, ward dem Vorgegebenen der Gehorsam gekündigt. Aus einiger Distanz gesehen, liefen die Entwicklungslinien parallel. Auf eine anarchische, revolutionäre Periode, welche der systematische Stumpfsinn als eine des bloßen Übergangs einordnet, und die von Begriffen wie Fauvismus und Expressionismus dort, wie freie Atonalität bezeichnet wird hier, soll etwas wie neue Ordnung gefolgt sein, Kubismus, neuer Realismus und Klassizismus, auch die Zwölftontechnik. Die alte Beobachtung der Ungleichzeitigkeit der Künste scheint überholt. Mit der wachsenden Integration der Gesellschaft ist auch der vielfältige Widerstand gegen ihre Spielregeln vereinheitlicht. Nicht länger hinkt die Musik hinter der Malerei her. Wagner, dem ästhetisch bereits eine Art von Gleichschaltung aller Künste vorschwebte, in der die totalitäre Verwaltung der Gesellschaft ihren Schatten vorauswarf, bezeugt trotzdem noch jene Ungleichzeitigkeit. Zwanzig Jahre, nachdem er im Tristan Verfahrensweisen ausgebildet hatte, welche die impressionistische Technik vorwegnahmen, sprach er auf Renoir, von dem er immerhin sich malen ließ, an wie Kaiser Wilhelm auf die Kloakenkunst. So war denn auch das visuelle Element in Bayreuth zurückgeblieben und nichtig.

Das Verhältnis hat sich radikal geändert mit dem Expressionismus. Der programmatische Blaue Reiter von Klee, Marc und Kandinsky enthielt Musik von Schönberg, Berg und Webern. Die Grenzen der Begabungen selber wurden nicht länger respektiert. Schönberg hat, gerade in der entscheidenden revolutionären Phase seiner Entwicklung, mit bedeutender Fähigkeit gemalt, und seine Bilder lassen den gleichen Doppelcharakter von Ausdruckskraft und sachlicher Härte erkennen, den seine Musik bewährt. Lyonel Feininger hat ernst und intensiv musikalisch gearbeitet. Von jüngeren Komponisten besaßen Berg und Hindemith spezifisch optisches Talent, und Berg, befreundet mit Loos und Kokoschka, sagte gern von sich, er hätte ebensogut Architekt werden können wie Komponist. Die Brüderlichkeit zwischen den Künsten in der Periode um 1918 verdankt sich nicht sowohl dem Willen zur Gleichschaltung und zur alles umfassenden Monumentalität als der Rebellion gegen die Verdinglichung, die auch in der branchemäßigen Aufteilung der Zonen des objektiven Geistes sich anzeigte. Ihr wird das unvermittelt Lebendige des menschlichen Ausdrucks kontrastiert, den es drängt, alles ihm Fremde, Gegenständliche gleichermaßen auszulösen, zu durchdringen, zu vermenschlichen. Das alte Schumannsche Programm der Romantik, die Ästhetik der einen Kunst sei auch die der anderen, wird vom Expressionismus eingeholt. Ihm dünkt das Material, ja die Sphäre der ästhetischen Objektivation selber gleichgültig gegenüber der Idee der reinen Kundgabe des Subjekts.

Die Analogien der späteren Entwicklung in beiden Sphären erklären sich geschichtsphilosophisch großenteils daraus, daß auf dem Punkt der reinen Subjektivität sich nicht beharren läßt, daß das für sich seiende Bewußtsein um der eigenen Wahrheit willen notwendig auf Entäußerung verwiesen ist. Aber es bleibt fraglich, ob jene Analogien in der Tat so echte Identität in den verschiedenen Bereichen bezeugen, wie es einer Kultur- und Geistesgeschichte dünkt, die souverän sich an die sogenannten großen Tendenzen hält, ohne in die Disziplin des Produzierens selber einzugehen. Allein schon die freudige Übereinstimmung der Linienzieher darin, daß es erst ein Chaos gegeben habe, das aber gewissermaßen einen Tunnel darstellt, in den man nur einzufahren braucht, um bereits am anderen Ende das Licht einer neuen, möglichst sicheren und allgemein verbindlichen Ordnung zu erblicken, sollte mißtrauisch stimmen. Gerade wenn Kunst wahrhaft nicht die bloße Kundgabe der Subjektivität ist, sondern wenn diese an einem ihr Entgegengesetzten schmerzlich sich bewähren muß, sofern sie nicht in eitler Zufälligkeit befangen bleiben will, dann kann die spezifische Beschaffenheit der Materialien, an denen der Künstler konkret jenes ihm Entgegengesetzte und seine Forderung jeweils erfährt, für den Sinn der Gebilde nicht gleichgültig sein. Denn dieser Sinn ist nicht die bloße Subjektivität als solche in ihrer Abstraktheit, sondern was aus dem bewältigten Widerspruch zwischen dem Subjekt und dem ihm Heterogenen resultiert. Die simplen Differenzen sowohl der Materialien wie der historisch entfalteten einzelnen Künste können in der Einheit des subjektiven Ausdrucks nicht einfach verschwinden und auch nicht im Parallelismus der Entwicklungszüge. Analoge Formtendenzen müssen verschiedene, können entgegengesetzte Bedeutung in der Zeitkunst Musik und der Raumkunst Malerei haben. Die wesentlich bilderlose Musik verändert notwendig den Sinn formaler Elemente, die ihrerseits, wie sehr auch vermittelt, am gegenständlichen Bereich abstraktiv gewonnen sind. Eine musikalische Fläche ist wesentlich nicht dasselbe wie eine Bildfläche, weil die zeitlose Fortbewegung Fläche eigentlich nicht kennt, weil die Bildung musikalischer Flächen von vornherein metaphorisch der Malerei entlehnt ward und im musikalischen Kontinuum ganz anders fungiert als im malerischen.

Die Übereinstimmungen gerade der quantitativ heute vorherrschenden Musik mit gewissen malerischen Tendenzen erklären in Wahrheit zu erheblichem Maße sich durch die Anpassung der Musik an die Malerei. Es sei dahingestellt, ob bereits der musikalische Expressionismus, der Schönberg um 1910, zum Bruch mit der Tonalität mit unterm Eindruck der radikalen Malerei gelangte, oder ob, wofür doch viel spricht, die technische Entfaltung seiner eigenen Probleme die Tonalität auch ohne den bildungsmäßigen Zusammenhang mit der Malerei gesprengt hätte. Musikalischer Ausdruck überhaupt und der spezifisch expressionistische Gestus von Musik fallen freilich keineswegs unmittelbar zusammen. Ganz gewiß aber sind die Ursprünge der neuen Musik westlichen Stils in der Malerei aufzusuchen. Die grob zutreffende Bestimmung,

Frankreich sei das Land der großen Malerei und Deutschland das der großen Musik, geht darauf zurück, daß die Malerei selber, primär menschlich beherrschtes Ordnen der äußeren räumlichen Welt, in die Kontinuität der rationalen, römisch-zivilisatorischen Elemente des Abendlandes eher hineinfällt als die Musik, die zum Guten und Schlechten ein Unerfaßtes, Chaotisches, Mythisches in sich enthält. Dieser Gegensatz stand Nietzsche zumal vor Augen. Etwas davon bleibt festzuhalten, auch wenn man weiß, daß innerhalb der Totalität der Kultur die Elemente sich durchdrungen haben, daß etwa die impressionistische Malerei sich trotz ihres technischen Geistes zum Träger des Protestes gegen die dinghaft rationale Ordnung machte, während die Musik ihre humane Verbindlichkeit gerade durch die eigene Entfaltung zur Rationalität gewann. Betrachtet man jedoch die Gesamtentwicklung unterm Spätkapitalismus als fortschreitende Aufklärung und Rationalisierung, dann meint das in weitem Maße den Sieg des Geistes der Malerei über den der Musik. In Frankreich, wo die musikalischen Produktivkräfte, vielleicht gerade als dort von je vergesellschaftete, nicht ebenso entwickelt waren wie in Deutschland, mußte die Musik, um überhaupt auf das Niveau der Gesamtentwicklung zu kommen, an die Malerei sich halten.

Das geschah seit den neunziger Jahren in Debussy, der mit unbeschreiblichem Takt und schärfstem Sinn für das Spezifische des musikalischen Materials die Errungenschaften der großen Malerei auf jenes übertrug, ohne doch jemals in bloß malendes, nachahmendes Komponieren zu verfallen. Dabei geht es um mehr als nur um die Analogie von Lichteffekt und Hereinziehen entfernter liegender Obertöne, oder um die dem impressionistischen Komma verwandte Technik von Tontupfen, zumal die der Sekundkopplungen. Debussy erhebt eine sonst nur etwa aus der Salonmusik des neunzehnten Jahrhunderts geläufige Intention aufs ästhetische Niveau. Seine Stücke, selten ausgedehnt, kennen in sich keinen Fortgang mehr. Sie sind gewissermaßen aus dem zeitlichen Fluß herausgenommen, statisch, räumlich. In den berühmten Feux d'artifice am Ende des zweiten Bandes der Préludes etwa ist die Aufeinanderfolge der einzelnen Abschnitte nach dem Maße von ›Entwicklung‹ zufällig: ihr zeitlicher Verlauf konstituiert nicht wesentlich die Form, sondern entspricht weit eher einem geschmackvoll kontrastierenden nebeneinander Anordnen von Farbflächen. Wenn im Geiste des philosophischen Positivismus Erinnerung und Erwartung ausgelöscht, nur das, was je der Fall ist, anerkannt wird, dann trägt dem Debussys mit Physik kokettierende Musik, wie sehr auch eine der ›Stimmung‹, insofern Rechnung, als sie dem Dunkel des inneren Sinnes, der zeitlichen Dialektik auszuweichen trachtet und anschauliche Simultaneität erstrebt, soweit das Gebundensein von Musik an den Zeitverlauf das überhaupt nur duldet.

Strawinsky hat eben diese Intention von Debussy übernommen. Nur tilgte er das Verschwimmende, in sich Vermittelte der Debussystischen Musik, die letzte Spur gleichsam des musikalischen Subjekts. Durchs Aneinanderfügen hart gegeneinander abgesetzter, aber sowohl in sich wie in ihrer Relation zeitfremder Komplexe kam dann jener musikalische Stil zustande, der, indem er zunächst auf Picasso blickte, erst als eine Art von musikalischem Kubismus, dann als Neoklassizismus sich deklarierte. Die Entwicklungsgeschichte der modernen Musik, soweit sie die Mehrheit der Komponisten unter sich begreift, der vielgepriesene Übergang von der Auflösung zur angeblich neuen Form, entspringt danach in einer Pseudomorphose der Musik an die Malerei. Nicht bloß hat die Musik von der Malerei Impulse empfangen, sondern sie folgte ihrer strukturellen Zusammensetzung nach der Malerei.

Die Wendung zur Objektivität, die man hier wie dort als Fortschritt der modernen Kunst verbucht, hat das spielerische Moment hervorgekehrt. Das Subjekt, das nicht sowohl mehr sich als Schöpfer und Substanz des Kunstwerkes weiß, denn als Vollzugsorgan des der Sache nach Notwendigen, setzt sich nicht mehr im traditionellen Sinn mit der gleichen Verbindlichkeit selber, drückt nicht mehr mit der alten Naivetät sich aus. Indem aber solche Objektivität ihrerseits wieder weitgehend als eine vom Subjekt veranstaltete, nicht rein aus der Sache entspringende sich erfährt, vermag sie andererseits auch nicht so unmittelbar als Objektivität aufzutreten wie sonst in den durch die Jahrhunderte hindurch stets wieder emporkommenden klassizistischen Richtungen. Die Maskerade nun, das sich selbst als solches einbekennende und betonende Spiel, hat Strawinsky von Picasso übernommen. Aber gerade die Funktion jenes Gestus ist bei beiden radikal verschieden. Zunächst differieren die Temperamente. Der Maler schlägt dem Inventar des bürgerlichen Geistes von Persönlichkeit, Entwicklung, Innerlichkeit und Verantwortlichkeit ein Schnippchen und proklamiert als mit allen Elementen des Raumes frei Schaltender die Freiheit. Strawinskys Spiel dafür setzt von Anbeginn Freiheit hämisch zur Ohnmacht herab und betreibt ihre Denunziation in zynischem Ernst. Darin jedoch kommt die eigentliche Divergenz der Medien neuer Malerei und Musik zutage. Man weiß, daß Picasso sich weigerte, wie Kandinsky jegliche Beziehung zum Gegenständlichen zu durchschneiden. Selbst auf der Höhe des Kubismus sind die Konstruktionen aus Fragmenten der Dingwelt zusammengesetzt. Es zögert da kein Reaktionär. Vielmehr bekundet sich das tiefe Wissen darum, daß alles Sichtbare an Ähnlichkeiten mit der sichtbaren Welt gebunden bleibt, weil das Auge, welches das Bild konstituiert, seiner Organisation im buchstäblichen und übertragenen Sinn nach identisch ist mit dem, das den Raum wahrnimmt und kraft dessen Natur seit je tendenziell vom Menschen so sich beherrschen läßt, wie Picassos schaltender Blick es zum äußersten steigert. Das diktiert der bildnerischen Freiheit die Grenze. Das spielerisch-clownische Element, das sich selbst unter Ironie Setzen der Kunst meint sowohl solcher lastenden Gebundenheit ans Objekt wie dem Versuch sie zu verleugnen gegenüber den Vorbehalt der Freiheit. Noch der traditionelle Malerblick des Einverständnisses mit den Dingen, der in gewisser Weise geradezu das Talent definiert, spiegelt etwas vom sturen Betrieb der Naturbeherrschung zurück. Davon kann Malerei einzig durch das nicht ganz Ernstnehmen der dinghaften Schwere wie der eigenen Souveränität über diese loskommen. So treiben die Akte des Clowns die Herrschaft über die gegenständliche Welt scheinbar auf die Spitze, um dem Seienden wieder sein Recht zu geben: er lenkt Lachen gleichermaßen auf sich, die Welt und die Herrschaft. Diese überschlägt sich: sie tut, losgelassen von den Dingen, dem, was ist, nichts Böses mehr an. Das Spiel Picassos ist gleichsam die Zurücknahme der Gewalt, die er selber verübt. Seine Bilder überbieten die Verdinglichung der Realität, um sie zu dementieren.

Musik jedoch ist vorweg von jeder Bindung an die Gegenständlichkeit frei: das Ohr nimmt nicht die Dinge wahr. Weder muß sie daher die Gegenständlichkeit, als ein ihr Heteronomes, auflösen, noch ihre Herrschaft über die Gegenstände zurücknehmen. Macht sie sich zum Maskenspiel, so negiert sie nicht ihr problematisches Verhältnis zu einem anderen, sondern einzig sich selbst. Picasso springt gleichermaßen über die Bindung ans heterogene Kontinuum und über die Willkür des Subjekts hinweg. Bei Strawinsky wird die Ironie selber zu einem Musikfremden, Heteronomen, der Bekräftigung dessen durch die Musik, was nicht sie selber ist, der Konventionen: sie schwört ihre eigene Freiheit ab. Das Spiel bei Picasso gilt der obersten ästhetisch möglichen Versöhnung von Subjekt und Objekt, das Strawinskys dem Gegenteil von Versöhnung, der Auslöschung des Subjekts, dem Triumph der kruden gewalttätigen Objektivität, in der das Ich sich selbst durchstreicht. Daher der Strawinskysche Historismus, die Fetischisierung der Kulturleichen dort, wo Picasso noch die Fetische der Wilden zärtlich ins Kaleidoskop der subjektiven Freiheit hineinzitiert. Es ist kaum biographisch-psychologischer Zufall, daß bei Picasso der Neoklassizismus, der übrigens auch ihn näher an den Markt brachte, mehr als irgendeine andere seiner Phasen seit dem Bruch mit der Ähnlichkeit Episode blieb, während Strawinsky seit dreißig Jahren verbissen an seinen restaurativ tonalen Übungen festhält, ohne auch nur ein Mal von seiner fauvistischen Vergangenheit zum Experiment sich verführen zu lassen. Unvorstellbar, daß von Picasso ein Weg etwa zum Abbildrealismus und einer blinzelnd bürgerlichen Aufwärmung selbst des vom Meister eine Zeitlang kultivierten Ingres führte. Strawinsky aber ward auf einigen Umwegen mittlerweile zur Gottheit von Provinzkonservatorianern, die da glauben, gediegen und ungebrochen mit Toccaten und Canzonen von vorbachischem Habitus aufwarten zu können und sich einbilden, den Subjektivismus dadurch überwunden zu haben, daß sie keine Subjekte sind. Der Kubismus, gleichsam erst der allgemeine Begriff der neuen Malerei, mag in Picassos späterem Werk durch eine unendliche Fülle des konkret Gestalteten überholt worden sein. Aber die pharisäische Versimpelung, die transzendente Bindung mimt, ist der Nachfolge Picassos denn doch erspart geblieben. Dem wäre etwa der Vergleich zwischen Kokoschka und Schönberg entgegenzustellen. Vermutlich vollzieht die Malerei Kokoschkas, in Österreich, eine ähnliche Pseudomorphose an die Musik wie im Westen die Musik eine an die Malerei. Die Dynamisierung des sichtbaren Phänomens, vorab der Versuch, den unbewußten, zeitlichen Erlebnisstrom im Portrait einzufangen, gehört genuin wohl eher der Musik an als der Malerei, und nicht umsonst haben Kokoschkas Dichtungen die musikalische Avantgarde aufs stärkste angezogen. Vergleicht man jedoch Kokoschkasche Bilder solcher Art mit unmittelbar verwandter Musik aus Schönbergs oder Weberns expressionistischer Phase, so wird man kaum dem Eindruck sich verschließen können, daß bei der protokollarischen Kundgabe eines rein Inwendigen der Musiker in der Kraft der Objektivation dem Maler im gleichen Maße überlegen, daß er auch um ebensoviel ›moderner‹ sich zeigt, wie umgekehrt im Westen Picassos Malerei der ihr hörigen und zugleich sie pervertierenden Musik von Strawinsky.

Convenus sind außer Kraft zu setzen, auch wenn sie auf die neue Kunst selber sich beziehen. Darum die Reflexion, daß Phänomene und Entwicklungen, die handgreiflich der Verfahrungsweise nach miteinander übereinstimmen, in Malerei und Musik verschiedene, ja kontradiktorisch entgegengesetzte Bedeutung haben mögen. Um das Verhältnis auf die übertreibende Formel zu bringen: Musik, die der Malerei durch Zerlegung in geometrische Komplexe sich anähnelt, übernimmt damit ein im wörtlichsten Sinn ihr äußerliches, räumliches Gesetz und unterwirft sich ihm blind. In der Malerei dafür ist die Reduktion auf räumlich reine Formen dem Material so eigen wie dem Subjekt. Daher zielt hier der Reduktionsprozeß auf Freiheit. Man könnte sagen, daß Musik, die der modernen Malerei sich anbequemt, notwendig ins gewalttätig Reaktionäre einer von außen aufgelegten Ordnung übergeht, während umgekehrt eine in subjektiver Dynamik verharrende Malweise der Romantik verfällt, wie denn übrigens die Vorbilder von Kokoschka nicht umsonst im früheren neunzehnten Jahrhundert, etwa bei den Künstlerportraits von Delacroix liegen. Zu Picasso gehört nicht der Strawinsky, der ihn transponiert, sondern sein Antipode Schönberg. Dessen Konstruktionsprinzipien haben sich aus der spezifischen Problemlage der Musik kristallisiert, nicht aus dem Willen, eine Art Einheitsfront der Künste durch literarische Programme zustande zu bringen. Das Einlegen des Ausdrucks in die Konstruktion beim letzten Schönberg, die Versetzung der Bildgestalt mit chokhaften Fragmenten des Menschengesichts beim späten Picasso, seit Guernica, dürften in der Tat einem gemeinsamen Kern der geschichtlichen

Erfahrung angehören. Die Einheit der modernen Kunst, ihre Emanzipation, die Idee der vollen Freiheit wird am ehesten gefaßt von dem Satz Les extrêmes se touchent.

Ca. 1950

Über das gegenwärtige Verhältnis von Philosophie und Musik

I

Die Krisis der Musik, auf die hinzuweisen sich erübrigt, betrifft nicht bloß die Schwierigkeiten konsistenter und sinnvoller Gestaltung, nicht bloß die kommerzielle Verhärtung und Nivellierung des Musiklebens, nicht bloß den Bruch zwischen der autonomen Produktion und dem Publikum. All dies vielmehr ist angewachsen, bis die Quantität in die Qualität umschlägt. Das Recht von Musik – von aller Musik –, überhaupt dazusein, wird fragwürdig. Das ist nicht wie jene allzu methodischen Zweifelsversuche zu verstehen, denen man das ›Jedennoch‹ bereits anhört, wenn sie ausgesprochen werden, sondern bestätigt sich einer jeglichen Erfahrung, die nicht gesonnen ist, die Existenz des Betriebes vorweg als dessen Rechtfertigung hinzunehmen. Man braucht nur aufs Geratewohl an der Skala eines Radioapparates herumzudrehen. Gelingt es einem selbst, dem Immergleichen der sei's heimeligen, sei's schnöden Schlager zu entgehen und sogenannte ernste oder, wie das in der Sphäre der informierten Barbarei genannt wird, klassische Musik zu erwischen, so erscheint diese allein dadurch, daß sie als eine Sparte unter anderen dem Einerlei sich eingliedert, selbst in ihrer Differenz schon wieder als ein Moment des Einerlei. Beim ersten Klang hört man: ›ernste Musik‹, so wie man beim ersten Ton der Orgel das Signal ›Religion‹ empfängt. Bereits durch diese dem Phänomen vorweg beigegebene Klassifizierung hört es auf, das zu sein , was es beansprucht: etwas an sich. Es wird zum bloßen ›Für andere‹, und kulturtreue Rettungsversuche fördern die Tendenz eher, als daß sie sie milderten. Das Third Program trägt nur weiter zur Neutralisierung der Kultur bei, indem es die bestehende geistige Arbeitsteilung auch noch zur eigenen Sache macht.

Während die allgegenwärtige und unentrinnbare Musik sich selbst als ein handfestes Stück Leben installiert, ein von den Produzenten standardisiertes Konsumgut unter anderen, und alles dessen sich entäußert, was über den Dienst und Betrug am Kunden hinausginge, wird sie komisch. Das Pathos, das ihr noch in der äußersten Erniedrigung anhaftet, zu schweigen von ihren autonomen, nach eigenem Gesetz sich entfaltenden Erscheinungen, der Nachhall des kultischen Elements bis in die äußersten Säkularisierungen hinein, tritt in Widerspruch zu dem Verschleiß, der Ubiquität, dem Charakter der Ware, den sie in der Gesellschaft universal angenommen hat, und dieser Widerspruch fordert das Lachen heraus. Wenn in einer der unvergleichlichen Filmpossen der Marx Brothers plötzlich dank einer absurden Verwicklung eine Opernszene gezeigt wird, auf der man tragische Arien vernimmt, illustriert von den linkisch grandiosen, altmodischen Gesten der Sänger, so kommt der Effekt einer Demolierung der tragischen Bühne gleich, und die Clowns machen sich denn auch sogleich über diese her und bringen die Kulissen zum Einsturz. Das aber hebt nur durch Karikatur einen Aspekt der Musik grell ins Bewußtsein, der in Wahrheit all ihren Manifestationen eignet. Bloß Bildungsglaube und Kulturideologie hemmen, sonst ihn auszusprechen, während doch gerade der tierische Ernst des Kulturgehabes, der an der Würde der Musik stur festhält, ungewollt auf ihre Lächerlichkeit hinarbeitet. Die groteske Unwahrheit und Unstimmigkeit, wie sie etwa der beflissenen Ergriffenheit des Oratoriensängers im Frack, der beglaubigten Positivität des Chorklanges anzuhören ist, beginnt bereits, dem Düster der Bässe, dem Sichverschwenden der Geigen, der verschleierten Ferne des Horns in der großen Symphonik sich mitzuteilen, und nur Kompositionen, die an all dem teilzuhaben asketisch sich weigern, ist eine Frist der Bewährung gelassen. Musik, die doch nur anzuheben braucht, um sich selber als Ausnahme gegenüber dem genormten Leben, als erhobenes Extrem zu bestimmen, tritt durch ihre stets schon potentiell spürbare, heute aber ganz vollzogene Integration in den durchschnittlichen Alltag eines falschen Lebens in Gegensatz zu dem Anspruch, den ihr bloßes Lautwerden unabdingbar anmeldet.

Die Komponisten haben die qualvolle Wahl. Sie können sich taub stellen und weitermachen, als wäre Musik noch Musik. Oder sie können die Nivellierung auf eigene Rechnung betreiben, Musik in einen Normalzustand verwandeln und dabei wenn möglich auf

Qualität halten. Oder sie können schließlich durch die Wendung zum Extrem der Tendenz sich widersetzen, mit der Aussicht, entweder doch noch hineingezogen und nivelliert zu werden – so, wie es heute schon Kafka widerfährt – oder als Spezialität zu verdorren. Die höchst peinliche Situation des Komponierens heute rührt her vom Verfall der raison d'être von Musik, der Unterhöhlung ihrer Möglichkeit überhaupt. Das gibt sich dann freilich im Verfall der Kriterien, im Verlust selbst einer negativ zu erfahrenden Tradition, in technischer, geistiger und gesellschaftlicher Desorientiertheit kund. Wenn die zeitgenössische Musik in einem ihrer bedeutendsten und daher über den engsten Kreis hinaus so gut wie unbekannten Repräsentanten, Anton von Webern, sich zu Augenblicken zusammenzieht und einem Zwang zum Verstummen gehorcht, der größer ist selbst als der beharrliche Formwille des Komponisten, dann reflektiert sich im inneren Gefüge der Musik ihr Verhältnis zu den Bedingungen ihrer Existenz. Musik, die sich die Treue hält, möchte lieber gar nicht sein, möchte im wörtlichsten Sinne, wie es so oft bei Webern heißt, verlöschen, als ihre Essenz verraten, indem sie an der Existenz festhält. Begründet ist der Verdacht, den Eduard Steuermann einmal aussprach: daß Musik, jedenfalls die große, deren Begriff von Bach über Beethoven bis Schönberg sich erstreckt, eine vergängliche Kategorie sei, gebunden ans bürgerliche Zeitalter und dem Vergessen geweiht, so etwa wie ein in seiner Branche hochqualifizierter Jazzsportler schon gar nicht mehr versteht, worum es da eigentlich ging, die ernste Musik als »corny«, als eine altmodische Mischung aus Naivetät und Verstiegenheit ablehnt und, längst nicht mehr zufrieden mit dem Stolz auf die eigene Ignoranz, zu dieser auch noch im Namen des Weltgeistes sich bekennt.

Versucht nun Philosophie, den Zustand zu durchdringen, so wird ihr, unvermeidlich fast, die Frage zugeschoben, was Musik überhaupt sei. Es genügt bereits, die Charakteristik der Krise in einer der heute üblichen Sprachfiguren, wie der von der ›radikalen Gefährdung‹, zu formulieren, um ein Klima wohligen Unbehagens herzustellen. Der radikalen Gefährdung soll die Besinnung auf das Sein des Gefährdeten als solchen antworten, und man darf wetten, daß bei derartigen Erwägungen dann am Ende, als Wesen der Musik, ihr eigenes Gefährdetsein, finster zugleich und tröstlich,

zutage kommt. Vor aller erkenntniskritischen Besinnung auf Recht und Ausweis solcher Ursprungs- und Fundamentalfragen steht die Unmöglichkeit, an der Musik irgendeine singuläre Kategorie zu bezeichnen, durch die man umfassend ihren Sinn, das also, um dessentwillen sie ihr Daseinsrecht hat, unmittelbar bestimmen könnte. Dem läßt sich auch die Wendung geben, daß an aller Musik ein durchaus Rätselhaftes hervortritt. Es erschöpft sich nicht in der psychologischen Frage, warum Musik ihre erregend starke Wirkung ausübe, sondern hängt viel eher damit zusammen, daß sich eben überhaupt kein allgemeines Moment angeben läßt, das über die Deskription von Musik hinausginge und ihren Sinn und ihre Rechtfertigung anzeigte. Tritt man nur nahe genug an Musik heran, um sie zu verfremden, also nicht ihr Vorkommen sogleich mit ihrer Rechtfertigung zu identifizieren, dann wird es unverständlich, woher sie die Dignität schöpft, die ihr in unserer Kultur zufiel. Daher haben denn auch genug positivistisch Gesonnene – Nietzsche stand zuzeiten ihrer Ansicht nicht fern – ihr eine solche Dignität, jedenfalls als eine ihres an sich Seins, abgestritten und sie auf ein System subjektiver Projektionen und Convenus reduziert.
Die triviale, aber nicht einfach zu verleugnende Unterscheidung des Musikalischen und des Unmusikalischen bestätigt den spezifischen Rätselcharakter von Musik. Daß zu ganzen Gruppen ästhetisch nicht unempfänglicher Menschen Musik schlechterdings nicht spricht, daß sie mit ihr überhaupt nichts anzufangen wissen, während im Bereich der bildenden Kunst und der Dichtung Analoges kaum zu finden ist – das erklärt sich gewiß zu beträchtlichem Maße aus der Beschaffenheit dieser Menschen, zumal ihrer Kindheitsgeschichte, scheint aber doch darauf hinzuweisen, daß das Wesen von Musik nicht ebenso eindeutig vorgezeichnet ist wie das anderer künstlerischer Medien und daher nicht den gleichen Zwang auf das empfangende Subjekt ausübt. Sagt Musik, nach Schönbergs Wort, in der Tat ein nur durch Musik Sagbares aus, so nimmt sie damit ein Abgründiges und zugleich im emphatischen Sinn Zufälliges an. Es steht dahin, ob nicht die Frage nach der raison d'être alles dessen, was Bild und nicht Wirklichkeit ist, ins Leere führt, denn vermutlich versagt alle Kunst sich eben jenem immanenten Begründungszusammenhang, der dem Seienden seinen Paß, jene raison d'être abverlangt. Am Ende ist es die raison d'être einer jeglichen Kunst,

sich der raison d'être, also der Rechtfertigung des eigenen Daseins, nach den Maßstäben einer wie sehr auch sublimierten Selbsterhaltung zu entziehen. Vieles spricht dafür, daß jegliche prinzipielle Frage nach dem Wesen einer Kunst vergeblich bleibt oder in die bloße Wiederholung ihres nun einmal Bestehens mündet, weil die Frage selber dem gleichen Bereich ausweisender Zweckrationalität entlehnt ist, der von Kunst suspendiert wird. Vermöchte Philosophie, wie sie es freilich stets wieder versuchen muß, und wozu sie von der Kunst selber angehalten wird, die raison d'être von Kunst zu bestimmen, dann wäre Kunst in der Tat ganz von der Erkenntnis aufgelöst und damit in strengem Sinne überholt.

Eigentümlich aber ist es der Musik, daß in ihr, kraft ihrer Absonderung aus der visuell oder begrifflich bestimmten, gegenständlichen Welt, der Rätselcharakter hervorgehoben, daß er beinahe von ihr selbst urgiert wird. In der Sprache wie in der bildenden Kunst ist er verdeckt. Den sprachlichen Gebilden verleiht ihre Teilhabe an dem Medium, welches zugleich das von Erkenntnis ist, stets so etwas wie den Schein von ›Durchsichtigkeit‹ oder Verständlichkeit, wie weit auch, was als Sinn an einer Dichtung hervortritt, von ihrem Gehalt – nach Benjamins Sprachgebrauch dem »Gedichteten« – differieren mag. In der bildenden Kunst wird durch deren Konstitution in dem äußeren Sinn, der auch die gegenständliche Welt vermittelt, der Rätselcharakter herabgemindert. Bis in die Assoziationen der abstrakten Malerei hinein ist die Beziehung auf Gegenständliches mit dem Gehalt verschmolzen. Während solche Momente in den nichtmusikalischen Künsten in letzter Instanz die Irrationalität noch verstärken mögen, indem sie sie verdecken, liegt sie bei der Musik unmittelbar im Phänomen und bietet damit freilich vielleicht auch den Ansatz für ihre Überwindung. Jedenfalls aber ist, um an die bekannte Alternative der Musikästhetik zu erinnern, auf der einen Seite die vorgebliche Freude an tönend bewegten Formen ein viel zu dünnes und abstraktes Prinzip, um eine hochorganisierte Kunst zu stiften. Hätte es daran sein Genügen, dann wäre zwischen dem Kaleidoskop und einem Beethovenschen Quartett kein anderer Unterschied als der der bloßen Materialien. Andererseits ist das Ausdrucksmoment, in dem man das Korrektiv jenes Hanslickschen Prinzips erblickt hat, in jeder einzelnen seiner isolierten Manifestationen zu mehrdeutig und zu unbestimmt, um von sich aus den Gehalt von Musik darzustellen. Aller Musik kommt primär zu, was den Worten der Sprache erst durch verfremdende Konzentration widerfährt. Sie blickt auf den, der sie anhört, mit leeren Augen, und je tiefer man sich in sie versenkt, um so unbegreiflicher wird, was sie eigentlich soll, bis man lernt, daß die Antwort, wenn eine solche möglich ist, nicht in der Kontemplation liegt, sondern in der Interpretation: daß also einzig derjenige Musik enträtselt, welcher Musik richtig spielt, als ein Ganzes. Ihr Rätsel äfft den Betrachter, indem es ihn dazu verführt, als Sein zu hypostasieren, was selber Vollzug ist, ein Werden, und als menschliches Werden ein Verhalten.

In Musik geht es nicht um Bedeutung sondern um Gesten. Soweit sie Sprache ist, ist sie, gleich der Notenschrift in ihrer Geschichte, eine aus Gesten sedimentierte Sprache. Gefragt kann nicht werden, was sie als ihren Sinn mitteilt, sondern Musik hat zum Thema: wie können Gesten verewigt werden. Davor erweist sich die Suche nach dem Sinn von Musik selbst, wie er im vernunftgemäßen Ausweis ihrer raison d'être sich enthüllen soll, als Täuschung, als Pseudomorphose an das Reich der Intentionen, zu denen die Musik kraft ihrer Sprachähnlichkeit verführt. Als Sprache geht Musik auf den reinen Namen, die absolute Einheit von Sache und Zeichen, die in ihrer Unmittelbarkeit allem menschlichen Wissen verloren ist. In den utopischen und zugleich hoffnungslosen Anstrengungen um den Namen liegt die Beziehung der Musik zur Philosophie, der sie eben darum in ihrer Idee unvergleichlich viel näher steht als jede andere Kunst. Aber der Name erscheint in der Musik einzig als reiner Laut, losgelöst von seinem Träger, und damit das Gegenteil eines jeglichen Bedeutens, einer jeglichen Intention auf den Sinn. Da aber Musik den Namen – das Absolute als Laut – nicht unmittelbar weiß, sondern, wenn man es so wenden darf, um dessen beschwörende Konstruktion durch ein Ganzes, einen Prozeß sich bemüht, so ist sie zugleich selbst verflochten in den Prozeß, in dem Kategorien wie Rationalität, Sinn, Bedeutung, Sprache gelten. Es ist das Paradoxon aller Musik, daß sie, als Anstrengung um jenes Intentionslose, für welches das unzulängliche Wort Namen gewählt ward, sich entfaltet gerade nur vermöge ihrer Teilhabe an Rationalität im weitesten Sinne. Als Sphinx narrt sie den Betrachter, indem sie unablässig Bedeutungen verspricht und auch intermittierend gewährt, die ihr doch nur im wahrsten Sinne Mittel zum Tode der Bedeutung sind, und in denen sie darum niemals sich erschöpft. Solange sie in einem einigermaßen geschlossenen Traditionszusammenhang spielte, wie dem der letzten dreihundertundfünfzig Jahre, mochte dies Unauflösliche an ihr, daß alles Bedeutung suggeriert und nichts eigentlich Bedeutung will, verdeckt sein. In der Tradition ward die Existenz der Musik hingenommen, und sie behauptete sich, es sei denn in den eingreifendsten Erfahrungen des Staunens, als selbstverständlich. Heute jedoch, da der Musik nichts mehr von der Tradition vorgegeben ist, tritt ihr Rätselwesen schwach und bedürftig, wie ein Fragezeichen ans Licht, verzerrt freilich, sobald man ihr abverlangt, sie solle bekennen, was sie nun eigentlich mitteile. Denn der Name ist keine Mitteilung von einem Gegenstand.

Dies Hervortreten des Rätselcharakters von Musik verführt zur Frage nach ihrem Sein, während zugleich der Prozeß, der es dahin brachte, die Frage verbietet. Musik hat ja nicht ihren Gegenstand, sie ist des Namens nicht mächtig, sondern sie hängt ihm nach und zielt, eben damit, auf ihren eigenen Untergang. Wäre der Musik für einen Augenblick gelungen, worum die Töne kreisen, dann wäre das ihre Erfüllung und ihr Ende. Ihre Beziehung auf das, was sie nicht abbilden sondern anrufen möchte, ist daher unendlich vermittelt. Der Name selber ist ihr so wenig gegenwärtig wie den menschlichen Sprachen, und die gerade heute so beliebten Theodizeen der Musik als eines Erscheinens von Göttlichem sind Blasphemien, weil sie der Musik die Würde der Offenbarung zubilligen, da sie doch als Kunst nichts ist als die säkular festgehaltene Form des Gebets, die, um überleben zu können, ihren Gegenstand sich verbietet und ihn dem Gedanken überantwortet. In solcher Anstrengung um das ihr zugleich Verstellte, Unerreichbare also ist Musik notwendig in sich unendlich vermittelt. Sie hat kein Sein, auf das sich berufen dürfte, wer von dem Rätsel sich verlocken läßt, sondern sie zieht den Namen durch die entfaltete Totalität, durch die Konstellation all ihrer Momente herbei. Das einfache Sein von Musik, das von einer Urfrage zu treffen wäre, wenn sie nur genug an Überdeckungen und Uneigentlichem abbaute und sich unbeirrt versenkte, ist eine Fata Morgana, nicht anders als das Sein, an dem Philosophie, ihrer mühseligen Vermittlungen überdrüssig, sich zu stillen hofft. Was einer solchen Art des Fragens bloßes Epiphänomen, verbergende Zutat, Akzidens dünkt, aus dem das Wesen herauszulösen wäre, ist gerade das entfaltete Leben der Musik, in dem sie ihre Wahrheit hat und in dem ihr Wesen überhaupt sich erst bestimmt. Einzig kraft ihrer historischen Züge gewinnt Musik ihr Verhältnis zum Unerreichbaren. Ohne historische Vermittlungen, als bloßes Prinzip oder Urphänomen verstanden, wäre sie ganz arm, abstrakt und im wirklichsten Verstande wesenlos. Wenn kurz vorm Schluß des ersten Satzes der Sonate »Les Adieux« von Beethoven, mit einer flüchtig entgleitenden Assoziation, als ›Sinn‹, über drei Takte das Getrappel von Pferden vernehmbar wird, so sagt die über alle Worte erhabene Stelle, daß dies Vergänglichste, der ungreifbare Laut des Verschwindens, mehr von der Hoffnung der Wiederkunft in sich beschließt, als je der Reflexion auf das Urwesen des gestaltsuchenden Klanges offenbar würde. Nur eine Philosophie, der es wahrhaft gelänge, aus der Konstruktion des Ganzen solcher mikrologischen Figuren bis ins Innerste sich zu versichern, gewänne Fühlung mit dem Rätselcharakter, ohne doch sich schmeicheln zu dürfen, ihn aufzulösen. Wer aber statt dessen unvermittelt, mit dem Zauberschlag von Urworten das Geheimnis von Musik als solcher zu bezwingen meint, behält bloß leere Hände, Tautologien und Sätze zurück, die bestenfalls formale Konstituentien liefern, wenn die Musik überhaupt so etwas wie ein formales Apriori hat, denen aber eben das Wesen sich verflüchtigt, das durch den Habitus der Sprache und die Sorge um den vermeintlichen Ursprung usurpiert wird. Prägnant gilt für das Verhältnis der Musik zur Philosophie, was der Hegel der Phänomenologie des Geistes in seiner Kritik der prima philosophia, aller absolut ersten Prinzipien dartat. Daß das Erste und Anfängliche nicht gleichbedeutend sei mit der Wahrheit, ist von keinem Bereich mit höherem Recht auszusagen als von der Kunst, deren höchste Werke geradezu damit sich legitimieren, daß ihre Wahrheit erst im letzten Takt, hegelisch gesprochen als »Resultat« hervortritt. Ihr wird die Nichtigkeit des Beginns zum Motor ihrer eigenen Form.

An Versuchen zu einer ›Befragung‹ des reinen Seins der Musik, also der Begründung einer musikalischen Ontologie, hat es nicht gefehlt. Bei der Kargheit der alle Musik umfassenden Aussagen, auf die solche Versuche sich beschränken müssen, wie sehr sie auch dagegen protestieren und ihre Abstraktionen als besonders konkret anpreisen mögen, ist es nicht schwer, dergleichen zu entwerfen. So hat man etwa das musikalische Wesen aus der Konstatierung herausspinnen wollen, der musikalische Raum und die musikalische Zeit bildeten ein eigenes, vom empirischen Raum und der empirischen Zeit absolut verschiedenes Kontinuum, oder wohl auch, damit nächstverwandt, Musik sei eine Sprache sui generis. Es ist allen dergleichen Thesen eigentümlich, daß sie in der äußersten und vagsten Allgemeinheit verbleiben, ohne doch durch ihre Vorsicht gegen alles, was ihnen kontingent und vergänglich dünkt, die apriorische Wahrheit zu gewinnen, die sie beanspruchen. Daß Musik herausgegliedert ist, teilt sie mit jeglicher Kunst: der Phänomenologe Donald Brinkmann hat die Abgrenzung des Ästhetischen gegenüber dem Natürlichen geradezu durch den Hinweis auf die ästhetische Sondersphäre als eine von der Setzung raum-zeitlicher Faktizität freie definiert. Diese Bestimmung selbst ist geschichtlichen Wesens, säkularisierte Erbschaft des magisch abgesonderten, kultischen Bereiches, gleichsam entmächtigte Zauberei und damit verflochten in die Gesamtdialektik der Aufklärung. Die ästhetische Sondersphäre, selber kein Apriori, vermag denn auch keineswegs a priori sich durchzuhalten, und die geschichtliche Bewegung aller Kunst vollzieht sich nicht zuletzt vermöge jener Labilität des ästhetisch Reinen. Bei der Literatur ist das offenbar. Selbst in der Musik aber, die ja nur die Absonderung ins Extrem trieb, ohne sie etwa zu monopolisieren, lassen sich immer wieder Sinnesimplikate finden, die nicht selber am ästhetischen Bildcharakter teilhaben, vom Nachhall von Marsch- und Kriegsmusik in der großen Symphonik, der zu ihrer Gewalt im Guten und Bösen beiträgt, bis zu den realen, außerästhetischen Chocs und Seelenregungen, aus deren Protokollen die neue musikalische Formsprache zusammenschoß. Trotzdem bleibt so viel an der Reservattheorie der Musik spezifisch wahr, als das von Musik ›Gesagte‹, wenn es so etwas gibt, offenbar der Übersetzung in andere Medien weit größere Widerstände entgegensetzt als andere Kunst, oder richtiger vielleicht insofern, als Musik den Prototyp der Unübersetzbarkeit bietet, die von ihr aus erst auch in anderen Kunstsphären ganz evident wird. Ein großer Musiker, der vom vorklassisch-kollektivistischen Stumpfsinn heute schmählich verkannte Schumann, hat den einstmals berühmten Satz aufgestellt, die Ästhetik der einen Kunst sei auch die der anderen. Daß die Romantik dieses Programm, das dann im Gesamtkunstwerk sich ad absurdum führte, gerade von der Musik her entwikkelte, ist kein Zufall. Die Musik hat der vordergründigen Einheit der ästhetischen Gesamtentwicklung am hartnäckigsten widerstanden. Mit anwachsender Integration der bürgerlichen Kultur im neunzehnten Jahrhundert mußte ihr die Schumannsche Forderung dringlich erscheinen, wenn sie nicht dem Verdikt mangelnder Bildung, handwerklich provinzieller Befangenheit verfallen wollte. Dennoch verweist gerade die historische Extraterritorialität der Musik auf ein Element an ihr, das nicht ohne weiteres sich integrieren läßt und das dialektische Ferment der Musik in der Gesamtentwicklung beistellt. Aber dies Element, eben als ein im Prozeß der gesamteuropäischen Aufklärung antithetisch wirkendes, darf doch aus dieser nicht herausgebrochen, darf vor allem nicht als eine Wesenseigentümlichkeit aus der formalen Konstitution der Zeitkunst entnommen werden. Bliebe man selbst auf dem Boden jener allgemeinsten Charakteristik, so wäre doch das Eigensein von musikalischem Raum und musikalischer Zeit bloß der Negation des Empirischen zuzuschreiben, gegen das sie ihre Grenzen aufrichtet, und vermöge solcher Polemik gerade kehren empirischer Raum und empirische Zeit in der inneren Zusammensetzung von Musik an sich wieder. Das einzusehen, muß man einen Blick auf die konkrete Komplexion von Musik verschiedener Perioden werfen. Die musikalische Zeit ist wirklich musikalische – also nicht bloß die meßbare des Verlaufs eines Stückes – nur als die vom musikalischen Inhalt abhängige und ihn wiederum determinierende, konkrete Weise der Vermittlung des Sukzessiven. Diese musikalische Zeit aber variiert so vollkommen von Typus zu Typus, daß ihre übergreifende Idee sich auf das Alleräußerlichste, die chronometrische Einheit zu beschränken hätte. Daß das musikalisch-inhaltlich vermittelte Zeitbewußtsein in einem Vokalsatz Palestrinas, einer Fuge des Wohltemperierten Klaviers, dem ersten Satz der 7. Symphonie, einem Prélude von Débussy und einem auf zwanzig Takte verkürzten Quartettsatz von Anton von Webern unendlich differiert, wird auch der nicht verkennen, der gegen phrasenhafte Analogien, wie dem vom Neo-Klassizismus propagierten Ausdruck ›statische Musik‹, jegliche Zurückhaltung sich bewahrte. Daraus erhellt aber bereits, wie wenig eine musikalische Invariantenlehre, die meint, des Wesentlichen als des Bleibenden sich zu versichern, dessen habhaft wird. Für die Musik von Webern und die von Bach ist ja wohl die ihr spezifisch eigene und ihr Gefüge charakterisierende Zeiterfahrung wesentlicher, als daß beide in der Zeit verlaufen, oder auch selbst, daß die beide Male musikalisch gesetzte Zeit mit der des chronometrischen Verlaufes nicht zusammenfällt.

Wie jedoch die Zeitform jeglicher Musik, ihre innere Historizität, historisch variiert, so ist diese innere Historizität stets zugleich auch Reflexion der realen, auswendigen. Die reine musikalische Zeit, in ihrer Unterschiedenheit von der anderen, verhält sich zu dieser doch stets wie das Echo zum reflektierten Laut. Die eigentlich dynamische Entwicklungszeit der Musik, deren Idee der Wiener Klassizismus auskristallisiert hat, jene Zeit, in der das Sein selber zum Prozeß und zugleich zu dessen Resultat gemacht ward, ist nicht genetisch bloß, sondern ihrer Substantialität nach die gleiche, welche den Rhythmus der emanzipierten und das eigene Kräftespiel als Stabilität auslegenden bürgerlichen Gesellschaft ausmachte. Die bis ins Einzelne nachweisbare Verwandtschaft der Hegelschen Logik mit der Beethovenschen Verfahrensweise, die um so schwerer wiegt, als jeder Gedanke an Beeinflussung, wie sie etwa zwischen Schopenhauer und Wagner gilt, unbedingt ausscheidet, ist mehr als bloße Analogie: sie gründet in den geschichtlichen Konstellationen, die hier wie dort das Organon der Wahrheit bilden. Und die Stellung der Philosophie zur musikalischen Objektivität, also der Versuch, mit dem Begriff der Rätselfrage zu antworten, welche von ihr an den Hörer ergeht, verlangt, solche Konstellationen bis ins Innerste nicht nur der technischen Verfahrensweisen sondern der musikalischen Charaktere selber zu bestimmen. Nur durch all solche Vermittlungen hindurch und nicht in der Unmittelbarkeit der reinen Seinsfrage kann überhaupt der Gedanke dem näherkommen, was Musik sei. Es würde auch wenig helfen, etwa den Versuch einer musikalischen Ontologie dahin abzuwandeln, daß man nun etwa sich am Zopf aus dem vermeintlichen Sumpf des Ephemeren zieht und Geschichtlichkeit selber zum Wesen der Musik erklärt, wozu ja gerade der immanente Prozeßcharakter der hochorganisierten abendländischen Musik verführt. Vielmehr ist die jeglicher Musik immanente Zeit, also ihre innere Historizität, die reale geschichtliche Zeit, reflektiert als Erscheinung. Wohl darf vermutet werden, daß ihr Versuch, des Absoluten habhaft zu werden, in eben solchen geistigen Sedimentierungen der realen Zeit besteht. Er kann überhaupt nicht unabhängig von dieser vorgestellt werden. Das zu entfalten, wäre die Aufgabe einer durchgeführten Philosophie der Musik, die ihr Modell am Werk Beethovens fände, wie es im Licht des musikalisch-logischen und real historischen Vorganges daliegt, der seitdem mit dem Werk nicht anders als mit der Gesellschaft sich zutrug.

Die geschichtliche Bewegung, in der Musik, die vorgeblich irrationalste Kunst, ihr Wesen hat, hat teil an der Aufklärung. Sie wird aus einem bloß Daseienden zu einem Geistigen. Damit erst findet sie ihre Wahrheit dem Dasein gegenüber, die kritische. Diese Bewegung ist aber gleichbedeutend mit dem Fortschritt ihrer Reflexion in sich selbst, der Herrschaft über bloß Natürliches, kurz: mit ihrer anwachsenden Subjektivierung und Humanisierung. Es heißt nur, den gleichen Sachverhalt anders wenden, wenn man den Prozeß als einen der Sprachwerdung bezeichnet. Die ontologische Definition von Musik als einer Sprache sui generis ist also entweder so abstrakt, daß sie nichts anderes ausspricht, als daß zwischen den einzelnen musikalischen Tatsachen ein artikulierter und auf seine eigene Weise ›logischer‹ Zusammenhang herrscht, etwa wie Harburger in seinem Buch über die Metalogik es darzustellen versucht hat. Oder jene Definition der Musik als Sprache läuft abermals darauf hinaus, eine wesentlich geschichtliche, ja geradezu *die* geschichtliche Tendenz der Musik zur Invarianten zu stempeln. Wie bereits gesagt, ist es eines der Lieblingsverfahren der Seinslehren von heutzutage, sich mit der geschichtlichen Dialektik, die in ihrer authentischen Hegelschen Formulierung den Seinsbegriff gerade aufgelöst hatte, abzufinden, indem man Geschichte ins Sein hineinnimmt und mit feierlicher Gebärde Vergänglichkeit als das Unvergängliche zelebriert. Der spezifische Sprachcharakter der Musik besteht nun in der Einheit ihrer Objektivierung, oder, wenn man will, Verdinglichung, mit ihrer Subjektivierung, wie denn allerorten Verdinglichung und Subjektivierung nicht sich wechselseitig ausschließen, sondern polar sich bedingen. Seitdem die Musik, wie Max Weber in seiner nachgelassenen Musiksoziologie herausgearbeitet hat, in den Rationalisierungsprozeß der abendländischen Gesellschaft einging, hat ihr Sprachcharakter zugenommen. Er ist doppelten Wesens. Auf der einen Seite involviert er, daß Musik, durch die Verfügung über das Naturmaterial, sich in ein mehr oder minder festes System verwandelt, dessen einzelne Momente eine dem Subjekt gegenüber selbständige und zugleich diesem offene Bedeutung haben. Die ganze Musik von den Anfängen des Generalbaßzeitalters bis heute hängt zusammen als ein ›Idiom‹, das in weitem Maße durch die Tonalität gegeben ist und dessen Macht noch in der gegenwärtigen Negation der Tonalität fortwirkt. Was man im einfachen Sprachgebrauch ›musikalisch‹ nennt, bezieht sich genau auf diesen idiomatischen Charakter, auf ein Verhältnis zur Musik, in dem das Musikmaterial, kraft seiner Vergegenständlichung, dem musikalischen Subjekt zur zweiten Natur geworden ist. Auf der anderen Seite aber überlebt in dem sprachähnlichen Moment der Musik auch die Erbschaft des Vorrationalen, Magischen, Mimetischen: vermöge ihrer Versprachlichung hat Musik sich als Organ der Nachahmung behauptet, aber nun, im Gegensatz zu ihren frühen, gestisch-mimetischen Regungen, zu einer subjektiv vermittelten und reflektierten Nachahmung, zur Nachahmung dessen, was im menschlichen Innern sich zuträgt. Der Prozeß der Versprachlichung der Musik bedeutet zugleich ihre Verwandlung in Konvention und in Ausdruck. Insofern aber die Dialektik des Aufklärungsprozesses im wesentlichen in der Unvereinbarkeit dieser beiden Momente besteht, ist der gesamten abendländischen Musik durch diesen Doppelcharakter ihr Widerspruch gesetzt. Je mehr sie, als Sprache, den Ausdruck als Nachahmung eines Gestischen, Vorrationalen in die Gewalt nimmt und verstärkt, um so mehr arbeitet sie zugleich auch, als dessen rationale Bewältigung, an seiner Auflösung. Die gegenwärtige Krise, die Bedrohung des Existenzrechtes der Musik, resultiert wesentlich aus dem Verhältnis jener beiden Momente. Hier hat die Objektivität der Zeichen sich aufgelöst; Musik hört auf, Idiom zu sein, in überlieferten Formen für fest Überliefertes einzustehen. Dort aber zergeht in eins mit eben diesem objektiven Element der Ausdruck, dessen Steigerung zunächst gerade die objektiv traditionelle Seite der musikalischen Sprache negierte. Die zeitgenössische Musik sieht sich einer Aporie gegenüber. Nachdem sie das idiomatische Element um des reinen, unverdinglichten, unvermittelten Ausdrucks willen zersetzte, ist sie nun des Ausdrucks selbst nicht mehr mächtig. Aus der Dialektik tritt am Ende das Naturmaterial bedrohlich rein hervor. Je mehr Musik dem Gefüge der Sprache sich anähnelt, um so mehr hört sie zugleich auf, Sprache zu sein, etwas zu sagen, und ihre Entfremdung wird erst mit ihrer Vermenschlichung vollkommen.

Unter den Motiven eines vielleicht Kommenden, die heute an der Musik sich gewahren lassen, ist nicht das letzte das ihrer Emanzipation von der Sprache, die Wiederherstellung gleichsam ihres lautlichen, intentionslosen Wesens – eben dessen, was der Begriff des Namens, wie sehr auch unzulänglich, umreißen wollte; die Überwindung musikalischer Naturbeherrschung durch deren Vollendung hindurch. Aber es ist nicht überflüssig, in einer Situation, in der die Krisis des musikalischen Ausdrucks zum Vorwand des Stumpfsinns wurde, und in der Denken, das sich von der subjektiven Reflexion dispensierte, eben daraus einen ontologischen Vorrang ableiten möchte, zu sagen, daß die Emanzipation der Musik von der Sprache ihr nicht gelingen kann, indem sie willkürlich und unter Preisgabe ihrer an der Sprache entwickelten Charaktere sich vermeintlich vorsprachliche Strukturen zum Modell nimmt und einbildet, es rede aus ihr das Sein, wenn nur das Subjekt aufhört zu reden und statt dessen mit schlecht zitierten Ornamenten vorliebnimmt. Die Wahrheit der Musik, in der sie über die Sprache hinauszugehen vermag, ist nicht das Residuum, das nach der gläubig-masochistischen Selbstauslöschung des Subjekts zurückbleibt, sondern sie könnte geraten nur, wenn in nachsprachlicher Musik das Subjekt auch positiv aufgehoben wäre. Es fehlt nicht an Zeugnissen für diese Möglichkeit. Erfüllen aber kann sie sich schwerlich allein von der Musik her, sondern erst in einer veränderten Beziehung zwischen ihr und der Gesellschaft. Eine solche Beziehung kann Musik nicht von sich aus nach Belieben, etwa durch Anpassung ans Bewußtsein der Menschen, herbeiführen. Sie müßte in der Gesellschaft selber sich zutragen und nicht um der Kunst willen. Wohl jedoch läßt die gegenwärtige Krise der Musik als eine ihres sprachlichen Wesens sich visieren. Manchmal will es scheinen, als wäre, gegenüber der latenten, nie offenbar gewordenen, doch stets spürbaren Möglichkeit der Musik, ihre Annäherung an die Sprache, mit all ihren Triumphen, eine Art von welthistorischer Beschädigung;

als rührte die Würde der größten Musik, der aus der Spätzeit Bachs und Beethovens, daher, daß hier Musik über ihre eigene Sprachlichkeit hinausging, so etwa wie, vergleichsweise, die Dichtung des letzten Hölderlin auf ein Sprengen der sprachlichen Bedeutungssphäre abzielt. In diesem Extrem, das freilich durch Technik hindurch, insbesondere durch integrale Polyphonie erreicht wird, in den schroffen Momenten, da die Sprache der Musik als solche kahl und schutzlos sichtbar wird und eben damit aufhört, noch Sprache zu sein, beruht die Aktualität der großen Spätwerke für die heutige Musik. Die einzige Tradition, auf die sie vertrauen darf, ist die fragmentarische der Gebilde, in denen Musik alles Vertrauen und alle Tradition kündigt.

II

Die Erwägung des gegenwärtigen Verhältnisses von Philosophie und Musik führt zu der Einsicht, das zeitlose Wesen der Musik sei eine Chimäre. Einzig Geschichte selbst, die reale Geschichte mit all ihrer Not und all ihrem Widerspruch, konstituiert die Wahrheit der Musik. Das heißt aber nichts anderes, als daß die philosophische Erkenntnis von Musik nicht durch die Konstruktion ihres ontologischen Ursprungs gelingen kann, sondern bloß von der Gegenwart aus. Diese erst erlaubt die Erkenntnis all jener konkreten und widersprüchlichen Momente, die in den früheren Phasen nur potentiell sich fanden. Da die Wahrheit der musikalischen Werke selber in der Zeit sich entfaltet, so ist es keine metaphorische Übertreibung, auch nicht der Wald- und Wiesenverweis auf die sogenannte lebendige Ich-Du-Beziehung zwischen Subjekt und Gegenstand, wenn man ausspricht, daß Beethoven etwa weit eher von dem aus sich erschließt, was, als Konstruktion einer antagonistischen Totalität und schließlich als deren Suspendierung, an ihm heute hervortritt, als wenn man sich auf die historischen Voraussetzungen und unmittelbaren Intentionen beschränkte, von denen dies Werk einmal ausging. Was aber an ihm, und ebenso an Bach, heute sichtbar wird, das ist nicht das Produkt einer mehr oder minder zerfließenden Geistesgeschichte, sondern bis ins Einzelne determiniert von dem Stand, den die kompositorischen Verfahrensweisen heute erreicht haben – Verfahrensweisen, die drastisch jene Konstruktionsgesetze ausformen, welche das Beethovensche oder Bachische Werk das neunzehnte Jahrhundert hindurch in sich verkapselt hatten. Einzig von der fortgeschrittensten Produktion her fällt Licht auf die ganze Gattung.

Danach sollte eine Analyse des gegenwärtigen Standes der Musik selber ebensoviel für die philosophische Einsicht ergeben, wie umgekehrt die philosophische Besinnung nicht zu trennen ist von der gegenwärtigen Situation der Musik. Die Erörterung weniger Elemente muß genügen. Notwendig wird der Gedanke auf Arnold Schönberg gelenkt, den Meister der neuen Musik, wenn anders der einer handwerkerlichen Sphäre entspringende und von der Wagnerischen Ideologie schmählich mißbrauchte Name des Meisters heute noch verwandt werden darf. Von ihm ist zu sprechen nicht nur, um wenigstens ein Geringes von dem Unrecht wieder gutzumachen, das Ignoranz und Konformismus Schönberg bis zum letzten Augenblick seines integren Lebens angetan haben. Wie sehr auch ohnmächtig, sei angemeldet, was wohl auch vom allgemeinen Bewußtsein einmal nicht wird verleugnet werden können, wenn nicht wirklich die Vorstellung von der Hinfälligkeit der großen Musik im Tempo der Katastrophe sich bewahrheiten sollte. Schönberg ist – und wieder fehlen die rechten Worte, weil alle durch den Kulturbetrieb der Prominenz beschlagnahmt und zerschlissen sind – die wahre musikalische Kraft unserer Zeit gewesen, vor allem anderen: ein großer Komponist. Es ist an der Zeit, den Phrasen zu widerstehen, mit denen man ihn erledigt. Meist laufen sie nur darauf hinaus, daß die Kritiker ihr eigenes Unvermögen, Schönbergs beispiellos hochorganisierte und vom Element der musikalischen Dummheit endlich emanzipierte Kunst zu verstehen, als Einwand auf diese projizieren und womöglich auch noch behaupten, sie sei um ihrer Avanciertheit willen hinter dem Geist der Zeit oder dessen kollektiven Forderungen zurückgeblieben. Mit Schönbergs früheren Werken und all ihrem Reichtum wird man fertig, indem man sie mit dem musikhistorischen Cliché als spätromantische Wagnernachfolge klassifiziert. Ebenso bündig könnte man Beethoven als spätklassizistischen Haydn-Nachfolger abtun. Unmöglich, den Unsinn all dieser aus Pharisäismus, Banausie, Inkompetenz und Rancune zusammengebrauten Behauptungen im

Einzelnen zu entwirren. Wer überhaupt ein Organ für musikalische Qualität hat und nicht durchs Vertrauen auf die neoklassizistische Ideologie sich die Möglichkeit jeder spontanen Erfahrung verbaut, braucht nur eines der Werke aus der Periode von Schönbergs Durchbruch, wie das Zweite Streichquartett oder die verhältnismäßig leicht darzustellenden Lieder op. 6, sich anzusehen, um sich nicht länger die Verdikte der kompakten Majorität aufreden zu lassen. Die Wendung gegen diese kompakte Majorität meint aber zugleich auch eine Selbstkorrektur. Denn die »Philosophie der neuen Musik«, deren dialektische Methode auch vor Schönberg nicht haltmachen durfte, ist eben darum zuweilen von der offenen oder getarnten musikalischen Reaktion in Anspruch genommen worden. Das konnte geschehen nur, weil das Buch dem eigenen Prinzip nicht so streng gehorchte, wie es verpflichtet gewesen wäre. Anstatt stets und überall der Erfahrung der Werke ohne Vorbehalt sich zu überlassen, hat es doch in gewissen Abschnitten das Material als solches und seine Bewegung, vor allem die Zwölftontechnik, unabhängig von seiner Kristallisation in den Werken selber, gleichsam abstrakt behandelt. Dabei mag manches von der historischen Tendenz aufgegangen sein, was am einzelnen Werk nicht ebenso verbindlich sich hätte fassen lassen. Aber es wurde damit doch, unwillentlich, dem Vorurteil in die Hände gearbeitet, Schönberg sei ein bloßer Reformator oder Wegbereiter, einer, der ein geschliffeneres und stimmigeres Handwerkszeug beistellte und dessen eigene Werke man wie unsympathische Schulbeispiele zu behandeln hat. Das Entscheidende, die Interpretation der Kompositionen Schönbergs, kam immer noch zu kurz. So resultierte der Anschein, Musik solle ganz und gar in Erkenntnis aufgelöst werden. Aber während der Versuch eingreifender Erkenntnis von der Musik unabdingbar gefordert ist, setzt sie selbst in ihrer Konkretion ihm die Grenze, ohne die er, mit Kafka zu reden, zur leichten fröhlichen Fahrt, zur automatisierten Selbstbewegung des Begriffes degeneriert. Schönberg, der als Intellektueller verfemt ist, aber samt seiner rationalistischen Intellektualität zum Guten oder Bösen unter die naiven Künstler rechnete, hat eben durch das einzelne, Stilbegriffen inkommensurable Werk die allgemeine Tendenz von Stil und Technik oftmals entscheidend verändert. Man mag, von den Kompositionsverfahren her, seinen Spätwerken, in denen er nochmals, zum letzten Male vielleicht, um den Ausdruck rang und ihn mit allegorischer Härte seinen Konstruktionen einlegte, die unvermeidlichen Brüche nachrechnen. Aber diese Brüche sind, wie in jedem bedeutenden Spätstil, selbst die Organe der geschichtsphilosophischen Wahrheit. Schönbergs Beginnen bewährt sich bis zu jenen erschütternden Stücken der letzten Zeit, in der die Kraft der einstmals glücklichen Hand nachzugeben scheint und in der gerade dies Nachgeben, Freilassen, in den Dienst des Ausdrucks tritt, darin, daß, um abermals einen Ausdruck von Hegel zu verwenden, auf jeder neuen Stufe seines Werkes neue Unmittelbarkeit sich herstellte. Niemand, der der Uraufführung des Tanzes ums goldene Kalb aus der Oper Moses und Aron beiwohnte, jener Aufführung, die wenige Tage vorm Tode des Meisters ihm zum ersten Male mit einem Zwölftonwerk den vollen äußeren Erfolg brachte, konnte der Sinnfälligkeit und Drastik, fast könnte man sagen der Einfachheit der Wirkung, sich entziehen. Nicht geringer ist die des »Überlebenden von Warschau«, eines Seitenstücks zu Picassos Guernica-Bild, in dem Schönberg das Unmögliche möglich machte, dem gegenwärtigen Grauen in seiner äußersten Gestalt, der Ermordung der Juden, in Kunst standzuhalten. Das allein genügte, ihm jedes Anrecht auf den Dank einer Generation zu verleihen, die ihn nicht zuletzt verschmäht, eben weil in seiner Musik jenes Unsägliche zittert, das schon keiner mehr wahrhaben will. Soll Musik ihrer drohenden Nichtigkeit entgehen, eben dem Verlust der raison d'être, von dem ich sprach, so kann sie darauf nur hoffen, wenn sie das vollbringt, was Schönberg im »Überlebenden von Warschau« vollbrachte: wenn sie der vollkommenen Negativität, dem Äußersten sich stellt, an dem die gesamte Verfassung der Realität offenbar wird.

Eben an dem Spezifischen, das dem letzten Schönberg als Komponisten gelang, läßt sich für die philosophische Erkenntnis etwas gewinnen. Dabei darf auf den Begriff des musikalischen Raumes rekurriert werden, wie er besonders in der Musikpsychologie von Ernst Kurth entwickelt worden ist. Dieser musikalische Raum ist so wenig wie die musikalische Zeit ein Sachverhalt reinen Seins. Er entspringt in den kollektiven Implikationen aller Musik, dem Charakter des Gruppen von Menschen Umfangenden, der allmählich auf den Klang als solchen übertragen ward. Das Phänomen läßt sich nur in Analogien beschreiben, ist aber sehr bestimmt wahrnehmbar: unverkennbar etwa in der Symphonik Bruckners. Die Raumqualität haftet an der Harmonik und am Instrumentalklang; diese beiden musikalischen Dimensionen haben sich ja im neunzehnten Jahrhundert durchweg parallel entfaltet. Durch die Kritik an der tonalen Harmonik, in der das Raumbewußtsein sich gleichsam sedimentiert hatte, so daß gewisse Akkordverbindungen und vor allem modulatorische Verhältnisse unmittelbar musikalischen Raum zu konstituieren schienen, war nun dies Raumbewußtsein ausgelöscht, gar nicht so unähnlich der Abschaffung der Raumperspektive in der modernen Malerei. Der musikalische Raum hatte sich als ein selbst Geschichtliches gezeigt, welches die notwendige Ablösung der Musik von aller tragenden Kollektivität nicht überleben konnte. Hört der Unbefangene Frühwerke der freien Atonalität, etwa das besonders zuschlagende dritte Klavierstück aus Schönbergs op. 11, so drängt sich, wenn man es so umschreiben darf, das Gefühl von Raumlosigkeit, von Zweidimensionalität, auf. Unter den Chocs, die diese Musik austeilt, ist gewiß auch jener wesentlich, daß sie dem Hörer das Einbezogenwerden, daß sie ihm räumliches Umfangensein versagt. Sie klingt, übertreibend gesagt, wie ein Schlagen. Die oft bemerkte abweisende Geste in den Werken aus Schönbergs expressionistischer Phase erklärt sich wohl damit. An manchen späten Stücken Schönbergs nun, wie jüngst dem »Tanz ums goldene Kalb«, wird man dessen inne, daß, ohne jede Anleihe bei den traditionellen Mitteln musikalischer Perspektive, ein neuer Typus musikalischer Räumlichkeit sich herstellt, und zwar einzig durch die Disposition der Farbe, die zum äußersten gesteigerte Kunst vielschichtiger Instrumentation. Es mag offen bleiben, ob hier wirklich der musikalische Raum neu gewonnen ward, oder bloß der vergangene kunstvoll nochmals hervorgebracht, auch nicht, wie etwa das in solcher Räumlichkeit sich anmeldende kollektive Pathos sich legitimiere. Aber der technische Sachverhalt führt über manche Aussagen der »Philosophie der neuen Musik« hinaus. Der Teil über die Zwölftontechnik war allzusehr noch dem Herkommen verpflichtet in der These, daß jegliche musikalische Dimension eigenen Wesens, in weitem Maße unabhängig von den anderen sei. Danach ward beurteilt, wie es den einzelnen Dimensionen in der gegenwärtigen integralen Kompositionstechnik ergehe.

Statt dessen scheint es, als könne heute, gerade weil alle Dimensionen des Komponierens auf den Generalnenner der in sich stimmigen Konstruktion gebracht sind, eine für die andere einstehen. Schon vor vierzig Jahren hat Schönberg bekanntlich von Klangfarbenmelodien gesprochen. Eine Analyse der Instrumentation von frühen Liedern von Alban Berg stieß darauf, daß das Verfahren der Orchestrierung formbildend wirkt, also den rein-musikalischen, nach der üblichen Auffassung gewissermaßen zeichnerischen Zusammenhang sei's verdeutlicht, sei's überhaupt erst setzt. Das gilt nun viel allgemeiner. Wenn Instrumentation in der Tat so raumbildend sich bewährt wie in Schönbergs biblischem Opernfragment, dann heißt das nicht weniger, als daß Instrumentation die Harmonik substituieren kann, die sonst die Tiefenwirkung hervorbrachte. Damit würde die Kritik an der ›Zufälligkeit‹ der Zwölftonharmonik insofern sich berichtigen, als die Funktionen, die in der traditionellen Musik von der Harmonik geleistet wurden, adäquat und ohne notwendig der Blindheit und Willkür zu verfallen, von anderen Mitteln des Komponierens geleistet werden.

Diese Umfunktionierung der einzelnen Materialdimensionen in ihrer Vereinheitlichung, wie sie die Zwölftontechnik bewirkte, rührt nun aber auch an den Kern dieser Technik, nämlich die Polyphonie, aus deren Erfordernissen ja das ganze Verfahren sich herleitet. In der Geschichte der neueren abendländischen Musik sind, wie wiederholt werden darf, Kontrapunkt und Harmonik korrelative Begriffe. Man pflegt einen Kontrapunkt dann gut zu nennen, wenn, bei voll erreichter Selbständigkeit der simultanen Stimmen, ihre Führung zugleich harmonischen Sinn ergibt. Die Kritik an der Zwölftontechnik behauptete nun, daß der triumphale Kontrapunkt des späten Schönberg es sich gewissermaßen zu leicht mache, indem er auf sein Korrektiv, den Ausweis im harmonischen Zusammenhang verzichtet. Nicht zu leugnen, daß diese Gefahr in manchen Stücken Schönbergs, vor allem aus den Anfängen der Zwölftontechnik, wie dem Bläserquintett, sehr sich aufdrängte. Aber daraus sollte man nicht von oben her ein Verdikt ableiten. Gerade die philosophische Deutung von Musik sollte auf der Hut sein, das aufzuführen, was Schönberg im Titel eines Textes den »Totentanz der Prinzipien« nannte. Ein Wort von ihm wird erzählt: guter Kontrapunkt sei eigentlich nur da zu finden, wo man den Gedanken an die Harmonik ganz vergesse. Diese Formulierung ist so schlagend in ihrer paradoxen Einfachheit wie durchwegs Schönbergs Sentenzen, sobald sie auf eigentlich Musikalisches gehen. Er am letzten hat ein wildes und unbekümmertes Draufloskontrapunktieren angeraten, wie es zuzeiten im Namen des linearen Kontrapunktes von jungen Komponisten betrieben wurde. Wohl aber vermag die Dichte der Beziehung zwischen mehreren gleichzeitigen Stimmen, sei's durch Ähnlichkeit, sei's durch Kontrast, jedenfalls durch ihr zwangvolles, thematisch-konstruktives Aufeinanderbezogensein, zu solcher Intensität sich zu steigern, daß darüber die Frage nach dem harmonischen Fortgang wegfällt, so wie übrigens auch in den größten polyphonen Instrumentalwerken aus Bachs Spätzeit Gewalt und Einheit der Linienführung das generalbaßmäßige Akkordschema zwar nicht wie heute beseitigt, aber vergessen macht. Nicht bloß die Farbe also, sondern in noch höherem Maße der Kontrapunkt, und damit das eigentliche Medium der neuen Musik, ist fähig, das Erbe der Harmonik anzutreten und, kraft seines eigenen Gesetzes, die harmonische Zufälligkeit zu überwinden. Angesichts solcher Leistungen, die keineswegs aus Regel und System der Zwölftontechnik stammen, sondern aus der Konfiguration der Werke aufsteigen, mag das technische Kunstwerk doch nicht so auswegslos zum Mißlingen verurteilt sein, wie es in der »Philosophie der neuen Musik« sich darstellt. Seine Organisationsprinzipien müssen dem musikalischen Geschehen nicht notwendig äußerlich bleiben, wofern es in der Tat rein aus sich heraus zwingenden Zusammenhang stiftet. Der Rekurs auf die Kompositionen berichtigt nicht bloß einiges von dem, was in der bloßen Betrachtung der Tendenz des Materials an Fehlern unterläuft, sondern macht auch sichtbar, daß bei aller Gefahr von Gewalttat und Selbstentfremdung in der fortgeschrittensten Musik, der einzigen, die im Ernst zählt, die Möglichkeit verbindlicher Kunstwerke größer ist, als die falsche Überlegenheit der Distanz ahnt. Das betrifft aber die eigentlich philosophische Fragestellung nach der raison d'être von Musik in der heutigen Situation. Es läßt sich nämlich manches Stichhaltige dafür anführen, daß die Selbstauflösung dieser raison d'être durch den ästhetischen Rationalisierungsprozeß, der immer drastischere Widerspruch zwischen der vollkommenen Zweckmäßigkeit des Kunstwerkes in sich selber und seiner ebenso vollkommenen Zwecklosigkeit im realen gesellschaftlichen Dasein, nicht das letzte Wort hat. Jetzt bereits entlassen die fortgeschrittensten musikalischen Werke, in Konsequenz eben jener Rationalisierung, Kräfte aus sich, welche schließlich vielleicht die Wunden heilen können, die Rationalisierung und Perfektion den Kunstwerken schlug.

Freilich bleibt solche Heilung einzig den fortgeschrittensten vorbehalten. Sedlmayr hat das Recht bezweifelt, »Schönberg als die einzig reine Stufe der Musik in unserer Zeit zu bezeichnen, und alles, was darüber hinausgegangen ist, schon wieder als Entartung und Reaktion zu sehen, etwa die neuen Werke eines Hindemith und eines Strawinsky«. Er glaubt, daß sich »in ihnen doch ein echtes Bedürfnis ankündigt, und daß hier auch, wie in vielen anderen Dingen, ein sogenannter dritter Weg gesucht wird, auch wenn jene Komponisten in der Tat dem Schönbergschen œuvre nichts Glaubwürdiges und Ähnliches entgegenzusetzen hätten, sondern nur schlechten Kompromiß«. So wenig, philosophisch, strikt ausschließendes Denken sich vertreten läßt, so gründlich allem totalitären Anspruch ästhetischer Schulen zu widersprechen ist, der stets in gewalttätiges Sektierertum abgleiten mag, so fragwürdig bleibt doch der Pluralismus Sedlmayrs. Der von ihm ersehnte dritte Weg stellt in der gegenwärtigen Musik kein Neues dar, keinen Zuwachs frischer musikalischer Charaktere. Sondern, was auf dem dritten Weg gedeiht, zeigt in Wahrheit eben jene Sterilität, die der Normalkritiker der fortgeschrittenen Musik vorwirft, wenn er sie mit allzu raschem historischen Vorblick eine Sackgasse nennt, anstatt zuerst einmal zuzuschauen, was in ihr realisiert ward. Die Komponisten des dritten Weges beschränken ihre Neuerungen, um nur einigermaßen von der Konvention sich abzuheben, ohne doch die Last der ganzen Konsequenz auf sich zu nehmen, jeweils auf *eine* Materialdimension, meist die des sogenannten Rhythmus, in bescheidenem Maße auch auf die Harmonik. In allem anderen aber begnügen sie sich mit der gewaltsamen, nirgends substantiellen, nur ins Aparte abgewandelten Wiederholung eines längst Vergangenen. Durch die spezialistische Verengung ihrer Verfahrensweise, die groteske Folge moderner Arbeitsteilung, werden die Produkte dieser Schulen untereinander von sturer Ähnlichkeit befallen und ergeben jenen Typus Musikfestmusik, der seit nun bald dreißig Jahren die

Ausstellungen moderner Musik mit Langeweile schlägt. Die Möglichkeiten, die am letzten Schönberg abzulesen sind, also die neue Verflüssigung des Komponierens durch den Funktionswechsel der bislang starr voneinander getrennten musikalischen Dimensionen, ist den gemäßigten Schulen darum versagt, weil sie die Vereinheitlichung nicht vollzogen haben, sondern unkritisch die überkommene Scheidung von Rhythmus, Melos, Harmonik, Kontrapunkt akzeptierten. Daher kann bei ihnen nicht wahrhaft das eine fürs andere einstehen. Sie haben, vulgär ausgedrückt, den Preis nicht bezahlt, ohne den der bis ins Innerste problematisch gewordenen Musik auch nicht einmal die Chance einer Rettung zufällt. Sinnlos aber wäre es, auf der einen Seite von der Gefahr wunders wie pathetisch zu reden, und auf der anderen zu glauben, sie wäre dadurch zu bewältigen, daß man keine Kenntnis von ihr nimmt: daß man die Last von sich abschüttelt, selbstgerecht auf die eigene Unbekümmertheit und Simplizität pocht und von der Anstrengung sich dispensiert, ohne welche dem ins Unermeßliche angewachsenen Druck, der auf der Musik liegt, schlechterdings nicht zu begegnen ist. Dabei ist nicht zu verweilen, weil die eine Schule gegen die andere Recht behalten soll. Aber man darf sich nicht blind dagegen machen, daß der Faschismus im deutschen geistigen Klima nachwirkt kraft der verbreiteten Neigung, bestehende Denk- und Fühlgewohnheiten im Ernst angreifende Besinnungen und Tendenzen sei's als negativistisch, sei's als bereits vergangen, von sich zu schieben. Statt dessen nimmt man mit aufgewärmten Kulturgütern oder mit unverbindlich abgründigen und dem innersten Gehalt nach selber restaurativen Bemühungen vorlieb. Den volksverbundenen kommunistischen Kulturvögten wiederum behagt das nur allzu gut. Es handelt sich um das, was die Psychoanalyse, die selber nach jenem Schema verdrängt wird, Abwehrmechanismen genannt hat. Man ist der Positivität des Fortlebens nach dem Weltuntergang zu wenig sicher, wohl auch zu sehr im Banne unbewußten Schuldgefühls, als daß man das an sich herankommen ließe, was die prekäre Sicherheit ins Wanken bringen könnte. All die Argumente, die man so rasch bei der Hand hat, wenn es gilt, dem Schmerz und der Negativität auszuweichen, von der keine Wahrheit heute getrennt werden kann, sind nichts als ebensoviele Selbstverteidigungen. Weil sie nur ihrem Zweck dienen, anstatt je einer Sache sich zu überlassen, sind sie so ohnmächtig und dünn. Der Vorwurf gegen die neue Musik in ihrer avancierten Gestalt, sie sei beziehungslos zu den Menschen und zur Realität, stellt den Sachverhalt auf den Kopf. Nur im Gedächtnis an das, was man nicht wahr haben möchte, kommt es zur Beziehung auf die Realität dieses gleichsam auf Widerruf gewährten Lebens. Was aber mit der Realität mitspielt und sich dazu herbeiläßt, ihrem Sosein auch noch die Rechtfertigung des Sinns zu verleihen, taugt nur noch dazu, von ihr abzulenken, und ist nichts besseres als Ideologie im strengen Sinne, gesellschaftlicher Schein, falsches Bewußtsein.

Mit all dem wird keineswegs ein ästhetischer Optimismus höheren Grades gepredigt und vorgespiegelt, daß die Musik, oder irgendeine Kunst, von sich aus das in Ordnung bringen möchte, was die Verfassung der Realität verhängt und was unbestechlich auf ihre Weise zu erkennen heute die erste Aufgabe der Kunst ist. Um zurückzukehren zum spezifisch Musikalischen: es ist ungewiß, ob jene äußerst erregenden Aspekte des Schönbergschen Spätwerkes und seiner Technik tatsächlich als erste Zeugnisse einer höheren, die Pseudomorphose der Musik an die Sprache positiv aufhebenden Unmittelbarkeit betrachtet werden dürfen. Sie mögen in einem freilich aufs äußerste sublimierten Sinne selbst restaurativ sein, Versuche, am musiksprachlichen Wesen auch auf der Stufe der Entsprachlichung des Materials festzuhalten. Daß viele Hörer des Tanzes ums goldene Kalb von dem schlagend Opernhaften dieser Ballettmusik entzückt waren, macht den Gedanken an solche Restauration immerhin plausibel. Er ist um so weniger leicht zu nehmen, als ja der Idee, Musik ließe heute aus ihren eigenen Kräften heraus sich retten, etwas Absurdes anhaftet, während sie doch zugleich anders kaum sich erretten läßt als aus den eigenen Kräften. Spricht man mit jüngeren Physikern, so wird man nicht selten auf die Äußerung stoßen, die Einsteinsche Relativitätstheorie sei, gegenüber der Quantenmechanik, eigentlich klassische Physik. Schönbergs Leistung, die nicht nur chronologisch mit der Einsteinschen korrespondiert, mag ähnlich einmal als klassische Musik rangieren, das Wort nun nicht so genommen, wie es im Bannkreis der Kulturindustrie gebraucht wird, sondern im Sinne von Schönbergs unterirdischer, doch strenger Zugehörigkeit zur Wiener Schule der variativ-thematischen Arbeit. Wahrscheinlich ist die herkömmliche Trennung des traditionalen und innovatorischen Elements überhaupt zu mechanisch. Tragfähige Tradition ist kaum je ein gerades, ungebrochenes, seiner selbst gewisses Fortsetzen oder Anknüpfen. Dazu möchten es nur die Traditionalisten stempeln, die Tradition beschwören, weil sie sie nicht haben. Tradition ist vielmehr, wie Freud an einer sehr tiefen Stelle seines Spätwerkes über Moses und den Monotheismus aussprach, allemal ein Vergessen. Sie setzt sich durch im Abstoßen von Jüngstvergangenem, nicht in der konservierenden Übernahme von Errungenschaften, in der Verteidigung von Besitz. Nur weil Schönberg alle vordergründigen Elemente des Wiener Klassizismus von sich geworfen hat, von den akkordischen Formeln und dem modulatorischen Gleichgewicht bis zum runden und gehaltenen Klang und zur Balance der Form durch die Sonatenreprise; nur weil er zuzeiten selbst das Prinzip der thematischen Arbeit opferte, das ihm als Quartettkomponisten so nahe lag, hat er die Tradition gegenüber ihrem Verschleiß durchs bloße Nachmachen substantiell behauptet. Dadurch, daß er und seine Schule die klassisch-romantische Fassade zerschlug, wurde er fähig, das Ideal der Befreiung oder, wie er es in seinem letzten Buch selber nannte, die Emanzipation nicht nur der Dissonanz sondern der Musik zu verwirklichen, die in Beethoven und Brahms vorgebildet war. Erst diese Emanzipation hat es erlaubt, das Ideal der reinen Durchkonstruktion der Musik in all ihren Aspekten zu konzipieren, auf das der tiefste Impuls der Tradition zielt.

Das Prinzip der Durchkonstruktion des Materials bei Schönberg, des integralen Komponierens, das seine Schule anstrebt, stößt mit der Sprachlichkeit von Musik zusammen. Je reiner ihre Charaktere sich bloß noch durch ihre Zusammenhänge, ihr aufeinander Bezogensein rechtfertigen, um so weniger kommt ihr der Charakter des Sagens mehr zu. Daß nun der letzte Schönberg sich nicht bei der Liquidation der sprachlichen Momente der Musik und deren Ersatz durch Stimmigkeit als solche beschied, sondern doch wieder Musik zur Sprache bereiten wollte, setzt ihn dem Vorwurf des Restaurativen aus. Mit anderen Worten, sein Integrationsversuch geht manchen der jungen Komponisten nicht weit genug. In der Tat läßt ja die Schönbergische Rationalisierung etwa die rhythmische Gestaltung, in weitem Maße auch die Melodiebildung frei. Es bleibt also, wie in der traditionellen Musik, dem sogenannten Einfall, der vom Material her ungebundenen Gestaltung Raum. Daher wird Schönberg nicht nur von den Neoklassizisten als allzu subjektiv befehdet. Gerade das Menschenähnliche seiner Musik, das, worin er noch gebrochen mit der Tradition kommuniziert, gilt dem Zelotentum der Objektivität, das aus seiner Schule hervorging, als Rest von Willkür. So hat denn etwa der französische Komponist Boulez, ein Schüler Messiaens, ein System ausgearbeitet, in dem die rhythmischen Verhältnisse in die Totalität der Konstruktion streng einbezogen werden sollen. Am Ende werden gleichsam alle tonpsychologischen Grunddaten der Musik, Tonhöhe, Tonqualität, Tonintensität, Zeitdauer, Klangfarbe inventarisiert und systematisch in Kontrasten und steter Abwandlung sämtlicher Möglichkeiten kombiniert, die sie zulassen. Endziel ist, daß sie sich gegenseitig neutralisieren. So soll, gar nicht so unähnlich Strawinsky, eine Art von statischem Gleichgewicht resultieren. Die Musik, die sich dabei ergibt und die, ähnlich wie manche der Spätwerke von Anton von Webern, klingt, als setze sie sich nur aus dissoziierten einzelnen Tönen zusammen, hinterläßt den Eindruck des Abstrusen, und die Stimmung, die immerhin für manche davon ausging, wäre gewiß der zugrundeliegenden Theorie zufolge bloßes Mißverständnis. Aber es ist nicht auszuschließen, daß das Verständnis auf eine Grenze stieß. Wessen Fähigkeit, Musik aufzufassen, tief musiksprachlich geformt ist, vermag zwar das Absterben des musikalischen Sprachelementes zu erkennen, nicht aber positiv den Übergang in von aller Sprache gereinigte Musik spontan zu vollziehen. Doch scheint einstweilen die Abstrusität des Gegenstands wahrscheinlicher. Man wird an einen Sachverhalt erinnert, der um so offener ausgesprochen werden muß, als er wiederum keineswegs auf die Musik sich beschränkt, sondern etwas von ihm fast in allen gegenwärtigen geistigen Bewegungen zu fühlen ist: das Element des Apokryphen, Läppischen, albern Abwegigen, der partikularen und plötzlich zur Totalität aufgeblähten Kategorie. Das Problem der Zwölftonmusik verlangt wohl, daß man von diesem Element, diesem trüben Bodensatz sich Rechenschaft gibt, der am Ende gar die Bedingung ausmacht für die sonderbare Breitenwirkung, die von der Zwölftonmusik seit jüngstem ausgeht. So sehr man auch in ihr den Vollzug einer unwiderstehlichen Tendenz der Sache sehen muß, so sehr hat doch wiederum das rationalistische Dekret – Schönberg legte großen Wert darauf, die Zwölftontechnik erfunden und nicht gefunden zu haben – etwas Infantiles. Der Zusammenhang von Fortschritt und Regression, der in der »Dialektik der Aufklärung« allgemein entwickelt wurde, folgt musikalisch nicht erst aus den Konsequenzen der Zwölftontechnik, sondern etwas von Bastelei, vom Glauben an den Stein der Weisen, von der Rouletteformel ist ihr schon im Ursprung gesellt, wie ein Schatten ihre Legitimation aus dem Fortschritt des Komponierverfahrens begleitend. Wer, von der freien Atonalität herkommend, vor bald dreißig Jahren an Schönbergs erste Zwölftonwerke geriet, wird, neben der Bewunderung fürs Ingeniöse, auch an den Eindruck jenes wahnhaft Apokryphen sich erinnern, der mit allem Systematischen so tief verwandt ist. Später hat man diesen Aspekt vergessen, und Schönbergs gesamtes œuvre während der zweiten Hälfte seines Komponierens könnte leicht genug einmal sich als die Anstrengung enthüllen, des apokryphen Elementes durch musikalische Selbstbesinnung doch noch Herr zu werden. Aber heute, da es eine ganze Zwölftonschule gibt, bricht es erneut hervor und fügt der allgemeinen Rückbildung des Bewußtseins trefflich sich ein. Der theologisch gemeinte Satz aus Kierkegaards »Stadien«, wo einmal der furchtbare Abgrund der Wolfsschlucht gähnte, dort wölbe sich heute die Eisenbahnbrücke, von der aus man einen flüchtig-behaglichen Blick hinunterwerfe, richtet die allenthalben wie Pilze aus der Erde schießenden Zwölftonkomponisten. Die Hoffnung, es entzögen die neuen musikalischen Mittel sich der Absorption, die sie pervertiert, war vergeblich. Die ansteckende Bereitschaft, auf Autonomie zu verzichten und unter ein sei's noch so löchriges Dach zu schlüpfen, hat dem Zwölftonverfahren seine begeisterten Anhänger zugeführt. Wie behutsam hatte Webern, in den Quartettstücken op. 5, die neuen vieltönigen Akkorde angefaßt. So schauerte er vor ihrer Gewalt, daß er keinen Augenblick zur bloßen Münze sie machte; jeden Akkord hat er festgehalten und bangend nur gleichsam für den nächsten Klang aufgegeben. Damit sollte man den doch selber wieder aus dem Fortschritt des Komponierens zwangsläufigen Mut vergleichen, der längst nichts mehr kostet. Die Komponisten schalten mit den Klängen, als seien sie unmittelbar jene Dreiklänge, gegen die sie erfunden waren. Sie benehmen sich souverän, aber es ist kein Segen daran. Je größer die Unbekümmertheit solcher Versuche, um so nachdrücklicher tritt das Zufällige ihres Grundes, das Apokryphe an der selbstgesetzten Regel hervor. Meist handelt es sich darum, daß zwar die Reihentechnik von Schönberg übernommen wird, nicht aber die unendlich reiche, komplexe und artikulierte Struktur des Komponierens, deren Realisierung einzig das Maß der Reihentechnik abgibt. Oft, etwa in dem in Frankfurt uraufgeführten Operneinakter eines so fraglosen Talentes wie Luigi Dallapiccola, erinnert die Zwölftontechnik an das, was man in der Mathematik Überbestimmung nennt. Musikalische Ereignisse von drastischer Einfachheit, deren Zusammenhang durch traditionelle Mittel garantiert ist und die des Zwölftonverfahrens gar nicht bedürften, werden zusätzlich und gleichsam von außen her dem Reihenprinzip unterworfen. Die systematisierte und nach Schulen und Schulhäuptern organisierte Avantgarde hat nicht weniger resigniert als die Konformisten, die den Leuten nach den Ohren schreiben. Wenn die Zwölftonschulen, etwa gegenüber den neo-klassizistischen Richtungen, eine gewisse Exklusivität behaupten und dem Verständnis des Publikums sich verweigern, so ist das nicht einem Radikalismus zuzuschreiben, der gerade denen abgeht, die sich aufs vereinfachte und unfehlbare System verlassen, sondern dem absurden, blind gewaltsamen Element des Systems, das von dem Wirbel an die Oberfläche gerissen wird. Unerbittliche Selbstbesinnung – die technische und die geistige sind dabei das gleiche – tut der neuen Musik mehr als alles andere not, wenn sie nicht in ahnungslosem Eifer durch das, was ihr Entwicklung dünkt, auch noch das Ihre zur Zerstörung jener raison d'être aller Musik beitragen will, um deren Rettung willen sie einmal Haß und Diffamierung auf sich nahm. Was vor einhundertfünfzig Jahren erst in der Philosophie absehbar war, ist mittlerweile auch der Kunst und zumal der Musik vorzuhalten, deren Wesen, als das einer sich entfaltenden Wahrheit, dem der Philosophie so verwandt sich zeigt: der kritische Weg ist allein noch offen. Er besteht aber nicht in Kritik, wie sie das Bewußtsein an den ihr fremd gegenüberstehenden Werken übt, sondern Kritik wird offenbar als das, was sie insgeheim schon je gewesen ist, das Formgesetz der Werke selber.

1953

III

Komponisten und Kompositionen

Johann Sebastian Bach: Präludium und Fuge cis-moll aus dem ersten Teil des Wohltemperierten Klaviers

Im Namen der Treue zu Stil und geschichtlichem Wesen, im Haß gegen eine ›Romantik‹, die sie nicht einmal vor sich, geschweige denn hinter sich haben, versuchen heute Schulmeister aller Art, den Bach-Spieler zu zwingen, im Meister einzig ihre eigene Langeweile und Undifferenziertheit aufzusuchen. Der starre Orgelklang, die ›Terrassendynamik‹, der Verzicht auf jegliche phantasiereichere Darstellung Bachs werden da als neusachliche und womöglich kollektive Ideale gepriesen. Wenn Bach mit seinen homophonen Feinden durch die Jahrhunderte fertig ward, dann gilt es nunmehr, ihn vor seinen historischen Freunden zu schützen.

Gewiß soll der romantischen Umdeutung im neunzehnten Jahrhundert nicht im leisesten das Wort geredet sein; die Wiedergabe Bachs hat nicht aus dem ›Ausdruck‹, sondern aus der kompositorischen Gestalt zu schöpfen, und Unternehmungen wie etwa die Lisztschen Bearbeitungen von Orgelfugen sind nicht zu retten. Aber: der Interpret hat die Pflicht, den unmeßbaren absolut-musikalischen Reichtum Bachs mit allen Mitteln der Darstellung zu realisieren, über die sich nur verfügen läßt. Strenge der Tempi bleibt unangreifbar; ist ein Thema starr und statisch hingesetzt, so wäre es sinnlos, dem Phantom des ›Ausdrucks‹ zuliebe mit Crescendo und Diminuendo es aufzuweichen. Ist aber dafür ein großer Fugenabschnitt, wie die Schlußseiten der cis-moll-Tripelfuge, in einer kontinuierlichen, aufs dichteste vermittelten und gedrängten Entwicklung komponiert, so wäre es musikalisch sinnwidrig, ihn zu ›registrieren‹, die zahllosen Themeneinsätze in dynamischen ›Terrassen‹ gegeneinander abzusetzen, wo die Musik selber einem undurchbrochenen dynamischen Zuge folgt.

Der Hinweis auf die Orgel besagt nichts dagegen. Bach ist nicht bloß der Vollender, sondern mehr noch vielleicht der Vernichter der Orgelkunst; der vielberufene alte Orgelklang wird, selbst in seinen Orgelwerken, derart vom Bachschen Reichtum der Konstruktion und Dynamik dementiert, daß die Königin der Instrumente als Magd dahinter zurückbleibt und vielleicht erst unser Orchester – freilich nicht die modernen Monstre-Orgeln – jene Gehalte aufdecken könnte, um die es geht, wenn einmal die reizsame Betroffenheit vorm uralten Orgelton gewichen ist. Kein Zufall mag es sein, daß nach Bach keine große Orgelmusik mehr geschrieben ward: die Gewalt der polyphonen Konstruktionen selbst hat ihren ehrwürdigen Basilika-Raum gesprengt. Um so weniger kann es uns obliegen, das freigewordene Werk Bachs absichtsvoll dorthin zurückzuversetzen: das, nicht das Gegenteil, wäre romantisch. So viel als allgemeine Spielanweisung zu einem Werk, das vom Spieler nicht die muckerische Geste der Strenge verlangt, sondern den treuen Dienst der exakten Phantasie: weil es selber zu den höchsten Zeugnissen von Phantasie zählt, die der musikalische Genius gewährte.

Polyphoner als andere geleitet zum polyphonischen Reichtum der Fuge bereits das Präludium und hat auch deren gesammelten Ernst im Ton: der subjektive Entschluß gewissermaßen, dem sich nicht zu weigern, was in der Fuge objektiv vollzogen wird. Die Oberstimme vom fünften Takt an gleicht den klagenden Holzbläsermelodien, die wir aus den Passionen kennen; der Sekundakkord überm großen cis im zwölften führt ins Dunkel der tiefsten Versenkung; ungeschieden zwischen Klage und Trost breiten die Stimmen sich auseinander, sinken dissonant herab: fragender Schluß. Die Fuge dann, an expansiver Kraft den größten Orgelfugen ebenbürtig, durch Konzentration des Ganzen und kontrapunktische Disziplin ihnen vielleicht noch überlegen, ist eine fünfstimmige Tripelfuge. Ihre drei Themen, die wohl trotz des vorgezeichneten Viervierteltaktes alla breve zu verstehen sind, lauten:

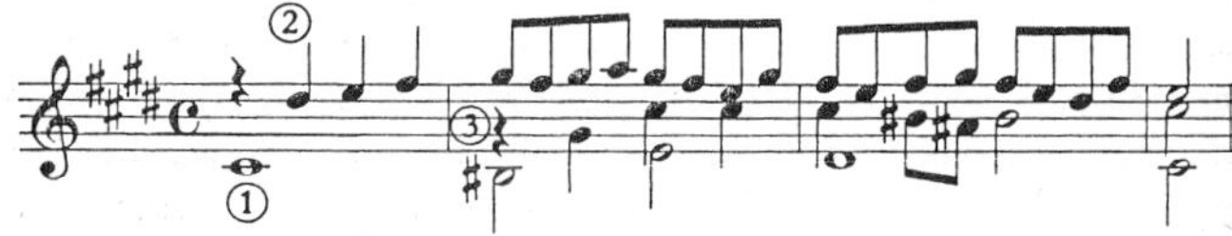

Das Gesetz der Tripelfuge fordert, daß diese drei Themen – die im Beispiel bereits kombiniert, also gleichzeitig erklingend geschrieben sind – untereinander im Verhältnis des dreifachen Kontrapunktes in der Oktav stehen. Was damit gemeint ist, wird am Beispiel ganz einfach klar. Die drei gleichzeitig erklingenden Themen lassen sich nämlich derart beliebig versetzen, daß jedes von ihnen Ober-, Mittel- oder Unterstimme wird und trotzdem ein harmonisch sinnvoller Verlauf der vier Takte erhalten bleibt. Während also im Beispiel Thema 1 die Unter-, 2 die Ober- und 3 die Mittelstimme darstellt, kann darin ebenso auch Thema 1 Mittel-, 2 Unter- und 3 Oberstimme werden usw. Alle sechs mathematisch möglichen Kombinationen sind auch musikalisch möglich.

Um die kombinatorische Gestaltung plastisch und dabei durchsichtig zu halten, sind die drei Themen kontrastierend angelegt: das erste in engstem Raum cis umkreisend, in ganzen und halben Notenwerten; das zweite, figurativ aufgelöste – gewissermaßen nur Nebenthema – in Achteln; das dritte, knappes, dynamisch rufendes Motiv, in Vierteln. Sie werden weiter dadurch voneinander abgehoben, daß das dritte, nach einer sinnvollen alten Fugenregel, merklich später als das erste und zweite einsetzt; darum eben als Motiv konzentriert.

Derart ist das Material vorgeordnet, mit dem Bachs Phantasie schaltet. Der Charakter des Stückes, offenkundig der eines geistlichen Gesichts, läßt ihn auf ältere, sonst längst von ihm aufgegebene Fugenelemente deutend zurückgreifen. Er verzichtet auf größere selbständige Zwischensätze: die vermittelnde Funktion wird vom zweiten Thema geleistet; die Drängung der Themeneinsätze, vor Bach oftmals nur mühsames Stammeln der geahnten Fugenform, wird ihm zum Mittel des Ausdrucks: als ob aus allen vier Richtungen des Himmels die gleiche Stimme ertöne.

Zunächst ist das erste Thema allein exponiert, in einem absichtsvollen Halbdunkel, aus dem keine thematische Gestalt deutlich sich löst, als die des Hauptthemas. Großartige Einheit von Inspiration und ›Technik‹: technisch darf kein zu selbständiger Kontrapunkt sich auskristallisieren, um nicht der Deutlichkeit des späteren zweiten und dritten Themas im Wege zu sein: der Inspiration wird die technische Not zum Anlaß, das erste und Urthema – dessen Intervalle übrigens deutlich an das berühmte B-a-c-h-Thema mahnen – aus dem amorphen ›ausdruckslosen‹ Klang bis zur klaren E-Dur-Kadenz ansteigen zu lassen (Takt 35).

Hier schließt sich wie ein ›Zwischensatz‹, aber sogleich mit dem

Hauptthema in der Mittelstimme kombiniert, das zweite Thema, nach cis-moll zurückgewandt, an. Hellere, fließende Entwicklung, von drei Zwischentakten unterbrochen, ehe das zweite Thema zum erstenmal in den Baß versetzt ist.

In das figurale Kombinations-Spiel tönt plötzlich unvermittelt, wie eine fremde Stimme, im neunundvierzigsten Takt zum erstenmal das dritte Thema herein. Noch ist das Gewebe dicht genug, selbst diese Stimme in sich aufzunehmen und mit ihm zu ›spielen‹. Da erfolgt vom vierundsechzigsten Takt an eine erste kurze ›Engführung‹ des dritten Themas: schon erscheint es in einer Stimme, ehe es in der anderen zu Ende gebracht ist. Die Dringlichkeit des Rufes erzwingt den Umschlag. Er zeigt sich am ersten Thema, das seinen tödlichen Ernst enthält. Im sechsundsechzigsten Takt bemächtigt es sich der Oberstimme. Jetzt aber nicht mehr amorphe Zelle, sondern in höchster Bestimmtheit: über den ehernen Ruf des dritten setzt es die steinerne Schrift, und die Achtel des zweiten Themas, so figural zuvor, erscheinen mit einem Mal wie die mächtigen Züge der Hand, die diese Schrift entwirft.

Im dreiundsiebzigsten Takt erreicht das Hauptthema den Baß und tragenden Grund selber und nun ist kein Halten mehr. Den ganzen Raum füllen die drei Themen. Äußerste Spannung nochmals nach dem achtundachtzigsten Takt und dann endliche Entscheidung. Das zweite Thema fällt fort. Das dritte dafür ruft, zum Text des ersten, in zehnfacher Engführung, schließlich die rhythmische Ordnung durch Verschiebung aufhebend, alles vor sich niederwerfend. Dann wird der stürzende Kosmos über dem Orgelpunkt auf der Dominante Gis gebannt. Im dritten Takt darüber vollzieht sich der richtende Spruch des ersten Themas in der Oberstimme, weit über alle instrumentale Möglichkeit, alle Interpretation, selbst alle Musik heraus: leibhafter Zugriff der Wahrheit ins Kunstwerk. Der Schwerpunkt ist die schärfste Dissonanz als die große Septime auf gutem Taktteil. Darauf ein Nachlassen; ein dunkles Tor, die letzte Frage, die die Antwort ist, öffnet sich der Musik: das leise archaische Dur des Endakkordes.

1934

»Die alte Orgel«

Auf die Zuschrift von Werner Fries in Nr. 66 der »Vossischen Zeitung« möchte ich in Kürze erwidern: Daß als eine der zentralen Aufgaben der Bachinterpretation die Klarlegung der Polyphonie zu betrachten ist, bedarf nicht der Erörterung. Während aber die Orgel die gleichzeitig erklingenden Stimmen nur durch die Klangfarbe und allenfalls die Stärke voneinander abzuheben vermag, sind sie in der Komposition noch durch andere Elemente, vor allem den dynamischen Zug und die Phrasierung, voneinander abgehoben. Mein Einwand gegen die alten Orgeln – und *mehr* gegen die pseudo-objektive Bachinterpretation – meint nun nichts anderes, als daß Elemente, die in der *Komposition* angelegt und als solche objektiv darstellbar sind, durch die Orgel und den angeblich authentischen Vortrag gerade verfehlt werden. Oder glaubt Werner Fries nicht, daß vier oder fünf Stimmen, von denen jede dynamisch und agogisch sinnvoll und beweglich und nicht in archaischer Starrheit dargestellt wird, sich besser voneinander abheben, als wenn sie nur durch die gröbsten Mittel der Farbe und Stärke voneinander geschieden wären? Dient also nicht eine Darstellung, wie ich sie gerade bei der orgelhaften cis-moll-Fuge gefordert habe, der Polyphonie besser als die auf der alten Orgel? – Ja, ist sie am Ende nicht, als die angemessenere Realisierung des (von mir ja eben herausgearbeiteten) kontinuierlich-dynamischen Zuges des Werkes selber (der an dessen Form nachweisbar ist) sogar die *objektivere* als eine, die sich nicht um das kümmert, was die gedrängte und verjüngte Konstruktion dieser Fuge verlangt? – Was im übrigen den Streit um alte oder neue Orgel anlangt, so darf vielleicht drastisch geantwortet sein: Die neue Orgelbewegung ist im Recht und Unrecht zugleich. Im Recht gegen die mit Rollschwellern, Kling-kling, Koppelungen und sinnloser Registervielfalt aufgeschmückten Riesenorgeln der letzten Dezennien, die musikalischen Warenhäusern glichen und denen gegenüber jede Reduktion auf die Sache legitim ist. Im

Unrecht gegen Bach, dessen kompositorische Gestalt derart über das Material hinausweist, in dem sie zur Ursprungszeit konzipiert wurde; und durch die musikalische Geschichte seitdem derart selber sich wandelte (denn Geschichte verwandelt die Werke *in sich!*), daß er im alten Orgelklang adäquat nicht mehr vorgestellt werden kann. Diese Verschränkung ist es, die die Orgeldiskussion so sehr erschwert. Aber mir scheint: die Forderungen im Bachischen Werk haben gegen die Orgel-Rekonstruktion entschieden. Bach ist zu gegenwärtig, als daß er gleich den Abgeschiedenen mit dem Namen der Vergangenheit sich beschwören ließe.

1934

Ludwig van Beethoven: Sechs Bagatellen für Klavier, op. 126

Ungesellig weigert der letzte Beethoven sich der Hausmusik. Vor den letzten Quartetten bleibt der Streicher-Amateur, vor den fünf späten Sonaten und den Diabelli-Variationen der pianistische ratlos: beim Spielen und leicht genug darum auch beim Hören. In die versteinerte Landschaft führt kein bequemer Weg. Aber als Beethoven den Stein reden machte, indem er mit dem Meißel Figuren daraus schlug, flogen im furchtbaren Aufprall die Splitter. Und wie der Geologe aus winzigen, versprengten Stoffteilen die wahre Beschaffenheit ganzer Erdschichten zu erkennen vermag, so zeugen die Splitter für die Landschaft, aus der sie kommen: die Kristalle sind die gleichen. Beethoven selber hat sie Bagatellen genannt. Es sind Splitter nicht bloß und Dokumente des mächtigsten Produktionsvorganges der Musik, sondern ihre befremdende Kürze offenbart zugleich jene seltsame Schrumpfung und Tendenz zum Anorganischen, die ins innerste Geheimnis wie des letzten Beethoven so vielleicht jeden großen Spätstiles führt. Obwohl in der Sammlung der Beethovenschen »Klavierstücke« allgemein zugänglich, sind sie nicht entfernt so bekannt wie die Sonaten: es ist, als ob in ihrer Luft sich schwer atmen ließe. Aber den mühsamen Atem belohnen sie mit ungeheuren Perspektiven fürs Auge. Es soll zum Spiel des zweiten späten Bagatellenzyklus ermutigt werden, dessen pianistische Anforderungen durchaus sich meistern lassen, wofern nur die musikalischen gemeistert sind.

Das *erste* Stück hält sich im Schema der dreiteiligen Liedform. Eine liedhafte Melodie wird, mit selbständigen Gegenstimmen von Anbeginn, achttaktig exponiert und, in reicherer Bewegung, wiederholt: sehr selbstverständlich beginnt in der Dominanztonart der Mittelsatz. Da ist es, als griffe eine riesige Hand ins friedvolle Gebilde hinein. Ein Motivglied aus dem vierten Takt des Mittelsatzes wird aufgehoben, nach seinem Gesetz der Rhythmus modifiziert, und es spaltet sich in immer kleinere Werte auf. Plötzlich ist es nur eine Kadenz noch: der Riese hat bloß gespielt, und überm Schlußglied der Kadenz beginnt die Reprise: das Thema im Baß, die Oberstimme aus dem Kadenzschluß gebildet. Dann erscheint, zu ausgreifendem Kontrapunkt, das Thema oben, nach G-Dur kadenzierend: die Reprise auf acht Takte verkürzt. Coda, aus der Umkehrung eines Motivs des Mittelsatzes, ganz polyphon, mit einer sehr rücksichtslosen Sekundreibung: die Stimmen treten auseinander und eröffnen die Sicht in den Abgrund zwischen ihnen. Am Ende der scheue, späte Friede des ersten Teiles. – Überaus merkwürdig als Form das *zweite* Stück: es hat keine Reprise oder Repetition des Beginns. Einsatz mit einer einstimmigen, präludienhaften Sechzehntelbewegung; als Kontrast darauf fließende Melodieachtel, beides wiederholt. Beim dritten Ansatz bremst ein fp im Baß die Bewegung; dann zeigen die Achtel, in den extremen Lagen, plötzlich geheimnisvollen Ausdruck; Kadenz und prägnanter Halbschluß. Das Schlußmotiv leitet in einen Cantabile-Mittelteil, der unregelmäßig wiederholt wird und abreißt. Wie im ersten Stück anstatt Vermittlung Zäsur: in klaffend großen Abständen erscheint das Anfangsmotiv, wird gedrängt, moduliert nach g-moll. Stürmische Bewegung: frei eintretende Sforzato-Vorhalte bedrohen das g-moll mit scheinbarem fis-moll, weiter c-moll mit Des-Dur. Aus der Sechzehntelbewegung löst sich ein neues melodisches Motiv in Vierteln heraus, wird deutlicher, von Triolen begleitet, und dann selbständig: Zitat aus dem ersten Satz der Hammerklaviersonate. Es endet mit dem Schlußmotiv des Expositionsteiles. Das wird aufgenommen, polyphon gewandt, ein dynamisches Zucken läuft hindurch, dann geht es aus wie ein Licht. – Das *dritte* Stück ist ein ganz einfaches dreiteiliges Lied, gesetzt in ›harmonischer Polyphonie‹. Der erste Teil wird wiederholt, der zweite öffnet sich in eine kleine Kadenz. Die Reprise bringt den Anfangsteil und dessen Wiederholung in figurativen Variationen. Coda aus dem Schlußrhythmus der Exposition zur festgehaltenen Zweiunddreißigstelbewegung; die vier Schlußtakte aus den Anfangsnoten der Melodie gebildet. – Das *vierte* Stück, Presto, motivisch einer Variation aus der Sonate op. 109 nächstverwandt, im Ton deutlich auf die letzten Quartette weisend, ist das wichtigste des Zyklus. Härtester Gegensatz von Polyphonie (doppelter Kontrapunkt und Engführung) und kahler, fast monodischer Einfachheit. Anfang gespannt polyphon; Antwort in Oktaven mit wilden Akzenten. Mittelsatz beginnt mit dem doppelten Kontrapunkt des Beginns, löst sich leichtlich auf in Achteln; da schlägt, mit Oktaven, das wiederholte fis des Anfangs dazwischen. Nochmaliger Ansatz: wieder das fis. Dann Sammlung in der Engführung und danach das Hauptthema über nackt akkordischer Viertelbegleitung, unmittelbar zur Wiederholung des ersten Teiles führend. Die Oktaven am Schluß breiten sich aus und kadenzieren. Trio: H-Dur, über einer fast beispiellos primitiven Dudelsackbegleitung ein nicht minder einfaches Thema; aber es ist eine trügende, schauerliche Einfachheit, die im grellen Licht eines von außen einfallenden Crescendo und Diminuendo überdeutlich wird, wie eine Landstraße im nächtlichen Licht Berge und Täler auf ihrer Fläche zeigt. Dann wird, in sakralen ganzen Noten, eines der Hauptmotive der letzten Quartette beschworen: kleiner Nonenakkord als schärfste Dissonanz und nochmals das schreckliche Pastorale. Getreue Wiederholung des Scherzos, um vier Takte gedehnt: Zäsur. Das ganze Trio nochmals; doch nach der Zäsur, als Wiederholung, bloß noch Phantasmagorie. Dur-Schluß. – Runde Meisterschaft ohne Schrecken im *fünften* Stück. Zarte, lyrisch gefüllte Polyphonie wie im zweiten Satz des cis-moll-Quartetts; der Mittelteil ganz gesanglich – mit einer Mittelstimme, die eine herrliche Dissonanz schafft; darin aber, wie stets bei Beethovens Lyrik, latente symphonische Energien, die ein großes, auseinandergebreitetes Crescendo freisetzt. Das Schlußmotiv stiftet die Beziehung zum ersten Teil; seine Reprise ist ganz verkürzt. – Das *letzte* Stück beginnt und schließt mit sechs Prestotakten, die – mit gewissen Stellen aus den Variationen des cis-moll-Quartetts – zum Rätselhaftesten und Seltsamsten rechnen, was der späte Beethoven hinterließ: denn die Erklärung als ›instrumentale Geste‹ kann bei einem Meister nicht befriedigen. Nur soviel sei gesagt: ihr Rätsel liegt im *Konventionellen*. Das Stück selbst ist wieder lyrischer Art; erinnert im Ton an die »Ferne Geliebte«. Das erste Thema stockend aus Motivbruchstücken gefügt; dann, modulierend, dichteres melodisches Gewebe, mit der feinen Spitze eines ornamentalen Triolenmotivs am Schluß der Exposition. Daraus wird der Mittelteil gebildet, und die Reprise hält als Begleitung die Triolen fest. Sie ist um sechs ›freie‹ Takte erweitert; ihr zweiter Teil ist zur Haupttonart gewandt. Die Coda nimmt, wie der Mittelteil, das Triolenmotiv auf und entfaltet es, indem es von allen Stimmen Besitz ergreift. Nochmals, fast rondoartig, das stockende Hauptthema. Dann zerbrechen die Prestotakte die lyrische Schale. Aus den mächtigen Händen gibt der Meister Stückwerk frei. Seine Form selber tendiert zum Fragment.

1934

Franz Schubert: Großes Rondo A-Dur, für Klavier zu vier Händen, op. 107

Schuberts A-Dur-Rondo ist der große Glücksfall aller vierhändigen Musik. Es ist ein Hauptwerk: eines der rundesten und vollkommensten aus der Hand des reifen Schubert; es ist aus dem vierhändigen Material herausgehört und hat doch nach Farben und Gestalten den Reichtum einer Symphonie; es hat die Länge, die göttlich ist, weil sie erscheint wie ein Augenblick; es ist – zumindest nach dem Maße der Spielfertigkeit – leicht auszuführen; Hausmusik, aber ohne Enge der Häuslichkeit und schlechte Intimität. Vielmehr durchaus eine Wandererphantasie; weite Musiklandschaft, umgangen in wechselnden Perspektiven, auf wechselnder Höhe und Tiefe; umgangen vom Menschen, menschlich gespiegelt, doch selig objektives Bild wie Tal und Staffage des Planwagens und Quelle darin. Dabei das genaue Gegenstück jener Wandererphantasie, die den Namen trägt: bleibt diese genialische Skizze, so ist hier breite Fülle gebändigt und sommerlich eingebracht; lebt dort der Schrecken vor schwarzen Erdschluchten, so ward er hier gedämpft zu den leisen Schauern einer Folklore, deren Ursprung dunkel ist wie der der Zigeuner. Wenn jener chinesische Maler der Legende in seinem Bilde verschwand, dessen Vollkommenheit zu erproben, dann darf der Hörer – nein, der Spieler des Großen Rondos darin spazieren gehen; beliebig lang, dann alles darin ist in Wahrheit gleichzeitig; beliebig tief, denn es ist unergründlich; doch ohne Furcht, sich im Grenzenlosen zu verlieren, denn die Natur, die hier laut wird und leise, ist versöhnt und gesegnet.

Es ist kein Rondo im schlichten alten Sinne der Wiederkehr des Rundenthemas, unterbrochen durch bloße Ausweichungen und ›Gänge‹, die nichts übers Thema vermögen und einzig es bestärken. Sondern ein Sonatenrondo im Beethovenschen Verstande. Das heißt bei Beethoven: eines, in dem das Thema angegriffen, verteidigt, verwandelt oder geleitet wird; eines, in dem die Objektivität des Themas, in Frage gestellt, zur Bestätigung erst findet. Technisch gesprochen: Rondo mit Durchführung, das aus dem Material konstruktive Konsequenzen zieht, anstatt durch bloße Wiederkunft es zu binden. Man mag geradezu ein Beethovensches Modell suchen: den zweiten Satz der Klaviersonate op. 90, dessen letzte Reprise, mit dem Thema im Tenor, die Idee der letzten Reprise des Schubertstückes abgibt. Ist dieser Sonatensatz der Schubertischeste vielleicht, der von Beethoven existiert, so ist es dafür höchst lehrreich, wie Schubert von dem sich unterscheidet, was allenfalls das Vorbild abgab. Nicht bloß durch die Unerschöpflichkeit der melodischen Invention, die er den Beethovenschen Motivspannungen entgegensetzt. Mehr noch durch die Handhabung des Sonatenrondos selber. Nicht setzt die Subjektivität, als ›Thema‹, in der Durchführung sich durch. Subjektivität ist gegenwärtig überall, als das Auge, das den Wechsel der Bilder vereint und hält; doch ausgewogen mit ihrer Welt, in flüchtiger Trauer nur diese übergoldend. Das Durchführungsprinzip gewinnt seinen Sinn anderswo als bei Beethoven: es bildet das subjektive Einheitsmoment, das Nächstes und Fernstes durchdringt und in Beziehung setzt; doch in die Beziehung der Gleichzeitigkeit und des Seins, nicht der Entwicklung und des Werdens, die nur eben anklingt, wo die Bilder – wie im C-Dur-Teil – selber pathetischeren Ausdruck gewinnen. Die thematische Arbeit läßt nicht, mit Ähnlichkeit und Widerspruch, eines aus dem anderen wachsen; sie steht nicht ein für Geschichte. Sie ist statisch; sie bindet die Kontraste und variiert die Gleichheiten, weil alle ruhen im gleichen angeschauten, gegenwärtigen Sein. – Technisch ist die Einheit gestiftet durch ein Kopfmotiv von drei diatonisch ansteigenden Noten, das den verschiedensten Themen gemeinsam ist. Die ›Durchführung‹, später die Coda vertieft die Perspektive der Themen, ohne deren Sein zu berühren.

Unerschöpflich viele melodische Gestalten. Verwandt untereinander; doch mag hier, wo es nicht die ›Analyse‹, sondern das Verständnis des unmittelbaren Verlaufs gilt, von jedem wesentlich nach seiner eigenen Erscheinungsweise die Rede sein. – Hauptthema, A-Dur, nach tonlichem und zeitlichem Umfang weit geschwungen, dreiteilige Liedform, von einer zaubernd sonoren Nebenstimme als zartem Schatten begleitet. Wie zwangvoll im Mittelteil, beim neunten Takt, der melodische Faden weitergesponnen wird! Wiederholung des ersten Teiles, leicht variiert. – Überleitungssatz, von fis-moll als der Paralleltonart von A-Dur nach E-Dur als der Dominante leitend. Er nutzt außer dem Kopfmotiv den Anfang des Mittelteiles des Hauptthemas und ist – also auch tektonisch zum Hauptthema kontrastierend – nach dem Prinzip doppelter Zweiteiligkeit gebaut: vier Takte fis-moll, sieben Takte A-Dur; diese in ihrer Asymmetrie besonders kunstvoll; die ganze Gruppe sogleich wiederholt, harmonisch aber derart – über H-Dur – versetzt, daß sie die deutliche E-Dur-Kadenz erreicht. Der gesamte Überleitungsteil gehört zu jenen ungemein charakteristischen Nebenthemen Schuberts, die sich nach Moll, gewissermaßen in den Schatten, wenden und dort, im Geheimen, Verborgenen, eine rätselhafte, es darf wohl gesagt sein: mythisch echte Folklore zitieren – so auch der Seitensatz der ersten Sätze der C-Dur-Sinfonie und des Oktetts. Hier ist eine ›ungarische‹ Tönung unverkennbar; eine Zweiunddreißigstelquintole mahnt ans Zimbal; aber es ist ein Phantasieungarn, eine Traumsteppe, mehr unter der Erde gelegen, durch Schluchten zu betreten, als auf ihr. – Eigentlicher Seitensatz, E-Dur; zunächst in transparenter Dreistimmigkeit über der fünften Stufe, viermal ein ganz knapp gefaßtes, zart prägnantes, zweitaktiges Thema – immer mehr verjüngen sich die Modelle des Satzes! – dann ein ausschwingender Abgesang, abermals zweitaktiges Modell, die Wiederholung schlußkräftig auf drei Takte gedehnt. – Schlußgruppe E-Dur, einsetzend pianissimo, vielleicht das schönste Thema des Satzes, mit dem Ausdruck unbeschreiblich friedvoller Ergebung, choralhaft in sich verschlossen, plötzlich umschlagend wieder nach fis-moll, wo ein neues Melos – der Seele der Klarinetten abgehört – sich loslöst. Motivisch ist das Schlußgruppen-Thema eng verwandt dem Hauptthema, im Ton jedoch am weitesten von ihm entfernt. Expositionsschluß: einschlafend in der treuen Wiederholung eines Motivgliedes; dann lange Rückleitung – wieder im doppelten Kontrapunkt; der ganze Satz zeigt besser als jeder andere die polyphonen Kräfte, die beim späten Schubert frei werden – über dem Orgelpunkt E. Dann erste Reprise des vollständigen dreiteiligen Hauptthemas, unmittelbar danach die Durchführung oder wenn man will der ›Gang‹, in C-Dur beginnend, ein Motivglied verarbeitend, das, als ›Umkehrung‹, dem Hauptthema entstammt, weiterhin fließend bewegt das Choralthema der ›Schlußgruppe‹ verarbeitend. Im Zentrum der Durchführung ein

Perspektivenwechsel wie beim Beginn des fis-moll Überleitungsteiles. Es ist B-Dur erreicht, c-moll angedeutet; da wird plötzlich die sechste Stufe von c-moll (lax gesprochen: der As-Dur-Akkord) enharmonisch umgedeutet zur fünften Stufe von cis-moll und von dort bruchlos nach H-Dur moduliert. Das klingt, wie wenn man aus einem Tal in einen Wald tritt und, ihn verlassend, ein völlig neues, fremdes Tal gewahrt: ohne daß man es wußte, ist eine Schlucht durchschritten. – Folgt zweite Reprise des Hauptthemas, A-Dur, weise auf acht Takte verkürzt; dann streng nach Sonatenweise die treue Repetition des übrigen, nur leicht variierten Expositionsteiles, natürlich ohne die Wendung zur Oberdominante. – Coda, beginnend mit der Rückung nach F-Dur und den Sechzehnteltriolen des Primo-Spielers, sinnvoll die Idee der Durchführung – Versetzung des Schlußgruppenchorals in den bewegten Fluß – aufnehmend, mündend in aufgelöste Flötenlinien, sich erinnernd an die Rückleitung zur ersten Reprise. Schließlich erscheint, nach jenem Beethovenschen Muster, die letzte Reprise des Hauptthemas, im Tenor. Es ist, als ob das Thema bei seinem Namen gerufen würde: ein überwältigender Augenblick Musik, den Worte nicht erreichen. Ebenbürtig der Schluß, der endlich das Schlußgruppenthema dem Hauptthema anfügt und aussagt: ihr beiden, verschiedenen, entlegenen, der bewegte Gesang und der verhaltene Choral, seid das gleiche: nun dürft ihr beieinander sein. Hier, in der letzten Coda beim Zitat der Schlußgruppe, kommt es zu Dissonanzen, kleinen Nonenakkorden, die zu den schmerzlichsten der Musik zählen: Dissonanzen dessen, der sich verlassen weiß, sobald die Musik verstummt. Noch einmal das Kopfmotiv, wie ein Entschluß: der Getröstete wendet sich vom seligen Bilde. Das Pianissimo der Endtakte zeigt ihm nicht mehr davon als das letzte helle Gewölk. Der Satz schließt nicht. Er verschwindet.

Kaum, allenfalls in der C-Dur-Durchführung, gibt es ein paar schwierigere Griffe und rhythmische Aufgaben. Die Spieler können sich gänzlich auf die Musik konzentrieren und deren Forderung: daß die bunte Mannigfaltigkeit wahrhaft als die Einheit erscheine, als welche sie komponiert ist. Dem dient vorab das Tempo, das, von geringfügigen Rückungen abgesehen – Beschleunigungen über den Orgelpunkten, in der Durchführung und dem Beginn der Coda; unmerkliche Verzögerungen beim jeweiligen

Beginn der Schlußgruppenpartien und am Ende nach der letzten Reprise – einheitlich durchzuhalten ist und auch bei den kleinen Modifikationen als Grundtempo fühlbar bleiben muß. Dies Tempo ist nicht leicht zu treffen und schon Schuberts Bezeichnung, Allegretto quasi Andantino, verrät einiges Zögern. Es darf vielleicht als Regel gelten: so rasch, daß die Achtel nicht stocken, aber so langsam, daß die Sechzehntel noch als Melodienoten verständlich sind (Metronomfreunde können sich etwa an der Angabe Viertel = 72 orientieren; eher etwas rascher). Keinesfalls dürfen ›ausdrucksvolle‹ Stellen, wie der Abgesang des Seitensatzes oder die ›Klarinetten‹-Melodie des Schlußsatzes, gebremst werden; alle Gestalten müssen in stetem Fluß bleiben. Damit freilich beginnt erst die Interpretationsaufgabe. Es ist nicht schwer, rasch zu spielen; wohl aber, in fließendem und gleichmäßigem Zeitmaß die Einzelgestalten so zu charakterisieren, daß sie zugleich gebunden bleiben und voneinander sich abheben. Dazu noch einige Hinweise. Der fis-moll-Überleitungsteil ist vor allem durch den Klang zu verdeutlichen; der Klang ist ›abzublenden‹, muß gleichsam ›irreal‹ werden (Dämpferpedal!). Der zweite Spieler muß den ersten seine Zimbalfiguren ausspielen lassen; ihm dazu die Zeit gewähren. – In den dreistimmigen Partien des Seitensatzes muß die Sechzehntelbegleitstimme durchaus zurücktreten; die ganze Stelle möglichst ohne Pedal; die beiden anderen Stimmen aber, die ruhigere und die mit den Sechzehnteltriolen, sind, wie sehr oft bei Schubert, gleichberechtigt; also nicht die eine bloßer Kontrapunkt zur anderen; sie müssen sich polyphonisch verschlingen, keine ist ›Hauptstimme‹. Der Abgesang forte und warm, aber nicht brutal; Vorsicht vor dem drohenden ›vierhändigen‹ Klang. – Den Schlußsatz pianissimo und legato, ebenfalls möglichst ohne Pedal. Da er ganz homophon ist, keine selbständigen Nebenstimmen enthält wie die anderen Themen, bietet er gerade dem vierhändigen Spiel gewisse Schwierigkeiten. Es ist leichter, Stimmen vierhändig zu spielen als Akkorde. Genau auszählen. Dann die ›Klarinettenmelodie‹ sehr heraus! Bis zum Wiedereintritt des Themas das Rondo recht fließend halten; die Spannung wird allein schon vom Orgelpunkt E erzeugt. – Die ›Durchführung‹ ist im Verhältnis zum Ganzen kurz und darf darum nicht durch den Vortrag belastet werden, wenn das Stück nicht seine Proportionen einbüßen soll. Eher etwas ›darüberhin‹ im

Tempo; nur rhythmisch recht exakt; erst nach dem harmonischen Umschlag etwas mehr ›ausspielen‹. – Die Anweisungen für die Exposition gelten im wesentlichen auch für deren Wiederholung; nur ist hier alles etwas mehr zusammenzuziehen, die Kontraste auszuschleifen. Die Coda vom F-Dur-Einsatz an wieder etwas flott, analog der Durchführung; die letzte Themenreprise sehr voll und rund im Klang, aber streng im Zeitmaß. Die nochmalige Andeutung der Schlußgruppe mag allmählich ritardiert werden. Dissonanzen gut betonen! Vom letzten Mezzoforte an nochmals straff; die Schlußtakte frei und aufgelöst.

1933

Eduard Steuermanns Brahms-Ausgabe

Meine Damen und Herren, vor nicht langer Zeit sind die Werke von Brahms frei geworden. Es ist eine ganze Reihe neuer, gegenüber der alten erheblich verbilligter Brahms-Ausgaben erschienen, und fraglos hat dadurch die Popularität des Brahmsischen Werkes sehr zugenommen. Manche der neuen Brahms-Ausgaben tragen den Namen eines Bearbeiters. Welchen, das wird der Mehrzahl der Käufer ziemlich gleichgültig sein. Denn einmal, so denken sie, ist Brahms ein immerhin so moderner, uns zeitlich so naheliegender Komponist, daß seine Musik uns unmittelbar vertraut dünkt und der Interpretation keine Rätsel aufgibt. Als Meister eines bewußt individuellen Stils hat er den Interpreten wenig Freiheit, nur geringen Spielraum für ihre Deutungen mehr gelassen, die Darstellung seiner Werke selbst genau festgelegt, die Notentexte sorgfältig bezeichnet; anders als in Zeiten gemeinschaftsmäßiger Musikübung, wo der Autor gleichsam nur den Umriß der Musik notiert und die Ausfüllung dem Kollektiv freigibt, sucht eine Musik, wie die Brahmsens, orientiert am Ausdruck der Person, auch in der Bezeichnung deren Recht sicherzustellen und vor jeder Willkür des Interpreten zu behüten. Bemächtigt sich nun ein ›Bearbeiter‹ dieses Werkes, dann, so wird es Ihnen scheinen, werden nachträglich noch der Interpretenwillkür die so sorgsam versperrten Türen geöffnet. Ein Bearbeiter, so meinen Sie, mag allenfalls in einer Brahmsausgabe die Fingersätze hinzufügen, und das kann ein Pianist so gut wie der andere: was er mehr tut, schadet bloß und entstellt den echten Brahms. Aber so einfach verhält es sich nicht. Zunächst ist der Notentext keineswegs eine so eindeutige Gegebenheit, wie die landläufige Meinung annimmt. Wohl liegt alle Musik in ihm beschlossen. Aber sie liegt beschlossen in ihm; sie liegt nicht obenauf, sie muß entziffert werden und die Mühe des Entzifferns kann durchaus nicht jeder leisten, der die Noten zu lesen versteht und die Vortragszeichen kennt. Der Notentext läßt sich nur dann lesen, wenn er als Zeichen einer kompositorischen Gesetzmäßigkeit verstanden wird. Ob etwa eine Stelle piano oder forte gespielt werden muß, darüber entscheidet nicht bloß, ob sie mit piano oder forte bezeichnet ist – die Zeichen können ja auch fehlen oder mehrdeutig sein –, sondern auch der *Satz*; ob eine Stelle voll oder schwach gesetzt ist, ob ihre Setzweise von der vorhergehenden sich abhebt oder sie fortsetzt und was solcher Momente mehr sind; mit anderen Worten: die Bezeichnungen, die natürlich von einem gewissenhaften Interpreten in aller Strenge und Treue genommen werden müssen, sind *sinnvoll* allein im kompositorischen Zusammenhang und die treue Interpretation eines musikalischen Kunstwerkes erwächst allein aus der genauesten Wechselwirkung zwischen den Zeichen des Textes und dem musikalischen Zusammenhang. Bedenken Sie, daß das Problem von Zeichen und Zusammenhang nicht bloß für isolierte Fälle gilt, sondern für jeden Augenblick jeglicher Musik, so werden Sie sogleich erkennen, daß das Problem des musikalischen Bearbeiters keineswegs aus der Willkür des Interpreten entspringt, sondern aus der Beschaffenheit von Musik selber. Für alle die, welche das Verhältnis von Zeichen und Zusammenhang nicht von sich aus zu meistern vermögen, ist die Arbeit des Bearbeiters schlechterdings notwendig: nicht als willkürliche Zutat, sondern als Enträtselung des Werkes selbst. Denn jedes musikalische Kunstwerk gibt sich zunächst dem Hörer und Spieler als Rätsel. Es ist danach selbstverständlich, daß der Auswahl von Bearbeitungen die größte Aufmerksamkeit gebührt: von der Auswahl hängt oft genug nicht weniger ab, als ob das Stück richtig oder falsch enträtselt wird oder ob es gar in der Interpretation genauso unverstanden und darum auch unverständlich bleibt, wie es zuvor war. Es kommt hinzu, daß gerade bei Brahms die Bezeichnungen nicht entfernt so sicher und eindeutig sind, wie sie erscheinen. Brahms hat zwar sehr viel bezeichnet, aber zu zahllosen Stellen in einer Weise, die den verschiedensten Ausdeutungen Spielraum läßt. Es genügt, daß ein Bindebogen über zwei Akkorden steht, ohne daß man weiß, welche der Stimmen, ob etwa die obersten Töne oder die Mittelstimmen aneinandergebunden sind; oder daß eine Stelle »sempre con Pedale« bezeichnet ist, ohne daß ersichtlich ist, wie oft und an welchen Stellen das Pedal gewechselt werden soll – es genügt, sage ich, daß solche Fragen in einem Stück sich erheben, um die Arbeit des Bearbeiters unmittelbar aufzurufen.

Wenn ich Ihnen für Klavierwerke Brahmsens die in der Universal-Edition erschienene Ausgabe von Eduard Steuermann aufs wärmste empfehle, so geschieht das darum, weil mir diese Ausgabe der doppelten Forderung an echtbürtige Interpretation in schlechterdings vorbildlicher Weise gerecht zu werden scheint: gewissenhafteste Treue zu Text und Zeichen vereint sie mit der tiefsten und fruchtbarsten Anschauung des musikalischen Zusammenhanges. Sie gibt sich in einer Bescheidenheit, die von den aufgeblähten Prätentionen virtuoser Bearbeitungen um so wirksamer sich abhebt, je mehr an neuer Erkenntnis des Werkes die unscheinbare Darstellung enthält. Die Anmerkungen unter dem Text sind von äußerster Knappheit und bringen einzig das wahrhaft Notwendige; die Zusätze und Vortragsbezeichnungen im Notentext selbst sind durch kursiven kleinen Druck sinnfällig gemacht, so daß diejenigen, die an der Fiktion eines ›reinen‹ Textes festhalten, auch gleichwohl auf ihre Kosten kommen. Aber was in solcher Bescheidenheit und völligen Unterordnung unters Werk gerät, ist schlechtweg entscheidend. Die grübelnde Zeichendeutekunst eines Schriftgelehrten, die kompositorische Kenntnis eines großen Musikers und die klavieristische Erfahrung eines großen Pianisten verschränken sich in den kargen Notizen der Ausgabe. Und wie jede echte Treue so findet auch die von Steuermanns Ausgabe sich belohnt dadurch, daß sie ihren Gegenstand verändert. Was aus der exakten Darstellung des Verhältnisses von Zeichen und Zusammenhang schließlich hervorgeht, ist nicht weniger als ein neuer Brahms; nicht einer, der durch Ausdeutungskunststücke des Bearbeiters zufällig zustande kommt, sondern einer, der gereinigt ist vom Staub der traditionalen Schlamperei und der damit unvermerkt zu einer Aktualität gelangt, die man bei jenem Brahms vergebens sucht, der von respektlosen Händen als Genrebild in die Wohnstube des musikalischen Haushalts gehängt ward und an den das Auge längst zu gut und schlecht sich gewöhnte, um seiner eigentlichen Züge überhaupt noch gewahr zu werden.

Ich will meine Behauptung, daß gerade die Treue und Gewissenhaftigkeit des Steuermannschen Verfahrens einen anderen und neuen Brahms enthülle, wenigstens an *einem* Beispiel erläutern. Ich greife eines der bekanntesten und abgespieltesten Stücke heraus, an dem Sie den Kontrast besonders sinnfällig beobachten können: die h-moll-Rhapsodie, op. 79, Nr. 1. Sie alle haben das Stück als Schulbeispiel jenes ›dicken‹, akkordisch schweren, vollgriffigen Brahms im Gedächtnis, an dessen kompakten Klängen Klavierschüler und Dilettanten sich und anderen mit Vorliebe ihre Kraft beweisen und sich virtuos vorkommen, wenn es recht laut klingt. Steuermann bemerkt zum Anfang: »Man beachte den relativ dünnen Satz der ersten Takte. Das Forte und Agitato darf keine ›homophone‹ Betonung der Zusammenklänge der Rechten oder der Oktaven der Linken herbeiführen und soll durch das ausdrucksvolle Legato der Oberstimme zum Ausdruck kommen.« Steuermann meint: es sollen nicht wie die schlechte musikalische Gewohnheit es stets noch verlangt, die guten Taktteile skandiert und dadurch jener bekannte hackende Akkordklang hervorgebracht werden, der zu fürchten ist, sondern die Oberstimme soll als Linie, also unabhängig von den Taktteilakzenten deutlich werden und die Gegenstimme soll zurücktreten. Die Gefahr des Lärmens nun wird vor allem von den zerlegten Akkorden der linken Hand, in einer sehr starken Klavierlage, nahegelegt. Steuermann begegnet der Gefahr, indem er den Text genau betrachtet. Dabei findet sich, daß immer die erste Note der Begleitfigur durch die tiefere Oktav verdoppelt ist, während die zweite und dritte jeweils ohne Oktav kommen. In der Setzweise steckt also bereits ein Diminuendo, das gerade den dicken Klang korrigiert. Es kommt nur darauf an, dies Diminuendo, das komponiert, wenn auch nicht geschrieben ist, durch den Vortrag tatsächlich zu realisieren. Steuermann fügt also bei jeder der absteigenden Figuren ein Diminuendozeichen hinzu. Zugleich gibt er nur von der ersten bis zur zweiten Note der Begleitfigur Pedal, so daß auch die Begleitfigur nicht zu einem dröhnenden Akkord verschwimmt, sondern Stimme bleibt, und zwar, mit jenem Diminuendo, eine sinnvolle Stimme. So löst sich der kompakte Akkordklang in ein klares, ganz durchsichtiges Gegeneinander einer melodischen Haupt- und einer Nebenstimme, die jeweils aus einem zerlegten Akkord gewonnen ist. Ebenso wird die Fortsetzung aufgelockert, die die beiden Systeme vertauscht. Hier steht im Text wieder Forte. Die Oberstimme bringt drei vollgriffige Akkorde, die sie durch eine zweistimmige, später wieder auf der ersten Note oktavweise verstärkte Legatobewegung in Sexten fortsetzt, während die Hauptstimme im Baß liegt. Steuermann setzt nach den Akkorden, also sobald die Oberstimme die Achtelbewegung bringt, ein Diminuendozeichen und schreibt dazu: »Hier bedeutet das bewegte Legato der Oberstimmen praktisch ein Diminuendo.« Er liest also wieder die Dynamik aus der Konstruktion der Musik, nämlich dem Wechsel der Setzweise heraus. Und der Text selbst rechtfertigt ihn. Wenige Takte später steht nämlich bei Brahms ein längeres Crescendo, das nach drei Takten zu einem Forte führt. Dies Crescendo wäre aber sinnlos, ja unmöglich, wenn die Stelle forte bliebe. Brahms hat kein Diminuendo notiert. Indem er aber Forte schreibt, dann Crescendo und dann abermals Forte, macht er ein neues Diminuendo selber notwendig und Steuermann entdeckt das Diminuendo da, wo es komponiert ist; nämlich wo an Stelle der vollgriffigen Akkorde wieder Stimmen treten. Sie sehen also, wie die Interpretation Steuermanns aus den Forderungen des Textes selber hervorwächst. Zugleich aber schafft sie, als Konsequenz des Textes, ein Klangbild, das von dem herkömmlichen ganz verschieden ist und rein aus dem Material heraus den ›dickflüssigen‹ Brahms durch einen reicheren, differenzierten, konstruktiveren ersetzt, der ihm nicht unterschoben wird, sondern der er in Wahrheit *war* und den zu entdecken es nur der Treue zur Sache bedarf. An Stelle des unterschiedslosen, plumpen Forte treten dynamische *Kontraste*: forte bleiben nur die wirklichen Marcatostellen, und die motivisch kontrastierenden Gestalten werden auch dynamisch abgehoben, ohne daß der Zusammenhang des Ganzen dadurch gefährdet würde: im Gegenteil, ein Ganzes wird ja um so deutlicher, je deutlicher die Teile in ihrer Verschiedenheit sich einander zuordnen, aus denen es sich komponiert. An Stelle der akkordischen Homophonie tritt, wenn ich so sagen darf, eine harmonische Polyphonie, die auch wesentlich harmonisch gedachte Ereignisse noch in die Logik der Stimmen zu verwandeln vermag.

Solcher Art sind die Probleme, die die Ausgabe stellt, und solcher Art die Lösungen, die sie gibt. Sie zeigt Ihnen das Vertraute neu und das Neue mit der Notwendigkeit des Selbstverständlichen. Das ist es, was von einer Ausgabe vorab verlangt werden muß.

1931

Brahms aktuell

Im »Neuen Musiklexikon« von 1926, das den Anspruch erhebt, samt der Moderne auch den Bestand der jüngeren Vergangenheit nach gegenwärtigen Maßstäben zu sichten, wird von Brahms gesagt: »Für die ›Moderne‹ ist er zweifellos der einflußloseste aller Meister, was seiner Größe, der Erfüllung seiner geschichtlichen Mission, nicht den mindesten Abbruch tut.« Die Logik des Satzes, eingegeben von jenem fröhlichen Eifer zur Neuheit, der endlich das Neue um des in Wahrheit Abgestandenen willen preiszugeben geneigt ist, wofern es nur für noch neuer ausgegeben wird, zeugt gegen sich selber: denn was soll wohl die »Erfüllung der geschichtlichen Mission« eines vor wenig mehr denn dreißig Jahren Verstorbenen bedeuten, wenn gleichzeitig gesagt wird, er habe keinen »Einfluß« mehr? Trotzdem verlohnt es sich, sachlich zu widersprechen: nicht um Brahmsens willen, der der Verteidigung nicht bedarf, sondern der stichhaltigen neuen Musik zuliebe, die durch solche Thesen mißdeutet und diskreditiert wird und um so eher sich rechtfertigt, je weiter sie tatsächlich von jener eilfertigen Gesinnung abliegt, die da nicht bloß Undankbarkeit vorm Gewesenen, sondern mehr noch Oberflächlichkeit im Heutigen erweist.
Zunächst, selbst die *historische* Rückschau auf den Ursprung der neuen Musik vermag die These nicht zu rechtfertigen. Reger, von dem das gleiche Lexikon generös versichert, er sei »geschichtlich das eigentliche Bindeglied zwischen der Nachklassik und Nachromantik und der Neuen Musik«, ist ohne Brahms schlechtweg undenkbar: die Wiederaufnahme der absoluten Musik im Rahmen der kammermusikalischen Sonate, der Klaviersatz in ›Griffen‹, tieferhin aber die Technik der motivischen Aufspaltung der Themeneinheit, ihre Verwandlung durchs überall waltende Prinzip der Durchführung, und vor allem der Stil der *harmonischen* Polyphonie ist ohne Brahms nicht zu denken; selbst das radikalste Ergebnis Regers, die musikalische ›Prosa‹ durch metrische Lockerung, ist

den Brahmsischen Dehnungen und Kürzungen verpflichtet. Wieviel der junge Schönberg ihm verdankt, kann selbst der oberflächliche Blick noch an dem Lied »Am Wegrand« aus op. 6, also bereits der evolutionären Periode, erkennen. Weniger bekannt ist, daß auch die ersten kammermusikalischen Arbeiten Hindemiths (vor op. 10) sich offen mit Brahms auseinandersetzen. Das sollte historisch genügen; immerhin könnten Historiker auf den Einfall kommen, Brahms sei eben ›überwunden‹ worden. Wie steht es nun damit?

Gewiß, keiner schreibt mehr die lastenden Sexten über nachschlagenden Triolen; wenige die treulichen Reprisen, gar im kürzeren Klavierstück, und der Brahmsische ›Ton‹, die mühsam gelöste Stummheit, das schwere Atemholen eines gleichsam unablässigen Alterns der Musik, wird als Nachahmung kenntlich, wann immer ihn einer versuchte – eben weil er so tief dem Brahmsischen Ursprung, und das sagt zugleich: seiner Verfahrungsweise, verschwistert ist. Aber das zeigt doch nicht mehr von Brahms, als was, nach seinem eigenen Ausdruck, »jeder Esel hört«.

Das Eigentliche ist nicht ebenso kenntlich, in Verborgenheit jedoch um so wirksamer. Es erschließt sich am ehesten der Besinnung auf Brahmsens Ausgangsmaterial. Es war das Schumannsche, jene melodische Homophonie, die dem Gesang und dem harmonischen Fund zuliebe die große Beethovensche Sonatenkonstruktion durch subjektiven Ausdruck aufgeweicht, ihre Kontraste in lyrisches Liederspiel, ihre tektonischen Wiederholungen in den kreisenden Wiederholungszwang des eingeschlossenen Ich verwandelt hatte.

Nach dem Schumannschen Opfer besinnt in Brahms der objektive Sonatengeist sich gleichsam auf sich selber. Seine ganze Größe ist darin gelegen, wie streng solche Besinnung sich an den Ort und die Stunde bindet, da sie sich vollzieht. Der unmittelbare Rückgriff auf Beethoven ist, im Namen der Schumannschen Subjektivität und ihres verwandelten Musikstoffes, nicht möglich; die neudeutsche und Chopinsche Chromatik, die noch nicht vom Theater her ihr großes Gelingen im reifen Wagner gefunden hat, scheint einstweilen, im Bereich der Sonatenform, bloße Steigerung der Schumannsituation. Der sprengende Weg hindurch ist nicht der Brahmsische, aber auch nicht, oder nur gelegentlich, der zurück: vielmehr die *Versenkung*. Tiefsinnig schaut seine Musik ihr Material, eben das der Schumannschen Hochromantik, in seiner Selbstgegebenheit solange an, bis aus dessen eigenen Forderungen die Objektivation gerät: Objektivation des Subjektiven. Was bei Wagner der dynamische Sturm vollbringt, leistet bei Brahms die hartnäckige Insistenz. Seine Resultate aber haben um so mehr Dauer, Dauer gerade für die nachfolgende kompositorische Praxis, je weniger sie an der Außenfläche des Klangphänomens haften, je weniger sie darum der Abnutzung als ›Reiz‹ ausgesetzt sind.

Ihre genaue Analyse wäre ein großer kunsttheoretischer Gegenstand: gewiß kein geringerer als die Bruckners. Mögen nur Stichworte gegeben sein: die harmonischen Funde Schumanns werden aus ihrer expressiven Vereinzelung gelöst und nach ihnen die harmonische Struktur neu bestimmt: sie bilden selbständige Nebenstufen, die sinnvolle akkordische Gleichgewichtsverteilung auch über lange Strecken ermöglichen und, gegenüber dem ›klassischen‹ Schema von Subdominante, Dominante und Tonika, gleichwohl den subjektiv erschlossenen Reichtum halten. Beethovens symphonischer Lapidarstil mit der Sequenzierung identisch durchgehaltener Motive (erster Satz der Fünften) ist mit solchem harmonischen Bewußtsein so wenig vereinbar wie die Wagnerische chromatische Sequenz: statt dessen wird Beethovens spezifische Durchführungstechnik weitergebildet und zu einer Kunst der Variation gesteigert, die in den Expositions- und Durchführungsteilen aus dem Bewahrten, Bekannten unablässig Neues entwickelt, ohne eine ›freie‹, konstruktiv zufällige Note sich zu gestatten. Dem entspricht eine Kunst der ökonomischen Themenaufteilung in kleinste Motive, die als Konsequenz aus der Sonate ähnliches entwickelt wie Wagner aus dem Zwang der dramatisch prägnanten Charakterisierung, ohne doch, zwischen Motiv und Großform, das gestalthafte Thema als Träger der Substanz zu opfern. Es ist eine großartige, unbequeme, doch im heutigen erhellten Materialbewußtsein wahrhaft erst fällige *Unnaivetät* des Komponierens, die Brahms, im entscheidenden Gegensatz zu Bruckner, beherrscht und deren seltsamer musikalischer *Erkenntnis*charakter seine heilende Kraft erst beweist, wenn der schmerzhaft romantische Drang der Affekte abgestorben ist. Die Umschmelzung und Rekonstruktion der Sonate selber bleibt als dessen bis heute noch unbewältigte Idee zurück: in dem unvergleichlichen ersten Satz von Brahmsens Vierter Symphonie ist sie aufs genaueste formuliert.

Die Situation der gegenwärtigen Musik aber und die Problemgeschichte ihrer besten Vertreter macht die Wiederaufnahme jener Brahmsischen Intentionen unabweislich. Nachdem unsere Dissonanzen nicht als Reiz mehr frommen und nicht mehr als Ausdruck chaotischer Seelenverfassung, sondern bloß als neuer Musik-*Stoff*; nachdem der neoklassizistische Rückgriff als zu kurz, als materialfremd sich herausstellte, werden jene Kategorien musikalischen Bewußtseins fällig, die Brahms aus dem Material entwickelte und die, unentdeckt bis heute, eben darüber hinausweisen. Das Brahmsische Stufendenken gibt den Grund ab aller legitimen Reihenkomposition; seine verschlossen abwandelnde Dynamik wird zum Korrektiv der imitierten Terrassenstarrheit; die Ökonomik seiner Variationskunst lehrt zwangvoll die Ökonomik materialgerechten Verfahrens; und die in Brahmsens besten Werken geforderte Umorganisation der großen Form bleibt, mit Nachdruck sei es wiederholt, noch erst zu leisten. Leicht könnte es sogar geschehen, daß man die Substanz der Neuen Musik gerade in der Erfüllung jener Brahmsischen Postulate – die gewissen Theorien des späten Hölderlin verwandt sein mögen – finden wird, während die beunruhigenden Klänge als notwendig zwar, doch bloße Akzidentien ihre Selbstverständlichkeit gewinnen.

Mag immer der Brahmsische Ton ohne ›Einfluß‹ sein; was gilt überhaupt in Kunst jener offenkundige Einfluß? Er hat dafür *Gesetze* gestiftet, deren verpflichtende Genauigkeit mit ihrer wartenden Verborgenheit wetteifert. An künftigen Brahms-Aufführungen, die die Gesetze, und nicht das akademische Erbe oder die herbstlichen Farben realisieren, wird es wesentlich gelegen sein, ob sie aufgedeckt werden, so, wie sie bislang schon fruchtbar waren.

1934

Notiz über Wagner

Es kann nicht übersehen werden, daß das Gedächtnis an Richard Wagner, vom halbsäkularen Jubiläumsbetrieb lärmend produziert, trotz und wegen des Lärmes in einiger Unsicherheit gefeiert wird. Die beste Art, Wagner zu feiern, ist, ihn sinnvoll aufzuführen. Dafür steht im Augenblick exemplarisch Furtwängler ein; so jüngst, im Rahmen der Berliner Festwochen, mit einer Wiedergabe der Meistersinger, deren kammermusikalisch durchsichtige, lokkere, bis zur letzten Phrase sinnvolle Anlage allein genügen könnte, die herkömmlichen Einwände der Formlosigkeit, des dicken Klanges, der leeren Theatralik zu widerlegen. Fraglos ist auch von anderen Interpreten Wagner gültig zu hören. Als Antwort auf die Aufführungen aber wird kaum mehr als die vage Gebärde des ›Denn er war unser‹ gefunden; die Berufung auf Macht und Größe der Persönlichkeit als letzten künstlerischen Seinsgrund, wohl auch auf die spezifisch nationale Substanz, von der die Texte und die theoretischen Schriften reden. Die genauere Besinnung auf die Leistung, und das will heute vorab doch heißen: die *musikalische* Leistung, wird vermieden und statt dessen unvermittelt an Gehalte appelliert, die, mögen sie tatsächlich dem Wagnerschen Werke zentral innewohnen, anders nicht zitierbar sind als in den konkreten Zellen seiner künstlerischen Verfahrungsweise. Gern wird heute künstlerische Technik mit dem Schimpfwort l'art pour l'art verlästert und der ›Gehalt‹ ihr, als ablösbar, positiv gegenübergestellt. Dabei ist eine schlechte Vorstellung von Technik im Spiel; eine solche, die die Verfahrungsweise als beliebig erlernbare, modifizierbare, letzthin zufällige Weise des Sich-Gebens nimmt und vergißt, daß solche geläufige, ›artistische‹ Technik schlecht ist nicht bloß nach dem Maß des Gehaltes, sondern eben bereits als Technik; daß sie für die Erlernbarkeit zu zahlen hat mit ihrer Unstimmigkeit vorm gestellten Problem, für ihre Modifizierbarkeit mit bloßem Geschmack an Stelle kontrollierbarer Gefügtheit, für ihre Zufälligkeit mit Unverbindlichkeit auch bei sich selber. Es gibt in Wahrheit kein ›technisches Können‹ unabhängig vom Gehalt; darum aber auch keinen im Kunstwerk sich darstellenden Gehalt unabhängig von Technik; Fragen, die auf ihn als solchen gehen, ohne ihn im technischen Begründungszusammenhang zu ergreifen, verfehlen ihn gerade und unterschieben statt dessen bloße Inhalte, die, als Stoff, solange dem Kunstwerk fremd und kunstfremd verharren, wie sie nicht aus dessen eigener Gesetzlichkeit aufsteigen. Davon nimmt die offizielle Wagner-Begeisterung keine Notiz. Kein Zufall, daß das Werk von Alfred Lorenz, das bislang zur musikalischen Erkenntnis Wagners am meisten beitrug, außerhalb des engeren Fachkreises kaum bekannt wurde.

Kein Zufall – warum aber? Fraglos ist im Wagnerschen Werke selber ein Moment der Irritation angelegt, das die technische Besinnung als eine ›artistische‹ gefährlich und suspekt erscheinen läßt. So wenig von solchen Instinkten in die Wagner-Hymnik sich hineintraut, anderwärts kommt es zutage; etwa angesichts des Jubiläumsgenossen Brahms, der da gelegentlich schon als der gesunde, volkstümliche, gemeinschaftsmäßige Meister dem ›hyperchromatischen‹, expressiven, erotisch überhitzten und individualistisch-privaten Wagner gegenüberstehen soll. Es ist die alte Nietzsche-Argumentation vom décadent, die unter der Hand sich regt; nur freilich hatte Nietzsche es abgelehnt, Brahms als Antipoden aufzustellen. Andererseits ist das polemische Recht Nietzsches gegen Wagner heute nicht mehr gegenwärtig; der Asket verführt so wenig nun wie der Berauschte; Musik als Opium der Gebildeten wird einzig noch im Frankreich Ravels, nicht aber von uns als Gefahr gefürchtet; die lebende Komponistengeneration zeigt sich gegen das wogende Orchester mit den tragenden Hörnerharmonien, den chromatisch gedehnten Mittelstimmen, den Geigenekstasen und Holzbläserdrohungen gründlich gefeit. Fragend nur, fremd und vertraut wie Träume aus der Kindheit liegt das Wagnersche Werk selber vor uns; unverständlich zuweilen im Gewohntesten, den Sequenzen, dann wieder jäh gegenwärtig in der Ausnahme. So fordert es Erkenntnis – aber auch bereits Apologie gegenüber einer in aller Neusachlichkeit weder neuen noch sachlichen Kunstgesinnung, die da hofft, das Eigentliche, Wirkende an Wagner verdrängen zu können. Dies Wirkende aber ist die *Sprengkraft* seiner Musik; ihr schlechtweg revolutionärer Zug; ihre Macht, das Naturmaterial der Musik – und schließlich nicht bloß der Musik – in die Gewalt zu nehmen und aus Freiheit zu verändern; aus einer Freiheit allerdings, die selber entspringt im dumpfen Naturdrang und aus ihm ihre tiefste Rechtfertigung empfängt. Jeder Versuch, diesen eigentlichen Wagner, heute wie stets den des Tristan, als naturfremd und artistisch zu diffamieren, ist oberflächlich. Er setzt den Musikstoff als statisch an, dessen Dynamik nirgendwo mächtiger aufging als bei Wagner, und verleumdet den Prozeß, mit dem die tief gründende Dynamik im Material sich durchsetzt, als artistische Isolierung. Noch die Einsamkeit des Artisten, die sie an Wagner bemängeln, ist gesellschaftliches Phänomen, und in ihr stellt der wirkliche Zustand angemessener sich dar als in einer Gemeinschaftskunst, die Einsamkeit verleugnet nur darum, weil sie sie nicht zu meistern und zu ändern vermag. Man braucht, anders als Nietzsche, die Größe Brahmsens gewiß nicht zu verkennen; ja man wird manche seiner Lösungen, insbesondere die der konstruktiven Variation, als fortgeschrittener und bündiger ansehen denn die Wagnerischen, die musikalisch nie gänzlich vom theatralischen Formgesetz sich sondern lassen; man muß aber doch zugestehen, daß der verständliche, folkloristische, gesunde Brahms gerade in Wahrheit einen Zustand, sei's der einstimmenden Gemeinde, sei's der innerlichen Person, zu konservieren sucht, der als Realität seine Musik bereits nicht mehr trägt; daher die Brahmsische Trauer, in der das ungebrochene Lied, die karge Gemeinde, die gehaltene Symphonie sich als ohnmächtige Wunschbilder anzeigen. Brahms war seiner Welt verständlich, weil seine Musik den Entwurf einer Welt enthielt, die, jüngst vergangen, nicht mehr existierte. Wagner aber, der Artist, den Nietzsche als Falschmünzer und Hexenmeister denunzierte, geriet ins Geheimnis des chromatischen Handwerks, konnte sein Publikum allein mit dem Zauber noch überlisten, eben weil seine Musik mit Einsamkeit, Geheimnis und selbst Schein die gesellschaftliche Struktur real bezeugte und in ihrer Dynamik zugleich über sie hinaus, auf das Mögliche, Zukünftige hindeutete.

An diesen Wagner und nicht an den der Fanfarendreiklänge ziemt uns zu denken, und er ist, als Durch-Former all unseres Musikstoffes, um so aktueller, je weniger er zur Nachahmung mehr lockt. Ihm kommt aller mythische Gehalt zu, der echt ist an ihm und nicht prähistorisches Arrangement; das Echtheitszeichen der Wagnerschen Mythen ist allemal ihre Moderne, kraft welcher er, Höllenfürst des neunzehnten Jahrhunderts, gebietet über das, was war von jeher. Wenn Tristan, im dritten Akt, aus dem Reich des Unbewußten erwacht, indem das Horn im Orchester unhörbar leise sich an die traurige Melodie des Hirten oben heftet, dann ist diesem Ruck des Erwachens nicht die pure Diatonik einer Altertümlichkeit gesellt, die das Gewesene mit dem Vergangenen verwechselte, sondern er vollzieht sich in jäher chromatischer Rückung. Oder das Thema des Amfortas, wie es zuerst vorübergleitet, ein déjà vu der Musik; in zwei, drei Takten drängt sich mit dem Schicksal des verfallenen Königs das einer Musik zusammen, die aus den Schmerzen ihres übermäßigen Dreiklangs unbestimmt, ungewiß und doch – mit welcher durchscheinenden Hoffnung verschwindet in der tonischen Harmonie. Die Schauer der akustischen Urbilder, die Wagner bannt, manchmal so eindeutig, daß sie sich nicht verändern, bloß wiederholen lassen – stets und stets geraten sie den letzten Wagnissen des Artisten; stets ist der einsame Experimentator den Quellen der Erinnerung näher als der Wagner der romantischen Kraftgeste, und so mag es seinen strengen Grund haben, daß gerade die Hörner, einmal im Tristan zu Fanfaren aufgerufen, diese zu Harmonien koppeln, die unseren Quartenakkorden gleichen; sie erst dürfen in mythischer Zweideutigkeit zum Rieseln des Baches sich verwandeln, in den Laut der Natur, weil sie der geschichtlichste Laut sind im Werke; so wie der Fünfklang der warnenden Rheintöchter der Götterdämmerung die schärfste Dissonanz ist, die eintrat, solange Tonalität ihr Recht behauptete. Umgekehrt bezeugen die Meistersinger, in allem und jedem Stück Umkehrung und treuer Schatten des Tristan, die rätselvolle Bezogenheit des Ältesten und Neuesten, die Wagners Kern und wohl den seiner Kunstepoche insgesamt ausmacht. Was hier sich anschickt, als wäre es Kostümstück, Historie und dünnes Ornament – dort, wo es den Butzenscheiben am nächsten kommt, im zweiten Akt, mit dem Flieder vor Sachsens Tür und der sicheren Lampe, verzaubert es sich, aus der eigenen Substanz, in die Riten der Vorzeit. Der entbundene Glanz der Musik, ihr Flimmern, das man mit Grund dem impressionistischen vergleicht, bewährt den Durchbruch der Triebmacht inmitten der bürgerlichen Ordnung und Enge bündiger als selbst Hans Sachsens Gedanken an die heidnische Johannisnacht, die das Glück der Person ihm raubt, um, vielleicht, das eines zukünftigen Geschlechtes ihm dafür zu schenken.

Eifrige Leute mögen das wieder Romantik, Hyperchromatik schelten und nichts daran gewahren als den Schein; aber in diesem Schein sind echtere Chiffren der Zeit und Vorzeit gelegen, seine Zweideutigkeit leuchtet besser zur Wahrheit als eine Echtheit, die sprachlos mit der Ohnmacht von Trauer einstürzt in die leere Tiefe der eigenen Existenz. Nicht kann es darum gehen, dem »Zauberer« Nietzsches einen schlichten, wahren, gebundenen Wagner gegenüberzustellen – der wahre Wagner ist der Zauberer selber, und alle seine Schätze werden dem zufallen, der seine Zauberschrift zu lesen vermag, diese Runenstenographie der Leitmotive, welche die orphischen Siegel des bürgerlichen Zeitalters umschließt wie sonst vielleicht nur noch Manets Bilder. Nicht bloß, daß gleich aller großen Kunst Wagner die Region der großen Kunst übersteigt; daß seine Gewalt im Mitnehmen des sonst Abgeworfenen und Verbotenen, im Aufschließen intentionsloser, stumpfer Stoffmassen – gerade nämlich der mythischen – ihren Ursprung hat. Weiter noch als das Wagnis des Banalen und der Kolportage, das den nie gehörten Seesturm des Holländers entfesselt, treibt das des Gewählten, Einmaligen und Besonderen; das des Exzesses, als welchen Wagner selber einmal den Tristan bezeichnete; das des Artisten. Denn dessen Wahl ist stellvertretend. Nicht umsonst ist alle spätere Musik, keineswegs bloß die ›neudeutsche‹ und nachromantische, aus dem dunklen Tor des Tristan hervorgetreten. Die Emanzipation der Klänge vom System ihrer Stufen, die als Exzeß des Individuums im Tristan sich vollzog, hat die Musik sprengend befreit aus eben jenem Gehäuse individuellen Ausdrucks, darin der Alchimist seine Klänge bereitete; der Kontrapunkt, mit welchem er die Verästelungen der harmonischen Abfolge auskomponiert, ist frei geworden in den Melodiezügen der neuen Polyphonie; die Farben, die als Nuancen sein Werk beherrschen, haben sich verselbständigt bis zur Bildung von Klangfarbenmelodien, die aus ihrer Konstruktion sich schichten. Die zwangvolle Bewegung des Materials, die mit dem Tristan beginnt und aller Gegenwehr zum Trotz heute noch durchhält, ist mehr als ein intellektueller Geheimprozeß zwischen Ästheten; unausweichlich wird sie von jedem Takt gefordert, der seitdem sauber gefügt ist. Darin aber bewährt sie sich als eine *gesellschaftliche*, mag auch ihre Konsequenz dem Publikum von heute und hier nicht gegenwärtig sein. Die Erhellung der Welt aufsteigen zu lassen aus den Schächten ihrer unbewußten Tiefe; ihr treibendes Zukunftsbild im Schein; ihre endlich werdende Freiheit im Drang: dahin zielt Wagners Musik. Entmythologisierung in Kraft des Mythischen selber hat sie sich als Geheimnis ihres Artistenzaubers gewählt und bewährt sie unvergleichlich vollkommener als die Antithese von Schuld und Erlösung, an der sie ›weltanschaulich‹ sich orientiert und die ihren eigentlichen Gegenstand verzerrt nur spiegelt. Diesem Geheimnis Wagners, mit ihm der Bildermacht seines Werkes ist heute die Treue zu halten: mehr denn je zuvor.

1933

Wagner und Bayreuth

In Erinnerung an Wieland Wagner

Ursprünglich war meine Absicht, mehr oder minder den Vortrag über Wagners Aktualität zu wiederholen, den ich vor ein paar Jahren in Berlin bei den Festwochen improvisiert hatte und der dann im Bayreuther Programmheft abgedruckt wurde*. Davon ging ich ab, nicht nur, weil ich annehme, daß viele von Ihnen jenen Vortrag kennen, und weil ich mich ungern wiederhole, sondern auch deshalb, weil ich glaube, daß das Interesse in Ihrem Kreis doch ein wenig anders gelagert ist als das einer rein werkimmanenten Betrachtung.

Vorausschicken möchte ich, daß ich, wenn ich von Aktualität rede, nicht meine, man müsse, wie es heute vielfach, und freilich auch nicht zufällig geschieht, Werke aufpulvern, damit eine Generation, die dem emphatischen Anspruch von Kunst weitgehend entfremdet ist, nicht davonläuft. Keineswegs stelle ich mir oberflächliche Aktualisierung vor, sondern möchte nach dem gegenwärtigen Wahrheitsgehalt des Wagnerschen Werkes und der Aktualisierung solchen Wahrheitsgehaltes fragen. Ich stelle mir vor, daß Sie, oder wenigstens manche von Ihnen beunruhigt werden von der Frage, ob dies Bayreuth weiterbestehen soll und wozu es weiterbestehen soll, nachdem der Stil, mit dessen Konzeption Bayreuth so tief verbunden war, sich als problematisch erwiesen hat. Daß im Sinne der Orthodoxie, wie Frau Cosima sie vertreten hat, Bayreuth nicht fortzuführen sei, ist offenbar. Die gegenwärtige Praxis, für welche die beiden Enkel verantwortlich einstehen, hat das ausdrücklich ratifiziert. Man darf wohl sagen – und damit verleihe ich meinem Einverständnis Ausdruck –, daß sie gerade an der produktiven Kritik der Tradition ihr Wesen hat, aus der sie hervorgingen. Damit jedoch ist die Frage nach der Möglichkeit und Aktualität von Bay-

* *Vgl. jetzt Gesammelte Schriften, Bd. 16: Musikalische Schriften I-III, Frankfurt a. M. 1978, S. 543 ff.*

reuth nicht verschwunden, sondern eher geschärft worden. Solche, die noch etwas vom alten Bayreuth verspürt haben, werden leicht eine Praxis, die auf Wagners Aktualität abzielt, der Zerstörung seines Werkes gleichsetzen. Diese Ansicht teile ich nicht, sondern vertrete mit aller Entschiedenheit, daß es einer solchen Praxis wie der gegenwärtigen von Bayreuth um des Wagnerschen Werkes selbst willen aufs dringendste bedarf.

Dazu sei wenigstens an eine Reflexion erinnert, die seit meiner Jugend mich bestimmt. Werke sind nichts Unveränderliches. Ihr Wesentliches ist ihr geistiger Gehalt. Der aber ist etwas, was – in sich selbst eine Art geschichtliche Dynamik – Schicht um Schicht hervordringt, sich ändert, sich verschiebt, keineswegs auch indifferent ist gegen die reale Geschichte und gegen die reale Gesellschaft. Dieser Gehalt ist gewiß nicht abzulösen von dem, was fixiert ist, was dasteht. Aber er befindet sich doch in sehr komplexer, nicht einfach durch die Treue zum Buchstaben definierter Beziehung zum Geschriebenen. Die Kunst der wahren Interpretation gerade von historisch zurückliegenden Werken besteht nicht zum letzten darin, in etwas wie Wahrtraumdeuterei, wenn ich das Wagnersche Wort benutzen darf, auch das zur Erscheinung zu bringen, was sich in der inneren Zusammensetzung des Werkes geändert hat. Das Handgreiflichste dazu: ein bestimmter Aspekt kann vom Wagnerschen œuvre nicht weggeleugnet werden, der des aggressiven Nationalismus und einer rassistisch getönten Elitetheorie. Nach dem Unausdenklichen, wozu diese geistigen Momente in der geistfernsten Realität sich entfaltet haben, sind jene Aspekte schlechterdings nicht mehr zu ertragen. Sobald man daran auch nur herumdiskutiert, betritt man eine Zone jenseits alles Ästhetischen, und frevelt durch ihre Ästhetisierung. Es gibt, im Allerernstesten, einen Vorrang der Realität vor der Kunst. Unvergeßlich ist mir, daß mir einer der bedeutendsten und leidenschaftlichsten Künstler der Epoche, Arnold Schönberg, in den ersten Monaten der nationalsozialistischen Gewaltherrschaft in Berlin, als ich ihn mit musikalischen Fragen behelligte, mit großem Nachdruck sagte, in der Welt seien andere Dinge wichtiger als die Kunst. Da diese nichts in sich selbst Begrenztes ist, da sie über sich hinaus weist, tut sie nur dann ihrer eigenen Idee Genüge, wenn sie dessen eingedenk bleibt. Derlei Aspekte, über die viel zu reden ich Hemmungen verspüre, sind aber nicht isoliert, nicht ohne Narben wegzuoperieren. So etwa ist das Butzenscheibenhafte in den Meistersingern, eine gewisse Atmosphäre von Spitzwegheimeligkeit, tief verwandt der reaktionären Ideologie und heute noch dazu angetan, muffige Instinkte zu wekken. Aber ohne dies Ingrediens ist die großartige Phantasmagorie des zweiten Aktes sehr schwer vorzustellen. Ganz konsequent haben die Brüder Wagner das Heikelste angepackt und mit vollem Bewußtsein die Meistersinger gegen das inszeniert, was man als die subjektive Intention Wagners bezeichnen mag. Freilich ist die Möglichkeit eines solchen Umfunktionierens – so wenig eindeutig liegen solche Fragen – im Text Wagners ebenfalls enthalten. Der zweite Meistersinger-Akt enthält genug Zeichen dafür, daß er nicht nur das altertümliche Nürnberg verherrlichen, sondern auch kleinbürgerlich-sadistische Gehässigkeit denunzieren wollte. Schließlich nannte Wagners Sprecher Hans Sachs im Monolog des dritten Aktes das, was in der Nacht zuvor geschah und was man so leicht im Sinn fatal harmloser Freude an der süddeutschen Keilerei mitsamt ihren finsteren Implikationen mißversteht, Wahn und nichts anderes, blinde Befangenheit im Eigeninteresse. Unausweichlich danach die Frage, ob man die Meistersinger heute überhaupt aufführen soll. Aber die Meistersinger bleiben ein unwiderstehliches Meisterwerk, dessen Gewalt ebenso das Moment der Enge, der Kleinstadtidylle übersteigt, wie darin dem Nationalismus gehuldigt wird. Im Wagnerschen œuvre behaupten die Meistersinger ihre einzigartige Position vor allem wegen ihres unendlichen Reichtums an Formen im Sinn immanenten Gegliedertseins, des lateinischen Formosus, das ›schön‹ bedeutet; der artikuliert gegeneinander abgesetzten musikalischen Charaktere und Profile, aus denen ein Ganzes sich baut. Anstelle des Gleitenden, des permanenten Übergangs, der das Gestaltungsprinzip so vieler Werke Wagners aus der reifen Zeit bildet, waltet bei allem großen Zug eine Technik glücklicher, rückhaltlos selbstvergessener Detailarbeit. Klänge es nicht kitschig, so könnte man von spätgotischer, rein-musikalischer Figurenfülle sprechen, wie sie dem Stoff gemäß ist. Von ihr geht jene Faszination aus, die Hans von Bülow, heroisch noch in den Tagen des äußersten Konflikts, zugestand. Man kann sich kaum damit abfinden, daß ein Werk dieser Eindringlichkeit, der noch der Widerstrebende nicht sich entziehen kann, wenn er auch nur den Klavierauszug durchspielt, dem Theater verloren sein soll, auf dem sie erst ganz frei wird. Um einer Wahrheit willen, die mehr ist, als was das Werk selber meint, ist es besser, es gleichsam in Brüchen aufzuführen, als gar nicht. Die Vorstellung, das Selbstverständnis eines Kunstwerks, also wie der Autor das Werk selbst auslegt, sei für es das letzte Maß, ist oberflächlich. Sie schätzt die Kunst zu gering ein. Große Kunstwerke – Hegel hat das besser als jeder andere erkannt – werden es dadurch, daß sie sich von ihrem Autor und dem von ihm Gemeinten und Gewollten ablösen, verselbständigen. Ihre Objektivität vermag auch gegen den Sinn des Autors sich durchzusetzen. Für wenige gilt das so sehr wie für Wagner.

Mit einer Aufführung in Brüchen meine ich nichts Willkürliches. Sie sind, als die Unmöglichkeit, das Werk nach dem Maß geschlossener Totalität vor Augen zu stellen, in ihm selber angelegt und treten allmählich hervor. Sachgerecht und aufrichtig gegenüber dem Werk ist es, seine Brüche auch zur Evidenz zu bringen. Ich kann mir nicht die Spekulation versagen, ob nicht gerade die geflissentlich bruchlose Form des Musikdramas als eines geschlossenen Kontinuums von Anbeginn ein Versuch war, das Brüchige zu überdecken. Die Wagnersche Ästhetik des permanenten Übergangs – er hat ja Komponieren bekanntlich als die Kunst des Übergangs definiert –, sein ›Stilwille‹ würde dazu sehr genau passen. Den Rang großer Gebilde macht es aus, daß in ihren Brüchen und Widersprüchen nicht weniger als in ihrem Gelingen der Wahrheitsgehalt sich manifestiert. Wagners Aktualität verwirklicht sich durch die Abweichung nicht nur von der Tradition, sondern möglicherweise auch von dem, was da geschrieben steht. Dabei möchte ich mich auf etwas sehr Einfaches berufen. Er hat im Musikdrama alle Dimensionen, vorab Drama, Musik und Theater, aber auch das visuelle Element einbezogen und wollte sie integrieren. Gerade in den Meistersingern, aber eigentlich schon im Tannhäuser, hat er die Arbeitsteilung als zünftlerisch verspottet, die schließlich auch in der Antithetik der Künste gegeneinander sich niederschlägt. Gleichwohl war er selbst das Kind künstlerischer Arbeitsteilung. In der Moderne, der er bereits sehr nachdrücklich angehörte, ist ihr, wenn man so will: der Spezialisierung, nicht zu entrinnen, auch wenn man ihres Fragwürdigen sich bewußt ist. Dafür hatte er den Zoll zu entrichten. Keineswegs waren alle Medien, derer er sich bediente, in ihm gleich substantiell. Heute kann kaum mehr ein Zweifel daran sein, daß seine primäre Kraft die musikalische war, allerdings versetzt mit jenem spezifisch gestischen Element, das seine musikalische Begabung von vornherein untrennbar ans Theater band. Wort und Szene werden von der Musik mitgerissen. Ich will nicht leugnen, daß auch die Dichtung Wagners großartige Augenblicke und Formulierungen kennt; manchmal antezipiert er die Sprache von Nietzsches Zarathustra. Durchweg jedoch ist die seine – und Sprache ist das entscheidende Organ alles Dichterischen – eher Vehikel; sie dient der Musik, bar jener Autonomie, welche die orthodoxe Bayreuther Ästhetik auch ihr zubilligte. Sie ist retrospektiv; literarisch, könnte man sagen, auf einem älteren nachromantischen Niveau fixiert, zurückgeblieben hinter dem Stand der musikalischen Entwicklung, der im Komponisten Wagner sich realisierte. Seine Sprache leidet an einem gewissen Mangel freier und sicherer Verfügung über ihr Material; die Stabreime sind ein archaistisches Surrogat, unvereinbar mit der musikalischen Chromatik. Hinzu kommen dramaturgische Mängel, die jedem Kenner des Rings geläufig sind. Erzählungen überwiegen oft die Aktion; vielfach wird allzu weit ausgeholt, und dann das Wichtigste wie in Hast erledigt. Vor allem aber krankt die Dichtung daran, daß ihr abgeht, was ich, um einen besseren Ausdruck verlegen, geschichtsphilosophischen Instinkt nennen möchte: an einer Naivetät, die hofft, ein kultisches, für ein ganzes Volk verbindliches Kunstwerk inmitten der hochkapitalistischen Gesellschaft aufrichten und ihm die Kräfte von Mythen zuführen zu können, die keine Verbindlichkeit mehr haben und unweigerlich in tönende Pseudomythologie ausarten. Die klügeren unter Wagners zeitgenössischen Kritikern haben das noch unbefangen gesehen, zumal solche aus dem jungen Deutschland, die ihm ursprünglich nahestanden; diese Einsicht ist dann durch die Gewalt und den Erfolg des Werkes in Vergessenheit geraten. Insgesamt eignet der Dichtung Wagners ein Moment verfallender, abgesunkener Romantik. Ihren geistigen Ort hat sie noch vor der neuromantischen Bewegung, die seine Musik bereits inaugurieren half.

Lassen Sie mich in diesem Zusammenhang Ernest Newman nennen. Seine große Biographie Wagners bedürfte dringend der Übersetzung. Ich sage das nicht ohne Hintergedanken. Vielleicht finden sich in Ihrem Kreis Menschen, die doch bereit wären, den vier voluminösen Bänden endlich zur würdigen deutschen Erscheinung zu verhelfen. Er hat, aus seiner einzigartigen Kenntnis der Wagnerschen vita heraus, einmal bemerkt, Wagner habe überall dort, wo er wirklich zuständig, wenn Sie so wollen, Fachmann war, auch die verbindlichsten Einsichten gehabt, die bedeutendsten Erkenntnisse geäußert. Man braucht nur die Schrift über das Dirigieren oder über die Aufführung der Neunten Symphonie, oder die Bemerkungen über das cis-moll-Quartett von Beethoven zu lesen, um das bestätigt zu finden. Wo jedoch – auch darin möchte ich Newman folgen – Wagner vom Kern seiner Erfahrung sich entfernte, verfiel er leicht einem gewissen amateurhaften Drauflosdenken, gelegentlich dem Apokryphen. So hat er die Gibellinen, die Hohenstaufen, über Stock und über Stein mit den Nibelungen in legendären Zusammenhang zu bringen getrachtet. Gern hat er sich, wo Kenntnis und Erfahrung nicht ausreichten, mit geistigen Ersatzlösungen begnügt; ein Verhalten übrigens, das keineswegs auf ihn beschränkt ist, sondern das sich bei zahlreichen bedeutenden Musikern konstatieren läßt. Offenbar führt die höchste spezialistische, unabdingbar isolierte Steigerung der musikalischen Produktivkraft weg vom geistigen Gesamtbewußtsein der Epoche; die größten neueren Komponisten tendieren dazu, hartnäckig in die eigene Naivetät sich zu verbeißen. Hier nicht zuletzt wird man eine der Erklärungen für Wagners Antisemitismus suchen dürfen: durch ihn wähnte er das ihm undurchsichtige gesellschaftliche Getriebe durchschauen zu können.

In einem Brief an Frau Wesendonck schrieb er, zu dessen Genie bei allem Herrschaftsdrang auch eine außerordentliche Fähigkeit zu kritischer Selbstbesinnung gehörte, ihm gehe eigentlich die primäre Beziehung zur bildenden Kunst ab, Mathilde müsse für ihn mit ihren Augen sehen. Auf den selbstkritischen Aspekt an Wagner achtet man im allgemeinen viel zu wenig, obwohl er allein eine Entwicklung erklärt, die wie mit einem Sprung vom Rienzi zum Holländer führte und später, noch erstaunlicher, vom Lohengrin zum Ring. Man muß sich nur die ersten Skizzen zum Preislied ansehen, die, wenn ich mich recht erinnere, unmittelbar nach dem Lohengrin entstanden, um dessen innezuwerden, welcher Kraft der Selbstkritik es bedurfte, damit Wagner das musikalische Idiom entwickeln konnte, das dann zu dem des Tristan geworden ist. Kaum vorzustellen, was alles er an sich selbst verwerfen, was er an Eigenem hinter sich lassen mußte, um Wagner zu werden. Eben diese Kraft, eine dialektische zur Selbstnegation, unterscheidet ihn vielleicht am tiefsten und am radikalsten von seiner anderen Seite, dem sich selbst blind ins Recht setzen, die sonst an der Wagnerschen Ideologie so grell hervortritt.

Ihm war ein Moment der fortschreitenden, produktiven Reflexion eigentümlich. Aus ihr ist, glaube ich, ein Gesetz der Wagnerschen Aktualität herauszulesen. Man muß dort, wo sein wahrer Schwerpunkt, seine wahre Produktivität lag, also in der Darstellung der Musik, aufs gewissenhafteste und ehrfürchtigste seinen Anweisungen folgen; dort aber sich von ihm entfernen, unter Umständen rücksichtslos, wo er selbst von seinem Kern sich entfernte, wie ich es für den visuellen und auch poetischen Bereich andeutete. In den reifen Werken sollte kaum ein anderes als die Musik sakrosankt sein; gewiß nicht die veralteten szenischen Anweisungen. Nicht kann ich umhin, die Häresie auszusprechen, daß auch die Texte keine heiligen Texte sind. Das zeigt etwa der Meistersinger-Schluß. Manche von Ihnen, gerade auch solche, die durch eine tiefe Beziehung an Wagner gebunden sind und die Gewalt des Werkes in ihrer Jugend nachdrücklich erfahren haben, werden darüber chokiert sein. Aber ich glaube, daß die Besorgnis deswegen übertrieben ist. Das, was ich die peripheren Schichten Wagners nennen möchte; das, was von seinem Werk abzufallen beginnt, ist ja in den Partituren auf das genaueste verzeichnet und bleibt unverloren. Hält man aber diese Schichten in der Aufführungspraxis unverändert fest, so werden sie das am Werk wahrhaft Aktuelle in ihre Vergänglichkeit hineinreißen, es zum historischen Veralten verurteilen; dann wird man Wagner wirklich, nach der nächstliegenden Metapher, einen Bart wachsen lassen. Die Bart-Ästhetik dürfte ihm in Wirklichkeit sehr fremd gewesen sein. Wer einmal eine Photographie von Mathilde gesehen hat, weiß, wie verschieden sein Geschmack von jenen Typen war, über die selbst ein so orthodoxer Wagnerianer wie Pfitzner in der Arbeit über Bart und Bühne sich mokierte.

Will man dem an Wagner Aktuellen sich nähern, so ist das Problem seiner Wirkung auf das Publikum kaum zu umgehen. Sie war bis heute nicht eindeutig. Vielleicht ist das latent bei aller großen Musik der Fall, aber kaum bei einer so offenbar und in so krassen Widersprüchen wie bei ihm. Tatsächlich vom breiten Publikum musikalisch rezipiert, ins allgemeine Bewußtsein übergegangen sind wohl nur die Werke seiner Jugend bis zur Schwelle des Lohengrin, dieser allenfalls inbegriffen; dann aus der reifen Zeit einzelne als Glanznummern bestaunte Stücke, die in sich eine gewisse Geschlossenheit aufweisen und die man darum mühelos herausoperieren konnte, wie Winterstürme wichen dem Wonnemond, Wotans Abschied, Feuerzauber aus der Walküre, Am stillen Herd und das Preislied aus den Meistersingern oder der unter dem wahrhaft grausigen Titel Liebestod popularisierte Schlußgesang Isoldes. All das wird ungefähr so gehört wie der Abendstern, die teure Halle oder der Brautchor, ohne daß außerhalb des cénacle registriert wurde, daß der Formsinn dieser Stücke in großen Musikdramen vollkommen verschieden ist von dem der in sich fertigen, buchstäblich stückhaften Nummern aus den früheren, vorwagnerischen Opern. Es bedarf nur der flüchtigsten Kenntnis seiner Idee zur Einsicht, daß ihr diese Art Rezeption, die er selber nicht verhindern konnte und im Kampf um die Durchsetzung seines Werkes dulden mußte, entgegenläuft.

Weiter hat die Wagnersche Technik der wörtlich wiederholten oder sequenzierend fortgesponnenen Leitmotive diese den Hörern wie Erkennungsmarken eingehämmert. Sicherlich spielt in der Wagnerschen Wirkung eine gewisse Rolle der nicht allzu edle Stolz des Zuhörers, der das prompt und düster geblasene Fluchmotiv im Ring wiedererkennt, sobald wieder einmal irgendeine der Personen eines gewaltsamen Todes stirbt. Das Leitmotiv wird von dieser Art des Hörens wie im Hohn auf Wagner erniedrigt zum Effekt eines Kammerdieners alten Stils, der, damit auch alle Anwesenden erfahren, welcher Hochgeborene da hereintritt, seinen Namen laut ausruft. Das aber, worauf es Wagner bei der leitmotivischen Technik ankam, die Ausdehnung des symphonischen Prinzips auf das musikalische Theater, also die Entwicklung großer, in sich konsequent aufgebauter musikalischer Flächen, der die Leitmotive helfen und die sie sinnfällig machen wollen, wird demgegenüber von den Hörern immer noch gänzlich vernachlässigt. Dazu stimmt, und ist kaum Zufall, daß man das Problem der großen Form bei Wagner bis jetzt kaum zureichend anging. Die einzige Ausnahme ist das Werk von Alfred Lorenz. Ich möchte diesem heute schon wieder vergessenen Werk alle Verdienste zusprechen, die ihm gebühren: die einer Fragestellung, die vorher gänzlich verdeckt war. Andererseits aber hat Lorenz es sich mit seinen Formanalysen Wagners, der ja mit herkömmlichen Formen nichts zu tun hat, bei allem Fleiß zu leicht gemacht. Er entwarf mehr oder minder abstrakte architektonische Schemata, gleichsam graphische Grund- und Aufrisse wie die Barform oder die Bogenform; begriff nicht die musikalische Form als ein konkret Werdendes, Spezifisches und Lebendiges. Offen bleibt die allerdings überaus schwierige Frage, die nicht nur Wagner sondern die gesamte traditionelle Musik betrifft: ob das Moment des Mechanischen, das sich in den Darstellungen von Lorenz so bestürzend dokumentiert, wirklich bloß die Schuld des Betrachters sei, oder ob in der Sache selber sich auch etwas dergleichen finde. Ich deute das eben nur an.

Zu Wagners Zeit hatten die Hörer, auch die besten, wie Nietzsche, das Gefühl, bei der Musik und beim musikalischen Verlauf den Boden unter den Füßen zu verlieren, zu schwimmen. Das ist wohl das sicherste Symptom dessen, daß sie die Musik selber noch nicht hörend eingeholt hatten. Ich zweifle nicht daran, daß, wenn man Hörer methodisch befragte, und wenn es zuverlässige Mittel gäbe, musikalische Erfahrungen in anderen Menschen überhaupt zu erkennen, ähnliches auch heute noch zutage käme. Wagner wird also, um es zusammenzufassen, auf der einen Seite von den meisten atomistisch, nach einzelnen Motiven oder einzelnen Stücken gehört, auf der anderen mitschwimmend, passiv dösend, in einer Weise, welche die aktive Leistung der Konstruktion, der Form, vom Hörer aus gar nicht erst in Angriff nimmt.

Dieser letztere Aspekt nun hängt eng zusammen mit dem, was an Wagner psychologisch und sozial gewirkt hat, eben jenem Ideologischen, dem gleichsam sich an sich selbst Berauschen. Solche Wirkung ist um so stärker, je weniger das Ohr die Arbeit und Anstrengung genauen Erfassens leistet. Statt dessen überläßt es sich dem Rausch kollektiver Begeisterung fürs eigene, erweiterte Ich. Dann folgen jene leise oder gar nicht so leise unheimlichen und bedrohlichen Ausbrüche, wie ich sie einmal mit Schrecken nach einer Rienzi-Aufführung Anfang 1933 erlebte. Dem ist im Sinn von Wagners Aktualität entgegenzuarbeiten. Hört man ihn adäquat, angemessen; versteht man ihn lebendig, so widerstrebt das strikt dem Ideologischen, dem Pauken- und Trompetengedröhn, gegen das er selber das verdeckte Orchester von Bayreuth erfand. Das volle musikalische Verständnis Wagners, und das ist eigentlich die These, die ich Ihnen unterbreiten möchte, wäre eins mit seiner Entideologisierung.

Andererseits sind die Momente des Unverstandenen oder falsch Verstandenen an Wagner zugleich prototypisch für das, was man an der modernen, avancierten neuen Musik mißversteht und was so leicht die Menschen zur Wut aufreizt. Neue Musik wäre vermutlich erst dann voll und in einiger Breite zu verstehen, wenn das musikalische Verständnis Wagner voll eingeholt hätte. Man kann sagen, daß die neue Musik in ihren bedeutenden Repräsentanten insgesamt eine Gegenbewegung ist gegen das atomistische Hören, gegen eines, das an die Details sich verliert, ohne den strukturellen Zusammenhang des Ganzen wahrzunehmen. Sie verlangt Integration und Aktivität: das, was Wagner verlangt und was ihm im allgemeinen von den Hörern bis heute vorenthalten wird.

Ich nannte den Namen Alfred Lorenz. Von ihm existiert der zunächst verwegen klingende, aber einsichtsvolle Gedanke, der ideale Hörer müsse den gesamten Ring in einem Augenblick sich bis ins letzte Detail vergegenwärtigen können. Das umschreibt recht gut das Ideal der Integration durch den Hörer. Freilich, um sie zu ermöglichen, bedürfte es einer Aufführungspraxis, die gänzlich verschieden wäre von der traditionellen. Sie wird gerade von Wagner gefordert. Wichtig dafür sind, außer der Suspension der vorgegebenen Formschemata, die er vollzog, auch die exzessiven Dimensionen vieler einzelner Akte der reifen Musikdramen. Sie gemeinsam mit dem Zwang, sich ganz dem jeweils musikalisch sich Ereignenden zu überlassen, gleichsam ohne Stütze an Außenarchitektur, haben das fatale Mißverständnis auch Nietzsches gezeitigt, Wagner sei formlos. Kein Vorwurf gegen ihn war ungerechter als dieser. Autonome, spezifisch aus den Ereignissen erwachsende Form zu hören, fällt darum immer noch so schwer, weil an jener exponiertesten Stelle die Rezeption Wagners scheiterte. Die Unfähigkeit dazu bewirkt mehr an Widerstand als die viel bemerkten harmonischen Kühnheiten mancher Partien vor allem im Tristan, in der Götterdämmerung und im Parsifal. Wagner war, trotz seiner romantischretrospektiven Seite, musikalisch der Prototyp von Moderne, ähnlich wie Baudelaire, mit dem er befreundet war, literarisch es gewesen ist. Die Riesendimensionen, von denen ich sprach, werden aber zur Form nur, indem man sie zusammenhört, als eines hört, wie es das Wort von Lorenz indiziert. Dies Zusammenhören der Teile als eines Ganzen hängt davon ab, daß man alle Momente des Zusammenhangs erfaßt, also etwa die aufsteigende, ungebrochene Kurve des ersten Aktes der Walküre durch die Gliederung hindurch wahrnimmt. Ich habe an diesem Aspekt die geschichtlichen Veränderungen Wagners sozusagen am eigenen Leibe erfahren. Als Kind, ich glaube während des ersten Weltkrieges, hörte ich die Walküre unter Nikisch. Die Aufführung ist mir unvergeßlich. Sie schien mir eine Folge von Explosionen. Zum Bewußtsein der Einheit, der großen Kurve ließ sie es überhaupt nicht kommen. Jedenfalls empfing ich damals den Eindruck eines großartig zerrissenen Gebildes, nicht eines bruchlosen Bogens. Vor ein paar Jahren nun führte Georg Solti die Walküre in Frankfurt auf. Einige von Ihnen werden sich gewiß daran besinnen, wie unter ihm der erste Akt tatsächlich als ungebrochen sich steigernder, gleichsam durchlaufender Satz sich darstellte. Die Aktualisierung Wagners besteht in Wahrheit kaum in etwas anderem als darin, solche Strukturveränderungen, die sich in dem sich entfaltenden Werk selber abgespielt haben, auch durch die Interpretation zu treffen.

Hans Gál hat mir vorgeworfen, ich hätte Wagner fälschlich für die moderne Musik reklamiert. Er tat mir Unrecht, denn ich habe gerade das Janusköpfige an Wagner aufs stärkste hervorgehoben: daß zwar alles bei ihm nach der traditionellen Musiktheorie zu erklären ist, daß aber die Konsequenz der radikalen Durchbildung eines nicht von oben her Gedeckten aus der Sache heraus gezogen wird. Dadurch ist Wagner zugleich Fleisch von unserem Fleisch, moderner Komponist in sehr belastetem Sinn. Ich erwähne nur die innere Vorherrschaft der Dissonanz, weiter die Emanzipation und dann Reintegration der Farbe. Die moderne Musik hat derlei Züge bis zum Extrem getrieben. Schönberg, der, wie allgemein bekannt und mit Wonne wiedergekäut, vom Wagnerschen Idiom ausging, ist dem im Wagnerschen Idiom selber schon vorhandenen Potential rückhaltlos nachgegangen. Überwiegt etwa bei Wagner die Dissonanz, wird ihre Auflösung oft unbetont, fast zur konventionellen

Nebensache, einem vorkompositorisch Selbstverständlichen, so hat Schönberg, mit einem der entscheidenden Schritte zur neuen Musik, auf die Auflösung ganz verzichtet, wie übrigens Wagner selbst an einigen der nachdrücklichsten Stellen, am Ende des Parsifal-Vorspiels oder in der Harmonisierung des Kundry-Motivs, verfuhr. Seine wichtigsten Neuerungen aber galten wohl dem Problem der Farbe, also des Orchesterklangs. Nicht nur ist bei ihm zum ersten Mal die Farbvorstellung ebenso zur eigenständigen Dimension der Musik geworden wie vorher Melodie, Harmonie, Kontrapunkt es waren. Sondern das Bedürfnis nach Artikulationsmitteln, als die schematischen der älteren Oper ausgeschieden waren, trieb ihn dazu, die Farbe als konstruktives Mittel zu verwenden. Sie wird bei ihm formbildend; er hat die emanzipierten Klänge aufs neue, in einer vor ihm ganz ungeahnten Weise, integriert zu einem ebenso differenzierten wie sprunglosen Klangspiegel. So ließe der gesamte Aufbau des Siegfried, eines in Wahrheit unbekannten, aber kompositorisch höchst wichtigen Werkes, als Farbkonstruktion sich erweisen. Vielleicht bringt einmal jemand den Fleiß und die Phantasie auf, das im einzelnen darzutun. Die Objektivität großer Gegenstände wird nicht dadurch erkannt, daß man stumpfsinnig registriert, was darin vorliegt, sondern vermöge der Phantasiekraft sie anders sieht, als die Konvention es will.

Diejenigen, welche die neue Musik als angeblich vollkommenen Bruch mit der Tradition ächten und die unerträgliche Standardfrage ›Ist das noch Musik?‹ nachplappern, könnten an Wagner lernen, wie tief dies, was sie befremdet, geschichtlich entsprang. In ihm ist es präformiert; er hat Probleme des Komponierens, die damals durch die tonalen Mittel noch zugedeckt waren, aufgerissen. Die gesamte neue Musik, soweit sie radikal und nicht kompromißlerisch, neoklassizistisch ist, trat aus Richard Wagner hervor; ihre Sphäre ist die seine.

Lassen Sie mich unter diesem Gesichtspunkt zurückkommen auf das Phänomen des Schwimmens, des den Boden unter den Füßen Verlierens. Es verhält sich damit kompliziert. Auf der einen Seite muß man jenes Gefühls, als eines der Desorientiertheit, sicherlich ledig werden; anstatt nach einem vorgegebenen musikalischen Gerüst auszulugen, wirklich von Sekunde zu Sekunde mithören, mitspringen, wenn Sie wollen auch mitschwimmen. Die Wagnersche Chromatik und Sequenztechnik verlangt geradezu diesen Typus der Apperzeption: ein Gleiten im Zeitkontinuum. Von der Form her gesehen, erfüllen jene Elemente die Funktion, durch möglichst dichte, fugenlose Verbindung von Augenblick zu Augenblick zu ersetzen, was als Organisationsprinzip des Idioms, an alten Arien, Duetten, Ensembles und Finali wegfiel. Andererseits aber ist jenes Gefühl des Schwebenden, Bodenlosen, Ungedeckten, der Ausdruck des Verlassens abgezirkelter Formbereiche, selber auch eminent produktiv. Bei Wagner hat sich die Musik buchstäblich freigeschwommen. Die Wahrnehmung dessen wäre nicht zu bekämpfen, sondern das Hören müßte lernen, ihr sich zu überlassen, ohne sich selber dabei zu verlieren. Wie in der Dichtung von Poe und Baudelaire gleicht in Wagner das Neue dem Schauer des abgründig Offenen. Schwindelt einem bei Wagner, so soll einem auch schwindeln. Von ihm geht ein Baudelairescher goût du néant aus; die gleichsam positive Erfahrung des Nichts haust im Zentrum des Tristan. Zum Zukunftsträchtigsten und zu Errettenden in Wagner zählt eben das, was Nietzsche und andere an ihm als dekadent angriffen. Die Züge, die Nietzsche mit gutem Instinkt und altmodischem Ohr Nihilismus schalt, sind an Wagner aktueller als alles andere. Erst ein Hörer, der ihnen gewachsen wäre, und eine Aufführungspraxis, die sie realisierte, würden ihm gerecht. Worum es dabei geht, das überschattet auch in der gegenwärtigen Dichtung alles andere. Jener Gehalt stünde im äußersten Gegensatz zum schlecht Positiven, zur Kaisermarschsphäre, in der ja nicht nur der Kaisermarsch dröhnt.

Die unerledigte Spannung zwischen der Moderne und der retrospektiven Wilhelminischen Nachromantik in Wagner wäre aufzuheben nur durch verändernde Wiedergabe. Sie allerdings würde auch, und damit gehe ich über das eingangs Gesagte hinaus, die Musik tangieren. Ihre Darstellung müßte aufs Monumentale verzichten, sie müßte durchsichtig werden, damit das innere Gewebe, vor allem auch die bei Wagner unendlich wichtige Führung der Nebenstimmen auffaßbar wird. Weiter wären raschere Tempi zu wählen als die üblichen, Gegenmittel gegen jene Dickflüssigkeit, welche die Wagnerianer älteren Stils offenbar so sehr goutierten. Sie allein trügen auch der Veränderung des musikalischen Zeitbewußtseins Rechnung. Was man rascher auffassen kann als vor hundert Jahren, gleichsam mit einem einzigen akustischen Blick, das muß auch rascher gespielt werden. Das wird dazu helfen, bei den Wagnerschen Dimensionen nicht zu ermüden. Überdies wird durch raschere Tempi strukturell vieles Divergente zusammengerafft und dadurch strukturelles Hören gefördert. Neuerungen können und müssen demnach Widersprüche riskieren zu dem, was an musikalischen Bezeichnungen bei Wagner selber steht. Auch davor würde ich nicht zurückschrecken.

Mit all dem wird die Aktualität Wagners in Proportion gerückt zu einem freilich sehr hoch und nachdrücklich verstandenen Begriff musikalischer Pädagogik: der Bildung der Hörer zu künstlerischer Mündigkeit. Daß Wagner durch Bayreuth das deutsche Volk zu seinen Idealen, einer Art von Religionsersatz erziehen wollte, war ideologisch. Nicht ideologisch aber der Gegensatz seiner Musik zu dem herrschenden Musikbetrieb seiner Tage. Diesem gegenüber hat er verändertes musikalisches Bewußtsein verlangt, inauguriert und durch Pläne einer Stilbildungsschule versucht, praktisch darauf hinzuarbeiten. Der Gegensatz zum Betrieb aber, in dem er bereits sich wußte, ist heute durch die Kulturindustrie ins Unmäßige angewachsen. Um so dringender bedarf es der Anstrengung zu konkreter musikalischer Bildung, für welche der Name Bayreuth steht. Ich hoffe, niemanden zu verletzen, wenn ich ausspreche, was ich jüngst aufs empfindlichste spürte, als ich für eine Radiosendung zahlreiche musikalische Interpretationen der verschiedensten Art durchging: fast allen haftete das Stigma der Unzulänglichkeit an, aus Gründen, die gar nicht so sehr in der individuellen Schwäche der einzelnen Künstler zu suchen sind wie in gesellschaftlichen Bedingungen. Vorab denke ich dabei an das Dilemma zwischen dem aufgeputschten Stagionetheater auf der einen Seite und dem an Kargheit der Mittel krankenden, zuweilen auch erstarrten Betrieb der festen Opernhäuser. Die Bayreuther Idee vermöchte dieser fatalen Alternative entgegenzuwirken. In Bayreuth kann man sich die gründlichste, auch nicht mit der Zeit geizende Vorbereitung gestatten, wie zuweilen in besseren Tagen an städtischen Bühnen. Orchester und Ensemble können integriert werden. Diese singuläre Möglichkeit wiederum weckt kritisches, von der Routine freies, gleichsam aus dem Ausnahmezustand der Stagione inspiriertes Musizieren und künstlerisches Denken. Das außerordentliche Prestige, das sich stets noch und wieder mit Bayreuth verbindet, dürfte es gestatten, auch Mitwirkende zu finden, die bereit sind, einmal für ein paar Monate nicht jeden Tag nach Tokio oder San Francisco zu fliegen. Bayreuth könnte zum Mikrokosmos einer möglichen, aber durch tausend zumal soziale und ökonomische Motive verhinderten musikalischen Praxis werden; zum Modell dessen, wie musikalisches Theater gehandhabt werden sollte, damit es nicht kindisch hinter der Zeit herläuft, sei es als Mekka für Kleinbürger, die sich nach der Vergangenheit sehnen, sei es als angestrahlte Stätte des Fremdenverkehrs. Insofern ist die Aktualität Wagners von der Aktualität Bayreuths nicht zu trennen: die einer Enklave inmitten der allherrschenden Tradition von Schlamperei. Ihr gegenüber müßte Bayreuth das an Tradition verkörpern, was bewahrt werden soll, den ästhetischen Ernst.

Das allerdings ist nicht zu sondern von dem, was Wagner selbst einmal in einer Bayreuther Ansprache, jovial von oben herab, mit den Worten: »Kinder, schafft Neues« ausdrückte. In der Konzeption von Bayreuth durch ihren Begründer, der einer Schule der Moderne, liegt, wenn ich dies »Kinder, schafft Neues« richtig verstehe, oder wenn ich mir etwas zu extrapolieren gestatten darf, daß Bayreuth sich auf die Dauer nicht auf die Werke Wagners allein ritualistisch beschränkt, sondern wirklich bedeutenden späteren und zeitgenössischen Kompositionen sich öffnet und ihnen die volle Chance bietet. Dadurch könnte wohl auch das beschädigte Verhältnis zwischen zeitgenössischer Oper und Publikum verändert werden: sobald nämlich das Publikum endlich einmal authentische Aufführungen moderner Werke hörte und unter der Autorität von Bayreuth es sich abgewöhnte, die Oper als Museum abgestandener Emotionen und Kulturwerte zu genießen, die längst keine mehr sind. In diesem Sinn erwarte ich mir von Bayreuth eine eminent fruchtbare Wirkung. Ich weiß, daß manche von Ihnen zur musikalischen Moderne und damit auch zu manchem von dem, was ich ungeschminkt und provokativ formuliert habe, skeptisch sich verhalten. Auch an Sie möchte ich appellieren: ergreifen Sie in der Tradition, die Bayreuth heißt, ihr modernes Potential und helfen Sie diesem Potential, ohne Fesseln sich zu entfalten. Tradition heißt legitimerweise: genaueste und treueste Kenntnis der Details. Viele sind unter Ihnen, die über solche Kenntnis, die verloren zu gehen droht, noch verfügen. Ihrer bedarf es gegenüber dem Vagen und Unverbindlichen der universalen Halbbildung, damit das Werk Wagners selbst sich verbindlich aktualisiere.

1966

Mahler heute

Das gegenwärtig herrschende Bewußtsein steht zu Mahler schief. Galt seine Symphonik vor zwanzig Jahren als Kolossalgemälde einer Zukunftsmusik, die das Auge des bürgerlich Einzelnen nicht zu umfassen vermochte; als Wagnis eines besessen fortschrittlichen Programmatikers, dessen Wollen und Vollbringen, nach der marktgängigen Phrase, nicht übereinstimmten – heute drückt man sich an Mahlers œuvre eilends vorbei und behauptet, man habe es längst hinter sich gelassen, während man sich nur beeilt, es nicht allzu genau anzuschauen. Den man als Nutznießer von Autohupen und Sirenen höhnte gleich einem vorwitzigen Dadaisten, der ist heute den ältesten Konservatorianern nicht mehr sachlich genug und jedes bessere musikhistorische Seminar fühlt sich moderner als er, indem es seine Begriffe von Bewegungsspiel und Ablaufmusik, von vorklassischer und neuklassischer Polyphonie hersagt. Keine Romantik, auch die Pfitzners nicht, hat man so behend überwunden wie die Mahlers, von der doch noch nicht einmal feststeht, ob sie eigentlich romantisch ist. Daß ein Werk unmodern geworden, ehe es richtig modern war, genügte freilich allein nicht, zu belegen, daß die Menschen sich falsch dazu verhalten, obwohl immerhin im analogen Fall Schönbergs, den man solange als einsamen Propheten in die Zukunft abschob, bis man meinte, ihn als einsamen Artisten überholt zu haben – obwohl in diesem tief analogen Fall der reaktionäre Trick sehr durchsichtig ist und nahelegt, in der Zeitstimmung gegen Mahler verwandte Motive zu vermuten, wie denn ganze Gruppen von Formeln dem Kampf gegen Schönberg und gegen Mahler gemeinsam sind: der jüdische Intellektuelle, der mit wurzellosem Geist die ach so gute Natur verdirbt; der Destruktor ehrwürdig traditionaler Musikgüter, die sei es banalisiert, sei es schlechthin zersetzt werden; der abstrakte Fanatiker, der mit jenem von Riemann entdeckten Willen, »Unerhörtes zu leisten«, die schöne grüne Weide rings herum verbrennt, auf der es den anderen so wohl zumute ist: all dies wird gegen Mahler wie Schönberg vorgebracht, als ob nicht schließlich zwischen ihnen der radikale dialektische Bruch der neueren Musik liege. Allein, wie immer es sich mit der geschlossenen Abwehrfront gegen die gründlich verschiedenen Häupter der Wiener Schule verhält – die wilde Schlagkraft jeder Mahler-Symphonie, die ein Publikum unvermittelt zwingt, das sich zu Heldenleben und Domestica fühlbar distanziert; der Choc, der stets wieder von Mahler ausgeht, während seine Zeitgenossen allesamt fatal durchsichtig sind; das unentzifferte Geheimnis, das kompositorisch seine Musik von jeder anderen der Spätromantik, des Neudeutschtums und des Impressionismus fernhält, lassen die modische Aversion gegen Mahler als sachlich inadäquat erkennen und deren Konsequenz, der die reale Wirkung widerstreitet, als absichtsvoll ideologisch. Mahler ist nicht überwunden: er ist *verdrängt*. Die bürgerliche Musikkultur der Vorkriegswelt hat sich neu statuiert und scheidet strikt aus, was ihrem mittleren Frieden nicht gemäß ist. Was sich nicht einfügt, gilt als verrückt und esoterisch oder als banal und Kitsch. Aber gerade eine Situation, die die sprengende Produktivkraft von Musik vergraben möchte, ist reif, nach ihren Extremen gemessen zu werden. Heute entscheidet, was oberhalb der Immanenz des Musiklebens in Schönbergs Sphäre geschieht oder unterhalb jener Immanenz in der tiefsten Depravation. Die echte Aktualität Mahlers, die zu entdecken ist, liegt eben in der Gewalt, mit der er aus jenem Musikraum ausbrach, der ihn heute vergessen will. Freilich ist der Ausbruch Mahlers aus dem bürgerlichen Musikraum nicht eindeutig und kann wahrhaft verstanden werden nur aus der Dialektik zu dem, wovon er abstieß; nicht als Flucht. Mahler ist kein Gauguin gewesen und hat sich kein Tahiti gesucht, obwohl der Exotismus des Liedes von der Erde, der so disparat zu allem früheren Mahler steht, unvergleichlich viel realere Gründe hat als Neigung zu impressionistischen Valeurs, die in der kompositorischen Entwicklung Mahlers keinen Ort hätten und als Valeurs auch im Lied von der Erde nicht vorkommen, dessen Pentatonik ja durchaus im Sinne konstruktiver Grundgestalten verarbeitet und als Reizmittel unfühlbar gemacht wird. Wie Fichten und Bach des Liedes von der Erde der südtiroler Landschaft zugehören, das seit Schubert als einziges Lied die Erde ergreift; wie selbst die Lasuren des Porzellans darin aus dem Kontrast der roten

Berge und der dichten Bläue des Himmels könnten gewonnen sein, deren nachmittägliche Begegnung das spröde Geschirr bewahren möchte: so haftet jeder Blick aus Mahlers schauender, erkennender Musik an der Welt, die er schmerzlich übersteigt. Das sagt vor allem, daß Mahler die Geschlossenheit eben der Musik erretten wollte, von der er Abschied nahm. Man hat immer wieder die Unangemessenheit bemerkt, die in seinem Werk zwischen der einsamen Subjektivität und ihrer objektiven Sprache waltet; an der gewollten Einfachheit sich gestoßen, grelle Ironie und zweideutiges Sentiment als Stigmata von Manier genommen. So wenig eine Kunst durch den Begriff der Manier insgesamt gerichtet wird, so wenig Mahler durch den psychologischen Aufweis typischer Formeln, die er als Vokabeln seiner Affektsprache ausbildete. Wenn vielleicht überall dort Manier in Kunst auftritt, wo die objektiven Bilder den Menschen derart überwältigen, daß ihm das Recht ihrer subjektiven Formung schwindet und daß er statt dessen sie durch Wiederholung und Benennung zu halten trachtet, dann hat gewiß die herkömmlich bemängelte ›Problematik‹ Mahlers und alle Maniermomente seiner Form ihren Grund in objektiver Konstellation. Seine Konstellation ist von der Art, daß er die Rettung des Formkosmos der abendländischen Musik versucht, indem er die Trümmer von dessen niedrigster Schicht mit ihren obersten Wahrheitsgehalten zusammendenkt. Ihm ist das verworfene Wesen unterhalb der Form der Ort, an dem allein die wahren Bilder bewahrt werden, die die Form vergebens anredet; er nimmt sie mit, wie man Scherben am Weg mitnimmt, deren zersetzte Masse die Sonne spiegelt, wie es der wohlerhaltene und gefüllte Suppentopf kaum vermöchte. Nicht dumpfe pantheistische Liebe zu Kreatur und Natur, nicht romantische Rückbewegung zur verlorenen Einfalt ereignet sich in Mahlers Werk, wenn es sich zum Unteren hinabneigt, vielmehr: er sucht die oberen Gehalte in ihrem Sturz durch die Geschichte dort auf, wo sie ihm jetzt und hier erscheinen. Die Trümmer des mittleren, geformten Musikwesens sind ihm transparent zu den Gestirnen, die ehemals jenes Musikwesen überstrahlten. Seine Neigung zu Dostojewskij hat ihren Grund nicht in vag mitleidiger Seelenstimmung, sondern in Erkenntnis und Form des Werkes. Sein Werk ist zentriert um den Indifferenzpunkt des Oberen und Unteren; der theologischen Bilder und der verlorenen, gänzlich scheinhaften Profanation. Ihre Indifferenz sieht er in der Totalität eines geschlossenen und umspannenden Werkes und in ihm eben meint er die Formimmanenz des 19. Jahrhunderts zu erhalten. Er stellt nicht die Extreme hin, aus ihrer Figur den gemeinsamen Sinn zu konstruieren, er biegt sie gewalttätig zusammen, daß sie sich durchdringen. Das ist mit der *Dynamik* Mahlers gemeint, mit dem Pathos, das so ungebärdig Lied und Tanz und Folklore vorbringt, mit dem schluchzenden, fessellosen Überschwang; mit der unaufhörlich frischen Improvisation. Die Unterwelt der Musik wird gegen die schwindende Gestirnwelt mobilisiert, daß sie ergriffen werde und leibhaft unter den Menschen sei. Großartiges Paradoxon Mahlers: die gleiche Dynamik, die die Extreme zur Formtotalität binden will, sprengt unvermittelt die Sphäre von Kunst selber und wird zum Bildersturm, der die eroberten Bilder in die gegenwärtige menschliche Wirklichkeit zwingen möchte. Hier enthüllt sich die Achte Symphonie. Daß man ohne Gemeinde und mit gänzlich disqualifiziertem Material keine Kathedrale bauen kann, merkt jeder Esel, wie nach Brahmsens Wort jeder Esel die Ähnlichkeit des Finalthemas seiner Ersten Symphonie mit dem von Beethovens Neunter hört, die ja beide um des gleichen Bildersturmes willen gewagt wurden, dem später Mahlers atemlose Symphonik bis zur letzten fiebrigen Note gilt. Aber wenn einer auf der Stelle, die der Kathedrale bestimmt ist und in deren Dimensionen ein gewaltiges Zeltlager der Revolte errichtet, darin Predigt und Chor und Orgel die Menschen zum Sturm überredet, dann sollte keine Baupolizei sich in die Nähe getrauen und im Auftrag des Hochbauamtes aus geschmacklichen Gründen Einspruch erheben. Mahlers ecclesia militans ist eine Heilsarmee, besser als die wirkliche; nicht kleinbürgerlich gemäßigt, nicht retrospektiv bekehrend, sondern gewillt, die Unterdrückten zum richtigen Kampf aufzurufen um das, worum sie betrogen sind und was doch allein nur noch ihnen erreichbar ist. Die Sprache, in der Organisation und Disziplin jener Armee benannt wird, ist nicht schlecht, weil sie vergangen und gestürzt ist. Sondern weil sie vergangen und schlecht und gestürzt, deshalb ist ihr die Macht der Organisation und Disziplin gegeben. Es ist keine Zeichensprache, sondern eine von Parole und Kommando; nicht zufällig sind Hornsignale ihre liebsten Worte. So ist es um Mahlers Romantik bestellt. Mit Romantik ist bei Mahler nicht mehr ausgemacht, als wenn man dem Sozialismus Romantik vorwirft; allenfalls nämlich der historisch-dialektische Ursprung. Aber Utopie hört auf romantisch zu sein, sobald sie die Produktivkraft des Unteren wirklich in die Gewalt nimmt.

Es ist die Aufgabe kommender Formanalysen und zumal kommender Aufführungen der Musik Mahlers, all dies an den Sachen herauszustellen. Denn darin eben unterscheidet sich Mahler radikal von der Romantik, daß nicht an Stelle von Gehalten Ideologien frei über seinem Werke schweben, um die es sich müht, sondern daß das objektiv mit ihm Gemeinte vollständig im Material realisiert ist. Verdeckt war es durch die Bedingungen der Ursprungszeit, in der es auftrat. Schönberg hat das Mahlersche Espressivo im weitesten Sinne, bis zu den programmatischen Rahmen der Symphonien, großartig geschichtsphilosophisch interpretiert: als Mittel, das fremd Begegnende *faßlich* zu machen. So verhält es sich in der Tat; die Deutungen der Sätze, die so variieren, daß man auf gedruckten Erklärungen des öfteren die der Zweiten und Dritten Symphonie vertauscht finden kann und nie recht weiß, wann eigentlich die Natur aus ihrer Winterstarre erwacht und was sich die Tiere zu erzählen haben, diese Deutungen und die charakterisierenden Vortragsbezeichnungen sind nicht qualitativ verschieden von den unvergleichlich viel wichtigeren musikalischen Bezeichnungen, die die Plastik und Faßlichkeit des Vortrages sicher stellen sollen; das Schönbergsche System der Haupt- und Nebenstimmenbezeichnungen, heute Index strengster Konstruktion, ist im Mahlerschen »hervortretend« und »zurücktretend« vorgedacht, und Faßlichkeit ist geradezu das Prinzip der Mahlerschen Instrumentation, wodurch sie sich von dem homogeneren und diffuseren Gruppenklang der Spätromantik, zumal Straussens, so scharf abhebt. Allerdings wäre es verfehlt, Mahler, wie man ihn bislang der Romantik blank zuordnete, nun von ihr blank zu sondern, während er ihr doch eben dialektisch verbunden bleibt. Sein Werk will in Schichten verstanden werden. Die äußere, mit der es sich schützte und die ihm wohl auch aus der Ursprungszeit zuwuchs, kommuniziert mit der Romantik; jene Beziehungen sind bis zum Überdruß erörtert. Die Form Mahlers resultiert aus der Auseinandersetzung seiner Substanz mit jener romantischen Schicht, die ihm, immerhin, noch Garantie der Objektivität bedeuten mochte, bis sie vor dem furchtbaren Ernst der letzten Werke endlich zerfiel. Als Oberfläche ist uns die romantische Schicht durch die Zeit verfallen, die für Mahler seit seinem Tode ein ähnliches tat, wie er selber im bewußten Gange der Entwicklung intendierte. So erscheint uns bereits das Verhältnis von Einzelthema und symphonischer Form, das ›Problem‹ Mahlers für die übliche Betrachtungsweise, sehr verändert. Es hat guten Sinn, daß Mahlers Themen keine Symphoniethemen sind derart, wie immer man den Begriff des symphonischen Themas von Beethoven herleiten möchte; daß sie nämlich nicht in symmetrischen Verhältnissen von Motiven angelegt sind. Stürzte die Objektivität des Beethovenschen Symphoniethemas durch die Subjektivität des Liedes, wie sie bei Wagner begegnet, der vergebens subjektiv einmalige Liedzellen zu objektivieren trachtet, ohne ihre Einmaligkeit angreifen zu können, so daß er sie sequenzierend wiederholen muß, so erfaßt Mahler diese Liedthematik dort, wo sie selbst sequenzierend nicht mehr gehalten werden kann: wo sie in der Ungebundenheit der Improvisation aus jeder Formimmanenz herausfällt. Es ist eine archaische Banalität, die er findet, sie liegt noch vor der Konstitution der harmonisch-symmetrischen Verhältnisse und zersetzt sie. Großartig schlägt die Mahlersche Dynamik in diesen Themen durch, indem sie ›offen‹ bleiben; weder also wird aus ihnen die Form durch wiederholende Motivarbeit gebildet, noch werden sie statisch – wie in folkloristischen Versuchen – nebeneinander aufgereiht; ihre Grenzen gegeneinander sind weggenommen, eines folgt aus dem anderen in unaufhörlich frischer Produktion. Damit ist keineswegs die Motivarbeit fortgefallen. Im Gegenteil, der inkommensurablen Themenproduktion Mahlers liegen stets fast Motivzusammenhänge zugrunde, die gelegentlich, in der Sechsten und im Lied von der Erde, faßlich werden. Aber die Motivzusammenhänge sind meist *latent*: sind nicht Prinzipien der Architektur, sondern Zellen, aus denen die Totalität erwächst, ohne daß sie je nach dem abstrakten Maß der Totalität konstruiert wären. Das Prinzip der Grundgestalt als der latenten thematischen Einheit, die im Oberflächenzusammenhang des Ganzen kaum je aufgedeckt wird, zuweilen nur durchschimmert: dies Konstruktionsprinzip, das das Recht der vorgegebenen Formoberfläche erst wahrhaft gebrochen hat, ist bei Mahler bereits wesentlich ausgebildet und hier, nicht im Harmonischen oder Melodischen oder Instrumentalen, auch nicht in einer legendären Leichtverständlichkeit, die es bei Mahler ja doch nur mißverständlich gibt, liegt seine echte Aktualität beschlossen. Hier auch liegt seine wahrhafte Berührung mit Schönberg: an völlig verschiedenem Material haben beide – Mahler am archaisch zersetzten der Romantik, Schönberg am dialektisch vorwärts getriebenen – die gleichen Intentionen der Formbildung entwickelt; beide im Protest gegen die bürgerliche Formsymmetrie, der beide die freien Konturen der frisch betretenen Phantasielandschaft entgegenstellen. Beiden ist denn auch, als dialektisches Mittel, vom Vorgegebenen ins Unbetretene einzudringen, die *Variationstechnik* gemeinsam. Ist sie bei Schönberg Moment der Durchführung, das allmählich die gesamte Form sich unterwirft, so erwächst sie bei Mahler als Mittel strophischer Monodie aus dem Lied, tilgt aber rasch genug die Strophengrenzen und fügt die Themenkomplexe aneinander, die wie Dörfer nach unbekanntem Plan zur großen Stadt zusammenschießen. Mahlers Variieren ist die unfixierbare Regel der dynamischen Improvisation. Sie zieht alle Formschemata in sich hinein; im ersten Satz der Dritten sind Introduktion und Exposition doppeldeutig gegeneinander, bleiben es in der doppelten Durchführung und der Reprise; in der Vierten maskiert sich die Reprise variierend hinter der Durchführung; die Fünfte hat kraft des Variationsprinzips gleichsam zwei erste Sätze und löst das symphonische Beginnen ins Nebeneinander zweier dynamischer Komplexe auf, die wie zwei in der Zeit zerlegte Kontrapunkte zueinander stehen. Das Finale der Sechsten, wohl das gewaltigste Formwesen aus Mahlers Reich, schmilzt endlich die Formkruste, die der erste Satz dialektisch gehärtet hatte, wie wenn ganze Länderregionen vulkanisch erglühten und ihre Siedlungen in einem Feuerstrom ineinanderstürzten; der Marschrhythmus wird zum Signal der Katastrophe und der tragische Ausdruck des Satzes – wer wird je die Halbendezimen aus den Ohren verlieren, die das Hauptthema fortsetzen – rechtfertigt sich aus der Form selber; hier wird nichts von ewiger Liebe und Auferstehung einer verblasenen Allnatur erzählt, sondern vom Ende der symphonischen Sonate oder, um das intentionale Objekt beim rechten Namen zu nennen, vom Ende der Ordnung, die die Sonate trug; nie, vielleicht Van Goghs Bilder ausgenommen, ist die Krise der bürgerlichen Welt materialgerechter und unliterarischer, nie aber auch mit größerem revolutionären Impuls in ästhetische Bilder gebannt worden als in diesem Satz. Er ist die Zäsur von Mahlers Entwicklung und alles Spätere bricht aus dem vorgesetzten Musikraum aus; der erste Satz der Siebenten antwortet aufs Finale der Sechsten wie vom anderen Ufer des Grenzstromes, darüber den Mahlerschen Traumbataillonen die schwankenden Pontons geschlagen wurden. Vom Ufer der Siebenten aus erscheint die archaische Welt, die den Anstoß der Revolte gab, bereits gespenstisch und schemenhaft; darum ist sie, die erste unromantische aus Mahlers Hand, zugleich die offiziell romantische geworden mit Ronde und Rondo der Ersten Nachtmusik und den Schatten eines Scherzos, daraus die verdammte Klage der Oboe furchtbarer tönt als alle edle Trauer der Romantik; deren Bilder sind verloren. Oder doch nicht ganz verloren; unergründliche Tiefe Mahlers, daß er in der Serenade der Zweiten Nachtmusik schüchtern errettet, was eben in bodenlosen Trichtern zu versinken schien; vom Traum der Romantik ist übrig die flüchtige Spur, die über dem ungewissen, grauen Heute gleich einem bunten Wimpel schwingt. Es ist daraus die seltsame Organisation der Hoffnung in der Achten Symphonie geworden, die nicht als neureligiöse Kantate, wohl aber als improvisatorischer Sturm auf die zitternden transzendenten Bilder ihr mächtiges Recht hat. Dies Recht haben die letzten Werke bekräftigt, die den Ausbruch der Hoffnung, das gewagte »Es ist gelungen« fundieren durch alle lastende Schwere über dem verlassenen Menschen, der ohne Form, die ihn umfängt, ungetröstet stirbt. Die vollendete Hoffnungslosigkeit des Liedes von der Erde, der nichts bleibt als die Erinnerung an ein Mädchenlachen, ist die Realität, die allein den Traum legitimiert, der vom Ungewissen aufsteigt ins Ungewisse hinein.

Es ist unsere Realität zugleich. Daß sie aus dem verfallenden Traum sich hebt, ohne doch intentionslos sich bei sich selber zu bescheiden; daß sie zugleich kahl ergriffen und über sich hinausgetrieben wird: das macht Mahlers Aktualität aus. Sie ist gegenwärtig in der Formensprache unserer Musik; wahrhaft aller, denn wie sie aus den Extremen gezeugt ist, so wirkt sie in den Extremen; sind Schönbergs Gehalte den Mahlerschen aufs nächste verwandt, die er in anderer Sprache anredet, so liegt wiederum Mahlers Sprache als Medium zwischen den Polen der gegenwärtigen Oper; die Ländlerszene des Wozzeck und »Können einem toten Mann nicht helfen« aus Mahagonny berühren sich im getrübten, abgeblendeten Ton Mahlers. Wichtiger als die kenntlichen Zusammenhänge mit dem Mahlerschen Stil sind die geheimeren der kompositorischen Verfahrungsweise. Alle gegenwärtige kompositorische Technik liegt in Mahlers Werk unter der dünnen Hülle der spätromantischen Ausdruckssprache bereit. Es bedarf allein echter Interpretation, sie herauszustellen. Mahlers Werk ist nicht historisch; seine musikalische Gestalt ist gegenwärtig unter uns und seine Gehalte sollten es sein, wenn nicht die Menschen ängstlich die Sprünge verdecken wollten, die trotz aller Sachlichkeit die Sachwelt durchschneiden und deren Sinn im Mahlerschen Werke lesbar wird.

1930

Marginalien zu Mahler

Bei Gelegenheit des fünfundzwanzigsten Todestages: 18. Mai 1936

Grabschrift
Herz das sich nicht halten kann
Träne die das Leuchten hält
Untergang du Überschwang
Sprenge Stein und Welt.

Warum Mahler, nach jenen Gedichten Rückerts, die »Kindertotenlieder« schrieb, verstand ich, als zum ersten Mal im Leben ein geliebter Mensch mir starb. Das Gefühl darin, mit mächtigem Bogen bis zum Zerreißen zusammengebogen aus Zärtlichkeit des Nächsten und Verlieren ins Fernste, hat sein Maß nicht am individuellen Unglück, wie es Kinder zu den Toten versetzt. Wohl aber sind die Toten unsere Kinder. Die Aura des nicht Gewordenen, die als Schein von Heiligkeit um die sich legt, welche früh starben, erlischt auch den Erwachsenen nicht. Sie vermag aber deren zerstreutes und preisgegebenes Leben anders nicht mehr zusammenzuschließen, als indem sie es verkleinert. Das geschieht an den Toten durch Erinnerung. Sie strähnt den Hilflosen das Haar, bringt Speise dem vernichteten Mund, wacht über den Schlaf der nicht mehr Erwachenden. Wie sie wehrlos unserer Erinnerung ausgeliefert sind, so ist unsere Erinnerung als einzige Hilfe ihnen gelassen; in sie entschlafen sie, und gleicht jeder Tote einem, der von den Lebenden ermordet wurde, so doch auch wieder einem, den sie zu retten haben, ohne zu wissen, ob es je noch gelingt. Auf die Rettung des Möglichen, doch Ungewesenen zielt Erinnerung ab. Das gibt dem »Lied von der Erde« sein Gesetz: wenn die Musik des vierten Satzes der Schönheit mit wenigen Klarinettentakten nachschaut, ist es, als wäre durch Erinnerung alles versäumte Glück verkleinert in diesen Takten aufgehoben. Die Toten werden in Kinder transfiguriert, denen das Mögliche noch möglich wäre, weil sie nicht gewesen sind. In den »Kindertotenliedern« vollends ist diese Transfiguration notiert. »Oft denk ich, sie sind nur ausgegangen«: nicht weil sie Kinder waren, sondern weil fassungslose Liebe den Tod einzig zu fassen vermag, als wäre der letzte Ausgang der von Kindern, heimkehrenden. Nur als für Kinder können wir für die Toten hoffen.

Wollte man es wagen, in einem Wort das Formgesetz für Mahlers Musik auszusprechen – jene extensive Totalität, die der bannenden Formel gründlicher sich entzieht als jede andere –, so möchte man dies Gesetz die Variante nennen. Von der Variation im Sinne Beethovens, Brahmsens, auch Schönbergs ist sie so grundtief verschieden wie die beschwörende Gestik Mahlers von jeglicher Formimmanenz. Denn seine Variante kennt nicht, gleich der Variation, ein aufgestelltes und formverbindliches Modell, an dem sie dialektisch eingreifend sich erprobte. Sein Ausbruchsversuch aus dem bürgerlichen Musikraum verwirklicht technisch sich vielmehr, indem er dem Thema als Objektivation, als musikalischem Ding gewissermaßen, die Geltung nimmt. Es wird in Trümmer geschlagen, in jene Banalitäten, an denen aller mittlere Geschmack sich ärgert; die Trümmer der Dingwelt aber in den Lavastrom der Intention hineingeschleudert, damit sie jegliche in sich verhärtete Gestalt verlieren. Mahler greift zurück auf eine musikalische Märchenzeit: als es noch keine Themen als festen Besitz gab. So kennt er selber keine fixierten; die Variante als kleine Abweichung und prosaische Unregelmäßigkeit läßt alle beweglich auseinander hervorgehen, ineinander verschwinden; Musik als Unmittelbarkeit unterhalb jeglichen Kanons der Objektivation sucht spontan sich herzustellen. Deshalb ist es unverantwortlich, ihn stil- und selbstgerecht ins neunzehnte Jahrhundert zu verweisen, bloß weil er gern Hörnersätze schrieb und einigen seiner frühen Stücke Erläuterungen beigab, mit denen die Musik selber mehr nicht gemein hat als Bach mit Brockes. Freilich hat jene historische Tendenz wiederum ihren guten, nämlich bösen Grund. Denn der geschmähte Romantiker war unromantisch genug, den Rückgriff auf die Unmittelbarkeit nicht im Namen der Restitution irgend entsunkener Seinsstände zu unternehmen, sondern in Kraft des eigenen Bewußtseinsstandes. Seine Kritik der musikalischen Verdinglichung ist nicht eine, die deren

Wirklichkeit vergäße und wider sie, ein musikantisch kostümierter Don Quixote, zu Felde zöge. Mit der verdinglichten Musik hat er in Strenge es zu tun; in solcher Strenge nun, daß sie darüber zerspringt. Ihre Trümmer und die Trümmer der ihr gesellten Gefühle sind sein Material; über sie disponiert planvoll mächtig die symphonische ratio. Die gesprengte Dingwelt vermöge ihrer eigenen produktiven Tendenzen in eine menschlich-unmittelbare zu transponieren: das ist sein Wille, und die improvisatorische Variante kommt eher der realitätskundigen, doch veränderungsbereiten Aktion gleich als der neuklassisch totalen Stilabsicht, die leicht genug alles Bestehende negiert, um es bequemer bestehend zu erhalten. Mahler läßt es an seinem Ort, aber brennt es aus von innen; nun stehen die alten Formmauern als Allegorie nicht sowohl des Gewesenen, denn dessen was kommen soll. Die Mahler hassen, haben richtig verstanden, daß der fallende Hammer der Sechsten Symphonie ihnen selber gilt.

»Und singe bis der Mond erglänzt am schwarzen Firmament«: das ist die Landschaft des späten Mahler. Denn dies Firmament hat die Schwärze japanischer Lackschachteln, mit dem golden aufgemalten Mond, ein kostbares, doch schon auch ein imitiertes, wieder allzu geläufiges, ausgenutztes Ding. Der aber berauscht singt, nimmt es ernst. Er hält es dicht vors Auge: nun hat der Himmel die Schwärze vom Weltende, und der Mond scheint als Fackel des Richters nahe zum Greifen hinein, so nah wie die gewohnten Sachen zuvor. Dem hält der Taumelnde den Becher seiner Musik entgegen. Ob es die luziferische Geste des Hoffnungslosen ist, den kein Frühling mehr angeht und der im letzten Zug alle Lust des Daseins seiner Vernichtung darbringt – oder der versöhnende Trunk, den die untergehende Erde selber bietet, keines Frühlings mehr bedürftig, weil ihre wahre, die winterlose Zeit endlich anhebt: niemand vermöchte darauf zu antworten. In Mahlers Musik aber ist vielleicht beides gelegen: daß als brüchige, über sich hinausgespannte Allegorie die Geste des letzten, des luziferischen Trotzes die Versöhnung bedeute; daß dem Hoffnungslosen der nahe Brand des Unterganges als fernes Licht der Erlösung strahle. So zweideutig ist auch das feine Flocken vom Ende des »Liedes von der Erde«. Wie der Einsame darin erfrieren kann, panisch aufgelöst ins bloß Seiende, so kann es die selige Weiße der Entrückung sein, Schnee der letzte gute Rest von Sein, der den Geretteten dem Seienden verbindet, den Verbliebenen aber als sternige Hoffnung ans Fenster rührt. Die Wahlverwandtschaft mit Dostojewsky geht bis ins Zentrum. Bei Mahler hat Iwan Karamasow seine Musik gefunden. Sie allein aber ist seine wahre Sprache.

In einem frühen Gedicht von Werfel steht das Wort »entlächelnd«. Es könnte aus Mahlers Musik dorthin versprengt sein. Denn wie hier, einmal, Subjektivität der Sprache zumutet, was sie nicht geben kann: wie hier der Wortkörper überdehnt und zerrissen wird, seine Risse aber einstehen als Zeichen eben der sprachfeindlichen Intention aufs Wirkliche: so verhält sich Mahlers Musik in jedem Augenblick. Erscheint ihr Banales vom Material her gesehen als Trümmer der musikalischen Dingwelt, ist es doch zugleich vom Ich produziert, dessen Drang nach unvermittelter Kundgabe, ja Reproduktion des Seienden, dessen dokumentarischer Wille aller Wahl vergißt und, der mittleren musikalischen Artikulation satt, soviel an humanem Ausdruck ihr zumutet, bis sie zerfällt und zerfallend zur banalen wird. Entlächelnd aber ist Mahler noch in genauerem Sinne: dem der rätselhaft falschen Transzendierung. Daß eine weltliche Geste wie die des Lächelns so ins Ungemessene sich steigere, als wäre sie mehr als weltlich; daß sie im blasphemischen Anruf den Schein des Überweltlichen sich raube; daß aber ihrem Schein als Antwort das »Es ist gelungen« dennoch geschenkt werde, das mit so kindlicher Gewalt die Achte Symphonie jubiliert: das geschieht in Mahlers profaner Sakralmusik. Wenn jedoch Lächeln wolkig übers Gesicht zieht, um daraus ins Ferne zu verschwinden und das Geklärte zu lassen: dann grüßt Mahlers Musik streifend, lüftend als Wolke die Welt. Entlächelnd ist die Geste des Abschieds; jedes Stück Mahlers, von den »Gesellenliedern« bis zur Neunten Symphonie, ist abschiednehmend. So steigt, im Thema von deren Adagio, die Geige mit einem Sekundenmotiv in vier Schritten, jeder größer als von schwachen Menschen schreiten sich ließe, in ihren Wolkenhimmel: Gruß des Verschwindenden. Des Vernichteten, des Lebendigen? – anstelle der Antwort bleibt legendenstumm die Geste zurück. Es bedürfte der ungläubigsten und der gläubigsten Ohren, sie zu deuten.

Der zweideutige Mahler: über die banalen Themen hat er manchmal »mit Parodie« geschrieben und manchmal »ohne alle Parodie«, und der Hohe Verstand plagt sich, wo die Anweisung fehlt, mit der peinlichen Frage: hat er es ernst gemeint oder nicht; peinlich, weil er meint fürchten zu müssen, an der falschen Stelle seriös zu bleiben, während doch sein Humor dort noch deplaciert ist, wo es in der Tat etwas zu lachen gibt. Aber auf seine Frage verweigert Mahlers Musik die Antwort. Das macht: ihre Banalität ist Parodie und Ernst zugleich. Im Banalen verfällt die Dingwelt dem Lachen, die als ewig, natürlich, bestätigt sich gibt und am sichtbaren Bruch doch als gemacht, schadhaft, schäbig kenntlich wird. Aber der Bruch ist wiederum ganz ernst und buchstäblich: lesbar eben als Spur des vergeblichen Menschen, der all dies gemacht hat und dem es nun zerfiel; des Schadens, der gebessert werden kann, hat man nur die Trümmer recht zusammengefügt; des Armseligen und Abgeworfenen, das alles zu gewinnen hat und darum, vielleicht, einmal doch alles gewinnen wird. Der Hohe Verstand pflegt das ›literarisch‹ zu nennen. Aber damit ist über Mahler so viel gesagt wie wenn man die Granaten literarisch heißen wollte, die einmal ins sichere Gefüge der Kathedrale von Reims einfielen. Nur daß Mahlers Musik zu anderem Vorsatz dient als diese.

Ist es nicht auffällig, daß die, welche von neuen ›Bindungen‹ der Musik an Kollektiv und Gebrauch so viel zu fabeln wissen, der Mahlerschen ihr Placet verweigern und vor ihr zu unerbittlichen Anwälten eben jenes l'art pour l'art werden, über das sie sonst so eilig zur Ordnung ihres Tages übergehen? – während doch bis heute Mahler der einzige exemplarische Komponist geblieben ist, der real außerhalb des Raumes der ästhetischen Autonomie steht und mehr noch: dessen Musik wahrhaft und von lebenden Menschen, nicht von ausgerichteten Wandervögeln gebraucht werden könnte. Sollte es nicht jenen Bindungsfreudigen mehr auf die Bindung an sich ankommen als auf die Gehalte, für die das Kollektiv mobilisiert wird; ja sind ihnen nicht Gehalte, die mehr sind als die fetischisierte Bindung selber, gründlich suspekt? Am zukünftigen Schicksal von Mahlers Musik wird manches darüber sich ablesen lassen.

Sie bewährt als erste die Erkenntnis: daß das Schicksal der Welt nicht mehr vom Individuum abhänge; und sie bewährt sie zugleich als individuelle und in den Gefühlskategorien des einzelnen Menschen. Darum ist es so bequem, als brüchig sie zu beschimpfen. Ihre Brüche aber sind »richtiges falsches Bewußtsein«; keine ästhetische Gestalt, die der realen Menschheit und nicht der Fiktion des Einzelnen gilt, vermöchte doch den Einzelnen als historische Stufe zu verleugnen, und die es tut, wird Lüge darüber; die Brüche Mahlers aber definieren als geschichtsphilosophische Demarkationslinie seine Wahrheit. Er ist, mit einem Ausdruck des tief ähnlichen Frank Wedekind, kein »Kunst-Künstler« gewesen, aber seiner Musik hat die gesellschaftliche Bewegung sich dargestellt an ihrem wirklichen Opfer und konkreten Maß, dem individuellen Trieb und seinen Konflikten. Dafür ist das bündige Zeugnis die Konzeption des Mahlerschen Marsches, wie sie etwa im ersten Satz der Dritten Symphonie zwingend schon hervortritt. Er ist gemeint fürs Kollektiv und für solidarische Bewegung: gehört jedoch aus der individuellen Perspektive. Er befiehlt nicht sowohl als daß er mitnimmt; und nimmt er alles, noch das Unterste und Verstümmelte mit, so verstümmelt er doch nicht selber; das mitgenommene Individuum wird nicht getilgt: der Verein von Liebenden wird ihm zuteil. Vermöge der Variante, der bestimmenden Asymmetrie hält der Mensch im Marsch sich durch: das macht den Mißbrauch von Mahlers Musik so ganz unmöglich. Die sonst bloß sterben mußten, wenn sie aus der Reihe fielen, der zu Straßburg auf der Schanz, die nächtliche Schildwache, der bei den schönen Trompeten Begrabene und der arme Tambourg'sell: Mahler formiert sie aus Freiheit. Den Unterlegenen verspricht er den Sieg. All seine Symphonik ist eine Rewelge. Ihr Held ist der Deserteur.

Mahlers Aktualität

Zu seinem hundertsten Geburtstag

Es ist meine Erfahrung, daß man, wenn man in wenigen Minuten etwas über einen geistigen Gegenstand von großem Gewicht sagen soll, besser einen bestimmten Aspekt auswählt, als versucht, ein Ganzes zu umfassen, das unter Zeitnot ins schlecht Allgemeine zerfließen müßte. Darum möchte ich mich auf einige Worte über Mahlers Aktualität beschränken. Anlaß dazu ist die weit verbreitete Tendenz, Mahler als einen Spätromantiker oder ein sogenanntes Übergangsphänomen – wie wenn je etwas Bedeutendes in der Kunst etwas anderes gewesen wäre – gönnerhaft abzutun. Diese Tendenz hängt damit zusammen, daß man Mahler, auch nach dem Sturz des Regimes, das ihn verfemte, verdrängt hat, weil seine Musik an gar zu viele Wunden rührt. Seine wahre Aktualität ist aber nicht in dem zu suchen, was er von Späterem vorbereitete oder antezipierte.

Aktuell ist Mahler vielmehr als Korrektiv des gegenwärtigen Standes von Musik. Sein œuvre enthält Dimensionen, die in jenem Fortschritt nicht aufgehen, den er, ohne den Schönberg, Berg und Webern nicht zu denken wären, mitinaugurieren half. Der Begriff des Fortschritts wird in der Musik, wo man ihn nicht geradenwegs verlästert, vielfach grob gehandhabt. Man sieht ihn einseitig unter dem Aspekt der Freisetzung immer neuer Materialschichten, der Entwicklung von Verfahrungsweisen, welche diesen Schichten stets mehr sich anmessen, der anwachsenden Integration des Komponierens. Trifft aber die Bemerkung von Olivier Messiaen zu, daß solche Moderne heute ihre Decke erreicht habe, so kann kein Fund, keine bloße Verfahrungsweise mehr durch Neuheit allein sich legitimieren. Alle solchen Funde fallen in einen vom Gehör bereits abgesteckten Raum. Mahlers Neuerungen jedoch sind qualitativ anderer Art. Er hat, als einziger der Komponisten des obersten Anspruchs, das Untere mitgenommen, mitgerissen; hat errettet, was dem eindimensionalen Fortschritt zum Opfer fiel, ohne in der

Gestalt seines Werkes den Zwang des Fortschritts jemals zu verleugnen. Der Gehalt seiner Symphonien schlägt sich nicht auf die Seite des triumphalen Gangs des Weltgeistes und seiner stärkeren Bataillone. Allmenschlich identifiziert Mahler sich, bis in die Formulierung der Themen hinein, mit dem, was am Boden liegt. Der Nötigung zur Organisation der Form hat Mahler so wenig sich entzogen wie irgendein konstruktivistischer Komponist nach ihm. Zu erfahren, zu tief in ihr Material versenkt ist seine Musik, um nicht zu wissen, daß das Menschliche nicht unmittelbar laut wird, sondern einzig kraft der Vermittlungen im Komponierten. Aber bei aller konkreten Logik seiner Gebilde, die der abstrakt vorgeordneten, der überlieferten Formen so kühn sich entäußert, hat Mahler sich nicht dem musikalischen Panlogismus, nicht dem System, nicht der in sich geschlossenen Totalität verschrieben. Als erster hat er ein Fragezeichen gesetzt hinter die Tradition obligaten Komponierens, hinter das Ideal einer Musik, die schien, als könne sie nur so und nicht anders sein. Seine irregulären, weit auseinander gebauten Satzdörfer gewähren dem Zufall Schutz und nehmen ihn doch wiederum hinein in den Zusammenhang musikalischen Sinnes. Immer geht es bei ihm ganz anders, seine Symphonien erneuern sich in unermüdlicher Variante, aber dem zurückhörenden Ohr, auf das seine Symphonien ebenso angelegt sind wie auf das mithörende, offenbart sich, daß noch das Unerwartete und Abrupte seine genaue Funktion im Ganzen erfüllt. Gleichwohl tut das Ganze bei ihm den Einzelgestalten nie Gewalt an. Die unerschöpflichen Änderungen lösen geheime Verpflichtungen ein, welche die keine Sekunde lang erstarrenden Motive bei ihrem ersten Auftreten bereits unterzeichnen. Vor langen Jahren hat der tschechische Komponist Alois Hába einmal den Begriff eines Kompositionsstils der Freiheit geprägt. Unsere emanzipierte Musik, der alle Klänge gestattet und offen sind, hat von solcher Freiheit wenig sich erhalten. Gerade weil ihr alles erlaubt dünkt, mußte sie um so mehr darauf bestehen, alles an die Kandare zu nehmen, alles soweit nur irgend möglich aus einem einzigen Kern heraus zu entwickeln. Mahler dagegen, dessen Material in mancher Hinsicht gemäßigter, konservativer war als das von Richard Strauss oder Reger, hat, mitten in der Tonalität, bis zu deren Grenzen er niemals vorstieß, durch das formende Verfahren etwas wie einen solchen Musikstil der Freiheit realisiert, ehe er als

Programm auch nur absehbar war. Das hat seiner Musik eine Flexibilität verliehen, die bis heute nicht wieder erreicht, kaum nur ganz nachvollzogen wurde. Gegenüber einer Einheit, die tendenziell das Mannigfaltige opfert, indem sie es rücksichtslos sich unterordnet, hat er den bestimmten, geprägten musikalischen Charakter – man könnte sagen: den Namen in der Musik – festgehalten und zugleich die Charaktere so zueinander in Beziehung gesetzt wie im großen Roman. Er hat gleichsam von unten nach oben komponiert. Die vorgedachten Schemata sind ihm darüber zergangen. Dem dankt er eine Gewalt des Ausdrucks, über welche die fünfzig Jahre der Entwicklung des musikalischen Materials seit seinem Tode nichts vermochten. Zumal seine letzten Werke, Lied von der Erde und Neunte Symphonie, sind schmerzlich beredt, ledig aller bloß affirmativen Gestik, aller scheinhaften Behauptung von gegenwärtigem Sinn. Rein stellt in ihnen das Leidvolle des Lebendigen sich dar. Dennoch weisen sie durch deren Objektivierung hinaus über den Bereich bloßen Mitleids mit sich selber. Das Lied von der Erde wird dem maßlosen Anspruch seines Titels gerecht, musikalische Bilderschrift eines liebenden Bewußtseins ohne Hoffnung. Vielleicht gibt es Musik, die der ästhetischen Qualität, sicherlich solche, die der Gunst der geschichtlichen Stunde nach die Mahlers übertrifft. Keine aber spricht zwingender, ungeschminkter den Stand der Menschheit aus, der noch ihr gegenwärtiger ist. Darum soll man an Mahler nicht etwas wiedergutmachen, sondern ihm sich stellen, daß nicht das Beste vergessen werde. Noch in den Brüchen, die er so wenig verdeckt hat, und vermöge der zarten Kraft, mit der er sie hervortreten ließ, ist Gustav Mahler einer von den großen Komponisten.

1960

Zu einem Streitgespräch über Mahler[1]

Die Diskussion, zu der ich Sie, lieber Herr Mayer, gebeten habe, dürfte nun wirklich einmal etwas werden, was es im Rundfunk gar nicht so oft gibt: ein Streitgespräch. Denn die Position, die Sie zu Mahler einnehmen, ist, jedenfalls nach Ihrem Beitrag zu dem Buch aus dem Wunderlich Verlag, der meinen diametral entgegengesetzt. Es drückt sich das vorweg in dem Ton des Ganzen aus, der etwas Gönnerhaftes und, Sie müssen schon verzeihen, Schnoddriges hat. Der häufige Gebrauch von Worten wie Usurpator und literarischer Dilettant mag das belegen; worin das Usurpatorische Mahlers soll bestanden haben, wird nicht entfaltet. Man braucht kein Anhänger der Verquickung von Kunst und Religion zu sein, die gerade während Mahlers Epoche verbreitet war, um daran sich zu stoßen. Sein Werk hat, nicht nur durch den Ernst der subjektiven Gesinnung, sondern durch das, was es noch in seinen Brüchen objektiv verwirklicht, einen Rang, der ganz einfach zunächst einmal Respekt erheischt, vollends im Angesicht der bei der Überzahl aller Hörer heute vorwaltenden Tendenz, Musik als Reizmittel zu genießen und nicht, nach dem Wort Hegels, als eine Erscheinung der Wahrheit. Wenn irgendeiner der Vulgarisierung der Musik zum Konsumgut Einhalt gebietet, dann Mahler, dem das falsche Gehör so leicht den Vorwurf macht, seine Themen seien banal – einen Vorwurf übrigens, dem Schönberg in der Rede, die in dem gleichen Band abgedruckt ist wie Ihr Beitrag und der meine, aufs kräftigste

1 Die hier veröffentlichte kleine Arbeit stellt die Antwort auf Hans Mayers Beitrag zu dem im Wunderlich Verlag erschienenen Symposion über Gustav Mahler dar [vgl. Hans Mayer, Musik und Literatur, in: Arnold Schönberg, Ernst Bloch, Otto Klemperer u. a., Über Gustav Mahler, Tübingen 1966, S. 142 ff.]. Dieser Beitrag und die Entgegnung bildeten die Basis einer Diskussion zwischen Professor Mayer und dem Autor im Rahmen des Dritten Programms des Norddeutschen Rundfunks. Der Autor möchte besonders seine Freude darüber ausdrücken, daß Mayer in der Diskussion seine Positionen derart erläuterte, daß die Spitze abgebogen wurde, die zunächst in seinem Beitrag sich abgezeichnet hatte.

entgegentrat. Ich meine aber, der Ton, den Sie Mahler gegenüber angeschlagen haben, ist besonders gefährlich in einer Situation, in der an Mahler eine bestimmte Art von trüben und reaktionären Affekten sich austobt, die Ihnen ganz gewiß so entgegengesetzt sind wie mir. Ich scheue mich nicht zu sagen, daß Mahlers Name und Musik nach wie vor ein Katalysator für antisemitische Instinkte sind. Man muß nur einmal die Haltung gewisser Orchester beobachtet haben, wenn eine Symphonie von ihm probiert wird. Wohl darf man solcher Umstände wegen nicht die Wahrheit unterdrükken. Wäre Mahler wirklich so dubios, wie er Ihnen jedenfalls unter dem von Ihnen gewählten Aspekt, dem des Verhältnisses zum Text, erscheint, so sollte man das nicht aus politischer Rücksicht verschweigen. Aber ich glaube, Ihre Erwägungen sitzen nicht, und haben zudem einen Klang, der dem ideologischen Mißbrauch allzu leicht sich aussetzt. Das ist der Grund, warum ich Ihrer Ansicht über Mahler entgegentrete.

Es ist nicht meine Art, mich auf den Fachmann herauszureden. Diesmal aber kann ich nicht ganz umhin, an gewisse Zuständigkeitsprobleme zu rühren. Sie kommen von der Literatur her, und Ihr Verhältnis zur Musik ist – verzeihen Sie mir – demgegenüber peripher, in dem Sinn, daß Sie der Musik als Empfangender gegenüberstehen, nicht sie von der anderen, der Produktionsseite her erfahren. Behauptungen wie die eines schroffen Nebeneinander von musikalischer Form und Dichtung in Bergs Wozzeck etwa sind schlicht unhaltbar. Man muß aber, will man über Mahler im Ernst urteilen, in der kompositorischen Problematik zu Hause sein. Die Tatsache der Gebrochenheit seiner Musik, die ja von den verschiedensten Musikern ausgesprochen worden ist – von Schönberg, von Schnebel, von mir –, ist nicht zuletzt darin zu suchen, daß man bei ihm nichts im musikalischen Sinn wörtlich nehmen darf. Mahler verstehen heißt, das Hintersinnige, Doppelbödige verstehen, bis in seine Sprache und seine Verfahrungsweise hinein. Ich könnte das an ungezählten Details erläutern. Lassen Sie mich nur auf einen Tatbestand hinweisen. Mahlers Harmonik ist, bis zu seiner Spätphase, nicht nur durchaus tonal, sondern, wenn man will, hinter der von Zeitgenossen wie Strauss und Debussy zurückgeblieben. Aber diese Harmonik hat, durch die in den Klängen aufgespeicherte Dynamik, eine Sprengkraft, die weit über das Idiom seiner Zeit

hinausschießt bis tief in die Moderne hinein. Man könnte sagen, seine Akkorde, etwa die finsteren Mollklänge aus der Sechsten Symphonie, seien Chiffren von Dissonanzen, die erst viel später geschrieben wurden. Oder selbst der Trauermarsch, mit dem die Fünfte beginnt – ein strikt nach dem Marschschema gebautes Stück, aber von einer so maßlosen Kraft des tragischen Ausbruchs, daß alles Grauen einer Periode darin vorweggenommen scheint, die Mahler nicht mehr zu erleben brauchte. Vergleichbar ist er darin den Gedichten der frühexpressionistischen Lyrik, die vor dem Ersten Krieg geschrieben wurden. Schnebel sowohl wie ich haben im einzelnen nachgewiesen, in welchem Maß die Mahlersche Musik ein Kryptogramm der musikalischen Moderne ist. Bringt man ihn, wie es vor allem die Gewohnheit der offiziellen Musikwissenschaft ist, auf den bloßen Stilbegriff übersteigerter und veralteter Spätromantik, so geht jenes entscheidende Moment, das die avantgardistische Musik mit Mahler verbindet, verloren.
Sie haben, im Gegensatz zu solchen Gewohnheiten, in Ihrem Beitrag Mahler mit Kafka verglichen. Mit Recht; in meinem Mahlerbuch findet sich, wohl ohne daß Sie es wußten, derselbe Vergleich. Vielleicht ist er dazu angetan, zu erhellen, was ich meine. Wie bei Kafka in einer gelassen epischen und in gewissem Sinn traditionellen Sprache das Ungeheuerliche gesagt, all das antezipiert wird, wofür später die Formel des Absurden sich einbürgerte, so meldet sich bei Mahler, unter der Hülle eines traditionellen Kompositionsmaterials, eine völlig neue, den Umfang der mittleren Kultur sprengende Erfahrung an. Man könnte das Phänomen auch mit van Gogh vergleichen, bei dem eine dem Impressionismus abgewonnene Technik im Dienst der entfesselten Expression steht. All das jedoch bleibt bei Mahler nicht literarische Absicht, sondern ist Gestalt geworden, keineswegs, wie Sie unterstellen, bloß autobiographisch und darum zufällig. Dazu hilft die Formstruktur, die Fiber des Komponierten. Sie rückt Elemente in Zusammenhänge, in denen sie zwingend, eindeutig jene Wendung nehmen, die man, ebenfalls mit einem Cliché, das heute nur allzu beliebt ist, Verfremdung nennen würde. Ich bilde mir ein, das in meinen Arbeiten über Mahler, dem Buch, der »Wiener Gedenkrede« und den »Epilegomena«, unmißverständlich aufgewiesen zu haben. Man muß, ehe man über Mahler redet, erst einmal des Niveaus sich versichern, des

Außerordentlichen, alle Stilbegriffe Übersteigenden an Mahler, wofern man nicht in der Würdigung stecken bleiben will, in jener Form des Denkens, die Ihnen ganz gewiß ebenso widerstrebt wie mir.

Das gilt auch für das Verhältnis zum Text. Es dürfte in aller Musik anders gelagert sein, als es in Ihrem Aufsatz, sei es auch unausdrücklich, vorausgesetzt wird. Schönberg hat in einem Aufsatz über das Verhältnis zum Text, vor bald 60 Jahren, geschrieben, er überlasse sich dem Wortklang der ersten Zeile, ohne sich über den Sinn eines ganzen Gedichtes viel Rechenschaft zu geben. Gewöhnlich finde er, daß dann die gesamte Komposition dem gesamten Gedicht gerechter würde, als wenn er das Gedicht sich durchaus bewußt gemacht hätte. So, glaube ich, steht jede bedeutende Komposition zu ihrem Text, nicht nur die expressionistische. Ganz gewiß die Mahlersche. Wenn Sie ihn – darin stimme ich Ihnen zu, und auch das habe ich auch längst formuliert – in Gegensatz zu der psychologischen Art der Textbehandlung setzen, so sind Sie jenem Sachverhalt sehr nahe gekommen, ohne doch daraus für Mahlers Verhaltensweise zur Lyrik die volle Konsequenz zu ziehen. Für Musiker sind nun einmal Worte Vehikel ihrer Kompositionen. Selbst die größten Liederkomponisten wie Schumann springen mit Worten manchmal so um, wie Sie es Mahler ankreiden. Nicht verschweigen kann ich, daß ich gerade die Art von Montagetechnik, die Mahler anwandte, um sich den Text des letzten Satzes aus dem Lied von der Erde zusammenzubasteln, und die kaum einen eindeutigen Sinn zuläßt, für ungemein kühn und fortgeschritten halte. Sicherlich liegt der geschichtsphilosophische und der Stilbruch zwischen dem Hymnus »Veni creator spiritus« und der Schlußszene des Faust zutage. Vergleichen Sie aber die Komposition beider Texte, die ja bis in alle thematischen Einzelheiten hinein streng aufeinander bezogen sind, so werden Sie bemerken, daß die Musik auf die ihr allein mögliche Weise, nämlich die der Formkonstruktion, den Stilbruch bewältigt. Wohl wäre zu fragen, ob der Begriff des Stils überhaupt an Musik solchen Ranges heranreicht; Schönberg hat es bezweifelt. Was wäre nicht alles, unter dem Aspekt stilistischer Reinheit, gegen das Finale des Violinkonzerts von Berg einzuwenden, wo Variationen über einen Bachchoral mit einer Reihenkomposition sich überdecken. Aber es gibt in der Musik eine

Stimmigkeit höherer Ordnung, welche die des Stils suspendiert. Darf ich mich nun einmal eines literarischen Vergleichs bedienen: es liegt etwa wie bei Karl Kraus, der die Grammatik, die Korrektheit des deutschen Ausdrucks gegen stümperhafte Willkür, auch die anspruchsvollste, unerbittlich verteidigte, dort jedoch, wo in einem Meisterwerk dagegen verstoßen ward, für den Verstoß Partei ergriff. Mir selber ist die Achte Symphonie Mahlers nicht das nächste unter seinen Werken. Trotz aller Vorbehalte indessen würde ich sagen, daß von der zentralen Komposition, nämlich der Einheit eines Chorsonatensatzes und einer ganz aufgelockerten, epischen Folge von Formen her auch der Kontrast des lateinisch strengen Hymnus und der aus ekstatisch übereinandergelagerten Schichten gebauten Dichtung legitim sei. Schwerlich existiert ein künstlerisch ernsthafter Mensch, der nicht irgendwann an Mahler auch sich geärgert hätte. Aber ich habe in meiner Musikerfahrung gelernt, in derlei Fällen erst einmal mir Unrecht zu geben und Mahler Recht. Der Erdenrest, der dann bleibt, mag zu tragen peinlich sein, zu tragen ist er allemal. Auch in der Einschätzung der von Mahler gewählten Gedichte gehe ich nicht mit Ihnen einig. Daß Herr Bethge ein Kunstgewerbler war, ist eine Binsenweisheit; gleichwohl ist in der Wiener Werkstättenlyrik, in welche er die chinesischen Gedichte eindeutschte, etwas von deren undomestizierter Größe zu spüren. Darauf, nicht auf Jade und Pagoden hat Mahler angesprochen. Man müßte schon wirklich sich taub machen, wollte man nicht hören, daß der Ausdruck des Liedes von der Erde alle jugendstilhaft ornamentierte Spielerei gänzlich unter sich läßt.

Sie gehen auch mit den Wunderhorntexten gar zu streng ins Gericht. Lassen Sie mich, in deren Zusammenhang, auf Goethe mich berufen, der ja nicht der Solidarität mit Arnim und Brentano verdächtig ist, auch am Wunderhorn eingreifende Kritik übte, aber gerade einige der von Mahler vertonten Lieder aufs höchste bewunderte. Ich zitiere Goethes Urteil nach der alten Mahler-Biographie von Paul Stephan: »Des Antonio von Padua Fischpredigt« hat Goethe »unvergleichlich, dem Sinn und der Behandlung nach« genannt; die Rewelge »unschätzbar für den, dessen Phantasie folgen kann«, den Tambourg'sell: »ein Gedicht, dem der Einsehende schwer ein gleiches an die Seite setzen könnte«. Keiner braucht an

Autorität zu glauben, der angesichts solcher Charakteristik von Anschauungen sich distanziert, die, im Bann des philologischen Historismus, Des Knaben Wunderhorn begönnern, weil die beiden Editoren in die alten Vorlagen subjektivistisch eingegriffen hätten. Ich kann mir nicht vorstellen, daß Sie den Denkgewohnheiten muffiger Seminare etwas einräumen wollen. Aktuell an den Wunderhorngedichten sind eben jene Sprünge im Oberflächenzusammenhang, die eine abgründige Phantasieregion aufreißen: keine andere als die, in welcher Musik angesiedelt ist. Mahlers musikhafte Logik, grundverschieden von der diskursiven, hat untrüglich gerade solche literarischen Vorwürfe sich ausgesucht. Schließlich verführe ich auch mit Rückert zarter als Sie. In den Kindertotenliedern liegt ein Keim von ungebändigtem, maßlosem Gefühl, auch ein Element getrübter Innigkeit bereit, der auf Mahler gewartet zu haben scheint. Oder nehmen Sie ein Gedicht wie »Ich atmet' einen linden Duft«, von Mahler wahrhaft herzbrechend, ja, man möchte kaum sagen: komponiert, sondern wie in musikalischer Graphik nachgezeichnet. Das Klangspiel zwischen der Linde und dem Adjektiv lind, der Gehalt des Gedichts, schafft, fern von rationaler Bedeutung, bereits etwas wie musikalische Situationen. Dem hat Mahler sich überlassen, und dabei kam es zu jener Einheit des Verwundeten und des Beseligten, die auch die unvergleichliche Komposition eines anderen Rückert-Gedichts, »Liebst du um Schönheit«, ausatmet. Mahler zeigte in der Wahl seiner Texte eine retrospektive Gesinnung, die eher den Entdeckungen von Karl Kraus entspricht als der Butzenscheibenromantik. Das summarische Verdikt über die Lyrik aus den dürren Jahrzehnten des neunzehnten Jahrhunderts ist allzu billig; heute, da diese Kunst so weit entfernt liegt, daß sie keinen mehr zur Nachahmung lockt, wäre sie neu zu betrachten, und bei einem Dichter des Wort- und Reimexperiments wie Rückert, der lange einen schlechten Ruf hatte wegen des vorgeblich Gekünstelten seines Verfahrens, wären überraschende Korrespondenzen zum Jüngsten zu erwarten. Daß der Komponist Mahler für derlei Zusammenhänge, unbekümmert um die offiziellen Wertkategorien für Lyrik, ein Organ hatte, ist zu seinem Ruhm, nicht zu seiner Schande. Nicht zuletzt wäre zu bedenken, daß die bedeutendsten Liedwerke keineswegs stets die gewesen sind, welche die besten Texte sich aussuchten. Vielfach ist

deren Autonomie in Musik nicht aufzulösen; das Goethesche »Über allen Gipfeln ist Ruh« selbst von Schubert nicht.
Noch wo Mahler literarisch Fragwürdiges vertont, scheint mir das Ergebnis, dank der kompositorischen Stimmigkeit, höher zu rangieren, als wenn etwa Hugo Wolf, den er nicht mochte, die schönsten Gedichte sich gewählt, aber dann, etwa in Mörikes »Genesendem an die Hoffnung«, eine großartige Exposition durch eine vulgäre Fanfare Lügen straft. Demgegenüber läßt Mahler auch in den Liedern der konstruktiven musikalischen Phantasie, und ihrer immanenten Logik, allen Raum. Ein im Ton so harmloses, freilich unendlich reizvolles Stück wie »Wer hat denn dies schön' schöne Liedlein erdacht« ist so gebaut, daß, nach einer Art von Trio, die Wiederholung der Exposition deren Hauptbestandteile in krebsgängiger Anordnung bringt – ein Verfahren, das dann in den großen Instrumentalsymphonien, der Sechsten und der Neunten, sich ganz entfaltete. Ist tatsächlich, angesichts solcher der Entwicklung um siebzig Jahre vorauseilenden Funde, gar so viel darüber zu rechten, ob der Vorwurf literarisch Gewicht hat, stilrein ist oder was immer sonst?

1968

Fragment als Graphik

Zur Neuausgabe von Mahlers Zehnter Symphonie

Im Münchener Walter Ricke Verlag ist erneut eine Faksimileausgabe dessen erschienen, was von Gustav Mahlers Zehnter Symphonie existiert. Sie scheint, mit Ausnahme eines Blattes, das zu den Einzelskizzen relegiert wurde, mit der alten, was die Entwürfe der Gesamtsätze anlangt, identisch zu sein; dagegen ist die früher auf 8 Blätter limitierte Zahl der Einzelskizzen auf 53 Blätter erweitert.

Der neue Herausgeber ist Erwin Ratz, der Spiritus rector der Gustav-Mahler-Gesellschaft und der kritischen Gesamtausgabe. Das Verdienst für diese ist das von Ratz allein. Nur wer mit Mahler eingehend sich beschäftigt hat, wird ganz ermessen, was man ihm schuldet. In die Gesamtausgabe hat er den häufig aufgeführten, von Mahler in einem »Partiturentwurf« fixierten, relativ weit fortgeschrittenen ersten Satz aufgenommen. Im Vorwort zum Faksimile freilich bezeichnet er auch diesen Satz, mit Recht, als eine Vorstufe. Er stützt sich dabei auf die Verfahrensweise Mahlers in der Neunten Symphonie. Die Partiturentwürfe ihrer ersten drei Sätze sind jenem vergleichbar; Mahler hat daran jedoch in der definitiven Fassung nicht nur Details geändert, sondern tief in die Musik eingegriffen. Die von der Partiturgestalt des Manuskripts geweckte Erwartung, der Satz sei einigermaßen abgeschlossen, wird vom Partiturbild, vollends von der Kenntnis der Komposition widerlegt. Man könnte von einem vertikalen Fragment reden. Zwar liegt ein kontinuierlicher Gesamtverlauf vor, vielfach indessen findet an Stelle der ausgeführten Nebenstimmen sich nur eine Art harmonischen Schemas, der »Choral«. Eine der eigentümlichsten Fähigkeiten Mahlers, die zum Hinzuerfinden freier, höchst organischer Kontrapunkte, kommt nicht ganz zur Geltung. Überdies dürfte der Satz auch in der Formanlage keineswegs seine authentische Gestalt erreicht haben; er wirkt, gemessen an dem reichen, ungemein expansiven thematischen Material, weit kürzer,

als man nach der Praxis Mahlers in anderen Werken, auch denen aus der Spätzeit, erwartet; zu kurz nach dem Maß seiner selbst.
Unvollständig erscheint erst recht der dritte Satz, der übrigens nochmals auf ein Wunderhornlied Mahlers, das vom Irdischen Leben, anspielt. Er währt nur 30 Takte. Anhaltspunkte dafür, daß sie nur als Exposition gedacht sind, die im Sinn der Mahlerschen Durchführungsscherzi einen längeren Satz hätte tragen sollen, bieten die Noten nicht. Trotzdem ist kaum ein Zweifel daran, daß der Symphoniker Mahler so verfahren wäre, obwohl der berühmte Tamtamschlag am Ende, den Alma Mahler mit einer biographischen Episode in Zusammenhang brachte, immerhin auf eine inkommensurable musikalische Situation deutet.
Derlei Zweifel überschatten das gesamte Fragment. Ratz zufolge, der sich am eingehendsten damit befaßte, war für Mahler lange Zeit nicht einmal die formale Disposition des Ganzen: Zahl und Anordnung der Sätze klar; er hätte durchaus auch die Großarchitektur, in deren Planung er schwankte, ändern können. Die außer dem ersten und dritten Satz erhaltenen zusammenhängenden Entwürfe beschränken sich ohnehin auf so karge Aufzeichnungen der Hauptstimmen, daß sie für die Konkretisierung der Musik kaum einen Anhalt gewähren. Die neu gedruckten Skizzen beziehen sich, soweit sie größere Zusammenhänge geben, auf den ersten und zweiten Satz; der Rest ist von solcher Art, wie Komponisten gern einzelne Takte umfangreicher Komplexe, mit denen sie gerade beschäftigt sind, als Marginalien notieren; niemand weiß, was dann im größeren Kontext daraus wird.
Auffällig, wie sehr das Themenmaterial der raschen Sätze an Charaktere der Burleske aus der Neunten und des zweiten Satzes aus der Fünften Symphonie erinnert. Sollte selbst darin etwas von jenem Ermüdungsprozeß sich anzeigen, der leicht Wiederholungszwang bewirkt, so spricht doch bei Mahlers außerordentlicher selbstkritischer Energie – Ratz vergleicht seine Arbeitsweise mit Grund der Beethovens – alles dafür, daß er Erstarrungsphänomene bemerkt und durch die Kraft zur Variante verflüssigt hätte.
Zum Ganzen nun: Der erste Satz, mit seinem unvergleichlich schönen, den späten Bruckner höchst produktiv umdenkenden Hauptthema und dem dichten Gewebe der daran anschließenden Fortsetzungspartien, läßt keinen Zweifel daran, daß die Zehnte Symphonie

eine der großartigsten und, zumal in der harmonischen Anlage, avanciertesten Konzeptionen Mahlers war. Sie trägt alle Zeichen seines Spätstils und entfernt dennoch im ersten Satz sich weit vom Lied von der Erde und von der Neunten. Bei dem kuriosen dritten Satz mag man an die hintergründige Simplizität mancher Stücke aus Beethovens letzten Quartetten denken. Aber das Erhaltene ist unwiderruflich ein Torso. Könnte das Werk sinnvoll rekonstruiert werden, so wäre zuzuraten. Die Objektivität der Sache, der Zwang, der in ihr selber liegt und auf ihren Abschluß drängt, wäre über die Treue zur höchst ungewissen subjektiven Vorstellung des Komponisten zu stellen. Der Entwurf jedoch ist keineswegs so weit gefördert, daß sich erraten ließe, wo hinaus er will. Sein eigenes Gesetz ist im dunkeln. Bei einem episch-musikalischen Komponisten wie Mahler ist wesentlich das scheinbar Unwesentliche, das unablässig neu produzierte und sich wandelnde Detail. Dafür gewährt das Fragment nicht den genügenden Anhalt. Man braucht nicht puritanischem Übereifer zu verfallen oder das Genie zu fetischisieren, wenn man Versuchen mißtraut, welche ihren Vorsatz nicht erreichen können und bloß Verwirrung stiften. Das ist auszusprechen, weil seit dem Ablauf der Schutzfrist eine gewisse enthusiastische Betriebsamkeit der Zehnten sich bemächtigt hat, die auf die Autorisierung durch die Witwe sich berufen kann.

Dadurch wird der Wert der Faksimilepublikation nicht gemindert: eher erhöht. Der Besitz dieser Skizzen ist die günstigste Gestalt dessen, was von der Zehnten sich erhoffen läßt; selbst den ersten Satz sollte man lieber durchs schweigende Lesen ehren als Aufführungen exponieren, in denen das Unausgeführte notwendig zum Unvollkommenen wird. Wer allerdings in der Musik Möglichkeit und Wirklichkeit zu unterscheiden versteht; wer weiß, daß noch die größten Werke ein Anderes und wahrscheinlich mehr hätten werden können, als sie wurden, der wird in die Schriftzüge Mahlers, entschlossen zugleich und wie von Angst getrieben, mit der Ehrfurcht sich versenken, die dem Möglichen vor dem Wirklichen gebührt. Das schöne Faksimile nähert sie der Graphik an; das legitime Verhalten dazu ist das der Hand, die einsam, schonend graphische Linien nachfährt.

1969

Richard Strauss

Zum 60. Geburtstage: 11. Juni 1924

Weniger denn bei irgendeinem lebenden Musiker wohl taugt bei Strauss der sechzigste Geburtstag gerade zum Symbol. Als Symbol möchte jenes Datum Verfestigung begreifen, ein Ende: und ob auch seit länger als einem Jahrzehnt von Straussens Erstarrung polemisch die Rede ist, so scheint doch die Intention seiner Werke aller Verfestigung entgegen zu sein; ja der Widerspruch gegen den späteren Strauss gründet wesentlich in der Annahme, es sei ihm verwehrt, anders als stets verwandelt zu schaffen. Der Gegenstand seiner Musik ist das *Leben*: Leben in der spezifischen Bedeutung, die in der Philosophie Nietzsches, Simmels und Bergsons begrifflich geformt wurde, der in der Kunst etwa die Bilder von Slevogt und Corinth, die Skulpturen von Rodin, die Romane von Anatole France und Thomas Mann entsprechen. Überall hier soll Leben, für sich des Sinnes noch bar, selbst der letzte Sinn sein; überall hier erschöpft sich Leben in der sinnleer ablaufenden Zeit; überall hier versteht sich der Mensch nicht als Kreatur, die sich von Gott abhängig weiß, sondern setzt sich selbst als oberes Maß der Dinge. Wie dies immanente Leben der Gegenstand von Straussens Musik ist, so ist der Träger seiner Musik jener Mensch, dessen Seele, aus der Beziehung zu Gott entsunken, sich rein in sich genügt: das psychologische Ich. Der Musik des psychologischen Subjekts sind keine verpflichtenden Formen gegeben, Formen, die einzig in der Beziehung rechtmäßig empfangen werden könnten; sie deutet zurück auf den Menschen als gleichsam zufälligen Vertreter abgelöst seelischer Funktionen, in denen sie ruht, ohne doch in ihnen ruhen zu können. Wenn an Straussens Musik manche Gehalte solcher bloßem Leben zugeordneten Kunstübung aufgewiesen werden, so ist damit gleichwohl kein Anspruch erhoben, seine Gestalt auf eine bündige Formel gebracht zu haben.

Die Musik des psychologischen Subjekts entspricht jenem Subjekt. Die Welt, die sie betrifft, ist Schöpfung des Ich, und was in ihr ist, ist aus dem beziehungslosen Ich. Darum vermag die Musik des psychologischen Subjekts an keiner Stelle ihr Bereich unmittelbar nach oben zu durchstoßen. Im 19. Jahrhundert, da sie sich bildete, sind Mendelssohns fröstelnder Klassizismus und Chopins blendendes Spiel, Schumanns blinde Wiederholung der Sonate und Bruckners Choral ohne Gemeinde gleich tragische Versuche, die Macht der Formen nochmals zu beschwören. Ihnen allen aber ist noch realer Anteil an überdauernden Formen gewährt, der Zerfall des Ich hat sich noch nicht vollendet, und Beethovens Gelingen lockt aus erreichbarer Ferne. Beethoven ist ganz Person; er wird es, indem er um Formen ringt, die in seine Welt fordernd hineinragen. – Bei Strauss ist die Wirklichkeit der Formen definitiv erloschen, besteht weiter nur als Schein; er lebt nicht mit den Formen, nicht gegen sie, er setzt die vergangenen sich selber. Darin scheidet Strauss radikal sich von Beethoven und rückt in Wagners Nähe.
Die Einschränkung der Musik des psychologischen Ich auf die subjektive Sphäre ist die Grenze dessen, was sie meint. Je weiter die Situation, in die der Künstler hineingeboren ward, vom Sinn entfernt liegt, je blasser die Formen ihm sich abzeichnen, um so unverhüllter wird ihm die Darstellung seiner eigenen Innerlichkeit zur Aufgabe, der Innerlichkeit, die er vordem nicht darstellen mußte, da sie, ausgerichtet nach oben, das Gebilde als Zeugnis ihres Ausgerichtetseins aus sich entließ; die Innerlichkeit, die längst aufgehört hat, wahrhaft Innerlichkeit zu sein. Wagners tief in schlechten Psychologismus sich hinabneigende Musik suchte den Zug nach oben durch das Mittlertum des Wortes zu erhalten. Strauss dann reduziert die Musik entschlossen auf die psychologische Darstellung, gibt das Mittlertum des Wortes preis und macht das Wort, das selbst Abgelöst-Seelisches meint, überflüssig; Liszts symphonische Dichtung, der Wagner mißtraute, ist von ihm erst im Sinnlichen bewältigt. Die Psychologie des abgelösten Individuums ist die Antwort seiner Musik, ihre Form aber ist der Schein.

Es heißt, Strauss habe sich gelegentlich einen Mendelssohnianer genannt. Der Witz, der dem instrumentalen Abenteurer das Erbe der gemäßigten Bürgerromantik anvertraut, erinnert an ein Richtiges zumal gegenüber der Gewohnheit, Strauss ohne Umschweif der Wagner-Nachfolge zuzurechnen. Die zwangvolle Wahl, entweder seine Innerlichkeit in Leerformen zu bergen, in die sie nur eingehen kann, wenn sie sich aller ihrer besonderen Wesensbeschaffenheiten entäußert – oder in sich hinabzutauchen und zwischen den Wellen seiner in der Zeit verströmenden Erlebnisse das eigene Selbst zu suchen, das sich längst entglitt –, diese zwangvolle Wahl, wie sie zwischen Strawinskys und Pfitzners Verfahrungsart etwa besteht, blieb ihm erspart. Die seelischen Phänomene, die Strauss darstellt, reichen nicht in den Problemgrund der Innerlichkeit hinein; sie sind von typischer Allgemeinheit und symbolisieren das Leben nur in seiner zufälligen Verknüpftheit mit dem Individuum, ohne doch das Individuum grausam zu entselbsten. Für die psychologischen Gegenstände der Straussischen Musik ist exemplarisch die Schicht der *Erotik*: sie liegt durchaus im Ichbereich und hat alle Besonderheit des psychologischen Individuums in sich, das sie auf das Leben bezieht – zugleich aber enthält sie empirische Gesetzlichkeit und lagert, zumindest in der Begrenzung auf Nervisch-Sinnliches, die sie in Straussens Werken erfährt, in der Außenschicht der Seele. Ähnliches meint Straussens *Schwung*, eng benachbart Bergsons élan vital, gleich jenem der Erlebniszeit als seinem inneren Gegenstande zugewandt; auch er läßt die Fülle des Seelen-Ich greifbar anschaulich gegenwärtigen, ohne sie auszuschöpfen. Straussens Psychologie geht von innen nach außen und weiß, warum sie es tut: in der Erfahrungszone, bei der sie sich bescheidet, rettet sie die Schale wenigstens der wirklichen Welt. Unverantwortlich ist das Gerede von der Straussischen Oberflächlichkeit; die ganze Tiefe seiner Musik ruht darin, daß ihre Welt selbst ganze Oberfläche ist, daß sie auf der Oberfläche der Welt lose schwebt, anstatt in vergeblicher Jagd nach dem selbst ganz unwirklichen Innen den Rest einer wenngleich fragmentarischen Wirklichkeit des Äußeren aus Händen zu lassen. Und wie Strauss durch seine konkret-musikalische Anschauung dem Schicksal entging, endelosen Prozeß in die Seele zu werfen und in lyrische Formanarchie zu geraten, so war er gefeit gegen die Versuchung der Leerformen, die Objektivität vorspiegeln und doch nur allenfalls die Objektivität der Maschine haben. Er hat die Symphonie nicht als logisches Gerüst aufgebaut und ihr dennoch überindividuelle Geltung bewahrt. Die *Scheinhaftigkeit der*

Form, die seine Auskunft war, empfängt ihren Sinn mit aus der Situation, die ihn umschließt. Während für den ausgerichteten Einzelnen und die ausgerichtete Gemeinschaft das Gebilde Sein und Gestalt hat wie der Mensch, der es hervorbrachte, aber offen bleibt nach oben hin und nicht in der Gestalt sich selbst vollendet, ist eine aus der Beziehung ausgebrochene Kunst bar des gestalthaften Seins und zugleich verdammt, als vermeintlich letztem der eigenen Gestalt zuzustreben, die doch nur Schein bleibt, solange sie nicht von oben bekräftigt und in Zweifel gerissen wird. Der Lebensphilosophie, Simmel vor allem, ist das Kunstwerk, vom Leben aus gesehen, Schein; allein dadurch, daß es aus dem Fluß des wirklichen Lebens herausgehoben ward, hat es Dauer und steht der Bewegtheit des Lebens als Festes entgegen. So auch begreift sich Straussens Form. Sie ist nicht geboren in realer Gemeinschaft, sondern lediglich aus dem Leben gewachsen, gleichen Stammes wie das Leben, freie Setzung des Ich. In der Scheinhaftigkeit der Formen offenbart sich Straussens Verhältnis zur Romantik, der er doch wieder ganz fremd ist: denn weder will er die Formen als wirklich aufrichten, noch wird ihm ihre Unwirklichkeit zum ironischen Mittel, die Unwirklichkeit der eigenen Existenz bloßzulegen. Sie sind vielmehr scheinhaft gegenüber der Bewegtheit des Lebens, in der hart vom Lebensraume abgetrennten Sphäre der Kunst aber solange real, bis das Leben sie wieder hinwegspült. Strauss ist Artist im Sinne der lebensphilosophischen Antithese von Leben und Kunst; und nicht zufällig hat man von seinen Werken den Begriff der kompositionellen Technik als einer sich selbst genügenden Virtuosität abgezogen. Diese Technik durchherrscht oft genug als oberes Leitprinzip den ästhetischen Raum. Dem Organisationsprinzip der Technik, allgemein der Absonderung einer isoliert ästhetischen Sphäre, die scheinhaft das Leben umfängt, entspringen mittelbar die meisten von Straussens Formtypen. Jene ästhetische Sphäre saugt nicht das psychologische Ich auf mit der Allgemeinheit ihrer Forderung; sobald ihre Allgemeinheit dem psychologischen Ich in der Darstellung seelischer Inhalte begegnet, schmiegt sie sich ihm an, und ihre Scheinhaftigkeit liegt offen zutage. Der junge Strauss, der die Don Juan-Phantasie schrieb, wollte ohne Umschweif das Leben als psychologischen Gegenstand seiner Musik anpacken und knüpfte dort an, wo die Form gleichgültig-unbedenklich dem

Leben angepaßt war: bei Liszts symphonischer Dichtung. Reifend erfuhr er, daß die pure Formlosigkeit präludierender Themenabwandlung, der er ohnehin nicht verfallen war kraft einer sich selbst disponierenden melodischen Plastik, am wenigsten jene ästhetische Sphäre sichern konnte. Zur Mehrsätzigkeit der ersten Werke durfte er nicht zurückkehren um des *Programmes* willen. Das Programm birgt vielfache, einander überschneidende Intentionen: zunächst bedeutet seine begriffliche Faßbarkeit die Einschränkung der Musik auf die Wiedergabe abgelöst seelischer Inhalte, weiterhin möchte seine Sinnfälligkeit den Zug der Musik nach außen verstärken, endlich reicht das Programm über die Musik gewordenen seelischen Inhalte hinaus, wie das Leben über die künstlerischen Formen hinausreicht, und stellt somit die Faßlichkeit der seelischen Inhalte wieder in Frage. Der Widerstreit der Technik – des Inbegriffs der isoliert ästhetischen Sphäre – und des Programms, das die Aufgabe psychologischer Darstellung und die letzte Unfaßlichkeit des Lebens durch Formen verkörpert, dieser Widerstreit wird zum Antrieb für die Entwicklung von Straussens Symphonik. Das Programm erheischt zunächst *offene* Formen, die beliebige Motive psychologischer Darstellung umhüllen können, scheinhaft genug, um nicht an ihnen zu zerschellen; Rondo und Variation kommen ihm entgegen. Die Technik aber fordert von dem Programm, daß es weiter ist als seine begriffliche Gegenständlichkeit; die seelischen Tatsachen, deren Einmaligkeit es namentlich fixiert, müssen auf das Leben bezogen sein, damit die Musik sie zerschmelze; und das Leben, aus dem sie sich herausspinnen, muß bereits den Widerspruch zur Form in sich haben, der die musikalische Form zeugt. Eulenspiegel, der stets wiederkehrt, sterblich-unsterblich gleich dem bunten Schein im Leben, schickt sich ins Rondo, und die komische Unendlichkeit von Don Quixotes Versuchen, in der abgetrennten Welt den Sinn aufzuspüren, gerinnt zu Variationen. Beide Male ist nur die psychologische Außenfläche des Vorwurfs musikalisch assimiliert, seine Innerlichkeit unberührt, die Distanz des Lebens zur Form in der Distanz zum Programm nachgebildet; und beide Male entschleiert und vergibt die Scheinhaftigkeit des Lebens wie der Formen Humor, realer als das Pathos des »Zarathustra«, dessen nur beanspruchte Wirklichkeit scheinhafter ist als aller Schein. Je dichter an Straussens Zentrum die Beziehung von Form und Leben rückt, um so stärker wird die Tendenz, die Form dem Leben zu kontrastieren, um so scheinhafter wird die Form; vom »Heldenleben« und der »Domestica«, den psychologischen Orchestersonaten, ist der Weg nicht so gar weit zur »Ariadne«, die romantisch mit der Barockoper spielt. Trotzdem ist ihm die Versöhnung von Technik und Programm, von ästhetischem Stilisationszwang und freizügiger Psychologie, von Form und Leben kaum je vollkommener geglückt als gerade im »Heldenleben«; nie schwingt sich sein Schwung tiefer ins Sinnliche hinein als hier, nie tragen ihn seine thematischen Bögen weiter, wie Feuerwerk aus dem schöpferischen Ich in das Dunkel seiner Einsamkeit einschlagend. Die symphonische Form ist gleichsam transparent geworden; die Zweiheit der Themen fällt mit der psychologischen Zweiheit vom Bewegtsein und Starrsein zusammen, die Sonatendurchführung gibt den Konflikt typischer Seelenverhalte in ihrer erfahrungsmäßigen Außenschicht, und das Leben durchleuchtet die gesamte Form, die es hervortreibt und verzehrt. Einzig bei den *Final*teilen wird in »Heldenleben« und »Domestica« das technische Gleichgewicht bedroht: das Leben hat die Form fraglich gemacht, sie geöffnet und ihr das Ende verwehrt; das scheinhafte Kunstwerk aber verlangt ein Ende, die eigene Geschlossenheit zu bekräftigen. Dies Ende jedoch kann nicht aus dem Leben kommen und ist darum kein Ende, sondern willkürlich bricht die Musik ab. Die reine Es-Dur-Kadenz des »Heldenleben« leitet zur Reprise, im Schwung den Widerstand der Durchführung überfliegend; aber was da wiederholt wird, da alles Sein doch in Bewegung aufging, ist Zufall, während der Machtspruch der Form die Wiederholung der Exposition gebietet. Vergebens wandelt sich die Wiederholung durch das Programm; die Hohlheit des musikalischen Ausdrucks in »des Helden Weltflucht« verrät, daß keine Form Gewalt hat über das Leben, die nur aus dem Leben wurde, es sei denn, daß sie das Leben fälscht. Auch die Fuge der »Domestica« ist um der abstrakten Formforderung willen im Sinnlichen nachkonstruiert und hat kein Ende von sich aus; technisch unsicher reiht sie Coda an Coda, ohne irgendwo aufhören zu müssen. Was hier noch ganz verborgen blieb, ist später in der anschaulich weit undichteren »Alpensinfonie« durch die krasse Äußerlichkeit des Bezuges von Programm und Form zum Verhängnis geworden. Dennoch ist auch diese

Äußerlichkeit so wenig wie die Äußerlichkeit der psychologischen Gegenstände billig abzuurteilen. Wissend unterwirft Strauss sich der *Konvention*, die ihn, Lebendes und Starres, Wirkliches und Unwirkliches undurchdringlich verflechtend, warnt, voreilig den vermeintlich realen Formen zuzustreben und der Wirklichkeit allzu leicht sich zu entziehen, die auch das bloße Individuum noch um sich hat. Zugleich aber umschließt Straussens Biegsamkeit der Konvention gegenüber einen menschlichen Sinn, der über seine bloße Situation hinausdeutet.

Man hat es Strauss oft vorgeworfen, daß er mit Hugo von Hofmannsthal sich verband; der Naturbursche habe, so sagte man etwa, dem Ästheten sich gesellt, um den Kontakt mit der Zeit zu behalten; oder gar, er habe aus der sublimeren Region neuromantischer Dichtkunst der erschlaffenden Sinnlichkeit seiner Musik frische Stimulation zuführen wollen. Solche Verdikte haben von Straussens Wesen wenig erfahren, und was sie erfuhren, hastig verzerrt. Wählt man für einen Künstler wie Hofmannsthal, der so überaus klar im Werke sich kristallisierte, den Titel Ästhet, so kommt dieser Titel auch Strauss zu; denn wie bei Hofmannsthal hat bei Strauss abschlußhafte Bedeutung die ästhetische Sphäre, in der der Zuschauer das Leben nachbildet. Die Phrase vom Naturburschen Strauss ist ganz illegitim; wie stark auch Straussens Musik im Sinnlichen verwurzelt sein mag, ihr Zug nach außen setzt höchst unnaiv an, und die Hüter der Straussischen Naivetät sollte immerhin zur Vorsicht mahnen, daß der vermeintliche Held der Sendlingergasse jählings in die Prinzessin Salome sich verliebte und gar die erotischen Metamorphosen des pagenschlanken Octavian vertraut begleitete. Dennoch ist Straussens Wendung zu Hofmannsthal die Zäsur seiner Entwicklung. Obwohl sie Strauss inhaltlich enger noch mit der auf bloßes Leben gerichteten Kunst seiner Tage verband, bezeichnet sie die Stunde, da der Künstler Strauss auf eine Grenze des Lebens stieß, die ins Leben zurückzuschieben er zögerte, wenngleich er sie ästhetisch verhüllt und milde inmitten der Konvention erfuhr. Bislang wußte er um die Bedingtheit alles Seelischen durch das Leben; in diesem Wissen allerdings versteckt sich von Anbeginn schon das Wissen um die Bedingtheit des Lebens selber. Aber dies tiefere Wissen gewinnt Nachdruck erst, wenn der

Tod in das Leben hineingreift. Damit ist nicht behauptet, daß Strauss den Tod als psychologische Tatsache erlebt habe; vielleicht ist ihm, wie Simmel in seinen Tagebüchern es nennt, das Geheimnis definitiv geworden, das Bewußtsein der Begrenztheit aufgegangen, ohne in tragischer Härte ihn zu überwältigen. Jedoch die glücklich gewahrte Oberfläche des Lebens beginnt leise zu zittern, und schwankend tastet er nach oben. Die Empirie des Seelischen, in der Strauss den Rest des Wirklichen gesichert meinte, wird ihm fragwürdig – fragwürdig gerade, nachdem er die musikalische Gestalt der Salome rücksichtslos der Psychologie unterworfen hat; er sucht Anschluß bei dem Geist, hofft, es könne das Wort, das die Bedingtheit ausspricht, die scheinhafte Welt der Sinne vorm Einsturz schützen. Die Vergänglichkeit des Menschen in der fließenden Zeit ist Hofmannsthals Thema und Straussens Geheimnis. Erschreckend vor der Sinnleere des Psychologismus hascht Strauss nach einem Sinn, der doch selber nur aus der Sinnleere tönt; zugleich aber ist seine sinnliche Kraft gebrochen, das Hier entgleitet ihm, und das Drüben bleibt ihm fern. Dies ist Straussens Tragik: daß er, sobald sein Wille sich über die Sphäre bloßen Lebens hinausspannte, das Wirkliche verlor, das er besaß. Nicht Hofmannsthal hat ihn mit ästhetischen Spekulationen um seine musikalische Anschauung betrogen, er ging zu Hofmannsthal, als er seiner musikalischen Anschauung die Konkretheit nicht mehr glauben durfte. In der »Elektra« begegnete der Psychologe dem Psychologen; im »Rosenkavalier« aber ist die fließende Zeit, in der die psychischen Inhalte einlagern, selber Gegenstand geworden, und Hofmannsthals Wort, es sei im »Rosenkavalier« die Musik *zwischen* den Menschen, charakterisiert gut die Abwehr des Psychologismus, um deretwillen Dichter und Musiker die tänzerische Melancholie der Wiener Atmosphäre sich herzauberten. Nun erst Strauss gewandelt ins Sinnliche zurückkehrt, verschwistert er sich der Romantik: der Glaube an die Wirklichkeit des Außen ist ihm geschwunden, die Psychologie hat sich ihres formsetzenden Rechtes begeben; ironisch zweifelt die Musik an der Wirklichkeit auch des psychologischen Subjekts, das sie trägt; ironisch läßt sie den offenbar gewordenen Bruch von Form und Leben zum Stilisationsprinzip werden. Man schilt den »Rosenkavalier« sentimental als eine Musik, in der die Entscheidung des seienden Menschen unmöglich geworden ist;

aber dieser Sentimentalismus ist seine Aufrichtigkeit, sentimental nur vermag im Verzicht vor der fließenden Zeit Strauss die Drangabe des Hier für das Drüben zu gestalten, an der oberen Grenze der Psychologie, sie überschauend, nicht überwindend. Wieder fügt er sich der Konvention: nicht mehr, um die Wirklichkeit des Außen ästhetisch zu retten, sondern die Wirklichkeit des psychologischen Innen als Schein aufdeckend. Die Straussischen ›Konzessionen‹ der späteren Zeit, der Schluß des »Rosenkavalier« etwa, sind Konzessionen nicht an das Publikum, sondern das Eingeständnis der Unzulänglichkeit des selbstschöpferischen Individuums, beschattet von seiner Schwermut; das Zugeständnis auch, daß es mit der isoliert ästhetischen Sphäre nicht so gar ernst ist, daß sie vergeht vor dem Tage. In der weichen Luft dieser Entsagung, die dunstig alle abendschweren Konturen rings vergoldet, wurde ihm die Musik der Marschallin zuteil, seine beste und zärtlichste. In der »Ariadne«, Straussens tiefst gedachtem Werke, sollte der Verzicht des Individuums nochmals über sich hinausgesteigert werden, versinnbildlichend, wie das Leben über die Formen hinausreicht; das Kunstwerk selber wird zum Thema des Kunstwerks als Gleichnis dafür; aber Straussens Kraft versagt, und versagt begründeterweise: Zerbinetta nämlich behält wahrhaft recht mit ihrem Neuen Gott, da die Welt des Bacchus als Welt bloß sinnlicher Ekstase ebenso scheinhaft ist wie die Buffowelt, über die sie sich erheben will. Es ist leicht, mit Bloch die Scheinhaftigkeit auch dieser Tiefe zu erspähen; dankbarer aber wäre es, die Tiefe dieser Scheinhaftigkeit zu bestätigen, die das Leben, da es mehr sein möchte als die Formen, in seine Sphäre zurückverweist.

Nach alldem dürfen wir Straussens Geburtstag doch wohl feiern, ohne uns zu versündigen wider seinen Geist. Längst hat die Unbedingtheit des Lebens in seinen Gebilden ihre Grenze: er hat den höchsten Preis darum bezahlt, den er zahlen konnte. Er hat allen Glanz des Zeitlichen gesammelt und läßt ihn strahlen aus dem Spiegel seiner Musik; er hat die Scheinhaftigkeit der Musik vollendet und die Musik durchsichtig gemacht wie Glas; das Ende der Scheinhaftigkeit mag auch mit seinen Werken gemeint sein.

»Die Hochzeit des Faun«

Grundsätzliche Bemerkungen zu Bernhard Sekles' neuer Oper

Zwischen Metaphysis und gegebener Welt entsteht die Spannung des Dramas. Die Entscheidung des zwischen Geist und Ungeist gestellten tragischen Helden löst den dramatischen Prozeß ins Überindividuelle auf und belastet den Helden mit der Schwere eines ganzen Weltschicksals. Der dramatische Prozeß bedeutet darum in weitestem Sinn Katastrophe, Wende im ewigen Kampf von unverlierbarem göttlichen Gestalt-Sinn und vergänglicher Gestalt-Form. Daß diese Wende in der Fülle des Lebendigen sich vollzieht, ist Schöpfungswunder aller dramatischen Kunst und stets Ziel und Problem. Um diesen Kern aller Tragödie wachsen mit apriorischer Gesetzlichkeit auch die gleichen dramatischen Formen: zwar nicht die dem Kulturbau adäquaten Arten dramatischer Form*gebung*, wohl aber die allgemeinen Form*voraussetzungen*, die unmittelbar aus der tragischen Fragestellung hervorgehen. Stoff, Probleme, Bau, Sprachgebung sind veränderlich – das mit begrifflichem Reichtum befrachtete *Wort* aber gehört zu den allgemeinsten Formvoraussetzungen des Dramas. Denn die Sinnlichwerdung des Geistigen, die im Zwange der dramatischen Polarität geleistet wird, kann niemals einzig Ausstoßung eines (lyrischen) Komplexes von Willensmomenten sein, nie kann in der furchtbaren Spannung dramatischer Atmosphäre die Idee und der Vordergrund sinnlichen Lebens in einem bloßen Dasein zusammenfallen. Das Drama ist die Entfaltung widerspruchhafter Weltelemente aus der Kraft des Geistes; da es von der Idee ausgeht und keinem Erscheinungsvorbild und zugleich (wie alle Kunst) im Sinnlichen greifbar werden muß, so bedarf es eines Gliedes zwischen Geist und Erscheinung; dies Glied ist der Begriff und darum das allein mögliche Medium des Dramas die begrifflich bestimmte Wort-Sprache.

Löst man die *Musik* aus den analogischen Ketten, mit denen die leere Welt die flüchtigste aller Künste zu bannen strebte, so stimmt sie mit der *Dramatik* nur in einer allen Künsten gemeinsamen

Beziehung überein: im Willen, Geistiges im Sinnlichen zu bewältigen. Die Diskrepanz von Sinn und Leben hat in ihrer formalen Allgemeinheit für die Musik keine Geltung und wo sie durchbricht, muß die Musik, der ein Bewegungsantrieb wesensimmanent ist, nicht polar gespannt sein, um den Geist ins Leben hereinzubewegen. Zwischen ihrem Dasein und ihrer Bestimmung ist kein Zwischenglied notwendig, sie ist daseinhaft im Antithetischen noch. Wo die künstlerische Idee, von der die Musik ausgeht, begrifflich ausgemünzt und zerspalten, mit einem Schlagwort gesagt: programmatisch wird, verliert sie sich an ein von außen in sie Hereingetragenes, wird ›äußerlich‹. Überkleidet sie ein Drama, so saugt eine Form die andere auf; sei es, daß – wie bei Mozart und im »Fidelio« – die Musik aus gegenständlichen Bühnengeschehnissen formalen Antrieb gewinnt und damit blassen und nicht gestalteten dichterischen Gebilden zu einem dramatischen Scheinleben verhilft, zum mindesten die *dramatische* Wahrheit gefährdend; sei es, daß durch die Projektion auf die szenische Realität musikalische Werte, die subjektiv geglaubt, aber nicht objektiv geformt wurden, gewaltsam dem Empfangenden aufgezwungen wurden. Wobei dann schließlich das ›Gesamtkunstwerk‹ eine Täuschung darstellt: insofern nämlich entweder beide Schaffensformen nebeneinander herlaufen und nur soweit sich bedingen, wie sie sich durch ihre in bezug auf die begriffliche Entfaltung verschiedenen Voraussetzungen verfälschen – oder eine Form unterdrückt wird und zum Lückenbüßen im schwanken Bau der anderen herabsinkt. Es soll damit nicht gesagt sein, daß nicht das Musikdrama als intensivster Tatprotest wider die aus der Verflachung bourgeoiser Kultur sich ergebende Entgeistung oder Erstarrung aller Musik einmal notwendig war – als Eigenwert soll es bestritten werden.

Richard Wagner mochte denn auch in seiner Synthese die Wesensdiskrepanz von Musik und Drama spüren – und das wurde der in der Wurzel schwachen Form zum Verderben, weil es sie entschleierte. Begrifflich organisiert und durch die Ohnmacht, den Weltstoff zu bewältigen, in eine verhängnisvolle Nur-Begrifflichkeit hineingesteigert, suchte Wagner jene Diskrepanz zu bezwingen mit seiner Begrifflichkeit. Darum setzte er beim Drama ein, das er nicht als Form allein, sondern ethisch verfälschte. Anstelle der Spannung zwischen Metaphysis und Welt, die der begrifflichen Entfaltung bedarf, setzte er eine unbegriffliche und daseinshafte: die der Geschlechter. Damit nahm er dem Drama die Möglichkeit, aus sich selbst heraus eine Überwelt zu gebären; doch aus menschlicher Schwäche lieh er seinen undramatischen Gebilden die dramatische Form, die ihnen nicht gebührte; mehr noch, er suchte die Metaphysis von außen her in den dramatischen Prozeß, dem sie nicht organisch war, einwachsen zu lassen, indem er die lediglich in der Besonderung des Daseins erlebte Spannung der Geschlechter sub speciem aeternitatis rückte und ihr jene ethische Werthaftigkeit von Anbeginn schon vindizierte, die sie erst aus dem dramatischen Prozeß hätte erhalten dürfen. So kam er zu der scheindramatischen Erlösungsidee und endlich – in großartiger Konsequenz – zur Regierung des weiblichen Pols im »Parsifal«, denn wenn die Polarität der Geschlechter einmal um der Möglichkeit der Drama-Musik willen ethisch verwurzelt sein soll, dann muß sie geradezu mit der Spannung gut-böse zusammenfallen, und der zeugt die Überwelt, der das Böse der geschlechtlichen Spannung, d.h. für den Mann das Weib, überwunden hat.

Mit dem Anschluß an Schopenhauer, der sich also ergab, und der notwendig die stoffliche Belastung schwertklirrender Romantik mit sich brachte, begann das Musikdrama zwischen Ritterpanzer und Pessimismus zu ersticken. Die großen Persönlichkeiten, Mahler etwa oder Schönberg, standen abseits. Von Musikdramatikern hatte Strauss zuerst Witterung und den schlanken Wuchs, der die Flucht aus der Drama-Musik maskierte. Es kam der »Rosenkavalier« und die »Ariadne«; im »Rosenkavalier« bleibt die metaphysische Bedeutung der sexualen Polarität, in neuer Färbung durch Hofmannsthals Vergänglichkeitsidee, noch erhalten, die Oper möchte noch Drama bedeuten: jedoch über die Idee wölbt sich nicht der drohende und in tragischer Gebärde erstarrte Bau des Schopenhauer-Wagnerschen Pessimismus, sondern nur sein Schatten huscht über das Werk als eine sehr anmutige und vor allem: gebändigte Resignation.

Hier war ein Ansatz, die »Ariadne« führte fort, und war schon Ende: weil sie die Unendlichkeit der Musik, die aus dem Musikdrama hätte erlöst werden müssen, in das krause Bogenwerk der Barockoper verfing und damit anstelle der metaphysischen Romantik Wagners lediglich eine artistische setzte.

Nun kommt von anderer Seite ein Künstler, der zum ersten Male sich ganz gefunden hat, ein Reifer, der als Artist die Höhe Straussens hält, und zeigt einen Weg, wie ihn Strauss geahnt, Busoni ertastet hat. Bernhard Sekles, bis heute immer noch der Neuromantik fälschlich zugezählt, weil der Jude in ihm nur in östlicher, aber sehr von Westen her geschauter Stilgebung ehrlich bleiben konnte, hat eine neue Oper vollendet, »Die Hochzeit des Faun«. Die Dichtung stammt von einem jungen Menschen Roderich Morr; das Werk hat nur zwei Akte, dauert nur zwei Stunden, es hat gar kein Problem, es hat gar keine musikdramatische Idee: und dennoch.
Was darin vorgeht, ist ein Nichts, so wenig distanziert wie ein Traum: in den häßlichen und unsymbolischen Faun Silvo hat sich irgendwo im Walde aller Nymphen schönste, Lyra, verliebt, sie sind durch die Zeit bis zur Hochzeit getanzt, da wird er ihr trotz faunischer Moralgesetze untreu, darum verbannt und gerichtet: erst dann darf er zurückkehren, wenn ein männliches Wesen ihm sich in Liebe ergeben. So muß er verkleidet umirren, wird unter tausend clownischen Gesten von seiner Geilheit desavouiert, er singt Arien und Gebete, er ist nahe daran, ins Tragische zu rutschen, da fangen ihn die liebevollen Arme des spleenigen Amerikaners Cheef auf, Silvo wird erlöst (wieder eine Erlösung, – aber was für eine!), zur Grotte Elmodyra gebracht, endlich als der faunischste aller Faune der schönen Lyra angetraut und mit großem Pomp zum Faunenfürsten gekrönt.
Die Logik dieser Vorgänge ist nur die traumartiger Emotion; aber es ist kein romantischer Traum, ist nicht Flucht in irgendein Fernes, das klingt: diese szenische Traumwelt ist ihrem Wesen nach nicht dramatisch, nicht polar gespannt; sie enträt jedes begrifflichen Fixierungspunktes, und darum eben vermögen ihre starken Bewegungselemente der Musik sich mitzuteilen ohne die Erschleichungen gegenständlicher Analogie und begrifflicher Deutung, deren das Musikdrama bedarf.
Man denke daran, was eigentlich das Positive im »Rosenkavalier« war: daß hier wogendes, formloses, vom Geschlechtlichen überschwertes Gefühl gestaltet wurde in jene Atmosphäre hinein, die selbst Gestalt ist: ins Wienerische. Wienerisches als Musik aber heißt: Rhythmus. So wurde der »Rosenkavalier« da groß, wo er Tanz wurde; blieb eine letzte Schwäche, so deshalb, weil diese

tanzerfüllte Komödie *für* Musik nicht ganz Musik, Tanz wurde. Bei Sekles, dessen rhythmische Prägung schon im Ansatz stark war und in seiner Entwicklung zum höchst persönlichen Ausdruck musikantisch geweiteten und aktiven Weltgefühls wurde, ist hier mit kühner Sicherheit der letzte Schritt getan. Dieser Musiker hat sich für die »Hochzeit des Faun« durch die ungemeine Differenzierung seiner harmonischen, linearen, koloristisch-instrumentalen Vibrationen hindurch einen Rhythmus geschaffen und gehalten, der alle extensiven psychischen Elemente ballt und samt allen Dramaresten zerstampft. Jeder Takt ist so unerhört angespannt, daß immer der Tanz dahinter steht und an den Höhepunkten unaufhaltbar sich auslöst. Gewiß ist das Geschlechtliche (die Brücke zur bisherigen Dramamusik) noch Antrieb: aber mit der scheindramatischen, zerfasernden Musikdialektik ist endgültig gebrochen. Die Faktur weist nicht auf irgendeine alte Operform: sie gehorcht nur dem inneren Zwang der in weite Bögen gesammelten Bewegung. Es finden sich kühne Klänge in der Partitur, doch ist sie harmonisch nicht sonderlich radikal. Die Behandlung der Tonalität (die, obwohl keine Vorzeichen geschrieben sind, doch spürbar bleibt) zeigt eine gewisse formale Analogie zu Schreker; doch steht zu dessen um Orgelpunkte zentrisch gruppierter und vertikal empfangener Harmonik die Sekles'sche Linearität mit ihrer stark betonten Baßführung in scharfem Widerspruch. Instrumental sind durch Einführung von Cembalo und Harmonium ganz neue Farben gewonnen und (wozu Ansätze schon in der »Ariadne« vorhanden) die Bläser größtenteils solistischer Verwendung zugeführt.

Es soll nicht von musikalischen Einzelheiten geredet werden. Dies ist entscheidend: daß hier ein ganz spezifischer reifer Mensch jenen Punkt seiner Entwicklung erreicht hat, wo sie mit der Entwicklung der gesamten Kunstgattung zusammenfällt. Diese Tatsache stellt Sekles, kommt es auf den Menschen an, und nicht auf die Akkorde, heute zu Arnold Schönberg und nicht zu Richard Strauss.

Es soll nicht gesagt sein, daß dies Werk in allen Stücken schon Verwirklichung sei. Es ist vielleicht, so erschreckend groß und nah es heute vor uns steht, erst Anfang. Doch zweifle ich nicht, daß Sekles die Linie hält. Er steckt zu sehr in jedem Takt dieser Musik, als daß er sich selbst entschlüpfen könnte. Und schließlich: hier Anfang sein, wäre immer noch tausendmal mehr, als anderswo Ziel.

1921

Bernhard Sekles

Zum 50. Geburtstage: 20. Juni 1922

Der Musiker Bernhard Sekles ist still und ohne viel Aufhebens seinen Weg gegangen, und nun begegnet ihm plötzlich das halbe Säkulum, und er selber wie die anderen reibt sich verwundert die Augen und blinzelt: wie das denn möglich sei, eine solche Strecke ohne alle Rast und Müdigkeit der Glieder hinter sich zu bringen. Er ist nicht jung geblieben, sondern recht eigentlich jung geworden in den dreißig Jahren seines Wirkens. Die ersten Stücke, die von ihm bekannt wurden, »Capricen in Liedform«, zeigen ihn auf der Brahmsischen Seite, nicht auf der Wagnerischen, und haben schon jene schöne Ferne von aller Geschwollenheit und pathetischen Geste, die er weiterhin immer instinktsicherer zwischen die neudeutsche Epigonenmusik und sich legte, haben auch schon jene spielerische Ironie, hinter der er eine zage, heimatsüchtige und keusche Innerlichkeit sorglich versteckt. Viele der späteren Werke hat man um ihres farbigen, skurrilen, fremden Einschlags willen als ›exotisch‹ verstanden und mißverstanden: seine Erfindung ist primär melodisch, nicht koloristisch; die Groteske ist ihm nicht irgendein Selbstzweck, sondern nur die Brücke, die seine Seele aus ihrer lyrischen Abgelöstheit hinüber in die Welt schlägt, um nicht im Abgrund zu versinken; seine Fremdheit endlich ist nicht artistisch bloß im Stil gelegen, sondern entspricht einfach der Fremdheit seines Wesens dem Außen gegenüber. Was bei ihm Entwicklung zu nennen wäre, ist nichts anderes als Entfaltung; darum nur trieb er seine Technik zu rücksichtsloser Höhe, um seinen menschlichen Kern rein herauszuschälen. So ist sein Schicksal ein echtes Lyrikerschicksal; als er im Stil Debussy begegnete und auf einmal ›modern‹ war, geschah es ohne Sprung, er drang zu sich durch, und es ist von seiner Persönlichkeit aus gesehen nur Zufall, daß der Zug der Zeit nach unverstellter Sachlichkeit mit seinem eigenen lyrischen Zuge sich traf. Dies Zusammentreffen wurde nach außen offenbar in der Oper »Scheherazade«, in der er, ein reifer Mann, zum ersten Male eine große Form ausfüllte und zugleich mit unbeirrtem Takt in seinem lyrischen Bereich blieb. Indem seine lyrische Art hier auf die Kontrastmöglichkeiten der Bühne übergriff, geriet ihm eine Zusammenfassung von vollem Geltungsrecht. Mit seiner zweiten Oper, der »Hochzeit des Faun«, die reicher und konsequenter noch dasteht, hat Sekles eine weitere bedeutsame Station auf dem Wege zur Neuerfüllung der Oper erreicht. Von seinen letzten Arbeiten sind besonders die fünfzehn »Gesichte« für kleines Orchester hervorzuheben, fast bekenntnismäßige Stücke von intimer Knappheit. – Neben diesem kompositorischen Schaffen übt Sekles in Frankfurt eine ausgedehnte, äußerst fruchtbare Lehrtätigkeit aus. Nicht nur seiner warmen Menschlichkeit wegen, die alles Technische mit Leben und Verantwortung erfüllt; auch um seiner klugen Methodik und sachlichen Strenge gegen alles Verblasene, Unorganische und Gemachte willen hängt die Frankfurter musikalische Jugend ihm an als ihrem Führer und Freund. Ihn selbst aber führt seine Berührung mit der Jugend zu den Quellen seines Wesens zurück: dem Jungsein in Sehnsucht und Singen. Er ist nie aus seinem Umkreis herausgetreten, aber hat diesen Umkreis immer weiter gelegt. Er hat sich nicht das Fremde unterjocht, aber ist sich treu geblieben. Und das ist viel.

Mascagnis Landschaft

Zum 70. Geburtstag: 7. Dezember 1933

Das Rätsel dieser Musik scheint nicht in ihr selber gelegen, sondern in ihrem Schicksal. Sie ist homophon bis zum Unfreiwillig-Primitiven, prompt bis zur Grobheit, einfallsreich ohne Metier; sie hat viel obskuren Erfolg gefunden, ein wenig verschämte Liebe und gar keinen Respekt; sie fühlt sich, ihr langes, doch altersloses Leben hindurch, am wohlsten im Café, mit der überlieferten Zigarette der Carmen als der schlanken Magna mater alles Verismo; man möchte wenig Worte von ihr machen und bloß sagen: die *Cavalleria*! Wie gut sie immer noch ausschaut – denn so will es der Brauch bei Personen ihres Schlages. Aber an dem einen Worte Cavalleria haftet der ganze leichtfertige Ruhm dieser Kunst. So tief ist er dem Worte verschwistert, daß es jeglicher Übersetzung sich verweigerte; unter dem italienischen Titel führt, in Klammern, die »Sizilianische Bauernehre« ein philologisch gedrücktes Dasein. Ohnmächtig wie die Übersetzer blieb dann auch der Komponist vor dem *einen* Werk. Er hat den Erfolg, den echten, wahllosen, distanzlosen, nach dem seine breiten Melodien sich dehnen, nicht noch einmal gezwungen. Amico Fritz, lebendig und viel besser gemacht als das blutige Potpourri, schien einzuschlagen und ist doch verschwunden, kaum weiß man warum; aus Iris gibt es in Deutschland irgendein Arrangement für Kurkapellen; vom anderen weiß man bei uns kaum den Namen.
Dabei ist Mascagni am letzten ein Rimbaud der Musik, bereit, mit zwanzig Jahren aufzuhören; vielmehr das Gegenteil eines Artisten, unfähig darum auch zum Überdruß an der Kunst, die einzig erst als vollkommene den Künstler von sich wegtreibt. Er hat es immer wieder versucht; im Abstand einiger Jahre erscheint allemal in den Zeitungen, wie die Seeschlange, eine Notiz, der Meister habe ein neues Werk vollendet, das die Kenner für sein bestes erklärten. Währenddessen führt die Cavalleria im Rampenlicht, heller als die Faraglioni, bis zum Ende der Tage ihre mythologische Strindberg-

Ehe mit dem Bajazzo, an welchen der Gott der Einakter sie schmiedete, wie im benachbarten Aetna Hephaistos die Aphrodite an Ares. Aetna, Faraglioni und Seeschlange – das ist aber die wahre Staffage der Cavalleria selber. In Süditalien ist sie mir einmal aufgegangen. Damals bemerkte ich, wie wenig unsere Rede von Kitsch sich ziemt angesichts jener sonderbaren Bauwerke, die heimgekehrte Auswanderer, reich geworden in Argentinien, längs der Küstenlinie nach dem Muster griechischer Tempel errichtet haben; so unwahrscheinlich weiß wie nur der Golf hier unwahrscheinlich blau leuchtet. Sie lassen sich ertragen allein darum, weil sie in vulkanischer Landschaft stehen. Deren Ausdruck, gedrängt in der Überhelle des Augenblicks, stets bereit, aus dem gesegneten Licht ins wilde Feuer umzuschlagen, überkräuselt von der Wolke des Vesuvs, verleiht dem Schein das Recht jäher Ewigkeit, indem er ihn der Katastrophe sichtbar aussetzt. So darf nur strahlen, was bedroht ist von Zerstörung: was keine Dauer kennt, darf den falschen Glanz sich erborgen, als wäre es über den Zeiten, und das Falsche wandelt sich ins Echte. Darum trägt der Schild des früh sterblichen Achill die verbürgten Bilder der Gottheiten – der Schild, der ihn doch vorm treffenden Pfeil nicht zu schützen vermag. Auch jenes vom archaischen Ehebruch und seiner Sühne ist darauf. Diesen Ausdruck hält genau die Cavalleria: unsolid, unmenschlich, ewig im Unbeständigen, echt im Falschen, leuchtender Wein auf der erkalteten Lava des Dilettantismus; mythologisch ganz und gar, eine Phantasmagorie der Antike, gesetzt für Salonorchester. Das läßt sich nicht wiederholen, kaum nur produzieren: es kann nur erscheinen mit der Seltenheit eines ungeheuren Rhythmus gleich der Seeschlange. Das hält keiner Kritik stand und wird doch von keiner erreicht. Das gibt sich der Drehorgel preis und klingt doch, als wäre es von je dagewesen. Der es schrieb, ist ein freundlicher alter Herr. Er erteilt Interviews über das neue Werk, das die Kenner für sein bestes erklären. Daß ihm einmal vor vierzig Jahren, für knappe dreiviertel Stunden Oper, auf offener Szene die Olympischen leibhaft sich versammelten, davon ist ihm nichts bekannt.

Ravel

Erotische Musik: darunter versteht man nun einmal solche, die liebendes Begehren ausdrückt; Sehnsucht der Ferne und Sucht der Nähe, immer jedoch den Affekt des Liebenden. Wagner, der lokkende Venusberg, die chromatische Dehnung des Tristanvorspiels, die Skala der Passionen im zweiten Akt, auch Hans Sachsens Glühwurm und noch Kundrys Verführungsszene sind das unverlöschliche Urbild; so klingt noch, südlicher und dunstloser, Debussys Ile joyeuse, so tobt es mit fruchtloser Raserei sich aus in Skrjabins Ekstasen, und was immer unterm panischen Gebot der Dominante als des ausschließlichen Mittels harmonischer Formung in den spätromantischen Dezennien kompositorisch gedieh, hat diesen Ton, dies Crescendo, diesen Ausbruch und dies Ermatten.

Aber das panische Urbild von Liebe ist nicht das einzige, das Musik entwerfen darf. Denn in ihm weiß das tönende Ich bloß von sich selber; sollte es aber nicht vermögen, anstatt seine Sehnsucht unvermittelt auszusingen, an deren Gegenstand sich zu heften? Soll erotische Musik immer bloß dem Liebenden gleichen, anstatt daß er verschwindet und die Geliebte statt dessen beschwört; nicht psychologisch irgendeine von draußen, sondern die, welche als wahres und unzerstörbares Objekt dem eigenen Traume innewohnt? Ja, mag nicht der vereinsamten, lyrisch abgeschiedenen Seele ihre Musik zur Geliebten, der nie Gefundenen doch stets Geliebten sich wandeln?

Solche Stellen gibt es, zwischen ganz anderen, bei Chopin: im langsamen Satz des e-moll-Konzertes, ehe es in Figuren verschwebt, im Fünfviertel-Andante der c-moll-Sonate, auch in manchen Mazurken wie der berühmten in a-moll. Sie gleichen solchen bleichen Daguerreotypien, von denen man meint, sie stellten die wahre Anverlobte dar, ihr matter Umriß müsse, wiedererkannt, einen selber wiedererkennen und lächeln; die altmodischen Rüschen und Draperien gälten dem Leib, dem wir die Treue hielten.

Die Chopinstellen lassen sich nicht halten, so wenig wir die Daguerreotypien beim Namen wissen; ihr Denkmal bleibt der flüchtige Duft.

Der Meister aber, der sein kunstreiches und mühevolles Leben daran wandte, diesen Duft zu extrahieren; dies blasse Bild zu bannen, wiederzuerkennen, seine Sprache aufzuschreiben und kurzum seine Musik in die imaginäre Geliebte zu verzaubern, heißt Maurice Ravel. Er muß nun wohl Franzose sein; vielleicht schon mehr aus dem Frankreich Prousts, der ein langes Erinnerungsleben aus dem Bilde der jungen Mädchen am Strand hervorspinnt, als aus dem der Impressionisten, deren Stil Ravel zugezählt wird, obschon zwischen ihm und den Malern eine ganze Generation liegt. Er ist der letzte Feind Wagners, weil dessen Konzeption der erotischen Musik seiner eigenen so nah – und so gefährlich entgegengesetzt ist. Er wird ein Artist und Ästhet gescholten – wer würde es nicht, der an die Schönheit der Geliebten sich verliert? Er ist wissend und klar bis zum Grunde – wer würde es nicht, geschult an der Unbewußten und Unergründlichen. Seine tiefste Tugend aber ist die Treue zum Bild.

Ca. 1928

Béla Bartók

Nur recht fragmentarisch ist uns das Werk des Ungarn, der heute im Zenith seines Künstlertums steht, bekannt. Spärlich werden bei uns seine Arbeiten aufgeführt, erst neuerdings findet man seinen Namen häufiger auf den Programmen wenigstens der Pianisten. Vieles von ihm ist nicht einmal in den Noten zugänglich. So fällt es denn schwer, von ihm zu reden, und manches muß mit Vorbehalt gesagt sein. Doch zweifellos zählt er zu den wesentlichen Musikern der Gegenwart.

Sein Vaterland quillt über von Musik, der Musik der Wandernden, Heißblütigen, Heimatlosen, die dennoch daheim sind, – und wieder der Dumpfen, Schollengebundenen, denen die unendlichen Horizonte der Ebene ins Blut schon gestellt sind und die Rhythmen bemessen. Magyaren und Zigeuner stoßen zusammen im Klang, der plötzlich und gedehnt, reitend und singend, müde und jung flutet und ebbt. Die Musik des großen Pan hat hier noch ihre Stätte, aus der zottigen Sinnlichkeit ihrer Bockslaute bricht ganz nah und groß noch der Schrecken vor dem Dritten auf. Noch ruht die Musik bei der Volkheit, hat noch die epische Zeitlosigkeit, die sich versagt dem aus der Naturgemeinschaft gelösten Ich, das die Zeit und ein eigenes Schicksal trägt. Wird ein Individuum zum Träger der Musik, so ist es nicht ein Selbst von spontaner Schöpferkraft und gesonderter Verantwortung, sondern ein Held eher, einer, der seine ganze Volkheit repräsentativ zusammenfaßt, ohne an ihr problematisch zu werden, ein Mann einfach im Sinne der römischen virtus. So findet es sich denn, daß die ungarischen Musiker ›Virtuosen‹ werden, Kerle, die das Klavier oder die Geige noch besser bändigen als ihre Genossen, aber doch nicht anders. – In diese Welt platzt das moderne Europa herein, Wien und Deutschland und Paris, eine barbarische Zivilisation tut sich auf, die die eigene Naivetät krampfig zur Sünde umbiegt. Eine kleine Schicht trennt sich ab, zäh und mutig, die den Fluch der Vereinzelung auf ihre starken Schultern nimmt und die eingeborene gewaltige Kraft daran wendet, vom Individuum aus (– das hier doch noch nicht bloß Individuum bedeutet!) den Kreis einer eigenwüchsigen Kultur zu schließen. Hier etwa liegt der geschichtliche Ort, an dem wir Béla Bartók zu suchen haben.

Er begann nicht viel anders, als ein Musiker aus guter Schule an der Peripherie des Wagnerbereiches um die Jahrhundertwende beginnen mochte. Die Rhapsodie für Klavier und Orchester op. 1 ist ein thematisch frisches, durchweg homophones Stück mit stark virtuosem Einschlag, fern von inhaltlicher Problematik und technischer Kompliziertät. Die Suite für großes Orchester op. 3, die Eugen Szenkar in der vorigen Saison in Frankfurt bekannt machte, weist auf die Meistersingerpolyphonie hin. Sie bringt einen naiv-illustrierenden Naturimpressionismus klangreizvoll zur Geltung, ohne stets ein plastisches Formziel zu bewältigen. In beiden Werken findet sich ein ›nationales‹ Element in Gestalt von Zigeunertonleitern und synkopierten Formeln, das jedoch nicht mehr zum Aufbau beiträgt als etwa das russische Kolorit, das Tschaikowsky als Kostüm auf dem kosmopolitischen Maskenball urtümelnder Zivilisation zu tragen beliebt. – In der II. Suite (op. 4, für kleines Orchester) herrscht bei knapperen Dimensionen spielerischer Geist. – Dann muß ein Bruch erfolgt sein. Die vierzehn Klavierstücke op. 6, kokett-bescheiden »Bagatellen« genannt, zeigen ein ganz verändertes Gesicht. Nicht daß er Debussy rezipiert hat und die Tonalität durch Bezug auf die Ganztonleiter und gelegentlich schon auf die alten Tonarten zersetzt, gibt ihnen ihr Gepräge. Sie sind mit erstaunlicher Konzentration zusammengeballt, die Frage nach der Notwendigkeit jedes Taktes ist getan und drängt in einen knappen heißen Rhythmus oftmals ganze Gefühlsbögen zusammen. Paris ist allerdings nicht gespart: »Elle est morte«, ächzt es halbironisch, und »Ma mie qui danse« scheint mit dem Hohlspiegel dem Montmartre abgefangen. Doch weht da schon ein Sturm, der zur mittelländischen Bläue von Debussys Bucht gar nicht paßt, und das zehnte Stück ist schon ein rechtes Allegro barbaro. Was er zu sagen hatte, ließ sich nicht auf Französisch sagen, und wurde ihm hier an seiner Wende bewußt: so schied er sich denn klar von allen salonmusizierenden Slawen seiner Zeit ab und machte Ernst mit dem Nationalen, das er als rauhes und gutes Korrektiv über seine nervöse Sensibilität setzte. Er arbeitete sammelfleißig, fuhr von Dorf zu Dorf, schrieb magyarische und rumänische Volkslieder auf wie die Brüder Grimm ihre Märchen, und gab zusammen mit Zoltán Kodály wissenschaftliche Rechenschaft von seinem Tun. Die lebendige Musik dankt dieser Zeit seine Klavierbearbeitungen von Bauernliedern, Bauerntänzen; ferner Kinderstücke und eine »Sonatine« nach Nationalmelodien, unter reicher Ausnutzung der alten Tonarten geschrieben, mit Brahmsens Volksliederbearbeitungen wohl zu vergleichen. – Aber niemals kam ihm eine ›Utopie nach rückwärts‹ bei, nie tat er naiv und sprang in die gute alte Zeit. – Anders als Schönbergs Atonalität, beherrscht seine Harmonik eine schroffe Freude an der Dissonanz, in der heimlich doch wieder und unausgesprochen die Konsonanz mitgedacht ist. Er wendet sich dem Kammermusiksatz zu, und ohne die Differenziertheit der modernen Sonate preiszugeben, stärkt er ihr Rückgrat durch den weiten festen Rhythmus, in dem seine Seele der seines Volkes begegnet. Das herkömmliche Schema geht in diesem Rhythmus auf, die ungestüme Kraft der Sätze wölbt sich über die Dualität der Themen, die nur noch aufblitzen wie Lagerfeuer beim Durchreiten der Steppe. Seine beiden Quartette (op. 7 und 17), deren Stil auch die neue Violinsonate op. 21 verwandt sein dürfte, bedeuten technisch genommen eine *Kritik der Sonatenform*. Die Satzzahl wird auf drei beschränkt, Scherzo-, Rondo- und Allegro-Typus nähern sich einander, das Adagio gibt sich rhapsodisch aufgelöst und weist in die verdämmernde Ferne. Im Zweiten Quartett ist das Aufbauprinzip zu voller Klarheit gediehen. Der erste Satz bringt eine – motivisch verankerte – Sonatenform mit zwei übergleitenden Themengruppen, Durchführung und Reprise; der zweite, ganz rhythmisch-homophon gehalten, ist dem Geist nach ein Scherzo, nähert sich aber in der Anlage dem Rondo, er mündet in eine gepeitschte Stretta, deren al Fresco-Art in der Kammermusik ganz neu ist. Das Adagio ist an den Schluß gestellt. – Gegen dies straff gefügte Werk macht das Erste Quartett mehr den Eindruck des Improvisierten; es stellt jähe Gegensätze aufeinander wie die Geige des Zigeuners. Besonders stark gefühlt ist die weit ausgesungene Einleitung. – Die Klavierwerke Bartóks, bis zu den drei ungemein schwierigen Etüden op. 18 immer rücksichtsloser ansteigend, sind enger subjektiv geblieben als die Quartette: der

Virtuos tobt sich aus. Die ziemlich einfache Suite op. 14 sei zur Einführung empfohlen.
Außer zahlreichen Orchesterstücken (op. 5, 10, 12) schrieb Bartók zwei Bühnenwerke, deren Aufführung in der Frankfurter Oper bevorsteht: »Die Burg des Herzogs Blaubart«, Oper, op. 11, und »Der holzgeschnitzte Prinz«, Pantomime, op. 13. Die Bücher stammen von Béla Balázs. Der Kern Bartóks wird offenbar. Wie in seinen Instrumentalkompositionen plötzlich der Schrecken steht und dumpf hämmernd die Sicherheit des bloß Gespielten zerbricht, wie Bartóks Musik in jedem Betracht höchst unbehaglich ist: so droht seine Oper »Blaubart«. Der Durchbruch des Naturhaft-Ewigen in der menschlichen Welt ist sein ewiges Thema, zu dem sich ihm, unbewußt wohl, die geistige Lage seines Volkes verdichtet hat. Er bedarf nicht, wie der Zivilisationsdichter, halber und zweideutiger Symbole, der Ursprünglichkeit seiner künstlerischen Schau fallen Sinn und Gestalt zusammen. Der Text des »Blaubart« bringt eine kinoschaurige Variante eigentlich des Lohengrintextes; aber Bartók läßt allen Bühnenzauber liegen und holt aus dem Buch eine Tiefe, die sicher nicht gemeint war. Die siebenmal in wechselndem Stimmungslicht vollzogene Handlung der Türöffnung gibt ihm die Disposition für sieben in sich geschlossene Sätze, deren erster nur und letzter thematisch sich begegnen. Diese Sätze aber sind wie Variationen über das hinter der Musik liegende Thema: Schrecken, einen Schrecken, der aufsteigt, aus blendendem Durglanz leuchtet, in trüben Wellen wogt, wild sich aufbäumt und im Schluß, der wieder adagiohaft sich auflöst, zur Nacht versickert. Ein herber einfacher Orchesterrahmen ist um diese Gefühlsvorgänge gespannt. – Ähnlich wie der »Blaubart« Bartóks tragische Grundkräfte zusammenfaßt, sammelt der »Holzgeschnitzte Prinz«, ein Ballett zu anmutig-harmloser Handlung, seinen aufs Diesseitige zielenden, rhythmischen Reichtum, gießt ihn in ein schimmerndes Orchester und überflutet die Welt mit Tanz. Wärmer aber als Strawinsky ist dieser Tanz, nicht romantische Groteske, sondern bei allem Raffinement des Handwerks geradeswegs von den Stammgefühlen der Liebe, des Trotzes, des Schmerzes, des Glücks voll herströmend.

1922

Béla Bartóks Tanzsuite

Zu Bartóks kürzlich erschienenem Werke, dem auf dem Prager Musikfest neben Alban Bergs Wozzeck-Fragmenten der deutlichste Erfolg zuteil wurde, mögen einige Anmerkungen erlaubt sein. Nicht aus Bescheidenheit oder Koketterie nennt sich das Stück Suite; es ist durchaus keine Symphonie und will in keinem seiner losen Takte symphonisch scheinen. Es dankt seine Existenz der Gelegenheit, wurde für ein Konzert komponiert, das den fünfzigsten Jahrestag der Vereinigung von Ofen und Pest feierte, und ist auch dem Sinne nach gelegentlich. Vergebens suchte man darin nach dem Sturm und der Stille jener großen Ersten Violinsonate, vergebens nach den Abenteuern von Klang, Rhythmik und Form, die in der Zweiten geschehen. Ein paar durchsichtige, kennbare Tanzcharaktere sind locker aufgereiht; die Ritornelle, die sie verbinden, füllen eher Pausen, als daß sie das ganze organisieren möchten; und das Finale gar, das thematisch auf die ersten Sätze Bezug nimmt, stellt das bekannte Material in sicherer Unbedenklichkeit nebeneinander, ohne sich irgend als Synthese zu gebärden, ohne selbst mit kontrapunktischen Überschneidungen sich viel zu bemühen. Harmonisch wesentlich einfacher, als man es heute von Bartók erwartet, stützt sich die Suite auf eine leicht verhüllte, zuweilen quartig durchbrochene Tonalität: etwa wie die Klaviersuite op. 14. Sie ist hübsch und apart instrumentiert, dem Anlaß gemäß. Auch die Anlage der einzelnen Teile hält sich einfach; die Gruppen werden exponiert, oft unmittelbar nacheinander mehrmals in verschiedenen Lagen und dynamischen Graden wiederholt, Neues folgt und der Beginn kehrt wieder, sei es in einiger Vollständigkeit, sei es im knappen Zitat; Durchführungen gibt es nicht. Das Adagietto (IV) ist primitiv dialogischer Art; liegende Streicherakkorde voll weicher Sekundbrechungen alternieren in stetiger Ruhe mit kurzen Unisono-Phrasen von Soloholzbläsern. Nur der dritte Tanz und das Finale gliedern sich mannigfaltiger. Kurz, die Suite ist harmloser Absicht und schlicht gelungen. Gleichwohl ist sie bezeichnend für den Komponisten nicht bloß, der sich treu darin bleibt wie überall, sondern auch für die Gesamtsituation, der sie entstammt.

Was besagt es denn, daß ein verwegen persönlicher und hartnäckig radikaler Künstler wie Bartók eine Arbeit sich von der Gelegenheit diktieren läßt und im Schreiben der Forderung des Diktates gehorcht? Man sollte meinen, daß er, den einmal die Kritik der Sonate bis zur rhapsodischen Auflösung aller vorgegebenen Form trieb, in ungebundener Freiheit nun seine Formen sich selber setze; vordem brach er sich einen engen Weg zu dem Bereich, da seine subjektive Fülle noch mit der bestätigten Existenz musikalischer Typen zusammenklingt, die ein Volk beschränkt gewiß, jedoch real wohl garantiert – und dürfte nun bedächtig sich umschauen und umkehren in Gebiete, in denen jene Typik gilt, ohne das Ich zu fassen? Dennoch wendet er sich gelegentlich, und begründeter Weise, zurück. Sein Verhältnis zur ungarischen Volksmusik, zu Rhapsodie, Monodie und Tanz ist nicht so gesichert, wie romantischer Glaube sich erhofft. Zu tief ist der Bruch, der auch in Bartóks Werken Ich und Form auseinandertreten läßt, zu schmal der Raum, in dem sie sich mühevoll versöhnen, zu eng eben der Weg, der dorthin leitet, als daß nicht Atem zu schöpfen wäre. Wie Bartók tief in isolierten Subjektivismus sich hineinneigte (findet man doch Stellen bei ihm, die fast von Webern sein könnten!), so mag ihn die Dialektik seiner Position auch nötigen, in Formen einzutreten, die ihn als Person nicht bergen, fremd seinem Wesen entgegenweisen und ihn zugleich verlocken, daß er nicht in sich versinke.

Wie er in der Tanzsuite dieser Lockung folgt und ihr nicht erliegt, darin bewährt sich unter der Hülle eines harmlosen Beginnens Bartóks Stärke.

Er weiß, nicht in der Reflexion zwar, doch als Gestalter, daß die Formen, die vom Ich sich losrissen und starr wurden bei sich, ihre verpflichtende Macht über das Ich verloren; daß ihnen von sich aus keine Wirklichkeit mehr innewohnt; und er verzichtet darauf, sie so zu fügen, als wären sie wirklich. Aber er weiß auch, daß die Formen noch übrig sind, wenngleich sie nicht mehr existieren; daß ihre Forderung stets noch an das Ich ergeht, wenngleich es ihr nicht mehr genügen kann, so wie sie ihm nicht mehr genügen. Die Zone der Versöhnung, die ihm überlassen bleibt, gewährt ihm keinen ruhigen Aufenthalt; nach beiden Seiten muß er stets trachten, sie zu sprengen. Geht er in die Sphäre des puren Subjektivismus über, so festigt ihn seine nationale Bindung; betritt er die Sphäre der toten Formen, so wahrt ihn sein Ich lebendig. Anstatt daß er pathetisch kämpfte um die Realität der Formen oder sie romantisch vorspiegelte, *spielt* er mit ihnen, läßt sie sich von der Gelegenheit bringen, die zum Symbol des Zufalls wird, der allein noch das Verhältnis zu solchen Formen regelt; versucht nicht, sie subjektiv zu belasten und zu durchbrechen, sondern offenbart sich selbst gerade in der weisen Ironie, mit der er sich verschweigt. Und wieder trägt ihn der volksmäßige Grund; die Entfremdung seiner Person den Formen gegenüber ist nicht vollendet, es bleibt ihm Anteil an ihnen, Anteil ihnen an ihm, sein Spiel wird nicht zur Spielerei.

Das Problem der Spielmusik kommt an Bartóks Tanzsuite paradigmatisch klar und in seiner tiefen Aktualität zutage; das Problem, das auf anderer Ebene und dunkleren Sinnes Strawinskys Intention birgt. Strawinsky nähert sich auch die Musik dieser Suite; wobei einzuräumen ist, daß für die Emanzipation der Rhythmik, die metrischen Rückungen, die Neigung zu fünfteiligen Bildungen Bartók volle Unabhängigkeit von dem Russen behaupten darf. Dirigenten, die der Schwierigkeiten des Sacre du printemps Herr werden, bietet die Tanzsuite keine Schrecken; und auch Orchester, die nicht an derlei virtuose Aufgaben gewöhnt sind, können das Stück bewältigen. Das Eigentümliche seiner Formstruktur schließlich gestattet ihm breite Publikumswirkung, obwohl es von dieser Zeit ist.

1925

Über einige Werke von Béla Bartók

Nicht der breite Umfang einer geräumig im Sinnlichen angelegten Begabung ist es, der stets wieder zur Auseinandersetzung mit des Ungarn Béla Bartók kompositorischer Art zwingt. Der gleichen Generation wie Schönberg und Strawinsky angehörig, der gleichen musikalischen Gesamtsituation entwachsen, fand er sich im Verlaufe seiner Produktion den gleichen Problemen gegenüber, die jene aufrührten: auch an ihn erging die Frage, wie aus dem brüchigen Gelände einer von der menschlichen Existenz abgelösten Romantik die Musik sich heimtaste zum Grunde der vollen Wirklichkeit oder, wenn solcher Grund ihr unerreichbar bleibt, wie sie in der vollendenden Aussage der Unwirklichkeit diese als Unwirklichkeit enthülle und polemisch deute auf ihre Überwindung. Während aber Schönberg, blindlings der Frage untertan, den Schein bis zur schmelzenden Glut steigerte, nichts unversucht ließ, von allem sich versuchen ließ, um in der bewegten Fülle dynamischer Seelenkunst sich selbst dann zu begegnen; während Strawinsky, frevlerisch sicher, den Schein bis zur dialektischen Vernichtung transparent machte, das Eisengerippe bloßlegte, um das der Flitter sich bauscht, das Eisengerippe als Haus schießlich in die Welt baute, die schaudernd darin wohnen sollte – während jene beiden das Chaos der versinkenden Formen durchmaßen und an ihm sich erhärteten, trat Bartók vor dem Chaos in sich zurück, sobald es ihn betraf, und forschte, was dort wohl an Wirklichem übrig wäre, an Wirklichem auch aus den Formen; zu jedem Wagnis der Sinne abenteuerlich bereit, aber geborgener darin als die Abenteurer der Seele und ärmer zugleich. Denn indem er von der fragwürdigen Unendlichkeit des Psychologismus sich abkehrte, reduzierte sich ihm das musikalisch Wirkliche nach dem Maße dessen, was an seienden Formen im *Volke* gegenwärtig war, in seinem Volke, in der Bauernmusik der Magyaren und Rumänen; nicht weiter erkühnte seine Seele sich zu schweifen, als wo sie eben noch Antwort erfuhr von der Gemein-

schaft. Bartóks Einschränkung auf sich selbst wird notwendig zur Selbsteinschränkung; sie begibt sich des offenen Kampfes mit den problematischen Formen und schneidet aus dem Ich den schmalen Bezirk heraus, der der Problematik enthoben ist, in den bestätigt Formen hereinfallen. Seine Apperzeption des Volksliedes scheidet sich tief von aller romantischen; sie bringt nicht Supplemente dem Ich, sondern Korrektive, übt Kritik an seinem musikalischen Autonomieanspruch; geht aus von keinem fixierten Wunschbild des Volksliedes, dem man zustreben möchte, sondern von den realen, höchst paradoxen Gesängen, die der Sammler aufzeichnet und die er nicht imitieren will, sondern an denen er das eigene Beginnen begrenzt; die Wahrhaftigkeit dieser Apperzeption kommt daran zutage, daß in Bartóks Werken nirgendwo das Volksliedmäßige als diskret abgesondertes Stilelement steht, vielmehr überall vom subjektiven Kompositionsprozeß gefaßt und durchdrungen wird, wie nur im Wirklichen Ich und Objektives sich durchdringen.
Die Homogeneität von Ich und Formen, Bartóks Glück und Enge, bedingt es, daß die möglichen Formtypen sich einschränken mit ihm. Es sind nur drei, um die er sich müht; die Volksmusik hat sie vorgezeichnet als deklamatorisch durchbrochene Rhapsodie, als liedhaft geöffnete Monodie und als leidenschaftlich bewegten Tanz; er empfing sie als Kritik der westlichen Instrumentalformen, der Sonate, des Adagio und des Scherzo oder Rondo, welche beiden bei ihm zu ihrem Ursprung wieder zusammenrücken. Im radikalen Vollzuge der Kritik, in der reinen Darstellung der Typen erschöpft sich Bartóks Vermögen; er hat eigentlich nur drei Stücke geschrieben, und seine Entwicklung ist nichts anderes als der Weg vom verborgenen Keimen zum luziden Sichtbarsein dieser Stücke. Der Weg war lang und nicht ohne Gefahr; willig ließ sich Bartók vom musikalischen Impressionismus locken, den er sich allerdings so sehr vereinfachte, den er so grob illustrativ verstand, daß er kaum ernstlich seine musikalische Art schneiden mochte. Doch war er tief genug, Aberrationen zu erdulden, die seine Geborgenheit wenn schon nicht sprengen, dann wenigstens erschüttern konnten, und an Entgleisungen ist kein Mangel. Erst mit der gehämmert knappen Klaviersuite op. 14 und dem Allegro barbaro (ebenfalls für Klavier) brach er durch in sein Zentrum; in dem großlinig schönen und ganz spezifischen II. Quartett op. 17 und den Etüden op. 18 schritt er

konsequent weiter; in den beiden Violinsonaten nun (U. E. 7247 und 7259), seinen jüngsten kammermusikalischen Arbeiten, scheint er am Ziel.

Die Erste Sonate ist dreisätzig wie das Zweite Quartett: ihre drei Sätze sind Bartóks drei Stücke schlechthin. Der erste, rhapsodisch gelockert, hat Sonatenstruktur; das Thema wird geschlossen exponiert, ist aber melodisch-metrisch ganz frei; der zweite Hauptgedanke der ersten Gruppe wird mit dem Überleitungsteil verschmolzen; die zweite Gruppe bildet sich wieder aus zwei Gedanken, einem stockenden, sehr ungarisch gefärbten, und einem ungestüm vorwärts leitenden, der in rascher Steigerung zur kurzen Schlußgruppe führt, die völlig verdämmert. Die Durchführung setzt dreimal an: zunächst wird zimbalmäßig der erste Gedanke des zweiten Themas unklar, wie aus großer Ferne heraufgeholt; dann beginnt adagio das Hauptthema; endlich eröffnet eine Reminiszenz an den Überleitungsteil die dritte, lebhafte Durchführungspartie, deren motivisches Material der ersten Gruppe entstammt. Eine verkürzte Reprise gibt die Themen in der originalen Reihenfolge, doch völlig verwandelt. – Die überaus klare Disposition hält aller rhapsodischen Ungebärdigkeit stand, ohne sich starr zu verfestigen, und trägt die Schwere mächtiger Affekte, vor deren Gewalt alles Gerede von nationaler Echtheit literarisch verblaßt. – Der zweite Satz (Adagio) bekennt seine monodische Abkunft schon in der instrumentalen Anlage: die Geige trägt ein langausgesponnenes Thema solo vor, das allein genügen sollte, die Behauptung melodischer Impotenz nicht tonaler Musik Lügen zu strafen; spät tritt das Klavier hinzu mit fremd schimmernden Dreiklängen. Wieder beginnt die Geige, wieder grundiert das Klavier den Abgesang akkordlich. Über einem wiederholten Kontra-Fis des Klaviers, das dichte Stille umlagert, erhebt sich in jähen Akzenten ein Mittelabschnitt, er gliedert sich zweiteilig, jeder Teil beginnt über einem Orgelpunkt und wird dann vom Klavier selbständig weitergesponnen, bis der zweite in Geräuschen verrinnt. Dann wieder die Geige, mit dem ersten Lied, begleitet nun; bald umspielt sie ihre Linie zigeunerhaft variierend, schließlich konzentriert sie sich zu einem harmonisch warm durchstrahlten Melos von äußerster Intensität und verliert sich dann ins Weite, woher sie zog. – Der dritte Satz ist

Rondo capriccioso und stilisierter Csárdás zugleich; ganz einfach gefügt, merklich nach cis-moll auslugend, hat er große thematische Prägnanz und synkopischen Reiz. – Die Sonate ist pianistisch und violinistisch außerordentlich anspruchsvoll und bietet Virtuosen manchen Stachel; sie belohnt durch die Reife, mit der sie wesenhafte Gehalte formt und in einziger Weise die Stunde nützt, in der die Versöhnung des musikalischen Innen und Außen eben möglich. Einmal noch ist dem Sonatenschema ein Werk abgetrotzt, das bestehen dürfte.

In der Ersten Sonate war Bartóks Kritik vorm Rondo verstummt, das er hinnahm, wie es ist, Eigenes in seinem Rahmen meldend, gewiß, aber nicht den Rahmen aus Eigenem bildend. Hier knüpfte er in der Zweiten Sonate an. Sie hat nur zwei Sätze, die thematisch miteinander zusammenhängen; der erste fast introduktionsmäßig, lose dreiteilig, völlig ungebunden, der zweite ein tanzartiges Stück, sehr ausgedehnt in seinen Dimensionen. Dies Rondo ist bis zum Quodlibethaften entfesselt, oftmals reiht Lied fast sich an Lied, aber der nachhaltige Bewegungsantrieb kettet alles Einzelne erstaunlich; die schwebende Architektonik wird durch wiederholtes Zitat des Grundmotivs der Introduktion gut gegliedert. Bartók neigt mutig sich ins Anarchische, meidet nicht das Fragment, spitzt den Klang mit gehäuften Sekundreibungen zur wunderlichen Sprödigkeit; aber die Musik komponiert weiter für ihn, ohne daß er etwas dazutun müßte; jeder Rest schlechter Konvention ist abgefallen, er ist ganz offenbar geworden. Zugleich jedoch wohl an die Grenze dessen gelangt, was in seiner Sphäre zu vollbringen.

Denn an dieser Grenze ist kein Zweifel. Das offene Lied wurde als seine lyrische Quelle benannt. Sucht er, wie in den fünf Ady-Liedern op. 16 (U.E.), ins liedhaft Geschlossene überzugehen und seinen drei Formtypen neue hinzu zu gewinnen, so scheitert er: entsinkt in einen billigen Psychologismus, dem die Konsonanz Glück und das Unglück Dissonanz heißt, verengt seine reiche Harmonik nach einem rohen Symbolbedürfnis oder gerät gar (im vierten Lied einmal) in schwüle Polytonalität vom Schlage Schrekers, Scotts, Delius'. Auch formal bröckeln die Lieder und sind durch die tondichtende Begleitung kaum notdürftig gekleistert.

Schon die Wahl der Texte ist bedenklich, selbst wenn die Gedichte ungarisch nicht so widerwärtig sein sollten, wie sie sich in dem Commis-voyageur-Deutsch des Übersetzers lesen. Die rhapsodierende Singstimme will als Substanz der skelettlosen Stimmungen gelten, schwimmt jedoch ganz zufällig über dem Klavierpart. – Indes die totale Hilflosigkeit Bartóks in einem ihm nicht gemäßen Bezirk ist eher ein Argument für ihn als gegen ihn. Er hat kein Geschick, er untersteht dem Zwange seiner genauen Aufgabe; er ruht in sich, und wo er bei sich bleibt, muß man ihm danken.

1925

Béla Bartóks Drittes Streichquartett

Bartóks Drittes Quartett, fraglos die beste von des Ungarn bisherigen Arbeiten, gebührend zu würdigen, setzt Besinnung auf seine Entwicklung voraus. Bei aller unvermittelten Evidenz des Schönen darin – die außerordentliche Leistung ist meßbar allein an der Kurve der Entwicklung. Sie schreitet nicht wie Schönbergs in dialektischer Stetigkeit fort, sie bewegt sich nicht in Sprüngen um die unkonstruierbare Mitte wie Strawinskys; sie verläuft als Spirale in treuer Wiederholung der Aufgaben ihres Ursprungs; in unaufhaltsamer Verjüngung zugleich. Als Gefahr droht ihr allein die Aberration. Jedoch in ihr gerade bewährt sich Bartók substantiell: aus den gefährlichsten Unternehmungen vermag er Kräfte zu ziehen, die den Angriff aufs ihm einzig Gemäße konzentrisch verstärken. Nirgends als bei ihm hat der Begriff des Experimentes, den reaktionäre Perfidie in Verruf brachte, besseren Sinn. Von der grausamen Präzision der Aufgaben, die seine musikalische Natur ihm vorzeichnet, ganz intensiv nur und feind aller Ausbreitung im Raume qualitativer Möglichkeiten, springt er ab ins Leere; in eine Musiksphäre, die ihm, anders als je Komponisten mit übergreifenden Intentionen, unergreifbar fremd bleibt – nur um daraus zum schmalen Feuer des Werkes zurückzukehren, das der Wind der fremden offenen Musikfläche frisch wieder entfacht. Bartóks Entwicklung orientiert sich einzig an drei Sätzen, Satzmustern, wie sie nie in typischer Reinheit sich darstellen, nie wohl auch gänzlich verschmelzen lassen. Ihre Ideen hat der Einbruch des europäischen Musikbewußtseins aus der stets noch glühenden Masse der ungarischen Folklore emporgetrieben, deren Echtheit sich bei Bartók nochmals legitimiert, indem sie den europäischen Angriff annimmt, anstatt sich romantisch zu sichern. Die psalmodierende, motivisch aufgelöste *Rhapsodie* als Durchführungssonate, die ausgebreitete offene *Monodie* als Adagio, der widerstandslos bewegte, selbst von der Synkope gejagte *Csárdás* als Rondo: so stellen jene Typen im

Zusammenhang mit der entwickelten europäischen Komponiertechnik sich dar. Daß Bartók sie dem Genre der kostümierten Fremdheit entwand und ihre reale Fremdheit aufriß, indem er sie dem europäischen Musikbewußtsein konfrontierte, war seine erste Leistung. Danach ging sein Kampf um die Realisierung der drei Sätze. Den Schauplatz der Entscheidung bietet das Zweite Quartett, wo die Sonate klirrend mit den Typen zusammenstößt und sie bändigt. Die Erste Violinsonate bringt die Typen erstmals auf den Nenner und konstruiert streng genug die Sonate aus ihnen. In ihr angelegt ist die Frage nach dem isolierten Bestand der Typen. Denn die Sonatenreprise und die Rondowiederholungen, die so überzeugend gelungen waren, vermochten den Motivstoff nicht vollends zu durchdringen, während die improvisatorischen Formen der Folklore mit Erstarrung drohten, sobald sie in die Herrschaft der gefügten Sonate gerieten, die sie bewahren sollte. Darum und nicht wegen neuer folkloristischer Neigung mußte die Sonate weg; darum aber auch mußten die ungarischen Typen selber sich ihres formsetzenden Rechtes begeben, die den Druck von Musik nicht mehr aushielten, welche an der Sonate erstarkte und sie zerschlug. Dies die Situation der Zweiten Violinsonate. Rhapsodie und Lento verschmelzen, treten als große Introduktion in eine frische Gesamtanlage, die die Typen konstruktiv zusammenbiegt und dem motivisch Einzelnen Raum schafft, indem sie es nicht in die Totalform auflöst, sondern strophisch vorbringt. Der Csárdás wird zu einem irregulären Satzkomplex, einem Satzdorf, mit trioartigem dazwischenimprovisierten Mittelteil; die Reprise ist durch radikale Veränderung in das hemmungslose Vorwärts hineingezogen; das Ganze durch das Hauptthema der Introduktion gegliedert, mit endender Erinnerung die frühe Einsätzigkeit der Zigeunermusik heimgebracht.

Weiter ließ unmittelbar die Durchformung der Ausgangstypen sich nicht treiben. Bartók hatte sie realisiert und gebrochen zugleich. Nirgends war sein Experiment besser am Platz als an jener Bruchstelle. Vom neoklassischen Strawinsky und von der eigenen Vergangenheit ließ er sich verführen in der Folge jener Werke, die ums Klavierkonzert sich gruppieren. Wohl zeigt in deren Motorik und deren motivischem Kern Bartók sich an, ihre Totalhaltung aber negiert umstandslos den innerkompositorischen Stand, den er

zuvor erreichte. Jedoch das sonderbare Wagnis des ersten Sprunges rechtfertigt sich durch die gelingende Kühnheit des zweiten. Selten kam ein Komponist in die eigene Zone reicher zurück als Bartók im Dritten Quartett. Er besetzt wiederum den Kulminationspunkt, von dem er abgesprungen, und schreitet von dort in Kontinuität fort, wie es damals nicht möglich gewesen wäre. Die Formideen der Zweiten Violinsonate gewinnen jetzt extensive Fülle im *Kontrapunkt*, den Bartók als Beute vom klassizistischen Abenteuer ins Zeltlager der ruhelosen Improvisation mitbringt. Nicht als hätte Bartók früher keinen Kontrapunkt schreiben können. In der Durchführung des Finales vom Ersten Quartett bereits entfaltete sich selbstherrlich Polyphonie. Aber nun ist ihm der Kontrapunkt, damals Mittel der Durchführung, Material geworden wie Motiv, Akkord und Bewegung. Nichts lehrreicher als der Vergleich jener Fugatopartie des Ersten Quartetts mit der analogen im Dritten.
Das Lento am Anfang wie in der Zweiten Violinsonate und wie dort in »Intonationen« geschichtet, nicht sonatenhaft exponiert; durch freie, geschwungene Imitatorik gleichwohl vorm Zerfall bloßer Improvisation geschützt; danach wieder und wieder das Allegro barbaro, jedoch heute im bloßen Bewegungsablauf durch die Autonomie der Stimmen durchbrochen; wo deren homophone Sammlung angestrebt ist, verdichtet sie sich aufs äußerste zugleich im Klang, hebt sich so vom polyphonen Verlauf scharf ab. Der zweite Teil des Werkes ist die Reprise; erst die sehr verkürzte des Lentos, das im Gedanken an das Allegro keine Zeit mehr findet, sich zu statuieren; dann rasche Coda, der Rondoreprise der Zweiten Violinsonate entsprechend, variatives Spiel mit den Allegromotiven. Die Themen, aus denen straff ökonomisch das Werk gebildet, sind plastischer als je bei Bartók zuvor, prägnanter, zuverlässiger gehört; die Harmonik wird in tapferer Ungebundenheit aus Linien und Linienüberschneidungen entwickelt, doch exakt im Stufenwert verfolgt. Es entscheidet die *Formkraft* des Stückes; die stählerne Konzentration, die ganz originale, aufs genaueste Bartóks aktueller Lage angemessene Tektonik. Ungarische Typen und deutsche Sonate sind in der Glut ungeduldiger kompositorischer Bemühung eingeschmolzen; aus ihnen wahrhaft gegenwärtige Form erzeugt.
Bleibt der *Quartettsatz* des Stückes. Bartóks Kammermusik war von je ungemein konkret und materialgerecht instrumentiert. Das

Dritte Quartett übertrifft auch darin alles Frühere. Er hat dem Neoklassizismus, den er hinter sich läßt, abgezwungen, was sich am wenigsten hätte erwarten lassen: neue Farbe. Nicht nur die kompakte Härte des Klavierkonzerts wird in Partien des Quartetts genutzt: der Kontrapunkt hat alle Farben entbunden und fügt in die Spannung von Schwarz und Weiß, die sonst Bartóks Klang diktierte, die Fülle der Nuancen. Willig dienen ihm die entlegenen Möglichkeiten der Instrumente ebensowohl wie die weiten Lagen vielstimmiger Akkordik. Die Produktivität der Farbe hat Bartók im Dritten Quartett recht eigentlich für sich entdeckt. Sie garantiert dies Meisterstück nicht bloß, sondern eröffnet die Perspektive dessen, was folgt.

1929

Bartók

Die Kurve des Ungarn holt, wie die Schönbergs und Strawinskys, längst vor dem Kriege aus: damals schon wird er, durch das Erste Streichquartett, auf einem Tonkünstlerfest des Allgemeinen deutschen Musikvereins bekannt. Zur Parallele mit Strawinsky lockt vieles: gleich diesem gerät Bartók als Sohn eines agrarisch gebundenen Volkes in eine geistige Komponier-Atmosphäre, die eben gerade die technischen Errungenschaften der großen Malerei aufzusaugen beginnt; gleich ihm läßt er den Funken der Produktion vom Pol archaischer, vor-europäischer Unregelmäßigkeit überspringen zum Gegenpol der jüngsten Regelfreiheit; von der geahnten Urdissonanz zur ersehnten letzten, artistischen, hinweg über den Raum der Konsonanzen und der europäischen Musiktradition; gleich Strawinsky ist er Erbe und Liquidator des kompositorischen Impressionismus. All das liegt zu bequem zur Hand, als daß die Stilhistoriker es nicht hätten bemerken müssen, bedeutet aber in Wahrheit kaum mehr als etwa die Zusammenstellung von Van Gogh, Cézanne, Gauguin und Munch. Kein Komponist, aber auch kein Maler wird beim Namen gerufen, wenn man die Namen der anderen aufsagt.

Nach einer Rhapsodie, aus der ungarischen Liszt-Konvention, und Orchestersuiten, in denen es sich regt, ist das erste Werk mit Profil eine Sammlung ganz kurzer, drastisch einfacher, doch höchst programmatischer Klavierstücke, der »Vierzehn Bagatellen«. In Worten geht es darin pariserisch genug zu, die beiden letzten Nummern heißen »Elle est morte« und »Ma mie qui danse«, Trauermarsch und falscher Walzer, zum Bürgerschreck verkoppelt. Schaut man näher zu, so wird man vieles darin finden, nur keinen Debussy. Wohl aber: die simultane Anwendung zweier verschiedener Tonarten gleich zu Beginn, gewissermaßen das Manifest aller späteren, viel späteren *»Polytonalität«*; die ungehemmte Achtelbewegung als Impuls der ebenso viel späteren *»Motorik«*; Kürzung der Mittel bis hinunter zu einem Stück, das von Anfang bis Ende unisono verläuft, als Vorform des nachmaligen Barbaro-Stiles; ein wenig Ungarn, noch bloß Kolorit; gar keine Polyphonie – und eine sonderbare, grausame Lust an der *Dissonanz* selber. Erscheint diese, Siegel der Neuen Musik, bei Schönberg als Einheitsmoment zwischen Ausdruck und Konstruktion; bei Strawinsky als Fratze der verendenden Konsonanzen, so ist sie bei Bartók, vielleicht bei ihm allein, wahrhaft bloß als Dissonanz gemeint: Bild des Ungeheuerlichen, wie er es später im »Wunderlichen Mandarin« auch szenisch gesucht hat und wie es in jedem seiner Takte von Anbeginn steckt.

Von Anbeginn steckt aber nun alles in seiner Musik, was sie eigentlich ausmacht. Indem sie eine gleichsam geschichtslose Landschaft entwirft, duldet sie selber keine ›Geschichte‹. Wie in Gesängen und Tänzen Primitiver, ist ihr Rhythmus Wiederholung, nicht Entwicklung. Das gilt für die Beschaffenheit der Werke in sich ebenso wie für ihre zeitliche Folge. Für die Werke in sich als Prinzip jener Motorik, die Bartók in die Musik brachte und die alle, auch der frühe Hindemith, von ihm lernten. Während Strawinsky aus unregelmäßigen rhythmischen Modellen, in starrer Montage zwar, doch steter Abwandlung, die schiefen Flächen seiner Klangebenen ›statisch‹ gewinnt und ihre Brüche in Pausen überdeutlich sehen läßt, bildet bei Bartók der Wiederholungszwang kontinuierliche Bewegung, als deren Substanz bloß der dissonante, beibehaltene Einzelklang einsteht; die sich modifiziert allein in den synkopischen Betonungen, welche ein fremder Wille in das Rasen setzt, wie die Peitsche des Reiters willkürlich das durchgegangene Pferd ereilt. Dies Schema ist noch in den späten, aufgelockerten Werken, die es sorgsam verleugnen, durchzuhören. Mit ihm mag eine gewisse Gleichgültigkeit gegen den *Klang* und die Farbe zusammenhängen; Bartóks motorische Musik stürmt einfarbig dahin, anstatt sich, wie die Strawinskys, aus vielfarbigen Kuben zu schichten; sie grenzt koloristisch an den Bruitismus (besonders später in den Klavierstücken »Im Freien«, auch im langsamen Satz des Ersten Klavierkonzerts); sie hat Visionen »mit Trommeln und Pfeifen«, aber keine eigentliche Instrumentationskunst. Dabei ist Bartók mit dem impressionistischen Erbe am grimmigsten verfahren. Hat Strawinsky die vormals fließenden Farbflecke kahl, disparat als Figuren aneinandergefügt, so hat dafür Bartók den Impressionismus gleichsam ausgedörrt. Seine Rondos klingen wie Präriebrand; Rauch über den gesegneten Feldern und wildes Stampfen über der Ebene, der einmal Debussys Westwind den fruchtbaren Regen brachte. Gewiß, Bartók hat stets noch Landschaft: aber eine, die Katastrophen verwüsteten. Heimatkunst des Ungeheuerlichen; Erde nicht als nahrungspendende, sondern als bebend Opfer heischende Mutter; der erwachte Mensch davor auf der Flucht zu Pferde.

Der gleiche Wiederholungszwang im Gesamtwerk. Es gibt eigentlich nur drei Stücke von Bartók, die er in großartiger Manie wieder und wieder schreibt, um sie ganz zu füllen und zu realisieren. Das sind: die aufgelöste, ungebunden strophische, aus Intonationen aufgereihte *Rhapsodie*, die er mit den merkwürdigsten Resultaten auf die *Sonate* anwendet, bis sie allmählich in der Rhapsodie untergeht (besonders sinnfällig im ersten Satz der durchwegs exemplarischen Ersten Sonate für Violine und Klavier; noch konsequenter in der Zweiten); dann die sozusagen unbegleitete *Monodie* über den Trümmern der Harmonik als Prinzip des Bartókschen *Adagios* (am schönsten im zweiten Satz der Ersten Violinsonate, kühn dissoziiert im dritten Satz des Zweiten Quartetts); endlich das motorische *Rondo-Allegro*, das überall begegnet, schon im Ersten Quartett, später als genialer Riesen-Entwurf im Mittelsatz des Zweiten, ganz durchformuliert im Finale der Ersten Violinsonate, der Rhapsodie verschmolzen in dem der Zweiten, auf die frisch entdeckte Polyphonie angewandt im Dritten Quartett.

Die Qualität der Bartókschen Musik schwankt nach dem Grade der Meisterung jener Typen. In den Bühnenwerken »Herzog Blaubarts Burg« und »Der holzgeschnitzte Prinz« sind sie treu, doch ohne gänzliche Überzeugungskraft auf die Szene übertragen; angemessener vielleicht im »Mandarin«; das Orchester liegt dem großen Pianisten nicht ebenso zur Hand wie Klavier und Kammermusik; die Verführung des späteren Bartók durch den neuklassischen Strawinsky ist wohl, Ablenkung der schmalen Stichflamme, kein rechtes Glück, aber mit erstaunlicher Sicherheit findet er wieder in den eigenen Bezirk zurück. Jüngst hat ihn die Auseinandersetzung mit dem Berg der »Lyrischen Suite« im Vierten Streichquartett bereichert, ohne ihn zu fälschen, und ihm eines der gelöstesten Stücke eingebracht. Zur Einleitung in Bartóks Musik taugen stets noch am besten die Klaviersuite op. 14 und das berühmte Allegro barbaro. Lieder liegen ganz an der Peripherie. Aber es gibt dafür Kinderstücke, die entzücken.

Soviel vom Komponisten, und was von ihm gesagt ist, bleibt zu wenig: der Komponist bietet nur eine, die gleichsam individuelle Ansicht der Bartókschen Musik dar. Die kollektiv breitere wäre vom *Volkslied*-Forscher und -Bearbeiter zu gewinnen. Er hat nicht weniger vermocht, als alle folkloristischen Vorstellungen dem romantischen Schein zu entreißen und das Verhältnis von Ältestem und Neuestem, das der Komponist fruchtbar machte, als historisch-sachliche Gegebenheit selber zuverlässig *sichtbar* werden zu lassen; er hat zugleich dem Komponisten je und je die helfenden Ursprungsmächte aufgerufen, ohne daß er sie ideologisch hätte deklarieren, zum Vorwand schlechten Rückgriffs hätte nehmen müssen. Der Folklorist verlangt eigene Würdigung. Mit dem Komponisten gehört er Europa: die Strenge, mit der er sich Grenzen setzt, sprengt als Gewalt unvermerkt ihre Grenzen, und sein Dialekt tendiert zur eigentlichen Sprache der Musik.

Ca. 1930

Zuschrift über Bartók

In Ihrem Aufsatz über Béla Bartók (Lippisches Volksblatt, 25. 9. 1965) lese ich, daß ich behauptet hätte, Bartók sei nur ein Nachahmer der Lisztschen Salonrhapsodie gewesen. Einen derartigen Unsinn habe ich niemals – weder schriftlich noch mündlich – behauptet, sondern Kritik einzig an gewissen rein musikalischen Kompromißstrukturen des späteren Bartók geübt. Ich stand nicht nur bis zu seinem Tod mit ihm in engem persönlichen Kontakt, sondern habe ihn stets für eine sehr bedeutende Figur gehalten. Vermutlich bin ich einer der ersten gewesen, der in Deutschland seine Statur ganz erkannt hat; bereits 1921 oder 1922 schrieb ich in den Frankfurter »Neuen Blättern für Kunst und Literatur« einen enthusiastischen Aufsatz über die Erste Violinsonate*. Und er hat, ganz kurz vor seinem Tod, mich noch gebeten, eine Einführung in das Sechste Streichquartett zu übernehmen**. Ich lege den größten Wert darauf, daß diese Dinge richtiggestellt werden, und wäre Ihnen sehr dankbar, wenn Sie die Berichtigung bringen wollten. Ganz gewiß ist meine Verehrung für das Werk Bartóks und die Person nicht geringer als die, welche Ihr Aufsatz, mit meiner ganzen Zustimmung, ausdrückt.

1965

* *Vgl. jetzt Gesammelte Schriften, Bd. 19: Musikalische Schriften VI, Frankfurt a. M. 1984, S. 16ff.*

** *Dieser Text, der einer Mitteilung Adornos zufolge in der New York Times veröffentlicht wurde, konnte bislang nicht gefunden werden.*

Marginalien zur »Sonata« von Alexander Jemnitz

Kindern ist ein Spielzeug vertraut: kleine Bildchen, die man befeuchtet, auf Papier oder schöner wohl auf Glas aufklebt und von dort abzieht: es bleiben dann andere Bilder zurück, die in den Streifen versteckt sein mochten und nun als deren inwendige Schicht sichtbar werden, ohne dem trockenen Bild irgend zu gleichen. Hatte man ein Kamel aufgeklebt, so erscheint eine Seeschlacht vielleicht; einer holländischen Windmühlenlandschaft entsteigt Wilhelm Tell mit dem Bogen, vorm Fenster in leuchtender Diaphanie, von der die Bildmarke nichts verriet. Oft geschieht es, daß der Zauber des zweiten Bildes nur unvollständig glückt, dichte Papierstreifen kleben noch darüber oder es bilden sich Lücken, durch die das Fenster und ein Stück Himmel hereinschaut; ja bei ungeschicktem Verfahren muß man zuweilen den Umriß des zweiten Bildes mühsam erraten, was freilich fast stets gelingt. – Wenn die Geschichte von Kunstwerken insgesamt dem kindlichen Verfahren ähnelt, das Abziehbildchen produziert; wenn der geschlossene Zusammenhang ihrer Oberfläche von der Zeit erweicht wird und ihre Intention in fragmentarischer Transparenz sichtbar: so ähnelt die Struktur der Gebilde von Alexander Jemnitz, handlich und absurd wie jenes Spiel, darum besonders dessen Art, weil es nicht erst der Geschichte bedarf, um die radikale Differenz von Oberfläche und Intention sichtbar zu machen, sondern weil die Oberfläche selbst bereits sich loslöst, sobald sie erscheint, und weil ihre krausen Linien gezeichnet werden von der anderen Landschaft, die unter ihrer Hülle deutlich bereits sich abhebt. So sicher sind diese Musiken ihres zweiten Bildes, daß sie darauf verzichten, ihr erstes bereits fremd zu machen oder zu schließen, als ob es für sich bestehen könnte; darum scheinen sie dem geschichtlichen Bewußtsein zunächst gemächlich altmodisch und extrem fortgeschritten in eins; der wägenden Vernunft normal und irritativ wie Kinderzeichnungen es sein können; der technischen Kontrolle lange genug dilettantisch und meisterlich. Es lassen sich jene Widersprüche auch nicht etwa so beschwichtigen, daß man annimmt, sie seien der subjektiven Willkür eines spezifischen Naturells zuzuschreiben, das so und nicht anders mit den musikalischen Formmitteln verfährt, um sich selber recht wirksam kundzugeben; denn es greift in diesen erstaunlichen Stücken keineswegs eine zwangvolle subjektive Dialektik in das Leben und Zerfallen der Formen ein, sondern es leben die Formen in ihnen, die längste Strecke jedenfalls von Jemnitz' bisherigem œuvre, einigermaßen unbehelligt und unangegriffen, ja selten nur zu Masken ausgehöhlt, wie bei Strawinsky; nur scheinen sie zunächst mit dem, was sich musikalisch begibt, nicht allzuviel zu tun zu haben, ironisch nicht einmal, sondern bieten die herkömmlich-zufällige Handhabe zur Aussage von Gehalten, deren Mitteilung mit beträchtlicheren Schwierigkeiten verknüpft ist als der einen bloß, die Mittel der herrschenden Musikübung ihnen angemessen zu unterwerfen. Auch will die Anfangsimpression nicht stimmen, die jeder empfangen mag, der erstmals auf Jemnitz stößt: daß nämlich zur Erklärung dieser Musik eine abstrakte Theorie herangezogen werden müsse und könne, die ihren fremden Zügen, so wie sie im europäischen Kostüm abenteuerlicher nur sich manifestieren, ein zuverlässiges Visum ausstelle. Keineswegs verfügt der Komponist über eine solche Theorie. Seine Werke sind darum vielmehr nur quer, verstellt und zur Deutung hoffnungslos verführend, weil in ihnen eine musikalische Substanz unromantisch sich anzeigt, die so völlig entlegen und fern aller europäischen Musikübung ist, daß sie nicht einmal zum eigentlichen Konflikt mit deren Formen kommt, der aber selbst nichts an Form vorgegeben ist, so daß sie vertrieben bei jenen Formen Schutz sucht und sie koboldisch durchleuchtet, bis sie aus dem Gemäuer sich befreit und evident wird: das zweite Bild.

Es ist damit die Musik von Alexander Jemnitz angesprochen bereits als *jüdisches Folklore*. Denn dies Substantielle, das sich der subjektiv-objektiven Dialektik der abendländischen Musik hartnäckig und sprunghaft entzieht, will sich schwerlich anders ausweisen denn als Erbe des Volkes, und die paradoxe Situation dieses Folklore, das ohne Sprache geboren wird, ist jüdisch. Es ist freilich ein östliches, schweres und gebundenes Judentum: es erwuchs, nicht zufällig in Ungarn, weitab vom europäischen Problemkreis und hat darum das Schicksal, ihn suchend und lernend zu durchstreifen, ohne in die Macht seines Namens zu geraten; im Suchen aber wahrt es sich Aktualität genug, um von aller Schollen- und Vorbeter-Romantik unangefochten zu bleiben; kein rituales Psalmodieren, keine liberale Klage ums verlorene Vaterland, keine sinnig erlauschten Volksweisen und keine exotischen Tempelbauchtänze kommen da vor. Es ist kein Folklore für Folkloristen; keines, das eine vorhandene oder nicht vorhandene Heimat als nervenstärkendes Präparat herrichtet und dem allgemeinen Konsum offeriert. Dies Folklore spielt va banque und ist sich als Folklore gleichgültig. Einer komponiert und merkt beim Komponieren, daß alles, was er in die Hand nimmt, anderswohin möchte, als er es lenkt und daß es auch nicht genügt, ihm das geläufige Material zu unterstellen, zu dem es sich nicht schickt; so läßt er es, mit kontrollierendem Ohr, treiben, wohin es mag und was es mag. Es stimmt dann oftmals nicht, aber durch die Löcher der Kompositionen blickt das gerade, was er halten möchte und was sich schwer halten läßt. Stimmt es dann doch, so ist es gut, und stellt sich heraus, daß das Volk im Spiel ist, so ist es auch gut. Niemals geht er abstrakt aufs Nationale aus. Er möchte nur stichhaltige Musik schreiben, und die Musik seiner Imagination verträgt sich nicht ganz mit der, die er realisieren kann, bis er erkennt, daß beide auch durch die zähe technische Bemühung nicht zur Kongruenz zu bringen, sondern qualitativ unverträglich sind. Aber unterdessen hat die technische Bemühung das zweite Bild hinlänglich konsolidiert.

In drei Sphären der europäischen Musik hat jene Technik sich gebildet. Vom Budapester Lehrer Koeßler kam Jemnitz zu Reger nach Leipzig und an die Orgel. Erstaunlich viel vom Regerschen Duktus hat lange sein Stil sich bewahrt. Der Spielcharakter Regers zumal: der Rondotyp, das Allegro con spirito hat ihn geprägt; die Musiziergrazie von ungefähr, der ornamentale Kontrapunkt, auch die arglos geschichteten Sequenzen; auch das Abrupte wohl. Das alles wird sich an der Oberfläche mit Jemnitz' entfaltetem Komponieren schwer versöhnen lassen. Aber aus der Nähe fügt es sich ein. Denn dies intentionslose, verspielte Musizieren ist das einzige aus jener Zeit der deutschen Musik, das man wie einen Mantel tragen und abwerfen kann. Es läßt sich mit Ironie füllen, es läßt sich gar unter Ironie setzen, und des Musikers Mißtrauen gegen die private

Subjektivität, mit der man es sonst damals zu tun hat, hält es gleichwohl leidlich im Schach. Leidlich: denn das Bewußtsein des Wirklichen und Realisierbaren ist von Anfang an zu stark in Jemnitz, um sich bei der etwas myopischen und keineswegs jüdischen Geborgenheit Regers zu beruhigen. Er nimmt davon, was er nicht besser sonstwo findet, aber als schriebe er mit den neugotischen Buchstaben eine höchst unbekannte Sprache. Zunächst bringt er den Reger in Unordnung, er kann sich nicht zwingen, mit seinen Kontrapunkten die Akkorde zu umschreiben; sie werden Melodien, die Harmonien, die er getreulich erst mitdenkt, verschieben sich. Das Abrupte schlägt die Sätze und Lieder oftmals entzwei; wie ein Tierbändiger seine Bestien, hält er seine Geschöpfe mühsam im Zaum. Die Atmosphäre dieser frühen Stücke von Jemnitz hat etwas von Zirkusluft. Sie sind trainierte und unsolide Kunststücke und stets gefährlich und bei der Hauptnummer verstummen sie: dort, wo die Intention abspringt. So kam er zu Schönberg und hat in der strengsten Schule der gegenwärtigen Musik das Regersche Wesen keineswegs verlernt. Nirgends kommt die Distanz Jemnitz' von der Dialektik der deutschen Musik so exemplarisch zutage wie gerade in seinem Verhältnis zu Schönberg, dessen Werke den Schauplatz der Dialektik liefern und sie verbindlich austragen. Freilich hat die volle Gegenwart eben Jemnitz an Schönberg erfahren; die sporadischen Abenteuer seiner Akkordik sind ihm dort zum festen Mittel geworden und die Frage nach dem Recht jedes musikalischen Phänomens aus existentiellem Zwang, der Haß gegen das *fertige* Komponieren, die bewußte Leidenschaft des Beginnens sind ihm von dem Meister gekommen. Aber in den Kampf um die musikalischen Formen, der dort unerbittlich sich entscheidet, ist Jemnitz kaum ernstlich hereingezogen. Er hat denn auch, im äußersten Gegensatz zu Berg und Webern, die Schönbergsche Technik nicht vollinhaltlich apperzipiert, sondern weit eher die Intransigenz der Haltung, die stählerne Verwerfung der herrschenden Musikdoktrin zum Vorbild genommen. Was darüber hinaus von Schönberg in Jemnitz' Komponieren einschlug, rechnet bereits zum zweiten Bild. Es ist an das *Prinzip des Stufenreichtums* zuvorderst zu denken; die Harmonik der Lieder op. 6 und des d-moll-Quartetts; die Mittel des späteren Schönberg sind von Jemnitz kaum amalgamiert. Und der Stufenreichtum und die Fülle des qualitativ verschiedenen Akkordmaterials gewinnen bei Jemnitz rasch gründlich veränderten Sinn. Während Schönbergs Stufenreichtum aus der geschärften Empfindlichkeit für die Fundamentschritte resultiert, der Empfindlichkeit gegen die Wiederholung des gleichen Tones im Baß zumal, und die konstruktive Polyphonie als Konsequenz aus der fundierenden Selbständigkeit der Baßstimme sich ergibt, die doch bis hinauf zur Zwölftontechnik Baßstimme bleibt, hat bei Jemnitz der Stufenreichtum von Anbeginn die Tendenz, die Baßstimme als Baß zu zerschlagen und entweder auf disparate harmonische Schwerpunkte zu reduzieren oder in eine gleichberechtigte Melodiestimme ohne Rücksicht auf die funktionell-harmonischen Verhältnisse zu verwandeln. Dies Prinzip aber: *Musik ohne Baß zu schreiben*, das Jemnitz aus Schönberg sonderbar genug herausliest, ist das technische Siegel der Absurdität seines Verfahrens: Sonaten, Rondos, Variationen ohne Baß zu schreiben, widerstreitet elementar aller musikalischen Geschichte des Abendlandes und deutet auf die orientalische Monodie, ohne daß jene selber irgend zitiert wäre. Allein in Mahlers Marschbässen und Ostinati, auf die sich Jemnitz nicht mit Unrecht beruft, kündigt ähnliches sich an. Die ausgefallenen Besetzungen vieler Werke von Jemnitz sind denn auch nicht um der Farbe als solcher willen gewählt, sondern, ohne daß es durchweg programmatisch klar liegen mochte, mit Rücksicht auf die monodisch baßlose Beschaffenheit der Musik selber. Soloviolinsonate, Trio für Flöte, Geige und Bratsche, Quartett für vier Trompeten, ein Duo jüngst für Banjo und Saxophon: überall ist im Klang der Baß ausgespart, der in der Komposition nicht vorkommt; und in den Klavierparts keines anderen dürfte die linke Hand so oft im Violinschlüssel stehen wie bei Jemnitz. Die Unabhängigkeit von der Fundamentalstimme tangiert zugleich die Art der Stimmen selber. Es sind das eigentlich keine Kontrapunkte, die zu einer aufs Fundament bezogenen Hauptstimme komplementär hinzugedacht werden. Es sind vielmehr monodisch singuläre Melodien, die sich miteinander verschlingen. Die Konzentration jener monodisch gegründeten *Polymelodik* zu vollziehen – immer schroffer wird die Neigung zur Reduktion der instrumentalen Mittel –, half Jemnitz die Beziehung zur dritten Sphäre europäischen Musizierens, die er durchmaß und der er nach manchem Ursprungselement selber zurechnet: Bartók und das ungarische Folklore. Dort hat er die asymmetrischen Tanzmetren gelernt und bestimmende Züge der Melodiebildung selbst zumal. Jemnitz hat keine Volksmelodien gemacht. Vom Folklore entlehnte er vielmehr die Macht der Dissoziation, die den totalen Oberflächenzusammenhang der Melodie in Partikeln auflöst, deren kleinste noch als einmalig melodische Zelle konkret und ohne Rücksicht auf den Oberflächenzusammenhang steht, den unmittelbar die melodischen Zellen erzeugen; der niemals vorgedacht ist. Die Partikularität der Melodik von Jemnitz ist der motivisch-konstruktiven völlig fremd. Die monodische Stimme fügt sich aus Detailmonaden. Umgekehrt bleibt die melodische Kraft in der Partikel lebendig, die nicht erst der Ergänzung bedarf, um als Melodie faßlich zu werden. Noch die Sechzehntelquintole ist bei Jemnitz Melodie. Und an solchen Quintolen fehlt es nicht. Die Auflösung der Melodik in kleine Werte, in Zwischenstufen, melodische Figurationen der krausesten Art, Melodievorschläge und Mordente kann nicht weiter gehen als bei Jemnitz. Von der aufgelösten Melodik Schönbergs aber bleibt die Jemnitzsche stets unterschieden. Weder ist sie, wie in der »Erwartung« oder dem »Pierrot«, mit expressivem Stoff geladen, noch von der Konstruktion in rationaler Helle vorgezeichnet; nicht umsonst hat Jemnitz für sich die Zwölftontechnik nicht übernommen, ja auf tonale Zentren der Melodie nicht völlig verzichtet. Der virtuelle Garant seines Komponierens bleibt die Möglichkeit des Gesangs und seiner Konkretion. Es ist hier allerdings der Einwand nicht zu verschweigen: ob nicht, bei aller entschlossenen Abwehr des billigen ersten Folklore, dies zweite nicht ebensowohl romantisch die Musik an den Menschen in seiner naturalen Unmittelbarkeit heftet: eine Unmittelbarkeit, die es in der Musik so wenig mehr gibt wie in der gesellschaftlichen Wirklichkeit; und ob diese Romantik nicht um so gefährlicher wirkt, als sie im Schutz der kleinsten Einheit gerät, nicht etwa in großen und angreifbaren Ideologien. Es wäre schließlich von Folkloristen die Realität des jüdischen Folklore selber zu untersuchen, wenn anders Folkloristen es mit der Realität zu tun hätten. Allein wie dem auch sei: der Einbruch einer fremden und den abendländischen Musikformen schlechthin nicht unterworfenen Musiksubstanz in eben jene Formen, die sie aufsaugt, ist exemplarisch aktuell: er erweist die Ausgehöhltheit der Formen sowohl wie die Möglichkeit des qualitativen Übergangs in eine neue

Region. Daß es nicht die Region der Barbarei und der Bluff der Negerplastik sei, dafür bürgt die fraglose Integrität von Jemnitz letzten Werken.

Denn es ist hier, wo vom manifesten zweiten Bild geredet wird, die letzte Periode von Jemnitz Produktion gemeint. Vor allem die Sonate für Violine und Klavier op. 22; im ersten und zweiten Satz die Auseinandersetzung mit Bartók und dessen produktive Kritik zugleich; im dritten die Umschmelzung des Regerschen Rondos in der immerwährend frischen melodischen Produktion. Dann die melodisch aufs äußerste verdichtete Duosonate für Bratsche und Cello und das Streichtrio. Weiter die Lissauerchöre und die besonders im ersten und dritten Satz überaus merkwürdige Tanzsonate für Klavier. Ihrem Problemkomplex rechnet die hier wiedergegebene Sonata* zu; wäre die Tanzsonate nicht zyklisch konzis gefaßt, die neue Sonata könnte als Intermezzo in ihr stehen. Von den spezifischen Stilelementen Jemnitz' zeigt die Sonata: Emanzipation vom Grundbaß und freie Durchmelodiesierung aller Stimmen, die freilich immerhin zu Klaviergriffen sich sammeln. In der archaischen Stille der Orgelsequenzen schwingt stets noch ein geheimer Reger mit. Darüber hinaus aber ist ein technisches Problem gestellt, das in der Emanzipation vom Grundbaß angelegt ist, aber erst aktuell wird mit der Einschränkung des Materials, die notwendig erfolgt, nachdem der Zwang der harmonischen Selektion sich erschöpft hat. Schönberg hat jene Einschränkung mit dem Zwang der Zwölftonreihen durchgesetzt. Für Jemnitz, der melodisch die Tonalität nicht preisgibt, wohl aber den Bezug auf harmonische Stufen insgesamt, stellt das Problem sich anders. Eine Möglichkeit der Lösung – außer in der »Sonata« ist sie im ersten Satz der Tanzsonate genutzt – scheint ihm, auf die *sieben Töne der diatonischen Skala* zu rekurrieren, die aber *nicht im Sinne einer Durtonalität*, kaum auch als Kirchentonalität auftritt (obwohl die Sonata immerhin als phrygisch sich interpretieren ließe), sondern *mit den sieben Tönen völlig frei, ohne Rücksicht auf die tonale Harmonik schaltet*, ja ohne harmonische Rücksicht schlechthin, sondern über den Einsatz der sieben Töne allein nach melodischem und kontra-

* *Vgl. die Notenbeilage Nr. 7 in: Neue Musik-Zeitung, Jg 49 (1928), Heft 12 (März '28).*

punktischem Maß verfügt. Wenn das historische Gehör in der Haltung der Sonata Analogien zur frühen niederländischen Schule, vor allem etwa Dufay, gewahren möchte und bereit wäre, von einem Anknüpfen an alte polyphonische Prinzipien zu reden, wie es im Zeitalter der falschen Concerti grossi Mode wurde (und ob es sich um Dufay oder Concerti grossi handelt, ist ja für jene Art der Musikbetrachtung gleichgültig); wenn man also die Fremdheit der Sonata aus der Welt schaffen möchte, indem man sie unter der Kategorie ›Alles schon dagewesen‹ rubriziert, so ist dagegen nachdrücklich daran zu erinnern, daß die technische Fragestellung notwendig aus der aktuellen Situation von Alexander Jemnitz erwuchs, ohne daß mit Sachlichkeit und alter Polyphonie irgendetwas Sachliches ausgemacht wäre. Daß hingegen im archaischen Effekt seiner Reduktionen das Stück, wie alle ernstliche Musik aus diesen Tagen, an der *Grenzscheide der Romantik* gerade steht, die es explizite bekämpft, soll gleichwohl nicht geleugnet werden. Aber die konkreten Entscheidungen der musikalischen Geschichte geschehen nicht in der Reinheit der Einsicht, sondern allemal unter dem Zwang der musikalischen Natur, die nicht vollends sich tilgen läßt und wiederkehrt aus den Höhlen des Vergangenen.

1928

Arnold Schönberg (I)

1874-1951

Er ist geboren am 13. September 1874, in der Wiener Leopoldstadt, dem jüdischen Quartier, das durch die Zeit der Emanzipation hindurch ghettohafte Züge bewahrte. Die Ursprünge weisen in die Slowakei; man mag eine mystisch-religiöse Tradition vermuten. Doch liegen Vorgeschichte und Herkunft noch im Dunkeln, als wäre er aus einem Niemandsland gekommen; Alban Berg erzählte, er habe kaum je davon gesprochen. Nach Angaben, die Frau Gertrud Schönberg zu verdanken sind, wurde der Vater 1838 in Preßburg geboren, kam mit vierzehn nach Wien, war dort Lehrling, besaß später selbst ein kleines Schuhgeschäft, heiratete zweiunddreißigjährig. Der Komponist war das zweite Kind, das erste starb früh. Der Vater fiel in der Neujahrsnacht des Epidemiejahres 1890 einer Lungeninfluenza zum Opfer. Schönberg, damals sechzehn Jahre alt, hatte wenig Erinnerung an das Leben zu Hause; eine seiner Notizen lautet: »Die Ehe scheint ganz normal gut verlaufen zu sein, höchstens getrübt durch materielle Sorgen.« Die Mutter, geboren 1848, war Pragerin, ebenfalls mit ihrer Familie nach Wien zugewandert: »Sie war aufopfernd, uneigennützig, selbstlos bescheiden, und ich könnte vielleicht von ihr eine gewisse Arbeitsamkeit und Pflichtgefühl geerbt haben.« Offenbar übte ein Lieblingsonkel bis zu seinem zehnten Jahr einigen Einfluß auf ihn aus. Er war – ebenfalls einer Notiz zufolge – »schwärmerisch veranlagt, machte lyrische Gedichte, war hochliberal begeistert, unterrichtete den Neffen im Französischen und trug ihm Schillers Gedichte vor«.

»Seine musikalischen Anlagen haben«, schreibt Gertrud Schönberg, »in seinem Elternhaus ungewöhnlich wenig Förderung gefunden, obwohl er schon mit acht Jahren zu komponieren anfing.« Wiederum aus einem Brief des Komponisten selbst: »Irgendwie mag ja, ohne daß ich mich entsinnen kann, im Elternhaus davon die Rede gewesen sein, daß ich musikalisch veranlagt bin; denn es fällt mir auf, daß ich ziemlich früh eine Mozartbiographie gelesen habe, die mich dazu anregte, meine Kompositionen ohne Zuhilfenahme eines Instruments zu schreiben.« Aber weder sein Vater noch seine Mutter waren künstlerisch tätig; die Angabe, die Mutter sei Klavierlehrerin gewesen, scheint auf einem Irrtum zu beruhen. Beide seien »sicher nicht mehr als durchschnittlich musikalisch« gewesen. Wohl hatten sie Freude an Musik, zumal an Gesang, wie denn der Vorrang des Melos im späteren Werk des Meisters auf ein sehr tiefes Verhältnis zum Vokalen weist; er selbst überraschte, wenn er ein paar Töne angab, durch die freie, ungehemmte Art des Singens. Der Vater gehörte als junger Mensch einem Gesangverein an; »aber keinesfalls kann ich sagen, daß das irgendwie über das hinausreichte, was jeder nicht gerade musikfeindliche Österreicher an Musikalität besitzt«. Indessen fanden sich zahlreiche Sänger in der Familie, sei es von Beruf, wie der Bruder, sei es als Liebhaber.

In Schönberg hat ein verborgener, vorpersönlicher Unterstrom von Musik sich individuiert; das erklärt die Heftigkeit des Ausbruchs, die Fremdheit des Beginnens ebenso wie die vorgegebene Sicherheit der musikalischen Sprache dessen, den der ältere Freund Zemlinsky kompositorisch beriet, der aber sein Handwerk wesentlich auf eigene Faust sich erwarb; und auch, daß Schönbergs Musik, die ganz von draußen kam wie die eines Findelkindes, am Ende sich als die strengste und äußerste Vollstreckung der mitteleuropäischen Komponieridee, des ganz und gar durchgeformten Stils enthüllte, in dem alle Elemente aufeinander bezogen sind und in ihrem wechselfälligen Verhältnis Einheit stiften.

Der unterirdische Zwang offenbart sich in einer eigentümlichen Absichtslosigkeit; man weiß nicht einmal recht, ob er eigentlich das wollte, was man ›Musiker werden‹ nennt. Er war es vorweg, konnte nicht anders. Unglücksfälle wie der Bankrott der Bank, in der er seine kaufmännische Lehre durchmachen sollte, kamen ihm zu Hilfe. Zunächst schrieb er Kammermusik für den Hausgebrauch; sein Sinn für motivische Arbeit und Polyphonie – das Miteinander selbständiger Stimmen – mag dabei gefördert worden sein. Jedenfalls war Schönberg der später von den Widersachern unter Anführung Riemanns ihm zugeschriebene Wunsch, ›Unerhörtes zu leisten‹, fremd. Er hat einmal als reifer Mann Eduard Steuermann, einem der tiefsten Kenner und produktivsten Schüler, erzählt, ihm habe vorgeschwebt, ein Komponist etwa wie Goldmark zu werden; wenn je einem großen Künstler die Kräfte, die ihn dazu machten, ichfremd waren, dann Schönberg. Ein unveröffentlichtes, aber in seiner Jugend aufgeführtes Streichquartett erinnert nach Rudolf Kolischs Zeugnis an Dvořák. Die beiden als op. 1 gedruckten, kaum bekannten Gesänge aber zeigen bereits das Kräftefeld der Schönbergschen Entwicklung. Umfangreich angelegt, pathetischen Tones, mit orchestralem Klaviersatz, verbinden sie Züge der Brahmsischen und Wagnerischen Musiksprache, zwischen denen sonst die Komponisten der Epoche zu wählen pflegten. Brahmsisch ist die Vollgriffigkeit, der lastend schwere, dunkle Ton: die Vier Ernsten Gesänge haben offenbar besonders eingewirkt; brahmsisch auch die Neigung zu kräftig fortschreitenden harmonischen Stufen; wagnerisch dagegen eine gewisse Heftigkeit und Hitze der musikalischen Gestik, die Freude an großen Explosionen. Noch ehe Schönberg des eigenen Tones mächtig ist, fühlt er die Spannung von verbindlicher Formgestaltung und entfesselter Freiheit, aus der später sein Werk auf allen Stufen die Kräfte zieht. Übrigens hat er die konventionelle Forderung, ein Komponist habe originell zu beginnen, stets verachtet: zu tief wußte seine Musik, wie sehr alles künstlerische Eigenrecht dem sich verdankt, daß objektiver Zwang vom Einzelnen zur selbstgesetzten Norm verinnerlicht und aufgehoben wird, als daß er, der Originellste, der Illusion des Vorbildlosen je verfallen wäre. So können denn auch nur Ohren, die bei Einflüssen und Stilklassifikationen sich bescheiden, seine erste Periode als wagnerisch abfertigen. Nicht gilt es, ihn gegen den armseligen Vorwurf der Unselbständigkeit zu verteidigen, sondern die genaue und liebende Kenntnis der Frühwerke ist wesentlich: wer sie versteht, dem fällt alles Spätere zu; wem sie altmodisch klingen, dem versagt sich das Spätere als Futurismus. Er selbst hat sich geweigert, zwischen dem Rang seiner Perioden zu unterscheiden; in allen gab es Werke, die er leidenschaftlich liebte, und andere, von denen er Abstand hielt, als hätte er sie nicht selbst geschrieben, und die er weniger mochte.

Dabei grenzen die Perioden recht sinnfällig sich ab. Die erste, nach den äußerlichen Stilmerkmalen neudeutsche, reicht bis op. 5: drei Liederhefte, zwei große einsätzige Instrumentalwerke mit Programm, das Streichsextett »Verklärte Nacht« op. 4 und die Symphonische Dichtung Pelleas und Melisande op. 5; dazu, ohne Opuszahl, ein für sehr großen Apparat geschriebenes, umfangreiches Vokalwerk, die »Gurrelieder«. Sie wurden erst weit später (1911) zu Ende gebracht, tragen aber – sieht man von der sehr lockeren, solistischen Instrumentalbehandlung des Melodrams im dritten Teil ab – durchaus den Charakter der ersten Periode. Die beiden Instrumentalwerke sind nach Abschnitten komponiert, die denen des literarischen Vorwurfs entsprechen, und reihen eine Vielzahl von Themen aneinander. Aber selbst in der »Verklärten Nacht«, die aus durchweg sehr kurzen Strophen gefügt erscheint, sind architektonische Gegenkräfte spürbar. Die Form besteht aus zwei fast genau gleich langen Teilen, der eine überwiegend nach d-moll, der andere nach D-Dur gehörig, die sich im Sinn von Spannung und Auflösung ausbalancieren; beide sind jeweils in sich durch gewisse an kritischen Stellen auftretende Themen verklammert, eine Praxis des reifen Schönberg vorwegnehmend, und Wiederholungen einzelner Partien stellen die Beziehung der beiden Teile untereinander her. Manche der gezackten Themen des ersten sind bereits ausgreifende und plastische Schönberg-Melodien; im zweiten gibt es Abschnitte – wie der in Des-Dur – von jener vokalen Wärme, die später zur äußersten Ausdrucksgewalt sich steigert. Wagnerisch ist an dem Stück, dem populärsten aus Schönbergs Hand, ebenso wie an den »Gurreliedern«, nur das Material in gröbstem Sinne des Vokabulars. Nicht nur Ton und Themenprofile weichen ab, sondern vor allem das Gefüge. Die neudeutschen Sequenzen fehlen fast ganz, überall ist die mechanische Wiederkehr des Gleichen vermieden, identisches Material wird durchweg variiert. Die Metrik bevorzugt, vor allem in den »Gurreliedern«, unregelmäßige Bildungen. Ein überaus wachsames, wählerisches Ohr zeigt sich von Anbeginn gefeit gegen jede blechern strahlende Trivialität. Die Fühlung mit nichtdeutschen Jugendstildichtern wie Maeterlinck und Jacobsen zeitigt einen gedämpften, gebrochenen Ton; er trägt den Klang und die vielschichtige Setzweise des späteren Schönberg schon in sich. Am ausgeprägtesten ist all das in der Pelleassymphonie, deren Orchesterkolorit eine Noblesse bewährt wie nichts Gleichzeitiges in Deutschland. Hier wird auch schon deutlich ausharmonisiert; Schönberg wehrt sich dagegen, je vom Gefälle der musikalischen Sprache sich treiben zu lassen, und setzt in der harmonischen Konstruktion Widerstände, an denen der Fluß der Form erstarkt.

Neben den weiten melodischen Bögen, die vielfach, wie an den berühmten Stellen der »Gurrelieder«, damals noch ungewohnte Intervalle wie große Septime und kleine Dezime benutzen, ist am auffälligsten der Dissonanzenreichtum jener Stücke, längst vor »Salome« und »Elektra«. Er hat mehr als bloß die eine Wurzel im Ausdruck, wie sie etwa den Leitakkord des genialen Liedes »Erwartung« aus op. 2 hervorbrachte. In den »Gurreliedern« schießen zuweilen schon, wie am Ende der Chöre von König Valdemars Mannen im dritten Teil, vieltönige Klänge durch den Zug der Stimmen zusammen, der freilich von dem Bedürfnis nicht zu trennen ist, dem Geisterhaften seine harmonische Farbe zu finden. Aber der erste Schönberg schreibt auch schon Dissonanzen genau entgegengesetzten Wesens, Sigel des Ausdruckslosen. So geartet ist die nach den Schulregeln verbotene Umkehrung des Dominant-Nonen-Akkords mit der None im Baß, die in der »Verklärten Nacht« ihre besondere Rolle spielt; solche Klänge sind im musikalischen Körper das, was Benjamin in der literarischen Prosa »die silberne Rippe eines Fremdworts« nannte; eingelassen, um das chromatische Fließen zu unterbrechen, die Form zu artikulieren, Zäsuren zu errichten; diese Klänge mögen mehr als die ausdrucksgesättigten Dissonanzen die Modelle der konstruktiven Harmonik der Zwölftontechnik abgeben. Noch bleibt, in der ersten Periode, das tonale Bezugsschema – die terzenweise Schichtung von Tönen, die einer bestimmten Tonart leitereigen sind – einigermaßen unbehelligt, aber es ist, als regten sich allerorten schon die Tendenzen, die jenes Schema dann sprengen. Die Originalität des Charakters von Schönbergs früher Musik läßt von diesem Impuls, der übermächtigen Lokkung eines ihm selber verhängten Ungeheuerlichen, kaum sich scheiden.

1901 heiratete er die Schwester seines Freundes, Mathilde Zemlinsky, die ihn, sehr im Gegensatz zur üblichen Haltung von Gattinnen, im Radikalismus bestärkte. Bald danach siedelte er nach Berlin über, wo der in bedrängten Umständen Lebende eine Existenz zu finden hoffte. Obwohl er nun jahrelang den größten Teil seiner Zeit für Brotarbeit: die Instrumentation von Operetten, aufwenden mußte, gelangt rasch zur Konsequenz und zum Selbstbewußtsein, was zuvor dumpf ihn trieb.

In Berlin wurde »Pelleas und Melisande« fertig. Mit der Rückkunft nach Wien, 1903, beginnt die zweite Periode. Wie jegliche Wendung in Schönbergs Entwicklung hebt die neue Phase mit einem Verzicht, einem ›Refus‹, an. Literarisches Programm, üppige instrumentale und vokale Mittel, alles Fassadenhafte der Erscheinung verschwindet. Es ist die eigentliche Periode der Kammermusik, und der Schönberg der Zwölftontechnik hat nach zwanzig Jahren in vielem an sie angeknüpft. Man verfehlt die Produkte jener Zeit, solche der vollen Meisterschaft, gründlich, wenn man sie als Jugendwerke einreiht. Es sind das Erste Quartett op. 7 und die mit ihm stilistisch teilweise eng zusammenhängenden Lieder op. 6, die Erste Kammersymphonie op. 9, das Zweite Quartett mit Gesang op. 10 und der erste Satz, das es-moll-Adagio, der erst Jahrzehnte später in Amerika abgeschlossenen Zweiten Kammersymphonie; dazu kleinere Werke wie die beiden Balladen op. 12, der Chor »Friede auf Erden« und die als op. 14 veröffentlichten zwei Lieder.

In der kompositorischen Verfahrensweise ist das Abschnittsprinzip beseitigt. Überall werden große, dicht verwobene, durchorganisierte Formen angestrebt. Erstes Quartett und Erste Kammersymphonie halten sich noch innerhalb der von der neudeutschen »symphonischen Dichtung« her vertrauten Einsätzigkeit. Das Zweite Quartett, Nachhall einer Krise des persönlichen Lebens, deren kaum je bewältigtes Leiden erst dem Schönbergschen Werk die ganze Schwere einbrachte, wandelt die vier Sätze der sonatenhaften Quartettform ab. Der dritte, ein Variationensatz, montiert sein Thema aus Hauptbestandteilen des ersten und des Scherzos und führt sie gewissermaßen nachträglich durch; der letzte geleitet, wie ein Abgesang, ins Freie, nach einer langen, höchst aufgelösten instrumentalen Einleitung von buchstäblich unerhörtem Klang; die Form des Satzes wird gebildet aus der zweimaligen Folge eines rezitativartig phantasierenden und eines liedmäßig fester gefügten Teils. Das ganze Finale ist ohne Bezeichnung der Tonart notiert. Es schließt zwar in Fis-Dur und ist insgesamt dort beheimatet, aber Akkorde, die das Schema sprengen, überwiegen derart, daß die Tonalität, die das ganze Werk überdacht, am Ende zur dünnen Hülle wird, die ein Ruck wegnehmen kann.

Entscheidend für die zweite Periode sind aber weder die vielfach quartigen Klänge noch auch selbst der ganz neue Stufenreichtum des ausharmonisierten Stils, der im ersten Satz des Zweiten Quartetts und dem der Zweiten Kammersymphonie am verbindlichsten wohl formuliert ward. Zunächst geht es um die unbedingte Vorherrschaft der motivischen Arbeit und der »entwickelnden Variation«. Mit ihr wird in aller Entschiedenheit die Brahmsische Verfahrensweise auf das Wagnerische Material übertragen. Der neudeutsche Reichtum an Klängen und Kombinationen wird gleichsam auf den Standard der kompositorischen Konstruktion gebracht und von innen her, anstatt bloß durch Schwung und literarische Bezüge, zusammengehalten, während umgekehrt die Brahmsischen Errungenschaften rücksichtslos gesteigert und dem Bann des akademisch Erlaubten entrissen sind, der sie bis dahin um ihre volle Fruchtbarkeit brachte. Der Idee nach gibt es schon keine unthematische Note mehr; darin vor allem ähnelt die zweite Periode der zwölftönigen. Alban Berg hatte einmal vor, über das Erste Quartett op. 7 ein Buch zu schreiben, um die zahllosen thematischen Beziehungen samt ihren harmonischen, metrischen, kontrapunktischen, formalen Konsequenzen zu entfalten. Bis heute warten die in aller Bescheidenheit der instrumentalen Mittel strukturell überreichen Werke jener Periode auf ein solches Buch. Wem sie ganz durchsichtig geworden wären, dem würde von den späteren, auch den heute noch unzugänglichsten, wohl kaum mehr eines Schwierigkeiten bereiten, so sehr ist in diesen tonalen, durchweg aber bereits die Tonalität wie von einer höheren Position her ›auskonstruierenden‹ Stücken enthalten, was einzig dann selber nach außen tritt.

Das für die Folge wichtigste von den konstruktiven Mitteln jedoch ist die vom vierstimmigen Streichersatz ausgehende *Polyphonie*. In der großen Durchführung der Ersten Kammersymphonie schon gelingen, mit den kanonischen Partien im dreifachen Kontrapunkt, Bildungen, deren Kombinationskunst später kaum je überboten ward. Man pflegt die Wendung zur realen Vielstimmigkeit, die für alle neue Musik danach, die überhaupt zählt, bestimmend blieb, als bloße geschichtliche Tatsache zu verzeichnen oder vom Erwachen des durch Klassizismus und Romantik unterdrückten polyphonischen Geistes in Schönbergs kontrapunktischer Phantasie zu reden. Aber die neue Vielstimmigkeit wäre objektiv aus Schönbergs Komponierproblemen abzuleiten, vorab aus der Emanzipation der Harmonik. Je reicher und qualitativ vielgestaltiger diese ward, je mehr sie von den Formeln der Kadenz und der simplen Modulationspläne sich entfernte, um so weniger vermochte sie allein mehr den musikalischen Zusammenhang zu stiften. Dafür tritt nun der Kontrapunkt ein, der in der »durchbrochenen Arbeit« des Wiener Klassizismus eben nur mühsam überwintert hatte. Er waltet sowohl im kleinen, als Kraft, gleichzeitig Erklingendes aufeinander zu beziehen, wie im großen, als Vermögen, ganze Zeitverläufe aus dem Zug der Stimmen, den Impulsen ihres Ineinandergreifens zu entwikkeln. Steuermann berichtet ein Wort Schönbergs, daß man bei wirklich gutem Kontrapunkt eigentlich die Harmonik ganz vergäße. Das erhellt das Innerste seiner Polyphonie, und übrigens nicht dieser allein. Gemeint ist keineswegs, was an dem Kurthschen Wort vom linearen Kontrapunkt Nahrung fand und in den zwanziger Jahren auch die Komponisten verwirrte: daß in der neuen Musik die Harmonie, als bloßes Ergebnis des Stimmenverlaufs, zufällig wäre. Im Gegenteil: nachdrücklich guter Kontrapunkt, wie er von nun an das gesamte Werk Schönbergs beherrscht, heißt, nicht zu einer Stimme beziehungslos eine zweite hinzuzufügen wie in der spätmittelalterlichen ars nova; auch nicht zwei Stimmen, die nicht recht zueinander passen, durch eine geschickt sich durchwindende dritte zusammenzukleistern. Sondern die musikalische Ganzheit wird durchorganisiert, indem an Stelle der zufälligen Fügung des bloßen Zusammenklangs, der von außen her aus dem Vorrat genommen war und nicht selber in der Komposition entsprang, auch das Gleichzeitige durch das Aufeinanderfolgende, durchs spezifisch Komponierte, eigentlich durch die ›Melodie‹ bestimmt wird. Damit bereits will Schönberg auf die Identität von Linie und Akkord in der späteren Zwölftontechnik hinaus. Der Zusammenklang verliert das Starre, Isolierte, Formelhafte, das er im tonalen Schema angenommen hatte. Er wird nicht beliebig, sondern, der Idee nach, weit genauer ausgehört als zuvor; die Empfindlichkeit des Stufenbewußtseins, bei Schönberg ohnehin eminent gesteigert, wird bis zu der gegen jegliche verfrühte Tonwiederholung getrieben. Aber zugleich wird die Harmonie zum Moment der je eigenen musikalischen Formdynamik geprägt, anstatt von außen her die Komposition zu lenken. Man merkt in der Tat beim guten Kontrapunkt die Harmonie nicht mehr; nicht, weil es auf sie nicht mehr ankäme, sondern weil sie so sehr mit dem Gesamtverlauf verschmolzen ist, daß sie von diesem nicht länger absticht. Wenn Schönberg, übrigens ganz anderen Sinnes als Riemann, von funktionaler Harmonik sprach, um damit den formbildenden Charakter des harmonischen Bewußtseins zu bezeichnen, so wäre gewiß mit nicht geringerem Recht von funktionalem Kontrapunkt zu reden; von der musikalischen Dimension, die rein aus der inneren Gesetzmäßigkeit des Gefüges heraus, ohne alle Anleihe bei Stil und Typus, dem Gebilde etwas von jener Verbindlichkeit erwirkt, deren Verlust seit der Auflösung der vorgegebenen allgemeinen Musiksprache offenbar ward. Diese Konzeption ist vielleicht Schönbergs großartigste Leistung und zugleich die, in der er, von der Tradition abstoßend, doch dieser am vollkommensten die Treue hielt. Alle späteren Errungenschaften stammen daher, auch die Zwölftontechnik. Vom Bläserquintett, seinem zwölftönigen Schul- und Gesellenstück, sagte er selbst, an ihm habe er eigentlich erst recht Kontrapunkt schreiben gelernt, und die Zwölftontechnik insgesamt ist die disziplinierte Anstrengung eben dazu.

Der Durchbruch des kontrapunktischen Geistes war zugleich einer der Phantasie. Man wird den späteren Schönberg nicht verleumden, wenn man behauptet, daß seine Musik nie spontaner sprudelte als während jener zweiten Periode. Das Hauptthema des d-moll-Quartetts, der modellartig zusammengefaßte erste Satz des Zweiten Quartetts und gar das Liedfinale vom Anderen Planeten – all das ist von einer Originalität des Anschauens und einer Kraft des Bewältigens, die Schönbergs Namen zu den größten stellte, selbst wenn er danach nichts von dem geschrieben hätte, worauf heute die Musikhistorie pocht. Übertechnisch erweist das ganz Neue sich wohl vorab an der Direktheit des Zugriffs, dem Gestus des den Nagel auf den Kopf Treffens, der aller musikalischen Vorbereitung und Vermittlung spottet, Urbild eines Komponierens, das »nicht schmükken, sondern wahr sein« will. Dem Wagnerischen Ideal des Komponierens als Kunst des Übergangs wird abgesagt; je vollkommener das Schema entfällt, je mehr die konkreten musikalischen Ereignisse für sich selber stehen, um so mehr muß auch jedes Einzelne die ganze Last und Verantwortung seines Daseins auf sich allein nehmen, und der Komponist ist der Tapfere, der ihm dazu verhilft. Das geschieht in der dritten Periode, die nach Stilbegriffen die expressionistische heißen darf und nach rein musikalischen die der freien Atonalität. Sie drängt sich über wenige Jahre in Wien und, seit 1911, abermals in Berlin zusammen, etwa von 1908-1915, und umfaßt eine eruptive Produktion, vergleichbar der gleichzeitigen kubistischen Phase Picassos. Dem Sprachgebrauch gilt Expressionismus für die Kunst, die das Inwendige, die seelische Regung unvermittelt nach außen kehrt. So ist in der Tat vieles aus Schönbergs expressionistischer Phase; das Monodram »Erwartung«, die Sechs kleinen Klavierstücke op. 19, das Maeterlincklied »Herzgewächse« op. 20 sind, bei aller musikalischen Gefügtheit, Traumprotokollen verwandt. Aber die Idee, das Innere nach außen zu stülpen, hat zugleich ihre genaue technische, objektive Seite. Unter der erzitternden Hülle der Tonalität war in den Werken der zweiten Periode eine eigenständige musikalische Struktur herangereift, die der Stütze durch die Außenarchitektur kaum mehr bedarf, ja in gewisser Weise ihr widerspricht; und diese Innenstruktur war zugleich der eigentliche Ausdrucksträger. Was man für die Schönbergsche Revolution hält, ist, gemessen an der Logik seiner eigenen Entfaltung, ein bloßes Sichschütteln. Die Außenarchitektur wird getilgt, das inwendige Gewebe zur musikalischen Erscheinung. Daher sind denn auch die Verbindungen zur zweiten Periode, in der jenes sich gebildet hatte, besonders eng; die »Entrückung« des fis-moll-Quartetts gehört schon in die neue Sphäre, nicht nur um der freizügigen Harmonik willen, sondern vor allem auch, weil sie kontrastierende Gestalten jäh aneinanderrückt und gerade durch den Kontrast den Zusammenhang hervorbringt. Umgekehrt sind die Georgelieder op. 15, obwohl von Dreiklangsähnlichem fast ganz gereinigt, atonal, nicht bloß durch die Wahl der Gedichte, sondern auch durch Ton und Verfahrensweise dem fis-moll-Quartett nahe verbunden. Trotzdem kennt auch die dritte Periode einen Akt des Verzichts, ja der Vereinfachung: diesmal im Sinn einer kompositorischen Stenographie, in der jener Zwang, wie mit einem Hammerschlag das Wesen zu treffen, das Bedürfnis nach Entfaltung überwiegt, analog dem Einbruch des Fauvismus in die Zivilisationsfelder der Malerei. In solchem Geist haben die drei Klavierstücke op. 11, erst nach den Georgeliedern geschrieben (1908), die dritte Periode eingeleitet und die neue Musik insgesamt. Das letzte von ihnen ist ein einziger auskomponierter Ausbruch, ohne alle Erinnerung an formale Symmetrieverhältnisse. Das Moment des Abgründigen und grell Aufzuckenden, das schon vorher in Schönbergs Scherzocharakteren gegen das Mildernde der überlieferten Typen bedrohlich Ernst machte, wird nun vollends entbunden; ein langes, aber nur noch aus kahlen Kontrasten zusammengesetztes, nicht mehr entwickelnd ausgesponnenes Adagio führt in eine Region des Unbewußten, die in der traditionellen Musik von den Schleiern der Form ängstlich verhüllt war.

Von nun an bleibt alles Überflüssige fort, auch im Verhältnis der Werke untereinander. Ein jegliches muß einen Kosmos für sich selber bilden, gewissermaßen ein Modell, das weiter zu verfolgen Schönberg anderen überließ; seine verschwenderische Kraft hat es verschmäht, jemals eine der Möglichkeiten auszuschöpfen, die sie selber schuf. Die Gestalt jeden Werks trägt nun ihren unverwechselbaren Namen. Zunächst schlägt das Verhältnis zur thematischen Arbeit in sein Gegenteil um. Hatte ihre Energie die Außenarchitektur gesprengt, so scheint thematische Arbeit danach überflüssig, als wäre ihr mit der Außenarchitektur der Widerstand entzogen worden, an dem sie sich erprobte. Andererseits aber will das reine Nebeneinander der ausdrucksgeladenen Gestalten zur Gestaltung der Zeit doch nicht vollends genügen, und immer wieder drängen sich motivische Beziehungen auf. Während der gesamten dritten Periode wechselt thematischer und athematischer Stil; kaum hat Schönbergs rastlos bohrendes Gehör die ganze Freiheit gefunden, und schon sieht er sich aufs neue vor der Frage, die bereits die Polyphonie der zweiten Periode zeitigte: *wie freies Komponieren ohne Willkür und Zufall möglich sei.* Die Georgelieder kannten bei voller harmonischer Freizügigkeit, ungebundener Melodik, knappster Setzweise doch noch Motivzusammenhänge älterer Art, vielfach auch formale Entsprechungen; ein jegliches der Lieder verdankt seine Einheit, seinen unverwechselbaren ›Charakter‹ dergleichen Mitteln. Die Klavierstücke op. 11 wirken danach trotz angedeuteter Dreiteiligkeit im ersten und zweiten weit schroffer und fremder. Die fünf Orchesterstücke op. 16 jedoch, die zum Großartigsten aus Schönbergs Hand rechnen, nehmen die thematische Arbeit wieder auf. Schönberg hatte ein genaues Bewußtsein davon, daß verschiedene Klangmaterialien verschiedenes Komponieren erheischen: er empfand stets das notwendige Verhältnis zwischen den reicheren Mitteln des Orchesters und reicherem musikalischen Inhalt. Dieser aber bedarf wiederum, um nicht ins Chaos zu geraten, einer Artikulation, die ohne thematische Arbeit kaum zu leisten war. Die polyphonen Künste, mit denen etwa das Quartolenthema des lyrischen zweiten Stücks behandelt wird, nehmen die der Ersten Kammersymphonie wieder auf. In anderen der Stücke aber tastet Schönberg erstmals nach einem Verfahren, das schließlich all seine Musik sich unterwirft: Organisation durch thematische Arbeit, aber gleichsam hinter den Kulissen, so daß die Ereignisse durch ein gegebenes Ausgangsmaterial bestimmt werden, ohne daß es als solches, als ›Thema‹ in Erscheinung träte. Mit anderen Worten, er beginnt mit ›Grundgestalten‹ zu operieren wie der Folge d – f – a – cis – e – g im ersten und einem dreitönigen Motiv im rezitativischen letzten Stück; ähnlich verfuhr etwas früher Mahler im »Lied von der Erde« mit a – g – e. In Schönbergs Monodram »Erwartung« op. 17 gewinnt die ›athematische‹ Tendenz, die unablässige, wiederholungslose Folge von Neuem, wiederum die Oberhand; die dramatische Kurve, von der Singstimme nachgezeichnet, bildet die Form, sonst überläßt die Musik ohne allen merklichen konstruktiven Zugriff sich dem »Triebleben der Klänge«. Aber obwohl Schönberg nie aufgelöster verfuhr als in dem noch bis in die melodischen Einzelgestalten hinein von allen Spuren der überkommenen Sprache gesäuberten Bühnenstück, fehlt es nicht an Gliederung: die Gesamtform ist deutlich zweiteilig mit der Zäsur in der Generalpause nach dem Höhepunkt, der Entdeckung des Toten; eine scherzoartige, wilde Partie hebt sich heraus, und das Ende ist – verwandt etwa Salomes Schlußgesang – geschlossener, wie eine ›Gesangsszene‹ behandelt, das vorher der fessellosen Gebärde überlassene Orchester zur Begleitung verhalten. Im Schwesterwerk, dem Drama mit Musik »Die glückliche Hand« op. 18, das verwandtes Ausgangsmaterial verwendet, dringt das Organisationsbedürfnis sichtbarer vor: es gibt eine deutliche, dabei sehr variierte Wiederholung des Beginns; jede einzelne Szene ist nach Klang und Charakter in sich fest geprägt und zur nächsten in Gegensatz; große, weit gespannte Melodien und verarbeitete Themen wie in der Schmiedeszene werden geduldet; der Lichtsturm ist motivisch entwickelt, und ein Abschnitt wirkt als Durchführung. Das ganze Stück ballt sich zu unbeschreiblich symphonischer Schlagkraft zusammen, wie denn die große Symphonie die ausgesparte Mitte in Schönbergs gesamtem Werk bilden mag. Die Klavierstücke op. 19 umgehen die Frage nach thematischer Arbeit und Artikulation der großen Form durch äußerste Verkürzung: doch wird in einem von ihnen, dem vierten, das Prinzip der ›Grundgestalten‹ wiederaufgenommen; das aufgelöste Motiv, mit dem es endet, fängt mit den Tönen der geschlosseneren Hauptmelodie an. Verfahrensarten, die man zu Unrecht dem späteren Zwölftonprinzip, dem vorgeblichen Kalkül, zuschrieb, traten schon inmitten der freien Atonalität voll ausgebildet hervor, ohne daß man dem viel Beachtung geschenkt hätte. So vor allem im »Pierrot lunaire« op. 21, einer Folge von ›Charakterstücken‹ wie die Georgelieder, auch wie diese und fast nach üblicher Liedweise thematisch gearbeitet, dabei aber seltsam geschrumpfte, gleichsam eingekochte Themen benutzend, die dem ganzen Werk etwas Gebrochenes, ironisch Uneigentliches verleihen. Unter solcher Ironie stehen denn auch die älteren Formen, die in trübsinnigem Spiel souverän beschworen werden, Passacaglia, Spiegelkanon, krebsgängiger Doppelkanon mit begleitender dreistimmiger Fuge. Das letztere Melodram, der berühmte »Mondfleck« des dritten Teils, stellt als Kunststück und Phantasmagorie vor Augen, was dann in der Zwölftonphase zum Ernstfall ward, die Idee der integralen Komposition, deren sämtliche Bestandteile »nur aufeinander bezogen« sind. Aber trotz der Zwölftonmode ist es bis heute kaum einem Menschen aufgefallen, daß die beiden Hauptbestandteile des »Mondflecks«, das Fugenthema und das Hauptmodell des Kanons, tongetreu als eine ›Grundgestalt‹ übereinstimmen. Die Orchesterlieder op. 22, das letzte Werk vor der jahrelangen Pause und dem Hervortreten der Zwölftontechnik, neigen zu großen melodischen Linien und ihrer vielstimmigen Verschlingung, aber auch zu Akkordbewegungen; man wird nach ihnen am ehesten sich ausmalen können, wie das um die gleiche Zeit begonnene Oratorium, die »Jakobsleiter«, aus dem bis heute nur kurze Bruchstücke bekannt wurden, beschaffen gewesen wäre. Auf der höchsten Erhebung seines produktiven Vermögens ist Schönberg verstummt.

Biographisch sind die Ursachen für die Wendung Schönbergs in den Jahren 1915-1923 noch unerhellt, und selbst musikalisch läßt sich, was damals geschah, nicht ganz überblicken, solange nicht das große Fragment der »Jakobsleiter« und das, was etwa sonst noch an Entwürfen zumal symphonischer Art aus jener Zeit erhalten ist, zugänglich werden. Sicherlich hatte der Krieg – Schönberg war selbst zweimal eingezogen – sein Teil an einem Schweigen, das nach der unbeschreiblich intensiven Produktion der zweiten und dritten Periode im Rückblick unvermeidlich dünkt.

1923 starb, während er bereits an der Serenade arbeitete, seine erste Frau; ein Jahr danach heiratete er die junge Gertrud Kolisch, die Schwester des großen Primarius, des authentischen Interpreten seiner Kammermusik. Der Beginn der Zwölftonphase ist spätestens 1922 zu datieren; ihre volle Entfaltung fällt zusammen mit einer Änderung von Schönbergs Lebensverhältnissen. Sie wurde bewirkt von seiner Berufung an die Berliner Akademie (1925). Von nun an war er der drückendsten materiellen Sorgen ledig, und als ihn die Diktatur Hitlers in die Emigration trieb, hatte sein Name, ohne daß ihm mit Ausnahme der Wiener Uraufführung der »Gurrelieder« unter Schreker (1913) je ein großer Publikumserfolg im üblichen Sinn zuteil geworden wäre, bereits so viel Autorität gewonnen, daß er auch in Amerika nicht allzu lange warten mußte, bis er eine Position fand, die ihm die Existenz sicherte. Manche Äußerung von Schönberg läßt eine gewisse Freude wenn nicht am Erfolg, so doch an dem unbeengteren Dasein erkennen; ohne sich zu zieren, hat er einmal etwas über das Gefühl geschrieben, das man empfinde, wenn man als sein Leben lang Geächteter allmählich unter den Anerkannten sich finde. Wenn vielen der späteren Werke der Stachel der früheren fehlt; wenn manche, das Wort recht verstanden, einen gewissen Konservativismus zeigen – Konservativismus nicht der Mittel, die folgerecht weitergetrieben werden, sondern der künstlerischen Gesinnung, die nun auf große runde Werke zielt –, dann mag man einen Zusammenhang mit dem beruhigteren Leben vermuten.

Die Zwölftontechnik, die solche Werke ermöglichen soll, besteht ihrem kompositorischen Sinn nach in nichts anderem als darin, das Verfahren thematischer Arbeit allseitig, ohne jeglichen Rest, ohne irgendeine dem Belieben überlassene Note zu handhaben. Jede Zwölftonkomposition beruht auf einer bestimmten Anordnung aller zwölf Töne, einer »Grundreihe«: etwa cis – a – b – g – as – fis – b – d – e – es – c – f, wie in Schönbergs erster Zwölftonpublikation, einem Walzer. Im allgemeinen hat er die Wahl dieser Grundreihe von dem ersten melodischen Einfall abhängig gemacht, niemals aus einer errechneten Tonfolge Themen willkürlich gebildet. Der gesamte Verlauf der Komposition ist aus der jeweiligen Grundreihe abgeleitet, sowohl alles Melodische wie die Zusammenklänge, in denen die Töne der Reihe »zusammengeklappt«, also gleichzeitig erscheinen; ebenso auch alle auftretenden selbständigen Gegenstimmen. Um Eintönigkeit zu vermeiden, wird die Grundreihe nicht bloß in ihrer ursprünglichen Gestalt verwendet, sondern auch in gewissen Abwandlungen, wie der aus der alten Kontrapunktik vertrauten Umkehrung, bei der jedes Intervall durch das gleiche in der entgegengesetzten Richtung ersetzt wird, also anstatt cis – a: cis – f; dem Krebs, also der mit dem letzten Ton beginnenden und mit dem ersten schließenden Reihe, und der Umkehrung dieses Krebses. Weiter kann die Reihe jeweils auf verschiedene Tonstufen übertragen werden, entsprechend der Transposition einer Melodie von einer Tonart in die andere. Doch ist die Zwölftontechnik keineswegs, wie man sie vielfach mißversteht, ein Tonalitätsersatz, da sie die musikalischen Ereignisse gleichsam hinter der Szene vorformt. Jede Komposition wird aus ihrer besonderen Reihe neu konstruiert, kein hörbares und unverrückbares Bezugssystem umfängt die musikalischen Einzelereignisse. Auf der Hand liegt, daß ein solches Verfahren nur dort sein künstlerisches Recht hat, wo es gilt, vielschichtige und komplizierte Musik zu festigen, und daß es nicht etwa dazu herhalten darf, auf billig-mechanische Weise das Komponieren zu erleichtern, Scheinmodernität zu fördern und simpel Gehörtes anspruchsvoll aufzuzäumen.

In manchen der früheren Werke aus der Zwölftonzeit, wie dem Klavierwalzer aus op. 23, von dem Schönberg sagte, man solle ihn spielen, als ob der Himmel voller Geiger hinge, oder auch der »Serenade« op. 24 und der Kammersuite op. 29, wird man heute einen gewissen Bruch empfinden zwischen der zuweilen beabsichtigten Leichtigkeit des Tons und der gepanzerten Gestaltung, der keineswegs gefälligen Farbe. Charakteristisch für den Schönberg jener Jahre ist ein Hang zu rhythmischen, metrischen und formalen Symmetriebildungen, einer Tanzähnlichkeit, die in der Zeit der freien Atonalität strikt ausgeschlossen war und nun mit Reihenmitteln konstruktiv herbeigeführt wird, etwa im Trio des Scherzos der

»Serenade«, im Seitensatz der Kammersuite und auch in den »Tanzschritten« desselben Werks. Damals gab es, wenngleich höchst vergeistigt, gewisse Beziehungen zum gleichzeitigen musikalischen Neoklassizismus; drei der Werke dieser Phase sind Suiten. Der Choc, den sie auslösten – ohne Choc ist es niemals bei Schönberg abgegangen –, war dem von einst entgegengesetzt. Berg fragte bei den ersten Zwölftonkompositionen besorgt nach deren Gehalt. In Wahrheit trug sich abermals ein Verzicht, ein Reduktionsprozeß zu. Während in den zwar schon mit Reihen, aber noch nicht mit dem ganzen Zwölftonapparat umgehenden Stücken aus op. 23 und 24 noch der Expressionismus nachtönt – die vier ersten Stücke aus op. 23 verbinden ihn gänzlich mit der Konstruktion, und die »Serenade« gemahnt im Ton vielfach an den Pierrot –, verzichtet Schönberg in dem Augenblick, in dem das Konstruktionsprinzip unbedingt wird, wie in jenem genial primitiven Walzer und dann in der Klaviersuite op. 25 und dem Bläserquintett op. 26, in weitem Maß auf Ausdruck und bemüht sich um eine Art musikalischer Eisenkonstruktion. Er selbst hat immer wieder hervorgehoben, daß dort, wo die Musik neue Dimensionen sich erobert, andere zurücktreten. Er hat diese Einsicht wohl an der eigenen Erfahrung gewonnen; der Versuch, thematische Arbeit und Kontrapunktik zur totalen Konstruktion zu steigern; die unbeschreibliche Anstrengung, die es damals bedeutet haben muß, einen jeden Takt so durchzuformen, wie es einst nur die kunstvollsten Kanons verlangten, war mit einer Art Entspannung im inwendigen Kraftfeld zu bezahlen. Sie verursacht jenen Eindruck spielerischer Positivität; müßig zu fragen, ob dabei Schönbergs veränderter Seelenlage oder der objektiv technischen Entwicklung der Vorrang zukommt.

Seine Substanz bewährte sich, indem er dabei sich nicht beruhigte. Bei dem Musikideal, das dann seine Epigonen aus der Zwölftontechnik herauslasen, beharrte er so wenig wie Picasso beim Neoklassizismus. Die Schönbergsche Kraft, alles Gelernte zu vergessen, nichts als gesichert sich vorzugeben, hat nicht bloß den Neubeginn der Zwölftonwerke gegenüber den expressionistischen gestiftet, sondern sehr bald auch inmitten der Zwölftonkomposition aufbegehrt. Schon in der Kammersuite lockert sich die Starrheit des fast orgelhaft registrierten Bläserquintetts. Mit dem ersten Satz des Dritten Quartetts op. 30, einem von Schönbergs mächtigsten Stücken, wird die unerbittliche Verklammerung des musikalischen Zusammenhangs, bei aller Distanziertheit und Objektivität, wieder zum künstlerischen Ernstfall; nirgends so sehr als bei diesem Stück könnte man an den späten Beethoven, etwa das cis-moll-Quartett, denken; die andern Sätze freilich, zumal das Intermezzo und das fast wie ein Muster an die Tafel geschriebene Rondo, neigen nochmals zur Entspannung. Lehrstückhaft sind auch die Orchestervariationen op. 31, denen René Leibowitz mit Recht ein ganzes Buch gewidmet hat. Aber in ihnen ist, schon mit der sich aufbäumenden Geigenmelodie der Einleitung, das Schönbergsche Ungeheuerliche zugleich wieder ganz präsent. Nicht umsonst zeigt man heute die Variationen gern als das Zwölftonstück schlechthin; die Einheit vollkommener Materialbeherrschung und musikalischer Anschauung rechtfertigt dies eine Mal die Rede vom Meisterwerk der Moderne. Hat man je die Variationen in der unbestechlichen Interpretation Hans Rosbauds vernommen, so möchte man glauben, es wäre der Musik noch einmal gelungen, aus sich heraus, ohne alles überredende Gehabe und alle stilisierende Veranstaltung, etwas vom Geist des ersten Satzes der Eroica zu beschwören. Das klingt, als könne es nicht anders sein und wäre immer schon so gewesen. Die überschwenglich spielende Verfügung über die selbstgesetzte Strenge, die Möglichkeit zur freiesten Versenkung in jeden Augenblick und jede Pointe werden klirrend und sprühend losgelassen in dem Operneinakter »Von heute auf morgen« op. 32, von dem Schönberg nicht fassen konnte, daß er nicht das breiteste Publikum hätte mitreißen müssen. Dann beginnt er nochmals, was dem traditionellen Begriff des Hauptwerks hätte genügen sollen, mit der biblischen Oper »Moses und Aron«. Sie bleibt, wie der symphonische Entwurf und die »Jakobsleiter«, Fragment, als werde der Kunst dort, wo sie unvermittelt nach dem Absoluten greift, ein Halt zugerufen.

Schönberg unterbrach die Arbeit am Moses, als die faschistische Gewaltherrschaft in Deutschland errichtet ward. Er verlor seine Position, die ihm vertraglich auf Lebenszeit zugesichert war. Das kollektive Schicksal hat er hingenommen, ohne sich über sein individuelles zu beklagen, ja ohne sich auch nur im Gedanken daran lange aufzuhalten; damals, im Frühjahr 1933, fiel das Wort, es gäbe Wichtigeres im Leben als Komponieren. Von diesem Munde gesprochen, bestätigt es den Ernst von Musik besser als jede pathetische Erklärung über die Würde der Kunst. Nach kurzen Wandermonaten emigrierte er nach Amerika; dort befiel den fast Sechzigjährigen die erste schwere Krankheit seines Lebens. 1934 zog er nach Los Angeles; 1936 wurde er dort Professor an der University of California. In seinem Haus in Brentwood Park wohnte er bis zum Tod.

Was er in Amerika schrieb, überträgt viel Wesentliches aus der zweiten und dritten Periode auf das Zwölftonverfahren. Das Vierte Quartett op. 37 und das Violinkonzert op. 36, im Duktus einander recht verwandt, gemahnen im Ton, in der Themenbildung, im Schwung der Form ans Erste Quartett und die Erste Kammersymphonie; in den früheren amerikanischen Jahren (1940) wurde auch die Zweite Kammersymphonie vollendet mit einem zweiten Satz, der sich der höchst erweiterten Tonalität der zweiten Periode bedient, aber die konstruktiven Erfahrungen der Zwölftontechnik rückblickend jenem Material zugute kommen läßt und sie zur Darstellung einer tragisch-symphonischen Idee von Mahlerscher Eindringlichkeit nutzt. Die Instrumentation des g-moll-Klavierquartetts von Brahms, die der Musik dessen fünfte Symphonie schenkte, ohne daß man Schönberg dafür viel Dank gewußt hätte, gehört in die gleiche Phase. Inmitten der Zwölftonproduktion selbst zeigen Violinkonzert und Viertes Quartett ein ganz Neues: zum zweitenmal die Emanzipation von allen vorgegebenen Schemata, die während der Umwälzung des Materials als Stütze herbeizitiert worden waren. Unschematisches Verfahren und abermaliger Durchbruch des Expressiven sind eines Sinnes. Der erste Satz des Violinkonzerts verschmilzt Sonatendurchführung und Scherzo; der langsame ist eine bilderreiche Variationenfolge, die zuweilen Charaktere hervorbringt wie die ersten Klavierstücke; das Finale ein Marsch, bei dem man nicht lange zu raten braucht, gegen wen er geht; die bis zur Lisztschen »Transzendenz« ausgenutzten Möglichkeiten der Geigenvirtuosität helfen den zugleich stählernen und wild aggressiven Ton realisieren. Sonatenhaften Geistes sind die vier Sätze des Vierten Quartetts. Aber die Sonatenform wird nur eben angedeutet, alle krassen Symmetrien werden vermieden; die Formidee des jüdischliturgisch einsetzenden langsamen Satzes ist sehr ähnlich der der »Entrückung« des Zweiten Quartetts. Die als Melodram durchkomponierte Byronsche »Ode to Napoleon« op. 41, mit der Schlachtmusik zu Beginn, gehört derselben Schicht an. Dann vollzieht sich ein Prozeß der Verkürzung und Abstraktion, mit all den Zeichen großen Spätstils, von dem Berg einmal sagte, daß er über den Rang eines Komponisten entscheide. Das Klavierkonzert op. 42 schweißt die vier Satztypen, wiederum im Gedanken an die zweite Periode, zu einem zusammen. Es hebt an mit einem lyrisch ausgesponnenen Andante, verdüstert und kompliziert sich, befreit sich in einem energischen Alla breve; es werden aber nach dem ersten Teil lediglich die Hauptcharaktere vorgeführt, und sobald sie da sind, ohne Gedanken an herkömmliche Entfaltung zu Neuem übergegangen. Der alte Schönberg zitiert den Expressionismus in ungemein knappen Werken von äußerstem Gewicht. Das einsätzige Streichtrio op. 45 ist wohl die aufgelösteste Kammermusik, die von ihm existiert. Zum ersten und einzigen Male wird das Prinzip aktiven Gestaltens – das Beethovensche Erbe – geopfert zugunsten eines passiven, fragmentarischen sich Überlassens an den Augenblick. Der »Überlebende von Warschau« op. 46 dagegen sucht und erreicht nochmals größte Straffheit und verbindet sie mit einer Macht des Ausdrucks, die das fast lästerliche Beginnen rechtfertigt, noch das trostlose physische Leiden der Opfer des Pogroms befreiend im geistigen Bilde festzuhalten. Das letzte, was fertig ward, ist die Phantasie für Geige mit Klavierbegleitung op. 47, abschnittweise komponiert wie die ersten Stücke, in ganz kurzen ›Intonationen‹ schärfster Prägnanz; die Gesamtform folgt einzig aus deren Gleichgewicht; bloß die Wiederkehr der ersten Intonation wird angedeutet.

Schönbergs Leben war seit 1946 von schwerer Krankheit beeinträchtigt; als er das Trio schrieb, glaubte er, bereits gestorben und wieder erwacht zu sein. Trotzdem hat er den Gedanken an den Tod von sich gewiesen, sich Zeitpläne ausgedacht, wie die beiden großen Fragmente zu Ende zu bringen seien, wohl auch die »Jakobsleiter« wieder vorgenommen. Die letzten Stücke hat er seinem wahrhaft vom Geist am Leben gehaltenen Körper abgetrotzt. Der Konflikt mit Thomas Mann, von dem viel Wesens und Geschwätz gemacht wurde, war zwischen den beiden Männern beigelegt; die Versöhnung hätte an Schönbergs achtzigstem Geburtstag bekanntgegeben werden sollen, er hat ihn nicht mehr erlebt. Am Ende drang die mystische Religiosität durch; über der Komposition von Psalmen nach eigenen Texten ist er am 13. Juli 1951 gestorben, wenige Tage, nachdem die Darmstädter Uraufführung des Tanzes ums goldene Kalb aus »Moses und Aron« unter Scherchen zum erstenmal ein großes Publikum mit der Wirkung eines Zwölftonwerkes bezwungen hatte.

Kaum erst ist abzuschätzen, was Schönberg, der Einzelne, schenkte und was er in der Geschichte der Musik als Ganzer bewirkte; nicht sowohl durch die Materialveränderungen und Neuerungen, an die das öffentliche Bewußtsein einstweilen sich klammert, als durch das kompositorische Werk, das er objektiv-gesellschaftlichen und geistigen Bedingungen entrang, die solches Gelingen schon kaum mehr dulden wollten.

1957

Schönberg: Serenade, op. 24 (I)

Die Krisis der romantischen Ausdrucksmusik scheint die Möglichkeit aller musikalischen Ironie in Frage zu stellen. Soll aus dem Gestaltungsbereich die Deskription von Seelenereignissen ausgeschlossen sein, die, abgelöst von ihrem gesamtmenschlichen Zusammenhang, mehr nicht bedeuten als psychologische Privattatsachen, an deren Darstellung der Komponist sein Genügen findet, ohne daß sie verbindlich zeugte für seine Existenz – soll wahrhaft solche private und unverbindliche Deskription aus dem legitimen Gestaltungsbereich ausgeschlossen sein: wie vermöchte dann Musik ironisch gar zu reden, da sie doch schon zur Zeit des heute so gänzlich suspekten Psychologismus nicht ironisch sein konnte mit jener Unmittelbarkeit, die ihr je und je gestattete, von Freude, Schmerz, Leidenschaft, Apathie beliebig zu künden? Ironie, als Haltung gebrochenen Wesens, sammelt notwendig ihr Strahlenspiel in der Weisheit des sprachlich beredten Begriffes, will nicht, wie noch Beethovens singbare Entsagung, eingehen in die unmittelbar bedeutende musikalische Begrifflichkeit, deren Intention untrennbar dem Ereignis des Erklingens zugehört, während Ironie gerade in der Distanz von Äußerung und Intention sich verschweigend bestätigt. Von Eulenspiegels Pritsche wüßte man nichts, träte sie nicht bereits mit einem Kommentar auf, und auch Mahlers umfassendere Ironie wird anders nicht ganz verständlich als durch die Kraft begrifflicher Assoziationen, die die Skurrilität der klanglichen Erscheinung psychologisch erst stiftet. Wenn von einem Werke, das den Bruch mit allem Psychologismus radikal aus sich heraus vollzieht, gleichwohl behauptet wird, es sei ironischer Art, ja seine symbolische Würde empfange es von der Ironie, so kann damit nicht die Inhaltlichkeit seiner Ausdrucksgehalte gemeint sein, die gewiß hie und da ins Ironische sich neigen, aber jeder psychologischen Fixierung widerstreiten. Vielmehr ist der ironische Grund von Arnold Schönbergs Serenade ihr Formgebaren, das bestimmend alles musikalisch Einzelne dem rechten Ort zuweist; ironisch allerdings als menschlicher Grund, aber nirgends doch gehalten, mit punkthafter Ironie die Form zu zersetzen, die es setzte. Solche formkonstituierende Ironie ist der Musik gestattet: denn die begriffliche Fassung ihrer Absicht vollzieht sich nicht im materialen Erklingen, nicht auch in einem psychologischen Regreß, der vom Augenblick des Erklingens zur assoziativen Reflexion leitet, sondern, dem Sinne nach, nicht allein genetisch, ehe die Musik anhebt. Hier ist wiederum nicht an Psychologisches zu denken, daran etwa, daß der Komponist, ehe er sein Werk konzipiert, erwägend sich Klarheit verschaffe über die Irrealität der Formen, die ihn umgeben, von solcher Einsicht sich gedrängt fühle, diese Formen nicht so zu brauchen, als ob sie noch Wirklichkeit hätten und sich entschließe, ihre Unangemessenheit an die Gehalte hervortreten zu lassen und sie offen zu desavouieren. Wo Erwägung und Produktion so blank ineinandergreifen, wird bald genug ein leerer Komponiermechanismus in Bewegung geraten, sei es, daß die Formen, sentimental festgehalten und höhnisch beweint, alles höheren Bezuges bar, zu Clichés kunstgewerblicher Fabrikation entwerden, sei es ernsteren Falles, daß die rationale Eindeutigkeit, die die Beziehung der Formen auf ihren Gegenstand zerstört und diktiert, zum Mittel wird, die hoffnungslose Formverlassenheit der ästhetischen Welt ästhetisch mitzuteilen. Schönbergs Ironie jedoch bleibt gleich weit entfernt vom bürgerlichen Behagen und von der nihilistischen Polemik. Ihre Apriorität ist die des fortbildenden Wesens, ihre Begrifflichkeit ist im objektiven, kritisch-dialektischen Verhältnis dieses Wesens zu den Formen vorgezeichnet, nicht in der psychologischen Stellungnahme des Komponisten zu den Formen konstatierbar; die Distanz von Äußerung und Intention schafft sie nicht als Unangemessenheit der Gehalte zu den Formen, nein sie wird selbst bedingt durch diese Distanz und trachtet, sie gestaltend zu überwinden. So überaus menschlich belastet ward diese Ironie, daß die leichten Sätze, die sie hervorspielte, paradox als große Konfessionen wirken; so tief liegt sie, daß sie den verwegenen Bau trägt als sicheres und verborgenes Fundament. Sie trägt ihn darum, weil sie, die Ironie eines Einzelnen, zugleich exemplarisch eine nach strengstem Maße zulässige, ja wohl eine heut und hier typisch geforderte Existenzweise verkörpert. Wie

Schönbergs Serenade sich in solcher Ironie bewähre, darauf sei, wenn auch aus einiger theoretischer Entfernung von den musikalischen Vorgängen, an denen sie konkret zutage kommt, hingewiesen.

Der Meister der Fünf Orchesterstücke, der »Erwartung«, der Sechs kleinen Klavierstücke hat, so behaupten seine Feinde immer wieder, die Musik in Anarchie gestürzt, ihre Gesetze (ewig-natürliche Gesetze, sagt man, wie man etwa einmal die Rechtsnormen der bürgerlichen Gesellschaft als natürlich-ewig in Anspruch nahm) gesprengt, ihre Gegenstände dem Chaos blinder Triebe überantwortet. Nun ist nicht zu bestreiten, daß Schönberg die Tonart zu der Stunde als Bezugssystem preisgab, da sie nur noch ein willkürliches Bezugssystem war, dem die Zielrichtung der Musik entgegenläuft; daß er die Sonate opferte, als die melodisch-harmonische Struktur seiner Themen Symmetrie und Wiederholbarkeit im weiten wie im engen Raume ausschloß, daß er die hohle Monumentalität des neudeutschen Orchesterklanges zerschlug, weil sein musikalisches Ich zu mächtig war, um mit dem Schein des Überpersönlichen sich im Kompromiß zu versöhnen. Dies alles ist nicht zu bestreiten, nur freilich auch dann noch kein durchdringender Einwand, wenn es in die Anarchie führte, da keine Kunst das Recht hat zu bestehen, wenn sie nicht wirklich ist, und da die Wirklichkeit solcher Anarchie, wäre sie selbst nicht positiv, negativ wirklich würde, indem sie den Verfall des Unwirklichen erzwingt; viel weniger ein Einwand angesichts der positiven Fülle und unbegreiflichen Formgewalt, die gerade in jenen Werken Schönbergs herrscht, deren dämonischer Aufruhr alles musikalische Naturrecht, das heute sich proklamiert, als Ideologie entlarvte. Aber sogar in der positiven Fülle dieser Werke, ihrer aufgebrochenen Innerlichkeit, ihrer aus lyrisch-personalen Keimzellen gewachsenen Form erschöpft sich nicht die Fülle des Wesens, das sie hervorbrachte. Im Angesicht der Erfahrung, daß keine Form mehr existiert, es sei denn die aus dem Abgrund der subjektiven Innerlichkeit heraufsteigt, wird ihm die Erfahrung des äußersten Gegenteils: daß keine Innerlichkeit hier leben kann und Dauer gewinnen im ästhetischen Abbild, es sei denn, daß sie objektive Haftpunkte findet außerhalb ihrer selbst. Die Dialektik dieser konträren Grunderfahrungen –

Grunderfahrungen eben des sich entfaltenden Wesens, keine psychologischen Akte und gewonnen in der reinsten materialen Immanenz – wird zum Ursprung von Schönbergs Ironie.
Denn ungebrochen den Widerstreit der beiden Grunderfahrungen zu schlichten, verwehrt die Situation, in der das Ich steht und die seine wesenseigene Dialektik tragisch schärft. Nicht hat Schönberg der Aufrührer die Formen geopfert, um sich ungebundener selbst zu geben: Aufruhr und Ungebundenheit wurden ihm zur Pflicht, weil die Formen verfielen. Darum kann er nicht, wie mancher beruhigte Revolutionär, reifend sich umstandslos wiederum der Formen bedienen, denen er den Dienst weigerte. Zugleich aber wird ihm die Bekräftigung seines Wesens durch die Antwort der Formen zur leidenschaftlichen Forderung. Ihr genügt er paradox. Er kehrt zurück zur *Grenze* der Formen, wo er verweilt, ohne sie zu überschreiten; begrenzt sich selbst an ihr, ohne sich neu umfangen zu lassen; überwindet den Psychologismus, ohne vergangenes Spiel zu beschwören. Ironisch geschieht diese Rückkehr, da sie (nochmals: ihrem Sinne nach, nicht als psychologisches Faktum) der Grenze gedenk bleibt, der Unmöglichkeit, den Widerstreit der Forderungen zu beschwichtigen; da sie sich bescheidet, in zögerndem Abglanz ihn schwinden zu lassen. Der Widerstreit kommt nicht, wie in ironischen Werken minderen Ranges, in der Musik selbst als ästhetischer Widerstreit von Gemeintem und Form zutage. Die Form ist transparent und läßt das Subjekt stets überall durchscheinen; das Subjekt schränkt sich ein und bescheidet sich dabei, mehr nicht in Erscheinung zu treten, als die Form, die leichte, durchsichtige, ihm verstattet. Im »Pierrot«, der die Wendung ahnen läßt, leitet die Ironie des dichterischen Vorwurfs sacht zu solcher Konsequenz; die Serenade vollzieht sie frei aus sich selbst heraus, und ihr ironisches Geheimnis mag man in dem suchen, was sie verschweigt: der Antinomie von Formforderung und entbundener Subjektivität, dem dunklen Grunde all ihrer Anmut.

Bis in die thematischen Zellen wirkt die Verschwiegenheit:

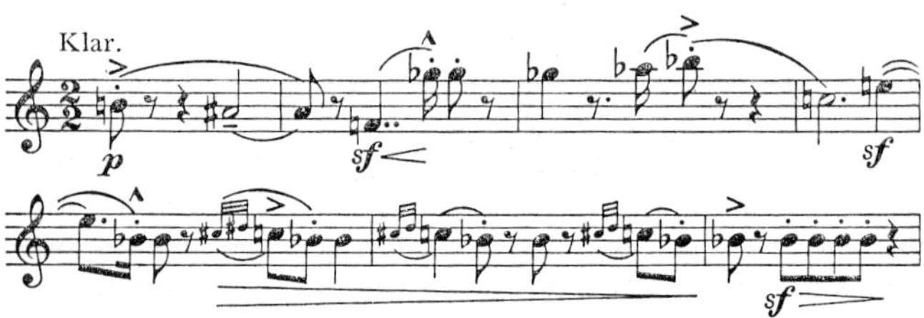

Der Hauptgedanke des einleitenden Marsches ist keine jener Schönberg-Melodien, die, weithin aus sich herausschwingend, die Struktur eines ganzen Satzes bestimmen, ohne Rücksicht auf die totale Anlage geöffnet und vegetativ einem unbekannten Organismus zustrebend; auch keines jener komplexen Themen der späteren Zeit, die, aus bunt wechselndem Motivmaterial gebildet, unvermutet zur Einheit höherer Ordnung sich fügen. Es ist ein *geschlossenes* Thema, eines, das in sich fertig keiner Ergänzung bedarf, das in eine Form aufgenommen werden kann, nicht die Form bildet, kurz nach herkömmlichen Begriffen eher ein Rondo- als ein Sonatenthema. Seine Geschlossenheit ist indessen auch nicht einmalig und unwiederholbar wie etwa die der großen Klarinettenmelodie des Orchesterliedes »Seraphita«. Die knappe, siebentaktige Periodisierung, die Sparsamkeit der Motivik, das festgehaltene, absichtsvoll die freie Bewegung hemmende b: all dies läßt in dem selbst doch recht asymmetrischen Melos bereits die Symmetrie vorfühlen, die seine Umkehrung und Wiederholung getreu regelt. Verschwiegen ist das Marschthema: verschwiegen, weil es nicht stürmisch das Ganze bekennt, verschwiegen, weil es nicht als Einzelnes vollen Sinn beansprucht, verschwiegen auch in der unpathetischen und geheimnisvollen Sachlichkeit des Tones. Und ironisch ist seine Verschwiegenheit, das Subjekt verschweigt sich in ihr und die Form haftet so locker am Material, daß sie stets labil dem subjektiven Willen gehorcht, wenn er etwa durchbricht. Sie haftet locker und haftet dennoch. Dafür eben ist in der weisen Unentschiedenheit der Thematik gesorgt, die zu geschlossen ist, um eine dialektische Durchführung zu erheischen, in der das subjektive Übergewicht die Form zerschlagen müßte, zu offen wieder, um eine subjektfremde Selbstherrlichkeit der Form zu schaffen, wie es im romantisch gespielten Rondo wäre. Unter solchem Aspekt wird man es als Leistung des tiefen und reifen Taktes würdigen, daß der Marsch wohl eine Durchführung hat, in der für Augenblicke Gleichmaß und Freundlichkeit der Form sich gefährden: daß aber doch diese Durchführung in engen Dimensionen, scharf gesondert von der Exposition und eher kontrastierenden denn fortsetzenden Charakters, als thematisch beziehungsreiches Mittelstück, als Trio vernommen wird und damit die Gefahr beruhigt, die sie als Durchführung selbst weckte. Unter solchem Aspekt hat man es weiter nicht als ästhetisch-reflexives Teilmoment, sondern als konkret-musikalische Notwendigkeit aufzufassen, daß unter den sieben Sätzen der Serenade keiner sonatenhaften Geistes sein durfte. Endlich erhellt sich unter solchem Aspekt erst das Rätsel, warum die Serenade kein Finale erhielt. Nach einem Quidproquo aller Themen, deren jedes fast sich in ein anderes kostümiert, kehrt der Anfang, der sichere Marsch wieder, als wäre inzwischen nichts geschehen. Die Rückläufigkeit in den Beginn, die mit jener Wiederholung anhebt und beinahe glauben macht, es sei gleichgültig, was anfange und was schließe in der Serenade, mag das größte und kühnste Symbol ihrer Ironie sein. Läßt sie doch, lächelnd nachträglich, das ganze Werk als Rondo erscheinen; die Genauigkeit, die es rundet, maskiert flüchtig nur den Zufall, der aufhört, und die Geschlossenheit, die sich geflissentlich übertreibt, läßt schärfer die Offenheit der Anlage erkennen, die guten Teiles den Sinn der Serenade ausmacht. Man überzeugt sich von der strengen Legitimität jener Lösung dann, wenn man andere Lösungen fingiert: ein Sonatenfinale höbe das Gleichgewicht der Serenade auf und verstörte die Transparenz der Form; ein neuer leichter Satz, ein Rondo vielleicht wie das des Quintetts, nur minder dicht, könnte nicht jene Einheit stiften, deren gerade die losen, unsonatenhaften Sätze bedürfen. Schönbergs Antwort auf das Problem ist paradox wie das Problem selbst und das Problem der Serenade: er öffnet, indem er schließt. Die weise Unentschiedenheit, die am Marschthema gerühmt wurde, gilt auch für das Verhältnis der Ecksätze zueinander; zu suitenmäßig ist der Marsch, um ein gewichtiges Gegenstück zu balancieren, zu unvollendet in sich, um sich spielend vergessen zu lassen. Vielleicht darf man diese Paradoxie ein Stück weiter noch interpretieren und folgern, einer Musik an der Grenze sei nicht die Endlichkeit in den Formen, nicht die Unendlichkeit subjektiver Transzendenz eigen, sondern ironisch müsse ihre letzte Auskunft die Frage bleiben: die Frage in der Form und über die Form hinaus.

So erklingen denn freilich auch, wenige Takte vorm Ende des endelosen Finales, nochmals zwei lyrische Stimmen aus der Serenade, das Lied ohne Worte und das Triothema der Tanzszene, und durchbrechen unmittelbar, was mittelbar so sicher sich zurückgewandt hatte. Und es wäre die Serenade nicht das reale Zeugnis einer großen menschlichen Existenz, das sie wahrhaft und, aufs neue sei es gesagt, exemplarisch ist, erschütterte nicht ihre tragische Heiterkeit stets und stets wieder das gewaltige Ich, das in ihr sich beschied.

Was an *Liedhaftem* die Serenade singt: das Petrarca-Sonett, das Adagietto und vor allem der einzige Variationensatz, dessen kristallene Künstlichkeit von der innigsten Seele durchleuchtet wird – aber auch die Zärtlichkeit des Menuetts, die aus dem Pierrot fern herübertönt, und das Tanzlied, das zugleich zur Tanzszene sich vervielfacht, dies alles, was das lyrische Selbst offenbart, in der gebrochenen Form und sie durchbrechend, das erst gibt ihr die schwere Süße des einsamen und männlichen Gelingens und dringt zu den Menschen dort noch, wo die Form schmerzlicher sich verschränkt.

1925

Schönberg: Serenade, op. 24 (II)

Von der Serenade ist in »Anbruch« und »Pult und Taktstock« oft und ausführlich die Rede gewesen. Im Schönberg-Sonderheft des »Anbruch« (1924) hat Erwin Stein die Technik des Werkes eingehend diskutiert; gelegentlich des Venezianischen Musikfestes (September 1925) habe ich in »Pult und Taktstock« versucht, den geschichtsphilosophischen Ort des Werkes zu bestimmen*. Es sei hier nur nochmals kurz erinnert an den Stil des Stückes, so wie er sich von Schönbergs jüngsten Werken aus gesehen darstellt.
Es ist ein Übergangsstil in mehr als einem Sinn. Er bringt Ansätze der Zwölftontechnik und kehrt als erstes Werk Schönbergs in den Problemkreis der objektiven Formen zurück; beides jedoch geschieht unprinzipiell und mit ironischem Bedacht, in ruhiger Sammlung vor der spirituellen Offensive des Quintetts. Er vermittelt sehr genau zwischen dem Pierrot und dem Quintett; vom Pierrot noch stammt das wissende und gebrochene Espressivo darin und die Trauer des zärtlichen Tones, ins Quintett schlägt die Konstruktion bereits hinüber. Es ist ein Stück an der Grenze, an der Grenze der Situationen wie der kompositionellen Techniken.
Von der Zwölftönigkeit ist das Reihenprinzip bereits bewußt ausgebildet, ohne daß durchwegs die Reihen das gesamte melodische Material definierten. Die Grundgestalten sind wesentlich noch thematische Gestalten, die als solche noch verarbeitet werden; noch nicht also zum bloßen Rohmaterial der späteren strengen Zwölftonmusik reduziert. Streng zwölftönig ist nur ein Satz, das Petrarca-Sonett, in jeder Beziehung der schwierigste Teil der Serenade und bei Aufführungen ganz besonderer Sorgfalt bedürftig. Der Übergangsstil kommt als solcher am klarsten zutage in den Variationen: denn die Variierung eines Elftonthemas, in dem der Ton gis doppelt vorkommt, während aus der Zwölftonreihe h fehlt,

* *Vgl. jetzt oben, S. 324ff.*

vollzieht sich hier noch sichtbar, im musikalischen Vordergrunde, und disponiert die Form; während in der rein auskristallisierten Zwölftonmusik die Variierung des Reihenmaterials selber zum Material der Komposition und als Variierung gar nicht kennbar wird. Das Zwölftonprinzip ist hier noch nicht daran gewandt, das Material vorzuformen, sondern unmittelbar als konstitutives Formprinzip gehandhabt. Auch die definitive Kritik der Sonate ist noch nicht in Angriff genommen, andererseits doch objektive Architektur erstrebt. Aber sie meidet Geschlossenheit, greift aufs Divertimento zurück, wahrt sich suitenhafte Offenheit. Das Finalproblem ist paradox gelöst, in einer von Beethoven bereits vorgedachten Weise, die hier erst ihre volle Legitimierung findet: der erste Satz wird wiederholt, als Einleitung ist ihm, zugleich den Bezug aufs Ganze herstellend, die Durchführung vorangesetzt, die in seiner originalen Fassung kunstvoll vermieden war.

Dieser erste Satz ist ein Marsch, in eigentümlicher Symmetrie aus unsymmetrischem, verschobenem Themenmaterial gebildet. Ihm folgt ein Menuett, dessen Grundgestalten rhythmisch sehr weitgehend variiert werden; die Art der Melodiebildung, die zahlreiche und teilweise stark kontrastierende Motive zur Einheit zusammenfaßt, nimmt unmittelbar auf den melodischen Stil der Orchesterlieder op. 22 Bezug, fügt ihn der spielenden Form zu und läßt an Mozart denken. Das Trio ist überaus kontrapunktisch, hält aber mit durchsichtiger Rhythmik den Serenadenton fest. Es folgen die berühmten Variationen und der Petrarca-Satz, als Scherzo tritt eine längere »Tanzszene« ein, überaus plastisch und einfach in der Form: ihr Triothema, unter allen Themen Schönbergs ein heiteres Unikum und kurios harmonisiert, mag als Beispiel besser denn alle Worte die Haltung der Serenade bezeichnen:

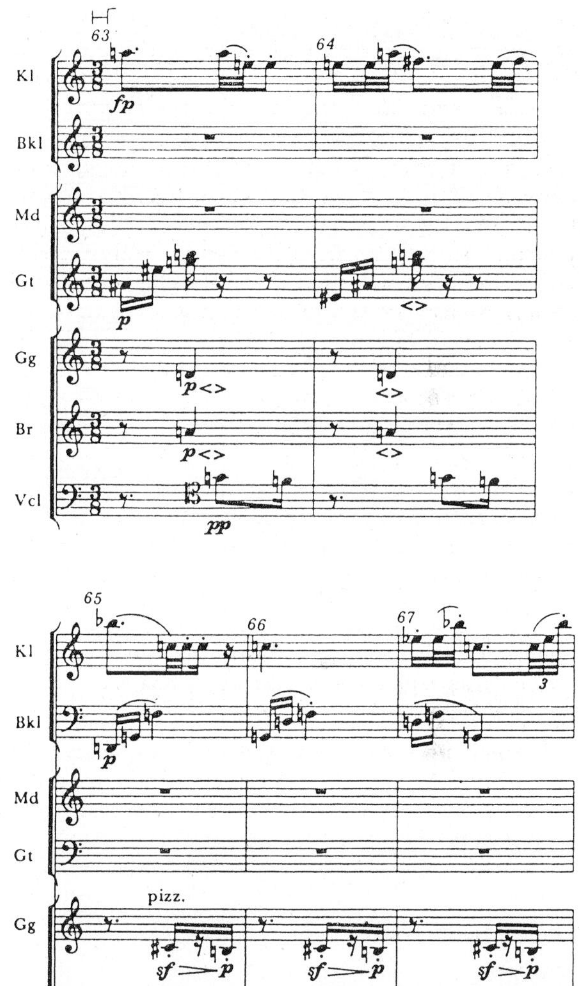

63
64
Kl
Bkl
Md
Gt
Gg
Br
Vcl
fp
p
pp
65
66
67
3
pizz.
spring
sf

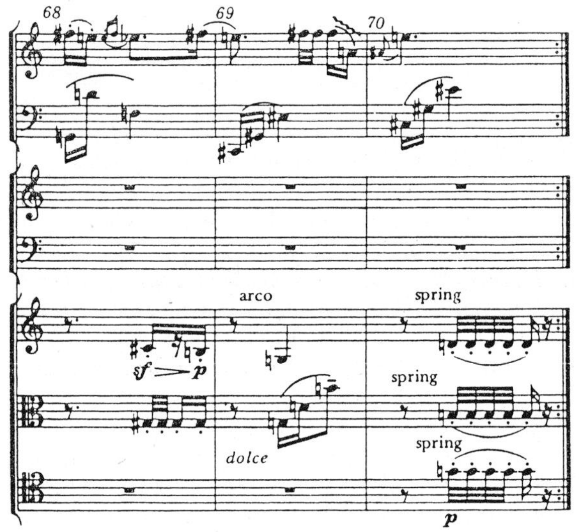

Vor dem Finale steht ein Adagietto, ein kurzes Lied ohne Worte, tief ähnlich dem Schlußstück des Pierrot und doch ganz anders, ferner und allem expressiven Leiden weit schon enthoben. Dann wiederholt sich der Marsch.

Ca. 1927

Schönberg: Fünf Orchesterstücke, op. 16

Daß ein Werk von der entscheidenden Gewalt der Orchesterstücke bis heute so wenig gespielt wurde, erklärt sich gewiß guten Teiles aus der Trägheit des herrschenden Musikbetriebes, der in der Selektion von Orchesterwerken weit mehr noch als in der Kammermusik dem Diktat des zahlenden Publikums unterworfen ist, dessen Interesse dahin geht, alles von sich fern zu halten, wodurch die Sicherheit seiner ideologischen Existenz irgend bedroht werden könnte. Doch mag immerhin die Schwierigkeit des Werkes manche Ausrede geliefert haben, es nicht zu spielen. In der Tat stellt es an Ausführende und Hörer, auch wenn sie mit Schönberg bis zur Kammersymphonie, dem Zweiten Quartett, selbst den Klavierstücken op. 11 und den George-Liedern vertraut sind, sehr neue Anforderungen. Indessen heute ist es an der Zeit, daß diesen Anforderungen genügt werde. Die früheren Werke sind so allgemein ins musikalische Bewußtsein übergegangen, daß ihr Stil als vorgegeben angesehen werden mag, und was in den Orchesterstücken zurückdeutet auf sie, ist in der Kontinuität mit dem Älteren leicht evident zu machen. Das technisch entscheidend Neue aber der Orchesterstücke ist, nachdem es dort gleichsam vorweggenommen war, in den jüngsten Werken Schönbergs derart als bestimmendes Prinzip sichtbar geworden, daß es beim früheren und unprinzipiellen Auftreten nicht allzusehr befremden sollte.
Von den vorangehenden Werken aus lassen sich die Orchesterstücke betrachten als Übertragung der konstruktiven Polyphonie von Kammersymphonie und Zweitem Quartett auf die harmonisch und formal aufgelockerte Schreibweise der Klavierstücke und der George-Lieder. Mit diesen haben sie die Kürze gemein – Kürze nicht von Genrestücken, sondern äußerster Konzentration innerlich sehr expansiver Musik. Weiter ist wie in diesen die Harmonik vom Bezugsschema der Tonart abgelöst. Freilich bestehen teils noch ähnliche Zusammenhänge mit der Tonalität wie in den

George-Liedern. In der Behandlung der Dissonanz zumal: die mit Vorliebe als zum Molldreiklang hinzugefügte Septime eingeführt ist, durch die Simultaneität in sich jeweils konsonanter und nach Lage und Instrumentation gesonderter Komplexe gemildert wird, deren Zusammenklang erst die Dissonanz ergibt; auch parallele Stimmführungen helfen hier noch, das Ohr an die ungewohnten Akkorde zu gewöhnen. Dem entspricht, daß häufig die Oktav des Basses hinzugefügt wird; daß überhaupt Oktavverdopplungen nicht generell vermieden sind. Aber es bricht in den Orchesterstükken, gar dem letzten, sehr energisch bereits die harmonische Freiheit der »Erwartung«, der »Glücklichen Hand« durch: das sprengende Triebleben der Klänge.
Damit indessen ist nicht das spezifische Moment der Schwierigkeit getroffen, das in der Geschichte von Schönbergs Gesamtwerk gerade den Orchesterstücken zukommt. Es rührt her vielmehr eben von jener Transposition der formkonstitutiven Kontrapunktik der Kammerwerke in die neue Sphäre. Denn dabei geht es um keine blanke Synthese. Wie in Schönbergs einzelnen Werken, nach seinem Postulat, nichts ohne Konsequenzen bleibt, so hat auch jedes Stilereignis seine Konsequenz im nächsten Werk. Die harmonische Evolution hatte in den Kammerwerken ihren Ansatz schon: die Kontrapunktik hatte die Harmonik tangiert. In der homophonen Atempause von op. 11 und op. 15 – die dafür die äußerste Anspannung des harmonischen Bewußtseins brachte – war die Form der Harmonik gefolgt. Nun, angesichts des Apparates eines vielstimmigen Orchesters, wirken die harmonischen und formalen Unternehmungen auf die Kontrapunktik zurück. Schönbergs Kontrapunktik war ihrem Ursprung nach Kontrapunktik der *Durchführung* im Rahmen der wie immer auch modifizierten Sonate: in der Durchführung der Kammersymphonie und in den Variationen des Quartettes war sie zur bestimmenden Herrschaft gelangt. Die Polyphonie der Durchführung aber setzt die Struktur von Sonatenthemen voraus: die in einiger Breite exponiert, melodisch geschlossen und nach dem Gebot der Form wiederholbar sind. Dies alles läßt der neue Stil nicht zu. Nicht zufällig hatte vorher bereits die Durchführung die Sonate überflutet. Nun sie untergeht in ihr, wird die Thematik von der Destruktion der vorgesetzten Form miterfaßt und erweicht. Zwar als Prinzip der Durchführung bleibt Schön-

bergs Technik der Variation erhalten. Aber die Kürze der asymmetrischen, auf Einmaligkeit gestellten Form verwehrt die breite und selbständige Darlegung der Themen; für ihre Geschlossenheit gibt weder die zellenhaft keimende Form noch die vom Kadenzschema losgelöste Harmonik mehr Raum, und alle musikalischen Phänomene stehen unter dem Zeichen der Unwiederholbarkeit schlechthin.

Daraus resultiert die Beschaffenheit der Themen der Orchesterstücke und die Art ihres konstruktiven Einsatzes. Anton Webern verweist in seinem Schönberg-Essay auf die ungebundene, prosahafte Anlage der Stücke, die doch gesetzmäßiger Art sei; wenn auch unableitbar. Zugleich konstatiert er: »Die Themen der Stücke sind ganz kurz, werden aber verarbeitet.« Diese Themen jedoch sind – heute erst liegt es offen zutage – die Regeln der Stücke. *Sie sind »Grundgestalten« bereits in einem ähnlichen Sinn wie das Material in der »Komposition mit zwölf Tönen«*, nur daß diese Gestalten nicht aus Zwölftonreihen, sondern frei gebildet sind. Das will sagen: die Variation des melodisch-motivischen Materials vollzieht sich derart radikal, daß es wirklich nur noch Material darstellt, an dessen originaler Harmonik und vor allem Rhythmik keineswegs festgehalten wird, das auch melodisch, unter Ausnutzung der Beziehungen der Gestalten untereinander, erhebliche Modifikationen erlaubt. Weiter: im Rahmen jener Technik der Grundgestalten kommt nichts vor, was nicht aus den Grundgestalten abgeleitet wäre. In den nächsten Werken, Teile des »Pierrot« ausgenommen, hat Schönberg die Technik der Grundgestalten nicht weiter verfolgt: sei es, daß ihm der poetische Vorwurf ein Musizieren ohne alle thematische Rücksicht in ausschließend expressiver Architektur gestattete, sei es, daß ihn aphoristische Kürze jener Rücksicht enthob. Erst die Probleme der großen Form, die ihm seine jüngste Produktionsperiode zutrug, führte ihn zur Entdeckung der Grundgestalten zurück.

In den Orchesterstücken sind sie das Mittel, das große, kontrapunktisch voll explizite Orchester im knappen Gefüge einmaliger und unwiederholbarer linearer wie akkordischer Erscheinungen vollständiger Ökonomie zu unterwerfen. Sie sind, überflüssig fast bei Schönberg es zu betonen, nicht das einzige Mittel. Das zweite Stück, ein Satz von besonderer lyrischer Zartheit, im Ton und thematisch dem langsamen Teil der Kammersymphonie verwandt, zeigt noch deutlich gesonderte Melodienkomplexe, hat zwei Hauptthemen und hängt ersichtlich mit der dreiteiligen Liedform zusammen. Das dritte, mehr noch das vierte Stück arbeitet zwar mit Grundgestalten. Beide indessen sind, auch ohne bekannte Oberflächenstruktur (die wiederum beidemal der Liedform ähnelt), leicht faßlich: wegen ihrer Kürze sowohl wie wegen ihrer sinnfälligen Charaktere: dort ein impressionistisches Stimmungsstück – Schönbergs letztes – von äußerster Sensibilität; hier, als Peripetie des Zyklus, ein echt dämonisches, von grellen Kontrasten gezeichnetes Scherzo, wie es Schönberg zuerst in der Kammersymphonie begegnete und nicht losließ bis zum zweiten Klavierstück aus op. 23. Bleiben das erste und das sehr polyphone fünfte Stück.

Das erste Stück vereint eine nach herkömmlichen Regeln immerhin verständliche Außendisposition mit der voll entwickelten Technik der Grundgestalten und mag darum der Analyse, die in jene Technik einleiten möchte, besonders günstig sein. Hier die – besonders zahlreichen – Hauptcharaktere:

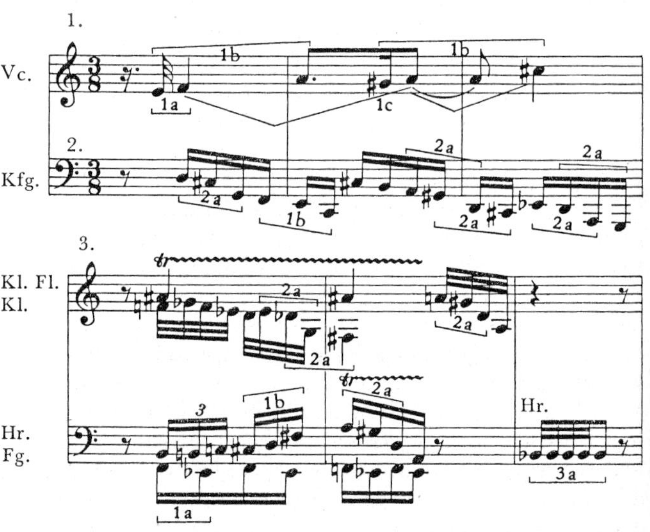

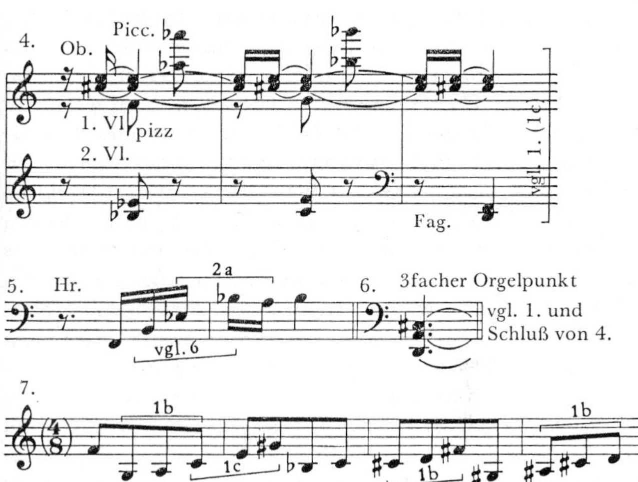

Es fällt, angesichts der ungemein knappen Dimensionen des Stükkes, zunächst der Reichtum an Motiven auf, und die Wirkung reicher Kontraste besteht gewiß zurecht. Allein die Betrachtung des Materials wird bald seiner Ökonomie gewahr. Denn die aufgeführten Hauptcharaktere sind keineswegs das letzte und unableitbare Material des Stückes. Zwischen ihnen gelten Beziehungen, die die Buchstabenbezeichnung kenntlich machen soll. So ist gleich das erste (»Haupt-«) Thema aus der Wiederholung eines Motives (1 b) gebildet, dessen Identität die Rhythmisierung, ganz nach Art der späteren Zwölftontechnik, verbirgt. Dies Motiv, eines der wichtigsten des Stückes, kommt gleichzeitig, verkleinert und in der Umkehrung, in dem Kontrapunkt vor, den die tiefen Holzbläser dem Cellothema gegenüberstellen. Dieser Kontrapunkt enthält ein weiteres, gleichfalls dreitöniges Melos in sich, das für die Folge eine große Rolle spielt (2 a). Der vierte Takt, mit dem eine Art Nachsatz beginnt, scheint ganz neues zu bringen (3). Er nutzt jedoch das Material der ersten Takte. 2 a kommt erst angedeutet, verkleinert in der zweiten Klarinette, dann in originaler Größe, als Fortsetzung des zur Triole aufgelösten Motivs 1 b, im Horn, durch die untere Oktave seines Eröffnungstons ergänzt, in welcher Fassung es weiterhin hauptsächlich auftritt. So bringt es dann, wieder verkleinert, abschließend die erste Klarinette, durch den Rhythmus 3a des gedämpften Hornes ergänzt. Die rhythmisch vergrößerte, melodisch verkürzte Umkehrung von 1, einstimmig, leitet wieder zu Neuem, wieder Verwandten (4). Die höchsten rhythmischen Ecktöne von 4, e in der Oboe, f in den pizzikierten ersten Geigen, as im Piccolo, entsprechen 1b. Der Zweiklang cis – e, dann der Vierklang d – f – cis – e gehören einem harmonischen Komplex an, der den ganzen zweiten Teil des Stückes beherrscht und aus dem vier Töne (nur das d und g fehlt, letzteres ist zu gis alteriert), melodisch entfaltet, bereits in 1 vorkamen, während vom Kontrapunkt 2 gar die fünf Anfangsnoten jenem Komplex zugehören. Der Komplex wäre vollständig der in d-moll leitereigene Sechsklang d – f – a – cis – e – g, kommt allerdings als vollständige Harmonie nicht vor, sondern stets nur zerlegt. An 4 schließt sich, rezitativisch überleitend wie im siebenten Takt Modell 1, eine Variation von 2a in der Baßposaune, dann wieder, abermals modifiziert, 1, dazu ein frischer Kontrapunkt im Horn (5), der trotz seiner Frische auch wieder Beziehungen enthält; in ihm ist der Krebs von 2a versteckt, außerdem die spätere liegende Harmonie d – a – cis, die aus dem ›Komplex‹ stammt, transponiert, umgekehrt und melodisch zerlegt, als Reihe h – es – b. Die Gruppe 1 ist durch Vergrößerung und unter Verwendung des Krebses von 1b um zwei Takte gedehnt, dann, bei Ziffer 3 der Partitur, erscheint über der Anfangsharmonie des Ganzen wieder 3 mit dem Schlußrhythmus 3a; darauf bildet sich über einem aus 1 gewonnenen Dreivierteirhythmus, mit einer Art von d-moll-Kadenz, die melodisch und harmonisch mehrfach angekündigte Harmonie d – a – cis, zunächst in den Posaunen. Sie wird von nun an während des ganzen Stückes festgehalten. Mit einer zweitaktigen heftigen Bläserfigur, im Rhythmus von 2, melodisch aber mehrfach Krebs und Umkehrung von 1b, außerdem das mit 6 verwandte Motivglied von 5 umfassend, endet die Exposition.

Man bedarf keines besonderen konstruktiven Scharfblickes, um bei der Analyse der Exposition dessen inne zu werden, daß die jähe Fülle der Charaktere, die die Exposition bezeichnet, aus einem Minimum an Material, aus ganz wenigen Grundgestalten, abgeleitet ist. Melodisch dominieren durchwegs die Gestalten 1b und 2a, die Motive e – f – a und d – cis – g. Die beiden Dreitonreihen sind nichts anderes als die Anfangsnoten des ganzen Stückes: des ersten Cellothemas und seines Kontrapunktes. Nach Terzen geordnet aber und gleichzeitig erklingend ergeben diese beiden Reihen zusammen den Sechstonakkord d – f – a – cis – e – g, also jenen ›Komplex‹, der, aus lediglich *harmonischen* Gründen, als akkordische Grundlage des ganzen Stückes vermutet worden war.

Damit ist aufgewiesen, daß Schönberg, als er vor zwanzig Jahren die Orchesterstücke schrieb, nicht allein alle die subtilen Variationsmittel der Zwölftontechnik: rhythmische Veränderung, Vergrößerung, Verkleinerung, Zerlegung von Harmonien in Melodien, Zusammenklappen von Melodien zu Harmonien, Verteilung eines Melos an verschiedene Stimmen, Verwendung von Umkehrung und Krebs handhabte – denn je weiter das Thema als gesonderter Bestandteil zurücktritt, um so subtiler muß die Variationskunst werden, um es als ›Thema‹ unkennbar zu machen – *sondern daß er auch bereits mit Reihen operierte*; jedenfalls in dem Sinn, *daß die beiden melodischen Grundgestalten, zusammengefaßt, sich zu einer Sechstonreihe ergänzen, die die harmonische Regel des Ganzen ist.* Das mag, angesichts des Widerstandes gegen die Zwölftontechnik, polemisch von Wichtigkeit sein: die Reihentechnik hat sich für Schönberg unmittelbar aus der Komponierpraxis und ihrer Ökonomie ergeben, nicht aus dem abstrakten Kalkül; zu einer Zeit bereits, da seinen bestimmenden Stilintentionen die Fixierung der Reihentechnik noch völlig fernlag; die Gegner, die ihm heute die Rationalität seiner Verfahrungsart vorwerfen, müssen deren Grundzüge an einem Werk wahrnehmen, das sie bis heute einzig der Anarchie bezichtigten; das sollte sie endlich doch zur Vorsicht nötigen.

Der weitere Verlauf des ersten Stückes hält die vorgezeichnete Ökonomie inne. Während die liegende Harmonie von den Posaunen an den neutraleren Fagottklang übergeht, beginnen die Celli, in ganz verändertem Ton, ein neues Thema (7), dessen gleichmäßige Achtelbewegung scheinbar einen selbständigen Mittelsatz einleitet. Aber auch dies Thema stammt aus der ersten Hauptgestalt: sein motivischer Kern ist die Reihe 1b. Zugleich hat es Beziehungen zum Grundakkord: seine beiden Anfangstöne – deren Septimenintervall thematisch bleibt – ergänzen sich zusammen mit dem nächstfolgenden Akzentton und der liegenden Harmonie zum ›Sechsklang‹. Wie dies Achtelthema, so hat der ganze vermeintliche Mittelsatz, wie rasch evident wird, in Wahrheit *Durchführungscharakter*. Das Cellothema wird zwar, rhythmisch verschoben, von den Streichern fugatoartig beantwortet, aber bald zu einem basso ostinato reduziert, dessen Konstanz, der Formidee nach, der liegenden Harmonie entspricht. Dieser Ostinatokomplex ist, mit Ausnahme des dem Grundkomplex entnommenen Septimensprunges, allein aus der Reihe 1b gefügt, deren vierte, bislang noch aufgesparte Urform, die Umkehrung des Krebses, nun überwiegend eingesetzt wird. Über dem schließlich enggeführten Ostinato ereignet sich eine unaufhörlich variierende Durchführung des Expositionsmaterials, vor allem von 1, 2a und 5. Sie hier zu verfolgen, führte zu weit, nach der vollzogenen Analyse dürfte sie ohne weiteres verständlich sein. Aus dem Thema 1 wird nicht allein die Reihe 1b und der prägnante Rhythmus, sondern auch das Sekundglied 1a und das dem Grundkomplex angehörige Motiv 1c verwertet. Nach einer großen vielstimmigen Steigerung leitet die dreifache Vergrößerung von 5 zu einer andeutungsweisen, sehr durchsichtigen Reprise, ohne daß die liegende Harmonie und die Ostinatofigur 1b noch einmal verlassen würde. 1a wird, verklingend, bis zu achttönigen Akkorden übereinandergeschichtet, dann tritt in getreuer Wiederholung, kadenzierend, die Schlußfigur der Exposition ein, wird verbreitert, dabei zur Umkehrung von 1c umgedeutet und leitet zum definitiven Ende. Liegende Harmonie und Ostinatofigur bleiben allein übrig.

Es bedurfte, nur um von der technischen Konkretion des bis heute noch ununtersuchten Stiles jener Stücke eine näherungsweise Vorstellung zu vermitteln, bei der Analyse des Beispiels einiger Ausführlichkeit. Es sei hinzugefügt: daß die Ostinatotechnik des Stükkes, einmaliges Ereignis bei Schönberg und einzig dem Organismus entwachsen, nach Ton und Wirkung alle Triumphe des späteren Strawinsky vorwegnimmt, ohne sich länger als über hundert Takte mit ihnen aufzuhalten.

Das fünfte Stück ist in der Form ganz aufgelöst, gebunden allein durch die Grundgestalten und die stetige Vorherrschaft einer ›obligaten‹ Hauptstimme, die von Instrument zu Instrument wandert. Die harmonische Macht des Schlusses ist selbst bei Schönberg fast ohnegleichen. Die Hauptgestalt des Stückes entspringt aus der

chromatischen Skala und wird zuerst in der Form e – dis – d aufgestellt. Von jedem Versuch, ihre unerschöpflichen Verwandlungen zu beschreiben, muß hier abgesehen werden.
Zum Instrumentalstil und der Reproduktion der Stücke sei noch angemerkt: wie nach Entstehungszeit und musikalischer Konstruktion, so stehen auch der Orchesterbehandlung nach die Stücke zwischen Kammersymphonie und »Erwartung«. Mit der Kammersymphonie hat ihr Orchesterstil noch gemein, daß geschlossene Melodien oder thematische Entwicklungen ungeteilt einem Instrument oder einer klanglich homogenen Instrumentengruppe anvertraut werden. Es gibt denn auch in der Partitur noch einen *Tuttiklang*, wenn auch einen gedeckten, gleichsam abgeblendeten; wer mit dem gedämpften Forte des späten Mahler vertraut ist, dürfte ihn nicht verfehlen. Zugleich indessen beginnt die auflösende Intention auch die Instrumentation zu treffen. Akkorde sind vielfach schon in ganz solistischen Mischfarben ausgesetzt, zarte Stimmengewebe solistisch getönt, entlegene Wirkungen den Instrumenten abgezwungen, die banalen unterdrückt. Die Blechbläser kennen keine Fanfaren mehr, zu strahlen ist ihnen untersagt. Paukenwirbel, Harfenarpeggien fallen fort, der satte Streicherton ist minimal reduziert, um dann freilich zu entscheiden. Bekannt sind die schwierigen Posaunenstellen des ersten Stückes; nicht allein Glissandi, auch das Flatterzungen-Tremolo wird von den gedämpften Posaunen gefordert.
Die *Direktion* der Stücke hat ihre vornehmste Aufgabe an der zuverlässigen Darstellung des sehr genau bezeichneten Textes; Temposchwankungen, die nicht vorgeschrieben sind, müssen unbedingt vermieden werden. Im übrigen ist – außer im dritten Stück – überall auf die Plastik der Hauptstimmen zu merken. Solange die Stücke noch ungewohnt sind, ist übertriebene Plastik weniger gefährlich als die leiseste Trübung des Konstruktiv-Musikalischen. Daß es dann auch in den rechten Klangverhältnissen erscheine, dafür ist schon durch die Instrumentation gesorgt. Im übrigen wird auch der erfahrene Partitur-Spieler und -Leser bei vielen Stellen nicht der Mühe enthoben sein, die Partitur auf eine transpositionslose Particelle von zwei oder drei Systemen zusammenzuziehen, um sich über die harmonischen

Verhältnisse wirklich klar zu werden. Weniger als sonstwo ist hier etwas mit bloßem Einsatzgeben, mit Dirigieren der ungefähren Linie getan.

Die Aufführung der Orchesterstücke ist heute zur Verpflichtung geworden für jeden Dirigenten, der Teil hat an der Zeit; für jedes Orchester, das sie bewältigen kann.

1927

Situation des Liedes

Wer ist es, von dem uns heute Lieder kommen?

Längst schon verstummte die menschliche Stimme, die von Menschen vernommen wird, denen sie vom Gleichen redet, was in ihnen selber ist: keine Gemeinschaft ist dem Liede vorgegeben. Vielleicht war niemals die Stimme Mittlerin eines seienden kollektiven Sinnes, wie es uns die Romantik einreden mochte, vielleicht hat sie von je das dauernd uns Verstellte herbeiziehen wollen, wie heute noch in der Landschaft der singende Ruf den herbeiziehen will, der nicht da ist, und die rituale Übung, die des Gesanges stets sich bediente, darf keinesfalls als Gegenwart Gottes unter den Menschen verstanden werden: wieviel eher wohl sollte sie die Angst vorm Schicksal bannen helfen und die Figuren jener Angst, die bösen Geister. Die Romantik erst hat den Gesang zum Wunschbild eines bestätigten Kollektivs verklärt, denn ihr erschienen die bösen Geister im Bilde des einsam verstummenden Menschen; doch immer wohl stand das Lied gewagt und schief zu dem was ist, und die Kinder irren nicht, die gerne singen, aber erschrecken, wenn einer ihnen zuhört, und erröten, wenn eines ihrer kleinen vergriffenen Worte ihnen im Gesang wiederbegegnet, von dem sie Schutz und Geheimnis erhoffen wie die Ahnen. Ihre Scheu hat freilich die Romantik zerschlagen, ohne doch deren Gegenstand ergreifen zu können: für ihn hat sich Innerlichkeit erst und schließlich Psychologie substituiert und im Umkreis des Menschen, der so vor sich hinsingt, jeden Bezug aufs wirkliche Außen getilgt. Dafür hat Romantik das Lied gleich einem Möbel in Besitz genommen, und möbelgleich hat sich ihr die Stimme in ein mangelhaftes Musikinstrument verzaubert, das die nächste Verbesserung der Klarinette hätte austreiben können. Nur Schuberts unbegreiflich richtige Musik registriert den echten auswendigen Bezug des Gesanges. Der andere aber wird privat; mit dem Zeichen echter Trauer und unversöhnter Innerlichkeit noch bei Schumann, dumm gemäßigt dann oder unleidlich eitel und

schließlich gespensterhafte Photographie dessen, was sogleich vergeht und nicht gehalten werden soll. So auch bei Wolf, der die Gedichte, die ihm gefielen, in Musik noch einmal machen wollte, ohne von der Ursprungsdialektik zwischen Wort und Lied auch nur zu ahnen: daß das Lied über die Verlassenheit des Wortes tröstet und darum Feind des Wortes ist und das Gedicht vernichtet, in das die Musik einstürzt; Mahler wußte, warum er Wolf haßte.
Dies alles läßt sich heute willig durchschauen und wer nur gerade eben dabei ist, weiß Bescheid. Allein so ist wenig geändert. Zwar mit dem psychologischen Lied ist es zu Ende; derart eilig haben sie es mit der Liquidation, daß man den Verdacht nicht los wird, die Umkehr solle hier allein bequeme und reaktionäre Musiker der Mühe entheben, aus der Endsituation des psychologischen Liedes im Material Konsequenzen zu ziehen, da es doch einfacher ist, sich taub zu stellen gegen das Verstummte und mit Bewegungskurven und vagen Stimmungsverläufen, wie sie die vorpsychologische Frühromantik handhabte, schlicht weiterzuwirtschaften. Dagegen hat gewiß noch Salome recht, die zwischen Liebe und Tod Konfusionen stiftet. Jedoch, selbst wo dem Liede ernstlich nachgefragt wird, hält es schwer genug. Vom Privatier der ausgedrückten Gefühle will man nichts mehr wissen; ein Kollektiv aber, das andere Lieder als die Schlager – die wahrhaft nicht die schlechtesten sind – zu singen gedächte, gibt es nicht; kein realer Fußballverein wird Sporthymnen im Strawinsky-Ton anstimmen, sondern allenfalls begeistert ein paar Intellektuelle, die nicht spielen; auch Volkslieder auf Vorschuß für eine zukünftige Gesellschaft lassen sich gewiß nicht komponieren, zumal sie, wenn sie irgend Chancen behaupten wollen, gegen Nachnahme aus der Vergangenheit bezogen werden müssen. Und was sich leer hinbaut, von allem Menschlichen gleich emanzipiert, und auch einmal die Singstimme kontrapunktierend gelten läßt, enthüllt sich im Liede rascher noch als Kunstgewerbe denn sonstwo; darum wohl, weil tiefer als jedes andere Material der Musik die Singstimme in ihren naturalen Bedingungen gefangen ist.
So scheinen dem Liede alle Wege gleichermaßen versperrt.
Wer da retten will, muß in die Hölle hinabsteigen; daran hat sich seit Orpheus nichts geändert. *Schönberg* hat sie betreten. Allein in der Vollendung des psychologischen Liedes konnte dessen Tilgung

und Korrektur geraten und nicht im Schein eines Beginns, welcher die geschichtliche Realität verleugnet, der das Lied sich gegenüber findet. Die Spannung zwischen der psychologischen Intention: Zug um Zug das Gedicht treu zu bewahren, und der musikalischen: das Lied als ein Gebilde zu fassen, das in sich selber auskonstruiert ist, erzeugt im Material und in der vollen Aktualität der geschichtlichen Stunde den Umschlag, der aus freizügiger ästhetischer Absicht sich nicht erreichen ließe. Schönbergs frühe Lieder sind zuvor musikalische Organismen, harmonisch-modulatorischer Probleme voll, zwar mit expressivem Sprengstoff geladen, aber nirgends geneigt, um des psychologischen Vorwurfs willen das musikalische Gefüge zu verflüchtigen. Die fortschreitende Kommunikation dieser primär musikalisch determinierten Gebilde mit ihrem Vorwurf kann nicht anders glücken, als indem das Gedicht in seine kleinsten Partikeln zerschlagen wird. In ihnen darf die Musik des dichterischen Gegenstandes habhaft werden, ohne daß ihr durch die Tektonik des Gedichtes eine abstrakte Totalität aufgezwungen würde, die ihrem immanenten Zug widerstreitet. Wohl führt der Bezug auf die poetische Partikel zunächst scheinbar ebenso zur Zersetzung der musikalischen Struktur wie der poetischen. Jedoch nur scheinbar, denn aus den kleinsten Zellen der psychologischen Kommunikation von Wort und Musik, in denen jeweils beide zur Indifferenz gegeneinander gelangen, komponiert sich eine zweite, neue musikalische Totalität, deren Gesetzlichkeit nicht bloß von den poetischen Partikeln, sondern ebensowohl konkret-musikalisch vorgezeichnet ist: die Auflockerung der musikalischen Oberfläche, ihr Zerfall und ihre Korrektur durch das unvergleichlich Einzelne ist es gerade ja auch, was durch den aktuellen Stand der innerkompositorischen Dialektik gefordert wird. So erst versteht sich recht, warum Schönberg in der Epoche des Überganges stets wieder Lieder als Vorstudien zu absolut-musikalischen Gestalten schrieb. Er hat nicht das Lied instrumentell verfälscht, sondern die konsequente Fassung, die das liedhafte Wesen in seiner Musik gewann, hat auf die instrumentelle Evolution zurückgewirkt. Von jener neuen Fassung des Liedbegriffs, die, um zur Indifferenz von Wort und Ton zu dringen, den Oberflächenzusammenhang in beiden auflöst und damit endlich beide dialektisch gegeneinander ausrichtet, gibt in großartiger Einfachheit Kenntnis der Bericht, den Schönberg unter dem Namen »Das Verhältnis zum Text« im Blauen Reiter veröffentlichte und der wohl das Tiefste darstellt, was bislang zur Theorie des Kunstliedes überhaupt publiziert wurde. Er präzisiert das Verhältnis des Komponisten zur poetischen Partikel so, daß er im Anfang der Textworte eher den Anlaß zur Komposition sieht als etwa im expliziten ›Gehalt‹ des Gedichtes, der kompositorisch reproduziert würde. Nach der Berührung im Anfang der Textworte – oder, wie man wohl formulieren darf, wenn überhaupt an einer singulären Stelle Text und Musik sich berühren, – wächst nach eigenem Gesetz die Musik weiter, einem Gesetz, das ihr vom einmaligen Anstoß vorgezeichnet, nicht aber durch die hemmende Rücksicht auf die Totalgestalt des Gedichtes aufgezwungen wird. Man mag das in historischer Einstellung, wie jüngst noch etwa Tiessen, als expressionistische Intention des mittleren Schönberg deuten, der um einer reineren oder nach der Terminologie jener Tage geistigeren Musik willen den naturalistischen Bezug auf den Text preisgibt und ihrem Wesensgehalt sich zukehrt. Allein vom späteren Schönberg aus und der Dialektik seiner Entwicklung ist man legitimiert, Schönbergs Verfahrungsweise und ihre Theorie tiefer zu interpretieren als mit den vergänglichen Kategorien jener Ausdruckskunst, deren Wesenheiten längst so problematisch wurden wie die psychologischen Manifestationen von vorgestern. ›Reinigung‹ des musikalischen Organismus und seine Reduktion auf das ›Wesenhafte‹ liefert allein das dialektische Motiv, kraft dessen Schönberg die Sphäre psychischer Immanenz im Liede sprengt und eben den echten auswendigen Bezug des Liedes wiederherstellt, mit dem die neue Sachlichkeit von heute nur spielt. Im echten Lied sind Text und Musik unvergleichlich. Sie berühren sich in einem Punkte bloß, wahrhaft einem Punkte, in der kleinsten einmaligen Konkretion nämlich, an die der Wahrheitsgehalt von Wort und Musik gleichermaßen gebunden ist. Nach jener Berührung verläuft die Musik blind zum Text, wohl nochmals im Worte ihn kreuzend, nie aber, wo wahre Liedform existiert, ihn total reproduzierend. Der einmalige Anstoß vielmehr zeichnet der Musik ihre Gleichung vor, sie gestaltet sich nach dem Einbruch des transzendenten Wortes autonom zwar, doch kraft eben jenes Anstoßes gerade, und in den vollkommensten Liedern mag es geschehen, daß die Figuren von Text und Musik, indem sie ohne Rücksicht aufeinander sich bilden, zur Deckung kommen: zur Deckung kraft des identischen Wahrheitsgehaltes, den sie als Zelle in sich verschließen, nie aber zur Ähnlichkeit durch Nachbildung der trügenden Oberflächenstruktur des Textes. So nur ist die Tatsache des Strophenliedes, das zu wechselndem Text stets die gleiche musikalische Strophe wiederholt, angemessen zu begreifen, und nichts konnte jenes dialektische, nicht reproduktive Verhältnis von Text und Musik im Liede schlagender dartun als die Lächerlichkeit aller Versuche, im strophischen Volksliede die Musik dem Wechsel des Textsinnes oder gar der ›Stimmung‹ variierend anzugleichen. Denn dialektisch ist dies Verhältnis in der Tat und auch dort, wo im geglückten Liede von Kongruenz die Rede sein darf. Jene Kongruenz ist allein von der Art, daß das Wort untergeht im Ton, daß seine Stummheit sich löse und weggenommen werde; niemals, daß sie nochmals unverwandelt sich darstelle. So verhält sich Liedkunst zur Trauer ihres Ausganges. Sie will sie nicht wiederholen, sondern im Trost eben tilgen, und gerade jene Tilgung ist es, die in der kleinen Partikel, darin Wort und Ton sich begegnen, glückt. Wohl hat Musik, einmal bereichert um alle Werte der Expression, die Dialektik von Trauer und Trost in sich selber aufgenommen und Schuberts gesamtes Werk ließe sich leicht als Schauplatz jener Dialektik verstehen. Aber die Gestalt der Trauer vermag im Liede niemals die definitive Antwort der Musik zu bleiben, sondern die musikalisch-immanente Dialektik von Trauer und Trost ist allein das Mittel, die realere zwischen dem trauernden Wort und der tröstenden Musik herauszustellen. Hier wird der tiefe Grund sichtlich, der Schönbergs sprengende, verwandelnde, niemals in der Gestalt entsagende, stets über sie hinausdeutende Musik zur Dichtung *Georges* zwang, der die Dauer der Gestalt ihre Form vorschreibt. Keine Textwahl wurde je aus mächtigeren dialektischen Impulsen vollzogen. Der Gestalt, die stumm ist und dauert, bedarf die Musik, die redet, sprengt und voller Ungeduld aufs Ende sich richtet, um ihren Funken zu entzünden in der Reibung mit dichter beharrender Form. Georges Gedichte gehen in Schönbergs Musik unter, aber solcher Untergang ist gewaltiger als je ihre stumme Dauer sein könnte: die Form, die sie bei Schönberg finden, greift über die mythisch beharrende hinaus und setzt frei, was irgend an Wahrheit in ihnen zur Rettung bereit lag. Alle Musik Schönbergs zu Worten von George ist Musik des Trostes, wie die George-Gedichte, die er wählte, mit Ausnahme des Gedichtes »Entrückung« – das freilich bei Schönberg aus der Maximim-Sphäre in eine unvergleichlich echtere versetzt wird – Trauergedichte sind. Wenn er eines fand, in dem die Worte stehen: »Will sich mein trost an deine wehmut schmiegen / So wird sie zucken um ihm abzuwinken«, so ist dies Verhältnis fast in sichtbarer Transparenz zum Ursprung des Liedes geworden. Die Vollendung des subjektiv-personellen Komponierens hat im Liede dessen mächtigen ontologischen Bezug hervorgetrieben.

Wenn damit Schönbergs Liedkomposition als eigentliche Errettung der objektiven Liedcharaktere in Anspruch genommen wird, so ist der landläufigen Meinung sehr widersprochen. Es ist heute üblich, ihn als Repräsentanten völlig einsamen Musizierens zu nehmen und aus der Schwerverständlichkeit seines Werkes herzuleiten, daß es das Kollektiv nicht betreffe. Nichts falscher. Die kollektiven Gehalte einer Musik sind nicht abzuschätzen danach, wie sich die tatsächliche Gesellschaft jeweils im Augenblick zu den Werken stelle, sondern über den kollektiven Charakter eines Werkes entscheidet dessen Struktur selber. Dann ist einem Werk kollektive Dignität zuzugestehen, wenn seine Gehalte dem fortgeschrittensten Stand der Erkenntnis der gesellschaftlichen Wirklichkeit angemessen sind. Das Gefallen oder Mißfallen einer vom ideologischen Interesse beherrschten Gesellschaft, deren Kunstübung eher darauf abzielt, das Bewußtsein ihrer eigenen Bedingtheit zu verdrängen als herauszustellen, kann die gesellschaftliche Realität oder Irrealität eines Kunstwerkes nicht legitimieren. Ja, fast wäre zu glauben, daß die Kunstwerke, die den Stand eines radikal veränderten Bewußtseins und damit einer veränderten Gesellschaft anzeigen, von der bestehenden Gesellschaft kaum ohne weiteres akzeptiert werden können, da das oberste Interesse jener Gesellschaft gerade dahin geht, sich vor jeder Veränderung zu schützen und ihr gegenwärtiges Befinden als vital notwendig und naturgegeben zu verherrlichen. Diese Gesellschaft akzeptiert aber, indem sie ›versteht‹, und lehnt ab, indem sie ›nicht versteht‹. Sie hat die Hintergründe ihrer Wahl in den Schutz des Unbewußten verlegt. Es kann also soziologisch so wenig erstaunen wie in immanent-musikalischer Analyse, daß die Objektivation des Liedcharakters im personellen Komponieren und nicht einer innermusikalisch zufälligen und soziologisch suspekten Zuwendung zum Gebrauchsbedürfnis des Publikums zu suchen ist und das Lied, musikalisch von allen Formen die, die am engsten an der Person haftet, stellt eben dies schwierige Verhältnis überaus klar. Es hat denn auch – um nochmals Schönbergs dialektischen Gegenpol zu bestimmen, – die Dichtung Georges nicht darum reaktionären Sinn, ist nicht darum der Aktualität entsunken, weil sie schwerverständlich oder nach der in solchen Problemzusammenhängen üblichen Oberlehrerphrase ›artistisch‹ ist, sondern, weil ihre romantisch-mythologischen Gehalte dem fortgeschrittensten Stande des gegenwärtigen Bewußtseins nicht mehr entsprechen und in ihrer Anwendung auf die politisch-soziale Wirklichkeit sogleich der Reaktion ideologisch nutzbar werden. Die Unmöglichkeit, die Kunst Schönbergs jemals so zu praktizieren, liegt auf der Hand: vielmehr wird die Macht des erhellenden Bewußtseins über das bloß Seiende, die in jedem Takt mit Aufruhr und Strenge sein Werk herbeirufen möchte, erst in einer veränderten Gesellschaft als Intention vollends freiliegen.

Wer also ist es, von dem uns heute Lieder kommen? Gewiß nicht die Stabilisierten; gewiß nicht die Neusachlichen, deren Sache schlecht ist, gewiß aber auch nicht die, die sich weiter ausdrücken oder nicht ausdrücken, als wäre nichts geschehen. Die größten Lieder der Epoche stammen von *Schönberg*; nicht historische Etappen sind es, sondern unvermittelte Darstellungen von Wahrheit; wohl aus ihrer Zeit in aller Aktualität entsprungen, eben darin aber konkret genug, um zu dauern. Der große George-Zyklus, im œuvre des Meisters längst nicht nach Gebühr gewürdigt, ist allein an Schuberts »Winterreise« zu messen. – Nächst Schönberg gelten die Lieder von Anton von *Webern*, tiefer zwar verstrickt ins Privat-Expressive, aber doch voll objektiver Kraft im vergeistigten Gefüge, kristallhaft rein im Ton und ohne alle romantische Umkehr den Ursprungsaffekten des Liedes klar zugewandt. Zumal in den Kammerliedern nach Dichtungen von *Trakl* hat die singende Stimme, wie weit auch gespannt zwischen den Intervallen, zu sich selber zurückgefunden und in der Tiefe des vollends destruierten Klanges wird der archaische Laut der Erde wach. Wenn der dritte Meister der Schönberg-Schule, Alban *Berg*, seit den großartig inspirierten Liedern seiner Jugend keine vokale Musik mehr schrieb, so scheint das freilich gegen die Aktualität der Gattung Argument genug: aber der »Wozzeck« zieht seine Kraft immer wieder aus dichten, liedhaften Zellen, einem imaginären Folklore, darin das verdrängte unterirdische Kollektiv dumpf mahnt, wiedergeboren aus dem Traum. *Eisler*, der jüngste Repräsentant der Schönberg-Schule, zielt auf dies Kollektiv im Liede unvermittelt, ohne doch dem Zwang des personellen Komponierens auszuweichen, nutzt aber gerade jenen Zwiespalt überaus sicher zur Konstitution der ironischen Form seiner »Zeitungsausschnitte«. Außerhalb des Schönberg-Kreises ist in Deutschland, nach dem Diktat des frischfröhlichen Neoklassizismus, das Interesse am Lied geringer. *Hindemith* hat freilich den Übergang in die neoklassizistische Schicht gerade mit einem Liedwerk vollzogen, dem »Marienleben«; allein schwerlich hätte die Problematik des frischgebackenen Mittelalters zu seinem Beginn sich drastischer dokumentieren können als damit, daß es zunächst der pseudoreligiösen, kunstgewerblichen und im Inneren ganz sentimentalen Goldgrundgedichte jenes Rilkeschen Zyklus bedurfte. Auch die Musik hat hier nicht den verwegenen Griff Hindemiths. Viel Stärkeres, wenn auch technisch Gröberes steht in dem Liederheft op. 18, das Hindemiths originales Naturell ungemein exakt spiegelt. *Křenek* hat sich in seiner Lyrik am konsequentesten zum Text distanziert, der in absichtsvoller Zufälligkeit den Singstimmenkontrapunkten unterlegt wird. Zugleich fragt er dem befreiten Material der Singstimme aufs ernstlichste nach. Der Ton seiner Lieder unternimmt es, die verlorene Frühe der Kindheit so bruchstückhaft und diskontinuierlich zu zitieren, wie sie dem wachen Bewußtsein dann sich darstellt: der »Neue Amadis« etwa wirkt als surrealistisches Manifest der musikalischen Lyrik. Sehr schöne Lieder gibt es von *Jarnach*, ungebrochen romantisch zwar in der Formgesinnung, aber so originell substantiiert, daß gleichwohl ein Neues sich anzeigt. Kein Zufall auch hier die Sicherheit in der Wahl der Texte: denn wie zu Schuberts Zeiten lassen sich auch heute noch nur zu guten Gedichten gute Lieder machen. Von der älteren Generation hat mit Liedern *Zemlinsky* in diese legitim hinübergefunden: gewiß auch mit Liedern den Stil jener Generation selber mitinauguriert.

Im Ausland, wo man über dem Lied Chanson und Romanze nie ganz vergaß, wo es keine Diktatur des psychologischen Liedes gab und wo eine Tradition des geschlossenen noch gilt, liegen die Dinge immerhin anders. *Debussy* hat jene Tradition, die er blaß genug vorfand, gesammelt, durchleuchtet, sublimiert. Sein Liedschaffen bleibt in seiner eminenten Bedeutung für Deutschland noch erst zu entdecken. Stärker als sonstwo kommt in Debussys frühen Liedern sein melodisches Vermögen zutage: die Substanz, die ihm gegeben war, damit er seine Musik zurecht entsubstantialisieren konnte. In den späten Liedern ist die Entsubstantialisierung in der engsten Form und der freiesten Auflösung zugleich gelungen: nirgends außer in Schönbergs Bereich hat Musik mit mehr Ernst und Stärke den Kampf gegen die Mythologie aufgenommen. Hier hat der beste und radikale *Strawinsky* angeknüpft, der kaum je der Schönberg-Schule näherkommt als in manchen seiner Lieder. Ob nicht diese Lieder gerade – es sind die japanischen – sich einmal als sein größtes Werk behaupten werden, bleibt abzuwarten. Aber auch die Liedwerke der vollendeten Dissoziation, die er schuf: die russischen Kinderlieder, die Berceuses du chat und Pribautki, bewähren sich über den objektiven Fiktionen. Die lyrische Anlage Strawinskys ist schwer hoch genug einzuschätzen. Von jüngeren Franzosen gibt sich *Milhaud*, kein Baumeister, am sichersten und schlagkräftigsten im Liede.

Es steht nicht an, dem Liede die Prognose zu stellen. Die modische Aversion besagt nichts; man weiß, wie rasch das nun mit den Renaissancen geht. Die gesellschaftliche Realität bietet dem Lied keine sichere Aussicht – aber keiner anderen Musik bietet sie größere. Und manche von uns, die recht wohl wissen, was die Stunde geschlagen hat, können sich das Liederschreiben nicht abgewöhnen. So ungewiß und voller Hoffnung sind wir dabei wie nur einzelne es sein können in ihrer paradoxen Lage: die lieber im Vertrauen auf eine kommende Gesellschaft das tun, was sie gerade wirklich vermögen, als daß sie sich aufzugeben gedächten um der gegenwärtigen Gesellschaft willen.

1928

Schönberg: Chöre, op. 27 und op. 28

Die Chöre sind ihrer Aufführung voraus. Während Vereinigungen und Dirigenten dabei sind, sich den Anforderungen von »Friede auf Erden« zu akkommodieren, überfällt sie die voll entfaltete Zwölftontechnik mit ganz neuen Problemen, in deren Licht freilich der ältere Chor, wie alles Frühere von Schönberg, mit einem Male völlig aufgehellt und verständlich wird, um die selber jedoch heute noch jener luftleere Raum liegt, in dessen Schutz stets die Werke Schönbergs sich vom Autor ablösen, um sich unter die Musik ihrer Tage zu begeben; der luftleere Raum, der immer wieder der Gewohnheit den Atem verschlägt.
Allein, es wäre zu wünschen, daß, da die Werke es nun einmal nicht nötig haben, sich ihrer Isoliertheit zu begeben, die Musizierenden wenigstens versuchten, die Schicht zu durchstoßen, die zwischen ihnen und deren Aktualität liegt. Die Chöre op. 27 sind ernst. Sie zerfallen in zwei Gruppen. Die beiden ersten sind *Spruchkompositionen*, nach Texten von Schönberg selbst: Spruchkompositionen, wie sie aus der Einsamkeit des späten Beethoven kamen, Monologe der Erkenntnis, hart, unlyrisch, abgeschieden vom privaten Ich, verschlossen der singenden Unmittelbarkeit, auf Wahrheit allein gerichtet. Die Schwierigkeit, ihrer geistigen Haltung sich zu fügen, den Chor allein als Material von deren Bekundung, nicht als selbstgerecht sinnliches Agens zu nehmen, überwiegt sehr noch die technischen Schwierigkeiten. Es erstaunt nicht, als ersten unter ihnen einen *Kanon* zu finden, einen Kanon strengster Observanz, dessen Analyse hier gegeben werden mag, Beispiel der äußersten Ökonomie, die die Zwölftontechnik erzielen kann. Das Thema des Kanons ist aus einer Zwölftonreihe gebildet und besteht, als Melodie, aus deren vier Grundgestalten, die es lückenlos in der Reihenfolge: Originalgestalt, Krebs, Umkehrung, Krebsumkehrung exponiert: wobei, wohlverstanden, die Grenzen der Gestalten nicht etwa mit den rhythmischen Zäsuren zusammenfallen, sondern im Gegenteil

tief im rhythmischen Fluß verborgen sind. Diese in sich vollständig ökonomische Melodie wird nun in äußerster Strenge kanonisch durchgeführt: der Alt imitiert sie in der Umkehrung, der Tenor in gerader Bewegung, der Baß wieder in der Umkehrung. Die Imitation erfolgt rhythmisch getreu, so daß in dem Kanon eine doppelte Ökonomie waltet: die manifeste der melodisch-rhythmischen Imitation und die latente des Zwölftonmaterials. Den Kanon beschließt eine scheinbar akkordische Coda. Diese Coda jedoch gehört ihrer Zwölftonstruktur nach zum Kanon und ist nicht minder streng als jener. Der Sopran bringt die vollständige Reihe, der Baß ihre vollständige Umkehrung. Alt und Tenor ergänzen sie, und zwar derart, daß der Alt zuerst die zweite Hälfte der Umkehrung – mit deren siebentem Ton beginnend – vorträgt und mit der ersten Hälfte der Umkehrung schließt. Genau analog verfährt der Tenor mit der Reihe selbst; beginnt also mit deren siebentem Ton, setzt nach dem zwölften mit dem ersten fort, holt die ganze erste Hälfte nach und endet auf dem sechsten Ton. Die rhythmischen Verhältnisse sind frei, so daß trotz der beibehaltenen Ökonomie des Materials eine deutliche Schlußwirkung erreicht wird. – Der zweite Chor ist nicht kanonisch; in der Art der Textbehandlung noch spruchmäßiger als der erste. Die Hauptgestalt steht siegelmäßig, teilweise zu Harmonien verschränkt, dem Ganzen voran.

Die zweite Gruppe des op. 27 ist völlig anderer Art. Ihre Gedichte entnimmt sie der »Chinesischen Flöte«, nicht umsonst mag der literarische Vorwurf an das Lied von der Erde erinnern. Die beiden Chöre sind expressiv, wie sehr auch verhalten, doch geöffnet. »Mond und Menschen« transponiert ein Grundgefühl der »Glücklichen Hand« aus dem klagenden Schmerz in die leise Melancholie; der tiefe Kontrast, der das »Dagegen wir« der rhythmischen Ruhe des ersten Teiles entgegenstellt, könnte als Symbol der sprengenden Humanität genommen werden, die in Schönbergs Musik alle naturale Ruhe zerbricht. In der Lockerheit, mit der in dem Chor die Zwölftontechnik gehandhabt wird; als ob sie sich von selbst verstünde; in dem dreimaligen Wechsel flüsternd begleiteter Hauptstimmen – erst in der Klage des Endes finden sich die Stimmen zu gleichem Rechte – in der zugleich transparenten und reichen Rhythmik zählt der Satz zu dem Schönsten von Schönbergs neuen Arbeiten. Um von der Art seiner Chormelodik einen Begriff zu vermitteln, soll ein Thema daraus stehen (zwölftontechnisch ist es der Krebs der Hauptgestalt, fortgesetzt von ihrer Umkehrung).

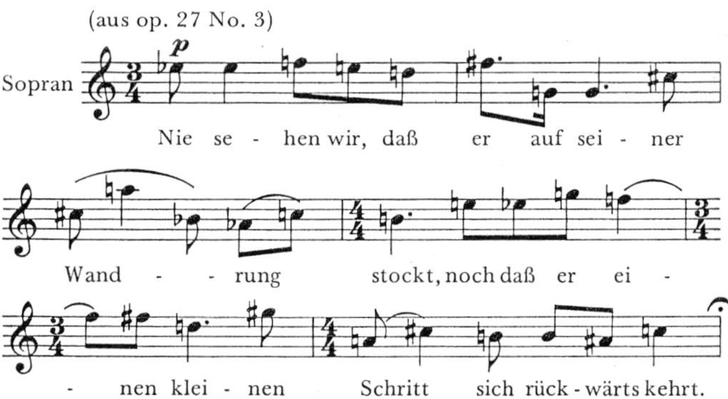

Das vierte, umfänglichste Stück der Gruppe ist eine Art Serenade und nimmt auch in der Instrumentalbesetzung (Mandoline, Klarinette, Geige und Violoncell) unmittelbar auf das op. 24 Bezug. Es ist unter Schönbergs Kompositionen insofern singulär, als es auf kontrastierende Charaktere, das sonst entscheidende Mittel der Formbildung verzichtet, undurchbrochen dahinfließt. Die vier Instrumente sind zu einem homogenen Begleitsystem zusammengefaßt, nicht solistisch verwandt und homophon behandelt, so daß sie nur mehr ein Klangdessin bilden; in sich sind sie trotzdem, selbstverständlich, durchkonstruiert. Stimmung und Technik sind am ehesten der Barkarole des Pierrot zu vergleichen. Die helle Anmut von Klang und Linie ist unmittelbar sinnfällig.

Total anders ist die Absicht der drei Satiren, op. 28. Sie sind zwar nicht Gebrauchs-, aber doch *Zweck*musik; jedes musikalische Ereignis in ihnen bestimmt sich durch den satirischen Willen. Um Kunststück und Witz ist es darin zu tun; daß dabei immer noch bessere Musik herauskommt als wenn die anderen seriös sich geben, ist nun einmal nicht zu ändern. An Witz und Kunststück findet man für ein ganzes Künstler- oder Heldenleben genug darin: so gleich den Anfang, den tonalen Dreiklang als Glied eines Zwölftonkomplexes, im Kanon, dem lustigen Seitenstück zum ernsten aus op. 27.

Den Strawinsky-Chor darf man auf den Kopf stellen, er fällt sogleich auf die Füße. Das Hauptstück ist die Kantate »Der neue Klassizismus«. Hier kann man das Fugenmachen lernen und das Fürchten. Man tue beides.

1928

Schönberg: Suite für Klavier, drei Bläser und drei Streicher, op. 29, und Drittes Streichquartett, op. 30

Die bestimmende Dialektik der Geschichte von Schönbergs Werken hat einen neuen Umschlagspunkt erreicht. Die konstruktive Durchdringung des vollendet subjektivierten Komponiermaterials, die aus Variationentechnik und kontrapunktischer Empfindlichkeit gegen Stufen- und Tonwiederholungen in der Zwölftonkomposition rational und material geleistet war, hat sich mit den bestehenden Formen gesättigt, die sie durchsichtig machte; alte Suite, Sonate und schließlich in den Chören die strengsten Bildungsweisen des imitatorischen Stiles sind im Stoff der zwölf nur aufeinander bezogenen Töne definitiv ausgeformt. Daran aber ist kein Genügen: alle Freiheit der Phantasiekonstruktion bleibt wach in Schönbergs Musik, durchleuchtet die bestehenden Formen bereits und will schließlich abermals sprengen, was an gesetztem Sein ihr irgend den Weg verlegen möchte; will ihre Form autonom bestimmen. Das ist nicht so zu denken, als ob Schönberg des aufgelösten Stiles in Willkür sich wiederum erinnert und ihn mit Zwölftontechnik erfüllt hätte. Vielmehr ruht die objektive Gewalt der Schönbergschen Dialektik darin gerade, daß die Probleme jedes Werkes von der Verfahrungsart des vorhergehenden derart notwendig gemacht sind, als ob es nur gälte, dort aufgeworfene technische Fragen zu lösen, während der Übergang von der Frage zur Lösung den Übergang in eine neue Sphäre Musik bereits bezeichnet. Die bewegende Kraft des jüngsten Umschlages ist die Frage, wie sich die Zwölftontechnik so handhaben lasse, daß, ohne die Strenge irgend zu mindern, der Ablauf der Reihen und die Reihen selber als kompositorischer Stoff nicht fühlbar werden, sondern hinter den Mitteln der thematisch-kompositorischen Technik verschwinden. Die Reihe soll nicht Themenmaterial mehr bleiben, sie stellt allein noch die virtuelle Thematik dar, die als solche überhaupt nicht manifest wird. Damit ist zugleich eine neue Auflockerung der thematischen Charaktere als solcher gefordert, die in den lockeren Formen ihre getreue Konsequenz findet. Zugleich aber wirkt die Gebundenheit der bisherigen Zwölftonkompositionen weiter. Von der Strenge der Zwölftontechnik ist nichts abgegangen, nur die Möglichkeiten der Reihenteilung, Kombinatorik, Transposition sind derart bereichert, daß die volle Mobilität der früheren Werke wiederhergestellt ist. Die Neigung zu den bestehenden Spielformen, zum rondohaften Wesen vor allem, wirkt weiter; jedoch die Leichtigkeit des Spiels ist wieder die des Pierrot geworden. Zugleich aber und entscheidend erfolgt der Durchbruch in eine völlig fremde konstruktive Phantasieregion.

Wenn das Reihenmaterial sich völlig hinter den thematischen Ereignissen verbirgt, so liegt es nahe, eine durchgehende Zwölftoneinheit zu konstruieren, der leichte Enthüllung nicht droht und die hinter dem Rücken der Musik jene organisiert. Wie dem Bläserquintett und der Klaviersuite liegt der Kammersuite und dem Dritten Quartett jeweils konstantes Zwölftonmaterial zugrunde. In der Kammersuite ist es die Reihe es-g-fis-ais-d-h-c-a-g-gis-e-f-cis. Sie wird im ersten Satz zunächst in einigen Einleitungstakten akkordisch zusammengeklappt, dann ziemlich geschlossen – in der Weise des Bläserquintetts nochmals – als Hauptthema exponiert: die Geige bringt es zu luzider Begleitung als faßliche Melodie. Die Fortsetzung freilich bereits entwickelt die eigentümliche Technik der neuen Werke. Sie zerlegt die Grundreihe in Gruppen von je vier Tönen, die jedoch nicht etwa ihrer Originalgestalt entstammen, sondern abwechselnd aus Krebs, Originalgestalt, Umkehrung usw. entnommen sind. Da zugleich die alternierenden Holzbläsermotive, die so entstehen, nicht etwa mit jenen viertönigen Gruppen zusammenfallen, sondern jene Gruppen oftmals aus den letzten Tönen eines Holzbläsermotivs und den ersten des folgenden zusammengesetzt sind, so bleibt bei vollständiger Determiniertheit aller Ereignisse die Freiheit ihrer Erscheinung völlig gewahrt; niemals wird mechanischer Reihenablauf spürbar. Die komplementäre Begleitung ist nicht etwa frei, sondern durch Vertikalisierung des Reihenmaterials gebildet. Es kann hier dem Zwölftonaufbau des Werkes nicht detailliert nachgegangen werden, nur der Anfang war andeutend zu bezeichnen, um eine Vorstellung von der Faktur und ihrem Sinn zu geben. Der synthetischen Einheit von Spiel und Strenge bleibt der gesamte Satz treu. Die erste Themengruppe wird zunächst gedrängt fortgesetzt, dann unter Bezug auf die Motive des eigentlichen Hauptthemas – will sagen: dessen Rhythmik, denn auf die Reihe ist ja unterschiedslos alles bezogen – weitergeführt, stets in lebhaftem Charakter und mit der leisen Möglichkeit des Übergangs aus der symphonischen Expansion in die lyrische Verschränkung. Eine längere, sehr reich gebaute Überleitung, die an die transponierte Umkehrung der Hauptgestalt anknüpft, mündet in eine rondomäßige Anführung des Hauptthemas und dann unmittelbar in den Seitensatz. Dieser Seitensatz, aus einer Transposition der Originalgestalt und deren Krebs gewonnen, hat, ähnlich wie das dritte Thema aus dem Scherzo des Quintetts, zugleich losen Triocharakter, geht nicht in der Sonatenform auf, wird aber doch nicht als Trio selbständig: seit der Serenade kennt man Schönbergs einzigartige Fähigkeit zu derart schillernder, neu-scherzoser Formbildung. An den Humor des Trios der Tanzszene mahnt denn auch der zarte Ton dieses Themas über den simplen Bässen; Schönbergs drittes Ländlerthema, gewiß nicht zufällig in seiner ironisch expressiven und rührend verquerten Haltung. Dies Thema, wieder ein Unikum, drängt sich zu einer Schlußgruppe, in die schon wieder das Hauptthema hineinspielt. Dann beginnt eine reguläre Durchführung nach Sonatenart mit vielen imitatorischen Künsten. Aber sie ist trügend wie die fausse reprise der vorklassischen Sonate: kaum kann sie sich entfalten, da geht sie in eine ausführliche, sehr getreue und sehr umgestaltete Wiederholung des Überleitungssatzes der Exposition über. Schließlich kommt es doch zur Durchführung des Hauptthemas; man kann sich denken, daß in ihr nichts gespart ist. Aber es bleibt ihr nicht mehr viel Zeit: die eigentliche Reprise des Hauptthemas, andeutungsweise und sehr verkürzt, gerät dazwischen. Sie leitet ohne Umstände, ohne die bereits repetierte Überleitung, in den Seitensatz, dessen Triocharakter damit noch stärker sich betont. Für die Schlußgruppe stehen ein paar Takte; dann beschließt eine flotte, ganz kurze Coda aus dem Hauptthema den Satz. Er wurde näher behandelt, weil heute allein Formanalyse Schönbergs neue Kompositionsweise deutlich macht. Hatte er im Quintett die Sonate selber dargestellt, so improvisiert er jetzt über die Sonate, lockert sie mit Rondogelenken, mit der Scherzodualität, spielt Fangball mit einer großen Themengruppe und triumphiert in einem der virtuosesten und zugleich mit Charakteren gefülltesten Stücke, die ihm je gerieten. Die Folge hält sich auf der gleichen Höhe. Der zweite Satz ist Schönbergs Auseinandersetzung mit dem Jazz: nicht dessen kunstgewerbliche Assimilation, sondern völlige Verwandlung im kompositorischen Prozeß. Die Synkope weicht einem rhythmischen Reichtum, wie er selbst bei Schönberg noch nicht da war. Den Instrumenten erwachsen erregend neue Aufgaben; wer von Spielmusik redet, kann hier zeigen, ob er zu spielen vermag. Die Form nähert sich dem Rondo. Der dritte Satz ist das Variationenstück über »Ännchen von Tharau«. Das Thema, als unveränderte E-Dur-Melodie, ist in der kunstvollsten Weise auf die vertikal eingesetzte Reihe und ihre Umkehrungs- und Krebsgestalten abgepaßt und wird in der Folge stets als besondere Reihe dem gleichfalls beibehaltenen Reihenmaterial kontrastiert, zugleich aber auch im alten Variationssinn thematisch verarbeitet. Es erscheint ursprünglich in einer bei den Schlüssen irregulären rhythmischen Vergrößerung, die es derart von den Zäsuren unterscheidet, daß der Eindruck einer atonal begleiteten tonalen Melodie ganz vermieden wird, weil nirgends die Kadenzen zusammenfallen. Besonders schön die Coda, die mit allen Motiven spielt. Der ganze Satz erhält sich die Neigung zu Sequenzbildungen und einen leichten Serenadenton. Das Finale ist eine brillante Gigue von knappen Dimensionen, zweiteilig, ein deutlicher Suitencharakter. Vor seinem Ende kommt es zu einer sehr zarten langsamen Episode. – Dem konstruktiven Reichtum der Suite ist der der Instrumentation äquivalent. Kontrast und Zusammenfassung der beiden Triogruppen, zwischen denen das Klavier vermittelt; radikale Ausnützung des Streicherklangs zumal in Flageolettmelodien, besonders aber der kühne, griffige, transparente, oft höchst virtuose Klaviersatz erzielen eine ungeahnte Einheit von Zeichnung und Farbe, der bereits ein neuer Orchesterstil impliziert. Es ist, als wäre die Registrierungskunst des Quintetts mit der schwebenden und dichten Gruppenkoloristik der Serenade multipliziert.

Verwandt in Technik und manchem Detail, doch fremder wieder dem Spiel das Dritte Quartett. Die zugrunde liegende Zwölftonreihe gliedert sich in zwei Fünfton- und eine Zweitongruppe: g-e-dis-a-c; h-b-cis-gis-d; eis-fis. Die Reihe wird sowohl als Ganzes wie in ihren drei Unterteilen verwertet und ihre Unterteilung führt zu zahllosen Möglichkeiten der Abwechslung, die zumal der erste

Satz souverän ausnutzt. Die Form des Werkes ist zweiteilig disponiert. Ein sehr großes, schwer belastetes Eröffnungsstück balanciert drei kürzere und leichtere Teile. Der erste Satz ist ein mächtiges Präludium mit tokkatamäßig durchgeführter Bewegung. Von der Sonate zeigt er allein die Andeutung der Themendualität und der Reprise, in der die Reihenfolge der Themen dann vertauscht zu denken wäre. Aber die Bindung des durchgeführten Motivs ist stärker und fühlbarer als die Sonatendualität. Das durchgeführte Motiv verdiente eine eigene Biographie. Im Charakter hat der Satz die Gewalt völlig konstruktiver Distanziertheit: ein Monument des einsamen Willens. Es folgt ein expressives, fremdes, dunkles Adagio mit einer marschartigen Partie als Mittelstück; dann ein sehr faßliches, leichteres Intermezzo. Das Rondo endlich ist das loseste Stück, das die Zwölftontechnik bislang hervorbrachte; im entlegensten Kunststück selbstverständlich hinmusiziert und von strömendem Fluß, dabei schalkhaft lustig bis zum Übermut. – Unter Verzicht auf alle dem impressionistischen Klang entnommenen Fermente: Dämpfer, Flageolett, col legno, die Schönberg vordem in die Konstruktion hineinzwang, ist mit der durchbrochenen Satzkunst und der Meisterung der Lagen der Einzelinstrumente sowohl wie ihres Miteinander ein völlig originaler, expansiver und zugleich thematisch plastischer Quartettklang erzielt.

Den Werken des heutigen Schönberg gegenüber geziemt sich keine Kritik; mit ihnen ist Wahrheit gesetzt. Die Betrachtung hat sich darauf zu beschränken, in materialer Analyse auf ihren Erkenntnisstand hinzuweisen. Im übrigen stehen für das Werk die Aufführungen ein: für das Quartett die vollkommene und oft gewürdigte von Kolisch, für die Suite die unmittelbar bevorstehende unter Leitung des Komponisten.

1928

Zur Zwölftontechnik

Schönbergs gegenwärtige Verfahrungsweise scheint radikalerem Mißverständnis ausgesetzt als jede seiner früheren. Mochte immer die Destruktion aller vorgegebenen musikalischen Seinsbestände, die sprengende Phantasiekraft in Schönbergs Werken unternahm, sich rechtfertigen durch den Zerfall des musikalischen Materials selber: wollte der gleiche ein selbstherrliches Kalkül daran wenden, dem Material Ordnung von neuem aufzuprägen, es müßte ihn Lügen strafen, so wie es als Material heute beschaffen ist. Denn es bleibt zerfallen wie es zerfiel, keine naturale Bindung, es sei denn die der temperierten Stimmung und der oktavweisen Wiederkehr des gleichen Tones, ist mit ihm mehr gesetzt. Alle Versuche, aus dem Stande des Materials selber einen neuen Ordnungskanon herauszulesen, sind gescheitert; weder hat das Chroma in seinen unterschiedslosen Schritten formsetzendes Recht, noch rhythmische Formeln, deren Wiederholbarkeit melodisch-harmonisch Unwiederholbarem angemessen wäre, noch die harmonische Kadenzfunktion, die gerade zerfiel und sich nicht restituieren läßt. Die Unzulänglichkeit alles musikalischen Objektivismus von heutzutage hat ihren Grund darin, daß er einen Bestand objektiv verpflichtender Materialbestimmungen voraussetzt, die das disqualifizierte Material tatsächlich nicht bietet. Wollte man endlich auf das wenige Regelhafte sich beschränken, das im Material heute allenfalls noch gelegen sein mag, auf die pure Zwölfzahl der Töne also und ihre oktavweise Wiederkehr, um formobjektive Normen zu gewinnen, so wäre das Resultat so äußerlich und schematisch, wie es sich darstellt in jenem anderen Versuch, der neben Schönbergs Verfahren den Namen Zwölftonkomposition trägt und mit jenem verwechselt wird, wohl gar ihm die Priorität streitig macht. Um zu verstehen, worin sich Schönbergs neue Technik von der Mystik des Perpetuum mobile-Erfinders nicht bloß, sondern von jedem blanken Objektivismus unterscheidet, wird man sich freilich nicht darauf beschränken dürfen, Kennzeichen des Materials zu sammeln, das er durchdringt und handhabt. Jene Mühe ist zur Genüge aufgewandt worden, so daß die materialen Kriterien von Schönbergs Zwölftontechnik geläufig sind. Darüber hinaus jedoch fruchtet hier die frei weg am Material orientierte Analyse wenig mehr denn propädeutisch. Ist es doch konstitutiv für alle Musik Schönbergs, daß sie, obzwar enger an die materiale Evolution geknüpft als jede andere, dennoch nie als bloßer Vollzug materialer Notwendigkeiten verstanden werden kann, sondern daß sie ihr Material empfängt in geschichtlicher Dialektik: so ist denn Schönbergs Zwölftontechnik keine natürliche Ordnung der Töne, die jenseits der Geschichte in den Sternen geschrieben stünde; auch keine positive Technik ausrationalisierten Verfahrens gleich dem Kubismus, die die spezifischen Differenzen im Material vergäße. Sondern sie ist der rationale Vollzug eines geschichtlichen Zwanges, den fortgeschrittenstes Bewußtsein unternimmt, seinen Stoff zu reinigen von der Verwesung des zerfallenen Organischen; die Zwölftontechnik gilt nicht geschichtslos, sondern hat ihren ausweisenden Grund in dem Stand des Materials, den Schönberg vorfand und den er herstellte; versucht nun nicht etwa, dies zerfallene Material unversehens in eine Ordnung zu verwandeln, die notwendig leer wäre, sondern tilgt vielmehr den letzten Trug von Ordnung an ihm, um der Freiheit der konstruktiven Phantasie ihren Raum zu schaffen; ist überhaupt kein positives Komponierverfahren, sondern die geschichtlich aktuelle *Vorformung* des Materials, die vollzogen werden muß; erklärt sich nicht mathematisch, sondern geschichtlich und zielt nicht auf eine mathematisch-formale Musikregion, sondern will die Freiheit des Komponisten möglich machen.

Die geschichtliche Genesis der Zwölftontechnik ist jenseits jeder mathematischen Reflexion einsichtig. Daß sie die Auflösung der *Kadenzfunktion* voraussetzt, wurde zuletzt in Westphals Buch sehr deutlich formuliert. Erst der ›funktionslose‹ Klang, aus dem das organisch-kadenzhafte Wesen vertrieben ist, in dem das Prinzip des kleinsten Schrittes kein Recht mehr hat, macht die zwölftontechnische Durchdringung des Materials möglich. Allein, es ist damit noch keineswegs die konkrete geschichtliche Dialektik getroffen, die Zwölftontechnik inaugurierte. Sie zu verstehen, gilt es Schönberg eher von der allgemeinen Chromatisierungstendenz des endenden 19. und beginnenden 20. Jahrhunderts abzuheben als ihn für deren bloßen Vollstrecker zu nehmen. Die Harmonik des frühen Schönberg charakterisiert sich mehr als durch Chromatik durch ihren *Stufenreichtum*. Das Prinzip des kleinsten Schrittes, der Verwandlung jeglichen musikalischen Ablaufes in qualitätslose, stets gleichsam nur transponierte Dominanzspannungen im Sinne Regers etwa ist bei Schönberg von Anbeginn negiert. Seine Harmonik zielt allein darauf, den unterschiedslosen Fluß der nachtristanischen Chromatik zu unterbrechen, die Nebenstufen als Widerstände einzuschalten, die Tonart unter Vermeidung der Dominantkadenz auszukonstruieren. Theoretisch legt die Unterscheidung der schwachen und starken Fundamentschritte Zeugnis davon ab und auch der Begriff der Nebendominante, der ja seine Stelle innerhalb der bestimmten Tonart hat und sich damit ebenfalls dem qualitätslosen modulatorischen Fluß entgegenstellt; die »Tonalitätslüsternheit« des jungen Schönberg, die Redlich einmal richtig bemerkte, ist nichts anderes als der Inbegriff jener Widerstände gegen einen musikalischen Funktionalismus, der von Dominante zu Dominante und so von Tonart zu Tonart treibt, ohne qualitative Differenzen zwischen den harmonischen Wertigkeiten einzusetzen. Sein intermittierendes Verfahren und nicht die bloße Chromatik hat schließlich den Zerfall der Tonalität herbeigeführt, indem die gekräftigten Nebenstufen sich selbständig machten und von der Kadenzfunktion völlig lossagten, während das chromatische System wohl die einzelne Tonart, nicht aber die Tonalität als solche angriff. Schönbergs Verfahren ist gleichwohl dialektisch an die Chromatisierung gebunden: er hat die Widerstände der Nebenstufen in ein bereits auschromatisiertes, vom Tristan her präformiertes Material gebracht, nicht etwa in der leitereigenen Harmonik gehandhabt. Schlagworthaft gesagt: er hat das Brahmssche Prinzip des Stufenreichtums von der leitereigenen Harmonik abgelöst und auf die chromatische übertragen; er hat, nach Redlichs Ausdruck, »das Chroma ausgestuft«. Mit der Emanzipation des ausgestuften Chromas von der Tonalität – die eben nur durch ›Ausstufung‹, nicht durch enharmonisch-modulatorische Chromatik möglich war – ist zentral bereits die Zwölftontechnik gefunden. In der Anordnung von vertikal und horizontal gleich selbständigen Stufen bedeutet sie nichts anderes als den Schutz der Stufenfolge vor

Verunreinigung durch Reste des chromatisch-kadenzierenden Wesens. Es läßt sich die Tendenz dahin verfolgen von der Empfindlichkeit gegen die Wiederholung des gleichen Tones als Baß eines harmonischen Satzes her, die um so größer wird, je weniger mehr den Stufen durch Tonalität ein sicherer Ort zugewiesen ist, der sie wiederholbar machte. Empfindlichkeit gegen Tonwiederholung, bezogen auf das ausgestufte Chroma, dessen Stufen alle selbständig geworden sind, bedeutet Zwölftontechnik. Sie ist allein die bündige Formel technisch-immanenter Erfahrungen, die die Evolution des Materials durch Bewußtsein mit sich brachte, das sich dem naturalen Zwang der Kadenz entwand. Es muß also die Zwölftontechnik in Wahrheit für das Gegenteil von Mathematik gelten: für freien Vollzug des geschichtlich Notwendigen.

Dagegen wird nun eingewandt: zugegeben selbst, die Bildung von Reihen sei geschichtlich zureichend legitimiert – wie sie ja tatsächlich bereits in den Orchesterstücken, op. 16, sogar schon im Variationensatz des fis-moll-Quartettes sich nachweisen läßt: die Verwendung der Reihen, ihre Umformung durch Umkehrung, Krebs, Krebsumkehrung, die, im Verein mit völliger Umrhythmisierung und freier oktavweiser Versetzung der Einzeltöne, schließlich der Verschränkung horizontaler und vertikaler Reihenarbeit die Beziehung zur Grundreihe phänomenal überhaupt nicht mehr kenntlich mache; diese ausschließend konstruktive Verwendung des Materials sei doch gewiß spekulatives Unternehmen einer ratio, die von sich aus eine Materialordnung diktieren wolle, die nicht aus dem Material selber geschöpft, die also als Ordnung Trug und dem Material gegenüber Vergewaltigung sei. Indessen der Einwand schlägt nicht durch. Jene schwierigen Manipulationen sind nichts anderes als Momente der kompositorischen Technik, die von Schönberg extrem ausgebildet wurden, damit sie schließlich um- und ins Material zurückschlugen. Schönbergs Technik ist, an Brahms anknüpfend, mehr und mehr dann an *Beethoven* orientiert, Technik der *Variation* mit den Mitteln motivischer Arbeit. Je geringer in Schönbergs Werk die formbildende Kraft der Tonalität wurde, um so mehr gewann das konstruktiv-variative Verfahren an Macht und breitete sich endlich so über seine Musik aus, daß keine Note mehr kam, die nicht motivisch-variativ bestimmt gewesen wäre. Mag sein, daß der Zwang zur Variation bedingt ist durch den konstitutiven Impuls Schönbergs gegen jegliche Wiederholung. Nach Fortfall der Wiederholungsgarantien durch die Tonalität blieb nur die Möglichkeit, auf alle Wiederholung zu verzichten, unaufhörlich Frisches zu produzieren – die Möglichkeit der »Erwartung« – oder die zweite, die Wiederholung des Gleichen unkenntlich zu machen; die Variation immer radikaler auszuformen, schließlich sie ins Material selbst zurückzuverlegen. Hier ist der dialektische Zug in Schönbergs Werk sehr tief zu verstehen. Der Zerfall jeder vorgegebenen Konstruktionsstruktur macht die autonome motivisch-variative Durchkonstruktion des Gebildes notwendig – soweit nicht ihr verwandter Pol, der Verzicht auf alle thematische Arbeit, wirkt; ein thematisch völlig determinierter und ein thematisch völlig indeterminierter musikalischer Organismus gleichen sich außerordentlich. Zugleich jedoch zwingt die Wiederholungsscheu die motivisch-variativen Zusammenhänge möglichst radikal von der musikalischen Oberfläche wegzuziehen, ins Innere zu verlegen und zu verbergen. Vollständige thematische Auskonstruktion und vollständige Unsichtbarkeit der thematischen Konstruktion: in solchem Widerspruch sammelt sich die bewegende Produktivkraft von Schönbergs Stilbildung. Sie wird fruchtbar, indem sie sich am Reihenmaterial orientiert. Die Beziehungsformen der Zwölftontechnik bedeuten: daß hier, in vollständiger Ökonomie, wie die Reihe sie vorzeichnet, die motivisch-thematische Durchdringung des Stoffes so vollständig vollzogen ist, daß keine Note mehr ›frei‹ bleibt; daß zugleich die motivisch-thematischen Zusammenhänge so gänzlich der Variation unterstellt sind, daß kaum je das gleiche musikalische Ereignis zweimal vorkommt: daß endlich dies alles – und das entscheidet – sich nicht an der kompositorischen Oberfläche abspielt, als Modifikation eines identischen Materials, überhaupt als wesentlicher musikalischer Vorgang kenntlich wird, sondern hinter den Kulissen, das Material organisiert gleichsam, ehe mit dessen eigentlicher Gestaltung nur begonnen wird. Es ist damit schließlich selbst die Freiheit aufgenommen, die als polares Gegenbild der thematischen Arbeit in »Erwartung« und »Glücklicher Hand« waltete: zumindest ideell besteht die Möglichkeit, daß Zwölftonmusik strengster Observanz zugleich jene Freiheit erreiche: daß ihre Organisation geschieht, ehe das Komponieren selbst beginnt, während das eigentliche Komponieren mit dem präformierten Material nun ohne Rücksicht auf kennbare motivisch-thematische Zusammenhänge verfährt, sondern bar aller vorgezeichneten Formcharaktere Neues an Neues fügt und doch insgeheim durch die Reihe und die Beziehungen der Reihenveränderung aufs bündigste vorgezeichnet ist. Schönberg selbst hat allerdings zunächst nicht die neue Technik nach jener Seite entwikkelt, sondern mit architektonischer Absicht an Kompositionen gewandt, die eine kennbare Oberflächenstruktur haben und unerhört kunstvolle Wiederholung korrespondierender Formteile zulassen. Es sind in seinen Zwölftonarbeiten, dem Quintett zumal, gleichsam zwei Formkonstruktionen übereinandergeschichtet: eine variativ-zwölftontechnische, latente, und eine rhythmisch-motivische, der klassischen Sonatenkonstruktion angenäherte manifeste. Nachdem einmal die Auskonstruktion der klassischen Formen mit dem rational erhellten Material geglückt, beginnt die manifeste Konstruktionsschicht sich wieder zu lockern, während die zwölftontechnische latente sich bereichert und verdichtet; in der Kammersuite, op. 29, treten Spielcharaktere – wenngleich noch symmetrische – an Stelle der gepanzerten Sonate, und in dem mächtigen ersten Satz des Dritten Quartetts, der äußerlich allein durch ein obstinates rhythmisches Motiv zusammengehalten wird, ist bereits wieder von jeder vorgegebenen Form abstrahiert. Die Entwicklung scheint dahin zu zielen, daß einerseits die Zwölftontechnik in sich so vielfältig ausgebildet wird, daß sie ohne allen vorgedachten Zwang dem musikalischen Impuls des Augenblicks zu folgen vermag; andererseits scheinen die Außenformen, die zwölftontechnisch behandelt werden, um so mehr wieder sich zu erweichen, um so treuer sich den Forderungen des musikalisch Einmaligen und Konkreten zu unterwerfen, je beweglicher die Zwölftontechnik selbst gehandhabt werden kann. Eine Vorstellung davon liefert das Streichtrio von Anton *Webern*, das, ein schmählich unverstandenes Meisterstück der Neuen Musik, in strengster Zwölftontechnik und strengster Sonatenarchitektur sich zugleich ganz bruchlos an den radikal aufgelösten Stil des früheren Webern anschließt; schlagender Beweis dessen, wie wenig Zwölftontechnik den hemmt, der sie als Stafette der musikalischen Geschichte empfängt.

Das Bild, das sich so von der Zwölftontechnik ergibt, weicht vom herkömmlichen gründlich ab. Sie ist keine neue Komponiertechnik, die es nun den Braven, die sich ihre Reihen sauber zusammenschreiben, leicht gemacht hätte, zu komponieren; ihnen hat sie es noch schwerer gemacht, als es zuvor schon war, indem sie, was vordem Aufgabe der Komposition schien, auf das Material zurückschob. Wovon sonst einer denken mochte, es legitimiere ihn als Komponisten, das genügt jetzt eben, daß er sein Material etwa so ordne, wie es ehmals durch die Tonart geordnet war; nur daß, wohlverstanden, die Zwölftonordnung nicht als abstraktes Apriori über der Komposition schwebt, sondern jede Reihe mit der Komposition aus ihr unauflöslich verklammert ist. Die Zwölftontechnik ist Vorformung des Materials; das Komponieren selber hat sich in nie geahnter Härte vom Prozeß der Vorformung geschieden und der Freiheit überantwortet; darum auch: je weniger man Reihen und Krebse ›merkt‹, um so besser für die Komposition, für die kompositorische Freiheit. Weiter: die Zwölftontechnik ist, nach Ernst Blochs Wort, nicht mathematischen, sondern dialektischen Wesens: in ihr hat Geschichte, allein Geschichte sich niedergeschlagen als bewegender Grund, dem kompositorische Freiheit entwächst. Schließlich: die Rationalität der Zwölftontechnik ist nicht die schlechte und leere des praktikablen Systems. Sondern sie bezeichnet eine geschichtliche Stufe, auf der das Bewußtsein das Naturmaterial in die Gewalt nimmt, seinen dumpfen Zwang tilgt, ordnend benennt und erhellt ganz und gar. Am klaren, transparenten Lichte ihrer Rationalität soll sich von neuem die Phantasie entzünden, die nun in den Höhlen der Vorzeit vollends erlosch.

1929

Schönberg: Variationen für Orchester, op. 31

Es steht nicht an, hier Kritik eines Werkes zu geben, das wahrhaft kennenzulernen Jahre erheischt, darin das Auge beharrlich die Lineatur liest, die um so mehr einem verschlossenen Text gleicht, je klarer und tiefer sie ins Material eingegraben ist; unmöglich auch, in wenigen Worten ein Meisterstück zu bestimmen, das die Dialektik der jüngsten musikalischen Geschichte vollständig in sich trägt, sie zusammenfassend zugleich und ins völlig Unbekannte weitertreibend. Schönbergs Orchestervariationen sind der geometrische Ort aller Intentionen, die seit der Bildung der *Zwölftontechnik* sein Werk ausmachen; Zwölftonarchitektur und Form, Thematik, Polyphonie und Klangfarbe sind einem Indifferenzpunkt angenähert, aus dessen Tiefe das rätselvoll deutliche Bild der Musik aufsteigt, die wird. Daß dies Werk ein Meisterwerk ist, fordert: daß es immanent, nicht transzendent, gemessen werde. Es verstehen heißt nichts anderes als die kristallinische Struktur erkennen, die es in sich selber hat, bar alles von außen ihm gesetzten Maßes: in strengem Sinne ist das Meisterwerk unvergleichlich, weil es wahrhaft zur Entelechie gedieh. Nur auf Züge dieser unvergleichlichen und jeder transzendenten Norm enthobenen Struktur kann hier verwiesen werden.

In den Orchestervariationen stellt sich rein und materialgerecht als Idee der Zwölftontechnik dar die *Konstruktion aus Phantasie*. Konstruktiver Plan und Einschlag von Phantasie treten darin nicht mehr auseinander; die Konstruktion schafft Raum für die Freiheit einer Inspiration, die gebunden bliebe, solange nicht aus dem Material die letzten Schlacken des funktionell-kadenzierenden Wesens getilgt wären; Phantasie wiederum erzeugt mit der Produktivkraft ursprünglicher Kombination die konstruktiven Momente des Werkes und schlägt den Funken aus ihnen, indem sie aneinander gerieben werden; es ist, als sei die Gewalt der induktiven Logik jetzt erst in Musik realisiert, die bis heute mythologisch genug von der gegebenen Norm aus das gegebene Material ergriff, ohne einmal wahrhaft ihr Glück zu probieren, so wie hier die Reihen probiert werden, bis sie sich ins helle Gefüge schicken. Zur Freiheit der kombinatorischen Chance vorzudringen, bedurfte freilich die Zwölftontechnik ihrer Geschichte. Ohne die Grenze der einmal gewählten Strenge je zu überschreiten, hat in ihrem Raum die Zwölftontechnik – seit op. 29 – sich multipliziert: das Netz der Zwölftondeterminationen ist weit enger gesponnen als je zuvor, zugleich aber insofern aufgelockert, als sie an der Oberfläche überhaupt nicht mehr kennbar wird, sondern eben durch den Reichtum der eingesetzten Beziehungen völlig fließendes, unmittelbares Musizieren gestattet. Das kommt etwa daran zutage, daß der Zwang zur Tonwiederholung, der bestand, solange das Reihenmaterial beschränkt war, zuweilen also die Reihe ›gestreckt‹ werden mußte, ganz wegfiel; daß Wiederholungen von Tönen allein noch *thematischen* Sinn haben. Für solche Befreiung in Strenge lassen sich exakte technische Bedingungen nennen. Zunächst: radikaler Gebrauch der *Transpositionen* des Reihenmaterials; während früher mit ganz wenigen, oft nur einer Transposition der vier Grundgestalten hausgehalten wurde, werden jetzt die zwölf sämtlich gehandhabt, so daß der Komponist stets zwischen 48 Reihenformen wählen kann, die wieder simultan miteinander beliebig kombinierbar sind. Dann: das bereits im Dritten Quartett ausgebildete Mittel der *Mehrdeutigkeit* von Reihenbeziehungen, die es etwa gestattet, eine Reihe zugleich horizontal, als Linie, und vertikal, als Komplementärtöne zu anderen Stimmen, die aus ganz anderem Reihenmaterial gebildet sind, zu verwenden. Das läßt sich nicht verstehen, ohne daß es am Werk unmittelbar belegt wird. Die zugrunde liegende Reihe heißt b, e, ges, es, f, a, d, cis, g, gis, h, c. Wie die Transpositionen dieser Reihe gebraucht werden, läßt sich bereits an der Einleitung konstatieren; es hat also die Verwendung der Transpositionen keinen durchführungsmäßig-modulatorischen Sinn, sondern das ganze Werke ist unter Verwendung des gesamten Transpositionsmaterials gefügt. Die thematisch absichtsvoll zurückhaltende Einleitung – sie darf sich nicht melodisch entfalten, damit das Hauptthema als solches um so faßlicher wird – exponiert die Reihe sehr allmählich, Ton um Ton hinzufügend in orgelpunktähnlichen Spannungen. Aber so verfährt sie nicht mit der Hauptgestalt allein. Ihr ist nur die obere Klanggruppe entnommen. Im zweiten Takt schon beginnt ein Orgelpunkt g als Baß, dann cis, dann ein h als tieferer Ton des ersten Horneinsatzes, die auf die Grundreihe nicht zu beziehen sind, sondern den Anfang der in die kleine Terz transponierten Umkehrung bilden, die dann endlich im neunten Takt in ihrer ersten Hälfte vollständig erscheint, aber erst in der Hornhauptstimme des 14. Taktes zu Ende geführt wird. Der Zweiteilung der Umkehrung entspricht eine der Grundreihe. Charakteristische Töne und Intervalle, d, cis, g, vor allem der Tritonusschritt, sind beiden gemeinsam und binden beide eng aneinander. So wird einmal jedes schematische Reihenverfahren vermieden; dann die allmähliche Exposition über eine große Strecke ermöglicht, ohne daß die Reihe grob sinnfällig würde; dann durch die Intervallbeziehung der Reihe zu ihrer Umkehrung ein thematischer Zusammenhang hergestellt, der die spezifischen Schritte des Variationenthemas selbst vorbereitet. – Von der Mehrdeutigkeit der Reihenbeziehungen in der Kombinatorik gibt eine Vorstellung der Beginn der vierten (Walzer-)Variation. Die Reihe erscheint gleichzeitig in drei ›Systemen‹. Einmal als Grundreihe mit den Originaltönen im Begleitsystem von Celesta, Harfe und Mandoline, weiter ebenfalls als Grundreihe, aber in die Quart transponiert, aufgeteilt zwischen Solobratsche und Flöte; endlich als in die Sekund transponierte Umkehrung, aufgeteilt zwischen Solocello und Fagott. Diese dreifache Kombination ist nun so gewandt, daß die Grundreihe im Begleitsystem doppeldeutig ist; im Melodiesystem von Flöte und Bratsche sind zwei Töne, der fünfte und elfte, ausgespart, und das Begleitsystem bringt diese beiden Töne komplementär. Es entsprechen also der erste und zweite Ton der untransponierten Grundreihe dem fünften und elften Ton der in die Quart transponierten Grundreihe und beide Beziehungen sind simultan ausgenutzt: die untransponierte Reihe horizontal, die transponierte vertikal, so daß jeder Ton des Begleitsystems zugleich zwei Reihen zugehört. Nach dieser Kombinationsidee ist die gesamte Variation gebildet, in unaufhörlichem Wechsel des verwandten Reihenmaterials; dabei bewahrt sie sich leichten Fluß, graziösen Serenadenton, in den Einzelstimmen, durch die Aufteilung der Reihen, kleine, faßliche Intervallschritte. Man mag daran die Fruchtbarkeit der kombinatorischen Fülle für musikalische Gestalt selber erkennen, die um so schmiegsamer wird, je differenzierter ihre Reihenstruktur ist, je weiter sie sich von der Oberfläche abzieht. – Daß die kombinatorischen Entfesselungskünste des Variationenwerkes ältere Errungenschaften der Zwölftontechnik, oktavweise Versetzung der Töne, harmonische Simultaneität der Reihentöne, Reihenteilung in sich begreifen, versteht sich.

Die musikalische Architektur des Werkes ist überaus geschlossen, kristallinisch durchsichtig, von seltsamer, emotionsloser Statik und Härte: im Geheimnis völliger Erhelltheit. Das vierundzwanzigtaktige Thema ist in vier ungleich lange und gegeneinander asymmetrische ›Verszeilen‹ geteilt: die erste originale Grundreihe, die zweite transponierte Krebsumkehrung, die dritte originaler Krebs, die vierte transponierte Umkehrung; mit der nun ebenfalls transponierten Grundreihe kontrapunktiert. – Die Variationen, deren Taktzahl und Gliederung das Thema vorzeichnet, sind, ohne ineinander überzugehen, selbständige ›Teilganze‹, jeweils in schärfsten Charakteren geprägt, die sich ihre Mittel in durchgeführten rhythmischen Motiven und von Variation zu Variation wechselnder, in jeder einzelnen aber bewahrter Palette suchen. Die Einheit des Ganzen und die eigentliche Variationsarbeit wird durch die Reihenbeziehungen garantiert. Die Totalform resultiert aus dem Wechsel der Charaktere. Es wechselt solistischer und Quasi-Tuttiklang, der, wohlverstanden, sogleich, etwa in der ersten Variation, derart in der Horizontale in kleinste Klangkomplexe aufgeteilt ist, daß jede Kompaktheit vermieden wird. Die Variationen steigern sich nach den Extremen; hat die erste vorbereitenden Charakter, bleibt der Adagioton der zweiten im Holzbläserton gebunden, so gibt sich die dritte frischer, mit einem ganz kurzen Tutti. Die vierte ist der Walzer; die fünfte bringt den vorläufigen Höhepunkt und breitet sich, bei größter orchestraler Ökonomie, aus, die sechste moderiert sich als solistisches Vierachtelandante; die siebente ist das eigentliche Adagio, ganz aufgelöst, Beschwörung der substanzlosen Klänge aus Erwartung und Glücklicher Hand, Widerspiel alles Orchestertuttis und wahres Zentrum des Werkes; die achte dann wilder Ausbruch im Presto mit dem Höhepunkt des dreifachen Forte. In diesen beiden Variationen blitzt der Schönbergsche Dämon gewaltig durch die Schichten der Kristalle, in denen er zuvor gebannt leuchtete, und das Gebirge beginnt zu erglühen –

großartiges Schauspiel: erst im Gestein hat der Funke des Menschen seinen wahren Ort. Die neunte Variation, ganz durchsichtig, variiert unmittelbar die achte als deren Nachhall und leitet zum Finale. Unübertrefflich die Lösung von dessen Formproblem. Es bewahrt sich zunächst den Charakter der Variation, indem es sich aus kürzeren, scharf abgesetzten Abschnitten komponiert und erst allmählich in völlig ausschwingende Bewegung kommt, kurz vorm Ende nochmals durch eine farbliche Reminiszenz an die siebente Variation gehemmt. Prestoschluß.

Ein Wort noch vom Orchester. Man spricht, seit Paul Bekker die Formel fand und zumal seit Schönbergs Bach-Bearbeitungen, von seiner Kunst der Instrumentation als der der *Registrierung*. Mit Recht. Aber man muß sich klar darüber bleiben, was Registrierung bei Schönberg bedeutet. Sie hat nichts mit der archaischen gemein; in Schönbergs eigenen Werken nichts mit der Vorstellung des Orgelklanges und seiner substantiellen Starrheit. Vielmehr, der Klang der Variationen, als solcher genommen, ist so aufgelöst und gebrochen wie nur je; aus kleinsten Klangeinheiten gefügt; dem dynamischen Rausch der Neudeutschen so fern wie dem dichten neoklassischen Streicherton. Registrierung heißt hier: daß der Klang niemals eigenwertig bleibt, sondern aus der Forderung der Linie resultiert, der Einzellinie in sich sowohl wie der Valenz der Linien gegeneinander. Darum sind die Variationen in strengster, auch bei Schönberg nie zuvor realisierter Präzision ›ausinstrumentiert‹; äußerste Deutlichkeit ist angestrebt bei fast völliger Vermeidung von Verdoppelungen; trotzdem findet sich nie blanker, homogener Klang, da die Linien ständig in Farben der verschiedensten Klangfamilien ausgeführt und in sich selbst unablässig schattiert sind. Darum auch ist der solistische Streicherklang in den Kombinationen dem irgend doch ans amorph strömende Wagnersche Wesen gebundenen Streichertutti vorgezogen; wo Tutti erstrebt wird, ist es wesentlich rhythmisch schlagendes, nicht flüssiges Tutti. Der Deutlichkeit dient im reichen, aber äußerst sparsam eingesetzten Apparat zumal die Verwendung der weiten Lagen, die jeder Stimme Raum lassen, durchzukommen. Das Orchester gleicht einer sorgsam nach der Konstruktion disponierten Palette: Füllstimmen fehlen gänzlich, selbst die akkordische Polyphonie, die in op. 15, 17, 18 gelegentlich vorkam, ist beseitigt; homogene

Akkorde kommen überhaupt nicht vor; nur an den wichtigsten Schnittpunkten der Form treffen die Stimmen in Akkorden zusammen oder in den Schlägen der achten Variation – es hat die Zwölftontechnik selbst die Koloristik in die Gewalt genommen und als Vollendung der Polyphonie die letzten Residuen homophoner Setzweise aus dem orchestralen Bilde getilgt. Nur das Thema ist, um seiner Deutlichkeit willen, ganz homogen instrumentiert und wird vom Celloklang getragen; ist dafür freilich melodisch aus ganz kurzen Phrasen geformt, nicht dem Gang der Variationen zu widersprechen.

Werden die Menschen wirklich, wie zuvor die Orchesterstücke, jahrzehntelang dies Werk entbehren wollen?

1930

Schönberg: Von heute auf morgen, op. 32 (I)

Uraufführung in Frankfurt a. M.

Schönbergs erstes heiteres Bühnenwerk hat seinen stürmischen, von Widerspruch weit eher entfachten als gehemmten Erfolg weg und vergebens bemüht sich unentwegt nachträglich die Kritik, wiederum ihm zu beweisen, er sei asozial – das Publikum, bunt genug und fachmännisch nur insoweit, als es jene partiturbewehrten Kritiker durchsetzten, hat eindeutig zu verstehen gegeben, daß es von der Oper getroffen ward. Damit ist freilich nicht etwa Schönberg bei der Gemeinschaftsmusik gelandet, die einer Gemeinschaft zuliebe gemacht wird, welche es nicht gibt, und die es eigentlich darum selber nicht gibt: im op. 32 ist vielmehr wie stets nur bei ihm das Bewußtsein gegenwärtig, daß die soziale Verbindlichkeit von Musik allein an ihrem objektiv-musikalischen Gehalt meßbar ist und nicht an der Rücksicht auf eine imaginäre Hörerschaft, die allein die innerkompositorische Stimmigkeit zu stören vermag. Was Menschen aneinander bindet, verschließt diese Musik als ihr Geheimnis in den tiefsten Zellen, anstatt es den Leuten aufzuschwatzen und leer zu bleiben bei sich selber. Ob sie heute und hier ganz ›verstanden‹ sei, bleibt sekundäre Frage – evident war den Hörern die Macht ihres Geheimnisses und schlug tiefer ein als es den manifesten Bekundungen eines Gemeinschaftswillens gelingen könnte, der nicht an der Kunst, sondern zuvor an der Gesellschaft sich betätigen sollte. Ob eine veränderte, zugleich freie und rational strukturierte Gesellschaft nicht lieber die freie und rationale Musik Schönbergs rezipieren wird als die naturgläubige Dummheit, bleibt abzuwarten. Zudem, was meint die Frage nach der Verständlichkeit tatsächlich? Hofft einer, zu verstehen, indem er beim Hören die Zwölftonreihen mitzählt? Er hoffte vergebens; ist es doch Schönbergs präzise Aufgabe, die Zwölftonbildungen, über die sich alle aufregen, von der Oberfläche abzuziehen, und es bedeutet den dialektischen Angriffspunkt der Inspiration in seiner gegenwärtigen Musik, alle Reihenarbeit unsichtbar zu machen durch die Gegenwart dessen, was jetzt und hier erscheint. In tiefer Ironie nennt er die Zwölftontechnik seine Privatsache; verstehen heißt zunächst nichts anderes als die musikalischen Gestalten, ihre Zuordnung, die melodischen Bögen und deren Simultaneität in akustischer Unmittelbarkeit auffassen. Das ist erschwert nicht durch irgendeine sagenhafte ›Abstraktheit‹, von der beim farbigsten und materialgerechtesten Orchesterklang, der je gesetzt ward, ernsthaft nicht die Rede sein kann, sondern allein durch den *Reichtum* einer kompositorischen Phantasie, die alle Mittel gleichermaßen durchdringt und auf dem fortgeschrittensten Niveau ihrer geschichtlichen Bewegung handhabt; erleichtert dafür wiederum durch die beispiellose *Ökonomie*, die diesen Reichtum der Mittel auswägt, ohne je eines durchs andere zu paralysieren; erleichtert weiter durch eine *Plastik* alles musikalisch Einzelnen, thematisch nicht anders als instrumental oder in dramatischer Gestik, die die Teilganzen aufs schärfste voneinander abhebt und wieder doch aneinander und an den Totalverlauf bindet. Zentral gesehen, nicht willkürlich vorgegebenen Stilnormen unterworfen: die Oper ist so leicht wie jedes große Kunstwerk, das zur Konkretion seiner Gestalt gedieh, und so schwer wie jedes, das als Entelechie sich aus sich entfaltet und Geschichte bildet, anstatt sich historisch zu orientieren.

Wem die Orientierung an der unorientierten, aber richtigen Oper schwer fiel, der konnte sich dafür am Text von Max Blonda schadlos halten. Der macht es leicht genug; war eben der Einwand inhumaner Esoterik zur Hand, so konnte man ihn wirksam mit dem der Banalität kontrapunktieren. Wer solcher erstaunlichen Erkenntnisse fähig ist, sollte nur bedenken, daß sie Schönberg nicht fremd sind. Das dialektische Verhältnis von Wort und Musik, das ich an Schönbergs Liedproduktion herauszustellen versuchte, ist in »Von heute auf morgen« auf die bündige Formel gebracht. Ganz wird es sich erst durchschauen lassen, wenn die Bürgerwelt, die darin der antithetischen Musik überantwortet ist, der Geschichte gehört. Dann wird sich zeigen, daß dies Bürgerzimmer in die Hölle gestellt ward, deren Gelächter aus Wandschränken widerhallt, deren dienende Geister im aufklappbaren Bett miteinander schlafen, deren Licht auf der elektrisch erhellten Estrade fluoresziert, wo die Frau sich zeigt, strahlend ihren Mann zu verführen. Übrig bleibt vor jenem Gelächter nichts als in armen vergriffenen Worten die Liebe jener beiden Menschen, von der Musik gespiegelt im zögernden Laut der Versöhnung. Zwischen der uneigentlichen, unscheinbaren Sphäre des Buches und der gewaltigen Transparenz der Musik liegt als Medium, darin beide kommunizieren, der *Traum*; nirgends evidenter als bei der Stelle, wo vom Gasmann die Rede ist; der Mann hat ihm aufgemacht, die Frau, in ihrem Märchencape, tut, als verstünde sie nicht, wovon er eigentlich redet, so fern dem unteren Alltag in ihrer Attitüde; aber versteht sie denn wirklich, was mit dem Gasmann ist? Die Musik jedenfalls dementiert es; in ihr gläsernes, nahes, bei seiner Deutlichkeit doch unfaßbares Licht dringt das Wort Gasmann unverständlich wie die Weckuhr ins Traumgespinst des glücklichen Schlafes; so viel wirklicher und echter ist hier bereits der Traum geworden als der Tagesrest, den er verzehrt, und nichts rechtfertigt sich besser, als daß beim guten Ende die Gasrechnung sich bezahlt findet, die als Spuk von weither in die Realität des Traumes drang.

Die Realität des Traumes ist die der Musik. Sie läßt den Traum nicht zerfließen in Ahnung, sie bannt ihn leibhaft ins dichte Gehäuse der Konstruktion; der Traum schlägt sich nieder in purer Formimmanenz; so durchaus, daß kein Atemzug während der Oper bleibt, ihm zu entweichen; von keinem Stück Schönbergs läßt sich weniger vorstellen, daß es bei der Aufführung gestört werde, wie von diesem fremdesten, dessen schimmernde Geschlossenheit keinen Widerspruch je eindringen läßt. Die Geschlossenheit ist zugleich die wahre Schwierigkeit; kein Moment des affektiven Durchbruchs öffnet dem Hörer das Gehäuse, das sich vielmehr mit dem ersten Ton über ihn wölben muß, soll er es bewohnen können. Aber es hat wie Aladins Palast zugleich die Freiheit des Traumes. Im geschlossenen Bau flutet das Licht so lose und ungebunden wie vordem der Strom der »Erwartung«. Die kontrapunktischen Formen, die vorkommen, sind nirgends als Gebilde meßbar, sondern allein der szenischen Situation gemäß: der Kontrast und die Wahlverwandtschaft, gegenwärtig erst zwischen Mann und Frau, dann zwischen dem echten und dem Phantompaar, setzt aus sich selbst die musikalische Idee des *Kanons* und Doppelkanons und verbirgt sie zugleich im nicht umkehrbaren Zeitverlauf der Szene. Weit geschwungen, dabei sparsam mit den großen Intervallen sind die Bögen der Singstimme; in ihrer Faßlichkeit zahlt sich erstmals die Zwölftontechnik aufführungspraktisch aus; die Wiederkehr der gleichen Intervallverhältnisse erleichtert den Sängern die Intonation und schärft ihr Melodiebewußtsein. Keine Deskription, bloß die Analyse vermag vom *Orchester* eine Vorstellung zu geben. Es rechnet endgültig mit dem fließenden, funktionellen Wagner-Klang ab, so wie die harmonisch-polyphonische Struktur, die der Klang realisiert, erstmals in vollständigem Sinne ›funktionslos‹ erscheint und die letzten Leittonbeziehungen tilgt; der Bruch mit dem Wagnerschen Funktionalismus, den infinitesimalen Übergängen des Klanges ist aber nicht, wie bei den Neoklassikern, durch die Konzeption eines kahlen, übergangslosen und homogenen Gruppenklanges vollzogen, der den Stand des Materials archaisch verfälschte, sondern in vollständiger Ausinstrumentation aller Linien ein vielfarbig gebrochener, übergangsreicher, solistischer Klang gewonnen, dessen Facetten die Lineatur vollständig wiedergeben, die Freiheit der Melodiegestalten in Farbenfreiheit aufnehmen und doch in der Formimmanenz der Komposition streng verbleiben. Die wuchernden Spannungen sind aus diesem Klang verschwunden; gleichwohl bleibt er keine Sekunde statisch; nur, sein Leben ist nicht das des verzehrenden Triebes, sondern die Bewegung eines geretteten Kaleidoskops, dessen Figuren lesbar werden wie die leuchtend bewegte Schrift der abendlichen Transparente in großen Städten. Die Rede von der Transparenz der Musik gewinnt über der Relation zum Text, auch über der beispiellos durchsichtigen und ausgewogenen Kunst des Satzes ihren buchstäblichen Sinn. Sein Material ist Metall. Akkorde von der schlagenden Präzision zugleich und Resonanz wie hier sind niemals vernommen worden und das Stimmengewebe selber klingt wie aus Metallfäden gewoben, deren Buntheit Reflex einer unbekannten Lichtquelle bedeutet. Kein Zufall, daß Schönberg aus Harfe, Klavier und Zupfinstrumenten ein wahres Farbensystem gebildet hat; kein Zufall auch, daß dies System in Kooperation mit dem Schlagzeug auftritt. Allein dies System wird nicht blank ausgespielt, nein, in die Fülle der Nuancen hereingezogen, ihr zu dienen und sie zu meistern. Das Metall der Oper ist geschmolzen.

Die Frankfurter Oper hat endlich wieder ihr Lebensrecht dargetan. Die Aufführung des schwierigsten Werkes der Literatur ist über jedes Lob erhaben – gemessen nicht etwa an den Normen des

Opernbetriebs, sondern an den strengsten des reproduktiven Bewußtseins. Hans Wilhelm Steinberg als Dirigent ist Träger der Aufführung: in außerordentlicher Kenntnis der Partitur, in wahrhaft unerhörter Fähigkeit, sie zu realisieren; so vollkommen, daß sie mit der echten Selbstverständlichkeit des Traumes erklang. Herbert Graf als Regisseur meisterte sie szenisch und vermochte in der Gestik nicht minder als in der Raumgestaltung die volle Durchsichtigkeit des Bühnenvorgangs zur Musik hin durchzusetzen. Frau Gentner-Fischer in der weiblichen Hauptrolle gab musikalisch und gesanglich – beides in Wahrheit nicht zu trennen – gleich Vollkommenes; es ist endlich an der Zeit, daß der Name dieser großen und reifen Sängerin außerhalb ihres lokalen Wirkungsbereiches so genannt wird, wie er es seit Jahren verdiente. Ebenbürtig stand ihr Herr Ziegler zur Seite und das kontrapunktische Paar, von Elisabeth Friedrich und Anton Maria Topitz gegeben.

1930

Schönberg: Von heute auf morgen, op. 32 (II)

Uraufführung in Frankfurt a. M.

Angesichts der Unmöglichkeit, in knappen Worten Vollständiges von dem mächtigen Werk zu sagen, darin Schönberg die strenge Zwölftontechnik zum erstenmal an die Freiheit der Bühne wendet, ist Beschränkung not: es sollen nur die beiden Fragen erörtert sein: ist Schönbergs gegenwärtige Musik wirklich ›abstrakt‹ in einer Weise, die sie von der lebendigen Bühne ausschließt; ist sie ›asozial‹ und als abseitig-artistisches Gewächs einer Camerata hartgesottener Fachleute überantwortet, ohne objektiv-verpflichtende Gehalte der zwischenmenschlichen Realität in sich zu bergen? Die andere: warum wendet sich diese allem Herkommen entrückte Musik an einen Text, der nach Fabel und Sprachform die eigene Banalität geflissentlich herauskehrt?

Die Frage nach der Abstraktheit ist bündig zu verneinen. Wohl hat Schönberg das Naturmaterial mit der Macht wahrhaft freien Bewußtseins in Besitz genommen und an ihm getilgt, was immer daran sein verpflichtendes Recht über uns verlor, ohne sich auf teilhafte Unternehmungen in Melodik, Rhythmik, Koloristik zu beschränken: der kompositorische Geist hat das vorgegebene Material in seiner Breite verändert. Aber diese Veränderung vollzieht sich nicht in ›Abstraktion‹; es wird nichts abgezogen vom Material, vielmehr, die Veränderung des Materials geschieht nach den Forderungen, die das Material selber erhebt, in dichtester Fühlung mit seiner Art, und fast erscheint der Komponist als Vollstrecker eines Zwanges, den der Stand der Sache über ihn ausübt. So ist denn bei völliger Neuheit der musikalischen Diktion in der Oper alles materialgerecht und sinnlich konkret geworden, nichts theoretisch erdacht, keine Sekunde die Inspiration gehemmt um der Zwölftönigkeit willen – ehrlich: wer der unvoreingenommenen Hörer vermöchte etwas von Zwölftontechnik darin zu hören? –; die Singstimme, rechtmäßiger Träger aller Opernaktion, herrscht souverän, in weitgeschwungenen melodischen Bögen, denen kurze

Rezitativpartien gegenüberstehen, von denen sich ihre thematischen Gestalten plastisch abheben; die Intervalle, deren Unsanglichkeit man Schönberg vorwarf, sind aufs sparsamste für besondere Ausdruckswirkungen verwandt, die Intonationsschwierigkeiten der gleichwertig eingesetzten Melodieintervalle innerhalb der Oktav werden gerade durch die Reihentechnik korrigiert, die es dem Sänger ermöglicht, identische Intervalle als regelhaft wiederzuerkennen. Die ensemblemäßige Kombination der Singstimmen, in einem Quartettfinale gänzlich ausgenutzt, gehorcht allein der Forderung der unmittelbaren szenischen Situation, selbst in den reichsten doppelkanonischen Bildungen ihren Kontrapunkt aus dem dramatischen ziehend. Das Orchester ist von einem Reichtum der Farbe, einer metallischen Geschlossenheit zugleich, einer Selbstverständlichkeit in der Ausnutzung der einzelnen Instrumente, endlich einer Durchsichtigkeit, die gerade in ihrer sinnlichen Gegenwart alles zurückläßt, was je der romantische Rausch zuwege brachte. All dies schließlich geht in die dramatische Architektur ein oder vielmehr: erzeugt sie aus sich. Nicht psychologisch zwar, doch in der musikalischen Gestik folgt die Musik den leisesten Regungen der Bühne; dramatisch vielfach verschränkt, erhebt sie sich aus loser Aufgelöstheit zu immer festerer Kontur, sammelt sich im Quartett und verklingt in wenigen Takten der beiden Hauptfiguren, deren offene und dennoch klare Perspektive zum größten rechnet, was Schönberg jemals fand. Mit all dem ist zugleich die Frage nach dem sozialen Recht jener Musik beantwortet. Denn was hier der einzelne ohne Rücksicht aufs Vernommenwerden erreicht, gehört nicht ihm bloß: im Zwange des Materials, den er vollstreckt, ist der Zwang der Geschichte enthalten und damit gesellschaftliche Notwendigkeit. Die gute Rationalität dieser Musik, an der Phantasie sich entzündet; die Freiheit ihres Vollzuges, deren Bedingungen rational vorgeformt sind, den blinden Naturzwang zu tilgen und echter Natur zu begegnen, – sie dient den Menschen besser als von außen ideologisch konstruierte Gemeinschaftsmusik, die nicht nur ihren eigenen Stand, sondern auch den ihrer Hörer vergißt, die heute doch keine Gemeinde sind; und sie wird von einer kommenden Gesellschaft vielleicht einmal lieber mitgenommen werden, als die absichtsvoll naturwüchsigen Unternehmungen von heutzutage, die die Menschen nur verdummen wollen, wo es Aufgabe der Musik wäre, als erhellende Produktivkraft weiterzutreiben.

Schwerer ist die Frage nach der Textwahl zu beantworten. Daß die Geschichte von dem bürgerlichen Ehepaar, das in einer Abendgesellschaft sich ein wenig verliert und erotischen Phantomen nachjagt, bis die Frau mit einer List den ehelichen Frieden rettet und samt ihrem Mann leibhaft über die ach so mondänen Gespenster der Barwelt triumphiert, so daß das Kind sie rechtmäßig fragen kann, was moderne Menschen seien, – daß diese Geschichte mit Schönberg unmittelbar wenig zu tun hat, der ein moderner Mensch in weit radikalerem Sinne ist, als die bürgerliche Libertinage sich träumen läßt, das mag niemand besser wissen, als der Autor von »Erwartung« und »Glückliche Hand«. Geheime Impulse haben ihn zu dem Text geleitet: zu seiner Banalität der gleiche Drang, alles Schmückende, Metaphorische zu verbannen, dem seine musikalische Evolution so viel verdankt und der seinem Endsinn nach theologisch gegen das Recht von Kunst überhaupt sich kehren mag: als ob der utopische Zug seiner Musik schließlich die Bilder zerschlagen möchte, deren Wirklichkeit zu bereiten. Dazu kommt die Intention, humane Existenz durch die Anfechtung der vollendeten Scheinhaftigkeit hindurch zu geleiten und zu retten; ein Bürgerzimmer wird dem Ansturm der Hölle preisgegeben, damit zwei Menschen aus deren Gelächter übrig bleiben; die vergriffensten Worte sind gerade recht dazu, da sie die Musik in jedem Augenblick traumhaft groß anschaut und im Wolkenspiel ihrer leuchtenden Transparente deutet. Gerade das Widerspiel des alltäglichsten Textes und der unbanalsten aller Musiken erzeugt die echte Konkretion der Oper, die ergreift, was die Stunde ihr bietet, es blitzhaft zu durchdringen. Die Dramaturgie des Buches, seine sinnfälligen Situationen bieten ihr jede Chance zum Einsatz und reflektieren ihre Größe in der szenischen Wirkung. Die Musik verzehrt das Buch und entläßt aus sich evidentes Spiel.

Die Aufführung war schlechterdings nicht zu übertreffen: eine der größten und verbindlichsten Leistungen der gegenwärtigen Musikübung. Vorab Steinberg, als großartig überlegener Dirigent der eigentliche Interpret der Oper; dann Graf, der Regisseur, der der Dialektik von Traum und Alltäglichkeit das bezwingend gegenwärtige Medium gab; dann die Solisten: Frau Gentner-Fischer, eine große Sängerin, die aus der schwersten Aufgabe ihres künstlerischen Lebens ihre reifste Leistung zog; Herr Ziegler, der Mann, ihr ebenbürtig; Fräulein Friedrich und Herr Topitz als Taggespenster entfesselten Lebens gesanglich und darstellerisch gleich vortrefflich. Der Erfolg war schlagend. Ein Publikum, dem man einreden möchte, dies könne es nicht verstehen, zeigte sich aufs stärkste angefaßt und rief nach Schönberg, dem Meister.

1930

Stilgeschichte in Schönbergs Werk

Die Frage nach Schönberg ist heute durchaus anders gestellt als vor zehn Jahren. Galt es damals noch, zu zeigen, nicht das abstrakte Kalkül habe sein Werk erzeugt und nicht die Willkür des Experiments, sondern der unerbittliche Zwang der Intention – so ist heute, da das individuelle Gesetz Schönbergs völlig klar steht, weit eher darauf zu merken, daß es kein bloßes individuelles Gesetz sei, sondern daß es als freier Vollzug des geschichtlich Notwendigen objektiv sich ausweise. Vom Futuristen wagt keiner mehr zu reden angesichts einer technischen Stimmigkeit, die alle jene Musik, die hinter ihrem Stande zurückblieb, der Inkonsequenz überführt. Der Choc aber, der von Schönbergs Musik ausgeht, gleichwie von jeder Kunst, die die erscheinenden Chiffren der wandelnden Transparente von Geschichte mit der Macht des Beginns zu lesen unternimmt; das Unbehagen vor ihrer klaren und aggressiven Exaktheit, der dumpfe Widerstand gegen die Erhellung des Materials, die in ihr sich vollzieht, ist geblieben und sucht sich frische Argumente. Der Widerstand gegen Schönberg rührt nicht, wie man denken könnte, von seiner Schwierigkeit oder Einsamkeit oder Intellektualität, oder wie alle die Phrasen lauten mögen, her. Sondern von dem polemischen Wesen, das ohne alle ausdrückliche literarische Bekundung das bloße Dasein seiner Musik gleich der Prosa des Karl Kraus ausmacht; gleich dieser wahlverwandten Prosa, die richtet, ehe sie ihr erstes Argument ausspricht. Der immanente Anspruch von Schönbergs Musik ist der: es dürfe, nachdem sie einmal existiert, keiner mehr das Material anders handhaben, als es aus ihrer Dialektik hervortritt. Ihre Exklusivität ist nicht die der privaten Geheimlehre, sondern die des Ausschlusses aller zeitgenössischen Intentionen, die vor ihr liegen und die sie aufhebt, indem jene, gemessen an ihr selber, als unvollständig, brüchig, scheinhaft offenbar werden. »Das kann man einfacher«, sagt der Schmied der Glücklichen Hand – im wortlosen Vollzuge seines Hammerschlages widerhallt das Urteil über die Verfahrungsweisen, die neben ihm geübt werden und denen seine Technik den bündigen Bescheid erteilt. Denn alle geschichtlichen Entscheidungen des Schönbergschen Werkes haben zum Schauplatz allein seine Technik. Er hat keinen ›Stilwillen‹, wie man das heute zu nennen beliebt; er sagt nicht, wie Friedrich der Große im Witz: »Soldaten, ich führe euch in den Siebenjährigen Krieg«, sondern die geschichtlichen Antworten seiner Musik sind allemal Lösungen konkretester technischer Fragen. Die Evolution der Mittel ereignet sich am Drang, richtiger zu komponieren: der Forderung des Materials dorthin zu folgen, wohin sie von sich aus treibt, anstatt ihr mit Stilsetzungen in die Parade zu fahren. In dieser Konstellation des Geschichtlichen und Technischen liegt der wahre Angriff seiner Musik: wer ihrem geschichtlichen Spruch sich entzieht, dem bedeutet sie, daß, was immer er unternehme, vor ihr durchschaubar geworden sei als technisch unzureichend. Dem entwächst aller Widerstand; angefangen von dem inferioren, der da meint, Schönberg habe die »Erwartung« nur geschrieben, damit nach ihm die Motoriker nicht bloß Dreiklänge zu verschieben brauchen, was selbst ihnen auf die Dauer zu langweilig würde, sondern Sechsklänge, und habe danach mit einem Rechenschieber ins Privatleben sich zurückgezogen –, bis hinauf zum Pathos derer, die ihn als Märtyrer preisen, der sich aufopferte, damit es danach wieder genau so weitergehen könne wie zuvor. Ihnen allen ist zu entgegnen mit dem Aufweis eben jener Konkretion von Geschichte in Technik, eben jener Transparenz des Technischen zur Geschichte hin. Die Einwände der isolierten subjektiven Willkür wie der abstrakt-programmatischen Musikrevolution, um die sich alle Argumentationen gegen Schönberg bewegen, sind widerlegt durch die reale *Dialektik* Schönbergs, in der zu produktivem Widerspruch zusammentritt, was naives Naturvertrauen nicht anders als abstrakter Historismus sondern möchte.

Daß Schönberg mit Wagner begonnen habe, ist die verbreitete Meinung, und die gleichen, die den letzten Werken den Vorwurf der schlechten Singularität machen, machen den ersten den der epigonalen Abhängigkeit. Der Vorwurf geht vom Stil, nicht von der Konkretion aus und bleibt darum unverbindlich. Die thematische Gestaltenfülle allein der Gurrelieder, von Pelleas zu schweigen, hat mit der Wagnerschen Sequenztechnik nichts gemein als den akkordischen Umriß, die melodischen Mittelstimmen und allenfalls einiges vom Orchesterklang. In Wahrheit ist seine Musik bereits in ihren neudeutschen Anfängen dialektisch. Sie denkt, mit der rohesten Formel gesagt, Wagner und Brahms zusammen, nicht im Sinne einer ›Synthese‹, deren Hohlheit der junge Schönberg bereits völlig durchschaute, sondern im Sinne wechselfältiger, echt dialektischer Korrektur. Die Kritik an Brahms vollzieht sich als eine an der retrospektiven Gesinnung seiner harmonischen Mittel: der leitereigenen Harmonik, die sich notdürftig durch die Kirchentonalität auffrischt und die nicht nur durch die reichen motivisch-thematischen Beziehungen, sondern bereits durch die weiträumigen Modulationen sich selbst desavouiert. Ihr stellt er das Wagnersche Chroma entgegen und vor allem die qualitativ neuen einzelnen Akkorde, die ihm entspringen; Nebenseptimakkorde, kleine Nonenakkorde, übermäßige Dreiklänge und die Fülle der bei Brahms noch schulgerecht vermiedenen Umkehrungen. Andererseits wird das Brahmsische Stufenbewußtsein, das einzig sinnvolle harmonische Bewegung konstituiert und von Schönberg bis hinauf zur Zwölftontechnik festgehalten ist, zum Korrektiv der neudeutschen Chromatik, die zwar das Akkordmaterial bereichert, die harmonische Totalität in Übereinstimmung mit dem akkordisch Einzelnen gebracht, dafür aber die Dialektik der harmonischen Fortschreitung völlig getilgt, die Widerstände ausgeschaltet, durch die Alleinherrschaft von Leitton und fünfter Stufe einen blanken Funktionalismus statuiert hatte, der sich schließlich zur Formkonstruktion nicht mehr fähig zeigte, sondern die Form dem dramatischen Affekt von außen unterwerfen oder die unterschiedslose Harmonik in der Scheinbewegung der Sequenz weitertreiben mußte. All dies ist bereits in Schönbergs Jugendwerken, ganz gewiß in den Liedern op. 6 überwunden. In seiner chromatischen Harmonik wird zwischen starken und schwachen Fundamentschritten unterschieden; an Stelle des Leittons tritt die Kadenz; aber eine konstruktive Kadenz, die eben die abgenutzte Leittonwirkung vermeidet und durch die Wertigkeit der Akkorde umschreibt. Die Sequenz erscheint nicht als versetzte Wiederholung des gleichen harmonischen Vorganges, sondern variiert ihn im Sinne der harmonischen Konstruktion; das Motiv der Wiederholung insgesamt beginnt zu verschwinden unterm Zwange einer thematischen Variationstechnik, die, aus Brahmsens Sonatenpraxis erzeugt, schließlich deren vorgedachte Symmetrie selber angreift; die Polyphonie emanzipiert sich vom Schema des bereichernden Zusatzes und wird mit der harmonisch-thematischen Konstruktion verklammert; die Formen der Klassik, mit ihren eigenen Prinzipien ernsthaft konfrontiert, beginnen zu erzittern; der harmonische Fortgang aber erhitzt sich über den Widerständen, die die Formkonstruktion ihm setzt, zu einer Glut, der schließlich der sichere Bau der Sonate zum Opfer fällt. In ihrem eigenen Hause wird das Feuer entzündet; nur an ihren Wänden vermag es vollends sich zu erproben. D-moll-Quartett, Kammersymphonie und fis-moll-Quartett sind die Etappen der Katastrophe, die mit der Sonate in ihr sich zuträgt. Im d-moll-Quartett entfaltet sich erstmals autonom die Polyphonie, wird erstmals die Ökonomie der thematischen Konstruktion vollständig; die Tonalität hält ihrem Angriff stand; das Adagio ist ihr schönstes Klagelied. In der Kammersymphonie wird zu ihr selber der Angriff vorgetragen; ihr organologisches Recht wird, mehr noch als von den Valeurs der Quartenakkorde und der Ganztonleiter, die in ein mixolydisches E-Dur einkonstruiert ist, vom kontrapunktischen Selbstbehauptungsrecht der Stimmen gebrochen und sie findet sich darin allein noch in den eisernen Verklammerungen der Konstruktion, verzweifelt von ihr bewahrt, nicht aber ihr tragender Grund. Das fis-moll-Quartett dann, eines der vollkommensten Werke Schönbergs, beschließt in seinen vier Sätzen gleichwie eine Monade Schönbergs produktive Dialektik in sich und führt sie gänzlich durch. Der erste Satz überschaut, verkleinert bereits aus der Distanz, die Formwelt der chromatisch-tonalen Konstruktion, in ihr noch verbleibend; der zweite, Vorblick ins Inferno von »Erwartung« und »Glücklicher Hand«, läßt dessen Dämonen dagegen los; der dritte verschlingt mit der Idee der radikalen Variation vollends die Sonate und geleitet sie durch die dunkelste Schlucht der Trauer ins Freie: durch die Trauer des formverlassenen Menschen. Von drüben antwortet der letzte Satz, »von anderem planeten« historisch-dialektisch nicht anders als expressiv; wie denn dies Werk gleich einer Allegorie Geschichte selber auszusprechen scheint. Es beginnt damit für Schönberg die Zeit der guten Anarchie; eine Zeit, die man verlästert, wenn man ihr nachsagt, was alles an Form in ihr noch vorkomme; da es sich doch von selbst versteht, daß ihre Freiheit nicht die des Dadaisten ist und daß sie, was in Geschichte dauern mag, in sich als ihr Geheimnis behütet; während es zuvor gilt, ihrem Angriff sich zu exponieren und mit ihr vorzustoßen, anstatt ihn allzufrüh abzufangen. Ihre Dialektik hat auch jene Epoche Schönbergs in sich. Zunächst beginnt der Druck sich zu lockern, der die Tonalität zerbrach; alle Dialektik Schönbergs ließe sich ja auch als solche von Strenge und Sprengkraft fassen. Die Klavierstücke verzichten nicht nur auf Tonalität und thematischen Oberflächenzusammenhang, sondern auch auf entfaltete Polyphonie und treiben geschlossenen Auges auf den entbundenen Akkorden dahin, den Rhythmus des Fortganges in ihrem Innern einzig ermessend. Die Georgelieder, mehr noch dem Umkreis des fis-moll-Quartetts zugehörig, bewahren von dort manche thematische und selbst tonale Bindung, vereinfachen sie aber durchdringend kraft jener Kritik des Ornamentalen, die von thematischer Ökonomie und Auflösung der tektonischen Sonatensymmetrie bereits inauguriert war. Die Orchesterstücke op. 16 greifen auf die entwikkelte Polyphonie und die thematische Auskonstruktion der Kammersymphonie zurück und ziehen sie ins emanzipierte Material herein. Sie zeigen erstmals thematische Arbeit unabhängig vom Ordnungsprinzip der Tonalität und setzen kraft der Variationstechnik, die sich an den kleinsten thematischen Einheiten betätigt, ein Ordnungsprinzip sich selber; in Grundgestalten, die das Prinzip der späteren Zwölftontechnik vorwegnehmen. Zugleich aber gelangt das letzte, »das obligate Rezitativ«, zu jener durchsichtigen, fluoreszierenden und doch überaus konturierten Haupt- und Nebenstimmen-Polyphonie, die die folgende Gruppe zu oberst charakterisiert.

In ihr ist endlich realisiert, was Hába den »Musikstil der Freiheit« nennt: »Erwartung« und »Glückliche Hand« sind seine Hauptwerke. Man hat sich freilich auch diesen Stil nicht, wie es in der neoklassizistischen Sprache geschieht, als pure ›Destruktion‹ vorzustellen. Paul Bekker wie Hanns Eisler haben auf die Arienform der »Erwartung«, als Rezitativ, Arie und Finale hingewiesen; Bekker hat mit besonderem Tiefblick gesehen, wie in dem Monodram der Ursprung der Oper und der Beschluß ihrer romantischen Periode gegeneinander konvergieren in der Form des Lamentos. Die Entzauberung der Oper, die Tilgung alles dekorativen, auch musikalisch dekorativen Scheins an ihr hat ihren Ursprung hervorgetrieben: die Klage der verlassenen Kreatur, die unter der Kuppel der Töne ihren Trost findet. So waren bereits die Georgelieder um die Idee des Trostes gruppiert; so ist der Text der »Erwartung«, den Schönberg anregte, gefaßt und so erscheint denn auch die Stilform der Oper selbst. Aber nichts wäre falscher, als darin einen konstanten ›Ursinn‹ der Oper zu vermuten, der, einmal gegeben, zu jeder Zeit in wechselnder Gestalt beliebig könnte ergriffen werden. Niemals läßt ein Ursinn aus der geschichtlichen Figur der Werke sich ausabstrahieren, sondern ist einzig in ihrer Geschichtlichkeit beschlossen. So liegt denn nicht die Platonische Idee von Trost und Klage der Oper von Monteverdi bis Schönberg zugrunde, die Arianna und die namenlose Frau variierten. Sondern die Gestirne der Klage und des Trostes gehen auf über der Landschaft der Seele, die einsam zu singen anhebt und der, die ihre Einsamkeit im Gesang beschließt, ohne daß ihre Bahnen vergleichlich wären. Kein archaisches Formgesetz umfängt die »Erwartung«: indem sie ihr eigenes erfüllt, neigen die Bilder zu ihr sich nieder, deren starre Ewigkeit dem klassischen Begehren unerreichbar bliebe. So ist denn nicht, wie gerade ernstere Interpretation leicht genug vermuten könnte, die Psychologie der »Erwartung«, die gleichsam Freudisch-analytische Entfaltung eines affektiven Moments nach der Tiefe seines dynamischen Aufbaus hin, bloße Hülle, darin das unvergängliche Schicksal der Ariadne sich zutrüge, gezeichnet nur von den schmerzlicheren Malen einer götterlosen Wirklichkeit. Sondern der Raum, in dem wahrhaft heute Trauer und Trost sich begegnen, ist allein der psychische Innenraum. Darum ist auch die Reduktion der Form in diesem Innenraum kein Zufall, der durch den Aufweis der ariosen Struktur beliebig korrigierbar wäre. Sondern aus der Zuordnung der disparaten Momente eines aus Unbewußtem stets und stets gespeisten Bewußtseinsverlaufs bildet sich die Form der Oper und ihre Totalkonstruktion ist in dieser Zuordnung – zur Zeit der »Erwartung« sprach Schönberg von einem »Triebleben der Klänge« – gelegen; nicht als gültiges Schema ihr vorgesetzt. Daran haben die Bestimmungen der Opernform der »Erwartung« ihre Grenze. Aus den Partikeln der versprengten Seelenregungen, die die musikalischen Gebärden erschreckend in sich aufnehmen, gerät die Oper; ist nicht deren sinngebendes Apriori. So versteht es sich, daß Schönberg, wenn er später wieder zur Formkonstruktion übergeht, diese Formkonstruktion nicht als Voraussetzung des Ganzen anlegt, sondern aus der Verklammerung jener Partikeln in einer Art von Montage gewinnt, ohne nochmals der funktionellen Zuordnung der harmonischen Komplexe zu bedürfen, die in der »Erwartung« aufgelöst ist; daß er, als ›Reihe‹, das Regulativ der Formkonstruktion, ihre virtuelle Thematik in die Partikeln bannt. Gegenüber der »Erwartung« bedeutet die »Glückliche Hand« eine erste Wendung zu solcher Konstruktion. Sie greift Tendenzen der Orchesterstücke auf; ist auch schon im Orchesterklang, dem reichsten und vollsten, den Schönberg je konzipiert hat, geschlossener, dem Tutti geneigter als die ganz kammermusikalische, nur für Sekunden zusammengeballte Instrumentation der »Erwartung«. Auch der symbolische Text, der die Idee von Klage und Trost festhält, dessen Symbolik indessen es unternimmt, sie aus dem vegetabilischen Innenraum der Seele herauszuführen und gegenständlich zu objektivieren, mag daran teilhaben. Zwar ist auch die »Glückliche Hand« weithin athematisch gleich der »Erwartung«. Aber sie kennt doch wieder die Idee der Wiederholung und hält an der Norm der völligen Einmaligkeit alles musikalisch Geschehenden nicht mehr fest. Das Motivspiel beim großen Farbencrescendo wird variationsmäßig durchgehalten; die gewaltige Schmiedemusik hat Fugatoumrisse; vor allem aber ist szenisch und musikalisch gleich sinnfällig eine Reprise angedeutet und damit in den größten Zügen eine Außenarchitektur entworfen. Die musikalische Faßlichkeit stützt den symbolischen Expressionismus des Buches, wie, umgekehrt, in der »Erwartung« der einsichtige monodramatische Verlauf der inkommensurablen Musik ihren Weg weist. Nirgends strömt Schönbergs Musik voller und breiter als in der »Glücklichen Hand«; nirgends reißen ihre Strudel tiefer; nirgends haben der naturale Drang und das erhellende Bewußtsein inniger sich durchdrungen als hier.

Dennoch weist sie über sich hinaus. Sie ist der Umschlagepunkt, aus dem Schönbergs Dialektik sich erhebt, in der leibhaften Fühlung mit ihrem Material Geschichte zu vollstrecken. Mit der »Glücklichen Hand« und, wenn man will, auch schon der »Erwartung« wandelt sich die absolute Subjektivität in Objektivität, verbindlicher als dem unvermittelten objektiven Willen jemals es möglich wäre. Die Bilder, welche die niedersteigende Subjektivität in ihrem Innern vorfindet, sind die gleichen, die sie erkennend und aufgehellt endlich in ihre Gewalt nimmt; die Form, in der ihre singulären Momente sich aneinanderschließen, die gleiche, mit der späterhin die Konstruktion ihre Elemente umfaßt. So kommt es zur Zwölftontechnik. Klingt die aufrührerische Subjektivität der Opern ab im verlöschenden Diminuendo der Seelenlaute, in den Kleinen Klavierstücken und den »Herzgewächsen«, so erhebt sich über dem Schweigen, das an dies Pianissimo sich fügt und die Orchesterlieder op. 22 und das Fragment der Jakobsleiter in sich trägt, die jüngste Schicht des Schönbergischen Komponierens. Sie konstruktivistisch heißen, ist so falsch, wie die vorausgehende expressionistisch. Denn Gehalt und Konstruktion stehen bei Schönberg nicht in einer Dualität, die es erlaubte, bald dies, bald jenes zu akzentuieren, sondern sind dialektisch aneinander geschlossen. Die Konstruktion der Zwölftonwerke bringt allein die Konstruktionselemente der vollzogenen musikalischen Bewegung auf die rationale Formel, ohne sich darum dem leeren Gebot einer auswendigen ratio zu unterwerfen; ihr Bewußtseinsstand zeigt in ihren innertechnischen Kriterien sich an. Mit ihr hat die Schönbergische Dialektik nicht ihr Ende. Bewahren die Werke der beginnenden Zwölftontechnik, Klavierstücke op. 23 und Serenade, die Frische der Improvisation im Gehäuse der Form, ans Formspiel des Pierrot anknüpfend, das ihr Form-Ernst wird, so setzt sich in den folgenden Werken neue konstruktive Strenge. Ihre geschichtliche Funktion ist der der drei Kammermusikwerke zu vergleichen, deren Konstruktion die Tonalität durchdrang und brach. Klaviersuite und Bläserquintett sind wie aus Stahl; im Bläserquintett ist die vergangene und durchschaute Sonate wie in unverlöschlicher Schrift gebannt. Ihm entringt sich wiederum, ganz sublimiert jetzt und zum Spiel gedämpft, die produktive Anarchie. Sie verbleibt im Material der Strenge; lernt es aber mit Kammersuite und Drittem Quartett so handhaben, daß der konstruktive Zwang von der kompositorischen Oberfläche ganz abgezogen, ins Innere verlegt wird, und gewinnt in den Variationen op. 31 alle melodische Freiheit zurück, deren sie sich im Kampf um die materiale Objektivation jüngst begeben. Die letzte Station des dialektischen Weges ist einstweilen die Oper »Von heute auf morgen«. In ihr sind Strenge und

Freiheit wahrhaft zur Indifferenz gegeneinander gelangt. Aus einer einzigen Zwölftonreihe gebildet, fügt sie sich ohne jeden vorgegebenen Formcharakter dem dramatischen Augenblick wie nur die »Erwartung«. Zugleich wird in ihr offenbar, was als Grund alle Dialektik trug und zusammenschloß: das Bild des realen Menschen.

1930

Arnold Schönberg (II)

Strengstes Maß ist zugleich höchste Freiheit.
George

Schönberg hat einmal, vor länger als zwanzig Jahren, formuliert, Kunst solle nicht schmücken, sondern wahr sein. Der Satz klingt, als ästhetisches Programm, so abstrakt, daß er die mannigfaltigsten Gehalte und Stile fassen könnte: klingt selbstverständlich dazu. Auf der steilen Wand seines Werkes aber erscheint er als die Flammenschrift, die verkündet, was im Inneren sich begibt, und die ihre Glut selber aus dem Glutkern des Werkes empfängt. Der jähe Rhythmus, in welchem sie aufgeht und stillsteht; Rhythmus nicht des geruhigen Wachsens, sondern des produktiven Widerspruchs, des Fortgangs im Umschlag, ist der Rhythmus der Schönbergschen Entwicklung selber. Nicht umsonst begegnen bei ihm wieder und wieder jene Allegro-Stücke, stürzend zwischen den Extremen, dem wildesten Ausbruch und dem gedämpften Verstummen, der stürmischsten Bewegung und dem stockenden Einhalten: nicht umsonst heißt das Orchesterstück der reifen Zeit, das diesen Satztyp definitiv ausprägt, *Peripetie*. Denn Peripetie ist sein Werk in der Geschichte der Musik.

Mitten in der Musik der nachwagnerschen symphonischen Dichtung und des Jugendstiles verlangt der junge Schönberg Wahrheit dort, wo alle Substanz jener Epoche konzentriert scheint: in den *Affekten*. Er spielt keine romantische Weise von Liebe und Tod, auch nicht in den großen Frühwerken, die poetisch um jenen Gegenstand kreisen, den »Gurreliedern« und »Pelleas und Melisande«. Die Affekte, als solche von wirklichen Menschen, erhitzen sich bis zum Schmelzen; die überkommene, längst ausgeschliffene Tristanchromatik ist zu arm, sie widerzuspiegeln, selbständige Nebenstufen werden ihr zwischengeschaltet, den Dominantendrang zu stauen; der Orchesterapparat, sogar der Mahlers und der Elektra, reicht nicht mehr aus und wird in den »Gurreliedern« ins Monströse gesteigert: damit unbegrenzt, unverhüllt die Affekte laut werden. Das führt schwindelnd rasch in die erste Peripetie: die

Affekte sprengen die maßlos geweiteten Mittel und bleiben kahl, allein übrig. Der befreite Ausdruck und die Trümmer der Mittel: damit ist neu zu beginnen.

Dieser Wiederbeginn aber – und daran erweist sich die Gewalt von Schönbergs Produktivkraft – bleibt keiner des Ausdrucks, sondern gerät im Umschlag zum Wiederbeginn von *Musik*. Als die Mittel noch um den Kern des Ausdrucks zusammenhielten, mochten sie das reichste Leben bezeugen. Jetzt werden ihre Trümmer dem Ausdruck konfrontiert und gleichen plötzlich zerschlagenen Gipsornamenten: Kritik des musikalischen *Ornaments* vollzieht sich in Schönbergs zweiter Periode, gleichen Sinnes wie zur selben Zeit in Wien Kritik des ornamentalen Wortes und der schmückenden Architektur gedieh. Als Kritik der *Sonate* wird sie positiv in der Rekonstruktion des reinen musikalischen Gefüges, das keine Floskel duldet, nichts, was nicht stichhält als Ausdruck, und darum musikalisch stichhält bei sich selber. Das ereignet sich auf den Stufen dreier Hauptwerke. Im Ersten Quartett, op. 7, wird bedingungslose Ökonomie der motivischen Arbeit, weit noch über Brahms hinaus, realisiert, bis zur vollkommenen Einheit von ›Thematik‹ und ›Durchführung‹; zugleich das viersätzige Sonatenschema einsätzig verklammert. In der Kammersymphonie, op. 9, sind die mächtigen thematischen Sukzessiv-Komplexe und die reiche Konstruktion des Quartetts *simultan* gewandt, verkürzt, übereinandergeschichtet durch *Polyphonie*: die kanonische Durchführungspartie über das ›Modell‹ des Überleitungssatzes ist der Ursprung all dessen, was man später mit dem Wort ›linearer Kontrapunkt‹ bedachte. Aber nicht, wie man es kraft jener Formel mißverstand, harmonisch zufällig: schon in der Kammersymphonie zielt die Vielstimmigkeit auf jene Identität des Simultanen und Sukzessiven, der Melodie und der Harmonie, die schließlich das innerste Gesetz der Zwölftonmusik ausmacht. In ihrem Zeichen werden die *Quarten* entdeckt: im aufsteigenden Quartenthema und in den übereinandergeschichteten Quartenakkorden. Ähnlich leitet sich die *Ganztonharmonik* aus den Intervallen des Hauptthemas ab. – Schließlich rekapituliert das Zweite Quartett, op. 10, die gesamte Entwicklung in sich: der erste Satz ist die reine, gereinigte, knappe Sonate, tonal gebunden, doch im Besitz der neuen Akkorde; im Scherzo wird der Sturm der Kammersymphonie zur dämonischen Figur gebändigt; der dritte, Variationen, stellt zu beiden die große Durchführung und ist als Erfüllung und Durchkonstruktion bereits die Katastrophe der Sonate: der letzte macht sich ganz frei, als Form, harmonisch, motivisch; er kennt keine durchgehende Vorzeichnung mehr, nicht mehr den Unterschied von Konsonanz und Dissonanz: das erste Stück der *›Atonalität‹*. Das Wort wird viel gelästert, sollte aber nicht aufgegeben werden, da es hart, bestimmt abstößt von dem, was vorging.

Die beiden letzten Sätze des Quartetts bringen zugleich *Gesänge* nach Dichtungen Georges –, und das ist kein Zufall, auch musikalisch nicht. Sobald die Kritik der Sonate das Material durchdrungen hat, meldet wiederum der *Ausdruck* sein unverlierbares Recht an, und er ist es zugleich, der nun, in der dritten Phase Schönbergs, der wahrhaft radikalen, bindet, was auseinanderstrebt. Sie mag mit Recht die *expressionistische* heißen, nicht bloß um der Ausdrucks-Herrschaft willen, sondern ebenso wegen ihrer engen Beziehungen zum literarischen und malerischen Expressionismus, dem Schönberg in der Angstvision »Erwartung«, op. 17, dem Strindbergschen Stück von der »Glücklichen Hand«, op. 18, die spontane, nie zuvor gehörte Musik gefunden hat; die Musik der Asymmetrie, der jagenden Zweiunddreißigstel, des schuldhaft stöhnenden Höllenlautes. Aber vom vergangenen Expressionismus scheidet der Schönbergsche sich durch die Macht seines *Formgesetzes*. Die Orchesterstücke, op. 16, mit ihren unerbittlich kurzen Themen, wahren die Ökonomie der Arbeit, indem sie, variierend, die Themen als verborgenes Material, als ›Reihen‹ handhaben; die »Erwartung« bildet eine Gesangszene mit einem Finale; die »Glückliche Hand« meißelt hartumrissene, gewissermaßen strophische Abschnitte und erinnert sich, mit einer Wiederholung der Anfangsszene, der dreiteiligen Liedform. Im »Pierrot lunaire«, op. 21, wo die Schrecken schon im Spiel gebannt sind, wird das latente Formgesetz, spielerisch, sichtbar: als Passacaglia, als Spiegelkanon, vollends im Zauberkunststück »Der Mondfleck«: dem krebsgängigen Doppelkanon, den eine dreistimmige Klavierfuge begleitet. An dies ironische Spiel knüpft, nach der großen Schaffenspause, die stilistisch verwandte »Serenade«, op. 24, an. Sie arbeitet aber, wie die vorangehenden Klavierstücke und die unvollendete »Jakobsleiter«, bewußt mit *Reihen*, und ihr

Gesangssatz ist, außer einem Klavierwalzer, die *erste strenge Zwölftonkomposition*.

Im Namen der Zwölftontechnik steht Schönbergs gegenwärtige, die vierte Phase. Zwölftonmusik heißt nicht: ein Komponierrezept, mit dem Rechenschieber einzulösen. Sondern: *Vorformung* des Materials, das früher durch Tonalität vorgeformt war, durch *Konstruktion*; Vorformung, die freilich mit der Formung selber unlöslich verbunden ist. Die Verwandlung der chromatischen Skala in ein Gefüge selbständiger Stufen; die vollkommene Ökonomie der Motivarbeit, die nichts ›frei‹ beläßt und als Variation überall eines aus dem anderen entwickelt; Identität von Melos und Akkord, all dies, in den Umschlägen von Schönbergs Werken selber erzeugt, wird jetzt gewissermaßen aus dem Bilde herausgenommen und trägt sich auf der Palette zu, die dann zum Bilde benutzt wird von exakter Phantasie. Dies Bild ist aber das der großen Formen, die wiederkehren: Schöpfung der zweiten Sonate gleichsam, deren Gesteinsmassen Phantasie in Bewegung bringt, bis ihr Aufprall helle Flammen schlägt. Die ersten Werke des neuen Stils, die Klaviersuite, op. 25, und das Bläserquintett, op. 26, das die Idee der Sonate auskristallisiert, sind die unzugänglichsten, härtesten von allen; geduldig und stumm wartet das Quintett seiner Hörer. In Chören, zumal dem letzten aus op. 27, führt die Souveränität in der Beherrschung des neuen Musikstoffes zu einer ersten Lockerung; die Kammersuite, op. 29, hat nochmals zuweilen den spielenden Ton der Serenade, aber ins Objektive abgerückt. Die folgenden Werke, Drittes Quartett, op. 30, und Orchestervariationen, op. 31, sind die reichsten und kunstvollsten aus Schönbergs Hand – doch so sicher schon in der Haltung, daß man es ihnen nicht mehr anhört. Die Konstruktionsprinzipien übertragen sich auf den Orchesterklang, der zu Metall gerinnt und funkelt in der Heiterkeit der dritten Oper »Von heute auf morgen«. Vorm Bewußtsein ihrer selbst, das Schönbergs letzte Werke aussagen, schwindet alle Frage nach dem Stil: so ist ihre Substanz selber, als Oberfläche, offenbar. Als einziger unter den Lebenden findet er einen ›*Spätstil*‹, der eben nicht Stil mehr ist, sondern bloß noch karge, erscheinende Wahrheit, tödlich heilsam. Als letzten Männerchor des op. 35 gibt er ein Zwölftonstück: doch einfach wie aus der Vorzeit. Es bewegt sich in Dreiklängen.

1934

Schönberg: Lieder und Klavierstücke

Das Liederheft, op. 6: das ist wohl das Werk, in dem Schönbergs Musik zum Bewußtsein ihrer selbst erwacht. Die Lieder lassen sich von jedem singen, der Strauss oder Reger bewältigen kann; die Begleitung verlangt pianistisch einiges, spricht aber keine unverständliche Sprache. Ein Lied heißt »Traumleben«: dessen Melodie, ein heißer Bogen, dehnt sich, über rechtschaffen ›tonalen‹ Akkorden, in kleinen Nonen, aufwärts und abwärts. Man höre ihnen nach, bis sie nicht mehr ›Sprünge‹ sind, sondern Melodie-Intervalle: und die erste Hauptschwierigkeit beim späteren Schönberg, das melodische Verständnis ist gemeistert: denn diese weiten Intervalle sind dynamisch *sinnvoll* und bilden die Gestalt. Das Lied schwankt zwischen E-Dur und F-Dur; aber es ist kein impressionistisches Schwanken und In-einander-Klingen, sondern der erniedrigte (»neapolitanische«) Sextakkord der zweiten Stufe, der scheinbare F-Dur-Akkord, ist zu einer neapolitanischen Nebentonart ausgebaut, mit dem E-Dur verklammert; so selbständig geworden, daß er das tonale Gleichgewicht sprengen könnte.

Nicht anders aber wird die Tonart in der späteren Kammersymphonie op. 9 gehandhabt; die Ausbildung aller zwölf Halbtöne zu formbildenden Stufen aber ist das wahre Prinzip der vielgelästerten ›Zwölftontechnik‹: im »Traumleben« schon angelegt. – Oder ein »Mädchenlied«, dessen zackige, ungeahnt plastische Thematik gleicht bereits der des Ersten Quartetts, op. 7, die Begleitung hat den figurativen Streicherreichtum. – Oder das »Ghasel«, nach einem Gedicht Gottfried Kellers: da nimmt Schönberg, schon um die Jahrhundertwende, mitten in F-Dur, Hauptelemente der *Fugenform*: Thema mit beibehaltenem Kontrapunkt, Vergrößerung und Engführung, ins Lied auf und gibt ein Modell der späteren Verschmelzung lyrisch-melodischer Homophonie (des Liedes wie der Sonate) und kontrapunktischer Selbständigkeit der ›Durchführung‹. – Schließlich und vor allem »Lockung«, das Meisterstück der

Gruppe: acht Takte Einleitung bringen nicht eine durchlaufende motivische Entwicklung (wie etwa zur gleichen Zeit Wolf), sondern drei ganz verschiedene, zwar untereinander verwandte, aber hart kontrastierende, voreinander fliehende ›Gestalten‹. Man spiele diese acht Takte so lange, bis man sie, mit den Zäsuren, dem Rhythmuswechsel, der Drängung am Ende, als *Einheit*, als ein ›Thema‹ hört, und die erheblichste Schwierigkeit fürs Verständnis des reifen Schönberg ist weggenommen: daß diese aufgelöste Musik nicht in ihre Partikeln zerfällt, sondern daß gerade diese, in ihrer Unregelmäßigkeit, zu musikalischen *Gedanken* zusammenschießen wie lange und kurze Sätze oder Worte aus der Sprache. Dies Lied ist zugleich Vorform jener späteren Angstvisionen, die solange Schönbergs Landschaft durchjagen, bis sie zur kristallinischen Ruhe versteinen. Die Werke aber, die sich im Lichte des op. 6 erhellen, sind die drei evolutionären Kammermusiken: die beiden ersten Quartette und die Kammersymphonie.

Ähnliche Scheinwerferkräfte bergen die fünfzehn George-Lieder, op. 15. Sie sind schon ›atonal‹, also der Struktur der einzelnen, durchwegs ›dissonanten‹ Akkorde nach nicht oder selten mehr auf Stufen von Tonarten zu beziehen; aber geben noch die Umrisse der überlieferten Liedformen, haben wiederkehrende Melodien, gesonderte Strophen und faßliche Oberflächenstruktur. Die Begleitung ist in gewissem Sinne *leicht*: dem einer musikalischen Sprachkritik nämlich, die alles Ornament, alle Phrase und Konvention wegschneidet und nur den kargen Umriß der Sache hinstellt. Die Melodien sind singbar: gelernt werden muß daran die Unabhängigkeit der Linie von der Begleitharmonie, aus der sie nicht Töne wiederholt, sondern zu der sie als harmonie*bildendes* Element dazukommt. Schlagend die Prägnanz des Ausdrucks; schlagend auch – wie für den heutigen Hörer bei allen Werken Schönbergs – die Kontinuität in der Fortbildung der großen deutschen Komponier-Tradition, zumal der Wiener Klassik: hier der Schubertischen Winterreise. Die Georgelieder legen die Verständnis-Bresche in die Klavierstücke op. 11 und in die schwierigen Orchesterstücke op. 16 (von denen ein höchst instruktiver Auszug zu zwei Klavieren von Anton von Webern existiert); sie zeigen bereits die freie und höchst gebundene Variationstechnik der späteren ›Reihen‹. Von ihnen ist kein weiter Weg zu den strengen Sinnes ›expressionistischen‹ Werken: dem Monodram »Erwartung«, dem Drama mit Musik »Die glückliche Hand«; dies in der gewaltigen Schmiedemusik, dem Farbencrescendo, den geflüsterten Chören vielleicht das kühnste und inspirierteste aus Schönbergs Hand.

Leicht nochmals die Kleinen Klavierstücke, op. 19, verfliegendes Nachbild der großen Infernomusiken, schemenhaft, blaß, aphoristisch – ängstlich und befreit schon wie Morgenträume; wohl leicht der Schlüssel zu den vorausgehenden dunklen Werken, nach Kenntnis der Georgelieder durchaus zugänglich. Ihre Dämmerungsfarbe weitet sich zum bunten Spiel im Pierrot lunaire, seinem ersten versöhnten Stück, dem verführerischsten zugleich, das er schrieb.

Nach der großen Schaffenspause dann die Zwölftonmusik. In sie mögen einleiten die Klavierstücke op. 23, zumal das erste – eine zart dreistimmige, über eine Reihe gearbeitete Invention, die auch am Klavier Blicke in den Schönbergischen Kontrapunkt gewährt – und das letzte, ein Walzer aus Stahl, der die Zwölftontechnik drastisch und einleuchtend als neues Mittel der Formbildung, anstelle der eingeschmolzenen Tonalität, vorführt. Das geht als Musik ein und ist als Konstruktion durchsichtig. Wer darüber verfügt, dem werden die Rätsel der mächtigen Spätwerke, die folgen, nicht unlösbar sein.

1934

Antwort eines Adepten

An Hans F. Redlich

Lieber Doktor Redlich,
wenn ich mich entschließe, zu Ihren Thesen über Schönberg als den »großen Unzeitgemäßen«* einiges öffentlich anzumerken, so bestimmt mich das Bewußtsein, der fruchtlosen Mühe jener Art von Polemik enthoben zu sein, welche hofft, ihren Gegner überzeugen zu können, ohne daß sie es doch je vermöchte. In Ihrem Falle gilt es nicht zu überzeugen sondern zu erinnern. So gewiß Ihnen gleich jedem Autor das Recht zusteht, Meinungen zu ändern, so wenig werden Sie dies Recht interpretieren wollen als eines, gewonnene Erkenntnisse schlicht zu vergessen. Es will mir aber scheinen, als seien eben manche Ihrer früheren Einsichten recht dazu angetan, Schönbergs Werk in ein anderes Licht zu setzen als jenes tägliche und alltägliche, dem Sie Beistand leisten, als ob es nicht ohnehin alle Fremdheit der Konturen längst weggenommen und einen Konformismus bewirkt hätte, der Ihnen so verdächtig sein sollte wie mir. Es käme bloß darauf an, jene Einsichten – technologische Einsichten im besten und saubersten Sinne des Wortes – zuende zu vollziehen. Nun meinen Sie zwar, bei Schönberg sei »nur die stetige Konsequenz seines kompromißlosen Weges« revolutionär zu nennen, und bekunden damit Zweifel in den Wert der Konsequenz selber. Aber da mir keine Revolution bekannt ist, die eine andere Form hätte als die der Konsequenz; das will sagen: keine, die jemals vom Seienden in seinem geschichtlichen Stande sich emanzipiert hätte; und da mir jegliches andere Verfahren, jegliches vorgeblich radikalere Von-vorn-Anfangen schlecht utopisch dünkt und meist einzig ein Rückfall in Produktionsbedingungen, deren Substanz aus purer Unmittelbarkeit sich nicht wiederherstellen läßt – so muß ich zumindest solange bei der Konsequenz

* *Vgl. Hans F. Redlich, Der große Unzeitgemäße. Gedanken zu Arnold Schönbergs 60. Geburtstag, in: »23« Eine Wiener Musikzeitschrift, Nr. 15/16, 25. Oktober 1934, S. 4-8.*

insistieren, bis mir eine Inkonsequenz vor Augen kommt, deren eigener Wahrheitsgehalt als echter sich ausweist.

Lassen Sie mich darum die Fragwürdigkeit des Wortes ›unzeitgemäß‹ nur eben streifen: sein Wahrheitsgehalt reicht gewiß nicht hin, zum Aufgeben der Konsequenz zu zwingen. Zweierlei ist mit der Rede von ›Unzeitgemäß‹ gesetzt: ein vager und unartikulierter Begriff ›der‹ Epoche, der für kontradiktorisch entgegengesetzte Behauptungen Raum läßt; und ein Begriff vom Individuum als eines eben von ›der‹ Epoche grundsätzlich Unabhängigen; eine bloße Abstraktion, die so wenig im Falle Schönbergs wie in dem Mahlers standhält, selber nur unter extrem individualistischen Voraussetzungen gemacht werden kann und, in Ihrer Sprache zu reden, »tiefstes neunzehntes Jahrhundert« ist, womit doch wohl für Sie die Möglichkeit entfallen sollte, den Ausdruck zu gebrauchen. Er stammt, in seiner prägnanten Form, nicht zufällig von Nietzsche. Dort freilich kam er ironisch vor: um Freiheit und Tiefsinn des Künstlers wider den bürgerlichen Zwang der Trägheit und der Koventionen zu verbürgen, die die erste »Unzeitgemäße Betrachtung« im Bildungsphilister David Friedrich Strauss so exemplarisch getroffen hat. Wie bedenklich aber die unvermittelte Unterschiebung aggressiv ironischer Kategorien als ›positiver‹ ist, muß ich Ihnen, dem scharfsinnigen Kritiker Strawinskys, nicht sagen. Vollends aber verliert der Begriff seinen Rechtsgrund, wenn man sich klar macht, welche Drehung der Fronten seit Nietzsches Jugend sich vollzog. Er sah den Bildungphilister als den utilitarischen Fortschrittsgläubigen, die Karikatur des Hegelschen Dialektikers; längst aber haben sich die Bildungsphilister, die freilich Nietzsches Schicksal unangefochten überlebten, seine eigenen Argumente und Werte angeeignet; längst weiß jeder Spießer, daß es sich nicht gehört, an ›Fortschritt‹ zu glauben, und daß man, wofern man diesen leugnet, Aussicht hat, gleichzeitig für einen Kulturträger und einen honetten Mann mit zuverlässiger Gesinnung zu gelten; längst sind die Nietzscheschen Unzeitgemäßen die Zeitgemäßen geworden und die Rede vom Unzeitgemäßen ein leeres Cliché – sollte nicht in solcher Konfusion die Rede von Zeitgemäß und Unzeitgemäß jeder bündigen Verpflichtung entraten und nach Belieben sich verwenden lassen, als bloßes Ornament?

Damit freilich halte ich beim Inhalt Ihrer Thesen selber. Daß

Schönberg »tiefstes neunzehntes Jahrhundert« sei, damit ist ja wenig gedient; denn so gut Sie das Stilmoment des ›Ausdrucks‹ und das technische der Chromatik auf die ›Spätromantik‹ jenes Zeitalters zurückführen können, so gut könnte ich die Kritik der musikalischen Sprache, die Schönberg bereits in den Frühwerken zu üben begann (und in welcher ich, beiläufig gesagt, seine tiefste Affinität zu Karl Kraus erblicke); den Kampf gegen das Ornament; sein Programm, Musik solle nicht schmücken sondern wahr sein, als gründlichsten Kampf gegen die ›Spätromantik‹ oder einfach gegen Strauss und Reger erklären: Schönberg ist in der Tat und in jeglichem Sinne der dialektische Komponist.

Aber erlauben Sie mir lieber, dem nachzufragen, womit Sie die These vom tiefsten neunzehnten Jahrhundert inhaltlich zu erfüllen trachten. Es wird zweierlei gesagt: einmal trete dessen »naiver Fortschrittsoptimismus« in Schönberg zutage; dann habe er dessen »künstlerischen Materialismus« als eine »freudige Überschätzung der Materialwirkungen in der Kunst«, zu einer »hedonistischen Klangästhetik feinster Ausgewogenheit« sublimiert – aber doch eben geteilt. Was nun den Fortschrittsoptimismus anlangt, so scheint mir, wie gesagt, heute mehr Ehre darin zu liegen, ihn zu verteidigen als in freudiger Überschätzung der Beweiskraft des jetzigen juste milieu ihn preiszugeben. Immerhin muß man zusehen, was mit Fortschritt gemeint sei. Den Glauben, man komponiere immer besser und besser und habe Beethoven ›überwunden‹, werden Sie ja Schönberg im Ernst nicht zuschreiben wollen; so stellen es sich viel eher die munteren Herren vor, die glauben, Schönberg als ein ›Entwicklungsmoment‹ schleunigst zu überholen, und daß die geschichtlich entscheidenden Werke Schönbergs, etwa vom fis-moll-Quartett bis zum Pierrot, gerade ›optimistischen‹ Geist atmeten, will am letzten einleuchten; gerade dort hat Schönbergs Gewalt ein Unterreich von Angst, Qual und Dämonie aufgesprengt, in welches vor ihm Musik kaum für Sekunden hinableuchtete; wer einmal wahrhaft in die Züge dieser Musik geblickt hat, deren Formobjektivität oftmals nichts anderes scheint als der zur Totenstarre geronnene Ausdruck gefährdeten Seins selber, wie es verstummt in seiner Qual und redet nur durch die Macht der Stummheit – der wird sich scheuen, das Schweigen dieser Musik mit Worten wie »Fortschrittsoptimismus« zu betasten. Von »Fortschrittsglauben« kann bei Schönberg nur in dem einen und sehr genauen Sinn gesprochen werden: daß seine Musik auf fortschreitende Freiheit des Bewußtseins im Verhältnis zu dessen musikalischem Material abzielt: indem es das Material immer vollständiger durchdringt, in Besitz nimmt, seine mythische Fremdheit bannt und aus dem vollkommen durchherrschten Material schließlich selber zurück zu tönen beginnt. Das ist es nun gerade, was Sie »künstlerischen Materialismus« nennen. Aber hier tun Sie den Worten Gewalt an: niemals ist unter »Materialismus«, ohne alle vermittelnde Theorie, die erhellende Durchdringung und Befreiung des Materials zu verstehen; Sie aber verwenden das Wort, in der Sprache der Logik zu reden, äquivok und benutzen die übliche Abneigung gegen den Materialismus – ist es nicht eben die des *heutigen* Bildungsphilisters? – um den Fortschritt in der Material*beherrschung* zu verfemen. Ich wüßte nicht, welcher anderen Wirkungen Kunst überhaupt mächtig sei als ihrer ›Materialwirkungen‹, da sie doch nur als gestaltetes Material in Erscheinung tritt; insofern es aber, nach dem Worte Cézannes, das Anliegen jedes Künstlers ist, zu »realisieren«, kann die ›Materialwirkung‹ überhaupt nicht und weder freudig noch traurig von ihm überschätzt werden. Wollen sie aber unterstellen, daß Schönberg die Wirkung des ›Materials an sich‹ überschätze, also unabhängig von der Macht der Beherrschung, dann geht Ihr Einwand sachlich fehl. Denn das gerade: die Freude am sinnlichen ›Klang‹, am unmittelbaren ›Musizieren‹, an den instrumentalen Spielweisen als bloßen, verdinglichten Materials ›an sich‹ – das kennzeichnet doch diejenigen Richtungen, die zu Schönberg im schärfsten Widerspruch stehen. Deren Anwälte pflegen Schönberg ›abstrakt‹ zu schelten; Sie nennen ihn dafür einen Hedoniker; und so gewiß ich der Überzeugung bin, daß schließlich die »Rote Messe« des Pierrot schöner *klingt* als Strawinskys schwarze Messe, so wenig gibt zur Begründung der Begriff des Hedonismus her. Es ist ein moralischer und kein ästhetischer; keine Kunst kann sich zum sinnlichen Wohlgefallen als solchem, durch welches eben sie auf den Menschen im Ursprung bezogen ist, anders denn ›sublimierend‹ verhalten; würden Sie aber wirklich, in beispiellosem und überraschendem Radikalismus die vollkommene Emanzipation von ›Lust‹ fordern, so würden sie notwendig »Offenbarungen aus einer anderen Dimension« verlangen, mit welchen verglichen Schönberg volkstümlich wäre und mit welchen ›die‹ Jugend, auf die Sie sich berufen, am letzten etwas anzufangen wüßte. Sie wären mit einem Male selber der ›Unzeitgemäße‹, dessen Funktion zu übernehmen Sie so wenig Neigung zeigen.

Nun scheinen Sie die Rede vom »Hedoniker«, die zumindest den Vorzug völliger und freudiger Neuheit hat, spezifizieren zu wollen durch den Zusammenhang mit der *Chromatik*, die, wenn ich richtig ergänze, als Ausdruck der erotischen Lust-Sphäre spezifisch zugehöre und die Musik auf diese beschränke. Aber gerade hier muß ich Sie an jene Ihre Arbeiten erinnern, die Sie selbst zitieren. Haben Sie nicht gerade in dem hervorragenden Aufsatz über Schönbergs Tonalität nachgewiesen, daß er nicht, wie die Phrase behauptet, ohne weiteres aus der Chromatisierungstendenz abgeleitet werden kann, sondern in einer ursprünglichen Spannung zu ihr sich befindet; haben Sie nicht, kühn und richtig, von der »Tonalitätslüsternheit« der früheren Werke gesprochen und demonstriert, daß die Verselbständigung der neuen Akkorde gerade *nicht* durch das pure Leittonprinzip zu erklären ist, sondern durch die Übertragung des – wenn man will: Brahmsischen – Stufenbewußtseins auf die Chromatik; haben Sie nicht den Terminus vom »ausgestuften Chroma« geprägt? damit aber am harmonischen Ansatzpunkt Schönberg als eine dialektische Gegenkraft zum »tiefsten neunzehnten Jahrhundert«, nämlich Wagner, bestimmt; als eine dialektische, weil er das chromatische Prinzip zugleich verfolgt und durch Widerstände unterbricht, um es endlich ›aufzuheben‹? Und da ich einmal dabei bin, Sie zu erinnern: haben Sie nicht weiter, in dem Aufsatz über die Choralvorspiele, den Zwang gezeigt, der in Schönbergs Instrumentation liegt; einen Zwang, den Sie, in völliger Übereinstimmung mit meinen Intentionen, aus dem Absterben der Orgeln folgerten, und der Sie, eben in der Instrumentationsanalyse, dazu brachte, die Notwendigkeit des Verfahrens, als Widerspiel bloßer individualistischer Freudigkeit, evident zu machen? Widerrufen Sie das – oder meinen Sie, es ließe mit Ihren Thesen sich in Übereinstimmung bringen? Es würde schwer halten.

Zur soziologischen Analyse ist nicht der Ort. Darum zum zweiten Argument nur soviel: die empirische Aufnahme einer Kunst besagt nichts über deren innere gesellschaftliche Struktur, als welche eben bei Schönberg in jener Material-Bewegung liegt, die Sie materialistisch nennen. Denn das ›Material‹ ist kein bloßes Naturmaterial, sondern im eminenten Sinne historisch und in der Auseinandersetzung mit ihm vollzieht sich die Auseinandersetzung des Künstlers mit der Gesellschaft; das Bild der Gesellschaft, das in ihr lebt, mag freilich von der gegenwärtigen gründlich verschieden sein; von einer kommenden aber mag es mehr und genaueres aussagen als jene Produkte, die Sie selber aufgewärmte Romantik aus zweiter Hand nennen, oder auch jene neuklassischen, über deren Unechtheit Sie früher keinen Zweifel ließen. Wichtiger indessen dünkt mir: in Ihren soziologischen Aperçus vermengen Sie Tatsachen- und normative Betrachtung. Daß Schönberg heute nicht verstanden wird, ist zugegeben; daß die Gesamtverfassung, die das Unverständnis produziert, fragwürdig sei, scheint Ihnen offenbar zu sein – wie können sie dann aber den Anspruch jener Gesamtverfassung als Norm aufnehmen und gegen Schönberg wenden, ohne zu fragen, ob nicht der Unzeitgemäße der Zeitgemäße ist, nach dem Maß des Standes der Wahrheit selber, und unzeitgemäß dafür die Zeit? Dem weichen Sie aus durch einen Glauben ans Bestehende, der sich empfiehlt, aber nicht rechtfertigt; ins Dämmer des Begriffs der Zeitgemäßheit selber, das schließlich zu nichts anderem taugt, als den harten Zwang zur Entscheidung in die schwebende Stimmung allgemeiner kulturkritischer Raisonnements verschwimmen zu lassen.

Da bleibt dann auch die captatio benevolentiae, den Künstler Schönberg in die Ethik zu verbannen, hilflos. Wäre er nichts als der »verehrungswürdige Apostel geistiger Freiheit«, mit falschen Inhalten, er gälte uns nicht mehr als der nächstschlechte Monomane – der Widersinn liegt zu offenbar zutage, als daß Sie ihn behaupten und an einer Reverenz festhalten könnten, die mir »blasphemischer« scheint als etwa das Bekenntnis zu Schönbergs Werk, solange dies Werk selbst bei Theoretikern Ihrer Kraft noch so unentschieden registriert wird. Wenn Sie dies Bekenntnis als das bloßer »Adepten« herabsetzen wollen, zu denen ich mich gern und offen zähle, so liegt die Schuld doch zunächst nicht bei diesen, sondern bei jener »ruhig wägenden Forschung«, die zwar Ruhe genug hatte, die Geschichte der Schulchöre, nach ihrer Sprache, ›erschöpfend‹ zu schreiben, nicht aber Gewicht genug, über Schönberg ein anderes Urteil zu sprechen als das aus barer Dummheit oder aus einer Art erschlichener und feiger Souveränität, die über alle Möglichkeiten gleichermaßen, mit offenem Blick, verfügt, um für keine verbindlich zu optieren. Die Adepten aber sind kein esoterischer Klüngel mit Initiationsriten und anderem Schnickschnack der Erwähltheit, sondern bloß ein paar Musiker, die gewisse sachlich gegründete Überzeugungen teilen, in deren Umkreis freilich noch nicht einmal die fortgeschrittensten Wissenschaftler wie Kurth und Schenker, geschweige denn die Beamten der offiziellen Musikhistorie vorgedrungen sind. Es will mir aber scheinen, als sei bei diesen vorgeblich Unfreien, bei Berg, Webern, Křenek, die geistige Freiheit besser aufgehoben als bei denjenigen ihrer objektiven Sachwalter, die die Freiheit ihres Urteils meist dazu benutzen, die Freiheit in der Sache zu verraten. Gewiß haben Sie recht: Freiheit mag die innerste Substanz von Schönbergs Werk ausmachen; aber nicht als abstrakt-moralische, sondern als die konkrete im künstlerischen Vollzug; die Freiheit, unzeitgemäß zu sein, um zu vollbringen, was an der Zeit ist. Vielleicht liegt ein Abgrund zwischen Schönberg und »allem, was Jugend heißt«, nicht aber zwischen dem, was Jugend ist und der rätselhaften Verschränkung von Freiheit und Notwendigkeit eingedenk bleibt, deren Chiffren Schönbergs Werk enthält.

Stets aufrichtig

Ihr Theodor Wiesengrund-Adorno.

November 1934

Die Musik zur »Glücklichen Hand«

Die Komposition von Schönbergs zweitem Bühnenwerk gehört jener Phase an, die man, nach Stilbegriffen, die expressionistische nennen mag und nach musikalischen die der freien Atonalität. Im Text waltet das Pantomimische vor; von den drei solistischen Rollen sind zwei ganz stumm, und auch der Chor wird meist nach dem Prinzip des rhythmischen Sprechgesangs behandelt und singt nur an einzelnen Stellen; die Menschenstimme ist auf den Laut reinen Ausdrucks reduziert. Das Buch gehört in die Sphäre der Traumstücke aus Strindbergs Spätzeit – freilich auch in die Tradition der Künstleroper, die den entsagenden Geist der sinnlichen Erscheinungswelt erliegen läßt, um eben damit ihn zu erhöhen; eine Tradition, in die Gebilde fallen, die der Glücklichen Hand so ganz unähnlich sind wie die Meistersinger und der Pfitznersche Palestrina. Die Musik, durchaus als Monologue intérieur gemeint, geht ganz und gar aufs verdichtete Extrem; berühmt wurden die Übergänge, die in drei, vier Takte lange seelische und formale Entwicklungen zusammendrängen.

Die Zwölfton-Technik ist in dem kurz vor dem Ersten Krieg vollendeten Werk noch nicht angewandt. Aber es ist darum nicht etwa zahmer oder gefälliger als die Zwölfton-Stücke. Im Gegenteil: die völlige Ungebundenheit des Komponierens erlaubt es, womöglich noch komplexer zu setzen, vielschichtiger, gebrochener, auch fremder als nach der späteren Systematisierung des emanzipierten Tonmaterials. An dem unfaßlichen Reichtum von Klangflächen, Kontrapunkten und Farben in diesen 250 Takten läßt sich verstehen, warum Schönberg bald danach zur Bändigung der Überfülle nach neuen Organisationsprinzipien suchte.

Man mag aber ebenso auch daran erkennen, wie wenig die wahrhaft neue Musik im Begriff der Zwölftönigkeit sich erschöpft, mit dem sie heute von der Ignoranz verwechselt wird; ja was mit dem konsequenten Fortschritt zur Durchorganisation des Materials wiederum auch verloren ging. Um die Zeit der Glücklichen Hand, seiner produktivsten und höchsten, hat Schönberg eine Symphonie konzipiert, und keines seiner Stücke kam der Idee des Symphonischen näher als dies »Drama mit Musik«, einer Musik, deren Expansionskraft und schlagende Gewalt Schönberg kaum je wieder erreichte. Wenn der Mann der Handlung an einer Stelle sich dehnt, bis seine Gestalt ins Riesenhafte wächst, dann ist dem der symphonische Gestus der Musik in der Tat angemessen.

Durch seinen expressiven Habitus, durch den in Wahrheit monodramatischen Charakter, durch das von jeder Bindung ans Herkömmliche befreite Material scheint die Glückliche Hand nächstverwandt dem etwas früher komponierten und häufiger aufgeführten Bühnenwerk, der Erwartung. Aber Schönberg hat niemals einen Typus bloß abgewandelt, sondern in jedem seiner Werke einen neuen aufgestellt. Wenn die Zwölftontechnik ein disziplinierendes Element in den »Kompositionsstil der Freiheit« brachte, dann läßt sich, gerade gegenüber der Erwartung, an der Glücklichen Hand entnehmen, wie wenig es dabei um ein bloß äußerliches Stilisationsprinzip sich handelt. Die Erwartung hatte in buntestem Wechsel ohne Unterlaß musikalische Gestalten aneinandergereiht, unter Verzicht auf jegliche Außenarchitektur, wenn man nicht etwa den Schluß als einen ariosen Abgesang sich zurechtlegen will. Gerade daraus war die Gefahr einer gewissen Monotonie des absoluten Wechsels entstanden. Dem wird zum ersten Mal in der Glücklichen Hand begegnet. Nicht nur ist der musikalische Verlauf geschlossener, weniger abrupt und zerklüftet, gefügt aus übereinander gelagerten pastosen Farbflächen und großen melodischen Linien. Sondern jede einzelne Szene ist als Form, im Sinne einer spezifischen und von allen anderen unterschiedenen Idee charakterisiert, wie später in Bergs Wozzeck. Das knappe Ganze aber schließt sich sonatenartig zusammen: mit dem letzten Fünftel tritt eine deutlich erkennbare wenn auch überaus variierte Reprise des ersten Bildes ein.

Dieses erste Bild ist ein polyphoner Flüsterchor mit wechselnd hervortretenden Hauptstimmen des Orchesters über einer Ostinatobewegung und einem liegenden Akkord; die grelle Bühnenmusik an seinem Ende scheint wie die traumhafte Verzerrung eines Mahlerschen Scherzos von der Art der Fischpredigt des Heiligen Antonius, wie denn überhaupt die Glückliche Hand, zum Zeugnis ihrer symphonischen Intention, Mahler näher steht als alles andere von Schönberg; an ihrem Höhepunkt zitiert sie den Hammerschlag der Sechsten Symphonie. Das zweite Bild, in silberiger Farbe, wird beherrscht vom Gesang des Mannes und von reichen, weit ausschwingenden Geigenmelismen. Die Schmiedeszene zu Beginn des dritten ist der symphonische Kern: an ihrer ganz unstilisierten, rein aus dem Einfall erzeugten Monumentalität läßt sich erkennen, welche Kraft zum verbindlich umfassenden Objektiven in dem steckte, den böser Wille und Unverstand heute noch als romantischen Subjektivisten glaubt abtun zu können. Es folgt der Lichtsturm mit dem berühmten Farbencrescendo; zum ersten Mal wieder, und im äußersten Kontrast zur Erwartung, thematisch entwickelt aus einem Motiv, der absteigenden kleinen und aufsteigenden großen Sekunde. Eine tanzartige Episode, eine bis zum Presto gesteigerte Durchführungspartie schließt sich an bis zur Wiederkehr der grellen Bühnenmusik und der Reprise.

Jeder einzelne dieser Abschnitte verläuft in sich undurchbrochen, höchst artikuliert und abgehoben vom folgenden. Auch die Instrumentation kennt, im Gegensatz zur völligen Aufgelöstheit der Klangfarbenmelodien der Erwartung, einheitliche Komplexe und zuweilen selbst homogene Klänge. Mit höchstem Formgefühl aber wird gerade auf das Ostinato-Element in der Reprise verzichtet und statt dessen die Form geschlossen durch einen gesungenen höchst polyphonen Chor, der erst am Ende wieder untertaucht ins Geflüster der ersten Takte. Das Ostinato wird nur am Beginn und am Ende des Schlußbildes noch einmal angedeutet.

Solche Architektur inmitten einer Sprache von Phantasie, die aller Fesseln ledig ward, hilft zugleich dem Hörer, der nicht vorweg entschlossen ist, Ärgernis zu nehmen, sich zurechtzufinden. Meisterlicheres ist der Neuen Musik bis heute nicht gelungen: die Verbindung vollkommener Spontaneität, überströmender Fülle und klarster Prägnanz.

1955

Zu den Georgeliedern

Die Veröffentlichung von Schönbergs Georgeliedern unter einem literarischen Impressum* rechtfertigt sich darum, weil die Lieder zu den in Deutschland seltenen Ausnahmen zählen, wo große Musik an Dichtungen von Rang sich inspirierte. Analog dem Verhältnis der Übersetzung zum Original hängt die Bedeutung von Liedern ab auch von der der Texte. Denn es ist ihre Paradoxie, daß sie ihr eigenes Formgesetz nicht finden durch Beziehung auf musikalische Formkategorien, die ihnen vorgegeben wären, sondern durch Entäußerung, Versenkung in ein ganz Anderes; sie geraten kompositorisch um so reicher und verbindlicher, je weniger sie auf dem beharren, was sie bereits besitzen. Darum wohl hat die neue Musik in ihren formativen Jahren, als sie vom herkömmlichen Idiom sich befreite, vokale Gebilde so sehr bevorzugt; nicht, wie die wohlfeile Ansicht es möchte, weil sie am Zusammenhang der Worte einen Ersatz gefunden hätte für mangelnden eigenen, sondern weil ihr eigener ihr dort zuwuchs, wo sie ins andere Medium einging. Dieser Akt von Auflösung war eins mit der Kritik der kompositorischen Mittel, die sie bewußtlos vollzog, der durch den Ausdruck. Unter seinem Gebot entfaltet die Musik sich autonom, blindlings gleichsam und um so treuer dem Wort, je weiter sie von seinem Sinn sich entfernt, so wie Schönberg in seinem Aufsatz über das Verhältnis zum Text es beschrieb.

Der nachhaltige Anspruch, mit dem sein opus 15 dem Buch der Hängenden Gärten sich zukehrt, bedingt die zyklische Gestalt: das Ganze einer Dichtung ist als Vorwurf gewählt, nicht Versprengtes zum Anlaß von Musizieren genommen. Das Werk gehört in eine Tradition, die mit Beethovens An die ferne Geliebte anhebt und über die Schöne Müllerin und Die Winterreise Schuberts, die Dich-

* *Vgl. Arnold Schönberg, Fünfzehn Gedichte aus »Das Buch der Hängenden Gärten« von Stefan George für Gesang und Klavier. Mit einem Nachwort von Theodor W. Adorno, Wiesbaden 1959 (Insel-Verlag).*

terliebe und den Eichendorff-Liederkreis von Schumann, über das reife œuvre von Hugo Wolf und die drei Verlainehefte von Debussy bis zu Mahler reicht. Die relevanten Komponisten haben, seitdem sie das neue Kunstlied konzipierten, gegen dessen Gefahr: das Abgleiten ins Bequeme, gutbürgerlich Genrehafte, durch übergreifende Konstruktion sich geschützt. Darin aber erschöpft sich nicht die Beziehung der Georgelieder zur Tradition. Tief ist die Ähnlichkeit des Gegenstandes mit dem der beiden großen Schubertschen Zyklen. Wie wenig George mit der mittleren, wiewohl im Bilde oftmals erstaunlich sicheren Poesie Wilhelm Müllers verglichen werden darf; wie peripher Dichtwerken ihre Stoffschichten sein mögen: für Liedkompositionen, welche die Gestalt ihrer Gedichte produktiv vernichten, werden Stoffbeziehungen überaus wesentlich. In den Texten ist das Schicksal einer Liebe eher dargestellt als ihre Geschichte: einspruchslos verbleibt sie unter einem Bann. Nicht zufällig steht am Ende des Buches das – von Schönberg nicht komponierte – Gedicht »Stimmen im Strom«, das den ohne Hoffnung Liebenden sterbend in Natur zurückruft. Die Gewalt des Wortes bringt die Idee von Des Baches Liebeslied heim; die Identität des Stoffes verweist aufs Geheimnis von liedhafter Musik selber: Trost über das Unausweichliche des Naturzusammenhangs. Dort muß Musik rettend am nächsten sein, wo das Lebendige zum Kreise unerbittlich sich zu schließen scheint. Das stiftet die Ähnlichkeit zwischen den großen Liedwerken der Musik. Freilich ist, was bei Müller noch an Handlung übrig war, das romantische Convenu einer unglücklichen Liebe, bei George ganz ins Inwendige hineingerissen. Empirische Begründungszusammenhänge sind verschwiegen. Der Verlauf wird unbefragt unterstellt, das Schicksalhafte damit um so drastischer hervorgehoben; und so grundlos zerfällt Liebe. An der Konzeption Georges, welche Schicksal und, nach seinem Wort über Verlaine, peinigende Innerlichkeit als Eines ergreift, entzündet sich die Komposition: die erstickende Luft von Georges babylonischem paradis artificiel ist der Brennstoff ihrer Moderne. So fremd wie seine literarische Interieurlandschaft sind die musikalischen Mittel gewählt; das Gepreßte, rauschhaft Schmerzliche des Innenraums, der seine Welt verloren hat, kehrt wieder in dem berückenden und angespannten Ton der Lieder.

Denn so tief die Voraussetzungen des Werkes in die Tradition eingesenkt sind, so sehr ist es eines der Avantgarde; an solcher Verschränkung hat es seinen unvergänglichen Augenblick. Zur Wiener Uraufführung im »Verein für Kunst und Kultur«, im Januar 1910, schrieb Schönberg: »Mit den Liedern nach George ist es mir zum ersten Mal gelungen, einem Ausdrucks- und Form-Ideal nahezukommen, das mir seit Jahren vorschwebt. Es zu verwirklichen, gebrach es mir bis dahin an Kraft und Sicherheit. Nun ich aber diese Bahn endgültig betreten habe, bin ich mir bewußt, alle Schranken einer vergangenen Ästhetik durchbrochen zu haben; und wenn ich auch einem mir als sicher erscheinenden Ziele zustrebe, so fühle ich dennoch schon jetzt den Widerstand, den ich zu überwinden haben werde; fühle den Hitzegrad der Auflehnung, den selbst die geringsten Temperamente aufbringen werden, und ahne, daß selbst solche, die mir bisher geglaubt haben, die Notwendigkeit dieser Entwicklung nicht werden einsehen wollen.« In der Tat handelt es sich um das erste Werk in freier Atonalität unterm Primat dessen, was zuvor Dissonanz hieß. Die der Opuszahl nach früheren Klavierstücke op. 11 entstanden später; manche der Georgelieder liegen noch vor dem Zweiten, in seinen drei ersten Sätzen tonalen Quartett, mit dem sie vieles teilen.

Heute artikuliert sich die eigentlich revolutionäre Produktion Schönbergs, bis zum op. 22, viel genauer als noch vor zwanzig Jahren. Sprengen die Georgelieder die Tonalität, so sind sie doch allerorten von deren Bruchstücken durchsetzt. Dies Verhältnis aber ist keines von unreinem Stil sondern das Spannungsfeld, in dem die Komposition selbst lebt. Ihre neuen Klänge leisten die bestimmte Negation der alten; diese aber, etwa die kahlen, unvermittelten Dreiklänge und Quartsextakkorde im Schlußstück, sprechen in ihrem letzten Augenblick noch einmal selber. Die Spannung teilt auch dem Klaviersatz sich mit. Er ist, gegenüber den ersten Klavierstücken, noch einigermaßen geschlossen; so selbständig sich das Melos der Singstimme macht, die ›Begleitung‹ des deutschen Liedes überdauert unverkennbar. Innerhalb dieses noch vielfach ungebrochenen Klangspiegels jedoch wird völlig umgedacht; es werden, wie Webern schon 1912 bemerkte, dem Klavier »nie zuvor gehörte Klangwirkungen abgewonnen«. So in der einstimmigen Einleitung zum ersten Lied. Sie hat nichts zu tun mit der späteren klassizistischen Rückbildung des Klaviers aus einem Griff- zu einem alter-

tümlichen Stimmeninstrument, sondern der Monolog ist selbst spezifisch aus der Klavierfarbe heraus empfunden. Er ist, durch die Wahl der Lagen und Intervalle, durchs Schwanken zwischen Melodie und latenter Harmonik, pianistisch und das wird mit dem Hinzutreten der tiefen Oktaven sogleich bestätigt. Oder das Gewebe über dem tiefen Triller des Mittelteils im zweiten Lied; das gedämpfte Forte des achten, ein abgeblendeter und doch wilder, vom Orchester ins Klavier zurückgebrachter Klang; oder die Polarisierung des Klaviersatzes in disparate, extreme Lagen im elften, seine Reduktion auf die Andeutung des Wesentlichsten. Dabei sind überall die Innovationen des Satzes aus dem musikalischen Vorgang selber geschöpft, nirgends koloristischer Selbstzweck.
Die Form des Ganzen ist – ähnlich wie die des Schumannschen Liederkreises – zweiteilig, nach dem Maß von Georges Zyklus. Die Zäsur wäre nach dem achten Lied zu denken und durch die Aufführung zu markieren. Zwischen ihm und dem folgenden läge die Erfüllung; im zweiten Teil fällt die Kurve bis zur Trennung. Das achte Lied ist das einzige wirklich rasche des Zyklus und endet mit einem Ausbruch, den erst der Schluß überbietet. Zeichnet der erste Teil drastisch die Steigerung der Leidenschaft bis zum nackten Begehren nach, so intensiviert sich der zweite nach innen, weg von der Erscheinung. Das elfte Lied, stellvertretend für ein großes Adagio, erreicht den tiefsten Punkt des Gefühls. Schönbergs Forminstinkt antezipiert darin, nach den Worten »Und daß unsere augen rannen« das Hauptmotiv des letzten Stücks – der einzige offen thematische Zusammenhang zwischen den Liedern. Sonst fügen sie sich zusammen nach dem Prinzip des Kontrasts, jedes ein eigener, von jedem andern aufs bestimmteste mit allen kompositorischen Mitteln abgehobener Charakter. Solcher Prägnanz der Charakterisierung bedurfte es, als zum ersten Mal die herkömmlichen architektonischen Mittel außer Kurs gesetzt waren; sie kehrt im Pierrot lunaire wieder. Der Vergleich mit Hugo Wolf drängt sich auf. Aber Schönbergs Verfahren ist umfassender und subtiler zugleich. Die Technik eines durchlaufenden, bindenden Hauptmotivs in der Begleitung wird verschmäht, wie die der Sequenzen: die Charakteristik wird aus dem Essentiellen, der Gesangsmelodie, herausgeholt. Durchweg setzen die Lieder mit einem plastischen, unverwechselbaren Gesangsmotiv ein; nur im letzten ist die thematische

Arbeit, über zwei Hauptmotive, ins Begleitsystem verlegt. Bei aller Einheit der meist kurzen Lieder jedoch, deren Zusammenhang erst die Form konstituiert, sind sie jeweils in sich dynamisch entwickelt. Entweder werden, wie im ersten, kleinste Motivansätze der Begleitung – der Rhythmus von punktiertem Achtel und Sechzehntel nach »blättergründen« – zu durchführungsähnlichen Partien ausgebreitet, oder es werden selbständige Mittelteile gebildet; zuweilen beherrscht eine durchlaufende Entwicklung ein Lied als ganzes. Die meisten sind dreiteilig; doch gibt es nie primitive Wiederholungen des Teils a, sondern stets wird eingreifend variiert, manchmal der Beginn nur angedeutet; stets zieht die Wiederholung die Konsequenz aus dem vorher Geschehenen. Demgegenüber tritt die Oberflächenarchitektur zurück. Ausführlicher ist allein das letzte Lied, mit einer langen Instrumentaleinleitung und deren höchst expansiver Variation am Schluß, komplex entwickelt wie ein großer Instrumentalsatz, vom Gewicht eines Finales. Im Nachspiel zerstört es die Intimität und weitet symphonisch sich aus wie einst die jubelnde Coda der Fernen Gebliebten, nur jetzt mit dem Ausdruck ungemilderter Trauer.

Zu den Einzelcharakteren soviel: das zweite Lied ist, gegenüber dem offenen und vielfach rezitativisch aufgelösten ersten, dicht geschlossen; das dritte, von allen das polyphonste, aus einem Grundmotiv, mit Imitationen und Engführungen herausgesponnen; besonders schön geschwungen die melodische Kurve zu den Worten: »Der jungen hände faltung sieh mit huld.« Im vierten ist keine Taktart vorgezeichnet, es ist metrisch unregelmäßig, ausnahmsweise stützt das Klavier die Singstimme. Das fünfte ist akkordisch homophon, einfach gerundet inmitten seiner dissonierenden Klänge; wie weniges verführt es zur neuen Musik. Das sechste, wechselnd zwischen schweren Griffen und hauchdünnem Stimmengeflecht, zeigt zum ersten Mal, am Ende der Begleitung, einen Zug, der später bei Schönberg ins Zentrum rückte: die Auseinanderlegung von Harmonien in melodische Figuren. Das siebente, ein auskomponiertes Ritardando, gönnt sich, beklemmt, keine volle Begleitung, sondern kommt mit der rechten Hand allein aus, überträgt die Idee einer Komposition für Solovioline aufs Klavier. Dann die Peripetie im achten Lied. Unvergleichlich trifft das neunte das Atem Schöpfen nach der Zäsur. Das zehnte Lied, zu der berühmten

Beschreibung des schönen Beetes, verbindet den Zyklus mit dem früheren Schönberg, etwa dem Ghasel aus op. 6, beginnend und endend in der erweiterten Tonalität jener Periode, in der Mitte aber doch fast aphoristisch; zwingend vereint es Schichten Schönbergs, die unvereinbar dünken. Das Adagio des elften Liedes mahnt, rezitativisch offen, ans erste, überbietet es jedoch durch die extreme Intensität des Pianissimos; sein Anfang weist schon auf den der Orchesterstücke op. 16, das Hauptmotiv der Singstimme dafür greift zurück auf das Kopfthema des fis-moll-Quartetts. Im zwölften Lied konzentriert die glutheiße Melodie zu den Worten »So denke nicht der ungestalten schatten« den ganzen Schönberg in sich. Wiederum extrem leise, ahmt das dreizehnte die Idee von »des fächers starren spitzen« im Spiel der Terzen und Triolen nach. Das vierzehnte wurde seinerzeit von Karl Kraus in der Fackel abgedruckt. Es ist von allen das kühnste und avancierteste, vollends ohne herkömmliche Architektur, ganz verkürzt, im Satz immaterialisiert. Seine Tragweite für die Folge läßt sich nicht überschätzen: von ihm stammt der gesamte Webern her. Von besonderer Genialität der flüchtige Klavierschock auf das Wort »gewittern«. Zu dem unendlich zarten, jeglicher auswendigen Bindung entrückten Gebilde, einem des ungeschmälerten Expressionismus, gibt das ausladende und drastische Finale den äußersten Gegensatz ab.

Die Interpretation der Lieder hat vor allem die Kontraste herauszuarbeiten: die Vermittlungen gelingen von selbst. In jedem einzelnen der insgesamt durch deutliche Pausen voneinander abzusetzenden Lieder sind die wechselnden Charaktere prägnant zu unterscheiden. Die bloße Dynamik genügt nicht, sondern die Singstimme muß die Gestalten auch in der Klangfarbe differenzieren, eine Aufgabe, die von der vokalen Darstellungskunst bis heute kaum recht angefaßt wurde. Besonderer Aufmerksamkeit bedarf die sorgfältige, unmißverständliche Intonation. Oft umkreisen die Melodien chromatisch einen zentralen Ton; überall dort sind gerade die kleinen Intervalle so distinkt wie möglich zu geben. Nicht nur müssen einfach die richtigen Noten gesungen, es muß jeder Ton in seiner Relation zum andern zweifelsfrei und eindeutig werden. Mittel dazu sind, möglicherweise, zunächst selbst Übertreibungen der Intervalle – also kleine Sekunden besonders klein, große besonders groß – vor allem aber auch, daß der genaue Ton, einmal getroffen, ohne jede Unsicherheit und Schwankung festgehalten wird. Das Klavier, das kompakte Griffe außer an zwei oder drei Wendestellen vermeidet, muß eben darum sich hüten, im Hintergrund sich zu bescheiden, sondern seinen Part noch im äußersten Pianissimo wie eine instrumentale Hauptstimme ausspielen; größte farbliche Phantasie inmitten des knappen Klangraums ist verlangt.

Mit der Gewalt des Zum ersten Mal formulieren die Georgelieder Möglichkeiten und Tendenzen aller authentischen Musik, die danach komponiert wurde; keine aber geriet authentischer.

1959

Arnold Schönberg: Fünfzehn Gedichte aus »Das Buch der Hängenden Gärten« von Stefan George, op. 15
Anton Webern: Fünf Lieder nach Gedichten von Stefan George, op. 4

Die Platte* enthält die Wiedergabe zweier Liedhefte, des op. 15 von Arnold Schönberg und des op. 4 von Anton Webern. Sie verbindet ebenso die Einheit der Schule wie der gemeinsame Autor der vertonten Dichtungen, Stefan George. Auch der Zeit nach fallen sie etwa in dieselbe Periode, um 1908. Die genaue Chronologie war nicht festzustellen. Außer den auf der Platte festgehaltenen Werken sind die beiden Schlußsätze von Schönbergs fis-moll-Quartett nach Gedichten aus dem Siebenten Ring geschrieben, ein Orchesterlied aus op. 22 nach einer Georgeschen Übertragung eines Gedichts von Ernest Dowson. Webern hat als op. 3 den berühmten Zyklus von Liedern aus dem Siebenten Ring, freilich unter Verzicht auf das letzte, vertont; Alban Berg legte der deutschen Version der Weinarie Georges Baudelaireübersetzung zugrunde.
Die Beziehung der zweiten Wiener Schule zu George ist keineswegs selbstverständlich. George war insgesamt der Musik nicht hold und nährte, soweit er sie passieren ließ, archaistische Vorstellungen, welche ihm exponiert moderne Kompositionen seiner Verse suspekt machen mußten. Darüber hinaus sind dem Stil nach seine literarische Schule und die musikalische Schönbergs kaum vereinbar. Jene stellt heute als Exponent des Jugendstils sich dar. Von dessen musikalischen Äquivalenten stieß Schönberg, obwohl seine frühen Kompositionen viel Jugendstilhaftes haben, schroff ab. Daß Musik »nicht schmücken, sondern wahr sein« solle; die Absage ans harmonistische Schönheitsideal, kurz, was immer Schönberg mit Karl Kraus und Adolf Loos verband, ist zugespitzt wider die Sphäre des Jugendstilornaments, der George, allein schon durch den Buchschmuck von Melchior Lechter, bis zuletzt die Treue hielt. Freilich spielt die Wiener Nuance des Jugendstils, die als Sezessionismus

* *Vgl. BM 30 SL 1523; der Text ist die Einleitung zu der Schallplatte mit Carla Henius und Aribert Reimann.*

bekannt wurde, in den frühen Expressionismus hinüber; auch Schönbergs eigene Bilder.
Er hat, mit Grund, Zeit seines Lebens gegen die Vormacht des Stilbegriffs revoltiert. In der Textwahl fühlte er an Stile nicht sich gebunden; noch in der Zeit seiner höchsten Reife wählte er Vorwürfe, die historisch hinter seinem eigenen Stand zurücklagen. In der Haltung von Musik selber zu ihren Texten mag ein Moment der Gleichzeitigkeit widersprechen; das der Rettung eines Gehalts, der erst hervortritt, wenn die vertonten Verse zu veralten beginnen. In solchen Divergenzen ist etwas von der Ungleichzeitigkeit der künstlerischen Entwicklung in ihren verschiedenen Medien zu vermuten; Schönberg war in seinem literarischen und malerischen Geschmack nicht so avanciert wie in seinem eigensten Bereich. Etwas in diesem jedoch ist George verwandt. Schönbergs Lyrik, expressionistischen Wesens, geht nach innen, kraft eines Ausdrucksbedürfnisses, das um so dringlicher wird, je weiter das leidende Subjekt vom verhärteten Einverständnis und von der überlieferten Formensprache der Musik sich entfernt. Aber der ausgedrückte Inhalt stammt doch nicht aus dem bloßen Subjekt. In seiner Selbstversenkung kehrt, versetzt, umbelichtet, die auswendige Welt wieder, als wäre sie nun dem Subjekt kein Fremdes mehr. Das teilt der musikalische Expressionismus mit der symbolistischen Richtung der literarischen Neuromantik. Auch ihr wollten die Realien, die sie einläßt, nicht Symbole für ein damit Gemeintes sein sondern mit der Ausdrucksregung verschmelzen. Damit berührt sich die Schönbergschule als Bilderwelt des Inwendigen. Durch ihre Entfaltung und Objektivation bei sich selber nimmt ihre Musik eine Art zweiter Gegenständlichkeit an, die sie zu solcher unsichtbaren Bildlichkeit umschafft. Darauf wohl bezog sich ihr Glaube, Musik sage ein nicht anders als durch Musik Sagbares. Programmatisch das von Schönberg komponierte Gedicht »Herzgewächse« von Maeterlinck: der Drang selber, die Sehnsucht findet nach außen, indem sie als ein vegetabilisch treibendes Geflecht erscheint. Daß aber Schönbergs Wahl gerade auf George fiel – immerhin vertonte er auch Rilkegedichte, freilich keines von Hofmannsthal –, dürfte sich durch die formale Beziehung zu einem gewissen Radikalismus Georges erklären, zur Rücksichtslosigkeit des Mallarméschülers, der der Kommunikation, dem mittleren Einverständnis sich ver-

weigerte. Die Georgesche Sprödigkeit, wie traditionell auch immer dem Gehalt nach, hat etwas von der avantgardistischen Schönbergs.
Mit der Komposition der fünfzehn Gedichte aus dem Buch der Hängenden Gärten und den Drei Klavierstücken op. 11 brach Schönberg durch zur neuen Musik, realisierte mit jener Rücksichtslosigkeit das ihm Vorschwebende. Als Produkt des Umschlags sind sie zugleich noch von traditionellen Momenten durchwachsen. Nicht nur treten Akkorde aus dem tonalen Idiom versprengt auf; Form und Diktion selber sind zuweilen retrospektiv: die Vertonung des Gedichts vom schönen Beet etwa ist Reminiszenz an ein frühes, tonales Schönberglied, das Ghasel nach einem Kellergedicht. Weit jedoch überwiegt das Neue: in Melodiebildung, Harmonik, dem ganz fremden Klaviersatz, dem Klang. Ähnlich doppeldeutig auch der literarische Vorwurf. Er deutet noch eine Geschichte an, die einer Liebe. Unter einem Bann, den die Sprachgestalt selbst vollzieht, wird sie zum Augenblick der Erfüllung geleitet und zum grundlosen Ende. Insofern gehört der Zyklus in die größte Überlieferung ausgreifender Liederformen, die der Müllerin und der Winterreise. Das blind Schicksalhafte eines Vollzugs, der mit der Freiheit der Liebenden eigentlich ihr Zueinander auslöscht, ähnelt das Ganze buchstäblich einer Pflanzenwelt an, wie sie als weltferner Schauplatz der Gedichte entworfen wird. Für den Zyklus gilt, was George später in der Vorrede zum Jahr der Seele formulierte: Ich und Du seien eines, und damit allerdings bereits unwirklich, Reflexe des Inwendigen. – Der Zyklus hat seine Klimax im achten Lied. Die Kurve sinkt aber dann nicht einfach bis zum Ende. Während die Musik immer tiefer nach innen sich neigt, steigert sich ihre Intensität: in dem über alle Worte eindringlichen Adagio »Als wir hinter dem beblümten tore«, dem völlig reduzierten »Sprich nicht immer / Von dem laub« – dem Modell fürs gesamte œuvre Weberns – und dem quasi-symphonischen Finale »Wir bevölkerten die abenddüstern / Lauben«, von dem wohl zu sagen wäre, daß es den nicht minder symphonischen Schlußgesang aus Beethovens Ferner Geliebten so zurücknimmt wie Adrian Leverkühn die Neunte Symphonie. An Kraft des Ausdrucks, an Verbindlichkeit der musikalischen Formulierung, auch an Plastik des melodisch Ein-

zelnen ist der Zyklus Schönbergs in der gesamten Geschichte der neuen Musik nie übertroffen worden.

Weberns Lieder op. 4 sind kein Zyklus. Gedichte aus verschiedenen Georgebänden werden gereiht. Die Meisterschaft des Webernschen Werkes setzt die Schönbergische voraus und treibt sie weiter durch ein Äußerstes an Sublimierung, auch durch konsequentere Abwehr tonaler Anklänge. Das motivische Geäder ist von mikrologischer Feinheit. Dabei sind die Lieder eigentümlich statisch, gleichwie auf der Stelle komponiert, als versagte solche Musik abgründiger Versenkung sich den eigenen Fortgang. Die Technik macht vielfach sich im Einzelnen fest, in chromatisch um sich selbst kreisenden motivischen und harmonischen Gestalten. Das Eingangslied mahnt am ehesten an den Schönbergischen Zyklus; seine Anfangstakte allein genügten, das Gerede von der Einfallslosigkeit der neuen Musik zu entkräften. Der vierte Gesang ist das erste Beispiel der Rückkunft des fremd gewordenen Volksliedes bei Webern, der zweiten Einfachheit. Der letzte hat es mit dem größten und rätselhaftesten Gedicht aufgenommen, das von George existiert: »Ihr tratet zu dem herde«.

Die Möglichkeit, die beiden Opera unmittelbar hintereinander auf einer Platte zu hören, mag einer fruchtbaren Erfahrung zugute kommen. In der traditionellen Musik vermochten, innerhalb der vorgeordneten Tonsprache, bestimmte Differenzen des Komponierten sich in den feinsten Nuancen zu offenbaren; so im Verhältnis von Haydn und Mozart. Mit der fortschreitenden Individuation der Tonsprache haben sich die Unterschiede zwischen den einzelnen Komponisten vergröbert. Erst die Schönbergschule, die jene Individuation ins Extrem trieb, hat, umschlagend, dadurch wieder etwas wie ein Gemeinsames in Material und Verfahrungsweise, rein aus der Sache heraus, hervorgebracht, das solche Differenzierung anstatt kruder Stilgegensätze erlaubt. Gerade weil die zwei Liederhefte mit den Mitteln der ›freien Atonalität‹ arbeiten, so nahe beieinander sind, gestatten sie im unmerklichen Kontrast den ums Ganze. Auf ihn sollten die Hörenden inmitten der Einheit des sogenannten Stils vor allem anderen merken.

1963

Schönbergs Klavierwerk

Paul Bekker hat bemerkt, das Klavier sei Beethovens Pionierinstrument gewesen. Auf ihm erprobte er erstmals kompositorische Verfahrungsweisen und Charaktere, die er dann auf Kammermusik und Orchester übertrug. Die Beobachtung dürfte einen umfassenden Sachverhalt treffen. Die gesamte Geschichte der neueren Musik hindurch war das Klavier, wohl wegen des physischen Kontakts, der unmittelbaren Kontrollierbarkeit des für Klavier Gedachten den Komponisten am nächsten. Dort folgten sie ungehemmt von umständlichen, nicht sogleich erreichbaren Apparaturen ihrer Phantasie und sagten das noch nicht Gesagte gleichsam sich selbst vor. So mag, nach Forkels Zeugnis, schon Bach zum Klavichord sich verhalten haben. So verhielt fraglos sich Chopin, der junge Schumann, der Brahms der Klaviersonaten; und in diese Tradition fällt auch Schönberg. Jede der fünf Folgen von Stücken für Klavier also, die er schrieb, definiert nicht bloß ein Stadium seiner Entwicklung sondern einen Kompositionstypus der neuen Musik, der jeweils daran sich anschloß. Sie erlauben es besser als alles andere dem Hörer, in ihrem Zum ersten Mal die Notwendigkeit jener Typen mitzuvollziehen. Darum ebenso, wie weil jeder Musikalische ohne gar zu viel Mühe sie auf dem Klavier wenigstens sich zurechtlegen kann, taugen sie besonders gut zur Einleitung in die neue Musik.

Wohl sind die *Drei Klavierstücke op. 11* (1908) nicht, wie die Opuszahl vermuten ließe, die erste atonale Komposition. Zumindest einige der George-Lieder op. 15, die ebenfalls ohne Tonart-Vorzeichen geschrieben sind und den üblichen Unterschied von Konsonanz und Dissonanz nicht mehr machen, entstanden früher (1907). Trotzdem betrachtet man die Drei Klavierstücke mit Recht als den Beginn der neuen Musik. In ihnen ereignet sich etwas viel Entscheidenderes als die damit freilich verbundene Emanzipation der Harmonik: die der Struktur. Das Gefüge der Komposition, der

Satz, ist mit ihnen verglichen in den George-Liedern noch herkömmlich; sie erst lösen die runde, geschlossene Klangfassade auf. Kontraste wie die im Hauptthema des ersten Stücks, wo ohne Übergang an eine langsame, begleitete Melodie eine zuckende Passage in Zweiunddreißigsteln sich anschließt, gab es vorher nicht. Überreste der dreiteiligen Liedform fallen solchen Neuerungen gegenüber kaum ins Gewicht. Ebenbürtig ist die Einfachheit des zweiten Stücks, eines langen Adagios mit zwei Hauptthemen: eine zweite Einfachheit. Sie besteht im Weglassen, unendlich differenziert im Ausdruck durchs Verschweigen. Das dritte Stück aber ist Urbild einer vollkommen ungebundenen, von aller Reminiszenz an vorgebene Architektur gereinigten musique informelle, von einer Freiheit der bloß vom mithörenden Ohr kontrollierten Phantasie, der selbst Schönberg nur noch einmal, in dem Monodram »Erwartung«, sich anvertraute. Bis heute ist das Potential des mehr als fünfzig Jahre alten Stücks nicht eingelöst.

Berühmt sind die *Sechs kleinen Klavierstücke op. 19*: ihre Kürze, die einmal chokierte, hat andererseits auch ihre Auffassung erleichtert. Expressionistische Miniaturen, sind sie nächstverwandt jenen Visionen, jenen »klagenden Gesichtern«, wie Schönberg um die gleiche Zeit sie malte und wie einige in Josef Rufers Bibliographie von Schönbergs Werk[1] abgebildet sind. Außerordentlich darin die Kraft der Abweichung: eine Farbe, ein Klang setzt sich fest, läßt sich nicht wegwischen und drängt das Stück in seine Richtung: Tränen, über die das Antlitz keine Macht hat. Von allen Werken Schönbergs ist das Opus 19 dem Ansatz Weberns am nächsten, der freilich bereits viel früher, im vorletzten von Schönbergs George-Liedern, formuliert war. Selbst die expressionistischen Moments musicaux jedoch entraten nicht konstruktiver Züge: die rasche Schlußpartie des vierten ist eine rhythmische Verkleinerung und Variation des Anfangs, ganz schon nach Reihenart; sogleich im ersten Stück ist die Fortsetzung nach der Generalpause im zweiten Takt ein – nicht tongetreuer – Krebs des ersten Motivs, und das hauchzarte letzte ist über einen Leitakkord komponiert. Durch solche Mittel wird entfesselte Musik zugleich zusammengehalten. Zwingend schließt das erste Stück dadurch,

1 Josef Rufer: Das Werk Arnold Schönbergs, Bärenreiter-Verlag, Kassel 1959.

daß die Coda erstmals mit einem unverkennbaren guten Taktteil mezzoforte eintritt.

Die *Fünf Klavierstücke op. 23*, nach der siebenjährigen Schaffenspause entstanden, halten einen glücklichen Augenblick fest: den, da Schönberg schon mit Reihen, ›Grundgestalten‹, arbeitet, aber auf die Zwölfzahl der Töne noch nicht sich festlegt. Selten sind Freiheit und Konstruktion bei ihm vollkommener integriert. Das erste Stück ist eine dreistimmige Invention, deren zweites, von leisem Akkordspiel begleitetes Thema die lange Anfangsmelodie umformt; Mittelsatz dann und Schluß sind miteinander verschmolzen. Das zweite, kurze Stück datiert auf den Scherzotyp zurück, verjüngt ihn jedoch durch die Idee, daß die heftigen Ausbrüche allmählich abklingen, bis am Schluß, tröstlich gleichsam, eine ruhige Linie in tiefster Lage übrigbleibt. Das dritte Stück, vom Gewicht eines Adagios, entspricht einer Passacaglia über ein fünftöniges Thema, das wie in einer Fuge solo eintritt; seine Kürze bedingt die jeder einzelnen der dicht ineinander gearbeiteten, gleichwohl scharf charakterisierten Variationen. Die Wiederholung einer Wendung aus dem Anfang des Stücks ersetzt eine Reprisenwirkung. Das vierte Stück ist wiederum ganz frei, prosaartig wie das dritte aus op. 11, jedoch nicht zerklüftet, sondern lyrisch-expansiv, schwungvoll wie in einem Atem. Der Walzer schließlich ist die erste Zwölftonkomposition, die Schönberg veröffentlichte, über die Reihe: cis – a – h – g – as – fis – ais – d – e – es – c – f. Unbeholfen fast die Offenheit, mit der die neue Verfahrungsweise sich enthüllt, indem alles, was geschieht, der untransponierten, geraden Gestalt jener Reihe angehört. Schönberg war fähig, stets wieder zu vergessen, was er konnte. Trotz seiner reihentechnischen Primitivität ist der Walzer überaus reich an musikalischen Profilen. Er benutzt übrigens erstmals wieder Symmetrien, rhythmische Sequenzen.

Die *Suite op. 25* ist das erste umfänglichere Werk, das von der ersten bis zur letzten Note aus einer einzigen Zwölftonreihe gebildet ist: e – f – g – des – ges – es – as – d – h – c – a – b. Sie wird nun auch in Umkehrung, Krebs und Umkehrung des Krebses verwandt. Das expressive Moment tritt in den meisten Sätzen zurück. Vier, Gavotte, Musette, Menuett und Gigue, kommen wirklich und unverkennbar aus dem alten Typenschatz; die Gavotte wird nach der Musette, das Menuett nach dem Trio, einem kunstvollen zweistimmigen Kanon, tongetreu wiederholt. Das ganze Werk, blitzend wie Stahlmöbel aus dem Bauhaus, nähert sich vom Gegenpol her dem gleichzeitigen Neoklassizismus. Schlagend am Beginn des Präludiums Schönbergs Direktheit, jenes mit der ersten Note mitten in der Sache Sein, das Wesen seiner Sachlichkeit. Expressiv ist nochmals das Intermezzo, wo zu einem obstinat tickenden Begleitsystem stets wechselnde Melodiestimmen gesetzt sind; unterbrochen wird es von heftigen Ausbrüchen und verhalten lyrischen Augenblicken. Die Gigue, ein überaus brillantes Virtuosenstück, überbietet spielerisch Strawinskys rhythmische Künste, bleibt aber dynamisch komponiert: deutliche, selbständige Kontrastgestalten werden eingeführt. In der ganzen Suite wird das Starre der frühen Zwölftontechnik zum Stilisationsprozeß gesteigert.

Die beiden *Klavierstücke op. 33* schließlich, publiziert an entlegenen Orten, zeigen Schönberg im souveränen Besitz jener Technik. Die Starrheit ist gewichen, er bewegt sich in dem neuen Medium mit jener Selbstverständlichkeit und Freiheit, die am Ende seines Lebens etwas wie eine zweite expressionistische Phase zeitigte. Doch behauptet in den beiden Klavierstücken der Zusammenhang der autonomen Form den Vorrang. Das erste ist sonatenhaften Geistes, mit zwei deutlich einander entgegengesetzten Hauptgestalten und einem durchführungsähnlichen Mittelteil. Nach einer Generalpause wird die Reprise, melodische Auflösung der Anfangsakkorde, so weitgehend variiert, daß sie weniger als Reprise denn als Konsequenz aus der Bewegung der Durchführung wirkt. Das zweite Stück ist liedhaft, kantablen Wesens, deutlich dreiteilig, ebenfalls jedoch mit Ansätzen des sonatenhaften Themendualismus; eine Gestalt im Sechsachteltakt, die auch in der Reprise wiederkehrt, entspräche dem zweiten Thema. Die ungemein fließende Kompositionsweise des Stückes deutet bereits auf die von Schönbergs viel späterem Klavierkonzert.

Else C. Kraus, der die Wiedergabe zu danken ist*, gehört zu den Pianisten, die unbestechlich Schönbergs Qualität erkannt haben und ihn interpretierten, längst ehe man ihn unter die Klassiker der

* *Vgl. BM 30 L 1503; der Text wurde als Einführung zu dieser Schallplatte geschrieben.*

Moderne verbannte. Sie hat das gesamte Klavierwerk Schönbergs schon vor 1933 im Frankfurter Musikstudio vorgetragen. – Zu raten wäre es den Hörern, nicht sämtliche Zyklen hintereinander zu spielen. Das könnte nur verwirren und jenen Anspruch des Inkommensurablen verwischen, den jeder einzelne der Zyklen anmeldet. Besser ist es, jeweils diese, und womöglich besonders die schwierigeren Stücke daraus, so oft zu wiederholen, bis die musikalische Erfahrung sie ganz zugeeignet hat. Dabei handelt es sich vor allem um op. 11, 3, um op. 23, 4 – vielleicht auch schon op. 23, 3 – und um das Intermezzo aus der Suite op. 25.

1961

Haringer und Schönberg

Die Lyrik Jakob Haringers, diese Mixtur aus Verlaine und Infantilismus, der Peter Härtling seinen sensiblen und schönen Aufsatz widmete*, ist mir seit den frühen zwanziger Jahren vertraut. Daß aber Haringer nicht vergessen werde, wird dadurch gesichert, daß Arnold Schönberg drei Gedichte von ihm, darunter auch das im Monat abgedruckte »Ist alles eins«, komponiert hat. Es handelt sich um die einzigen Klavierlieder, die Schönberg in der Zwölftonepoche schrieb. Wenn ich mich recht erinnere, hatte Haringer auch an ihn mit der Bitte um Hilfe sich gewandt; sicherlich nicht vergebens. Freilich hat das Fatum Haringers auch die Lieder nicht verschont. Sie entstanden 1933, in den ersten Monaten des Naziregimes, kurz vor Schönbergs Emigration. Er hatte sie, unter dem Choc der Ereignisse, völlig vergessen, ist erst in Los Angeles wieder darauf gestoßen und hat sie dann mit einer Opuszahl, die gegenüber der Chronologie viel zu hoch ist, publiziert. Bis heute sind die Lieder nicht sehr bekanntgeworden und werden selten gesungen. Dabei ist zumal das letzte etwas wie ein Solitär im Schönbergschen Werk; ein Mädchenlied, bei kunstvollster Rhythmik und reich gewobenem Klaviersatz chansonähnlich, vielleicht in Erinnerung an die noch nicht gedruckten Stücke, die Schönberg in seiner Jugend für Wolzogens Buntes Theater schrieb. Etwas an Haringer muß dem wahlverwandt gewesen sein, der in das zentrale Werk seines Durchbruchs, das Zweite Streichquartett, die Melodie von »O, du lieber Augustin« hineinarbeitete. Auf jene Lieder sei, des Dichters wie des Komponisten wegen, die allgemeine Aufmerksamkeit gelenkt.

1962

* *Vgl. Peter Härtling, Jakob Haringer. Hinweis auf einen Vergessenen, in: Der Monat, Jg. 14 (1961/62), Heft 162 (März '62), S. 52 ff.*

Zum Verständnis Schönbergs

Arnold Schönberg hat fest damit gerechnet, 80 Jahre alt zu werden und geplant, die längst vollzogene Versöhnung mit Thomas Mann an jenem Tag der Öffentlichkeit bekanntzugeben. Eine schwere Krankheit samt einer Krise, von der er glaubte, es habe bereits das Herz ausgesetzt, er sei gleichsam schon gestorben, machte ihn in seinem Vertrauen nicht irre. Er lebte, als wäre ihm eine unendliche Fülle von Zeit offen. Den Abschluß seiner beiden monumental gedachten Werke, des Oratoriums »Die Jakobsleiter« und der biblischen Oper »Moses und Aron«, die ihn über Dezennien begleiteten, hat er immer wieder hinausgeschoben, allenfalls gelegentlich Späße über einen Fünf- und Zehnjahresplan gemacht, den er sich zur Vollendung gesetzt habe, um dann andrängenden anderen Konzeptionen sich zu überlassen. Man mag darüber reflektieren, warum die beiden großen Chorwerke Fragment blieben – Stückwerk wie alles, nach seinem Wort –, und ob nicht die Aufgabe selbst, noch einmal musikalisch eine umfassende Totalität des Sinnes zu gestalten, vor Schwierigkeiten stellt, die selbst der unerschöpflichen Kraft des Meisters spotteten. Diese Unerschöpflichkeit manifestiert sich in seiner großherzigen Zeitverschwendung, seiner Bereitschaft, jeglichem produktiven Impuls, und wäre er scheinbar von seinem musikalischen Zentrum noch so weit entfernt, sich zu überlassen. Am Ende des bürgerlichen Zeitalters hat noch einmal in ein paar Individuen das Vermögen sich verkörpert, ästhetisch die ganze Welt aus sich selbst, aus dem Subjekt hervorzubringen, so wie es den größten Künstlern zu Beginn der Epoche, Michelangelo oder Shakespeare vielleicht, vergönnt war. Wie Schönberg produziert auch Picasso in unversieglicher Jugend, als wollte der Genius der Geschichte an der Substanz des einzelnen noch einmal im ästhetischen Bereich gut machen, was er der Gesellschaft in ihrer Realität vorenthält. Daß trotzdem Schönberg dahin mußte, wenige Tage, nachdem zum erstenmal eines seiner Zwölftonwerke, der »Tanz um das goldene Kalb«, bei der Darmstädter Uraufführung die fable convenu Lügen strafte, diese Musik sei asozial und spreche nicht zu den Menschen – das scheint symbolisch dafür, daß es doch nicht sein sollte, daß die aus den Fugen geratene Welt es dem nicht gestattete, der dem subjektiven Vermögen nach dazu fähig gewesen wäre; kurz, daß das Vollbringen des Künstlers nicht, wie der Genieglaube es lehrt, bei dessen Macht steht, sondern weithin abhängt von den objektiven Bedingungen der Form und des Gehalts des Werkes.

Um so größer aber ist die Verpflichtung, etwas von dem wiedergutzumachen, worin nicht der Künstler versagte, sondern worin die Verfassung des Daseins ihn mit Versagung schlug. Diese Verpflichtung gilt kaum so sehr für einen wie für Schönberg. Über fünfzig Jahre lang ist das Verhältnis der Öffentlichkeit zu seinem œuvre unsicher, verbogen und von Rancune erfüllt gewesen. Daß seine Musik vom Hörer soviel Kraft der Konzentration, soviel kombinatorische Fähigkeit, soviel Geist verlangt, wie in sie einging, hat sich im Widerstand all derer niedergeschlagen, die dazu nicht fähig sind und ihre Unfähigkeit dem Werk vorrechnen, das nun abstrakt, intellektuell, konstruiert oder abseitig sein soll. Immer neue Rationalisierungen hat man gefunden, um ihm sich zu entziehen. Erst gab es die Ära des Skandals, in der alle honetten Leute wütend sich in der Feststellung ›Das ist keine Musik‹ vereinigten, die immerhin noch mehr Beziehung bezeugt als das heute übliche ›Das verstehe ich nicht‹. Dann, etwa seit den zwanziger Jahren, kam eine Zeit, in der man Schönberg, ehe man ihn nur richtig aufführen, geschweige denn hören lernte, als erledigt und überholt in die Vergangenheit zurückschob, und in der jeder kernige Banause meinte, ihn überwunden zu haben, weil er nicht mehr so kompliziert, sondern mit anderen verbunden sei, nach jener unterdessen auch politisch so bewährten Formel, die es dem Schwachsinn, für den Differenziertheit, Vergeistigung, Wahrheit nicht mehr existieren und der sich's bei der Beteuerung seiner Macht in der Welt wohl sein läßt, erlaubt, nicht nur das ihm Verhaßte auszumerzen, sondern sich obendrein überlegen zu dünken und einzubilden, die Regression auf einen primitiven Zustand sei besser als die Anstrengung zum höheren. Nach der Niederlage des Nationalsozialismus hat man dann Schönbergs Zwölftontechnik entdeckt und sie, mit viel Abstrichen und ohne der Funktion gerecht zu werden, um deretwillen sie konzipiert war, sich zu eigen gemacht. Er wurde zum Erfinder eines mehr oder minder bequem zu handhabenden Systems degradiert, zu einem anregenden Gesinnungsgenossen von Bastlern. Abermals dispensierte man sich von dem, worauf es allein ankäme, seiner lebendigen Musik. Am Ende durchkreuzen sich alle Motive der Abwehr und erben sich unausrottbar fort. Darum sollte man einfach zu sagen versuchen, was es mit dem Komponisten Schönberg selbst auf sich hat und warum die Menschen, die überhaupt an Musik Anteil nehmen, an ihm Anteil nehmen müßten.

Vielleicht ist in einer musikalischen Situation, die zur Besinnung auf ein Verdrängtes nötigt, von dem im Grunde auch die Gegner wissen, was es gegenüber dem Rest der Produktion bedeutet, der Augenblick günstig, nicht von den historischen Verdiensten Schönbergs zu reden, seine Musik nicht geschichtsphilosophisch zu deuten, sondern unmittelbar auf ihre Qualität zu weisen. Man muß nur fähig und willens sein, Musik überhaupt als einen lebendigen und in sich sinnvollen Ablauf aufzufassen und einigermaßen über die Kategorien der traditionellen, vorschönbergschen Musik verfügen. Wie verschieden auch seine Melodien mit den weiten Intervallen von den gewohnten sein mögen, wie anders die vieltönigen Akkorde klingen, wie gebrochen die Farben und wie unregelmäßig die Formen, Schönbergs Musik gleicht darin jeder großen der Vergangenheit, daß sie als organischer Strukturzusammenhang von Tönen spontan wahrgenommen werden will. Ihm selber wäre niemals beigekommen, sie als etwas anderes zu betrachten. Wenn das nicht gerade avantgardistische Musikpublikum von Neapel dem Pierrot lunaire gegenüber sich nicht begeistert zeigte, oder wenn eine höchst komplex komponierte komische Oper in Frankfurt kein Publikumsliebling wurde, so hat Schönberg das kaum begreifen können; er betrachtete seine Musik als Musik, wie die der Meister, nichts anderes. Etwas von dieser Naivetät, die ihn nicht nur der privaten Haltung nach sondern als künstlerischen Typus charakterisiert, muß auch sein Hörer aufbringen, während man ihn das Gegenteil glauben machen will.

Schönbergs Musik wird sich um so besser erschließen, je mehr man von den Formeln vergißt, mit denen sein Werk bedacht worden ist. Wegräumen muß man vor allem falsche Erwartungen, mit denen man aufs Phänomen losgeht, anstatt sich ihm mit einer Art angespannter Passivität zu überlassen. Der Unterschied zwischen Schönberg und der traditionellen Musik wäre etwa an dem Satz von Schumann zu demonstrieren, ob ein Mensch musikalisch sei, zeige sich an seiner Fähigkeit, beim Abspielen auch dann ungefähr richtig fortzufahren, wenn versäumt ward, die Seite rechtzeitig umzublättern. Das, genau das, ist bei Schönberg nicht möglich. Keineswegs darum, weil seine Musik ›keine Musik‹, weil sie chaotisch und zufällig wäre. Sondern die traditionelle Musik war durch und durch von dem Schema der Tonalität geprägt und hat sich in harmonischen, melodischen, formalen Bahnen bewegt, die von diesem Schema vorgezeichnet waren. Alles musikalisch Einzelne unterstand gewissermaßen einer etablierten Allgemeinheit. Hörte man ihr gemäß, so konnte man von daher auf den Verlauf im einzelnen schließen und sich einigermaßen leicht zurecht finden. Die traditionelle Musik hörte für den Hörer. Genau damit ist es bei Schönberg vorbei. Der musikalische Zusammenhang will rein aus sich selbst verstanden werden, ohne daß einem von außen her bereits ein Koordinatensystem beigestellt würde, das einen entlastet und in dem das Spezifische nichts ist als minimale Abweichung. Auf das Spezifische allein kommt es dieser Musik noch an, auf das Jetzt und Hier der musikalischen Ereignisse, auf ihre je eigene Konsequenz. Vielleicht erforderte es in Wahrheit größere Anstrengung, sie innerlich an einem Allgemeinen zu messen, das für sie nicht verbindlich ist, als man brauchte, um bloß ihr selbst nachzugehen. Nur steht man eben unter dem Bann jenes Allgemeinen.

Dazu kommt freilich ein Reichtum der Phantasie, dem gegenüber das meiste Technische der traditionellen Musik, auch der gefeiertesten, kindlich und simpel dünkt. Schönberg hat den Wagnerschen Wunsch erfüllt, daß die Musik endlich die Kinderschuhe ausziehe. Er erlaubt es nicht länger, sich dem bloßen Wohlklang zu überlassen, auch nicht, in Stimmung zu dösen. Das Ohr muß seine Musik erkennen, um sie zu fühlen. Insbesondere setzt sie eine Fähigkeit voraus, die man in der traditionellen Musik sich kaum woanders als an Bach erwerben kann: die verschiedenen melodischen Linien gleichzeitig und in ihrem Verhältnis zueinander zu verfolgen. Selbst die einzelnen Akkorde sind noch in sich polyphon und bis zum letzten Ton organisiert: man darf sie nicht als bloßen Klangreiz hinnehmen, sondern muß gewissermaßen in sie hineinhören, alle die Spannungen und Schattierungen herausspüren, die ein jeglicher dieser Akkorde enthält. Gegenüber solcher geistigen Anstrengung, einer unmittelbaren, wohlverstanden, keiner des reflektierenden Intellekts, fallen die äußerlich befremdenden Züge von Schönbergs Musik kaum ins Gewicht. Die Melodien mit den ungewohnten Intervallen, die sogenannten Dissonanzen, die in Wahrheit nur vieltönige Akkorde sind, die angebliche Zerrissenheit, die nur darin besteht, daß die Krücken der gewohnten Symmetrie fehlen, all das sind einzig Nebenprodukte der Schönbergschen Musik. Wer sie einmal von ihrem inneren Prinzip her verstanden hat, dem fallen ihre klangsinnlichen Abweichungen vom Vertrauten von selbst zu. Entscheidend ist die nie zuvor geahnte Dichte des Komponierens – seine Konkretheit und nicht seine Abstraktheit. Nichts läßt er ungeformt, jeder Ton wird aus dem Bewegungsgesetz der Sache selbst entwickelt. Das war schon so beim jüngeren Schönberg, zumindest den Werken zwischen op. 6 und op. 10, in denen äußerlich die Tonalität noch respektiert ist und deren Klänge heute nichts Beunruhigendes mehr haben. Trotzdem ist etwa die Erste Kammersymphonie op. 9, in E-Dur, wahrscheinlich immer noch so schwierig wie vor sechzig Jahren. Wer Schönberg nahekommen, sich nicht bloß musikhistorisch über ihn informieren will, der sollte sich vor allem in jene früheren Werke versenken, wo unter der Hülle des traditionellen musikalischen Idioms alle die Kräfte sich ausbilden, die jene Hülle dann sprengen und ein neues Material der Musik stiften. Er sollte die zwölf Töne gerade oder krumm sein lassen und sich zunächst auf die Gebilde konzentrieren, deren Unmittelbarkeit und Spontaneität keinen Gedanken an ein System wird aufkommen lassen. Hat man sie sich wahrhaft zugeeignet – und dem steht nichts im Wege, wenn man nur die Liebe dazu aufbringt und ein gutes Gehör –, dann werden die gefürchteten späteren Werke nicht mehr Rätselhaftes bieten als jedes Kunstwerk, wenn es überhaupt eines ist.

Schönberg, von dessen Intellektualismus man Ammenmärchen erzählt, ist als Typus ein naiver Künstler gewesen. Wäre das Wort Musikant nicht so schmählich mißbraucht worden, um ein unerhelltes und unkritisches Drauflosmusizieren zu verherrlichen, man könnte es auf seine Ursprünge anwenden. Er sprudelte über von

Musik wie nur je einer aus dem wienerisch-slawisch-ungarischen Kulturkreis. Nur die unwiderstehliche Kraft seiner Begabung, an die, seinem Wort zufolge, sein Mut nicht heranreichte, keineswegs spekulative Gesinnung hat ihn Zug um Zug über den Umkreis hinausgetrieben, in dem er beheimatet war. Oft hat er erzählt, und Anton von Webern hat es bestätigt, daß er die großen Neuerungen nur zögernd, fast widerwillig einführte. Von Schönbergs Fond an Idiomatisch-Musikalischem gibt am ehesten die Vorstellung eines der Werke, die vor der Evolution dessen liegen, was man gemeinhin seinen eigentlichen Stil nennt, etwa die Gurrelieder. Sie lehnen an Wagner nicht mehr sich an, als irgendein Jugendwerk eines großen Komponisten an seine Vorgänger: Beethoven an Haydn. Tatsächlich wird nur eine recht stumpfe, am Äußerlichsten orientierte Musikalität des Unterschieds dieser Musiksprache von der Wagnerschen nicht gewahr. Es fehlt ihr durchaus das auf sich selbst rückbezogene, sich gewissermaßen bewundernde Element; alles ist viel mehr der Sache als dem Ich zugekehrt, von einer gleichsam altruistischen Wärme, die dem süchtigen Ton Wagners ganz abgeht. Bereits das Chorwerk des Sechsundzwanzigjährigen hebt sich von gleichzeitigen Komponisten wie Richard Strauss ab durch eine bescheidene, redliche, auf jede Geste verzichtende Art des Auskomponierens, vor allem des Ausharmonierens, welche die Wirkung rein aus der musikalischen Gestalt zieht und den Effekt der kompositorischen Integrität zuliebe verschmäht.

In der melodischen Wärme des jungen Schönberg sammelt sich außerordentliche expansive Kraft. Bald duldet es die melodischen Bögen nicht mehr in den abgezirkelten Grenzen geradzahliger Perioden und gewohnter Intervalle. Schon zu einer Zeit, da Schönberg noch tonal schrieb, wie in dem Ersten Streichquartett op. 7, in d-moll, drängt die pure Intensität des Ausdrucks darüber hinaus. Ebenso wie die gleichzeitigen Lieder op. 6 zeigt es schon explizit den eigentlich Schönbergschen Ton. Gerade an dem Ersten Quartett hat Alban Berg, Schönbergs Schüler, der selbst ein Meister wurde, in einem außerordentlich instruktiven Aufsatz, »Warum ist Schönbergs Musik so schwer verständlich?«, die Gründe der Schwerverständlichkeit Schönbergs samt deren Rechtfertigung entfaltet. Der wichtigste dieser Gründe ist die kontrapunktische Phantasie. »Jeder thematische Einfall«, so zitiert Berg den Musikhistoriker Egon Wellesz, »ist eben gleich mit all seinen Gegenstimmen erfunden«, und die Zumutung an das Publikum besteht nur darin, daß all dies »auch gehört sein will«.

Das Exzeptionelle der Kompositionsweise schon im Ersten Quartett ist das vollkommen Durchgebildete. Nichts bleibt dem Zufall überlassen, nichts plätschert in dem Musikstrom mit, sondern jede Stimme, auch jede Begleitfigur ist aufs äußerste profiliert. Was überhaupt erklingt, hat seine Konsequenz; Themen, wenn sie nicht mehr im Vordergrund stehen, werden zu Modellen für Begleitungen; Begleitungen, die erst ganz unscheinbar auftreten, sind Keimzellen späterer Themen. Dabei ist trotzdem die Plastik stets gewahrt, will sagen, die Hauptereignisse heben sich von dem Akzidentellen aufs schärfste ab. Das Akzidentelle jedoch läuft nicht unbeteiligt neben dem eigentlichen Kompositionsgang her, sondern wird durch dessen Struktur bis ins einzelne bestimmt. Daher verlangt Schönbergs Musik das Gegenteil von dem, was der Titel eines bekannten amerikanischen Radioprogramms »easy listening«, bequemes Hören, nannte: das Ohr, das nicht hilflos zurückbleiben will, muß die ganze Arbeit des Komponierens von sich aus noch einmal leisten. Die vorherrschende und von der Kulturindustrie, dem Betrieb der ganzen und halben Unterhaltungsmusik womöglich noch verstärkte Hörgewohnheit ist aber darauf geeicht, Musik mehr oder minder dekonzentriert, als Folge isolierter sinnlicher Reize wahrzunehmen. Grund ist zur Annahme, daß selbst die sogenannte klassische Musik in weitem Maß auf diese Weise konsumiert wird. Dazu trägt ebenso die Qualität des Allbekannten der immer wiederholten Werke bei wie die eingespielte und vertraute Sprache, deren sie sich bediente. Schönberg hat mit alldem gebrochen. Er verweigert die gewohnte Speise. Seine Musik gibt sich nicht mit der vorgegebenen Sprache zufrieden, sondern schöpft die eigene aus sich selbst.

Darauf wird oft rhetorisch gefragt: ist das wirklich notwendig, nicht bloß ungebändigter und unverbindlicher Individualismus? Spielt man einem Zuhörerkreis, den man in die Neue Musik einzuleiten hat, aus irgendeinem Grunde dazwischen ein paar Takte aus Beethovens Sonate op. 111 vor, so geht eine angenehme Bewegung durch die Reihen, die zu sagen scheint: wie schön; warum können wir nicht dabei bleiben, muß uns das andere denn wirklich zugemutet werden? Das ist in der Tat die zentrale Frage. Historismus, der Hinweis auf die Entwicklung, die es dahin brachte, reicht nicht aus. Denn nirgends steht geschrieben, daß ihr Gang ohne weiteres auch ein Maß höherer Wahrheit enthalte. Man muß schon versuchen, von der Sache her zu antworten. Die Musik, in der wir noch unmittelbar leben – und die beginnt eben doch mit Bach – laboriert von Anbeginn an einer inneren Schwierigkeit, einem Widerspruch. Auf der einen Seite ist sie in ein System, das der Dreiklänge, der Tonarten und ihrer Verhältnisse, eingespannt. Auf der anderen sucht das Subjekt in ihr sich auszudrücken, will anstelle jeder ihm bloß äußerlich gesetzten Norm die Gesetzlichkeit aus sich selbst heraus zeitigen. Gewiß darf man sich das Verhältnis zwischen Tonalität und Komposition, zwischen dem 350 Jahre lang mehr oder minder geltenden System und der Subjektivität nicht nur als einen Widerspruch vorstellen. Die Tonalität hat sich im Laufe der Jahrhunderte durch das Ausdrucksbedürfnis des Subjekts immer mehr gewandelt, so sehr, daß etwa von den harmonischen Einzelereignissen her gesehen der Schritt von den kühnsten Partien der Straussischen Elektra zu Schönberg nur recht gering erscheint. Umgekehrt sind die Impulse der Komponisten selbst durch die Tonalität bestimmt worden. Die mächtigsten Formtypen, welche die Musik auskristallisiert hat und in denen sie sich erfüllte, Fuge und Sonate, sind bis ins Innerste von der Tonalität erzeugt. Trotzdem haben gerade die großen Komponisten immer ein Ungenügen gefühlt an dem ihnen äußerlichen, zwangshaften Moment der Musik, das hemmte, was sie eigentlich von sich aus wollten. Die höchsten voll polyphonen Werke Bachs, wie das Wohltemperierte Klavier, die Kunst der Fuge und einzelne Stücke aus dem Musikalischen Opfer, bezeugen dies Ungenügen. Bach hat deshalb auf die zu seiner Zeit schon archaischen polyphonen Künste der mittelalterlichen Niederländer zurückgegriffen, um kraft der vollkommenen Durchbildung aller Stimmen, die bei ihm noch in den Tanztypen sich wahrnehmen läßt, die Schwerkraft des Schemas aufzuheben, so daß die Musik gleichsam nichts einem verdankt, das sie nicht jetzt und hier selber wäre.

Diese Tradition, die unmittelbar nach Bachs Tod wieder verschüttet wurde, und der durch die Jahrhunderte ein Hang zur Dissonanz entsprach, hat der späte Beethoven nochmals aufgenommen und dann wiederum Schönberg. Dieser aber mit einem entscheidenden Unterschied. In der traditionellen Musik, und gerade bei den großen konstruktiven Komponisten wie Bach, Mozart, Beethoven, Brahms, war immer noch etwas wie ein Ausgleich zwischen dem Schema und dem je Einmaligen der durchkomponierten Musik angestrebt. Dadurch ergab sich eine merkwürdige Doppelheit der Struktur. Eine liegt an der Oberfläche. Es ist die, welche von den üblichen Analysen nach dem Generalbaßschema, der Modulationslehre und der Formenlehre erreicht wird und in den allgemeinen Verhältnissen der Tonalität sich erschöpft. Darunter aber findet sich die zweite, von Schönberg subkutan genannt, eine Struktur unter der Haut, welche das Ganze aus seinen spezifischen Keimzellen ableitet und die tiefere, wahre Einheit überhaupt erst hervorbringt. Diese innere Struktur allein macht etwas über die eigentliche Qualität aus, aber gerade sie wird von den meisten Hörern bei der traditionellen Musik kaum wahrgenommen. Sie wird wesentlich definiert von dem, was man thematische Arbeit nennt, was sich ursprünglich aus der Ökonomie der Motivtechnik in der Fuge entwickelte und dann vor allem in den Sonatendurchführungen sich entfaltete. Meister wie Brahms schrieben schon kaum mehr eine Note, die nicht thematisch, nicht auf ein latentes Grundmaterial bezogen wäre. Heinrich Schenker, im übrigen ein abgesagter Feind der modernen Musik, hat diese subkutane Struktur vor allem bei Beethoven erstmals herausgeschält.

Das Ereignis bei Schönberg nun ist nichts anderes, als daß das Subkutane durchbricht, daß das Innere nach außen gestülpt wird. Das erklärt, warum es der Schönbergschen Anstrengung und der seiner Hörer bedarf. Dem künstlerischen Ingenium ist es auf die Dauer nicht erträglich, sich nach zwei nebeneinander herlaufenden, mehr stets voneinander sich entfernenden Gesetzen, dem von außen kommenden traditionellen und dem je eigenen, zu richten. Es trachtet, das ihm von außen Auferlegte, das keineswegs sinnlos und zufällig war, aber allmählich verblaßte, ganz in das Inwendige umzuschmelzen. Schon bei Bach, sicherlich bei Beethoven war die Balance prekär, und die Abgründe des letzten Beethoven sind die der Unversöhnlichkeit der beiden Prinzipien. Sie bewog Beethoven dazu, schließlich auf den Schein der Versöhnung zu verzichten und lieber das Urgestein der Tonalität und die beseelenden subjektiven

Elemente schroff, unvermittelt einander entgegenzustellen. Bei Schönberg aber, der das ganze Erbe der Romantik in sich trug, ist die subjektive Differenzierung und vor allem der Drang, nur das durchzulassen, was er von sich aus ganz zu füllen vermag, ins Extrem angewachsen. Er ist nicht nur als konstruktiver Musiker der Vollstrecker der Beethoven-Brahmsischen Tradition, sondern ebenso auch der von Wagner, von dem er ja, nach den üblichen Stilbegriffen, ausgeht. Der ihn selbst überwältigende Ausdruckszwang verwehrte ihm gleich den Expressionisten seiner Generation jeden Kompromiß mit dem traditionellen Schema. Daß Schönbergs Musik das Innere nach außen stülpte, heißt vor allem, daß ihm alles Schmückende, Ornamentale, nicht rein zur Sache Gehörende unerträglich war, etwa wie in der Architektur seinem Freund Adolf Loos, der die ersten Parolen ausgab für das, was man heute Sachlichkeit nennt. Schönberg empfindet buchstäblich die musikalische Außenstruktur schon als falsche Fassade, und sie muß fallen, damit das funktionell Notwendige hörbar wird.

Zudem war das Ausdrucksmoment als solches, das ihn ursprünglich beherrscht, seit den Ursprüngen der neueren Musik mit der sogenannten Dissonanz verbunden. Je mehr die Konsonanzen zu bloßen Bausteinen des tonalen Schemas herabsanken, desto vollständiger ging die Kraft des subjektiven Ausdrucks an die Dissonanz über. Wer begreifen will, was Schönberg nötigt, die musikalische Fassade zu beseitigen, der muß sich einmal eines jener frühen Lieder von ihm anhören, in denen der Ausdruck mit vorher nicht gekannter Direktheit sich kundgibt, anstatt zu ornamentieren, und wo dann Dissonanz und dichte Konstruktion sich zusammenfinden, etwa die »Lockung« aus op. 6. Dies Lied ist nicht einmal polyphon, sondern ähnelt eher dem Brahmsischen Typus mit motivisch durchgeformter Klavierbegleitung. Aber obwohl nicht vielerlei komplexe Stimmen gleichzeitig zu verfolgen sind, läßt sich dem Lied nicht leicht folgen, wofern nicht die Intensität des Ausdrucks darüber hinwegträgt. Das hat seinen Grund darin, daß bei Schönberg nicht nur das Gleichzeitige, sondern auch das Aufeinanderfolgende viel dichter gearbeitet, viel mannigfaltiger ist als in der traditionellen Musik. Seine Allergie gegen das Mechanische betraf vorab äußerliche Symmetrie und Wiederholung. Das Prinzip der thematischen Arbeit, dem alles bei ihm gehorcht, erheischt unablässige

Variation. Selten formt er einfache durchlaufende, undurchbrochene Themen, und er verschmäht bei ihrer Konstruktion das bequeme Mittel der handgreiflichen Sequenz. Meist fügen sich die Themen in sich selbst bereits aus kontrastierenden Einheiten, die durch motivische Beziehungen miteinander verbunden sind. So besteht die Einleitung des Liedes aus drei kurzen Phrasen, die zwar miteinander aufs engste verwandt sind, aber doch aufs schärfste kontrastieren: erst das aufsteigende Hauptmotiv, dann eine Art von Nachdrängen, Nachstoßen, schließlich ein gleichsam kadenzierendes Schlußsätzchen, das in einen Halbschluß mündet und zu dem Beginn des Gesanges leitet. Nicht anders gebaut, ebenso unregelmäßig sind dann die Themen beim reifen, radikalen Schönberg, nur daß jetzt die letzten tonalen Pfeiler fehlen. Eigentlich war der Schritt, dessen es bedurfte, um zur Atonalität zu gelangen, gering; das Wesentliche ist schon in den tonalen Stücken enthalten. Schönbergs der Brahmsischen und Mahlerschen Liedtradition verbundene Musik brauchte sich nur zu schütteln, um als das sich zu enthüllen, wofür sie heute gilt.

Schönberg bewies in seinem Verhältnis zur Tonalität besondere Empfindlichkeit. Stets scheute er sich, den tonalen Schwerpunkt durch die üblichen und nun wirklich abgenutzten Mittel der Kadenz, also die Folge der vierten oder einer ihr entsprechenden Stufe, der Dominante und der Tonika, herzustellen. Diese Empfindlichkeit war in mehr oder minder hohem Grad vielen Komponisten seiner Generation gemeinsam. Nur hat er die vollen Konsequenzen daraus gezogen. Er begnügte sich nicht, wie etwa Richard Strauss, mit überraschenden Effekten der Akkordfolge, mit Pointen anstatt von Kadenzen, sondern umschrieb die Tonalität, erzielte die Wirkung der Tonart mit konstruktiven harmonischen Mitteln, mit immer frischen kräftigen Stufen, wie sie bereits beim Diatoniker Brahms ihre Rolle spielen. Die tonalen Relationen spannen sich aufs äußerste, indem sie das Tonalitätsprinzip selbst aus den kompositorischen Ereignissen rein noch einmal hervorbringen. Damit aber werden diese so gekräftigt, daß sie der tonalen Haftpunkte bald überhaupt nicht mehr bedürfen. Wagnerische und Brahmsische Tendenzen vereinend, hat Schönberg die sogenannten Nebenstufen immer mehr hervortreten lassen, schließlich auch den chromatischen Akzidentien der Tonart den Charakter kräftiger Fundamentschritte verliehen. Am Ende wurde jeder Klang autonom, alle Klänge gleichberechtigt und die Vorherrschaft des tonischen Dreiklangs gestürzt. Die Innenspannungen der Musik zerreißen die Hülle der Tonalität und vieles, was mit ihr verwachsen war. Ohne den Widerstand dieser Hülle hätten sie kaum die Kraft und Konzentration erreicht, mit der sie nun sich manifestieren.

Nachdem die Musik der Hülle aber einmal ledig ist, öffnet sich wirklich etwas wie das musikalische Reich der Freiheit. Es ist eines der Rätsel des musikalischen Bewußtseins der Menschen, daß nur die wenigsten dieser Freiheit sich zu freuen wagten. Kaum, daß sie gelungen war, erhob sich ein fataler Ruf nach neuen Bindungen, als hätte nicht der offene Horizont des Möglichen, den Schönberg erschloß, der Musik das Glück einer vorher nie geahnten Fülle der Phantasie beschert; als hätte nicht erst eigentlich in dieser befreiten Musiksprache die Musik jene Jugend erlangt, die Busoni ihr nachrühmte, und die man dann gerade im Namen der Jugend so gerne verleugnet. Wenn der Name Neue Musik mehr als eine chronologische Bezeichnung ist; wenn in ihm wirklich etwas von Utopie mitschwingt, dann gebührt er jener Periode des emanzipierten Komponierens, die Schönberg ums Jahr 1907 inaugurierte. Sobald einmal der Konflikt zwischen dem subjektiven Impuls und der musikalischen Sprache beseitigt ist, erlangt die Musik eine zweite Unmittelbarkeit, die zuweilen an den radikalen Primitivismus der Fauves und anderer avancierter Malerei aus dem ersten Jahrzehnt des zwanzigsten Jahrhunderts mahnt. Die Ausdrucksskala erweitert sich: Schönberg findet Klänge und Schattierungen für Erfahrungen des Fremden, nie Betretenen, die den geronnenen Gefühlsstereotypen der bisherigen Musik, auch den Ausdrucksklecksen bei Richard Strauss noch gänzlich versagt waren. Der letzte Satz des Zweiten Streichquartetts, das erste vorwiegend atonale Stück, in dem Schönberg symbolisch auf die Vorzeichnung einer Tonart ganz verzichtete, blieb der unübertroffene Prototyp solcher Freiheit. Das Gedicht, das er für den Satz wählte, die »Entrückung« aus Georges »Siebentem Ring«, ist die Darstellung einer Ekstase, die den Dichter über die Schranke der Individuation herausführt. Die letzten Zeilen lauten: »Ich steige über schluchten ungeheuer, / Ich fühle wie ich über letzter wolke / In einem meer kristallnen glanzes schwimme – / Ich bin ein funke nur vom heiligen feuer / Ich bin ein

dröhnen nur der heiligen stimme.« In solcher geistigen Landschaft trägt diese Musik sich zu; und sie trägt sie in sich selbst.
Die Künste der thematischen Arbeit, welche die subkutane Struktur ausmachten, treten zunächst nun ganz zurück. Schönberg überläßt sich rein dem Augenblick, reiht in buntestem Wechsel Gestalten aneinander, die zu formulieren er in der strengen Schule der variativen Arbeit gelernt hatte. Die Kontraste, die auf knappstem Raum sich zusammendrängen, werden größer, als man sie je kannte, so als machte die gewohnte musikalische Logik einem Verfahren freier Assoziation Raum, wie es Schönbergs Landsmann Freud um dieselbe Zeit als Weg ins seelisch Subkutane, ins Unbewußte, erschloß. Das ist das Auffälligste etwa am Anfang des berühmt gewordenen ersten Klavierstücks aus op. 11. Es fällt in die gleiche Periode wie der Quartettsatz »Entrückung« und die Georgelieder op. 15. Aber Schönberg hat auch in dem Sinn gegen Wiederholung sich gesträubt, daß er niemals den Typus und die geistige Gestalt eines Werkes dupliziert. Das vielleicht mehr als alles definiert seine Unerschöpflichkeit: eine nicht von Anwendungen sondern von Urbildern, wie sie die Musik vor ihm wohl nur in Beethoven erlebt hat. Im Drang, nackt und unverstellt die Sache selbst zu geben, hat Schönberg in den Klavierstücken das poetische Element des Komponierens, den Zauber, nach Benjamins Ausdruck die Aura, geopfert, die im Zweiten Quartett wie zum Abschied leuchtete. Die Suche nach dem Subkutanen führt ihn zu einer Art von Ausdrucksprotokoll, die fast nüchtern, perspektivelos, ohne alles Verklärende dem Hörer gegenübertritt und ihn erschreckt. Dieser Übergang, der Umschlag des expressionistischen in ein sachliches Komponierideal, macht es wohl, neben den technischen Aspekten, den traditionell Befangenen am schwersten, den reifen Werken Schönbergs gerecht zu werden. Hier wird verweigert, was man von Musik als der zauberischen Kunst seit Shakespeares Tagen zu erwarten sich gewöhnt hat: Trost. Im Zeitalter ihrer Mündigkeit beansprucht sie nichts mehr zu sein als Stimme von Wahrheit, ohne Stütze beim Gewohnten, aber auch ohne den Trug von Lobpreisung und falscher Positivität. Die Kraft dazu, nicht die Illusion ist ihr Tröstliches. Man könnte sagen, Schönberg habe das alttestamentarische Bilderverbot auf die Musik übertragen; das befremdet an seinem Ton.

Dies Verbot hat aber auch seinen technischen Aspekt. Das tröstende Element der Musik, das Gefühl der Geborgenheit ging aus von ihrem umfangenden Gefüge, einer allumfassenden, integralen Architektur, bewirkt durch Formkonstruktion und thematische Arbeit, durch die Tuchfühlung aller Teile mit allen, die Verwandtschaft sämtlicher Elemente. In den Klavierstücken op. 11 und in einer Reihe anderer Werke, deren folgerichtigstes wohl das Monodrama »Erwartung« ist, hat Schönberg, der zuvor die Kunst der thematischen Arbeit aufs höchste steigerte, auf sie ganz verzichtet. Überhaupt bewegt seine Entwicklung sich in Gegensätzen; niemals verließ er sich auf das, was er erworben hatte. Nicht länger ist seine Musik wie mit eisernen Klammern zusammengehalten. Sie atmet aus. Ihre Form komponiert sich aus dem unwillkürlichen Zusammenhang der Augenblicke. Das aber wiederum zeitigt Schwierigkeiten ungewohntester Art. Nicht nur fällt, geistig, das affirmative, bestätigende Element weg, sondern das sinnliche Ohr muß lernen, völlig Kontrastierendes, scheinbar aphoristisch Unverbundenes zusammenzuraffen, gleichsam mit der Musik mitzuspringen. Die einzelnen musikalischen Gestalten liegen viel weiter auseinander als je zuvor. Die Einheit wird eine von Extremen. Man muß das Formgefühl dafür schärfen, wie etwa eine geschlossene Melodieführung plötzlich von einer völlig aufgelösten Figur abgelöst wird, welche Notwendigkeit dabei waltet, wie aus schroffen Kontrasten eine musikalische Phrase sich formt. Mit dieser Verfahrungsweise greift Schönberg, überraschend genug, auf Mozart zurück, der im Gegensatz zu Beethoven die einzelnen Themen oft aus derart kontrastierenden Motiven addiert. Bei Mozart werden die Kontraste durch Tonalität zusammengehalten, bei Schönberg fehlen die Brükken. Nichts hilft, als ohne Vorbehalt die innere Synthesis des einander Widersprechenden zu vollziehen. Diese Anforderung ist untrennbar verbunden mit der Idee des Expressionismus, welche die Werke dieser Periode inspiriert. Schönberg setzt den Ausdruck eines Seelischen jenseits der mittleren Alltäglichkeit frei. Zwanzig Jahre, ehe man das Wort Grenzsituation erfand, dringt seine Musik dorthin, in einen Bezirk, den der Betrieb der verhärteten Kultur noch nicht beschlagnahmt hat. Schönbergs Musik ist kein Normalzustand. Sie trägt sich zu in einer Sphäre, über der sonst Tabus liegen und an welche die konventionelle Kunstsprache nicht heran-

reicht: jäh wechseln unbändiger Ausbruch und Zartheit aus jener Legende, welche die entschwebende Seele dem aufflatternden Falter vergleicht. Nach Schönbergs eigener Formulierung sagt solche Musik etwas nur durch Musik Sagbares. Solchen Geistes ist etwa das letzte Klavierstück aus op. 19, das Schönberg 1911 am Tag des Begräbnisses von Gustav Mahler niederschrieb: zugleich Vorbild aller Musik seines Schülers Anton von Webern.
Auf jeder Stufe sind in Schönberg Kräfte polaren Wesens am Werk: die des fessellosen, befreiten, authentischen Ausdrucks und die einer Durchkonstruktion, die noch das letzte Detail, die flüchtige Regung in sich hineinzieht. Diese beiden Stämme seiner Musik haben, wie Anschauung und Denken bei Kant, eine geheime gemeinsame Wurzel, die der musikalischen Spontaneität, die sich nichts vorgeben, die alles bloß sich selber verdanken möchte, die Totalität ebenso wie das Einzelne, den Einfall ebenso wie die große Form. Wie aber diese divergierenden Momente im Tiefsten demselben Impuls entwachsen, so hat Schönbergs Musik an ihrer Wiedervereinigung gearbeitet. Man könnte die Geschichte seines Werkes geradezu als den Versuch beschreiben, jene Wiedervereinigung durch die äußerste Pointierung der Gegensätze hindurch zu erreichen. Dieses Versuchs bedurfte es. Denn wie für jeglichen Fortschritt ist auch für den musikalischen ein Preis zu zahlen. Musik hat als eine ihrer unabdingbaren Aufgaben die Bewältigung der Zeitdimension durch Artikulierung. Sie tritt zurück, solange Musik sich ohne Vor- und Rückblick der reinen Gegenwart, bar aller Wiederholungsarchitektur, anvertraut. Daher denn die befremdende Kürze der Klavierstücke. In der Periode der freien Atonalität, in die sie fallen und die wohl die höchste Steigerung von Schönbergs Produktivkraft brachte, hat er daher vielfach, um die Artikulation längerer Zeitstrecken zu leisten, das gesungene und gesprochene Wort zu Hilfe geholt: in den Liedern op. 15, 20 und 22, in den beiden Bühnenwerken »Erwartung« und »Glückliche Hand«, schließlich in den Melodramen »Pierrot lunaire« und in dem unvollendeten Oratorium »Die Jakobsleiter«. Eine Ausnahme sind lediglich die Orchesterstücke op. 16, wo er auf das nun völlig emanzipierte musikalische Material zum ersten Mal die subtilen Künste der thematischen Arbeit übertrug, die er in den beiden ersten Quartetten und der Ersten Kammersymphonie so hoch gesteigert hatte.

Von hier aus läßt sich begreifen, was die Zwölftontechnik, in der Schönberg während der letzten dreißig Jahre seines Lebens komponierte, bedeutet. Sie ist nichts anderes als die Synthese eines völlig freigesetzten, von tonalen Rudimenten gereinigten Materials mit dem ebenso konsequent gehandhabten Prinzip der thematischen Arbeit oder, wenn man will, dem Primat der Variation: eben jener Versuch also, die beiden Grundintentionen Schönbergs, die sprengend-antikonventionelle und die bindend-konstruktive zu ein und derselben Verfahrungsweise zu synthesieren. Darauf allein, nicht auf angeblich mathematische Operationen kommt es an. Jetzt wahrhaft wird gleichsam jede Note thematisch. Wo aber alles thematisch ist, verliert der Begriff des Thematischen, gegenüber dem bloßen Übergang oder der unverbindlichen Episode, seinen Sinn; nichts mehr ist thematisch, nämlich mehr thematisch als anderes. Diesem Sachverhalt wird die Zwölftontechnik gerecht. Sie kennt keine freie Note, keine, die nicht ihren Platz im Zusammenhang der jeweils aus zwölf verschiedenen Tönen gebildeten Reihe hätte, die jedes Zwölftonstück individuell trägt. Aber diese allherrschende thematische Arbeit ist nicht länger, wie in den früheren Werken und wie in der Tradition des Wiener Klassizismus, der Inhalt der Komposition selbst, sondern einzig deren Voraussetzung. Sie ist ein Organisationsprinzip, dem die Musik unterworfen wird, ehe sie nur anhebt. Daher ersetzt die Zwölftontechnik nicht, wie man immer wieder fälschlich behauptet, die Tonalität. Sie ist nichts, was zu bemerken wäre und was bemerkt werden sollte; im Gegenteil, würde die Reihe als solche hervorstechen, so gestattete sie einen kunstfremden Blick in die Werkstatt dort, wo lediglich das Gebilde für sich selbst einstehen soll. Die Vorformung vollzieht sich derart, daß nicht etwa einfach die Reihe immer wieder abgehaspelt wird – auch das wäre ein bloß Äußerliches und Mechanisches –, sondern daß sie all den Abwandlungen unterliegt, die eine höchst entwikkelte Variationstechnik ermöglicht. Manche dieser Abwandlungen datieren auf Verfahrungsweisen der alten niederländischen Polyphonie wie den Krebskanon zurück. Der Zweck des Ganzen, seine einzige raison d'être aber ist, daß man mit einem für jeden Fall aufs strengste präformierten Material nun ganz frei und ungebunden komponieren kann, ohne daß die Gefahr der Dissoziation bestünde; in weit gespannten, großen formalen Bögen, die tragfähig sind, bar aller Anleihen bei traditionellen Formtypen. Schönberg, der Konstrukteur, ordnet das Material; Schönberg, der Komponist, stellt es ganz in den Dienst der jeweiligen Kompositionsintention. Wird, wie in den Bestrebungen mancher junger Komponisten, die aus der Zwölftontechnik nichts herauslesen als ein Rationalisierungsschema, dieser Zweck, also die Herstellung eines Mediums für völlig freien Ausdruck, vernachlässigt, so versäumt das Ganze seinen Zweck und entartet in Fetischismus. Die Genialität Schönbergs aber ist der Versuchung, die Technik zum Selbstzweck zu erheben, trotz seiner beispiellosen Verfügung über das Material niemals erlegen. Von späteren, jene Technik weitertreibenden und sie wiederum aufhebenden Tendenzen ist hier nicht zu reden.

Die Schwierigkeiten, die Schönberg zu bestehen hatte, lassen sich kaum übertreiben. Noch einmal hat er, wie stets wieder in seinem Leben, vergessen müssen, was er konnte, um es wahrhaft zu können. Das erste in reiner Zwölftontechnik geschriebene Stück, das er publizierte, ist ein Walzer, der heute fast kantig unbeholfen klingt und darum doppelt rührend. Aber dabei ist es nicht lange geblieben. Nachdem Schönberg in einem seiner sprödesten Werke, dem Bläserquintett, sein polyphones Vermögen dank der Zwölftontechnik bis zu einer Art erneuertem reinem Satz gesteigert hatte, erwarb er sich die freieste Verfügung auch über jene. Die wichtigsten Zeugnisse der Bemühung darum sind die Kammersuite op. 29, das Dritte Streichquartett und die Orchestervariationen op. 31. Dies eine Mal, als er begann, das ganze musikalische Material umzupflügen, suchte er Schutz bei älteren, traditionellen Formen und berührte sich von fernher mit dem Neoklassizismus der zwanziger Jahre: es gibt Giguen, Rondos – im Dritten Quartett ein fast paradigmatisch überdeutliches –, Variationensätze. Daraus resultieren gewisse Widersprüche, da ja die traditionellen Formen dem Sinn nach auf eben die Tonalität bezogen waren, deren Spur durch die Zwölftonordnung des Materials ausgelöscht wird. Überdies scheint es mit der ästhetischen Ökonomie nicht ganz vereinbar, daß Leistungen, die in die Ordnung des Materials vorverlegt und dort erledigt sind, im Vordergrund eines offen thematischen Komponierens verdoppelt werden. Schönbergs unversiegliche Kraft hat auch dem sich gestellt. Schon der mächtige erste Satz des Dritten Quartetts hat trotz seines Sonatenumrisses mit traditionellen Formen kaum etwas zu tun, wird aber, seltene Ausnahme bei Schönberg, durch eine unablässig variierte Ostinatofigur zusammengehalten. Wiederum hat Schönberg in Vokalkompositionen das drohende Übergewicht der eigenen Technik gebannt; in der metallisch blitzenden komischen Oper »Von heute auf morgen«, und dann in »Moses und Aron«, dem biblischen Werk, von dem er zwei Akte Anfang der dreißiger Jahre vollendete. Danach kehrte er zu dem zurück, was sich heute doch wohl als sein Eigenstes erweist, der am Typus des Streichquartetts genährten Instrumentalmusik. Die souverän behandelte und dadurch schon wieder unauffällige Zwölftontechnik faßt mächtige Formen zusammen, die mit den bekannten zwar die Fermente des Sinn schaffenden musikalischen Zusammenhangs gemein haben, jedoch nichts Schematisches mehr. Am exemplarischsten ist vielleicht das Vierte Quartett, von dessen vier Sätzen ein jeglicher den Geist der traditionellen Quartettsätze rein ausprägt. Der erste Satz ist entfesselter Sonatengeist, der zweite entspricht einem Intermezzo, der dritte, Adagio, bringt eine Doppelfolge von offenem Rezitativ und geschlossenem Lied, der letzte beschwört spielend und unpedantisch das Rondo. Der leidenschaftliche Ton des Adagios ist der des Widerstandes gegen das Grauen, das in Europa herrschte, als jene Musik in Amerika geschrieben wurde.

In den allerletzten Stücken dann knüpfte Schönbergs Zwölftonmusik unmittelbar an seine kühnste, die expressionistische Phase wieder an. Vom Streichtrio sagte er halb im Scherz, er habe seine ganze Krankheit nebst Krankenpfleger hineinkomponiert. Der »Überlebende von Warschau« ist neben Picassos Guernica wohl das einzige Kunstwerk der Epoche, das ihrem äußersten Entsetzen ins Auge zu sehen vermochte und doch ästhetisch verbindlich geriet. Daß Schönberg noch in einer Situation, in der die Möglichkeit von Kunst selbst bis ins Innerste fragwürdig wurde, Musik schuf, die nicht angesichts der Realität ohnmächtig und eitel dünkt, bestätigt am Ende, was er einst begann.

1955/1967

Berg and Webern – Schönberg's Heirs

The dimension which the development of Arnold Schönberg's style follows, is depth rather than breadth. Not that he has ever lacked abundance of natural gifts as the abstract programmatist would have us believe. On the contrary: no other man living has such riches at his disposal; none has so completely utilized the elements of the composer's material – melody, and harmony, counterpoint and formal structure, orchestration and instrumental timbre. But all these elements are grasped and shaped from the center out. Thus they interpenetrate in a process of condensation which ruthlessly eliminates the possibilities of composition that lie on the periphery of his stylistic development and are not completely carried along in the main current of its flowing stream. Inexorably narrow is the bed of this stream, like a canyon dug through the flats of musical production. Not many of his works correspond to each logical step of his development, sometimes only one. When the possibility of a whole new music arises, he contents himself with presenting an outline as a sample, worked out once, in order that he may attack the new technical problems which grow out of it. Plans for complete works well on their way to conclusion vanish when the idea of the piece in question has been realized. Thus a piano quintet and a second great chamber symphony have remained unfinished.

This gives the work of his pupils functions incomparably more important than those of the Wagner epigones, who have nothing more to add to the extensive and richly repetitious music of their master. With Schönberg the creations of his followers is necessarily the stage on which his own are linked to the broad stretch of musical history. This is attested by their close adherence to his music; they owe him not a vague variety of style and technical means, but the strict basis of musical knowledge. At the same time he demands the greatest independence so that they may concretely fulfill what he offers as a possibility, realizes but once, and which can survive only when their own substance fills in the outlines of his pattern.

Therefore it is not surprising that in the face of this double requirement of the most loyal discipleship and most resolute independence, there are very few who hold their ground. Though the pedagogue Schönberg has influenced musical creation today to a degree difficult to estimate, though he has trained a whole generation of conductors, few of his pupils have survived as composers. Only Berg and Webern remain, both but a decade younger than himself, both associated with him throughout their lives. They are in the strictest sense his pupils, and yet at the same time autonomous composers. If one adds to this generation Horwitz, perhaps, then from a wider circle, Jemnitz, of the younger ones Eisler, and more recently Zillich and Skalkottas, the number of the disciples of Schönberg seriously to be considered as composers, is exhausted. They all began in the closest relation with him, they obtained their independence not by freeing themselves from his style, but by following the demands which grew out of technical association with the master without worrying about their own »personality.«

Berg and Webern represent the extreme poles of Schönberg's domain. Their development is oriented from single works by him, the problems of which each has extended to his own compositional landscape. Berg begins with the *Chamber Symphony*, Webern with the »released« style of Opus 11 to Opus 20. It should be pointed out here that the form of the »short« pieces, as it appears in Schönberg's piano work, Opus 19, and in the *Herzgewächsen*, was elaborated in its purest development first by Webern and only later by Schönberg himself. However this proves little since the technical problem of this style is already formulated in the last piano piece of Opus 11; on the other hand it is also found in the early works of Webern, as in the double canon, *Entflieht auf leichten Kähnen*, which is still written in a restricted tonality, and is found in the Webern pianissimo, tender, floating, a gentle monologue.

But to gain an insight into the style of Webern and Berg it is advisable not to begin with the question of independence, because independence does not lie on the surface of style but in the secret depths of its content. The homogeneity which Berg and Webern share with Schönberg is determined by a common level of knowledge prescribing the radical patterning of all elements of composition, the shaping of which gives them common earmarks of style. Berg and Webern both may be said to present commentaries on Schönberg, and by reason of this are assured of a place in the totality of history. Berg unites him with Mahler on one hand and on the other with the great music drama and legitimizes him from this point. Webern pursues to its furthest extreme the subjectivism which Schönberg first released in ironic play in *Pierrot*. He is the only one to propound musical expressionism in its strictest sense, carrying it to such a point that it reverts of its own weight to a new objectivity. Neither excursion is bound to the work of the master; in actual creation the original nature of the interpreter comes to light, just as in the great commentaries of philosophical literature, those of Plato and Aristotle, for example, the personality of each author breaks through the text.

Berg's Opus 1, the *Piano Sonata* – which consists simply of a sonata movement without in the least embracing the many-movement scheme – appears at first glance to be a parergon to Schönberg's *Chamber Symphony*. The melody and harmony in fourths, the structural function of the whole-tone scale, even the transition theme point plainly in that direction. Deeper still is the connection between the inner construction of the piece and that of the *Chamber Symphony*. It presents short patterns and extends them by setting small variations one after the other. In this way the sonata form is permeated with the variation form and the development principle achieves complete primacy in the sonata. Nevertheless the differences are obvious. Not merely in a certain sweetness of the harmony which frequently imposes the whole-tone chord on major ninths and imparts greater significance to the ninth than Schönberg ever did, suggesting Debussy, Skrjabin and even Reger. This harmonic sweetness, which at times frankly exploits the erotic Tristan quality, is not fortuitous. It is conditioned by a harmony essentially chromatic, which does not set forth the independence of neighboring tones so decisively as does Schönberg, but imposes the new chords upon a Wagnerlike continuo on the leading-tone. This is even clearer in the first three songs from Opus 2, which are built less rigidly than the *Sonata*. Berg's harmony frees itself wholly from the hidden constraint of tonic and dominant. But something essential was adumbrated in this compulsion; it might be called Berg's principle of the infinitesimal; the principle of the smallest transition. Schönberg from the outset, on the basis of incessantly changing and contrasting figures, develops a principle of construction which is dominant even throughout the continual motive transformations and transitions of the *Chamber Symphony*. With Berg, however, the principle of transition, of imperceptible transition, takes precedence from the start, and the residue of harmony based on tonal cadences, which his music contains to this day, is nothing but an indication of this principle. The units of which his music is built up are (it might be said) infinitely small, and, as such are interchanged at will regardless of their differences.

Thus Berg's music may be compared to something that unfolds like a plant. Its scheme is that of the *organism*, while with Schönberg the organic substance is fixed dialectically from the outset by the structural motive. This organic essence in Berg's music is what unites him with the nineteenth century and Romanticism. His problem is stated in such a way that it is gradually elucidated and architectonically grasped, without eliminating the primitive essence which appears in his work originally as dark, amorphous, dream-like and growing unperceived. This is not even altogether foreign to Schönberg – there is enough of it in *Erwartung*; for here both men converge on the elements of psycho-analysis. Perhaps this is not merely a coincidence in the city of Schönberg and Berg. But with Berg the organically subconscious is much less dialectic, one might almost say more Schubert-like, than with Schönberg and therefore less subdued by means of violent dynamics; it is rather sublimated by progressive realization.

The first step in the direction of this sublimation is the *Quartet*, Opus 3. More independent of the leading-tone than the *Sonata*, looser thematically, with its continual variation free of sequence, it develops the principle of the smallest transition through an imperceptible and skillful division of motives: the themes are frequently reduced to a single tone which binds them with the ensuing motive-unit. The thematic »residue« of such reduction, fitting into each transition, is a form element of the most distinguished sort. Furthermore, the formal structure of the whole, constantly repeating the process of reduction, retains certain harmonic complexes, instead of constantly introducing fresh intervals after the manner of Schönberg. Just as in the first works the interval of the half-tone, the leading-tone, is the binding agent, here the motive-particle acts as the binding agent. This principle of the smallest motive unit then evolves, in the *Pieces for Clarinet and Piano*, to a diminution of the very dimensions of the form; Berg apparently approaches Webern's expressive miniatures. But only apparently: for Webern's miniatures are based on the single occurrence of all motives, while Berg even in the clarinet pieces, clings to the principle of motive transition, thereby establishing a dynamic which requires larger forms because here the single motive never has the definite character which Webern imparts to it.

It is not surprising that in the succeeding work, Berg should depart from this type of form. His path, once intersecting Webern's, now takes a wholly different course. In the *Altenberglieder* there is a passacaglia which anticipates the principles to be laid down later in *Wozzeck*. The *Three Orchestral Pieces*, dedicated to Schönberg, one of Berg's important works, which has not had due appreciation, reveals a complete mastery of the orchestra. Here Berg's contact with Mahler is fruitfully consummated. Mahler's symphonic breadth, the concentration of brass groups, the choric richness of the woodwind movements are felt; the rhythmic character of the motives also has a relation to him. But all is presented through a wholly independent and many-toned harmony and a polyphonic style the fullness of which is scarcely equalled even by Schönberg. At the same time Berg's specific method of procedure, construction from the smallest particles and with the smallest transitions, is strictly preserved. The praeludium is given in its entirety, backwards – crab-fashion – as is the adagio of the *Chamber Concerto* later on. The march finale, whose harmonic polyphony is unequalled, is absolutely overpowering. The middle movement, composed last, a Reigen in the spirit of Mahler's scherzi, shows a certain clearing of the tonal image which achieves complete transparence in *Wozzeck*.

In *Wozzeck*, Berg's elements of form are perfectly balanced against each other through the power of an intrinsic and central conception.

Heavy, subconscious, lush abundance is made to represent heavy, unconscious human beings. The Mahler folk-lore, which was so at odds with independent atonality, here, under the domination of the dramatic idea, is transformed into a subterranean dream folk-lore, which is first revealed in its true light by the dissonant character of the harmony and the dimmed forte of the orchestra. The psychological impulse of Berg's music and the austerity of its construction are united in the dramatic form in which each moment, psychologically conceived, must be unique and unrepeatable while at the same time the totality of the work is built up. A suite, a strict symphony with a powerful scherzo (in the scene at the inn), a succession of five »inventions« which momentarily thrusts a definite composition technic into the foreground – these constitute the musical form of *Wozzeck* which at the same time retains a continuity of leitmotives and, by the ruthless exercise of the device of variation, is left free to follow the dramatic moment at will. Musical forms such as the fugue, passacaglia, song and march are fitted into the work organically. This is not the place to record the entire progression. It is the *tone* of the work which determines *Wozzeck's* rightness: the outcry of oppressed man banished to his dark dream realm, sinking without hope, demanding that human life be changed.

After the opera – to this day the outstanding masterpiece of modern musical dramatic production – Berg withdrew again to the confines of instrumental music. In the *Chamber-Concerto Wozzeck's* structural results appear in a dialogue form. It opens with variations for piano and woodwinds answered by the adagio for violin, with its symmetrical crab passage. The rondo-finale consists of both movements contrapuntalized. These powerful dimensions are masterfully handled; even the boldest combination retains its transparence.

The expressive depth of *Wozzeck* here finds an instrumental interpretation which is carried even further in the *Lyric Suite for String Quartet*, the most intimate and compact of all Berg's works. This also possesses its own formal idea: the unfolding of extremes. It has three pairs of movements: the first two, allegretto and andantino, related to each other in lyric tenderness; the next movement, a fleeting, whispered allegro and a passionate adagio, their effect enhanced by contrast; the last, rushing to catastrophe in a demonic presto and an inconsolable largo, which, after the final outburst, runs on without end. The material structure, deriving its contrasts from the twelve-tone technic and free composition, corresponds to the expressive structure. It is quite characteristic that the last movement, despite the austerity of its twelve-tone technic, still permits entry to a Tristan quotation by which Berg once again affirms his true origin. In concentration and thematic substance the *Suite* surpasses even *Wozzeck* and is assured of the most immediate effect. After this comes the Baudelaire aria, *Der Wein*, a piece of pure twelve-tone work. Berg is now preparing a second opera, once again using a great literary libretto, Wedekind's *Lulu*; it is developed out of a single twelve-tone series and its derivatives.

Like Berg, Webern is also closely related to the early Schönberg. Not, however, to the master of variations revealed in the *Chamber Symphony*, but to the harmonist of the older vocal music so rich in intervals. If Berg has carried over the Schönberg motive-technic to harmonic cadences, Webern has chosen to adopt Schönberg's evasion of the cadence. In his music, therefore, one will not find Berg's dynamics; his works may be compared rather to blind monads: it is not by chance that his music, particularly the mature pieces, cling to the pianissimo almost as fundamental support. Even Opus 1, the *Passacaglia*, is a masterpiece. The *Chorus*, Opus 2, sublimates the technic of Schönberg's *Friede auf Erden* to an ethereal, floating sound. The *Georgelieder*, Opus 3, with a wholly concealed tonality in the background, are related to Schönberg's *Georgelieder*; they dissolve the latter's contours and fully reveal Webern in the completely incorporeal piano movement. The ensuing cycle, Opus 4, also written to a text of George, the splendid *Welt der gestalten lang lebewohl*, is a somewhat more material work; the harmonic structure is broken and the characteristic melodic profile takes shape.
The first of the five movements for the *String Quartet*, Opus 5, provokes comparison with Berg's *Piano Sonata*. It is a sonata movement which has a strict thematic construction like the whole work. But whereas with Berg the construction is visible and unites the parts, in this case it is concealed. Webern manages the technic of variations from the outset in such a way that the ear can scarcely

perceive the motive relations directly, because it is confronted by an uninterrupted flow of fresh thematic material, the organization of which is passed on imperceptibly to the hearer. The dimensions are therefore incomparably smaller, the whole movement containing only a little over fifty bars. The »normal« quartet character is carried to its furthest extreme: pizzicati, harmonics, col' legno effects, divided up and therefore destroyed. The themes are split into particles, not like Berg's, laid one beside the other over an extended surface, but remaining, each one by itself, sharply defined. In the four pieces following, the form is contracted to the miniature. They also reveal (somewhat like Schönberg's *Orchestral Pieces*, Opus 16) the working out of motives, but cannot be granted any outer structure in the traditional sense; even the song form is found only in barest suggestion. They perfect the expressionistic miniature to which Webern has remained so long faithful and which is distinct in the *Six Orchestral Pieces*, Opus 6, with its moving funeral march where Webern, in his own way, for once suggests Mahler.

The ensuing group of works, wholly athematic like Schönberg's *Erwartung*, is built on the smallest dimensions, the material de-substantialized till nothing remains save a breath, a sigh. Thus the *Pieces for Violin and Piano*, Opus 7, which still have a certain melodic coherence and, in logical sequence, the *Bagatelles for String Quartet*, Opus 9, and the *Orchestral Pieces*, Opus 10 (with their overpowering emphasis on the minute), which only brush the disparate tones against each other in a twilight tenderness. Here music is subordinated to a wholly isolated subjectivity, which nevertheless achieves such a purity of perception that it has an extraordinary, moving power. In the *Cello Pieces*, Opus 11, the turning point of Webern's development, the music actually shrivels to a point, losing its time dimension. From this point it rises afresh, upheld by poetry which alone can lead it.

The *Klavierlieder*, Opus 12, reveal great curves which are at the same time strangely simple, their simplicity and expressive power having something of the sweet flavor that emanates from the shriveled fruit quality of the preceding instrumental works. In the *Chamber Songs*, Opus 14, Webern's encounter with the poet Trakl is consummated. To Trakl he is kin as he is to no other man, even though he surpasses this poet of the forsaken, echo-less self, in the force of creative objectivity by which he conquers loneliness while shaping it to his ends. The last song closes with the words *Strahlender Arme Erbarmen, umfängt ein brechendes Herz* – and nothing could more truly signalize the quality of Webern's music which even in the abyss of sorrow, in its endless sinking, safeguards an anticipation of hope. After the appearance of the Trakl songs, which to this day are his most finished work, his evangelical nature, evangelical despite his catholicism, inspired him to the production of a group of religious compositions. Their deep feeling distinguishes them from all orthodox sacred music; a true radicalism of style emerges in spite of Latin texts, unhampered by archaic tendency and the fiction of a singing congregation. The *Five Sacred Songs* for voice and five solo instruments, Opus 15, are the principal work of the group. Two particularly difficult vocal cycles: *Three Songs* for voice, E flat clarinet and guitar, Opus 18, and *Two Choruses* with chamber music accompaniment, set to poems by Goethe, Opus 19, reveal Webern's inclination toward a twelve-tone technic. They are difficult in a double sense; for performance, on account of the wide intervals which this technic imposes; for the composer, because he faces the problem of preserving his own freed style – that dispenses with any superficiality of composition, recognizes no sequence, and especially no rhythmic repetition – against the demands of the twelve-tone technic. He has succeeded: only enlightened analysis, not an acoustical impression, can distinguish Webern's works in twelve-tone technic from the earlier ones. He has filled out the gap between the independent and the twelve-tone method of procedure which Schönberg's dialectic creates. The moment that he is free in his command of the novel technic – free in the sense of his own personal expression – he returns to instrumental music. For the first time since Opus 1, he ventures to use the larger dimensions permitted by this new technic without lessening the definitive effect created by his treatment of motives as single incidents.

The two-movement *String Trio*, Opus 20, one of the masterpieces of modern music, presents a counterpart in many respects to Berg's *Lyric Suite*. As Berg in this work achieved something of Webern's tenderness of timbre, the espressivo of his units, so Webern has acquired a capacity to use the extended form, which is similiar to Berg's. Thus they approach each other at the height of their careers, as they did in their beginnings; they demonstrate that the objective content of truth in a style will not disappear in statements of individual difference. The *Trio* begins with a slower, more mobile, tenderly flowing movement. The finale has the character of a sonata, whose scheme finally melts into the expression of subjective freedom, though it retains the original image of an actual, valid sonata.

In the *Symphony*, Opus 12, the masterly disposition of material develops into an astonishing simplification of the style as a whole. It is a symphony only in a vague sense; in the use of a small orchestral apparatus and a certain objective presentation of the whole which detaches itself from Webern's expressionistic technic without being estranged from its original impulse. The first movement is an extremely skillful double canon, the second a series of variations on a quite tender, loosely woven theme, which by means of astonishing combinations condenses and simplifies, even bringing about indirect group relations. The whole achieves, through most complicated means, the impression of compelling music, flowing along naturally. A new, rich work, a *Quartet* for a selected group of chamber instruments has just been completed.

Such is the progress of development in two men of equal birth. In the strict execution of the composer's problems, Schönberg's pupils have become heirs who have inherited what they possess, and thereby carry that inheritance toward the obscure yet nevertheless certain goal of all music. The making of musical history could not be in better hands.

1930

Alban Berg

Zur Uraufführung des »Wozzeck«

Von der Schule Arnold Schönbergs reden, heißt die Wahrheit verkennen, die vom Unterricht des Komponisten nicht anders wohl als von den Werken ausging. Wenn die radikale Problematik der Beziehung von Kunst und Gesellschaft in der ganzen Breite des musikalischen Lebens jeden anderen Zusammenschluß als den der freien Wahl verwehrt, da die vorgesetzte Einheit der Schule über einer Tradition des Ästhetischen sich errichtet, deren sozialer Grund verfiel; wenn selbst Debussys Nachfolge es nicht vermochte, das glückliche Erbe jener in schmalem Raum konsistenten und geschichtlich gebundenen Kultur zu wahren: wieviel weniger doch dürfte der Lehrer Schönberg sich bescheiden in einer Sphäre der Tradition, die der Meister rechtmäßig sprengte; zu schweigen von der Unmöglichkeit, daß Tradition, den objektiven Verfall einmal zugestanden, jemals vom Einzelnen gestiftet werde, dessen tragischem Typus Schönbergs Werke exemplarisch zugehören. So entspringt denn zwar die Absicht der »Harmonielehre«, einen gediegenen Kanon des Handwerks in die Rechte der unglaubwürdig gewordenen ästhetischen Norm eintreten zu lassen, der Erkenntnis von der historischen Bedingtheit der ästhetischen Norm und der Auflösung, die heute an ihr sich vollzog, enthüllt aber zugleich die Unmöglichkeit der Konstitution einer musikalischen Schule. Handwerk nämlich, das als Handwerk vom inhaltlichen Sinn einer Kunst polemisch sich losgesagt hat, will und darf Tradition nicht bilden. Daß es sich lossagte, bedeutet den Bruch der Tradition; daß es sich einschränkte auf sich, bestätigt ihn als überpersonal notwendig, insofern dort nur, wo Gesetz und Konkretes durchaus einander fremd wurden, das Gesetz, des Sinnes bar, als Regel des Handwerks, gemindert, doch real fortbesteht. Demnach scheidet sich die Nachfolge Schönbergs, die anders als Debussys kaum je Erbe wird sein dürfen, in zwei Schichten, welche dem personalen Sinn und der guten Rechtes von Schönberg ins Handwerk gesenkten Gesetzlichkeit entsprechen, ohne sie als Schule versöhnen zu können. Alban Berg hat in Wahl zu Schönberg sich gestellt und bei ihm die Technik des Komponierens erlernt. Jedoch weder aus der Nachbarschaft der bestimmenden Intentionen, noch aus dem pädagogischen Verhältnis lassen sich die Gehalte seiner Musik ableiten. Schüler Schönbergs sein aus Wahl und entschiedener noch als in handwerklicher Treue besagt: sein Schüler nicht sein, sondern, gleich ihm, im Bruch mit aller vorgegebenen Objektivität und unter dem Zeichen der Einsamkeit zu beginnen und die Macht der Bestätigung allein in jener Wahrheit zu belassen, die Einsamkeit befahl. Je weniger indessen aus Schönberg Bergs Art deduzierbar ist, um so klarer wird sie an der Beziehung zu jenem – der musikalischen – offenbar. Hier, wo sein Selbst die schroffste Begrenzung erfährt, muß es zugleich als Selbst sich entscheiden. Im Anteil des suchenden Auges am Vorbild und in der Entfernung von ihm verbirgt sich, wie sonst etwa vielleicht im Doppelsinn der Tradition, die Anschauung des Urbildes durch den nachbildenden Künstler. Hier auch ist der Ort, von dem aus Bergs geistige Landschaft in ihren beiden Richtungen: ihrem Zusammenhang mit der Gesamtsituation und ihrer Selbstheit, nach Kontur und Weite sich überblicken und flüchtig ausmessen läßt.

Dem Handwerk, das zu sich zurückkehrt, um frei zu werden von der Belastung durch den trügenden Inhalt der Expression, bietet adäquat sich dar die Variationsform. Sie vollendet die Ökonomie des Technischen, indem sie den musikalischen Zusammenhang kontrollierbar einsichtig erweist als Abwandlung eines gleichen; ihre Gesetzlichkeit erschöpft sich im musikalischen Material oder genauer: ihr Material bedarf keiner anderen Gesetzlichkeit als der musikalischen, und ihre musikalische Totalität ist die Totalität der Beziehungen zum Thema. Gleichwohl hat auch die Variationenform kein Schicksal fern der Geschichte. Das Thema selbst ist der Geschichte untertan. Während es im Rahmen einer wie immer vorgezeichneten Formobjektivität seiend beginnt und in Variationen spielend sich verhüllt, nicht aber verschwindet, läßt es die freie Setzung nicht sein mehr, sondern werden zugleich und untergehen; werden aus der Dialektik, die es verschließt und die die Variationen entfalten, untergehen in ihnen durch den Druck jener Dialektik, die seinen Platz einnimmt, ohne dort beharren zu können. Damit wird der Bezug der Variationen, der einzig im Thema gründen sollte, dem Zufall überantwortet, mag er technisch auch völlig sichergestellt sein. Die Variationenform genügt sich selbst nicht mehr oder, wo sie höhergetrieben wird, sie widerspricht sich. Die Sonate nun empfängt sie als Durchführung. Bei Schönberg, zumal in der Kammersymphonie und im Zweiten Quartett, ergreift die Variationsdurchführung Besitz von der ganzen Sonate, die an ihr ökonomisch wird und die Variation variierend erhält. Der nur werdenden Form dient untergehend die seiende – Variation – als regulatives Prinzip. Bergs opus 1, die Klaviersonate, die ein Sonatensatz ist, zeitlich der Kammersymphonie benachbart, bildete sich im Umkreis solcher Probleme. Sie bildete sich weit eher, als daß sie gebildet wurde. Die Ökonomie der Technik in sich, die sie mit Schönberg gemein hat, kommt zu Tage an dem Gewicht, das für die Konstruktion dem Detail zugewogen ist. Kein abstraktes Schema liegt der Sonate zugrunde, sie mündet in eine Form, die, am Ende gleichsam und ironisch, als sonatenhaft sich kundgibt. Ihr Ursprung findet sich rein im konkreten Detail. Das Motiv der Variation bedarf, sich zu realisieren, kaum mehr der Variation der Motive. An Stelle des aufgelösten Kontrastes von Thema und Variation tritt die variierende Genesis der Themen selbst. Jedes Thema der Sonate ist doppel- oder mehrdeutig, entläßt das folgende aus sich oder erscheint als dessen Vorwegnahme. Alle verhalten sich wie Variationen zueinander, nur daß ihr thematisches Bezugssystem nicht aufgedeckt wird, sondern in der Zuordnung der Themen versteckt bleibt, so daß man, in Paradoxie den Sinn dieser Technik fassend, sagen darf, das Thema der Variationen sei die Form der Sonate als der Inbegriff aller zwischenthematischen Verwandtschaften, dem sonst in Variationen deren Thema eben genügt. Das frühe und reife Werk – vieles, was darin an Harmonik und Klang tektonisch hervorgebracht wurde, mochte man später bei Skrjabin in seiner Isolierung als Reizmittel bestaunen – enthält in der variierenden Sonatentechnik bereits die wichtigste Spannung von Bergs Kompositionsweise in sich. Es ist die von partikularer Motivik und symphonischer Extensität. Bergs Streichquartett opus 3 (1910) trägt sie erstmals aus. Themen, die stets ineinander sich verwandeln wollen, müssen motivisch vielfältig gegliedert sein. Eine geschlossene und geräumige Melodie bleibt, was sie ist, und ruht in sich; eine

Gruppe, aus Verschiedenartigem gebildet und aphoristisch offen, gestattet wechselnde Beleuchtung und setzt ohne Bruch sich fort. Je kleiner die Einheiten sind, in die ein Thema sich zerlegt, um so größer ist die Möglichkeit, Beziehungen aus ihm herauszuspinnen. Im Gebiete vollkommener technischer Ökonomie aber ist die Konstitution der gesamten Form durch Beziehungen oberste Aufgabe. Oft genug im Quartett neigt Bergs Verfahrungsart sich zur niedrigsten motivischen Einheit, zum einzelnen Ton, und nützt ihn, den minimalen thematischen Rest, als Mittel der Verknüpfung. Je unvollständiger indessen, unter dem auflösenden Zwange der Verwandlung, die Themen bleiben, um so dringender fordern sie als Gegenbild eine große Form, die sie, wo nicht konstituiert, wenigstens doch bekräftigend faßt. Eine Analogie gilt zwischen dieser Spannung und der Beethovenschen zwischen rhythmischem Motiv und symphonischem Satz. Aber es trifft jene Analogie äußerst formal nur das Wesen des symphonischen Musikers. Der Sinn der Spannung von Kleinstem und Ganzem ist kontradiktorisch verschieden in Situationen, die durchaus einander widerstreiten. Beethovens Symphoniesatz hat sein Fundament in der Wiederholbarkeit des rhythmischen Motivs, und umgekehrt gestattet bloß die Existenz des Symphoniesatzes, daß das rhythmische Motiv wiederholt werde. Die Spannung wird vom bestehenden Gesetz umschlossen und bringt es nochmals hervor. Mit dem Gesetz, das erlischt, geht die Wiederholbarkeit des Motivs verloren. Ja seine Unwiederholbarkeit gerade verlangt die stetige Verwandlung und mit ihr die totale Form, die nicht aus in sich fertigen Teilabschnitten abstrakt summiert wird, sondern unmittelbar in der motivischen Monade angelegt ist – jene Form, deren Garantie vordem eben die Wiederholbarkeit des Motivs war. Das unwiederholbare Motiv tritt nicht wesentlich mehr als rhythmisches auf. Der Rücksicht auf Symmetrie enthoben, der auf Verwandlung unterworfen, enthält es als Kern die melodische Gestalt. Rhythmisch markiert seinen Charakter die Einmaligkeit. Berg bedurfte, im Quartett, nur der Konsequenz, der aphoristischen Motivik die thematische Suprematie schlechthin zu gewähren, um in der vollständigen Verwandlung die symphonische Totalität zu finden, die ihm gemeint sein mag. Sie erscheint als genaues Widerspiel der Beethovenschen. Trotzdem ist die Analogie zu dieser nicht ganz müßig. An ihr läßt sich Einsicht gewinnen in Bergs Verschiedenheit von Schönberg. Bei diesem hat im Bestand des Themas die motivische Verwandlung ihre Grenze. Nachdem die Variation das geschlossene Thema zerstörte, wird für Schönberg – der sie auskristallisierte – Verwandlung nicht zur tragenden musikalischen Entität. Wohl gelangt er zur partikularen Motivik. Anstatt jedoch aus ihrer Abwandlung formbildende Kräfte zu ziehen, schließt er, anfangs gar unter Verzicht auf jegliche motivische Arbeit, die melodischen Partikeln zu Themen höherer Ordnung zusammen, die zu den aufgelösten sich verhalten wie, in der infinitesimalen Mathematik, die Ableitung zur gegebenen Funktion. Daß Schönberg das Thema nach seinem Untergang noch bewahrt, deutet auf den lyrischen Ursprung seiner Musik. Alle lyrische Musik wurzelt im Thema und wächst ohne Hülle aus ihm. Der symphonischen dagegen ist das Thema lediglich der Vorhang, hinter dem die Identifizierung von Motiv und Satz sich vorbereitet. Er fällt, sobald sie gelungen ist. In der Relativierung des Themas mag Berg mit Beethoven typisch sich begegnen. Wenn er in der Rezeption Schönbergs auf sich selbst stößt, bezeugt er die Not einer Situation, deren ontologische Haftpunkte derart verrückt sind, daß ein künstlerischer Typus, wofern ihm überhaupt die Möglichkeit gelassen, einzig durch die Erfahrung seines typischen Gegenteils manifest werden kann. Auch Schönberg benötigte die konträre Erfahrung und schrieb die Kammersymphonie symphonischeren Geistes als irgend ein anderer. Die Typik also scheint in eine bestimmende Dialektik aufgenommen, nicht mehr in reiner Sonderung erstarrt. Nicht zufällig indessen prägt sich in den Klarinettenstükken opus 4, deren Kürze es Anton von Weberns fragmentarischer Lyrik gleichtut, Bergs Wesen minder scharf aus als in den breiten Komplexen des Quartetts. Größer wirkt hier die motivisch expansive Gewalt, die über sich hinausweist, als die thematische Gegenwart, zu der sie gerann. Mit der Problematik ihres Miniaturformats, das doch erfüllt ist, bekräftigen die Stücke eindringlich genug Bergs symphonische Anlage. Nicht zufällig auch ist Bergs entschiedene Neigung zu Mahler. Sie beginnt zu fruchten in den Orchesterstükken opus 6, die seine symphonische Anlage positiv bekräftigen. Stets noch blieb man dem Werk, das nicht schwieriger ist als zu hören wichtig, die würdige Aufführung schuldig. Das dritte, eigentlich symphonische Stück, der Marsch, erklang bis heute nicht anders als zur Hälfte in einer Orchesterprobe. Der allgemeine Musikverein hat, wofern er sich nicht selber aufgibt, die Verpflichtung, die Stücke repräsentativ spielen zu lassen. Denn es geschieht darin, was gleich verbindlich nur in den Werken aus Schönbergs mittlerer Zeit geschah: die Auseinandersetzung der zur einsamen Freiheit durchgebrochenen Person mit der großen Überlieferung, der sie sich entrang und an der sie polemisch sich festigen muß. Die Auseinandersetzung geschieht im Bannkreis Mahlers. Bergs Technik der Verwandlung trifft mit der Mahlerschen genau zusammen, die im Vordergrund nur, oftmals mit dem Hohn wahrhaft symbolischer Banalität das thematische Sonderrecht verwerfend, fixierte Themen aufstellt, eigentlich aber zwischen der motivischen Zelle und dem thematisch inkommensurablen Bau waltet. Was bei Mahler, in psychologischer Wendung noch, die Banalität leistet, vollbringt konstruktiv bei Berg die partikulare Motivik, die auf thematische Fassaden gänzlich verzichtet und in die Form hinein stets von neuem sich entlädt. Daß die Beziehung zu Mahler offen ersichtlich wurde, mußte Berg nur die Technik der Verwandlung auf den Apparat eines vielfältig geschichteten und farbig ausgebreiteten Orchesters, auf die kennbaren Charaktere des rückläufigen Präludiums, des als Reigen symphonisch stilisierten Walzers und des Marsches, der Symphonie bereits ist, übertragen. Den Anfangssätzen der Neunten und Zehnten Symphonie stehen die Stücke am nächsten. Die Beziehung zu jenen stammt aus dem Ursprung der symphonischen Form und der Situation, die heute deren Problematik diktiert. Als Abhängigkeit ist die Beziehung nicht zu begreifen: sie ist Verwandtschaft, nicht Ähnlichkeit. Sie bindet Berg an die symphonische Überlieferung des neunzehnten Jahrhunderts. Sie hat ihr Ende zugleich, wo seine Intention mit der Macht des Anfangs sich ausspricht.

Denn in freier Wahl hat Berg zu Schönberg sich gestellt. Einmal noch wird die Tradition des neunzehnten Jahrhunderts aufgehoben in einer Personalität, die von ihr sich trennte: in Personalität einzugehen, trachtet jene Tradition von sich aus schon. Indem aber Personalität dies Trachten besiegelt, besiegelt sie den Untergang der Tradition. Wie beide sich verschlingen, läßt mit der Interpretierung der technischen Fakten nicht zureichend evident sich machen. Der Gegensatz von Tradition und Personalität, zu allgemein bereits als solcher angeredet, spitzt innermusikalisch sich zu als Gegensatz expressiver Bestimmtheit und technischer Autarkie und kann also in dieser allein nicht erkannt werden. Bergs Harmonik ist, wie die Schönbergs, ursprünglich Harmonik des Ausdrucks. Die Einsamkeit des Individuums, seine Leiden, seine Sehnsucht, seine lethargische Schwermut bildet sie psychologisch nach. Ihr Individualismus gerade ordnet sie der Tradition ein, der expressiven Chromatik. Er regelt die harmonische Auswahl und schafft wesentlich damit die Form. Er aber auch zersetzt sie, da er sie bloß setzt: da er die Willkür des psychologischen Bezuges als ihren Grund statuiert. Sie zerfällt in die Unendlichkeit psychologischer Momente. Mit dem Augenblick, in dem die punktuelle Harmonik und ihr konstruktives Formkorrelat von der Herrschaft der psychologischen Expression sich unter dem konstruktiven Willen emanzipieren, ereignet sich ein Umschlag. Die formkonstitutiven Bestände, deren Objektivität der psychologische Individualismus verzerrt bewahrte, versinken. Das sprengende Individuum aber hört auf, bloß Individuum zu sein. Der Beschränkung auf die Sphäre schlechter Individualität entwächst es, weil es des Zwanges sich entledigt, diese darzustellen. Hier trennt Berg geschichtlich sich von Mahler, dem er wesenhaft verwandt ist, und als freie Wahl wird seine Entscheidung zu Schönberg sichtbar. Diese Wahl erst, die Lossage vom Psychologismus durch seine Vollendung, begründet die vollendete technische Ökonomie. In jener Ökonomie erheischt sie die Verantwortung der Person angesichts der chaotisch zerspellten Formen. Deren Trümmer sind ihr Stoff; ihr Gegenstand ist verborgen. Gleich verborgen ist der Gegenstand von Büchners Wozzeck-Drama, das über den Trümmern des idealistisch unterhöhlten deutschen Trauerspiels sich errichtet. Daß man Bergs Komposition abstrakten Konstruktivismus vorwerfe, ist um der dichten Sinnlichkeit der Oper willen nicht zu fürchten. Eher fördert der Hinweis auf die technische Ökonomie die Antithesis gegen den Psychologismus, den sie zerstört. Die technische Ökonomie auch des »Wozzeck« ist Ökonomie der Verwandlung. Nicht anders ist das Verhältnis von Motivkern und Form wie etwa im Quartett oder in den Orchesterstücken. Die gleiche große Passivität, die bei dem Österreicher Berg leise und bedeutend an Schubert mahnt, läßt im »Wozzeck« wieder, von keinem Anspruch scheinhafter Autonomie durchbrochen, die Konkretion des Kleinsten und Ganzen unvermittelt geraten, das bessere Teil und geheime einer Objektivität hütend, deren lautes und falsches an ihr eben zunichte wurde; nur daß, befreit vom Zwange zu punktuellem Seelenausdruck, jene Konkretion im »Wozzeck« maßvolle Klarheit gewonnen hat. – Gefährlicher richtet sich gegen das Werk der Einwand, der es als Musikdrama in die Sphäre zurückschieben möchte, die die Oper definitiv unter sich ließ. Er stützt sich darauf, daß es der Wozzeck-Musik am psychologischen Detail so wenig fehlt wie an Seelenstimmung insgesamt. Tatsächlich steht der »Wozzeck« nicht am Ende der Dialektik, die der musikalische Psychologismus aus sich entließ – welches Werk von personalem Gewicht vermöchte das heute! – sondern spitzt sie erbittert zu, ihren Umschlag erst legitimierend. Leicht mag die Gewalt des Überganges darin als dauernd sich behaupten. Sie brachte dem Komponisten, vor dem Kriege, das Buch, längst ehe das Programm des literarischen Expressionismus im Verein mit Reinhardts theatralischer Lust am Bilderwechsel die Büchner-Mode kreierte. Nichts gestattet, es psychologisch zu nehmen, und die Betonung dessen, daß es Fragment blieb, benützt einzig die Genesis als Ausrede für die Unfähigkeit, der Art nach das Drama zu verstehen. Wohl bleibt – wie in Bergs Musik – ein psychologischer Motivationszusammenhang zwischen den Vorgängen gewahrt. Aber er macht lediglich ihre Außenfläche aus und verstellt sie eher, als daß er sie trüge. In Wozzecks krauser, dem Gegenständlichen höchst unangemessener Vorbestimmtheit zur Tat, die eher der Armut aufrührerisch verschwistert, denn vom Schicksal blind gefügt erscheint; in der fixen Ruhmesidee des Arztes, der nicht umsonst, hegelianisch, im Menschen die Individualität zur Freiheit sich verklären heißt; in der Märchenwildnis von Mariens sprachlicher Heimat; in allen Motiven, in denen der Wahnsinn die Seele niederwirft, die für sich und aus sich heraus gelten will, zerreißt die Hülle psychologischer Determinationen und es entblößt sich ein menschliches Selbst, das mit dem Worte Innerlichkeit unzulänglich und fälschend nur benannt wird. Wozzecks Satz »Der Mensch ist ein Abgrund« gebührt dem Drama als Formel, die den eigentlichen Inhalt beschwört. In den Abgrund taucht Bergs Musik. Ihn zu gewinnen, muß sie freilich erst die psychologische Außenschicht durchstoßen. Welche Wucht dabei ihr eignet, wird klar an dem Werk, das dem »Wozzeck« folgte, dem Kammerkonzert, klar an dem, was vom »Wozzeck« in jenes hinüberschlug. Die kunstvollsten Variationen, die Berg schrieb – solche nun, in denen spielend sogar ein Thema bestehen darf – das symphonischeste Adagio, rückläufig abermals gebaut, das Rondo, das beide, der Idee nach, kontrapunktiert, leiten den vollen Strom einer Musik weiter, die zu sich gekommen ist. Entstand die Sterbeszene Wozzecks aus den Verwandlungen eines sechsstimmigen Akkordes, dessen Töne alle kombinatorischen Möglichkeiten definieren, so begegnet Berg sprunglos aufs neue dem neuen Schönberg der Zwölfton-Technik im Kammerkonzert, das Partien in jener Technik enthält. Wenn es zugleich tonale Episoden hat wie der »Wozzeck«, so impliziert das, für Berg, keinen Widerspruch. Die gleiche Funktion übt bei ihm der tonale Einschlag der Akkordik, die der jüngste Schönberg der thematischen Symmetrie zuwägt. Aus der endlich selbstgewordenen Person treten die Formen hervor, an deren Untergang sie zur Selbstheit gedieh. Symbolisch erhellt Bergs Weg den der Musik, durch die er einsam sich schlug. Daß anders nicht als durch den Weg die Musik erhellt werde, symbolisiert seine Einsamkeit.

1925

Alban Bergs frühe Lieder

Die nachträgliche Herausgabe eines Frühwerks durch den Autor rechtfertigt sich allemal bloß sachlich, nicht historisch. Der Autor, dessen Werke Geschichte bilden, ist nicht der Geschichtsschreiber seiner selbst und hat nicht Aufschluß über die Entwicklung, sondern Entwicklung unmittelbar zu geben. Es soll denn auch Kritik solcher Publikationen sich eher an die Sachen halten als an ihre Stilfunktion im Gesamtœuvre des Meisters; was sie für jenes bedeuten, läßt sich nicht sowohl aus den Oberflächenmerkmalen der Formgebung zusammenaddieren als vielmehr endlich an dem ermessen, was vom Werke selber bleibt, ohne Rücksicht auf die folgenden.

Bergs frühe Lieder verführen zur stilgeschichtlichen Analyse: so keimhaft verschlossen geben sie sich; so tief sind sie eingebettet ins Musikbewußtsein ihrer Entstehungszeit; so leise durchläutet von den Signalen des Kommenden wie tiefer Schlaf von der Weckuhr und so voll der zarten Gewalt von Frühe, wie nur solches Erwachen sie bringt. Allein all dies liegt verborgener als in einer Schicht, darin Debussys Ganztonakkorde einer konturierten, ausschwingenden Melodie unterlegt werden; oder wo eine Akkordkoppelung Wagnerischer Chromatik, sequenzfrei und rein durchgeführt, einem Liede als konstruktiver Grund anstatt bloß als dynamisches Ferment gesetzt ist; auch wenn ein Lied über einer Begleitung Schumannisch-Brahmsischer Art kraft der Singstimme, die dies in sich ruhende harmonische Wesen transzendiert, in eine Weite des Seelenraums dringt, wie sie in der bürgerlichen Romantik des 19. Jahrhunderts nicht vorkam, so ist das qualitativ angesichts der eigentlichen Realität der Lieder doch recht wenig. Zwar, sie insgesamt rechnen der Ausdrucksmusik zu und man wird nicht zögern, sie romantisch zu heißen und wieder einmal zu deklarieren, der unbequeme Wozzeck sei ja eigentlich beim Tristan zu Hause, den man hier angeredet findet; womit man nun freilich der Mühe enthoben wäre, den Wozzeck gar zu neu und fremd zu sehen; und ihn in diese glorreich überwundene Vergangenheit abschieben könnte. Jedoch so bequem hat es Berg den historischen Ohren auch in diesen offen tonalen und romantisch verströmenden Liedern nicht gemacht. Ausdrucksmusik, ja; aber wer drückt sich da aus? Es ist nicht das selbstherrliche, gewalttätig erotische Selbst Wagners, von dem ersichtlich der Drang zur Nacht kommt; nicht das private Ich, sich selber Welt genug, von Brahms und Schumann; nicht auch das Ich der trauernden Nuance, der deutlich erinnerte Debussy. Der all das weiß und noch bringt, ist ein Jüngling und hat es von den Eltern gehört, aus der Kindheit mitgenommen, tastet sich damit zu seinem eigenen Laut; dies nicht genetisch nur, sondern sachlich; was er selber dabei von sich, dem Mann, der er einmal sein wird, mitteilt, gilt weniger, als wie er sich ungewiß, fragend, eine leise Stimmgabel, in den Lauten verhüllt, sich hinter sie verkriecht, die er erinnert. Der beherrschende Affekt von Bergs frühen Liedern ist die *Scham* und aus solcher Jünglingsscham, wie sie auch Gedichte zeitigen kann, die sich hinter der fertigen Form verschanzen, erklärt sich weit eher der romantische Vordergrund als aus stilgeschichtlicher Deszendenz. Schumann und Wagner werden hier so zitiert, wie ein Sechzehnjähriger den Namen der Geliebten, den zu nennen er sich scheut, in alle die großen Namen der Vorzeit, in Heloise, Ophelia, Botticellis Frühlingsallegorie versteckt; und dies Uneigentliche, Maskierte, ästhetisch Vorweggenommene vibriert von zarter erscheinenden, flüchtigeren Gehalten, als sie vielleicht in eigentlicher Sprache überhaupt faßlich und zu sagen sind. In diesen Liedern ist das Erröten komponiert, das nie zuvor von Musik gemeint war, und es stimmt außerordentlich zu ihnen, daß sie zwanzig Jahre in einem Schreibtisch versperrt lagen, bis der Meister sie zögernd, lächelnd, immer noch verschämt, aber doch jetzt ihrer Ungewißheit gewiß herausnahm. Wer ihren geistigen Ort sucht, sollte ihn lieber bei Marcel Proust als bei der Romantik des 19. Jahrhunderts suchen.

Damit ist nun freilich auch genug Unterscheidendes von aller Ausdrucksmusik gefunden, denn die Scham, die sich ja nicht ausdrückt, sondern verschweigt: die klang wohl mit, bei Schumann, auch bei Brahms, doch kaum zuvor stand sie im Zentrum des lyrischen Komponierens, so wenig wie der Jüngling, der hier die Romantik der Männer empfängt, die nicht seine Sprache, und der sie nur reden kann, weil sie nicht seine Sprache ist. Die Differenz der Generationen, wie sie im bestimmenden Affekt sich kundgibt, gibt sich auch im kompositorischen Material kund. Denn dies Zarte, das nicht aus sich herausschlägt, seine Form sich zu bilden, sondern lieber bei sich zusammengezogen bleibt und auf die Form wartet, die ihm zuteil wird; diese tiefe und großartige Passivität, später zum Einfallstor des Traumes in Bergs Musik geweitet, sie bedarf wahrhaft anderer Stütze an der Konstruktion, als wer in Musik sich auslebt und aussingt, fern der Versuchung, in sich zu versinken. Vielleicht irrt man nicht, wenn man hier den Ursprungsimpuls vermutet, der Berg vom träumenden Gedächtnis der Väter zu *Schönberg* zog, der die Lieder eisern durchdringt, härtet, sprengt manchmal und als ihr dialektisches Gegenüber in jedem Takt fühlbar wird, noch den weichsten Klang in die Tektonik des erhellten Gefüges zwingt. Es kann nicht anders sein: wer als Knabe träumt, was den Vätern ihr Wirkliches war, dessen Wirklichkeit wird zuckend vom Traum abstoßen, ihn gleichwohl zu bewahren. Nicht umsonst ist dem vorweg Lebenden das Leben der Väter so zart geworden, daß es am künftigen, ganz anderen Leben allein sich messen und härten kann. Fremd und fordernd gelangt Schönberg ins Traumdunkel der Lieder, fremd und fordernd und gut wie der neue Tag, vor dem man fröstelt hinter geschlossenen Vorhängen.

So zwingt eine Knabendialektik, die nicht ihresgleichen hat, die Lieder ins neue Bewußtsein. Worum die Männer so ernstlich sich mühten, das widerfährt einem Jüngling, ohne daß er davon weiß.

Es fällt schwer, von der Schönheit der Lieder eine Vorstellung zu geben, in denen all dies sich vollzieht. Nicht die Schönheit des Sicheren, Geschickten ist es: hier ist es einmal die Schönheit des verkapselten Beginns und dort die der frühen, träumerischen Meisterschaft, einer Meisterschaft, wie sie von Wunderkindern zu denken wäre. Am vollkommensten vielleicht gerade die frühesten, uneigentlichen Stücke, wie die »Nachtigall«. Das Lied ist ganz einfach, hält Haus mit den herkömmlichen Mitteln; erfüllt sie aber mit einer zaghaften Süße, die sie überschwert, aus ihnen entweicht, längst ehe sie es ahnt; nirgends als im Mittelsatz dieses Liedes ist der Affekt der Scham bezwingender ausgeformt. Oder »Im Zimmer«, wo das Gedächtnis einer menschlichen Jugend bewahrt ist, die sich kaum je die Mittel fand. Kompositorisch am reifsten das Rilkelied »Traumgekrönt«; der verschleierte Beginn mit der glücklichen Enthüllung der vierten Stufe schlagend inspiriert; zugleich im ganzen eine Ökonomie aus der Region der Kammersymphonie, die den Überschwang grundiert; ähnlich ausgewogen zwischen Bau und Expression das letzte Lied, »Sommertage«, mit bereits ganz profilierten melodischen Bögen. Endlich die »Liebesode«, nach Hartleben, von einem harmonischen Einfall inauguriert, der sacht in ein höhlenhaftes Dunkel hinabgeleitet, mit jener Macht des Unbewußten, die allein den Angriff zu tragen ausreicht, den Bergs Bewußtsein späterhin aufs Material der Musik unternahm.

So werden die Lieder zu denen reden, die sie vernehmen wollen, ohne zu fragen, woher der Fahrt und wohin es geht. Sie bezeugen eine *Humanität*, wie sie in solcher Reinheit und Echtheit kaum in Musik spricht und wie sie nicht genug zu akzentuieren ist in einer Situation, die das Menschliche vergessen möchte, indem sie es mit dem Privaten verwechselt. Die handwerklichen Schwierigkeiten der Lieder sind nicht groß: manchem könnten sie den Weg weisen zu der Region, wo heute das Geschick von Musik sich entscheidet und alle könnten sie treffen, die geöffnet sind. Möchten die ihrer wert sein, in deren Hände sie kommen.

1929

Berg: Sieben frühe Lieder

Die Lieder sind früh nicht bloß ihrem biographischen Ort nach: in ihnen spiegelt sich Frühe. Dies in sehr spezifischem, fast einzigartigem Sinn: weder gibt es da jene jugendliche Unselbständigkeit, an die so gern Kritik sich hält, um den zögernden Beginn sogleich zu diskreditieren, noch sind die Lieder im landläufigen Sinne unfertige Bekundungen eines gewaltsamen Selbst. Sondern in ihnen verhüllt sich in erstaunlicher Transparenz mit den beherrschten Mitteln des Gewesenen völlig originale Substanz: verhüllt sich unter den Zwang eben jenes Affektes, der ihr unverwechselbar eignet und den Ton der Lieder bestimmt. Es ist der Affekt der *Scham*; nie zuvor, von wenigen Opernmomenten Mozarts abgesehen, ist Scham expressiver Gegenstand von Musik gewesen. Kein Zufall läßt Scham zum expressiven Objekt werden erst zur Zeit, da die expressive Musik zum Ende sich neigt: die tönenden Gehalte der Subjektivität unserer Väter, die des Tristan zumal, kommen nun bloß noch im Traum vor, werden aus dem Traum gehoben und so scheu nur mitgeteilt wie Träume. Gewiß also sind Bergs frühe Lieder, jeder wird es merken, Ausdrucksmusik: aber solche, in der die ausgedrückte Subjektivität sich eher verschweigt als mitteilt; vom Ausdrucksgehalt ist nur dies noch übrig: bei sich selber zu bleiben, sich zusammenzuziehen und zu horchen auf das, was wird. Es ist diese horchende, verschwiegene Stimmung nicht die individuelle Stimmung des Jünglings bloß: es ist die der geschichtlichen Stunde, so wie sie damals im Bewußtsein des Jünglings allein angemessen sich darstellen konnte. So hat es seinen genauen Sinn, wenn die von Schumann, Brahms, gelegentlich Debussy ererbten Mittel bereits von der Erfahrung *Schönbergs* angegriffen werden; sie sind schon in Konstruktion eingestellt und beginnen, ihren Sinn radikal zu verändern, während sie noch getreulich festgehalten werden. Es mag eine banale Musikhistorie darin eine Brücke zwischen Schönberg und der Romantik vor ihm finden, die der Schüler kraft der eigenen romantischen Ursprünge schlug; richtiger jedoch wäre es wohl, gerade jene Wiederkehr des entgleitenden Gewesenen als die echte deutende Frühe der Lieder zu nehmen, die nur dialektisch in die neue Musikregion eindringen, indem sie die alte aus dem Traum heimbringen und im erwachenden Bewußtsein zart verwandeln. Soviel zur stilkritischen Einstellung der außerordentlichen Lieder. Sie sind freilich als Gebilde schon so vollbürtig, daß man es nicht wagen sollte, durch stilgeschichtliche Exegese ihre eigene Existenz anzutasten, die jenseits der stilgeschichtlichen Oberfläche Geschichte schuf. Das erste Stück »Nacht« (Carl Hauptmann), biegt den zweiten Tristanakt und Debussy zusammen, in Ganztonakkordik: aber schon mit einer Überdeutlichkeit des Gehörs im kleinen, einer auflösenden Neigung, in Partikeln sich zu spalten, die der vorgegebenen Struktur gefährlich wird. Das nächste ein Lenausches Schilflied, in der romantischen Liedform gebunden, aber fähig schon, sie in harmonischer Expansion umzudeuten. Das folgende, Storms »Nachtigall«, mir eines der liebsten: ganz uneigentlich in der Stilgebung, hält es mit den Schumannisch-Brahmsischen Möglichkeiten fast völlig aus, wendet sie aber an einen so zagen, scheuen, schamhaften Laut, wie er in der Romantik der vorigen Generation nie vorkommen konnte; vor dessen Zartheit das geschlossene bürgerliche Gefüge schließlich zerfallen muß. Das Rilke-Lied »Traumgekrönt« ist das reifste Stück der Sammlung, technisch mit der Verarbeitung thematischer Reste und Modelle, den vielfachen, äußerst ökonomischen Vergrößerungen und Verkleinerungen bereits an der Erfahrung von Schönbergs Kammersymphonie gewachsen, dabei mit Glanz und Staunen einer Jünglingswelt im Ton, die musikalisch selten je sich fand. »Im Zimmer«, nach Johannes Schlaf, mit der traumhaft erinnerten Einfachheit der Mittel der »Nachtigall« verwandt; die Hartlebensche »Liebesode« trägt ein Stück Dialektik zwischen Wagner und Schönberg aus: eine chromatische Motivzelle wird da über das ganze Lied ausgesponnen, aber nicht in sequenzierenden Gruppen, sondern bereits mit dem vollen Bewußtsein der Stufen, des Gewichtes der Fundamentschritte. Schließlich »Sommertage«, kompositionell auf dem Niveau von »Traumgekrönt«, zugleich als einziges Lied der Sammlung symphonisch expansiv, mit Recht an den Schluß gestellt als Zeugnis des Durchbruchs. – Dies die einzelnen Lieder. Mehr noch als die Fülle technischer und stilgeschichtlicher Frage und Antwort in ihnen rechnet die Fülle des Humanen, die jene Dialektik erzeugt. Hier hat sich ereignet: daß der Umschlag von Ausdrucksmusik in ein bei sich selber existentes Musizieren erzwungen wird von der Neuheit und Stärke dessen, was ausgedrückt werden soll und was nicht anders ausgedrückt werden kann, als indem es sich verschweigt. Es ist die *Inhaltlichkeit* der letzten Romantik, die hier den radikalen Umbruch der Form und damit die Krise der Romantik selber inauguriert. Nur beim frühen Schönberg und gerade inhaltlich bei ihm ganz verschieden vollzog sich das so zwingend wie beim frühen Berg. Die Lieder haben Dauer wie das nur, was aus der ungeschmälerten Aktualität der Stunde sich erhob.

1929

Die Oper Wozzeck

Die Vertonung des Trauerspiels Wozzeck, das durch die Macht des Wortes wie der Szene sich selber bewährt, läßt sich nicht begründen durch die Einsicht ins Werk allein und den Glauben an die Möglichkeit von Musik, die in der Leidenschaft der Aktion und im Dunkel von deren Hintergrund angelegt sei. Nicht Pathos, nicht Stimmung eröffnen das Fragment der Musik, vielmehr: die Zeit ließ es zur Komposition reifen; sein Alter. Die hundert Jahre, die zwischen dem Wozzeck und heute liegen, haben Hohlräume in das Stück geschlagen, seinen fragmentarischen Charakter geschärft, indem sie die Unmittelbarkeit des Angriffs tilgten, den es vormals unternahm und der von einem Bruchstück darin zum anderen trug. So wenig in der gegenwärtigen Gesellschaft der Ohnmacht des kleinbürgerlichen Einzelnen gegenüber dem Herrschaftsapparat des Bürgertums mehr zentrales Interesse zukommt, da längst das Leiden jenes Einzelnen in den Klassenkampf einschlug und gegen den Bestand des Bürgertums sich kehrte – so wenig behauptet sich wahrhaft die Oberflächengestalt eines Dramas, dessen Form allein um jenen Einzelnen gebildet ist. So wenig jedoch wieder das Leiden des unterdrückten Menschen bis heute durch den Klassenkampf weggenommen ward, so wenig auch ist Kunst verloren, die dies Leiden zum Gegenstand macht. Aus solchem Widerspruch entspringt die Musik des Wozzeck. Daß das Trauerspiel als Totalität zerfiel, gibt es der Musik preis, die durch die Sprünge der Form eindringt, am alten Stoff der Satzgefüge sich besser entzündet, als sie an selbstherrlich lebendigen es vermöchte; daß seine Zellen Wahrheit enthalten, rechtfertigt das Bemühen der Musik um den Wozzeck und ihren Willen, an Stelle seiner zerfallenen Form neue aus sich zu erzeugen. In der Kraft des Leidens begegnen sich Musik und Wort, und die Musik errettet Leiden, das wohl mit den Worten des Wozzeck gemeint war, das Wortdrama aber nicht mehr trägt. So hat Mahler, dem Berg innermusikalisch näher ist als irgendein anderer, die schwindenden Gehalte der Wunderhornlieder zu bewahren unternommen; richtig bemerkte Walter Benjamin die Analogie zwischen dem Verfahren Bergs und dem von Karl Kraus gegenüber der Lyrik des Matthias Claudius. Mit alldem ist gekennzeichnet, daß die heute üblicherweise angesetzte Alternative der Opernproduktion Bergs Wozzeck nicht trifft. Wem es um die Rettung objektiver Gehalte vergangenen Schrifttums geht, der wird kaum die subjektiven Regungen des Seelenlebens verfolgen, die etwa im Stoff vorkommen; wer des menschlichen Antriebs jener Rettung bei sich gewahr wird, der schließt nicht menschliches Wesen aus dem Umkreis seiner Musik blank aus. Bergs Wozzeck ist kein Musikdrama; doch auch keine Musizieroper im Sinne jener Neusachlichkeit, die die singenden Personen zu bloßen kontrapunktischen Figuranten eines Fugensystems macht, das über ihren Köpfen schwingt, ohne sie selber jemals zu erreichen. Von beidem die Oper abzugrenzen, ist notwendig genug. Die einen haben den Wozzeck, mit den musikalischen Angstvisionen, dem trüben Ländler, dem gurgelnden Teich, psychologisch und gar impressionistisch verstanden und an Wagner oder Debussy erinnert; andere ließen sich von Suite, Passacaglia und Tripelfuge irreleiten und entdeckten im Wozzeck, wie überall, jene Wiederbelebung alter Formen, mit der man heute über den Bruch des musikalischen Bewußtseins zu täuschen und trösten versucht. Demgegenüber nimmt Bergs Werk die Haltung einer *realen Humanität* ein, die sich dem abstrakten Schema der Alternative gänzlich entzieht. Diese Haltung zu bestimmen, ist zumal Kritik des Begriffs der Ausdrucksmusik not, der heute, mit einigem polemischen Recht, viel zu vag gehandhabt wird. Ob eine Musik psychologisch sei, darüber entscheidet nicht, ob sie etwas ausdrückt. Der Begriff des Ausdruckslosen hat seine echte Geltung allein in den gewaltigsten Momenten des Musikalischen: wo Musik bilderlose Gegenwart erreicht. Alle ausdruckslose Musik, der die bilderlose Gegenwart versagt bleibt, ist allein leere Hülle von Ausgedrücktem, das fortblieb; das freilich gerade durchs Verschweigen Macht gewinnen kann, aber nie die des Ausdruckslosen. Es findet sich denn auch kaum irgend Musik, die ausdruckslos wäre, und gerade Bach, unerreichbares Ziel alles objektiven Willens der Moderne, hat sich tief ins Bereich des Ausdrucks hinabgeneigt. Den objektiven Charakter von Musik bestimmt wesentlich, was in ihr ausgedrückt ist. Im neunzehnten Jahrhundert, der Region von Ausdrucksmusik im spezifischen Sinne, reproduziert Musik, in stets wechselnden Grenzen, den Erlebnisverlauf des Menschen; sei es in der Kontinuität seiner Übergänge, sei es im Bilde des einzelnen Erlebnisses, der einzelnen Regung. Der Ausdruck der vorbeethovenschen Musik indessen zielt auf objektive Seinscharaktere, an denen wohl die Erlebnismannigfaltigkeit des Menschen teil hat, die aber mit jener keineswegs zusammenfallen; die Affektenlehre des achtzehnten Jahrhunderts gibt davon deutliche Kenntnis. Wenn anders, was Wahrheit ist an den objektiven Charakteren, verwandelt fortbesteht auch unter der Hülle des musikalischen Subjektivismus, dann ist ein Verfahren legitimiert, das eben jene Hülle durchstößt und unter ihr die Gehalte aufs neue ergreift. Das geschieht in Bergs Wozzeck. Andere haben im Bewußtsein der Krise des musikalischen Subjektivismus dessen Situation verleugnet und frischweg begonnen, als beginne mit ihnen das achtzehnte Jahrhundert. Berg hält aus in der Situation, die er vorfindet, treibt sie bis zum Verfall und wird in ihren Trümmern der objektiven Charaktere habhaft. Mehr als in jeder Übereinstimmung des musikalischen Stiles zeigt seine Beziehung zu Schönberg sich an in der dialektischen Bewegung, die Berg in der Sphäre des musikalischen Subjektivismus vollzieht, ihn zu tilgen. Er vernichtet das Musikdrama, indem er es vollends realisiert; er gelangt zur Konstruktion, indem er den musikalisch-psychologischen Prozeß in eine Tiefenschicht treibt, darin die Einheit des Oberflächenzusammenhanges von Bewußtsein nicht mehr herrscht, sondern wo in ihrer Vereinzelung aus dem Abgrund der Subjektivität die objektiven Charaktere aufsteigen, deren sich das Gebilde kraft der Konstruktion bemächtigt. Zwischen dem Wozzeck und der *Psychoanalyse* gilt nicht Ähnlichkeit bloß, sondern Verwandtschaft. Wie die Analyse, so hebt Bergs Musik an mit Schlaf und Traum; nicht dem scheinhaften Traum der romantischen Ferne, sondern dem Traum als einem Gespinst von Bildern, die aus der verlorenen Tiefe des Menschen sich erheben und die Konstruktion deutend erfaßt. Nicht bilderlos ist Bergs Musik: doch ihre Bilder entstammen einem archaischen Reich, der Kindheit, dem dichten Traum anstatt dem hellen gegenwärtigen Leben, und die Musik greift die Bilder nicht in Reproduktion, sondern mit dem Angriff der Erinnerung. Dem Zerfall der Oberflächenstruktur des Bewußtseins durch die Analyse, der Destruktion des geschlossenen Bewußtseinsverlaufs, die sie durchführt, indem sie mit der Idee der Geschlossenheit ernst macht und jegliches Erlebnis aus der Totalität des Psychischen versteht, bis ihr die Totalität als Trug durchsichtig wird – jener echt dialektischen Wirkung des analytischen Vorganges entspricht bei Berg der radikale Zerfall der geschlossenen musikalischen Oberfläche, ein Stil, der die Substanz zu kleinsten Partikeln zerschlägt, um aus der Konstruktion von deren Übergang seine Form zu gewinnen. Wie endlich der psychoanalytische Prozeß auf *Seinsbestände* trifft, die aus dem Prozeß selber nicht mehr herzuleiten sind und die Allmacht des Prozesses illusorisch machen, so trifft auch Bergs Musik, Prozeß so gut wie die Analyse und überaus funktionell, auf Seinsbestände, an denen sie haftet, und jene eben sind das Maß der Objektivität der Oper. Trotz aller subjektiven Dynamik ist der Wozzeck in Wahrheit objektiver Vollzug im Raume der Subjektivität. Man mag den Österreicher und sogar eine Beziehung zu Schubert erkennen an der Hinnahme des Vollzugs von Schicksal in jener Musik, die nicht das Schicksal von sich aus zu lenken trachtet, sondern darüber tröstet, da sie es in Treue empfängt. So erst wird die Textwahl ganz verständlich. Denn allein seine Passivität macht den Soldaten Wozzeck zum Träger des Schicksalsvollzuges, den die Musik meint und übersteigt. Darum bedarf es hier nochmals des kleinbürgerlichen Einzelnen: sein Leiden enthüllt objektive Charaktere, die in der Aktion des Kollektivs heute noch nicht evident sind. Wozzecks private Pathologie ist die Einfallspforte der objektiven Charaktere, herkömmlicher Psychologie so unangemessen wie Bergs Musik der romantisch-psychologischen; sein beherrschender Affekt, die Angst, der Grundaffekt der Oper zugleich; das Staunen, mit dem er sich »vielem auf der Spur« meint und unter der Erde die Freimaurer schreiten hört, gleicht dem Staunen einer Musik, die schauernd unter der Erde archaisches Traumgut findet.

Die *Konstruktion* des Wozzeck aber ist allein Mittel, dies Traumgut zu fassen, ehe es in Atmosphäre sich löst, in Stimmung verfließt. Nicht erzeugt die Wozzeckmusik Gehalte aus sich; Handwerk wird darin geübt, stimmig in sich und bereit, die getroffenen Gehalte zu bergen. Die Bereitschaft zur Rezeption als Maß der Technik läßt sich nicht besser definieren als Alban Berg selber in einem Brief sie beschrieb: »Ich weiß – wenn ich in die Noten sehe –, *wie* sachlich das komponiert war, allerdings immer mit dem Bestreben, daß der andere davon nichts merkt und sich so romantisch wohlfühlt wie in einem guten Sessel, bei dem die Nägel nicht herausstehen und der Leim nicht stinkt, der ihn zusammenhält.« Es bedeutet also handwerkliche Autonomie einzig die strenge Fügung dessen, was die Intentionen aufnehmen soll, daß sie ihm nicht entweichen. Zugleich aber ist mit Bergs Sätzen Kritik am Betrieb der Neusachlichkeit geübt, wie sie durch Bergs menschliche Haltung gefordert wird. Auch dabei ist eine merkwürdige, von Berg recht eigentlich produktiv entdeckte Dialektik im Spiel. Denn die übliche Sachlichkeit charakterisiert sich dadurch, daß sie als Sachlichkeit sichtbar wird; daß also, im Bilde gesprochen, die Nägel ja herausstehen, der Leim ja stinkt; daß die technische Apparatur gleich einer blinkenden Maschine leer läuft. Sachlichkeit aber, die sich als Zweck selber setzt, ist sachlich nicht stimmig: denn das wahre Gleichgewicht einer Konstruktion ist darin eben, daß kein Teil vom Ganzen sich emanzipiere; wo die Teile ausgewogen sind, gibt die Konstruktion als solche sich nicht mehr kund. Damit wird nicht die materiale Stimmigkeit negiert und der Musik abermals zugemutet, zu schmücken. Jedoch wenn alles Vollkommene über seine Art hinausweist, dann gewiß die kompositorische Technik; deren Vollkommenheit fraglos erst ist, sobald sie als Figur des Gemeinten verständlich wird. Wie Berg kraft der Vollendung des psychologischen Musikdramas auf die objektiven Wahrheitsgehalte trifft, so schlägt die Konstruktion, deren Vollkommenheit keiner freien Note mehr Raum läßt, in ihr Gegenteil um und schafft Platz für eben jene Gehalte. So erklärt sich, daß kein unbefangener Hörer von Variationen und Fugen viel merkt und merken soll. Der Ausdruck hat sie durchdrungen; den Ausdruck geschlossen zu tragen, ist ihr Sinn. Freilich, den Ausdruck und nicht den Hörer. Der Sessel, mit dem Berg die Oper vergleicht, ist kein verwendbarer Fauteuil fürs bequeme Publikum, sondern der Sitz von Dämonen. Er gleicht dem Stuhl van Goghs; er stimmt, er hat seine Proportionen und Perspektiven, aber er ist zu nah oder von unten gesehen, so schräg und fremd steht er im Raum. Nicht im Zimmer; im Sturm. Er trotzt einem furchtbaren Zuge von Erscheinungen, die aus ihrem

Dunkel zum leibhaften Entsetzen auftauchen. Der Weg zu ihnen führt durch die Kindheit. An den zahlreichen Liedern des Wozzeck läßt er sich verfolgen; dem von der Jägerei, wo das uralte Beuterecht des Nomaden gleich einem Meteor in die bürgerliche Ordnung fällt, dem Wiegenliede der Marie und ihrer Ballade vom Zigeuner, der das Kind holt, das nicht schlafen will, ein Geist, der tötet, wer ihn erblickt; in den Leiergesängen von der Tochter, die sich an die Kutscher und Fuhrknecht hat gehängt, von der Dienstmagd, die keine langen Kleider trägt, weil sie ihr nicht gebühren, aber auch, weil sie gegen die Zucht rebelliert. Wie diese Lieder singen keine erwachsenen Menschen; so singen Kinder im Dunkel, die Angst sich zu vertreiben; in den Liedern selbst ist die schlotternde Angst und die Hoffnung zugleich, durch Gesang sie zu bannen. Diese unterirdische Folklore klingt auch in der verzerrten Tonalität der Lieder, die nicht die jüngstvergangene der Romantik konserviert, sondern eine präexistente und längst versunkene zitiert wie Kinder in ihren Liedern. Über das mythische Reich, in das die Wozzeckmusik hundert Schächte legt, erhebt sich mächtig der Affekt der Trauer. In ihm richtet sich die endlose Affektwelt der Schwäche. Wie diese Trauer mit irrer Militärmusik, mit Trommeln und Klarinetten über den versinkenden Dämonen aufsteigt, das hat das neunzehnte Jahrhundert niemals erhört; die Expression des Wozzeck hat insgesamt nichts mit der des Tristan zu tun. Die Dichte des Schlafes, der alle Musik hier stöhnend sich entringt; dies Erschrekken und Auffahren, das Polternde, das Zu nah in der Szene von Wozzeck und Andres auf dem Feld, bei der Ermordung der Marie; das war so wenig im Seelenausdruck zu halten, wie jemals der Ton von Bergs Orchester erklang, in dem alle Farben gleichsam mit Schwarz verzaubert, traumhaft ausgesogen wiederkehren. Allein Schönbergs »Erwartung« hat dies Bereich erschlossen. Im Wozzeck ist seine vollständige Landkarte aufgezeichnet. Denn es ist ja die Musik so gänzlich gefügt wie nur irgendeine von Strawinsky und Hindemith aus diesen Tagen: nur reicher um all die Schichten der Tiefendimension. Ihre Konstruktion geht aus von Motivzellen, wie die Gehalte des Werkes zellenhaft sind. Es bindet diese Zellen an den psychologischen Prozeß, den sie schließlich zerstören, die Art ihrer Entwicklung auseinander. Das Mittel ihres Überganges ist das des unendlich Kleinen. Bruchlos verwandeln die Motive sich ineinander, indem jedes neue Momente des alten als dessen Rest festhält; der bloße einzelne Ton wird oftmals zum Bindemittel zwischen den Motivgliedern. Ebenso verfährt die Instrumentation, die bei allem steten Wechsel und selbst Umschlag aus jedem Klang in den folgenden Klangsubstanz mitführt, die in ihm erst allmählich aufgelöst wird. Das funktionelle Wesen einer Harmonik, die auf die Spannung von Dominante und Tonika bei aller Freizügigkeit der Akkordbildung doch nicht vollends verzichtet, erklärt sich aus dem Gleichen. Keine Nägel stehen heraus: die Gewalt des Wozzeck liegt gänzlich in der Gewalt des Überganges. Die Dialektik dieses musikalischen Stiles, der überall die Stetigkeit des Gewesenen in die fremde Perspektive dessen überführt, was wird, läßt sich am Verhältnis zu Schönberg ablesen. Berg geht aus vom fortgeschrittensten Schönberg, der sein Lehrer war, und senkt von ihm aus gleichsam weitverzweigte Wurzeln ins Vergangene, die mythischen Bilder einzuholen, die er als eigentlichen Besitz bei sich vorfindet. Bei aller Energie des Vorstoßes zieht der Wozzeck zugleich nach rückwärts die Linie zu *Mahler*; ihm ähneln nicht nur oftmals die Themengestalten, an ihn knüpft er nicht bloß an, wenn er die untere, abgeworfene Musik mitnimmt, vielmehr als unterirdische Folklore erweckt: an Mahler mahnt vor allem die architektonisch inkommensurable, gänzlich organische Art der symphonischen Expansion. Allerdings, wozu bei Mahler oft genug das brüchige Programm herhalten mußte, das leistet bei Berg verbindlich die dramatische Anlage. Wenn die musikalische Konstruktion in der Macht des expressiven Augenblicks untergeht, dann umfängt dafür den Augenblick sinnfällig die dramatische. Sie verdichtet sich aufs äußerste in der ersten Wirtshausszene, wohl dem Kernstück der Konzeption, wo der leidende Einzelne und die dämonische Folklore unmittelbar aufeinanderprallen, um sich im Kontrapunkt des Scherzos zu durchdringen, darum Mahler sein Leben lang mochte gerungen haben. Nach dem zweiten Akt ist die Zäsur der Oper, fühlbar in den großartigen Momenten des Schweigens beim Fallen, dann zu Beginn des dritten Aktes beim Sich-Erheben des Vorhanges. Hat Musik je und je die Pause in die Gestalt eingesetzt – Berg hat als erster das Schweigen zum musikalischen Agens gemacht, das leere Klopfen der Zeit; in Sekunden das Ausdruckslose; so wie er dann wieder in der Mordszene das gefüllte Schweigen mit dem

Aufstieg der gedämpften Posaunen furchtbar auskomponierte. Der ganze dritte Akt hält sich am Rande des Abgrundes; die Musik zieht sich zusammen und zählt die Minuten bis zum Tode. Dann stürzt sie in den orchestralen Epilog und wird in der Kinderszene des Endes so ferne reflektiert, wie in der Tiefe eines Brunnenschachtes die Bläue des Himmels erscheint. Dieser Reflex allein zeigt im Wozzeck Hoffnung an, schwach, unbestimmt, getrübt im Lichte der tragischen Ironie, die das Kind auf dem Steckenpferd zur Leiche der Mutter reiten heißt, aber doch deutlich. Sie hellt sacht und spät den Charakter der Oper auf. Ihr Charakter ist *Passion*. Die Musik leidet nicht im Menschen, hat nicht teil an seinem Handeln und seiner Regung selber: sie leidet über ihm; darum nur vermag sie, wie die alten Passionsmusiken, jeden Affekt darzustellen, ohne jemals die Maske einer der Personen des Trauerspieles wählen zu müssen. Die Musik legt den Menschen, dem Einzelnen Wozzeck, das Leid leibhaft auf die Schulter, das die Sterne über ihm erheischen. Indem sie ihn ins Leid hüllt, daß es ihn gänzlich berührt, darf sie hoffen, es werde von ihm genommen, was in der starren Ewigkeit der Sterne unentrinnbar drohte.

1929

Wozzeck in Partitur

Wenn nicht alles trügt, befinden sich die technischen Standards des Komponierens, die vom Geist sich nicht trennen lassen, in einer Phase der Rückbildung. Diese reicht sicherlich hinab in tiefe Entwicklungstendenzen von Gesellschaft und Bewußtsein. Aber Einzelmomente, symptomatisch für jene Tendenzen und zugleich unmittelbar verantwortlich für das Erschlaffen der Ansprüche vieler junger Musiker an sich selbst, lassen sich doch greifen. Unter ihnen rangiert obenan der Bruch zwischen den Möglichkeiten der musikalischen Ausbildung und dem fortgeschrittenen Stand des Komponierens. Dabei handelt es sich keineswegs bloß darum, daß die Musikhochschulen keine sichere Tradition mehr vermitteln, ohne doch des Neuen mächtig zu sein. Herein spielen scheinbar grob äußerliche Tatbestände, die man leicht vergißt und deren Tragweite kaum zu überschätzen ist. Dem Musik Studierenden sind die wichtigsten Bühnenwerke der Moderne kaum im Original zugänglich. Während jede Spielmusik und jede Orgelpartita von heutzutage im Druck erscheinen, sind Werke wie Salome und Elektra, die nur in den großen Dirigierpartituren vorliegen, unerschwinglich und meist nicht einmal zu leihen; die Opernpartituren Schönbergs sind bloß in Folio gedruckt; die entscheidenden früheren Ballette Strawinskys zwar als Taschenpartituren zu haben, aber in so winzigen Noten, daß man allenfalls bei der Aufführung mitlesen, kaum jedoch danach auf dem Klavier ein Stück wie das Sacre du printemps sich einigermaßen zusammensuchen kann. Bedingungen solcher Art tragen ihr Maß an Schuld an dem verzerrten Bild von der zeitgenössischen Musik, das gerade in Deutschland aufs peinlichste sich ausbreitet.

Darum ist es ein Verdienst sans phrase, von größter Tragweite für die musikalische Bildung, daß die Universal-Edition die vollständige Partitur von Bergs Wozzeck in einem angenehmen Großoktav-Format, auf Dünndruck-Papier, herausgebracht hat. Billig kann eine solche Ausgabe nicht sein, aber sie ist wenigstens erschwinglich. Der Stich ist mustergültig und erlaubt es dem, der die Partitur lesen kann, sie auch zu spielen. Der Notentext wurde, unter Benutzung der hinterlassenen endgültigen Korrekturen des Komponisten, von H.E. Apostel mit vorbildlicher Akribie hergestellt: der Komponist, zarter und leidenschaftlicher Freund des Genauen, hätte seine Freude daran gehabt. Ein wenig stört einzig, daß eine englische Version, ergänzt durch zwei Glossare, sich allzu sehr vordrängt. Aber auch das ist verständlich und bezeichnend zugleich: hätte man nicht auf amerikanische Abnehmer Rücksicht genommen, so wäre wohl die schöne Ausgabe überhaupt nicht marktfähig geworden und nicht zustande gekommen.

Zu lernen ist aus ihr vorab, was Ausinstrumentieren heißt. Gerade die heute herrschenden Vorstellungen über Orchestration sind in einem Zustand, über den etwa ein Maler, dem die Farbe als integrierendes Moment seiner Arbeit selbstverständlich ist, nur den Kopf schütteln könnte. Auf der einen Seite ist der grausliche Begriff der ›glänzenden Orchesterbehandlung‹, eines musikalischen Roßtäuscherverfahrens, das Musik möglichst bunt und knallig aufzäumt, um die Dürftigkeit ihrer Gestalt zu verdecken, erneut in Schwang gekommen, als hätte nicht die Neue Musik in ihren bedeutenden Exponenten solche Künste ein für allemal widerlegt. Andererseits befleißigen die, welche den falschen Reichtum nicht mögen, sich einer Askese, die am liebsten das Glück der Farbe aus der Musik überhaupt verbannen möchte und damit die Eroberung der Klangdimension als eines wesentlichen kompositorischen Elements rückgängig macht. Die Wozzeckpartitur steht korrektiv gegen beides. Das Orchester realisiert die Musik im Cézanneschen Sinne des réaliser. Die gesamte kompositorische Struktur, von der Gliederung im großen bis hinein ins feinste Geäder der Motivbildung, wird in Farbvaleurs offenbar, und umgekehrt erscheint keine Farbe, die nicht ihre präzise Funktion für die Darstellung des musikalischen Zusammenhangs besäße. Der Formdisposition entspricht durchweg die orchestrale; kammermusikalisch-solistische Kombinationen und große Tuttiwirkungen sind aufs sorgfältigste gegeneinander ausgewogen. Die Kunst der klanglichen Vermittlung, des unmerklichen Übergangs von einer Farbe in die andere ist beispiellos. Die Atmosphäre dieses Orchesters aber, das selbstvergessen in das Abgründige hinter den Büchnerschen Worten sich versenkt, ist keine Stimmungszauberei. Sie stammt aus der Kraft zur Nuance, und die ist eins mit der des Ausinstrumentierens, der Übersetzung noch des leisesten kompositorischen Impulses in seine sinnlichen Äquivalente.

Am meisten aber überrascht, das Wort recht verstanden, die Einfachheit der Partitur. Man kann das vielleicht am besten im Vergleich mit Strauss zeigen. Im Heldenleben, in der Salome geht eigentlich auf dem Papier viel mehr vor, als man dann im Orchester hört; ein Großteil des Geschriebenen bleibt ornamental und Füllung. Bei Berg sieht alles, eben vermöge der völligen Unterordnung des Orchesters unter die musikalische Konstruktion, fast geometrisch klar aus, wie auf einer Architekturzeichnung, und der volle Reichtum des Komponierten erschließt sich erst bei der Aufführung. Es gibt nichts Überflüssiges in der Partitur, sie macht keine Umstände, und die differenziertesten Klänge – wie die berühmten Teichimpressionen von Wozzecks Todesszene – erweisen sich zuweilen als Kolumbusei. Das Weggelassene bezeugt kein geringeres Gestaltungsvermögen als das Geschriebene: eine Ökonomie, die allein der überquellenden Musiksubstanz Bergs die Verbindlichkeit der Form schenkt. Manche Szenen, die im Klavierauszug überaus kompliziert sich ausnehmen, wie die zweite des zweiten Akts, Phantasie und Tripelfuge, gewinnen in der Partitur eine Plastik und Durchsichtigkeit, die von der Praxis der Operntheater erst noch eingeholt werden muß.

Wem es im Ernst darum zu tun ist, zu erfahren, was man heute mit dem Orchester anfangen kann, wofern man zu komponieren versteht, sollte alles daransetzen, den Band sich zu verschaffen.

1956

Für Alban Berg

Die sichtbare Untat, die unter der Hitlerdiktatur verübt ward, läßt vergessen, was an Kraft und Möglichkeit mittelbar durchs Regime zugrunde ging. Am 24. Dezember 1950 war Alban Berg fünfzehn Jahre tot. Kein Arierparagraph konnte gegen den blonden Riesen aufgeboten werden, und was er, geistiger Schüler von Karl Kraus, politisch etwa äußerte, blieb durch subtile Ironie vor den Bütteln geschützt. Aber sie wußten dennoch, wer er war. Seine bis ins Innerste spirituell aufgelöste, aller dinglichen Verhärtung spottende musikalische Diktion verriet ihn nicht weniger als die Wahl der beiden Opernstoffe. Im Trauerspiel »Wozzeck« wird dem von den Mächten der Welt getretenen, von Angst gejagten Soldaten die letzte Spur der Liebe entzogen, weil die Geliebte nach Glück verlangt, und er zerstört sie und sich selber. In dem zum orbis pictus geweiteten Zirkus-Sketch vom unwiderstehlich schönen Niemandskind Lulu zersprengt die von der patriarchalen Ordnung geduckte Weiblichkeit triumphierend die Ordnung und verhilft ihr dennoch wieder zum satanischen Triumph. Der dazu die Musik schrieb, hielt es nicht mit dem Bestehenden. Das Dritte Reich, das selten sich irrte, wenn es gegen die Humanität ging, schnitt ihm den bescheidenen Lebensunterhalt ab. Mit aller zwischen heuchlerischer Duldung und halboffiziellem Terror spielenden Perfidie wurden Aufführungen unmöglich gemacht, und als Kleiber die Lulusymphonie in Berlin wagte, organisierte man den Presseskandal. Dann befiel den physisch wenig Widerstandsfähigen, an Herzasthma Leidenden eine Furunkulose. Sie wäre vermutlich leicht zu heilen gewesen, aber es fehlte an Geld für Behandlung und Klinik, bis es zur Sepsis kam und das Herz versagte. In einem elenden Spitalbett, zu kurz, als daß er sich nur hätte ausstrecken können, ist er gestorben. Die »Lulu« blieb Fragment. Unvollendet ist die Instrumentation des dritten Aktes, keine angemessene Ergänzung ward bis heute durchgeführt, und niemand kann auch nur recht sagen, ob die Kompositionsskizze vollständig genug ist, um die Orchestration zu erlauben. Jeder mit dem Operntheater einigermaßen Vertraute aber weiß, daß eine fragmentarische Oper verloren ist für die Aufführungspraxis, deren doch kaum eine Form so notwendig bedarf wie das musikalische Drama. Zugleich hat die vom Dritten Reich ermutigte Versimpelung der Musik mittlerweile derart sich festgesetzt, der neoklassisch drapierte Stumpfsinn so selbstzufrieden sich eingerichtet, daß Berg, wie sein Freund Webern, dem öffentlichen musikalischen Bewußtsein in Deutschland entglitt. Das Niveau des unbeschreiblich hoch entwickelten Artisten erregt Wut. Ihm wird das Etikett des dekadenten Spätromantikers aufgeklebt, damit nur ja nicht ein einziger seiner ziselierten Takte ans Nichtige der pharisäisch überlebenden Gesundheit gemahne. So ist die menschlichste Stimme der deutschen Musik seit Schumann verstummt und vergessen, nur darum, weil sie sprach anstatt zu kommandieren.

Wenn der Hörer der Musik gegenüber noch verpflichtet ist und nicht bloß, wie die Kulturindustrie es will, jene dem Hörer zu Willen sein soll, dann müßte das Werk Bergs heute mit allem Nachdruck wieder an die gebührende Stelle gerückt werden. Die Ausrede, es sei esoterisch oder unverständlich, verfängt nicht. Gerade das Moment gesteigerten Ausdrucks, das ihm vorgeworfen wird und aus dem ihm doch die zarte Gewalt der Differenzierung und damit schließlich die rein-musikalische Artikulation zuwuchs, hat immer wieder auch den im Herkömmlichen Stehenden angerührt. Der rätselhafte Theaterinstinkt dessen aber, der alles eher war als ein Mann vom Bau, hat im »Wozzeck« bei jeder Aufführung drastisch sich bewährt. Die weisere und ökonomischere Komposition der »Lulu«, die eine sinnliche Schönheit des Klangs entbindet, wie sie die neue Musik sonst nur in Schönbergs »Pierrot« kennt, wird darin den »Wozzeck« noch übertreffen.

Aber nicht nur sollte einer großen, beredten und bis in die letzte Note erfüllten Musik das Ihre gegeben werden, damit sie den ressentimentlos Aufgeschlossenen das Ihre gibt. Bergs Kunst ist unentbehrlich, weil sie durch ihre bloße Existenz wieder die Maßstäbe für kompositorische Qualität setzt, die eine zwischen eklektischer Ohnmacht, nichtsahnender Schlamperei und frömmelndem Historismus umhertappende Produktion vergaß. An ihm läßt sich lernen, was gute, wahrhaft in sich durchgebildete Musik ausmacht, während die verwegene Beseeltheit der überreichen Partituren zugleich alles Pedantische, jeden Gedanken ans Schulbeispiel fernhält. Wie ein Thema sich nach Vorder- und Nachsatz fügt und diese wieder in sinnvoll einander bedingende Elemente bis hinab zur kleinsten Motiveinheit sich gliedern; wie Gegensätze sich vermitteln; wie ein Gebilde in Fluß kommt, sich verdichtet, ausschwingt – das läßt kaum an einem zeitgenössischen Komponisten eindringlicher sich studieren als an dem vielschichtigen und verschlungenen Satz Bergs. Nichts aber ist kompositorisch mehr an der Zeit, als das Wissen um den Form-Sinn eines jeglichen Augenblicks im musikalischen Ablauf wiederzugewinnen, anstatt daß die zufällig gekleisterte zeitliche Sukzession unbekümmert über Sinnloses hinwegstampft und selber der Sinnlosigkeit verfällt, die sie mit Naivetät verwechselt. Ein Werk wie die »Lyrische Suite« für Streichquartett – vielleicht das vollkommenste, Ausdruck und Konstruktion am reinsten ausgleichende, das Berg gelang – sollte allein genügen, das musikalische Gewissen wiederherzustellen, zu schweigen von dem, was etwa der zweite Satz, ohne die leiseste Konzession, an Entzükken gewährt. Unersättlich wuchernde Stücke wie das Erste Quartett oder das Kammerkonzert dagegen demonstrieren das Risiko, das Musik läuft, seitdem sie nicht mehr riskiert, was Berg, dessen chaotischer Drang nicht geringer war als die künstlerische Disziplin, stets wieder riskierte. Zwei seiner großartigsten Konzeptionen, die Altenberglieder und die drei Orchesterstücke, sind heute noch wie von einer Isolierschicht des Skandals umgeben und kaum aufgeführt. Der Schock, den die bald vierzig Jahre alten Gebilde stets noch aussenden, wäre heilsam in einer Situation, in der es offenbar keinen mehr gelüstet, aus dem Schutz des längst durchlöcherten Daches jener Überlieferung herauszutreten, die doch der Schutzsuchende selber nur anruft, weil sie ihm keinen Schutz mehr gewährt.

Die wenigen Opera Bergs, der streng an das Schopenhauersche non multa sich hielt, sind erhalten und werden, wenn es nicht wirklich aus ist, ihre Geschichte erst jetzt beginnen, in ihr fruchtbar sich entfalten und verwandeln. Dahin ist er selber. Angestrengt nur vermag die Erinnerung über den Abgrund der geschändeten Jahre hinweg die Stimme zu beschwören, die bloß ihren Namen übers

Telephon zu sagen brauchte, um wie eine Welle unversieglicher Wärme den zu ergreifen, dem sie antwortete.

1951

Im Gedächtnis an Alban Berg

Kennen lernte ich Alban Berg auf dem Frankfurter Fest des Allgemeinen deutschen Musikvereins 1924, im Frühjahr oder frühen Sommer, am Abend der Uraufführung der drei Bruchstücke aus Wozzeck. Unter dem unmittelbaren Eindruck des Werkes bat ich Hermann Scherchen mich vorzustellen, und es wurde sogleich zwischen uns vereinbart, daß ich als sein Schüler nach Wien kommen sollte. Ich stand damals in Frankfurt gerade vor der Promotion, die im Juli erfolgte; doch meine Übersiedlung nach Wien zog sich noch bis Anfang Januar 1925 hin. Mein erster Eindruck von Berg damals in Frankfurt war der der größten Liebenswürdigkeit und zugleich einer gewissen Schüchternheit.

Erster Besuch bei Berg in der Trauttmansdorffgasse 27 in Hietzing. Die Straße erschien mir damals unvergleichlich schön. Sie erinnerte mich auf eine schwer zu beschreibende Weise an Cézanne und hat ihren Zauber immer für mich behalten. Ehe ich das Haus betrat, in dessen Parterre Bergs wohnten, erkannte ich, wo ich mich befand, an dissonanten Akkorden, die auf dem Klavier gespielt wurden – viel später erst las ich die Beschreibung von Nietzsches erstem Besuch bei Wagner in Triebschen und der Dissonanz aus Siegfried. Der Name an der Tür war in kunstvoller Schrift von Berg selbst entworfen – in derselben, die sich auf den Titeln der Originalausgaben von op. 1 und op. 2 findet, mit einer Spur von Jugendstil noch, aber dabei doch überaus deutlich und ohne Verschnörkelungen. Sehr charakteristisch für Berg: er sagte einmal, er hätte ebensogut Architekt werden können, besaß überhaupt eine unverkennbare Begabung für bildende Kunst. Er war nicht primär an das musikalische Material gebunden, sondern bestimmt durch das Ausdrucksbedürfnis – die Wahl des Materials hatte beinahe etwas Zufälliges, und sicherlich hat es ihn unsägliche Mühe gekostet, dies allgemein künstlerische Ausdrucksbedürfnis ins spezifisch musikalische umzusetzen, solche Mühe hat er Leverkühn geliehen. Vom Optischen ist viel erhalten geblieben, in der kalligraphischen Gestalt seiner Partituren – er hat mir selbst einmal einen ganzen Nachmittag lang im Café Imperial Unterricht im Noten-Schönschreiben erteilt – aber auch in einer gewissen visuellen, mit räumlichen Symmetrieverhältnissen arbeitenden Art des planenden Gestaltens, die im Laufe der Jahre eher sich verstärkte. Auch seine Neigung für spiegel- und krebsartige Gebilde dürfte, abgesehen von der Zwölftontechnik, mit dem optischen Element seiner Reaktionsweise zusammenhängen. Bei aller Dynamik der Tradition des Komponierens, der Berg zugehörte, hatte seine kompositorische Art etwas merkwürdig Statisches, gleichsam auf der Stelle Tretendes; erst seit der Lyrischen Suite eigentlich ist sein Komponieren beweglicher geworden.

Bergs Name: kaum je habe ich einen Menschen gekannt, der so sehr sein Name war wie er. Alban: das hat zugleich das katholisch traditionale Element (sein Vater besaß eine Devotionalienhandlung) wie auch das Gewählte, Aparte der Sphäre des Ästhetizismus, der er bei allem Konstruktivismus nie ganz absagte. Berg: sein Gesicht hatte etwas Gebirgiges, in dem doppelten Sinn, daß es an die Züge eines in den Alpen Lebenden gemahnte und daß es selber, mit der edel geschwungenen Nase, dem weichen und feinen Mund und den abgründig leeren Augen, die wie Seen blickten, einer Berglandschaft gleichsah. Wenn seine unvergleichlich warme Stimme durchs Telephon »Berg« sagte – er meldete sich stets mit dem bloßen Namen –, so war das, wie wenn andere Menschen Ich sagen. Er war außerordentlich groß, zugleich aber so, als wäre seine Zartheit der Größe nicht ganz gewachsen, er hielt sich vornübergebeugt. Hände und vor allem Füße waren erstaunlich klein. Die ganze Erscheinung, Haltung und vor allem Blick hatten etwas längst Vergangenes, als wäre er immer im Traum befangen, etwas von Vorwelt. Man hätte sich von ihm gut vorstellen können, daß ihm alle Dinge, wie es von Pferden gesagt wird, vergrößert erschienen und das mikrologische Element seines Komponierens hängt damit zusammen: die Details sind so klein, weil er sie durch ein Opernglas gewahrte. Aber auch in der Gesamtanlage, einem Moment des Unmäßigen und zugleich doch wieder Hinfälligen sieht seine Musik eigentlich so aus wie er selber. Seine Reaktionen waren im allgemeinen äußerst langsam, und daher wohl hatte er einen ganz unproportionalen Respekt vor Witz, Raschgeistigkeit und Beweglichkeit; aber diese Bewunderung war dann wieder so stark in ihm, daß er selbst eine Begabung für Pointen und Wortwitze, meist makabrer Art entwickelte, die wohl an Karl Kraus sich schulte. Ein Schüler, den er fragte, ob er das absolute Gehör besitze, gab ihm die patzig-törichte Antwort: »Gott sei Dank nein«, und dies Gott sei Dank hat er sogleich adoptiert und selten versäumt, es bei irgendwelchen Mängeln und unangenehmen Erfahrungen hinzuzufügen. Der Schüler hieß Schloß; als wir später in Berlin in der Nähe der Oper in einem Restaurant zu essen pflegten, das Schloßrestaurant hieß und das er besonders schlecht fand – »die Deitschen fressen immer nur Dreck« –, behauptete er, es trüge seinen Namen nach jenem selber reichsdeutschen Herrn Schloß. Das makabre Element seines Humors hat sich immer mehr verstärkt. Während des Dritten Reichs, als es ihm materiell sehr schlecht ging und er sich in sein Haus am Wörthersee vergrub, um dort ungestört an der Lulu arbeiten zu können, nannte er dies Haus, wo er sich konzentrieren wollte, sein Konzentrationslager. Willi Reich erzählt, daß er, als er während der letzten Krankheit in das Rudolfsspital gebracht wurde, Witze darüber machte, daß es sich auf halbem Wege zum Zentralfriedhof befinde. Hierher gehört auch die Geschichte mit dem Blutspender: »wenn ich jetzt nur kein Operettenkomponist werde«.

Bergs Vater war Bayer, aus Nürnberg nach Wien eingewandert. Aber er selbst war so wienerisch, wie man es sich überhaupt nur vorstellen kann. Und zwar in dem Sinn, daß er in aller Naivetät das Wienerische als gewissermaßen gottgegeben voraussetzte. Er hatte eine Tendenz, alles andere, so auch Prag, das in jenen Jahren viel großstädtischer wirkte als Wien selber, provinziell zu finden. Das Norddeutsche war ihm eine stetige Quelle der Heiterkeit. Erwin Stein, ein alter Schönbergschüler, war mit einer mecklenburgischen Frau verheiratet. Stein war ganz klein, zwergenhaft, die Frau exzeptionell groß, und Berg malte sich mit Vorliebe Liebesszenen zwischen den beiden aus, wobei die girrenden Aussprüche der Dame auf mecklenburgisch eine bevorzugte Rolle spielten. Nicht auszudenken, was er alles angestellt hätte, wenn er noch miterlebt hätte, daß die Tochter der beiden Lady Harwood und mit der englischen Königsfamilie nahe verwandt wurde. Übrigens mißtraute er stets Stein; wie sich viel später herausstellte, mit Recht, denn Stein machte sich in der Emigration zum Bannerträger von Benjamin Britten.

Bergs Verhältnis zum Sexus: allem Sexuellen war er freundlich gesinnt auf eine Weise, wie man sie zuweilen bei Aristokraten findet, nämlich mit einer Art von Stolz, für andere und für sich, über jeden gelungenen Beischlaf, als wäre er der Affinität zum Tode triumphal abgenötigt. Er hatte eine Neigung zum Unanständigen wie viele Musiker, aber ihr fehlte alles Verletzende, Verdrückte, Ressentimenterfüllte – eher mit dem Ton von Bewunderung. Solche zollte er offen, als Schönberg noch als alter Mann Kinder zeugte, aber auch daß Steuermann, dessen damalige Frau die Geliebte Schönbergs gewesen war, die er dann zurücknahm, sofort, wie Berg es ausdrückte, »ihr ein Kind machte«, wußte er nicht genug anzuerkennen. Von sich selbst sagte er, er habe eigentlich das ganze Glück der Sexualität, so wie er es sich ausgemalt habe, in seinem Leben nie kennengelernt – dies trotz seiner bedeutenden Schönheit, und obwohl die Frauen, zumal seitdem er berühmt wurde, ungemein auf ihn ansprachen. – Es bereitete ihm eine gewisse Freude, Menschen erotisch aufeinander zu hetzen. Zu solchem Zweck lud er einmal eine übrigens sehr reizende Sängerin, die erheblich älter war als ich, mit mir zusammen ein und machte uns betrunken. Er selbst hatte zahlreiche Liebesgeschichten, die aber stets unglücklich ausgingen, das unhappy end war gewissermaßen mitkomponiert, und man hatte das Gefühl, daß diese Affairen bei ihm von Anfang an ein Stück seines Produktionsapparats bildeten, daß sie, ganz im Sinn des österreichischen Witzes, verzweifelt, aber nicht ernst waren. In der Zeit, in der ich bei ihm war, spielte die Geschichte mit Hanna, der Schwester Werfels; er hat mich dabei als postillon d'amour benutzt, wobei meine häufigen Prager Besuche bei meinem Freund Hermann Grab den Vorwand abgeben mußten; die Rolle habe ich ungeschickt gespielt, Hanna nie allein gesprochen, dagegen war die ganze Sache doch so auffällig inszeniert, daß ihr Mann Verdacht schöpfte. Die Affaire war hoffnungslos von Anfang an, da sie einerseits mit einem ungeheuren Pathos belastet war, andererseits weder Berg seine Frau noch Hanna ihren Mann und ihre zwei Kinder verlassen wollte. Er betrieb die Angelegenheit mit einer unendlichen Geheimniskrämerei, offiziell, damit seine Frau nichts merke, in Wahrheit wohl, weil die Geheimnisse selbst ihm Freude machten; ich wurde zu allen möglichen Funktionen innerhalb dieses Geheimnissystems von ihm herangezogen; vom ersten Tag an hatte er mir von der ganzen Geschichte gesprochen. Die Widmung, die er mir in die Partitur der drei Wozzeckbruchstücke schrieb, »die Bruchstücke Ihres Alban Berg«, bezogen sich darauf, daß er sich durch den Zwang der Entsagung als zerbrochen betrachtete; doch ist er wohl über die Sache gar nicht so schwer hinweggekommen, wie es mir damals schien. Die Lyrische Suite, eine Programmusik mit verschwiegenem Programm, hat mit zahllosen Anspielungen die ganze Geschichte verkomponiert, ohne daß übrigens jene Anspielungen – auch die Widmung an Zemlinsky und das Zitat aus dessen Lyrischer Symphonie gehören dahin – der Qualität den leisesten Abbruch getan hätten; im Gegenteil, das höchst verführerische Werk empfing seinen Elan aus jenem Hintergrund. Von den Anspielungen notiere ich nur eine: im zweiten Satz symbolisiert das erste Thema Hanna, das zweite ihren Mann, das dritte, aus zwei kontrastierenden Bestandteilen, die beiden Kinder. Die charakteristische wiederholte Note c entspricht, nach der alten Solmisation, einem doppelten do, das ältere Fuchsische Kind hieß Dodo. Ein Hermeneutiker, der der Lyrischen Suite sich bemächtigte, hätte für den Rest seines Lebens daran zu tun. Das Allegro misterioso ist ein Spiel mit den Initialen AB und HF. Die analogen Züge der Musik Leverkühns, die überhaupt mehr Bergisches als Schönbergisches hat, sind diesen Spielereien nachgebildet. Sie grenzen im übrigen an seine Neigung zur Zahlenmystik und zur Astrologie. Da er wußte, wie ich über diese Dinge denke, hat er sich dazu jedoch bei mir kaum je offen bekannt. Wenn Helene ihn heute spiritistisch beschwört, so hätte er vermutlich diesem Treiben seine Zustimmung nicht versagt.

Das Verhältnis zu Schönberg: ohne Zögern hat er ihm die Treue gehalten, auch in der Hitlerzeit, als der blonde Arier es sich durch ein wenig Konzilianz viel leichter hätte machen können. Aber die

Beziehung war ambivalent, und Berg wußte genug von Psychoanalyse, um das auch selbst so zu empfinden. Er hat mir einen Traum von mir über Schönberg orthodox, Freudisch als Vatertraum gedeutet. (Er war übrigens einmal in einem Dolomitenhotel mit Freud zusammengetroffen; er hatte eine seiner mit dem Asthma zusammenhängenden schweren Erkältungen und genoß sehr, daß Freud unfähig war, eine derartig uninteressante Krankheit mit Erfolg zu behandeln; ich meine mich zu erinnern, daß es auch zu Adler Beziehungen gab.) Es gilt wohl für die beiden die Formel: daß Schönberg Bergs Erfolge beneidete, Berg Schönbergs Mißerfolge. In der Nacht nach der Premiere des Wozzeck zeigte er sich, ohne alle Pose, aufs tiefste beunruhigt durch den Erfolg, er meinte, wenn heutzutage eine Musik so unmittelbar das Publikum gewinne, könne etwas mit ihr nicht in Ordnung sein. Einer gewissen Eifersucht Schönbergs auf ihn war er sich bewußt. Die Angst des Sohnes hat er ihm gegenüber wohl nie ganz verwunden. Einmal sagte er mir, Webern und er hätten mit Schönberg jahrzehntelang nicht anders als im Frageton verkehrt. Während er die Zwölftontechnik übernahm, um sie freilich sogleich völlig bruchlos mit seinem eigenen Ton zu verschmelzen (er freute sich besonders, als ich gerade darauf einmal verwies, und sagte: das war gerade das Kunststück), beanstandete er an den ersten Zwölftonkompositionen einen gewissen Mangel an expressivem Gehalt – jenes Moment drohender Leere, das dann in der späteren Entwicklung der Technik so sehr hervortrat. Doch zeigte er auch darin eine große Liberalität und sagte, ihm erschiene es durchaus möglich, daß eine neue Technik zunächst mit einer gewissen Verflachung des Gehalts bezahlt werde und sich ihn allmählich dann erobere. Die Spätphase Schönbergs, in der das wirklich geschah, hat er nicht mehr miterlebt, sondern nur die zum Teil eher spielerischen ersten Zwölftonwerke. Am Ton Schönbergs irritierte ihn zuweilen ein Moment des Insistierenden, advokatorisch Rechthaberischen – seiner eigenen Art entsprach es vielmehr, sich immerdar ins Unrecht zu setzen und dadurch die Welt, von deren Übermacht er a priori überzeugt war, stets wieder zu überlisten.

Unbeschreiblich die Verschränkung von bescheidener Schüchternheit und Ironie; was da jeweils aus ihm redete, ließ so wenig sich ausmachen wie bei sehr gut erzogenen Engländern. (Nicht nur sah er Wilde ähnlich, sondern das Wort Lord spielte in seinem Vokabular eine große Rolle. Als ich ihm nach der ersten Begegnung mit Schönberg sagte, dessen Erscheinung erinnere mich an einen Zigeunerprimas, zumal durch die übertriebene Eleganz, deren Schönberg in den ersten Jahren seiner zweiten Ehe sich befleißigte, meinte Berg: er meint doch, er sieht wie an Lord aus.) So sagte er einmal, er habe die höchste Bewunderung für Hindemith, weil seine Musik immer so weiter laufe. Darin war ebenso wirkliche Anerkennung der Geläufigkeit, des Talents enthalten – Berg fiel das Komponieren sehr schwer, er hat alles außer dem Violinkonzert äußerst langsam geschrieben und unter der geringen Anzahl seiner Werke gelitten, auch ihretwegen seit dem Wozzeck auf opus-Zahlen verzichtet – wie auch das Bewußtsein des Negativen von Geläufigkeit und Talent. Er selbst hat später, wo es aus der Sache verlangt war, ein paar Sätze im Charakter des perpetuum mobile geschrieben.

Sein Verhältnis zu anderen Komponisten: sehr wenige von den Zeitgenossen außer Schönberg ließ er gelten. Bei Krenek, mit dem er befreundet war und für den er öffentlich eintrat, störte er sich an einer gewissen Verquertheit und Irrationalität: immer wo man eine Sequenz erwartet, gibt's keine, und wo man keine erwartet, gibt's eine, sagte er einmal. Webern liebte er sehr, aber doch mit einem Unterton von Spott wegen der Kürze, vor allem als auch die Zwölftonstücke Weberns fast ebenso aphoristisch sich anließen wie die früheren. Bei aller Treue hat er mit mir zusammen jene Parodie eines Webernschen Stücks angefertigt, die aus einer einzigen mit allen erdenklichen Zeichen und Vortragsanweisungen ausgestatteten Viertelpause bestand. Für mittlere Komponisten hegte er offene Verachtung; er konnte sich lange damit beschäftigen, Erwägungen darüber anzustellen, ob Wellesz oder Toch schlimmer sei. Er fand Toch schlimmer, ich Wellesz; heute würde er mir wohl recht geben. Bei Richard Strauss wehrte er sich vor allem gegen die Legende von der technischen Meisterschaft und hatte ein sehr scharfes Auge für das kompositorisch Brüchige bei ihm. Reger verteidigte er, ließ sich aber ganz gern von mir überzeugen, als ich ihm sagte, daß jeder Takt dieses Komponisten aus jedem seiner Werke in jedes andere verschoben werden könnte. Gegen Pfitzner, den Reaktionär, schrieb er eine schneidende Polemik; er war einmal ein paar Tage mit ihm zusammen, ich glaube bei Alma Mahler, und hatte seinen grimmigen Spaß daran, daß Pfitzner seine in Arbeit befindlichen Manuskripte vor ihm versteckte, damit er nichts davon stehle. Debussy schätzte er sehr hoch; man kann von ihm mehr Spuren bei Berg finden, als es auf den ersten Blick ersichtlich wird. Vorbehaltslos war sein Enthusiasmus für Mahler, vor allem für die Werke seit der IV. Symphonie. Wir hörten einmal zusammen die VIII. unter Anton von Webern, und gerieten so in Begeisterung, daß wir laut sprachen und um ein Haar als Störenfriede herausgeworfen wurden. Sein Lieblingsstück war die zweite Nachtmusik aus der VII. Symphonie, wir haben sie, wie vieles andere von Mahler, oft vierhändig gespielt. Überhaupt pflegte er die heute kaum mehr geübte Kunst des vierhändig Spielens sehr; er hatte sie seit seiner Jugend mit seiner Schwester Smaragda gepflegt, die in diesem Jahr in Wien an den Folgen eines Unfalls gestorben ist. Smaragda sah übrigens auf eine genauso erstaunliche Weise George ähnlich wie Berg Wilde. An Wagner durfte nicht gerüttelt werden; er gab mir verschiedentlich auf, Passagen aus der Götterdämmerung zu instrumentieren und dann mit den Wagnerschen Lösungen zu vergleichen, in der Tat ein ungemein lehrreiches Verfahren. Von sich selbst sagte er: beim Komponieren halte ich mich immer für den Beethoven, nachher höchstens noch für den Bizet. Die schon zu seinen Lebzeiten weitverbreitete Neigung, ihn gegen Schönberg auszuspielen, war ihm besonders unsympathisch – vielleicht, weil er gerade darin eines Gefahrenmoments der eigenen Kunst sich bewußt war. Von Bartók hielt er viel, und es bereitete ihm große Genugtuung, als er in dessen Viertem Quartett deutlich den Einfluß der Lyrischen Suite gewahrte. Strawinsky spielte in seinem geistigen Haushalt kaum eine Rolle; nur daran kann ich mich erinnern, daß er von den drei Japanischen Liedern sehr positiv sprach. Sein Verhältnis zu den ›großen Meistern‹ der traditionellen Musik war, wie in der gesamten Schönbergschule, ungebrochen respektvoll. Eine besondere Liebe hatte er für Schumann, war sich wohl auch einer gewissen Wahlverwandtschaft mit dessen Ton bewußt. Was heute als ›Barockmusik‹ geht, interessierte ihn überhaupt nicht; wie für jeden anständigen Musiker fing für ihn die eigentliche Musik eben doch mit Bach an. Gegen abfällige Bemerkungen, die ich über

Bruckner machte, wandte er nichts ein, obwohl er sicherlich anders dachte und die Unreife meines Urteils durchschaute, aber er überließ die Korrektur der Entwicklung – sie erfolgte erst nach seinem Tod unter dem Eindruck der VII. Symphonie unter Webern in London.

Berg hatte eine außerordentlich schonende Liebe zu Dingen, und jede Gewaltsamkeit, ja jedes Ungeschick im Umgang mit ihnen verletzte ihn. Mit Stolz zeigte er mir einmal seinen Rasierapparat, den ersten und einzigen, den er besaß, seit er sich zu rasieren anfing, und den er so sorgfältig pflegte, daß er aussah wie neu. (Wir unterhielten uns über Rasieren. Ich meinte, es wäre doch gut, wenn ein Mittel erfunden würde, das uns den Bart ein für allemal wegnähme und uns der täglichen Mühe enthebe. Berg widersprach dem: ein glattrasiertes Gesicht habe nur darum seinen Reiz für Frauen, weil sie den sprossenden Bart darunter fühlten. Auf diese Weise hat Berg für sich die Dialektik entdeckt.) Etwas von diesem Verhalten ist in seine Musik eingegangen, in der unendlich geduldigen und liebevollen Durchbildung der Details. Gerade weil seine ursprüngliche Anlage ins Große ging und zwar im Sinn des Chaotischen, des Todestriebs, fühlte er überaus stark die Notwendigkeit des Korrektivs durch die handwerkliche Treue; es ist etwas von glückvoller Pedanterie in seinem Werk, und das hängt wohl auch mit jenem Bedürfnis nach allseitiger Sicherung – heute würde man sagen ›Abschirmung‹ – des von ihm Komponierten zusammen, die ihn etwa in der Oper gleichzeitig große Formkonstruktionen und durchgehaltene Leitmotivik handhaben hieß, und damit freilich eine gewisse Gefahr der Überbestimmung, des auf nichts verzichten Könnens heraufrief.

Ich glaube mich nicht dem Verdacht der Treulosigkeit gegen die eigene Theorie auszusetzen, wenn ich sage, daß, mit Hinblick auf den einzelnen, Armut und Reichtum nicht ohne weiteres und unmittelbar identisch sind mit den tatsächlichen Besitzverhältnissen, jedenfalls innerhalb der bürgerlichen Klasse. Ich habe Menschen gekannt, einen berühmten Universitätslehrer, einen leitenden Radiofunktionär, die sehr viel Geld verdienten und trotzdem die Aura der Armut und Dürftigkeit nie los wurden. Umgekehrt gibt es

Menschen, die es knapp haben, ohne doch jemals den Eindruck der Armut zu erwecken. Berg war einer von diesen, mehr vielleicht als jeder andere, der mir begegnete. Von Haus aus war die Familie wohlhabend, aber schon längst vor dem Ersten Krieg in bedrängte Umstände geraten, und daraus sind Berg und seine Frau nur für eine sehr kurze Zeitspanne herausgekommen. Trotzdem hatte die Atmosphäre, das Wort richtig verstanden, immer etwas Herrschaftliches. Der erste Grund ist natürlich die Selbstverständlichkeit des Gut-gewöhnt-Seins bei beiden. Hinzu aber kam eine schwer abzuleitende gentleman- und ladyhafte Gestik, deren sie sich überhaupt nicht bewußt waren und die darum um so nachhaltiger sich kundgab. Nichts erinnerte in ihrer Lebenshaltung an Bohème. Helene war eine vorzügliche Hausfrau, und die traditionelle habsburgische Sparsamkeit hatte sich bei ihr umgesetzt in die Fähigkeit, mit ganz Wenigem doch einen menschenwürdigen Standard zu halten. Kaum je habe ich eine Wohnung gekannt, in der ich mich wohler fühlte; alles hatte eine bestimmte Art von Weiträumigkeit, Großherzigkeit; ›Jovialität‹ war ein Wort, das Berg gern und in einem hohen Sinn gebrauchte. Zu Hilfe kam ihnen wohl auch, daß einerseits das nie ganz durchkapitalisierte Österreich von jeher Intellektuellen Schlupfwinkel einer annehmbaren Existenz bot, und daß andererseits die sozialdemokratische Stadtverwaltung der Zeit nach dem Ersten Krieg Erleichterungen wie die Mietkontrolle schuf; die Wohnung kann Bergs nur äußerst wenig gekostet haben. Wovon er eigentlich lebte, war bis zu den Jahren seines großen Erfolgs, wie übrigens bei sehr vielen Wienern der freien Berufe, nicht ganz deutlich, man wäre aber auch nie darauf verfallen, danach zu fragen. Er unterrichtete nur ein paar Schüler, und die Honorare, die er verlangte, waren im Vergleich zu den damals im Reich üblichen lächerlich gering. Einnahmen aus seinen Kompositionen hatte er vor 1926 kaum. Irgendetwas vom Familienvermögen, vor allem der Kärtner Hausbesitz war noch übrig, und auch Frau Berg bezog wohl eine kleine Apanage. Trotzdem muß die Lage prekär gewesen sein, ohne daß je ein Wort darüber fiel. Eine kurze Zeit, etwa von 1928-33, ging es viel besser. Er bezog damals, vielleicht schon ein oder zwei Jahre früher, ein Fixum von der Universal Edition, das freilich ebenfalls in bescheidensten Dimensionen sich hielt. Als ich den Leiter von deren Opernabteilung, den unsäglichen Hans Heinsheimer, 1938 oder 39 in der Emigration in New York traf, sagte er mir: »Das habt Ihr nun mit Eurer modernen Musik. Nicht einmal in Deutschland wird sie mehr gespielt.« Man kann sich danach vorstellen, wie dieser Verlag mit Autoren umsprang, die nichts mehr einbrachten. Trotzdem hing Berg, wie übrigens auch Schönberg, an der U.E., vor allem dem alten Hertzka. Der Lebensstil der Bergs ging in jener glücklicheren Zeit deutlich ins Large; viel Freude hatte er an einem Auto, das er, soviel ich weiß, bis zuletzt behielt. Seit 1933 wurden die Dinge wirklich schwierig. Nicht nur fielen, unter dem Verdikt des Goebbels und seiner Journaille, die deutschen Einnahmen völlig aus, sondern die Universal Edition entzog ihm mit Rücksicht eben darauf die Apanage. Er lebte damals wesentlich vom Verkauf seiner Manuskripte, empfand wohl auch den Kompositionsauftrag von Louis Krasner als große Erleichterung, obwohl er sich über die künstlerischen Qualitäten des Sponsors kaum kann Illusionen gemacht haben. In diesen Jahren verbrachte er zum ersten Mal einen ganzen Winter auf dem Berghof, wie er sagte, um ungestört an der Instrumentation der Lulu arbeiten zu können, in Wirklichkeit wohl, weil sie dort um ein Nichts leben konnten. In der allerletzten Zeit kamen materielle Sorgen in seinen Briefen vor; so bat er mich, zu versuchen, das Manuskript der Lyrischen Suite an eine Londoner Mäzenatin zu verkaufen, was mir übrigens nicht gelang. Daß er und Helene die Furunkulose zunächst selbst behandelten, bis schon die Blutvergiftung eintrat, geschah ohne allen Zweifel einzig um der Ersparnis willen. Man geht nicht zu weit, wenn man ihn zu den Opfern des Hitler zählt, obwohl an seinem Tod sicherlich auch Wiener Schlamperei und Resignation und vielleicht sogar seine eigene Müdigkeit ihren Anteil hatten.

Berg litt an Asthma. Daß die Krankheit eine psychische Komponente hatte, war ihm bewußt, und er machte seine Witze darüber. Insgesamt hatte er etwas überaus Hypochondrisches und war geneigt, das leichteste physische Unbehagen sehr schwer zu nehmen. Überhaupt lag viel Neurotisches obenauf. Er fürchtete sich maßlos vor Gewittern und rannte von unseren weiten Wegen querfeldein nach Hause, sobald es donnerte. Sehr besetzt war der Komplex ›Eisenbahn‹. Er kam immer, prinzipiell, viel zu früh an Züge;

einmal, erzählte er, wäre er drei Stunden vor Abfahrt dort gewesen und hätte es dann fertig gebracht, den Zug doch noch zu versäumen. Etwas an ihm erinnerte an den Wolf, der Wolf schreit; wahrscheinlich haben seine Frau und er, eben aus der Erfahrung der hypochondrischen Neigung, die letzte Krankheit verhängnisvoll unterschätzt. In dieser Hypochondrie steckte ein Moment von Süchtigkeit; Berg lebte, wie er einmal sagte, von Aspirin und Tee, genoß wohl überhaupt die euphorischen Aspekte der Krankheit. Er hatte übrigens als junger Mensch einmal einen Selbstmordversuch gemacht; ob seine Behauptung stimmt, daß ein Dienstmädchen ein Kind von ihm hatte, weiß ich nicht. Das Verhältnis zu Jugendstil und fin de siècle reichte bei ihm durchaus in die physische Existenz hinein; er hatte noch etwas von der Künstlergeneration, die den siechen Tristan als eine Art von Modell empfand. Altenberg, den er noch gut kannte, war für ihn einer der phares, ein Wort wie »Sezession« klang aus seinem Munde noch zeitgenössisch, und selbst zu Schreker gab es bei ihm, wie übrigens auch bei Schönberg selbst, gewisse Verbindungen; er hatte als ganz junger Mensch den Klavierauszug des Fernen Klangs, eines der Prototypen des musikalischen Jugendstils, angefertigt, und ein Bruder der wunderschönen Frau Schreker, Binder, war sein Schüler gewesen. Im Wozzeck gibt es eine Stelle, dort wo der Hauptmann davon spricht, daß er auch einmal die Liebe gefühlt habe, die er selbst als Schrekerparodie bezeichnete, aber man parodiert meist nur das, wozu man eine Affinität fühlt, und ein Element des Schwelgerischen, Luxurierenden ist aus Bergs Musik nicht wegzudenken. Ich erinnere mich noch deutlich, wie sehr es mich erstaunte, als er einmal schwärmerisch den Ausdruck »die Wonnen der Liebe« gebrauchte. Die Kritik, deren erbärmlichste Vertreter immer noch hellhörig genug sind für die Schwächen des edelsten Objekts, hat diese Seite von jeher herausgefühlt und viel Unwesens damit gemacht. Hierher rechnet vorab der Vorwurf des Nachwagnerischen. Aber er ist ganz undifferenziert; wer seine chromatisch gleitende, zur Dominante gleichsam widerstandslos hinsinkende Harmonik der Wagnerischen gleichsetzt, verfährt nicht viel anders als jemand, der Haydn und Mozart nicht voneinander unterscheiden könnte; und ist taub gegen die Unterschiede des Tons, die ich in dem Aufsatz entwickelt habe, der 1955 in der Wiener Zeitschrift Kontinente erschien*. Es kann sich aber gar nicht darum handeln, bei Berg die tonalen Elemente zu verleugnen und nicht einmal darum, die Stilbrüche zu verteidigen, die in vielen seiner Arbeiten, vor allem im Violinkonzert sich finden. Vielmehr handelt es sich darum, was Berg mit dieser Erbschaft machte, und gerade darin liegt vielleicht das Einzigartige seiner kompositorischen Leistung. Wenn er von der fröhlichen Leere späterer Zwölftönler sich unterschied, so gerade darum, weil er mit allen Kräften der Selbstbesinnung, der Konstruktion und der Erhellung von jenem Erbe zehrte, freilich auch es aufzehrte, so daß in seinen besten Stücken kaum mehr etwas davon sichtbar war, obwohl es ihm immer wieder, etwa auch noch im Vin des amants der Baudelairearie, in die Parade fahren konnte. Es machte gewissermaßen die Materie aus, an der seine kompositorische Kraft sich erprobte. Wenn ich von Max und mir sagen darf, unser ›Standpunkt‹ sei der marxistische etwa so, wie der Braten der Standpunkt des Essers ist, so läßt ganz gewiß etwas Ähnliches sich von Bergs Verhältnis zur décadence und ›Spätromantik‹, zum süchtigen und todessüchtigen Subjektivismus sagen. Die qualitative Fülle, die hinter dem Formenreichtum, dem unendlich reich durchgebildeten Charakter von Bergs Musik steht, weist zurück auf eine Sphäre der subjektiven Differenzierung, die heute kaum mehr gefühlt wird und deren Absenz die spätere Art Objektivität zum bloßen Residuum und damit zur abstrakten Negation macht. Anders ausgedrückt könnte man sagen, daß Berg einer von den Künstlern ist, deren Größe sich einem Opfer verdankt, dem, daß sie der eigenen Substanz etwas Fremdes, ihr nicht ganz Assimilierbares hinzugefügt haben. Falsche Freunde wie der tückische Germane Klenau haben das sehr wohl bemerkt und geglaubt, ihn damit an der Achillesferse zu treffen. Aber es scheint mir mit der bis ins Innerste fragwürdigen Situation nicht aller Kunst bloß sondern alles Geistigen heute zusammenzuhängen, daß es kaum mehr eine bedeutende Produktion gibt, die nicht in diesem Sinn sich entäußerte, sich um ihrer Heilung willen vergiftet hätte, so wie, nach der Meinung der reaktionären Plattheit, es der Spätromantiker Berg tat, als er sich

* *Vgl. jetzt Gesammelte Schriften, Bd. 13: Die musikalischen Monographien, 2. Aufl., Frankfurt a. M. 1977, S. 325 ff.*

Schönberg verschrieb. Wenn Berg in irgendetwas seine Kraft bewies, dann darin, daß er es vermochte, über ›sich‹, d.h. den vom Jugendstil schon weitgehend geprägten ästhetischen Jüngling hinauszugehen, der da zu Schönberg kam, und wenn die Elemente sich nicht verschmelzen ließen, so bezeugt das gerade eine große geschichtsphilosophische Wahrheit, den Verzicht auf ästhetische bruchlose Totalität in einer Welt, die solche Totalität als ›transzendentalen Ort‹ nicht mehr vorgibt. Das Stehen-Lassen der Brüche zwischen Moderne und Spätromantik ist angemessener, als begänne Musik absolut von vorn; eben damit fiele sie dem undurchschauten Gewesenen zur Beute. Berg hat auf meine Frage, warum in fast allen seinen Werken tonale Einschiebsel sich fänden, sehr gelassen geantwortet, das sei nun einmal so seine Art und er wolle dagegen nichts tun. Paradoxer Weise hat ihn gerade ein traditionales Moment, ein sehr österreichisches dazu bewogen, ganz wissend die Brüche stehen zu lassen, ein Widerwille, wie etwa auch Hofmannsthal ihn kannte, gegen alles Gewalttätige, dem nun einmal So-sein Entgegengesetzten; Treue zum Organischen hat ihn zum Unorganischen vermocht. Heute hört das jeder Esel, und ich will auch gar nicht sagen, daß ich damit kritiklos mich abfände: am Violinkonzert stört mich nicht nur der wirklich schwer zu verteidigende Stilbruch an der Stelle mit dem Bachchoral, sondern vor allem auch das fatale Straussische Schema von Tod und Verklärung, das im zweiten Teil die Dissonanz als Allegorie des Negativen und die Konsonanz im Namen einer Art von Erlösung heranzieht. (Das Violinkonzert, nebenbei gesagt, ist sehr rasch entstanden, und ich glaube, Berg kein Unrecht zu tun, wenn ich sage, daß gerade die vielberufene Vereinfachung und Abklärung seines Stils der Hast der Auftragskomposition zuzuschreiben ist. Er hat es sich in dem Werk unverkennbar leichter machen wollen; das ist gewiß der Grund dafür, daß dort, wo er eigentlich ein Sonatenallegro, also die symphonische Mitte geplant hatte, nun eine auskomponierte Kadenz steht.) Trotzdem ist das Violinkonzert nicht nur von größter Schönheit sondern gerade an einigen bedenklichen Stellen wie dem zweimaligen Zitat des Kärntner Liedes von einer herzbrechenden Gewalt der Rührung wie kaum etwas anderes, was Berg geschrieben. Er hatte überhaupt etwas, was nur den größten Künstlern gegeben ist, Zugang zu einer Sphäre, in der das Untere und von der Gestaltung

Verlassene, der Kitsch, unmittelbar umschlägt in das Allerverbürgteste, vielleicht am ehesten vergleichbar Balzac, zu dem er ein sehr starkes Verhältnis hatte, das sich freilich wesentlich auf den mystischen Aspekt, auf Seraphita, bezog. (Seraphita war die Hauptquelle der Schönbergschen Theosophie und ist in der Jakobsleiter zitiert.) – Im Wozzeck liebte Berg am meisten die Stelle des vergeblichen Wartens mit dem Leerklang a – e über der Bewegung von h und f, und in der großen Wirtshausszene Wozzecks Frage »Wieviel Uhr« mit dem es-moll Akkord über a, also die Augenblicke, in denen der Ausdruck am ungetröstetesten die Trauer der Kreatur trifft. Bergs Stolz dagegen waren seine kompliziertesten Sätze, der Marsch aus den Orchesterstücken und das außerordentlich schwierige Rondo aus dem Kammerkonzert, von dem ich bis heute noch nie eine wirklich zureichende Aufführung gehört habe.

Bergs Haltung gab sich insgesamt pessimistisch. Es traf darin zusammen eine bestimmte, zugleich von ihm unter Ironie gesetzte Wiener Tradition, die des ›Raunzens‹, mit seinem individuellen Defaitismus, vor allem auch einer Neigung, eigene Mängel und Unzulänglichkeiten übermäßig hervorzukehren. Doch mag gerade das letztere eher eine Reaktion auf den eigenen Hochmut gewesen sein als primär, wie denn überhaupt der Bergsche Defaitismus ein Element des sich komisch Übertreibenden hatte. Sehr charakteristisch, daß er (ich habe das schon in meinem Nachruf 1936 erzählt*), sich ausmalte, wie die Nachrufe auf seinen Tod aussehen würden. Ein Schmock würde ihn mit dem jüdischen Lokalkomiker Armin Berger verwechseln; Paul Stefan würde über »den Sänger des Wozzeck« perorieren, der nun auch Hungers gestorben sei und sich damit der Kette unserer Wiener Großen eingefügt habe. Die Grenze von Ironie und Ernst war äußerst fließend, Bergs Späße stets nihilistisch, seine Selbstverkleinerung stets ironisch. Nie habe ich an ihm die leiseste Regung von Neid oder Ressentiment bemerkt. Auch Antisemitismus war für ihn gänzlich unvollziehbar. Er hat mir meinen Assimilantenhochmut gegen die Ostjuden abgewöhnt. Er fühlte sich selbst in der Tradition der deutschen Musik,

* *Vgl. Hektor Rottweiler, Erinnerung an den Lebenden, in: »23«. Eine Wiener Musikzeitschrift, Nr. 24/25, 1. 2. 1936, S. 19; jetzt auch Gesammelte Schriften, Bd. 13: Die musikalischen Monographien, 2. Aufl., Frankfurt a. M. 1977, S. 335.*

aber Mahler und Schönberg ebenso, ohne darin auch nur die leiseste Reaktion auf Fremdes zu zeigen, im Gegensatz zu Webern, der Berg gegenüber, trotz des Adelsprädikats, wie ein verbissener, aufmuckender Kleinbürger wirkte. Um Politik bekümmerte sich Berg nicht viel, fühlte sich aber mit einer gewissen Selbstverständlichkeit als Sozialist. Sonderbar war seine Amerikophilie. Er sagte oft, wenn schon Technik, dann wenigstens radikal und gründlich; seine Neigung und auch Begabung für das, was man in Amerika gadgets nennt, mag hineingespielt haben, vielleicht auch das Gefühl, drüben aus der Wiener Enge herauszukommen und sorgenloser existieren zu können. Er, wie die meisten Wiener radikalen Komponisten, deutete mit einer Art grimmiger Genugtuung auf alle Erfolge, welche die neue Musik, etwa unter Stokowski, drüben errang, und spielte das gegen die Wiener Philharmoniker aus. Überhaupt war er so oppositionell zum gesamten offiziellen Wien, wie er andererseits wienerisch war. Als ich, von dem Hochmut der Opposition angesteckt, es versäumte, die Wiener Oper zu besuchen, schimpfte er mich furchtbar aus, ich ging denn auch in die nächste mich interessierende Aufführung, Salome mit der Jeritza, die mir allerdings in grauslicher Erinnerung blieb: der Ausdruck Kulissenreißer traf auf diese Sängerin im buchstäblichsten Sinn zu. Viel dagegen war ich mit Berg im Theater in der Josephstadt, unter anderem in der Uraufführung von Werfels Juarez und Maximilian. Bergs Stellung zu Werfel war natürlich besonders kompliziert; denn Karl Kraus war die unbefragte Autorität, aber zugleich war Werfel der Mann von Alma Mahler, und Berg hatte ihn auch ganz unmittelbar gern.

Nicht wegzudenken aus dem Bilde Bergs ist eine Art sinnlicher Kultur, wie man sie etwa auch in Paris findet, ein sehr subtiler Sinn für gutes Essen und vor allem auch Wein. Ihm danke ich die Kenntnis des damals vorzüglichen, wenngleich überaus schwarzgelben Restaurants Weide in Speising, mit den berühmten Krebspastetchen, auch die von Schöner in der Siebensterngasse. Alle Dinge des Alltags, vor allem die, welche etwas mit Genuß zu tun hatten, besaßen bei Berg eine Wichtigkeit und Würde, die mir Deutschem damals noch ganz fremd war und der man etwa bei frommen Juden begegnen kann. Der metaphysische Pessimismus Bergs involvierte zugleich einen sublimierten Hedonismus, ein Ernst-Nehmen der Freude um ihrer Unwiederbringlichkeit willen. Positive religiöse Tendenzen hat er nie gezeigt; vielleicht hat sich das in der letzten Zeit geändert.

Von den weitaus meisten Musikern, die ich kennengelernt habe, unterschied Berg sich durch seinen literarischen Sinn und sein literarisches Niveau. Die Kriterien kamen zum Teil von Kraus, zum Teil aber doch von seiner eigenen ästhetischen Anlage – sicherlich hat er als junger Mensch viel geschrieben, und einige seiner literarischen Arbeiten, wie die Polemik gegen Pfitzner und der Aufsatz über das Schönbergsche d-moll-Quartett, bezeugen seine Ausdrucksfähigkeit auch in Worten. Benjamin hat mit erstaunlichem Instinkt gesagt, daß Berg als Komponist zu der Dichtung Büchners sich ähnlich verhalte wie Kraus zu Claudius und Göcking. In der Wahl seiner Texte lag etwas von der Neigung des Literators zur ›Rettung‹. Seinen eigenen literarischen Sinn hat er am erstaunlichsten bewährt in der Einrichtung von Wozzeck und Lulu für die Komposition; beides sind wahre Meisterstücke. Er schwankte, ob er Pippa oder Lulu komponieren sollte; ich redete ihm mit allen Argumenten zur Lulu zu, und überzeugte wohl den Theaterpraktiker in ihm mit dem Hinweis auf das Zerfließende, dramaturgisch Unmögliche der Pippa nach dem allerdings genialen und überaus musikfähigen ersten Akt. Soma Morgenstern hat sicherlich in der gleichen Richtung argumentiert, doch bilde ich mir ein, wesentlich das Verdienst für Bergs Entscheidung zu haben. Mein Eindruck war auch, daß ihm Gerhart Hauptmann, mit dem ihn die Mahler in Santa Margherita zusammenbrachte, nicht sonderlich gefiel; Hauptmann war längst bei Kraus in Ungnade gefallen. Kraus kannte er, hatte für ihn die höchste Verehrung; wir sind wohl, wann immer ich in Wien war, zu jeder erreichbaren Krausvorlesung zusammen gegangen. Doch glaube ich nicht, daß er ihn damals selbst sah. Dagegen schickte er ihm besonders schmackhafte Greuel aus der Musikpresse und triumphierte besonders, wenn er dort irgendwo ein »Ausgebaut und vertieft« fand; Verschiedenes solcher Art ist in die Fackel eingegangen. Bei Krausvorlesungen spielte Berg manchmal den Dummen und behauptete, sehr pointierte Gedichte beim ersten Hören nicht ganz erfassen zu können, wie er denn mit seiner Langsamkeit auch musikalisch kokettierte. Überhaupt bezichtigte er sich dessen, für Lyrik keinerlei Verständnis zu haben – trotzdem er Baudelaire komponierte, den damals wohl nicht viele deutsche Komponisten kannten, und plante, Chöre nach Gedichten von Ronsard zu schreiben (etwa 1926); die Werfels hatten ihn darauf aufmerksam gemacht. Er meinte aber ein Richtiges: das Riesenmäßige an Berg widerstrebte der begrenzten lyrischen Form, er bedurfte eigentlich immer großer Flächen, und die Klarinettenstücke sind die Ausnahme, die die Regel bestätigen. Zwischen der Faser, der atomisierten Kleinarbeit und der großen Totalität gab es für ihn eigentlich kein selbständiges Mittleres; das einzige lyrische Werk des Reifen, die Weinarie, faßt denn auch sogleich die drei Gedichte zu einer großen Form zusammen. Ihm widerstrebte wohl die endliche, in sich ruhende Gestalt. – Einmal machte ich ihn auf Hofmannsthal und den Turm aufmerksam und die Möglichkeit, daß er ihn komponieren könnte, so wie ich ihn auch auf den Kaspar Hauser-Stoff als einen ihm sehr wahlverwandten hinwies. Aber er wollte mit Hofmannsthal, im Zeichen von Karl Kraus, nichts zu schaffen haben; er sah nicht, daß er eine andere Seite als die des Salzburger Rummels hatte. Die einzige Beziehung, die zwischen beiden bestand, war, daß ein Dienstmädchen nacheinander in beiden Häusern diente.

Als ich nach Wien kam, stellte ich mir den Schönbergkreis einigermaßen fest gefügt vor, etwa wie die Georgianer. Davon war damals schon keine Rede mehr: Schönberg lebte in Mödling, war jung verheiratet und wurde von seiner Frau, wenigstens nach Ansicht der alten Garde, etwas von seinen Freunden isoliert; Webern wohnte wohl auch schon in Mödling, wenn nicht in Maria Enzersdorf. Man sah sich recht selten; Berg klagte besonders darüber, daß er mit Webern und mit Steuermann, den er sehr lieb hatte, so selten zusammenkomme, und machte dafür die Größe von Wien verantwortlich; doch trennte ihn wohl von den anderen Schönbergschülern eine gewisse Liberalität, wohl auch das Bedürfnis, seine sehr zarte und empfindliche Art von der Tyrannis des Kreises einigermaßen frei zu halten. Schönberg lernte ich durch Berg kennen, an einem Sonntag in Mödling, wo Webern in der Kirche eine Brucknermesse (die in f-moll wohl) dirigierte; ich wagte kaum ein Wort zu sagen. Zu einer näheren Berührung kam es erst in der Wohnung von Kolischs in der Wiedener Hauptstraße, wohin mich Berg eines Abends mitnahm; die Kolischs spielten damals in einer unvergeßlichen Aufführung das f-moll-Quartett von Beethoven, das Schönberg einstudiert hatte. Berg verkehrte damals viel mit einem Rechtsanwalt Ploderer, der eine beunruhigend schöne Frau hatte, deretwegen er sich denn auch später das Leben nahm, und mit Soma Morgenstern. Dessen polnischem Musikerkreis gehörten unter anderen Karol Rathaus und Jascha Horenstein an; Morgenstern täuschte sich nicht über den kompositorischen Qualitätsunterschied. Seine Raschgeistigkeit und sein Witz haben Berg sehr imponiert; sicher war er ihm geistig in manchen Dingen genehmer als ich, dessen philosophische Belastung ihm wohl zuweilen unter die Kategorie dessen fiel, was er »fad« nannte; ich machte einmal einen Spaß darüber, und er hat meine Beobachtung nicht geleugnet. (»Fad«, das Langweilige, nicht sinnlich Schmeckende, war überhaupt eine seiner großen Kategorien. Kraus nannte einmal den Kritiker Ihering einen Fadian; Berg hatte seine helle Freude daran. Auch darin steckt etwas Anti-Reichsdeutsches.) Sicherlich war ich damals von einem tierischen Ernst, der einem reifen Künstler auf die Nerven gehen konnte. Bei Alma Mahler führte er mich ein, damit ich dort der Barbara Kemp, die im Dezember 1925 die Marie kreieren sollte, den Wozzeck vorspielte, was ich denn auch, ich glaube ganz ordentlich, tat, ohne daß es doch zu jener Besetzung gekommen wäre; als später Berg und ich in Berlin wieder mit der Kemp zusammenkamen, trottelte sie mit uns über die Linden und erzählte uns immer wieder, sie arbeite an einer ganz neuen Auffassung der Carmen, sie fasse sie nämlich als Dirne auf. Von der Mahler, der ich natürlich einen unbeschreiblichen Respekt entgegenbrachte, war ich zunächst völlig entsetzt, vor allem über den Aplomb, mit dem sie sich der abenteuerlichsten Banalitäten rühmte. (»Gestern abend hab ich dem Beer-Hofmann gesagt: Kinder, euch fehlt oans, Blut.«) Selbstverständlich fügte sie sich schlechterdings nicht in das Bild, das ein Einundzwanzigjähriger sich von der Witwe Mahlers macht. Berg nahm, was ich dazu meinte, lachend und eher zustimmend zur Kenntnis; immerhin glaubte ich es mir schuldig zu sein, ein paar positive Phrasen über ihre ›Vitalität‹ von mir zu geben. Berg hakte sofort ein und sagte mir, ich möchte das, was ich da gesagt hätte, der Mahler, die schon nach Venedig abgefahren sei, schreiben. Das tat ich denn auch und bekam sogleich von ihr eine überaus herzliche Antwort, allerdings nach vierzehn Tagen genau denselben, womöglich noch etwas herzlicheren Brief zum zweiten Mal: sie hatte offensichtlich vergessen, daß sie ihn mir schon einmal geschrieben hatte.

Unmöglich von Berg zu reden und nicht auch von Helene. Es war, trotz der Ausbruchsversuche, die er gleichsam sich schuldig zu sein glaubte, eine sehr intensive Ehe und eine richtige. Helene war von Haus aus Sängerin, hatte aber ihre eigenen beruflichen Absichten bewußt aufgegeben, seit sie mit ihm verheiratet war. Sie war ganz außerordentlich musikalisch, von wirklich selbständigem Urteil, auch ihm gegenüber und nicht, wie viele Intellektuellen-Frauen, nur zum Schein ihm opponierend. Ich erinnere mich, als ich in späteren Jahren ihm ziemlich offen sagte, daß mir die Weinarie nicht so gefalle wie vieles andere, daß sie mir sehr ernsthaft beipflichtete. Selten habe ich einen Menschen gekannt, dessen Urteil über Kompositionen so sicher gewesen wäre. Sie hielt den Haushalt zusammen, ohne sie hätte wohl Berg die würdige Form seiner Existenz nicht finden können, ohne daß sie ihn je ›verwaltet‹ hätte. Sie sah unwahrscheinlich gut aus, schlank, fast so groß wie er, überaus feingliedrig, unverkennbar mit der habsburgischen Lippe. Wenn die beiden zusammen auftraten, entsprachen sie dem Blochschen Begriff vom Hohen Paar. Sicherlich hatte sie viele psychologische Schwierigkeiten; so litt sie für geraume Zeit an abendlichem Fieber, ohne daß irgendeine somatische Ursache festzustellen gewesen wäre. Sie ging deshalb für ein paar Wochen in ein Sanatorium in Hütteldorf; wir haben sie dort, an einem unbeschreiblich schönen Frühlingstag, besucht, der sich mir, ohne daß irgendetwas Besonderes sich zugetragen hätte, als einer der glückvollsten meines Lebens eingeprägt hat. Unter ihrer Eifersucht behauptete er sehr zu leiden, wie denn überhaupt die Beziehung nicht frei war von Strindbergschen Reflexen, wie es sich angesichts von Schönbergs Strindberg-Kultus geziemte. Es steckte eine große emotionale Kraft in ihr, die vielleicht erst nach seinem Tode, ins Pathische gewandt, ganz hervortrat: aber auch wenn man den spiritistischen Kult, den sie mit ihm betrieb, als groben Unfug und sogar als eine Verletzung der Distanz zum Toten verabscheut, steckt doch das Großartige darin, den Tod nicht anerkennen zu wollen, so wenig auch das Narzißtische, Possessive im Gestus der Witwe zu verkennen ist. Wir bedienten uns untereinander eines neckenden Tons, sie nannte mich Tēdie mit einem langen e und ich sie den Kaiser Matriser, nach der Redeweise eines Führers im Schloß Schönbrunn, der mit diesem Ausdruck von Maria Theresia sprach. Wir hatten uns sehr gern; doch hat sie mir wohl später ein paar Sätze über die Lyrische Suite übel genommen, die ihr zu viel von dem programmatischen Gehalt preiszugeben schienen; sie deutete das in einem Brief an, und dann habe ich viele Jahre nichts von ihr gehört, obwohl ich ihr immer wieder schrieb. Erst nachdem Kolisch und ich im Februar 1955 in der Darmstädter Akademie ein Konzert zu seinem Gedächtnis veranstalteten und ihr zusammen mit einer Reihe anderer Musiker schrieben, hat sie geantwortet. Im Frühjahr 1955 wollten Gretel und ich sie in Wien besuchen, doch ist es dazu nicht gekommen, da sie bei Freunden im Salzburgischen weilte, wenigstens gab sie das als Grund an, vielleicht wollte sie sich doch dem Wiedersehen entziehen. Auf meine immer wiederholten Vorschläge, die Instrumentation des dritten Aktes Lulu einem Kollektiv von mit Bergs Stil aufs genaueste vertrauten Musikern zu übertragen, ist sie nicht eingegangen; im Namen der unverbrüchlichen Treue zu Bergs Intentionen scheint sie mir die Zukunft eines seiner wichtigsten Werke zu gefährden, denn als Fragment kann die Lulu auf der Bühne sich nicht halten. – Nachtragen möchte ich noch die sonderbare Freundschaft der Bergs mit Klenau und seiner Freundin, der damals freilich noch höchst attraktiven Klimt. Berg hegte für den Musiker Klenau vollkommene Verachtung und mokierte sich auch über den anachronistisch bohèmehaften Lebensstil mit Kissen und gedämpften Ampeln, ging aber doch ganz viel hin. Festhalten möchte ich auch noch Helenes Bruder, Herrn Nahowsky, der homosexuell und offen schizophren war, aber von einer unvergeßlichen Schönheit. Smaragda, Bergs Schwester, ihrerseits war lesbisch, zu ihren Freundinnen zählte eine höchst unsympathische Frau namens Keller und auch Mary Delvard, von den elf Scharfrichtern, eine gespensterhafte Verbindung mit dem Jugendstil. Berg und ich dachten uns gern eine Heirat zwischen Nahowsky und Smaragda aus.

Einiges über den Lehrer. Als ich zu ihm kam, hatte ich alles das, was man auf einem Konservatorium durchmacht, in Privatstunden bei Sekles hinter mir, mit Ausnahme des strengen vierstimmigen Kontrapunkts, den ich 1933 für mich allein noch einmal nacharbeitete. Berg entschied sich von der ersten Stunde an dafür, nichts dergleichen mit mir zu betreiben, auch nicht Formenlehre und das, was auf Musikhochschulen als ›freie Komposition‹ läuft, sondern nur meine eigenen Sachen mit mir zu besprechen. Ich darf wohl sagen, daß ich alles Entscheidende bei ihm gelernt habe; das, was Sekles mir übermittelt hatte und was übrigens nicht einmal nach dem eigenen Maßstab höchsten Ranges war, hat mir beim eigenen Komponieren so gut wie gar nichts geholfen. Um den Unterricht von Berg zu vergegenwärtigen, muß man sich seine spezifische Art von Musikalität vergegenwärtigen. Er reagierte außerordentlich langsam auch darin; hatte kein besonders gutes Gehör, spielte merkwürdig langsam und etwas ›vergrößernd‹, aber äußerst sinnvoll artikulierend, dabei eher unbeholfen Klavier; Dirigierversuche hatte er seit frühester Jugend aufgegeben. Seine ganze musikalische Kraft war eine der geistigen Imagination und des bewußten Verfügens über alle Möglichkeiten, dazu eine sehr starke und ursprüngliche Erfindungskraft, und es ist wohl unter den neuen Komponisten keiner, auch Schönberg und Webern nicht, so sehr das Gegenteil eines Musikanten gewesen wie er. Er sah sich gewöhnlich, was ich brachte, lange, brütend an und rückte dann ganz plötzlich mit Lösungsvorschlägen heraus, die, im äußersten Gegensatz zu meinem früheren Lehrer, niemals Schwierigkeiten umgingen oder ausglichen, sondern allemal den Nagel auf den Kopf trafen. Aufs stärkste hat er mein Gefühl für musikalisches Formniveau entwikkelt, die Allergie gegen alles nicht Durchgestaltete, leer Laufende, und vor allem auch Mechanische und Monotone; und was immer er an einem Einzelfall exemplifizierte, war von solcher Kraft, daß es sich für alle Zukunft einprägte. So hat er in einem Lied, an dem ich sehr hing, den übermäßigen Gebrauch von Terzen beanstandet, zu dem ich damals überhaupt neigte, und mich damit ein für alle Mal von diesem bequemen Mittel des harmonischen Füllens kuriert. Er hat sehr auf die Vielheit von Gestalten gedrungen, freilich dann immer versucht, diese zu vermitteln, wie denn überhaupt all seine Korrekturen unverkennbar Bergischen Charakter trugen. Er war viel zu profiliert als Komponist, um sich ›einfühlen‹ zu können, und jeder einigermaßen Erfahrene wird aus meinen Sachen aus dieser Zeit die von ihm korrigierten Stellen ohne weiteres erkennen können, aber diese Lösungen, so sehr sie die seinen waren, hatten doch stets das Moment des Zwingenden. Sehr versuchte er, mir meine Hemmungen beim Komponieren abzugewöhnen; er hat mich überhaupt aufs äußerste ermutigt und kompositorisch in einer Weise inter pares genommen, die mich heute noch glücklich macht, selbst wenn sie zum Teil pädagogisch gemeint gewesen sein sollte. Um mich daran zu verhindern, mich so ins Detail zu verbeißen, daß es zu großen Zusammenhängen nicht hätte kommen können, riet er mir, weite Strecken nur in einer oder zwei Stimmen und unter Umständen überhaupt ohne bestimmte Noten nur mit Rhythmen und Kurven, gewissermaßen neumisch zu skizzieren. Die Kompositionsprinzipien, die er mir übermittelte, hatten deutlich den Charakter der Lehre, der Autorität ›unserer Schule‹, in deren Namen er mich schon von der ersten Stunde an dazu anhielt, jeder Note ein Versetzungszeichen, Kreuz, b oder Auflöser zu geben. Das Grundprinzip war das der Variation; alles sollte eigentlich aus einem anderen entwickelt sein und dabei doch in sich unterschieden; für den absoluten Kontrast hatte er, im Gegensatz zu Schönberg, wenig übrig. Er gab mir eine Reihe einigermaßen handfester Regeln mit, die sich mir gewiß später modifizierten, die sich aber als äußerst fruchtbar erwiesen. So unterschied er grundsätzlich zwei Typen des Komponierens, den symphonischen, entwickelnden und in sich vermittelten, und den des »Charakterstücks«, das jeweils in sich einen ganz bestimmten Charakter tragen und durch ihn von dem folgenden sich unterscheiden solle; als Beispiel dafür zog er vor allem die Georgelieder und den Pierrot von Schönberg heran. Seine Neigung zur Kombinatorik machte sich auch im Unterricht geltend. So riet er mir bei einem Variationensatz für Streichquartett, den formal zusammenzuschließen ich gewisse Schwierigkeiten fand, im Verlauf mehrere Variationen übereinander zu legen, zu kontrapunktieren, und ich glaube, das Stück ist dadurch wirklich befriedigend geraten; er selbst hatte übrigens etwa zur gleichen Zeit etwas ähnliches in größtem Maßstabe in dem Rondo des Kammerkonzerts durchgeführt. Zu meinen späteren Sachen hat er kritisch nichts mehr gesagt, aber sie – sehr im Gegensatz etwa zur Haltung

Eislers – sehr hoch gestellt, wie er denn überhaupt nie daran zweifelte, daß ich zum Komponieren und zu nichts anderem auf der Welt sei.

In späteren Jahren hat Berg, gewissermaßen in Kompensation für ein Moment von Isoliertheit und Inkompatibilität mit dem Leben, eine Art diplomatischer Taktik und Lebensstrategie ausgebildet, gar nicht so unähnlich wie Benjamin es gern getan hätte, doch mit mehr Erfolg. Er gebärdete sich wirklich ein bißchen wie der »Außenminister seines Traumlands«. Ich glaube, ich habe ihm das noch gesagt, und er hat sehr darüber gelacht. Es wird wenig Wozzeckaufführungen gegeben haben, bei denen er nicht die Hauptbeteiligten, vor allem die Dirigenten, sämtlich mit Bildern bedacht hätte, auf denen sich überschwengliche Widmungen befanden. Noch heute werden zahlreiche Kapellmeister sich darauf berufen können, daß er ihre Aufführung des Wozzeck für die beste erklärte, die es je gegeben habe. Wahrscheinlich wäre es eine Simplifizierung, wenn man in diesen Dingen Zynismus sehen wollte; viel eher war es wohl so, daß er die eigene Generosität und verbindliche Freundlichkeit im Laufe seines Lebens in den Dienst des Realitätsprinzips stellte, wahrscheinlich ohne das selber so ganz zu wissen. In späteren Jahren hat er wohl zuweilen auch mich ein wenig unter diesem Aspekt gesehen. Nach der Londoner Aufführung der Lulu-Symphonie (1935) schickte ich ihm den Aufsatz über das Werk, der dann ein paar Monate später in der Gedenknummer der 23 erschien, zusammen mit einem sehr überschwenglichen Brief, der übrigens mein Hingerissensein in keiner Weise übertrieb, aber eben doch nicht literarisch verantwortlich formuliert war. Berg schrieb mir darauf, es sei schade, daß nicht der Aufsatz ebenso geschrieben sei wie der Brief; ich kann nicht leugnen, daß ich mich darüber ein wenig ärgerte, da ich den Brief in die Schreibmaschine hinuntergehauen hatte und den Aufsatz so gut geprägt, wie ich es damals eben vermochte. Doch ist die Neigung des berühmt Gewordenen (als ich zu ihm kam, fast ein Jahr vor der Berliner Uraufführung des Wozzeck, kannte außer ein paar Musikern kaum jemand seinen Namen), gegen den kategorischen Imperativ, der ohnehin in seine Landschaft schlecht paßte, sich zu vergehen und Menschen als Mittel und nicht als Zwecke zu gebrauchen, nicht schwer zu nehmen. Einmal war sein Leben vor allem nach 1933 so problematisch, er war so tief seines Antagonismus zum Bestehenden sich bewußt und empfand seine Erfolge so sehr als Mißverständnisse, daß er es als sein Recht ansah, die Welt zu überlisten, und wenn man darüber sich entrüstet, macht man sich selbst zum Sprecher der Welt. Dann aber spielt noch etwas Tieferes hinein. In den zehn Jahren, die ich ihn kannte, hatte ich immer mehr oder minder deutlich das Gefühl, daß er als empirischer Mensch nicht ganz dabei war, nicht ganz mitspielte; er war das Gegenteil eines existentiellen, mit sich selbst identischen Menschen, sondern hatte eine eigentümliche Unangreifbarkeit, im großen und von Kierkegaard nur aus Banausie geschmähten Sinn von Zuschauertum, und gerade da, wo er zu leben schien, in seinen Amouren und seinen Taktiken, trat das eigentümlich Scheinhafte hervor. Er entspricht darin dem, was Thomas Mann wie Gide von sich selbst gesagt haben und was am drastischsten vielleicht verkörpert wird von dem Proust, der noch über den eigenen Tod Notizen zu machen suchte, die er in die Recherche zu verarbeiten gedachte. Die gesamte empirische Existenz Bergs unterstand dem Primat des Werkes; er schliff sich selbst als Instrument dazu, und noch seine Lebensklugheit, die ja gar nicht so sehr klug war und zu nichts geführt hätte, wäre er nicht so schön gewesen – noch diese Lebensklugheit lief eigentlich immer nur darauf hinaus, Bedingungen herzustellen, die ihm gestatteten, seiner physischen Schwäche und seinen psychologischen Widerständen das Werk abzuzwingen. Aus einem Brief, der in der Reichschen Biographie abgedruckt ist und in dem er die Zeit beklagt, die er dem Schönbergschen Verein für musikalische Privataufführungen opfern mußte, geht das deutlich hervor. Meine eigene Reaktionsweise ist darin der seinen recht verwandt, und wir haben in diesem Punkt uns wortlos verstanden; ich habe gewissermaßen ein Organ für das bei ihm besessen, was ans Unmenschliche grenzt und was vielleicht mit seinem Charme zusammenhing, dem weiblichen Element. Er war übrigens nicht homosexuell, bekannte sich aber begeistert zu Weininger und sagte einmal, jeder anständige Mensch habe doch eine weibliche Komponente. Dies Moment der Unmenschlichkeit ist in einem äußerst emphatischen Sinn aufzufassen und wohl von seinem Verhältnis zum Tod nicht zu trennen, dem er sich wohl sein ganzes Leben hindurch so nahe fühlte, daß er das Leben gar nicht so ganz ernst nehmen konnte, sondern nur das, was etwa bleiben könnte. Aber es lag in diesem Element gar nichts Hartes oder Egoistisches. Im Gegenteil, er war immer bereit, alles von sich herzuschenken, auch das Kostbarste, was er hatte, seine Zeit, und seine Reaktionen waren die einer elementaren Freundlichkeit, wie etwa, wenn er mir, dem fast zwanzig Jahre Jüngeren, auf Spaziergängen die mit Manuskripten und Noten angefüllte Mappe trug, die ich unsinniger Weise immer mit mir schleppte. Er hat in Berlin unter äußerster Lebensgefahr einen Mann weggerissen, der unmittelbar vor einen einfahrenden Untergrundbahnzug auf die Schienen gestürzt war, aber dann mit großem, aus Geschmeicheltsein und Ironie undurchdringlich gemischten Vergnügen die Berichte darüber in den Berliner Blättern gelesen. Ich glaube, seine Unmenschlichkeit war menschlicher als was unter Menschen für menschlich gilt.

1955

Anton Webern

Zur Aufführung der Fünf Orchesterstücke, op. 10, in Zürich

Die Schwierigkeit und Exklusivität der Werke Anton Weberns rührt daher, daß in ihnen das Spannungsverhältnis zwischen vorgesetzter Form und personaler Freiheit vollständig aufgelöst ist, weil sie das formsetzende Recht allein dem Individuum zumessen: während die Verständlichkeit von Musik sonst eben durch eine Spannung ergänzt wird, die zwischen der Gemeinschaft und dem Einzelnen waltet; die von der Gemeinschaft bestätigend zum Einzelnen hinüberwirkt und die Gemeinschaft dem sprengenden Willen des Einzelnen öffnet. Bei Webern hat der Wille des Einzelnen den gemeinschaftsmäßig konstituierten Formkreis definitiv gesprengt. Die traditional vorgezeichneten Formen halten dem Angriff des subjektiv-expressiven Zwanges nicht stand. Längst zerfiel ihre Realität, und ihr Schein reicht nicht hin, die Seele zu umfangen, die, einsam nun, auf Wahrheit sich richtet. Weberns Musik entspricht, wie kaum eine andere, der Forderung des Expressionismus. Ohne nur die Frage nach ihrem objektiven Haftpunkt noch gelten zu lassen, hat sie an der reinen Darstellung der subjektiven – freilich vom musikalischen Material schlechthin unabtrennbaren – Intention ihr Genügen; ihre Objektivation vollzieht sich allein darin, daß jene treu, genau und ohne Zugeständnis an die träge Selbstbestimmtheit des Materials realisiert wird. In solcher Beschränkung scheint sie geschichtslos; wahrhaft absolute Lyrik und, der Idee nach, nur sich selbst verständlich. So dringend denn auch, begrifflich faßbar zu werden, Weberns expressionistische Miniaturen subtiler Deutung bedürfen, so spröde entziehen sie sich ihr zugleich. »Was man auch sagt, alles wird zur Phrase dieser Musik gegenüber«, schrieb Webern von Schönbergs Kleinen Klavierstücken, die seiner Art am nächsten stehen. Den Rekurs auf bestehende Formtypen verwehrt von Anbeginn schon die Konsequenz, mit der Weberns Musik sie negiert; der interpretierbare Spannungsraum schrumpfte in ihr zum Nichts; die radikale Einheit ihrer Intention und Erscheinung verschließt sie dem Wort.

Dies gerade allerdings und der Anspruch auf Geschichtslosigkeit, den sie erhebt, indem sie keine zeitliche Tendenz in ihr Bereich dringen läßt, bezieht sie in die Geschichte ein. Ihr extremer Individualismus ist die Vollendung des romantischen; gebannt auf jenem Punkt, der geschichtlich den Umschlag markiert. Derart prägte die Schülerschaft Weberns Musik, daß sie ihm den Vorwurf höriger Abhängigkeit eintrug; und wenn seine Werke heute längst noch nicht nach Gebühr gekannt werden, so hat Mitschuld daran gewiß auch die Meinung, jener suspekte Individualist sei nicht einmal zur Individualität gediehen, sondern habe ihre Attitüde bloß vom Meister sich erborgt. Der Einwand tut Webern unrecht. Zu schweigen davon, daß der Zeitabstand zwischen den ersten von der Tonart emanzipierten Werken Schönbergs und Weberns viel geringer war als der zwischen Debussys und Ravels ersten stilistisch voll entfalteten Arbeiten, bei denen man ja auch trotz allem Ähnlichen nicht von Hörigkeit redet – er übersieht die spezifische Struktur eben der Kompositionen von Schönberg, die für Webern den entscheidenden Anstoß bringen mochten. Deren Zeichen ist die Tilgung der vorgesetzten Form, und anders nicht charakterisiert sich Schönbergs Technik etwa im dritten Klavierstück aus op. 11, als so, daß die immanente Stimmigkeit des Gebildes nach dem Maß der subjektiven Intention kontrolliert wird. Wenn Webern Technik und Kritik des Schönberg der George-Lieder und der ersten Klavierstücke akzeptierte, so folgte er ungeachtet der Identität der Mittel mehr dem geschichtlichen Zug, den Schönberg repräsentiert, als daß er an jenen sich verlor. Bei beiden gewinnen die Mittel, polemisch übereinstimmend, positiv sogleich verschiedenen Sinn. Während jene Werke von Schönberg die Stufe eines dialektischen Prozesses bezeichnen, der von der höchstgesteigerten romantischen Ausdrucksmusik über ihre tektonische Objektivierung zur entbundenen personalen Freiheit, weiter von da zur phantasiegetragenen Konstruktion führt und im Stande der Anarchie bereits wieder das Konstruktionsprinzip vorfühlen läßt, ist Weberns absolute Lyrik ziellos sich selber ziel- und abschlußhaft durchaus.

Nach alldem liegt es nahe, zu vermuten, daß Weberns Musik in sich geschichtslos sei und keine Entwicklung kenne. Aber ihr Ursprung ist echt dialektisch und der dialektischen Antithesen hat sie genug in sich, um sich zu wandeln in dem schmalen Raum, den sie sich konzediert. Auch ist sie als späte Romantik der Psychologie verschwistert, deren blinde Unendlichkeit ihr verwehrt, seiend in sich zu ruhen. Den dialektischen Ursprung stellen die ersten Werke drastisch heraus. Wie Alban Berg, der Symphoniker, dem die Kammersymphonie Richtung wies, expressionistische Miniaturen im Sinne Weberns schrieb, ehe er seine Orchesterstücke baute, so hat der Lyriker Webern an den strengsten Formen sich gehärtet, bis er sich fähig fühlte, ohne Wehleidigkeit – das Wort kommt von Schönberg – sich selbst zu begreifen. Sein Opus 1 ist eine Passacaglia, sein Opus 2 ein Doppelkanon. Die differenzierteste Harmonik, die psychologisch gestufte und zur Emanzipation bereite des mittleren Schönberg, muß sich dem Zwang des Schemas fügen, das sie füllt, ohne es zu erweitern. Die folgenden Arbeiten, zwei Liedhefte nach George-Gedichten, verhalfen der Idee der absoluten Lyrik zum Durchbruch. Fast völlig der Tonalität entfremdet, haben sie bereits die melodische, metrische Lockerheit der späteren Werke und die naturhafte Unmittelbarkeit des Seelenausdrucks. Aber sie sind noch motivisch gebunden und ihr Klaviersatz läßt sich von der figurativen Leichtigkeit und akkordischen Fülle des Instruments tragen. Auch die Fünf Sätze für Streichquartett op. 5, deren erster in fünfundfünfzig Takten den Sonatentyp beispiellos konzentriert, halten noch Haus mit Motiven. Doch ist ihr Verfahren so durchrationalisiert, so klein sind die schematischen Einheiten, deren sie sich bedienen, daß die vollständig partikulare Form des reifen Webern unvermittelt aus ihnen aufsteigt. In der Kürze des zweiten, vierten, fünften Satzes kristallisiert sich die expressionistische Miniatur aus. Sie findet sich manifest in den Vier Stücken für Violine und Klavier op. 7 (1910), den Sechs Bagatellen für Streichquartett op. 9 (1913), den Fünf Orchesterstücken op. 10 (1913), die in Zürich aufgeführt werden, den Drei kleinen Stücken für Cello und Klavier op. 11 (1914). Die Werke jener Gruppe denken die Situation zu Ende wie wenig sonst; ihre Fortsetzung wäre der Seufzer allein. Weit über die Harmonik hinaus wirkt ihre auflösende Kraft. Die Melodik zerfällt in frei wechselnde einmalige Partikeln, die schließlich zum einzelnen Ton sich reduzieren. Die Anlage des Ganzen, atomistisch kurz, enträt jeglicher Symmetrie. Der Kontrapunkt tupft karg die disparaten Töne gegeneinander; Lineaturen kennt er nicht mehr. Der Klang hat sich vom selbständigen Wesen der Instrumente geschieden, indem er ihre entlegenen Möglichkeiten untrüglich aufsucht und ausschließlich nutzt. Alles vorgegebene Sein der Musik ist ausgelöscht. Sie gehorcht der Seele bloß und ist durchseelt ganz und gar. Die Idee der Klangfarbenmelodie hat Webern realisiert. Danach – im Kriege – begann eine leise Wendung. Die Lieder op. 12 haben die Sparsamkeit der vorangehenden Kompositionen, sind aber einfacher, kehren zur melodischen Linie zurück; die erste Strophe des ersten Liedes gar ist eine achttaktige Periode mit Zäsur im vierten Takt. Weberns jüngstveröffentlichte Arbeiten, die Kammerlieder nach Trakl op. 14 und die in besonders gewählter Kammerbesetzung gehaltenen geistlichen Lieder op. 15, verfolgen ihr lyrisches Ziel mit einer neuen, zart in durchbrochenen Bögen ausschwingenden Polyphonie. Wie aus weiter Ferne zittert in ihnen der Sturm nach, den Schönbergs Konstruktivismus wider die vermauerten Tore der musikalischen Objektivität begann. Es ist die einsame Seele, die davor zittert und am Glauben sich hält; nichts sonst blieb ihr.

Daß Webern dem Dichter Trakl begegnete, darf symbolisch genommen werden. Beide gemeinsam sind heimisch in einem Bereich, wo es keine Gemeinsamkeit und Heimat mehr gibt. Beider Werk entwächst der abgelösten, sinkenden Innerlichkeit, beider Werk tönt von der Not der bei sich selbst gefangenen Seele in Schwermut. Sie beide bezeugen rein die Verlassenheit der Kreatur von Gott. Ihm gilt ihre Rede, der das Echo schwand.

1926

Anton von Webern

Der österreichische Komponist wird heute, am 3. Dezember 1933, 50 Jahre alt. Wenn sich um den Meister des dreifachen Pianissimo kein Lärm erhebt, so mag das in der Ordnung sein; die zuverlässige Hoffnung aber, daß er in hundert Jahren entdeckt, verstanden und glorifiziert werde, darf keine Ausrede dafür abgeben, daß man ihn heute vergißt – obschon die leidvollen Züge seiner Musik, Züge eines gebundenen und ekstatischen Sebastian, dem Martyrium vorbestimmt scheinen. Er gilt als Schönbergs strengster Schüler, und so düster ist die Orthodoxie seiner Strenge, daß manche nichts als hörigen Eifer darin finden wollen. Das einzige in den kargen Gesten seiner Musik ließe bloß mit genauen musikalischen Begriffen zureichend sich benennen; einer Musik, die, nach der schönen Erkenntnis des Lehrers Schönberg selber, eben nur ausspricht, was anders nicht als durch Musik ausgesprochen werden kann; entfernter dem redenden Wort als jegliches sonst. Wohl indessen läßt die literarische Landschaft sich angeben, an welche Weberns Musik dort angrenzt, wo jene abendlich endet. Es ist die des Expressionismus im prägnanten Sinne; moralisch abgegrenzt von Strindbergs Schuldfiguren, lyrisch versöhnt etwa in Trakls Versen. »Rechten Lebens Brot und Wein, / Gott in deine milden Hände / Legt der Mensch das dunkle Ende / Alle Schuld und rote Pein« – das dürfte jedem sich neigenden Ton Weberns, mehr noch der sprachlosen Demut seiner Pausen eingeboren sein. Von anderen überlebenden Expressionisten aber unterscheidet Webern sich durch Treue: die mythische Treue bis zum Ende, die Treue der Kreatur, die lyrisch-sprachlos vorm Tod aushält, bis der letzte Seufzer in Versöhnung entschwindet. Diese Treue ist zugleich eine des Stiles, der keine ›Entwicklung‹ und Ausbreitung kennt, sondern sich verdichtet; intensiv wird mit Verkleinerung und Schrumpfung des musikalischen Materials: in der unbegreiflichen Askese des Eremiten. Solche Askese vereint legendengleich die unvereinbaren Gegensätze;

vor der Hütte seiner Musik äsen friedvoll miteinander der Wolf der Schuld und das Reh der Sanftmut. Denn der ländlichste Musiker dieser Tage ist der artistischeste zugleich; seine Sprache ist der Dialekt der Berge oder das himmlische Latein, doch nie eine der mittleren Verständigung; seine verwegene Kunst des Kontrapunkts und der Konstruktion gelangt, als zu ihrer künstlichsten Spitze, zum bloßen, einzelnen Ton: dem reinen kreatürlichen Laut. – Daß einzig das Neueste das Älteste ist und vielleicht vom Ewigen die Spur trägt: worum unsere jüngste Erkenntnis verzweifelt sich müht, das bezeugen Weberns Miniaturen seit fünfundzwanzig Jahren mit der Sicherheit der Handwerker und der Inspiration vergessener, darum aber um so mächtigerer theologischer Überlieferung. Einmal wird das ganz offenkundig sein. Jetzt darf gefordert werden, daß dem lebenden Webern die Gerechtigkeit widerfahre, die nur dem Lebenden widerfahren kann: daß man dem beschwörenden Dirigenten die würdige Stelle zuweist, die ihm gebührt.

1933

Hanns Eisler: Duo für Violine und Violoncello, op. 7, Nr. 1

Hanns Eisler ist der repräsentative Komponist der jüngsten Generation von Schülern Arnold Schönbergs. Sein Duo, das leichte Werk einer leichten Hand und das sicher disziplinierte zugleich eines hellen und scharfen Gehörs, hat nur zwei Sätze, begnügt sich mit knappen Dimensionen, in der Erkenntnis, daß über weitere Strecken der Klang der beiden Solostreicher ermüden müßte, wie manche Soloviolinsonate aus unserer Zeit redselig ermüdet. Der erste Satz ist Menuett im Ton, Sonate in der Struktur. Ein Thema von plastischer Anmut und lockerer Symmetrie wird in einiger Geschlossenheit entwickelt, sonst die Exposition mehr angedeutet als ausgeführt, der ganz kurze Seitensatz verschmilzt mit dem Grundmotiv des Hauptthemas, allein die ebenfalls nur einige Takte umfassende Schlußgruppe hebt sich ein wenig ab. Die Durchführung, dreiteilig gegliedert, beginnt mit einer lebhaften, frei duettierenden, sehr streichermäßigen Partie, die mit der Exposition kaum mehr gemein hat als einen punktierten Rhythmus aus dem Thema und die weiten Intervallsprünge des Schlußgedankens, jedoch durch den treu bewahrten und lustig modifizierten Charakter sich sprunglos ans Vorausgegangene anfügt. Eine ruhigere Phrase des Cellos, melodisch aus dem Anfang gewonnen, leitet zum zweiten Teil der Durchführung, der das Thema verarbeitet. Wie es der leichten Anlage des Ganzen gemäß ist, geschieht diese Verarbeitung nicht motivisch zergliedernd; völlig unaufgelöst, nicht einmal transponiert bringt das Cello die Menuettmelodie, von einem diskreten, aber sehr subtilen Kontrapunkt der Geige, gegen Ende imitatorisch, begleitet. Die dritte Durchführungsgruppe bietet eine ganz neue Formidee im Rahmen des Satzes und könnte fast als Trio gelten: aus dem Schlußgedanken der Exposition spinnt sich ein kleiner langsamer Walzer hervor. Die Reprise dann, die er abklingend vorbereitet, verläuft wörtlich bis zu jenem Schlußgedanken, den sie engführend und steigernd variiert. Zierlich rundet eine Coda den Satz, die die Walzeridee aufnimmt, diesmal jedoch mit dem Material des Hauptthemas erfüllt. Nicht minder als im unaufdringlichen Beziehungsreichtum des Stückes bewährt sich Eisler in einer Freiheit, die, an Mozart geschult, es ihm gestattet, Neues oft an Neues zu reihen und doch Einheit zu stiften.

War im ersten Satz die Sonate der lose Mantel um eine nach eigenem Triebe sich richtende Spielmusik, bestimmt sie kontrastierend im Finale die musikalische Inhaltlichkeit. Das zeigt sich schon in der Struktur des Hauptthemas, das ›offen‹ bleibt und ohne Kadenzierung, anfangs an der originalen Motivik festhaltend, in einen Vermittlungsteil übergeht, aus dem sich eine ausschwingende Cellomelodie einprägt. Seitensatz und Schlußgruppe sind verschmolzen: die Geige beginnt mit einer aus knappen Motivsequenzen gebauten Gesangsmelodie, das Cello antwortet, motivisch gebunden, mit einer wilden Sechzehntelfigur, dem eigentlichen Schlußgedanken, den die Geige weiter verfolgt, endlich wiederholt das Cello das Gesangsthema, läßt es in großen Bogen ausschwingen, während die Geige die Verwandtschaft des Schlußgedankens mit dem Hauptthema aufdeckt. An das Ende der Exposition zunächst und an ein Motivglied des Seitensatzes knüpft die Durchführung an; das Hauptthema fährt dazwischen, bescheidet sich aber rasch als Begleiter jener Cellomelodie des Vermittlungsteiles, mit der nun die Geige einsetzt (in einer Verkleinerung, die ursprünglich die Fortsetzung war: wie denn vielen Themen des Finales der Zug gemeinsam ist, sich rhythmisch zu verengen), die dann wieder dem Cello zufällt, rhythmisch ergänzt von Violinpizzicati, in denen sich das begleitende Motiv harmonisch verbirgt, das aus dem Hauptthema gewonnen ward. Eine Steigerung des Vermittlungsgedankens, zu Sechzehnteltriolen verjüngt, in den letzten vier Takten ein Motiv des erweiterten Seitensatzes mitbenützend, mündet in die rhythmisch variierende Durchführung des Hauptthemas, die sich präzis in fünf Takten vollzieht. Die Reprise, anders als die des ersten Satzes, beleuchtet alle Themen neu im Lichte dessen, was in der Durchführung geschah: Haupt- und Vermittlungsthema rücken zu einer Gruppe zusammen, die sich sehr selbständig gestaltet, allerdings stets die Expositionsthemen bewahrend; in diese Gruppe wird auch bereits der Seitensatz hereingezogen, der dann, wenn er als eigener Formteil kommt, nur in der erweiterten Fassung der

Exposition gebracht wird. Die Schlußgruppe der Exposition ist ausgespart, nur eines ihrer Motive angedeutet; ihre Funktion leistet eine Coda aus dem Hauptthema.

Es wurde hier nur eine technische Formanalyse versucht, um hinzuweisen auf jene Phantasiebegabung Eislers, die seine eigenste sein mag, ohne so offen ersichtlich zu sein wie seine melodische Erfindungskraft, harmonische Redlichkeit und instrumentale Kenntnis. Das Duo wird zunächst für sich selbst sprechen und zugleich für den Meister Schönberg zeugen, in dessen Bereich Eislers kompositorische Strenge wuchs und fähig wurde, mit der freundlichen Grazie seiner spielerischen Art eins zu werden.

1925

Eisler: Klavierstücke, op. 3

Die jüngst erschienenen Klavierstücke geben Anlaß, mit allem Nachdruck auf den Autor hinzuweisen, der der eigentlich repräsentative aus der jungen Generation von Schülern Schönbergs ist und einer der begabtesten jungen Komponisten schlechthin. Eine Klaviersonate, ein Streichduo, Lieder und ein Melodramenzyklus sind bislang von ihm bekannt geworden und ließen keinen Zweifel an der Fähigkeit, wenn auch die entschlossene Konsequenz der Formgestaltung und der harmonischen Wahl die Kritik einigermaßen irritierte und ihr das billige Argument der Schönberg-Imitation zutrug. Das neue Werk ist Eislers reifstes und sollte selbst die kurzsichtigen Distanzierten, denen die Distanz nur die Sicht verschlägt, von Eislers spezifischem Wesen überzeugen. Daß er bei Schönberg alles lernte, was sich der Strenge des Meisters ablernen läßt, ist unbestreitbar und daß dies Gelernte nach Vielfalt und Präzision mehr umfaßt, als was man an fertigen Komponiermitteln bei Kompositionslehrern hantieren lernt, mag einzig aus der Meisterschaft des Lehrers resultieren. Wenn aber dies Gelernte verbindlich in Eislers Komponierpraxis übergeht, so sollte man doch, anstatt eilends die Originalität zu bestreiten, fragen: ob nicht etwa jene Schönbergische Technik in kompositorischer Aktualität objektiv gefordert sei; ob nicht die originelle Unabhängigkeit von ihr, in der sich manche zeitgemäßen Komponisten behaupten, einzig daher rühre, daß jene Komponisten im Kompromiß mit dem Herkommen oder der geschichtslos bequemen Individualität den Forderungen ausweichen, die die eigenen Gebilde ihrem Sinne nach an sie richten. Das anzuerkennen, setzt allerdings voraus, daß man ästhetischen Leistungen Macht der Erkenntnis und strikten Wahrheitscharakter zuschreibt, wogegen alle Widerstände der bestehenden Kunstgläubigkeit sich kehren. Eislers Musik indessen bewährt Erkenntnis in einem technischen Vermögen, um dessen vollständige Erhelltheit und offenbare Konkretion ihn der arrivierteste

Protagonist der neuen Sachlichkeit oder Klassizität beneiden müßte. Und während unvollständige Konstruktionen in der Mühe der Selbstbehauptung abstrakter Leere bedürfen, fassen Eislers vollständige Architekturen Gehalte sehr besonderer Beschaffenheit oder vielmehr bilden absonderliche Figuren, die der abstrakten Enträtselung widerstreiten und zurückdeuten auf den Menschen. Es herrscht in ihnen ein koboldisch ungewisser und ambivalenter Ton, der kein vermittelndes Espressivo nutzt, einzig von der musikalischen Disposition herrührt, die ihn zugleich umfängt. Zwischen rebellischer Tücke und jäher Zartheit schwanken die Stücke trügerisch, zur spirituellen Klarheit ihres Erkenntnisstandes haben sie die Grazie des Naturells. Manchmal verschließen sie sich tief und dunkel und ruhen in sich; manchmal wagen sie es noch, sich auszusingen. – Die ersten drei Stücke wahren den Zusammenhang mit vorgezeichneten Formtypen, die sie auflösen in sich. Das erste, umfänglichste Stück ist ein Sonatenrondo mit Zweithemenexposition, Durchführung und Reprise; vor der Durchführung und als Coda wird das Rondothema wiederholt. Zugleich aber werden die Hauptmotive des Rondothemas durch das ganze Stück hindurch als Kontrapunkte derart beibehalten und weitergebildet, daß hinter dem Oberflächenzusammenhang eine zweite, geheime und eigentlich bestimmende Form entsteht. Das nächste Stück ist ein dreiteiliges Lied; die Wiederholung des Anfangsteiles ist bei genauer Erhaltung des Materials energisch variiert. Das dritte entspricht einem langsamen Sonatensatz von überaus plastischem Bau, es hat ein besonders schönes Seitensatzthema. Das letzte Stück ist frei und das merkwürdigste von allen. Es fügt sich aus zwei etwa gleich langen, motivisch in sich geschlossenen, aber voneinander ganz unabhängigen Teilen. Sie bindet allein die Heftigkeit des Kontrastes. Dem Konstruktionsprinzip ist damit eine sehr neue, sehr radikale, sehr stringente Technik der Aussparungen und Unterbrechungen abgewonnen.

Der Klaviersatz der Stücke, dreistimmig zumeist, ist polyphon, aber stets durchsichtig und bietet zumal in der Kombination von Stakkato- und Legatoklang dauernd subtile Spielprobleme, ohne Ansprüche virtuoser Geläufigkeit zu stellen. Zuvorderst wollen die Stücke musiziert sein. Kein Pianist, der Anteil nimmt an der Aktualität, dürfte sich ihnen entziehen.

1927

Eisler: Zeitungsausschnitte. Für Gesang und Klavier, op. 11

Über einem der Lieder steht: »... ohne jede Parodie, Humor, Witz etc. vorzutragen«. Das ist mehr als bloß Vorschrift für den Interpreten, bezeichnet Stil und Absicht ganz und gar. Die Lieder mit den niedrigen, banalen, oft infantilen Texten sind keine Parodien; es wird nichts parodiert darin, nicht einmal die staubigen Gefühle, nicht einmal die zerschlissenen Worte, die vorkommen. Der Angriff, den sie unternehmen, gilt dem Recht lyrischer Bekundung als solcher und nimmt seine Gewalt aus der Politik, nicht aus der ästhetischen Reflexion. In einer Situation – so wenigstens die Logik der Lieder –, in der die gesellschaftlichen Verhältnisse derart Macht haben über den einzelnen, daß seine Freiheit Schein und die ästhetische Mitteilung solcher Freiheit, die personale Lyrik, Ideologie ist, kommt der personalen Lyrik weder Wahrheit in sich noch Interesse in der Gesellschaft zu. Da aber kein Kollektiv existiert, das lyrische Gehalte liefern könnte, die verbindlicher sind als jene privaten; da Eisler die Fragwürdigkeit einer Gemeinschaftskunst ohne Gemeinschaft durchschaut, so gibt er die Idee einer positiven, erfüllten Lyrik ganz dran und formt statt dessen radikal eine *negative Lyrik* aus. Die kann nicht mehr denn den Schein aufdecken, als der sich die privaten Aussagen des Seelenlebens herausstellen; die Bruchstellen bezeichnen dort, wo ehedem die inhaltliche und bewegende Subjektivität die Form bildete; Trauer und Jammer dessen ausdrükken, der nichts ist als bloß ein einzelner, ohne sich auch nur noch das Recht zu gewähren, seine Vereinzelung zu gestalten, weil seine Einsamkeit keinen Menschen etwas angehe. Weder also möchte Eisler frivol das lyrische Wesen verhöhnen, noch durch ein strahlend neusachliches lyrisches Unwesen ersetzen, das seine Urgefühle aus der Zeitung bezöge; er weiß so gut wie sein Hörer, daß es reale Lyrik in Goethe-Gedichten gibt und nicht in Heiratsannoncen, die auch heute nicht legitime Erben von Lyrik sind – er setzt sie nur an die Stelle, die Lyrik einnehmen müßte und nicht mehr einnimmt, so

wie man Wahlplakate auf den leeren Sockel eines beseitigten Denkmals klebt; und die schmerzliche, aufbegehrende Sehnsucht nach menschlicher Unmittelbarkeit, der zu singen wieder verstattet wäre, grundiert die Lieder allesamt und macht ihre Form aus. Keiner vermute, hier seien Zeitungsausschnitte als wahre Lyrik der Zeit deklariert; daß keine wahre Lyrik heute möglich ist, daß so grausam unsere Existenz im Dunkeln liegt, das wollen die Zeitungstexte einzig bedeuten; in ihrer Abgeschmacktheit und Verwirrung birgt sich, was Lyrik je und je meinte und was heute echt auszusprechen ihr versagt ist. Vollends jene latenten Gehalte in ihrer Unangemessenheit ans Wort zu ergreifen, ist die Funktion der Musik.
Die Texte: zunächst der vergriffene Vorkriegsschlager von Mariechen, dem Viehchen, in einer sadistischen Kindervariante, wie denn Kindergrausamkeit durch die Lieder zittert mit verworfenen Worten, mit der Ahnung vom großen Menschenfresser im Walde: »Wird schon wern mit der Mutter Bärn«. Zwei ländliche Heiratsannoncen, bei der Textwahl ist der gute marxistische Haß gegen den Kleinbürger im Spiel, dessen »heiliges Bündnis« die Musik als scheinheilig entlarvt; zugleich aber eine Humanität, die die Not in den falschen Worten aufspürt und mit einer zarten, gefährlichen Süße errettet; so wird eine ambivalente Koboldslyrik daraus, hier echt noch und ernst gemeint, hart danach umschlagend in tödliche Grimasse. »Kriegslied eines Kindes«: wirklich ein Kinderlied aus dem Krieg, da reißt die dämonisch grelle Musik, Angsttraum einer Mahlersymphonie, den grauenhaften Ernst auf, der hinter dem Lallen ist; mit einem Höllenrefrain. Dann drei Sprüchlein aus der Enquete eines Landesschulrates – welch ein Schulrat! –: ein untermenschliches, verprügelt schwachsinniges über die Sünde, grausiges Traktätchen; ein stammelnd gehetztes über die gute Mutter und den bösen Vater, das schlagendste Stück der Sammlung; endlich eines über den Tod, wo aus den hoffnungslos zerfallenen Worten reiner plötzlich in Musik Trauer sich erhebt, als sie mit Hölderlin-Liedern heute es vermöchte. Dann, als eigentliches Finale, ein großartiges Fragment aus dem Schwejk, zwischen viehischer Gemütlichkeit und dem Gesicht völligen Entsetzens auf dem Grat schlauen Wahnsinns balancierend: »Ich hab' das *sehr* gern, wenn Leute so blödeln wie verrückt.« Schließlich, noch einmal, zum unwiderruflich letztenmal, »der Dichter spricht« – aber was spricht

er: einen Hinterhausbaum, den er mit Sie anredet, bittet er zu blühen, da fällt ihm (denn er hat keine erhabene Einheit der Persönlichkeit wie ein deutscher Idealist, sondern ist ein armer Kerl, der von der Hand in den Mund lebt und auch von der Hand in den Mund fühlt), da fällt ihm also ein, vorm Hinterhaus zu blühen, könne der Baum mit Recht ablehnen, im Lichthof bei der schrecklichen Zinskaserne, und wenn es gar ernst wird, warum soll er dann überhaupt blühen? – kurz er rät ihm wieder ab: »Vergessen Sie, es ist Frühling«, wir haben es ja auch vergessen, ein alterierter Quartenakkord klingt einen Augenblick wie G-Dur von Schubert, aber das hält nicht lange, ob wir morgen noch am Leben sind, bleibt die Frage.

Die Musik, die sich daran wagt, in jedem Sinne von außerordentlicher Konzentration. Wenn sie sich auf das Wesentliche beschränkt, so ist ihr wesentlich weit weniger die musikalische Konstruktion als der spezifische Ausdruck, nach der Forderung jener negativen Lyrik, die ausdrückt, was verfiel, und darum schmerzlich nur ausdrückt. Die Expression der negativen Lyrik hält sich an das Mittel des musikalischen Espressivo, das vorgegeben und vor-verfallen ist, die *Chromatik*, freilich eine freizügige und dissonant versetzte Chromatik, die die Spannung der kleinen Sekunde ebensowohl in der Vertikale wie in der Horizontale, also im Einzelakkord nützt; im Rahmen einer übrigens durchwegs sehr einfachen Harmonik, die nur eben die Kombination der kleinen und großen Terz, das Intervall der großen Septime liebt; deren Stufenreichtum sich am frühen Schönberg etwa orientiert, tonale Entspannungen gerne einbezieht, auch jene weniger allerdings in der harmonischen Totalkonstruktion als in der akkordischen Einzelwirkung pointiert. Der Satz gleich dem »Tagebuch«; sehr vereinfacht, die Terz das charakteristische Intervall, große Terzenparallelen runden oft genug den Klang, akkordische Homophonie herrscht vor, selbst der Klaviersatz nimmt auf bequeme Griffe Rücksicht, alles möchte gerne gesungen und gespielt werden. Wo ein Kontrapunkt eingesetzt wird, ist er außerordentlich leicht und präzis; das Ganze hat sichere Ökonomie, auch im Klang mit den stets alternierenden Staccati. Mehr noch als an Schönberg – dessen Schule vor allem in einer bestimmten Haltung des ›ausgehörten‹ harmonischen Fortganges wirkt – mahnen die Lieder an Berg; das getrübte Espressivo des Wozzeck, der zu Partikeln gelöste Mahler, der unterdrückte und aufbegehrende Laut kehrt da wieder. »Vergessen Sie nicht, zu blühen, Herr Baum« – so klingt das Wiegenlied der Marie, wenn es nichts mehr zu wiegen gibt. – Die zentrale Gewalt der Lieder ist ihr *Ton*: höchst differenziert zugleich (wenn etwa im Lied vom Tode das bessere Jenseits mit sakralen Akkorden verhöhnt, die Todtraurigkeit jedoch real gestaltet wird) und gesammelt in einem Willen, der Kunst durchbricht: die Welt zu verändern. Daher haben die Lieder ihr Pathos; in der Gestalt erweist sich das Pathos als legitim.

Kritisch wäre anzumerken: es ist Gefahr, daß um der Verständlichkeit willen die Mittel nicht auf den vollen Stand der *musikalischen* Aktualität gebracht, sondern auf eine Stufe reduziert werden, die Entwicklung bereits hinter sich ließ: Entwicklung, die auch an den Liedern selber nicht etwa vorbeigeht, sondern in ihnen sich anzeigt und darum verpflichtende Forderungen erhebt. Es könnte also hier politisch revolutionäre Gesinnung ästhetisch reaktionäre nach sich ziehen, während sie, sich gänzlich stichhältig auszuweisen, auch die technischen Mittel auf der aktuellsten Stufe ihrer Geschichtlichkeit ergreifen müßte. Dies das Problem der künftigen Entwicklung Eislers; nicht bloß der innerkompositorischen, wohlverstanden, sondern auch der soziologisch-theoretischen, da ihm die Differenz von Musik, die ihrem eigenen Stande nach der gesellschaftlichen Bewegung entspricht, und solcher, die von der gegenwärtigen Gesellschaft konsumiert wird, nicht verborgen bleiben kann. Zudem wäre immerhin zu fragen, ob denn das Recht der lyrischen Bekundung tatsächlich so ganz erloschen, so ohne Hoffnung privat sei, wie die Meinung es will, die den Liedern innewohnt: ob nicht vielmehr die vollkommene ästhetische Realisation der Einsamkeit in dialektischem Umschlag Zugang eröffne zu eben jener Region sozialer Verbindlichkeit, die Eisler geraden Weges zu betreten unternimmt. Wie immer es sich indessen damit verhalte: die Lieder sind nach Frage und Antwort so außerordentlich, ihr Furor hat solche Kraft, ihre Prägung solche Schärfe, ihr Ton solche existente Substanz, daß nachdrücklich auf sie verwiesen werden muß. Sie sind zur Aufführung um so dringender zu empfehlen, als sich ihre Wirksamkeit schlagend schon bewährte.

1929

Winfried Zillig:
Serenade I für acht Blechbläser

Die Serenade für acht Blechbläser von Winfried Zillig bedarf gewiß nicht einleitender Worte*, um an Verständlichkeit zu gewinnen. Wohl aber mag auf eine besondere Qualität hingewiesen werden, die erst innerhalb gegenwärtiger Kontroversen ihren Stellenwert annimmt: daß ein begabter Komponist zuweilen auch heute noch gute Musik schreiben mag, die sich auf dem fortgeschrittenen Standard der Mittel hält, ohne doch allzu komplex und schwer verständlich zu geraten. Als reines Zwölftonwerk leuchtet die Serenade, durch die Drastik der Formulierung, die Prägnanz der thematischen Gestalten, die überlegene instrumentale Satzkunst, unmittelbar ein. Dabei macht sie keine Konzessionen: weder wird archaisiert noch auf das Hörerkollektiv spekuliert. Das Gesellige des Werkes stammt nicht aus Gesinnung. Nicht werden die kompositorischen Kräfte zurückgestaut, sondern lediglich eine gewisse Selbstbescheidung der Konzeption geübt. Sie knüpft an die ältere, lose Serenadenform an, behandelt sie aber mit subtilen Artistenohren, der Technik der reifen Schönbergschule. Leicht kann ihr exemplarische Bedeutung zufallen innerhalb der Bestrebungen, mit Musik an ein nicht fachmännisches Publikum heranzukommen und doch nicht sich tumb zu stellen oder überholte Verfahrensweisen zu zitieren.

Der Elan der Serenade, der sie in glücklicher Aufführung so leicht zum Hörer hinüberträgt, ist der eines Jugendwerkes; sie ist vor mehr als dreißig Jahren entstanden, fraglos eine der ersten Zwölftonkompositionen außerhalb des œuvres von Schönberg, Berg und Webern selbst. Zu denken gibt, daß, während unendlich viel mittelmäßige und schlechte Gebrauchsmusik in den letzten dreißig Jahren gedruckt wurde, die durchaus gebrauchsfähige und doch die Sphäre des Gebrauchs weit übersteigende Serenade jetzt erst publiziert

* *Der Text erschien als Einführung zur Taschenpartitur.*

wird. Sie sollte den Rang eines Komponisten in der Öffentlichkeit etablieren, der vor 1933 zu jung war, um sich durchzusetzen, und heute nicht mehr so jung ist, wie es die gegenwärtigen Investitionsgewohnheiten erheischen.
Er schrieb das Stück, als er in ein sehr schönes jüdisches Mädchen verliebt war, und die Verwendung der Händelschen Melodie »Tochter Zion« möchte dieser im buchstäblichen Sinn huldigen und nicht nur dem Händelschen Thema, an dem Zillig sehr hängt. Die Reihe fügt sich aus quasi-tonalen Komplexen, ähnlich wie später Alban Berg im Violinkonzert verfuhr. Das trägt zur Faßlichkeit wesentlich bei. Vor allem erlauben die tonalen Teilkomplexe der Reihe eine symmetrischere, sinnfälligere Rhythmik, als sie sonst der Zwölftontechnik möglich ist, die ja alle Dimensionen des Komponierens, auch die rhythmische, berührt. Eine gewisse Annäherung des Stils der Schönbergschule, der Zillig angehört, mit dem Strawinskys zeichnet sich ab. Sie ist unterdessen, zumal in Pierre Boulez, zu neuer Aktualität gelangt. Manche Tendenzen des seriellen Komponierens wie die zur harmonischen ›Spiegelung‹ ganzer Komplexe finden sich im dritten Satz, einer Passacaglia, bereits deutlich angelegt. Eigens hinzuweisen ist auf die bei dem damals orchesterpraktisch noch ganz unerfahrenen Komponisten doppelt erstaunliche Instrumentationskunst: zum Talent gehört jenes Glück dazu, so zu schreiben, daß es klingt, auch wenn man es noch gar nicht so genau vorher weiß. Extreme Lagen und Möglichkeiten der Instrumente, wie etwa die systematisch behandelten Posaunenglissandi oder die Flatterzungeneffekte des Cornet à pistons werden mit traumwandlerischer Sicherheit ausgenützt. Höher noch rangiert der instrumentale Satz, die klangliche Relation der Stimmen zueinander, die Abwechslung des Satzkolorits, von homophonen Akkordwirkungen zu transparenter Polyphonie, von solistisch aufgelösten Stellen zum satten Posaunenchoral. All das verdankt sich keiner Routine schmückenden Instrumentierens, sondern folgt zwingend aus der Komposition als solcher; das allein klingt wahrhaft, was wahrhaft komponiert ist.
Dem Werk weite Verbreitung zu wünschen, ist fast überflüssig; es wird sie, wofern der Sinn für Talent und Formniveau nicht ganz verkümmert ist, schon selbst sich erzwingen, einer der

heute recht seltenen Fälle, wo eine Musik Erfolg hat, ohne daß sie seiner sich schämen müßte.

1958

Ernst Křenek

Der großen Öffentlichkeit, nicht bloß in den deutschsprachigen Ländern, ist Křenek wesentlich bekannt als Autor der Oper »Jonny spielt auf« und damit rubriziert in der Reihe jener Komponisten, die versuchten, vom Jazz her der Oper neue Impulse zuzuführen und gleichzeitig den Jazz zu ›veredeln‹. Es ist vorab nötig, Vorstellungen solcher Art von Křenek nachdrücklich abzuwehren: wer von ihm kunstgewerblich gehobene Unterhaltung oder gefällige Musiziermusik erwartete, den müßte jeder Takt der von der BBC gebotenen Werke aufs grimmigste überraschen. Den Bereich einer Romantisierung amerikanischen Wesens hat er nur einmal und eilends genug auf seiner abenteuerlichen Fahrt durchmessen, und es ist am letzten die Schuld des Österreichers, wenn man ihn dort ansiedeln wollte; ihn, der wahrhaft den berühmten Bahnhof des »Jonny« nur benutzte, um aus dem Bereich marktfähiger Urgefühle und auf Hochglanz polierter Neusachlichkeit so schnell wie möglich in gebirgigere und waldigere Regionen zu entfliehen.
Suchte man freilich, anstatt der ›Jazzoper‹, für Křenek nach einer anderen und ebenso handlichen Formel, man geriete aufs neue in Verlegenheit. Kann Schönberg in der weitgespannten Stilgeschichte seines Werkes verstanden werden unter der Idee einer radikalen Durchkonstruktion des musikalischen Materials; Strawinsky in allem proteischen Wechsel seiner Verfahrungsweisen als der Liquidator der Ich-bezogenen Ausdrucksmusik – dann ist es, bis heute jedenfalls, unmöglich, den eine Generation jüngeren Křenek in gleicher Weise durch eine ›Idee‹ zu erschließen. Seine gesamte Produktion wird durch ein Moment von Inkommensurabilität im Goetheschen Sinne bezeichnet – ein Moment nicht nur in seiner Entwicklung sondern auch in jedem einzelnen seiner Werke. Denn da ist keines, das ›aufginge‹; keines, das nicht seine Rätsel hätte; ja keines, von dem nicht, aus dem Innersten erzeugt, ein *Choc* ausginge. Was meint dies? was bedeutet dies? welchem Gesetz

gehorcht dies?, ist nach jedem Werk zu fragen und zugleich zu wissen, daß noch dort, wo willkürlich Linien abbrechen, Formen umkippen, Harmonien sich schichten, *Zwang* herrscht und gerade das Unwahrscheinliche notwendig macht.

Betrachtet man Křeneks Anfänge, so liegt es nahe genug, dies Moment des Inkommensurablen als Naivetät anzusprechen; wie man denn in der Tat den frühen Křenek gelegentlich mit *Regers* eruptiver Dumpfheit verglichen hat. Der Schrekerschüler, in seinen allerersten Stücken virtuos als Beherrscher des anvertrauten Musikgutes, wird alsogleich mißtrauisch gegen das was er ›kann‹ und gegen das Schrekersche Ideal des sinnlichen Wohllauts zumal. Schon im Ersten Quartett, der Ersten Symphonie bricht eine offene Rebellion aus. Die Werke Křeneks aus dieser Frühzeit – der die erste Gruppe der aufgeführten Lieder durchwegs zugehört – sind vielleicht neben einigen Stücken des mittleren Schönberg das einzig große Beispiel echter *Anarchie* in der Musik. Das Schlagwort vom linearen Kontrapunkt – hier allein wird dämonischer Ernst daraus. Mit wirklicher Rücksichtslosigkeit gegen die Harmonie, freilich auch einer gegen die in den Linien selbst angelegte, folgen die Stimmen einzig ihrem Drang; einem traumhaft bedrohlichen Drang, der mit dem überlieferten sicheren Kontrapunkt nichts gemein hat. Von der kahlen Gewalt dieser Musik, die so weit fern liegt vom Tagesich wie nur sein Traum, gibt etwa das Lied »Räume« eine Vorstellung. Das bedeutendste und erregendste Werk dieser Periode ist Křeneks Zweite Symphonie, beschlossen von einem wahrhaft furchterregenden Adagio – das ganze Werk eine Musik gewordene Katastrophe. Allerdings, der Traum hält selten durch, bringt es selten zur Einheit, mitteninne erlahmt der Drang der Stimme, schlägt um in ein anderes Bildbereich – und diese Augenblicke bringen den Choc mit sich.

Er ist aber zugleich ein Choc des Erwachens. Durch die Brüche des Traums, die Lücken der Form, dringt aus weitester Ferne Bewußtsein ein – jene Gegenmacht, die es verwehrt, Křenek tatsächlich als ›naiv‹ anzusehen. Dem Erwachenden aber stellt das Vergessene, Gewesene aufs neue sich dar. Unter jenen frühen Liedern stehen die »Frühen Gräber«, mit Dreiklängen der kargsten Einfachheit, die über den scharf dissonanten Bässen klingen, als taste das unsichere, erwachende Ohr nach ihnen, ohne sie schon ganz wiederzuerkennen. In diese Sphäre gehören ganz und gar die Hölderlinchöre. Die Worte stammen aus der Wahnsinnszeit des Dichters: und wie dem Wahnsinnigen die Bilder der vertrauten Welt fremd erscheinen als wären es Urbilder, so ergreift die erwachende Musik das gewohnte Musikmaterial mit dem Choc der Fremdheit: der poetische Gehalt der Dichtung kommuniziert mit dem Entwicklungsstande jener Musik.

Ist der Musiker dazu ganz erwacht, so hat er mit einem anderen Vergessen dafür zu zahlen: dem seines Traumes. Nun – etwa vom Klavierkonzert an – werden die Werke Křeneks so sonderbar ›normal‹, daß man ihn einen Renegaten und Reaktionär schelten mochte; nun freut er sich der Dreiklänge, als hätte es zuvor keine gegeben, nun mißt er sich an den handfestesten Forderungen, die an Musik ergehen können, denen des Theaters und bringt den Erfolg des »Jonny«, dann aber auch die großartige Farce »Schwergewicht« zustande; und reflektiert zugleich, was er unternimmt, mit aller Leidenschaft des theoretischen Intellekts. Nur etwas vom Traum hält das Bewußtsein zäh fest. Kaum weiß es selber, was es ist. Im »Jonny« heißt es Natur, und naturgläubig rückgewandt ist über lange Strecken die Entwicklung nach jenem Stück: selbst der ›Ursinn‹ des überkommenen Materials, die Ausdruckskraft jeden Akkords, soll in fast Schubertischem Sinne beschworen werden; so kommt es zu dem merkwürdigen »Reisebuch aus den Alpen«, in dem gewissermaßen die »Winterreise« in Reflexion gesetzt wird.

Aber das Bewußtsein, einmal freigesetzt, läßt sich bei keiner statischen Natur mehr beschwichtigen. Elementarkraft so gut wie nur der Traum es war und, wer weiß? vielleicht die gleiche, treibt es weiter. Das Bestehende wird abgeklopft. Es klingt hohl; als Ideologie wird es vom Kritiker Křenek durchschaut, die musikalische Technik, die es bietet, ist dem wachen Musiker als unstimmig evident. Das Bewußtsein, so lange mit ›Stil‹ und Haltung befaßt, greift endlich ins Werk selber tief hinein als technische Kontrolle. Die Einheit aber, die es dort zu stiften unternimmt, hat mit dem bestehenden Material nichts mehr zu tun. Es wird durchreflektiert und verändert – und plötzlich, auf einer neuen Stufe, erzwingt die kompositorische Kontrolle und Kritik aus der Forderung der musikalischen Gegebenheit selber einen neuen Stil, der sich enthüllt als nichts anderes denn die traumhaft aggressive Atonalität der ersten

Werke, jetzt endlich im Material beherrscht. Den Augenblick dieser Enthüllung halten die »Gesänge des späten Jahres« fest und nicht umsonst gibt ihr Hauptstück, die Ballade vom Fest, auch im Text etwas wie eine Traumdeutung. Křenek hat sich selber eingeholt. In jedem seiner Werke wirft er weg um zu besitzen; in jedem setzt er die Einheit des Ich aufs Spiel um der Wahrheit seines Gehaltes willen, der nicht im Ich aufgeht. Daher endlich rührt der Choc. Nun, nach langem Weg, darf er beginnen.

1935

Zur Dreigroschenoper

Der Erfolg der Dreigroschenoper, groß wie nur der einer Operette, verführt zum Glauben, mit einfachen Mitteln, in purer Verständlichkeit sei hier schlicht die Operette gehoben und für den Bedarf eines wissenden Publikums genießbar gemacht, das sich nicht zu langweilen braucht, ohne doch der Kurzweil sich schämen zu müssen. Man meint, auf den platten Speisetisch der Gesellschaft sei mit sicherem Stoß das Kolumbusei einer Kunst gestellt, die in sich selber stimme oder, wie man das so nennt, die Niveau habe, und die zugleich von der Gesellschaft zu verzehren wäre. Wer soziologisch der schönen Übereinstimmung mißtraut, sieht sich zunächst von der Tatsache des Erfolges eben widerlegt – eines Erfolges, den die Harmlosen tragen und die fortgeschrittensten Intellektuellen legitimieren. Man ist also gehalten, Zweifel wider die angeblich gehobene Operettenform des Werkes an ihm selber zu erhärten und damit seinen Erfolg als Mißverständnis zu enthüllen; endlich das Werk, wofern es standhält, gegen seinen Erfolg in Schutz zu nehmen. Der Erfolg bedeutender Werke bei ihrem Erscheinen ist allemal Mißverständnis. Nur unter der Hülle des Bekannten und Geläufigen vermögen neue Ursprungsgehalte sich mitzuteilen und in Kontakt zu kommen mit denen, die sie vernehmen, wofern sie nicht im Dunkel des Werkes zuvor sich verhüllen; die Rede von Mahlers Banalität, vom Romantiker und dann vom Impressionisten Schönberg bezeugt es. Vielleicht liegt die Spannung von Werk und Vernehmendem, wie sie die Geschichte des Werkes eröffnet, durchaus nur im Mißverständnis, und es wäre von der Dreigroschenoper nichts Abenteuerliches behauptet, wenn man solches Mißverständnis in ihr suchte. Denn der Deutung als neuer Operette kommt ihre Oberflächengestalt sehr entgegen. Jeder vermag die Melodien nachzusingen, die für Schauspieler geschrieben sind; die Rhythmik, einfacher als die des Jazz, von dem viel Farbe stammt, hämmert sich in Sequenzen ein; das ganz homophone Gefüge läßt sich vom Laien durchhören; die Harmonik hält mit der Tonalität, zumindest mit den tonalen Akkorden Haus. Das klingt zunächst, als sei der Weg ins Paradies der Verständlichkeit mit allen Errungenschaften der Neuzeit gepflastert und frischweg begangen; wohl also sind, um Westphals Ausdruck zu gebrauchen, zwischen den Akkorden die funktionellen Drähte durchschnitten, weil man das doch gerne tut, in neuer Sachlichkeit, die sie kahl zweckmäßig aneinanderrückt, wohl sind sie mit Groteske gewürzt, mit Jazz gelockert; jedoch sie selber, die Akkorde, bleiben schließlich wie sie sind. Kurz, es läßt sich an, als sei dem behaglich gebildeten Mann ein Vorwand geliefert, öffentlich das schön zu finden, was er sich bislang insgeheim vom Grammophon vorspielen ließ.

Allein schon der zweite Blick, der auf das Werk geht, findet, daß es sich nicht so verhält. Wohl hat die Dreigroschenoper zunächst die Gebärde der Opern- und mehr noch der Operettenparodie; aus Oper und Operette bewahrt sie die Mittel, indem sie sie verzerrt. Aber gerade, daß sie jene Formen so stumpf mitnimmt, so durchaus unbehelligt läßt, wie es nur einer Haltung möglich ist, die mit den freigewählten Formen wenig zu schaffen hat, während ja Edeljazzkomponisten solche Elemente behend modernisieren und geläufig verfeinern – daß also Oper und Operette in starrem Grinsen gleichsam hier vorkommen, sollte gegen die glückliche Popularität bedenklich stimmen. Denn so blank hergeholt aus dem Vergangenen kann ja nichts, was sich da begibt, buchstäblich genommen werden. Und auch der Begriff der Parodie, der helfen möchte, dies nach außen simple Zitieren zu verstehen, führt nicht weit. Welchen Sinn, welche Aktualität gar sollte es haben, die Oper zu parodieren, die tot ist, oder auch die Operette, über deren Sphäre so wenig Täuschung möglich ist, daß sie nicht erst demaskiert zu werden braucht, ihr hohles Gesicht zu zeigen?

Was eigentlich sich begibt, wird man eher erkennen an dem, was weitab von sinnfälliger Aktualität und parodischer Absicht geschieht, nicht keß und schnittig, nicht bargerecht, sondern altmodisch eher, staubig, zeitfremd und schal, 1890, 1880 sogar. Man kennt das Liebesduett von Mackie und Polly, im Stall; eine Valse lente, keinen Boston, wohlverstanden; so innig abgestanden und weinerlich tröstend, wie es nur noch auf der Drehorgel vorkommt; auch die schnaufenden Zäsuren erinnern daran, sind Löcher in der

Walze; und ein Pathos der Liebe lebt sich aus wie von der ersten großen elektrischen Ausstellung; einen hohen Busen müßte die Frau haben und dicke, g'schamig präsentierte Waden; hinten vielleicht eine Tournüre oder wenigstens einen Cul de Paris. Der Kavalier trägt in der einen Hand einen Chapeau claque und in der anderen ein künstliches Bukett; er tut es nicht, da er ja im neusachlichen Stall sich befindet, aber die Musik tut es doch für ihn. Dazu singen sie vom Schriftstück vom Standesamt, das sie nicht haben, und möchten wissen, wer uns getraut, gleich dem guten alten Zigeunerbaron, der ja immerhin den Dompfaff dafür in Anspruch nimmt; trübselige Libertinage des Anno dazumal, als die Großmutter ein Verhältnis hatte und keiner es sich träumen ließ. Das will nun eben geträumt werden und nicht parodiert, so wenig jemals Totes der Parodie sich gibt. Wohl aber kehrt es zurück als *Gespenst*. Man weiß von Photos, Modebildern, auch solchen Melodien; wieviel an Oberflächengut aus der zweiten Hälfte des neunzehnten Jahrhunderts uns bereits von sich aus gespenstisch wurde. Die Oberfläche eines Lebens, das scheinhaft geschlossen war und verfiel, ist durchsichtig geworden, nachdem Leben entwich; die verwesende Gemütlichkeit jenes Bürgertums geistert als Angst in unseren Träumen; der Traumfetzen, wie wir sie einzig davon noch haben, vermag Kunst sich zu bemächtigen; sie darf ihren dämonischen Grund aufdecken, dem der Name noch fehlt, auf ihn als ihren Gegenstand sich richten, und ihn namenlos im Bild ergreifen, heißt bereits ihn deuten und zerstören. Dies ist mit der Dreigroschenoper gemeint, mag immer es nicht bewußte Absicht der Autoren gewesen sein, die in der Gestalt dachten und Erkenntnis in der Gestalt bewährten. In der Opern- und Operettenform seiner kompositorischen Oberfläche faßt das Werk die kleinen Gespenster jener Bürgerwelt und läßt sie zu Asche werden, indem es sie dem grellen Licht der wachen Erinnerung aussetzt. Die Sprünge der Musik von 1890, daraus deren Gehalt floh; die Falschheit der Gefühle darin; was immer Zeit an Bruchstellen in die gewesene Oberfläche schlägt – Weill, der es von heut und hier, von drüben also und in dreidimensionaler Perspektive schaut, auf den Hintergrund der verlorenen Zeit, Weill muß gleichsam real auskomponieren, was an jenen Dingen die Zeit fürs Bewußtsein vorkomponiert hat. Die Melodien von damals sind brüchig, und ihre metrische Kasernenordnung hören wir als Aneinandergefügtsein von Bruchstücken; darum komponiert Weill seine neuen Melodien, die alten zu deuten, selber schon in Brüchen, fügt die Trümmer der Floskeln aneinander, die die Zeit zerschlagen hat. Die Harmonien, die fatalen verminderten Septimakkorde, die chromatischen Alterationen von diatonisch getragenen Melodieschritten, das Espressivo, das nichts ausdrückt, sie klingen uns falsch – also muß Weill die Akkorde selber, die er da herholt, falsch machen, zu den Dreiklängen einen Ton hinzusetzen, der so falsch klingt wie uns eben die reinen Dreiklänge aus leichter Musik von 1890 klingen; muß die Melodieschritte verbiegen, weil jene simplen erinnerten uns verbogen sind, muß die Stupidität jener Modulationen selber gestalten, indem er gar nicht moduliert, sondern sich folgen läßt, was nicht zusammengehört und auch nicht zusammengehörte, als dazwischen moduliert wurde; oder muß, in den kunstvollsten Stellen der Partitur, die modulatorischen Schwergewichte so verschieben, daß die harmonischen Proportionen umkippen, um in den dämonischen Abgrund der Nichtigkeit jener von Nichts zu Nichts modulierenden Kompositionsweise einzustürzen. Von solcher Technik führt ein sehr genauer Weg zum besten, radikalen Strawinsky; dem des Soldaten oder der vierhändigen Klavierstücke, die ja auch guten Teiles als Parodien anheben. Nur beeilt sich Strawinsky, jene Formwelt zu verlassen, mit Laune und Ausfall sie zu überspielen, und sucht rasch anderswo sein Heil als hier, wo zwischen Wahnsinn und Trivialität nur wenig Platz gelassen ist; während Weills Verfahrungsart um so tiefer in die Gespensterregion eindringt, je dichter er sich an deren zerspellten Wänden entlangtastet; je treuer also er scheinbar nimmt, was die alte Operette ihm darbietet. Derart versteht sich die musikalische Gestalt; das fremde, beziehungslose Nebeneinander der banalen Klänge, deren Versetztsein mit falschen Tönen, die photographische, fast pornographische Glätte des rhythmischen Ablaufs; das beharrliche Aufgebot eines musikalischen Ausdrucks, der nichts möchte als ins völlig Sinnleere sich ergießen. Es mag von großer und aufklärender Macht sein, wenn dem 19. Jahrhundert darin die Formeln des *Jazz* sich gesellen, der hier, unterm Monde von Soho, schon so abgeschieden klingt wie nur dies »Wer uns getraut«. Zur deutenden Form der Oper stimmt völlig, daß sie sich ihren Stoff von einer anderen Oper vorgeben läßt und ebenso, daß sie diesen Stoff im

Lumpenproletariat beläßt, das selbst wieder in einem Hohlspiegel die gesamte fragwürdige Ordnung der bürgerlichen Oberwelt reflektiert; Lumpen und Trümmer, das allein ist fürs erhellte Bewußtsein von jener gründlich entzauberten Oberwelt übrig geblieben, Lumpen und Trümmer nur vermag es vielleicht im Bilde zu erretten. Die gewesene Operette enthüllt sich der Dreigroschenoper als satanisch; darum bloß ist sie als gegenwärtige Operette möglich. Mit der Gemütlichkeit der praktikablen Operette, mit der frischfröhlichen Gebrauchsmusik hat es ein jähes Ende.

Dies allerdings ereignet sich nicht im klaren Vorsatz und nicht einmal durchaus eindeutig. Es scheint das Schicksal jedes deutenden Künstlers, der sich in jene dämonische Sphäre des Verfallenen ernstlich hineinwagt, daß er ihr um so gefährlicher erliegt, je tiefer er sie erreicht, Strawinsky erging es nicht anders. Dafür, daß die Dreigroschenoper die leichte Musik von 1890 im Bilde gestaltet und trifft, hat sie mit dem Preis zu zahlen, daß sie über weite Strecken die leichte Musik von 1930 wird. Eine Fülle an ungebrochen Vitalem aus der Jazzregion steckt darin, die jene anreizt, welche als Leichen auf der Bühne sich begegnen müßten; dicht genug, spiegelnd und bunt ist die parodische Oberfläche, um die an Spaß glauben zu machen, die ein wenig besser, aber doch nicht gar zu scharf hinsehen. Und die Melodien, die können sie tatsächlich nachsingen. Die Kindlein, sie hören es gerne, wenn auch die Zuhälter ihre Moral haben, die man belacht, weil sie beruhigt; und wenn die Verbrecher sich als ebensolche Spießer herausschälen wie die anständigen Leute im Parkett, die sie zugleich ihrer Freizügigkeit wegen beneiden. Auch darf der erotische Affektionswert des feschen Mackie Messer nicht unterschätzt werden. Schließlich kommen die Zuschauer, die den Erfolg machen, vom Kurfürstendamm und nicht von der Weidendammer Brücke, wo man das Stück spielt, dem ehrwürdigen Requisit der Armeleutepoesie. Aber damit ist gegen den aufrührerischen, auch überstofflich aufrührerischen Charakter der Dreigroschenoper nichts bewiesen. Viele Wege hat die Gesellschaft, mit unbequemen Werken fertig zu werden. Sie kann sie ignorieren, sie kann sie kritisch vernichten, sie kann sie schlucken, so, daß nichts mehr davon übrig bleibt. Die Dreigroschenoper hat ihr zum letzten Appetit gemacht. Indessen, es ist noch die Frage, wie ihr die Mahlzeit bekommt. Denn noch als

Genußmittel bleibt die Dreigroschenoper gefährlich: keine Gemeinschaftsideologie kommt da vor, stofflich nicht und auch musikalisch nicht, da nichts Edles und Verklärendes als Kollektivkunst gesetzt, sondern der Abhub von Kunst aufgehoben wird, dem Abhub der Gesellschaft den Laut zu finden. Und wer hier die abgeworfenen kollektiven Gehalte deutet, ist durchaus einsam, nur bei sich selber; vielleicht gefällt es ihnen nur darum so gut, weil sie seine Einsamkeit wie die eines Clowns belachen können. Mit keiner Melodie der Dreigroschenoper kann man Wiederaufbau spielen; ihre ausgehöhlte Einfachheit ist nichts weniger als klassisch. Eher könnte sie schließlich doch in Bars gespielt werden, deren Halbdunkel sie jäh erleuchtet, als auf der Wiese gesungen. Wohl gilt die Dreigroschenoper dem Kollektiv – und welche Kunst von Wahrheit, wäre es auch die einsamste, hätte es nicht in sich –, jedoch nicht dem vorhandenen, nicht existenten, dem sie diente, sondern einem nicht vorhandenen, existenten, das sie mit aufrufen möchte. Die Deutung des Gewesenen, die glückt, wird ihr zum Signal eines Zukünftigen, das sichtbar wird, weil das Alte deutbar geworden ist. So nur und in keinem banaleren Sinne läßt sich die Dreigroschenoper trotz Singbarkeit und Kasse als Gebrauchsmusik ansehen. Es ist Gebrauchsmusik, die heut, da man im Sicheren ist, zwar als Ferment genossen, nicht aber gebraucht werden kann, das zu verdecken was ist. Wo sie aus Deutung in unmittelbare Sprache umschlägt, fordert sie offen: »... denn es ist kalt: Bedenkt das Dunkel und die große Kälte«.

1929

Kurt Weill: Kleine Dreigroschenmusik für Blasorchester

Der Schritt von der Oper zum Potpourri ist einer Musik vorgezeichnet, die es vom ersten Takt an mit Bruchstücken zu tun hat von der Art, wie sie das Potpourri sonst ausmachen; das Potpourri verwandelt sie zurück in ihre wahre Form, die die scheinhafte Einheit ihres Oberflächen-Zusammenhanges verdeckt hatte. In der Dreigroschenoper ist so wenig die Nummernoper als solche restituiert wie etwa gar Händel verhöhnt, wozu nicht einmal durch dessen akademische fröhliche Urständ Anlaß wäre. Sondern Erinnerungsfetzen des zersprengten Opern- und Operettenwesens rücken darin zur Dichte des Traumes zusammen und ängstigen so, wie sie aus dem Vergangenen und mit allen Malen der Zerstörtheit aufstehen. Im Raum der alten Oper selbst wird je und je das Stadium ihres Zerfalls inauguriert vom Potpourri: einmal der Luft des chinesischen Pavillons in der Kuranlage ausgesetzt, einmal dem verzerrten Nachhall des Bläsertons dort überantwortet, der sie nicht anders aus dem akustischen Raum herausnimmt wie die taumelnde Folge der Partikeln aus dem formalen, werden die Opern zu Staub und wehen nur noch von ferne ins Spiel der Kinder, die ein versprengter Paukenwirbel, ein Tuttiakkord der Bläser eine Sekunde lang chokiert, während das Diabolo über ihren Köpfen ist. Mehr als die hochheiligen Suiten und Concerti lobesamer Musikanten, die immer die Symphonie überwinden wollen, die sie nicht schreiben können, taugt heute das Potpourri. Legitim es zu bilden bedarf es allerdings der Geschichte; Kunst aber, der es eher um Gestaltung von Hohlräumen der geistigen Existenz als um deren Ausfüllung geht, vermag signifikativ einer Form sich zu bedienen, die sonst nur Geschichte aus sich entläßt; solche Musik wird die Vollstreckung ihres eigenen Schicksals in der gleichen Weise auf sich nehmen, wie man heute etwa Rubati, Dehnungen, Drängungen nicht mehr dem Interpreten überläßt, sondern ›auskomponiert‹. Nun hat auch Weill aus der Dreigroschenoper das Potpourri herausgehoben, das stets in ihr versteckt war, im Text bereits, dessen Zusammenhang so oft zerspringt, als hätte ein anonymer Potpourrist darin herumgestrichen, mit den Modulationen, die selber wie aus Blütenkränzen unserer Tonmeister sind, mit all den Themen, die singbar, aber nicht wohlgereimt, sondern in kunstvoller Zufälligkeit darin asymmetrisch aufgereiht werden. Dies hat man nun also, wirklich vom letzten Schein der Formtotalität emanzipiert, eines nach dem anderen, ohne etwas dazwischen; wenn das Radio funktioniert, kann man bald im Eigenheim alle die lieben Weisen an seinem Ohr vorüberwandeln lassen, nicht einmal die ist vergessen, zu der die Worte standen:

»Schlagt ihnen ihre Fressen
mit schweren Eisenhämmern ein.«

Das ist jetzt gänzlich praktikabel geworden, samt den Eisenhämmern, die zwischen Jazz und Valse triste kein gewissenhafter Hörer vergessen dürfte.

Welch ein Potpourri! Neben anderen Vorteilen bietet es den, daß man endlich die Partitur der Dreigroschenmusik in die Hand bekommt, wenngleich gründlich uminstrumentiert für die Zwecke des Potpourris; denn bislang wurde, was zu wissen sich verlohnt, diese Musik aus einem Konduktor-Auszug dirigiert gleich einer Operette, während schwerlich eine Partitur mehr als Partitur gehört ist denn diese, die sich wie ein Klavierauszug geriert. Man muß die Partitur genau besehen.

Es fehlen die Streicher, unendlicher Hintergrund aller musica seria und der splitternden Endlichkeit jener unseriösen nicht gemäß. Zweifaches Holz, ohne Oboen, deren Valeurs für solchen Zweck die Jazzbesetzung pointierter bringt; zwei Saxophone, zwei Trompeten, Posaune, Tuba, dazu Banjo, das sich durch Gitarre und Bandoneon verstärken kann; Bandoneon, wohlverstanden, ein edlerer Name für Ziehharmonika, die gemeint ist. Dazu Schlagzeug und Klavier, eine halbe Jazzband also, Trümmer einer Jazzband, der Jazzklang ist gleich der Harmonik umgekippt, das traditionelle Übergewicht der Bläser hat nicht nur die Streichertransparenz, sondern auch die Kontraste der Streicher verscheucht, die ehemals das Jazzorchester strophisch balancierten.

Zum Vergleich mit der originalen Instrumentation der Stücke fehlt die Kenntnis der Partitur der Oper selbst. Es beginnt mit der

Händel-Ouvertüre aus Nachtcafé-Perspektive, mit Strawinskyschen verkürzten und zerdehnten Kadenzen. Posaune und Tuba fungieren, zu nah gleichsam im Klang, als schreckhaft rohe Überbässe. Die Moritat von Mackie Messer ist mit Peachums Lied von der Vergeblichkeit menschlichen Strebens verkoppelt; von der steht immerzu eine Strophe als moralische Einleitung, ehe die Posaune die Ballade zur imaginären Drehorgel singt, der das Tenorsaxophon als Schatten und vox populi folgt. Die künstlich-plumpen, durchsichtigen Variationen sind dem Opernoriginal getreu. Dann der »Anstatt-daß«-Song, sehr ökonomisch geändert, allein mit größter Wirkung am Ende, wo die Phrase »Wenn die Liebe erwacht« dreimal, von der Posaune, den Saxophonen, den Holzbläsern gebracht wird, ehe die Musik zum tristen Beschluß ins ungemäße a-moll fällt; disproportionierte Dehnung, als ob eine Walze stecken bliebe, schlagend die Hinterhofdürftigkeit der Kadenz dann vorbereitend. Folgt die Ballade vom angenehmen Leben, weiter Pollys Lied, das einmal sich wie ein Trio von Mahler gibt, sogleich jedoch wieder die Holzbläser ins Drehorgelgehäuse sperrt, bis am Ende das Saxophon, lauter Seele, vibriert: die Liebe dauert oder dauert nicht. Die Tangoballade getreu, mit der f-moll-Kadenz in der Coda, die von einem unbeschreiblich grellen D abgefangen und über Stock und Stein ins spanische e-moll-Himmelbett geleitet wird. Der Kanonen-Song ist gründlich verändert; im Sinne einer alten Opernphantasie mit viel Improvisation, dem Reiz der stets unvermittelten Rückung und gebunden durchs Tempo; auch in der Konzertfassung der Schlager, nicht symphonisch verdichtet wie bei einem Neudeutschen etwa ein italienisches Pseudovolkslied, sondern so lose umspielt und improvisatorisch aufgezäumt, wie es nur mit einer sehr vorgegebenen, dem Bewußtsein bereits objektivierten Musik möglich ist. Zu guter Letzt das leibhaftige Potpourri: Macheaths Tod und Verklärung, nebst dem Schlußchoral, dargestellt in den Melodien seiner Leidens- und Freudenzeit. Das ist alles, kaum eine Melodie fehlt, sie ziehen gedrängt vorbei, so gedrängt, daß manchmal eine in die andere gerät und sie stößt; und in ihrem engen Zuge halten sie sich aneinander, die verstümmelten, geschädigten und abgenutzten und doch wieder aufrührerischen, die sich zum Demonstrationszug formieren.

1929

Kurt Weill

Die Figur des Komponisten, der in Amerika starb, wird vom Begriff des Komponisten kaum recht getroffen. Seine Begabung wie seine Wirkung beruhte weit weniger auf der musikalischen Leistung als solcher, auf Gebilden, die nach Substanz und Faktur für sich selbst bestünden, als auf einem außerordentlichen und originalen Sinn für die Funktion von Musik auf dem Theater. Nicht, daß die seine ›dramatisch‹ gewesen wäre, wie die Verdis. Im Gegenteil: der unterbrechende Charakter seiner Nummern, die eher die Handlung stillstellen als weitertreiben; seine enge Verbindung mit der Idee des »epischen Theaters« fordert die überkommene Vorstellung des Dramatischen heraus. Aber gerade darin lag sein Eigenes. Er hat, wie kaum ein anderer, davon sich Rechenschaft gegeben, daß das Verhältnis von Musik und Szene als einer bloßen psychologischen Verdopplung fragwürdig geworden ist, und er blieb nicht bei der Einsicht stehen, sondern hat, bis zur Selbstpreisgabe, die Konsequenz daraus gezogen. Aus der Not begrenzter Gestaltungskraft hat er die Tugend der Unterordnung unter den Zweck – den artistischen und zu einigem Grade auch den politischen – gemacht. Den Gedanken an den Effekt suchte er zum Prinzip künstlerischer Arbeit selbst umzudenken. Er verkörperte, mit Flair, Beweglichkeit und einem sehr spezifischen Ausdruckston, einen neuen Typus: den des *Musikregisseurs.*

Weill war ein Schüler Busonis. Der Mangel an eigentlichem Handwerk, von der simplen Harmonisierung angefangen bis hinauf zur Konstruktion großer Formen, blieb ihm von der mehr ästhetischen als strikt-technischen Schule. Das mag verantwortlich sein für eine gewisse Eintönigkeit seines Stils mitten in aller Versatilität: wahrhaft entfalten kann Musik sich bloß von den Problemen ihres Metiers her. Dafür brachte er von Anbeginn einen literarischen Geschmack mit, der ihn der Naivetät des ›guten Musikers‹ enthob. Unter seinen ersten Opern, die einigermaßen gemäßigt mit der

Bewegung der ›Neuen Musik‹ der zwanziger Jahre mittrieben, zeichnen einige, wie der »Protagonist« und »Der Zar läßt sich photographieren«, sich durch die höchst eleganten Bücher aus, die ihm Georg Kaiser schrieb; nicht mit Unrecht hat man ihm damals die Wahl des ›zu guten Textes‹ vorgeworfen, der eigentlich der Musik kaum bedürfe. Doch zeigt schon der »Zar« deutlich die Besinnung auf die Rolle der Musik, aus der die illustrierende Absicht rasch verschwindet, und die Kargheit der musikalischen Mittel. Daneben gab es Instrumental- und Vokalwerke, an denen die beste von Weills reinmusikalischen Qualitäten sich erkennen läßt: die Fähigkeit zur präzisen Formulierung melodischer Einzelcharaktere.

Nicht bloß für den äußeren Erfolg war entscheidend die Zusammenarbeit mit Brecht. Ihm dankte er die geistige Rechenschaft über den Ansatz seiner Arbeit, vor allem aber auch eine Praxis, die gegen jede künstlerische Verfestigung sich kehrte und gleichsam jeden Takt unablässig nach der Forderung der Aufführung im Fluß hielt. Weill stand nicht länger dem Text als einem Fertigen, Abgeschlossenen gegenüber, das er ›in Musik setzte‹, sondern der Kompositionsprozeß selber wurde gewissermaßen in die Probe verlegt. Die zugespitzte Zusammenarbeit von Dichter und Musiker ist bis heute unerreicht geblieben. An den Stücken und Songs hat Weill aktiv mitgeholfen; und manche der berühmt gewordenen Melodien gehen auf Brecht zurück. Die schlagendsten Ergebnisse waren »Mahagonny« – besonders die Baden-Badener Urfassung, das »Songspiel«, demgegenüber die spätere Oper ausgewalzt und verdünnt erscheint – und die Dreigroschenoper. Einige der besten Songs, wie der vom Surabaya-Jonny, von Bilbao und vom Blauen Meer, entstanden außerhalb jener Stücke; sie gehören einem rasch verschollenen Songspiel »Happy end« an.

Brechts Opern bemühen die romantische Opernform zu besonderem, antiromantischem Zweck. Sie verzaubern die bürgerliche Welt in die Unterwelt, sei's die eines imaginären wilden Westens, sei's die des Alt-Londoner Räuberhauptmanns und seiner obrigkeitlichen Freundschaften. Dieser Absicht hat Weills Musik der inneren Zusammensetzung nach sich sehr angemessen. Von Strawinsky hat er die chokhafte Wirkung gelernt, die von den verzerrten Formeln der bürgerlichen Konventions- und Unterhaltungspiècen ausgeht.

Solche Wirkung hat er, mit Melodien, die zugleich drastisch waren und vernutzt und manchmal schmerzhaft süß, in den Dienst des ästhetischen Demontageprogramms gestellt; noch die Unsicherheit des Harmonisierens ist ihm zum sicheren Mittel geworden, das Beschädigte und Verlorene zu fixieren. Wie in allem Surrealismus lag darin eine Zweideutigkeit, auf welche die Ära des Vorfaschismus passioniert ansprach. Als Weill schon in der Emigration lebte, zehrten die Komponisten, die modern zugleich und doch populär – und den Zensoren tragbar – sein wollten, von den Funden der Dreigroschenoper. Kaum übertrieben, zu sagen, daß die Versimpelung so vieler gegenwärtiger Musik, die experimentfeindliche Rückbildung des kompositorischen Bewußtseins, untrennbar ist von den bewußten Experimenten Weills.

Er selber hat zunächst über den etwas engen, übrigens keineswegs amerikanischen Songstil hinausgewollt und an großen Opern sich versucht. Die prätentiöseste war die »Bürgschaft«. Das Unzulängliche daran hat er wohl gesehen, auch dem Zwang und der Lockung des Exils nachgegeben, ohne sich volle Rechenschaft davon abzulegen. Ihm verkehrte die geistesgegenwärtige Bereitschaft, Musik als Pointe dem Theater einzufügen, sich zum Konformismus, zur Fügsamkeit schlechthin. Vom Surrealisten blieb wenig übrig; er wurde, mit einer schüchtern verschlagenen Unschuld, die entwaffnete, zum Broadwaykomponisten, mit Cole Porter als Vorbild, und redete sich ein, die Konzessionen an den kommerziellen Betrieb seien keine, sondern lediglich ein Test des ›Könners‹, der auch in standardisierten Grenzen alles vermöchte. In der Schlagersphäre hatte er jeden Erfolg, den er sich wünschte, aber selbst die Schlager gerieten immer matter, wenn sich auch stets wieder einige darunter fanden, die stutzen ließen, wenn man das Radio aufdrehte. Die bekanntesten Werke, die drüben entstanden, waren wohl »Lady in the Dark«, »One Touch of Venus« – beide verfilmt, ohne daß indessen Hollywood den Theatermann sehr angezogen hätte – und »Street Scene«. Er schrieb auch eine einaktige amerikanische Volksoper, »Down in the Valley«; aus viel Mattem hebt sich das grelle und wirre Gefiedel zu Beginn eines Dorftanzes heraus.

Weill fühlte sich selbst als eine Art Offenbach seines Jahrhunderts, und was Schnelligkeit des sozial-ästhetischen Reagierens und skizzenhafte Präsenz anlangt, ist die Analogie nicht ohne Grund. Aber das Modell läßt sich nicht wiederholen. Zu übermächtig ist das Grauen der Wirklichkeit geworden, als daß die Parodie daran heranreichte; gleich der Karikatur gewinnt sie als solche etwas Mäßigendes. Und während Offenbach das musikalische Material seiner Zeit bunt und differenziert handhabte und in vielem entfesselte, mußte Weill das der seinen willkürlich und brüchig zurückverlegen, nur um eben der Wirkungen mächtig zu bleiben, die ihm vom Geist der Zeit gefordert schienen. Das Zeitgemäße des Journalisten ist unzeitgemäß geworden, auch in der Musik. Was ihm der Ausdruck seiner Epoche dünkte, war meist nur das freilich getrübte und damit wahrhaftigere Echo ihres Betriebs. Wohl aber hatte er etwas vom Genius des großen Modisten. Ihm war die Fähigkeit verliehen, zum Bilde von Jahreszahlen deren eigene Melodien zu finden, und dies Allervergänglichste an ihm mag dauern.

1950

Nach einem Vierteljahrhundert

Daß Kunstwerke rein aus sich selbst heraus zu verstehen seien, gehört zum Aberglauben des herabgesunkenen ästhetischen Idealismus, der während der letzten Jahrzehnte in die Brüche ging. Die Wirkung, die Kurt Weills Musik aufs neue ausübt, und die jeder beobachten kann, der in nächtlicher Gesellschaft aus der Dreigroschenoper zu spielen beginnt, hat denn auch ihren genauen zeitlichen und gesellschaftlichen Stellenwert. Es ist der des Heimwehs im Sinne des amerikanischen Wortes »nostalgia«, der Sehnsucht nach einer jüngstvergangenen und eben damit weltfernen Epoche. An sie heftet sich heute der Traum unreglementierten Lebens, das Gefühl, damals sei für eine kurze Spanne alles offen, alles möglich gewesen. Weill aber schickt sich zu solcher Sehnsucht, weil seine Musik wie kaum eine andere für das kollektive Bild der Zeit einsteht, in der es berühmt ward. Wenn Walter Benjamin, der damals mit Brecht und Weill befreundet war, den Satz prägte: »Geschichte schreiben heißt Jahreszahlen ihre Physiognomien geben«, so ist es wohl Weills eigenste Fähigkeit gewesen, Jahreszahlen ihre Melodie zu finden. Was an ihm überlebt, gehört nicht in das mit Ewigkeitswerten vollgestopfte Pantheon des Bildungsphilisters, sondern dankt seine Kraft einer Verfallenheit an den Tag, die dessen Vergängnis selber festhält.

Seine Zeit, auf die heute so vieles anspricht, ist so wenig die fesselloser gesellschaftlicher wie künstlerischer Freiheit gewesen, nicht die expressionistische, nicht die des losgelassenen Ausdrucks. Sie ordnet sich um das Jahr 1930, als bereits wirtschaftliche Stabilisierung und bald schon wieder die wirtschaftliche Krise den Einzelnen seiner Ohnmacht überführten und als organisierte Massenkultur jene Ungebundenheit liquidierte, für deren goldenes Zeitalter heute die frühen zwanziger Jahre gelten. Bei Weill treten die Elemente einer Situation zusammen, die sich selbst chaotisch schilt, um eine

Ordnung vorzubereiten, die erst das wahre Chaos entbindet. Das musikalische Siegel von Individualität, der Ausdruck, ist zersprungen. Nur noch höhnischer Ausdruck und Hohn auf den Ausdruck ist in seiner Musik übrig, und damit drückt sie selber die Trauer um das geschichtlich Verurteilte aus und bekräftigt dessen Ohnmacht. Das Echo der Massenmusik der verwalteten Welt tönt höhlenhaft verzerrt aus den Weillschen Klängen. Die amorphe Gewalt der kollektiven Regungen aus der Ära des Vorfaschismus wird von dessen Gegner Weill nicht verleugnet, sondern eingesaugt, aber so, als kehrte ihre Tendenz sich um. Vielleicht gibt davon die beste Vorstellung, daß man sagt, es habe eine ganze Generation nach dem Tonfall der Dreigroschenoper geliebt – in den Cafés und Pensionszimmern um die Gedächtniskirche hat sie denen aufgespielt, denen sie selber ähnlich war. Die Sehnsucht aber nach Weills Musik heute – das ist nichts anderes als die nach anarchischem, schäbigem, gestohlenem Glück auf Kosten der verwalteten Welt noch im Augenblick ihrer offenbaren Unwiderstehlichkeit.

Der dazu die Melodien schrieb, spottet des Begriffs des Komponisten. Nicht umsonst hat er an Text und szenischer Realisierung im team unermüdlich mitgearbeitet und soweit es nur anging seine Musik so montierbar gehalten wie Brecht die Stücke. Unter seinen Fähigkeiten war nicht die letzte die, Schwächen mit hellstem Bewußtsein produktiv umzumünzen. Ein gewisser Mangel am Vermögen konsistenten Auskomponierens wird zum Stilprinzip; es ist, als würden Fehlharmonisierungen und technische Brüche beredt. Dem Abfall der musikalischen Sprache, an den Weill sich hielt, hat er ein zweites, fluoreszierendes Eigenleben abgezwungen. Die Frage nach der großen Oper umgeht er in seinen besten Arbeiten – lädierte, umkippende, in jeder Note drastische Miniaturen ersetzen die Formen, und sein Talent zum scharf geschnittenen, unverwechselbaren Einfall tritt in ihren Dienst, unter Verzicht auf durchführende Entfaltung und auf komplexe Fülle des Satzes. Seine Haltung ist die des *Musikregisseurs*; nicht die musikalische Gestaltung als solche hat die Menschen betroffen, sondern die Änderung der dramaturgischen Funktion der Musik. Daß er um den durchkomponierten Stil und das herkömmliche musikdramatische Wesen sich nicht kümmerte, war nicht einmal das wichtigste. Nummernopern haben damals auch andere, wie Hindemith im Cardillac, geschrieben. Aber die Nummern sind bei Weill nicht, wie vor Wagner, selbständige musikalische Einheiten, sondern genau eingepaßt in den dramatischen Verlauf, den sie unterbrechen oder stillstellen. Nach dem Maß der Brechtschen Dramaturgie könnte man von auskomponierten Gesten reden, die der Einheit der Person in die Parade fahren. Weills Musik wird laut, wo den Menschen, die keine mehr sind, die Sprache vergeht; wo sie zu Reflexbündeln werden. Zweideutig bleibt, wie weit diese Musik selbst dem sich verschrieb, und wie weit Weill denunzierte, was er kommentarlos mitvollzog. Aber diese Zweideutigkeit ist keine andere als die der Jahreszahlen, denen seine Musik galt, und bezeichnet am Ende wohl überhaupt nicht so sehr einen Einwand wider seine Gesinnung als eine Not aller modernen Kunst.

Der Funktionswechsel der Musik bei Weill lief darauf hinaus, daß der Musikregisseur die feste Grenze ernster und leichter Musik nicht mehr anerkannte. Die kollektiven Innervationen, denen er gehorchte, waren stärker als die künstlerische, übrigens neoklassizistische und ausdrucksfeindliche Bildung, die er bei Busoni empfangen hatte. Lieber wollte er die musikalischen Maßstäbe drangeben als den Wirkungszusammenhang, auf den seine Reaktionsweise zugeschnitten war wie die Offenbachs, mit dem er sich gern verglich. Aber sein außerordentlich wacher und aggressiver literarischer Sinn hat in denjenigen seiner Werke, die zählen, ihm ebenso auch verwehrt, einfach der lockenden popular music sich zu verschreiben. Ein fruchtbar Störendes fuhr dazwischen. Er hörte, angeregt von Strawinsky, die Erscheinung der leichten Musik schon so falsch und durchlöchert, wie ihr Inneres ist, das warenhafte Unwesen des Musical. Das hat seine eigentümliche Mobilität bewirkt, eine Musik aus Lumpen und Trümmern, so quer zum Anspruch der hohen Kunst wie zum Kitsch des Serienfabrikats. Sie begibt sich heraus aus einer Alternative, von der Weill wohl weiß, daß sie nicht mehr sich versöhnen läßt, und bezieht einen polemischen Standpunkt. Sie operiert mit Elementen und Formeln der Massenmusik, aber so, daß deren eigene Kritik mitgesetzt ist. Der Ausdruck, den unmittelbar zu geben er zurückscheut, wird durch die scharfen und überwachen Ohren Weills aus dem Schema von

›Gesang und Tanz‹ zu einem Gemisch aus gefällig Amüsantem und schmerzhaft Beschädigtem destilliert. Ihm wurde das Paradoxon einer Musik zuteil, die das Publikum elektrisiert und doch all den Publikumsansprüchen ins Gesicht schlägt, die sie selber erfüllt. Kraft dieser Paradoxie erzittert das Bild musikalischer Kultur wie eine wacklige Kulisse. Zwischen den beiden Polen des gespaltenen musikalischen Bewußtseins zündet es. Heute, da die Kruste des Daseins abermals sich verhärtet hat, ist das Bedürfnis nach solcher Zündung wieder erwacht. Um seinetwillen wurde Weill, der den Choc des Veralteten so heftig zu bereiten wußte, abermals aktuell.

1955

Theodor W. Adorno: Vier Lieder nach Gedichten von Stefan George für Singstimme und Klavier, op. 7

Über die eigene Musik zu schreiben, fällt mir, der so viel über die anderer geschrieben hat, besonders schwer. Denn ich weiß, wie verschieden die Intention, die man selber verfolgt, von dem ist, was objektiv sich realisierte. So viel aber mag erlaubt sein: die vier Georgelieder op. 7 suchen allesamt nach einer gewissen Reduktion ihrer Sprache. Das erste läßt vom Gedicht sich anregen, die Idee eines Volkslieds zu sublimieren; sie wird festgehalten in den kargen Mitteln des frei atonalen Idioms. Der Form nach sind die zweite und dritte Strophe strenge Variationen der ersten; die dritte, rückläufige, beginnt mit einer im Baß angedeuteten Reprisenwirkung. – Das zweite Lied ist zweistrophig wie das Gedicht; artikuliert durch ein Klavierzwischenspiel, dessen rhythmische Gestalt am Ende wieder aufgenommen wird. Kompositorisch ist es eine Art Studie über das Tritonusintervall, das, vertikal und horizontal, in ungezählten Gestalten vorkommt. – Im dritten bescheidet sich das Klavier tendenziell zur Einstimmigkeit. Indessen ergänzen die sukzessiven Töne vielfach sich zu spiegelnd akkordischen Flächen. Ein Achtelrhythmus geht durch, doch ist durch immerwährenden Taktwechsel, durch Schwerpunktverschiebungen, schwebende Betonungen und den frei erzählenden Vortrag der Singstimme rhythmische Mannigfaltigkeit angestrebt. – Das Gedicht des vierten Liedes ist das letzte jenes Zyklus, den Webern als op. 3 vertonte. Er hat darauf verzichtet, offenbar weil ihm die kurzen und hart gegeneinander abgesetzten Zeilen musikwidrig schienen. Mich reizte die Aufgabe: durch die Behandlung des Textes, durch völlig verschiedene Phrasenlängen, Trennung mancher Phrasen, Verschleifung anderer trotzdem dem Gedicht musikalische Kontinuität zu entlokken. Das Lied beruht auf einer Zwölftonreihe, die nur in ihren vier Grundgestalten, ohne jede Transposition, verwandt ist, ohne doch, hoffentlich, herauszustechen. Die Art ihrer Behandlung, und damit die Form des Liedes, wäre am ehesten einer Passacaglia zu vergleichen.

Der ganze Zyklus ist als steigernde Intensivierung gedacht, auf das letzte Lied hin gerichtet; als Gesamtform demnach eine Finalkomposition.

1962

IV

Konzert-Einleitungen und Rundfunkvorträge mit Musikbeispielen

Zum Rundfunkkonzert vom 7. November 1930

Wenn diesem Konzert einige erklärende Worte vorangeschickt werden, so geschieht es nicht in der Absicht, Sie durch technisch-musikalische Analysen zu belasten, die auf die Musik, wie sie real erklingt, anzuwenden ohnehin einem großen Teil der Hörerschaft schwer fallen müßte. Ich will vielmehr versuchen, Ihnen einige Hinweise zu geben, die die Absicht der Veranstaltung selbst deutlich machen und Ihnen dazu verhelfen, zu den Werken so sich einzustellen, daß die Begegnung mit ihnen fruchtbar wird. Es ist üblich, daß man Ihnen in Konzerten, auch Rundfunkkonzerten, *Resultate* bietet, die Sie als fertig hinnehmen und mit denen Sie sich abfinden, ohne Einsicht in die Bedingungen zu gewinnen, denen sie entwachsen, und ohne auch selbst produktiv in Beziehung zu den Werken treten zu können. Die Werke sind, als Resultate, gleichsam gegen die Hörerschaft abgeschlossen, abgedichtet, und dem Hörer bleibt wenig anderes übrig, als sie gut oder schlecht zu finden. Das soll hier anders werden. Denn gerade mit dem kritischen Verhalten des Hörers zu den üblichen Aufführungen resultathafter Werke hat es seine besonderen Schwierigkeiten. Indem das fertige Kunstwerk eine seiner vornehmsten Bemühungen darin sieht, jede Spur der Entstehung auszulöschen, gelangt es zwar zur verbindlichen Gestalt; die verbindliche Gestalt aber entzieht sich dem Hörer darum, weil er, als nicht eigens Vorgebildeter, unmöglich entscheiden kann, warum dies so und nicht anders sei. Die Regel wird man dann darin zu erblicken haben, daß er das Vertraute und Bequeme hinnimmt, das Neue, Fremde und Befremdende umstandslos verwirft. Vielen Kritikern sogar fehlt weithin die Kenntnis der Notwendigkeit, die im Material liegt und den Künstler zu seinem Verfahren zwingt; Sie können das daran ermessen, daß oft genug Werken von einer gewissen Primitivität der Faktur oder solchen, die einzelne Momente ihrer Technik, wie man das so nennt, den Erfordernissen des zeitgenössischen Musikstiles anpassen, alle möglichen Qualitäten wie Musikantentum, Vitalität, rhythmische Elementargewalt und wie die Phrasen lauten mögen, zugesprochen werden, während Werke, die die Konsequenz aus dem ziehen, was die kompositorische Aufgabe vom Autor fordert, und die die Forderungen in ihrer Tiefe durchzusetzen trachten, dem Vorwurf der intellektuellen Spekulation, der Abstraktheit, der Abseitigkeit verfallen. Es genügt nicht, vor den Phrasen zu warnen, obwohl für den verantwortungsvollen Hörer ihre Inferiorität klar genug steht. Es kommt vielmehr darauf an, ihnen an den Sachen selbst zu begegnen; zu zeigen, wie die Sachen fordern, was man glaubt, der intellektuellen Schrulle des Autors zuschreiben zu sollen. Das zu erkennen aber bieten gerade werdende, noch nicht zur Form geronnene Werke Anlaß, in denen Altes und Neues, Konvention und spezifisches Gestaltungsvermögen ungeschieden zusammentreffen. An solchem Zusammentreffen läßt sich am ehesten ermessen, wie das Neue nicht von außen, aus dem Willen des Autors, der Sache hinzugefügt wird, sondern aus ihr selber aufsteigt. Wo es sich Ihnen als Resultat darstellt, ist es Ihnen darum weniger einsichtig, weil der Prozeß, der es hervorbringt, sich vollzog, ehe Sie das Werk vernehmen; hier aber können Sie an diesem Prozeß hörend selber teilnehmen.

Sie haben also Werke *Werdender* vor sich; Werke, darf man sagen, die selbst im Werden begriffen sind und mitten in der Spannung stehen zwischen dem, was das Material vom Komponisten fordert, und seiner Lösung der Aufgabe. Dieser Charakter des Werdenden ist den Werken gemeinsam. Sonst sind sie gründlich verschieden. Immerhin, zwei von ihnen gehören der gleich Schule an und bringen von dorther einiges an verwandten Intentionen mit. Maria Herz und Trude Rittmann haben bei Philipp Jarnach studiert, dem Freunde Busonis, der recht eigentlich heute die Forderungen der Busonischen Ästhetik in der Praxis vertritt. Das *Material*, mit dem die »Kleine Rundfunkmusik« und die »Kammersuite« rechnen, ist das gleiche. Nämlich eine Art von erweiterter Tonalität, deren Funktionen wohl zuweilen durch den selbständigen Kontrapunkt verdeckt, durch dissonante Zusätze der autonomen Stimmen unkenntlich werden, aber für die Konstruktion stets wirksam bleiben. Vielmehr: es kommt nicht zu einer harmonischen Konstruktion wie dort, wo die Tonalität ganz aufgegeben ist, sondern das

Prinzip des Leittons, der Dominante regelt schließlich alles, was geschieht. Das besagt fürs Hören: daß die harmonischen *Fundamente*, gegenüber den herkömmlichen, in den beiden Werken nicht verändert sind. Sie würden also den Sinn dieser wesentlich harmonisch gemeinten Gebilde verfehlen, wenn Sie sie als Bewegung emanzipierter Stimmen deuten wollten. Überlassen Sie sich statt dessen ruhig dem harmonischen Auf und Nieder darin, auch wo es durch Motivspiel umschrieben ist. Sie werden dann durchwegs auf Fortschreitungen treffen, deren Art der tonalen Stufenfolge äquivalent ist; nur daß die Stufenbeziehungen hier gegenüber der tonalen differenziert, bereichert sind; vor allem die blanke Kadenzform der Folge von Unterdominante, Dominante und Tonika ist zumeist durch andere Komplexe ersetzt, die aber doch die gleich Wirkung anstreben. – Darüber hinaus verbindet die beiden Stücke mit der Busonischule einiges ihrer geistigen Haltung. Es ist bekannt, daß in der Musik Busoni als einer der ersten Kritik an der Romantik übte und ihr gegenüber Forderungen einer Spielkunst aufstellte, wie sie heute als neue Sachlichkeit längst zur Phrase entwertet sind. Von dieser Phrase jedoch unterscheidet sich Busonis Formgesinnung sehr wesentlich. Busoni weiß, daß dem differenzierten Bewußtsein des modernen Einzelnen nicht umstandslos die Kollektivformen zuteil werden, deren volle Geltung man heute leichtsinnig genug usurpiert. Er proklamiert sie darum nicht als Ernst und schlechthin geltende Objektivität, sondern als *Fiktion*; bei ihm heißt Spiel nicht sowohl kollektiv umfangendes, neu-primitives Gemeinschaftsmusizieren, sondern Spiel ist Maskenspiel: unverbindlich, unreal und voll des Bewußtseins von der eigenen Unrealisierbarkeit. Darum hat er zwei seiner Hauptwerke unter dem Namen La nuova Commedia dell'arte zusammengefaßt. Eben dies Bewußtsein der Unrealisierbarkeit einer kollektiven Verbindlichkeit und Objektivität, die er doch gleichwohl dem fessellosen Ausdruckswillen der musikalischen Person entgegenstellt, ordnet ihn der Romantik selber zu, die er bekämpft. Er steht in all seiner Produktion auf der *Grenzscheide* der Romantik, und es ist kein Zufall, daß er sich alle Argumente wider die Romantik gerade von Nietzsche holt, der selber so romantischen Sinnes die Romantik verfemt. Etwas von diesem romantischen Geiste der Unromantik ist auch den Kompositionen von Jarnach selbst wie von seinen beiden Schülerinnen eigen und macht gerade ihr besonderes Wesen aus. Bereits die *Texte* der Rittmannschen Suite sind romantisch; mehr noch der durchaus lyrisch-expressive Zug der Musik selber; auch dort noch, wo sie des Wortes sich entäußert und rein aus sich selbst zu bestehen unternimmt. Ebenso sind die liedhaften Mittelsätze der Herzschen Kompositionen, zumal der dritte, ein Intermezzo fast im Brahmsischen Sinne, der romantischen Sphäre zugehörig. Zugleich aber sind sie schon von ihr distanziert. Die Autonomie des musikalischen Gefüges, die überall angestrebt ist; der absolut-musikalische, fast instrumentale Charakter der Invention auch in der Kammersuite; vor allem eine gewisse Schlankheit der Faktur, die jegliche Häufung von Ausdrucksmitteln vermeidet, wie sie dem ungebundenen subjektiven Willen stets naheliegen muß – all das liegt schon am anderen Ufer als die Romantik. Es sind beides Spielmusiken in jenem Busonischen Sinne; nicht Spiele einer musikantisch-naturwüchsigen Gemeinschaft, sondern Spiele einzelner, die mit Scherz und Maske in eine Form-Welt sich begeben, deren Form-Macht sie doch nicht mehr unterstehen. Es wäre bequem und leicht, vom Standpunkt einer handfesten Neusachlichkeit aus gegen solchen – wie man das zu nennen beliebt – Ästhetizismus sich zur Wehr zu setzen. Aber man soll sich damit nicht beeilen. Ob der Ausschluß jeder humanen Wirklichkeit, wie ihn ein Teil der gegenwärtigen Musikdoktrin lehrt, sich wahrhaft verantworten läßt und nicht weithin nur Vorwand zur Verdeckung der eigenen Leere ist, bleibt immerhin fraglich. Vor allem aber: gerade die scheinbare Unsachlichkeit der musikalischen Oberfläche vor allem der Rittmannschen Komposition wird sachlich fruchtbar. Denn gegenüber dem mechanischen und widerstandslosen Ablauf der meisten neusachlichen Spielmusiken setzen sich hier gerade aus dem Espressivo Widerstände, die ihn brechen und einen weit größeren Reichtum musikalischer Gestalten ergeben: damit aber die Qualität der musikalischen Form selber erheblich über die der tagesüblichen Motorik hinausheben. Ich kann hier, wo es sich um technische Details handelt, mich nur auf Andeutungen beschränken. Aber es wird Ihnen nicht entgehen, daß etwa ein ›Thema‹ in einem der Stücke von Trude Rittmann zustande kommt, indem verschieden geartetes, aber sich ergänzendes Motivmaterial aneinander gebunden wird und die thematische Einheit und Gestalt bildet; während die Ablaufmusiken ihre Themen meist aus der Wiederholung oder Sequenzierung des gleichen Motivs gewinnen und damit zwar oberflächlich faßlicher werden, dafür aber sogleich abstumpfen und sich zur eigentlichen Formbildung als unfähig erweisen, die Form nur im äußerlichen Aneinanderschichten der Partikel erreichen. Sie können daran ermessen, wie wenig Gleichungen von der Art ›romantisch-unmodern‹, ›sachlich-modern‹ legitim sind. Das angeblich Romantische, also Expressive, ist hier nicht nur das Schwierigere, in jedem Betracht Exponiertere, sondern auch das technisch Stimmigere: also gerade das *sachlich* Bessere. Man wird dahin kommen, die Modebegriffe, von denen ich absichtlich ausging, lieber ganz zu vermeiden.

Ganz anderer Art sind die Werke der beiden Frankfurter Komponisten. Wollte ein Fanatiker der Symmetrie sie ebenfalls zu einer Gruppe zusammenstellen, es könnte unter keinem anderen Gesichtspunkt geschehen als dem der Synkope, der hot music, wie der Jazz sie kennt und wie sie hier, von ihrem Ursprung gänzlich entfernt, die Kunstmusik aufnimmt. Suchen Sie nach Namen, die hier als Vorbild in Betracht kämen, so wäre für beide Fälle zunächst an den Ungarn Béla Bartók zu denken, auf dessen Stil das »Divertimento für Klarinette und Streichquartett« seines Landsmannes Mátyás Seiber unmittelbar hindeutet und der auch, neben dem Streichersatz Hindemiths, auf die »Nachtmusik« von Erich Kahn gewirkt hat. Sonst sind die Stücke recht entgegengesetzt. Das von Seiber ist motorischer Art, seine Motorik aber ist nicht die der undurchbrochenen Bewegung, sondern, wenn man den Ausdruck gebrauchen darf, der rhythmischen Variation. Deren Mittel sind eben die des Jazz: also Akzentverschiebung und Synkope, in ständigem Wechsel der Taktart. Das alles ist auf den Ton einer gewissen barbarischen Primitivität absichtsvoll gestellt. Wie in der Musik von Naturvölkern werden ganz kurze und simple Motive, in dissonanten Mixturen harmonisiert, unaufhörlich wiederholt; das fast alleinige Mittel der Modifikation ist die rhythmische Verschiebung, die allerdings dafür mit der Virtuosität eines großen Jazzschlägers hier schon auskomponiert ist; wie das ganze Stück oft Schlagzeugwirkungen, auch in der Farbe, sehr nahekommt. Suchen Sie in dem Divertimento nicht thematische Entwicklungen und Durchführungen im herkömmlichen Sinne unserer Musik, auch keine entfaltete Polyphonie; sondern verfolgen Sie, wie in diesen Sätzen gewissermaßen die Zeit selber, in der die Musik verläuft, deren Gegenstand wird; wie sie sich staut und wie sie weitertreibt, wie sie in den unsymmetrischen Pausen nackt hervortritt und schließlich erst von der Musik ausgefüllt wird; suchen Sie sich der exzitierenden Wirkung zu überlassen, die das Werk anstrebt, indem es die einfachste melodisch-harmonische Wiederholung mit den unruhigsten rhythmisch-metrischen Veränderungen überschneidet. Der erste Satz hält als Toccata noch seine Sechzehntelbewegung fest; die Variationen umschreiben ihr achttaktiges Thema, ohne verändernd einzugreifen; im Rezitativ spielt sich die Klarinette aus; die bezeichnenden Sätze aber sind das Scherzo und das Finale, die alle die Stilmerkmale extrem ausbilden, auf die ich hinwies. Das präzise Klangbild entsteht durch ständige Kontraste des Streicher- und Klarinettenklanges; die Klarinettenpartie ist mit besonderer Kenntnis dem Instrument abgehört. – Die leichte Nachtmusik von Kahn, eine Suite von sechs kurzen Sätzen, verfolgt insofern das genau entgegengesetzte Prinzip, als sie ihre Formen unter strengster Vermeidung jeglicher Wiederholung anlegt, wie im Detail so auch im Großen. Das führt oft zu sehr merkwürdigen Resultaten; anstelle der Reprisen im herkömmlichen Sinn tritt entweder ganz Neues oder Modifikationen, die den Wiederholungscharakter unkenntlich machen; im kleinen Marsch etwa sind im zweiten Teil die beiden Hauptgedanken derart miteinander kombiniert, daß Durchführung und Reprise zusammengefaßt sind; ein Verfahren übrigens, das im tonalen Komponieren seine Vorbilder hat; ich darf an den ersten Satz der Vierten Symphonie von Brahms erinnern. Oder im zweiten langsamen Stück, im $5/4$-Takt, ist die Reprise eine Umkehrung des Hauptthemas, in einer Weise, wie sie in der Zwölftontechnik sich vollends durchsetzte, der übrigens das Trio noch nicht angehört; zugleich ist das Thema rhythmisch modifiziert und verkleinert, im $5/8$-Takt; als solches darum gar nicht wiederzuerkennen; die thematische Verklammerung des Satzes vollzieht sich gewissermaßen hinter den Kulissen. Von der üblichen, auch der heute üblichen Art der Kammermusik unterscheidet das Stück sich weiter dadurch, daß es nicht in durchbrochener Polyphonie arbeitet und die Stimmen in motivische Beziehungen zueinander treten läßt, sondern trachtet, sie weitgehend – im zweiten Satz sogar völlig – unabhängig voneinander zu halten. Jede verfolgt ihren Weg, und die Motivbeziehungen zwischen ihnen scheinen zufällig; entwachsen niemals jedenfalls dem Prinzip der Imitation. Dabei herrscht zumeist *Oberstimmen*melodik, wie es bei der undurchbrochenen Setzweise schwer anders möglich; Sie werden also dem Stück am ehesten folgen, am ehesten seine Kontinuität verstehen können, wenn Sie der Geigenstimme nachhören. Sonst ist die Orientierung, trotz der bezeichneten Schwierigkeiten der Verfahrungsart, die man kennen muß, um sie zu bewältigen, erleichtert: einmal durch die sehr kurzen Dimensionen, dann durch die suitenmäßigen Charaktere, die jeweils sehr scharf ausgeprägt sind. Auf einen lustigen und prägnanten ersten Satz folgt ein langsames Stück, eben jenes, worin jede Stimme ihren Weg geht, ohne auf die anderen zu merken; dann ein schattenhaft leichter Walzer; dann ein Marsch; dann ein zweites Adagio, das unter der Idee des fünfteiligen Rhyhtmus steht; der Schlußsatz bringt allein noch Bewegung, löst jede thematische Kontur auf und hat seine Bindung allein im Motiv und in einer durchgehaltenen Heterophonie. Von der Tonart hat die Serenade, als einziges der Werke des Abends, sich ganz emanzipiert; bietet aber auch dem ungeübten Ohr Stützen in der meist geschlossenen, unaufgelösten Melodik der einzelnen Stimmen. Alles ist schwebend und leicht darin und unbelastet: aber das Leichte ist artistisch kontrolliert und weitab von jedem bequemen ›Musikantentum‹. Mir erscheint dies Stück besonders aussichtsreich.

Ich sagte Ihnen eingangs, Sie könnten einen Einblick in die Verfahrungsweise des werdenden Komponisten gewinnen. Ich möchte das noch an einem Beispiel konkretisieren. Es wird Ihnen an dem Stück »Ist ein Lied in allen Dingen« aus der Konzertsuite von Trude Rittmann der liedhafte, symmetrische, romantisch-harmonische Charakter des Themas auffallen. Sie werden vielleicht erstaunt fragen, warum das nicht so weiter gehe; warum der Takt wechselt; warum die Komposition sich von der Faßlichkeit der Eingangszeile entfernt, um sie erst am Ende wieder aufzunehmen. Nun – diese Frage, wie der Hörer sie stellen könnte, ist die eigentlich bewegende des ganzen Werkes. Die einfallsmäßige Substanz, der Liedsphäre angehörig, ist durchwegs so schlicht und faßlich. Aber die harmonische Gewähltheit, die bereits solch eine Zeile charakterisiert, duldet nicht, daß sie wiederholt werde; gerade Taktzahl und symmetrische Wiederholung gehören einer Technik der tonalen Kadenz an und lassen sich nicht willkürlich auf ein Material übertragen, das die tonale Kadenz nicht mehr kennt. So wird die Komponistin sogleich gezwungen, radikal abzuwandeln und dafür die sinnfällige Plastik zu opfern, die dem Einfall selbst eignet. Die Spannung also, von der ich sprach, ist hier evident als eine zwischen dem Einfall und dem technischen Bewußtsein, die die Komposition gegeneinander auszugleichen trachtet. Also zürnen Sie der Komponistin nicht, wenn sie gerade die Stellen, die vielen von Ihnen am meisten einleuchten, sogleich aufgibt, um anders fortzusetzen; ob diese Stellen die besten sind, steht dahin; sie sind der sichere Strand, von dem das autonome kompositorische Verfahren abstößt, sich selber durchzusetzen.

Ein Wort noch über das Verhältnis der Arbeiten zum Rundfunk. Die meisten kommen der Rundfunktechnik sehr entgegen: das Kahnsche Trio durch seine luzide Besetzung, die Rittmannsche Suite durch ihren lyrisch-zarten, überall durchsichtigen Charakter; das Werk von Maria Herz endlich ist ›rundfunkeigen‹, für den Rundfunk komponiert. Sie können das am Spiel deutlich voneinander sich abhebender instrumentaler Linien verfolgen, die sich kaum je zu Mischklängen verbinden, wie sie dem Mikrophon Schwierigkeiten bieten. Auch der Charakter dieses Stückes ist leicht; es spielt mit Motiven kontrapunktisch-suitenhaft, ohne sie in ernstliche Konflikte, eine ernste Dialektik zu treiben. Die drei ersten, ganz kurzen und unprätentiösen Teile werden von einem ausgewachseneren Finale balanciert.

So viel wollte ich Ihnen sagen. Ich habe es Ihnen zur Orientierung gesagt, nicht zur Hilfe bei der Aufführung selber. Überlassen Sie sich dem Hören; das akustische Bild wird Ihnen Fragen und Antworten der Werke präziser vermitteln, als das deutende Wort es vermöchte.

Zum Rundfunkkonzert vom 22. Januar 1931

Sie werden heute abend Werke der *Schönbergschule* hören. Dieser Schule und zumal ihrem Haupte Arnold Schönberg geht der Ruf der Schwerverständlichkeit voraus; es ist die verbreitete Meinung, die von einer bequemen Kritik genährt wird, hier habe man es mit Produkten eines einsamen und eigentbrötlerischen Artisten zu tun, der auf Grund irgendwelcher abstrakten Theorien eine ebenso abstrakte Musik verfertige, die nur er selber und ein enger Kreis Eingeweihter verstehe; über den darum auch die Zeit hinweggegangen sei, die zwar seine Anregungen aufgenommen habe, aber nicht seine verstiegenen Konsequenzen ziehe, sondern sich der Gemeinschaft der Hörenden, ihrem Bedürfnis und ihrem Verständnis weitgehend anpasse. Diese Vorstellungen über Schönberg und die Stellung seiner Musik in der Zeitsituation, wie sie den meisten von Ihnen geläufig sein mögen, sind falsch. Es kann freilich nicht die Schwierigkeit seiner Werke selber bestritten werden. Sie sind so schwierig wie alle Kunst, die ohne Rücksicht auf vorgegebene Normen sich nach ihrem eigenen Maß zu realisieren trachtet. Aber einmal ist diese Schwierigkeit nicht das Produkt theoretischen Spintisierens, nicht der Beweis mangelnden ursprünglichen kompositorischen Vermögens: sondern sie ist unabweislich gefordert, nicht bloß durch Schönbergs individuelle Entwicklung und die Beschaffenheit seiner Kompositionen in sich, sondern auch durch den strengen Gang der musikalischen Geschichte, als deren Vollstrekkung heute die gleichen Leistungen Schönbergs erkennbar sind, die man einmal als Akte privater Willkür verfemte. Dann aber sind diese Schwierigkeiten nicht unüberwindlich: sie weichen, sobald man die Notwendigkeit und Stimmigkeit der Schönbergischen Verfahrungsweise einmal erkannt hat.

Von Schönberg selbst hören Sie ein Jugendwerk: die Lieder op. 6. Wenige seiner Werke könnten Sie in seinen Stil besser einführen als gerade diese Lieder. Denn sie enthalten alle die Momente, die sein kompositorisches Verfahren tieferhin bestimmen, bereits vollständig ausgebildet in sich; aber in einem melodischen und akkordischen Material, das noch aus dem herkömmlichen ohne weiteres abgeleitet werden kann. Die musikalische Evolution dieser Lieder vollzieht sich gleichsam *unter der Hülle der üblichen Tonalität*. Die Schlagworte, unter die man Schönbergs Musik zu bringen beliebt: Atonalität, Aufhebung des Gegensatzes von Konsonanz und Dissonanz, Quartenakkordik, linearer Kontrapunkt und wie sie alle heißen mögen, finden auf diese Lieder keine Anwendung. Ihr Angriff vollzieht sich in einer tieferen Schicht. Ich greife zwei der Lieder heraus, die mir die fortgeschrittensten und kühnsten scheinen. Zunächst das Lied »Lockung«, dies Verführungslied, das in der Knappheit der Formulierung, dem unmittelbaren, erbarmungslosen Zugriff zum schlagendsten gehört, was der junge Schönberg überhaupt geschrieben hat. Es hat eine ganz kurze, gejagte Klavierintroduktion, die verfliegt, ehe Sie sie nur ganz erfaßt haben. Aber diese paar raschen Takte sind nicht etwa – wie es in der heute tagesüblichen ›motorischen‹ Musik üblich ist – aus einem Rhythmus erzeugt, der multipliziert, beliebig wiederholt würde und in seiner primitiven Deutlichkeit die Form zusammenhielte; sondern schon diese wenigen Takte sind aus drei verschiedenen, scharf kontrastierenden Motivgruppen gebildet, nach Schönbergs Ausdruck aus drei thematischen »Gestalten«, die gerade durch den Kontrast sich zur Einheit zusammenschließen. Dieser Reichtum an – meist sehr knappen – melodischen Gestalten macht eine der Hauptschwierigkeiten bei Schönberg aus; eine viel größere als die dissonanten Akkorde, deren sich ja mittlerweile die umgänglichsten Komponisten bedienen. Die Bequemlichkeit des Ohres, sich mit einem musikalischen Ereignis, dem ›Thema‹, zufrieden zu geben und nichts anderes zu erwarten als dessen Wiederholung oder Verarbeitung, wird empfindlich gestört von einer Technik, die unausgesetzt Neues bringt und zudem dies Neue durch die reichsten Beziehungen verknüpft. Sie werden also Schönberg dann am besten hören, wenn Sie nicht einzelne Themen festhalten und deren Wiederholung erwarten, sondern versuchen, unmittelbar die Zusammenhänge zu verfolgen, die durch die Verknüpfung des ständig wechselnden Materials gestiftet werden. Es ließe sich das auch in der Form ausdrücken, daß in dieser Musik *alles* thematisch ist; daß

Sie also in jedem Augenblick mit der gleichen Energie das neu Erscheinende auffassen müssen wie beim Beginn. Diese Auffassung wird erleichtert dadurch, daß ja nicht beliebig Neues an Neues gereiht ist, sondern daß die Kontraste sich zu höheren Ganzheiten – Teilganzen nach der Sprache der neuen Psychologie – zusammenschließen und daß sie allesamt durch die Motivkonstruktion so miteinander verklammert sind, daß keines aus dem Zusammenhang herausfällt. Sie müssen also einmal in jedem Augenblick die frische thematische Produktion verfolgen, auf der anderen Seite den Zusammenhang des Ganzen, der ja zudem in den Liedern durch die strophische Disposition verdeutlicht wird. Das gilt freilich nur für die extremsten Stücke der Gruppe, also etwa die »Lockung«, während andere Lieder, wie »Verlassen«, der herkömmlichen Liedtechnik, mit Durchführung eines wiederholten Begleitmotivs, noch nahestehen. Sie werden sogar das Wagnerische Mittel der ›Sequenz‹, also der stufenweisen, ansteigenden oder fallenden Versetzung einer Motivgruppe, in den meisten der Lieder und selbst in der »Lockung« wiederfinden. Allein hier besteht ein Unterschied, der ebenfalls zu den Schwierigkeiten des Verständnisses beiträgt. Denn diese Sequenzen sind nicht einfach Versetzungen, die das betreffende Motiv solange wiederholen, bis es auch dem Widerstrebendsten eingehämmert ist. Sie bedient sich vielmehr der ständigen *Variation.* Neben dem thematischen Gestaltenreichtum zählt die *Variationstechnik* zu den wichtigsten und eigentlich charakteristischen Mitteln der Schönbergschule; die heutige Zwölftontechnik, von der Sie als von einer erschreckenden Mathematik vernommen haben werden, ist nichts anderes als eine bis zur letzten Konsequenz getriebene und über den gesamten kompositorischen Organismus ausgedehnte Variationstechnik. Von den Liedern bis zum Zwölftonverfahren ist freilich ein weiter Weg. Die Variation der Sequenzgruppen hat vor allem harmonische Gründe. Ich muß mich hier auf Andeutungen beschränken. Während die Wagnersche und nach-Wagnersche Harmonik im Sinne einer reichen Chromatik, also eines Systems von ineinander führenden Halbtonschritten durchgebildet ist, hat Schönberg von Brahms her gegen diese Chromatisierung Widerstände übernommen und selbständige, eigenwertige Stufen im harmonischen Fortgang betont, die nicht in dem Fluß der kleinsten Intervalle aufgehen; allerdings nun nicht mehr wie

Brahms nur innerhalb der leitereigenen Töne der Tonleiter, sondern unter Einbeziehung der chromatischen Zwischentöne, die Wagner erschlossen hatte; aber diese chromatischen ›Nebenstufen‹ werden nicht durch Rückung miteinander verbunden, sondern selbständig in die Konstruktion eingestellt. Die Wagnerische getreue Sequenz aber war möglich nur durch chromatische Verschiebung. Sobald der Funktionswert der Stufen gegeneinander verschieden wird, muß auch die Beschaffenheit der Gruppe entsprechend dem wechselnden Stufensinn geändert werden. Das ist der Grund der Schönbergischen Variationstechnik in der harmonischen Anlage seiner Musik, über welche sie dann freilich weit hinausgreift. Ein gutes Beispiel für variierte Sequenz bietet in der »Lockung« etwa die Stelle »Nur zwei Zehen breit noch zu gehen«. – Charakteristisch für den evolutionären Stil des jungen Schönberg ist weiter vor allem das erste Lied, »Traumleben«. Zunächst durch die Art seiner Melodiebildung. Hier liegt die dritte Hauptschwierigkeit fürs Verständnis. Das Ausdrucksbedürfnis, das gleichsam als Kraftzentrum die Evolution des frühen Schönberg in Bewegung setzt, bringt es mit sich, daß die kleinen Intervalle – insbesondere das kleine Sekundintervall, das im Tristanstil Träger des Ausdrucks gewesen – nicht mehr zureichen. Die Intervallbögen werden immer weiter gespannt und sprengen die Oktavgrenze, in der sie sich bis dahin immer bewegt: die großen Schritte sind Träger der großen Ausdrucksspannungen. So etwa bei der Stelle »Es ruht auf meinem Munde ein Frühling jung und warm«, in deren Melodie die aufsteigende kleine Non cis-d und die absteigende dis-cisis unmittelbar aneinandergefügt sind und eine Eindringlichkeit der Linie erreichen, wie sie in solcher Weise vorher kaum je bestand. Es kommt hier – also gleich im ersten Lied – für den Hörer vor allem darauf an, diese großen Melodieschritte gleichsam mitzuvollziehen, zu füllen, in der melodischen Gestalt zu hören. Sobald er das nicht vermag, zerfällt eine solche Melodie in eine Folge zusammenhangloser Töne. Aber der Hörer muß sich von der Erwartung frei machen, nur Intervalle innerhalb eine Oktav könnten eine Melodie bilden. Die Gleichberechtigung der großen Intervalle mit denen innerhalb der Oktav ist die Grundvoraussetzung der Schönbergischen Melodik. Aber um *Melodik* handelt es sich bei ihm, und nur als Melodien sind diese Lieder wahrhaft sinnvoll. – Weiter ist hier auf ein harmonisches Moment hinzuweisen. Das Lied »Traumleben« ›schwankt‹, wie der übliche Ausdruck lautet, zwischen zwei Tonarten: E-Dur und F-Dur. Diese beiden Tonarten sind nun aber nicht etwa bloß nebeneinander gestellt oder chromatisch miteinander verbunden. Sie sind konstruktiv ineinander verklammert. Schönberg nutzt die sogenannte Funktion des neapolitanischen Sextakkordes aus: daß in Dur anstelle des normalen Sextakkordes der zweiten Stufe – in E-Dur: a-cis-fis – einer mit erniedrigter Terz und erniedrigter Sext – in E-Dur: a-f-c – treten kann, der in der Kadenz dieselbe Funktion hat wie der normale Sextakkord der zweiten Stufe. Dieser neapolitanische Sextakkord in E-Dur ist aber zugleich der Sextakkord der ersten Stufe von F-Dur. In der Ausnutzung dieser seit zwei Jahrhunderten bekannten Beziehung für die Modulation als solche liegt nun nichts Neues. Aber Schönberg baut den neapolitanischen Sextakkord gewissermaßen zu einer neapolitanischen Sext-*Tonart* aus, einem ganzen F-Dur, das doch selbst dauernd in die Kadenzverhältnisse von E-Dur eingeschaltet bleibt. Die Funktion der neapolitanischen Sext ist zu einer *Nebentonart* erweitert, die konstruktiv vom herrschenden E-Dur eingeschlossen wird. Mit der größten Kunst vor allem der wechselnden Deutung des melodischen Materials werden alle Beziehungen zwischen der Haupt- und der Nebentonart ausgenutzt. Der Sinn dieses Verfahrens ist wieder der der selbständigen, stufengerechten Verwendung der chromatischen Skala anstelle ihrer schematischen leittonmäßigen Handhabung.

Ich habe mit Absicht von diesem Werk, dem einfachsten der drei gebotenen, so ausführlich gesprochen, weil ich glaube, daß Sie die Schwierigkeiten besser an ihrem historischen und sachlichen Ansatzpunkt meistern lernen als in den letzten Resultaten. Die Werke von Winfried Zillig und Nikos Skalkottas knüpfen an die letzten Resultate Schönbergs an; vor allem an die Zwölftontechnik. Beide sind allerdings noch nicht in strengem Sinne Zwölftonkompositionen. Sondern sie bringen nur meist Themen, die – natürlich nicht in der Reihenfolge der chromatischen Tonleiter – alle zwölf Töne dieser chromatischen Skala in sich enthalten und die dann mehr oder minder frei verarbeitet werden. Diese Technik hat einmal ihren Grund in dem bereits charakterisierten Variationsprinzip: alle musikalischen Ereignisse müssen auf ein Ausgangsmaterial, nämlich die thematische Reihe, als ihre Einheit zurückführbar sein; andererseits aber unausgesetzt neue Gestalten bringen, so daß dies Ausgangsmaterial als solches nicht erkennbar wird. Das Stück von Zillig, von sehr reicher Faktur und weit belasteter als der Titel »Serenade« vermuten läßt, zeigt zumal in der Formanlage und der polyphonen Verklammerung Schönbergische Schule. Es ist aber zugleich bemüht, sich mit anderen Einflüssen produktiv auseinanderzusetzen. Im zweiten Satz mit den durchlaufenden Vierteln kann man einen geheimen Hindemith finden, im Finale mit der Tangoepisode und der geflissentlichen Banalität sogar etwas von Strawinsky; dabei ist das Wichtige, daß diese Elemente nicht willkürlich und isoliert auftreten, sondern streng in der thematisch-motivischen Konstruktion verbleiben. Man darf gerade hier eine sehr wichtige und längst fällige Tendenz der Entwicklung suchen. Am bedeutendsten und fremdesten, freilich auch am schwierigsten ist der Variationensatz, dessen abgeblendeter Blechklang zuweilen Bergs Wozzeck aufzurufen scheint. Der erste Satz ist wesentlich Introduktion des zweiten. Wenn ich Sie ermutige, den bedeutenden Anforderungen des Stückes zu folgen, so darum, weil ich glaube, daß der Gehalt des Werkes die Mühe wahrhaft lohnt. Ich rechne Zillig zu den stärksten jungen Begabungen: er ist einer, der Kraft genug hat, die bequemen Lösungen zu verschmähen, ohne seinen natürlichen Impuls darüber zu gefährden. – Leichter, ob auch harmonisch nicht minder emanzipiert, ist die »Suite« des Griechen Skalkottas. Sie ist eine Art Violinkonzert in Miniaturformat und bringt fünf kurze Sätze, deren Knappheit die Orientierung ungemein erleichtert. Ein spielerisches Allegro präludiert, ein kurzer getragener Teil bildet mit geschlossener Kantilene den Kontrast. Dann folgt abermals ein Allegro, von burlesker, scherzohafter Tönung, dann ein Andante mit liedmäßiger Zwölftonthematik, dessen Friede sich freilich als trügend erweist; zum Schluß ein lustig ausschlagendes Presto. Der konzertante Charakter herrscht vor; überall ist dem Soloinstrument Klangraum gelassen, das kleine Begleitorchester ist mit besonderer Ökonomie verwandt. Es steckt viel Sinn für Schlankheit, Durchsichtigkeit, bündige Konzentration in der Partitur. Wenn Sie dem instrumentalen Spiel des Soloinstrumentes und dem rhythmischen Verlauf folgen, wird das Werk sich Ihnen ohne große Widerstände erschließen.

Zur Deutung Kreneks

Aus einer Rundfunkrede

Wenn Sie in aller Eile die Vorstellungen zusammenraffen, die sich Ihnen ergeben, sobald Sie den Namen Ernst Křenek hören, so finden Sie – mögen Sie nun seine Musik selbst kennen oder nicht – merkwürdig Verschiedenes vor. Zunächst haben Sie das Bild eines ungestümen, dumpfen, höchst angriffswilligen Autors, dessen Musik im Zeichen völlig rücksichtsloser Kontrapunktik steht; sie wird selbst der genauesten Kennerschaft über weite Strecken hin in der Gesetzmäßigkeit ihres Soseins nicht deutlich, aber es geht seltsam bedrohliche Gewalt von ihr aus, die zwar der kompositorischen Kritik nicht gewachsen sein mag, aber dafür die Kritik niederschlägt. Diese frühen Werke von Křenek sind Maelstrom-Musik; ganz unerhellt, bar jeder faßlichen Intention, aber voll einer unmenschlichen und erschreckenden Kraft, mit der sie ihre Flut durch die Zeit wälzt. Der Ruhm dieses ersten Křenek war ein interner Musikerruhm und stand, fast möchte man sagen, im Zeichen der Angst. Dann gibt es einen zweiten Křenek, von dem Sie alle wissen: den von »Jonny spielt auf«, den der ersten deutschen Jazzoper, der ersten Oper, in der die Dingwelt der Zivilisation mit Bahnhof und Luxushotel und Sommerfrischenalpen musikfähig wird und in der Amerika als Land ursprünglicher Lebenskraft und technischer Lebensbeherrschung zugleich ungebrochen, drastisch, sinnfällig und geheimnislos verherrlicht wird. Endlich wissen Sie von einem dritten Křenek, der, völlig überraschend und in der Breite der gegenwärtigen Musikbewegung auffällig isoliert, einer Art von neuen *Romantik* zustrebt; der in einem großen Liederzyklus bewußt und offenkundig auf die Reisezyklen Schuberts, Winterreise und Müllerlieder, stofflich, stimmungsmäßig, auch musikalisch-technisch zurückgreift; der das traditional-österreichische Moment heraushebt; der sich zugleich um eine Regeneration der Großen Oper müht, wie sie aus der romantischen Zeit stammt; dessen Arbeit in allen Stücken orientiert ist an der Idee der *Natur*,

des Natürlichen als des Reiches der Ursprünge, wie sie dem romantischen Geist sich darstellt. Von den Werken des Abends gehört das Quartett gänzlich diesem dritten Křenek an; Bilder natürlichen Lebens sind es auch, um die sich die Kraus-Lieder gruppieren, deren Musik freilich abermals eine neue, kaum schon sicher benennbare Sphäre zu erschließen scheint. Nehmen Sie dazu den polemisch schlagkräftigen und sprachbewußten Schriftsteller Křenek, der an der Prosa des gleichen Karl Kraus sich härtete, dessen Lyrik er hier ins Dämmer des nächtlich ungewissen Klanges geleitet; erfahren Sie schließlich, daß er bereits vor jenen aggressiven Werken der Frühzeit andere, wie die erste Klaviersonate, schrieb, in denen der romantische Stil von heute aufs genaueste vorgebildet ist – und Sie finden sich, bei dem einen Menschen Křenek, einem Figurenspiel der verschiedensten Gesichter gegenüber, die sich keinesfalls bequem auf den Generalnenner bringen lassen und die man auch nicht durch den üblichen Begriff der Entwicklung zusammenfassen kann. Ich möchte nicht mehr versuchen, als einzig Ihnen den *geistigen Zusammenhang* deutlich zu machen, der sich im wunderlichen *Wechsel der Stile* bei Křenek verbirgt.
Lassen Sie mich von einer der ersten Erfahrungen und bis heute der wichtigsten ausgehen, die ich machte, als mir Křeneks Musik begegnete; damals, beim Kasseler Tonkünstlerfest 1923, jene Zweite Symphonie, die mir noch in allen Teilen gegenwärtig ist, obwohl ich niemals die Noten sah: mit dem beunruhigenden Celestaklang der Einleitung, irgendeiner Episode der gedämpften Hörner im Scherzo, vor allem aber dem Finale, einem Adagio schlechthin einziger Art, mit mächtigen, einstimmigen Rezitativen der Geigen, die klingen, als spräche einer in der Sprache eines unbekannten Sternes, und mit einem Schluß, dessen niemals vorher und nachher gehörtes Fortissimo, in einem Grauen, für das Worte fehlen, sich heranwälzt, als komme jener Stern, in Monaten des Entsetzens, auf die Erde zu, nehme den ganzen Himmel ein, öffne sich in nächster Nähe wie ein Schlund – im Augenblick der Katastrophe, auf der Höhe der Angst, reißt die Musik ab, so wie man seinen eigenen Tod nicht träumen kann. Nicht umsonst vergleiche ich diese Musik Träumen und mein Gleichnis soll Ihnen nicht ein gegenständliches Programm nahelegen, sondern allein die Traumtiefe beleuchten, aus der diese Musik aufsteigt. Kompositorisch steckt das Werk

voller Mängel, die keiner besser kennt als der heutige Křenek: es ist möglich, daß nicht einmal der Kometenklang von ihm vorgestellt ward; daß er die Symphonie gleichsam taub schrieb, daß er selbst den Traum nicht erreichte, aber er brach aus ihm aus: aus einer Schicht tief unter aller Innerlichkeit, unter allem Ausdruck; aus einem Abgrund des Unbewußten, aus dem, das darf ernstlich behauptet werden, kaum je Musik so unverwandelt, darum auch so fremd und unverständlich aufstieg wie die des ersten Křenek. Kein Erwachen vermöchte die Schätze der Angst zu bergen, die die Traumtiefe umschließt. Darum gibt es keine Entwicklung bei Křenek, die Zug um Zug das Gewesene ins Werdende umsetzt. Die Geschichte seiner Werke gehorcht anderem Rhythmus. Es ist der von Vergessen und Einholen. Der Gewalt jener Tiefe darf das wache Komponieren gehorchen bloß, indem es von ihr abstößt; nicht indem es ihre Trümmer mitschleppt, die im Wachen nur als Gespenster umgingen, solange nicht die ganze Tiefe beschworen ist. Křeneks Kraft des Vergessens ist der der Angst ebenbürtig. Jonny bezeichnet den Augenblick des Erwachens, nachdem vorher schon, etwa im Klavierkonzert, die Tiefe des Schlafs sich gelöst hatte und frühes Oberlicht die geschlossenen Lider traf. Nur als Vergessen der Traumtiefe, als Beherrschung der Angst können sie den Jonny richtig einschätzen – niemals als Kundgabe jenes vorgeblichen Lebenswillens, wie er sonst zur Zeit des Jazz proklamiert ward und über keine bessere Natur verfügte als über die barbarisch dumme der Foxtrots. Die Banalität des Jonny ist allein die Gebärde des Vergessens, die den Traum solange aus der Stirn streicht, bis er vielleicht, unvermerkt, im Hellen wiederkehrt und gemeistert wird; die Bogenlampen des Jonny werfen ihr Licht auf die gleiche Dingwelt, deren übergroße Schatten die Figuren seiner Traumregion ausmachten. Ihr grelles Licht hat sein Maß allein an der Tiefe der Schatten. Darum ist es nicht Untreue und wendiges Geschick, wenn Křenek den Stil des Jonny preisgab, während die anderen den Erfolg imitierten. Die Kraft des Vergessens, die zum zweiten Male eingreift, vollzieht, was die trügende Helle des Jonny mit seinem sicheren Orchester selbst fordert. Sie gehorcht aber zugleich der anderen Forderung aus Křeneks Taglandschaft: der des Einholens. Nur indem er einholt, was immer im Tagraum verging, ohne daß er darum wußte; nur indem er die Sprache der Väter redet, lernt er das

Schweigen mobilisieren, das in ihm selbst beschlossen liegt. Seine kompositorische Geschichte ist die von einem, der sich selber einholt, indem er einholt, was vor ihm war. Die Grenze von Wachen und Traum versperrt ihm den unmittelbaren Zugang zu seinem Tiefenraum; so wird ihm der Umweg über die Stile zum Serpentinpfad in den Abgrund der eigenen Musik, der anders tödlich ihn bedrohte. Das ist der wahre Grund seiner Romantik und darum hält seine Romantik stets und stets sich ans fremde Vorbild. Sich selbst kann er gewinnen nur, indem er sich vergißt. Den Traum der anderen bildet er auf dem Weg zum bilderlosen Traum seiner selbst. Křenek ist, wenn Sie mir die extreme Formulierung gestatten wollen, ein Epigone aus Tiefe: einer Tiefe, so furchtbar abgetrennt, daß sie nicht unvermittelt laut wird, sondern indirekt in den Gestalten der Oberfläche erobert werden will. Es ist möglich, dies rätselhafte Epigonentum vom Stand unseres kompositorischen Materials aus zu kritisieren und ich selber habe, im Gespräch mit Křenek vor Ihnen*, die kritische Haltung eingenommen. Aber es wäre oberflächlich, die allgemeine Einsicht hier umstandslos auf den besonderen Gegenstand zu übertragen und zu übersehen, wie gerade hier die rätselhafte Fremdheit des Beginns und die rätselhafte Vertrautheit des Fortganges sich durchdringen: wie in Křeneks Doppeldeutigkeit die Doppeldeutigkeit der musikalischen Natur selber sich mitteilt. Irre ich mich nicht, so ist der Prozeß des Einholens und Vergessens heute bei Křenek zu einem entscheidenden Punkt gelangt: dorthin nämlich, wo die Figuren der Oberfläche, mit anderen Worten die kompositorische Ausformung der Probleme, die in Křeneks wachem Raum lagern, in die längst vergessenen Figuren seiner Ursprungszeit umschlagen: das Bewußtsein holt den Traum selber ein, von dem es abstieß, so jedenfalls klingen die Lieder »Durch die Nacht« an die unverständlichen frühen Lieder an, die sie zugleich erhellen: und die Kraft des Vergessens richtet sich hier erstmals gegen die romantischen Modelle selber. Darum ist vielleicht der rechte Augenblick, das Gesetz aufzusuchen, das je und je mit dem Übergang von einem Werk zum anderen im kompositorischen Leben des heute erst Einunddreißigjährigen sich bildet.

* *Vgl. jetzt Gesammelte Schriften, Band 19: Musikalische Schriften VI, Frankfurt a.M. 1984, S. 433ff.*

In dieser Musik kennt das Gewesene und das Werdende keinen Übergang; sie bewegt sich zwischen den Polen des dicht verschlossenen, unkonstruierbaren, blinden Traumes und des überdeutlichen wachen Rückgriffs aufs Vergangene. Aber das Vergangene ist ihr bloß der Stoff, an dem die feindliche Flamme des Werdenden sich entzündet, und was in ihr wird, ist nichts als das Traumgesicht dessen, was von je war. Das wollte ich Ihnen zum Verständnis von Křeneks Musik sagen.

1932

Zum Rundfunkkonzert vom 22. Februar 1940

Wenn wir Ihnen heute im Rahmen eines der modernen amerikanischen Musik gewidmeten Festes für eine Stunde lang Werke österreichischer Komponisten vorführen, die heute in Amerika leben, so geschieht das nicht in der Absicht, etwas wie eine ›Würdigung‹ der emigrierten Komponisten zu geben oder gar eine quantitative Übersicht über die musikalische Produktion, die heute in Amerika ihre Zuflucht gefunden hat. Die Zeit einer Stunde und die Namen von vier Autoren würde dazu nicht ausreichen. Was wir beabsichtigen, ist weniger und mehr. Weniger, weil wir notwendig viele Produktivkräfte unberücksichtigt lassen. Mehr, weil wir versuchen, Ihnen wie in einem Brennspiegel etwas von der ihrem musikalischen Tiefgang nach wesentlichsten Bewegung zu präsentieren: von der Musik, die nach unserer Überzeugung in all der Mannigfaltigkeit musikalischer Stile heute das eigentlich Verbindliche und Notwendige verkörpert. Wir sehen dies Wesentliche verkörpert in der Musik Arnold Schönbergs, der selbst durch den Begriff des wahrhaft Meisterlichen unter den gegenwärtigen Komponisten nicht voll bezeichnet wird: denn er ist als Komponist mehr als ein Komponist: er hat der Musik eine neue Sprache gegeben, deren Logik mit unabweisbarer Notwendigkeit aus den Elementen der bisherigen zusammenschießt. Schönbergs neue Formulierung der musikalischen Sprache ist das Einheitsmoment der unter sich so verschiedenen Werke, die Sie hören werden. Der repräsentative und verantwortliche Charakter eines solchen Unternehmens wird unterstrichen durch die Mitwirkenden: Eduard Steuermann als Pianist und das Kolisch-Quartett als Kammermusikensemble sind diejenigen, die den authentischen Darstellungsstil jener Musik ausgebildet haben, von der wir Ihnen eine Vorstellung geben möchten: sämtliche Uraufführungen von Schönbergs Klavier- und Kammermusikwerken in den letzten Jahrzehnten sind diesen Künstlern zu danken gewesen, die selber aus Schönbergs Kompositionsschule hervorgegangen sind.

Von Schönberg selbst hören Sie die beiden ersten Sätze des fis-moll-Quartetts, op. 10. Es ist mehr als 30 Jahre alt, also ein verhältnismäßig frühes Stück, aber wir haben es mit Bedacht gewählt. Wenn ich sagte, daß Schönberg eine neue Sprache der Musik aus der traditionalen entwickelt hat, so ist dieser Prozeß in keinem seiner Werke deutlicher sichtbar als im fis-moll-Quartett, das in sich selber den Weg von der Tonalität bis zur vollkommenen harmonischen Freizügigkeit beschreibt. Der erste der beiden Sätze ist in regelrechtem fis-moll: beachtend Sie aber, wie durch die rücksichtslose Ausnutzung aller in der Tonart gelegenen Beziehungen der Rahmen so gespannt wird, daß man das Gefühl hat, als sei eine Welt ganz neuer Klänge in jedem Augenblick bereit, die gewohnten ganz zu verdrängen, die eben noch geduldet werden. Lassen Sie mich Ihre Aufmerksamkeit auf etwas anderes richten. Was in diesem Quartett vorgeht, ist eine Reduktion der musikalischen Sprache auf das ihr absolut Wesentliche, vergleichbar etwa dem Kampf, den die moderne Architektur seit 30 Jahren gegen das Ornament führt. Die Themen sind ganz knapp gefaßt, kein schmückendes Beiwerk, keine undeutlichen ›Fortsetzungen‹ kommen vor, sondern es wird alles ganz präzis aufgestellt und dann ebenso präzis verarbeitet, ohne daß noch eine zufällige Note übrigbliebe. Der Form nach ist der Satz ein Sonatensatz, aber auch die Form ist aufs äußerste zusammengedrängt und alles Überflüssige vermieden. Der zweite Satz ist ein Scherzo: aber nicht ein humoristisches, sondern, wenn ich so sagen darf, ein expressionistisches: eine Folge der fremdesten und einsamsten musikalischen Visionen, die gewissermaßen stenographisch festgehalten werden, unter völligem Verzicht auf alle Oberflächenharmonie. Entscheidend ist der unablässige Wechsel musikalischer Gestalten: sie sind aneinander gebunden durch den Kontrast, und wenn Sie dieses Stück richtig hören wollen, so müssen Sie es vor allem vermögen, diesem unablässigem Wechsel kontrastierender Gedanken zu folgen und das innere Band zwischen den Kontrasten durchzufühlen – ein Band, das lose und doch zwangvoll ist wie im Traum. Im Wechsel dieser Klänge, die wie aus dem reinen Innen geschöpft sind, gibt es schon keine Rücksicht mehr auf das traditionelle Material, sondern nur noch den Zwang des Ausdrucks und den einer musikalischen Logik, die aus jedem Ereignis Konsequenzen zieht, ohne sich um äußerliche Gesetze zu

kümmern. Dieses expressionistische Stück ist zugleich ein Virtuosenstück ersten Ranges: es nutzt die ungewohntesten und extremsten Möglichkeiten des Streichquartetts aus. Es ist kaum übertrieben zu sagen, daß der Weg, der vom ersten zum zweiten Satz dieses Quartetts führt, den entscheidenden Übergang darstellt, der von der herkömmlichen zur neuen Musik führt.
Es spielt das Kolisch-Quartett mit seinen Mitgliedern Rudolf Kolisch, Felix Khuner, Jascha Vlissi und Stefan Auber.

Alexander Zemlinsky, von dem Sie fünf Maeterlincklieder hören, steht zu Schönberg in der engsten Beziehung. Obwohl nur wenig älter, war er dessen Lehrer. In der Tat mögen Sie diese Lieder, deren melodische Wärme zu jedem unbefangenen Hörer unmittelbar spricht, als eine Art von rückwärtiger Verbindungslinie zwischen Schönberg und der vor-Schönbergischen Generation ansehen. Sie finden schon viele der neuen Klänge, besonders Quarten und auch die reichste Ausnutzung aller harmonischen Beziehungen innerhalb der Tonart, aber zugleich etwas vom Ton des Mahlerschen Marsches und selbst der Brahmsschen Romantik. Die große Tradition des Wiener Komponierens spricht aus jeder Note von Zemlinsky, und wir legen in diesem Zusammenhang besonderen Nachdruck auf sein Werk, weil es eben die Tiefe und Kraft dieser Tradition und ihres gesicherten Handwerks ist, die die Schönbergsche Innovation erlaubt: ja, ich würde mich nicht scheuen zu sagen, was ich hier freilich nicht ausführen kann, daß nämlich diese Tradition der großen Wiener Musik und die radikalen Innovationen Schönbergs im tiefsten miteinander identisch sind. Vielleicht werden Sie beim Hören der Lieder Zemlinskys davon etwas spüren.
Es singt Olga Forrai, begleitet von Kurt Adler.

Hanns Eisler dagegen ist ein Schüler Schönbergs, und zwar einer der jüngeren Schülergeneration. Kommentatoren sagen oft von Musik, etwa von Richard Strauss oder Ravel, sie sei ›geistreich‹. Im allgemeinen wird darunter nichts sehr bestimmtes verstanden, man denkt meistens an irgendwelche außermusikalischen Assoziationen, die mit solchen Werken verbunden sein sollen. Wenn man von

Eislers Musik sagt, sie sei geistreich, so ist das in einem genauen musikalischen Sinn gerechtfertigt. Es ist eine Musik, die unablässig Pointen setzt: ihr Wesen ist die Überraschung und der Sprung, und zwar ein Sprung und eine Überraschung, die bei näherem Zuschauen sich nicht als willkürliche Laune, sondern als sehr sorgfältig im technischen Zusammenhang der Stücke erweist. Es ist eine Musik, deren Ausdruckssprache das Staccato ist: sie hat etwas koboldhaft Plötzliches und schwankt zwischen trügender Süße und heftiger Aggressivität. Diese ihre Eigentümlichkeit, verbunden mit einer großen Luzidität des Komponierens, hat sie von jeher besonders wirksam gemacht und dazu befähigt, auch bestimmte Ausdrucksgehalte leichter zu übernehmen, als es vieler anderer modernen Musik möglich ist. Die Sonate, die Sie heute hören werden, hat Eisler bekannt gemacht. Sie verzichtet auf alle außermusikalischen Beziehungen und ist geradezu ein Schulbeispiel von pointierender und dennoch ›absoluter‹ Musik. Sie ist besonders ausgezeichnet durch die Drastik der musikalischen Gedanken.
Die Klaviersonate op. 1 von Eisler wird gespielt von Eduard Steuermann.

Ernst Krenek ist nicht aus der Schule Schönbergs hervorgegangen. Wenn ich aber von der objektiven Notwendigkeit der musikalischen Sprachreform gesprochen habe, dann ist Krenek gewissermaßen das lebende Beispiel. Er ist nicht nur eine der vielfältigsten musikalischen Begabungen unserer Zeit, die sich in immer erneuten stilistischen Ansätzen erprobt hat, sondern er ist auch einer der erfolgreichsten europäischen Komponisten: fürs große Publikum mit seiner Oper »Jonny spielt auf«, im engeren Kreis der musikalisch Interessierten mit Instrumentalwerken von so außerordentlicher Originalität wie etwa seiner Zweiten Symphonie. Als reifer Mann, längst durchgesetzt und in seiner Originalität anerkannt, hat er sich dann der Schule Schönbergs angeschlossen in dem Sinn, daß er die Technik von dessen reifer Zeit, die sogenannte Zwölftontechnik, praktisch übernahm und theoretisch verfocht. Er, der dem Verdacht der schulmäßigen Bindung und des Parteigängertums weit entrückt ist, hat damit in souveräner Freiheit die Notwendigkeit anerkannt, die zu den Schönbergschen Resultaten führte. Das

Werk, das Sie heute hören werden, zeigt ihn auf dem Weg zu diesen Konsequenzen und ist als Dokument des Prozesses von besonderer Wichtigkeit. Leider ist es uns ganz unmöglich, die Texte dieser Lieder auf englisch wiederzugeben, die Ihnen ein Blick in die künstlerische Sphäre verschaffen würde, aus der diese Lieder hervorgegangen sind. Die Worte stammen von dem großen österreichischen Dichter Karl Kraus – einem Dichter, der mit der in der deutschen Literatur vor 200 Jahren ergangenen Losung der produktiven Kritik als erster vielleicht ganz ernst gemacht hat: das dichterische Wort in all seiner Tiefe und Eindringlichkeit ist bei Kraus dem kritischen unabänderlich verschworen. Der Weg »durch die Nacht«, den die Lieder darstellen, ist ein Weg der produktiven Kritik: die furchtbare Anklage: »Was hat die Welt aus uns gemacht« hat als ihr Reversbild die Devise: »Nicht Gott, nur alles leugn' ich, was ihn leugnet«. Es ist aber diese symbolische Verflechtung des Kritischen und des Produktiven, die mir den eigentlichen Sinn unserer neuen Musik auszumachen scheint. Insofern ist Kreneks Liederzyklus ein Programm dieser Musik selber: ein Programm, das Musik vielleicht nicht von sich aus zu erfüllen vermag, das sie aber besser und reiner formulieren kann als jede andere Kunst.

Der Liederzyklus »Durch die Nacht« wird gesungen von Rose Landwehr, begleitet von Paul Breisach.

Zum Rundfunkkonzert vom 11. Juni 1940

Die Klaviersonate op. 1 von Alban Berg ist noch während seiner Lehrzeit bei Arnold Schönberg entstanden. Sie ist *ein* Sonatensatz, ein melancholisch getöntes Stück von einer gewissen dunklen Weichheit. Die kompositionstechnischen Mittel sind vorwiegend noch die traditionellen, insbesondere der nach-Wagnerschen Chromatik, und die neuen Elemente, insbesondere die Quartenakkorde, sind vorsichtig und zögernd in das Gefüge eingebaut. Trotzdem zeigt das Stück seiner inneren Struktur nach deutlich Züge des reifen Berg. Das für Berg charakteristische Prinzip läßt sich am besten bezeichnen mit Richard Wagners Satz, Musik sei die Kunst des Überganges. In der Tat ist in dieser Sonate alles Übergang. Die Themen stehen nicht für sich selbst da, sondern sind aus kleinsten Einheiten gebildet und werden sogleich in kleinste Einheiten aufgelöst. Kontraste sind vermieden. Es wird angestrebt, eine große Mannigfaltigkeit musikalischer Charaktere bruchlos, in vollkommener Kontinuität auseinander zu entwickeln. Von den Themen bleiben nur Teile, dann Motive, schließlich nur einzelne Töne als Reste übrig. Diese Reste sind dann das Verknüpfungsmittel, das jeden Teil mit dem nächsten in Beziehung setzt, der sich dann gleichsam vom einzelnen Ton aus wieder zum Thema entfaltet. Das seltsam Gleitende, resigniert Nachgebende im Ausdruck des Stükkes wird durch diese Technik erzielt. Nichts ist statisch, alles ist Durchführung. Dadurch verliert der Durchführungsteil der traditionellen Sonatenform an Bedeutung; der eigentliche Durchführungsteil der Sonate ist nicht wie üblich besonders kompliziert und reich, sondern stellt eher eine gewisse Vereinfachung dar und konzentriert sich auf eine große Steigerung. Sie können daran sehen, wie unsere traditionellen musikalischen Formen durch die inhärenten Tendenzen des modernen Komponierens sich abwandeln.
Sie hören die Klaviersonate op. 1 von Alban Berg, gespielt von Trude Rittmann.

Die Lieder von Gustav Mahler, die Sie jetzt hören werden, sind an der Oberfläche so einfach, daß sie keiner Erklärung zu bedürfen scheinen, es sei denn um ihrer Einfachheit willen. Sie klingen wie Volkslieder. Aber es sind keine Volkslieder, auch keine Imitationen von Volksliedern. Sie bedienen sich weit eher der einfachen musikalischen Sprache, um etwas von der Trauer darüber zum Ausdruck zu bringen, daß die Unmittelbarkeit der Gemeinschaft, von der das Volkslied zeugt, für uns verloren ist. Es sind gebrochene Volkslieder: daher die jähen Übergänge, die schneidende Chromatik, der grelle Wechsel von Dur und Moll. Daher auch der seltsam träumerische Charakter, wie Sie ihn zumal in den Stücken »Wo die schönen Trompeten blasen« und »Ich ging mit Lust durch einen grünen Wald« finden: wie wenn Bruchstücke einer vergangenen, kaum mehr ganz verstandenen musikalischen Volkssprache uns im Traum ereilten. Es ist nicht zufällig, daß die Gedichte, die Mahler in diese musikalische Sprache übersetzt hat, fast stets solche sind, in denen die Trauer der Unfreiheit zum Ausdruck kommt. Die Mahlersche Trauer hält den Opfern die Treue.
Sie hören vier Lieder von Gustav Mahler, gesungen von Lore Meyer, Klavier: Eduard Steuermann.

Sie werden jetzt zwei Sätze aus der Sonate für Oboe und Klavier von Stefan Wolpe hören. Der Komponist, der heute in New York lebt, ist ein Outsider im besten Sinne des Wortes. Es ist unmöglich, ihn zu subsumieren. Die bewegende Kraft seiner Musik ist die Rekonstruktion des espressivo. Wolpes Musik hat nichts mit dem herkömmlichen romantischen Ausdrucksideal zu tun und nicht einmal etwas mit dem musikalischen Expressionismus. Hier will nicht ein Ton oder ein Akkord einen Abgrund der Seele aufdecken. Aber die musikalische Sprache als ganze wird so leidenschaftlich gesprochen, daß sie den Eindruck des Extremen hervorbringt: etwa so wie orientalische, zumal arabische Musik, die gar nichts mit unserer Ausdruckstradition zu tun hat, durch ihre ganze Diktion von der glühendsten Leidenschaft zeugt. In der Tat ist Wolpe, der mehrere Jahre in Palästina gelebt hat, von orientalischer Musik angeregt worden, hat aber diese Anregungen auf ein höchst differenziertes musikalisches Material übertragen. Die Wahl des grellen und ekstatischen Oboenklangs hängt mit diesem Ausdruckswillen zusammen. Er kommt besonders klar zum Ausdruck in dem ersten der beiden Sätze, einem ganz kurzen, fast redenden Stück, das den Titel »Erbitterte Empörung« trägt. Der zweite Satz ist ein zweifach gesteigertes Adagio. – Nicht ohne Absicht haben wir Wolpe in ein Programm gestellt, das Lieder von Mahler bringt. Beide treiben die musikalische Sprache zum deklamatorischen Extrem, weil nur das Extrem noch eine Chance hat, überhaupt gefühlt zu werden.

Nun Herr Marx, Oboe, und Fräulein Rittmann, Klavier.

Aus dem

Ersten Mahler-Vortrag

Das Werk, das Sie heute, nach diesem ersten des auf drei Vorträge berechneten Zyklus*, hören werden, ist Gustav Mahlers Neunte. Sie auszuwählen, hat uns die Erwägung veranlaßt, daß, im Gegensatz zur landläufigen Meinung, die ihrer geistigen und technischen Zusammensetzung nach der eigenen Zeit nahe stehenden Werke leichter verständlich sind als die älteren, von der Geschichte bereits entrückten. Gewiß ist jede Note, die Mahler geschrieben hat, aktuell, unmittelbar einleuchtend aber wird diese Aktualität an den Gebilden seiner Spätphase.

Ich denke dabei gar nicht einmal so sehr an das in der Neunten Symphonie verwendete Material, obwohl es an scharfen dissonanten Zusammenstößen so wenig fehlt wie an sehr polyphonen Partien im ersten und dritten Satz. Modern an dem Werk ist vielmehr die völlige Freiheit seines Aufbaus, die Abwendung von den überkommenen Formtypen, so, wie es dann erst von der neuen Musik ganz eingelöst worden ist. Aktuell vor allem aber ist der Gehalt, ein Gefühl von der Wirklichkeit, das diese nicht verklärt, nicht tröstet sondern ohne Reservat der Erfahrung von Trauer, Verlassenheit, Negativität sich stellt und dabei doch ohne Haß, mit hoffnungsloser Zärtlichkeit auf das blickt, wovon die Musik scheidet.

Unkonventionell ist die Organisation der gesamten Form. Die beiden Ecksätze sind langsam; in der Mitte steht ein Scherzo und dann das Rondo, das von seinem traditionellen Platz am Ende entfernt wird. Diese ungewohnte symphonische Disposition hat Alban Berg fortgesetzt, dessen Lulu-Symphonie mit einem Rondo beginnt und mit einem Adagio schließt.

* *Adorno hielt im September und November 1960 im Norddeutschen Rundfunk drei Vorträge über Mahler; der erste ist identisch mit der Wiener Gedenkrede zu Mahlers hundertstem Geburtstag (vgl. Gesammelte Schriften, Bd. 16: Musikalische Schriften I-III, Frankfurt a. M. 1978, S. 323 ff.); hier gelangt der in der Gedenkrede fehlende Teil zum Abdruck, der sich auf die Aufführung der Neunten Symphonie bezieht.*

Die beiden Mahlerschen Ecksätze korrespondieren nicht nur durchs Tempo, sondern auch durch gewisse strukturelle Elemente, wie dadurch, daß sie beide symphonische Dialoge über zwei stets miteinander abwechselnde und sich wandelnde Hauptthemen sind, und dadurch, daß beide nicht im herkömmlichen Sinn gesammelt, definitiv schließen, sondern sich in Partikeln auflösen und verklingen. Form in der Musik braucht nicht durch handgreifliche Identitäten wiederkehrender Themen gestiftet zu werden, sondern auch solche Analogien der Struktur können architektonisch gliedern, ohne daß mit handgreiflichen und oft ein wenig literarischen Themenreminiszenzen gearbeitet würde. Dabei ist der Charakter der beiden Sätze doch auch wiederum ganz verschieden. Der erste, ein Andante, hat die Neigung, Allegro zu werden und ist gestaltenreich wie ein solches, eine vielfach verschlungene Geschichte. Der letzte dagegen ist als Adagio angelegt, etwa wie die Brucknerschen langsamen Sätze, an die er mehr als alles andere aus Mahlers Hand erinnert, und trotz seiner Länge eher eine Strophenfolge, ohne eigentliche Durchführung.

Von den beiden Mittelsätzen exponiert das Scherzo drei sehr deutlich kontrastierende Komplexe, einen Ländler, einen in kräftigen Ganztonfortschreitungen harmonisierten Walzer, und abermals einen diesmal überlangsamen Ländler. Diese Bestandteile sind, wie in allen Scherzi des reifen Mahler, unablässig miteinander kombiniert, kaleidoskopisch herumgeschüttelt. Neu jedoch ist die montagehafte Behandlung des ersten Ländlerthemas: als wäre ein normaler Ländler in Stücke geschlagen und diese kunstvoll-brüchig aneinander gefügt. Von dieser verfremdeten Volksmusik geht ein Choc aus, ängstigend wie manche früheren Gebilde Strawinskys, den Mahler, im Hauptthemenkomplex des Scherzos, dies eine Mal merkwürdig antezipiert: eine der frühesten Manifestationen von musikalischem Surrealismus.

Der dritte Satz, das Rondo, ist »Burleske« überschrieben, ein wild virtuoses Stück, virtuos fürs Orchester, virtuos auch in der Kontrapunktik wie nichts anderes von Mahler. Außer den eigentlichen Rondothemen gibt es einen Gang, im Zweivierteltakt, der wie in tödlichem Leichtsinn am Rande eines Abgrunds zu taumeln scheint. Ein fast unbemerkt entgleitender Kontrapunkt gegen Ende der großen Durchführung wird überraschend festgehalten und zu einer großen, lyrischen Episode ausgesponnen, deren doppelbödige Süße an den Gesang des Trunkenen im Frühling aus dem Lied von der Erde mahnt. Dies neu gewonnene Thema kehrt dann im letzten Satz wieder, der dadurch mit den Mittelsätzen verklammert ist. In ihm jedoch wird das Thema ganz langsam gebracht, wie durch die Zeitlupe. Mahler hat solche Techniken, wie sie dem Film eigentümlich sind, der Komposition zugeführt, längst ehe man die Zeitdimension in die musikalische Konstruktion einbezog.

Entscheidend aber sind die Ecksätze. Am ersten ist das Wichtigste das merkwürdige Dialogisieren. Nennt man ihn polyphon, so darf man nicht an den Bachischen oder Schönbergischen Begriff von Polyphonie denken. Insgesamt bleibt das Stück homophon im Bereich des Generalbasses. Aber in seinen Akkorden kreuzen sich die Stimmen, reiben sich aneinander, übertönen sich, manchmal wie wenn eine Menge murmelte. Dies Ineinanderreden der Stimmen intensiviert sich dann bis zum Höhepunkt, wo die Musik in sich zusammenstürzt, um danach nur noch einmal epilogisch anzusetzen, ehe sie, schmeichelnd und todtraurig, verschwebt.

Der korrespondierende letzte Satz ist von nicht geringerer Originalität der Konzeption. Sein Gegenthema nämlich, in Moll, ist ursprünglich nur eine zweitaktige Interpolation; sooft es wiederkehrt, entfaltet es sich mehr, breitet sich aus, bis der Satz seine Wendestelle erreicht. Mahler bezeichnet sie mit »heftig ausbrechend«; der Charakter des Ausbruchs, der seine Symphonien insgesamt durchherrscht, ist wohl nie von ihm drastischer getroffen worden. Das Hauptthema tritt an dieser Stelle in den Streichern nicht mit seinem Anfang, sondern mit seinem zweiten Teil wieder ein, der ursprünglich auf die zwei interpolierten Takte folgte. Erst nach einer äußersten Anspannung kommt es zur eigentlichen, harmonisch unerschöpflich abgewandelten, herzbrechenden Reprise. Durch die Umstellung der beiden Abschnitte des Hauptthemas wirkt der Satz, als ob er von seiner Zentralstelle aus rückwärts sich wendete; die Idee krebsgängiger Disposition großer Strukturen, die später wiederum bei Alban Berg so wesentlich wurde, scheint in Mahler auf, ohne daß er dem Buchstaben nach daran sich hielte. Allmählich verliert sich dann das Orchester wie in Haydns Abschiedssymphonie; unbeschreiblich rührend der letzte Bläsertakt darin, ein Motiv des englischen Horns. Dann bleiben nur noch die Streicher für eine lange Coda übrig. Sie ist voll von Beziehungen und Anspielungen, zumal auf eines der Kindertotenlieder. Nicht nur dynamisch erstirbt das Stück, auch thematisch kommt es zur Ruhe. Ohne daß ein Punkt gesetzt wäre, blickt es eher fragend als traurig, aber auch ohne Jasagen, ins Ungewisse. Die Musik hält so den Atem an, wie sie es von ihren Hörern erwartet: als wäre ihr Ende der letzte Atemzug.

1960

Zweiter Mahler-Vortrag

Das Niveau musikalischen Hörens läßt im allgemeinen danach sich beurteilen, ob jemand fähig ist, ein Werk als Ganzes aufzufassen, also die einzelnen Teile eines ausgedehnteren Satzes in ihrer Beziehung zueinander, als Momente einer lebendigen Totalität zu verstehen, oder ob er am Einzelnen haftet. Das definiert den Unterschied zwischen einem bloß kulinarischen Verhältnis zur Musik und einem künstlerischen. Wer nur das Einzelne, sogenannte schöne Stellen, Melodien, Klänge genießt, verhält sich schmeckend, wie zu isolierten sensuellen Reizen. In der Musik wird aber ein Sinnliches als zugleich Geistiges dadurch bestimmt, daß man über es hinaushört, es auf Vorhergegangenes bezieht, Folgen erwartet, kurz, daß man die einzelnen unmittelbaren Erscheinungen in einen sie selbst transzendierenden, durch sie vermittelten und kraft solcher Mittelbarkeit bedeutenden Kontext setzt. Dem entspricht der Unterschied zwischen dem Dilettanten und dem Musiker. Grob gesagt, hört und spielt der Dilettant atomistisch. Er pickt etwa aus einer Sonatenform die nachsingbaren Hauptthemen heraus. Der Musiker jedoch scheut vor solcher Isolierung zurück. Er weiß, daß in musikalischen Kunstwerken nichts bloß das ist, was es ist; daß ein Thema zu sich selbst wird erst durch den Prozeß seiner Durchführung und Wiederkehr.

Bei meinem Versuch heute, Ihnen konkret zu zeigen, warum Gustav Mahlers Musik gut und warum sie aktuell ist, vergehe ich mich nun gegen diese Norm musikalischer Bildung, die, im Angesicht eines von Schlagermelodien deformierten Hörens, zu leugnen ich der letzte wäre. Meine Ketzerei mag Sie auf das Entscheidende hinweisen, das Mahler bezeichnet und zugleich seine Aktualität ihm verleiht. Nicht daß er jener Norm widerspräche; nicht daß seine Musik ein Agglomerat von einzelnen Einfällen und leerem Zwischenwerk wäre, wie es bei manchen Werken der verkommenden Romantik, bei Tschaikowsky etwa oder Grieg, der Fall ist.

Mahlers Musik gehört nach Intention und Gefüge in den Zusammenhang der großen Symphonik, und der symphonische Atem, der sie als solche ausweist, ist eins mit dem Vermögen, ein Ganzes anzuschauen und zu organisieren. Kein einzelnes Moment wird bei ihm je verhärtet und verdinglicht, sondern alles in stetem Fluß gehalten, kraft unablässiger Varianten das Leben des Ganzen dem Partikularen eingehaucht. Aber der Stellenwert des Einzelnen in seiner Musik ist anders als sonst bei den großen Komponisten von Bach bis Schönberg, ausgenommen vielleicht bloß die Österreicher, mit denen er zunächst spezifisch zusammenhängt, Schubert und Bruckner, von denen er dann aber doch wieder um so nachdrücklicher sich unterscheidet. Man hat das abendländische Musikideal, das mit Bach anhebt, das eines obligaten Stils genannt; man könnte es auch integral nennen. Es zielt auf den unbefragten Vorrang des Ganzen vor den Teilen; bei Bach, dessen Kontrapunktik bereits darauf hinausläuft, von einem Minimum melodischer Gestalten her das gesamte musikalische Gefüge zu organisieren; bei Beethoven, bei dem die seienden, primär gegebenen Bestandteile der Komposition oft fast zu einem Nichts herabgesetzt werden, um in die Dynamik des Ganzen bruchlos sich auflösen zu können; bei Brahms, bei dem es der Idee nach, bei Schönberg, bei dem es buchstäblich keine nichtthematische Note gibt, nichts Einzelnes also, was aus dem Gesetz des Ganzen nicht folgte. Die gegenwärtige Tendenz zu einer total determinierten Musik, in der es ein nicht vom Prinzip der Serie Beherrschtes überhaupt nicht mehr gibt, ist daraus die äußerste Konsequenz, und damit freilich zugleich auch Krisis des musikalischen Sinnes.

Zu diesem geschichtlichen Hauptstrom steht Mahler, ohne es zu wissen oder wollen, ohne Polemik und Gewalt, bloß durch die Art seiner künstlerischen Anschauung, quer. Obwohl auch in seiner Musik nichts Einzelnes auftritt, es wäre denn als Moment des Ganzen, setzt sie sich doch nie souverän übers Einzelne hinweg. Skeptisch wird dem ungebrochenen Vorrang des Ganzen begegnet: bezweifelt wird, daß ein Ganzes verbindlich geraten, daß es das Einzelne wahrhaft in sich empfangen könne, ohne daß dem Einzelnen selber sein Recht werde. Offen sein muß die Partie zwischen Einzelnem und Ganzem, die das unreflektierte Ideal musikalischer Strenge als vorentschieden auffaßt. An dieser Renitenz hat sicherlich die österreichische, noch halb feudale, nicht ganz rationalisierte Tradition teil, wie sie etwa in dem Widerwillen gegen den Primat des Organisatorischen in Deutschland, gegen hemmungslose Leistungsfähigkeit und Tüchtigkeit, gegen das Straffe und Ausgefegte, sich kundgibt. Aber Mahlers Verhältnis zum Einzelnen; zum Nichtersetzbaren, Nichtfungiblen ist nicht oberflächlich aus nationellen und kulturellen Eigentümlichkeiten zu erklären. Vielmehr registriert seine Haltung Veränderungen, die im Begriff des musikalischen Ganzen selber vor sich gingen. Der Primat des Ganzen haftet an der Verbindlichkeit der Formen; daran, daß diese, wie Hegel es nennen würde, substantiell, daß sie einigermaßen unproblematisch vorgegeben sind. Je problematischer aber die Formen, im Gefolge der Emanzipation des subjektiven bürgerlichen Geistes, werden; je weniger sie mehr ausreichen, das Einzelne zu bestätigen, weil sie selbst nicht mehr bestätigt sind, desto gewalttätiger wird ihr Anspruch; desto mehr verstricken sich die Lösungen des integralen Stils. Schon bei Beethoven ist der Antagonismus zwischen den subjektiven Impulsen der Symphonik und der objektiven Architektur, die er verzweifelt festhielt, zu greifen, und jedes seiner großen Werke war eine Art von tour de force, ein Versuch, die objektiven Formen, die jener Impuls ins Wanken bringt, aus ihm selbst heraus, subjektiv, nochmals zu erretten. Dieser Antagonismus hat sich fortgeschleppt bis in jenes Moment von Willkür und Zufälligkeit hinein, das heute an den kompositorischen Lösungen um so krasser hervortritt, je rücksichtsloser sie dem rationalen Konstruktionsprinzip sich überlassen. Schließlich mußte, wie jüngst in einer scharfsichtigen Arbeit von Ligeti, die totale Konstruktion sich selbst als eins mit dem absoluten Zufall bekennen.

Mahlers Musik geht aus von einer Situation, in der mit der Gültigkeit der musikalischen Formen nicht mehr gerechnet werden kann, mit anderen Worten, wo nichts mehr garantiert, daß die Einzelregungen in das Sonatenschema und die ihm verschwisterten Typen sich fügen. Nicht daß er versucht hätte, jene Schemata durch andere zu ersetzen; das wäre seinem musikalischen Naturell selber bereits zu prinzipiell, zu sehr von oben her gedacht, zu organisatorisch gewesen. Seine gesamte Symphonik, bis in die kühnsten Gebilde der Spätzeit hinein, ist von den Schemata durchsetzt. Aber sie werden eher behutsam und lässig geduldet, als daß sie die Ereignisse bestimmten, oder daß die Ereignisse in ihnen resultierten. Mahlers Musikideal ist derart, daß er sich den Einzelereignissen überläßt, die einzelnen Charaktere so bestimmt und konkret anschaut, wie es nur möglich ist, alles Vorgedachte vergißt und ihnen nachhorcht, wohin sie wollen. Der paradoxe Kern seines Komponierens jedoch ist es, daß zwar alles Einzelne ganz das ist, was es ist, keine bloße Funktion des Ganzen, sondern ein Unverwechselbares an seiner eigenen Stelle, und gleichwohl so formuliert, daß es nie zu einem Fertigen, Dinghaften gerinnt. Gerade durch ihre passive Weichheit bleibt die Mahlersche Einzelheit offen. In dieser Offenheit realisiert sich ein Zug, durch den es weiter, durch den es anders werden will, ohne daß doch die Bestimmtheit des Einzelnen, seine Physiognomie geopfert würde. Wie der Wortsinn von Charakter es meint, sind die Mahlerschen Charaktere fest eingezeichnet, halten sich durch und wandeln sich doch immerzu in ihrem Leben, in der Reibung mit Anderem und Widerstrebendem. Hat die traditionelle Symphonik das Prinzip der Identität durch Liquidation des Nichtidentischen durchgesetzt, so hat Mahler dem Nichtidentischen sich anvertraut, auf gut Glück hoffend, es werde von sich aus, über Vielfalt und Widerspruch hinweg, zur Versöhnung und zur Identität finden; bereit aber auch, wenn diese Hoffnung enttäuscht wird, es einzubekennen. Lieber bescheidet er sich bei der fragmentarischen Gestalt von Musik, als daß er eine runde Totalität prätendierte, die weder mehr als Totalität in sich sinnvoll, noch dem unter ihr Befaßten adäquat wäre. Der Weg zu diesem Eingeständnis, eins mit Desillusionierung des symphonischen Gehalts, ist der von Mahlers Entwicklung gewesen. Darf das Ideal der traditionellen symphonischen Musik, bis in die heutige extreme Moderne hinein, dem dramatischen verglichen werden, so hat demgegenüber Mahler das Interesse einer epischen Musikgesinnung wahrgenommen, oder genauer ein dem Roman verwandtes. Seine Musik ähnelt dem dunklen, treibenden, ungewissen, hoch sich erhebenden und verlöschenden Leben, nicht der Konzentration des glorreichen Augenblicks. Jenes epische Moment war, als eines von glückvollem Verweilen, seinen beiden österreichischen Vorgängern vertraut. So wenig indessen wie das Ritual des symphonischen Triumphs eines dynamischen Ganzen, kann er eine Mannigfaltigkeit ertragen, die dem Ganzen bloß äußerlich subsumiert wäre und nicht von sich aus in es überginge. Zur Aufgabe wird die Konstitution des Ganzen aus dem Impuls alles Einzelnen und den Spannungen zwischen Einzelnem. Der Erbe Schuberts und Bruckners war zugleich ihr produktiver Kritiker. Hat er die Vorherrschaft der Totalität abgeschafft, so hat er zugleich im Einzelnen den Gedanken an die Totalität unbestechlich festgehalten. In seiner Musik ist das Verhältnis von Ganzem und Teil erneut fruchtbar geworden. Daran haftet seine Aktualität.

Ich verglich die Geschichte Mahlerscher Themen in seinen Symphoniesätzen der von Charakteren. Wer das Verhältnis von Ganzem und Teil bei ihm verstehen will, muß die einzelnen Momente als Charaktere begreifen. Das rechtfertigt vielleicht, daß ich Ihnen heute eine Reihe solcher Charaktere vorführe, um Ihnen dann zu zeigen, wie sie sich modifizieren und ins Ganze münden, auf eine ihm allein eigentümliche Weise, die ihrerseits wiederum dazu beiträgt, die Charaktere zu modellieren. Von aller anderen Musik nachhaltigen Anspruchs seiner Epoche unterscheidet die Mahlers sich dadurch, daß durch sie etwas Kollektives hindurchrauscht. Aber das kollektive Musikhören, längst gemodelt nach den Musikwaren, mit denen die Menschen in der gegenwärtigen Phase überfüttert werden, darf nicht unverwandelt in den Bereich der künstlerischen Stilisation eingehen sondern nur gleichsam in Anführungszeichen. Dies Element macht alle Charaktere Mahlers zu Charakteren. Das letzte Kindertotenlied, »In diesem Wetter, in diesem Graus«, steigert die klagende Lyrik ins Symphonische, zu Allgemeinheit und übergreifender Objektivität. Der Sturm übertönt den individuellen Schmerz, als hätte jeder Vorgang des Einzellebens seine mystische Korrespondenz in der Allheit. Nachdem der Ausbruch sich selbst verzehrt hat und abgeklungen ist, folgt eine Endstrophe in Dur. Es ist ein Wiegenlied, das Zitat eines Volkslieds gleichsam, das es so, wörtlich, gar nicht gibt. Wie in schrägem Licht überschneidet sich das Chimärische des tröstlichen Zuspruchs mit der Hoffnung, es seien die Toten nicht ganz verloren. Das Nachspiel des Horns bietet ebenso schutzlos dem Einwand der Sentimentalität sich dar, wie es unwiderstehlich fast zum Weinen nötigt, ein Stück auf jener Grenze des äußersten Ernstes und der gefährdetesten ästhetischen Hinfälligkeit, wie sie nur den legitimen Kunstwerken gewährt ist. An diesem Ausbruch in d-moll und dann der D-Dur-Schlußstrophe wird Ihnen der Geist Mahlers aufleuchten.

Beispiel: von der vorletzten Strophe des letzten Kindertotenliedes an, Klavierauszug S. 27, zweituntersten System, letzter Takt mit Auftakt bis zum Ende des ganzen Liedes.

Im übrigen würde nur ein Kurzschluß subjektive Differenzierung und kollektiven Unterstrom der Musik einfach einander entgegensetzen. Jener Unterstrom war noch nicht ganz der Rationalisierung des europäischen Tonsystems unterworfen; weder ist in ihm Herrschaft und Unterscheidung von Dur und Moll eindeutig etabliert noch auch der Primat der achttaktigen Periode. Die schönsten Volkslieder, und keineswegs bloß die ost- und südosteuropäischen, zeigen metrische Unregelmäßigkeiten, wie dann Schubert sie wieder entdeckte; denken Sie an Prinz Eugen. Diese Unregelmäßigkeit des Volkslieds ebenso wie das Schwanken zwischen Dur und Moll hat Mahler mit der zartesten lyrischen Intention des Kunstlieds zum Sprechen gebracht. Der erste der Wunderhorngesänge, Der Schildwache Nachtlied, beginnt mit einem recht einfachen Marsch der Schildwache. Ihm antwortet die Alternativstrophe des Mädchens:

Beispiel: Wunderhornlieder, Philharmonia-Partitur I, von S. 1 bis S. 7 zu Ende, aber den Auftakt zur nächsten Strophe weglassen.

Vielleicht haben Sie bemerkt, wie in dieser Alternativstrophe, »Lieb' Knabe, du mußt nicht traurig sein«, dreiteiliger und vierteiliger Rhythmus, ganz frei, ungebunden, miteinander abwechseln. So gebrochen wie der rhythmische Verlauf ist auch die Harmonik, die gerade das Einschmeichelnde und Wohlige mit den buntesten Dissonanzen wiedergibt. Zur Silbe »Garten« geht sie so weit, daß die fünf Töne c, h, dis, fis und d gleichzeitig erklingen, ohne daß doch die Dissonanz den Wohllaut verstörte. Süß lockt sie weg von der rationalen Ordnung der Pflicht. Das Bewußtsein des noch nicht ganz domestizierten Volks findet sich mit der späten Sensibilität dessen zusammen, der mit denen solidarisch ist, die dem Zwang sich weigern. Lassen Sie uns diese Stelle – auch im Melodienbogen eine der schönsten aus Mahlers Liedern – wiederholen, und atmen Sie das Mahlersche Aroma ein. Er entfernt sich dort vom Herkömmlichen am weitesten, wo er am ungehemmtesten ihm sich nähert.

Beispiel: wiederholen von »Lieb' Knabe« bis S. 7.

Sie können an diesem Lied sogleich auch Mahlers Kunst der Variante beobachten. Der Schluß ist aus derselben Gegenstrophe gebildet. Sie wird aber nicht etwa variiert, von Grund auf so umgeformt, wie das in großer Musik die Regel dünkt, sondern ihre Struktur wird getreu wiederholt, jedoch mit Modifikationen, die sie in eine verblassende Traumregion versetzen, sie gewissermaßen entwirklichen. Verzichtet ist auf das Lockende, durch ein paar schmerzliche Ausweichungen das Licht gefiltert, bis das Lied schwebend, offen, ohne Ende verhallt.

Beispiel: von S. 24 an, Takt 92 mit Auftakt bis zum Schluß.

Wenn Sie an solchen Charakteren in den Liedern einmal das Spezifische wahrgenommen haben, dann werden Ihnen auch die der Symphonien selbst beredt werden. Ich will Ihnen das zunächst erläutern an ein paar Stellen aus einer der schönsten und darum am wenigsten bekannten, der Siebenten. Sie enthält keine Vokalsätze, hängt auch nicht, wie die vier ersten, mit Mahlers Liedern sinnfällig-thematisch zusammen; geistig dafür um so tiefer. Wie aus weiter Ferne, und wie im clair-obscure, versammelt sie die Bilderwelt der Lieder zur symphonischen Handlung. Das kurze Triothema aus dem »Schattenhaft« überschriebenen Scherzo etwa, eine Melodie wie ein geliebtes Mädchengesicht, ist beredt, als ob sie die Worte herbeizaubern müßte, die sie begleiten, dabei jäh verschreckt von Figuren des symphonischen Schicksals, dem dies Gebilde überantwortet wird.

Beispiel: Trio aus der VII. Symphonie, von Ziffer 134 (S. 132) bis Ziffer 137 (S. 133), auf eins schließen.

Erinnern Sie sich nochmals an die Dissonanzen, und die sich ihnen anschmiegenden melodischen Intervalle, aus jenem Wunderhornlied »Lieb' Knabe, du mußt nicht traurig sein«. Dann wird Ihnen auch jene aus übergroßen und dissonierenden Intervallen der Solostreicher gereihte Melodie ganz zuteil werden, die gegen Ende der zweiten Nachtmusik der Siebenten Symphonie steht und die Alban Berg ganz besonders geliebt hat. Zu solcher Beseeltheit über allem Wort erheben sich die lyrischen Augenblicke der Mahlerschen Symphonik.

Beispiel: VII. Symphonie, von Ziffer 217 (S. 181) bis S. 182, drei Takte nach Ziffer 218, mit dem ersten Achtel schließen.

Danach wird gleichsam der Schauplatz der Musik leer, allein ihre Bilder sind noch übrig wie eine Kulisse, mit dem unwiderstehlichen Ausdruck des Nachher; nur ganz am Ende gluckst das Fagott noch einmal wie eine wiederkehrende Figur dazwischen, bis Zeit selber widerhallt, im Gedächtnis an die Turmuhr einer süddeutschen oder österreichischen Nacht.

Beispiel: von S. 182, fünf Takte nach Ziffer 219, bis zum Ende des Satzes auf S. 183.

Sie könnten mir vorwerfen, ich wollte Sie mit solchen Stellen zu Mahler verführen, aber ich verführe Sie nicht mehr zu ihm, als er selber es tut. Mag immer die Bilderwelt jenes Satzes einen fatalen Hauch von Spitzweg haben oder, genauer vielleicht, vom früheren Rilke – der Zug des großen Symphonikers beläßt es nicht bei der Idylle. Sie wird zum Hintergrund für ein sich Regen, sich Aufschwingen und Zurücksinken der Musik. Noch mit dem Phantasma des Engen meint sie ein Ganzes. Auf den Satz, den Mandoline und Gitarre färben, paßt schließlich doch besser als neuromantische Stichworte der Vers eines neuen Dichters, der aus Theodor Däublers »Nachtwandler«: »Silbersilbig wird jetzt alles«.

Indessen ist Mahlers Bilderwelt keineswegs bloß die von Volkslied und Wunderhorn, durchtränkt mit dem sehnsüchtigen und schmerzlichen Ausdruck dessen, der sie als verlorene heraufholt. Ihr widersprechen die sachlichen Züge seiner Kompositionstechnik, zumal der Instrumentation. Anders als die vorherrschende derselben Epoche begibt die Mahlersche sich des Schmückenden. Versucht wird, die musikalischen Ereignisse möglichst rein und deutlich zu versinnlichen; Instrumentieren ist bei Mahler erstmals ganz zu einer kompositorischen Dimension oder, wie man es heute nennen würde, einem Parameter geworden. Sachlich aber sind auch manche der Mahlerschen Charaktere. Freilich nicht so, wie man den Ausdruck in der Musik lange anzuwenden gewöhnt war, durch Schnödheit und mechanische impassibilité. Sondern umgekehrt: der Ausdruck erhitzt sich zuweilen derart, daß das Scheinhafte und Verklärende der neudeutschen Musiksprache zerschmilzt und Schmerz nackt, ungeglättet laut wird. Nicht anders haben die großen expressionistischen Lyriker vor dem Ersten Krieg die kommende Katastrophe nüchtern durch ihre grell-bunte Metaphorik hindurch ergriffen. An solchen Charakteren, die heute erst ganz sich aufschließen, ist die Fünfte Symphonie besonders reich. Ihr erster Satz ist ein Trauermarsch, dessen Hauptteil der Wechsel einer pathetischen Fanfare und einer volksliedhaft klagenden Melodie bildet. Früh schon jedoch lassen Harmonisierung und ein Beckenschlag die Fanfare klingen, als ob eine glühende Masse aufzischte, wild und hoch über den gemessenen Umfang des Trauermarschplans hinaus. Überboten wird das vom ersten Trio jenes Marschs, einer Partie, die zur Zeit ihrer Entstehung grauenvoll muß gewirkt haben und die ihre Gewalt behielt, Angsttraum kommender Pogrome, in dem die schneidende Stimme des Mordbefehls und das Geschrei von Opfern sich überkreuzen. Solche Partien Mahlers vergegenwärtigen, wie wenig harmlos, wie wenig avant guerre seine Musik trotz ihrer tonalen Mittel ist.

Beispiel: erstes Trio aus dem Trauermarsch der V. Symphonie, kleine Partitur S. 20, mit dem Auftakt auf S. 19, letztes Viertel.

Erst Schönbergs Überlebender von Warschau hat solche musikalische Prophetie ganz eingeholt. Ihre Zuckungen innervieren die schwarze Zukunft. Andere Stellen derselben, mächtig exponierten Symphonie dafür sind wie ein déjà vu; als hätte man sie vor undenklichen Zeiten schon einmal vernommen und erinnerte sich an sie im Augenblick, wo sie zum ersten Mal aufscheinen. Dieser Charakter findet sich im Scherzo, einem ganz neuen Formtypus, der das Prinzip der Durchführung erstmals auf Sätze wendet, die bis dahin sonderbar immun gegen die Fortentwicklung zur Dynamik hin waren und Züge des Menuetts aus dem ancien régime treuherzig bewahrten. Die Episode, die ich meine, wird von allen Streichern pizzicato, mit gleichsam ersticktem Ton, gespielt; dann tritt mit der Vortragsbezeichnung »schüchtern« eine Oboe hinzu, so als ob in das Spiel vorweltlichen Eingedenkens zögernd die lebendige Menschenstimme sich mischte:

Beispiel: V. Symphonie, S. 135, von Ziffer 11 an, bis S. 136, drittes System, vor dem Doppelstrich und As-Dur schließen (auf 3, mit dem 2. pizz. Akkord der 1. Geigen (c und es) und der 2. Geigen (as) aufhören!)

Die Charaktersymphonie schlechthin aber ist die Vierte, in dem besonderen Sinn, daß alles in ihr gebrochen, nichts so zu nehmen ist, wie es da steht, durch diese Gebrochenheit seinen Charakter

empfängt, und ihn wiederum aufs Ganze überträgt. Man hat das Werk nicht zu Unrecht als Epilog zu der Gruppe der großen Wunderhornsymphonien bezeichnet; nach Thematik, Satz, Umfang und orchestralem Aufwand ist es leichter, durchsichtiger, geschmeidiger. Sein Ausdruck scheint heiter. Das Finale ist ein großes Lied, über ein Wunderhorngedicht, das die himmlischen Freuden eines Bauernparadieses entwirft. Der seraphische Ton aber ist wie eine Fata Morgana, grundiert vom Zweifel, ob es denn wirklich sei, und der Trauer über die Unerreichbarkeit der verherrlichten Freude. Dies Ineinander der seligen Vision und des ahnungsvollen Bewußtseins ihrer Unwirklichkeit wandert als Charakter in jede Note ein. Entworfen wird eine Phantasmagorie unwiederbringlicher Kindheit. Zumindest der erste Satz ist eine aufs subtilste stilisierte Kindersymphonie. An ihm läßt mit äußerster Eindringlichkeit sich verfolgen, was mit den Charakteren geschieht, wie sie ineinander übergehen, und, das Wichtigste bei Mahler: welche Geschichte die einmal erschienenen Themen haben, wie diese Geschichte, mit ihrer ganzen unschematischen, konkreten Logik, aus ihnen sich herleitet.
Zuerst möchte ich Sie auf Züge der Gebrochenheit aufmerksam machen. Voran geht eine kurze Einleitung, leere Quinten der ersten beiden Flöten, ein Kinderliedermotiv der dritten und vierten, ein Klarinettenlauf und zu all dem ein leises Klingeln der Schelle.

Beispiel: IV. Symphonie, Takt 1 bis 3 einschließlich.

Das klingt, als sagte die Musik, ehe sie nur anhebt: es ist alles nicht wahr.
Oder: in der zweiten Phrase des absichtsvoll einfachen Hauptthemas wird auf die höchste Note ein gleichsam überwertiger Akzent gesetzt. Der minimale, diskrete Widerspruch zwischen der motivischen Gestalt an sich und ihrer Präsentation macht das Ganze dubios.

Beispiel: S. 3 von Takt 3 an bis Takt 6 einschließlich, ohne die Hornstimme.

Dann wird die Melodie fortgesetzt vom Solohorn. In solchem Tempo und als melodieführende Hauptstimme ist es nicht recht zu Hause und überzieht das Thema mit einem Hauch des Gepreßten und Denaturierten.

Beispiel: anfangen mit dem Auftakt zum letzten Takt des ersten Systems, diesmal mit dem Horn, und schließen auf dem zweiten Taktteil des 1. Takts im zweiten System.

Durch derlei Mittel wird das Thema uneigentlich, verfremdet. Dennoch dienen alle jene Mittel gleichzeitig so sehr der Verdeutlichung des musikalischen Zusammenhangs, daß sie in diesem sich ausweisen. Nirgends werden, wie bei Richard Strauss, wenn er mit dem dix-huitième spielt, dem musikalischen Verlauf literarische Pointen von außen, wie Kleckse, hinzugefügt.

Nachdem Sie, wie ich hoffe, des Grundcharakters der Vierten innegeworden sind, möchte ich Ihnen nun an ein paar Modellen wenigstens zeigen, wie die höchst prägnanten Einzelcharaktere als bewahrte zugleich sich wandeln. Denn alles hängt daran, daß sie trotz ihrer Unverwechselbarkeit nicht bei sich selbst verbleiben, daß die Musik nicht in die Bildchen sich verliert, sondern daß, wie ich behauptete, diese Bilder von sich aus, ohne willkürlichen Eingriff, zu einem Ganzen zusammenschießen. Sie verändern sich, gehen so ineinander über, wie sie es nicht anders können; werden nirgends bloß aneinandergereiht oder zufällig ausgewechselt. Von dieser konkreten Logik möchte ich Ihnen ein Gefühl übermitteln.

Die Anfangsphrase des Hauptthemas wird wiederholt, bereichert durch eine freie Imitation in den Celli. Im dritten Takt tritt zu dem Spiel der beiden Hauptstimmen – die Celli folgen in diesem Takt nicht mehr den Geigen sondern laufen ihnen gewissermaßen voraus – eine leise Gegenstimme in zwei Klarinetten und Fagotten hinzu, ein knapper kontrastierender Kontrapunkt. Dies neue Motiv lautet:

Beispiel: auf dem Klavier angeben: Stimmen der Klarinetten und Fagotte im 4. Takt auf S. 5.

Es ist prägnant, charakteristisch genug, vor allem durch das Nonenintervall von d bis e. Gegenüber dem Stimmgewebe der Streicher jedoch fällt es kaum auf, gelangt gar nicht recht zum Bewußtsein, sondern hält sich im Hintergrund. Vernehmen Sie, um eine Vorstellung davon zu gewinnen, die drei Takte.

Beispiel: (mit Orchester) vom Auftakt zu S. 5, Ziffer 1 an bis zum abschließenden G-Dur-Akkord auf den ersten Taktteil des letzten Takts des ersten Systems.

Sie mögen in der Situation dieses Takts eine Spannung erkennen zwischen der Bedeutsamkeit des Motivs an sich und der unscheinbaren Rolle, die es bei seinem ersten Auftreten spielt. Mahlers Kompositionsweise ist organisch darin, daß sie diese Spannung im Verlauf ausgleicht. In gewisser Weise ist der Satz die Geschichte solchen Ausgleichs. Das Hintergrundmotiv gewinnt allmählich die Relevanz des zweiten Hauptbestandteils des ersten Themas. Nach dem Schluß der Exposition deutet Mahler eine Reprise des ersten Themas an. Unmittelbar daran fügt sich, ergänzend, eine Episode, in der das kritische Motiv nachgeholt wird, und zwar ausgesponnen zu einer langen Melodie der Celli, ganz im Vordergrund also, symphonisches Hauptereignis. In dieser Episode entfaltet es seine Möglichkeit, die eines unbeschreiblich friedlichen, beseeligenden Charakters, der gewisse Momente bei Beethoven, etwa aus dem langsamen Satz von dessen Violinkonzert, beschwört. Richten Sie Ihre Aufmerksamkeit darauf, wie dies Motiv sich ausbreitet, und welchen Ausdruck es dadurch gewinnt.

Beispiel: S. 12, Ziffer 7 bis zum Abschluß vor Ziffer 8.

Ich möchte Sie dabei noch auf ein Detail hinweisen. Bei seinem ersten Auftritt berührt das Motiv unten das kleine d, und so wird es zunächst auch als Modell bei seiner Fortspinnung benutzt.

Beispiel: bei Ziffer 7 den ersten Takt der Celli allein spielen.

Die Imitation, mit der es weitergeht, beginnt einen Ton höher und reicht deshalb diesmal nicht bis zum d hinunter sondern nur bis zum fis:

Beispiel: 2. Takt nach Ziffer 7.

Im dritten Takt schließlich verjüngen sich die Intervalle derart, daß der tiefste Ton nur g, also abermals höher ist:

Beispiel: 3. Takt nach Ziffer 7.

Konzentrieren Sie sich aber auf den ersten Takt und dann auf den Ansatz seiner Fortspinnung von c aus, so bemerken Sie, daß dem tiefen d eine eigentümliche Schwerkraft eignet. Die Musik will nicht davon los; die nach oben schreitenden Baßtöne wirken wie eine Abschwächung. Zugleich steckt in dem Motiv, und zwar in dem Nonenintervall, auf das ich Sie aufmerksam machte, auch schon die Erwartung einer weit größeren Anspannung. Mahler hört dem nach, wird, wenn ich so sagen darf, der latenten Forderung des Motivs gerecht. Im vierten Takt setzt das Motiv, wie im zweiten, wieder auf c ein, begibt sich aber diesmal herunter auf das ursprüngliche kleine d, und ersetzt dann das Nonenintervall durch ein viel größeres, weiteres, das der höheren Oktave, der Sext. Er gewährt, worauf das Motiv hinaus will, und was gerade durch die Verzögerung noch dringlicher ward.

Beispiel: (auf dem Klavier allein) der 4. Takt nach Ziffer 7.

Bitte hören Sie noch einmal den ganzen Komplex, beachten Sie die Expansion des Motivs bis auf diese stärkste Anspannung hin, die durch die Verdoppelung in einer Klarinette unterstrichen wird, und auch, wie das Ganze danach sich wieder in sich zusammenzieht, abklingt, bis nur noch das absteigende Sextintervall mit dem tiefen Zielton, jenem d, übrig bleibt. So unschematisch und gleichwohl mit Nötigung entfaltet sich Mahlers Musik; die Varianten seiner Motive verdanken sich ihrem eigenen, sanften Zwang.

Beispiel: noch einmal wiederholen von Ziffer 7 bis Ziffer 8.

Den unablässigen Varianten, Ausweichungen und Modifikationen der Mahlerschen Motive haftet beim ersten Hören oftmals der Schein des Zufälligen an. Mahlers Intention, von unten nach oben zu komponieren, also gleichsam die Zufälligkeit des Lebens selber nachzuahmen, ohne sie durch Formdiktate von oben her zuzurichten, begründet diese Vorliebe für irrationale Abweichungen. Man könnte daran denken, wie der unscharfen Erinnerung vergangene musikalische Themen oftmals sich verschieben. Vielleicht indessen ist es die strengste Probe, die Mahlers Musik besteht, daß selbst solche spielerisch hervorgekehrte Zufälligkeit ihr latentes Gesetz hat; man muß sich nur geduldig genug darein versenken. Im ersten Satz der Vierten Symphonie endet die erste Halbphrase des Hauptgedankens, im zweiten Takt, mit den Noten dis-e, während die zweite Halbphrase mit einem abwärts gleitenden Sechzehntelgang anhebt.

Beispiel: (auf dem Klavier) das Hauptthema noch einmal spielen, die ersten Geigen allein, und mit dem g auf den ersten Taktteil des 3. Takts auf S. 4 schließen; dabei den 1. Takt von S. 4 deutlich hervorheben.

Mahler erzielt eine Zufallswirkung, indem er den Schluß der ersten Halbphrase und den Anfang der zweiten herausgliedert und aus der Addition ein neues Motiv bildet, das, vermöge dieser Ambivalenz zwischen den beiden Halbphrasen, den Hörer zu äffen scheint, der musikalische Joker des Satzes. Es tritt in immer neuer Beleuchtung auf, irrational wie der Narr, den die Schelle des Satzbeginns eingeläutet hat. Aber der Satz enthüllt, daß der Zufall kein Zufall sei. Beim ersten Auftreten ist das Jokermotiv begleitet von der Unterdominante. Sein Endglied wird sogleich herausoperiert:

Beispiel: S. 4, 5. Takt, Sechzehntel der Bratsche;

und eine erste Variante folgt unmittelbar darauf. Noch berührt sie die Unterdominante auf dem guten Taktteil, verläßt sie aber schon mit dem zweiten durch eine Ausweichung nach a-moll, der auskomponierten zweiten Stufe der Grundtonart. Die Harmonik ist gegen die Elementarform des ersten Auftretens intensiviert. Dafür wird die Melodik abgeschwächt. Bei identischem Rhythmus kehrt Mahler die charakteristische Aufwärtsbewegung der Sekund in der ersten Hälfte um, und in den Sechzehnteln vermeidet er den fis-Höhepunkt: es bleibt, mit einer Tonwiederholung, bei dem e. Begründet aber ist dies Decrescendo der Melodie durch die Linie: das vorausgehende Anfangsmotiv nämlich, welches das des Hauptthemas selbst variiert, steigt nicht mehr auf, sondern beginnt mit seinem Höhepunkt h und senkt sich von da an. In der ersten Variante wirken demnach eine verstärkende und eine abschwächende Tendenz gegeneinander.

Beispiel: S. 4, zweites System, Takt 3.

Die zweite Variante, zwei Takte später, sorgt für den Ausgleich dieser Tendenzen durch entschieden zunehmende Intensität.

Beispiel: S. 4, zweites System, vorletzter Takt.

Harmonisch wird weiter ausgewichen vermöge des von der Grundtonart entlegeneren Baßtons b, einer kräftigen Nebenstufe. Die Melodie aber, der die unmittelbar vorhergehende Gestalt noch im Ohr liegt, geht wieder in die Höhe, auf f, ohne doch das fis des Anfangs schon wieder zu erreichen. Diese Version wird, damit keine jähe Gewalt geschähe, beim nächsten Auftreten, mit einer minimalen harmonischen Alteration, wiederholt. Zwei Takte danach wird sie bestätigt: nun harmonisch noch mehr verstärkt durch nachdrücklichere Ausweichungen von der Grundtonart und eine melodische Version der Sechzehntel, die, über einem verminderten Septimakkord, a berührt, eine Terz höher als die ursprüngliche Gestalt.

Beispiel: S. 6, Takt 3.

Gegen Ende der Exposition des Hauptthemas also wirkt das Motiv horizontal und vertikal am frischesten, um dann, in Begleitstimmen, bis zum Eintritt des Überleitungssatzes sich aufzulösen. Sieht man einmal von der Durchführung ab, die ja von alters her Phantasieteil heißt, also solchen Varianten vorbehalten ist, so läßt sich der Variantenprozeß um so genauer in der Reprise weiter verfolgen, die nach dem Schema solchen Divagationen sich versagt. Die phantasierende Expansion der Themen aus der Durchführung zittert in ihrer Reprisengestalt nach. Das Jokermotiv wird in der Reprise offen repetiert. Benutzt ist zwar die Harmonisierung der zweiten Variante mit dem b im Baß, die gewissermaßen die älteren Gestalten überholt. Aber damit gibt sich Mahlers entwickelndes Komponieren nicht zufrieden. Die Melodie schwingt sich eine Septime auf zu d, eine Quart über dem bisherigen Höhepunkt des Motivs, und in seiner dafür harmonisch nur wenig abweichenden Bekräftigung, zwei Takte später, sogar bis zum hohen f.

Beispiel: S. 33, zweites System, Takt 1.

Die Schwächung, welche in der Exposition die Senkung vom fis auf das damals eine Oktav tiefere e und f bedeutete, wird gleichsam wiedergutgemacht. In der Coda des Satzes schließlich wird das Motiv, melodisch und durch Neuharmonisierung sorgfältig vorbereitet, auf seinen absoluten Höhepunkt geleitet, ein a, genau eine Oktave über jenem, welches das Motiv gegen Ende der Exposition des Hauptthemas vorläufig gewonnen hatte.

Beispiel: S. 44, Takt 3.

Meine Damen und Herren, ich hoffe, Ihnen an der skizzenhaften Biographie dieses Motivs evident gemacht zu haben, wie rational Mahlers Irrationalitäten sind. Ich wollte Sie ein Stück jenes Weges geleiten, der bei Mahler vom Einzelnen und seiner scheinbaren Zufälligkeit zum Ganzen führt. Das nächste Mal, im dritten Vortrag, werde ich von diesem Ganzen selbst reden, und dafür das Werk auswählen, das bei Mahler den Begriff des Ganzen, der symphonischen Einheit, am nachdrücklichsten und strengsten verficht, die Sechste Symphonie. Heute nun aber hören Sie sich die Vierte Symphonie als ganze an. Klammern Sie sich dabei nicht an die Einzelheiten, über die ich geredet habe und die beliebig durch ungezählte andere zu ersetzen gewesen wären, aber versuchen Sie mit jener zugleich entspannten und doch genau motivierten Logik des Hörens, die auch die eigene der Symphonie ist, dieser zu folgen.

1960

Dritter Mahler-Vortrag

Das letzte Mal hatte ich, indem ich das Leben einiger Motive aus der Vierten Symphonie verfolgte, den Versuch gemacht, Ihnen davon eine Vorstellung zu geben, wie bei Mahler ein Ganzes gewissermaßen blind, durch keinen abstrakten Formvorsatz von oben her gesteuert, zusammenwächst. Dabei mag man nun freilich vor lauter Bäumen den Wald nicht sehen; so sehr von den Einzelcharakteren und dem, was aus ihnen wird, sich verlocken lassen, daß jenes Ganze, das auch bei Mahler die symphonische Idee bleibt, einem darüber entgleitet. Auf dies Ganze möchte ich mich deshalb heute konzentrieren, hoffend, jegliches formalistisches Mißverständnis abgewandt zu haben. Je weniger formalistisch nämlich, je weniger an den traditionellen Schemata Mahlers Musik orientiert ist, um so tiefer wird ihm das Ganze zum Problem im prägnanten Sinn, zu einer zu lösenden Aufgabe. Hat die traditionelle Symphonik gefragt, wie die vorgezeichnete Sonatenarchitektur und jenes integrale Wesen von Musik, das man gewohnt ist, das symphonische zu nennen, sich lebendig erfülle, sich konkretisiere, seinen substantiellen Inhalt gewinne, so fragt Mahler umgekehrt, wie aus der Fülle unreglementierter Details und ihrer immanenten Bewegung ein Ganzes überhaupt werden kann. Einmal war das Wesen der Symphonie integral. Für Mahler wird Integration ein erst zu Leistendes. Sie können sich das am einfachsten klar machen durch den Vergleich Mahlers mit Bruckner. Die vielfachen Ähnlichkeiten beider, bis zur Harmonisierung des Hauptthemas des ersten Satzes der unvollendeten Zehnten Symphonie, liegen auf der Hand.

Beispiel: X. Symphonie, vom Einsatz über dem Fis-Dur-Akkord (also nach der Bratscheneinleitung, Takt 16) an, bis Takt 25; auf 1 schließen.

Verwandt ist auch ihr episches Wesen: ihre Musik entfaltet sich eher in der extensiven Zeit, reiht eher große Zeitschichten aneinander oder türmt sie übereinander, als daß sie dem reinen symphonischen

Nu zustrebte. Aber Bruckner war nicht nur als Person sondern auch objektiv-ästhetisch, und keineswegs bloß zu seinem Glück, naiv: die epische, antidramatische, nach traditionellem Maß antisymphonische Idee seines Werkes stiftet zwar die Themen und den Sinn ihrer Relation, nicht jedoch ihr Verhältnis zur traditionellen Architektur. Vielmehr bleibt, trotz so wichtiger Innovationen wie der Hinzufügung des dritten Themenkomplexes, der die dramatische Konzeption des Themendualismus nicht mehr anerkennt, die übliche Sonatenform unangefochten, starr erhalten. Wenig kümmert Bruckner sich um den Widerspruch, in den jene Form zum konkreten musikalischen Gehalt gerät. Was von je an ihm als mechanisch, nicht wahrhaft durchgebildet – als formlos bemängelt wurde, und was seine Musik, großartig unbeholfen, nirgends zu vertuschen trachtete, ist in Wirklichkeit gerade ein formalistischer Rest. Vor ihm kapituliert die epische Gesinnung, die Hingabe an jene konkrete und unorganisierte Fülle des Lebendigen, die eigentlich von Anbeginn die abstrakt übergeordnete Architektur ausschließt. Darin nun hat Mahler an Bruckner entscheidende: immanente Kritik geübt. Er hat das zu sich selbst gebracht, was bei Bruckner in der Entfaltung gehemmt wird durch schematische Fesseln. Sie engten bei Bruckner auch die Details ein. So benutzt er Wagnersche Sequenzen als symphonische Krücken. Von Sequenzen gerade ist das Mahlersche Werk, außer in Tanzsätzen, vom Anbeginn bis zum Ende fast gänzlich rein.

Nicht daß er das Sonatenschema abgeschafft hätte. Denn es ist mit der Tonalität selbst, vor allem mit der Form der Kadenz verschwistert. Ihr elementares, harmonisches Modell, die Folge von erster, vierter, fünfter und erster Stufe, enthält in sich etwas wie eine platonische Idee der Sonate. Von den einfacheren Liedformen her entfaltet sie sich dynamisch im großen Satz. Erst in Mahlers Spätphase, und vollends in der Wiener Schule Schönbergs, ging es der Sonate, zugleich mit der Tonalität, ans Leben. Aber Mahler hat der Frage sich gestellt, wie die Sonate, deren Umriß seine technisch keineswegs rebellische Gesinnung respektierte, von innen her, strukturell, so zu organisieren sei, daß sie dem Leben der Details nicht mehr gewalttätig aufgeprägt wird, sondern daß das Leben der Sonate eins werde mit dem der Details. Das ist eine Quadratur des Zirkels, vergleichbar der immer erneuten und tief verwandten

Anstrengung der Philosophie, Rationalismus und Empirismus zu verkoppeln. Alle Kunst obersten Ranges hat etwas derart Paradoxales, die Bachische subjektive Durchseelung der objektiven Formensprache, Beethovens tour de force, aus reiner Subjektivität heraus die Formen nochmals zu erzeugen, kaum in geringerem Maß als Mahler. Das erklärt zugleich wohl auch, warum die Male des Mißlingens, bei Mahler obenauf wie bei Bruckner, nicht der Insuffizienz des künstlerischen Vermögens zuzuschreiben sind, sondern der Unlösbarkeit des gleichwohl objektiv gestellten Problems. Oder vielmehr: bei derart authentischen Künstlern wird der subjektive Defekt, von dem keine menschliche Anlage bis heute frei gewesen ist, zum Vollzugsorgan eines objektiv geschichtlichen Scheiterns. Die negativen Momente der individuellen künstlerischen Leistung sind in ihren Werken bloße Epiphänomene. Ich möchte die Vermutung wagen, es sei ein wesentliches Kriterium aller Kunst, ob ihr Mißlingen zufällig bleibt, oder ob durch dessen Zufälligkeit hindurch objektive Notwendigkeit sich ausspricht; das freilich würde ich von Mahler behaupten.

Die Frage nach der Integration – die nach der Symphonie als integraler Form – hat für Mahler erst in der Mitte seines œuvres sich gestellt. Dann erst war er im vollen Besitz seiner produktiven Kraft und seiner technischen Erfahrung, und hatte Distanz gewonnen zu den kühn und unbekümmert entworfenen Riesenkartons der drei ersten Symphonien. Mahlers integrale Symphonie, die Symphonie par excellence, ist die Sechste. Sie bildet in gewissem Sinn die Höhe seines Werkes, eingeholt erst wieder in den vollends emanzipierten, im Geist fragmentarischen letzten Stücken. In der Sechsten ist Mahler seiner selbst ganz mächtig. Alles darin ist wie von einem latenten Zentrum her organisiert, alles eisern zusammengehalten, ohne daß doch die Integration es sich auch nur eine Sekunde lang auf Kosten des Integrierten zu leicht machte. Der letzte Satz, von allen Mahlerschen der längste, überbietet an Reichtum des Einzelnen und Atem der Entfaltung, an epischen Qualitäten also, alles, was Mahler im Namen epischen Komponierens je geschrieben hatte, fügt es aber so dicht wie nur Beethoven die ersten Sätze von Eroica und Neunter Symphonie. Auf den ersten Blick hat Mahlers Sechste, mit dem Bedenklichen, das dem Begriff anhaftet, viel von einer klassischen Symphonie. Daß die Exposition des ersten Satzes wiederholt wird – undenkbar in den früheren Stücken Mahlers – bekennt das unverhohlen. Man hat, nach jener Manier, die ohne Spitzmarke nicht auskommt, weil ihr die Kunstwerke unter der Hand zu Waren zu werden, die Sechste Mahlers tragische Symphonie getauft. Oberflächlich wenigstens hat sie, durch die berühmten Hammerschläge des Finales und dessen äußerst düsteren Schluß, Vorwände dazu geliefert. Ihr tragischer Aspekt aber und die integrale Kompositionsweise sind ineinander verschränkt. Integrales Komponieren heißt nichts anderes als immanent komponieren. Schwach nur wie nirgends sonst bei Mahler scheint in den Verlauf der kompositorischen Logik von außen her ein Anderes jenseits der technologischen Notwendigkeiten hinein. Das lückenlose Ineinander des Werkes wird zum Gleichnis jener Notwendigkeit, die Freiheit nur intermittierend zuläßt und schließlich in sich hineinsaugt. Das integrale Verfahren, ebenso wie die Neigung, auf Eckpunkte, Höhepunkte, Umschlagspunkte hin zu komponieren, anstatt der Musik, wie es sonst so oft Mahlers Vortragsbezeichnungen verlangen, Zeit zu lassen, wird zum Ausdruck. Form wird beredt durch die eigene Dichte. Sie zeugt von einer Verstricktheit des Subjekts, das, indem es seinem Leben, dem Impuls bis zur Ekstase sich überläßt, eben dadurch den Untergang sich selbst bereitet. Die Sechste ist daher besonders reich an jenen für Mahler charakteristischen Momenten, die Erwin Ratz mit Recht die negativen genannt hat; an Themen und Themenflächen, die nicht, wie in der herkömmlichen Musik, auf den identifizierenden Mitvollzug des Hörers warten, sondern, wie es bei Beethoven nur angedeutet war, ein Negatives, Feindseliges, die brutale Übergewalt des Lebenszusammenhanges repräsentieren. Sie wollen, wenn man so sagen darf, gegen den Strich gehört werden. Am ehesten könnte man solche negativen Partien mit manchen aus den Programmsymphonien von Richard Strauss vergleichen, etwa dem Keifen der Widersacher des Helden, oder auch der Gattin, im »Heldenleben«.

Beispiel: Heldenleben, Kleine Partitur S. 23, von »Etwas langsamer« an bis S. 25, 2. System, $\frac{1}{4}$-Takt, auf 1 schließen.

Aber bei Strauss wird solche Negativität durch die Beziehung auf den literarischen Vorwurf gestützt. Sie ist illustrativ. Bei Mahler jedoch sind derlei Komplexe negativ rein an sich, etwa durch ihre pointiert sich hervorhebende Banalität, oder durch die Roheit von Klang und musikalischem Gestus. Das Kunststück des Hörens ist, solche negativen Phasen unmittelbar, gleichsam mit dem Sensorium, ohne Brücken des außermusikalischen Begriffs mitzuvollziehen, anstatt in widerstandslosem Vertrauen mit der Musik sich treiben zu lassen; eine nicht geringe und durchaus singuläre Anforderung. Die Schwierigkeiten des musikalischen Verständnisses haften keineswegs stets bloß an der Kompliziertheit des Satzes, des Stimmengefüges, der Harmonie, sondern zuweilen auch an jenem Sachverhalt, den man heute mit einem peinlichen Wort Vielschichtigkeit zu nennen liebt. Der sinnfälligste von Mahlers negativen Charakteren ist vielleicht der der Coda des ersten Satzes der Sechsten. Er hat ihn »wie wütend dreinfahren« überschrieben.

Beispiel: VI. Symphonie, Partitur S. 61, von Ziffer 37 an bis Ziffer 38, mit eins schließen, falls der Schluß mit der Dissonanz nicht zu abrupt wirkt, sonst schließen auf eins mit dem 1. Takt auf S. 63.

Die Frage, was an solchen Wirkungen beabsichtigt gewesen sei und was nicht, ist so unfruchtbar wie stets ihresgleichen. Das Negative liegt, vor der subjektiven Intention, im Stand der Sache. Die Kategorie des Tragischen selbst hatte zur Stunde der Sechsten bereits etwas Abgeleitetes und Unkräftiges angenommen. Aus den Erfahrungen eines säkularisierten geistigen Kosmos war sie eigentlich nicht mehr genuin zu realisieren. Schon den Beethovenschen tragischen Stücken fehlt nicht die Spur des Dekorativen, und seitdem Liszt den Hamlet verkomponierte, ist es um Tragik in der Musik nicht gar zu gut bestellt. Übrigens klingt Mahlers Sechste einmal an Liszt an, an ein Thema aus dessen Es-Dur-Konzert.

Beispiel: S. 17, Takt 4 mit vorhergehendem Auftakt bis zum letzten Takt der Seite 17, mit dem zweiten Viertel schließen.

Wesentlich jedoch zeigt das Tragische in der Sechsten seinen Pferdefuß in einer monumentalen Ambition. Manche Einfälle daraus beschwören Musikfeste des Allgemeinen Deutschen Musikvereins. Wer für die von Theodor Haecker so genannte Schmach des Offiziellen in der Musik ein Ohr hat, wird sie in den ersten Takten des Hauptthemas nicht verkennen.

Beispiel: S. 4, von Ziffer 1 ab, schließen in Takt 4, auf das dritte Viertel.

Zum rhetorischen Pathos paßt dann die Trivialität, die es desavouiert, und die man dem zweiten Thema, über das es allerhand Geschichten gibt, mit Gusto immer wieder attestiert hat.

Beispiel: S. 14 von Ziffer 8 mit dem vorhergehenden Auftakt der ersten Geigen und der Holzbläser bis S. 17, 2. Takt, auf zwei schließen.

Wer solche gleichsam schon an ihrem ersten Tag veralteten Elemente der Sechsten vertuschen wollte, verfiele nicht nur in eine Lobrednerei, über deren Triumphe die Geschichte des Geistes billig triumphierte, sondern unterschlüge ein wesentliches Ferment der Mahlerschen Komplexion selbst. Das Als ob, die gebrochene Musiksprache, die das Medium von Mahlers gesamtem Werk bildet, manifestiert in der Sechsten sich gerade im großen symphonischen Anspruch. Was aber fiktiv ist an ihm, soll dann vom Integrationsprozeß der Komposition eingelöst werden. Setzt die Sechste wie mit erhobenem Zeigefinger als tragische Symphonie ein, so ist sie es in Wahrheit nicht sogleich, sondern wird es erst durch das, was in ihr, was mit ihren uneigentlichen Bestandteilen geschieht. Auch wo die Themen so unmittelbar und drastisch sich gebärden wie jene Hauptbestandteile des ersten Satzes, ist ihnen nicht über den Weg zu trauen. Sie gewinnen die Gewalt, die sie anfangs nur usurpieren, durch ihre universale Vermittlung; durch Verarbeitung. Integral ist die Sechste derart, daß nichts Einzelnes bloß als Einzelnes zählt sondern erst als das, als was es im Ganzen sich enthüllt. Darum erheischt sie mehr vielleicht noch als die eigentlich epischen Stücke, ja mehr wohl als alles andere von Mahler, eine gewisse Largesse des Hörens. Um sie zu verstehen, sollte man sich nicht besserwisserisch in die Einzelheiten festmachen, sondern die Themen zunächst einmal vorgeben und abwarten. Mit diesen Themen verhält es sich wie mit den Zirkusfiguren von Wedekinds Erdgeist nach den Worten des Prologs: Es ist jetzt nichts Besonderes dran zu sehen, doch wartet nur, was später wird geschehen. Eine solche Haltung wird von dem Stück nicht nur belohnt, sondern an entscheidender Stelle geradezu erweckt. Der letzte Satz beginnt, wie wenn ein Vorhang sich hebt über einem Ungeheuerlichen, und sagt zugleich: über was hebt sich der Vorhang?

Beispiel: Anfang des vierten Satzes, von S. 149 bis S. 151, Ziffer 104, auf eins schließen.

Der Idee des integralen Komponierens gehorcht die Anlage der viersätzigen Symphonie als Ganze. Sie ist weit strikter als eine konzipiert und organisiert, denn die anderen. Tendenzen zu solcher Zusammenfassung der voneinander abgesetzten Symphoniesätze gab es, außer in unzähligen poetischen Themenzusammenhängen in den Wunderhornsymphonien, vor allem in der Fünften. Dort wird der erste Satz, ein Trauermarsch, seinen Hauptbestandteilen nach in den zweiten, eine Sonatenform, hineingezogen und darin durchgeführt, ganze Komplexe des ersten aber auch wörtlich in den zweiten versetzt, wo sie, im veränderten Licht eines symphonischen Allegros, selbst als Anderes sich enthüllen, keineswegs bloße Reminiszenz bleiben. Analog sind in der Fünften der einleitende vierte Satz und der letzte, ein Rondo-Finale miteinander verknüpft. Das Rondo verleibt ganze Partien jenes Adagiettos in raschem Tempo, mit einer Art von Zeitraffertechnik, sich ein. Bei diesem Anlaß ist darauf aufmerksam zu machen, daß Mahler nicht nur Zeitraffer- sondern auch Zeitlupentechniken kennt. In der Neunten Symphonie spielt ein Presto-Thema aus der Burleske als langsames im Adagio-Finale seine zentrale Rolle. Sicher wußte Mahler nichts von den damals noch nicht weit gediehenen Techniken des Films. Er hat analoge für die Musik entdeckt oder vorweggenommen. Das bestätigt, daß die Erfindung der Kinematographie kein Zufall der technologischen Entwicklung war, sondern einem Bedürfnis darunterliegender, vermutlich kollektiver Reaktionsweisen entsprach.

Die Einheit zwischen den Sätzen der Sechsten wird nicht durch bloße Erinnerungszitate von Themen hergestellt, sondern subtiler und tiefer greifend. Hauptmittel der Vereinheitlichung ist eine ganz knappe harmonische Formel, eine Materialanordnung eigentlich noch unterhalb der elementaren des Motivs. Sie durchsetzt drei der Sätze der Sechsten Symphonie konstruktiv, wird aber in dem auch der Tonart nach zu den anderen Sätzen scharf kontrastierenden Andante moderato vermieden. Es ist die Folge eines fortissimo einsetzenden Dur- und eines Mollakkords derselben Stufe, der Tonika, im Pianissimo, begleitet von einem Leitrhythmus der Pauken, der durchwegs jener harmonischen Formel sich gesellt. Sie lautet bei ihrem ersten Auftreten:

Beispiel: S. 12, vom 1. Takt bis zum 4. Takt einschließlich.

Dies Dur-Moll-Motiv, wenn man es nicht ganz streng einmal so nennen will, ist gewissermaßen das Kondensat einer Grundeigentümlichkeit von Mahlers Idiom. In seinem gesamten œuvre bevorzugt er, überwertig fast, von den Mitteln der tonalen Harmonik den Wechsel der Tongeschlechter Dur und Moll. Dabei lädt das Tongeschlecht Moll, durch den Gegensatz zum Dur, sich mit einer Ausdruckskraft, die es wie die Maske der kommenden Dissonanzen der neuen Musik erscheinen läßt. Der auf eine schwer faßliche Weise an den musikalischen Osten erinnernde Dur-Moll-Wechsel rechnet zu Mahlers Idiosynkrasien, den zu Eigenheiten verhärteten Charakteren. In der Sechsten hilft er dazu, daß Einheit des Ganzen und Unverwechselbarkeit der Einzelcharaktere einander durchdringen. Was gerade Charakterisierungselement war, wird in der Sechsten als konstruktives, einheitsverleihendes verwendet. Ihre innere Bewegung vollendet sich darin, daß am Schluß der reine Mollakkord übrig bleibt, ohne Dur, aber von dem starr festgehaltenen Paukenrhythmus begleitet.

Beispiel: die drei letzten Takte der Symphonie.

Auch gewisse eigentlich motivische Zusammenhänge durchziehen das Ganze. Eine wichtige Gestalt im ersten Themenkomplex des ersten Satzes lautet:

Beispiel: S. 5, 2. System, 2. und 3. Takt mit vorhergehendem Auftakt.

Im Anfang des zweiten Satzes kehrt sie wieder, mit einer für die Folge sehr wichtigen Auftaktfigur:

Beispiel: S. 79, von Ziffer 47 mit Auftakt bis zum übernächsten Takt, auf eins schließen.

In der Einleitung des Finale dann spalten sich das chromatische Motiv und die zufahrende Figur, unmittelbar nach dem Dur-Moll-Motiv, voneinander.

Beispiel: S. 151, Ziffer 104 bis 5. Takt einschließlich.

Aus einer Variante der Zweiunddreißigstelfigur wird später im Finale-Hauptsatz der Auftakt des Hauptthemas.

Beispiel: S. 163, Ziffer 110 mit Auftakt bis zum folgenden Takt, vor dem letzten Taktteil schließen.

Solche noch einigermaßen vordergründigen Mittel, die symphonische Konstruktion zu vereinheitlichen, werden ergänzt durch ungewohntere, zukunftsträchtigere. Mahler war wohl der erste Komponist, der, mit der Aufgabe der freien Organisation großer symphonischer Komplexe nur aus ihrer eigenen Logik heraus konfrontiert, Gewinn daraus zog, daß die symmetriestiftende Wiederholung in der Form gar nicht nur von wiederkehrenden Themen übernommen werden muß. Jene Funktion kann ebensogut Feldern, Farben, Komplexen zufallen, die dem thematischen Inhalt nach nicht wesentlich miteinander übereinstimmen. Diese Entdeckung ist kompositorisch unschätzbar. Sie erlaubt architektonische Wirkungen, die ohne einen wie immer gearteten Aspekt von Wiederholung nicht zu denken sind, ohne daß dem Mechanischen Konzessionen gemacht würden; ohne daß die Musik der Dynamik ihres epischen Flusses, der Forderung unumkehrbarer Zeit untreu würde. Eine Art Balance zwischen dem ersten und letzten Satz, die überhaupt vielfältig einander korrespondieren, wird dadurch hergestellt, daß in beiden unverkennbare, aber thematisch voneinander unabhängige Choräle stehen; im ersten Satz als Überleitung zum zweiten Thema, im Finale in der ausführlichen Einleitung, die dann in den symphonischen Durchführungsprozeß hineingerissen wird. Gemeinsam ist den Ecksätzen auch das Klangdessin zwar motivisch verwandter, beide Male jedoch mehr durch Farbe als durch Motive charakterisierter Auflösungsfelder, in denen Herdenglocken, die Celesta und Tremoli im dreifachen Pianissimo der Geigen dominieren. In der Durchführung des ersten Satzes klingt das:

Beispiel: S. 35, mit dem drittletzten Takt beginnen, bis S. 36, letzter Takt, auf eins schließen.

In der Einleitung des letzten Satzes bildet dasselbe Dessin den Hintergrund für die Vorwegnahme des Seitensatzthemas des Finales.

Beispiel: S. 152, 3. Takt bis S. 153, Ziffer 105, vor dem dritten Taktteil schließen.

Schließlich bindet die Ecksätze aneinander der Marschcharakter weiter Strecken, ohne daß doch die Verpflichtung zum motivisch Neuen verletzt würde. Die Ähnlichkeit zwischen ihren Hauptthemen reicht nicht viel weiter als bis zu dem punktierten Rhythmus, der im Marsch vertraut ist, und einer Prädominanz des Oktavintervalls. Das aber genügt, Korrespondenz zu suggerieren.

Bei einem Werk von so überaus bedachter und geformter Großarchitektur erstaunt es, daß Mahler schwankte, wie er die Mittelsätze gruppieren sollte. Ursprünglich stand das Scherzo an zweiter, das Andante an dritter Stelle. Er hat das dann geändert; wie gesagt wird, weil ihn, oder andere, die Ähnlichkeit des Anfangs von erstem Satz und Scherzo, mit den markierten Tonwiederholungen des Baßtons a, störte. Schließlich hat er die erste Reihenfolge wiederhergestellt. Mit gutem Grund. Denn jene Analogie gehört selbst zur Sache. Die Dichte der Anschauung der Symphonie als ganzer bringt es mit sich, daß das Scherzo, dessen singuläre Stellung unter allen Mahlerschen Scherzi man längst bemerkt hat, vom Anfangs-Allegro nicht einfach absticht, sondern, wie es auch die thematischen Anklänge nahe legen, dessen düster geschlossenen Grundcharakter in die Sphäre eines wilden Schattenspiels übertragen. Dieser Akt transponierender Wiederholung wird sinnfällig nur, wenn das Scherzo unmittelbar an das Allegro anschließt. Andererseits aber verlangt auch der modulatorische Plan der Gesamtsymphonie diese Reihenfolge. Den drei a-moll-Sätzen steht einzig das Andante als ein Stück in Es-Dur gegenüber; zur Kontrastidee gehört, daß es sorglich aller motivischen Anspielungen auf die anderen Stücke sich enthält. Das Finale jedoch beginnt nicht in a-moll, sondern in c-moll und durchmißt in der Einleitung zweimal den Weg von c-moll nach a-moll. C-moll nun ist die Paralleltonart von Es-Dur. Es wird also gleichsam aus der Tonartenregion des dritten Satzes, wie unter lastender Anstrengung, zur tragischen Haupttonart zurückgefunden. Dieser Prozeß ist nur dann evident, wenn das – im übrigen umschriebene – c-moll des Finale-Anfangs an das verhallende Es-Dur des Andantes anschließt. Sonst wäre, in der Architektur des Ganzen, der Prozeß von c-moll nach a-moll ohne Funktion. Aufführungen sollten darum unbedingt die Reihenfolge Allegro, Scherzo, Andante, Finale respektieren. Das Verhältnis der Ecksätze ist dabei das einer Art Umkehrung der inneren Bewegung. Der erste setzt bedrohlich ein und gewinnt ein Dur, dessen Sieg in klingendem Spiel nicht zu trauen ist; der letzte schwingt zu einem Äußersten an entfaltetem Leben, an Ekstase sich auf, um zusammenzustürzen und schwarz zu enden.

Der erste Satz, auf den ich nun etwas näher eingehen möchte, hat im Gegensatz zu den Elevationen und Katastrophen des letzten eher etwas heftig Zufahrendes. Der Marschcharakter, in den fünf Einleitungstakten durch Bässe und kleine Trommel ein für allemal definiert, wird eigentlich das ganze Stück hindurch, eine gehaltene Durchführungsepisode ausgenommen, bewahrt. Monotonie aber ist dadurch vermieden, daß nur zuweilen die Marschschritte als solche markiert sind, vielfach aber verschwiegen werden, so, als bewege die stampfende Masse, die der Satz begleitet, hinter der Szene sich weiter. Unkonventionell erweist sich der Satz trotz seiner strikten Sonatenarchitektur und des quasi repräsentativen Hauptthemas sogleich an dessen Fortsetzung, dort, wo erstmals der Marschrhythmus ausgespart wird. In ihr wird der runde, geschlossene Klangkörper des Beginns aufgerissen, blutet gleichsam. Das Hauptmotiv springt von den Geigen in die Posaunen, die Geigen spielen eine Gegenstimme dazu, sämtliche hohen Holzbläser eine Sechzehntelfigur, ein harmonietragender Baß scheint zu fehlen. Erst nach dieser Störungsaktion dringt der Marsch mit dem Rhythmus des Beginns und dann einer schrillen Oboenmelodie wieder durch. Schon nach ein paar Takten ist vom herzbrechenden Ton Mahlers alles schulgerechte Wesen weggefegt. Bitte verfolgen Sie das am gesamten Beginn nach den Einleitungstakten, bis zum Wiedereintritt des Hauptthemas:

Beispiel: S. 4, Ziffer 1 bis S. 6, Ziffer 3, mit dem zweiten Taktteil schließen.

Unkonventionell wird weiter die Form inmitten des konservierten Schemas behandelt. Der Vermittlungssatz ist durch den Choral, ein dynamischer Formteil durch einen statischen ersetzt. Dadurch verändert er seinen Sinn, und zwar in Hinblick auf den heftigen, schwungvollen Ausbruch des Seitensatzes. Dessen Eklat ist gerade dadurch ermöglicht, daß die in sich geschlossene Überleitung keineswegs versucht, ihn als ihr Resultat vorzubereiten: allenfalls als ein ganz Anderes. Die viel bemängelte Banalität des zweiten Themas, wie immer man sie deuten mag, wird gebrochen von der Harmonisierung seiner Wiederholung. Ungemein kräftige, in der Tonart nicht leitereigene Nebenstufen treten auf as, fis, gis, cis, und h ein. Sie erwirken eine Art harmonischer Tiefenperspektive, wie sie innerhalb der Diatonik schwer möglich, vor Mahler nur an seltenen Stellen bei Beethoven realisiert war, wie in der wenig gespielten Klaviersonate in F-Dur, op. 54:

Beispiel: Beethoven, op. 54, 2. Satz, von Takt 11 nach dem Teilstrich bis Takt 23, auf 1.

Und nun die Stelle, die ich bei Mahler meine:

Beispiel: S. 15, von Ziffer 9 an bis S. 17, Ziffer 10, mit dem zweiten Taktteil schließen.

Nebenbei gesagt, hat diese Erweiterung der Tonart durch die Einführung weder leitereigener noch chromatisch leittonhafter, sondern kraftvoll neuer Nebenstufen später, vom ersten Satz der Siebenten Symphonie an, immer mehr Gewalt über die harmonische Struktur der Mahlerschen Symphonien gewonnen. Am Ende resultiert daraus eine überaus freie Behandlung der Tonalität. Diese Evolution von Mahlers Harmonik ist durchaus gleichsinnig der in der früheren Phase von Mahlers jüngerem Freund Schönberg; kompositionstechnisch wohl das wichtigste Moment, das die beiden miteinander gemeinsam haben. Tonalität wird nicht durch Aufweichung gesprengt sondern durch rücksichtslose Auskonstruktion der harmonischen Stufenverhältnisse. Mahlers Formgefühl in der Behandlung jenes Seitensatzthemas bewährt später sich daran, daß es ihm die Wiederholung des Eklats verbietet. An der analogen Stelle der Reprise wird es nicht noch einmal als Ganzes gebracht, sondern nur fragmentarisch. Fortissimo erscheinen noch einmal nur jene harmonischen Tiefenwirkungen, die schon beim ersten Mal das Epatante verfremdeten.

Beispiel: S. 57, zwei Takte vor Ziffer 35 beginnen, bis S. 59, Ziffer 36, mit dem zweiten Taktteil schließen.

Die sogenannte Schlußgruppe wird nach dem Eklat des Seitensatzes nicht ausgeführt. Sie schrumpft zur Interpolation zusammen, nachdem kurz vorher, äußerst diskret, eine Geigenstelle auf eine Gestalt des späteren langsamen Satzes anspielte.

Beispiel: S. 21, von Ziffer 12 an, mit dem Auftakt auf S. 20, bis S. 24 zum Doppelstrich.

Die Durchführung nimmt sogleich einen zuvor kaum gehörten Charakter des exotisch Wilden und Bunten an, wie er früher wohl in einzelnen Bläserstellen Mahler mag vor Augen gestanden haben, jetzt aber erst ganz gegenwärtig wird.

Beispiel: S. 24, von Ziffer 14 an, bis S. 25, vorletzter Takt, auf eins schließen.

Ein Durchführungsmodell, das bald sich herausbildet, ist zumal in der Fortsetzung unverkennbar Schubertschen Charakters, vom Typus des a-moll-Quartetts:

Beispiel: S. 29, Takt 4 mit Auftakt bis S. 31, 1. Takt, auf zwei schließen.

Dies Modell drängt den ganzen Satz in die Richtung des Erzählenden, der Balladen, in denen Mahler den Untergang von Soldaten betrauert; diesem Ton ist der tragische der Sechsten Symphonie insgesamt nächstverwandt. Der Auflösungsepisode, die auch in diesem Satz, wie fast jedem von Mahler, den Immanenzzusammenhang der Form suspendieren möchte, wird es in dem integralen Stück nicht gestattet. Sie wird heftig von einer Rückleitung unterbrochen, die in die Reprise, zunächst in Dur, mündet. Das Jähe, Überraschende, das, was Kierkegaard die Dämonie des Plötzlichen nannte, Gegenkraft zur Geschlossenheit des Satzes, die ihm die Glätte nimmt, bleibt eines seiner Grundprinzipien: so dicht er gearbeitet ist, so schroff treffen seine Teile aufeinander. Vernehmen Sie den Schluß des Auflösungsfeldes und die Rückleitung bis zur Reprise.

Beispiel: von S. 39, drittletzter Takt, bis S. 47, 2. Takt, mit dem letzten Taktteil schließen.

Der letzte derartige Kontrast ist dann die wütende Katastrophe in der Coda. An ihrem Schluß wird das ausgesparte Seitensatzthema nachgeholt, nun aber zu einem so wilden Klirren des Schlagzeugs, daß dem musikalischen Sensorium keine Möglichkeit bleibt, den élan vital als etwas anderes aufzufassen denn als blendendes Unheil.

Das Scherzo fällt unter jene Gattung, die ich, wie Sie sich vielleicht erinnern werden, Durchführungsscherzo nannte. Die tanzhaften Züge sind mit der dynamischen, kombinatorischen und in sich einheitlichen Textur der Sonate verschmolzen, auf deren Standard das Scherzo von Mahler überhaupt erst gebracht wurde. Dabei verfährt er präzis nach der Konzeption der Sechsten Symphonie, umgekehrt als in seinem prototypischen Durchführungsscherzo, dem der Fünften. Sucht dieses durch überquellende Kontrapunktik suitenhaft gereihte Tänze zur symphonischen Einheit zusammenzuzwingen, so fragt das der Sechsten, wie aus einem Minimum an Ausgangsmaterialien, ökonomisch wie es nur das integrale Kompositionsideal erheischt, ein Maximum wechselnder Charaktere zu destillieren sei. Eine leichte Variante des Triothemas, diesem im Duktus unverhüllt gleichend, meldet sich schon ganz im Anfang des Scherzos.

Beispiel: S. 83, Ziffer 51 mit Auftakt bis S. 84, Ziffer 52, vor dem dritten Taktteil schließen.

Das ist regelwidrig, verstärkt aber jene metallene Einheit, auf die der Satz es abgesehen hat. Stolziert später das »altväterisch« betitelte Trio einher, so gerät es, als hätte man das Gespenst vorher geträumt, in unbehagliche Leibnähe zum Scherzoteil.

Beispiel: S. 89, von Ziffer 56 an bis zum 6. Takt, auf dem dritten Taktteil schließen.

Die Einheit, die alles tangiert, soll selbst charakterisieren, jene quälende Insistenz herstellen, die schon das Scherzothema meint, indem es absichtsvoll steckenbleibt.

Beispiel: Scherzo-Anfang, von S. 77 bis S. 79, Ziffer 47, auf den zweiten Taktteil schließen.

Solche Starrheit überträgt sich auf allzu viele Themen der gesamten Sechsten, als daß man sie, wie es wohl zuweilen geschah, einem Ermüden der melodischen Erfindung zuschreiben dürfte. Sie ist des gleichen Sinnes wie die Sonatenstrenge des Werkes insgesamt. Das Bedrohliche, durch Masse Erdrückende und in den freundlichen Augenblicken doppelt Ungute des Scherzos ist fraglos die Wirkung jener bei Mahler einzigartigen Verfahrungsweise. Wo es ihm in dem ängstigenden Stück einmal auf melodische Linien ankommt, ist er ihrer so fähig wie nur je; etwa an einer Stelle, die aus jener zuckenden Auftaktfigur herausgesponnen wird, die zu den Invarianten der gesamten Symphonie zählt.

Beispiel: S. 96, Ziffer 64, mit dem Auftakt von S. 95, bis S. 97, vorletzter Takt, auf eins schließen.

Der langsame Satz ist Schulfall dessen, was man, ein wenig paradox, das Prinzip der Abweichung bei Mahler nennen könnte. Er ist im genauen Sinn ein Intermezzo, ein Atemholen. Durch sorgfältige Enthaltung von fast jeglichem Zusammenhang mit den anderen Sätzen hebt er deren unansprechbare Formimmanenz erst recht hervor. Als Hauptthema tritt eine Melodie auf, die der Landschaft der Kindertotenlieder, dem Licht der trüben Regensonne angehört. Die Kindertotenlieder sind die mystische Zelle von Mahlers Symphonien – das Wort Zelle wird einmal in ihnen gesungen –, sie finden sich zitiert in seiner Vierten, Fünften, Achten und Neunten Symphonie. Das Andantethema der Sechsten gehört ihnen nicht unmittelbar an, ist aber solchen Tones, als stammte es dorther. Die liedmäßige Einfachheit wird dadurch gebrochen, daß es auf knappstem Raum rhythmische Varianten, Schwerpunktverschiebungen enthält, die keine klappernde Symmetrie aufkommen lassen.

Beispiel: 3. Satz, S. 126 bis S. 127, Ziffer 87, möglichst auf dem ersten, jedenfalls vor dem dritten Taktteil schließen.

Dies liedhaft seiende, gleichsam gegen alles Werden widerspenstige Hauptthema tritt dann in dem Satz, wie schon Paul Bekker bemerkt hat, etwas zurück. Es wird auch in dem einer Reprise entsprechenden kurzen Es-Dur-Teil, mit dem der Satz endet, nicht selbständig, explizit wiederholt. Die Bewegung des Mittelsatzes zittert darin nach und verklingt. Freier kompositorischer Atem inmitten eines anscheinend simplen Formplans macht diesen fast unkenntlich. Die innere Bewegung des Satzes ist die von jener süßen und matten Liedmelodie über Augenblicke immer tieferer Versenkung ins Misterioso hinab, und dann zu einer auf- und niederwogenden Partie leidenschaftlichen Ausdrucks. Sie zählt zum Hinreißendsten, was Mahler schrieb; Sie sollten sie gut im Ohr behalten, damit Sie später, wenn die Symphonie als ganze gespielt wird, sie als gewordene ganz begreifen können.

Beispiel: S. 143, von Ziffer 101 an bis S. 145, vorletzter Takt, auf eins schließen.

Der letzte Satz währt fast dreiviertel Stunden. Nicht jedoch kommt es dabei allein darauf an, daß man im Hören nicht nachläßt, nicht den Faden verliert, sondern die integrale Kompositionsweise möchte, daß das unmäßige Stück vernommen werde, so dicht und konzentriert, als dauere es nur einen Augenblick. Ich möchte versuchen, Ihnen zum Verständnis des Stücks, eines der belastetesten von Mahler überhaupt, zu helfen, indem ich Ihnen, so gut es geht, ohne daß man den Verlauf Takt für Takt an den Noten verfolgt, Organisation und konstruktiven Zusammenhang, vor allem auch den Formsinn der vom Gewohnten weit sich entfernenden Partien klarlege. Je gegliederter man Musik wahrzunehmen, je genauer man ihrer Artikulation innezuwerden vermag, um so mehr verkürzt sie sich zugleich; lang ist nur das Chaotische und Unartikulierte. Sie alle wissen, daß einem Wege, deren Details vertraut sind, kürzer vorkommen.

Die Einleitung bereitet nicht einfach das Allegro energico vor, sondern stellt zugleich dessen wichtigste Motive embryonal, wie unter Glas vor, ein kompositorisches Personenverzeichnis, noch diesseits der Geschichte dieser Motive. Das Gewicht dieser Einleitung rechtfertigt sich durch ihre Funktion. Ihr Feld erscheint, jeweils in verschiedenen Tonarten und weitgehend abgewandelt, viermal: zu Beginn, unmittelbar vor der Durchführung, vor der Reprise und vor der Coda. Sie ist das Hauptmittel zur formalen Artikulation des Ganzen. Nicht nur seinem musikalischen Inhalt nach wird dabei das Feld modifiziert, sondern auch in seinem Verhältnis zu den angrenzenden symphonischen Hauptabschnitten. Noch die formale Artikulation ist unformalistisch, dem Fluß des Ganzen angemessen. Aus der Einleitung zitiert sei lediglich eine Stelle, unmittelbar nach dem tiefen Bläserchoral, Modell tödlichen Ernstfalles.

Beispiel: S. 156, letzter Takt bis S. 158, 2. Takt, vor dem dritten Taktteil schließen.

Der Hauptsatz wird nach einer letzten, entschlossenen ruckweisen Modulation von c-moll nach a-moll erreicht, ein wilder Marsch:

Beispiel: S. 163, von Ziffer 110 an, mit vorhergehendem Auftakt, schließen S. 165, Ziffer 112, vor dem zweiten Taktteil.

Die Stellen mit den pfeifenden Trillern der Holzbläser klingen wie die Apotheose der Militärkapellen im hohen Stil. Der Komplex des zweiten Themas dann ist kurz, eine Melodie, unregelmäßig tanzend über Wellen wie ein jubelndes und unendlich bedrohtes Boot. Unmittelbar folgt eine kurze Erhebung, wie sie wirklich nun große Situationen aus Romanen von Dostojewsky und Balzac suggeriert.

Beispiel: S. 174, von Ziffer 117 an bis S. 181, Ziffer 120, auf dem zweiten Taktteil schließen.

Das Irreguläre und Bestürzende des Satzes, nach der im Verhältnis zur Einleitung knapp und höchst sinnfällig formulierten Exposition, ist die riesige Durchführung, wahrhaft hier die eigentliche Symphonie. Sie war derart zu konstruieren, daß sie weder in Disproportion zum Vorhergehenden gerät, noch in sich selber verwirrt. Dafür reicht jene phantasierende Freiheit nicht aus, die das Schema der Durchführung als sein Korrektiv zumißt. Solche Freiheit kommt nur darin zu Ehren, daß die jeweils über Modellen errichteten Hauptpartien meist gegen ihr Ende ausschwingen, als lockerte ihr eigener Verlauf den Zwang des Ganzen. Die Parallelität der Ausbreitungsfelder vereinheitlicht ebenso die Mannigfaltigkeit der Charaktere wie sie das Gebändigte doch erweicht; der große Rhythmus der Durchführung wird selber zu einem von Notwendigkeit und Freiheit. Jede Anspannung wird gewissermaßen belohnt. Gerade dort, wo der Satz durch und durch in Bewegung gerät, gehorcht er rigoroser Konstruktion. Die Durchführung gliedert sich scharf nach vier Teilen. Der erste, sogleich nach der gekürzten Wiederholung der Einleitung, ruckhaft auf einem Harfenakkord einsetzend:

Beispiel: S. 185, Ziffer 123 bis S. 186, 4. Takt, vor dem folgenden Takt schließen,

ist eine freie Variante des zweiten Themenkomplexes der Exposition. Den Anfang des zweiten markiert der erste Hammerschlag:

Beispiel: S. 194, von Ziffer 129 an bis S. 195, mit der letzten Note des zweiten Takts schließen.

Im Sinn einer krebsgängigen Disposition des Ganzen wird in diesem zweiten Durchführungsteil das Hauptthema noch ausgespart. Er bezieht sich wesentlich auf ein dessen Fortsetzung zugehöriges, dem Choral verwandtes Motiv. Die lang ausgesponnene Strophe steigert sich barbarisch. Ähnlich ist in dem Lied Rewelge das Wort »Feind« dreimal wiederholt. Ein Riß erfolgt auf einer Generalpause.

Beispiel: S. 202, vom 1. Takt bis zur Generalpause, auf dem ersten Taktteil des 2. Takts auf S. 204 schließen.

Dann kulminiert die Partie im dritten, zentralen Durchführungsteil, Mahlers mächtigstem Marsch, aus dem Hauptthema gebildet.

Beispiel: S. 205, von Ziffer 134 mit Auftakt bis S. 207, Ziffer 135, auf eins schließen.

Jetzt erst entwickelt der Marsch sich widerstandslos; sein breit verströmendes Ende ist äquivalent dem Schluß der ersten Durchführungspartie. Auf den Anfang der vierten und letzten fällt abermals ein Hammerschlag.

Beispiel: S. 216, von Ziffer 140 bis S. 217, Ziffer 141, auf eins schließen.

Sie korrespondiert unmißverständlich der zweiten: der große Marsch ist eingelassen zwischen die Betonpfeiler des Bläserthemas; doch variiert die vierte Durchführungspartie die zweite gesteigert. Sie mündet in das nun wiederum lange Einleitungsfeld. Es gleitet aber, nachdem es seine ursprüngliche Funktion erfüllt hat, nicht schematisch weiter zur Reprise, sondern die krebsgängige Tendenz wirkt fort. Unmerklich verschmilzt die Einleitung mit einer Reprise des zweiten Themenkomplexes. Diese ist so behandelt, daß der eigentliche Reprisencharakter erst dort offenbar wird, wo dann, mit Elementen aus dem zweiten kombiniert, die Wiederholung des ersten, des Hauptthemas erfolgt. Für das Verständnis des Satzes beim lebendigen Hören ist wesentlich, daß man jenen geräumigen, aus Einleitung und zweitem Thema gebildeten Komplex, der überaus unerwartete lyrische Episoden der Oboe und der Sologeige gestattet, richtig wahrnimmt, als ein Stück Reprise, das diese zugleich verzögert und es erlaubt, sie dann dort, wo sie ausdrücklich wird, verhältnismäßig kurz zu erledigen, ebenso wie die letzte Wiederkehr der Einleitung und die schwarze Coda. Hat Mahler unbekümmert um die ewige Mahnung, formal Maß zu halten, seine Musik dort extrem zu expandieren gewagt, wo der Impuls es verlangte, so faßt er sich knapp, stürzt dem Ende zu, nachdem jene Impulse sich ausgelebt haben. Was ich aber mit Mahlers Ekstase am Rande des Abgrunds meine, sei Ihnen bezeugt durch das Ende der Reprise vorm letzten Einsatz der Einleitung:

Beispiel: S. 253, Ziffer 161 bis S. 259, einen Takt nach Ziffer 164, auf eins schließen.

Vergeblich wäre es, trotz der Hammerschläge, in diesem Finale auf den zu lauern, der da angeblich vom Schicksal gefällt wird. Die Hingabe der Musik an den ungezügelten Affekt ist ihre Bahn zum Tod, ungeminderte Rache des Weltlaufs an der Utopie. Offen verzweifelte Partien treten zurück hinter solchen des dumpf Brütenden, des Überschäumens, des Heranbrausenden; Ausnahmen sind eigentlich nur der scheele Bläserchoral der Einleitung und der

Posaunensatz der Coda. Die Katastrophen koinzidieren mit den Höhepunkten. Manchmal klingt es, als ob im Augenblick des endlichen Feuers die Menschheit noch einmal aufglühte, die Toten noch einmal lebendig würden. Glück flammt hoch am Rande des Grauens. Das Letzte, was ich über diesen Satz und über Mahler zu sagen vermag, wäre, daß er weder jenseitige Erfüllung vorgaukelt, noch suggeriert, die konsequente Logik des Vollzugs eines musikalischen Ganzen sei eins mit metaphysischem Sinn. Ewig ist ihm die Figur der vergänglichen Erfüllung, die im Angesicht ihrer eigenen Vernichtung gedeiht. Das Absolute haftet dieser Musik an ihrer Vergänglichkeit.

1960

Arnold Schönberg

Worte des Gedenkens zum 13. September 1951

Als die Zeitungen den Tod Arnold Schönbergs meldeten, ward er in den meisten als »Vater der Zwölftonmusik« bezeichnet. Das ist charakteristisch für das Bild des Meisters, wie es stets noch im öffentlichen Bewußtsein sich erhält. Er gilt als Neuerer, als Reformator, wohl gar als Erfinder eines Systems. Schweigend ist darin eingeschlossen, er habe zwar für andere den Weg bereitet und verdiene Respekt, aber er habe es nicht selbst vollbracht und sei eigentlich durch die historische Entwicklung bereits überwunden. Der Vergleich zwischen seiner Musik und der, die nach ihm kam, sollte dies Vorurteil zerstreuen. Künstlerische Revolutionen von der Gewalt der Schönbergischen werden nicht darum unternommen, daß man danach so weitermachen kann wie zuvor und nur einiges mehr sich erlauben. Aber sein Werk, das unbeirrt, ohne Konzessionen einzig der eigenen Wahrheit sich verpflichtet weiß, beschämt die, welche von der Musik verlangen, daß sie das Leben bestätige, so wie es ist, und treibt sie zur Abwehr. Daher möchte ich in diesen Minuten des Gedenkens einfach, ohne Umschweife, aber mit aller Verantwortung aussprechen, daß Arnold Schönberg ein großer Komponist gewesen ist, einer der größten, ebenbürtig der Tradition von Bach, Mozart, Beethoven und Brahms, der er sich zurechnete. Er hielt ihr die Treue, indem er ihre Oberfläche durchbrach, und hat aus Eigenem, ohne Schutz bei ihr zu suchen, ihre Substanz noch einmal aus sich heraus und dem Leiden seiner Welt erzeugt. Daß heute nicht in der gleichen, von objektivem Geist getragenen Weise mehr verbindlich sich komponieren läßt wie vor 150 Jahren, und daß der Begriff des Genies fragwürdig geworden ist, ändert nichts daran, daß in Schönberg die ästhetische Produktivkraft noch einmal mit derselben ursprünglichen Kraft sich darstellt, wie in den mittlerweile zu Kulturgütern erniedrigten Werken der Vergangenheit. Schönberg, von dem man uns einreden will, seine Musik kranke am Intellektualismus, war ein naiver Künstler in dem höchsten Sinne der reinen unreflektierten Hingabe an die Sache und des Vertrauens darauf, in Kunst spreche ein Absolutes sich aus. So verlangt denn auch sein Werk nicht, daß Sie sich theoretisch darüber informieren oder gar um sogenannte Spielregeln kümmern. Es kommt einzig darauf an, daß Sie sich ihm ohne vorgefaßte Meinung und ohne sich hinter fertig bezogenen Anschauungen zu verschanzen, rein aufschließen und ihm etwas von dem Vertrauen zurückgeben, das er in uns hegt, indem er uns als Menschen anspricht und nicht als präparierte Träger und Opfer des allherrschenden Betriebes.

Damit will ich nicht sagen, Schönbergs Musik sei leicht zu verstehen. Vielleicht kann ich Ihnen am ehesten helfen, indem ich Ihnen etwas von ihren Schwierigkeiten erkläre. Merkmale wie das Vorwalten von Dissonanzen in der Harmonik und von weiten Intervallen in der Melodik sind nicht entscheidend. Das Wesentliche ist vielmehr, daß Schönbergs Musik sich auflehnt gegen das Element der musikalischen Dummheit, das Infantile; mit anderen Worten, gegen die Herstellung von Zusammenhängen durch sture Wiederholung und gegen die arme Freude, die der Wiederholungszwang gewährt. Das Grundprinzip seiner Musik in all ihren Phasen ist, wie er selber es nannte, das der entwickelnden Variation. Die strenge Einheit, die seine Gebilde in sich bewähren, kommt zustande durch unablässige Veränderung. Jedes ihrer Themen bedeutet eine Verpflichtung: die, es weiterzutreiben, Konsequenzen zu ziehen, aufzulösen, bis die Spannungen des musikalischen Antriebs ausgeglichen sind. Sie werden diese Musik in dem Augenblick richtig hören und ihre Einheit erfassen, in dem sich Ihr Ohr nicht an Wiederholungen klammert, sondern die stetige Wandlung, gleichsam die Geschichte aller Themen lebendig mitvollzieht.

Reif, dem Kinderspiel entwachsen, ist Schönbergs Musik auch in dem Betracht, daß ihre Neuerungen sich nicht bloß auf eine Dimension beziehen, sondern auf sämtliche, Harmonik, Melodik, Kontrapunkt, Farbe und Form. Sie alle sind dem kompositorischen Prozeß eingeschmolzen und integriert. Daher stellt das Ergebnis unvergleichlich viel komplexer sich dar als die übliche Musik. Sie hören nicht Melodien, die von Formeln begleitet sind. Formeln finden Sie überhaupt nicht, keine Akkordmünzen, keine eingetrommelten Rhythmen. Alles steht einmalig und ganz für sich selber ein. Beispiellos intensive Phantasie drängt in jeden Augenblick eine Fülle von Ereignissen zusammen, wie sie sonst nur im Nacheinander sich darlegt. Polyphonie und Kontrapunkt sind keine Zutaten, sondern produzieren die ganze Form. Daher fordert diese Musik nicht bloß das Mitvollziehen ihrer oft aufs äußerste verkürzten Entwicklung, sondern ebenso auch, daß Sie das Vielfache wahrnehmen, das in jedem Augenblick gleichzeitig geschieht. Sie will mit der größten Konzentration gehört sein, unter Verzicht auf die Gewohnheit des passiven Sich-Treiben-Lassens, zu der Musik immer wieder verführt.

Das Zweite Streichquartett, das wir als Hauptwerk ausgesucht haben und das viele bereits als eines des Überganges abtun, scheint mir eines der großartigsten und inspiriertesten. In sich faßt es die ganze Entwicklung von Schönbergs Kunst zusammen. Der erste Satz holt, mit einem Äußersten an Stufenreichtum und profilierten Themen, auf knappstem Raum, noch einmal heraus, was die Tonalität an ihrem Ende herzugeben vermag. Auf die völlig unschematische Ausführung der Reprise weise ich Sie besonders hin. Der zweite, scherzoartige Satz läßt alle Strindbergischen Dämonen des Expressionismus los und damit die Kräfte, welche die Tonalität zerbrachen. Der dritte, mit Gesang, bringt Variationen, deren Thema aus den wichtigsten motivischen Bestandteilen der beiden ersten gebildet ist. Er entbindet die konstruktiven Gegenkräfte, die denen des Ausdrucks bei Schönberg die Waage halten. Der letzte aber, wiederum mit Gesang, ist die neue Musik schlechthin, trotz des Fis-Dur am Ende ihr erstes schlackenloses Zeugnis, so utopisch visionär, wie keine andere danach. Die instrumentale Einleitung dieser »Entrückung« ist wirklich so, als wäre Musik aller Fesseln ledig geworden und dränge über ungeheure Abgründe hinweg zu jenem anderen Planeten, den Georges Gedicht beschwört. Wo er genannt wird, klingt es, als hätte Musik ihren Fuß auf nie zuvor betretenen Boden gesetzt. Und der Abgesang: »Ich löse mich in Tönen, kreisend, schwebend«, ist eine der schönsten, freiesten und erfülltesten Melodien, die je gefunden wurden.

Lassen Sie mich hier abbrechen. Schönberg hat einem Werk seines Freundes Anton von Webern den Satz vorangestellt: »Möge ihnen diese Stille klingen.« In solchem Geiste bekunden wir dem Toten unsere Ehrfurcht, indem wir fünf Minuten schweigen und buchstäblich die Stille klingen lassen, ehe die Musik anhebt, die solches Schweigen einlöst.

Einführung in die Zweite Kammersymphonie von Schönberg

Den achtzigsten Geburtstag Arnold Schönbergs begehen wir festlich mit einer Aufführung der in Deutschland noch recht selten gehörten Zweiten Kammersymphonie. Ich könnte mir kaum ein Werk vorstellen, das besser dazu taugte, ihn zu feiern. Es vereint Qualitäten der einleuchtendsten Wirkung mit jenen spezifischen, verborgeneren der Gestaltung, die Schönbergs säkularen Rang bestimmen. Im allgemeinen hilft bei großer Musik die Kenntnis der Entstehungsgeschichte dem Verständnis der Sache selbst wenig. Aber auch darin ist vielleicht die Zweite Kammersymphonie eine Ausnahme. Ihre Konzeption liegt bald fünfzig Jahre zurück; sie wurde gleichzeitig mit der Ersten Kammersymphonie begonnen, und die Arbeit an beiden Partituren hat sich überkreuzt. Aber die Zweite Kammersymphonie teilte das Schicksal vieler anderer Schönbergscher Entwürfe; sie blieb unvollendet, wahrscheinlich weil die unbeschreiblich steile, sprunghafte Entwicklung des Meisters in den entscheidenden Jahren kurz vor dem ersten Weltkrieg ihn von Plänen wegriß, die sich noch ans traditionelle Material der Tonalität gebunden wußten. Immerhin war die Zweite Kammersymphonie damals weit fortgeschritten. Ich erinnere mich, daß Alban Berg, Schönbergs Schüler und mein eigener Lehrer, mir 1925 Wunder von einem großen es-moll-Adagio daraus erzählte, das er zu dem Schönsten rechnete, was Schönberg überhaupt geschrieben hatte. Es ist das Verdienst des Dirigenten Fritz Stiedry, eines der treuesten Freunde Schönbergs, daß er ihn viele Jahre später in Amerika zur Vollendung des Werkes anspornte. Er hat dann auch die Uraufführung bei den New Friends of Music in New York geleitet. Stiedrys Bemühungen kam die Neigung Schönbergs entgegen, nicht nur, wie im Fall der Gurrelieder, auf Älteres, Unvollendetes zurückzukommen, sondern überhaupt die Souveränität, die er an den neuen Mitteln sich erworben hatte, an alte zu wenden und unter Beweis zu stellen, daß vom Standpunkt des fortgeschrittensten Komponierens aus auch mit jenen alten Mitteln Neues sich aussagen läßt.

Die Zweite Kammersymphonie ist der Ersten höchst unähnlich. Ihr Grundton ist nicht stürmisch-schwungvoll, sondern tragisch; sie ist nicht für solistische Besetzung, sondern von Anbeginn für kleines Orchester gedacht, und sie sollte nicht einsätzig, sondern mehrsätzig werden. Bei der Arbeit hat sich dann der Plan verdichtet: es ist bei zwei Sätzen geblieben, die scharf konstrastieren, aber eng verklammert sind und zu einem höchst geschlossenen Ganzen sich runden.

Man hat es mit einem Gebilde zu tun, in dem die Spontaneität und Ursprünglichkeit von Schönbergs Jugend mit der höchsten Meisterschaft seines reifen Stils sich verbindet. Um der Einheit des Ganzen willen ist auch der nachkomponierte zweite Satz tonal behandelt, aber von einer kontrapunktischen Kunst erfüllt, welche die ganze Erfahrung der Zwölftontechnik in sich aufspeichert: ein tonales Stück im Zwölftongeist, eine integrale Komposition, in der es keine zufällige, keine unthematische Note mehr gibt, ohne daß dabei vom unmittelbaren Musizierimpuls das leiseste geopfert wäre. Beim Hören dieses zweiten Satzes ist es einem zumute, als wäre die ganze Tonalität selber nichts anderes als ein Spezialfall des Komponierens mit zwölf Tönen. Was aber dem Werk seinen unverwechselbaren Charakter in Schönbergs Gesamtœuvre zuteilt, ist die Einheit der technischen Gestaltung mit dem, was man wohl früher poetische Idee nannte. Kein anderes Instrumentalstück Schönbergs seit seiner Jugend, das Zweite Quartett vielleicht ausgenommen, realisiert so eindringlich eine solche poetische Idee. Erst beim Hören der Zweiten Kammersymphonie kann man die gar nicht an der Oberfläche bemerkliche, aber bis ins Innerste reichende Liebe Schönbergs zu Gustav Mahler ganz verstehen, dessen Symphonien ähnlich als geistige Totalitäten geschichtet sind. Die technische Verfahrungsweise der Zweiten Kammersymphonie selbst schreibt die Bahn vor, in der ihr Ausdrucksgehalt hevortritt.

Der erste Satz ist jenes berühmte es-moll-Adagio, voll der herrlichsten Themen, vor allem aber bezeichnet durch seine Harmonik, den außerordentlichen Stufenreichtum, der fast jedem Ton seinen selbständigen und dabei in der Formbildung des Ganzen jeweils mitbeteiligten Akkord zuweist und damit perspektivische Wirkungen außerordentlicher Art herstellt. Der Charakter ist einer des größten aber zugleich verhaltenen Ernstes, lyrisch und doch symphonisch-expansiv. Der zweite bietet eine Überraschung. Er setzt in leichtestem, graziösem Serenadenton ein, man könnte zunächst an Hugo Wolf denken. Aber durch die kontrapunktische Kunst, die hier im Gegensatz zum vorwiegend homophonen ersten Satz waltet, schürzt sich allmählich der symphonische Knoten. Der Bau wird immer reicher, beziehungsvoller und durch die angespannte Konstruktion auch im Ausdruck immer dunkler, bis dieser tragisch ausbricht, und mündet in eine auf den ersten Satz zurückgreifende Coda, die nun die lyrische Trauer des Beginns ins düster Monumentale erhöht. Der zweite Satz endet im ersten, aber es ist, als werde hier erst die Gefühlslage, aus der jener entsprang, ganz objektiviert.

Manchmal will es mir scheinen, als sei heute die Schwierigkeit, vor die Schönberg stellt, gar keine sachliche mehr, sondern Produkt der öffentlichen Meinung, die für sein Werk so viele Clichés bereit hält, daß die Hörer nur noch nach diesen Clichés hören und nicht die Musik. Die Zweite Kammersymphonie vermag davon zu befreien. Wenn Sie sich die innere Geschichte vergegenwärtigen, die das Stück durchmißt, und sich ihm dann ohne viel Reflexion überlassen, so werden Sie mühelos folgen können und all das unmittelbar wahrnehmen, was ich Ihnen nur darum durchs Wort vermittelte, damit Ihre Aufmerksamkeit sogleich sich aufs Wesentliche richte. Sie werden nichts anderes als eines der schönsten, reichsten und gesammeltesten Stücke der gesamten symphonischen Musik vernehmen, und werden das Vertrauen mitnehmen, daß einer, der so Neues mit dem Vertrauten auszusagen wußte, das Recht besaß, vom Vertrauten sich zu lösen, und dabei einer Notwendigkeit folgte, die größer war selbst als die große Tradition, an der er seine Kraft bildete.

1954

Alban Bergs Kammerkonzert

Das Kammerkonzert für Klavier und Geige mit dreizehn Bläsern, das Sie zum Gedächtnis an den zwanzigjährigen Todestag des Komponisten vernehmen werden, ist, wie man so sagt, ein harter Brokken. Es scheint mir richtiger, Sie darauf vorzubereiten, als Ihnen eine Rede über das Werk zu halten, die Sie nur schwer auf das beziehen könnten, was Sie tatsächlich hören werden. Vielmehr halte ich es für meine erste Aufgabe, Sie zu ermutigen, dem Stück angespannte und konzentrierte Aufmerksamkeit zu widmen. Tun Sie das nicht, wird es an Ihnen vorüberrauschen und Sie vielleicht ratlos lassen; tun Sie es aber, geben Sie dem Stück etwas von der Anstrengung Ihres eigenen Gehörs, so wird es Ihnen das Gegebene vielfach zurückschenken.
Ein Hinweis solcher Art, mag er Sie auch im ersten Augenblick erschrecken, ist gerade bei Berg nicht überflüssig: Er gilt ja unter den wirklich bedeutenden und verantwortlichen Komponisten der neuen Musik für verhältnismäßig leicht verständlich. Das kommt teils daher, daß er als Opernkomponist über eine gewisse Faßlichkeit des Ausdrucks verfügt, die Brücken zum Hörer schlägt, teils daher, daß in seiner Musiksprache Einschläge der herkömmlichen Tonalität sich finden, die vertraut anmuten; schließlich aber daher, daß seiner Musik ein Zug ganz abgeht, den viele andere moderne hat, der von Zerrissenheit des Klangbildes. Bergs Musik ist das Gegenteil von punktuell. Alles ist ineinander gearbeitet, dicht gewoben – ganz äußerlich schon ist Bergs Musik aus der der Schönbergschule diejenige, in der am wenigsten Pausen stehen, in der ein kontinuierlicher Strom von Musik fließt.
Trotzdem ist die Anschauung von der relativen Einfachheit Bergs nur bedingt richtig. Das hängt gerade mit ihrem dicht Gewobensein zusammen. Ist sie nicht zerrissen, so verweigert sie dafür vielfach dem Gehör die Stützen sinnfälliger Kontraste, an denen man sich orientieren kann. Die Gefahr des unvorbereiteten Hörens ist, wie in

einem Dickicht sich zu verlieren. Wahrhaft in einem Dickicht. Denn Bergs Musik hat in ihrem Gewebecharakter eine überaus merkwürdige Eigenschaft; eine Art von Unersättlichkeit. Besteht die Schwierigkeit bei Webern, oder bei seinen jüngsten Nachfolgern, den Punktuellen, darin, die kargen Klänge miteinander sinnvoll zu verbinden, so ist die Schwierigkeit bei Berg die genau entgegengesetzte. Es ist, um einen Ausdruck zu verwenden, den er selbst einmal bei analoger Gelegenheit gebrauchte, soviel Musik da, es ist vor allem soviel an Stimmen übereinander gelegt, daß man nicht leicht durch den Reichtum dessen, was sich gleichzeitig abspielt, sich hindurchfindet.

Lassen Sie mich Ihnen hier vielleicht sofort einen Rat geben. Berg, wie die ganze Schönbergschule, war nicht umsonst ein Wiener: die Tradition, aus der diese Musik kommt, ist schließlich keine andere als die der Wiener Klassik. Deren Technik ist aber die der sogenannten durchbrochenen Arbeit, des Springens der Hauptstimme von einem Instrument zum anderen, wie Sie es etwa aus Beethovens Quartetten kennen. Es sind also nicht etwa alle die gleichzeitig ertönenden Stimmen, so selbständig sie auch geformt sein mögen, einander gleichberechtigt, sondern es gibt im Grunde immer, wie im Wiener Klassizismus, Hauptstimme und Begleitung. Die Kunst des Hörens besteht demnach vorab darin, zunächst einmal die Hauptstimme zu verfolgen, sozusagen den roten Faden. Wenn Sie sich darauf konzentrieren, wird Ihnen im groben der Zusammenhang des Ganzen klar, und das ist wichtiger, als daß Sie jede einzelne Begleitstimme sogleich als eine selbständige Melodie neben der Hauptstimme mitbekommen.

Dabei hilft Ihnen der Komponist: durchweg sind die Hauptstimmen stärker oder wenigstens deutlicher gesetzt als die Begleitstimmen, so daß Sie am besten immer auf das achten, was von den Tonereignissen das vordringlichste ist, und versuchen, diese sinnfälligsten Ereignisse im Nacheinander zu verbinden. Ich brauche kaum hinzuzufügen, daß gleichwohl die Nebenereignisse kein bloßer Schmuck sind, sondern in der Komposition ihre genaue Funktion erfüllen. Aber man muß erst den Umriß wahrnehmen, ehe man auf diese Funktion sich richtet, und oft teilt sie sich ganz unwillkürlich wie der Hintergrund zur Figur mit, wofern man nur auf die Hauptsache achtet.

Gleich zu Beginn des Konzerts also findet sich ein Motiv in der tiefen Lage des Englisch Horns, zu dem dann immer eine weitere Note hinzutritt. Nachdem diese Melodie rasch ihren Höhepunkt erreicht hat, wird sie von der Trompete fortgesetzt und darauf vom Horn; die zunächst darüber und dann darunter liegenden Akkorde sind bloße Begleitung. Verfolgen Sie also erst einmal diese Hauptstimme und suchen Sie vor allem den Anschluß zwischen dem abschließenden d des Englisch Horns und demselben d in der Trompete zu erwischen, das die Trompete aufnimmt und dann das Horn. Dann hören Sie die Begleitakkorde hinzu und schließlich noch zwei selbständige Nebenstimmen, und Sie haben das Ganze:

Beispiel: Takt 1–4 und die ersten drei Achtel von Takt 5, und zwar erst nur die Hauptstimme, dann das Ganze.

Das Kammerkonzert nun gehört, neben dem dritten der Orchesterstücke aus op. 6, zu dem Reichsten und Komplexesten von Berg. Sie werden nach dem Grund fragen. Berg hat selbst einen Beweis gegeben. Das Werk ist seinem Lehrer und Freund Arnold Schönberg zum fünfzigsten Geburtstag gewidmet worden, und er hat es mit einem erläuternden Begleitbrief versehen. Darin sagt er, ein Konzert sei »gerade die Kunstform, in der nicht nur die Solisten ihre Virtuosität und Brillanz zu zeigen Gelegenheit haben, sondern auch einmal der Autor«. Er wollte sich also artistisch austoben, nach Herzenslust so kompliziert sein, wie seine Natur es war, während ja bekanntlich die ästhetische Jahrmarktsweisheit vom großen Kunstwerk abgeklärte Einfachheit verlangt, damit es nur ja dem Publikum nicht zuviel zumute. Die Spielfom des Konzerts aber dispensiert davon: auch der Komponist darf spielen. Das Problem jedoch, das dabei sich stellte, war kein anderes, als jene Unersättlichkeit und Freude an der Kombinatorik doch so zu disziplinieren, daß ein sinnvolles, organisiertes Ganzes herauskam und kein Chaos.

In diesem Zusammenhang ist es vielleicht angezeigt, Sie daran zu erinnern, daß das Kammerkonzert ungefähr gleichzeitig mit den ersten Zwölftonkompositionen Schönbergs entstand. Ohne selbst schon zwölftönig zu sein, benutzt es doch gelegentlich Elemente dieser Technik. Vor allem aber: seine eigene Gestaltungstendenz ist der der Zwölftontechnik von innen her verwandt. Denn es geht ja, wie gesagt, darum, eine unbeschreibliche Fülle von musikalischen Ereignissen doch zugleich so streng zu formulieren, daß sie nicht zerfließen, und genau dazu ist auch die Zwölftontechnik da. Berg strebt eine ganz außerordentliche kompositorische Ökonomie an: alles ist aus allem entwickelt, alles untereinander verwandt, und die Komplikationen rühren zum Teil daher, daß das Bemühen, konstruktiv das Verschiedenste zusammen zu bringen, zuweilen den Komponisten dazu nötigt, ganze Komplexe übereinander zu stülpen, das Nacheinander zu integrieren, indem er es in ein Miteinander verwandelt. Das gilt besonders für den letzten Satz, der nicht buchstäblich, dem Wortlaut der Noten nach, aber doch der Idee nach die beiden ersten Sätze simultan kombiniert. Ich möchte Ihnen jedoch raten, auf solche konzertanten Kunststücke des Komponisten nicht allzu viel Aufmerksamkeit zu verwenden, sondern lieber zu versuchen, dem lebendigen Verlauf der Musik zu folgen; das Allerwichtigste über ihre Konstruktion werde ich Ihnen noch sagen. Vorher jedoch möchte ich lieber auf ein paar spezifische Schwierigkeiten eingehen und Ihnen helfen, so gut ich es vermag, sie zu überwinden.

Das Wichtigste also ist, sich überhaupt zurechtzufinden. Der erste Satz ist ein Thema mit Variationen. Aber schon das Thema weicht von der Vorstellung ab, welche die meisten von Ihnen heranbringen werden. Unter einem Variationsthema stellen Sie sich ein kurzes, übersichtliches Gebilde, sechzehn- oder gar nur achttaktig vor. Das Bergsche Variationenthema jedoch, das mit jenem Motiv des Englisch Horns einsetzt, ist viel weiter ausgesponnen, dreißig Takte lang. Es ist kein bloßes Rohmaterial kommender Entwicklungen, sondern in sich bereits fließend entwickelt, auf einen Höhepunkt hin, dann abklingend zu einem sehr schönen, für Berg charakteristischen Nachsatz. Es lautet:

Beispiel: Takt 25–28 vorletztes Viertel.

Das Thema verzichtet auf die Stützen, welche die gewohnten Variationsthemen gewähren, es wird aber verdeutlicht von der ersten Variation. Sie ist dem Klavier allein überlassen und variiert das Thema noch nicht eigentlich, sondern übersetzt es ins virtuos Klaviermäßige. Übrigens ist diese erste Variation die einzige Stelle des Konzerts, an der das Klavier als konzertierendes Instrument sich ganz ausleben darf. Versuchen Sie, so gut es geht, diese Variation als das eigentliche Thema sich einzuprägen.

Beispiel: die ganze Variation spielen.

Die drei nächsten Variationen, welche das Thema durchführen, sind jeweils scharf gegeneinander charakterisiert. Die zweite basiert auf einem Walzerrhythmus:

Beispiel: Takt 61 und 62 spielen

und bewahrt sich durchaus den Ländlercharakter. Die dritte Variation ist kräftig bewegt und vielfach akkordisch. Sie erkennen sie an ihrem markierten Anfang:

Beispiel: Klavierstimme allein von Takt 121–125.

Die vierte Variation ist sehr rasch, deutlich scherzoartig, im Sechsachteltakt. Die fünfte und letzte Variation, mit einem Triller beginnend:

Beispiel: Takt 181 und 182

greift wieder offener auf das Thema zurück, bereichert es aber durch kanonische Bildungen. Ein große Steigerung am Schluß führt ohne Pause in das Adagio, in dem nun zum ersten Mal die Geige einsetzt, von gedämpften Blechbläsern begleitet. Das Klavier verstummt nun.

Die Schwierigkeit dieses Adagios besteht in dem großen Reichtum an Themen, die so eng aneinander gebunden sind, daß man darüber in Verwirrung geraten kann. Ich fürchte nicht aus der Schule zu plaudern, wenn ich Sie hier noch auf einen besonderen Grund der Schwierigkeit aufmerksam mache. Das Doppelkonzert wird von dreizehn Solobläsern begleitet; Streicher fehlen also darin, damit der Gegensatz des Violin- und Klavierklangs von dem begleitenden Körper recht drastisch gerät. Aber ein solcher Bläserchor ist, selbst bei größter Geschmeidigkeit der Behandlung und liebevollster Darstellung, doch viel spröder und weniger beweglich als ein Streichkörper. Die Bergsche Technik, Klänge dadurch zu verschmelzen, daß man den einen bis zum pianissimo abschwächt und unmerklich im pianissimo durch eine andere Farbe ablöst, wird dadurch erschwert, daß nicht alle Bläser über dasselbe pianissimo oder auch nur piano verfügen und sich überhaupt nicht so kontinuierlich aneinander binden lassen wie ein volles Orchester. Wird etwa der tiefste Ton eines begleitenden Akkords von der Posaune gebracht, so hat dies Instrument soviel Eigengewicht, daß es fast automatisch wie eine Hauptstimme wirkt und die Aufmerksamkeit von dem eigentlich melodieführenden, etwa einer Klarinette in schwächerer Lage, ablenkt. Und von dergleichen Problemen ist das Kammerkonzert übervoll. Sicherlich wäre es auch im Sinne Bergs gewesen, Sie auf solche Dinge hinzuweisen; wenn man des Grundes von Hörschwierigkeiten sich bewußt ist, so ist das der erste Schritt ihnen gewachsen zu sein, wie es denn überhaupt in der Musik wie in anderen Dingen gar nichts ausmacht, wenn man etwas einmal nicht versteht, sondern nur, wenn man nicht merkt, daß man etwas nicht versteht.

Um auf das Adagio zurückzukommen: das erste Thema, dreimal in sich verschoben, ist lang ausgesponnen und akkordisch begleitet; an einer Stelle imitieren zwei Klarinetten und eine Baßklarinette das Tremolo von Streichern, so wie später vollgesetzte Holzbläserakkorde den Orgelklang nachahmen. Dies Thema gleitet unmerklich in das zweite, das vor allem durch seine Setzweise vom ersten sich abhebt: ganz dünne, selbständige Stimmen, in weiter Lage voneinander getrennt; übrigens verwendet Berg hier, wo er die Intervalle des Themas verjüngt, in einem Takt Vierteltöne. Das dritte Thema, das für den späteren Verlauf des Konzerts entscheidend wichtig ist, wird von der Klarinette vorgetragen. Es gehört zu den schönsten lyrischen Einfällen Bergs, und Sie sollten es festhalten:

Beispiel: Takt 283–286, schließen mit der Abschlußnote der Klarinette.

Dies Thema wird nun breit, relativ selbständig ausgesponnen.

Ich will Ihnen hier wenigstens an einer Stelle die Bergsche Kombinatorik zeigen. Einmal nämlich erscheint dasselbe Thema gleichzeitig in drei verschiedenen Notenwerten: in Trompete und Posaune in Vierteln:

Beispiel: auf dem Klavier die Hauptstimme Takt 303–305 spielen.

In Hörnern und Klarinetten in Achteln:

Beispiel: die Mittelstimmen in Dreiklängen Takt 304–305 auf dem Klavier spielen.

In Sechzehnteln in Baßklarinette und Fagott:

Beispiel: Unterstimmen Takt 304–305.

Dazu spielt die Geige einen für den ganzen Satz ebenso wie für das Finale entscheidenden Hauptrhythmus:

Beispiel: rhythmische Hauptstimme Takt 304 und 305.

Das Ganze klingt zusammen so:

Beispiel: vom Band spielen von Takt 303–306, erstes Viertel.

Natürlich kann von keinem Nichtmusiker erwartet werden, daß er wirklich gleichzeitig all das wahrnimmt; was aber wahrgenommen werden kann, und soll, ist die Dichte der thematischen Beziehungen, die durch solche Künste hergestellt wird.

Nachdem diese lange Entwicklung abgeklungen ist, kommt es noch zu einem vierten, schleppenden Thema und zu einer andeutenden Wiederholung des ersten. Bergs Formgefühl sagte ihm aber, daß an diese ungemein themen- und entwicklungsreiche Exposition sich nicht eine Durchführung im üblichen Sinn anschließen ließ; dazu ist sie selbst schon zu durchführungsähnlich. Andererseits wäre eine einfache Wiederholung eines so vielgliedrigen Gebildes als allzu mechanisch außer Verhältnis zu dessen eigener Differenziertheit. Daher ist Berg darauf verfallen, dies ganze Adagio in sich rückläufig zu gestalten, derart also, daß seine zweite Hälfte gewissermaßen krebsgängig – so wie später in Hindemiths Opernsketch »Hin und Zurück« –, von einer Wendestelle an, sich zum Anfang hin bewegt. Sie sehen, daß ein Verfahren, welches das banale Vorurteil nur allzu geneigt ist, als bloß errechnet abzutun, seine sehr zwingenden künstlerischen Gründe hat. Es soll mechanische Wiederholung vermeiden und doch nicht dem breit entwickelten Expositionsteil eine weitere Entwicklung hinzufügen. Indem er sich in sich selbst umdreht, wird der riesige Satz in sich ganz streng geschlossen, und doch ist in der zweiten Hälfte seines Verlaufs gegenüber der ersten alles ganz anders. Die Wendestelle wird kenntlich daran, daß das Klavier, das fast unmerklich nur an dieser einen Stelle des langsamen Satzes in Aktion tritt, zwölfmal das tiefe cis anschlägt: hören Sie die Wendestelle:

Beispiel: Takt 358 letztes Viertel bis 363 erstes Viertel.

Daß sich wirklich der ganze Satz krebsgängig umwendet, entnehmen Sie am besten an dem Bläserausbruch, so wie er *vor* dieser Stelle steht und dann wiederkommt:

Beispiel: Takt 358 erste Hälfte mit Auftakt und dann mit Auftakt Takt 363 zweite Hälfte und das erste Viertel von 364.

Im übrigen dürfen Sie sich auch diese krebsgängige Gestaltung des langsamen Satzes nicht mechanisch vorstellen: der Idee nach ist zwar das Verfahren dem der Zwölftontechnik verwandt, da es sich aber um sehr breite Formflächen handelt, geschieht die krebsförmige Wiederholung der ersten Satzhälfte, nach Bergs eigenen Worten, »teils in freier Gestaltung des rückläufigen Themenmaterials, teilweise aber im genauen Spiegelbild«. Das letztere ist bei dem schönen Thema der Fall, das Sie hörten. Gerade um seiner Eindringlichkeit willen darf es nicht wörtlich wiederkommen und erscheint in seiner Spiegelgestalt fast bis zur Unkenntlichkeit verändert.

Beispiel: Takt 435 vom b des Horns bis 438.

Sie werden nach all dem mir vielleicht glauben, daß die Kombination der beiden ersten Sätze im letzten, dem Rondo ritmico, ebenfalls keine rechnerische, äußerliche Veranstaltung ist, sondern ihren guten Sinn hat. Insgesamt sind ja die kunstvollen architektonischen Maßnahmen Bergs überhaupt nichts anderes als die heroische Anstrengung, der Gefahr des Amorphen, des musikalischen Dschungels Herr zu werden, die der Bergschen Natur ursprünglich nahe lag. In diesem Rondo nun bewährt sich die wuchernde Bergsche Phantasie genau daran, wie er aus den vorgegebenen Elementen der beiden ersten Sätze immer wieder Neues, völlig Freies bildet: es ist die Phantasie des Variierens, die hier triumphiert. Ich will Ihnen auch dafür wenigstens ein Beispiel geben. Dem eigentlichen Rondo geht voran eine große, äußerst stürmische, dabei wiederum in sich genau gegliederte Kadenz der beiden Soloinstrumente, während nun das Orchester schweigt und erst mit dem Rondoeinsatz hinzutritt, so daß dann erst die beiden Solisten mit dem Orchester sich vereinigt finden. Die Kombination des ersten und zweiten Satzes beginnt aber schon in dieser Kadenz. Für sie hat Berg sich verschiedene Möglichkeiten offen gehalten: angefangen von der, die Hauptthemen der jeweils korrespondierenden Teile miteinander zu kontrapunktieren, über ein sukzessives Verfahren, das einzelne tongetreu übernommene Phrasen unmittelbar nacheinander stellt, bis zur gelegentlichen Addition ganzer Partien. Der Anfang der Kadenz ist nach dem *zweiten* Verfahren gestaltet. Der Ausbruch des Klaviers, mit dem er beginnt, ist nichts anderes als die Vereinigung der vier ersten Töne des Hauptthemas des ersten Satzes zu Akkorden:

Beispiel: erst auf dem Klavier nacheinander die Töne eis, fis, gis, cis spielen wie im zweiten Takt des ersten Themas, und dann Takt 481 im Klavier.

Beantwortet wird dieser akkordische Ausbruch von einem kontrastierenden Motiv des Klaviers, erst in der Höhe, und dann im Baß fortgesetzt:

Beispiel: spielen die Hauptstimme des Klaviers Takt 482 erst in der rechten Hand, dann die Fortsetzung der linken bis zum abschließenden b in Takt 483.

Die Töne aber, aus denen diese einander ergänzenden Motive bestehen, sind keine anderen als die der Violinmelodie, mit der das Adagio anfängt:

Beispiel: auf dem Klavier spielen die Violinstimme von Takt 241 bis zum abschließenden b von Takt 245.

So sind die Hauptbestandteile der beiden ersten Sätze in die engste Beziehung gerückt, ohne daß irgendeine mechanische Wiederholung oder Verbindung Platz griffe.
Die Geige spielt dazu einen Rhythmus, der schon im zweiten Satz auftritt und nun immer größere Bedeutung gewinnt:

Beispiel: auf dem Klavier spielen die rhythmische Hauptstimme Takt 299 Schluß bis zur ersten Hälfte Takt 300 und dann die Violinstimme Takt 481–482.

Mit diesem Rhythmus aber berühre ich etwas für die gesamte Formgestaltung des Rondos Entscheidendes. Bergs wägendem Kompositionssinn konnte nicht entgehen, daß durch die Umformung der Elemente der ersten Sätze diese von ihrem Ursprung sich so weit entfernten, daß sie als solche schwer wiederzuerkennen sind und daß daher ihre Verbindung allein nicht ausreicht, den letzten Satz zusammenzuhalten, und gar ihn in ein Neues, Selbständiges und Bestimmtes zu verwandeln. Er hat daher als Mittel der Vereinheitlichung des unerhört reichhaltigen thematischen Materials eben jenen Rhythmus benutzt. Er ist es, der nun eigentlich die Rolle eines Rondo*themas* übernimmt und immer wiederkehrt. Berg hat damit, wie übrigens schon in einer Szene des Wozzeck und später einer der Lulu, ein Prinzip vorweggenommen, das gerade bei den jüngsten Komponisten nach dem Krieg eine große Rolle spielt: den Rhythmus ebenso thematisch auszunutzen wie die Folge der Töne. Sie mögen daran erkennen, wie modern Bergs Verfahren gewesen ist, auch wenn er gar nicht rigoros alles verbannte, was an die ältere musikalische Sprache gemahnt.

Ich möchte nicht schließen, ohne Sie auf zwei für Berg besonders charakteristische Stellen noch hingewiesen zu haben. Der Einsatz der stürmischen Kadenz nach dem aufs zarteste verklingenden Adagio ist einer der insgesamt nur zwei scharf kontrastierenden Effekte des ganzen Stücks. Aber es ist so, als hätte Bergs unendliche Sorge um sichernde Vermittlungen diesen Kontrast kaum ertragen können und gesucht, selbst ihn noch nach jenem Prinzip zu gestalten, das Richard Wagner Kunst des Übergangs nannte. Er stand also der paradoxen Aufgabe gegenüber, gleichzeitig äußerstes pianissimo und äußerstes fortissimo schroff aufeinander folgen und doch diese Stärkegrade ineinander übergehen zu lassen. Das ist nun etwas wie die Quadratur des Zirkels, aber Berg hat spielend und ingeniös das Unmögliche möglich gemacht. Während nämlich am Ende des Adagios das Bläserensemble und die Geige unmerklich verklingen, setzt ebenso unmerklich das Klavier bereits vor diesem Ende ein und steigert sich zum mezzoforte, so daß der große Ausbruch des Klaviers in der Kontinuität dieser Steigerung verbleibt. Aber die Steigerung vollzieht sich gleichsam hinter den Kulissen; das Klavier, das ja im zweiten Satz kein Soloinstrument ist, tritt noch kaum in Erscheinung, und selbst, wo es sich, in geräuschähnlichen Noten der tiefsten Lage, steigert, bleibt die Aufmerksamkeit auf die verklingenden melodischen Hauptereignisse der Piccoloflöte und der Geige konzentriert. Auf diese Weise wird tatsächlich sowohl ein vollständiges Verklingen mit anschließendem Kontrast bewirkt wie umgekehrt der dynamische Kontrast, gewissermaßen für die unbewußte Auffassung, schon vorbereitet. Hören Sie dies Kunststück selbst an:

Beispiel: vom Band spielen von Takt 476 bis zum Ausbruch Takt 481.

Das letzte, worauf ich Sie aufmerksam machen möchte, ist das Ende des Konzerts, aber aus gar keinem anderen Grund, als daß Sie die außerordentliche Schönheit dieses in seiner Art einzigartigen Schlusses bemerken. Sie besteht darin, daß das Klavier mit größter Kraft, von der tiefsten bis zur höchsten Lage, eine Tonfolge setzt, die den Charakter des Definitiven hat und gewissermaßen eine Entscheidung herbeiführt, einen Schlußpunkt setzt. Während dieser Schlußkomplex durchhallt, bringen Geige und Bläser nochmals eine Reihe von Motiven, mit immer längeren Pausen dazwischen, aber immer verkürzter und fragmentarischer, so daß das motivische Leben sich ins Nichts auflöst und verklingt, während der mächtige Schlußakkord immer vernehmbar ist. Selbstverständlich kann man die ganze Kraft dieser Stelle nur in dem Zusammenhang erfahren, in dem sie ihre Funktion erfüllt: vielleicht hören Sie sie sich jedoch jetzt schon an, damit sie Ihnen dann bei der Aufführung des Werkes nicht entgeht:

Beispiel: spielen von dem Klaviereinsatz auf das zweite Viertel von Takt 780 bis 785.

Es ist mir bewußt, daß, wenn nun das Werk gespielt wird, Sie kaum all das gegenwärtig halten können, worauf ich Sie aufmerksam gemacht habe. Vielleicht aber ist es mir gelungen, Sie wenigstens auf die Ebene zu geleiten, auf der das Kammerkonzert sich zuträgt, und Ihnen Hinweise zu geben, worauf Sie am besten Ihre Aufmerksamkeit richten. Versuchen Sie nun, möglichst konzentriert der Sache selber sich zu überlassen.

1956

Berg: Drei Stücke aus der Lyrischen Suite für Streichorchester

Bergs Lyrische Suite ist ursprünglich für Streich*quartett* geschrieben und als kammermusikalisches Werk berühmt geworden. Wenn ein Meister seiner Strenge drei Sätze daraus für Streich*orchester* bearbeitete, so ist darin keinesfalls Autorenlaune zu sehen, sondern das Werk selbst, auf der Grenze zweier Bereiche gelegen, scheint nach zwei verschiedenen Erscheinungsweisen zu verlangen. Einen Hinweis auf seinen formalen Doppelsinn gewährt der Titel: es heißt nicht Streichquartett, sondern eben Lyrische Suite *für* Streichquartett. Das meint: es ist nicht eigentlich aus der Idee des Streichquartetts entsprungen: der Sonate, dargestellt in den Linienzügen von vier Stimmen. Sondern ein lyrisch-dramatischer Vorgang, wurzelnd in Liedmelos und Klangfarbe, ist seiner Intimität wegen den vier Instrumenten anvertraut. So hat denn auch von den sechs Sätzen des Originals keiner Sonatenform, außer dem ersten, der sie in sich negiert. Gerade die klanglich-vertikale, im Innersten homophone und im Ausdruck expansive Wesensart des Stückes will sich bei vier Soloinstrumenten weniger bescheiden als ein strikt ›lineares‹ es vermöchte. Die latente Oper, die in der Suite steckt, verlangt gleichsam ein Orchester zur Begleitung – wirkt doch das ganze Werk wie die geheimnisvolle Begleitung dramatischer Vorgänge, die es verschweigt. Erst im Klang des Streichertuttis schwimmen die Konturen so aufgelöst ineinander, wie die strömende Klangvorstellung erfordern mag, die das Werk beherrscht; erst das Tutti wird zum ›Begleiter‹ eines Verborgenen anstatt zum Hauptereignis; erst es gewährt dem Ausbruch die Gewalt, die zur Katastrophe führt. Das gibt für die von Berg gewählte Bearbeitung der drei Stücke den Grund ab. Sucht man nach historischen Modellen, so ist weniger an Quartette zu denken als an jene lyrisch-symphonische Zwischenform, die Mahler im »Lied von der Erde« gefunden hat und der auch Zemlinskys Lyrische Symphonie angehört, die in Bergs Werk einmal ausdrücklich zitiert wird.

Wie das Gesamtwerk, fächerförmig entfaltet, in der Richtung auf Extreme: Ausbruch und Verhaltenheit, Anmut und Verzweiflung geht, so ist auch das Kompositionsmaterial nach Extremen aufgespalten: teils ganz frei, selbst mit tonalen Einschlägen, teils aufs strengste im Sinne der Schönbergischen Zwölftontechnik disponiert. Die Streichorchesterbearbeitung gibt gewissermaßen den Kern der Konzeption, auf Einleitung und Katastrophe der Quartettfassung verzichtend.

Der erste Satz, Andante amoroso, ist durchaus lieblichen, ja zärtlichen Tones, steigert sich leidenschaftlich und wird dann gleichsam zur träumerischen Zartheit zurückgerufen. Bei aller Knappheit – der Knappheit eines lyrischen Gedichts – handelt es sich um ein ungemein gestaltenreiches und gegliedertes Stück: es verstehen heißt, zumal im Hören die Gliederungen mitvollziehen. Es wäre am ehesten als ein Rondo über drei Themen zu bezeichnen. Das erste, das den lieblichen Grundcharakter angibt, ist, als geschlossene Oberstimmenmelodie exponiert, deutlich zweiteilig gebaut und sehr prägnant:

Beispiel: Erstes Thema.

Mit dem neunten Takt scheint eine Wiederholung zu beginnen, die aber, indem sie die Kopfmotive von Vorder- und Nachsatz aneinanderrückt und das letztere fortspinnt, bereits eine Verarbeitung bringt und in absteigende Tonleitern mündet, die während des ganzen Satzes an wichtigen formalen Einschnitten erscheinen. Sie leiten unmittelbar ins zweite Thema. Es tritt etwas energischer auf als das erste und kontrastiert zu dessen Feingliedrigkeit ländlerhaft einfach, im Dreiachteltakt:

Beispiel: Zweites Thema.

Munter wird es fortgeführt und erreicht dann eine erste Reprise des Hauptthemas, beginnend mit dessen Nachsatz, dann den Vordersatz nachholend und die erste Verarbeitung zu einem kleinen Rondo-›Gang‹ erweiternd. Ein Ritardando vermittelt den Eintritt des dritten Themas, dessen Beginn durch ein pulsierendes c der Bratschen deutlich wird. In seiner unbewußten Versunkenheit gleichsam vor sich hinspielend, bringt es einen der schönsten Augenblicke des Werkes:

Beispiel: die vier Anfangstakte des dritten Themas.

Sein Nachsatz will ganz träumend verschweben: eine Figur der Sologeige bietet das Material, der Klang lockert sich völlig auf. Dann setzt, wie von Beginn, eine zweite Reprise des Hauptthemas ein, die in der Fortsetzung auf ein bislang kaum hervorgetretenes Begleitmotiv von dessen Schluß zurückgreift. Es erzwingt eine Art Durchführung. Sie hat merkbar Ton und rhythmischen Charakter des zweiten Themas, ihr motivisches ›Modell‹ aber ist die Umkehrung des Anfangsmotivs des Hauptthemas, die erst allmählich in das Motivmaterial des zweiten Themas übergeführt wird. Schließlich kommt es zu dessen Reprise, die aber schon nach vier Takten (»subito poco meno mosso«) vom dritten Thema pianissimo unterbrochen wird. Nochmals setzt das zweite Thema an; nochmals erscheint unvermittelt das dritte mit seiner charakteristischen Grundharmonie, und ein Kontrapunkt der Bratschen meldet zugleich vernehmlich das erste an. Aber starr werden die Motive des zweiten Themas festgehalten, selbst vom traumhaften Nachsatz des dritten Themas nicht mehr zu beschwichtigen. Das zweite Thema scheint das Feld zu behaupten, da ereignet sich ein seltsamer Augenblick des Durchbruchs in dem Satz. Während die Celli bei ihrem Ländlermotiv insistieren; während das pulsierende c aus dem dritten Thema fast drohend erstarrt, erscheint hoch über den anderen Streichern, wie aus weitester Ferne und erst allmählich durchdringend, eine Melodie der gedämpften Geigen, in weitem Bogen. Sie aber ist nichts anderes als die Vergrößerung des Nachsatzes des Hauptthemas und der Beginn von dessen letzter Reprise. Während das drohende c in stets tiefere Regionen absinkt, erscheint der Beginn des Hauptthemas in der Grundgestalt. Ein Auffahren nochmals – motivisch aus dem Beginn des Hauptthemas; dann bereitet die rasch absteigende Skala, in Akkorden bewegt, das Ende: das tiefe c, zum letzten Male, doch ungemildert wiederholt.

Der zweite Satz, Allegro misterioso, bietet zum ersten den äußersten Gegensatz, nicht bloß im Tempo, sondern der Art der Konzeption nach: er ist nicht sowohl Spiel verschlungener Themen, als vielmehr ein atemloses *Klanggedicht*. Die Vorstellung erstickten, verzaubert fremden Klanges liegt ihm zugrunde, eines Klanges, der meist sul ponticelli und col legno, stets mit Dämpfer hervorgebracht wird und kaum mehr als der von Streichern zu erkennen ist. Wer poetische Assoziationen liebt, mag bei dem Stück an eine verzweifelt leidenschaftliche und zugleich unterdrückt geflüsterte Szene denken, die einmal auszubrechen wagt, um dann wieder ins fiebernde Flüstern zurückzufliehen. Der Form nach nähert sich der Satz dem Scherzotyp*.

1934

* *Das einzige im Nachlaß Adornos vorhandene Manuskript enthält, am Ende einer Seite, noch die Wörter »Der eigentliche Scherzoteil«; die weiteren Seiten mit dem Schluß des Vortrags sind verschollen.*

Rede über Alban Bergs Lulu

Das Werk, das Sie vernehmen werden, hat einen Prolog. Er ist der letzte Teil der Lulu-Komposition, den Alban Berg abgeschlossen hat, Quintessenz des Textes nicht weniger als der Musik. Wenn wir es trotzdem für gut finden, dem Ganzen ein paar Worte vorauszuschicken, so verweist Sie das auf das Außerordentliche, von dessen Erfahrung Sie nun bloß noch ein Vorhang trennt und wenige Minuten. So überreich will die großherzige Oper Sie beschenken, daß sie von Ihrer Aufnahmefähigkeit etwas verlangt. Sonst erwarten Sie von neuer Musik, auch von neuen musikalischen Bühnenwerken, die Forderung von Askese. Sie sind vorbereitet, auf Karges, Reduziertes, absichtlich Sparsames sich zu konzentrieren und den Anspruch der eigenen Kindheit einzuschränken, der vom Theater Wunder sich verspricht; der Verzicht darauf sei Sachlichkeit. Bergs Lulu aber, eine rechte Büchse der Pandora, enthält gefährlich-unerschöpfliche Fülle, schlank strömend, bunt glitzernd wie eine Märchentoilette. Eignet großen Romanen des neunzehnten Jahrhunderts wie denen Balzacs von den Verlorenen Illusionen und von Glanz und Elend der Kurtisanen etwas von der Oper; steigen in ihnen die Wellen der Leidenschaft bis zur Kuppel empor, um, tödlich versöhnt, tröstend wieder hinabzustürzen und zu verrieseln im Geäder der Seele, dann erstattet Bergs Oper von dem unwiderstehlichen Niemandskind Lulu dem Roman dafür den Dank. Hoch überm traumhaft wüsten Abgrund fährt sie hin mit goldener Schrift. Dagegen sträuben sich mittlerweile die Zeitgenossen. Sie verschmähen die glückvolle Anstrengung der Phantasie, die das Werk vollzog und die sie nun daran wiederholen sollen. Der Widerstand gegen ein Neues, dem man noch nicht gewachsen sich weiß, und das zudem in Lulu einen Nervenpunkt trifft, an dem die organisierte Menschheit keinen Spaß versteht, redet sich darauf hinaus, all das sei unmöglich und einer ernüchterten, vom ausbrechenden Überschwang des Geschlechts kurierten Generation gleichgültig. Ihrem seit jüngstem so geläuterten Geschmack seien die grellen und chokierenden Begebenheiten nicht mehr zuzumuten.

Der Versuchung zu solcher leeren Überlegenheit widerstehen Sie dadurch, daß Sie das Naive nicht allzu naiv auffassen. Berg hat Wedekinds Lulu im Geist von Karl Kraus angeschaut. Er hat an den Dramen »Erdgeist« und »Büchse der Pandora«, die er aus den neunziger Jahren ausgrub, ein Ähnliches vollbracht wie Kraus, als er Dichtungen von Claudius oder Göcking in der »Fackel« veröffentlichte: rettenden Einspruch gegen das fragwürdige Urteil der Geschichte. Das aber ist kein anderes als jenes, das im Stück über Lulu selber ergeht. Man könnte den Horizont von Bergs Wedekindkonzeption nicht genauer bezeichnen als mit Sätzen aus einer Rede, die Kraus im Mai 1905 in Wien vor der von ihm veranstalteten Uraufführung der »Büchse der Pandora« sprach. Danach ist Lulu »die Tragödie von der gehetzten, ewig mißverstandenen Frauenanmut, der eine armselige Welt bloß in das Prokrustesbett ihrer Moralbegriffe zu steigen erlaubt. Ein Spießrutenlauf der Frau, die vom Schöpferwillen dem Egoismus des Besitzers zu dienen nicht bestimmt ist, die nur in der Freiheit zu ihren höheren Werten emporsteigen kann.« Das Hintergründige und Gebrochene der Vorgänge hat Kraus am zweiten Teil des Werkes benannt, Lulus Absturz, wie er nach der musikalischen Wende im großen Orchesterzwischenspiel des zweiten Aktes beginnt. Da heißt es bei Kraus: »Mehr als früher zeigt sich, daß ihre Anmut die eigentliche leidende Heldin des Dramas ist; ihr Porträt, das Bild ihrer schönen Tage, spielt eine größere Rolle als sie selbst, und waren es früher ihre aktiven Reize, die die Handlung schoben, so ist jetzt auf jeder Station des Leidensweges der Abstand zwischen einstiger Pracht und heutigem Jammer der Gefühlserreger. Die große Vergeltung hat begonnen, die Revanche einer Männerwelt, die die eigene Schuld zu rächen sich erkühnt. Aus einer losen Reihe von Vorgängen, die eine Kolportageromanphantasie hätte erfinden können, baut sich dem helleren Auge eine Welt der Perspektiven, der Stimmungen und Erschütterungen auf, und die Hintertreppenpoesie wird zur Poesie der Hintertreppe, die nur jener offizielle Schwachsinn verdammen kann, dem ein schlecht gemalter Palast lieber ist als ein gut gemalter Rinnstein.« Die Dichtung selbst legitimiert solche

Deutung durch ihr Stilisierungsprinzip. Es ist das des Zirkus. Die Szene der Ermordung des Doktor Schön, wo Lulus Liebhaber wie Exzentrikclowns hinter allen möglichen Soffitten versteckt kauern, um ihre Saltos zu schlagen, ist ein Sketch. So unwirklich wie dieser müssen Ihnen die in ihrer Wirklichkeit übertriebenen Vorgänge werden, wenn Sie nicht hinter ihnen zurückbleiben wollen.

Sie müssen das Unsachliche und das Krasse des Stoffs als Kunstmittel, als Träger eines Geistigen erkennen. Es haftet an der Überwirklichkeit des Stofflichen. Hat irgendein musikalisches Kunstwerk Anteil am Surrealismus, dann Bergs Lulu, so wie Wedekind selber schon den Surrealismus präludierte. Das neunzehnte Jahrhundert, aus dessen Maschinenhöhlen Vorgänge und Figuren sich in Bewegung setzen, ist zur schreckhaften Vorwelt geworden. Doktor Schön, der hilflose Herrenmensch, könnte in altertümlich neumodischer Kleidung einer Fotomontage von Max Ernst entstiegen sein, Angsttraum der Elternwelt, und die dubiosen Gestalten, die seinen Salon bevölkern, sind die Exkretionen des Unbewußten in vollgestopften Interieurs. Berg aber, der nie ganz der Beziehung zur veraltenden Musiksprache, zur Tonalität sich begab, hat die Aura des verwesend Jüngstvergangenen widergespiegelt, gewissermaßen mitkomponiert. In den karussellhaft rauschenden Variationen über ein Bänkellied von Wedekind selbst, im dritten Akt, verdichtet sich der Äther der gesamten Oper.

In der musikalischen Übersetzung der Atmosphäre jedoch, die um Wedekinds Dramen seit ihrer Entstehung sich gebildet hat, erschöpft die Komposition sich nicht. Treue hält sie der Dichtung, indem sie diese zugleich übersteigt, mit jener Gebärde, für die einmal, am Ende der Kinderszenen, Robert Schumann das Wort fand: Der Dichter spricht. Der Vorwurf wird nicht bloß, nach musikdramatischer Art, nachgeahmt, sondern der Komponist bezieht in seinem Verhältnis zum Text Stellung: die Alwas, des Künstlers, der wehrlos der Schönheit verfällt und mit der Mörderin seiner Eltern untergeht. Bergs Musik hat Alwas Gestalt verändert, die Züge des Verkommenen gemildert, die Wedekind unmißverständlich ihr einprägte, und sich versenkt in jenes Hingerissensein, das Alwa im Anblick der Schönheit überwältigt. Wie Alwa in den Rondopartien der Komposition Lulu fühlt, so fühlt die Partitur sie insgesamt. Die surrealistische Schreckvision von der Moderne als barbarischer Wildnis ist zugleich Hymnus auf jene, für die an der erhobensten Stelle des Textes, und der schönsten der Komposition, in jener Mordszene, die Worte gefunden sind: Eine Seele, die sich im Jenseits den Schlaf aus den Augen reibt. Eins wird der fluoreszierende Schein der versinkenden Halbwelt und der hinfällige, zerbrechliche des Schönen.

Die Versenkung der Musik ins Sujet, die das vollbringt, prägt aber auch ihre eigene Gestalt. Ungezählte Male hat man Ihnen weisgemacht, daß die neue Musik, auch die fürs Theater, vom Musikdrama sich abwende, nicht länger dem poetischen Gesetz folge, sondern ihrem eigenen. Berg war ein viel zu großer Künstler, um dergleichen Formeln vom vermeintlichen Zeitgeist sich vorschreiben zu lassen. Er, dem alle Dimensionen des Komponierens gleich wesentlich waren, mißtraute dem Leerlauf von Opernmusiken, die bloß rhythmisch neben dem Geschehenden herspielen. Daher rührt die eigentliche Anforderung, welche die Lulu an den Hörer stellt. Rückhaltlos vertraut die Musik den Kurven des Dramas, der Charakteristik und den Regungen seiner Figuren sich an: darin konsequent wagnerisch. Nur eben konsequent. Denn die Differenzierung des Gedichteten, dem die musikalische Sprache sich anschmiegt, wird zur Kraft ihrer eigenen Gestaltung. Sie gerät in sich selber unendlich gegliedert, gefügt, reich an Kontrasten, Übergängen, Verdichtungen und Auflösungen durch die Genauigkeit, mit der sie dem Text nachhorcht. Forderte Wagner, es solle das musikalische Drama alle Errungenschaften der großen absoluten Musik, zumal der Wiener Symphonik in sich hineinnehmen, so ist erst Berg dem ganz gerecht geworden. Bei ihm ist nun wirklich das musikalische Gewebe so vielfältig und wiederum so logisch wie vordem nur in instrumentalen Kompositionen. Seine Musik erringt ihre Selbständigkeit nicht, indem sie stur und überflüssig ihren eigenen Weg geht, sondern durch ein Wirf weg, damit du gewinnst, durch hingebende Liebe zur Dichtung und zu ihrer Heldin.

Das verweist aber zugleich auch auf die Idee. Gleich den Personen des Dramas, der triebhaften Lulu, der ihr hörigen Geschwitz, dem Doktor Schön und Alwa wirft die Oper sich weg an die Hoffnungslosen, Verlorenen. Sie sympathisiert wahrhaft mit dem drunten in der Tiefe, wovon die Rheintöchter am Ende des Rheingolds singen. Das Werk eines betörenden Wohllauts, der alle Feste des französischen Impressionismus verblassen läßt, ist radikal zugleich in seinem Hang zu allem mit Tabus Belegten. Rettend kehrt es dem sich zu, was die Last universaler Verachtung zu tragen hat. Das ist der Ursprung seiner gewaltlosen Gewalt. Keine andere Musik aus unserer Zeit ist so menschlich wie die von Berg, und davor erschrecken die Menschen. Die Phantasmagorie der großen Oper, als welche Lulu Ihnen sich darstellen wird, ist zugleich das Modell eines Kunstwerks realer Humanität.

1960

Alban Berg: Oper und Moderne

Beschäftigt man sich in einer längeren Sendung mit dem Werk eines einzelnen Komponisten, indem man sowohl über ihn redet wie ausführliche musikalische Beispiele und einige seiner Sätze vollständig gibt, so kann der Sinn eines solchen Beginnens nur sein, dem breiten Publikum das Spezifische jenes Komponisten zum Bewußtsein zu bringen. Man muß um seine Charakteristik sich bemühen. Nicht etwa geht es um seine geschichtliche Einordnung sondern beinahe um deren Gegenteil. Indem man gleichsam seinen Namen nennt, muß man trachten, seine Aktualität herauszuarbeiten. Bei Alban Berg, meinem vor nun 34 Jahren verstorbenen Lehrer und Freund, ist das deshalb besonders dringlich, weil er zum allgemeinen musikalischen Bewußtsein der Gegenwart quer steht. Unter den Musikern, zumal den fortgeschrittenen, halten nicht wenige ihn für überholt: zu Unrecht, wie ich hoffe, Ihnen zu zeigen. Den Nichtfachleuten gilt er dafür immer noch als unverständlicher, womöglich chaotischer, zerfasernder Neutöner. Nun ist seine Musik gewiß immer noch neu genug, aber alles andere als unverständlich; und zu ihrem Verständnis möchte ich etwas beitragen.
Als Verfahren habe ich mir vorgenommen, von einer verhältnismäßig einfachen, wenn Sie wollen, allgemeinen Bestimmung auszugehen, um dann, indem ich aus ihr heraushole, was darin steckt, zur Konkretisierung der Musik und der Gestalt Bergs fortzuschreiten und schließlich Ihnen ein Bewußtsein davon zu übermitteln, worin das – fast möchte ich sagen: unverwelkliche – Moderne Bergs besteht. Jene allgemeinste Bestimmung ist, daß Berg der Opernkomponist der sogenannten zweiten Wiener Schule war. Das ist die Arnold Schönbergs, bei dem er studierte, und dem er sein Leben lang verbunden blieb. Nehmen Sie dabei sowohl den Begriff des Opernkomponisten wie den der zweiten Wiener Schule schwer genug, so werden Sie vielleicht am raschesten zum Wesentlichen an Berg gelangen. Ich habe den leise altertümlichen Begriff des Opern-

komponisten mit Bedacht gewählt. Nach einer in anderem Zusammenhang geprägten Wendung von Brecht wäre zu sagen, daß Berg Opern für Opernhäuser schrieb, also umfangreiche, nach üblicher Rede abendfüllende Gebilde, mit großem Apparat für eine große Bühne. Sie sind zwar auf kein Publikum zugeschnitten, machen keine Konzessionen, rechnen aber stillschweigend doch mit einem, demselben etwa, das die beiden revolutionären Werke von Richard Strauss, Salome und Elektra, einigermaßen akzeptierte. Fortgeschritten war Berg zwar seinem musikalischen Bewußtsein nach, aber nicht geplagt von Zweifeln an der Opernform als solcher, ihrem humanen Gehalt, selbst ihrem repräsentativen Auftreten. Dieser Ansatz Bergs ist nicht so selbstverständlich wie er zunächst erscheint. Jahre schon, ehe Berg seine erste Oper, den Wozzeck, in Angriff nahm, hatte Schönberg, in seiner radikalsten Phase, die Unangemessenheit der Opernform an die Idee neuer Musik gespürt, die ihm sich auskristallisierte. In zwei Bühnenwerken tastete Schönberg unverkennbar nach einer anderen Art musikalischen Theaters als der überkommenen: in dem Monodram »Erwartung« und dem Drama mit Musik »Glückliche Hand«. Beide Stücke sind viel kürzer, als es mit den traditionellen Vorstellungen von der Oper, auch der vom sogenannten Einakter, vereinbar ist. Im einen singt nur eine Person, im anderen wird überhaupt nur fragmentarisch gesungen, es nähert sich der Pantomime. Ähnliche Bestrebungen opernreformatorischen Sinnes hat etwas später, doch gleichfalls vor dem Wozzeck, Schönbergs Antipode Strawinsky verfolgt in der »Geschichte vom Soldaten« und dem »Fuchs«, Mischformen zwischen Drama und Ballett, die vom entgegengesetzten Pol aus, wenn auch mit musikalisch weniger geschärften Mitteln, der großen Oper und dem Wagnerschen Musikdrama ebenso energisch zu Leibe rücken wie Schönberg. Von diesen Bestrebungen zeigte Berg, nicht nur im Wozzeck sondern auch noch in seiner zweiten Oper, der unvollendeten Lulu, sich unberührt. Tatsächlich schrieb er im Zusammenhang mit der seinerzeit heftigen Kontroverse über den Wozzeck einmal, nichts läge ihm ferner als die Opernform zu reformieren. Man wird ihm kaum Unrecht tun, wenn man sagt, daß er – nicht nur die Privatperson sondern das künstlerische Subjekt hinter seinen Werken – Opern komponieren wollte von der Gewalt, der Authentizität, der Menschlichkeit dessen, wozu die

Form in der Vergangenheit sich erhoben hatte, in Figaro, Don Juan, Fidelio; zwar aus der seitdem veränderten Erfahrungsweise heraus, aber ohne das Wesen der Oper in Frage zu rücken. Insofern ist von Anbeginn in Berg ein traditionalistisches Element enthalten. Zugleich jedoch fühlte er, nach Schulung und Naturell, den Zwang, das Wagnerische musikdramatische Modell, das er nie preisgab, aus dem fortgeschrittensten musikalischen Bewußtsein heraus zu behandeln. Nicht daß er alten Wein in neue Schläuche hätte gießen mögen; dazu war sein künstlerisches Sensorium, im nachdrücklichen Sinn, zu gebildet. Er wußte wohl, wie sehr, was man Form und was man Inhalt einer Kunst nennt, durcheinander vermittelt ist und nicht, wie der Philister glaubt, voneinander ablösbar. Man dürfte seine Intention am besten damit treffen, daß er der Wagnerschen Forderung genügen wollte, die Musik solle ganz mündig werden – auch die dramatische. Hinter solcher Mündigkeit mußte für sein avanciertes Bewußtsein und seine avancierte Technik die herkömmliche Oper zurückbleiben. Sie auf den vollen Standard der Zeit zu bringen, bedeutete, sie wirklich, in sich sowohl wie im Verhältnis zum Text, so zwingend, ohne jede Anleihe bei Schablonen, durchzuorganisieren, wie es von Wagner kompositorisch nicht durchaus vollzogen war. An Strauss, dessen Salome und dessen Elektra schließlich der Oper Wozzeck am nächsten kamen, bemängelte Berg eine gewisse Oberflächlichkeit und technische Inkonsequenz. Für Berg hieß modern soviel wie die Verpflichtung zu rücksichtslos durchformendem kompositorischen Verfahren, in einer alle konventionellen Vorstellungen übersteigenden Verantwortung für jede Note, jeden Zusammenhang, jede Struktur. Das ist um so mehr hervorzuheben, als Berg Dramatiker war, nicht nur weil der Schwerpunkt seines Schaffens in der Opernproduktion lag, sondern weil ihm eine schlagende dramaturgische Begabung, ein flair für die Bühne eignete, wie es allein schon seine Texteinrichtungen, vollends die Fiber seiner Werke bezeugt. Die nach üblicher Ansicht konzilianteste musikalische Gattung wird mit der unkonziliantesten künstlerischen Haltung konfrontiert. Wirklich war Berg konziliant und inkonziliant in eins.

Sie mögen von diesen zunächst noch etwas allgemeinen, quasi stilgeschichtlichen Erwägungen ins Zentrum von Bergs kompositorischem Wesen sich geleiten lassen. In ihm verschränkt sich das

Avancierte und das Vergangene wie bei keinem anderen zeitgenössischen Komponisten von vergleichbarem Rang. Das Vergangene: das ist bei ihm nicht ein Vorrat älterer Formen und Floskeln, den er wie Hindemith oder Strawinsky beschworen hätte, um das emanzipierte kompositorische Material von außen her, willentlich zusammenzuhalten. Solche Heteronomie der Form hat Berg stets verschmäht. Für den Neoklassizismus kannte er nichts als Spott. Vielmehr war das Element des Vergangenen bei ihm die musikalische Bilderwelt der Eltern. So mag ein Kind sie empfangen, das in der Hofoper den Vorrat, den sie klassisch nennen, vor allem auch Wagner, bis ins Unbewußte hinein sich zueignet. Modern aber ist Bergs aus jenem Fundus reichster Bilderwelt gespeiste Sensibilität und Differenziertheit. Sie steigert sich bis zur Kraft der Auflösung, der Dissoziation. Um sich zu realisieren, bedarf sie jener aufs äußerste bewußten kompositorischen Technik, die er bei Schönberg erlernte, und die im übrigen ihrerseits weniger auf Wagner als auf die motivisch-thematische Arbeit des Wiener Klassizismus, Beethoven zumal und Brahms, zurückdatiert. An ihr wiederum gewinnt Bergs fin de siècle-Sensibilität ihren Halt. Wie jenes Vergangene und dies bis zur Selbstentäußerung sich Vorwagende bei Berg aneinander sich abarbeiten, das eigentlich macht, im großen gesehen, aus, was in seinen Werken sich zuträgt.

Vor allem anderen ist an ein Moment zu denken, das fast im gesamten Werk Bergs, keineswegs bloß in den Opern, sich behauptete: das Verhältnis weit ausgedehnter Strukturen zu bis ins kleinste gehender, zuweilen wuselnder Detailarbeit. Die gespannte Zugehörigkeit des einen zum anderen ist das prägnanteste Charakteristikum seines Werkes. Zwar hat er der Tendenz zur Zusammenziehung in äußerst konzentrierte Kurzformen, wie sie von einigen Stücken Schönbergs ausging und Webern sein Leben lang beherrschte, keineswegs sich entzogen. Einige der Altenberglieder und der Klarinettenstücke nähern sich der Miniatur an. Aber schon ehe er diese Moments musicaux schrieb, hatte er sein Erstes Streichquartett vollendet, vermutlich das erste Stück, das das Prinzip der Atonalität, eine völlig vom Dreiklangssystem abgelöste und nach deren Kriterien durchweg dissonante Harmonik und die ihr zugeordnete Melodiebildung aus vielfach weiten Intervallen, auf die Instrumentalkomposition anwendete. Niemand dachte damals an die Sicherungen der Zwölftontechnik. Insofern ist Bergs Erstes Quartett ein Einzigartiges und bis heute als solches kaum gesehen worden. Die Übertragung einer voll emanzipierten Sprache auf lange Sätze ist der Bergschen Art, Musik anzuschauen, sehr gemäß: in ihr verbindet sich der Atem der Oper mit mikrologischer Genauigkeit. Im Ersten Quartett bereits, zumal im zweiten Satz, wird die sehr extensive Form von einem Verfahren durchpflügt, das zwar unverkennbar von der motivisch-thematischen Arbeit herstammt, aber doch von deren Begriff nicht gedeckt wird. Bei Berg waltet eine eigentümliche Polarität des weit Ausgreifenden, Großzügigen – jovial war eines seiner Lieblingsworte – und einer nicht nur ziselierenden sondern unersättlich mit dem Mittel der Aufspaltung operierenden Detailgestaltung. Nur das ganz Kleine schickt sich bei ihm zum ganz Großen. Man wird das primär mit seinem Formgefühl plausibel machen können. Seine außerordentliche Empfindlichkeit für durchgebildete Einheiten ließ ihn offenbar die verselbständigten, voneinander drastisch sich abhebenden Teilgestalten und Teilkomplexe verschmähen, mit welchen vielfach im Wiener Klassizismus, bis zu Schönberg, diesen eingeschlossen, der Geist der Sonate diese zu artikulieren wußte. Offenbar sollte innerhalb der großen Formen Bergs nichts so sehr sich verselbständigen, oder auch nur als ein für sich Seiendes herausstechen, daß die Einheit des Ganzen dadurch wäre gefährdet worden; gegen das Herausstechende, die Nägel, wie er es nannte, war er allergisch. Andererseits wäre ihm die Manier, größere Sätze als Einheit zu organisieren, die nach dem Ersten Krieg bei den Komponisten beliebt ward: der Verzicht auf die Vielgliedrigkeit und Differenziertheit, welche das thematisch-motivische Prinzip erworben hatte, zu primitiv gewesen; was man zuzeiten Monothematik nannte, ist bei ihm schlechterdings undenkbar. Er hat deshalb von Anbeginn die motivisch-thematische Arbeit so umgedacht, daß sie in sich tendenziell unendlich kleine Einheiten hervorbrachte, die bruchlos, unablässig ineinander übergehen. Dieser Drang geht bei ihm so weit, daß seine motivischen Entwicklungen einer Art von biologischen Vorgängen im kleinsten, musikalischer Zellteilung gleichkommen.

Damit ist das künstlerische Problem gesetzt, das, nachdem Bergs Intention sich geklärt hatte, sein gesamtes Werk durchzieht: wie es möglich wird, daß eine Musik, die sich weit ausdehnt, also nicht nur der augenblicklichen Wahrnehmung sondern des Vorblicks und der Erinnerung bedarf, die aber allen überkommenen Mitteln des Kontrasts und der Unterscheidung kritisch mißtraut, trotzdem sich artikuliert. Das zu erreichen, ist ein ewiges Akrobatenkunststück, ein tour de force. Ist Bergs Musik, der Zahl der komponierten Opera nach, soviel schmaler als das aller ihm ebenbürtigen Komponisten, so dürfte das der Grund dafür sein. Er mußte, von einem recht frühen Augenblick an, immer wieder das Unmögliche möglich machen, hat sich selbst nahezu prohibitive Schwierigkeiten in den Weg gelegt.

Vielleicht hören Sie sich zunächst einmal den Satz an, der als erster jene Bergische Einheit des Großräumigen und bis ins minimale Motiv, ja in den einzelnen Ton hinein sich Verjüngenden zeigt, die das Modell seines Stils bildet. Das ist der erste Satz des Streichquartetts, op. 3. In der Faktur ist er verhältnismäßig einfach und durchsichtig und setzt dem Hören kaum allzugroße Widerstände entgegen. Beachten Sie aber bitte die Verjüngungstendenz sogleich nach dem Einsatz des ersten Motivs. Alles, was überhaupt auftritt, richtet sich nach ihr. Es resultiert daraus eine dicht geschlossene, gleichwohl in sich höchst differenzierte, an wechselnden Geschehnissen überreiche Musik.

Beispiel: Streichquartett op. 3, erster Satz, als ganzer.

Sie könnten einwenden, das Verfahren, das ich zu umreißen versuchte, habe mit der dramatischen Idee, von der ich ausging, nichts zu tun. Tatsächlich ist gerade dies Sonatenandante, das Sie vernahmen, kaum besonders dramatisch. Im weiteren Verlauf des Werks bildet jedoch jener Satz, an dem keineswegs schroffe Antithesen hervortreten, seinerseits wieder das Material für spannungsreiche Partien des zweiten Satzes. Dieser erst führt den ersten recht durch und dramatisiert ihn; etwas ähnliches fand sich übrigens bei Mahler, dem Berg vielfach verpflichtet ist, im Verhältnis des zweiten Satzes der Fünften Symphonie zum ersten, zum Trauermarsch. Bergs vorsichtige Art hat gern an Modelle sich geheftet, um sie eingreifend, produktiv umzudenken.

Will man des dramatischen Kerns seiner Reaktionsweise innewerden, so muß man schon ins Detail sich versenken, das bei ihm zwar, wie ich sagte, nicht heraussticht, aber doch das Kraftzentrum abgibt, aus dem die großen Einheiten hervorwuchsen. Dieser Impuls, aus dem Kleinsten bruchlos dem Ganzen sich mitteilend, ist die formbildende Kraft von Bergs Musik. Dies Kleinste ist aber auch der Ort von Bergs dramatischem Wesen. Er sagte mir einmal, er sei kein Liederkomponist, und hat denn auch, seit seiner Jugend, keine Lieder mehr geschrieben, es sei denn, daß man die Weinarie als solches auffassen will. In ihr jedoch sind drei Baudelairegedichte formal derart miteinander verklammert, daß keines liedhaft sich verselbständigt. Bei seinem Ausspruch dachte Berg fraglos daran, daß bei ihm der dramatische Sinn stärker sei als der lyrische. Das läßt sich nun bündig an den Vier Liedern op. 2, den einzigen, die er mit einer Opuszahl veröffentlichte, entnehmen. Das wichtigste Stück dieser Gruppe ist das letzte, nach einem reimlosen Gedicht in freien Versen von Alfred Mombert. Es nähert sich der Prosa, kommt insofern der prosaähnlichen Musik, die Berg dazu schrieb, entgegen. Sie ist offensichtlich von Schönbergs Monodram Erwartung beeinflußt. Keine Tonart mehr ist vorgezeichnet: man hat Bergs erste atonale Komposition vor sich. Nicht nur ist der Bezug auf eine einheitliche Grundtonart entfallen; auch der Bau der einzelnen, durchweg dissonierenden Akkorde strebt merklich vom tonal Beziehbaren los. Immerhin sind Dominanz- und Leittontendenzen noch vorhanden. Berg hat sie niemals ganz geopfert, weil das Leittonprinzip, das das des ineinander Übergehens, der Chromatik ist, doch wohl sein eigentliches Idiom definiert. Radikal in dem Lied sind andere Züge. Die Deklamation macht sich von allen symmetrischen Verhältnissen frei, fällt aber nicht ins Rezitativ; das asymmetrische Melos schwingt weit über den herkömmlich abgezirkelten Umkreis der Liedform hinaus. Nichts wird nach Liedweise wiederholt. Am Ende steigert sich mit einem wilden Ausbruch das Stück zu einem Choc, bei der im Lied zuvor wahrhaft unerhörten Glissandostelle des Klaviers. In ihr blitzt Bergs Bestimmung auf: das Glissando ist eine Operngeste. In die Oper gehört auch das Subkontra-b danach, eine Art von orchestraler Schlagzeugwirkung. Sie läßt sich, nach allen traditionellen Maßstäben der Liedform, viel zu lange Zeit. Die Form explodiert. Was aber hier sie durchbricht, ist genau der Opernform gemäß. Unter deren Schwierigkeiten ist es nicht die geringste, daß sie, damit sie sich erfülle, stets wieder durchbrochen werde; später hat der Opernkomponist

Berg seine größten Augenblicke dort erlangt, wo er gleichsam aus der Form heraustritt, wo diese zur Selbstbesinnung wird. Das Lied, die einzige ganz anarchische Musik vielleicht, die Berg je schrieb, ist, in seinem ungebärdigen, expansiven Ausdruck, seine Geburt als Opernkomponist.

Beispiel: Lied op. 2, Nr. 4, als ganzes.

Was die Details bei Berg allerorten über sich hinaus treibt und dramatisch bestimmt, ist ihr Ausdruck. Schönberg hat, wohl als er schon zwölftönig arbeitete, einmal geäußert, die Harmonik stünde zur Zeit nicht zur Diskussion. Damit wollte er sagen, daß die Harmonik bloßes Ergebnis der Melodiebildung und der aus dieser abgeleiteten Kontrapunktik sei, nicht länger ein Parameter von eigenem Recht. Die spezifische Differenz Bergs von Schönberg ist wohl darin zu suchen, daß er diesem Diktum nie ganz sich beugte. Die Vertikale, also das in einem Augenblick gleichzeitig Erklingende, ist ihm ebensosehr Träger der musikalischen Vorgänge wie die Horizontale und die Verknüpfung von Horizontalen. Seine Musik weiß, daß das Drama sein Zentrum hat im Augenblick. Einzelklänge, Akkorde behalten bei Berg sein ganzes kompositorisches Leben hindurch ihr Gewicht. Das ist aber das des Ausdrucks: im Einzelklang drängt er sich am intensivsten zusammen, jener ist der expressive Mikrokosmos, der dramatisch sich entlädt. Dabei nun erfolgt in Berg ein ebenso plausibler wie denkwürdiger Umschlag. Der Ausdruck des Einzelklangs war eines der Fermente, welche die Tonalität produktiv zersetzten. Als Beispiel sei der in der Götterdämmerung von Wagner vielfach verwendete Akkord genannt, mit dem die Warnung der Rheintöchter anhebt:

Beispiel: die Stelle »Siegfried, Siegfried« aus der Götterdämmerung

und der analoge, nun schon gar nicht mehr aufgelöste Kundry-Akkord:

Beispiel: Parsifal, 1. Akt. nach den Worten des 2. Ritters »Da schwingt sich die Wilde herab«

oder der Wiedererkennungsakkord aus der Orestszene der Elektra von Strauss:

Beispiel: Elektra, Klavierauszug S. 182, nach Ziffer 144 a, nach Elektras Aufschrei »Orest«.

Offenbar jedoch ist mit der Atonalität, also der Abschaffung des

Unterschieds von Konsonanz und Dissonanz, die Ausdruckskraft des Einzelakkords nicht, wie man es in der Frühzeit der Atonalität erwartete, gestiegen, sondern gesunken. Es scheint, als bedürfe der Ausdruck der Dissonanz, um Leben zu gewinnen, ihres Gegenprinzips, der Konsonanz, auf die sie latent bezogen wird, wenn nicht gar des tonalen Systems. Da nun Berg, als Dramatiker, Ausdrucksmusiker vor allem anderen war, verfuhr er derart, daß er zwar die Emanzipation der Dissonanz von seinem Lehrer übernahm – es gibt Stücke von ihm wie das dritte Orchesterstück, die darin nie überboten wurden –, daß er aber die Dissonanzen in sich so fügt, daß ihnen etwas wie ein tonales Residuum beigesellt bleibt. Ihnen sind noch die Dreiklänge oder Akkorde anzuhören, die sie nicht mehr zulassen. Gerade die Rudimente des Älteren im Neuen verschaffen diesem die Ausdruckskraft. Erinnern Sie sich an meine scheinbar so harmlose Ausgangsthese, daß bei Berg Avanciertes und Vergangenes sich verschränke, so werden Sie vielleicht diese These in der Fiber von Bergs Musik konkretisiert finden. Das schlagendste Beispiel dafür dürfte das zweite Klarinettenstück aus op. 5 sein, ein kurzes Adagio. Beachten Sie bitte, daß innerhalb der sehr komplexen Harmonik dreiklangsähnliche Schichten sich erhalten.

Beispiel: die Akkorde der rechten Hand des Klaviers im 1. Takt im Anfang des zweiten Stücks aus op. 5; evtl. auch die linke dazu.

Ähnliches hat später die sogenannte Polytonalität in den Jugendwerken von Milhaud, Honegger, Poulenc gebracht; indessen als Klangreiz. Bei Berg dagegen gelten die Elemente von Polytonalität, die sein Werk bis zu Lulu und Violinkonzert duldet, ohne Ausnahme der Tendenz, den Ausdruck inmitten des Neuen zu bewahren. Zu bewahren auch in weiterem Sinn. Denn die musikalische Gesamtentwicklung, wie die aller neuen Kunst, hat ja, nach der expressionistischen Phase, vom Ausdruck eher sich entfernt. Berg war, auf seine freilich sehr hintergründige Weise, konservativ darin, daß er trotz aller fortschreitenden konstruktiven Kunst das Opfer des Ausdrucks nie sich aufnötigen ließ. Er hält am harmonischen Ausdruckscharakter fest. Der aber ist ihm nicht reiner Seelenlaut der Inwendigkeit wie für Webern, sondern allemal dualistisch, wenn man will, historisch. Er hat jenes Moment des zu einem anderen sich Spannen, jenes Triebleben des Klangs in sich, das ihn zum Dramatischen prädisponiert. Vernehmen Sie, um dieses sehr wesentlichen Moments von Bergs Musik sich zu versichern, das zweite Klarinettenstück als Ganzes. Es ist ganz kurz, und insofern den Sechs kleinen Klavierstücken von Schönberg nahe, nur viel weniger aufgelöst, viel dichter ineinander komponiert.

Beispiel: zweites Klarinettenstück aus op. 5, ganz.

Solche Art der Harmoniebildung kehrt beim Opernkomponisten Berg wieder. So ist die Szene auf dem Feld aus dem Wozzeck, die apokalyptische Vision, zu der dem bedrängten Soldaten der Sonnenuntergang wird, eine Rhapsodie über drei Akkorde, deren jeder einzelne, und mehr noch ihre Verbindung, prall ist an Ausdruck. Hören Sie zunächst diese drei Akkorde:

Beispiel: Wozzeck, Akt I, Takte 201–204, mit dem Akkord auf dem ersten Viertel von 204 schließen.

Man könnte sie Leitakkorde nennen, wie sie etwas früher auch Schönberg, in der Glücklichen Hand und vor allem im Pierrot lunaire verwendete. Das dramatische ebenso wie das formbildende Ingenium Bergs aber bewährt sich darin, daß er diese Akkorde nicht nur als charakteristische Sigel der Artikulation verwendet, sondern die ganze Szene aus ihnen und einem mit ihrem Komplex alternierenden, wie man heute sagen würde, verfremdeten Volkslied bildet. Erst in diesem dramatischen Zusammenhang wird die Kraft der drei Akkorde ganz entbunden.

Beispiel: die gesamte zweite Szene des I. Akts Wozzeck, von 201 an, schließen mit dem ersten Akkord des darauffolgenden Zwischenspiels, aber nicht weiter.

Ähnlich dramatisch-konstruktive Bedeutung haben die ursprünglich vor Mariens Wiegenlied begleitend verwendeten Akkorde

Beispiel: Wozzeck, I. Akt, Takt 363 und 364, vor dem auftaktigen h der Sologeige schließen,

die die Oper durchziehen und zum letzten Mal bei Mariens Tod wie eine Erinnerungsspur vorbeihuschen:

Beispiel: Wozzeck, III. Akt, Takt 104, mit dem Einsatz der Streicher im 5. Viertel beginnen, bis 106, mit dem ersten tiefen f der Harfe schließen.

Ein letztes Mal wird die Kraft der Einzelharmonie potenziert gegen Ende der Lulu, bei dem Zwölftonklang zum Todesschrei.

Beispiel: Lulu, letzter Satz.

Man verfehlte aber die expressive Kraft der Einzelheit bei Berg, suchte man sie nur im Erklingenden. Er hat, wie kaum ein Komponist vor ihm, das Schweigen der Kraft des Ausdrucks zugebracht. Bei Berg, dem Komponisten des unersättlichen Ineinander, sind Generalpausen verhältnismäßig selten; wo sie aber auftreten, so gefüllt mit musikalischem und durch ihn hindurch mit dramatischem Sinn, daß sie dem Klang ebenbürtig werden. Von solcher dramatischen Ausdruckskraft des Schweigens gibt eine Vorstellung die Generalpause zu Wozzecks »Nix« vor jenem Mondaufgang, dessen rotes Licht gleichsam den Mord auslöst.

Beispiel: Wozzeck, III. Akt, Takt 92 mit dem Auftakt der Hörner, bis Takt 101, mit dem dritten h der Pauke schließen.

Ich sprach Ihnen vom dramaturgischen Instinkt Bergs. Vielleicht waltet er nirgends so großartig wie dort, wo die Musik verstummt; so vielleicht, wie man es auf der Sprechbühne großen Ibsenaufführungen um die Wende zum zwanzigsten Jahrhundert wie denen von Otto Brahm zuschreibt. Am Ende des zweiten Akts Wozzeck, nachdem dieser von seinem Rivalen, dem Tambourmajor, brutal mißhandelt wurde, sind drei lautlose Takte auskomponiert und ebenso, in genau der gleichen Dauer, an dem darauf folgenden Beginn des dritten Akts vor der Bibelszene der Marie. Die unbeschreibliche Wirkung von Aktschluß sowohl wie Aktbeginn ist an dies musikalische, nämlich durch seine Zeiteinheiten organisierte Schweigen gebunden. Das ist einer der unverächtlichen Gründe, die dagegen sprechen, den Wozzeck ununterbrochen, filmähnlich, ohne Zäsur abzuspielen; nur durch die Pause zwischen den beiden letzten Akten wird das auskomponierte Schweigen ganz beredt.

Beispiel: Ende des II. Akts von Takt 809 ab bis zum Schluß, ebenso Anfang des III. Akts, bis zum Anfang der ersten Variation, mit Takt 9 schließen.

Derlei Wirkungen sind in eminentem Grad atmosphärisch. So fordert es der Ausdrucksgehalt Bergs, sein Widerstand gegen atmosphärlose Sachlichkeit. Er dürfte einer der letzten großen Künstler gewesen sein, deren Werke jene Aura um sich tragen, von der Walter Benjamin mit sehnsüchtiger Negation sprach. Die Entwicklung der letzten vierzig Jahre hat sie demontiert. Mehr als jedes andere bindet dies auratische Moment Berg an das Jetzt und Hier eines Opernabends und bestimmt die Oper als seinen Ort. Daß aber die Aura bei ihm nichts Affirmatives hat, liegt daran, daß die Atmosphäre bei ihm die der Identifikation mit dem Getretenen, Verachteten, von der Gesellschaft Ausgeschiedenen ist. Nie erniedrigt sie sich dazu, Hochgefühle zu bereiten.

Im Wozzeck ist die Atmosphäre militärisch. Berg erläuterte einmal Willi Reich den Anfang: der Wirbel der kleinen Trommel zu den ersten Akkorden sei ihm eingefallen, ohne daß er sich darüber klar gewesen wäre, um in nuce eben diese militärische Atmosphäre zu geben.

Beispiel: Anfang des Wozzeck, bis zum 3. Takt einschließlich.

Kraß sinnfällig ist die militärische Atmosphäre in dem Zwischenspiel nach der Feldszene, mit der fernen, von einer Klarinette entwirklichten Fanfare und dem anschließenden, absichtsvoll rüden Marsch. An diesen Stellen wird man am genauesten dessen sich versichern können, wie sehr das atmosphärische Moment bei Berg, wenn anders man bei Kunstwerken so simpel reden darf, mit einem sozialkritischen verschmolzen ist. Der Marsch ist gleichsam aus dem Gehörwinkel Wozzecks komponiert, irr verzerrt, drohender Ausdruck von Gewalt. Aufgeladen mit der schreckhaften subjektiven Erfahrung einer solchen Militärmusik, hat der Marsch etwas vom sehr konkreten Protest gegen die Unterdrückung, die im Marsch Klang wird. Bei der Wiederkehr des Marsches, nach dem deutlichen und weniger verzerrten Trio, das Marie mitsingt, kommt es zum Streit zwischen dieser und ihrer kleinbürgerlich neidischen Nachbarin, und sie wirft ihr Fenster zu. Sehr bergisch wird ein dramaturgischer Vorgang wie dieser Gestus zum musikalischen Formmittel. Der Marsch reißt jäh ab, seine mechanische Wiederkehr wird vermieden. Hören Sie sich bitte daraufhin die Überleitung, eigentlich ein Nachspiel zu der Szene auf dem Feld, und den Militärmarsch und dessen unmittelbare Fortsetzung an.

Beispiel: Wozzeck I. Akt, Takt 302–363 einschl., vor dem Auftakt h der Sologeige schließen.

Atmosphärisch ist auch der Charakter der berühmten Teichimpressionen, die den Tod Wozzecks begleiten. Eine gewisse Fassadenähnlichkeit mit Debussy, zumal in den Sekundkopplungen, hört jeder. Mehr kommt es auf die Differenz an. Die ganze Stelle ist hintergründig: nicht einfach akustische Nachahmung des sich kräuselnden Teiches oder Naturstimmung: das Grauen des Ertrinkens schwingt mit. Selbstverständlich sind auch Debussys Naturimpressionen, nach dem Wort von Delacroix, gesehen oder vielmehr gehört durch ein Temperament; die Bergschen aber geben nicht sowohl subjektive Stimmungsreflexe, als daß sie das dramatische Geschehen – das Leiden des im doppelten Sinn der Natur Verfallenden – objektivieren. Dazu bedarf es der technischen Verfahrungsweise. Die gesamte Todesszene Wozzecks hat, ähnlich wie die auf dem Feld, ein harmonisches Modell. Sie ist aus einem Leitklang entwickelt:

Beispiel: Wozzeck, III. Akt, Takt 220, $\frac{3}{4}$-Takt, bis erstes Viertel einschließlich von 222.

Die spätere Teichstelle läßt diesen letzten Akkord chromatisch gleiten, der im übrigen jene kleine None in sich enthält, die als Leitmotiv von Wozzecks Messer fungiert. Der ursprüngliche Ausdruck dieses sechsstimmigen Akkords, der zwar kaum deutlich wiedererkannt, aber doch als identisch gefühlt wird, teilt sich der gesamten Impression mit. Zugleich sorgt der Leitakkord dafür, daß die Teichimpression nicht Effekt in dem Sinn bleibt, wie Richard Wagner den Effekt definierte, keine »Wirkung ohne Ursache«. Aus einem gegebenen minimalen Grundmaterial, eben dem Sechsklang, ist die Impression in sich durchkonstruiert, autonom musikalisch herbeigeführt, und deshalb ist sie musikalisch nicht nur Impression. Hören Sie nun die gesamte Passage, die Wozzecks Ertrinken begleitet.

Beispiel: III. Akt, Takt 284, mit dem zweiten Viertel beginnen, bis Takt 319, mit dem tiefen b schließen, also ohne den Auftakt a.

Bergs Differenz vom Impressionismus, auch dort, wo er diesem sich nähert, führt, fast allzu bequem, zur Frage, ob er Expressionist gewesen sei. Nicht ohne weiteres ist der Begriff des Expressionismus auf die Musik zu übertragen. Nicht umsonst kam er in Literatur und Malerei auf. Er bezeichnet die Modifikationen oder, wie man hämisch es wohl nannte, Verzerrungen, welche mehr oder minder realistische Wiedergaben der empirischen Wirklichkeit durch den Ausdruck erleiden, den der Maler oder Dichter ihnen einlegt. Musik nun hat keinen derartig realistischen Gegenstand, der auf solche Weise expressionistisch zu verzerren wäre. Andererseits ist sie, auch wo sie von aller Romantik ganz fern sich hält, expressiv; das pure Aufklingen eines Tons, eines Akkords führt stets etwas von Ausdruck mit sich. Gleichwohl ist Musik so sehr in den Entwicklungsprozeß der anderen Künste und den des Geistes überhaupt hineingezogen, daß sie geschichtlich vom spezifisch Expressionistischen berührt wurde. Expressionismus war nirgends der absolute Ausdruck der Seele, als den er sich verstand. Allerorten bildete er bestimmte Typen von Chiffren aus, die das Ausdruckshafte spezifizierten, ein Vokabular für den Vorrang des Ausgedrückten über die polierte Erscheinung. Die Atonalität, welche die harmonistischen Implikationen der Tonalität kündigte, hatte mit einem solchen Vokabular an der expressionistischen Gesamtbewegung teil. Fraglos bediente sich seiner auch Berg, vor allem fürs schreckhaft, jäh Aufzuckende. Das auffälligste expressionistische Zeichen im Wozzeck ist vielleicht jenes Motiv, das er dem zusammenfahrenden Gestus des Soldaten, seinem Gehetztsein zuordnete. Man muß dies Motiv, um es seiner Funktion nach richtig zu verstehen, in dem Zusammenhang hören, in dem es zuerst auftritt, am Ende einer Stelle, die das leere, vergebliche Warten der in Gedanken versunkenen Marie wiedergibt. Diese Stelle liebte Berg selbst besonders; er hat sie, der harmonischen Substanz nach, bei den Aktschlüssen der Lulu zitatähnlich wiederaufgenommen. Hören Sie die Stelle und an ihrem Ende das expressionistische Motiv des Auffahrens beim Auftritt Wozzecks.

Beispiel: I. Akt, Takt 415 bis 428, mit dem ges schließen.

Trotzdem fügt der Wozzeck auch dem Begriff eines musikalischen Expressionismus nicht recht sich ein. Nimmt man als dessen Prototypen Werke aus Schönbergs mittlerer Zeit wie die Erwartung, die beiden ersten Zyklen von Klavierstücken, auch noch die Glückliche Hand, so nennt man damit eine Musik, die sich wesentlich aus Psychogrammen fügt, Niederschriften von Seelenregungen, unter weitgehendem Verzicht auf Stilisierung und, abgesehen von den architektonischen Umrissen der Glücklichen Hand, auch auf Formkonstruktion. Das ist im Wozzeck, der ja zeitlich sehr viel ausgedehnter ist als alle jene Werke Schönbergs, keineswegs mehr der Fall. Mochten die expressionistischen Zeichen von Anbeginn, übertreibend gesagt, auch etwas von formaler Übereinkunft an sich haben – erst bei Berg werden sie weitgehend von Stilisierung erfaßt, in sich selbst sowohl wie durch ihren Einbau in die übergreifenden Formen und Strukturen. Diese wiederum setzen sich nicht nur aus expressionistischen Gesten zusammen, sondern enthalten auch ganz anderes, etwa wie die Sonatenexposition der Schmuckszene im Wozzeck. Um den scheinbar geringfügigen, in Wahrheit sehr weittragenden Wandel zu verstehen, braucht man nur sich klarzumachen, daß jenes zuckende Motiv, welches Sie hörten, als Leitmotiv verwendet wird, also wiederholt, nicht einmalig bleibt – der radikale Expressionismus von Schönbergs Erwartung hätte das kaum zugelassen. Daraus entfließen Konsequenzen für das gesamte Werk. Nicht nur ordnet der Ausdruck dem musikalischen Stilisationsprinzip, dem Gewebe der Komposition sich unter: die Expression selber wird zu einem Anderen. Der Wozzeck ist nicht länger Psychogramm. Der Opernkomponist tritt zwischen die Ausdrucksregungen der Personen und die Musik als ein drittes Medium dazwischen. Das wieder ist jener Neigung zur ständigen Vermittlung, zur Kunst des Übergangs gemäß, der Berg allerorten folgt. Seine Opern bewirken etwas wie ästhetische Milderung. Der zur Entstehungszeit des Wozzeck bereits abklingende Expressionismus wollte von solcher Milderung gerade sich befreien. Berg fühlte, wie sehr sie im musikalischen Gestaltungsprinzip des dichten Gefüges selber liegt, überließ sich ihr darum und hat, wenn man so will, auf seine behutsame Weise, die expressionistische Forderung widerrufen. Die Kritik, die Karl Kraus, dem Berg geistig sehr verpflichtet war, am Expressionismus übte, mag dazu beigetragen haben. Auch in seinem Verhältnis zum Expressionismus oszilliert Berg zwischen dem Avancierten und der Macht des Vergangenen. Darf mit Grund behauptet werden, er habe große Opern geschrieben, so ist dieser Grund eben die Stilisierung der gleichwohl bewahrten Expression. Durch sie versöhnt er sich mit dem älteren Ausdrucksideal von Musik. Das umschreibt die dramatische Atmosphäre des Wozzeck.

Ich sprach vom Stilisationsprinzip, das den Expressionismus in sich birgt und in sich aufhebt. Ein solches Stilisationsprinzip, abermals aus dem dramatischen Stoff herausgehört, hat auch die Lulu. Es ist das des Zirkus, zu dem ja das gesamte œuvre Wedekinds Querverbindungen unterhielt. Das Zentralstück der Luludramen: die Szene, in der Dr. Schön ermordet wird, mahnt an den Zirkussketch. Das Grelle, Hintertreppenhafte, Unwahrscheinliche der Handlung, realistischen Kriterien so fremd wie der Expressionismus, wird dadurch der ästhetischen Form zugeeignet, daß es aus der Perspektive der Zirkusreklame oder des Marktschreiers gesehen ist, den Anspruch des plausiblen und normalen Lebens gar nicht erst anmeldet. Bergs dramaturgische Weisheit hat die Zirkusatmosphäre sogleich in den ersten Instrumentaltakten gesetzt, nach denen Wedekind einen Tierbändiger und einen Clown auftreten heißt, der Becken und große Trommel schlägt. Einzig in der Atmosphäre, die der Anfang ihres Prologs erzeugt, ist die Lulu ohne alberne Wohlweisheit zu erfahren. Hören Sie, bitte, diesen Anfang:

Beispiel: Lulu-Prolog, von Takt 1 bis 16, schließen mit den clusters des Klaviers.

Wie beim Teich des Wozzeck ist in Lulu das Atmosphärische unterschwellig und hintergründig. Niemals wäre es Berg beigekommen, den Zirkus, seine Farben, den grellen Radau durch Nachahmung zu parodieren; Parodie war ihm überhaupt zuwider. Die Zirkuswelt: das ist für die Musik der Lulu die der Generation der Eltern, so wie gewisse Photographien aus dem neunzehnten Jahrhundert, selbst wenn sie bürgerliche Leute oder alltägliche Neuigkeiten wiedergeben, etwas zirkushaft Grelles, Sensationelles angenommen haben. Das Verfallende, Fluoreszierende und Beängstigende der Elternwelt versinnlicht sich für Bergs Musik zur Welt als Zirkus und Vorstellung, zur Vorstellung jener viktorianischen Scheinheiligkeit, Scheinhaftigkeit, unter der es desto ärger brodelt. Mit anderen Worten, die Zirkusatmosphäre der Lulu ist bei Berg Medium eines musikalischen Surrealismus, der kaum je so authentische Gestalt fand. Empfand der Surrealismus insgesamt die verfremdete Bilderwelt der Eltern als eine des Traums; formte er sie in den Montagen Max Ernsts, zur gleichen Zeit als die Lulu geschrieben ward, in Angstträume um, so hat Berg Zirkusatmosphäre und Zirkusstil als das Kunstprinzip gehandhabt, durch welches jene Welt – und Wedekinds Lulustücke datieren auf die neunziger Jahre des vorigen Jahrhunderts zurück – in all ihrer warenhaften Trivialität in den Traum transfiguriert wird. Das Modell dafür, diesseits der Kunstmusik, ist die Drehorgel. Was ich meine, wird Ihnen sinnfällig werden an den Variationen, die dem Komplex des dritten Akts der Lulu zugehören und in denen eine Drehorgel ihre Rolle spielt. Das Variationsthema, das erst in dieser Drehorgel, im Verlauf des kurzen Satzes, nackt erscheint, entlehnte Berg einem Bänkellied Wedekinds. Suchen Sie in diesen Variationen, die ich zu dem Bedeutendsten rechne, was Bergs Hand hinterließ, nicht nur Virtuosität, potenziert bunte Farbe und den Ausdruck des Brutalen, den Berg suchte, sondern vor allem jenen Glorienschein der Verwesung, der nirgends so intensiv leuchtet wie in diesem Stück, aber um die gesamte Oper Lulu sich legt.

Beispiel: die Variationen über ein Bänkellied aus der Lulusuite.

Kein Zweifel kann daran sein, daß der dritte Akt, von dem in den heute üblichen Aufführungen nur der Schluß, und auch er bis auf ein paar Takte ohne die Singstimmen, gespielt wird, jenes surrealistische Moment vollends würde entfaltet haben; Berg selbst betrachtete, wie er mir kurz vor seinem Tod schrieb, die nicht mehr von ihm instrumentierte und darum gestrichene Szene in dem Salon des Kupplers und Polizeispitzels Casti-Piani als besonders gelungen.

Wenn freilich die Lulu den Glorienschein der Verwesung malt, so möchte sie den Schein erretten. Das Flitterhafte, Phantasmagorische des aus dem Abgrund des Traums heraufgeholten neunzehnten Jahrhunderts ist nicht nur dessen Demontage durch einen Akt des Erwachens. Mehr noch ist er das, woran die Liebe der Musik sich heftet. Die Oper Wozzeck schöpft Atem in dem Zwischenspiel vor der letzten Szene. In der Lulu fällt dieser Gestus dem in einen Komponisten verwandelten und den Wozzeck zitierenden Alwa Schön zu, dem Sohn der männlichen Hauptfigur. Er ist in das Geschehen verstrickt und tritt, als der von Lulus Schönheit Hingerissene, heraus, ihr Opfer und der, welcher ihr Bild bewahrt. Die eigentliche dramatische Spannung des Werks ist die zwischen dem gurgelnd Abgründigen und dem Glanz, der, in seiner Hinfälligkeit, nicht wäre ohne den Abgrund, dem er entsteigt. Berg hat, in den Symphonischen Stücken aus der Oper Lulu, die wesentlichen Partien Alwas aus der Oper zu einem Rondo der adoration perpetuelle verbunden, das besser als alles andere diesen Aspekt von Bergs Musik, den einer erotischen Utopie, öffnet. Die Rondoform mag darum für den Hymnus auf Lulus Schönheit gewählt worden sein, weil diese als Unverlierbares über den trüben und finsteren Geräuschen des Daseins leuchtet, so wie es in Friedrich Schlegels Motto zu Schumanns Klavierphantasie heißt: »Durch alle Töne tönet / Im bunten Erdentraum / Ein leiser Ton gezogen / Für den der heimlich lauschet.« Wer das als romantisch nicht erträgt, der mag Berg einen Romantiker schelten. Dies Instrumentalrondo vollzieht ebenso die höchste dramatische Erhebung der Lulu, wie es für sich einen großen symphonischen Satz bildet. Man hätte einen seinesgleichen von Mahler sich ausdenken können, hätte er länger gelebt und die Funde gänzlich rezipiert, deren Tragweite er, Freund Schönbergs, schwerlich verkannte. Kaum dürften Sie besser erfahren können, wohin Bergs Reife gelangte, und was, wäre er nicht so unsinnig gestorben, weiter hätte werden können, als in diesem Stück, für das ich nun Ihre Aufmerksamkeit erbitte.

Beispiel: erster Satz aus den Symphonischen Stücken aus Lulu.

In dem Alwa-Rondo ist der Bergische Ton ganz zu sich selbst gekommen. Der überschwengliche Preis der todbringenden Geliebten ist Ausdruck zugleich realer und idealischer Humanität. Ich meine, nicht übertrieben zu haben, als ich seinerzeit Bergs Musik die menschlichste aus unseren Tagen nannte, wohl bewußt dessen, daß ich ihn damit abermals in Beziehung zur Vergangenheit rückte. Es ist aber das Echtheitssiegel dieser Humanität, daß sie den Trost verschmäht, daß sie nirgends mit der Ewigkeit des Menschlichen sich brüstet und daran sich weidet, daß es noch am Unmenschlichen aufgehe. Vielmehr ist der Ton der Humanität bei Berg durchtränkt vom Gefühl der Vergänglichkeit und Unwiederbringlichkeit, von jenem Pessimismus, der wiederum aus der Vergangenheit – einer spezifisch wienerischen – ihm überliefert war. Bergs Humanität ist hoffnungslose Zärtlichkeit. Ich nannte Robert Schumann, den Berg sehr liebte. Wie jener in seinen schönsten Stücken sich selbst wegwirft, verschenkt, auslöscht, so verhält sich Bergs Generosität. Vom sich in sich selbst Verschanzen, vom pathetisch überhöhten Selbstlob Wagners, auch von der Verklärung des Todes als Erfüllung hat sein Ton nichts. Hoffnungslosigkeit ist der Grund des

Menschlichen bei Berg, nirgends wohl deutlicher als in der ganz kurzen Schlußszene des Wozzeck, da Mariens kleines Kind den Tod der Mutter vernimmt, ohne ihn zu begreifen: mit Recht bemerkte Willi Reich, es könne, nach dieser Szene, die Oper wiederum von vorn beginnen, das Todtraurige sich wiederholen. Kein Weg führt heraus; nur daß es zum Laut gefunden hat, übersteigt es um ein Weniges. Vernehmen Sie diese Schlußszene aus dem Wozzeck.

Beispiel: Wozzeck, die ganze letzte Szene.

Auch in diesem Ton durchdringen sich Vergangenes und Moderne wechselfältig. Der ausgedrückte Wille zum sich selbst Auslöschen, auf den ich Sie aufmerksam machte, fand bei Berg sein technisches Korrelat in einer Art von Manier, die er vor vielen anderen Mitteln musikalischer Verknüpfung bevorzugt. Sie zeigt geradezu seine Obsession mit jenem Moment an. Viele von Ihnen werden den Kinderspaß kennen, das Wort KAPUZINER auseinander zu nehmen und wieder zusammenzufügen: KAPUZINER – APUZINER – PUZINER – UZINER – ZINER – INER – NER – ER – R – ER – NER – INER – ZINER – UZINER – PUZINER – APUZINER – KAPUZINER. Man könnte sagen, daß Berg immer wieder nach diesem Kapuziner-Prinzip komponiert habe, also erst Motive bis auf ihren kleinsten Bestandteil, einen unendlich kleinen Rest reduziert, dann aus diesem Rest wieder ein Neues werden lassen. Geht man dem in der Formstruktur nach, so trifft man auf etwas höchst Paradoxes, den üblichen Vorstellungen von Form ganz Entgegengesetztes. Es geht dieser Form eigentlich gar nicht darum, wie es die üblichen musikalischen Analysen als selbstverständlich voraussetzen, aus einem Minimalen ein Ganzes aufzubauen. Dagegen hegt Bergs Musik den Verdacht des Affirmativen. Eher drängt sie dazu, während sie aus kleinsten Einheiten bruchlos gerät, durch ihren Verlauf, ja durch die große Form selbst, sich so zurückzunehmen, wie es mit dem Wort Kapuziner geschieht, ein Komponieren aus dem Nichts ins Nichts hinein. In diesem Verfahren ist Berg nicht nur verglichen mit Schönberg und Webern höchst originell sondern auch auf eine Weise fortgeschritten, die vielleicht erste heute, im Zeitalter Becketts und des schneidenden Mißtrauens gegen jegliche ästhetische Selbstsetzung, ganz erkennbar wird. Dabei wäre Berg nicht der große Artist, der er war, hätte er es bei jener in seinen Anfängen zuweilen etwas mechanischen Manier belassen. Auch sie hat er in seinen Spätwerken unendlich sublimiert. So wird im Violinkonzert ein Thema nach dem Kapuziner-Prinzip liquidiert, in immer kleinere Bestandteile aufgelöst; diesmal so, daß er jeweils die letzte Note des Motivs wegläßt, es dadurch immer mehr verkürzt, einem Nichts annähert. Zugleich indessen benutzt er dabei die sequenzähnliche Tanzidee, die das ganze Scherzando des Violinkonzerts beherrscht; jede Stufe der Motivverkürzung im Orchester wird von der Sologeige imitiert. Dadurch wird für den Hörer der Verlust an Tönen leicht verdeckt. Ist er aber nicht evident, so wird auch die spätere Abwesenheit des sehr einprägsamen Motivmodells grundlos. Die Interpretation steht demnach vor der Aufgabe, trotz des dichten Gewebes, das die Auflösung des Motivs überspinnt, diese Auflösung hörbar zu machen; von solchen kaum zu bewältigenden Problemen der Wiedergabe ist Bergs Musik voll. Überhaupt bietet sie nach wie vor Interpretationsschwierigkeiten, über welche die tonalen Rudimente und die der traditionellen Formen nur sehr oberflächlich hinwegtäuschen.

Beispiel: Scherzando aus dem Violinkonzert, Takt 125 bis 132, mit dem dritten Achtel schließen.

Bergs spezifische Intention der Selbstauflösung von Musik durch ihren Formverlauf macht Form, auch und gerade die große, zu einem ganz anderen als überall sonst. Seine Musik muß sich unablässig fragen, wie große Formen diese Intention erfüllen, wie sie überhaupt ohne äußerliche Anlehnung an Formtypen möglich sind, die doch gerade mit dieser Intention unvereinbar wären. Man hat viel Wesens von den älteren Formen gemacht, die Berg in seinen Opern anwendete; die Rondoform, die der Figur des Alwa zugeordnet ist und die wir Ihnen spielten, bietet ein Beispiel dafür. Manche Leute mögen erst dann mit neuer Musik sich abfinden, wenn sie für wesentlich erklären, was ihr unwesentlich ist, das Alte, wo irgend es bequem sich aufspüren läßt. Am Alwa-Rondo ist zu lernen, wie wenig buchstäblich die vielberufenen älteren Formen zu nehmen sind. In der Lulu nämlich begleiten sie jeweils einzelne Personen. Sie kommen überhaupt nicht als Ganze vor, sondern addieren sich aus den oft weit voneinander entfernten Abschnitten, in denen jene dramatischen Figuren vorwalten. Sie sind also vom unbefangenen Hörer gar nicht zu bemerken, wollen auch gar nicht bemerkt werden. So steht es um die vermeintlich übernommenen Formen durchweg. Wer sie überschätzt, etwa derart auf sie merkt, wie solche Formen weithin unabhängig neben dem dramatischen Verlauf im Cardillac Hindemiths herlaufen, versäumt unweigerlich das, worauf es in Bergs Musik ankommt. Die alten Formen sind allenfalls eine Art von Grund- oder Aufriß, ein Rahmen der Komposition, nicht diese selbst. Sie repräsentieren das bei Berg, wie als Korrektiv zur auflösenden Kraft, sehr entwickelte Moment des Planens; tragen zu jener Großarchitektur bei, die der Bergschen Idee einer, wenn man so sagen darf, negativen Totalität zugeordnet ist; in dies Geplante wird von der lebendigen Einzelheit immer wieder eingegriffen. Höchstens die suitenartige Gestaltung der Anfangsszenen der ersten Akte beider Opern wird als solche auffallen, pointiert lose, unverbindlich, um dann Steigerungen der dramatischen Kurve durch formale Verdichtung zu ermöglichen. Wie wenig Berg auf die großen Formen sich verließ, ist daran zu erkennen, daß er in beiden Werken das Wagnersche Mittel des Leitmotivs beibehielt. Vielfach überkreuzen sich bei ihm verschiedene Schichten der Verfahrungsart. Die Auflösungstendenz, sein Zug ins Chaotische war begleitet von der Furcht, die Darstellung des Chaotischen möchte selber chaotisch werden. Berg hatte ein fast manisches und überwertiges Bedürfnis nach Sicherheit; das ließ ihn zuweilen Mittel gleichzeitig benutzen, die schwer zu vereinbaren sind; gelegentlich trug ihm das den Vorwurf von Stilbrüchen ein. Seine Leitmotivik unterscheidet von der Wagnerschen sich dadurch, daß er sie mit dem motivisch-thematischen Musizieren, der Anwendung des Durchführungsprinzips auf die Oper, gänzlich verschmilzt. So sind die drei Themen der Fuge aus der Straßenszene des Wozzeck Leitmotive der Hauptfiguren, des Hauptmanns, des Doktors, und das tappende Thema von Wozzecks Hilflosigkeit.

Beispiel: Wozzeck, II. Akt: Takt 286 bis 288, mit dem ersten Viertel schließen; Takt 293 mit Auftakt, bis 295 einschl.; Takt 313–315 einschl.

Oper wird Durchführung. Als Intrige war deren Geist dem der Durchführung eng verwandt.

Meine Damen und Herren, ich habe versucht, die Verschränkung von Vergangenem und Avanciertem bei Berg Ihnen gleichsam abzuleiten und fortschreitend zu konkretisieren. Lassen Sie mich, zum Ende, Sie wenigstens noch auf einige Momente außer der Tendenz zur Selbstauflösung aufmerksam machen, durch welche Bergs Moderne über das zu seiner Zeit, auch bei seinen Freunden, Errungene hinausweist, und die in ihrer ganzen Konsequenz erst heute durchsichtig werden. Auf das eine dieser Momente hat Rudolf Kolisch in einem in den Darmstädter Beiträgen veröffentlichten, höchst einsichtsvollen und viel zu wenig bekannten Beitrag aufmerksam gemacht. Bemächtigte sich in der seriellen Musik die totale Konstruktion auch der Dimension der Farbe; wird auch mit Farbreihen operiert, so verfuhr Berg ähnlich, längst ehe es serielle Musik gab. Bereits in einem frühen Werk, den Altenbergliedern, gelangt die Stimme von einem Ton mit leicht geschlossenen Lippen über einen mit halb offenem Munde gesungenen zum eigentlichen Gesangston. In dem Allegro misterioso der Lyrischen Suite für Streichquartett, fraglos dem am meisten kopierten Stück der gesamten musikalischen Moderne, hat er aus sämtlichen den Streichern zur Verfügung stehenden Spielweisen Reihen konstruiert und dazu auch eine nach damaligen Standards gar nicht realisierbare Art der Tonbildung der Streichinstrumente, bloßes Aufsetzen der Finger, ausprobiert. Ich möchte sie bitten, sich dies Allegro misterioso anzuhören, unter doppeltem Gesichtspunkt. Einmal ist es ein Stück, in dem, ein Wort von Wagner zu verwenden, die Farbe selbst Aktion wird: zur Komposition. Freilich sind auch hier, wie in der Teichszene, die in Farbe aufgelösten Motive strikt thematisch entwickelt. Der klanglich entmaterialisierte Scherzoteil und dessen Wiederholung sind zwölftönig, nur das ekstatische Trio ist frei. Dann aber ist an diesem Satz zu hören, wie sehr tatsächlich Bergs gesamte Musik, nicht die Opern allein, dramatisch war. Das Allegro misterioso ist wie ein Dialog ohne Worte, eine leidenschaftlich geflüsterte, gedämpft ausbrechende, wieder zum Flüstern abgedämpfte Liebesszene, wie man denn die gesamte Lyrische Suite ohne viel Deutungskünste als latente Oper betrachten dürfte. Hören Sie also das Allegro misterioso.

Beispiel: der ganze Satz

Wichtiger noch erscheint mir ein anderer Fund Bergs. Als Erwin Stein das von Schönberg inspirierte Programm der Zwölftontechnik veröffentlichte, war das stärkste Argument, daß, ohne die Stütze des Wortes, also rein instrumental, in der Sprache der freien Atonalität große musikalische Formen nicht sich hätten schreiben lassen. Im Zusammenhang dieser Argumentation wurde gern auch auf die Rolle der älteren Formen im Wozzeck hingewiesen. Jene These nun, die zur ausschließlichen Herrschaft der Zwölftontechnik und zu deren Erstarrung nicht weniges beitrug, wurde von Berg widerlegt, zehn Jahre ehe man sie aufstellte. Berg hat, als drittes der Orchesterstücke op. 6, 1914 einen Marsch für sehr großen Apparat komponiert, der weder zwölftönig ist noch mit irgend bekannten Formtypen zusammenhängt. Er erreicht die Dimension eines knappen Symphoniesatzes. Man könnte dies Stück, dessen zureichende Analyse bis heute aussteht, geradezu als die Vision jener Art informeller Musik betrachten, die heute fällig wurde. Zugleich ist es voll von extremem Ausdruck; vorahnende Erscheinung der Katastrophe, auf die unhörbar sonst die selbstauflösende Tendenz des Bergschen Werks sich zubewegt; der Gedanke an frühexpressionistische Dichter wie Trakl und Heym drängt sich auf. Mag immer dies Stück nicht die ökonomische Meisterschaft des späteren Berg erreicht haben, an Kühnheit der Konzeption übertrifft es alles, was er schrieb, und es wäre wohl gut, wenn Sie sich dies dritte Orchesterstück als Ganzes jetzt anhörten.

Beispiel: drittes Orchesterstück aus op. 6, vollständig.

Danach, meine Damen und Herren, wird Ihnen vielleicht der Satz nicht vermessen dünken, Berg habe sich dem Vergangenen als Opfer um des Zukünftigen willen dargebracht.
Wir schließen mit dem Adagio der Lulusymphonie, ihrem letzten Satz, der dem Ende der Oper entspricht.

Beispiel: Lulusymphonie, letzter Satz, ganz.

1969

Über einige Arbeiten von Anton Webern

Nur denjenigen der Arbeiten von Webern, die Sie nun vernehmen werden, möchte ich jeweils einige Worte voranstellen, auf die ich nicht bereits im Zusammenhang seines Gesamtwerks eingegangen bin*. Dabei handelt es sich vorwiegend um Stücke, die nach üblichen Vorstellungen an der Peripherie seiner Produktion liegen; einen Satz aus seiner Jugend und einige seiner Bearbeitungen traditioneller Musik. Es scheint uns jedoch bei Webern recht legitim, das Bild zu erweitern, das allzu leicht verengt wird. Aus doppeltem Grunde. Einmal, wie ich bereits andeutete, weil man die kurzen und aufs äußerste konzentrierten Kompositionen des voll expliziten Webern nicht einfach so nebeneinander stellen kann wie die irgendeines anderen Komponisten, von dem man eine vollständige Vorstellung zu geben wünscht. Durch eine solche Häufung würden sie leicht zu Genrestücken verfälscht, und er als das gestempelt, was Banausen etwa mit dem Ausdruck Meister der Kurzform bezeichnen würden. Dann aber auch, weil nur der Blick auf solche Partituren von Webern, die außerhalb seines genauesten Bereichs liegen, gewisse Aspekte freigeben, welche der eigentliche Webern in sich verschließt, die man aber wahrnehmen muß, wenn man ihn selber wahrnehmen will.

Sie hören also zunächst das Klavierquintett in C-Dur – eigentlich ist es nur ein freilich sehr umfangreicher Sonatensatz, der noch keine opus-Zahl trägt, von Webern selbst wohl als eine Art Gesellenstück betrachtet wurde, und bis nach seinem Tod unveröffentlicht blieb. Er ist durchaus tonal, etwa im Material der ersten Schönbergischen

* *Adorno hielt im März 1959 im Norddeutschen Rundfunk zwei Vorträge unter dem Titel »Webern der Komponist«; während der erste Vortrag, überarbeitet, in die »Klangfiguren« Eingang fand (vgl. Gesammelte Schriften, Bd. 16: Musikalische Schriften I-III, Frankfurt a. M. 1978, S. 110ff.), blieb der vorliegende zweite Vortrag zu Adornos Lebzeiten ungedruckt.*

Kammersymphonie gehalten, an die einzelne Themen, auch strukturelle Ideen mahnen. Das Stück erbringt den Beweis für einen Sachverhalt, den die späteren Werke stolz und streng voraussetzen, ohne je an ihn zu erinnern: daß die Gedrängtheit der reifen Werke wirklich der strömenden Fülle abgezwungen, daß sie Konzentrate sind; daß die Kürze Weberns keinen Mangel an Fähigkeit zur Organisation großer Zeitkomplexe bekundet, sondern ein verändertes Verhältnis zur zeitlichen Extension überhaupt. Weiter läßt sich an dem Satz wie in einem Reagenzglas etwas studieren, was für die Evolution der neuen Musik in der Wiener Schule insgesamt größte Bedeutung hat: die Verschmelzung Brahmsischer und Wagnerischer Elemente als Bedingung der veränderten Tonsprache. Man wird zunächst den Brahmsischen Ton des Satzes bemerken, sogleich aber auch, daß er eigentümlich abgelenkt ist. Der Brahmsische Reichtum an Nebenstufen bricht bereits aus der Diatonik aus, unablässig treten Terzverwandtschaften und chromatische Beziehungen dort ein, wo Brahms auf archaische, kirchentonale Funktionen zurückgreift; und das Ganze ist weit dissonanzenreicher als Brahms jemals. Dadurch empfängt der Satz jenen Doppelcharakter des konstruktiv Gefestigten und des glühend Expressiven, der ihm seine besondere Schönheit verleiht. Unter der Oberfläche enthält er schon sehr viel, was den späteren Webern vorwegnimmt. Der Anfang der Durchführung ist bereits zu jenem Am-Steg-Klang entsubstantialisiert, der dann das Klima der gesamten Webernschen Instrumentation definiert. Vor allem aber, Weberns asketischer Hang, sein Verzicht auf alles Überflüssige wird antezipiert im knappen, fast eckigen, unroutinierten Klaviersatz mit all seinen Oktaven. Nichts rührender, als wo das Neue, noch nicht Gewesene in Unbeholfenheit gegenüber dem konventionell Geforderten sich regt. Diese Unbeholfenheit freilich ist bloß eine der äußeren Präsentation; strukturell ist das Quintett bereits meisterlich. Wenn Sie es hören, ist es vielleicht am besten, sich aller stilgeschichtlichen Überlegungen zu entschlagen. Hüten Sie sich zumal vor der Allerweltsreaktion, die beim Jugendwerk eines der originellsten Komponisten gar zu gern sich einstellt – daß es noch traditionell sei. Denn nur in der Reibung mit einer Tradition, die es lebendig erfahren hat, nicht im Vakuum wird das Neue verbindlich. Die Schönheit des Quintetts aber steht ganz auf sich selbst und bezwingt unmittelbar. Edlere, schwungvollere Themen als die seinen wurden in der neuen Musik kaum wieder geschrieben.

Beispiel: Quintett

Die erst ums Jahr 1930 wieder entdeckten Deutschen Tänze Schuberts vom Oktober 1824, neben der Originalausgabe für Klavier in Weberns Instrumentation 1931 publiziert, zogen ihn nicht allein deshalb an, weil er der wunderschönen Musik, die dem Österreicher besonders nahe war, zu bunterem Klang verhelfen mochte. Er wollte, nach seinen eigenen Worten, die Essenz des klassischen, eben also auch des Schubertischen Orchesters geben. Seine Absicht war, ebenso die gleichsam platonische Idee des klassischen, geschlossenen Orchesterklangs, mit doppelten Holzbläsern, zwei Hörnern und chorischen Streichern, nachzukonstruieren wie die latente Fülle des Komponierten durch die Farbe ins Licht zu heben. Besonders hinweisen möchte ich auf den unbeschreiblichen dritten Walzer, dessen alle Worte übersteigende lyrische Zartheit erst durch die motivische Aufteilung, durch die Gegenüberstellung und Mischung feinster Valeurs von Holzbläsern und Solostreichern ganz in die orchestrale Realisierung gefunden hat. Dann aber auch auf den weinseligen, volkssängerhaften fünften Ländler, mit der Sologeige. Seine Instrumentation zeigt Webern von einer mimetischen Seite, für die das Wort Humor viel zu grob ist und die doch etwas damit zu tun hat – es ist die Sphäre, in der Webern mit dem Wiener Alexander Girardi, darüber hinaus schon mit Karl Kraus sich berührt. Dies Moment hat Webern im Schubertischen Original überhaupt erst entdeckt. Es tritt sonst kaum in Weberns Werk offen hervor, findet aber als sublimierter Ausdruck in vielen seiner eigenen Stücke sich wieder – die Probe auf die Wahrheit jenes Wortes, mit dem er den ersten Satz des Saxophonquartetts einen Walzer nannte und ihn dann auf dem Klavier so darstellte, daß an der Verwandtschaft mit Schubert kein Zweifel blieb. Damit Sie das Produktive seines Instrumentierens nachvollziehen können, spielen wir Ihnen erst die Klavier- und dann die Orchesterfassung.

Beispiel: die Deutschen Tänze Schuberts vom Oktober 1824, erst auf dem Klavier, dann in Weberns Instrumentation.

Die Bearbeitung von Bachs berühmter sechsstimmiger Ricercata, aus der Zeit von Weberns Symphonie und in der Behandlung des Kammerorchesters mit chorischen Streichern dieser verwandt, ist, ohne daß sie es wollte, durch ihre bloße Existenz Kritik alles dessen, was es sonst an Bachinstrumentationen gibt. Einerseits wird nirgends, wie es die Praxis der älteren Bachbearbeitungen versuchte, der Orgelklang nachgeahmt und womöglich pathetisch überhöht. Vielmehr ist der Klang, bei aller Rundung, so sachlich und sparsam wie nur möglich. Andererseits aber unterscheidet sich die Webernsche Bearbeitung ebenso nachdrücklich von den vielen Unternehmungen aus unserer Zeit, die sich einbilden, das romantische Mißverständnis Bachs zu korrigieren, indem sie primitiv die Bachische Orgelpolyphonie irgendwelchen durchgehaltenen Instrumentalparts überantworten, gewissermaßen nur die Bachischen Stimmen in Orchesterpartitur ausschreiben. Weberns Instrumentation dagegen ist konstruktiv. Er intendierte, die feinsten motivisch-thematischen Ereignisse innerhalb der Komposition, einer der großartigsten aus Bachs Hand, durch Farbwerte in die Erscheinung zu setzen. Schon das Thema – es stammt bekanntlich von Friedrich II. von Preußen – wird gemäß seiner motivischen Zusammensetzung zwischen verschiedenen Instrumentalstimmen aufgeteilt. Dies Prinzip der Aufteilung ist weithin, in ständiger Variation, durch das ganze Stück hindurch befolgt. Wenn ich einmal formulierte, die wahre Interpretation sei die Röntgenphotographie des Werkes, dann bietet Weberns Instrumentation der Bachfuge, vor aller Aufführung, bereits eine solche Röntgenphotographie im Text der Partitur. Nicht nur modelliert der Klang alles, was in der Komposition sich zuträgt, sondern dem Prozeß der Differenzierung und Aufspaltung antwortet einer der Integration, der die kleinsten Elemente so bruchlos wieder miteinander vereint, daß ein Ganzes, prismatisch Gebrochenes, dabei doch ganz und gar Objektives resultiert. Die Bearbeitung scheint mir nicht nur ein Zeugnis für Weberns Instrumentationskunst und für sein Verhältnis zur großen Musik der Vergangenheit, sondern auch ein Muster dafür, wie man heute solchen mächtigen Spätwerken Bachs, deren Besetzung im Original nicht fixiert ist, gerecht werden könnte, ohne sie zu verfälschen, aber auch ohne sie historistisch einfrieren zu lassen.

Beispiel: Ricercata

Es werden nun die Stücke für Cello und Klavier op. 11 gespielt. Hier möchte ich Ihnen ein wenig beim Hören helfen. Die drei Stücke sind, nach Kürze und Aufgelöstheit, wohl das Äußerste in Weberns Produktion und bedürfen darum solcher Hilfe besonders. Andererseits ist es gerade diese Kürze, die Hilfe erlaubt: sie sind so übersichtlich, daß Sie sie gleichsam in einem Augenblick, wie Kierkegaard sagt: mit dem spekulativen Ohr, zusammenhören können. Das, worauf es dabei ankommt, ist eine Art von Umstellung. Sie müssen sich dessen bewußt sein, daß hier ein einzelner Klang soviel bedeutet wie sonst eine ausgesponnene Harmonienfolge; ein einzelner Ton soviel wie ein ganzes Thema; ein einzelner Rhythmus, und die Konsequenz aus ihm, soviel wie sonst eine ganze Verarbeitung. Kann man den Kompositionsstil des mittleren Webern mit Fug mikrologisch nennen, so erheischt das, umgekehrt, daß man durch eine Art von Mikroskop oder wenigstens Vergrößerungsglas hört; daß also musikalische Momente, die sonst als unbeträchtliche Bestandteile größerer Ganzheiten entgleiten, ohne daß das viel schadete, nun als selber substantiell und belastet festgehalten werden. Schlicht gesagt, es bedarf vervielfachter Aufmerksamkeit. Ich möchte Ihnen das an dem ersten Stück zeigen. Es ist als dreiteilig mit abschließender Coda zu verstehen. Dabei sollten Sie aber nicht an eine dreiteilige Liedform, sondern beinahe an einen zum äußersten reduzierten Sonatensatz denken. Denn der durch eine kleine Beschleunigung, ein Accelerando, bezeichnete Mittelteil b ist eine Art rudimentärer Durchführung des Teils a. Dieser Teil a gliedert sich in einen Vordersatz und einen Nachsatz. Der Vordersatz, stellvertretend für ein Thema, enthält nichts als einen einzelnen Ton des Cellos und hinzutretend einen einzelnen Akkord des Klaviers.

Beispiel: Takt 1

Der Nachsatz dafür bringt ein melodisches Motiv im Klavier, gewissermaßen die Fortsetzung jenes Cellotons, abermals über einem Akkord und abklingend in einem zweitönigen Motiv des Cellos, das als Halbschluß durch ein Ritardando charakterisiert wird.

Beispiel: Takt 2 und die erste Hälfte von Takt 3

Vordersatz und Nachsatz verhalten sich zueinander fast wie Frage und Antwort. Hören Sie nun den ganzen Teil a.

Beispiel: Takt 1 bis erste Hälfte Takt 3

Beachten Sie, daß das abschließende Cellomotiv synkopiert, mit einem punktierten Achtel einsetzt.

Beispiel: Takt 2 und erste Hälfte Takt 3

Dieser synkopierte Rhyhtmus, ein Ferment von Unruhe, löst den Teil b aus, die Quasi-Durchführung. Die Begleitung tritt sofort in den synkopierten Rhythmus ein, während die Oberstimme des Klaviers den Anfangston des Cellos widerspiegelt.

Beispiel: zweite Hälfte von Takt 3 bis erstes Sechzehntel von Takt 4

Dem Geist einer Durchführung entsprechend verjüngen sich die rhythmischen Werte zu einer Sechzehnteltriole des Cellos.

Beispiel: Cellofigur auf Taktteil zwei des Takts 4

Diese Gestalt wirkt nun vergrößernd weiter in der Fortsetzung des Klaviers, dem Höhepunkt des Ganzen, wobei nochmals der synkopierte Rhythmus der Durchführung, jetzt in einem Fortepizzicato des Cellos, markiert wird.

Beispiel: zweite Hälfte von Takt 4

Das folgende c des Cellos ist der erste Einsatz auf einem guten Taktteil in dem ganzen Stück. Er entspricht dem, was man in der traditionellen Sonatenform ein Auflösungsfeld nennen würde, will sagen, durch die betonte Eins wird der synkopierte Gegenrhythmus der Durchführung beschwichtigt. Hören Sie nun den ganzen Teil b, die Durchführung.

Beispiel: von dem fis des Klaviers in Takt 3 bis zum c des Cellos in Takt 5

Das Ritardando auf dem c leitet zu einer ungemein freien, als solche nur durch die strukturellen Analogien zu fassenden Reprise. Ihr Anfang kombiniert den vereinzelten Celloton von Takt 1 mit einer Variante des Klaviermotivs von Takt 2.

Beispiel: Takt 5 zweite Hälfte

Der nächste Takt würde dann dem Takt 2 selbst entsprechen. Aber das Formgefühl Weberns verlangt, daß die Bewegung des Durchführungsteils b nachwirkt. Es gibt daher jetzt Sechzehntelbewegungen und sogar nochmals Synkopierungen.

Beispiel: Takt 6

Der siebente Takt entspricht erweitert der abschließenden Cellophrase aus Takt 2 bis 3. Die Beziehung wird hergestellt nicht nur durch den synkopierten Einsatz des Klaviers sondern vor allem durch den Flageolettklang des Cellos, der außer an den beiden korrespondierenden Stellen in dem Stück sonst nicht vorkommt; die Farbe allein genügt, die Formbeziehung herzustellen. Hören Sie also die Phrase von Takt 2 bis 3 und dann den Takt 7.

Beispiel: Takt 2–3, danach Takt 7.

Was folgt, völlig verklingend, hat den Charakter des Nachher, der Coda.

Beispiel: Takt 8/9

Es ist nicht meine Absicht, die Stücke alle Ihnen auf diese Weise zu erläutern. Das könnte Sie vielleicht eher verwirren. Statt dessen hören Sie nun das ganze erste Stück und versuchen Sie, jetzt seinen Zusammenhang so wahrzunehmen, wie ich es angedeutet habe. Unmittelbar anschließend wird dann das zweite und dritte Stück gespielt; vielleicht können Sie die Art des Hörens, zu der ich Sie beim ersten ermutigt habe, darauf einigermaßen übertragen.

Beispiel: op. 11

1958

Zur Uraufführung des Klaviertrios von Eduard Steuermann

Wenn wir der Uraufführung des Klaviertrios von Eduard Steuermann, gegen die Kranichsteiner Gepflogenheiten, einige Worte vorausschicken, so geschieht das nicht darum, weil das Werk als solches der Einleitung bedürfe. Aber gerade die reife Meisterschaft, mit der es sich präsentiert, nötigt dazu, dem Phänomen einen Rahmen zu erstellen. Was Sie vernehmen werden, ist das Meisterwerk eines Mannes, von dem die wenigsten von Ihnen gewußt haben, daß er ein Meister ist, und sicherlich viele nicht einmal, daß er komponiert. Mit stolzer Bescheidenheit hat Eduard Steuermann es verschmäht, sein œuvre im Musikbetrieb auszustellen, und hat sich an der Öffentlichkeit auf seine Funktion als pianistischer Interpret zumal der neuen Musik beschränkt – eine Funktion freilich, die er so überzeugend ausübte, daß sie ihm jene Art heimlicher Autorität, jenen Nimbus des Authentischen, einbrachte, der heute allen Ruhm aufwiegt. Wenn er nun doch dem Bedürfnis folgt, das auch der strengste Künstler nicht verleugnen kann, dem, sein Werk in die lebendige Kommunikation mit Menschen zu bringen, in der Werke erst sich entfalten, so haben wir ihm nicht nur dafür zu danken, sondern es bedeutet für uns eine Verpflichtung. Wir müssen von der ersten Note an dies Werk in all dem Ernst und in all der Verbindlichkeit auffassen, mit der es geformt ward. Es wäre schon ein erbärmliches Stück von Philistertum, wenn man einem Autor aus dem Maß seiner Selbstkritik und Verantwortung auch noch einen Strick drehen und darauf sich zurückziehen wollte, daß es nicht genug von ihm gebe. Steuermann ist nicht unter, sondern über den Standards, nach denen man heute Komponisten im allgemeinen zu definieren pflegt. Zudem ist die Produktion Steuermanns selbst quantitativ beträchtlich: sie schließt Lieder, Klaviermusik, Kammer- und auch Orchestermusik der größten Dignität ein.

Zur Charakteristik des Komponisten Steuermann sei nur soviel gesagt: er steht in der strengsten Schönberg-Tradition, und das will heißen, der Schönbergs selbst, nicht der Bergs oder Weberns. Weder zieht seine Musik rückwärtige Verbindungslinien, noch ist sie, trotz strengster Zwölftonobservanz, im leisesten geneigt, die Behandlung der Reihentechnik als solche als Zweck zu nehmen. Er faßt, ganz wie Schönberg selbst, die Reihen einzig als Mittel zur Verwirklichung der kompositorischen Freiheit auf. Es ist in der vergangenen Woche hier viel von musikalischem Sinn die Rede gewesen. In der zeitgenössischen Produktion gibt es wohl kaum einen, an dem der Begriff des musikalischen Sinns sich eindringlicher demonstrieren ließe, als an Steuermann. Das Trio, vergleichbar am ehesten noch den allerletzten Kompositionen Schönbergs, von denen es sich freilich durch seinen höchst individuierten Charakter sehr unterscheidet, ist so gearbeitet, daß es wirklich keinen toten Ton, keine tote Phrase gibt, daß jeder musikalische Vorgang einem inneren Impuls, einer seelischen Geste entspricht, realisiert mit einer Feinheit und Subtilität, die an Webern gemahnt. Nicht geringer aber ist der Zug des Ganzen, die Fähigkeit zu weitausgreifenden konstruktiven Formen. Die Rückhaltlosigkeit, mit der Steuermann jegliche musikalische Gestalt und den totalen Zusammenhang aus dem musikalischen Impuls entwickelt, ohne sich vom Material irgendetwas vorgeben zu lassen, bringt nicht bloß eine exzeptionelle Originalität der Gestaltung mit sich, sondern wurzelt im Gehalt. Ein Moment von Unbeirrbarkeit, von Widerstand, aber auch von verwundbarer Zartheit und abgründiger Trauer findet zum Ausdruck. Diese Musik hat zuweilen etwas Krauses, Dunkles, etwas von verschlungenen Schriftzeichen, aber auch etwas von Weisheit, vom Erbe des Spätstils. Vertrauen Sie sich mit aller Konzentration, aber auch mit aller Aufgeschlossenheit dem Trio an, das, noch und gerade im Ausdruck der tiefsten Hoffnungslosigkeit, einem etwas wiedergibt von der Hoffnung, daß die neue Musik doch noch nicht gealtert ist; daß sie das nie Gehörte rein zum Gehör zu bringen vermag; daß sie der Utopie treu blieb.

1954

Eduard Steuermann: Klaviertrio

Die Umfrage der Neuen Zeitung* bietet mir willkommenen Anlaß, auf den Komponisten Eduard Steuermann hinzuweisen. Die Uraufführung seines Klaviertrios während der Kranichsteiner Festwochen für Neue Musik war die stärkste künstlerische Erfahrung, die ich in diesem Jahr gemacht habe. Es handelt sich um ein reifes, durchaus meisterliches Werk; ein Zwölftonstück strenger Observanz zwar, aber unendlich weit entfernt von den mechanischen und vielfach ahnungslosen Anwendungen jener Technik, denen man heute auf Schritt und Tritt begegnet. Bis auf die letzte Note ist das Trio artikuliert, geformt, sinnvoll und von einem ganz spezifischen dunklen Ausdruckscharakter, überaus persönlich und zugleich mit höchster Objektivität Gestalt geworden. Der Name Steuermanns ist als der des authentischen Pianisten der Schönberg-Schule berühmt. Als Komponist hat er sich, trotz eines reichen und vielfältigen œuvres, der Öffentlichkeit gegenüber aufs äußerste zurückgehalten und begegnet nun jener Art von Unverständnis, der allemal der ausgesetzt ist, der nach den Spielregeln der Arbeitsteilung abgestempelt ward. Soweit ich übersehen kann, hat in der Öffentlichkeit kaum einer sich die Mühe genommen, sich mit seinem Stück, das an Niveau alles andere auf dem Fest Gebotenen weit überragt, ernsthaft abzugeben. Um so größer scheint mir die Verpflichtung, mit allem Nachdruck zu sagen, daß Steuermann nicht ein komponierender Klavierspieler und Gefolgsmann, sondern einer der ganz wenigen heute lebenden Komponisten ist, bei denen es ums Verantwortlichste und Ernsteste geht, und die der eigenen Verantwortung wirklich gewachsen sich zeigen. Das hat auch ein Zyklus von vier außerordentlichen Liedern, die ebenfalls in Kranichstein uraufgeführt wurden, gezeigt.

Hinzufügen möchte ich, daß ein Satz aus einer Klaviersonate von

* *Vgl. Die Neue Zeitung, 25. 12. 1954, S. 18: »Meine stärksten Eindrücke«.*

Pierre Boulez, die Yvonne Loriod bewundernswert interpretierte, die spontane kompositorische Kraft dieses Autors unter Beweis stellte. Sie bleibt auch im Versuch zur totalen Rationalisierung des musikalischen Materials spürbar.

1954

Das Erbe und die neue Musik

Unter den Einwänden gegen die neue Musik, die nun seit mehr als vierzig Jahren die Verteidiger jener längst durchgesetzten Werke, welche der Verteidigung am wenigsten bedürfen, einander nachsprechen, kehrt immer wieder der, die neue Musik sei bloßes Experiment. Zugrunde liegt die Vorstellung, der Fortschritt der künstlerischen Mittel vollzöge sich in stetigem, gleichsam organischem Übergang; wer eigenmächtig, ohne die verbürgte Gewalt der geschichtlichen Tendenz hinter sich zu haben, Neues sich ausdenke, verfalle damit der Eitelkeit und Ohnmacht und sei obendrein ein Verräter an dem ehrwürdig Überkommenen, bestenfalls ein sogenannter Wegbereiter für eine Zukunft, welche die Feinde des Experiments kaum anders sich denken, denn als ein Zurückweichen auf die mittlere Linie, die Herstellung eines Zustands, den herbeizuführen man das Experiment gar nicht erst hätte anstellen müssen. Gegen diese Ansicht, die des künstlerischen Konformismus, hat nicht nur die gesamte ernst zu nehmende Produktion aufbegehrt, sondern es läßt ihr auch gedanklich das Triftigste sich entgegenhalten. Die Analogie der musikalischen Geschichte mit organischem Wachstum, auf der das Argument beruht, ist nicht stichhaltig. Kunstwerke, die musikalischen nicht weniger als die anderen, sind ein von Menschen Gemachtes; Bewußtsein und Spontaneität von Menschen gehen in sie ein, und stets wieder wird durch deren Eingriff die Kontinuität durchbrochen. Die Erfindung der Oper durch einen Kreis Florentiner Literaten gegen Ende des sechzehnten Jahrhunderts, die asketische Opernreform Glucks, die romantischen Kurzformen der Kinderszenen Schumanns oder der Präludien Chopins, das von Wagner in programmatischen Schriften eingehend entwickelte Musikdrama waren sicherlich nicht zu geringerem Grade experimentell als die Partituren des Pierrot lunaire oder des Sacre du printemps, gegen die man das Schimpfwort münzte, und als die neue Kunst noch das gute Gewissen ihrer

Feindschaft gegen das Herkömmliche hatte und nicht apologetisch zu beweisen suchte, eigentlich meine sie es nicht so böse, hat sie denn auch zum Begriff des Experimentellen sich selbst bekannt. Daß in der Kunst nichts versucht werden dürfe, ist nichts als der Aberglaube derer, die sie mit Natur verwechseln, und dabei in Wahrheit sich wünschen, daß sie nach eingefahrenen, verdinglichten Spielregeln verfahre, die sie also zum genauen Gegenteil von Natur machen wollen.

Aber man tut gut daran, bei der Abwehr des reaktionären Arguments nicht allzu leicht sich zu beruhigen. Mit den Experimenten der neuen Musik und der neuen Kunst insgesamt hat es etwas anderes und minder Harmloses auf sich als mit den älteren, die ich nannte. Man brächte sie um ihr Salz, wenn man die Differenz verschwiege: daß nämlich das Moment des Experimentellen in der neuen Musik sich auf ihren sozialen Wirkungszusammenhang bezieht; daß die modernen Künstler die Kommunikation mit dem Publikum und der Gesamtgesellschaft durchschneiden. Davon wird aber der Begriff des Experimentellen selber berührt. Die unmittelbare Bestätigung durch den geschichtlichen Verlauf, die das Experiment früher kannte, als es seine Zeitgemäßheit bewährte, indem es ein breites Publikum mitriß, ist nicht länger zu erhoffen. Ob in einem Experiment wirklich die Logik der Sache, der Zwang einer notwendigen Entwicklungstendenz durchbricht, oder ob es aus der privaten Willkür und dem abstrakten System stammt und auf eigene Hand Authentizität zu setzen sich anmaßt, läßt sich ohne weiteres nicht ausmachen, sondern verlangt die rücksichtslose Versenkung ins Phänomen. Daß das experimentelle Werk seine Gewalt und Legitimität wesentlich dem verdankt, was es an verborgenen Kräften aus der Tradition zieht, scheint unbezweifelbar. In der jüngsten Phase, in der eine Generation hervortritt, die an einer verbindlich gegenwärtigen Tradition sich bereits nicht mehr gemessen hat, ist es zuweilen fraglich, wie weit die Komponisten über die geschichtlich überlieferten Mittel tatsächlich verfügen, wäre es auch, um sie zu verwerfen – und wie weit die vorgebliche Besinnung auf Urmaterialien der Musik nur eine Ausflucht ist, hinter der sich Schwäche und Mangel an substantieller Erfahrung verbirgt. Schließlich gibt es auch ein heilsames Nichtwissen vom Überlieferten.

Angesichts alles dessen, und im Gedanken daran, daß vielen von Ihnen die neue Musik fremd ist und Mißtrauen einflößt, möchte ich daher heute nicht das Recht des Experiments verteidigen, also nicht etwa, wie ich es wohl könnte, Ihnen zeigen, was an produktiven Kräften durch die bestürzende Emanzipation der musikalischen Mittel frei geworden ist. Sondern ich möchte anknüpfen an Ihre eigene Forderung eines Zusammenhangs der neuen Musik mit der Tradition. Denn es wäre ja wohl naiv zu unterstellen, es könne in der Kunst ein schlechterdings Neues unvermittelt erscheinen. Gerade dort, wo das Neue schlagend, überwältigend sichtbar wird, kann man sicher sein, daß es, mit einem Gleichnis Hegels zu reden, wie unter einem Keimblatt sich lange gebildet hat, bis es fähig ward, die Hülle abzuwerfen, und nur was mit den Säften der Überlieferung sich nährte, hat wohl überhaupt die Kraft, der Überlieferung als ein anderes gegenüber zu treten, während der unverbürgte Beginn stets wieder wehrlos den Mächten dessen was ist zum Opfer fällt, von denen es allzu wenig in sich selber bewältigte.

Ich frage also: wo ist heute, in der neuen Musik, das Erbe geborgen; jene Tradition, die ja nicht nur im musealen Kultus der großen Namen sogenannter Künstler besteht, sondern von der stets noch ergriffen wird, wer unerwartet durchs Radio die Eroica oder die C-Dur-Symphonie von Schubert hört und an solchen Werken eines Moments des Verbindlichen, der ästhetischen Totalität gewahr wird, der wir nichts Gleiches an die Seite zu stellen haben, die wir auch nicht fingieren können und von deren erdrückender Erinnerung wir uns freimachen müssen, wenn uns selber etwas geraten soll. Diese Frage nach der Tradition, nach dem wahrhaft gegenwärtigen Erbe in der neuen Musik ist aber deshalb so dringlich, weil mit den Begriffen Erbe und Tradition heute nicht weniger als zu Hitlers Zeit Unfug angestiftet wird, und sie dazu herhalten müssen, den Geist, der sich erst bildet, abzudrosseln. Sie wissen, daß in der Ostzone die Rede vom kulturellen Erbe als Vorwand dient, alles Unreglementierte und jeden Ausdruck der Negativität als dekadent und formalistisch zu verleumden. Und solche Bestrebungen sind keineswegs auf totalitäre Staaten beschränkt. Der Hohlraum, der sich zwischen der fortgeschrittensten Produktion und den Hörern gebildet hat und der in den letzten vierzig Jahren kaum geringer geworden ist, veranlaßt viele Künstler, insbesondere aber viele kunstpolitisch gerichtete Pädagogen dazu, eine aufgewärmte Tradition dem Unakzeptierten entgegenzuhalten. Da man erkennt, daß die Entwicklung der Musik seit dem ausgehenden achtzehnten Jahrhundert auf jene Konsequenzen hintrieb, die man heute zu Recht oder zu Unrecht beklagt, so empfiehlt man, dort wieder anzuknüpfen, wo noch kein selbstherrliches Subjekt den Einklang der Gemeinde gestört haben soll. Steht aber wirklich ein Werk in der Tradition, wenn seine Fassade an Autoritatives anklingt?

Tradition ist schwerlich die Ähnlichkeit dessen, was in der Geschichte aufeinander folgt. Was ihr jene Kraft verleiht, von der ich sprach, ist ein Unterirdisches. Sie bildet sich nicht in dem, worin einer seinem Vorgänger gehorcht. Freud, der in seinen Spätschriften vielfach mit historischen Fragen sich beschäftigte, ist in seinem Werk über Moses und den Monotheismus auch auf die Tradition eingegangen. Er bezieht sich dabei auf den Schillerschen Vers »Was unsterblich im Gesang soll leben, muß im Leben untergehen« und sagt dann: »Eine Tradition, die nur auf Mitteilung gegründet wäre, könnte nicht den Zwangscharakter erzeugen, der den religiösen Phänomenen zukommt. Sie würde angehört, beurteilt, eventuell abgewiesen werden wie jede andere Nachricht von außen, erreichte nie das Privileg der Befreiung vom Zwang des logischen Denkens. Sie muß erst das Schicksal der Verdrängung, den Zustand des Verweilens im Unbewußten durchgemacht haben, ehe sie bei ihrer Wiederkehr so mächtige Wirkungen entfalten, die Massen in ihren Bann zwingen kann.« (Freud, Gesammelte Werke, Band 16, London 1950, S. 208 f.) Die Sätze beziehen sich unmittelbar auf die religiöse Tradition, aber es will mir scheinen, als gälten sie auch für die künstlerische. Auch diese ist Erinnerung an ein Unbewußtes; ja an ein Verdrängtes. Wo sie wirklich »mächtige Wirkungen« entfaltet, ist sie nicht im vordergründigen und geradlinigen Bewußtsein der Kontinuität am Werk, sondern setzt meist gerade dort sich durch, wo das unbewußt Erinnerte jene Kontinuität aufsprengt. Den Künstlern selbst ist die Ahnung davon nicht fremd gewesen. So wird ein Ausspruch von Juan Gris überliefert des Sinnes etwa, die Tradition der französischen Malerei sei lebendig in den modernen Künstlern, die von dieser Tradition am energischsten sich losgesagt hätten, anstatt in jenen, die auf die Tradition unmittelbar sich zu stützen beanspruchen. Es ist also meine Behauptung, daß die Tradition heute in der als experimentell verfemten und gerade nicht in der ihrer eigenen Absicht nach traditionalistischen Musik gegenwärtig ist.

Nach dem Erbe in der neuen Musik fragen, hieße demnach jenem Geheimnis nachzufragen, das ihre authentischen Werke denen der Vergangenheit verbindet, ohne daß eine Ähnlichkeit obenauf läge. Was Ihnen nun aber an der sogenannten klassischen Musik vertraut ist, das Klangmaterial der tonalen Akkorde und ihre formelhaften Verbindungen, die typische Gestalt der Melodie, Formschemata wie das der Sonate oder des Rondos, ist deren ganzer Epoche gemeinsam. Mozart, Beethoven oder auch Brahms unterscheiden sich vom Gesamtniveau nicht nur, insofern sie jene vertraute Hülle, wie man das so nennt, mit ihrem Geist oder ihrer Inspiration füllten. Wesentlicher ist vielmehr, daß in den authentischen Werken alle jene aus dem musikalischen Idiom entlehnten Elemente zum Sprechen gebracht werden, indem sie als Darstellung des spezifisch musikalischen Inhalts, des Komponierten, eine genaue Funktion übernehmen. Das geschieht aber dadurch, daß sich unterhalb der an der Oberfläche der Komposition liegenden, vorgegebenen Strukturelemente eine zweite, in der Tat geheime Struktur findet, aus der gewissermaßen das Blut stammt, das die Außenstruktur zum künstlerischen Leben erweckt. Wenn Sie ein wirklich bedeutendes Werk des Klassizismus analysieren, dann ist nichts damit getan, daß Sie die Schemata des Formverlaufs, die Themengruppen, die Modulationen und ähnliches angeben, sondern Sie haben es erst verstanden, wenn es Ihnen gelingt, den eigentlich musikalischen Verlauf unterhalb jener Phänomene bis ins einzelne zu verfolgen und zu erkennen. Sie müssen spontan bei dem Spiel von Setzung und Fortsetzung, Frage und Antwort, Antithese und Fortspinnung, Spannung und Lösung, Stauung und Fortgang, Verpflichtung und wiederhergestelltem Gleichgewicht mitgehen. Nur dann haben sie gehört, was eigentlich in der Musik konkret geschieht. Schönberg hat in seinem letzten Buch einmal, im Zusammenhang mit metrischen Problemen, vom »Subkutanen«, von einer unter der Haut des Regulären sich abspielenden Irregularität gesprochen. Ich glaube, dieser Begriff der subkutanen Gestaltung gilt für jegliche Musik von wahrhaftem Rang in all ihren Aspekten. Ich meine damit nichts anderes als die Fähigkeit, alle Momente des jetzt und hier sinnlich Erscheinenden zu entwickeln als Momente eines in sich einstimmigen und seiner eigenen Logik gehorchenden Sinnes. Unter diesem Sinn ist nicht ein von der Musik Dargestelltes, auch nicht ihr Ausdruck zu verstehen; er existiert überhaupt nicht abgelöst von der Musik, sondern ist, abermals nach einem Wort Schönbergs, etwas nur durch Musik Sagbares. Sie können sich vielleicht dieses Begriffes vom musikalischen Sinn am einfachsten versichern, wenn Sie sich eine reich gebaute Melodie einmal unphrasiert und unartikuliert und dann phrasiert und artikuliert vorspielen lassen. Erst beim zweiten Mal ist sie sinnvoll: ein jeder ihrer Töne erfüllt im Zusammenhang mit allen anderen eine als solche faßliche Funktion, während sie das erste Mal ein bloßes Agglomerat von Tönen bleibt. Hören Sie sich also den Anfang des berühmten Air von Bach einmal sinnlos und einmal sinnvoll gespielt an und versuchen Sie daran, den Begriff des musikalischen Sinns selber zu entnehmen.

Beispiel: Air von Bach, erste acht Takte, einmal sinnlos, dann sinnvoll gespielt (Geige und Klavier).

Was aber hier an einem einfachen Fall der Interpretation gezeigt wird, gilt unvergleichlich viel tiefer von der Komposition selber. Wenn man sinnvoll interpretieren muß, so muß man erst recht sinnvoll komponieren. Der ist ein großer Komponist, bei dem jeder Ton, jeder Klang, jede Phrase mit dem Gleichzeitigen, dem Vorausgehenden und dem Folgenden so zusammentritt, daß es solchen musikalischen Sinn ergibt. Im allgemeinen steigt der Rang einer Komposition mit ihrem Reichtum an voneinander unterschiedenen, miteinander vermittelten und zum Sinn sich zusammenfügenden Elementen. Solchen Reichtum aber hat die neue Musik in ihren bedeutendsten Exponenten mit der Tradition, nämlich der des Wiener Klassizismus und auch der eines genauer angeschauten Bach, gemeinsam. Und zwar erweist sich diese Gemeinsamkeit nicht etwa dort, wo Analogien vorliegen, wie etwa die Verwendung ähnlicher Formtypen, und nicht einmal in dem, was man gemeinhin motivisch-thematische Arbeit nennt. Sondern gerade in den exzentrischen und befremdenden Zügen der neuen Musik wirkt jenes Erbe fort. Vielen von Ihnen wird die neue Musik, jedenfalls die radikale, zerrissen und abrupt erschienen sein. Der Grund dafür ist in Wahrheit nichts anderes, als daß das Subkutane, also das Gefüge der musikalischen Einzelereignisse als der Träger eines einheitlichen Sinns, die Oberfläche durchbricht, sichtbar wird und frei von jedem Schema sich selbst behauptet. Das Innere tritt nach außen. Ich möchte Ihnen dafür ein Beispiel geben aus einem sehr frühen, keineswegs atonalen Werk von Schönberg. Es wird Ihnen zugleich zeigen, daß die Neuerungen in der Musik, auf die es eigentlich ankommt, gar nicht so sehr etwas mit Dissonanzen und ungewohnten Intervallen zu tun haben. Revolutionär ist vielmehr, daß die Musik auf die Elemente ihres Sinnes reduziert wird ohne vorgezeichnete Schemata, die scheinbar das Mithören erleichtern, in Wahrheit aber oft sich vor den Sinn schieben.

Beispiel: Schönberg, »Lockung« aus op. 6, die einleitenden Takte des Klaviers, bis zum Eintritt der Singstimme.

Sie finden hier drei an der Oberfläche kaum zusammenhängende und durch Pausen voneinander getrennte, ganz kurze musikalische Gestalten aneinandergereiht:

Beispiel: die drei Gestalten, überdeutlich getrennt, nacheinander spielen,

aber sie stehen in einem genauen musikalischen Sinnzusammenhang. Die *erste* Gruppe ist viertaktig. Sie variiert das Motivmodell des ersten Taktes, um es intensiver zu machen, im zweiten Takt, fährt dann in Sechzehnteln hoch und endet halbschlußartig wie mit einer Frage.

Beispiel: erste Gruppe spielen.

In der *zweiten* Gruppe wird das absteigende Sekundintervall des Anfangs aufgenommen, aber aus einem 3/8- in einen 2/8-Rhythmus gebracht, verkürzt, und dadurch wird der Charakter heftigen Nachdrängens nach der ersten Frage erreicht.

Beispiel: zweite Gruppe spielen.

Die *dritte* Gruppe beginnt mit einer Geste, die der zufahrenden der zweiten entspricht, aber nun abstürzt, zurücksinkt und sich gewissermaßen lauernd auf der Dominante b festbeißt, ein auskomponierter Doppelpunkt der Erwartung, der zum Einsatz der Singstimme hinleitet.

Beispiel: dritte Gruppe spielen.

Sie haben also wie unterm Zeitraffer eine stürmische Frage, eine drängende intensivierende Fortsetzung und eine Art Antwort, die zugleich überleitet. Versuchen Sie, diese drei Gestalten sowohl auseinanderzuhalten wie sie aufeinander zu beziehen, und Sie werden verstehen, was ich mit der Organisation des kompositorischen Verlaufs durch den musikalischen Sinn gemeint habe.

Beispiel: ganze Einleitung noch einmal spielen.

Eben dies aber, eine Fülle aufs äußerste gegeneinander differenzierter Ereignisse, die doch derart einander bedingen, derart auseinander hervorgehen, daß sie einen in sich geschlossenen und zwingenden Verlauf zeitigen, ist das Erbe der großen Musik. Nur wurden ehemals die Charaktere nicht so schroff aneinandergerückt wie in dem Beispiel von Schönberg, sondern die Außenarchitektur, das typisch Vorgegebene, Wiederholungen und Symmetrieverhältnisse förderten die Auffassung. Diese Außenarchitektur, die einmal selber ihre gute Funktion besaß, war mittlerweile erstarrt, und was man schließlich von der herkömmlichen Musik wahrnahm, war nur das Cliché, nicht das sinnvolle Jetzt und Hier eines jeglichen Gebildes. Um der Idee des musikalischen Sinnes gerecht zu werden, die strenge Einheit eines reichen Mannigfaltigen ganz zu verwirklichen, kurz um dem Erbe treu zu sein, mußte die neue Musik das offenbare Erbe vergessen, nämlich die Außenarchitektur und die vermittelnden Elemente sich verbieten. Damit aber brach das geheime durch.
Ich möchte Ihnen zunächst an einem Beispiel von Beethoven jene Mannigfaltigkeit demonstrieren.

Beispiel: Beethoven, Streichquartett Nr. 7 F-Dur, op. 59, 1; 2. Satz – Allegretto vivace e sempre scherzando – bis Takt 68 spielen.

Sie finden hier auf knappem Raum unendlich viel zusammengedrängt: das schlagzeugartige Einleitungsmotiv:

Beispiel: Takt 1–4 (Cello) spielen,

das Hauptthema:

Beispiel: Takt 4–8 spielen,

ein gesangartiges Ergänzungsthema zum Hauptthema Takt 23:

Beispiel: Takt 23–29 spielen,

ein neuer, selbständig weiterleitender und im Gegensatz zu den kapriziösen Kontrasten des Beginns ausgesponnener Komplex Takt 39 bis 54:

Beispiel: Takt 39–54 spielen, Abschlußakkord,

schließlich ein nachsatzartiges, statisch-harmonisches, geheimnisvolles Gebilde:

Beispiel: Takt 54–62, Schlußton, spielen,

– alle diese Bestandteile aber kaleidoskopisch durcheinander geschüttelt und vielfältig miteinander verbunden, insbesondere durch den immer wiederkehrenden Schlagzeugrhythmus des Anfangs, der das Ganze zugleich zusammenhält und die einzelnen Abschnitte voneinander sondert. Man darf sich dabei nicht einfach dem harmonischen und melodischen Fluß überlassen, sondern muß alle die Nuancen der Charaktere festhalten und ihrem Wechselspiel folgen. Eben diese Vielfalt zuinnerst verbundener Charaktere ist der Anteil der legitimen neuen Musik an der unterirdischen Tradition.

Das möchte ich Ihnen nun zeigen und wähle um der Vergleichsmöglichkeit willen abermals den Anfang eines Quartettsatzes, die Hauptthemengruppe aus dem Andante amoroso der Lyrischen Suite von Alban Berg.

Beispiel: bis zum Abschlußakkord in Takt 16 spielen.

Sie haben ein feingliedriges Teilganzes vernommen. Im Sinn der Außenarchitektur zerfällt es in zwei Perioden, deren zweite am Wiedereintritt des Anfangsmotivs kennbar wird. Das Anfangsmotiv lautet:

Beispiel: Takt 1 spielen,

der Anfang der zweiten Periode:

Beispiel: Takt 9 spielen.

Aber dies Schema der Zweiteiligkeit reicht nicht an die konkrete, sinnvoll exponierte Musik heran. In der ersten Periode sind ein Vordersatz und ein gleich langer Nachsatz kunstvoll locker aneinander gefügt. Der Vordersatz hebt mit einer zart geschwungenen Melodie an, um in einer für Berg sehr charakteristischen Weise im dritten Takt zu stocken, den der vierte variierend umspielt:

Beispiel: Takt 1–4 spielen.

Anstatt weiter zu gehen, verfällt die Musik in Sinnen. Der Nachsatz beginnt im fünften Takt mit einem sehr innigen Motiv, das den melodischen Faden deutlich wieder aufnimmt:

Beispiel: Takt 5 spielen.

Aber die Neigung zum Innehalten und variativen Umspielen vom Ende des Vordersatzes wirkt fort: schon der sechste Takt ist eine Variante des fünften:

Beispiel: Takt 6 spielen.

In den beiden Schlußtakten ebbt die Melodie abermals in kleinen Sekundschritten ab; nur im Cello hallt unmerklich das motivische Leben der letzten Variante nach:

Beispiel: Takt 7 und 8 spielen.

Die zweite Periode nun – und das heißt sinnvoll komponieren – entspricht nicht symmetrisch der ersten, sondern setzt deren Glieder, die von Anfang an eng zusammengehörten, in noch dichtere Beziehung. An den neunten Takt fügt sich unmittelbar als Fortsetzung das zweite Hauptmotiv an, das ursprünglich in Takt 5 erschien, und die Tendenz zum Variieren wird nachdrücklicher, indem nun, zu sacht gleitenden Harmonien, die Oberstimme über zweieinhalb Takte gleichsam frei fortphantasiert:

Beispiel: Takt 11 bis 13, erste Hälfte einschl., spielen.

Nach dem Höhepunkt sinkt das ganze Thema in absteigenden Skalen zusammen:

Beispiel: Takt 13, zweite Hälfte, bis zum abschließenden Akkord in Takt 16 spielen.

Sie haben also in der ersten Periode zwei gegeneinander in der Schwebe gehaltene, gleichwertige Elemente, die sich in der zweiten Periode zusammendrängen und den Ton intensivieren, bis das ganze Thema sich ins nächste auflöst. Die Komposition ist strukturell aufs äußerste differenziert: noch die kleinsten Elemente, bis hinab zum Einzelton, werden vom Ganzen her geprägt. Nur wo dies Vermögen waltet, also in der Steigerung der Fähigkeit, in jedem Zug den musikalischen Sinn zu realisieren, wird der Tradition die Treue gehalten. Denn die Tradition selber ist nichts Dinghaftes, sondern ein Kraftfeld, das alle Momente des Kunstwerks in sich hineinreißt. Je strenger ein Gebilde diesem Zwang folgt, je verantwortlicher also es vor dem inneren Anspruch der Tradition sich zeigt, um so weiter muß es heute notwendig von ihrer Fassade sich entfernen.

Wollte man auf die Frage des Erbes in der neuen Musik jene

Goethesche Forderung anwenden, man müsse es erwerben, um es zu besitzen, so käme sie wohl auf das gleiche heraus wie die biblische: Wirf weg, damit du gewinnst.

1954

Schöne Stellen

Für Dieter Schnebel

Musikverständnis, musikalische Bildung in menschenwürdigerem Sinn als dem bloß informatorischen, kommt der Fähigkeit gleich, musikalische Zusammenhänge, im idealen Fall ausgesponnene und artikulierte Musik als sinnvolles Ganzes wahrzunehmen. Das meint der Begriff des strukturellen Hörens, dessen Forderung heute, kritisch gegen das im Momentanen Befangene, schlecht Naive, mit Nachdruck sich anmeldet. Vorkünstlerisch ist das atomistische Hören, das an den Reiz des Augenblicks, den angenehmen Einzelklang, die übersichtliche und behaltbare Melodie unkräftig, passiv sich verliert. Weil solchem Hören die subjektive Fähigkeit zur Synthesis abgeht, versagt es auch vor der objektiven Synthesis, die jede höher organisierte Musik vollzieht. Die atomistische Verhaltensweise, stets noch die verbreiteteste, sicherlich die, auf welche die sogenannte leichte Musik spekuliert und welche sie züchtet, geht über ins naturalistisch-sinnliche, schmeckende Vergnügen, die Entkunstung der Kunst, der diese freilich mühsam genug in Jahrhunderten, und nur wie auf Widerruf, sich entrang. Wer atomistisch hört, vermag es nicht, Musik – weil sie nun einmal der Begriffe enträt – sinnlich als Geistiges wahrzunehmen. Derart verhalten sich Dilettanten, die aus großen Sätzen von komplexer Architektur wirklich oder vermeintlich schöne Melodien, zweite Themen Schuberts etwa herausklauben und, anstatt deren Impuls zu folgen und weiterzugehen, infantil nach ihrer starren Wiederholung verlangen gleich jenem österreichischen Ästhetiker, der bekannte, er habe sich den Toreromarsch aus Carmen einen ganzen Abend lang immer wieder vorspielen lassen, ohne je daran sich sattzuhören. Das ist bereits die den Schlagern angemessene Reaktionsform, mögen auch Genießer jenes Typus, die sich heraussuchen, was sie für die ihnen gemäßen Perlen halten, deshalb besonders musikalisch sich dünken. Die Geschichte der Musik des neunzehnten Jahrhunderts kam ihnen entgegen. In der späteren Romantik und den folkloristischen Schulen hat das Interesse mehr stets sich verlagert auf die ursprünglich, bei Schubert noch, subjektiv lyrische Einzelmelodie. Sie wurde als Warenmarke verselbständigt, zuungunsten des objektiven, konstruktiven Zusammenhangs des musikalischen Ganzen. Eine Musikhistorie, die an der Scheidung des Hohen und Niedrigen nicht ihr Genügen hätte und das Niedrige als Funktion des Hohen durchschaute, müßte den Weg verfolgen, der von den drastischesten Formulierungen Tschaikowskys wie dem Seitensatzthema aus Romeo und Julia über die harmonisch gewürzten Lieblingsmelodien aus Rachmaninoffs Klavierkonzerten zu Gershwin führt und hinab in die schlechte Unendlichkeit der Unterhaltung. Angesichts von deren überwältigendem quantitativen Übergewicht muß musikalische Bildung all dem entgegenarbeiten. Ich selbst habe es lange genug versucht, wohl gar den Begriff des atomistischen Hörens geprägt.

Aber musikalische Einsicht und Erfahrung, die nicht im Stolz auf ihr Niveau verdummen will, darf dabei nicht sich beruhigen. Denn in der hochorganisierten Musik, der solche Einsicht gilt, und zwar desto mehr, je höher sie organisiert ward, ist das Ganze ein Werdendes, kein abstrakt Vorgedachtes, keine Schablone, die von den Teilen bloß auszufüllen wäre. Vielmehr ist das musikalische Ganze wesentlich ein Ganzes aus mit Grund aufeinander folgenden Teilen und nur dadurch Ganzes. Dazu nötigen sie die Grenzen möglicher Auffassung von Musik selber, die des Ganzen, als eines in der Zeit sich Erstreckenden, nicht anders innewird als in den sukzessiven Abschnitten. Es artikuliert sich durch Vor- und Rückbeziehung, Erwartung und Erinnerung, Kontrast und Nähe; unartikuliert, ungeteilt zerflösse es in seiner bloßen sich selbst Gleichheit. Musik angemessen auffassen verlangt, das jetzt und hier Erscheinende im Verhältnis zu dem Vorher und, antezipierend, dem Nachher zu hören. Dabei behält der Augenblick der reinen Gegenwart, das Jetzt und Hier immer eine gewisse Unmittelbarkeit, ohne welche die Beziehung zum Ganzen, Vermittelten so wenig sich herstellte wie umgekehrt.

Musikalische Erziehung ist, um der von der Kulturindustrie eingehämmerten und von willfährigen teenagers laut akklamierten Unterhaltungsmusik widerstehen zu können, gezwungen worden, das Hören des Ganzen, auf Kosten der Artikulation nach Details, einseitig hervorzuheben. Die antiromantischen Entwicklungstendenzen der ernsthaften Musik drängten in dieselbe Richtung. Heute jedoch ist bereits, angesichts des neoklassizistischen und historistischen Ideals der Nähmaschinenobjektivität, der Sachverhalt umgekippt. Der Blick aufs Ganze ist einseitig geworden und droht, die Einzelmomente verkümmern zu lassen, ohne die doch kein musikalisch Ganzes lebt; unter diesem Gesichtspunkt ließen die Interpretationen der sogenannten Jugendmusikbewegung als unterdrükkende Maßnahmen zugunsten des Ganzen und wider die Details sich ansehen. Man setzt diese, nicht ganz zu Unrecht, dem Anteil des Subjekts an der Musik gleich und verkennt, daß anders als durchs Subjekt hindurch ein musikalisch Objektives überhaupt nicht geraten will. Das ohne Rücksicht auf Teilmomente und Gliederungsverhältnisse wahrgenommene Ganze ist kein solches sondern abstrakt, schematisch und statisch. Solcher reaktiven, die musikalisch spontanen Regungen nicht in sich empfangenden sondern sogleich sie disziplinierenden Wahrnehmungsweise entspricht ein Vorrat undifferenzierter, schematischer Musik aus dem siebzehnten und achtzehnten Jahrhundert, die dadurch nicht besser wird, daß man von ihr mit historisch informierter Miene erklärt, die Kategorie des Individualstils sei ihr nicht angemessen. An derlei Zügen hat die reaktionäre Kulturideologie der musikalischen Jugendbewegung von anno dazumal angeknüpft. Heute, da diese Ideologie durchsichtig geworden und zerbröckelt ist, scheint der beharrliche Blick aufs musikalisch Einzelne, als Komplement zum strukturellen Hören und als dessen Konkretion, dringend an der Zeit.

Die Wendung wird gefordert vom Wahrheitsgehalt der geschichtlichen Bewegung, welche die Musik seit dem Generalbaßzeitalter durchmachte. Sie läßt sich, mit unvermeidlicher Vergröberung, als Dialektik des musikalisch Allgemeinen und Besonderen betrachten: als die keineswegs bewußte Anstrengung des objektiven Geistes, die Divergenz von Form und spezifischem musikalischen Inhalt, wie sie weitgehend übereinstimmt mit der von Gesellschaft und Individuum, zu meistern, beides zu versöhnen. Ohne viel gewaltsame Deutungskunst ist in dieser Dialektik das Detail als Repräsentant des Individuellen zu verstehen und das Ganze als der des Allgemeinen, nämlich gesellschaftlich Approbierten, so sehr dann auch, auf der Höhe des Wiener Klassizismus und vorher bei Bach, die Formen selbst gleichwie aus dem freien Subjekt erzeugt scheinen mochten. Überaus lange währte es, bis das Subjekt es soweit brachte, auch bei der Konstitution und beim Bau des Ganzen, hegelisch gesprochen, dabeizusein. Erst in der Moderne zeichnete das Ideal einer Musik sich ab, in der die beiden Extreme miteinander verschmolzen wären. Fraglich indessen, ob dies Ideal wahrhaft eins ist; ob nicht in vollkommener Integration beide Momente vernichtet würden, ohne, wie es vermeint ist, in einem Höheren aufgehoben zu sein. In der gegenwärtigen Musik fehlt es nicht an Gebilden, oder Programmen – und vielfach sind die Gebilde zu ihrem eigenen Programm geworden –, in denen die Regung keinen Ort mehr hat in der diktatorial ihr vorgeordneten Struktur, während diese ein bloß Gesetztes ist, bar der Objektivität musikalischer, übers Einzelwerk hinausreichender Sprache, wie sie den tonalen Formen zuzeiten eignete. Wahrscheinlich ist Integration, die ersehnte Versöhnung von Allgemeinem und Besonderem in der ästhetischen Gestalt, solange unmöglich, wie die außerkünstlerische Realität unversöhnt verharrt. Was an Kunstwerken über die Gesellschaft sich erhebt, wird sogleich von der Not der Realität ereilt; solange Versöhnung nur eine im Bilde ist, behält sie auch als Bild ein Ohnmächtiges und Untriftiges. Demnach wäre Spannung von großen Kunstwerken nicht nur, worauf selbst Schönberg diese beschränken wollte, in ihrem Verlauf auszugleichen sondern ebenso im Verlauf zu erhalten. Das besagt aber nicht weniger, als daß gerade in den legitimen Gebilden Ganzes und Teile nicht so ineinander aufgehen können, wie ein keineswegs auf den Klassizismus beschränktes ästhetisches Ideal es gebietet. Zum richtigen Hören von Musik gehört das spontane Bewußtsein der Nichtidentität von Ganzem und Teilen ebenso hinzu wie die Synthesis, die beides vereint. Sogar bei Beethoven bedurfte der Ausgleich jener Spannung, der keinem gelang wie ihm, weil bei keinem die Spannung selbst mächtiger war, einiger Veranstaltung. Nur weil bei ihm die Teile schon aufs Ganze zugeschnitten, durch es präformiert sind, kommt es zur Identität, dem Gleichgewicht. Den Preis dafür zahlt einerseits das dekorative Pathos, mit dem die Identität sich bekräftigt, andererseits die mit höchstem Bedacht geplante Unbeträchtlichkeit der Einzelerfindung, die von vornherein das Einzelne, damit es etwas werde, über sich hinaustreibt und auf das Ganze wartet, zu dem das Einzelne wird und welches das Einzelne vernichtet. Das Medium, das diese Veranstaltung möglich machte, war die Tonalität, jenes Allgemeine, dessen typische Bestimmungen bei Beethoven bereits dem Besonderen, den Themen, gleichkommen. Mit dem unwiderruflichen Sturz der Tonalität ist diese Möglichkeit dahin; ist auch, nachdem einmal ihr Prinzip durchsichtig ward, nicht mehr zu wollen.

Derlei Spekulationen ermutigen mich zur Ketzerei gegen das sonst von mir selbst Verfochtene, obwohl ich mir einbilde, gerade in den strukturellen Analysen etwa des »Getreuen Korrepetitor« das dialektische Verhältnis von Totale und Detail ins Zentrum gerückt zu haben. Wenn ich heute, meinerseits nun einseitig und nicht ohne alle Ironie, den Blick auf Einzelheiten lenke, so weiß ich mich dabei in Übereinstimmung mit den seit dem späten Mahler unverkennbaren Dissoziationstendenzen in der großen Musik. Dieter Schnebel hat mit Überzeugungskraft darauf aufmerksam gemacht, daß sie auch in der fortgeschrittensten Moderne wirksam sind. Übt das musikalisch wahrhafte Ganze keine blinde Vorherrschaft der sogenannten Form aus, sondern ist es Resultat und Prozeß in eins, sehr verwandt übrigens den metaphysischen Konzeptionen der großen Philosophie, so müßte plausiblerweise der Weg zum Verständnis des Ganzen ebenso vom Einzelnen hinauf führen können wie vom Ganzen hinab. Auf diesen Weg sieht musikalische Erfahrung um so mehr sich verwiesen, als übergreifende Formen, denen das Gehör blindlings sich anvertrauen könnte, nicht mehr existieren. Das Mittel zu solcher Erfahrung ist exakte Phantasie. Sie schließt den Reichtum des Einzelnen, bei dem sie verweilt, auf, anstatt mit der ängstlichen Ungeduld, die dem guten Musiker anerzogen ward und die heute so viele Interpretation vergällt, darüber hinweg zum Ganzen zu hasten. Weil jedoch beides nicht ineinander aufgeht, gewinnt darüber das Einzelne auch ein über das Ganze hinausschießendes, eigenes Recht. In ihm sammelt sich soviel Substantielles, wie Musik selber, ihrer Idee nach, mehr ist als Kultur, Ordnung, Synthesis. An vielem musikalisch Einzelnen und gar nicht erst, wie der Historismus es möchte, seit der Romantik, haftet eine Farbe, die nicht im Ganzen sich verflüchtigt. Zuweilen neigt man dazu, darin das Beste zu suchen. Details von solcher Würde sind wie Siegel, die das

Authentische eines Textes verbürgen; man könnte sie den Namen vergleichen. Wieviel Musik ihnen schuldet, läßt dort sich erkennen, wo sie fehlen, etwa in dem Musikstrom des genialischen Max Reger, der unablässig chromatisch gleitend, virtuell Details nicht duldet und dem mit ihnen das Unauslöschliche, Unwiederholbare abgeht.

Indem ich Ihnen eine Reihe schöner Stellen vorführe, erläutere, Ihnen zu erklären suche, mit welchem Grund sie schön genannt werden dürfen, möchte ich sie nicht bloß gegen die notwendige Kritik am vulgären Begriff der schönen Stelle erretten. Ich möchte auch Clichés widerlegen, eine Bresche schlagen zur Sache, durch die Mauer stilgerechter Zurüstungen hindurch. Walter Benjamins Einbahnstraße enthält das Aphorisma: »Zitate in meiner Arbeit sind wie Räuber am Weg, die bewaffnet hervorbrechen und dem Müßiggänger die Überzeugung abnehmen.« Von dieser polemischen Kraft eignet einiges auch musikalischen Zitaten; darum mochte Alban Berg einmal eine Musikzeitschrift sich ausdenken, die Stellen aus Kompositionen so zitiert hätte, wie Karl Kraus, strafend, mit der Presse in der Fackel verfuhr. Der strafenden Gewalt der zitierten musikalischen Dummheit entspricht aber die strahlende des zitierten musikalischen Namens. Das Licht der Schönheit von Einzelheiten, einmal wahrgenommen, tilgt den Schein, mit dem Bildung Musik überzieht und der mit ihrem dubiosen Aspekt nur allzugut sich versteht: sie sei bereits das glückliche Ganze, das der Menschheit bis heute sich versagt. Deren Bild wird festgehalten eher von dem versprengten Takt als von der sieghaften Totale.

Die Auswahl, die ich treffe, hat das Zufällige des biographischen Schicksals. Sie hängt davon ab, was mir, seit den frühesten musikalischen Erinnerungen, an schönen Stellen besonders haften blieb. Andere mögen ganz andere lieben, und über den Vorrang ließe sich nicht streiten. Darf ich eine Vermutung verraten, so ist es die, es seien, von einem zentralen Standpunkt aus, in Musik, die selber emphatisch schön, von schematischem Beiwerk rein ist, eigentlich auch ungezählt viel schöne Stellen schön; nur bedarf es dazu, daß man solcher Schönheit sich versichert, dessen, daß man an Einzelnes, durch nichts anderes Substituierbares ohne Vorbehalt sich verliert, und von solchen Einzelheiten will ich reden.

Ich beginne mit Bach. Bei ihm hat der Begriff der schönen Stelle darum etwas Provokatives, weil mit ihm die Vorstellung eines dicht geschlossenen und jedem momentanen Reiz abholden musikalischen Kosmos assoziiert wird und fast zum Tabu über jeder anders gearteten Anschauung geworden ist, trotz der schweren Bedenken gegen die Theologisierung Bachs, welche innerhalb der etablierten Musikwissenschaft Blume jüngst vorbrachte. Man tut gut, sich daran zu erinnern, daß der zeitliche Abstand zwischen dem Tod Bachs 1750 und jenen Veröffentlichungen Schumanns, die eigentlich die musikalische Miniatur, das ›kleine Stück‹ in die Welt brachten, ungefähr der gleiche ist wie der zwischen heute und den symphonischen Dichtungen von Richard Strauss, also recht gering. Freilich darf man nicht außer acht lassen, daß das Tempo der musikalischen Entwicklung während der letzten zweihundert Jahre sich überaus beschleunigte. Tatsächlich indessen gibt es Stücke von Bach, die das Ansprechende und Gefällige von Genrepièecen haben, ähnlich übrigens wie die seiner französischen Zeitgenossen, ohne daß doch ihr Rang als der großer Musik im mindesten in Frage stünde. Eine solche nicht bloß schöne, sondern hübsche Stelle, die hochgeborene Ahnin ungezählter Gavotten aus der gehobenen Unterhaltungsmusik des neunzehnten und beginnenden zwanzigsten Jahrhunderts ist die folgende, aus einer der mit Rücksicht auf den damals modischen Geschmack französisch genannten Suiten.

Beispiel: die ersten 8 Takte mit Auftakt aus der Gavotte der 5. Französischen Suite in G-Dur.

Daß Gebilde dieser Art bei Bach trotz ihrer Unterhaltungsqualität das Niveau behaupten, wäre technisch erklärbar. Während sie nämlich, mit kräftigem Generalbaßempfinden, durchaus harmonisch-homophon klingen wie ihre romantischen Nachzügler, sind die diskret zurücktretenden Begleitstimmen als selbständige Melodien durchgebildet und dadurch das Galante dicht strukturiert, nicht einfach den Spielmarken der Akkorde anvertraut. Hören Sie die Mittel- und die Baßstimme derselben acht Takte:

Beispiel: erst die Mittelstimme, dann den Baß der Stelle allein.

Verfolgen Sie nun noch einmal aufmerksam das Ganze, so wird Ihnen nicht entgehen, wie vollkommen in diesem Achttakter spielerisch melodiöse Anmut und durchgeformtes Stimmgefüge sich verbinden.

Beispiel: Beispiel 1 wiederholen.

Keineswegs jedoch reserviert Bach solche schönen Stellen peripheren Nebenprodukten. In einem höchst belasteten Werk wie der sogenannten Französischen Ouvertüre, einer Suite, gedruckt Ostern 1735, also aus der Zeit von Bachs reifer Meisterschaft, findet sich ein Passepied, der mit fast romantischem Mordent und gesanglicher Faßbarkeit des Instrumentalsatzes durchorganisierten, vielfach vierstimmigen Satz vereint.

Beispiel: Passepied aus der Französischen Ouvertüre; entweder ganz, oder, im Fall von Zeitmangel, bis zum Doppelstrich, unter Umständen auch den dazugehörigen Passepied II (Trio).

Überhaupt gehört es zu den Legenden des Historismus, daß die volle Gesanglichkeit der Instrumentalerfindung erst der nach-Bachischen Ära, insbesondere Mozart angehöre. Als Beweis möchte ich ihnen eine Stelle anführen, die mir zu den schönsten im Instrumentalwerk Bachs zu gehören scheint: den Schluß der E-Dur-Fuge aus dem zweiten Band des Wohltemperierten Klaviers. Ihr Thema stammt nicht einmal von Bach sondern von dem alten Johann Caspar Fischer; er hat aber daraus ein Werk von so tröstlicher Kraft gebildet, wie sie der Musik unwiderruflich verloren ging. Das leise archaisierende Thema der Fuge lautet:

Beispiel: Wohltemperiertes Klavier, II. Band, E-Dur-Fuge, Takt 1 und 2, mit e schließen.

Bei der Beantwortung tritt als Fortsetzung der ursprünglich thematischen ersten Stimme ein Kontrapunkt hinzu.

Beispiel: dieselbe Fuge, von dem Einsatz des h im 2. Takt an bis zu dem zweiten nachschlagenden h im 4. Takt.

Dieser Kontrapunkt nun wird, nach einer todernsten Versenkung im Mittelteil, zu einer über alle Begriffe beseelten und sprechenden Oberstimmenmelodie, über der man gänzlich vergißt, daß sie von einer Engführung des Hauptthemas begleitet ist.

Beispiel: dieselbe Fuge, Takt 35 von dem h der Mittelstimme an bis zum Ende der Fuge.

Das Rührende dieses Fugenschlusses widerlegt besser als alles andere die objektivistische, dem Ausdruck feindliche Auffassung

Bachs. Er löst sich aus dem objektiven Gefüge und überstrahlt es. Unnachahmlich frei behandelt Bach die Fugenform, die er selbst zu ihrer authentischen Gestalt gebracht hatte – eben darum, weil sie so sehr durch seine eigene Subjektivität hindurch gegangen war. Dafür ein letztes Beispiel, aus der Fis-Dur-Fuge des ersten Bandes vom Wohltemperierten Klavier. Ihr Thema ist:

> *Beispiel:* Wohltemperiertes Klavier, I. Band, Fis-Dur-Fuge, Anfang Takt 1 bis zum ais des 3. Taktes.

Dies Thema wird orthodox, tonal beantwortet und durchgeführt. Beim anschließenden Zwischensatz bedient Bach sich der einen Möglichkeit, welche die Schule für diese Abschnitte vorsieht: er verwendet zwar den charakteristischen Quartensprung des Themas, erfindet aber ein neues Motiv hinzu.

> *Beispiel:* dieselbe Fuge, Takt 7 bis 9, mit dem sich bildenden Akkord auf dis schließen.

Dies neue Motiv hat nun soviel Triebkraft und entspricht zugleich, in seinem tanzhaften Wesen, der Grundanschauung dieses Stücks so genau, daß Bach sich nicht, nach der Regel, dabei bescheidet, es in den Zwischensätzen vortragen zu lassen. Vielmehr greift es auf die Durchführungen über und erscheint sogleich schon in der zweiten.

> *Beispiel:* dieselbe Fuge, Takt 11 mit dem Wiedereintritt des Hauptthemas (Auftakt vor dem letzten Viertel beginnen) und schließen Takt 13 mit dem Wiedererreichen des tonischen Dreiklangs auf dem 3. Viertel.

Die gesamte Form wird von diesem Impuls bewegt. Nach dem Schema wäre sie ein Mittleres zwischen einthematischer und Doppelfuge; nur sind diese Kategorien selber ein erst von der lebendigen Komposition Abgezogenes und haben über diese, solange sie lebt wie bei Bach, keine Autorität. In einem Gebilde wie diesem, aber bei Bach keineswegs darin allein, wird das charakterisierende Ausdrucksbedürfnis formbildend und löst die von Bach eben erst statuierte Architektur wiederum auf, Widerlegung der heute eingeschliffenen Bach-Fabel. Erst beim Ende der Fuge läßt Bach das, was in ihrem Werden zusammenkam, wieder auseinandertreten. Die letzte Wiederholung des Themas entbehrt jenes Kontrapunkts, aber mit der Unsterblichkeit des Schalks kehrt er danach in der Coda wieder und beschließt das Stück.

Beispiel: dieselbe Fuge, Takt 31, Themeneintritt cis, Auftakt vorm letzten Viertel bis zum Ende der Fuge.

Der Versuchung, auf Haydn, einen der größten Komponisten, einzugehen, widerstehe ich, nenne aber en passant eine Stelle, die mir seit der Kindheit unvergeßlich blieb, aus einer Arie aus den Jahreszeiten, wo, ohne alle billige Illustration, die Kurve der Singstimme mit jener Diskretion, der Haydn die äußersten Wirkungen verdankt, und auch mit kaum merklichem Lächeln nachzeichnet, was der Text beschreibt, die langen Furchen des Ackers:

Beispiel: Haydn, Anfang der Arie »Schon eilet froh der Ackersmann« aus den »Jahreszeiten«, von der Zeile »in langen Furchen schreitet er dem Pfluge flötend nach« an, mit all ihren Wiederholungen, mit dem C-Dur-Akkord vor der Minore-Wendung schließen.

Bei Mozart liegen die schönen Stellen in berühmten Melodien seiner Opern wie Voi che sapete oder der Rosenarie aus dem Figaro und all den liedartigen Stücken der Zauberflöte zur Hand. Ich ziehe statt dessen einiges aus der Instrumentalmusik heran. Im Rondo des berühmten Dissonanzenquartetts folgt, nachdem das eigentliche Seitenthema sich bereits in einer virtuosen, schlußgruppenähnlichen Partie gelöst hat, gänzlich unerwartet, in dem von der Haupttonart weit entlegenen Es-Dur, eine Interpolation, ein scheinbar neues, in Oktaven geführtes gesangsmäßiges Thema, in jener von Worten kaum zu umschreibenden Diaphanie, die manchen Werken des reifen Mozart ihren seraphischen Ton verleiht. Sogleich danach wird die figurierte Schlußgruppenpartie wieder aufgenommen. Man wird dem Einfall wohl nur dann ganz gerecht, wenn man ihn im Zusammenhang, also mit den vorhergehenden und den an ihn anschließenden Sechzehnteltakten vernimmt.

Beispiel: Mozart, Dissonanzenquartett (C-Dur), Peters Partitur, S. 31, 3. System, 1. Takt, mit der Figur cis-d beginnen bis S. 33, 4. Takt, mit dem d der ersten Geige schließen.

Die Interpolation ist aber bezeichnend nicht nur dafür, daß in der großen Instrumentalmusik des Wiener Klassizismus die schönen Stellen zu solchen nur innerhalb ihres Kontextes werden. Sondern diese Schönheit überflügelt auch jenen Zusammenhang, wird gleichsam selbständig – später ein von Beethoven beim Entscheidendsten eingesetztes Kunstmittel. Schließlich ist bei dem Typus der schönen Stelle als einem Überraschenden fast stets eine sei's noch so lose und andeutende Verwandtschaft mit dem Hauptmaterial zu beobachten; hier eine Art Drehung des Kopfmotivs in dem neuen Thema, bei gänzlich verändertem Rhythmus.

Beispiel: aus derselben Stelle des Dissonanzenquartetts die Oberstimme allein anschlagen vom Anfang auf S. 29, im dritten Takt mit dem c schließen, und das neue Thema von S. 32.

Der vielberufene Mozartsche Reichtum ist nun keineswegs bloß einer der melodischen Erfindung sondern ebenso einer der Wendungen der Form, die dann wiederum den schönen Stellen zum Guten gereichen. Das E-Dur-Klaviertrio, das chef-d'œuvre Mozarts aus dieser Gattung, enthält ein bereits sehr groß erfundenes melodisches Gesangsthema, erst in der Geige, dann, nach zwölf Takten, im Klavier. Auf dem 12. Takt dieser Melodie, wie aus Ungeduld gleichsam einen zu früh, setzt das Cello mit demselben Thema ein, und gleichzeitig erfolgt eine energische Modulation nach der Unterdominantregion; nach zwei Takten verdichten sich die Einsätze engführungsartig. In dieser Partie erst entfaltet das Thema, das auftritt, als wäre es liedhaft in sich geschlossen, seine expansive Kraft. Das Entzücken darüber haftet an dem kaum anders wiederzugebenden Gefühl, hier eigentlich werde zu musizieren begonnen. Was zuvor bloß da war, befreit sich zur lebendigen Wirkung seiner Kräfte. Hören Sie, mit Rücksicht auf dies jäh entbundene Musizieren, die gesamte zweite Themengruppe aus dem ersten Satz von Mozarts Klaviertrio in E-Dur.

Beispiel: Mozart, Klaviertrio in E-Dur, Petersausgabe, 1. Satz, S. 62, vom H-Dur-Eintritt im 3. Takt nach der Generalpause bis S. 64 zum vollen Schluß auf dem h des 3. Taktes.

Manchmal will es mir scheinen, als habe Mozart absichtsvoll, wie hier unter den Klaviertrios, in jeder Gattung der Instrumentalmusik paradigmatisch ein unübertreffliches Meisterwerk hingestellt. Unter den Sonaten für Violine und Klavier ist es die in A-Dur, nach Köchels Verzeichnis Nr. 526. In ihr tritt ein Thema auf, welches das Mozart zuweilen gespendete Lob des göttlichen Leichtsinns vom Phrasenhaften heilt und wirklich, mit der unerwarteten improvisierten Dehnung, klingt, als hätte Musik aller Kontrollen, der Schmach aller Bindungen sich entäußert und entschwebte der Erde mit der Seligkeit von Amoretten.

Beispiel: Mozart, A-Dur-Sonate für Violine und Klavier, Petersausgabe, S. 193, mit dem Auftakt der Geige vom Buchstaben C an bis zum abschließenden e bei Buchstabe E.

Vielleicht sind Sie durch diese Beispiele aus den Instrumentalwerken empfänglich geworden auch für manche schönen Stellen aus Mozarts Opern, die gegenüber den allbekannten Glanzstücken sonst leicht im Schatten bleiben, zumal wenn die Aufführung darüber hinweggleitet. Wenigstens eine möchte ich Ihnen nennen. Im Finale des Figaro erbittet der Graf die Verzeihung seiner Gemahlin, sie wird ihm gewährt, und ein kurzer Ensembleabschnitt schließt sich an, jenes zugleich weltlichen und sakralen Wesens, dessen nur Mozart, auf dem Indifferenzpunkt von Mystik und Aufklärung, mächtig war. Ihre besondere Aufmerksamkeit aber möchte ich auf drei reine Instrumentaltakte lenken, die nach dem unpathetisch feierlichen Abschnitt in den fröhlichen Beschluß überleiten. Mozarts Formgefühl sagt ihm, daß jene Periode sich aussingen müsse, nicht abrupt enden dürfe: sie tastet gleichsam ins Offene. Das vollbringt er mit einem Motiv, das, leise an den kirchenmusikalischen Stil mahnend, das Erhabene und das ganz Unscheinbare in eins setzt, wie es keiner Musik nach Mozart wieder glückte.

Beispiel: Mozart, Figaros Hochzeit, von dem Einsatz des Grafen »O Engel, verzeih mir« bis zum Abschluß mit dem Dominantseptimakkord in C-Dur, beim Eintritt des Allegro assai.

Besinnen Sie sich bitte darauf, daß ich Ihnen von der Präformiertheit und relativen Untergeordnetheit vieler Einfälle bei Beethoven sprach, auf die seinerseits Paul Bekker aufmerksam machte. Der Hinweis ist zunächst zu differenzieren durch die Einsicht, daß Beethoven den sogenannten melodischen Einfall, wann immer er seiner bedurfte, souverän zur Verfügung hatte. Vieles, wobei seine wählerische Strenge sich nicht aufhielt, weil er der Objektivation zuliebe von der aufkommenden Romantik Distanz wahren wollte, ist als Moment in seinem Werk gleichwohl enthalten; so könnte man den ersten Satz der als Mondscheinsonate populären aus op. 27 als Prototyp jener Notturni auffassen, die dann Chopin pflegte. Aber es gibt auch Stellen bei Beethoven, denen die Schönheit des Einfalls eignet wie dann bei Schubert. Ich zitiere eine solche aus dem langsamen Satz von Beethovens Drittem Razumoffsky-Quartett, vom Jahr 1806, geschrieben, als Schubert ein kleines Kind war.

Beispiel: Beethoven, op. 59, Nr. 3, Eulenburgpartitur, S. 15, zweituntерstes System, nach dem Teilstrich, mit dem Schluß 2 beginnen, bis zum untersten System, Takt 2, mit dem a-moll-Akkord schließen.

Der äußerste Gegensatz zu diesem Typus und ein Beethoven Eigentümliches sind jene schönen Stellen – wenn man sie so nennen will –, deren Schönheit von der Relation erst erzeugt wird. Ich möchte Ihnen dafür zwei extreme Beispiele geben. Das Thema der Variationen der Appassionata beginnt:

Beispiel: Beethoven, Klaviersonate op. 57, Andante con moto, die ersten acht Takte.

Ganz beredt indessen wird dies Thema erst, wenn man es unmittelbar nach der Coda des ersten Satzes hört, einer auskomponierten Katastrophe.

Beispiel: Beethoven, dieselbe Sonate, Schluß des ersten Satzes, von più Allegro an, und dann das Variationsthema.

Nach jener Explosion und dem Zusammenbruch klingt das Variationsthema, als beugte es sich unter einem Riesenschatten, unter erdrückender Last. Der gedeckte Charakter des Klangs scheint dies Lastende auszukomponieren.

Das Klaviertrio in D-Dur, op. 70, Nr. 1 ist geläufig unter dem Namen Geistertrio, wegen des Largo assai ed espressivo, einer der Beethovenschen Konzeptionen, in der er der romantischen Imago am meisten sich näherte. Lassen Sie nun, unmittelbar hintereinander, den Schluß dieses Satzes und den Beginn des anschließenden Prestofinales auf sich wirken:

Beispiel: Beethoven, Klaviertrio D-Dur, op. 70, Nr. 1, Petersausgabe, S. 170, letztes System, vom Buchstaben S an bis zur Fermate über dem 4. Takt des Prestos.

Isoliert klänge der Prestobeginn vielleicht gar nicht sehr beträchtlich; nach dem über alles klassizistische Maß hinaus verdüsterten Schluß des Largo jedoch hat der Anfang etwas vom schwachen tröstlichen Dämmern eines Tages, der alles Unheil wiedergutzumachen verspricht, das zuvor geschah; den Ausdruck frühen Vogelrufes, ohne daß Beethoven irgend Vogelstimmen imitierte.

Die tröstlichen Stellen bei Beethoven sind die, in denen, über den dicht gewobenen Immanenzzusammenhang der musikalischen Struktur hinaus, die keinen Ausweg zu lassen scheint, dennoch aufgeht, was ihr entrückt ist, mit einer Kraft, die es schwer macht zu glauben, was solche Stellen sagen, könne nicht die Wahrheit sein und unterliege der Relativität von Kunst als einem von Menschen Gemachten. Es sind die Stellen, die dem Satz der Wahlverwandtschaften, »Wie ein Stern fuhr die Hoffnung vom Himmel hernieder«, gleichen, vielleicht die höchsten, die überhaupt der Sprache der Musik – gar nicht ihren einzelnen Werken – beschieden waren. Solche Stellen schrieb Beethoven schon recht früh. Die Klaviersonate in d-moll, op. 31, Nr. 2, exponiert, nach ein paar Überleitungstakten, ein Thema ihres Wesens.

Beispiel: Beethoven, Klaviersonate, op. 31, Nr. 2, Adagio, Takt 27 bis 38, mit dem F-Dur-Akkord piano schließen.

Noch mache ich Sie darauf aufmerksam, daß in dies Thema, bei seiner Wiederholung, eine Variante eingelassen ist.

Beispiel: aus derselben Stelle nacheinander spielen Takt 31 und 32, und dann Takt 35 und 36, nur die Oberstimme.

Durch die Hinzufügung des gesanglich redenden Sekundschritts abwärts von c nach b wird das gleichsam außermenschliche Thema humanisiert, beantwortet von der Träne dessen, den die Erde wiederhat.

Am vollkommensten prägt Beethovens Musik den Charakter der aufgehenden Hoffnung in der Rückleitung zur Reprise des Adagios aus dem Ersten Razumoffsky-Quartett, einem der größten Kammermusikwerke der gesamten Literatur. Da der Stelle, für die die Sprache schlechterdings keinen anderen Begriff darbietet als den des Erhabenen, ihrer Einfachheit ebenbürtig ist, muß man die vorhergehende Entwicklung mitvollziehen, um sie ganz zu fühlen. Die Passage wird Ihnen gespielt, ohne daß ich sie kommentierte.

Beispiel: Beethoven, Streichquartett op. 59, Nr. 1, Adagio, Eulenbergpartitur, S. 36, 3. System, letzter Takt (46), bis S. 40, Takt 84, mit dem Eintritt des f-moll schließen.

Der Widerpart des Charakters der Hoffnung bei Beethoven ist der des absoluten Ernstfalls, wo Musik die letzte Spur des Spiels abzuwerfen scheint. Auch davon zeige ich Ihnen zwei Modelle. Das eine ist der wahrhaft unerbittliche Schluß des intermezzohaft kurzen Andantes aus dem G-Dur-Klavierkonzert.

Beispiel: Beethoven, G-Dur-Klavierkonzert, die elf letzten Takte des Andante, mit dem Arpeggio-Akkord des a tempo anfangend.

Während diese Stelle für sich selbst spricht, obwohl das charakteristische Motiv der Bässe das ganze Stück artikuliert, bedarf die folgende wiederum des Zusammenhanges. Sie stammt aus dem ersten Satz der Kreutzersonate, und zwar, wie jene aus op. 59, Nr. 1, aus der Rückwendung zur Reprise. Vielleicht darf gesagt sein, daß die Herbeiführung der Wiederholung, als des schematischen und darum von der autonomen Komposition jeweils erst zu rechtfertigenden Teils der Sonatenform, vielfach bei Beethoven alle Kunst der Gestaltung auf sich konzentriert. Als solle für den schematischen Rest der Struktur entschädigt werden, setzt er dann das Äußerste an produktiver Einbildungskraft ein. Nachdem die Durchführung in eine Art Kadenz ausgelaufen ist und den Glauben erweckt, nun könne ohne viel Umstände von vorn begonnen werden, reißt Beethoven, mit einem Akkord der vierten Stufe der Unterdominanztonart, im drohendsten Baßklang, den Abgrund der Leidenschaft für eine Sekunde auf, welche die Sonate vorher entfesselt hatte. Die Rückleitung, dann der Augenblick des Ernstfalls und damit der Reprisenbeginn lautet:

Beispiel: Beethoven, Kreutzersonate, op. 47, Petersausgabe der Violinsonaten, S. 189, sieben Takte nach Buchstabe I (mit e in Geige und linker Hand beginnen), bis S. 190, Fermate vor Buchstaben M.

Bei Schubert ist der Ruhm so sehr der des Einfalls, zieht so sehr ab von all dem, was sein Werk außer dem Reichtum an Liedmelodik birgt, daß ich mich mit zwei Stellen begnüge, an deren Qualitäten zumindest der musikalische Laie beim Namen Schuberts kaum denkt. Versteht man unter der Idee des Symphonischen im prägnanten Beethovenschen Sinn die Fähigkeit, in kurze, höchst schlagende und evidente Strecken ganze Entwicklungen zu konzentrieren, so eignet sie Schubert in höchstem Maß. Sie verbindet sich mit harmonischer Perspektive, einem Wechsel der Aspekte, der im Gefühl fast räumlicher Tiefe resultiert. Solcher symphonische Geist waltet aber bei Schubert keineswegs bloß in Instrumentalkompositionen sondern auch in Liedern. Die folgenden Zeilen aus der Komposition des Goethegedichts »An Schwager Kronos« sind dergestalt symphonisch.

Beispiel: Schubert, aus »An Schwager Kronos«, von den Worten »Weit, hoch, herrlich ...« bis »ahndevoll«.

Dafür gibt es in den Instrumentalwerken, ohne daß er Thematik aus den Liedern benutzen müßte, Liedähnliches; es wird aber sogleich aus der Liedsphäre in die der objektivierten Kammermusik hinübergeleitet. Sicherlich gehört, einfach der Melodiebildung nach, das Trio im Scherzo des G-Dur-Quartetts zu den schönsten Einfällen Schuberts.

Beispiel: Schubert, Streichquartett G-Dur, op. 161, das ganze Trio, Philharmoniapartitur, S. 34 und 35.

Ich habe ihnen jedoch diese Stelle nicht der Melodie zuliebe ausgewählt, sondern wegen der harmonischen Rückung im zweiten Teil des Trios, wo unter Ausnutzung der sogenannten Terzverwandtschaft überraschend H-Dur auf G-Dur folgt und das Stimmgewebe auf eine andere, hell belichtete Ebene versetzt. Schubert kommentiert gleichsam seine Idee bei derlei Rückungen: genau dieselbe schreibt er in der Komposition des Goetheschen »Musensohns«.

Beispiel: Schubert, Musensohn, vom ersten Instrumentalzwischenspiel an bis »Blüten am Baum«.

Gemeint ist jenes Element des von dem bloßen Dasein sich Entfernenden, den Geist Verzaubernden, welches, wie in dem Goetheschen Gedicht, Kunst selber definiert. Die H-Dur-Wirkung wiederholt sich denn auch dort, wo der Gesang des Dichters bei der Linde, nach seinem Wort, das junge Völkchen erregt. Vernehmen Sie, in jenem Geist, nochmals die Wendung im G-Dur-Quartett:

Beispiel: Schubert, die letzten Takte des G-Dur-Quartetts op. 161 vor dem Teilstrich, vielleicht vom Auftakt vor Takt 165 an, bis zu dem dis der ersten Geige in Takt 170.

Aus der Hochromantik zitiere ich nur ein Beispiel, das nicht gar zu bekannt sein dürfte, ein kleines Lied von Mendelssohn, »An die Entfernte«, nach einem Lenaugedicht. Die erste und die zweite ihr völlig gleiche Strophe sind ganz regelmäßig und wären, bliebe das Ganze so, kaum mehr als hübsch.

Beispiel: Mendelssohn, An die Entfernte, op. 71, Nr. 3, erste und zweite Strophe.

Die dritte und vierte Strophe jedoch sind, gegenüber dem abgezirkelten Bau der beiden ersten, in einem großen schwingenden Melodiebogen zusammengefaßt, dem die Harmonik sich anschmiegt, indem sie keine Zäsur bildet. Am Schluß, im letzten Viertakter, findet sich zu den Worten »oder als ihr süßer Schall« die Dehnung eines Zweitakters in einen Dreitakter, eine kunstvolle, für den

Metriker Mendelssohn sehr charakteristische Unregelmäßigkeit, die das Lied über den bescheidenen Umkreis, in dem es anhebt, weit hinausträgt.

Beispiel: Mendelssohn, dasselbe Lied von »Nie soll weiter sich ins Land« bis zu Ende.

Dagegen möchte ich Ihnen mehrere Beispiele von Brahms vorlegen, und zwar aus seinen früheren Werken. Die Originalität und Gestaltungskraft des jungen Brahms ist, ihrem eigenen Recht und ihrer vollen Tragweite nach, bis heute kaum recht gesehen worden; mit größtem Nachdruck hat mein jüngst verstorbener Freund Steuermann darauf aufmerksam gemacht. Zunächst die Coda aus dem langsamen Satz von Brahmsens op. 1, der Klaviersonate in C-Dur, einige Takte von einem Klangzauber und einer harmonischen Komplexität, die, 1853, alle Errungenschaften des Impressionismus vorwegnehmen. Es ist ein Komplex, dessen schwerlich einer bei Brahms sich gewärtigt und an dem sich lernen läßt, wieviel Keime, auch bei sehr bedeutenden Komponisten, sich regen, am Rande bleiben, und erst zu ganz anderer Zeit und bei ganz anderen Autoren wiederkehren und ins Zentrum rücken.

Beispiel: Brahms, die letzten 14 Takte des Andantes aus der Klaviersonate op. 1.

Der junge Brahms kennt im übrigen auch Takte, die vom reifen Wagner sein könnten, so die folgenden aus dem langsamen Satz des Klavierquintetts, eine Überleitung, die aus einem Motiv des Hauptthemas entwickelt ist.

Beispiel: Brahms, Klavierquintett, Andante un poco adagio, Eulenburgpartitur, S. 29, die beiden letzten Takte vor dem Einsatz von E-Dur und dann die E-Dur-Wendung. Mit dem Akkord auf e, also im vorletzten Takt der Seite, schließen.

In solchen Details, die wie Zellen musikalisches Gefühl in sich aufspeichern, berühren sich Komponisten, die, im großen genommen, einander so antipodisch gegenüberstehen wie Brahms und Wagner. Vergleichen Sie damit das Motiv der Sommernacht aus dem zweiten Meistersingerakt.

Beispiel: Wagner, Meistersinger, erster Eintritt des Sommernachtmotivs, nach dem Hornstoß des Nachtwächters, zu »mäßig«, drei Takte vor den Worten »Geliebter, spare den Zorn«, schließen mit dem Takt vor Walters Frage »Du fliehst?«

So verschieden die fast schmerzende Süße des Wagnerschen Motivs von dem verhalten nur sich andeutenden und sogleich verschwindenden Brahmsischen ist, so verwandt sind sie doch in der Führung zumal der chromatischen Mittelstimmen. Das spezifisch Wagnersche jedoch ist das Schicksal seines Motivs, so wie es beim Aktschluß, nach dem letzten Hornstoß des Nachtwächters, verblaßt und mit der Gebärde ungläubig melancholischer Erinnerung noch einmal wiederkehrt.

Beispiel: Wagner, Meistersinger, Schluß des zweiten Akts, abermals vom Hornstoß an »sehr ruhig im Zeitmaß«, bis zum Ende.

Im Kontrast zu Wagner bezwingt der junge Brahms mit der Fülle stets frischer, sich aus sich selbst erneuernder musikalischer Gestalten, oft von einer metrischen Freiheit, welche die, die ich Ihnen bei Mendelssohn andeutete, zum Prinzip einer in ihrer Fiber durchaus unkonventionellen Kompositionsweise macht. Hören Sie noch eine solche Melodie des jungen Brahms, aus dem Intermezzo des Klavierquartetts in g-moll, op. 25.

Beispiel: Brahms, Klavierquartett g-moll, op. 25, Eulenburgpartitur, S. 28, zweitunterstes System, 1. Takt, mit dem C-Dur beginnen, bis S. 29, 3. Takt, auf eins mit dem f-moll-Akkord schließen.

Ich habe Stellen von besonderem Glanz aus Brahms und Wagner nebeneinander gestellt. Lassen Sie mich jetzt Ihnen noch eine aus Wagner anführen. Sie rückt eines der berühmtesten Themen des Tristan in gänzlich verändertes Licht. Es handelt sich um das unter dem Namen Scheidegesang figurierende Motiv, mit dem Isoldes Liebestod im zweiten Akt antezipiert wird, in der großen Liebesszene, mit abgewandeltem Rhythmus, zu den Worten »so stürben wir, um ungetrennt«. Hier nun erscheint zu dem Motiv ein Kontrapunkt in Achteln, der ihm einen Charakter gedrängten Entzückens verleiht, der, wenn ich mich nicht täusche, im Schlußgesang des Ganzen nicht wieder erreicht ist. Richten Sie bitte zunächst Ihre Aufmerksamkeit auf diesen Kontrapunkt.

Beispiel: Wagner, Tristan, II. Akt, die Mittelstimme in Achteln von »So stürben wir«, erst im Alt, später im Tenor, auf dem Klavier andeuten.

Und nun die Stelle mit all ihren Stimmen so, wie sie durch diesen Kontrapunkt sich modelliert.

Beispiel: Wagner, Tristan, II. Akt, nun mit *allen* Stimmen von einer Aufnahme mit Orchester von »So stürben wir ... in Liebe umfangen«.

Vielleicht ist das der Ort, Ihnen, nach Wagner, ein paar Stellen aus Bruckner anzuführen. Zunächst den Fis-Dur-Mittelteil aus dem Trauermarsch der VII. Symphonie.

Beispiel: Bruckner, VII. Symphonie, E-Dur, Eulenburgpartitur, S. 63, vom Buchstaben D (moderato) bis zum Wiedereinsatz des $4/4$-Takts in cis-moll beim Buchstaben G, S. 67.

Grund ist zu fragen, was diesem Feld, dessen Formidee, eine ausgesponnene Dreiviertel-Melodie als Kontrast zu einem symphonischen Adagio, offenkundig von Beethovens Neunter übernommen ist, seine besondere Schönheit verleiht. Voll könnte das erst die minutiöse Analyse der Melodiebildung, Harmonisierung und Formstruktur erweisen. Vorläufig mag zu antworten sein, daß der Abschnitt mit eigentümlicher, harmonischer Kraft dem Gefälle widersteht, wie aus sich heraus wegstrebt von den Fundamenten, die doch gleichwohl die Baßführung sicher beistellt. Die Tendenz der Melodie nach oben, eine Art seliger Unnachgiebigkeit, dürfte ihr den Charakter verleihen. In dem Abschnitt wird Musik gegen den Strich gebürstet und ist doch nicht im mindesten gewaltsam oder gesucht; es ist, als hätte ihr eigener Impuls, ohne daß die kompositorische Hand eingriffe, den Bann des Banalen unter sich gelassen. In ihrer Coda dann gewinnt die Stelle etwas von jenem rückschauenden Blick auf ferne Dörfer, der weiß, dort müsse das ganze Glück seine Stätte haben, auch wenn es nie dort ist, wenn man hingelangt.

Die Schönheit der zweiten Stelle aus Bruckner, zu der ich Sie geleiten möchte, ist nicht ebenso evident, aber nicht geringer. Es ist eine nicht des Sagens sondern des Verschweigens. Das Hauptthema des ersten Satzes derselben Siebenten Symphonie schwingt sich, in seiner zweiten Strophe, mächtig auf bis zur vollsten Erfüllung. Als könnte nun die Musik selbst, aus Scham, kaum das Wort ertragen, das sie spricht, oder als fürchtete sie, es möchte, beharrte sie darauf, zurückbleiben hinter dem, was nur aufblitzend gewährt wird, verläßt die Symphonie in eiligem Diminuendo jene Höhe und mildert sich zu säuselnden Tremolotakten, ehe das zweite Thema einsetzt.

Beispiel: Bruckner, VII. Symphonie, Eulenburgpartitur, erster Satz, S. 4, vom Buchstaben A an, bis S. 7, Buchstabe B, mit dem H-Dur-Akkord schließen.

An die Brucknerpassagen assoziieren sich solche von Mahler. Wiederum wähle ich zwei aus. Die eine schrieb Mahler in der Jugend: den zweiten Mittelsatz aus »Der Schildwache Nachtlied« nach einem Text aus »Des Knaben Wunderhorn«.

Beispiel: Mahler, Wunderhornlieder, Philharmoniapartitur, 1. Band, S. 5, von »Lieb Knab ...«, S. 7, Takt 30, vor dem Einsatz der Pauke und der Bässe schließen.

In dieser Strophe ist die metrische Unregelmäßigkeit des älteren Volkslieds, aus der Periode vor der endgültigen Etablierung der Achttakter, wie sie etwa noch aus »Prinz Eugen« vertraut ist, mit der modernen, der Kräftigung der Dissonanz verschwisterten Tendenz differenziertester Asymmetrie im bunten Wechsel drei- und vierteiliger Takte verschmolzen. Den großen Intervallblöcken der Singstimme entspricht bei den Silben »Garten« ein Akkord aus fünf verschiedenen Tönen, mit doppeltem Zusammenstoß der kleinen Septime, unwillkürlich aus der Linien- und Harmonieführung resultierend und doch bereits, vor fünfundsiebzig Jahren, ein Klang der neuen Musik, dabei vom Ausdruck des eindringend Schmeichelnden.
Ähnlich fortgeschritten, dabei von dem gleichen, nun überaus schwermütig getönten Glanz, sind ein paar Takte aus Mahlers reifer Zeit, der serenadenhaften zweiten Nachtmusik der Siebenten Symphonie.

Beispiel: Mahler, revidierte Ausgabe der Partitur der VII. Symphonie, Bote und Bock, S. 181, letzter Takt, mit dem Auftakt der Solovioline, S. 182, schließen mit F-Dur-Akkord, am Anfang des 4. Takts, nach Ziffer 218.

So nah kam in ihren kühnsten Augenblicken die Generation, die man die neuromantische und impressionistische nennt, der neuen Musik. Dafür noch ein Beleg aus einer von Mahler weit abgelegenen Musiksphäre, den Anfang der Forlane aus Ravels Tombeau de Couperin, neun Takte, die bei durchsichtigster und klarster harmonischer Stufenfolge im Sinn von e-moll durch eine Technik einander überlagernder Vorhalte und Nebennoten bis zur Kadenz keinen ungetrübten Dreiklang bringen. Die Takte bestehen nur aus Dissonanzen, aber diese sind nicht, wie oftmals in sogenannter gemäßigter Moderne, beliebige Zusätze zum Generalbaß, sondern aufs genaueste ausgehört. Die Stelle berückt mit welkem, sich selbst entblätterndem Duft.

Beispiel: Ravel, Forlane aus Le tombeau de Couperin, Anfang, schließen mit dem e-moll-Akkord am Anfang des 9. Takts.

In der eigentlich neuen Musik radikaler Gestalt, wie sie von der zweiten Wiener Schule, der Schönbergs, ausgeht, schließt das herrschende Vorurteil den Begriff der schönen Stelle aus. Der Primat der Dissonanz, oder vielmehr die Abschaffung von Konsonanz und Dissonanz, und die weite, nach gängigen Vorstellungen unsangliche Intervalle bevorzugende Melodiebildung wird von kulinarisch reagierenden Ohren dem Häßlichen gleichgesetzt. Andererseits scheinen die konstruktiven Prinzipien, der Vorrang der ganzen Form und ihres Schwungs über ihre Einzelmomente, gerade bei richtigem Hören das Herausklauben von Details zu verbieten. Aber seitdem die Dissonanzen ihren Schrecken verloren haben und man erkennen kann, wie sehr die Kraft der Gesamtanlage den Einzelereignissen sich mitteilt und umgekehrt, nach Schönbergs eigenen Worten, von den Einzelereignissen, dem Einfall sich inspirieren läßt – heute also heben in den in allen Schichten gleich durchgebildeten Kompositionen der Wiener Schule besondere Augenblicke sich ab. Auch der Begriff der sinnlichen Schönheit ist in der Kunst Funktion eines Geistigen, steigert sich mit dem Sinn, den die Einzelgestalten in ihrem Zusammenhang gewinnen.
Unmittelbar einsichtig sind schöne Stellen bei Alban Berg, der die Verbindung mit der traditionellen Musik ohne Scheu pflegte und in dessen Werk das eine große Rolle spielt, was man neuerdings gern Suavität nennt, Wohllaut, wie er der Stelle von Ravel eignet, die Sie zuletzt vernahmen, und wie ihn Berg wohl überhaupt den Franzosen ablernte. Doch ist ihm die Suavität nicht Selbstzweck. Sie rechtfertigt sich geistig, durch den konstruktiven Plan ebenso wie durch den Ausdruck. Berg rettet Ausdrucksvaleurs der Tonalität, aber ruft sie gleichsam in ein zweites Leben durch außerordentlich komplexe Überlagerung, welche die alten tonalen Farben unablässig bricht; abermals nicht unähnlich dem Verfahren Ravels in jener Forlane. Eine solche Stelle, deren Schönheit freilich vor allem ande-

ren die des melodischen Einfalls, eines freien, keineswegs zwölftönigen ist, wird als Anfang und Hauptthema des zweiten Satzes der Lyrischen Suite für Streichquartett, eines Rondos, vorgetragen.

Beispiel: Alban Berg, Lyrische Suite, Andante amoroso, Philharmonia-partitur, S. 11, Takt 1 bis 4 einschließlich.

Der zarte Glanz dieses Themas wird erst ganz frei bei seiner Wiederkehr, der ersten Rondoreprise, nach der Exposition eines ungemein reichen Themenmaterials. Bei jener Wiederkehr wird das ursprünglich zweistimmige Thema kontrapunktiert durch Imitationen des Cellos und der zweiten Geige, die den motivischen Inhalt des unterdessen vorgetragenen zweiten Hauptthemas des Satzes in sich hineinziehen. Der Schmuck der umkleidenden Stimmen hat seine Funktion, indem sie durch Kontrast die Hauptmelodie desto mehr profilieren.

Beispiel: Alban Berg, Lyrische Suite, derselbe Satz, S. 19, Takt 81 bis 86, mit dem a der ersten Geige schließen.

Für Bergs Gebrauch einer weder als Eigenmacht beschworenen noch ins atonale Gewebe hereinplatzenden sondern dieser völlig verbundenen Tonalität enthält derselbe Satz ein überaus beseeltes Modell in seinem dritten Hauptthema.

Beispiel: Berg, derselbe Satz, S. 17, Takt 56 bis 61 einschließlich.

Wie aber die Bergsche Suavität der expressiven Absicht sich vermählt; wie bunt dabei begleitende harmonische Komplexe sich überlagern, das mögen Sie am Anfang der Symphonischen Suite erkennen, die Berg, kurz vor seinem Tod, aus der noch nicht zu Ende komponierten Oper Lulu exzerpierte. Hier wird das Ineinander des Lockenden und Schmerzhaften zur Imago der Heldin, der von Unheil bringender Schönheit. Die im Wortsinn betörenden Introduktionstakte bedürfen der Einlösung durch den Anfang des anschließenden Rondos, ein aus der Einleitung aufsteigendes, schwärmerisches Geigenthema. Wenn Sie jetzt die Introduktion und den Themenbeginn des Rondos hören, so möchte ich Sie bitten, darauf zu achten, wie erst das Thema die vorausgehende Einleitung recht blühen läßt.

Beispiel: Alban Berg, Symphonische Stücke aus der Oper Lulu, Studienpartitur, Rondo, Takt 1 bis 15 (S. 4) einschließlich.

Manche unter Ihnen werden solche Stellen dem angeblich gemäßigten Charakter der Moderne Bergs zuschreiben. Damit mag es sich verhalten, wie es wolle; doch finden sich Stellen der gleichen Schönheit ebenso bei dem asketischen Webern, den der Ruf der Intransigenz begleitet. Sein Liederzyklus op. 4, nach Gedichten von Stefan George, insgesamt ein Werk traumdunklen Tones, setzt mit einer mottohaften thematischen Gestalt ein, die beweist, wie sehr auch Webern dessen fähig war, was, nach dem Ideal der Liedmelodie, Einfall heißt.

Beispiel: Webern, op. 4, I, bis zum ersten Achtel des 2. Takts, mit der Fermate schließen.

Auch hier übrigens handelt es sich, gar nicht so verschieden von Berg, wie man denken möchte, um tonale Begleitakkorde mit verfremdendem Zusatz.

Von solchen Einfällen abundiert gleichermaßen das reine Instrumentalwerk Weberns. Unter den Kurzformen, die er bis zu seiner Spätphase bevorzugte, stehen ganze Stücke, welche der Idee der schönen Stelle Genüge tun. Hören Sie bitte den nur dreizehn Takte währenden zweiten aus den Fünf Sätzen für Streichquartett op. 5, eine Musik äußerster Versenkung in die eigene Stille.

Beispiel: Webern, das gesamte zweite Stück aus den Sätzen für Streichquartett op. 5.

Schönberg endlich, Bergs und Weberns Lehrer, den man heute so gern als halben Theoretiker oder gar als Erfinder der Zwölftontechnik auf Kosten des von ihm Komponierten, aber noch nicht recht Rezipierten, abschieben möchte, wäre nicht der große Komponist gewesen, der er war, hätte er nicht die Fähigkeit besessen, seine Anschauung in kurzen Augenblicken zu konzentrieren; hat er doch die extreme Kurzform als erster auskristallisiert. Eine wahrhaft unerschöpfliche Fülle solcher Augenblicke jedoch enthalten die Stücke seiner Jugend, die ja, wie man weiß, noch mit den Mitteln der Tonalität operieren und manche Stilmerkmale mit der neudeutschen, Wagnerschen Schule teilen. Nicht zuletzt unterscheiden sie sich von dem, was sonst dort gedieh, durch humane, mitfühlende Wärme. Sie war vielleicht die Kraft, mit der Schönberg das formelhaft Verhärtete umschmolz zum neuen Idiom. Wie diese Wärme die melodische Erfindung inspiriert, dafür ein Thema aus dem späteren Verlauf des Streichsextetts »Verklärte Nacht«.

Beispiel: Schönberg, Verklärte Nacht, op. 4, kleine Partitur, S. 32, vom Auftakt vor »im Zeitmaß« (»Sehr innig und warm«) bis S. 34, letztes System, Einsatz des ¾-Takts, auf eins schließen.

Solcher Erfindung aus Wärme blieb Schönberg sein gesamtes Werk hindurch treu: auch die revolutionären Werke, die ersten in freier Atonalität, strömen sie aus. So der Anfang des fünften Georgelieds aus dem »Buch der Hängenden Gärten«, op. 15.

Beispiel: Schönberg, Fünfzehn Gedichte aus dem Buch der Hängenden Gärten, »Sagt mir auf welchem pfade«, vom Anfang, bis »vorüberschreitet«, Takt 4, vor dem Auftakt schließen.

Aus mehr als einem Grund scheint es mir angemessen, als Letztes die Einleitung und den Einsatz der Singstimme aus dem Finale von Schönbergs Zweitem Streichquartett, op. 10, auszuwählen. Dies Quartett vollzieht in sich den Durchbruch von der Tonalität zur freien Atonalität. Es ist, mit den Textworten »Ich fühle luft von anderem planeten«, etwas wie ein Manifest der gesamten neuen Musik, und diese hat in ihrer bisherigen Geschichte jenes Manifest kaum eingehalten, sicherlich nicht überboten. Die Stelle ist von einer Originalität und Kraft des Gesichts, der gegenüber das Wort unerhört nach Hause kommt: etwas dergleichen ist nie zuvor gehört worden. Bis heute hat sich die Einleitung eine Gewalt erhalten, die in der Kunst nur dem eignet, was ganz unbetretene Schichten eröffnet und, mit der eigenen Realisierung, die Möglichkeit dessen vor Augen stellt, was erst zu realisieren wäre. Lassen Sie mich dabei hinweisen auf Momente wie den gänzlich fremden, huschenden Laut der gedämpften, in leichtesten Linien verflochtenen Streicher; auf ein vogelhaftes Motiv der Bratsche, das nicht vergißt, wer es je vernahm; auch auf das starre, fast rituale, dem gewohnten Wohllaut absagende Duett von Bratsche und Cello in tiefster Lage, vor allem aber auf die Komposition der Anfangsworte der Singstimme. Tritt das große cis des Cellos zur Endsilbe von »Planeten« hinzu, so hat das spekulative Ohr, physisch fast, das Gefühl, es wäre, über Abgründe hinweg, auf einen Boden gelangt, fern um Lichtjahre und doch der der sichersten Ankunft.

Beispiel: Schönberg, Zweites Streichquartett, op. 10, vierter Satz, »Entrückung«, vom Anfang bis Takt 26 einschließlich.

1965

V

Musiksoziologisches

Die stabilisierte Musik

Zwar aus der Nähe will es scheinen, als sei die Veränderung des musikalischen Bewußtseins gelungen: als sei Musik heute so fortgeschritten wie nur die Zeitsituation insgesamt. Die Macht der psychologischen Ausdrucksmusik und ihrer zivilisierten Reflexe im Impressionismus ist, wo nicht gebrochen, immerhin doch erloschen; die Tradition der bürgerlichen Musikübung des neunzehnten Jahrhunderts hat ihre letzte verbindliche Macht eingebüßt, die Komponisten sind freizügig geworden in der Wahl ihres Standortes und verfügen ungebunden über die Mittel; kein Werk gleicht dem anderen, keine Komponiernorm bleibt verpflichtend, und in der Nähe solcher ausgebreiteten Mannigfaltigkeit zweifelt niemand an der Verwirklichung der Freiheit. Und so wollen in der Tat die Werke von sich aus gesehen sein; sie meinen sich einmalig und inkommensurabel und möchten nur dem nahen Auge ihre verschlungenen Kurven offenbaren; in der Nähe ihrer wechselfältigen Unvergleichlichkeit sind sie geschützt vor der Konfrontierung miteinander und der Entzifferung der geheimen Lineatur, die sie gemeinsam, sehr gegen ihren Willen, bilden und aus der am Ende als wahres Zeichen der Zeit abgelesen werden könnte, was die einzelnen Werke niemals zugestehen möchten. Es läßt sich nun aber nicht einsehen, warum der Aspekt der Nähe, in dem der Anspruch der Werke auf konkrete Geltung so trefflich gedeiht, in dem die Illusion der gewonnenen Freiheit so sicher geschützt ist, hartnäckig festgehalten werden soll, während allein die Distanz, sei es immer auf Kosten des Konkreten, das eigentliche Bild der musikalischen Zeitlage ergibt. Es mag dabei die räumliche Distanz, die Amerika von Europa trennt, das rechte Mittel zur geistigen Distanzierung abgeben; man wird in Amerika, wo man nicht in die zwangvolle Dialektik der musikalischen Geschichte Europas verstrickt ist, eher die Problematik der Zeitsituation überschauen und für diese Problematik Chiffren verstehen, die in Europa nur als Vergewaltigung der

Vielfalt durch abstrakte Prinzipien genommen würden, während man sie in Amerika als Formeln der Entzauberung eines vermummten Unwesens deuten kann. So werden nicht absichtslos hier, gerade mit Rücksicht auf Amerika, Folgerungen aus der Totalität des Vereinzelten gezogen, die derart unumwunden ausgesagt dem Autor in Europa unweigerlich den Vorwurf der Konstruktion eintrügen, während er hoffen darf, man wisse in Amerika, daß Konstruktion allein es vermag, heute die gestaltlose Masse dessen zu durchdringen was ist.

Es wurde gesagt: Freiheit der Komponisten sei realisiert, denn die Komponiernormen seien unverbindlich geworden. In der Tat, keiner wird mehr auf die Tonalität vereidigt, keiner mehr auf symmetrische Rhythmik, keiner auf die Sonatenform, keiner auf den sinnlich erfüllten Orchesterklang. Aber bedeutet das zugleich auch, daß die Komponisten von sich aus beginnen und mit der Sprengkraft der Phantasie und der unerbittlichen Kontrolle des freigesetzten Bewußtseins produzieren? Wer dem Wahrscheinlichkeitsbeweis mißtraut, daß nicht angenommen werden kann, es werde jener gewaltige Effort der Vereinzelung, den ehemals allein ein Vortrupp leistete, heute von allen aufgebracht, der ist an ein soziologisches Moment zu erinnern. Der fortgeschrittenste Stand der Musik ist anarchisch und setzt eine Ordnung der Dinge voraus, in der verpflichtende gesellschaftliche Formen nicht mehr bestehen, sondern die Menschen sich unmittelbar zueinander verhalten und als Verein von Freien die Wahrheit besitzen, die ihren Werken innewohnt. Dem ist indessen die gesellschaftliche Lage keineswegs angemessen; vielmehr sind die herrschenden Mächte der gesellschaftlichen Ordnung stärker als je zuvor, und von ihnen müßte seinem Bewußtsein nach sehr unabhängig sein, wer mit der Freiheit produzieren wollte, die die Signatur des musikalischen Zeitstiles scheint. Es läßt sich das spezifischer fassen. Die Entwicklung, die die Auflösung der Komponiernormen mit sich brachte, ist keineswegs gesellschaftlich revolutionär gewesen. Sie vollzog sich durchaus im Rahmen eben der bürgerlichen Gesellschaftsordnung, deren Musikübung sie schließlich zersetzte. Träger der Emanzipation der Musik von ihren objektiven Normen ist nicht etwa eine aufrührerische Klasse, sondern das Individuum, das die bestimmende Macht der herrschenden Klasse ist; das Individuum, wie es ökonomisch im freien Konkurrenzkampf der liberalistischen Wirtschaftsweise sich durchsetzt und wie es ideologisch als autonome Persönlichkeit sich verklärt. Wie der liberalistische Produzent sich nicht in seine Unternehmungen hereinreden läßt, so möchte der private Künstler, der in der Luft des beginnenden Hochkapitalismus gedeiht, seinen Besitz an Gefühl und Innerlichkeit ungehemmt aussprechen. Wenn Wagner die offene Bresche in die Formwelt der abendländischen Musik schlug, so geschah es allein in der Intention, dem expressiven Zug der Mitteilung seiner individuellen Emotionen Luft zu schaffen; nicht etwa in der Absicht, den Grund der gesellschaftlichen Ordnung irgend anzutasten, in der seine um süchtige Erotik gruppierte Naturanlage so wohl gedeiht. Alle Auflösung der Formobjektivitäten des neunzehnten Jahrhunderts aber ist dialektisch aus Wagners Beginnen hervorgegangen und bleibt kraft ihres Ursprunges selbst dort, wo sie anarchisch sich gibt, an den bürgerlichen Idealismus gebunden. Einzig die letzte dialektische Konsequenz aus jenem Prozeß, wie Schönberg und seine Nächsten ihn zogen: nämlich alle Brücken der Verständlichkeit hinter der monologischen Musik abzubrechen, damit sie vom bürgerlichen Geltungsraum zu emanzipieren, indem das Prinzip des bürgerlichen Individualismus bis zu seinem Umschlag getrieben wird, und damit Raum zu schaffen für die Konstruktion aus Phantasie in Freiheit – einzig diese letzte, in ihrer Tiefe und Gewalt kaum nur geahnte Konsequenz trägt das Bild einer zukünftigen Gesellschaft in sich und ist vom Diktat der bestehenden im Entscheidenden unabhängig. Alle andere Musik aber gehört dem bürgerlichen Raum zu, enthält so viel an vorgegebenen Formen in sich, wie in der bestehenden gesellschaftlichen Ordnung noch gegenwärtig sind, und unterliegt der gleichen Problematik wie die gesamte Ideologie einer Gesellschaft, die nicht mehr zu glauben ist.

Das liegt jetzt erst völlig deutlich zutage. Den Frühwerken der Neuen Musik wohnte eine innertechnische Sprengkraft inne, die über ihre soziale Gebundenheit hinweghalf, und es ist zuzugestehen, daß die Frühwerke eines künstlerischen Stiles stets Elemente des Aufruhrs in sich tragen, die ihre soziale Zuordnung nicht ohne weiteres gestatten. Hinzu kommt, daß die Wendung zur Neuen Musik in ihren entscheidenden Vorstößen in den ersten Nachkriegsjahren erfolgte und aus Sphären kam, die politisch in der Tat als erschüttert gelten mußten; aus dem Umkreis der besiegten mitteleuropäischen Staaten und des russischen Emigrantentums; aus jener Sphäre der Unsicherheit also, die in Dichtung und Malerei den expressionistischen Stil auskristallisierte. Um jener Herkunft wegen mochte man denn die Bewegung der Neuen Musik weit revolutionärer verstehen, als sie ihrem Gesamtumfang nach zu verstehen gewesen wäre. Schließlich zeigt sich in der Neuen Musik tatsächlich auch gesellschaftliche Veränderung an. Die bürgerliche Gesellschaft ist nicht in sich geschichtslos, und die Veränderungen, die sie durchmacht, lassen sich auch am künstlerischen Bewußtsein der Zeit ablesen. Der Übergang von der nationalen zur Weltwirtschaft hat seine genauen Reflexe in der Musik. Es ist dabei nicht sowohl an den musikalischen Exotismus zu denken, der dem Impressionismus zuzählt und mehr ein Ferment der innermusikalischen Bewegung abgibt, als daß er bereits Zeichen der Neuen Musik wäre. Entscheidend ist die Relativierung des tonalen Tonsystems selbst, an dessen Notwendigkeit und Naturgegebenheit kein Glaube mehr ist und das rationell durch beliebig viele andere Bezugssysteme ersetzt werden kann, deren manche zur Darstellung der musikalischen Ereignisse weit geeigneter sein mögen als das tonale, auf die harmonische Kadenzfunktion gegründete Schema. Die Relativität in der Wahl der musikalischen Bezugsschemata, nicht ohne Zusammenhang mit der Relativitätstheorie der Physik, entspricht genau der Freiheit in der Wahl des wirtschaftlichen Standortes, die der Imperialismus für sich in Anspruch nimmt; die neuen Tonsysteme, auch wenn es nicht etwa romantisch-exotische, sondern rational konstituierte sind, haben als Kolonialland der Tonalität weit eher zu gelten, als daß es gelungen wäre, vom tonalen Mutterland radikal sie zu scheiden, das durchwegs als ihr bereicherter Nutznießer sie ausbeutet, auch wo den neuen Tonsystemen einige Selbstverwaltung gewährt wird; und der Streit um die Ordnungsschemata der Neuen Musik erinnert im kleinsten an die Kämpfe, die fortgeschrittenere und zurückgebliebenere Staaten um ihre Absatzmärkte ausfechten. Kurz: man sieht, daß zwar ernstliche und weittragende Veränderungen mit der Musik sich zutrugen; daß aber diese Veränderungen durchaus in den Raum der bestehenden Ordnung der Dinge fallen und keineswegs eine Loslösung der Musik vom Grunde der bestehenden gesellschaftlichen Ordnung bedeuten. Weit evidenter wird das noch, wenn man die Situation überblickt, wie sie heute, nach Konsolidierung der europäischen Verhältnisse, sich darstellt. Denn die Flut der musikalischen Geschichte, die die Dämme der Gesellschaft überflutet hatte, ebbt von jenen Dämmen zurück, nachdem sie ihre exponiertesten Werke dort draußen abgesetzt hat, wo sie nun einsam bleiben; der Strom aber hat ins alte Bett zurückgefunden. Die Musik hat sich *stabilisiert* und den Forderungen der ebenso frisch stabilisierten Gesellschaft unterworfen; zwar hat sie die gesellschaftliche Entwicklung eingeholt und von der kleinbürgerlichen Privatheit des neunzehnten Jahrhunderts ebensowohl sich befreit wie von der undynamischen Starrheit seines Musiksystems; die stabilisierte Musik von heutzutage verhält sich zur stabilen des neunzehnten Jahrhunderts nicht anders als die fortgeschrittenste Grenznutzentheorie zur klassischen Ökonomik. Jedoch im Rahmen solcher Veränderung ist alles beim alten geblieben.

Leicht läßt sich der Umkreis der stabilisierten Musik – der, wir wiederholen es, Schönberg, auch mit der Zwölftontechnik; weiter vor allem Alban Berg und Anton von Webern *nicht* zugezählt werden dürfen – überschauen. Sie scheidet sich in zwei große Gruppen, die hier, grob schematisch, die *klassizistische* und die *folkloristische* heißen mögen. Soziologisch ist der Klassizismus als die Form der Stabilisierung in den fortgeschritteneren, rational aufgehellteren Staaten zu verstehen, während die rückständigeren, wesentlich agrarischen Länder – übrigens, kurios genug, auch Sowjetrußland – und weiter die Staaten der faschistischen Reaktion dem Folklorismus zuzählen.

Der Klassizismus ist einheitlich allein im Willen, auf alte Formen zurückzugreifen; worin sich die Unmöglichkeit aussprechen mag, neue Formen von der Art zu finden, daß sie von der bestehenden Gesellschaft apperzipiert werden könnten; weiter in der Absage an die psychologische Ausdrucksmusik und in der Betonung des Spielcharakters; die Kritik des privaten Individualismus, zugunsten eines kollektiven, spricht sich darin aus und zugleich die Absicht (die unbewußte, wohlverstanden), von dem krisenhaften Ernst der fortschreitenden Entwicklung durch unentwegte Heiterkeit abzulenken; endlich das Luxusbedürfnis der neuen Bourgeoisie, der mit Innerlichkeit nicht mehr gedient ist. Über diese soziologischen

Bestimmungen hinaus ist, wie es bei dem unverändert individualistischen Ausgangsgrund der Bewegung nicht Wunder nehmen kann, der Klassizismus nicht einheitlich zu denken. Auf seiner höchsten und zeitgemäßesten Stufe, als Neoklassizismus, bei Strawinksy also vor allem, mit dessen vor wenigen Tagen in Berlin uraufgeführtem lateinischen Oedipus der Neoklassizismus sein repräsentatives standard-work gefunden hat, ist die Unmöglichkeit, der alten Formen unmittelbar und positiv habhaft zu werden; die Unmöglichkeit des fröhlichen Spiels in einer wenig fröhlichen Wirklichkeit; die Unmöglichkeit, als ungebundenes Individuum in objektiver Verbindlichkeit sich mitzuteilen, bereits einkalkuliert. Sein Klassizismus ist gebrochen; dieser Klassizismus weiß von der Unrealisierbarkeit seiner selbst und spricht sie aus, indem er jeden Augenblick bereit ist, sich grinsend als Schein zu enthüllen oder derart steinern sich zu vermummen, daß keiner ihn mehr für wirklich nimmt. Wenn trotzdem schließlich Strawinsky, der der Wahrheit näher kommt als irgendein anderer der klassizistischen Komponisten, als richtunggebend für den Klassizismus sich erweist, so darum weil er den *Spielcharakter* stets und stets wahrt und auch seine Selbstenthüllung niemals so groß und verbindlich gerät, als daß sie nicht im Cabaret belacht werden könnte, während andererseits die Tendenz der Maskierung bei Strawinsky immer mehr anwächst und im Oedipus fast bis zur völligen Verdrängung der Ironie geführt hat, an deren Stelle die starre Ausformung der ungeglaubten Formen tritt. – Ganz anders jener Objektivismus, wie er, von Strawinsky immerhin vielfältig angeregt, etwa bei Hindemith und Honegger exemplarisch ausgebildet und zum Vorbild fast allen mittleren, flüchtig auf Aktualität bedachten Komponierens wurde. Die motorische Energie von Spielmusik etwa wie der Regerschen (bei Hindemith) oder der Pantomime (Honegger) werden ernstlich, unironisch und ungebrochen in objektiven Formen aufgefangen; sei es, daß Gebrauchsmusik deren Anwendung regelt, sei es, daß sie sich selbständig machen und als realer gültiger Ausdruck einer ›sachlichen‹ Generation genommen sein wollen, deren Sachlichkeit darum ihre objektive Form finden mag, weil in ihr keine Sachgehalte angelegt sind, die zu formen wären; die aber im Sport immerhin ein Gemeinsames besitzt, daß sich allem musikalischen ›Spiel‹ zugrunde legen läßt. Křenek, der nicht ohne weiteres hierher zählt, hat allerdings in seinen stärksten Werken jene Sachlichkeit bis zur fremden und bedrohlichen Stummheit dämonisch gesteigert und damit dem Spiel immerhin eine Grenze erwirkt, die es in Hindemiths sinnlich weit sichererer Sphäre nicht findet. – Endlich ist mitzuzählen der romantisch-ästhetische Klassizismus der Busonischule, der, genährt an dem Nietzscheschen Ideal der serenen, südlich leichten und tanzhaften Musik, ohne Absicht der Aggression, ohne Sport und ohne mechanische Dämonie friedlich den Glanz einer vergangenen, gemeinschaftsmäßig vorgezeichneten, bestätigten Musik im Abbild zu reproduzieren trachtet, ohne damit allzu tief in die Aktualität zu dringen.

Die Kunst des Folklorismus stabilisiert sich, indem sie auf die naturalen Quellen des Musizierens zurückgreift, die ihr ewig frisch erscheinen; hier will der Individualismus am Nationalismus sein Korrektiv finden, der vom gleichen Stamme ist wie er selber. Wo die Differenzierung des modernen Lebens nicht gar so weit drang, läßt sich das mit einiger Chance unternehmen; Bartók, eine große und originale Komponierbegabung, hat in seinen besten Werken eine Höhe erreicht, die zwischen objektiver Volksmusik und subjektiver Kunstmusik den steilen Grad bildet, ohne sich freilich auf solcher Höhe zu halten; sein paradoxes Gelingen zerfiel ihm bereits wieder zwischen allgemeinem europäischen Klassizismus und ungebrochenem Folklore. Auch Janáček hat der spröden Erde einiges Beständige abgezwungen. Sonst aber ist der Folklorismus, selbst in seinen begabtesten Vertretern wie Kodály, kaum nur in die Aktualitätsschicht gedrungen und in seiner faschistischen Färbung in Italien und Spanien rasch genug zu kostümfestlichem Kunstgewerbe entartet. Allein in seiner niedrigsten und unmythologischsten Gestalt, als Jazz, konnte das Folklore ernstlich in die Dialektik der großen europäischen Musik eindringen; freilich auch er rasch genug als kunstgewerblicher Spaß gehandhabt, aber doch mit Möglichkeiten, wie sie Kurt Weill in »Mahagonny« jüngst eröffnet hat. Der Jazz allerdings ist bereits so weit von aller naturwüchsigen Bodenständigkeit distanziert, daß seine Wirkung wesentlich ins Bereich der spielenden und mechanistischen Klassizität fällt. Es dürfte dem guten Folkore eigentümlich sein, daß es kein Folklore bleibt.

So, grob und gewalttätig gezeichnet, die Situation der stabilisierten

Musik, die die Produktion quantitativ beherrscht und wohl geraume Zeit noch beherrschen wird. Es bleibt nur abzuwarten, ob das Stabilisierte bestehe.

1928

Zur gesellschaftlichen Lage der Musik

I
Umriß, Produktion

Wann immer heute Musik erklingt, zeichnet sie in den bestimmtesten Linien die Widersprüche und Brüche ab, welche die gegenwärtige Gesellschaft durchfurchen und ist zugleich durch den tiefsten Bruch von eben der Gesellschaft abgetrennt, die sie selber samt ihren Brüchen produziert, ohne doch mehr als Abhub und Trümmer der Musik aufnehmen zu können. Die Rolle der Musik im gesellschaftlichen Prozeß ist ausschließend die der Ware; ihr Wert der des Marktes. Sie dient nicht mehr dem unmittelbaren Bedürfnis und Gebrauch, sondern fügt sich mit allen anderen Gütern dem Zwang des Tausches um abstrakte Einheiten und ordnet mit ihrem Gebrauchswert, wo immer er übrig sein mag, dem Tauschzwang sich unter. Die Inseln eines vorkapitalistischen ›Musizierens‹, wie sie das 19. Jahrhundert noch dulden konnte, sind überspült; die Technik von Radio und Tonfilm, mächtigen Monopolen zugehörig und in unbeschränkter Verfügung über den gesamten kapitalistischen Propagandaapparat, hat selbst von der innersten Zelle musikalischer Übung, dem häuslichen Musizieren, Besitz ergriffen, deren Möglichkeit bereits im 19. Jahrhundert, gleich dem bürgerlichen Privatleben insgesamt, nur die Rückseite eines gesellschaftlichen Körpers bildete, dessen Vorderseite die privatkapitalistische Produktion ausmacht. Die Dialektik der kapitalistischen Entwicklung hat auch diese letzte Unmittelbarkeit – selber eine bloß scheinhafte, in welcher die Balance zwischen der individuellen Produktion und dem gesellschaftlichen Verständnis stets bedroht und seit dem »Tristan« gestört war – gänzlich aufgehoben. Indem der kapitalistische Prozeß die musikalische Produktion und Konsumtion restlos in sich hineinzieht, wird die Entfremdung zwischen der Musik und den Menschen vollkommen. Wohl hatte die Objektivierung und Rationalisierung der Musik, ihre Ablösung von der bloßen Unmittelbarkeit des Gebrauchs, sie als Kunst erst geprägt: an Stelle ephemeren Erklingens ihr die Dauer verliehen; die Macht weitreichender Triebsublimierung, verbindlicher Aussprache des Humanen ihr geschenkt. Nun aber verfällt die rationalisierte Musik den gleichen Gefahren wie die rationalisierte Gesellschaft, in der das Klasseninteresse der Rationalisierung Einhalt gebietet, sobald sie wider die Klassenverhältnisse selber sich kehren könnte; das nun die Menschen in einem Stande der Rationalisierung beläßt, der, wenn ihm die Möglichkeit dialektischer Weiterentfaltung versperrt ist, zwischen seinen unaufgelösten Widersprüchen die Menschen zerreibt. Die gleiche Macht der Verdinglichung, die die Musik als Kunst konstituierte und die nie in bloße Unmittelbarkeit sich rückverwandeln ließe, wollte man nicht die Kunst auf ein vor-arbeitsteiliges Stadium zurückverweisen – die gleiche Macht der Verdinglichung hat heute den Menschen die Musik genommen und ihnen bloß deren Schein gelassen; die Musik aber, soweit sie sich nicht dem Gebot der Warenproduktion unterwirft, ihres gesellschaftlichen Haftes beraubt, in den luftleeren Raum verbannt und ihre Gehalte ausgehöhlt. Davon hat jede Betrachtung der gesellschaftlichen Lage der Musik auszugehen, die nicht den Täuschungen verfallen will, die heute – guten Teiles der Verhüllung des tatsächlichen Zustandes, auch der vermittelnden Apologie der ökonomisch eingeschüchterten Musik zuliebe – die Diskussion beherrschen. Diese Täuschungen rühren daher, daß die Musik selber unter der Übermacht des monopolkapitalistischen Musikbetriebes zum Bewußtsein ihrer eigenen Verdinglichung, der Entfremdung von den Menschen gelangte; in einer Unkenntnis des gesellschaftlichen Prozesses indessen, die ebenfalls gesellschaftlich produziert und erhalten wird, die Schuld daran nicht der Gesellschaft sondern sich selber zuschreibt und sich in der Illusion hält, die Isolierung der Musik sei isoliert, nämlich bloß von der Musik aus korrigierbar. Statt dessen gilt es hart einzusehen, daß die Gesellschafts-Fremdheit der Musik, all das, wofür ein eilfertiger und rational unerhellter musikalischer Reformismus Schimpfwörter wie Individualismus, Artistentum, technische Esoterik verwendet, selber gesellschaftliches Faktum, selber gesellschaftlich produziert ist. Und darum auch korrigierbar nicht innermusikalisch, sondern bloß gesellschaftlich: durch Veränderung der Gesellschaft. Es steht dahin, was zu solcher Veränderung dialektisch Musik etwa beitragen mag; gering aber wird ihr Beitrag sein, wenn sie von sich aus eine Unmittelbarkeit herzustellen trachtet, die gesellschaftlich nicht bloß heute verwehrt, sondern schlechterdings nicht wiederherstellbar noch selbst wünschbar ist; und damit zur Verhüllung der Lage beiträgt. Es ist weiter die Frage, wie weit Musik, soweit sie etwa selber in den gesellschaftlichen Prozeß eingreifen sollte, in der Lage sein wird, als *Kunst* einzugreifen. Wie immer jedoch es damit sich verhalte: heute und hier vermag Musik nichts anderes als in ihrer eigenen Struktur die gesellschaftlichen Antinomien darzustellen, die auch an ihrer Isolation Schuld tragen. Sie wird um so besser sein, je tiefer sie in ihrer Gestalt die Macht jener Widersprüche und die Notwendigkeit ihrer gesellschaftlichen Überwindung auszuformen vermag; je reiner sie, in den Antinomien ihrer eigenen Formensprache, die Not des gesellschaftlichen Zustandes ausspricht und in der Chiffrenschrift des Leidens zur Veränderung aufruft. Ihr frommt es nicht, in ratlosem Entsetzen auf die Gesellschaft hinzustarren: sie erfüllt ihre gesellschaftliche Funktion genauer, wenn sie in ihrem eigenen Material und nach ihren eigenen Formgesetzen die gesellschaftlichen Probleme zur Darstellung bringt, welche sie bis in die innersten Zellen ihrer Technik in sich enthält. Die Aufgabe der Musik als Kunst tritt damit in gewisse Analogie zu der der gesellschaftlichen Theorie. Wollte man die immanente Entfaltung der Musik absolut setzen, als bloße Spiegelung des gesellschaftlichen Prozesses, so würde man damit eben den Fetischcharakter der Musik sanktionieren, der ihre Not und das heute gerade von ihr darzustellende Grundproblem ist. Daß sie andererseits nicht nach der bestehenden Gesellschaft gemessen werden darf, die sie produziert und zugleich von sich fernhält, steht klar. Daß sie vollends nicht, abstrakt und fern von den tatsächlichen gesellschaftlichen Verhältnissen, als ›geistiges‹ Phänomen genommen werden sollte, das irgendwelche Wünsche der gesellschaftlichen Veränderung unabhängig von deren empirischer Verwirklichung im Bilde vorwegnehmen kann, ist die Voraussetzung jeder historisch-materialistischen und nicht bloß ›geistesgeschichtlichen‹ Methode. Damit ist die Relation von gegenwärtiger Musik und Gesellschaft nach allen Richtungen hin gleich problematisch. Ihre Aporien teilt sie mit der gesellschaftlichen

Theorie; zugleich aber auch die Verhaltensweisen, in der diese den Aporien gegenübertritt oder gegenübertreten sollte. Von Musik, die heute ihr Lebensrecht bewähren will, ist in gewissem Sinne *Erkenntnischarakter* zu fordern. In ihrem Material muß sie die Probleme rein ausformen, die das Material – selber nie reines Naturmaterial, sondern gesellschaftlich-geschichtlich produziert – ihr stellt; die Lösungen, die sie dabei findet, stehen Theorien gleich: in ihnen sind gesellschaftliche Postulate enthalten, deren Verhältnis zur Praxis zwar äußerst vermittelt und schwierig sein mag und die keinesfalls umstandlos sich mögen realisieren lassen, über die aber in letzter Instanz entscheidet, ob und wie sie in die gesellschaftliche Wirklichkeit einzugehen vermögen. Der Kurzschluß: diese Musik ist unverständlich, also esoterisch-privat, also reaktionär, muß abgewiesen werden: ihm liegt mit einer romantischen Vorstellung primitiver musikalischer Unmittelbarkeit zugleich die Meinung zugrunde, das empirische Bewußtsein der gegenwärtigen Gesellschaft, das in Enge und Unerhelltheit, ja bis zur neurotischen Dummheit von der Klassenherrschaft zu deren Erhaltung gefördert wird, könne als positives Maß einer nicht mehr entfremdeten, sondern dem freien Menschen zugehörigen Musik gelten. So wenig die Politik von diesem Bewußtseinsstand abstrahieren darf, mit dem die gesellschaftliche Dialektik zentral rechnen muß, so wenig darf sich dafür die Erkenntnis von einem Bewußtsein Grenzen setzen lassen, das von der Klassenherrschaft produziert ist und auch als Klassenbewußtsein des Proletariats die Male der Verstümmelung durch den Klassenmechanismus weiter trägt. Wie die Theorie über dies gegenwärtige Bewußtsein der Massen hinausgreift, muß auch Musik darüber hinausgreifen. Wie aber die Theorie dialektisch zur Praxis steht, an welche sie nicht bloß Forderungen richtet, sondern von der sie auch Forderungen übernimmt, so wird auch eine Musik, die das Selbstbewußtsein ihrer gesellschaftlichen Funktion erlangt hat, dialektisch zur Praxis stehen. Nicht indem sie heute und hier, Ware gerade im Schein der Unmittelbarkeit, sich dem ›Gebrauch‹ fügt; wohl aber indem sie in sich selber, in Übereinstimmung mit dem Stande der gesellschaftlichen Theorie, alle die Elemente ausbildet, deren objektive Intention die Überwindung der Klassenherrschaft ist, auch wofern deren Ausbildung gesellschaftlich isoliert und zellenhaft während der Klassenherrschaft sich vollzieht. Wenn die fortgeschrittenste kompositorische Produktion der Gegenwart, lediglich unterm Zwang der immanenten Entfaltung ihrer Probleme, bürgerliche Grundkategorien wie die schöpferische Persönlichkeit und ihren Seelenausdruck, die Welt der privaten Gefühle und die verklärte Innerlichkeit außer Aktion setzte und an ihre Stelle höchst rationale und durchsichtige Konstruktionsprinzipien rückte, so ist diese Musik, gebunden an den bürgerlichen Produktionsvorgang, zwar gewiß nicht als ›klassenlose‹ und eigentliche Zukunftsmusik anzuschauen, wohl aber als die, welche ihre dialektische Erkenntnisfunktion am genauesten erfüllt. Der ungemein heftige Widerstand, dem in der gegenwärtigen Gesellschaft gerade solche Musik begegnet und der den gegen alle, sei's noch so sehr literarisch-politisch akzentuierte, Gebrauchs- und Gemeinschaftsmusik übertrifft – dieser Widerstand scheint immerhin darauf hinzudeuten, daß die dialektische Funktion dieser Musik in der Praxis, ob auch bloß negativ, als ›Destruktion‹, bereits fühlbar wird.

Unterm gesellschaftlichen Aspekt läßt sich die gegenwärtige Musikübung, Produktion und Konsumtion, drastisch aufteilen in solche, die den Warencharakter umstandslos anerkennt und, unter Verzicht auf jeden dialektischen Eingriff, nach den Erfordernissen des Marktes sich richtet und in solche, die sich prinzipiell nicht nach dem Markt richtet. Anders gewandt: in der Entfremdung von Gesellschaft und Musik stellt die erste Gruppe – passiv und undialektisch – sich auf die Seite der Gesellschaft, die zweite auf die der Musik. Die herkömmliche, in der bürgerlichen Musikkultur sanktionierte Scheidung von ›leichter‹ und ›ernster‹ Musik fällt mit dieser scheinbar zusammen. Freilich nur scheinbar. Denn ein großer Teil der vorgeblich ›ernsten‹ Musik richtet sich wie die Komponisten leichter Musik nach den Erfordernissen des Marktes, wäre es auch unterm Schutz ökonomisch undurchsichtiger ›Mode‹, oder kalkuliert wenigstens die Markterfordernisse der Produktion ein; die Verhüllung der Marktfunktion solcher Musik durch den Begriff der Persönlichkeit, der Schlichtheit, des Lebens dient nur dazu, sie zu verklären und damit ihren Marktwert mittelbar zu steigern. Andererseits enthält gerade die ›leichte‹ Musik, von der gegenwärtigen Gesellschaft geduldet, verachtet und benutzt gleich der Prostitution, mit der sie als ›leichtgeschürzt‹ nicht umsonst verglichen wird, Elemente, die wohl Triebbefriedigungen der heutigen Gesellschaft darstellen, deren offiziellen Ansprüchen aber widerstreiten und damit in gewissem Sinne die Gesellschaft transzendieren, der sie dienen. In der Scheidung von leichter und ernster Musik spiegelt die Entfremdung von Menschen und Musik sich nur verzerrt, nämlich so, wie sie dem Bürgertum selbst sich darstellt. Sie will die ›ernste‹ Musik von der Entfremdung ausnehmen, die doch Strawinskys Psalmensymphonie mit dem letzten Schlager von Robert Stolz teilt, und dafür die Last der Entfremdung unter dem Titel ›Kitsch‹ allein jener Musik aufbürden, die als exakte Reaktion auf Triebkonstellationen der Gesellschaft als einzige dieser angemessen ist, aber gerade durch ihre Angemessenheit die Gesellschaft desavouiert. Darum ist die Scheidung leichter und ernster Musik durch jene andere zu ersetzen, die die beiden Hälften der musikalischen Weltkugel gleichermaßen im Zeichen der Entfremdung sieht: Hälften eines Ganzen, das freilich durch deren Addition niemals rekonstruierbar wäre.

Die musikalische *Produktion* im engeren Sinne, die sich nicht umstandslos dem Marktgesetz unterwirft, also die ›ernste‹ unter Ausschluß der quantitativ freilich überwiegenden, die verkappt ebenfalls dem Markt dient, ist die, welche die Entfremdung gestaltet. Grob läßt sich schematisieren: ihr erster Typ ist einer, der ohne Bewußtsein des gesellschaftlichen Ortes oder gleichgültig dagegen, bloß immanent seine Probleme und Lösungen auskristallisiert und gewissermaßen fensterlos wie die Leibnizsche Monade zwar nicht eine prästabilierte Harmonie, wohl aber eine historisch produzierte Dissonanz, nämlich die gesellschaftlichen Antinomien ›vorstellt‹. Dieser erste Typ, als ›moderne‹ Musik der allein ernstlich chokierende, wird wesentlich von Arnold *Schönberg* und seiner Schule vertreten. – Dem zweiten Typ rechnet Musik zu, die die Tatsache der Entfremdung, als ihre eigene Isolierung und als ›Individualismus‹, erkennt und ins Bewußtsein hebt, aber in sich selbst, formimmanent und bloß ästhetisch, also ohne Rücksicht auf die tatsächliche Gesellschaft, aufzuheben trachtet; meist durch einen Rückgriff auf vergangene Stilformen, die sie der Entfremdung enthoben meint, ohne zu sehen, daß sie in völlig veränderter Gesellschaft und völlig verändertem Musikmaterial nicht wiederherstellbar sind. Insofern diese Musik, ohne sich auf eine gesellschaftliche Dialektik einzulassen, im Bilde eine nichtexistente ›objektive‹ Gesellschaft oder, nach ihrer Intention, ›Gemeinschaft‹ zitieren möchte, mag sie *Objektivismus* heißen. Zum Objektivismus zählt in den hochkapitalistisch-industriellen Ländern der *Neoklassizismus*, in den unentwickelteren agrarischen der *Folklorismus*. Der wirksamste Autor des Objektivismus, nacheinander übrigens, aufschlußreicher Weise, seiner beiden Hauptrichtungen, ist Igor Strawinsky. – Der dritte Typ ist eine Zwischenform. Mit dem Objektivismus geht er von der Erkenntnis der Entfremdung aus. Zugleich aber erkennt er, gesellschaftlich erhellter als jener, dessen Lösungen als Schein. Er verzichtet auf die positive Lösung und begnügt sich, die gesellschaftlichen Brüche durch brüchige, sich selbst als scheinhaft setzende Faktur hervortreten zu lassen, ohne sie mehr durch ästhetische Totalität zu überwölben. Er bedient sich dabei der Formsprache teils der bürgerlichen Musikkultur des 19. Jahrhunderts, teils der heutigen Konsummusik, um sie zu enthüllen. Mit der Sprengung der ästhetischen Formimmanenz transzendiert dieser Typ zum Literarischen. Weitreichende sachliche Übereinstimmungen mit den französischen Surrealisten berechtigen dazu, beim dritten Typ von *surrealistischer* Musik zu sprechen. Sie ist ausgegangen vom mittleren Strawinsky, dem der Histoire du soldat zumal. Am konsequentesten ist sie von Kurt Weill in den gemeinsam mit Brecht produzierten Werken, besonders der ›Dreigroschenoper‹ und ›Mahagonny‹ ausgebildet worden. – Der vierte Typ ist der solcher Musik, die die Entfremdung von sich aus und real zu durchbrechen trachtet, sei es auch auf Kosten der immanenten Gestalt. Er wird gemeinhin mit dem Namen ›*Gebrauchsmusik*‹ belegt. Doch zeigt gerade die charakteristische Gebrauchsmusik, wie sie zumal von Rundfunk- und Theaterbestellungen hervorgerufen wird, bereits zu deutliche Abhängigkeiten vom Markt, als daß sie hier zur Diskussion stünde. Statt ihrer erheischen Aufmerksamkeit Bestrebungen wie etwa die einer vom Neoklassizismus ausgehenden ›Gemeinschaftsmusik‹, die Hindemith vertritt, und die proletarischen Chorwerke von Hanns Eisler.

Arnold Schönberg, als intellektualistisch, destruktiv, abstrakt und esoterisch verfemt, trifft mit jedem neuen Werk auf Widerstände, die denen gegen die Psychoanalyse nicht unähnlich sind. In der Tat zeigt er, nicht zwar dem konkreten Gehalt seiner heute von allem psychologischen Bezug abgelösten Musik, wohl aber der gesellschaftlichen Struktur nach weitreichende Übereinstimmungen mit Freud. Gleich ihm und gleich Karl Kraus, zu dessen sprachkritischer Bemühung seine Reinigung des musikalischen Materials das Seitenstück abgibt, rechnet der Wiener Schönberg zu jenen dialektischen Erscheinungen des bürgerlichen Individualismus – das Wort ganz allgemein genommen –, die ohne Rücksicht auf eine vorgedachte gesellschaftliche Totalität in ihren angeblich ›spezialisierten‹ Problemkreisen arbeiten, in ihnen aber Lösungen gewinnen, die sich unvermerkt wider die Voraussetzungen des Individualismus kehren und umschlagen; Lösungen, wie sie einem gesellschaftlich orientierten bürgerlichen Reformismus prinzipiell versagt sind, der seine auf die Totalität abzielende Einsicht, die doch nicht den Grund erreicht, mit ›vermittelnden‹ und damit verhüllenden Lösungen bezahlen muß. Wenn Freud, um zu den objektiven Symbolen und schließlich der objektiven Dialektik des Bewußtseins der Menschen in der Geschichte zu gelangen, die Analyse des individuellen Bewußtseins und Unbewußtseins durchführen mußte; wenn Kraus, um in der Sphäre des ›Überbaus‹ die Konzeption des Sozialismus gleichsam zum zweiten Mal zu vollbringen, nichts anderes tat, als das bürgerliche Leben mit seiner eigenen Norm des richtigen individuellen zu konfrontieren und mit den Individuen deren Norm enthüllte: dann hat, nach dem gleichen Schema, Schönberg die Ausdrucksmusik des privaten bürgerlichen Individuums, lediglich ihre eigenen Konsequenzen verfolgend, zur Aufhebung gebracht und eine andere Musik an ihre Stelle gesetzt, der zwar unmittelbare gesellschaftliche Funktionen nicht zukommen, ja die die letzte Kommunikation mit der Hörerschaft durchschnitten hat, die aber einmal an immanent-musikalischer Qualität, dann an dialektischer Aufklärung des Materials alle andere Musik der Zeit hinter sich zurückläßt und eine so vollkommene rationale Durchkonstruktion darbietet, daß sie mit der gegenwärtigen gesellschaftlichen Verfassung schlechterdings unvereinbar ist, die denn auch in all ihren kritischen Repräsentanten unbewußt sich zur Wehr setzt und die Natur wider den Angriff des Bewußtseins zu Hilfe ruft, den sie bei Schönberg erfuhr. Mit ihm hat, zum ersten Male vielleicht in der Geschichte der Musik, Bewußtsein das musikalische Naturmaterial ergriffen und beherrscht es. Der Durchbruch des Bewußtseins aber ist bei ihm nicht idealistisch: nicht als Produzieren von Musik aus bloßem Geist zu verstehen. Vielmehr darf in strengem Sinn von Dialektik die Rede sein. Denn die Bewegung, die Schönberg vollzogen hat, geht aus von Fragestellungen, wie sie im Material selbst gelegen sind, und die Produktivkraft, die sie in Bewegung bringt, ist eine Triebrealität, nämlich der Drang zu unverstellter und ungehemmter Expression des Psychischen und gerade des Unbewußten, wie sie in Schönbergs mittlerer Phase, der der »Erwartung«, der »Glücklichen Hand« und der Kleinen Klavierstücke, sein Werk in unmittelbare Beziehung zur Psychoanalyse setzt. Das objektive Problem aber, das diesem Drang gegenüber liegt, ist dies: wie vermag das technisch durchgebildetste Material – das also, das Schönberg von Wagner und andererseits von Brahms empfing – der radikalen Expression des Psychischen sich zu unterwerfen? Das vermag es nur, indem es sich von Grund auf verändert: nämlich alle die vorgegebenen Bindungen aufgibt, die – Spiegelungen eines ›Einverständnisses‹ der bürgerlichen Gesellschaft mit der Psyche des Individuums, welches nun von dessen Leiden aufgekündigt wird – der Freizügigkeit des individuellen Ausdrucks im Wege stehen. Es sind das die überkommenen musikalischen Symmetrieverhältnisse in jedem Betracht, die auf einer wie immer gearteten Technik der Wiederholung basieren, und ihre Kritik ereignet sich, abermals in Übereinstimmung mit Karl Kraus, aber auch etwa den architektonischen Absichten von Adolf Loos, als Kritik jeglichen *Ornaments*. Bei der Verschränktheit aller musikalischen Elemente bleibt diese Kritik nicht etwa bei der musikalischen *Architektur*, deren Symmetrie und Ornamentik sie negiert, stehen; sie geht ebenso auf das harmonische Korrelat der tektonischen Symmetrieverhältnisse, die *Tonalität*, die zugleich von der Dissonanz als dem Träger des radikalen Ausdrucksprinzips getroffen wird; mit dem Zerfall des tonalen Schemas emanzipiert sich der bislang akkordisch eingeengte *Kontrapunkt* und erzeugt jene Form von Polyphonie, die unter dem Namen der ›Linearität‹ bekannt ist; schließlich wird auch der totale, homogene *Klang*, wie er von der Substanz des orchestralen Streichertuttis getragen war, angegriffen. Es ist nun die eigentlich zentrale und in der üblichen Betrachtungsweise niemals recht gewürdigte Leistung Schönbergs, daß er schon von den frühsten Werken, etwa den Liedern op. 6 an die expressive Kritik des vorgegebenen Materials und seiner Formen niemals ›expressionistisch‹, durch selbstherrliches und rücksichtsloses Einlegen subjektiver Intentionen ins heterogene Material vollzog, sondern daß jede Geste, mit der er ins materiale Gefüge eingreift, zugleich die präzise Antwort ist auf Fragen, welche das Material in Gestalt der materialeigenen Probleme an ihn richtet. Jede subjektiv-expressive Errungenschaft Schönbergs ist zugleich eine Auflösung objektiv-materialer Widersprüche, wie sie sowohl in der chromatischen Sequenztechnik Wagners wie der diatonischen Variationstechnik Brahmsens fortbestanden. Wenn der esoterische Schönberg nicht einer spezialisierten und gesellschaftlich irrelevanten Musikgeschichte als Geistesgeschichte vorbehalten ist, sondern in seiner materialen Dialektik auf die gesellschaftliche projiziert werden darf, so rechtfertigt sich das damit, daß er in Gestalt der materialen Probleme, die er übernahm und weitertrieb, die Probleme der Gesellschaft vorfand, die das Material produzierte und in ihm ihre Widersprüche als technische Probleme aufstellte. Daß Schönbergs Lösungen der technischen Probleme trotz ihrer Isoliertheit gesellschaftlich belangvoll sind, erweist sich daran, daß er, trotz und vermöge seiner eigenen expressiven Ursprünge, in ihnen allen an Stelle der privaten Zufälligkeit, die man recht wohl als eine Art anarchischer Musikproduktion bezeichnen könnte, eine objektive Gesetzmäßigkeit rückte, die dem Material nicht von außen aufgezwungen, sondern aus ihm selber herausgeholt ist und es in geschichtlichem Prozeß rationaler Durchsichtigkeit annähert. Das ist der Sinn des Umschlages, der technologisch als »Zwölftonkomposition« figuriert. Im gleichen Augenblick, da das gesamte musikalische Material der Macht der Expression unterworfen ist, erlischt die Expression – als ob sie nur am Widerstand des subjekt-fremden, selber ›entfremdeten‹ Materials sich entzündete. Die subjektive Kritik der ornamentalen und Wiederholungsmomente zeitigt eine objektive, nicht-expressive Struktur, die an Stelle von Symmetrie und Wiederholung den Ausschluß der Wiederholung in der Zelle, nämlich die Verwendung aller zwölf Töne des Chromas vor der Wiederholung eines Tones daraus setzt und zugleich den ›freien‹, zufälligen, konstruktiv ungebunden Einsatz irgendeines Tones verwehrt. Entsprechend tritt für die expressiv gebundene leittönige Harmonik eine komplementäre ein. Der äußersten Strenge des immanenten Gefüges ist zugeordnet radikale Freiheit von allen dinglichen, von außen der Musik gesetzten Normen, so daß sie wenigstens in sich selber die Entfremdung als eine von subjektiver Formung und objektivem Material aufgehoben hat und dem zustrebt, wofür Alois Hába den schönen Ausdruck ›Musikstil der Freiheit‹ fand. Freilich überwindet sie die Entfremdung nach innen nur durch deren Vollendung nach außen. Und es wäre romantische Verklärung der Meisterschaft, auch der Schönbergs, der größten der gegenwärtigen Musik, Verkennung der heute unauflöslichen Aporien der Musik, wollte man annehmen, deren immanente Bewältigung sei tatsächlich bruchlos möglich. Denn mit der Textwahl zu seiner letzten Oper ›Von heute auf morgen‹, einer Verherrlichung der bürgerlichen Ehe gegenüber der Libertinage, die ›Liebe‹ und ›Mode‹ bedenkenlos kontrastiert, unterstellt immerhin Schönberg selber seine eigene Musik einer bürgerlichen Privatsphäre, die sie ihrer objektiven Beschaffenheit nach angreift. Gewisse klassizistische Neigungen in der großen Formarchitektur, wie sie sich beim letzten Schönberg verfolgen lassen, mögen in die gleiche Richtung weisen. Vor allem aber: es ist die Frage, ob das Ideal des geschlossenen, in sich ruhenden Kunstwerkes, das Schönberg von der Klassik übernahm und treu festhält, mit den Mitteln, die er auskristallisierte, noch vereinbar ist und ob es, als Totalität und Kosmos, sich überhaupt noch halten läßt. Mag immer in der tiefsten Schicht Schönbergs Werk diesem Ideal entgegen sein – das Moment der Scheinlosigkeit zeugt dafür, das schon in seinem Kampf gegen die Ornamentik sich aussprach und mehr noch in der Nüchternheit seiner heutigen musikalischen Diktion, auch der der Texte –; mag selbst seinem Werk als dessen Geheimnis Kunstfeindschaft innewohnen: dem expliziten Anspruch nach will es mit historisch durchrationalisierten Mitteln das Beethovensche, autonome, sich selbst genügende und symbolkräftige Kunstwerk noch einmal herbeizwingen, und die Möglichkeit solcher Rekonstruktion ist, wie die der Krausschen Rekonstruktion einer reinen Sprache, zu bezweifeln. Hier, freilich nur hier und nicht in der Unpopularität seines Werkes stößt die gesellschaftliche Einsicht auf seine Grenze; auf die Grenze nicht sowohl seiner Begabung als vielmehr die der Funktion von Begabung überhaupt. Sie läßt sich musikalisch nicht mehr überschreiten. An ihr hat Alban Berg, Schönbergs Schüler, sich angesiedelt. Kompositionstechnisch stellt sein Werk gewissermaßen die rückwärtige Verbindungslinie zwischen dem vorgeschobenen Schönbergschen œuvre und der vorangegangenen Generation: Wagner, Mahler, in mancher Hinsicht auch Debussy dar. Diese Linie ist aber vom Schönbergschen Niveau aus gezogen: dessen technische Errungenschaften: extreme Variation und Durchkonstruktion, auch das Zwölftonverfahren sind auf das ältere, chromatisch-leittönige Material angewandt, ohne es, wie es im Werke Schönbergs geschieht, ›aufzuheben‹: die expressive Funktion wird erhalten. Bleibt nun Berg damit mehr als Schönberg der bürgerlich-individualistischen Musik – in den herkömmlichen Kategorien der Stilkritik: der neudeutschen Schule – verhaftet, so entringt er sich ihr in anderer Richtung ebenso vollkommen wie Schönberg. Seine Dialektik trägt sich zu im Bereich des musikalischen *Ausdrucks*, der nicht, wie die Anwälte einer leer-kollektivistischen Neusachlichkeit ohne Unterlaß proklamieren, ohne weiteres als ›individualistisch‹ verworfen werden kann. Die Frage nach dem Ausdruck läßt sich statt dessen nur konkret, nur nach dem Substrat des Ausdrucks, dem Ausgedrückten, und nach der Bündigkeit des Ausdrucks selber beantworten. Wird diese Frage im Bereich der bürgerlich-individualistischen Ausdrucksmusik ernstlich gestellt, so zeigt sich, daß diese Ausdrucksmusik nicht nur als Musik, sondern ebenso auch als Ausdruck fragwürdig ist: daß, ähnlich wie in einem großen Teil der ›psychologischen‹ Romanliteratur des 19. Jahrhunderts, gar nicht die psychische Realität des Bezugssubjekts, sondern einen fiktive, stilisierte und in vielem Betracht gefälschte ausgedrückt ward. Auf diesen Sachverhalt deutet in der Musik die Verschränkung des psychologischen Ausdrucks- mit dem Stilbegriff der Romantik hin. Gelingt es nun der Musik, das fiktive psychologische Substrat, also vorweg das heroisch-erotische Menschenbild Wagners zu durchstoßen und ins reale Substrat einzudringen, so ändert sich die Funktion der Musik dem bürgerlichen Individuum gegenüber. Sie will es dann nicht mehr verklären und als Norm statuieren, sondern seine Not und sein Leiden aufdecken, die von der Konvention, der musikalischen nicht anders als der psychologischen, verborgen werden; indem sie die Not – oder die Gemeinheit – des Individuums ausspricht, ohne es in seiner Isolierung zu belassen, sondern indem sie es zugleich objektiviert, kehrt sie sich schließlich gegen die Ordnung der Dinge, in der sie zwar als Musik entspringt wie das ausgedrückte Individuum als Individuum, die aber in ihr zum Bewußtsein ihrer selbst und ihrer Verzweiflung gelangt. Sobald solche Musik, ihrerseits inhaltlich der Psychoanalyse verwandt genug und nicht umsonst in den Regionen von Traum und Wahnsinn beheimatet, die konventionelle Ausdruckspsychologie tilgt, kehrt sie sich zugleich auch gegen die konventionelle Formensprache der Musik, die jener Psychologie entspricht, zerfällt deren Oberflächenzusammenhänge und baut aus den Partikeln des musikalischen Ausdrucks musikalisch-immanent eine neue Sprache, die trotz des gänzlich verschiedenen Weges mit der konstruktiven Schönbergs konvergiert. Diese Dialektik trägt im Werke Bergs sich zu, und sie allein läßt seine Komposition von Büchners Trauerspiel ›Wozzeck‹ in ihrer Tragweite verstehen. Wenn eine Parallele zur bildenden Kunst erlaubt ist: Berg verhält sich zur Ausdrucksmusik des späteren 19. und beginnenden 20. Jahrhunderts wie die Porträts Kokoschkas zu denen der Impressionisten. Die wahrhafte Darstellung der individuellen Psyche, der bürgerlichen und der vom Bürgertum produzierten proletarischen, schlägt mit dem Wozzeck in die gesellschaftskritische Intention um, ohne freilich den Rahmen der ästhetischen Immanenz zu sprengen. Dabei ist es das tiefe Paradoxon Bergs, in dem die gesellschaftliche Antinomik werk-immanent sich abzeichnet, daß diese kritische Wendung gerade im Bezug auf ein vergangenes und von seiner Kritik nun transparent gemachtes Material möglich wird. So stellt es in einem der bedeutendsten Teile des Wozzeck, der großen Wirtshausszene sich dar, und hier überschneidet sich sein Verfahren mit dem surrealistischen. Dieser Bezug ist es zugleich, der bislang Bergs Werk, zumindest das dramatische, vor der vollkommenen Isolierung behütet hat und ihm beim bürgerlichen Publikum eine gewisse Resonanz schuf, die, mag sie immer im Mißverständnis des Wozzeck als des letzten ›Musikdramas‹ Wagnerischer Provenienz gründen, durch die Kanäle des Mißverstehens ins herrschende Bewußtsein einiges von dem einsickern ließ, was als dunkler und gefährlicher Strom im Wozzeck aus den Höhlen des Unbewußten entspringt. – Es ist in diesem Zusammenhang schließlich in Kürze des dritten Repräsentanten der Schönbergschule zu gedenken, dessen gesellschaftliche Interpretation, so fraglos die außerordentliche musikalische Qualität steht, einstweilen noch die größte Schwierigkeit bereitet und hier nicht einmal versucht werden darf: Anton Weberns. Einsamkeit und Entfremdung der Gesellschaft gegenüber, bei Schönberg durch die Formstruktur des Werkes bedingt, werden ihm thematisch und zum Inhalt: die Aussage des Unaussagbaren, also der vollkommenen Entfremdung ist mit jedem Laut seiner Musik gemeint. Wollte man den für die Schönberg-Schule konstitutiven Grundbegriff der immanenten Dialektik auf Webern anwenden: man müßte, mit einem Untertitel Kierkegaards, der Webern nahe genug liegt, von »dialektischer Lyrik« reden. Denn hier wird die äußerste individuelle Differenzierung, eine Auflösung des vorgegebenen Materials, die musikalisch noch über Schönberg und expressiv noch über Berg hinausgeht, zu keinem anderen Zweck geübt als dem: eine Art Natursprache der Musik, den reinen Laut freizumachen, wie er dem Rückgriff auf ein Natur*material*, also die Tonalität und die ›natürlichen‹ Obertonverhältnisse, unweigerlich sich versagte. Das Bild der Natur in geschichtlicher Dialektik zu produzieren: das ist die Absicht seiner Musik und das Rätsel, das sie aufgibt; das, als Rätsel, zu jeder positiven Natur-Romantik als Antwort gänzlich konträr steht. Es wird erst später sich dechiffrieren.

Zur Meisterschaft Schönbergs und seiner Schule setzt die genaue Antithesis die Virtuosität Strawinskys und seines Gefolges; zur Scheinlosigkeit das Spiel; zur gebundenen Dialektik, deren Substrat umschlagend sich verwandelt, der verführerisch-beliebige Wechsel der Masken, deren Träger dafür identisch, aber nichtig bleibt. Die Musik des Objektivismus ist gesellschaftlich um soviel durchsichtiger denn die der Schönberg-Schule, als sie sich technologisch weniger dicht in sich verschließt. Darum hat die gesellschaftliche Interpretation des Objektivismus gerade von dessen technischer Verfahrungsweise auszugehen. Technisch wird in jeglicher objektivistischen Musik der Versuch gemacht, die Entfremdung der Musik von innen her, also ohne Ausblick auf die gesellschaftliche Realität zu korrigieren: nicht aber durch Weiterverfolgung ihrer immanenten Dialektik, die als individualistisch-überdifferenziert – Strawinsky hat, absurd genug, Schönberg einmal mit Oscar Wilde verglichen –, intellektualistisch-abstrakt und naturentfremdet gescholten wird. Sondern die musikimmanente Korrektur der Entfremdung wird erhofft von einem Rückgriff auf ältere, durchwegs vorbürgerliche Musikformen, in denen man einen urtümlichen Naturstand der Musik, man könnte sagen: eine musikalische Anthropologie behaupten möchte, der, zugehörig dem Wesen Mensch und seiner leibhaften Konstitution – daher die Neigung alles Objektivismus zu Tanzformen und im Tanz entspringender Rhythmik –, dem geschichtlichen Wechsel enthoben und jederzeit zugänglich sein soll. Vom stilhistorisch prägnanten Begriff der Romantik, mit einer extremen Formel: dem ›Legendenton‹ Schumanns unterscheidet der Objektivismus sich dadurch, daß er nicht sowohl einen vergangenen musikalischen Zustand als positiv dem negativen gegenwärtigen gegenübergestellt und sehnsüchtig ihn wiederherzustellen trachtet, als vielmehr im Vergangenen das Bild eines schlechterdings Gültigen konstruiert, das heut und hier wie jederzeit zu realisieren sei. Darum hat der Objektivismus in seinen theoretischen Äußerungen gerade die Romantik aufs heftigste befehdet. Das besagt aber praktisch-musikalisch nichts anderes, als daß der Rückgriff des Objektivismus auf seine historischen Modelle, sei es nun echte und falsche bäuerliche Volksmusik, mittelalterliche Polyphonie oder der ›vorklassische‹ Konzertatstil, nicht einfach auf Wiedereinsetzung jener Modelle abzielt: nur in Ausnahmefällen hat der Objektivismus, als Stilkopie, um solche Wiedereinsetzung sich bemüht. In der Breite seiner Produktion aber strebt der Objektivismus, als »neue Sachlichkeit« seine Arriviertheit und Zeitgemäßheit geflissentlich betonend, die alten und vermeintlich ewigen Modelle gerade auf das aktuelle Material anzuwenden: das gleiche harmonisch-freizügige, zur Polyphonie prädisponierte, vom Ausdruckszwang emanzipierte Material, wie es aus der Dialektik der Schönbergschule hervorgeht und undialektisch vom Objektivismus übernommen wird. Die vor-arbeitsteilige, statisch-naturhafte Formung eines höchst differenzierten, in sich alle Merkmale der Arbeitsteilung aufweisenden Materials: das ist das Ideal des musikalischen Objektivismus.

Damit drängen unabweislich aktuelle gesellschaftliche Analogien sich auf. Die ständisch-korporative Gliederung eines hochindustriellen Wirtschaftszusammenhanges: sie scheint in der objektivistischen Musik konform abgebildet, und wie im Faschismus über den ›Organismus‹ der Gesellschaft eine ›Führerelite‹, in Wahrheit nämlich die Monopolkapitalisten gebieten, so gebietet über den vorgeblich musikalischen Organismus in Freiheit der souveräne Komponist; wann eine Dissonanz einzuführen, wann ein Vorhalt aufzulösen sei, darüber entscheidet weder ein vorgesetztes Schema, das ja durchs aktuelle Material außer Kraft gesetzt ist, noch die Immanenz des Gefüges, deren rationale Zwangsmäßigkeit gerade im Namen der Natur verneint wird, sondern einzig das Belieben, nämlich der ›Geschmack‹ des Komponisten. So verlockend nun aber die Analogie ist und so viel sie vom wahren Sachverhalt erschließt: Erkenntnis darf sich ihr nicht ohne Widerstand überlassen. Zwar ist bei dem russischen Emigranten Strawinsky selber oder gar einem kunstpolitisch ambitionierten Neoklassizisten wie Casella der Zusammenhang mit dem Faschismus außer Frage. Jedoch die gesellschaftliche Interpretation von Musik hat es nicht mit dem individuellen Bewußtsein der Autoren sondern mit der Funktion ihres œuvres zu tun. Und da ergeben sich Schwierigkeiten. Zunächst müßten für die Beziehung Objektivismus–Faschismus, soll sie real verstanden werden, die Vermittlungskategorien gefunden und die Vermittlung expliziert werden. Der Vermittlungsmechanismus ist aber noch unbekannt. Er könnte sich am ehesten erschließen einer Analyse des Sachverhalts der Mode, die – wie es im Fall Strawinskys etwa seine allgemein geläufigen Abhängigkeiten dartun – wesentliche Formelemente des Neoklassizismus nicht in immanent-technischen Fragestellungen sich ausprägen ließ, sondern sie zunächst von außen hereinwarf, bis sie dann in die technische Immanenz des Kunstwerkes übergeführt wurden. Die Mode selbst aber weist einsichtig auf gesellschaftlich-ökonomische Tatsachen zurück. Indessen es ist damit nicht sowohl eine Lösung des Vermittlungsproblems für die Musik angegeben als vielmehr nur der Ort des Problems genauer bezeichnet. Weiter jedoch ergeben sich für die gesellschaftliche Interpretation des Objektivismus auf den Faschismus inhaltliche Schwierigkeiten. Und zwar durch den gleichen Sachverhalt der Entfremdung, dessen immanent-ästhetische Beseitigung oder Verdeckung der Objektivismus sich zur Aufgabe gestellt hat. Gesetzt nämlich, er wäre in der Tat der Intention und objektiven Struktur nach die Musik der fortgeschrittensten monopolkapitalistischen Schicht: sie vermöchte ihn trotzdem nicht zu konsumieren und nicht zu verstehen. Indem der

Objektivismus die Entfremdung nur im Bilde zu beseitigen trachtet, läßt er sie in der Realität unverändert bestehen. Die technische Spezialisierung der Musik ist so weit gediehen, daß das Publikum eine Musik selbst dann nicht mehr adäquat zu begreifen vermag, wenn sie objektiv seine eigene Ideologie ist. Dazu kommt, daß ideologische Mächte anderer Art wie der Begriff der ›Bildung‹ als einer Akkumulation von geistigem Gut aus der Vergangenheit auf das Publikum auch musikalisch weit stärker wirken als die unmittelbare Ausformung seiner Gesellschaftsideale in der Musik; allzufremd ist es bereits der Musik geworden, um solcher Ausformung noch zentralen Wert beizumessen. Mag immer die Musik Strawinskys großbürgerliche Ideologien unvergleichlich viel genauer widerspiegeln als etwa die von Richard Strauss als des großbürgerlichen Komponisten der letzten Generation: das Großbürgertum wird trotzdem Strawinsky als ›Destrukteur‹ beargwöhnen und an seiner Statt lieber Richard Strauss und noch lieber Beethovens Siebente Symphonie hören. So kompliziert Entfremdung die gesellschaftliche Gleichung. Sie kommt aber auch immanent-ästhetisch zutage – und hier mag der wahre Ursprung des Mißtrauens der Großbürger gegen ›ihre‹ Musik zu suchen sein. Dem Belieben nämlich, mit dem der Komponist über sein Material zu schalten vermag, ohne daß es objektiv verbindlich vorgeformt wäre, ohne daß aber auch die innere Gefügtheit des musikalischen Gebildes selber über musikalisches Recht und Unrecht eindeutig richtete – diesem schlechten Belieben entspricht die Unstimmigkeit des Gebildes bei sich selber, in dem der Widerspruch zwischen der beschworenen Formintention und dem tatsächlichen Materialstand unaufgelöst bleibt.

Am gerechtesten wird ihm noch ein Kompositionsverfahren, das, wie etwa der bedeutende ungarische Komponist und Volksliedforscher Béla Bartók, auf die Fiktion von Formobjektivität verzichtet und statt dessen auf ein vor-objektives, wahrhaft archaisches Material zurückgreift, das aber gerade in seiner partikularen Aufgelöstheit dem aktuellen überaus nahesteht, so daß ein radikaler Folklorismus in der rationalen Durchkonstruktion von partikularem Material der Schönbergschule sich erstaunlich angleicht. Bartók aber ist im Raume des Objektivismus durchaus singulär; schon bei seinem früheren Mitarbeiter Kodály ist die echte Folklore zu einem romantischen Wunschbild ungeteilt-völkischen Lebens verfälscht, das durch den Kontrast urtümelnder Melodik und sinnlichweicher, spätimpressionistischer Harmonik sich selber denunziert. Vor solcher Demaskierung ist Strawinskys Maskenspiel durch den genauesten und vorsichtigsten Kunstverstand geschützt. Es ist seine große und gefährliche, auch für ihn selbst gefährliche Leistung, daß seine Musik das Wissen um ihre zwangsmäßige Antinomik nutzt, indem sie sich als Spiel gibt; niemals aber blank als Spiel, niemals als offenes Kunstgewerbe: sondern sich in einer steten Schwebe zwischen Spiel und Ernst wie zwischen den Stilen hält, die es fast unmöglich macht, sie beim Namen zu rufen und in der die Ironie jede Durchschaubarkeit der objektivistischen Ideologie verhindert, der Hintergrund einer Verzweiflung aber, der jeder Ausdruck erlaubt ist, weil ihr keiner eindeutig zukommt, das Maskenspiel von der Tiefe seines düsteren Hintergrundes abhebt. Dies Schwanken, darin jeden Augenblick das Spiel Ernst werden, ins satanische Gelächter umschlagen kann und mit der Möglichkeit nichtentfremdeter Musik die Gesellschaft verhöhnt: dies ist es, was die Aufnahme Strawinskys als des Modekomponisten, dessen Prätention gleichzeitig seine Musik erhebt, unmöglich macht. Gerade die artistische Sicherheit, mit der er die Unmöglichkeit einer positiv-ästhetischen Lösung der gesellschaftlich bedingten Antinomien anerkennt, damit aber die gesellschaftliche Antinomik selber, macht ihn dem Großbürgertum suspekt und provozierte bei seinen besten und exponiertesten Stücken, wie der Histoire du soldat, Widerspruch. Strawinskys Überlegenheit im Metier gegenüber allen anderen objektivistischen Autoren gefährdet die ungebrochene ideologische Positivität seines Stiles, wie sie die Gesellschaft von ihm verlangte: so wird auch bei ihm die artistische Folgerichtigkeit gesellschaftlich-dialektisch. Den Verdacht der herrschenden Mächte gegen großstädtische ›Atelier‹-Kunst, décadence und Zersetzung scheint er erst mit der gewalttätigen Theologie der Psalmensymphonie abgewehrt zu haben.

Es ist die wesentliche gesellschaftliche Funktion Hindemiths, den Objektivismus Strawinskys durch die Naivetät zu entgiften, mit der er ihn übernimmt. Sein Objektivismus gibt sich ungebrochenernst; die artifizielle Sicherheit wird zur handwerkerlichen Biederkeit, wobei die Idee des Handwerkers als eines ›Musikanten‹ wieder dem Ideal eines nicht-arbeitsteiligen Produktionsstandes entspricht, der in der Musik die Differenz von Produktion und Reproduktion nicht kenne; die satanische Ironie zum ›gesunden Humor‹, dessen Gesundheit auf den unreflektierten Naturstand des Objektivismus deutet, den das Grinsen der Strawinskyschen Masken verstörte, während der Humor, gegenüber der aggressiven, sei's avantgardistischen, sei's snobistischen Ironie, seine prinzipielle Versöhnlichkeit mit den gesellschaftlichen Verhältnissen einbekennt. Die Strawinskysche Verzweiflung aber, eine sehr geschichtliche Verzweiflung, die in der »Histoire du soldat« bis zur Grenze der Schizophrenie getrieben ist, als Ausdruck einer Subjektivität, welche nur noch von Fetzen und Gespenstern der vergangenen objektiven Musiksprache erreicht wird – diese Verzweiflung moderiert sich bei Hindemith zu einer bloß naturhaften, ungelösten, aber auch undialektischen Schwermut, die auf den Tod als einen ewigen Sachverhalt blickt gleich manchen Intentionen der zeitgenössischen Philosophie, als ›existentiell‹ den konkreten gesellschaftlichen Widersprüchen ausweicht und damit dem anthropologisch-außergeschichtlichen Ideal des Objektivismus willig sich einordnet. Strawinsky hat die gesellschaftlichen Widersprüche in die künstlerische Antinomik aufgenommen und gestaltet; Hindemith verdeckt sie, und dafür gerät ihm die blinde Gestalt widerspruchsvoll. Der schärfere technische Blick, der die Oberfläche lückenlos ineinandergeschlossener Bewegungen und untrüglich instrumentensicherer Klangfaktur zu durchdringen vermag, wird allerorten der Brüchigkeit des Hindemithschen Verfahrens inne: der Differenzen zwischen zufälligem Motivmaterial und behaupteter Formgesetzlichkeit; zwischen der prinzipiellen Unwiederholbarkeit der Elemente und den Wiederholungsformen, die sie äußerlich zusammenfassen; zwischen der Terrassenarchitektur im großen und der Wahllosigkeit, mit welcher die Terrassen im einzelnen angelegt sind und angelegt sein müssen, eben weil die ›objektive‹ Architektur nicht, als eine vorgegebene, die einzelnen Produktionsmomente apriorisch umfängt, sondern ihnen von der kompositorischen Willkür aufgeklebt wird, falsche Fassade im Zeichen der neuen Sachlichkeit. Zufällig bleibt hier, wie bei Strawinsky und gewiß der Schar der Gefolgsleute, der Gehalt des Objektivismus; zufällig, das will sagen, auswechselbar nach dem wechselnden ideologischen Bedürfnis und nicht eindeutig vorgezeichnet von einer gesellschaftlichen

Verfassung, die an keiner Stelle der ordo ist, für den die Musik zeugen möchte, sondern eine Klassenordnung, die die Musik im Zeichen ihrer Menschlichkeit verdecken soll. Bald wird bloße Formobjektivität ohne allen Gehalt, in ihrer Leere, als Gehalt ausgegeben, Objektivität um der Objektivität willen wie häufig bei Strawinksky, und dabei die dunkle Leere als irrationale Naturmacht gepriesen; bald wird sie, wie bei Hindemith, als Beleg einer Gemeinschaft angeführt, wie sie zwar als kleinbürgerlicher Protest gegen die kapitalistischen Mechanisierungsformen sich ausbilden und als Jugendbewegung auch auf die Produktion einwirken mag, dem kapitalistischen Produktionsprozeß aber lediglich ausweicht. Bald soll die Musik tönendes Spiel sein, das die Menschen entspannt oder ihre Gemeinschaft stiftet, bald soll sie als kultischer oder existentieller Ernst ihnen begegnen, wie in jenem Augenblick, als die Kritik von dem damals noch aggressiveren Hindemith ›Vertiefung‹ verlangte, welchem Verlangen er mit der Komposition des Rilkeschen Marienlebens entsprach. Die Gehalte des musikalischen Objektivismus sind so divergent wie die Interessen der herrschenden Mächte der Gesellschaft, und vollends eine Differenz wie die von Groß- und Kleinbürgertum – die Begriffe so vag gebraucht, wie es der Stand der gesellschaftlichen Erkenntnis einstweilen noch vorschreibt – spiegelt in den objektivistischen Produktionen sich deutlich wieder; die Frage nach der ›Vermittlung‹ wäre auch hier zu stellen. Gemeinsam ist den objektivistischen Musiken nur eines: die Intention der *Ablenkung* vom gesellschaftlichen Zustand. Den einzelnen will sie glauben machen, er sei nicht einsam, sondern mit den anderen in einer Verbundenheit, die die Musik ihm vorführt, ohne ihre gesellschaftliche Funktion zu bestimmen; die Gesamtheit will sie, durch ihre bloße Transformation ins tönende Medium, als eine sinnvolle, das individuelle Schicksal positiv erfüllende vorstellen. Grund und Sinn aber des Verbundenseins sind auswechselbar. Soweit die Intention der Ablenkung real gemeint und nicht bloß Spiegelung von Wünschen im isoliert-ästhetischen Bereich ist, darf sie als mißlungen gelten. Das Kleinbürgertum, um welches mit Singgemeinden und Spielgruppen, ›Musikantengilden‹ und Arbeitskollektiven der Objektivismus intensiv warb, hat für den Absatz völlig versagt. Die Not der kapitalistischen Krise hat die vom Objektivismus oder seinen Popularisatoren gemeinten Schich-

ten auf andere, handlichere Ideologien verwiesen als die inhaltlich recht unbestimmten und kompliziert geschalteten des Objektivismus. Sie werden kaum Neigung spüren, den ›esoterischen‹ Schönberg vom ›musikantischen‹ Hindemith zu unterscheiden, beide mitsamt der Jazzmusik als kulturbolschewistisch ablehnen und sich ihrerseits an die auferstandenen Militärmärsche halten.
Es ist damit bereits das Wesentliche vorweggenommen zur gesellschaftlichen Problematik derjenigen Typen, die die Tatsache der Entfremdung nicht mehr im ästhetischen Bilde meistern, sondern real überwinden wollen durch Einrechnung des tatsächlichen gesellschaftlichen Bewußtseinsstandes ins kompositorische Verfahren: durch Verwandlung des musikalischen terminus a quo in einen gesellschaftlichen terminus ad quem. Zu solchem Verfahren tendiert auf seinen niedrigen Stufen merkbar bereits der Objektivismus; sprunglos verwandelt sich ihm die Forderung nach ästhetisch-immanent gemeinschaftsmäßiger Musik in die nach ästhetisch gehobener Gebrauchsmusik. Wenn solchem Verfahren und dem schlechten Ideal des Gehobenen gegenüber Kurt Weill als Repräsentant des musikalischen Surrealismus sich weit überlegen zeigt, so rührt das daher, daß er, in besserer Kenntnis des gesellschaftlichen Zustandes, nicht sowohl die positive Veränderung der Gesellschaft durch Musik als möglich annimmt als vielmehr ihre Enthüllung. Er präsentiert nicht den Menschen eine primitivierte Kunstmusik zum Gebrauch, er hält ihnen ihre eigene Gebrauchsmusik im Zerrspiegel seines künstlerischen Verfahrens vor und zeigt sie als Ware. Nicht umsonst steht der Stil der Dreigroschenoper und von »Mahagonny« der »Histoire du soldat« näher als Hindemith: ein Stil der Montage, welche die ›organische‹ Oberflächengestalt des Neoklassizismus aufhebt und Trümmer und Bruchstücke aneinander rückt oder die Falschheit und Scheinhaftigkeit, die heute an der Harmonik des 19. Jahrhunderts zutage kommt, real auskomponiert durch Zusatz falscher Töne. Der Choc, mit welchem Weills Kompositionsverfahren die gewohnten kompositorischen Mittel, überbelichtet, als Gespenster präsentiert, wird zum Schrecken über die Gesellschaft, aus der sie entspringen und zugleich zur Negation der Möglichkeit einer positiven Gemeinschaftsmusik, die im Gelächter der teuflischen Vulgär- als der wahren Gebrauchsmusik zusammenbricht. Mit den Mitteln vergangenen Scheines bekennt das

gegenwärtige kompositorische Verfahren sich selbst als scheinhaft, und im grellen Schein wird die Chiffrenschrift eines gesellschaftlichen Zustandes lesbar, der nicht nur jede Beschwichtigung im ästhetischen Bilde verwehrt und samt seinen Widersprüchen darin wiederkehrt, sondern den Menschen so nah auf den Leib rückte, daß er nicht einmal Frage und Versuch des autonomen Kunstwerkes mehr zuläßt. Bewundernswert, welche qualitative Fülle von Ergebnissen Weill mit Brecht aus dieser Konstellation entwickelte, welche Neuerungen des *Operntheaters* im Blitzlicht von Momenten angelegt sind, die zugleich dialektisch sich gegen die Möglichkeit des Operntheaters überhaupt kehren. Fraglos ist Weills Musik heute die einzige von echter gesellschaftlich-polemischer Schlagkraft, solange sie auf der Spitze ihrer Negativität sich hält; sie hat sich auch als solche erkannt und eingeordnet. Ihre Problematik rührt daher, daß sich auf dieser Spitze nicht verbleiben läßt; daß der Musiker Weill den Bindungen einer Arbeitsweise auszuweichen trachten muß, die von der Musik aus notwendig ›literarisch‹ erscheint wie die Bilder der Surrealisten. Das Publikumsmißverständnis, das die Songs der Dreigroschenoper, die doch sich selbst und dem Publikum feind sind, friedlich als Schlager konsumierte, mag als Mittel dialektischer Kommunikation legitimiert sein. Der weitere Gang der Dinge aber läßt Zweideutigkeit als Gefahr erkennen: der vordem enthüllte Schein spielt in falsche Positivität, die Destruktion in Gemeinschaftskunst im Rahmen des Bestehenden hinüber, und hinter der höhnischen Primitivität wird, herbeigelockt von ihrer Schmerzlichkeit, der naturgläubige Primitivismus eines Rückgriffs nun nicht mehr auf alte Polyphonie, wohl aber auf Händelsche Homophonie sichtbar. Doch steht gerade der Experimentator Weill jeglichem Glauben ans unbewußt Organische so gründlich fern, daß sich damit rechnen läßt, er werde der Gefahr des Ungefährlichen nicht erliegen.

Ihr ist die Gemeinschafts- und Gebrauchsmusik im weitesten Umfang verfallen. Indem ihre Aktivität an der falschen Stelle, bei der Musik anstatt bei der Gesellschaft, ansetzt, versäumt sie beide. Denn das menschliche Miteinander, von dem sie ausgeht, ist in der kapitalistischen Gesellschaft fiktiv, und wo es etwa real sein mag, ohnmächtig gegenüber dem kapitalistischen Produktionsprozeß; die Fiktion von ›Gemeinschaft‹ in der Musik verbirgt ihn, ohne ihn zu verändern. Zugleich ist die Gemeinschaftsmusik innermusikalisch reaktionär: in gleicher Richtung wie der Objektivismus, nur weit gröber lehnt sie die dialektische Weiterbewegung des musikalischen Materials als ›intellektuell‹ oder ›individualistisch‹ ab und zielt auf einen schlechten, statischen Naturbegriff in der Restitution der Unmittelbarkeit: den ›Musikanten‹. Anstatt die – gewiß berechtigte – Kritik am Individualismus *dialektisch* zu üben und ihn mit der Korrektur seiner immanenten Widersprüche zu korrigieren, aber als notwendige Stufe der Befreiung der Musik für die Menschen anzuerkennen, wird hier allenthalben auf eine primitive, vorindividualistische Stufe rekurriert, ohne daß auch nur noch die neoklassizistische Frage nach der Umformung des Materials mehr gestellt wäre. Der gründende Irrtum liegt in der Auffassung der Funktion von Musik dem Publikum gegenüber. Dessen Bewußtsein wird verabsolutiert: in der kleinbürgerlichen Gemeinschaftsmusik als ›Natur‹, in der klassenbewußt-proletarischen, wie etwa Eisler sie vertritt, als proletarisches Klassenbewußtsein, das bereits heute und hier positiv genommen wird. Dabei ist verkannt, daß eben die Forderungen, nach denen hier die Produktion sich richten soll, Singbarkeit, Einfachheit, kollektive Wirksamkeit als solche, notwendig geknüpft sind an einen Bewußtseinsstand, der durch die Klassenherrschaft derart gedrückt und gefesselt ist – keiner hat das extremer formuliert als Marx –, daß er, soll sich die Produktion einseitig an ihm orientieren, zur Fessel der musikalischen Produktivkraft wird. Die immanent-ästhetischen Resultate der bürgerlichen Geschichte, auch der der letzten fünfzig Jahre, können nicht einfach von der proletarischen Kunsttheorie und -praxis beiseite geschoben werden, will sie nicht einen von der Klassenherrschaft produzierten Zustand in der Kunst verewigen, dessen Abschaffung in der Gesellschaft das unverrückbare Ziel des proletarischen Klassenkampfes ist. Dabei wird die Fügsamkeit der Gemeinschaftsmusik gegenüber dem gegenwärtigen Bewußtsein von diesem selber Lügen gestraft, weil es den Tonfilmschlager vom kleinen Gardeoffizier immer noch lieber gebraucht als eine populär gedachte Gemeinschaftsmusik zur Verherrlichung des Proletariats. Der agitatorische Wert und damit das politische Recht proletarischer Gemeinschaftsmusik wie etwa der Eislerschen Chöre steht außer Frage, und nur utopisch-idealistisches Denken könnte an ihrer Statt eine innerlich der Funktion des Proletariats angemessene, ihm selber aber unverständliche Musik fürs Proletariat fordern. Sobald aber diese Musik aus der Front der unmittelbaren Aktion heraustritt, reflektiert und sich als Kunstform setzt, ist unverkennbar, daß die produzierten Gebilde gegenüber der fortgeschrittenen bürgerlichen Produktion nicht standhalten und sich als fragwürdige Mischung aus Abfällen innerbürgerlich überholter Stilformen, selbst der kleinbürgerlichen Männerchorliteratur, und aus Abfällen der fortgeschrittenen ›neuen‹ Musik darstellen, die durch die Mischung um die Schärfe des Angriffs wie um die Bündigkeit jeder technischen Formulierung gebracht werden. Denkbar wäre an Stelle solcher Zwischenlösungen, daß man etwa in Umlauf befindlichen Melodien der bürgerlichen Vulgärmusik neue Texte unterlegte, um sie auf diese Art dialektisch ›umzufunktionieren‹. Immerhin verdient es Aufmerksamkeit, daß in der Figur des bislang konsequentesten proletarischen Komponisten, Eisler, die Schönbergschule, aus der er hervorging, mit Bestrebungen sich berührt, die scheinbar ihr konträr entgegengesetzt sind. Damit diese Berührung fruchtbar würde, müßte der Gebrauch seine Dialektik finden: es müßte die Musik sich nicht passiv-einseitig nach dem Stand des Verbraucherbewußtseins, auch des proletarischen, richten, sondern mit ihrer Gestalt selber aktiv ins Bewußtsein eingreifen.

II
Reproduktion, Konsum

Die Entfremdung zwischen Musik und Gesellschaft spiegelt in den Antinomien der musikalischen Produktion sich wider: als reale gesellschaftliche Tatsache wird sie greifbar am Verhältnis von Produktion und *Konsumtion.* Zwischen beiden vermittelt die musikalische *Reproduktion.* Sie dient der Produktion, die nur reproduziert unmittelbar gegenwärtig zu werden vermag, anders als toter Text verharrte; sie ist die Form jeglichen musikalischen Konsums, weil nur an reproduzierten Werken und nie an bloßen Texten die Gesellschaft Anteil gewinnen kann. Die Forderung der Produktion – als die nach Authentizität – und die der Konsumtion – als die nach Verständlichkeit – richten sich gleichermaßen an die Reproduktion und verschränken sich in ihr: das Postulat ›deutlicher‹ Wiedergabe des Werkes etwa kann ebensowohl von der sinngemäßen Darstellung des Textes wie von der Auffaßbarkeit für den Hörer her an die Reproduktion ergehen. Wenn dergestalt in den innersten Zellen der Reproduktion Produktion und Konsumtion sich begegnen, dann bietet Reproduktion den genauesten Schauplatz für die Konflikte, die sie miteinander auszutragen haben. Als Reproduktion entfremdeter Musik vermag sie die Gesellschaft nicht mehr zu erreichen; als Reproduktion für die Gesellschaft verfehlt sie die Werke. Denn konkrete Reproduktion hat es – wie die landläufige Kunstkritik stets wieder möchte vergessen machen – weder mit einem ewigen Werk an sich noch mit einem an konstante Naturbedingungen gebundenen Hörer zu tun, sondern mit geschichtlichen. Nicht bloß ist das Bewußtsein der Hörerschaft vom Wechsel der gesellschaftlichen Bedingungen abhängig; nicht bloß das der Reproduzierenden vom Stande der musikalischen Gesamtverfassung: die Werke selber haben ihre Geschichte und verändern sich in ihr. Ihr Text nämlich ist eine bloße Chiffrenschrift, die Eindeutigkeit nicht verbürgt und in der mit der Entfaltung der musikalischen Dialektik – die wieder gesellschaftliche Momente in sich faßt – wechselnde Gehalte erscheinen. Die Veränderung der Werke selbst stellt sich dar in der Reproduktion. Und zwar, im Zeichen der radikalen Entfremdung, als Schwinden der reproduktiven *Freiheit*. Die vorkapitalistische Reproduktion war beherrscht von Tradition: Tradition musikalischer Zünfte, Tradition oft auch einzelner Familien. Das traditionale Moment garantierte einen stetigen Zusammenhang zwischen der Musik und ihrer Hörerschaft in der Stetigkeit der Wiedergabe; das Werk stand nicht isoliert der Gesellschaft gegenüber, sondern in der Reproduktion behauptete sie Einfluß auf die Produktion, und bis gegen Ende des 18. Jahrhunderts, also bis zur Beseitigung der Generalbaßpraxis durch die Wiener Klassik, gingen Produktion, Reproduktion, Improvisation ohne scharfe Grenze ineinander über; selbst ein so streng auskomponierter Formtyp wie die Bachische Fuge, die sich, Erbin der mittelalterlichen Polyphonie, der Generalbaßpraxis nicht unterworfen hatte, läßt dem Interpreten in Tempo und Dynamik, die im Text nur gelegentlich fixiert sind, volle Freiheit und gibt die Regelung einer Tradition anheim, die noch Jahrhunderte nach der Einführung der temperierten Stimmung irrational bleibt. All das ändert sich mit dem Sieg der bürgerlichen Klasse. Das Werk setzt sich selbständig und in einem rationalen Zeichensystem der Gesellschaft als Ware gegenüber; die Tradition der Interpreten und ihrer Zünfte reißt mit der Durchsetzung der freien Konkurrenz ab; die ›Schulen‹ werden zu Lern- und Gesinnungsgemeinschaften ohne Verbindlichkeit der übermittelten Lehrgehalte; die Restbestände traditionaler Musikübung, wie etwa Mahler in Wien sie vorfand, sind, nach seinem Wort, durchsichtig als ›Schlamperei‹. Der Eingriff des Interpreten ins Werk, in der Zeit vor der definitiven Verdinglichung der Werke jeweils möglich und selbst gefordert, wird zur schlechten Willkür, die die Authentizität des rational bezeichneten Werkes von sich fernhalten muß. Die Geschichte der musikalischen Reproduktion im letzten Jahrhundert hat die reproduktive Freiheit vernichtet. Der Interpret hat einzig noch die Wahl zwischen zwei Anforderungen rationaler Art; er muß entweder sich streng auf die Realisierung, allenfalls Entzifferung der genauen Sprache der musikalischen Zeichen beschränken, oder er muß den Wünschen entsprechen, die die Gesellschaft als Markt an ihn richtet und in denen die Gestalt des Werkes untergeht. Zwischen beiden Forderungen vermittelte im 19. Jahrhundert die ›Interpretenpersönlichkeit‹ als letztes musikalisches Refugium irrationaler Reproduktion im kapitalistischen Prozeß. Sie steht in deutlicher Beziehung zur Form der freien Konkurrenz und enthält so viel Irrationales in sich wie diese. Dem Werk dient sie, indem sie dessen Gehalte, im Rahmen des vorgezeichneten Textes und seiner Zeichen, nochmals gleichsam aus sich selbst hervorbringt; das wird möglich durch die Homogenität der Struktur von Autor und Interpret, die beide in gleicher Weise bürgerliche ›Individuen‹ sind und in gleicher Weise den ›Ausdruck‹ bürgerlicher Individualität vollbringen: Liszt, Rubinstein, beide expressive Komponisten und als Interpreten ›Nachschöpfer‹, sind Urbilder solcher Interpretation. Die Gesellschaft, der sie die Musik darbieten, ist ebenso individualistisch beschaffen wie sie; in ihnen erkennt sie sich wieder, in ihnen nimmt sie von den Werken Besitz, und in den Triumphen, die sie den Virtuosen, weit mehr als den Komponisten, bereitet, feiert sie sich selber. Es ist die entscheidende Veränderung, die die gegenwärtige musikalische Reproduktion dem 19. Jahrhundert gegenüber erfuhr, daß das Gleichgewicht von individualistischer Gesellschaft und individualistischer Produktion vernichtet, die Freiheit der Reproduktion vollends problematisch geworden ist und nirgends besser als hier mag an musikalischen Phänomenen der Übergang vom Konkurrenz- zum Monopolkapitalismus sich erkennen lassen. Zwar die ›Interpretenpersönlichkeit‹ besteht im Musikleben fort und dürfte gesellschaftlich wirksamer sein als je zuvor: aber ihre Funktion ist völlig geändert, und die Souveränität, mit der sie Werken und Publikum gleichermaßen gebietet, verbirgt diktatorisch den Sprung zwischen freiem Interpreten und Werk. Die musikalische Produktion aber, soweit sie dem Markt gegenüber Selbständigkeit behauptet, fordert gänzliche Unterordnung des Interpreten unter den Text, und diese Unterordnung bleibt nicht auf die gegenwärtige Produktion beschränkt, sondern wird zum notwendigen Postulat auch der vergangenen gegenüber, wofern nicht im Lichte der fortgeschrittensten Produktion die Wiedergabe der alten überhaupt unmöglich ist und die vergangenen Werke dem strengen Interpreten transparent und stumm vor Augen liegen. Indem Schönberg als Komponist die tonale Kadenz und alle in ihr entspringenden Formmittel beseitigte, entfielen auch die ihnen als selbstverständlich zugeordneten und darum nicht ausdrücklich vermerkten Mittel der Darstellung, deren Selbstverständlichkeit gerade dem früheren Interpreten seine Freiheit garantierte. Jetzt ist der Text bis zur letzten Note und bis zur unmerklichsten Temponuance bezeichnet, und der Interpret wird zum Exekutor des eindeutigen Autorenwillens. Wenn solche Strenge bei Schönberg dialektisch in der Strenge eines Kompositionsverfahrens entspringt, nach welchem ohne alles vorgegebene und sozial garantierte Material die Musik gänzlich ›auskomponiert‹ wird, dann ist bei den minder genau bezeichneten Notentexten Strawinkskys, undialektisch zwar, doch mit ähnlichem Ergebnis, die Freiheit des Interpreten ausgeschlossen durch Stil und ›Geschmack‹ eines Objektivismus, der sich zwar nicht rein auskonstruiert, aber doch vom Interpreten gänzliche Unterordnung unter seine objektive Attitüde verlangt und diese Unterordnung, wenn sie schon nicht in Komposition und Zeichengebung festgelegt ist, wenigstens in einer affektlosen, dem Spiel mechanischer Instrumente angeglichenen Vortragsweise zum Ausdruck bringen möchte. Die Verbesserungen und Erfindungen im Bereich der mechanischen Musikinstrumente, die eine präzisere Wiedergabe jedenfalls als die durch mittlere und unkontrollierte ›freie‹ Interpreten gewährleisten, mögen dabei das Reproduktionsideal mitgeformt haben, und jedenfalls bekräftigt es die Ansprüche gesellschaftlicher Deutung der musikalischen Reproduktionsverhältnisse, daß deren immanente Problematik die gleiche Einschränkung der reproduktiven Freiheit, die gleichen Tendenzen zu Technisierung und Rationalisierung zeitigte, welche von außen mit der gesellschaftlich-ökonomischen Entwicklung: durch Vervollkommnung der Maschinen und Ersatz der menschlichen durch mechanische Arbeitskräfte musikalisch aktuell wurden. Diese Tendenzen blieben nun nicht auf die Wiedergabe zeitgenössischer Musik beschränkt. Die geschichtliche Veränderung der Werke im Rahmen ihrer mehrdeutigen Texte spielt sich nicht beliebig ab, sondern gehorcht strikt den Erkenntnissen, die im Raum der musikalischen Produktion gewonnen sind. Genauerer Anschauung unterworfen, fordert ältere und zumal die ›klassische‹ deutsche Musik, um so realisiert zu werden wie ihre Konstruktion heute dem Auge sich darbietet, die gleiche strenge, jegliche improvisatorische Freiheit des Interpreten verwehrende Wiedergabe wie die neueste. Die Forderung sachlich adäquater Wiedergabe der Werke hat sich dabei von dem – ohnehin schwer kontrollierbaren – Willen der Autoren ganz emanzipiert und gerade in solcher Emanzipation kommt der geschichtliche Charakter von Reproduktion bündig zutage. Wollte man etwa eine frühere Beethovensche Klaviersonate so ›frei‹, mit so willkürlich-improvisatorischen Veränderungen zumal der Grundzeitmaße der einzelnen Sätze spielen, wie es, nach zeitgenössischen Berichten, der Pianist Beethoven tat – vor der heute erst, durch die spätere Produktion, ganz erkennbaren konstruktiven Einheit solcher Sätze müßte die scheinbar authentische Interpretationsweise schlechterdings als sinnwidrig sich darstellen.

Indem nun aber in der immanenten Auseinandersetzung mit den Werken fortgeschrittenste, am aktuellen Stande der Produktion orientierte Interpretation zur Idee ihrer Selbstaufhebung gelangt und sich zwangsläufig, gerade in den besten Repräsentanten, auf die reine Wiedergabe der Werke konzentriert, kommt es zum offenen Konflikt mit der Gesellschaft, mit dem Publikum, das sich durch den Interpreten im Werk vertreten fühlt und durch dessen Opfer nun ausgeschlossen wird. Schärfer noch der Reproduktion als der Produktion gegenüber zeigt sich die Ambivalenz der Gesellschaft im Verhältnis zur Rationalisierung. Mit der Vervollkommnung der technischen Mittel zum Zweck der Ersparnis von Arbeitskräften, mit der fortschreitenden Verselbständigung der Musik als einer gegen abstrakte Einheiten tauschbaren Ware, die sich schließlich von der Gesellschaft ablöst, hat die bürgerliche Gesellschaft den musikalischen Rationalisierungsprozeß nicht bloß befördert, sondern überhaupt erst ermöglicht; die Konsequenzen der Rationalisierung aber greifen den Bestand der bürgerlichen Ordnung in ihren Grundkategorien an, und vor ihnen weicht sie zurück in eine Begriffswelt, die nicht bloß die immanent-musikalische, sondern auch die immanent-bürgerliche Wirklichkeit längst hinter sich zurückließ, die aber dafür wieder zur ideologischen Verhüllung der monopolkapitalistischen Entwicklung der Gesellschaft sich als besonders tauglich erweist. Die Rationalisierung musikalischer Produktion und Reproduktion, Resultat der gesellschaftlichen, wird als ›Entseelung‹ perhorresziert, wie wenn man fürchtete, die Irrationalität des gesellschaftlichen Zustandes, die aller ›Rationalisierung‹ zum Trotz sich behauptet, werde im Lichte radikalerer künstlerischer Rationalität allzu deutlich; die ›Seele‹ wird dabei stillschweigend der bürgerlich-unabhängigen Privatperson gleichgesetzt, deren Recht man ideologisch um so sichtbarer statuieren möchte, je mehr es ökonomisch-gesellschaftlich in Frage gerückt ist. Die plattesten Antithesen sind dem Konsumentenbewußtsein recht, um sich vorm Zugriff der ihrem Erkenntnischarakter nach aktuellen Reproduktion zu schützen und eine Art des Musizierens zu gewährleisten, deren Hauptfunktion es ist, mit Traum, Rausch und Versenkung die Realität zu verbergen und den Bürgern im ästhetischen Bilde eben jene Triebbefriedigungen zu verschaffen, die die Realität ihnen verwehrt; für die aber das Kunstwerk mit dem Preis seiner integralen Gestalt zu zahlen hat. Organik wird da gegen Mechanik, Innerlichkeit gegen Leere, Persönlichkeit gegen Anonymität ausgespielt. Der Objektivismus hat, in seiner konzilianteren deutschen Form, versucht, solchen Einwänden, wie sie gegen die rationale Reproduktion laut werden, von der Produktionsseite aus zu begegnen, indem er die verlorene reproduktive Freiheit oder wenigstens deren Schein als ›Musikantentum‹ in den Text aufnahm und den Text derart aus den instrumentalen Spielweisen entwikkelte, als ob die freie Möglichkeit von Reproduktion die Produktion selber erst ermöglichte. Der Scheincharakter dieses Vermittlungsversuches kommt daran zutage, daß die Funktionen, die gerade die Reproduktion erfüllen müßten, der Produktion überantwortet werden; damit bleibt der ›Text‹ und die dingliche Komposition für das ›Musizieren‹ die letzte Instanz, und das Musikantentum ist bloße ornamentale Zutat zur Komposition. Die Musiziermusik war denn auch dem Publikum gegenüber unwirksam genug. Zum Vollstrecker von dessen Willen wurde dafür die gleiche ›Interpretenpersönlichkeit‹, die im 19. Jahrhundert dem Durchbruch des individuellen Ausdrucks in der Musik gedient hatte und deren Funktion nun drastisch verändert ist. Sie muß eine doppelte Aufgabe erfüllen. Einmal muß sie, mit der Souveränität ihrer ›Auffassung‹, die verlorene Kommunikation zwischen Werk und Publikum herstellen, indem sie die Gestalt des Werkes in einer Art von Vergrößerung oder Überplastik hervortreibt, die zwar dem Werke unangemessen sein mag, dafür aber dessen affektive Wirkung auf das Publikum sicherstellt. Dann aber muß sie das Werk als Ausdruck einzelmenschlicher Dynamik und privater Beseeltheit, der es doch nicht mehr ist, beschwören; die Fähigkeit, Werke in einer Gestalt heraufzuholen, die sie längst nicht mehr haben und vielleicht niemals besaßen, ist es vor allen anderen Eigenschaften, die den ›prominenten‹ Dirigenten auszeichnet. Die Wunschbilder von vitaler Fülle und ungebundenem Schwung, von beseelter Organik und unmittelbarer, nichtverdinglichter Innerlichkeit spendet er leibhaft denen, welchen die kapitalistische Wirtschaft real die Erfüllung aller solcher Wünsche versagt; und bestärkt sie zugleich im Glauben an ihre eigene Substanz, welche eben die unsterblichen, soll sagen: unveränderlichen Werke hervorbrachte, die er beschwört, über die sie kraft ihrer Bildung ebenfalls verfügen und die sie als Fetisch zugleich verehren. Der zeitgenössischen Produktion steht er – im strikten Gegensatz zu den Vorbildern aus dem 19. Jahrhundert – fremd oder ablehnend gegenüber, demonstriert einmal ein modernes Werk als abschreckendes Beispiel oder läßt allenfalls die neue Musik als Übergang zur Restauration der alten Seelenkunst gelten, hält sich aber sonst an die heroisch-bürgerliche Vergangenheit – Beethoven – oder an einen Autor wie Bruckner, der den Pomp der gesellschaftlichen Veranstaltung mit dem gleichen Anspruch auf Beseeltheit und Innerlichkeit vereint, welcher der des prominenten Interpreten ist. Daß derselbe Dirigententyp, der unersättlich-versunken das Adagio aus Bruckners Achter zelebriert, wie ein Konzernherr darauf auszugehen pflegt, möglichst viele Organisationen, Institute und Orchester in seiner Hand zu vereinen, ist das genaue gesellschaftliche Korrelat zur individuellen Beschaffenheit einer Figur, die im Kapitalismus musikalisch Trust und Innerlichkeit auf den gemeinsamen Nenner zu bringen hat. Und daß in der Typengeschichte des gegenwärtigen prominenten Interpreten der Dirigent, der ungebunden und widerspruchslos den Orchestermechanismus beherrscht, die freie Konkurrenz der instrumentalen und vokalen Virtuosen zurückdrängte; daß es gerade ein *einzelner*, eben eine ›Persönlichkeit‹ ist, die über Musik und Publikum gleichermaßen gebietet und im Namen des Publikums, aber ohne dessen Willen und mit Kommandogesten die Vergangenheit zitiert; daß schließlich sein Erfolg gerade von der Geste des Befehls getragen wird, mit der er dem Publikum begegnet – das alles zeigt vollends den einzelnen, der angeblich die Mechanisierung überwindet, als den Monopolherren, der den rationalmechanischen Apparat der Einsicht der Individuen entzieht, um im eigenen Interesse darüber zu verfügen. Seine ideologische Herrschaft wird getragen vom Ruhm, in welchem die Gesellschaft seine restaurativ-reproduktive Leistung wieder und wieder reproduziert. So genau ist das Klassenbewußtsein auf das ihm angemessene Interpretenideal eingestimmt, daß es Interpreten, die ihm nicht entsprechen, mag immer deren sachliche Qualität und selbst Suggestivkraft unbestreitbar sein, beseitigt; im Vorkriegswien nicht anders als im gegenwärtigen Mailand und Berlin.

Die Forderungen der gegenwärtigen Gesellschaft an eine Musik, die ihr, als ihre Ideologie, Genüge leisten soll, so wie sie im Problembereich der Reproduktion an der Figur der ›Interpretenpersönlichkeit‹ dialektisch zutage kommen – diese Forderungen sind es, die den offiziellen, von der Instanz der Bildung sanktionierten musikalischen *Konsum* der bürgerlichen Gesellschaft insgesamt beherrschen. In ihrem ›Musikleben‹, wie es in den Opernhäusern und Konzertsälen seine traditionale Stätte einstweilen noch behauptet, hat die bürgerliche Gesellschaft mit der entfremdeten Musik eine

Art von Waffenstillstand geschlossen und verkehrt mit ihr in vorsichtigen und genau regulierten Formen. Freilich ist der Waffenstillstand beliebig kündbar: das ›Musikleben‹ reagiert prompt und exakt auf jede Veränderung der gesellschaftlichen Verhältnisse im Bürgertum. So hat etwa die Expropriation der gehobenen Mittelschichten durch Inflation und Krise diese Schichten aus den Opern und Konzerten verscheucht und an die Radioapparate verbannt, deren Zerstreutheit wieder die Atomisierung des Bürgertums, den Ausschluß der bürgerlichen Privatperson von den öffentlichen Dingen adäquat ausdrückt: vorm Lautsprecher ist der Bürger ökonomisch und musikalisch dem Monopol, sei's auch dem ›gemischtwirtschaftlichen Betrieb‹, überantwortet. Weil das Musikleben dergestalt die innerbürgerlichen Strukturänderungen unmittelbar registriert, ist die Analyse gehalten, die immanenten Differenzen und Widersprüche des Bürgertums einzurechnen. In einer Sphäre, in der der autonome Anspruch der isolierten Kunstwerke bereits gebrochen und durch den Marktbedarf ersetzt ist, vermöchte hier Statistik wesentliches Material zur gesellschaftlichen Deutung zu gewinnen. Solches Material liegt nicht vor. Immerhin darf Beobachtung einige Befunde beistellen. Was zunächst die *Oper* anlangt, so hat sie auch als Konsummittel ihre Aktualität eigentlich verloren. Die Funktion, die ihr im 19. Jahrhundert vorab zukam, die der Repräsentation, ist ihr jedenfalls für den Augenblick genommen: die depossedierten Mittelschichten haben weder ökonomisch die Kraft, solche Repräsentation zu stützen, noch bilden sie mehr eine kulturelle Einheit, die so sublimierter Repräsentationen fähig wäre, wie es die des Operntheaters einmal waren; allenfalls gedenken sie in den ›Meistersingern‹ ihrer glücklicheren Jahre. Die Großbourgeoisie aber, die repräsentieren kann und will, vermeidet es, als herrschende und ökonomisch leistungsfähige Schicht sich allzu offen darzustellen; ihre Repräsentationen behält sie einstweilen exklusiveren Zirkeln vor als denen in den Logen, die für jedes Opernglas erreichbar sind; sie ist zudem am Opernrepertoire desinteressiert und schafft sich ihre musikalischen Domänen lieber in den großen Konzertgesellschaften, die sie ökonomisch und programmpolitisch beherrscht, ohne sich allzuweit zu exponieren. Immerhin ließe sich denken, daß bei fortschreitender politischer Ausbildung der monopolkapitalistischen Herrschaftsformen die Oper nochmals einiges vom alten gesellschaftlichen Glanze zurückgewönne. Einstweilen wird sie teils von Abonnenten aus der älteren Generation der ›gebildeten‹ Mittelschichten besucht, die in ihr die eigene Vergangenheit, den triumphalen Bürgerrausch besonders Wagners zitieren und zugleich, indem sie bei einer Kunstform stehen bleiben, die in der Breite der Produktion von den gesellschaftlichen Veränderungen wenig berührt ward, gegen die künstlerischen Neuerungen und deren gesellschaftliche Intentionen insgesamt protestieren. Teils auch füllen die Opern Angehörige solcher bürgerlichen Kreise, die, wie manche Kleinhändler und auch handwerkerlich-zünftlerische Berufe, ökonomisch noch einen gewissen Standard behaupten, von der ›Bildung‹ aber durch Ursprung und Erziehung ausgeschlossen sind. Es ist das jener Typ des Opernbesuchers, der sich zwar freut, den Marsch aus ›Aida‹ und die Arie der Butterfly wieder zu hören, die ihm aus Kino und Café vertraut und seiner musikalischen Schulung angemessen sind; der aber zugleich seiner tatsächlichen ökonomischen Stellung und der Möglichkeit gesellschaftlichen Aufstiegs schuldig zu sein glaubt, solche Konsumstücke an einer Stelle entgegenzunehmen, die vom alten bürgerlichen Bildungsideal geweiht ist und an der anwesend zu sein dem Besucher, wenigstens in seinen eigenen Augen, etwas von der Würde der Bildung verleiht. Der Anteil dieses – freilich sehr modifizierbaren – Typus am Opernpublikum darf als recht erheblich vermutet werden. Charakteristisch ist der völlige Ausfall der jüngeren großbürgerlichen Generation, der gesamten Intellektuellenschicht und der Angestelltenschaft. Die entworfene Struktur ist vorab die des Publikums der Provinzopern. In den großstädtischen Zentren, Berlin, auch Wien, ist einerseits durch den ausgebildeteren Mechanismus der Zerstreuung das Bürgertum weiter noch von der Oper abgelenkt, so daß die Mittelschichten für die Oper weniger in Betracht kommen als in der Provinz. Andererseits wird der Oper, im Namen wirklich vorhandener oder fiktiver ›Fremder‹, eine repräsentative Dignität zugesprochen, die die Großbourgeoisie enger an sie fesselt und gelegentlich Opernvorstellungen als ›gesellschaftliche Ereignisse‹ möglich macht.

Größer ist die Funktion der *Konzerte* im Haushalt des Bürgertums. Die krude Stofflichkeit der Oper fehlt im Konzert. Sie ist barockes Erbgut, das durch die Verlagerungen der Gewichte innermusikalischer Entwicklung von der vokalen auf die instrumentale Seite in den letzten Jahrhunderten sich weithin unberührt erhielt: der Anteil der Oper am bürgerlichen Humanismus und Idealismus ist bloß mittelbar und einzig in den größten Werken der Gattung, bei Mozart, im Fidelio, im Freischütz fraglos. Gerade die Stofflichkeit bindet die unteren Mittelschichten an die Oper, die in ihr ein Ähnliches wie eine Regression in vorbürgerliche Zustände vollziehen mögen. Die gleiche Stofflichkeit aber schreckt die Oberschicht, als ›naiv‹, ›primitiv‹, ›roh‹, zurück. Sei es, daß sie in der vorbürgerlichen und jedenfalls nichtbürgerlichen Stoffwucht des Operntheaters, die stets politisch sich zu aktivieren vermöchte, die Gefahr wittert; sei es, daß sie ein Interesse daran hat, den Charakter der Wirklichkeit als einer Welt bloßer Dinge zu verbergen, wie ihn die Oper mit unbekümmerter Entdeckerfreude manifestiert – zu verbergen, gerade weil er stets noch der Charakter der bürgerlichen Wirklichkeit selber ist: die Oberschicht weicht davor in eine ›Innerlichkeit‹ aus, die ihr um so genehmer ist, je weiter sie sich von den gesellschaftlichen Verhältnissen und der Einsicht in deren Widerspruch distanziert; und die sich musikalisch sogar repräsentieren und mit dem Schein unmittelbarer Kollektivität bekleiden läßt. Das Großbürgertum liebt die Konzerte, und die humanistisch-idealistische Bildungsideologie, die es in den Konzertsälen – ohne sie selbst zu durchschauen – pflegt, lockt die Bildungsschicht im weitesten Umfang, bis zu deren depossedierten und kleinbürgerlichen Vertretern, ebendorthin. Die Zweiheit von ›Bildung und Besitz‹, die in den Konzertsälen ideologisch sich versöhnt, prägt in der Doppelheit der Orchester zahlreicher Städte sinnfällig sich aus: während die ›Philharmoniker‹ in teuren Konzerten, deren Exklusivität durch das Stamm-Abonnement-System garantiert ist, mit ruhmreichen auswärtigen Stars und einer überaus begrenzten Zahl sanktionierter, gleichsam zeremonialer Werke für das Großbürgertum spielen, dienen die ›Symphonieorchester‹, mit vorsichtig dosierten Novitäten im traditionalistischen Programm, mit der Einbeziehung von einheimischen, ›bodenständigen‹ Kräften und mit billigen Preisen der mittleren Bildungsschicht, solange die Lage der Wirtschaft es ihnen noch gestattet. Die Solistenkonzerte, deren Zahl wegen des Risikos für die Konzertgeber einschrumpft und denen nicht mehr die alte Teilnahme begegnet, die auch gerade durch die Reduktion ihrer Anzahl dem öffentlichen Bewußtsein mehr und mehr entschwinden, beschränken sich zusehends auf den Kreis der monopolisierten Stars. Konzerte, die, wie die Veranstaltungen der Internationalen Gesellschaft für Neue Musik, ostentativ die gegenwärtige selbständige Produktion vertreten, demonstrieren deren Isoliertheit mit ökonomischer Drastik; sie werden, gleichviel welche Richtung der Moderne sie propagieren, fast nur noch von Musikern besucht, die ihre Karten nicht bezahlen; treten also aus der Sphäre der musikalischen Produktion nicht heraus und sind wirtschaftlich gänzlich unproduktiv: Zuschuß- und Defizitunternehmungen. Die wenigen Amateure, die sie stützten, Bürger meist, die nicht oder nicht mehr unmittelbar am wirtschaftlichen Produktionsprozeß teilhaben, hat die Wirtschaftskrise ausgeschaltet. Einen ›Konsum‹ Neuer Musik gibt es überhaupt nicht. Soweit sie noch zur Reproduktion gelangt, wird es ihr möglich durch ökonomisch kaum eben tragfähige Organisationen der Künstler untereinander oder durch politisch gefärbte internationale Meetings, die sich als fiktiv erweisen, sowohl was die Stellung der einzelnen Staaten zur aktuellen musikalischen Produktion wie ihr Interesse an ›geistigem Austausch‹ anlangt, und denen lange Fortdauer nicht mehr prognosziert werden kann. Indem diese Meetings aus ökonomischen Rücksichten an der Fiktion des Konsums und ›Austauschs‹ liberalistisch festhielten, haben sie sich durch die Kompromisse ihrer Programmpolitik auch musikalisch-immanent um jede Verbindlichkeit gebracht.

Das *Bewußtsein* der Konsumenten des offiziellen Musiklebens ist nicht blank auf die Formel zu bringen. Die Rede vom ideologischen Charakter des bürgerlichen Musikkonsums bedarf der Erläuterung. Sie ist nicht so zu verstehen, als liege dem Musikkonsum kein realer Bedarf zugrunde; als sei das ganze Musikleben nichts als eine Art tönender Kultur-Kulisse, die die bürgerliche Gesellschaft zur Täuschung über ihre wahren Zwecke errichte, während hinter der Szene ihr eigentliches, ökonomisch-politisches Leben sich abspiele. Wieviel auch immer das Musikleben von solchen Funktionen übernehmen mag, wie hoch auch der Anteil von Repräsentation, von spezifisch ›gesellschaftlichen‹, nämlich vom musikalischen Bedarf abgelösten Zwecken am Musikleben angeschlagen werden muß: daran ist es nicht genug. Vielmehr ist die ideologische Macht des

Musikkonsums um so größer, je weniger er als bloßer Schein und dünne Oberfläche durchschaubar ist; je genauer er mit tatsächlichen Bedürfnissen kommuniziert, aber derart, daß mit ihm ein ›falsches Bewußtsein‹ produziert, die gesellschaftliche Lage für die Konsumenten verhüllt wird. Das Bedürfnis nach Musik ist in der bürgerlichen Gesellschaft vorhanden und wächst mit der Problematik der gesellschaftlichen Verhältnisse, die die Individuen nötigt, ihre Befriedigung außerhalb einer unmittelbaren gesellschaftlichen Wirklichkeit zu suchen, die sie ihnen versagt. Diese Befriedigung gewährt ihnen das Musikleben ›ideologisch‹, indem es ihre – dialektisch produzierte – Tendenz, aus der gesellschaftlichen Wirklichkeit zu fliehen oder sie sich umzudeuten, aufnimmt und ihnen Gehalte entwirft, die die gesellschaftliche Wirklichkeit nie besaß oder längst verlor und an denen festzuhalten objektiv die Intention in sich einschließt, eine Veränderung der Gesellschaft zu hintertreiben, welche notwendig eben jene Gehalte entlarven müßte. Gerade *daß* das ›Musikleben‹ die Bedürfnisse des Bürgertums so adäquat befriedigt, – daß es aber in der Form der Befriedigung das bestehende Bewußtsein anerkennt und stabilisiert, anstatt in seiner eigenen Form die gesellschaftlichen Widersprüche aufzudecken, zu gestalten und in Erkenntnis über die Beschaffenheit der Gesellschaft umzusetzen: das macht das ideologische Wesen des Musiklebens aus. Wenn Nietzsche den ›Rausch‹, den Musik hervorrufe, einen unfruchtbaren, schwer aktivierbaren Rausch, als unrein und gefahrvoll verwarf, so hat er, bei aller Fragwürdigkeit seiner Kategorien und eines umstandslos an Wagner orientierten Musikbildes, jedenfalls den Zusammenhang von Bedürfnisbefriedigung und ideologischer Vernebelung richtig erkannt, welcher das Gesetz der bürgerlichen Musikübung ausmacht, und hat auch das Unbewußte als Schauplatz jenes Zusammenhanges visiert. Im Schutz des Unbewußten vollzieht sich der Umgang des Bürgertums mit der Musik: der legale des ›Musiklebens‹ und mehr noch der illegale mit der ›leichten‹ Musik. Die Unbewußtheit des Verhältnisses garantiert zugleich auch den Fetischcharakter der Musik-Dinge; Ehrfurcht, aus dem theologischen Bereich schief genug ins ästhetische projiziert, verbietet die bewußte, ›analysierende‹ Beschäftigung mit Musik, deren Auffassung dem ›Gefühl‹ vorbehalten bleibt: die Unkontrollierbarkeit der privat-bürgerlichen Reaktionsweisen und die fetischhafte Isolierung der musikalischen Gestalt selber korrespondieren miteinander. Jede technologische Besinnung, die mit dem musikalischen Gefüge etwa auch dessen gesellschaftliche Funktion erhellen könnte, wird im Namen des Gefühls verwehrt, dafür aber die Kenntnis allgemeiner und unverbindlicher Stilbegriffe im Namen der Bildung gefordert. Ehrfurcht und Gefühl heften sich an Zelebritäten der Vergangenheit, vor denen Kritik und Frage verstummt und in denen zugleich die bürgerliche Gesellschaft ihren eigenen Ursprung als den von Heroen zu behaupten liebt. Heute, da die offizielle Musikkultur in der rationalisierten Gesellschaft vorab zur Apologie verpflichtet ist, nutzt sie gleichermaßen bürgerlich-revolutionäre Objektivität – ›Klassik‹ – und bürgerlich entsagende Subjektivität – ›Romantik‹ –; die Verherrlichung des Sieges der bürgerlichen ratio ebensogut wie das Leiden des einzelnen unter ihrer Alleinherrschaft ist Gegenstand des bürgerlichen Musiklebens und in seinen kanonischen Werken ausgedrückt; die Ambivalenz eines Gefühls, das an Klassik und Romantik gleichermaßen sich sättigt, ist die des Bürgertums seiner eigenen ratio gegenüber. Jenseits der Spannung rational konstituierter Objektivität und irrational betonter, privater Innerlichkeit registriert das Bürgertum im ›Musikleben‹ noch die Phasen seines hochkapitalistischen Aufschwungs. In den ›Meistersingern‹, einem der aufschlußreichsten und nicht umsonst gesellschaftlich beliebtesten Werke, wird der Aufstieg des bürgerlichen Unternehmers und seine ›national-liberale‹ Versöhnung mit der Feudalität in einer Art von Traumverschiebung thematisch. Der Wunschtraum des ökonomisch arrivierten Unternehmers läßt nicht ihn vom Feudalherren, sondern den Feudalherren vom reichen Bürgertum rezipiert werden; der Träumende ist nicht der Bürger sondern der Junker, dessen Traumlied zugleich, gegenüber dem rationalen Regelsystem der bürgerlichen ›Meister‹, die verlorene, vorkapitalistische Unmittelbarkeit wiederherstellt. Das Leiden des bürgerlichen Individuums unter der eigenen und zugleich entfremdeten Wirklichkeit, die Tristanseite der Meistersinger, vereint sich, im Haß gegen den Kleinbürger Beckmesser, mit dem Bewußtsein des weltwirtschaftlich-expansiv gerichteten Unternehmers, der die bestehenden Produktionsverhältnisse als Fesseln der Produktivkräfte erfährt und vielleicht bereits, im romantischen Bilde des Feudalherren, das Monopol an

Stelle der freien Konkurrenz ersehnt: wie es denn tatsächlich auf der Festwiese nicht mehr zu einer Konkurrenz, sondern bloß deren Parodie in der Auseinandersetzung zwischen Junker und Beckmesser kommt. In dem ästhetischen Triumph Sachsens und des Junkers sind die Ideale des Privatiers und des Exporteurs noch gegeneinander ausbalanciert. Bei Richard Strauss, dem letzten bedeutenden bürgerlichen Komponisten, dessen Musik das Bürgertum konsumiert, hat, wie bereits Ernst Bloch erkannte, die Weltwirtschaft die Oberhand gewonnen. Innerlichkeit und Pessimismus sind liquidiert. Der ›Schwung‹, als Unternehmergeist, emanzipiert sich. Chromatik und Dissonanz, vordem Mittel der Befreiung der bürgerlichen Musik aus einem vorgesetzten, irrationalen System und Träger einer Dialektik, die das Material angreift und verändert, verlieren die revolutionär-dialektische Kraft und werden, wie Exotik und Perversität in den Sujets, zum bloßen Emblem weltwirtschaftlicher Freizügigkeit; technisch beliebig als Kleckse verwandt, die in jeder Sekunde vom gesunden Optimismus der Quartsextakkorde getilgt werden können. Das Material, das in Straussens Musik schließlich hervortritt, ist gewissermaßen das Urmaterial aller bürgerlichen Musik, das diatonisch-tonale, das das Bürgertum trotz aller Strukturänderungen in Wahrheit so treu festhielt wie das Prinzip der Profitrate und das bei Strauss, indem es sich die fremden Märkte Literatur, Orient, Antike und dix-huitième unterwirft, mit einigem Zynismus auftritt. Die Divergenz zwischen dem phrasenhaft-vielberufenen ›technischen Raffinement‹ Straussens, nämlich einer von außen gesetzten, nicht material-immanenten, sondern zufälligen und eigentlich irrationalen ›Beherrschung‹ der Apparatur – und einer historisch unberührten, harmlosen, feuchtfröhlichen Musiksubstanz: diese Divergenz mag nicht bloß dem empirischen Bewußtseinsstand des großbürgerlich-industriellen Unternehmers um 1900 recht angemessen sein: sie zeichnet auch wieder deutlich die Selbstentzweiung des Bürgertums seiner ratio gegenüber ab, die es zugleich steigern und bremsen muß. Immerhin ist in der nachwagnerischen Musiksituation, durch die gesellschaftliche Entwicklung und die immanente Dialektik des Wagnerschen Werkes, die Entfremdung von Musikmaterial und Gesellschaft bereits so weit gediehen, daß eine Produktivkraft wie die Strauss'sche nicht umstandslos die materialen Forderungen ignorieren und der Gesellschaft sich gefügig zeigen konnte. In seinen besten Werken, Salome und Elektra, ist zwar die Divergenz ebenfalls angelegt; in der Jochanaanmusik wie in den gesamten Schlußpartien der Elektra behauptet sich Banalität, aber am Anfang der Salome, im Elektramonolog und der Klytemnästraszene verselbständigt sich gleichsam sein Kompositionsmaterial und stößt, gegen seinen Willen, hart an die Grenze des tonalen Raumes. Die Grenze ist zugleich die des Konsums: von beiden Werken fühlte das Publikum musikalisch wie stofflich sich chokiert und verweigerte ihnen, wenn schon nicht alle Opernhäuser, doch den sicheren Platz im Repertoire. Nach Strauss hat es Schluß gemacht und der Schlußstrich tangiert sein œuvre. Aber er hat ihn selber gezogen. Von allen Komponisten des Bürgertums vielleicht der klassenbewußteste, hat er mit dem »Rosenkavalier«, seinem größten Erfolg, die materiale Dialektik selber von außen abgebrochen, die Diatonik von allen gefährlichen Fermenten gesäubert und den Jungen Herrn aus großem Hause, gerade eben noch eine Hosenrolle, mit der Tochter des Reichen Neugeadelten vermählt, während die Marschallin, Erbin Hans Sachsens und Isoldens zugleich, das Nachsehen hat und Trost im abstrakten Bewußtsein von Vergänglichkeit. Mit dem sacrificium intellectus ans Konsumentenbewußtsein erlischt die Straussische Produktivkraft: was auf den Rosenkavalier folgt, ist Kunstgewerbe. – Der Bruch von Produktion und Konsumtion, dem Strauss als Produzierender zum Opfer fiel, hat zunächst nur in Deutschland die extreme Gestalt angenommen. In Frankreich, wo der Industrialisierungsprozeß minder weit getrieben war und damit die Antinomien der bürgerlichen Ordnung sich minder radikal ausprägten, stimmen beide länger zusammen. Das musikalisch interessierte Bürgertum, im Besitz ausgiebigerer Freizeit und durch die Malerei des Impressionismus geschult, vermag der Bewegung weiter zu folgen; die Musik, nicht isoliert noch und nicht dialektisch in sich durch die Polemik zur Gesellschaft, kann ihre Mittel sublimieren, ohne sie substantiell anzugreifen. Noch Debussy, autonomer Künstler gleich den impressionistischen Malern, deren Technologie er in die musikalische transponiert, darf als Klang und Wohllaut Elemente der bürgerlichen Genuß- und selbst Salonmusik mitnehmen ins wählerischste artistische Verfahren. Freilich tritt bei ihm wie bei Strauss, auch theoretisch: im Dogma von den natürlichen

Obertönen und der daraus entspringenden Rousseau-Parole, als Resultat aller Sublimierung das musikalische Urmaterial des Bürgertums, die Diatonik, kahl und archaisch hervor, und der wissende Ravel dann weiß sich nicht anders damit abzufinden als psychologisch-literarisch: durch zärtliche Ironie. Damit ist aber auch in Frankreich die Versöhnung am Ende. Die Komponisten der nach-Ravelschen Generation dort zeigen den verdächtigsten Mangel, der französischen Künstlern widerfahren kann: den an Metier. Die Tradition, die lange noch bewahrte, ist abgerissen; die isoliert-musikalische Schulung im Sinne Schönbergs dafür nicht ausgebildet. – Zwischen der ernsten Produktion und dem bürgerlichen Konsum zeigt sich allerorten offen das Vakuum. Die immanent-auskristallisierte bleibt unzugänglich; die aber, die sich auf den Konsum einrichtet, wird in ihrer subalternen Mattheit vom Großbürgertum selber als ›epigonal‹ zurückgewiesen. Es sieht sich damit bestimmter stets auf den begrenzten und nicht mehr ergänzungsfähigen Kreis der ›Klassik‹ zurückgeworfen. Der Rückgriff auf vorliberalistische Klassik, die Ablehnung auch der ›gemäßigten Moderne‹ entspricht genau dem ökonomisch-politischen Rückgriff auf vorliberalistische Formen, wie ihn dialektisch der Liberalismus selbst bedingt, wofern er nicht über sich fortschreitend hinausgehen will.

Unterhalb des ›Musiklebens‹, unterhalb von Bildung und Repräsentation, erstreckt sich das Reich der ›*leichten*‹ Musik. Mit Kunstgewerbe und Chanson, Männerchorliteratur und versiertem Jazz setzt es das Musikleben bruchlos fort und nimmt so viel von oben auf wie ihm nur erreichbar ist; nach unten erstreckt es sich bodenlos bis in eine Unterwelt weit jenseits der bürgerlichen ›Schlager‹, aus welcher nur zuweilen Blasen wie das beängstigende ›Trink, trink, Brüderlein trink‹ zum Bewußtsein aufsteigen. Die leichte Musik befriedigt unmittelbar Bedürfnisse, und zwar nicht nur des Bürgertums, sondern der gesamten Gesellschaft. Zugleich aber ist sie, als reine Ware, der Gesellschaft am fremdesten; sie drückt nichts von ihrer Not und ihrem Widerspruch mehr aus, sondern bildet selber einen einzigen Widerspruch zu ihr, indem sie mit der Triebbefriedigung, die sie den Menschen gewährt, ihre Erkenntnis der Wirklichkeit fälscht, von der Wirklichkeit sie abdrängt, sie aus der Geschichte, der musikalischen wie der gesellschaftlichen, herauslöst. Indem die Gesellschaft die leichte Musik als ›Kitsch‹ passieren läßt, der zwar kein ästhetisches Recht beanspruche, aber als Mittel der Zerstreuung auch keiner Kritik unterliege, hat sie auf ihre Weise mit der Paradoxie der leichten Musik sich abgefunden, die von jeglicher den Menschen zugleich die nächste und die fernste ist. Dieselben Produkte, die wie Tagträume bewußte und unbewußte Wünsche der Menschen erfüllen, werden vom Kapitalismus mit all seiner Technik den gleichen Menschen aufgezwungen, ohne daß sie irgendeinen Einfluß darauf hätten; ohne daß sie befragt würden; ja ohne daß sie sich nur dagegen wehren könnten. Vorm Zugriff der Erkenntnis ist die leichte Musik mehrfach geschützt. Einmal gilt sie als harmlos, als das kleine Glück, das man den Menschen nicht rauben dürfe; dann als unernst und der gebildeten Betrachtung unwert; endlich aber ist der Mechanismus der Wunscherfüllung durch die leichte Musik so tief ins Unbewußte versenkt und so sorgfältig im Dunkel des Unbewußten belassen, daß er gerade in den wichtigsten Fällen – wie etwa denen der ›absurden‹ Schlager von der Form »Wer hat denn den Käse zum Bahnhof gerollt« – ohne Theorie kaum zugänglich ist und der genauesten, im Auge des Bürgertums ›künstlichen‹ Interpretation, wohl auch der genauesten psychoanalytischen Schulung bedarf. Die technologische Betrachtung im Sinne der Kunstmusik vermag wenig zutage zu fördern, da es gerade die Vulgärmusik charakterisiert, daß sie eine autonome Technologie nicht ausbildete, um als Ware den Anforderungen des Konsums prompt genügen zu können. An Stelle technologischer Analyse hätte ein Aufweis der wenigen, regressiv festgehaltenen und offenbar archaisch-symbolischen *Typen* zu treten, mit denen die Vulgärmusik haushält; und es wäre weiter das Schema der *Depravation* zu entwerfen, in welcher einzig die leichte Musik Geschichte registriert und dem archaischen Triebmechanismus einfügt; endlich wären die *Veränderungen* der leichten Musik, die, der ›Geschichtslosigkeit‹ ihrer Typen zum Trotz, umfänglich und wichtig sind, zu beschreiben und in ihrer ökonomischen Konstitution zu ergründen. All das ist von der organisierten Wissenschaft nicht erfaßt und nicht einmal das Material philologisch bereitgestellt. Über die evidenten Relationen zwischen der gegenwärtigen und der älteren Vulgärmusik, also den überlieferten Tanzformen, dem geselligen Lied, der Opera buffa, dem Singspiel; und über die folkloristisch-befriedigte Konstatierung von ›Urmotiven‹ ist man nicht hinausgelangt. Es käme aber gerade hier, wo die Invarianten offen zutage liegen, weit weniger darauf an, sie herauszupräparieren, als sie funktionell zu deuten; zu zeigen, daß das gleiche, die identischen Triebstrukturen, denen die leichte Musik sich anpaßt, jeweils nach dem Stande des gesellschaftlichen Prozesses völlig verschiedene Bedeutungen annimmt; daß derselbe vulgäre Liedtyp etwa, mit dessen Profanität das junge Bürgertum des 17. und 18. Jahrhunderts die feudale Hierarchie enthüllen und verhöhnen mochte, heute gerade der Verklärung und Apologie der bürgerlich rationalen Profanwelt dient, deren Schreibmaschinen, aller Rationalisierung zum Trotz, sogar in Musik sich setzen und sich singen, also in ›Unmittelbarkeit‹ verwandeln lassen; und es wären im Zusammenhang mit dem Funktionswechsel auch die Formveränderungen aller Arten leichter Musik zu studieren. Wenn der apokryphe Charakter der leichten Musik ihre gesellschaftliche Erforschung erschwert, so würde sie erleichtert dadurch, daß eine autonome Dialektik der Produktion hier fortfällt; daß also die Enthüllung der Vulgärmusik nicht durch den technologischen Aufweis ihrer immanenten Widersprüche vermittelt zu sein braucht, weil sie, dem gesellschaftlichen Diktat gehorchend, gesellschaftlichen Kategorien weit geringeren Widerstand entgegensetzt als die selbständige Produktion und das gebildete Musikleben. Aber das dunkle Reich der leichten Musik ist noch unbetreten und über seine Topographie sollte um so weniger etwas präjudiziert werden, als die geringe Zahl der Grundtypen ebenso wie die drastische ideologische Funktion mancher Phänomene dazu verführen, die ganze Sphäre vorwegnehmend und ohne die geforderte pragmatische Strenge aus ihrer ›Idee‹ auszukonstruieren – wodurch die gesellschaftliche Deutung nicht bloß um die Zuverlässigkeit, sondern wahrscheinlich auch um die Fruchtbarkeit gebracht würde. Noch die überlegen-aperçuhafte Behandlung der leichten Musik bleibt ihr hörig, indem sie die zweideutige Ironie, mit der heutzutage die leichte Musik gleich vielen Filmen sich zu belächeln liebt, um unangefochten passieren zu dürfen, von ihr übernimmt und als Gegenstand des Spiels akzeptiert, was erst der unerbittlichen, vom Lachen ungerührten Betrachtung als die verhängnisvolle Macht des Truges vor Augen liegt, die in der leichten Musik sich konzentriert.

Ehe solche Betrachtung möglich wird, müssen fragmentarische Hinweise genügen.

So alt die Spannung von Kunst- und Vulgärmusik ist: radikal wurde sie erst im Hochkapitalismus. In früheren Epochen hat die Kunstmusik je und je durch Einbeziehung der Vulgärmusik ihren Umkreis zu erweitern, ihr Material zu regenerieren vermocht; die mittelalterliche Polyphonie, wenn sie sich ihre cantus firmi aus Volksliedern holte, ebenso wie Mozart, als er die Guckkasten-Kosmologie der Zauberflöte mit der Vereinigung von Opera seria und Singspiel zustande brachte. Noch bei den Operettenmeistern des 19. Jahrhunderts, Offenbach und Johann Strauß, war die Divergenz der beiden musikalischen Produktionssphären zureichend beherrscht. Heute ist die Möglichkeit des Ausgleichs geschwunden und Versuche der Verschmelzung, wie sie manche beflissene Kunst-Komponisten zur Zeit der Jazzmode unternahmen, bleiben fruchtlos. Es gibt kein ›Volk‹ mehr, dessen Gesang und Spiel von der Kunst aufgegriffen und sublimiert werden könnte; die Erschließung der Märkte und der bürgerliche Rationalisierungsprozeß haben die gesamte Gesellschaft auch ideologisch den bürgerlichen Kategorien unterstellt, und die Kategorien der gegenwärtigen Vulgärmusik sind allesamt solche der bürgerlich-rationalen Gesellschaft, die nur, um konsumfähig zu bleiben, in den Bewußtseinsschranken gehalten sind, die die bürgerliche Gesellschaft den unterdrückten Klassen, aber auch sich selbst auferlegt. Das Material der Vulgärmusik ist das veraltete oder depravierte der Kunstmusik. Bei Johann Strauß noch ist es vom gleichzeitigen kunstmusikalischen wohl durch das ›Genre‹, nicht aber gänzlich getrennt: seine Walzer lassen Raum zu harmonischer Differenzierung, so wie sie thematisch aus kleinen, kontrastierenden, niemals leer wiederholten Einheiten gebildet sind, deren überraschende Verknüpfung den Reiz, die ›Pikanterie‹ des Straußischen Walzers ausmacht und ihn zugleich mit der Tradition der Wiener Klassik verbindet, von der er sich über den älteren Strauß, Lanner, Schubert herleiten mag. Es ist nun das entscheidende Faktum der Geschichte der neuen Vulgärmusik, daß der definitive Bruch, die Preisgabe des Zusammenhangs mit der selbständigen Produktion, die Aushöhlung und Banalisierung der leichten Musik selber genau zusammenfällt mit der *Industrialisierung* der Produktion. Die Autoren der leichten Musik wurden durch die ungemein scharfe Konkurrenz zur Massenproduktion gezwungen; die arrivierten unter ihnen haben dann, schon vor dem Krieg, sich zu Kompositionstrusts zusammengeschlossen, die im Salzkammergut sich niederließen und in planvoller Zusammenarbeit mit Librettisten und Theaterdirektoren Outsider und Neulinge fernhielten, durch die Einengung der Produktion auf ihre eigene begrenzte Zahl aber die Herstellung vor allem der Operetten bis zur Zahl und Art der einzelnen ›Nummern‹ normten; sie haben zugleich von vornherein den Absatz ihrer Gebilde einkalkuliert, darum alle Schwierigkeiten vermieden, die das Behalten und Nachsingen der Melodien verhindern könnten und denen das Wiener oder Pariser Bürgertum von 1880 noch gewachsen war. Musikalisch ist das Signal der Industrialisierung der Produktion die völlige Beseitigung aller Kontraste innerhalb der Melodien und die Alleinherrschaft der – selbstverständlich schon früher als Mittel zur Einprägung gehandhabten – Sequenz; der Walzer der »Lustigen Witwe« dürfte exemplarisch den neuen Stil statuiert haben, und der Jubel, mit dem das Bürgertum Lehárs Operette begrüßte, ist dem Erfolg der ersten Warenhäuser zu vergleichen. Oscar Strauss etwa, der noch aus der Wiener Tradition kommt, sein Handwerk gelernt hat und um gestaltenreichere Operettenmusik sich mühte, mußte sie entweder kunstgewerblich, also ohne die gesellschaftliche Schlagkraft des Johann Strauß pflegen oder der Industrialisierung sich angleichen; Leo Fall ist der letzte, der sich mit einigem Anstand aus der Affäre zog. Sie alle aber hängen mit der bürgerlichen Kunstmusik noch zusammen durch die Form der *Operette* selber als einer Einheit, einer – wenn auch parodistischen – ›Totalität‹, die musikalische Architektur, Profilierung der Figuren und schließlich sogar den Einfall verlangt. Die industrielle Entwicklung der leichten Musik löste dann auch die letzte ästhetische Bindung und verwandelte die leichte Musik in einen Markenartikel. Die Stofflichkeit der Revue hat die subjektiven Formelemente der Operette beseitigt und die Operetten beim Hörer unterboten, nicht nur, indem sie ihm die Girls vorführte, sondern indem sie ihn vom letzten Zwang geistigen Vollzuges, denkender Teilnahme an den Vorgängen und ihrer Einheit befreite und die Bühne dem ungebundenen Spiel der Wünsche preisgab, womit die Revueoperette übrigens, sonderbar genug, gewissen Intentionen der selbständigen Produktion sich anglich; sie hat die Wiener Operette und ihre ungarischen Ableger zunächst konkurrenzunfähig gemacht. Der Tonfilm dann eliminierte den musikalischen Einfall. Während noch ein Schlager wie »Valencia«, um den Markt zu bezwingen, die Banalität seiner Sekundschritte durch asymmetrische, ›aparte‹ Metrik von anderen Banalitäten unterscheiden mußte, sind die durchrationalisierten, kapitalistisch-arbeitsteiligen Fabriken der Tonfilmschlager solcher Mühe enthoben. Ihre Produkte dürfen aussehen und klingen wie sie wollen, sie werden ›Erfolge‹; die Hörer müssen sie nachsingen, nicht bloß weil die präziseste Maschinerie ohne Unterlaß sie ihnen einhämmert, sondern vor allem, weil das Tonfilmmonopol verhindert, daß andere Musikware überhaupt an sie herangebracht wird, die sie wählen könnten. Hier hat musikalisch der Monopolkapitalismus rein und extrem sich durchgesetzt und in Machwerken wie »Bomben auf Monte Carlo« seine Omnipotenz auch bereits politisch ausgewertet. Ist damit die Vulgärmusik von den Bildungskategorien der bürgerlichen Gesellschaft, an deren Fortbestand diese selber interessiert ist, ihrer Form und Struktur nach ganz losgerissen, so hält sie die Stoffe der Bildung dafür fest als Fetische. Die Industrialisierung der leichten Musik und der Verschleiß von bürgerlichem Bildungsgut, den sie vollzieht, sind äquivalent. Kein Zufall, daß zur gleichen Zeit, wo die letzten Chancen musikeigener Produktion leichter Musik geschrumpft sind, die Operette dafür den ›schöpferischen‹ Künstler glorifiziert, indem sie ihm die Melodien stiehlt: das »Dreimäderlhaus« gehört als Reklame und Ideologie notwendig zum ökonomischen Unterbau der Schlagerfabrikation und jede weitere Ausbildung der industriellen Apparatur hat den Fetischcharakter des Bildungsgutes in der leichten Musik extremer befestigt; Friederike und das »Land des Lächelns« mit seiner Exotik sind Schwesterwerke, und die Jazz-Fertigindustrie lebt von der Verarbeitung ›klassischer‹ Musik, die Bildung als Rohstoff ihr liefert und die, als Fetisch, im Glück der Wiederbegegnung Bildung bestärkt. Es war die ideologische Funktion der *Jazz*musik, als der zunächst großbürgerlichen Form der gegenwärtigen Vulgärmusik, deren Warencharakter und die entfremdete Produktionsweise zu verdecken, den Markenartikel als ›Qualitätsarbeit‹ anzubieten. Sie sollte den Schein improvisatorischer Freiheit und Unmittelbarkeit in der Sphäre der leichten Musik erwecken; darum konnte sie von den gleichsinnigen Bestrebungen in der Kunstmusik so bequem adaptiert werden. Psychologisch ist das Manöver des Jazz jahrelang gelungen: dank der Struktur einer Gesellschaft, deren Rationalisierungsmechanismus zwangsläufig die Notwendigkeit der Verhüllung seiner selbst erzeugt, um absatzfähig zu bleiben. Sachlich ist der Warencharakter der Jazzmusik evident. Wie beim Jazz von ›unmittelbarer‹ Produktion keine Rede sein kann; wie die Arbeitsteilung in ›Erfinder‹, Korrektor, Harmonisator und Instrumentator hier womöglich noch weiter getrieben ist als bei der Operettenherstellung; wie selbst die scheinbaren Improvisationen der Hot-music genau genormt und auf ganz wenige Grundtypen zurückführbar sind: so ist beim Jazz auch musikalisch-immanent Freiheit und rhythmischer Reichtum Schein: metrisch herrscht die pure Achttaktigkeit, die die Synkopen und ›scheintaktigen‹ Einschaltungen nur als Ornament benutzt, aber in den harmonisch-formalen Verhältnissen unangefochten sich behauptet, und die rhyhtmische Emanzipation bleibt gebunden an die durchgehaltenen Viertel der großen Trommel. Unter der reicheren Oberfläche des Jazz liegt kahl, unverändert, deutlich ablösbar, das primitivste harmonisch-tonale Schema mit seiner Gliederung in Halb- und Ganzschluß und damit der ebenso primitiven Metrik und Form. Es ist gesellschaftlich und musikalisch gleichermaßen aufschlußreich, daß Jazzkapellen und Jazzkomposition ohne weiteres der Mode der Militärmärsche gehorchen konnten, als der politische Umschwung in der Krisenentwicklung erfolgte, das großbürgerliche Unternehmertum an Stelle der Weltmarktexpansion und deren exotisch-folkloristischer Korrelate in der Vulgärmusik nationale Autarkie proklamierte und von seiner Gebrauchskunst sie verlangte; die große Trommel, die zuvor die tänzerischen Urgefühle kolonialer Völker repräsentieren sollte, reguliert jetzt den Marschschritt einheimischer Formationen. – Die Elemente des musikalischen Impressionismus, die der Jazz benutzt hat, die Ganztonskala, die Nonenakkorde, die akkordischen Parallelbewegungen vermögen an alldem nichts zu ändern. Nicht bloß, daß sie erst erscheinen, nachdem die Dialektik der Kunstmusik sie hinter sich zurückließ, nachdem sie selbst als Reizwerte erschöpft sind; so wie die Vulgärmusik der zweiten Hälfte des 19. Jahrhunderts von der voraufgehenden Romantik das Chroma übernahm. Wesentlicher ist, daß diesen

Mitteln beim Jazz jegliche formbildende Kraft genommen ward. Wie jene alten Salonpiècen, Walzer, Charakterstücke und Rêverien die Chromatik nur in Gestalt harmoniefremder Zwischentöne der Melodie einfügten, ohne das harmonische Fundament selber zu chromatisieren, so erscheinen beim Jazz die impressionistischen Floskeln nur als Interpolationen, ohne das harmonisch-metrische Schema zu stören. Die leichte Musik hält an der Diatonik, als ihrem ›Naturgrund‹, starr fest und ist dieses Naturgrundes um so sicherer, je eher sie sich, wie im Jazz, einmal einen Exzeß erlauben kann. Wenn das Schema der Depravation der leichten Musik vorgezeichnet wird von ihrer Immanenz im statischen Ausgangsmaterial der bürgerlichen Kunstmusik: der Tonalität; und wenn danach das Verhältnis der leichten und der Kunstmusik auch gesellschaftlich keine übergroßen Schwierigkeiten bietet, so sind dafür die einer *Typenlehre* um so erheblicher. Schon der typische Grundsachverhalt der leichten Musik, die Scheidung in Couplet und Refrain, ist nicht leicht zugänglich. Erwägt man den historischen Ursprung im Wechsel von Einzel- und Chorgesang; vergleicht man damit den Trick vieler gegenwärtiger Schlager, im Couplet gleichsam die Geschichte des eigenen Refrains zu erzählen, so ergibt sich als wahrscheinlich die Auslegung: es wolle in ihrer stereotypischen Gestalt die leichte Musik die Tatsache der Entfremdung meistern, indem sie das berichtende, zuschauende, abgelöste Individuum, sobald es den Refrain anstimmt, in ein fiktives Kollektiv aufnimmt und in seiner Geltung dadurch bestärkt, daß es an der Objektivität des Refrains teilhat, ja den Inhalt des Refraintextes als seinen eigenen im Couplet erlebt, den es dann im Refrain staunend und erhoben als kollektiven Inhalt wiedererkennt. Der psychologische Mechanismus der Schlagerbildung wäre sonach narzißtisch, und dem entspräche die Forderung der beliebigen Nachsingbarkeit der Schlager: indem jeder Hörer die Melodie, mit der er bearbeitet wird, sogleich nachsingen kann, identifiziert er sich mit den ursprünglichen Trägern der Melodie, gehobenen Persönlichkeiten, oder mit dem kriegerischen Kollektiv, das die Lieder anstimmt, vergißt darüber seine Vereinzelung und empfängt die Illusion, entweder vom Kollektiv umfangen oder selber eine gehobene Persönlichkeit zu sein. Immerhin herrscht dieser Mechanismus nicht ausnahmslos: wenn auch der überwiegende Teil der Schlagerproduktion an der Scheidung von Couplet und Refrain festhält, so waren doch gerade einige der erfolgreichsten Schlager der Nachkriegszeit wie The Dancing Tambourine und The Wedding of the Painted Doll solche, die von der Scheidung abgehen: der erste ein Tanzstück mit Trio, der zweite eine Art von ›Charakterstück‹ im Sinne des 19. Jahrhunderts. Bei solchen Stücken, deren Erfolg nicht Texten zuzuschreiben ist, läßt sich der psychologische Mechanismus weit weniger bequem aufdecken; beim Tambourine mag eine gewisse melodische Plastik zumal des Trios, beim Puppenstück das Moment der Infantilität mitspielen, aber solche Bestimmungen sind schon weit weniger bündig als die psychoanalytischen, die, fast möchte man vermuten: jeder Schlagertext provoziert, um hinter der psychoanalytisch-individuellen Bedeutung eine zweite und gefährlichere: die gesellschaftliche zu verbergen. Wenn aber bei jenen beiden Instrumentalschlagern der Anteil der Musik am Effekt so erheblich ist, so hat man kaum ein Recht, ihn bei den Textschlagern zu vernachlässigen. Eine Methode nun, die psychologische *Wirkung* von Musik zu analysieren, ist noch nicht ausgebildet, und auch Ernst Kurths Musikpsychologie gibt für das hier erreichte Problem, vielleicht das aktuell wichtigste der gesellschaftlichen Deutung der Musik, keine zureichenden Anweisungen. Und es ist die Frage, ob hier Psychologie ausreicht: ob nicht gerade die entscheidenden Kategorien von der gesellschaftlichen Theorie beigestellt werden müßten. Die ›Psychologie‹ der Schlager im herkömmlichen Sinn führt auf Triebkonstanten. So etwa ist es einleuchtend, zur Erklärung des ›absurden‹ Schlagertyps die anale Regression samt ihrer sadistischen Komponente heranzuziehen, die in den zuständigen Schlagertexten selten fehlt; die Absurdität stellt sich als leicht ergänzbare Zensurlücke dar. Mit der Bestimmung der analsadistischen Struktur jener Schlager ist aber nichts über ihre gegenwärtige gesellschaftliche Funktion ausgemacht und die Wirkung auf eine natürliche Triebanlage und deren Konflikte mit Gesellschaft überhaupt zurückgeführt, die jeder Zeit gleich eigentümlich sein könnte, während Ursprung und Funktion der Schlager im Kapitalismus außer Frage stehen. Solange aber die gesellschaftliche Dialektik und die Analysis der Triebstruktur diskret oder bloß ›ergänzend‹ nebeneinander stehen, ist die konkrete Wirkung der leichten Musik nicht durchschaut, sondern einzelnen Wissenschaften zur

Bearbeitung überlassen, die, im Sinne der bürgerlichen Wissenschaftssystematik, isoliert verfahren und in ihrer Trennung eine der fragwürdigsten Disjunktionen des bürgerlichen Denkens selber voraussetzen: die von Natur und Geschichte. Es sieht sich damit die gesellschaftliche Deutung der leichten und schließlich aller Musik als ihrer zentralen Frage der gegenüber: wie sie verfahren solle, ohne mehr die Zweiheit natürlicher Statik – in den Triebkomponenten – und geschichtlicher Dynamik – in den sozialen Funktionen – methodisch voraussetzen zu müssen. Wenn, wie sie es bislang tat, Musik dem Schematismus der individuellen Psychologie sich entziehen sollte; wenn bereits die elementarste ihrer Wirkungen einen konkreten gesellschaftlichen Zustand voraussetzt, ausdrückt, tendenziell auf einen hinweist; wenn Natur selber musikalisch nicht anders als in geschichtlichen Bildern erscheint, dann könnte die materiale Beschaffenheit von Musik Hinweise bieten, wie etwa der dialektische Materialismus nicht zwar die ›Frage‹ nach dem Verhältnis von Natur und Geschichte zu lösen, wohl aber in Theorie und Praxis die Frage abzuschaffen vermöchte.

1932

Schlageranalysen

Ich weiß auf der Wieden ein kleines Hotel

Copyright 1915. Noch ist der Faden nicht abgerissen, der an das bindet, was war. Die Ursprünge weisen auf Oscar Strauss, dessen Walzertraum immerhin den echten Johann auskömmlich beerbte. Der Erfolg indessen fällt später als ins Erscheinjahr: in die erste Nachkriegszeit. So ist es denn nicht mehr der Wiener Walzer in seiner Unmittelbarkeit, der wirkt und populär wird. Sondern es sind die Wiener Gehalte, unwirkliche, verfallene Wiederkehrer, in Kitsch gestürzt, die sich vernehmlich machen. Das Wienerische darin stammt von vorgestern. Daß es der Kitsch von heute werde, dazu hilft der Impressionismus von gestern. Im Text zunächst: der tut so, als habe er es mit der fließenden, täglichen, stimmungshaft reflektierten Wirklichkeit zu tun, so zivilisiert, so bürgerlich banal und in ihrer Banalität eben geheimnisvoll. Das Geheimnis wird im Banalen bloß gesucht wie es den Librettisten die Wiener Impressionisten gelehrt haben: »die leuchtenden Zifferln springen«. Das impressionistische Klingen, das Atmosphärische erscheint als Kitsch bereits, scheinhafter Hintergrund einer vollends unwirklichen Vordergrunderotik. »Am Nebentisch aber saß Weiß in Weiß ein blondes Mädel und löffelte Eis.« »Weiß in Weiß« – so hat es der leibhaftige Renoir gemalt und selbst noch der junge Van Gogh im Pariser Restaurant. Die Sprachfiguren, mit Reimen, die ihre Fremdheit aus abgegriffenen Worten holen möchten, sind von Rilke erinnert. Auch der Glanz des Mädchens kommt aus dem Impressionismus, blond muß es freilich für Wien sein und auch seine sexuelle Handlichkeit rührt spezifisch daher. Aber doch wieder muß das handliche Mädchen den Zauber des Ungelebten haben wie von Altenberg. All das Aufgebot an Nuancen freilich charakterisiert sich als verfallen, indem es in eine Welt ohne Nuance, in die offene Banalität für Ladenmädchen hereinplatzt. Diese Welt soll, den Ladenmädchen zuliebe, gehoben werden, allein das gelingt nur durch den Unsinn, da sie selber mit den impressionistischen Ingredienzen nicht zusammen zu bringen ist und doch für die Ladenmädchen beides haben muß; deren Alltag, aus dem sie kommen, und das Geheimnis, in das sie möchten und das ihnen so unerreichbar ist wie dem Schlager, der es zitiert. Solcher Unsinn ist die Geschichte vom Zettel, die da erzählt wird; dem Zettel, der als mächtiges Emblem den unteren Alltag ans Geheimnis binden soll, zwischen beiden vermittelt; ihn schreibt ein junger Mann, läßt ihn dem blonden Mädel zufliegen, und alles hat sich gefunden, wie es sich doch nicht finden kann. Zugleich indessen ist mit jenem Zettel der denkwürdige Versuch gewagt, im Kitsch die Objektivität des verlorenen Kollektivs zu retten. Das Lied, das um seiner bürgerlichen Aktualität willen so privat anheben muß, wie es nur möglich, im Café de l'Europe, mit der Neuen Freien Presse und dem Eis – Himbeereis –: dies Lied muß, um eines zu werden, zugleich so tun, als ob es bereits ein Volkslied sei. Der Sprung zwischen dem privatkunstgewerblichen und dem objektiv-tänzerischen Kitsch dringt bis in die Technik der Liedproduktion selber, die nicht ganz naiv geschieht, und er gerade bildet die Form des Gedichtes. Das Lied muß beides verkoppeln, die Geschichte also seiner selbst erzählen, den Weg von der Privatchanson zum Schlager selbst beschreiben. Zwischen Glanz und Banalität gerät das absurd: der Zettel weht von der Terrasse hinab auf den Stefansplatz, am nächsten Morgen singen's alle Leut'. Das Private und Kollektive trifft sich völlig bloß in dei blanken Sexualität, die das blonde Mädel, Weiß in Weiß, mit dem letzten Schlieferl gemeinsam hat: also, in jenem kleinen Hotel auf der Wieden; dort begegnet ein Ich, das nicht existiert, einer Gemeinschaft, die längst keine mehr ist. Das schläft miteinander, auch sonst kommt alles zu allem. Das Stundenhotel ist ganz zivilisiert und aktuell aus der fortgeschrittenen Welt von heutzutage: das verschwiegene Gäßchen dann so innig, ein Volkslied. Darauf eine Zeile fader Lyrik aus der Auslebezeit, die längst ausgelebt ist; man will doch sein Pathos haben, wenn man sich ins Bett legt, und es muß ein vergangenes sein, kein realeres, politisches etwa ließe sich im Schlager ertragen. Das blonde Mädel heißt schließlich Du kleines Komteßchen. Natürlich ist es ein Ladenmädchen, die Komteßchen sitzen ja immer noch nicht im Café de l'Europe. So sagen die

Huren auf der Kärntnerstraße zu einem Jungen: kommst du ein Stündchen mit, kleiner Baron, wie es der Schlager hier zu allen sagt. Und der Leitartikel der Presse: ganz lebensnah, meint der Autor. »Scheinbar voll Interesse« – so stellt sich ein Konfektionär die feine Wiener Psychologie vor, zugleich die angestammte Ironie gegen die Presse, von der er einmal etwas hat läuten hören.

Die Musik dazu. Sie stammt vom Dichter, man ist ein musisches Völkchen. Das objektiv Walzerhafte in ihr hält den Pseudoimpressionismus noch sehr zusammen. Immerhin, beim blonden Mädel trifft ein verminderter Septimakkord mit einem Auflösungston, ein cis mit einem cisis, schwül und dissonant zusammen, als ob es von Schreker wäre:

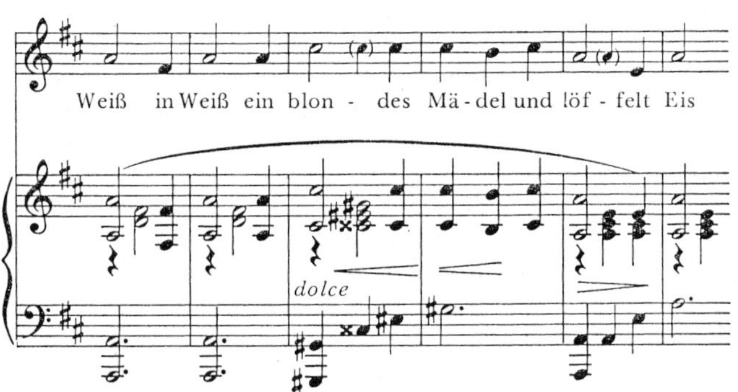

Zur unechten Vornehmheit des harmonischen Mittels, das man wählt, ohne recht darüber zu verfügen, paßt genau der fehlerhafte Satz, der alle Produktion aus jener Schicht bestimmt bezeichnet. Wenn ihm so ein Akkord einfällt, den er apart findet, dann weiß er nicht die Auflösung, um die er sich elegant drückt, indem er den nächstfolgenden Takt mit Hilfe des unkontrollierbaren Pedals akkordisch leerlaufen läßt und dann weitermacht, als ob nichts passiert wäre. – Der Refrain, wie jeder Refrain, das objektive Zentrum; nicht umsonst stammt der Refrain von der Gepflogenheit, den Chor die prägnanten Schlußzeilen des Sololiedes wiederholen zu lassen und damit zu objektivieren. Stets noch bewahren Refrains in Kitsch das Gedächtnis der kollektiven Macht von Musik, während die erzählenden Liedstrophen es unternehmen, das Individuum zu fassen, das in Wahrheit von jenem Kollektiv allein blieb: so will die Schlagerform Totalität schaffen. Es ist dem Wieden-Schlager zu bezeugen, daß sein Refrain musikalisch substantiiert ist: das also geht immer noch in Wien, oder ging, 1915. Zweideutig wird es erst durch die Nachbarschaft des Textes und das differenzierte Getue der übrigen Musik. Der Weg endlich von der Privatchanson zum Schlager, den der Text fordert, ist in der Musik ganz verschüttet. Sie hat seine Intention im Kontrast von Einleitung und Refrain weit bündiger erfüllt und läuft nun dem Text mit völlig unseligen Sequenzen, dilettantischen Modulationen über Oktavfortschreitungen nach; und wie sollte es auch in der Kitschregion möglich sein, musikalisch ohne völligen Bruch den wahrhaft ungangbaren Weg zu gehen? Die Unzulänglichkeit der Musik bestätigt hier zwangvoll die Unmöglichkeit des Beginns.

Insgesamt: in jenem Schlager lebt man in einer Zeit, die just eben das Inwendige verlor, aber im Schein doch noch halten möchte. Bescheidene Schnödheit ist ganz noch von Dunst und Stimmung umhüllt; das kahle Kollektiv der Nachkriegszeit ist noch nicht angeredet, sondern das Individuum von avant guerre, das seine Psychologie hat und Stimmung und sogar eine Seele – und das genaue Korrelat solchen Individuums: die Gemeinschaft der fröhlich Tanzenden, die über einen sicheren Boden schweben. Daß der Boden nicht mehr sicher, daß das volle Individuum selber nicht mehr am Leben ist, kommt daran zutage, daß sie sich nicht in ästhetischer Realität, sondern in Kitsch und Schein kundgeben. Es ist bewahrender Kitsch. Man hat ihn schon vergessen.

Valencia

Copyright 1925. Erste Zeit nach den Inflationen – man kann wieder reisen. Valencia wird musikalisch das Ausfallstor in alle Ferne für die abgesperrte, verelendete, zerschlagene Bourgeoisie. Es ist nicht mehr die, die Tanz und Individuen hat. Sie ist amorph, intentionslos, blind; nur hinaus endlich, wo man nicht mehr friert, ganz gleich wohin, es kann ja in den nächsten Schlagern dann auch ebensogut Montevideo oder Barcelona sein. Aber Valencia ist die Fanfare dazu, hat unbestritten die Primeurs der Geographie, die, ähnlich wie eine imaginäre Historie die gleichzeitigen Operetten, nun die

Kitschproduktion zu beherrschen beginnt. Zweierlei haftet an dem Raum, der so angeredet wird. Einmal das Bewußtsein seiner Beherrschung durch den Redenden. Alles ist erreichbar geworden, die äußerste Ferne, über die der triumphiert, der sie nennt, als ob er am nächsten Schalter eine Fahrkarte dorthin lösen könnte. Dann aber die Gewalt der Konkretion, die in geographischen Namen ist. Da aus den Menschen die Konkretion entwich, unterschiedslos die Angestellten sich gleichen mit den sechs Tagen an der Schreibmaschine und dem Weekend mit der Freundin, so müssen sie das Konkrete, ohne das sich nicht leben läßt, draußen suchen; im Kitschbilde, das ihr Wunschtraum ihnen vormalt, wird es der geographische Name, so bedeutungsleer und uneigentlich wie sie selber, aber in seiner puren Zufälligkeit doch einmalig, so und nicht anders genannt. Solch ein Wort ist der konkrete Kristallisationspunkt des Schlagers; alles andere darum ist Akzidens und ohne Bedeutung; es hat einen genialen Sinn, wenn spätere Schlager um absurde Konkretationsfetzen sich gruppierten: wer hat denn den Käse zum Bahnhof gerollt: das ist sinnlos, weil ja die Wahl des Konkreten selber in einer völlig rational strukturierten Realität zufällig ist; aber es ist konkret genug. Der Mechanismus solcher Konkretion in Abstraktheit ist das Gedächtnis. Der Schlager muß behalten werden; das geschieht nur, wenn er ein unverwechselbares Konkretes enthält, daran Gedächtnis haftet, und im übrigen so banal verläuft, daß die Assoziationen an jenes konkrete Zentrum automatisch anschließen. So rührt denn der Sieg der Valencia zunächst vom Namen her, der zugleich das erste Wort des Liedes ist; was auf diesen Fund, dieses Wort, das wie der Pfiff des ersehnten Expreßzuges klingt, weiter folgt, ist planmäßig banal, nichts Konkretes darf dies erste stören, ins Gedächtnis die langen Furchen zu graben. Freilich hat hier die Musik am Erfolg ebensogroßen Anteil. Wie dem Text, gelingt es ihr, das Konkrete und das Abstrakte, das Aparte und das Banale auf die gleiche Formel zu bringen:

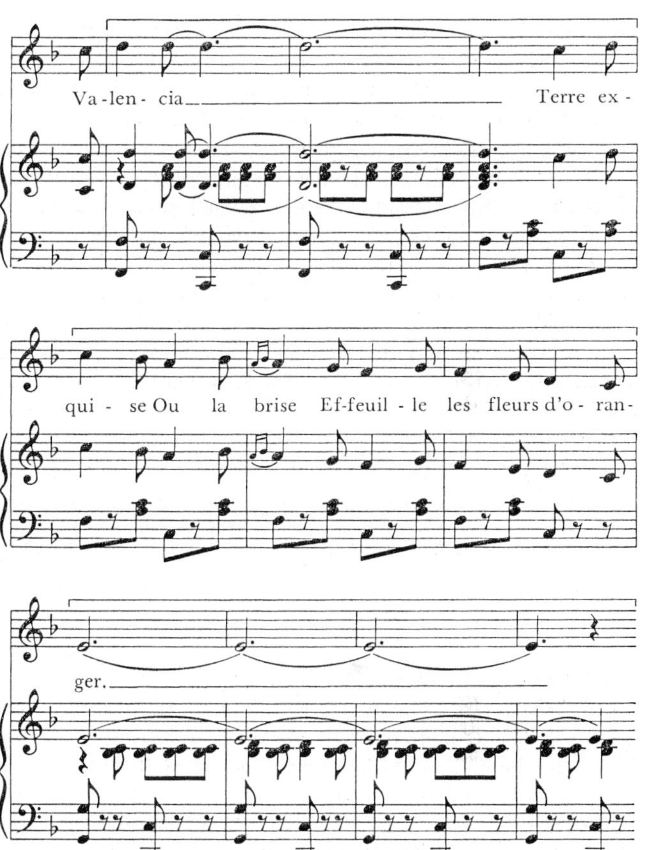

Das Aparte liegt hier, wie es sich für ein Tanzstück gehört, in der *Metrik*; statt der üblichen Zweiteiligkeit ist die gesamte Eröffnungsperiode – die dann getreu sequenziert wird – aus drei Dreitaktern gebildet, deren letzter um einen Takt gedehnt, also auch nur als Pseudoviertakter zustande kommt. Damit wird jene charakteristische Überlänge der sequenzierenden Melodiephrase erreicht, die sich unverlierbar einprägt: wer das singt, hat das Gefühl, er könne die Sechsachtel-Sequenzen ewig weiter spinnen, über die ganze Geographie hin. Das melodische Material jedoch, das auf diese Weise metrisch überbelichtet wird, ist völlig banal; ohne die Dreitakter wäre es schlechterdings nicht zu behalten; in ihnen singt es sich von selbst. Im Trio gibt es als Konkretionsfond Puccini-Oktaven in den Außenstimmen, dann Sechzehnteltriolen aus der folkloristischen spanischen Konvention; so schnell enteilend, daß es als Kontrast zu den triumphalen drei Dreitaktern kaum fühlbar wird. Die wiederholen sich, das ist alles.

Der Text verdient einen näheren Blick, der Vergleich zumal zwischen französischem Original und deutscher Fassung ist lehrreich. Wie die Wieden den Wiener Impressionismus, so bietet Valencia das Arsenal der französischen Parnassiens auf der Straße feil:

Valencia,
Terre exquise
Où la brise
Effeuille les fleurs d'oranger!
Valencia,
Doux rivage
Où le nuage
Emporte nos rêves légers!

Das klingt wie eine Parodie auf Baudelaires Invitation au voyage, deren Gehalte unbarmherzig der Kitsch aufgreift, sogar von einer Fleur perverse ist weiterhin die Rede, die gewiß aus der Tradition des Symbolismus kommt, aber dem deutschen Bearbeiter doch anstößig war. Er hat überhaupt mit der Lyrik, die doch selber keine mehr ist, gründlich aufgeräumt. Aus dem geographischen Begriff Valencia wird ihm, mehr Schlagkraft zu gewinnen, eine *Allegorie*; eine »geglaubte Stadtgöttin« im Sinne Ernst Blochs. »Valencia, deine Augen glüh'n und saugen mir die Seele aus dem Leib. Valencia, deine Lippen sind die Klippen meines Lebens, holdes Weib!« Ist das noch die Stadt, ist es schon ein Mädchen, das sie briefmarkenhaft repräsentiert? Beda läßt das im Geheimen; statt dessen erzählt er im Trio eine schneidig-konfuse Geschichte vom roten Jim in der Hafenbar von Rio, in der die Otéro, Schönheit von 1890, vorkommt, zugleich aber auch das Spanische sich jüdelnd verhöhnen möchte; für Pupille heißt es da

Pupillia, was sich auf Mantilla reimt, und solcher anmutiger Scherze sind es mehr noch. Jeder Bezug, selbst auf die scheinhaft vorgespiegelte Realität, ist da getilgt; übrig sind nur Bruchstücke von Bildungsgut, erotische Vokabeln, Kolportage, schief zusammenmontiert, in abenteuerlichen Überschneidungen, versiegelt nur mit dem Zauberwort der erreichbaren Reiseferne. Valencia. So spiegelte sich Europa 1925. Es hätte kaum der Mistinguett dazu bedurft.

Ich küsse Ihre Hand, Madame

Copyright 1928. Der Schlager des stabilisierten Europa. Zwar die Bruchstücke der Realität von 1925 haben nicht zum Sinn gefunden: aber sie sind dichter aneinandergerückt. Jetzt bilden sie eine geschlossene, sehr blanke Oberfläche – unter ihr der Hohlraum ist geblieben. Der Text hat einen klaren Sinn: Werbung unter der Konvention, Ironie gegen die Konvention zugleich – jedenfalls, die Konvention gibt es wieder und sie hat gesellschaftlich ihre Dialektik. Allerdings sieht die Werbung merkwürdig genug aus: »Madame, ich lieb' Sie seit vielen Wochen, wir haben manchmal auch davon gesprochen«. Manchmal? Beim Tee, den man wieder zusammen trinkt, in der Wohnung der Dame, wohlverstanden; die Dielen, wo das vorher geschah, sind längst bankrott. Nun aber gibt es wieder den privaten Flirt, unverbindlich, ungefährlich, die Passionen bleiben von der Konvention umfangen, gemildert, man spricht manchmal davon, es liegt einem nicht so sehr viel daran. Deutlicher noch, später, der englische Text:

I kiss your little hand, Madame,
and dream I kissed your lips,
You see I'm so gallant, Madame,
on such a night as this.

Also nicht einmal immer: der Flegel. Die Konvention, die wiederkam, ist noch neu, er küßt ihre Hand immer noch bloß, weil er mit ihr schlafen will; hat sie es getan, so wird er's bleiben lassen. So sind die stabilisierten Konventionen; lose Hülle überm Chaos, beliebt nur, damit man seinen Vorteil davon hat. Zu ihrer Popularisierung wird freilich das Lied viel beigetragen haben; genug Leute haben erst daraus gelernt, daß man überhaupt Hände küssen kann; die feudale Respektbezeugung ist durch den Schlager gründlich demokratisiert worden. Nur: die Demokratie des Handkusses, die sich so avisiert, ist bloß scheinbar, denn die neuen Bürger küssen die Hand ja nur, damit sie für etwas Höheres – Jack Smith's Platte lehrt sie: Mondänes – gelten; und ihre schwindelhafte mondanité ist einzig der Reflex des Feudalismus von einst. Kurz, die Dialektik dieses Schlagers führt tief ins *Klassenbewußtsein*, das auf der Wieden ungebrochen noch bestand und in Valencia von den letzten anarchischen Schauern durchschüttelt wurde. Hier aber gibt's wieder eine Ordnung, frisch genug, daß man in ihr in die Höhe möchte, und schlecht genug, daß einem der Kitsch Chancen dazu gewährt. Nicht anders die Musik. Zwar steht Tempo di Tango darüber, aber es ist schon ganz ein häusliches Lied; am schönsten klingt es geflüstert. Dem Privatier mit dem rasch anwachsenden Bankguthaben bietet es Raum genug: es läßt sich wieder improvisieren darin, keine Maschinennotwendigkeit bindet die Noten so und nicht anders. Jack Smith's wirksamste Effekte gerade sind Improvisationen. Auch der harmonische Satz ist weit gediegener als bisher, fast fehlerfrei, mit diskreten Würzen. Das Ganze aber klingt *angelangt*: endlich hat man wieder Zeit, man kann bei sich selber bleiben: der Erfolg des Schlagers ist das Behagen eines von allen gewünschten Home, das hier denen vorgetäuscht wird, die es nicht haben; mit einer Gattin drin, der eigenen oder fremden: ein Idyll aus Sandwichs und Déshabillé, zu dem man das Liedchen summt oder pfeift. Das einzige Gute dabei, daß man nicht so ganz daran glaubt: wenigstens die Libertinage der Nachkriegszeit klingt darin nach. Aber die Melodie ist ganz geschlossen, ohne Bruchstellen, eigentlich englische Music-hall von 1910, sehr international, ohne Folklore, ohne Bodenständiges, ganz einfach zivilisiert, gepflegt, leer, blank und anheimelnd wie ein Badezimmer.

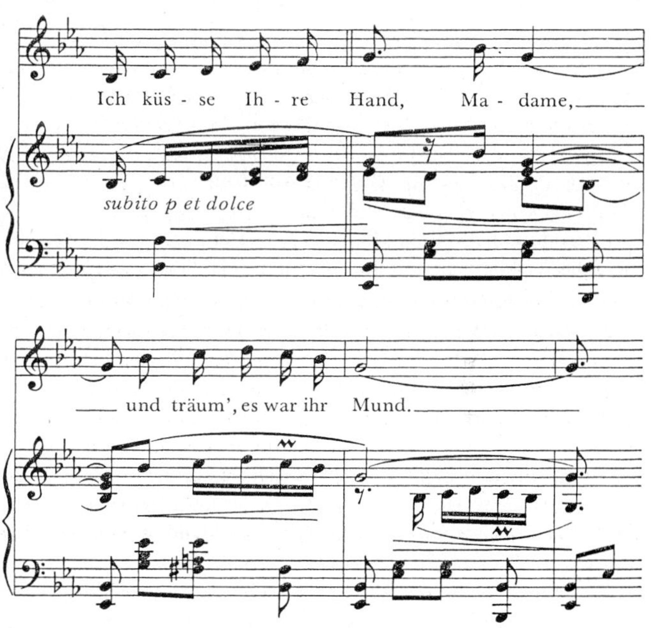

So ist man heute bei sich selbst wieder, ohne daß man ein Selbst wäre, bei dem man ist. Und das wird gebraucht, ideologisch zu maskieren, wie die Ordnung der Gesellschaft tatsächlich beschaffen ist, in der längst nicht alle die Zeit haben, ihrer Madame die Hand zu küssen; in der aber alle vom Schlagerautor so gründlich abhängig sind, daß sie es singen.

1929

Parodie, je nachdem

Der Parodiker heißt Ralph Benatzky. Was er parodiert, ist beileibe nicht die Wirklichkeit, mit der er es um keinen Preis verderben will, nicht einmal er selbst, sondern die Operette, die er macht – als ob sie nicht unparodiert schon parodistisch genug wäre. Aber sogar hier gibt es noch Schwierigkeiten für einen hypersensiblen Wiener, der, laut eigener Aussage, »die Stärke seiner Begabung im Song und Chanson erkannte, von denen er bisher etwa 5000 schrieb«. Denn selbst, wenn er schon weiß, was er parodiert; für wen er parodiert, weiß er noch lange nicht und darum sagt's an seiner Statt, in einem »belauschten Interview«, das besonders lauschig gewesen sein muß, sein Librettist Curt Goetz: »Eine harmlose Handlung für das süße kleine Mädel im zweiten Rang, durchtränkt zum Vergnügen des Parkettbesuchers mit parodistischer Laune. Das süße kleine Mädel mag das tragische Finale im zweiten Akt für Ernst nehmen und sich davon rühren lassen, der über den Dingen stehende skeptischere Parkettbesucher wird den Autor hoffentlich nicht enttäuschen und dahinter kommen, daß hier die konventionelle Operette verspottet wird.« Er wird aber doch enttäuschen, je mehr er dahinter kommt. Denn was soll er von einer Parodie halten, die verbirgt, daß sie eine ist, um dem süßen Mädel das Geld aus der Tasche zu nehmen mit den Tränen, die es weint, und deren Autor sich nun vor dem Parkett schämt, aber nicht des süßen Mädels wegen, an dessen Geld und Tränen er sich vergreift, sondern wegen der Operette, die er ja schließlich gar nicht hätte zu schreiben brauchen? Was soll man von einer versierten Ironie denken, die sich bekennt, wo sie mit dem Bekenntnis etwas verdient, und verschweigt, wo mit dem Ernst mehr aufzustecken ist? Taugt nicht jeder rechtschaffene Kitsch mehr als einer, der weiß, daß er Kitsch ist und erklärt, er glaube sich ja selber nichts, nicht einmal den Kitsch; dabei aber doch Kitsch bleibt und in aller Ironie, offenbar dem über den Dingen stehenden skeptischen Parkettbesucher zuliebe, sich Aristokraten nicht anders denn als Trottel und andererseits Juden nicht anders denn als Gauner vorstellen kann? Der Ironiker soll vorsichtig sein. Sonst kann es ihm passieren, daß das süße Mädel sauer wird, wozu es allen Grund hätte; daß selbst den Parkettbesucher die parodistische Laune verläßt, die die Operette nicht hat, und daß er endlich auf die Dinge spuckt, über denen er steht. Adieu, Benatzky.

1932

Der Wunderkantor

Der Ursprung der szenischen in der kultischen Handlung, von altersher bekannt, aber laut sicherem Vernehmen in neueren Zeiten gänzlich säkularisiert, scheint an einer unerwarteten Stelle wiederentdeckt. Eine Neublüte der Mysterienspiele wird, wo nicht dem Wunderrabbi selber, der Wichtigeres zu tun hat, so doch seinem unterwiesenen Famulus zu verdanken sein. In einer zuverlässig informierten Musikzeitschrift steht zu lesen: »Hermann Schwarz, Organist am Friedenstempel der Berliner jüdischen Gemeinde, schreibt die Musik zu dem Mosesdrama ›Das gelobte Land‹ von Diederich Röhling unter Verwendung althebräischer Motive. Zu gleicher Zeit arbeitet er an einer Ausstattungsoperette, die den Titel ›Schwedische Zündhölzer‹ führt.«

Ward nach der verbreiteten Meinung die attische Tragödie aus dem Geiste des Dionysos geboren, so gibt es jetzt eine Renaissance der Komödie aus dem Geiste der Kantorei. Wie die wechselfältige Durchdringung weltlicher und kultischer Musik im Umkreis der synagogalen Kunstübung sich auszuwirken berufen ist, vermag ich nicht zu beurteilen. Um so deutlicher stehen mir die Konsequenzen für die Operette vor Augen. Sie sind höchst bedenklich. Denn was wird wohl der Operettenbesucher sagen, der ins Theater kam, um sich auf der Bühne als Gardekürassieroffizier zu begegnen, wenn er sich statt dessen im synkopierten Kol Nidre wiedererkennen muß? Und würde es auch bloß besser sein, wenn er dort oben als Zündholzgrossist vorkäme? Da hilft eben nur die Ausstattung. Aber wenn die splendid genug ausfällt, dann ist mit neu-hebräischen Motiven das gelobte Land erreicht, das den althebräischen vielleicht doch nicht ebenso zugänglich mehr wäre.

1930

Kitsch

So wenig sonst bei Ideen, die in Geschichte mitten inne stehen, der Bezug auf den Wortsinn verschlägt: das Wort Kitsch ist vom Wortsinn so weit abgerückt, daß der es bereits wieder aufklären mag, indem er als vergessenes Geheimnis kenntlich wird. Wenn die Deutung zutrifft, die das Wort vom englischen *sketch* herleitet, dann wäre damit vorab das Unausgeführte, bloß Angedeutete gemeint. Das mag tiefer führen als alle Vorstellungen vom Unechten, Scheinhaften allein jemals es vermöchten. In Musik jedenfalls hat aller eigentliche Kitsch *Modellcharakter*: bietet den Rahmen und Entwurf objektiv verbindlicher, vorgesetzter Formgestalten, die in Geschichte ihren Gehalt verloren und denen der freizügige, losgerissene Künstler den Gehalt von sich aus nicht zu erwirken vermag. Darum ist der Scheincharakter von Kitsch nicht eindeutig auf die individuelle Unzulänglichkeit des Künstlers zurückzuführen, sondern hat selber objektiven Ursprung im Sturz von Formen und Material in Geschichte. Kitsch ist der Niederschlag entwerteter Formen und Floskeln in einer Formwelt, die ihrem Umkreis entrückt ist. Was der Kunst von ehemals zugehörte und heute unternommen wird, rechnet zum Kitsch. Andererseits liegt in der Objektivität des Kitschs seine Rechtfertigung. Denn er bewahrt, verzerrt und als bloßen Schein, das Gedächtnis eben an eine Formobjektivität, die verging. Kitsch ist gleichsam ein Behälter mythischer Grundstoffe der Musik, wie sie sonst in ihr allein, verwandelt, als fortgeschrittenste Ergebnisse ihrer Dialektik auftreten, sonst aber verloren sind. Darum ist der Kitsch aller Musik des juste milieu vorzuziehen.

Man muß freilich differenzieren. Rettung des Kitschs gilt in Wahrheit nur in der musikalischen Unterwelt der Operetten, Schlager, Couplets und des anonymen Gutes, das noch unterhalb der Unterwelt liegt, der Märsche und Trinklieder, Rührlieder und Dienstmädchenprodukte; endlich dem an mittlerer, ehemals ernster Musik, was mittlerweile durchsichtig ward und heute, als Kitsch kennbar, erst sein Geheimnis preisgibt; wie etwa das Rätsel des musikalischen Jugendstiles, aus dessen Idee der ganze Richard Strauss zu konstruieren wäre, an einem Liede wie dem Lassenschen »Stell auf den Tisch die duftenden Reseden« aufzulösen ist. Für »mittleren Kitsch« – der Ausdruck stammt von Karl Kraus – gibt es keine Rettung. Denn nur über den Kopf des Komponisten hinweg vermag das Recht von Kitsch sich durchzusetzen; nur, wenn von ihm aus nichts gemeint ist; sobald aber die Komposition von sich aus Ansprüche anmeldet und subjektiv geformt sein will, aber dem Kitsch verfällt, ist die Macht von Kitsch-Objektivität in ihr dahin. Jemand hat einmal von guten schlechten und schlechten guten Büchern geredet. Der Unterschied ist hier genau zuständig. Gute schlechte Musik: das ist Tea for Two, das Trio aus »Sunflower« aus der Inflationszeit; später The Dancing Tambourine, vielleicht sogar die Drei Musketiere. Schlechte gute Musik braucht hier nicht genannt zu werden. Sie ist Kitsch auch: unausgeführt, scheinhaft, lebt von falschen Gefühlen. Aber die Macht der toten Formen ist aus ihr entwichen. Sie wäre zu vernichten.

Unmöglich, die Idee Kitsch freischwebend ästhetisch zu fassen. Das soziale Moment konstituiert sie wesentlich. Denn indem der Kitsch vergangene Formwesen den Menschen als gegenwärtig aufredet, hat er soziale Funktion: sie über ihre wahre Lage zu täuschen, ihre Existenz zu verklären, Ziele, die irgendwelchen Mächten genehm sind, ihnen im Märchenglanz erscheinen zu lassen. Aller Kitsch ist wesentlich Ideologie. So hat im neunzehnten Jahrhundert der musikalische Kitsch die Existenz des Bürgers und Proletariers, die im Existenzkampf aufgehen, durch eine *Romantik* verklärt, die, einmal als große Kunst abgestorben, mit Eliland und dem Trompeter von Säckingen geeignet war, die gute Stube in eine Kemenate zu verwandeln. In dem weiteren, gesicherten Lebensraum von damals schwingt in allem Kitsch eine Todesmetaphysik mit, wie sie Tristans Entsagung und das »B'hüt dich Gott, es wär so schön gewesen« zusammenfaßt. Heute, da die mittlere Sicherheit des Bürgers dahin ist, hat die Funktion des Kitschs sich gewandelt. Für den Tod läßt er keinen Raum mehr: er muß nur noch verhüllen und verklären: und muß mit ganz anderer Promptheit jeweiligen konkreten Wünschen der gequälten Menschen genügen. Trotz aller Verhüllung zeichnen die realen Klassenverhältnisse sich immer schärfer ab: wenn etwa seit einem Jahr die Angestelltenschlager von der Art der Blonden Inge gedeihen, die dem Mädchen an der Schreibmaschine mit Tonfilm und Revue weismachen, es sei eine heimliche Königin. Kaum glaublich, wie schnell der Kitsch dem Bedürfnis antwortet. Ich habe einmal den Zusammenhang von »Ich küsse Ihre Hand, Madame« und der Stabilisierung aufgewiesen. Mit dem Beginn der Wirtschaftskrise kam das Lied von der einen weißen Chrysantheme heraus, die oft soviel sagt wie ein ganzer Strauss – offenbar aus Ersparnisgründen. Der ideologischen Verkoppelung von Wirtschaftsnot und politischer Reaktion dient der »Gigolo«. Sind die militärischen Schlager Zufall oder die einer neuen Bodenständigkeit, die man uns heute serviert?

An alldem ist die Musik höchst mitbeteiligt. Ihr fällt vor allem die Aufgabe zu: durch Beibehaltung alter und überalterter Formtypen den Eindruck bestätigter kollektiver Verbindlichkeit zu erwecken; einzelne Mittel des Ausdrucks – wie die romantische und heute bereits die impressionistische Harmonik – zu einer Stunde einzusetzen, zu der sie sich aus ihren ursprünglichen Formzusammenhängen gelöst haben und gleichsam als Wechselgeld des musikalischen Verkehrs kursieren können; melodische Kurven, denen eben noch die Spuren ehemaliger Gefühlsbedeutungen anhaften, konventionell und phrasenhaft zu gebrauchen. Dabei bleibt die Vereinigung des Charakteristischen und des Banalen Aufgabe und Paradox aller echten Kitschmusik; bedarf sie des Charakteristischen, um aufzufallen und behalten zu werden, so gestattet es ihr dafür wieder nur Banalität, ohne Bewußtseinskonzentration, meist ›unbewußt‹ im psychoanalytischen Sinne, überhaupt aufgefaßt zu werden. Uralte, eigentlich wohl rituale Schemata wie das von Strophe und Refrain hält sie treu fest; ehemals besonders exponierte und auffällige harmonische Elemente wie der verminderte Septimakkord oder heute die Ganztonskala sind ihr lieb; von jeder individuellen Gestaltung hebt sie sich auch dadurch ab, daß sie typenweise gebildet wird; sobald ein neuer Typ auftritt – Valencia: Sechsachtelstep, Heidelberg: Geschwindmarsch, Wenn der weiße Flieder: Pseudovolkslied –, bildet sich eine große Gruppe ganz ähnlicher Kompositionen, die zuweilen die ursprüngliche verdrängen; oder es tritt ein Typ gleichzeitig in zahllosen Exemplaren auf. Unbedingt ausgeschlossen bleibt das Eindringen kompositorisch-selbständiger Regungen in die Kitschregion. Dagegen sind aussichtsreich Einfälle, die streng im Rahmen der Konvention verbleiben: wie die dreiteilige Metrik der Valencia.

Der ärgste Kitsch ist der mit ›Niveau‹, der nicht von vornherein kenntlich ist, sondern kompositorischen Anspruch erhebt. Ihn zu entlarven, gibt es als Mittel allein die *technische* Kritik: Kitschelemente in ›ernst‹ gemeinten Kompositionen überführen sich stets durch technische Unstimmigkeiten. Freilich bieten die allein den Einsatz: technische Unstimmigkeit braucht nicht notwendig Kitsch zu sein.

Es gibt kein allgemeines Kriterium für Kitsch, denn der Begriff ist selber ein Rahmen, der sich je und je erst geschichtlich erfüllt und sein eigentliches Recht allein in der Polemik hat. Heute ist er längst vom juste milieu adoptiert und selber zum ideologischen Mittel geworden, eine mittlere ›Kultur‹ des Musikalischen zu verteidigen, der keine Kraft mehr innewohnt. So beginnt die Rede vom Kitsch selber kitschig zu werden, indem sie der geschichtlichen Dialektik erliegt, der ihr Gegenstand entstieg. Da die Verachtung der unteren Musik als der wahren Region des Unbewußten in der Musik nicht mehr hilft und an ernster und anspruchsvoller Musik die Kritik der Unstimmigkeit stets verbindlicher ist als die Aussage von Kitsch, die eine geschlossene verbindliche Musiksprache voraussetzt: so wird man die Rede allmählich zu vermeiden lernen; nachdem klar steht, was sie bedeutet.

Ca. 1932

Abschied vom Jazz

Die Verordnung, die es dem Rundfunk verwehrt, ›Negerjazz‹ zu übertragen, hat vielleicht einen neuen Rechtszustand geschaffen – künstlerisch aber nur durchs drastische Verdikt bestätigt, was sachlich längst entschieden ist: das Ende der Jazzmusik selber. Denn gleichgültig, was man unter weißem und unter Negerjazz verstehen will, hier gibt es nichts zu retten; der Jazz selber befindet sich längst in Auflösung, auf der Flucht in Militärmärsche und allerlei Folklore; mehr noch, er hat sich als pädagogisches Mittel ›rhythmischer Erziehung‹ stabilisiert und damit sichtbar die ästhetischen Ansprüche preisgegeben, die er zwar nicht und niemals im Bewußtsein der Tanz-Produzenten und -Konsumenten, wohl aber in der Ideologie der fixen Kunst-Komponisten erhob, die einmal dachten, davon sich befruchten zu lassen. Sie müssen sich nach anderem umsehen und sind gewiß schon dabei; in den überlebenden Bars aber wird bald der letzte eingeschobene Scheintakt, die letzte Dämpfertrompete wo nicht ungehört, so doch ohne Choc verklingen.

Es ist nicht großstädtische Entartung, wurzellose Exotik, gewiß nicht, wie Arglose meinen, die Bizarrerie aufpeitschender oder greller Asphaltharmonien, die im Jazz sich darstellt und mit ihm verschwindet. So wenig er mit echter Negermusik zu tun hat, die hier längst industriell geglättet und gefälscht ward, so wenig wieder eignet ihm Destruktives und Bedrohliches; selbst die respektlose Verwertung Beethovenscher oder Wagnerscher Themen, die aufreizen mochte und auf revolutionäre Hintergründe zu deuten schien, ist in Wahrheit lediglich Ausdruck der Armseligkeit einer Musikfabrikation, die derart genormt und auf den Konsum eingestimmt ward, daß das letzte bißchen Freiheit, der Einfall, ihr verloren ging, den sie sich denn dort stahl, wo sie ihn fand – man könnte an eine Art von ›Patent-Umgehung‹ dabei denken – indem sie die Freude des Gebildeten, sein Bildungsgut in der Bar wiedererkennen zu dürfen, nicht ohne Geschick einkalkulierte. Was vielmehr den

Jazz aushöhlte, ist seine eigene Stupidität. Mit ihm wird nicht der musikalische Einfluß der Negerrasse auf die nördliche ausgemerzt; auch kein Kulturbolschewismus, sondern ein Stück schlechtes Kunstgewerbe.

Der Jazz war die Gebrauchsmusik der großbürgerlichen Oberschicht in der Nachkriegszeit. Ein Doppeltes garantierte ihm, verknüpft, den Erfolg. Einmal war er ohne weiteres konsumfähig; die Entwicklung der Kunstmusik hat er nur in kümmerlichen Reflexen, meist der impressionistischen Harmonik, registriert; durch den stets von der großen Trommel markierten Grundrhythmus aber stets und stets auch für den Unmusikalischen sich tanzbar erhalten, selbst wo die abenteuerlichen Kadenzen der hot-music, die Synkope als Prinzip und die wuchernde Freude an eingeschobenen dreitaktigen Rhythmen im viertaktigen Metrum alle Bande der Zucht und Sitte zu lockern schienen; nichts war da schwer zu verstehen, und so fremd die Fabrikware dem Verbraucher gegenübertrat, so mühelos war sie zu gebrauchen; bei den Exzessen aber ließ sich an die erotischen des Films denken, an jene Entkleidungsszenen, bedenklichen Badereisen und zweideutigen Situationen, die doch allemal, unterm Gebot einer Zensur, die ihnen tief innewohnt, vor der letzten Konsequenz stehen bleiben. Zugleich indessen gab sich der Jazz fortgeschritten, modern und arriviert. Weltwirtschaftlich klang die billige Fremde, die man da aus Montevideo, Waikiki und Schanghai beliebig importieren konnte: die kleinbürgerliche Enge von Tanzstunde, Polka und Galopp dünkte weit überholt; das geschlechtslose Saxophon erklärte meckernd sein halbes Einverständnis mit gewagten Dingen, und die Harmonien, weichlich bald und bald gebeizt, wirkten nicht bloß stimulierend, sondern erinnerten von fern, gruselig-behaglich, an die Dissonanzensphäre der neuen Musik, die man sonst so sorglich mied und mit der einzig hier der gefahrlose Umgang verstattet schien. Daran nicht genug, als Kunstgewerbe charakterisierte der Jazz sich zumal damit, daß er, seinen durchsichtigen industriellen Ursprüngen zum Trotz, von der ›Vulgärmusik‹ oberflächlich sich unterschied; daß der Konsum als Kunstgenuß sich maskieren durfte; die konzertierenden ›Jazz-Symphonie-Orchester‹ sind dafür der sinnfällige Ausdruck. Genauer noch aber die Technik der Improvisation, die im Zusammenhang mit Synkope und Scheintakt sich ausbildete. Denn der virtuose Saxophonist oder Klarinettist oder auch Schlagzeuger, der hier, zwischen den markierten Taktteilen, seine abenteuerlichen Sprünge machte, der die Akzente verschob und mit kühnen Glissandi die Töne verschleifte – er jedenfalls doch hätte der Industrialisierung enthoben sein sollen; sein Reich galt als Reich der Freiheit; hier war offenbar die starre Wand zwischen Produktion und Reproduktion gesprengt, die ersehnte Unmittelbarkeit wiederhergestellt, die Entfremdung von Mensch und Musik gemeistert aus vitaler Kraft.

Sie war es nicht, und daß sie es nicht war, machte Betrug und Untergang des Jazz aus. Die Versöhnung von Kunstmusik und Gebrauchsmusik, von Konsumierbarkeit und ›Niveau‹, von Ursprungsnähe und Arriviertheit, von Strenge und Freiheit, von Produktion und Reproduktion ist unwahr in allen Stücken. So zwar, daß alle Elemente von ›Kunst‹, individueller Freiheit des Ausdrucks, Unmittelbarkeit sich als bloße Verhüllungen des Warencharakters zu erkennen geben. Wie der Reiz der Nonenakkorde, der Septime am Schluß, der Ganztonkleckse im Jazz schäbig und abgebraucht ist und eine verwesende Moderne von vorgestern konserviert, so ist es bei genauerem Zusehen auch um jene seiner Errungenschaften bestellt, in denen man etwas von frischem Beginn und spontaner Regeneration zu entdecken meinte: denen des Rhythmus. Zunächst, die Synkope ist neu für die Gebrauchs-, keineswegs aber für die Kunstmusik; bei einem Meister wie Brahms etwa in unvergleichlich größerem Reichtum, eingreifenderer Tiefe der Konstruktion durchgeführt als bei den Jazzautoren, bei denen – wie es die ›Lehrbücher‹ der hot-music unfreiwillig, aber desto drastischer selbst enthüllen – die scheinbare Vielfalt rhythmischer Bildungen auf ein Minimum stereotyper und, wie man wohl sagen darf, ›genormter‹ Formeln sich zurückführen läßt. Dann aber, und das eben erklärt die Stereotypie, die rhythmischen Errungenschaften des Jazz sind bloß Ornamente über einer metrisch konventionellen, banalen Architektur, ohne alle Konsequenz für den Bau und beliebig zu entfernen. Dafür spricht schon die große Trommel, der die Kapriolen der Instrumente gleichgültig sind. Aber vor allem die Beschaffenheit der Kompositionen selber. Denn: das Schema der achttaktigen Periode mit seiner Gliederung in Halb- und Ganzschluß, das alte, billige Schema der Tanzmusik, weit dürftiger als, beispielshalber, die gestaltenreichen Walzer des großen Johann Strauß, ist für den Jazz blank in Geltung. Die ›Scheintakte‹, die im wesentlichen den angeblichen rhythmischen Reiz des Jazz ausmachten, haben ihr Wesen gerade darin, daß rhythmisch freie, improvisatorische Bildungen derart sich ergänzen, daß sie, zusammengefaßt, sich eben doch dem unerschütterten Schema einfügen; so also fügen sich, um den einfachsten und häufigsten Fall zu nennen, sukzessiv zwei Dreiachteltakte und ein Zweiachteltakt zu einem Viervierteltakt, wie die Trommel ihn mitzählt; und was für den einzelnen Takt gilt, gilt ebenso für die Periode, wie es an deren harmonischer und melodischer Gliederung ohne weiteres ersichtlich wird. Hätte man aus der Synkope und den rhythmisch-improvisatorischen Impulsen Folgerungen ziehen wollen, dann wäre die alte Symmetrie, damit aber auch die Struktur der tonalen Harmonik zerbrochen, wie es in den Jazzexperimenten Strawinskys tatsächlich der Fall ist; dann aber hätte der Jazz seine Konsumfähigkeit und Leichtverständlichkeit verloren und hätte sich in Kunstmusik verwandelt; jedoch vergebens, da eben jene Konsequenzen der Auflösung der alten tonalen Periodizität von der Kunstmusik längst gründlicher gezogen waren, ehe man an Jazz auch nur dachte. Der Jazz hat sich auf solche Wagnisse nicht eingelassen und hat sich mit der Langeweile seiner Scheineffekte begnügt. Höchst bezeichnend, wie leicht er sein Ferment, die Synkope, also die Verlagerung der Betonung weg vom ›guten Taktteil‹ der Zählzeit, preisgeben konnte. Schon Kurt Weill, den man um des Saxophonklanges willen gern mit dem Jazz zusammenbrachte, hat, im bewußten Streben nach Eingängigkeit, Synkope und Scheintakt geopfert und die primitiv-symmetrischen Sprechakzente von Song-Versen zur metrischen Regel gemacht; die Jazzfabrikanten aber haben, mit jener Eilfertigkeit, die ihnen nicht zum Guten ausschlagen wird und die durchschaut ist, schon seit zwei Jahren sich auf jenen patriotischen Kitsch umgestellt, den wohl nicht zufällig ein Regierungsverdikt zugleich mit dem Jazz ereilt, eben weil er ihm nahe verwandt ist; längst schon lag unter den bunten Schnörkeln des Jazz der Militärmarsch bereit. Die Schicht aber, die bislang den Jazz konsumierte, wird, wenn sie sich schon von dessen Inferiorität nicht ästhetisch überzeugen ließ, ihn politisch um so lieber preisgeben, als er, im Rahmen dessen, was zwischen zwei Viertaktern überhaupt möglich ist, Abwechslung schlechterdings nicht mehr zu bieten vermag.

Lernen ließ sich am Jazz die Emanzipation der Betonung von der Zählzeit; eine anständige, ob auch sehr begrenzte und spezielle Sache, die die Komponisten längst wußten, die aber vom Jazz aus vielleicht eine gewisse Breite in der reproduktiven Praxis erlangte. Sonst wird wenig davon bleiben, es sei denn die Erinnerung an ein paar Stücke, die den Elan des Beginns hatten wie »Kitten on the Keys«, an den Gesang der Revellers und an eine Zeit, die mit einem Schlag zur Geschichte versteinte. Hinterlassen hat der Jazz ein Vakuum. Keine neue Gebrauchsmusik ist da, ihn abzulösen, und keine wird sich bequem lancieren lassen. Dies Vakuum aber ist nicht das schlechteste. In ihm drückt sich wortlos, wie die Entfremdung von Kunst und Gesellschaft, so eine Gesamtverfassung der Wirklichkeit aus, die auszudrücken Worte fehlen. Mag dies Vakuum bewußtlos sein, es ist doch kein falsches Bewußtsein. Vielleicht, daß es im Schweigen laut wird.

1933

Vortrupp und Avantgarde

Eine Replik

Da Horst Koegler in seinem Aufsatz »Der Vortrupp der Musicals«* mich freundlich-ironisch apostrophiert, mögen mir ein paar Anmerkungen zu jenem Aufsatz erlaubt sein.

Er rät mir, nach Analogie zum »Altern der Neuen Musik« einen Aufsatz über das »Altern der neuen Kritik« zu schreiben gegen jene, denen »jeder echte Publikumserfolg von vornherein verdächtig« sei. Ihnen rechnet er wohl mich selbst zu. In meiner Eingangsbemerkung zur Düsseldorfer Premiere der »Street Scene«** hätte ich unverhohlen bedauert, daß Kurt Weill »am Broadway ein Mann des Erfolges geworden war«, anstatt im Armenhaus zu sterben. Nun habe ich weder derartiges geschrieben noch steht es mir zu, irgend jemandem Askese zu empfehlen. Freilich schien es mir, daß wir Emigranten, gerade erst zum höheren Ruhm der Volksgemeinschaft verjagt, nicht in der Fremde mit Volksopern debütieren sollten. Ich glaube auch nicht, daß die Addition von Provinzoper und Großstadtoper die Synthese eines neuen amerikanischen Operntypus gezeitigt hätte.

In einem Gespräch in Hollywood sagte mein Freund Weill mir einmal, daß man am Broadway alles könne, wenn man es nur könne. Genau darum geht es. Daß Weill auch in der Emigration noch überaus suggestive Songmelodien eingefallen sind, wird niemand bestreiten. Sicherlich aber konnte er unter dem ausgesprochenen oder nichtausgesprochenen Druck eines Konformismus, der ›he is too artistic‹ als Todesurteil verwendet, *nicht* mehr alles, was er konnte. Er mußte eben die Elemente seiner Musiksprache abstoßen, die einmal jene Weillsche Atmosphäre schufen, von der Koegler in seinem Januaraufsatz über Lotte Lenja so liebevoll berichtet. Man braucht nur Songs aus der alten Fassung von »Mahagonny«

* *Vgl. Horst Koegler, Der Vortrupp des Musicals, in: Der Monat, Jg. 8 (1955/56), Heft 88 (Januar '56), S. 68ff.*

** *Vgl. jetzt oben, S. 548ff.*

und aus der »Dreigroschenoper« und unmittelbar danach solche als »Lady in the Dark« und »One Touch of Venus« zu spielen, und man wird hören, was alles Weill der geschleckten Glätte der popular music opfern mußte. Das ist wirklich, außer ein paar fremden Momenten auch in »Down in the Valley«, von Cole Porter nur schwer zu unterscheiden, es sei denn dadurch, daß das leichte Idiom Kurt Weill ein wenig schwerfiel und daß er es, zu seiner Ehre, nie ganz so fließend sprach wie die Modelle.

Koegler spottet über die allzu seriösen Kritiker, die in der »Street Scene« zwölftönige Grundgestalten, Einflüsse von seiten der »musique concrète« und womöglich noch das Vorbild der isorhythmischen Motette aus dem Mittelalter vermißten. Sie hätten Rancune gegen Komponisten, die Melodien schreiben, die den Leuten so ins Ohr gehen, daß sie sie behalten können; wer das täte, müsse sich als Schnulzenfabrikant behandeln lassen. Dieser Gedankenzug folgt der Linie des geringsten Widerstands und bringt alle die Lacher auf seine Seite, deren komfortable Hörgewohnheiten er bestätigt, indem er die Ansprüche, die sich dagegen kehren, als Zopf engherziger und womöglich provinzieller Fachleute abschneidet. Aber wenn man den Einbruch der Musicals nicht mit soviel unbefangener Jugendlichkeit begrüßt, wie Koegler es empfiehlt, so steht keineswegs der allzeit wirkungssichere Gegensatz von gelehrt und galant, intellektuell und gefühlt, verkünstelt und lebendig in der Musik dahinter. Oder vielmehr: Erstarrung ist eher bei der Schablone einer Musik zu suchen, die schon für den Hörer hört, als bei jener, die die Schablone zum Unbehagen des Hörers verletzt.

»Popular songs« heißen nicht, wie der nichtversierte Leser denken könnte, volkstümliche Lieder, sondern Schlager. Die Substanz der Musicals stammt nicht aus der Spontaneität des amerikanischen Volkes, das sich da unmittelbar kundgäbe, sondern aus der Kulturindustrie. Die Popularität ist bis in die letzte Note hinein psychologisch kalkuliert nach der Wirkung auf die Hörer. Sie befolgt Regeln des Kommerzialismus, an welche die Adepten ängstlicher sich halten, als irgendein Zwölftonkomponist sich an die selbstgestellten hält. Die Natürlichkeit dieser Musik beruht auf dem Geist der Tests und der Statistik; sie ist das Produkt rationaler Veranstaltung, das blanke Gegenteil jener Unwillkürlichkeit, deren Schein sie hervorbringt. Auf ihn fallen zwar gelegentlich europäische Intellektuelle herein, kaum mehr jedoch unabhängige amerikanische, die ihre ganze Kraft und Courage brauchen, um der Maschinerie zu widerstehen, und denen man schlecht lohnt, wenn man der Maschinerie auch noch Ideologien macht.

Vielleicht darf ich zur Charakteristik der Sphäre ein paar Sätze ausgraben, die ich 1932 in der »Zeitschrift für Sozialforschung« schrieb und an denen ich auch heute nichts zu ändern finde, nachdem unterdessen die leichte Musik auf Stromlinienform gebracht wurde und zu einer Art kultureller Totalität sich ausgebildet hat: »Die leichte Musik befriedigt unmittelbar Bedürfnisse, und zwar nicht nur des Bürgertums, sondern der gesamten Gesellschaft. Zugleich aber ist sie, als reine Ware, der Gesellschaft am fremdesten; sie drückt nichts von ihrer Not und ihrem Widerspruch mehr aus, sondern bildet selber einen einzigen Widerspruch zu ihr, indem sie mit der Triebbefriedigung, die sie den Menschen gewährt, ihre Erkenntnis der Wirklichkeit fälscht, von der Wirklichkeit sie abdrängt, sie aus der Geschichte, der musikalischen wie der gesellschaftlichen, herauslöst.« Sie ist »von jeglicher den Menschen zugleich die nächste und die fernste«*.

Daß die Form des Musicals allerhand aufzulockern vermöchte; vor allem, daß sie in den allzu geschlossenen musikdramatischen Ablauf neudeutschen Stils heilsame Zäsuren setzen kann, ist fraglos. Weill hat in seinen deutschen Arbeiten mit eminenter Fähigkeit darauf hingearbeitet. Gerade das hatte ich in dem inkriminierten Einleitungsaufsatz hervorgehoben: die Weillsche Haltung als die eines »Musikregisseurs«, der die Menschen nicht so sehr durch die musikalische Gestaltung selbst als durch die Änderung der dramatischen Funktion der Musik erreichte; der, in Brechtischer Sprache, Gesten auskomponierte, die der Einheit der Person in die Parade fuhren. Unter den Meriten seiner Experimente war sicherlich nicht das kleinste, daß er die Grenze zwischen ernster und leichter Musik verflüssigte. All das jedoch war untrennbar von der Aggressivität seiner künstlerischen Verhaltensweise; die veränderte Funktion, die er dem intermittierenden ›Gesang und Tanz‹ des alten Schemas zuteilte, übertrug

* *Vgl. jetzt oben, S. 768f.*

den »Verfremdungseffekt« auf die musikalische Szene. Sobald die Konzeption einmal davon sich dispensierte, erlahmte sie – auch ästhetisch.

Nicht an verstiegenen Kritikern, sondern am Musical liegt es, daß es, von solchen Fermenten gereinigt, einem Kitsch verfällt, dessen lückenlos geplante Wirkungen nicht besser, sondern schlechter sind als die des altmodischen, der mit Ungeschick und Hilflosigkeit zuweilen noch ungebändigte Regungen durchläßt. Koeglers Physiognomik der Lenja ist gewiß hübsch; nur hat er überhört, daß diese Stimme nicht rauh ist wie die der Dietrich, sondern eine verlassen zwitschernde Süße hat, die aus eben jenem Undomestizierten stammt, das die competence des Musicals um keinen Preis duldet. Es ist eine Stimme aus dem Niemandsland; das Reich des Musicals aber ist die verwaltete Welt, in der Konsumierbarkeit überwacht wird.

Daß eine Kunst gesellschaftlich akzeptiert ist, verbürgte nie ihre gesellschaftliche Wahrheit und weist heute eher auf deren Gegenteil. »Indem die ungastlichen Werke«, heißt es in Max Horkheimers Aufsatz über »Neue Kunst und Massenkultur«, »dem Individuum die Treue halten gegen die Infamie des Bestehenden, sind sie Raffaels Madonnen und Mozartscher Musik tiefer verwandt als alles, was heute ihre Harmonie nachleiert, zu einer Zeit, in der die glückliche Gebärde zur Maske des Wahnsinns wurde und die traurigen Gesichte des Wahnsinns zum einzigen Zeichen, an das sich noch Hoffnung knüpft.« Das darf man keinen Augenblick vergessen, wenn man nicht zur Verblendung beitragen will. »Jetzt nur nicht weich werden«, war einmal der Titel eines Songs von Weill. Man sollte sich denn auch nicht verwehren lassen, eine Schnulze eine Schnulze zu nennen – das einzige Wort im übrigen, das mir, im Gegensatz zum echten Gespräch, zum Auftrag und zur Begegnung, ein Gewinn der neudeutschen Sprache dünkt. Es erinnert an hydraulisch gepreßte Tränen, trifft genau das synthetisch hergestellte Gefühl, das mittlerweile von der Kulturindustrie schon so zielsicher verteilt wird, daß das andere, das es verdrängte, für kalt und unmenschlich gilt.

Angesichts dieser Entwicklung fühle ich mich altmodisch, und für den Aufsatz, den zu schreiben Koegler mir empfiehlt, bin ich wohl nicht der rechte Mann. Aber ich möchte ihm einen Gegenvorschlag machen: er sollte einen Aufsatz »Der highbrow als lowbrow« verfassen. Seitdem der Bruch zwischen avancierter Kunst und breiter Rezeption radikal ward, fanden sich Intellektuelle, die aus der gesellschaftlich vorgezeichneten Isolierung herauszukommen hofften, indem sie sich krampfhaft und masochistisch zur Gegenseite schlugen. Sie meinten den abgespaltenen Geist zu retten durch Bündnis mit der Geistfeindschaft. Nachdem Nietzsche gegen Wagner die angebliche Popularität Bizets ausspielte, kam die Manier in Schwung durch Cocteau, der die Music Hall als Kur gegen die musikalische Metaphysik anpries und die physische Präzision als neue Klassizität. Immerhin, das war zum Chokieren bestimmt. Wenn Picasso und seine Freunde lieber in den Zirkus gingen als in die Comédie française, so haben sie doch nicht gerade Schnulzen gemalt. Unterdessen ist es mit dem Choc aus, und der highbrow hat sich vielerorten als biederer kultureller Advokat der lowbrows etabliert. Lieber sollte er in Gottes Namen ein highbrow bleiben und sogar sich einen Snob schimpfen lassen. Der Snob, der sich einen Picasso kauft, den er nicht versteht, taugt mehr als der kernige Mann, der sich voller Rancune einen Thoma kauft, den er versteht. Der Kritiker aber sollte sich nicht die Kraft zur Kritik, nicht den Gedanken an die Sache durch den Respekt vor der Resonanz verkümmern lassen. Der Trick mit der Oberflächlichkeit als Tiefe hat sich längst herumgesprochen, und Wagner ist zu lange tot, als daß man zwecks Götzendämmerung nach Tin Pan Alley zu gehen brauchte, der mythischen Urheimat der Schlagerkomponisten, die so wenig existiert wie Walhall.

1956

Musikpädagogische Musik

Brief an Ernst Krenek

Lieber Freund,
wie sehr ich mit Ihrem in der letzten Nummer der »23« publizierten Referat »Was erwartet der Komponist von der Musikerziehung«* einverstanden bin, wissen Sie, und die Übereinstimmung der Tendenzen geht so weit, daß ich mit Erörterungen zum gleichen Gegenstande weder Sie noch die Öffentlichkeit behelligen würde, auch wenn vielleicht die konvergierenden Kurven unserer Ansicht nicht im gleichen Punkt entspringen sollten – auch wenn es mir also verwehrt ist, von jener »Hierarchie geistiger Werte« als vorgeordnetem ontologischen Entwurf auszugehen, in welcher Sie vom »Standpunkt des Komponisten« aus dem Werk und der Erziehung ihre Orte zuweisen. Unsere Resultate sind die gleichen und ich unternehme es bloß darum, Ihren Formulierungen eigene, ergänzende hinzuzufügen, weil es mir dünkt, daß es sich bei diesen Resultaten nicht bloß um eine gleichsam private und isolierte Wahrheit für den Komponisten handelt, sondern um die objektive, keineswegs auf Standorte zu relativierende; daß also nicht etwa die Blockflötenwarte von ihrem Standpunkt aus gegen Ihren und meinen Recht behalten können; schlicht gesagt, daß das, was »der Komponist von der Musikerziehung erwartet«, das ist, was die Gesellschaft von ihr erwartet oder jedenfalls von ihr erwarten sollte. Obwohl meine eigenen Erfahrungen zur Pädagogenmusik der Musikpädagogen selber in der konkreten kompositorischen Arbeit gewonnen sind, könnte ich aus gesellschaftstheoretischen Erwägungen Ihre Formulierung vom »Primat des Schaffens« vielleicht nicht akzeptieren – wäre es nicht meine Überzeugung, daß eben dieser Primat, einer isolierten Sphäre des ästhetischen ›Für sich‹ zugesprochen, Schein ist; daß gerade in seiner Vereinzelung und

* *Vgl. Ernst Krenek, Was erwartet der Komponist von der Musikerziehung?, in: »23«. Eine Wiener Musikzeitschrift, Nr. 26/27, 8. 6. 1936, S. 19ff.*

Isolierung der Komponist gesellschaftliche Forderungen vollstreckt; daß in den innersten Zellen der fensterlosen technischen Probleme die Gesellschaft selber wohnt und ihren Anspruch um so legitimer anmeldet, je weniger er willkürlich, je weniger er von außen und in Verkennung des Formgesetzes urgiert wird. Die Frage nach Richtig oder Falsch im Kunstwerk, streng gestellt, ist nicht, wie es die hundertmal begrabene Doktrin l'art pour l'art und ihre billige Kritik gemeinsam vorgeben, eine der verdinglichten und entfremdeten Kunst allein, sondern eine des richtigen oder falschen gesellschaftlichen Bewußtseins, weil Verdinglichung und Entfremdung der Kunst selber gesellschaftliche Tatsachen sind und die Kunst nicht etwa bloß in abstracto vor der Gesellschaft sich ins Reich ihrer fragwürdigen Sicherheit zurückgezogen hat, sondern jedes ihrer Male ihr von der Gesellschaft eingegraben ward; ihre Antinomien die der Gesellschaft sind und ihre Lösungen gleichsam programmatische Figuren von gesellschaftlichen. Da es aber nicht in die Macht der Kunst gegeben ist, die gesellschaftliche Entfremdung von sich aus aufzuheben; da sie bei jedem solchen Versuch in Zweideutigkeit und Aporie sich verfangen muß, so wird sie ihrer gesellschaftlichen Funktion, als einer der Erkenntnis zuvor, um so besser dienen, je treuer sie den Umkreis ihrer eigenen technischen Fragen erhellend durchmißt; wissend, daß es keine bloß technischen sind; gewärtig, in ihnen die realen aufzufinden; entschlossen, auch der Einsicht unauflöslicher Widersprüche standzuhalten und daraus die gesellschaftliche Konsequenz zu ziehen; nicht aber willens, diese Einsicht undialektisch mit dem Appell an statische Größen von Gemeinschaft und Handwerk vorwegzunehmen und sich früher zu opfern als es ihr durch die eigene Situation geboten wird. In diesem Sinne möchte ich vorweg den »Standpunkt des Komponisten«, ohne Spezialistenhochmut und muckerhaftes Kunstpriestertum, als gesellschaftlichen mit Ihnen in Anspruch nehmen. Daß der Komponist nicht als freischwebendes soziales Vollzugsorgan zu behandeln, sondern selber in seiner konkreten gesellschaftlichen Problematik aufzufassen ist – auch darüber dürfte zwischen uns Einigkeit sein.

Die Koinzidenz der kompositorischen und gesellschaftlichen Fragestellung ist in Ihrem Referat selbst angesetzt mit der Aussage über das »Beisammenwohnen aller musikalischen Funktionen« als goldenes Zeitalter sei es purer Fiktion, sei es unwiederbringlicher Vergangenheit. Denn unwiederbringlich ist dies Zeitalter nicht bloß für den Komponisten, der gegen sich wüten und alle Beherrschung des Materials vergessen müßte, um mit dem gegenwärtigen Hörer umstandslos sich identifizieren zu können; unwiederbringlich ist es gesellschaftlich, weil es nur für einen unentwickelten Stand der Produktivkräfte angenommen werden kann. Die Musik, in der alle Funktionen ungeschieden ineinander lagen: Produktion, Reproduktion und Konsum, hat es nicht vermocht, die Ansprüche zu erfüllen, die von den konkreten Menschen an sie gerichtet wurden; das und nicht das okkulte Erlöschen von okkulten Gemeinschaftsqualitäten solcher Musik, die ja selber uns stumm geworden ist, hat ihre Veränderung erzwungen. Was wir an Beschreibungen aus chinesischen Traktaten, aber selbst aus Platon kennen, zeigt sie auf symbolische Ritualformen beschränkt, durch welche sie dem empirischen Hörer unvergleichlich viel abstrakter und im ursprünglichen Sinne esoterischer gegenübersteht als je ein Werk von Schönberg dem alten Korngold. Wenn es uns radikal unmöglich ist, die Platonische Charakteristik der Tonarten irgend nachzuvollziehen, so geht es dabei nicht, wie etwa bei den Worten der hochartikulierten Pindarischen Lyrik, die auf uns kamen, einzig um geschichtliche Distanzen, die das Vergangene in die Rätsel der Archaik verbannen. Die Gebilde selber sind primitiv; eingehegt von Tabuverboten, haben sie ihre Aura erst der Tabuierung, doch nicht ihrer Beredtheit zu danken; und die paradoxe Frage mag nicht der Berechtigung entraten, ob gerade die ›Gemeinschaftsmusik‹ der Chinesen und Griechen je ›verstanden‹ worden sei, oder jedenfalls das daran als wesentlich Überlieferte. Ich habe nie den Verdacht unterdrücken können, daß die von Platon den Tonarten zugeschriebenen sittigenden oder verweichlichenden Wirkungen – sie gehen immer noch als Gespenster um bei den Kritikern, die von der entnervenden modernen Musik und ähnlichem reden – schon zu seiner Zeit spekulative Inventionen, ›Mythen‹ waren und daß die vorarbeitsteilige, rituale, ›magisch‹ gebundene Musik in Wahrheit den Menschen entfremdeter klang als unsere entfremdete. Auf jeden Fall kann das von der mittelalterlichen, barocken und ›vorklassischen‹, dem Wunschbild der Musikpädagogen, mit einiger Bestimmtheit ausgesprochen werden. Ob mehr Menschen die

»Kunst der Fuge« zu ihrer Zeit verstanden, als heute das »Lied von der Erde« verstehen, weiß ich nicht; aber gewiß ist mir, daß das Subjekt des Hörers eher im »Lied von der Erde« sich selber wiederfindet, in Schönbergs »Georgeliedern« sich wiederfinden könnte, als in Bachs letztem, mächtigstem Werk.

Die Gemeinschaftsmusik war entfremdet durch Tabu; die spätere tendiert zur Autonomie gerade in ihren höchsten Repräsentanten, sobald sie in ihrem eigenen funktionalen Zusammenhang die Gesellschaft als eine funktional zusammenhängende auskristallisiert, alle ihre Momente in ›Beziehungen‹ setzt, ob auch teils statischer Art – der Fall Bachs –: welche ›Unmittelbarkeit‹ will man also wiederherstellen? Gewiß sind am Begriff der autonomen Musik alle Zweifel erlaubt und ich würde manche vielleicht unbedenklicher aussprechen, als Sie es im Referat für angezeigt hielten; aber das bedeutet, daß man Abhängigkeit und Zweck der autonomen Musik, wie verdeckt auch immer, in der musikalischen Gestalt selber dechiffriert, anstatt daß man um einer Oberflächenfunktion willen die Musik versimpelt. Um einer *falschen* Funktion willen: denn die Unmittelbarkeit des Gemeinschaftsmusizierens, als einer Sing-Stunde und nicht eines Sing-Lebens, bleibt so gut im Umkreis der Warenwelt befangen wie andere restaurative Unmittelbarkeiten. Es ist die Unmittelbarkeit des Kunstgewerbes: charakterisiert dadurch, daß die aufgebotenen Gemeinschaften sich Selbstzweck sind, ohne Bezug auf einen *realen* Zweck, der doch allein den ›Gebrauch‹ der Musik rechtfertigen könnte: l'art pour l'art der abstrakten Kollektivität. Sternberger hat die sogenannte Tanzbewegung »Kultus ohne Gegenstand« genannt: die Musikbewegung, die unter der Flagge der Pädagogik, der Jugend, des Gemeinschaftswillens segelt, hätte auf den gleichen Titel Anspruch. Während die Gymnastiklehrerinnen, die ihren Leib dem Raum preisgeben, im Aussterben begriffen sind, scheint eine neue Generation heranzuwachsen, die zwischen ihrem Mund und der Blockflöte eine ähnlich stellvertretende, doch inhaltslose Beziehung zu stiften unternimmt. Und wem fiele über der Simplifizierung jener Art Musik nicht das kunstgewerbliche Ideal des ›Schlichten‹, die Parodie des Materialechten, ein; wem nicht über dem Kultus Heinrich Schützens die Schneckenfrisuren? Wir brauchen kaum mehr darüber zu reden, welch schlechte Musik das abgibt; aber gesagt sein muß, daß in jener

Sphäre die Stickluft tyrannischer Unterdrückter herrscht, gegenüber dem ›Artistischen‹ nicht fortgeschritten, sondern reaktionär und regressiv. Die innerästhetische Fragwürdigkeit jener Tendenzen ist der Ausdruck der gesellschaftlichen: daß sie die Verdinglichung zum Schein abschaffen, anstatt sie in ihrer Konsequenz transparent zu machen und dialektisch aus ihr die Elemente einer guten Rationalität freizusetzen, die sie einmal vielleicht umfunktionieren könnte. Die das ernstlich versuchen, sind in der Tat jene »verschwindend kleinen Zirkel«, von denen Sie reden, und der Theoretiker, der ihre Partei ergreift, muß stets gewärtig sein, daß man ihm ihre numerische Unerheblichkeit vorwirft. Man hat mir oft genug einen ›Widerspruch‹ daraus zu konstruieren versucht. Zu meiner Verteidigung oder der unserer Sache brauchte ich mich aber keineswegs auf Mallarmé zu berufen, sondern könnte weit drastischere Gewährsleute bemühen. Jene Umfunktionierung ist keine Sache von Majoritäten, die lange genug noch für die Konservierung dessen sich mögen einspannen lassen, was sie verändern sollten. Die Entwicklung der musikalischen Produktivkräfte als freie Verfügung des Menschen über das Naturmaterial, als Emanzipation der Freiheit vom naturwüchsigen Zustand, wird selber nicht Menschen möglich sein, deren Bewußtsein durch den Mechanismus verstümmelt ist: zunächst also nur wenigen. Der Begriff der Avantgarde hat ästhetisch so gut seinen Sinn wie real. Der pädagogischen Musik aber kommt es nicht auf Naturbeherrschung an. Man ist selber naturbeherrscht: von jenem dumpfen und fragwürdigen Begriff der Natur, der aus der Jugendbewegung in Reservatsphären überging, seitdem die Jugendbewegung als solche länger nicht dem Primat der Politik sich entziehen konnte. Die verlorene Unmittelbarkeit wird als Natur verklärt: und ist doch nicht mehr als ein Potpourri vergangener Konventionen; weshalb sich denn auch die Herren über Chorpolyphonie oder Einstimmigkeit, über Spielfreude oder kultischen Ernst – kurz über ihre Inhalte nie einig werden können: denn dem wahllosen und widerspruchsvollen Rückgriff ist jeder Inhalt offen, weil er an keinen verpflichtend gebunden sich weiß.

Der kleinbürgerlich-reaktionäre Charakter jener Sphäre, die wir durch die Blockflöte charakterisieren, liegt darin, daß die kollektiven Pädagogen glauben, in einem begrenzten Sonderbereich, das in toto vom System abhängig ist, die Verdinglichung abschaffen zu

können, ohne daß die Grundlagen tangiert würden. Darum ist die pädagogische Musikbewegung, trotz ihrer Enunziationen gegen die musikalische Romantik, in gesellschaftlichem Sinne um vieles mehr romantisch als diese je war. Das Bewußtsein der realen Einsamkeit, das allein zur kollektiven Verhaltensweise in der Realität führen mag, und das die musikalische Romantik jedenfalls bezeugte, wird verdrängt und das Kollektiv als seiend vorgespiegelt, damit die Wirklichkeit nicht verändert werden muß, um die schlechte Einsamkeit abzuschaffen. Die Musikanten konservieren auf einer Insel den Lautenunfug der Wandervögel, der auf dem politischen Festlande längst niedergetrommelt ist. Sie erhebt die pars zum totum, ohne zu sehen, daß durch die Abhängigkeit vom Totalen auch das Partielle nicht zu werden vermag, was sie ihm zumuten. Sie sind Spezialisten der Unmittelbarkeit: und darum die haßerfüllten Widersacher des Spezialistentums. Nirgends kommt die Dialektik der musikpädagogischen Musik greller zutage als am Problem des Spezialisten. Arbeitsteilung und Verdinglichung sind gesellschaftlich aufs engste verknüpft. Mit der Sprengung der Verdinglichung mag in gewissen Grenzen die Arbeitsteilung korrigiert werden; in der verdinglichten Gesellschaft ist jeder Fortschritt an weitergehende Spezialisierung geknüpft. Die musikpädagogische Musik jedoch, ihren Voraussetzungen nach durchaus spezialistisch, sagt dem Spezialisten den Krieg an und beansprucht, dem ›ganzen Menschen‹ zu gelten, der ihr prinzipiell versagt ist; die Vorstellungen von der allgemein-humanitären Wirkung der Musik, die auch Sie und Hába kritisiert haben, oder die nicht minder vagen pseudopsychologischen von ihrem ›enthemmenden‹ Einfluß – wiederum an die rhythmische Gymnastik mahnend – nimmt sie dabei wahllos in Anspruch.
Hier liegt nicht nur die Wurzel jenes Antiindividualismus der musikpädagogischen Welt, von dem einmal jemand sagte, man wolle das Individuum überwinden, das man noch nicht sei; sondern daher stammt auch die besondere Färbung des Antiindividualismus. Wenn die musikalische Produktivkraft gegenwärtig vom technischen Spezialisten verwaltet wird, dann ist, wer den technischen Spezialisten verfehmt, der Feind der Produktivkraft selber. Die Verhältnisse des heutigen Musiklebens sind zu Fesseln der Produktivkraft geworden; die Musikpädagogen machen daraus ihr Prinzip und ziehen daraus ihren Affekt. Ihr Haß gegen den Individualismus

gilt nicht sowohl dem Leiden des vereinsamten Menschen als dessen Freiheit und Überlegenheit oder ihrem Schein: solcher Haß ist wahrhaft ›destruktiv‹: der Instinkt, der sich gegen Artistentum kehrt, gegen Dekadenz, Snobismus und wie man die unerreichbaren Laster alle tauft, richtet sich im tiefsten wider die Produktivkraft selber, die Fähigkeit, Neues hervorzubringen, die Verfeinerung von Bedürfnis und Leistung, die mit Gewalt – buchstäblich mit Gewalt – auf das Niveau von dumpfen Lehrerseminaren und Volkshochschulen zurückgeschraubt werden soll.

Das klingt hart: angesichts der pharisäischen Attitüde der Herren, der Selbstgerechtigkeit ihres Gemeinschaftswillens, ist es an der Zeit, daß es einmal beim rechten Namen genannt wird. Was am Individuum verfolgt wird, ist da nicht dessen Egoismus, Lieblosigkeit und hochmütige Beschränktheit, sondern gerade das Fortgeschrittene, Erhellte, Freie, das man beneidet: sie wissen nicht, daß das Individuum vom wahren Kollektiv mitgenommen werden müßte, das doch nur um der Menschen, in letzter Instanz Individuen willen existiert, sondern die Fetischisierung des Kollektivs wird bei ihnen zur Menschenfeindschaft und zum Zerstörungsdrang. Es ist, als könnten sie nicht nur die vorwärtstreibenden produktiven Tendenzen der Gegenwart nicht ertragen, sondern haßten selbst die Vergangenheit ihrer eigenen Schicht: als diese noch den Fortschritt trug und im Namen des Menschen von eben jenen ›Bindungen‹ sich emanzipierte, die die Herren heute zum Fetisch machen. Einer ihrer Protagonisten – und kein Artist oder Intellektueller ist es gewesen, der der Totenmaske Beethovens einen schwarzen Schnurrbart anmalte: gewiß keine revolutionäre Geste, sondern die des wütenden Kleinbürgers, der den Kopf einschlagen möchte, aus dem der Gedanke kam. Diese Geistfeindschaft, die zugleich asketische Feindschaft gegen die Sinne ist, beherrscht in Wahrheit die schulische Musik; sie wollen vernichten, woran sie nicht teilhaben dürften, ohne am Grund ihrer Existenz irre zu werden, und ihre Stickluft nicht bloß selber bewohnen, sondern den anderen als Gottes Allnatur aufzwingen. Daher die Tendenz, die produktiv unentfaltete Musik allemal gegen die freie auszuspielen, die Terrassendynamik gegen das Crescendo, die alte Orgel gegen das Orchester, Händel, noch lieber Schütz gegen Bach. Sie pflegen das mit soviel moralischem Aplomb vorzubringen, daß die eingeschüchterten Künstler kaum ernstlich mehr fragen, wie all die Phrasen sich ausweisen. Aber man nehme ihnen die forschen Windjacken ab: dann kommen die Philister zum Vorschein, gegen die Schumann jenen »Carnaval« schrieb, der immer noch bessere Musik ist als Hindemiths »Suite 1922«. Schein ist denn auch, wie Sie, lieber Freund, bereits andeuten, die ›Aktivität‹: denn was besagt es, wenn das Publikum mitsingt, dafür aber die Produktivkraft des Komponisten durch Rücksicht auf das Vermögen jenes Publikums gehemmt – ihm also gerade die Aktivität verwehrt ist? Nimmt man, wie ein moderner Theoretiker es formulierte, »Denken als Verhaltensweise«, dann ist doch diese, das volle Verstehen eines artikulierten musikalischen Gebildes, unvergleichlich viel aktiver als das primitive Basteln, das individuell einen von der Gattung seit Jahrtausenden überwundenen Zustand reproduziert. Ich habe scharf und deutlich gesprochen, lieber Freund, aber es ist notwendig, daß wir unseren Feinden nicht bloß ihre ästhetische Insuffizienz vorhalten, wofür sie allenfalls dankend quittieren würden, sondern daß wir den Schein der moralischen Überlegenheit, der konkreten Menschlichkeit und des gesellschaftlichen Weitblicks zerstören, mit dem sie die oft allzu naiven ›Artisten‹ zu düpieren pflegen. Es geht dabei nicht bloß um die Qualität der Musik ›an sich‹, sondern endlich um die Frage, ob man die Musik zu einem Mittel der Verdummung und des Rückschritts werden lassen will. Wenn ich aus unserer gemeinsamen Einsicht nun die drastische Konsequenz ziehe und die Herren dort stelle, wo sie ihr ›reines Wollen‹ der Diskussion enthoben meinen, so bin ich sicher, daß Sie mir Ihre Zustimmung nicht versagen werden. Im übrigen ist mir daran gelegen, zum Ausdruck zu bringen, daß mein Angriff sich nicht gegen den Initiator des Prager Kongresses – den ich nicht besuchte – richtet. Er hat der musikpädagogischen Bewegung mehr Toleranz gezeigt als Sie oder ich es vermöchten – aber daß er es nicht im Geiste der Reaktion und Kleinbürgerlichkeit tat, hat er durch seine Musikpolitik in anderen Stücken hundertfach bewährt. In der Hochschätzung Leo Kestenbergs weiß ich mich mit Ihnen so einig wie in den entscheidenden kritischen Positionen.

In alter Herzlichkeit Ihr

Hektor Rottweiler

Wien, September 1936

Chormusik und falsches Bewußtsein

Was den Gesangvereinen ›traditionelles Volkslied‹ heißt, ist kein solches sondern, nach dem üblichen Sprachgebrauch, ›volkstümliches Lied‹. Meist handelt es sich um Kunstlieder aus dem neunzehnten Jahrhundert, welche die Errungenschaften der Romantik durch Sentimentalisierung und, im Lauf der späteren Entwicklung, durch kalkulierte Effekte den Bedürfnissen einer kleinbürgerlichen Geselligkeit anpassen, die sich Selbstzweck ist. Mißtrauen gegen diese Praxis hat mit dem genuinen Volkslied überhaupt nichts zu tun. Andererseits sind gerade die genuinen Volkslieder, die zeitlich allesamt weit zurückliegen, den Bedürfnissen der Gesangvereine so fremd, daß diese nur gelegentlich darauf zurückgreifen dürften. Wo das, etwa unter der Nachwirkung der sogenannten Singbewegung, doch geschieht, glaube ich, daß mehr aus Weltanschauung historisiert wird, als daß eine unmittelbare Beziehung bestünde.
Natürlich sind die von den Gesangvereinen gesungenen Chöre nicht allesamt schlecht; manches von Schubert mag darunter sein; sicherlich vieles von Mendelssohn, was zwar bereits Züge philiströser Verniedlichung trägt, aber doch noch die Hand eines wirklichen Komponisten verrät. Das anständige Material bildet jedoch fraglos nur einen Bruchteil des von den Vereinen Gebotenen.
Womit sie sich befassen, ist überholt: einmal weil es eine gesellschaftliche Bilderwelt, nicht nur durch die Texte sondern auch durch den musikalischen Habitus, beschwört, die nurmehr fiktiv nachzuvollziehen und gründlich ausgehöhlt ist; dann auch, weil die bevorzugte Literatur rein kompositorisch kaum ernsthaften Kriterien standhält, überdies hinter der Entfaltung der musikalischen Kräfte völlig zurückblieb.
Den Chor an sich, als musikalisches Material, auszuschließen, hielte ich für unberechtigt. Auch aus unserer Zeit gibt es Chorkompositionen großen Ranges wie die von Schönberg und seine Bearbeitungen, ebenso wie die ungarischer – authentischer – Volksme-

lodien durch Bartók, und manches andere. Diese Gebilde jedoch spielen in den Vereinsprogrammen keine wesentliche Rolle. Sie werden allenfalls als Beweise des guten Willens, oder als Konzessionen aufgeführt.

Allerdings kann ich mich des Verdachts nicht erwehren, daß bereits der Chorklang als solcher, wenn er nicht mit aller kompositorischen Kraft durchgeformt ist, etwas Illusionäres in sich enthält; den fatalen Anschein einer sogenannten heilen, geborgenen Welt inmitten der ganz anderen hervorbringt. Die Tendenz dazu liegt im Chormaterial. Allzuleicht macht es den Einzelnen glauben, in Einverständnis und Harmonie von Mensch zu Mensch aufgehoben zu sein, wie sie in der Struktur der gegenwärtigen Gesellschaft nicht vorhanden sind; die Chorgeselligkeit zeitigt künstliche Wärme. Die Legitimation von Chormusik heute hängt davon ab, ob sie dem sozialen Eigengewicht von Chorklang und Vereinssituation mit kritischem Bewußtsein und produktivem Vermögen entgegenarbeitet. Durch jenen fast automatischen Gestus, durch Innigkeit aus zweiter Hand, angedrehte Hochgefühle und kollektive Selbstzufriedenheit gehört die übliche Chormusik einem falschen Bewußtsein an und droht, es zu reproduzieren.

Nichts anderes meine ich, wenn ich sie ideologisch nenne: den Schein von Unmittelbarkeit in einer durch und durch vermittelten Gesellschaft. Daß die meisten Erzeugnisse solchen Schlages nicht länger Ideologien etwa nationalistischer Art mehr verkünden, wie früher in den Gesangvereinen gang und gäbe war, bezweifle ich nicht. Aber die sozialwissenschaftliche Erkenntnis, daß die geistigen Formen der Entpolitisierung dadurch, daß sie die Menschen von ihren wesentlichen Interessen ablenken, selbst wo sie harmlos gemeint sind, zum Politikum werden, nötigt mich dazu, das herrschende Gesangvereinswesen dem ideologischen Betrieb zuzuzählen. Durch die große Zahl der Menschen, die, ohne daß sie durchschauten, was da geschieht, sich davon einfangen lassen, wird das so gefährlich, daß der gönnerhafte Zuspruch, man dürfe doch den Leuten nicht nehmen, woran sie ihre Freude haben, nicht zu verantworten ist. Kritik an der Gesangvereinspraxis hat zu denen, welche ihr verfallen sind: zu ihrer menschlichen Möglichkeit, mehr Zutrauen, als die billige Humanität, die sie lassen möchte, wie sie sind.

1968

Bewußtsein des Konzerthörers

So wenig mehr die Schicht der Konzerthörer sozial homogen ist, so wenig auch ist es ihr Bewußtsein. Das Konzert, im 19. Jahrhundert der höfischen Pflege vollends entrissen, war neben der Opern-Repräsentation die charakteristischeste Form der bürgerlichen Musikübung. Und zwar der bürgerlich-privatkapitalistischen. Wohl also war hier, gleich allen Dingen, Musik zum Tauschwert und zur Ware geworden, hatte ihres ursprünglich ritualen und danach zeremonialen Wesens vollends sich entäußert. Aber der Raum der musikalischen Warenkonsumtion, den das Konzert darstellte, war gleich dem bürgerlichen Wohnraum gegen die Realität des wirtschaftlichen Zirkulationsprozesses sorgsam abgedichtet, isoliert im Zeichen der reinen Autonomie des Kunstwerkes: erhielt damit die Fiktion, das Konzert sei der Macht der Verdinglichung entrückt, die doch insgeheim aller Bewußtseinsformen längst sich bemächtigte. Diese Fiktion ist mit der Sicherheit des privatkapitalistischen Bürgers hinfällig geworden. Die Abdichtung des Konzertsaales gegen die Wirklichkeit zerbröckelt. Von den alten Trägern der Konzertkultur hat die entscheidende Gruppe, die intellektuelle Mittelschicht, großen Teiles die ökonomische Möglichkeit verloren, Konzerte auch bloß noch zu besuchen, geschweige denn aktiv zu stützen. Die aus jener Schicht durch Krieg, Inflation und Rationalisierungskrise bislang ungefährdet hindurchkamen, sind gegenüber der veränderten Situation in polemische Haltung gedrängt. Zusammen mit den trustkapitalistischen Kreisen, deren Herrschaft immer deutlicher sich auskristallisiert, und die, als neue ›Führerschicht‹ sich fühlend, Musik wieder dem Zweck der gesellschaftlichen Veranstaltung dienstbar machen möchten, hat die Vorkriegsintelligenz sich in den Schutz der traditionellen, konservativen Konzertgesellschaften geflüchtet, während der aktuellen Kunstübung in jene Bereiche einzudringen nur sporadisch gelingen will; oft genug werden dort moderne Werke nur geboten, den Hörern zu zeigen, daß man sich damit nicht aufzuhalten braucht und sogleich zu der nachfolgenden Siebenten Symphonie von Beethoven übergehen kann. – Andererseits kommt die junge Generation als Konzerthörerschaft im hergebrachten Sinne kaum in Betracht. Dem Betrieb einer rationalisierten Wirtschaft unterworfen, drängt sie eben aus dem privaten Lebensraum hinaus, der die Heimstätte der Konzerte war, und sucht mangels anderer verfügbarer Inhalte wenigstens die eigene Kollektivität zu genießen; das Kunstwerk als Gebilde zu begreifen, fehlt es ihr an Muße und Freiheit; der Zwang des Lebens, in dem sie existieren, fordert andere Stimulantien. So entspannen sie sich bei einer leichten Musik, die ihnen vom Reklameapparat des gleichen Trustkapitalismus samt Radio, Grammophon und Tonfilm eingehämmert wird, dem sie zu entfliehen meinen in eine Kunst, die mit Textwort und Rhythmus sie auch für die karge Freizeit den Ideologien der herrschenden Mächte unterwirft. Oder sie durchschauen wenigstens die gröbste Täuschung, verfallen aber sogleich einer neuen: der Jugend- und Gemeinschaftsmusikbewegung, im weitesten Sinne verstanden, die ihnen einreden möchte, die Tatsache der Kollektivität, des gleichen und wie oft völlig sinnlosen Schicksals sei bereits ein ›Sinn‹, und sie dem Phantom einer Gemeinschaftskunst nachjagen läßt, das durch jede Sekunde ihres atomisierten Lebens dementiert wird. Konzertflüchtig sind sie alle.

Darum heißt vom Bewußtsein des Konzerthörers sprechen, zunächst das Bewußtsein derer bezeichnen, die nicht mehr in Konzerte gehen. In den Konzerten zurückgeblieben sind die Zurückgebliebenen. Also einmal die, die etwas für die Bildung tun wollen und die noch desorientierter sind als die Konsumenten der leichten Musik, weil sie noch nicht einmal so weit halten, die Problematik ihres abgezehrten Bildungsideals zu erkennen; die denn auch gar nicht mehr gebildet sind; sie freuen sich, wenn sie alte Bekannte wiederhören. Dann die Narkotiker, auf die Stuckenschmidt einmal mit Recht hinwies; die zumal in Kammermusikabenden heimisch sind. Sie berauschen sich am bloßen Klang, Musik ist ihnen eine vitale Ersatzfunktion und erreicht ihr Bewußtsein überhaupt nicht; sie sind die kümmerlichen Erben einer Romantik, die sich von Musik in ›bessere Welten‹ entführen ließ, was immerhin damals eher möglich war als heute, weil vielleicht die Welt, vor der sie flohen, besser war als die gegenwärtige. Schrullenhafte Kenner, Outsider, die, über ihre

Einsamkeit sich zu trösten, mit den Köpfen wackeln und mittaktieren, finden sich genug unter ihnen. Sie sind bereits verwandt der Gruppe der Fachleute, die mit der Partitur in der Hand zuhören. Diese verstehen wenigstens manchmal, was vorgeht, und da die Tatsache der Arbeitsteilung sich nicht beliebig widerrufen läßt, so soll man nicht gar so schlecht von ihnen reden; nur sind sie nicht eigentlich Hörer, und damit, daß man sie gleichsam vom Podium, aus dessen Perspektive sie hören, in den Saal verweist, in eine schiefe Situation sich selbst und der Musik gegenüber gebracht. Nimmt man die Hüter der Vorkriegsbelange, die kultur-repräsentierenden Wirtschaftsherrn und ein paar junge Intellektuelle hinzu, die sich informieren wollen, so ist die Sphäre der Konzerthörerschaft erschöpft. Daß die neuen Schichten in die Konzertsäle ›drängten‹, davon kann keine Rede sein. Einzig die deklarierten Veranstaltungen der großen politischen Organisationen haben hier – mit Recht – Erfolg. Das Kleinbürgertum scheint bastelnd dem Radio hörig; die Angestellten gehen nicht in Konzerte, sondern in ›Lokale‹, zu müde, noch die Arbeit des aktiven Hörens zu leisten; das Proletariat ist ökonomisch vom Konzertbesuch ausgeschlossen.

Trotz der offenbaren Krise des Konzertwesens, die die gesellschaftliche Lage eindeutig vorschreibt, ist ein Wort gerade zur Verteidigung der Institution zu sagen. Gewiß wird sie in der herkömmlichen Weise nicht zu halten sein. Aber sie hat die Funktion, Dinge zu bewahren, für die anderswo, in der gegenwärtigen Ordnung der Dinge, weder Raum noch Resonanz ist. Die verdinglichte und isolierte Form des Konzertes, ob auch in ihrer Privatheit überholt, ist jedenfalls der Struktur der heutigen Wirtschaft angemessener als der modische Trug einer vitalen Unmittelbarkeit des Musikalischen, die den Warencharakter zwar verdeckt, aber nicht verändert. Dem entspricht, daß die eigentlich radikale – die ihrem *Wahrheitsgehalt* nach radikale Musik einstweilen nirgends ihre Stätte findet, es sei denn im fragwürdigen und zweideutigen Konzertbetrieb. Denn die irregeleiteten Kollektive weisen sie als ›asozial‹ zurück; leichtverständlich ist sie nicht und kann es so wenig sein, wie der eigentliche Bewußtseinsstand der Epoche. Eine Musik wie die von Schönberg ist, wenn man von den mechanischen Mitteln der Wiedergabe absieht, einstweilen anderswo als im Konzert nicht denkbar. Da sie aber weiter hält als alle erdenkliche Gebrauchsmusik, so wird man schon um ihretwillen einer Institution noch Schonzeit gewähren, die jedenfalls vom Vorwand eines Gebrauches, dem der Zweck mangelt, sich fernhält. Die Konzerte sind darum vielleicht in der heutigen Musiksituation als Zellen eines radikalen Bewußtseins auszubilden, das die naturwüchsigen Kollektivformen verdrängen möchten. Dabei brauchten sie, selbst sozial, nicht einmal so gänzlich am falschen Orte sich zu befinden. Denn es gibt auch in der gesellschaftlichen Entwicklung Momente, wo die treibende dialektische Kraft von den großen Kollektiven – etwa wenn sie ideologisch umnebelt sind – an kleine Zirkel übergehen, die, einsam scheinbar, für ein Kollektiv weiterdenken, dem sie dem Erkenntnisgrunde nach näherstehen als dessen laute Repräsentanten. Im musikalischen Bereich werden solche Zirkel im Konzertraum sich schließen können. Daß es geschehe, ist freilich zunächst rückhaltlose Klarheit über die Zerfalls-Situation des Konzertes selber gefordert. Sie werden allein in den Ruinen des alten Konzertbaues hausen können. Aber sie werden dorthin besser passen als in den erleuchteten Saal.

1930

Musik im Hintergrund

In unserem unmittelbaren Leben ist kein Platz mehr für Musik. Wer, als Einzelner, auf der Straße laut singen wollte, der liefe Gefahr, als Störer der Ordnung festgenommen zu werden; wer stumm in sich hineinsummt, abgezogen vom Auswendigen, der kann mit jedem Augenblick in ein Auto laufen; und wie traurig verkrampft schauen nicht die drei Wandervögel aus, die sich auf den Marktplatz stellen und zu falschen Gitarrenakkorden singen, als wären sie fahrende Spielleute, sie, die Unterprimaner. Einzig die politische Aktion vermag vielleicht für kurze Stunden die Wirklichkeit des Gesanges leibhaft zu entbinden. Weit sind wir von Neapel, nicht bloß dem Raum sondern auch der Zeit nach; wenn dort noch alle Rede zum Gesang hinüberschwingt, wenn der Früchtehändler, der sein Gut auf heidnischem Altar-Wagen mit sich führt, davor Hymnen singt, so sind bei uns die Straßenverkäufer längst wandelnde Plakate geworden. Wer Musik will, muß hinaustreten aus dem Raum des unmittelbaren Lebens, weil es keines mehr ist, und die verlorene Unmittelbarkeit sich holen, wo sie Entree kostet, in der Oper, im Konzert.

Dennoch ist sie nicht ganz vernichtet. Gewiß, Drehorgeln und Hofmusikanten sind archaische Reste; sie haben ihr eigenes Gesetz und ihre eigene Geschichte, quer genug zur Gesellschaft, und ihre obskure Existenz zählt für diese nicht. Die Inseln der Hausmusik liegen schon nahe am schimmernden Eismeer der bewußten Kunstübung. Bleibt die vertriebene Musik selber, gedrängt an den Rand des Daseins, dort aber treu beharrend: Musik als Hintergrund.

Es ist, nach dem Tode des stummen Films und seiner Trösterin, des Kino-Orchesters, die Musik der Caféhäuser oder, wie man heute kultisch es zu nennen liebt, der Vergnügungsgaststätten. Sie hat die Radios überstanden, auch ohne äußerliche Nachhilfe; allemal sind Lokale mit eigener Kapelle besser besucht als solche mit bloßem Lautsprecher. Sie kostet den Hörer kein Geld; das ist in die Preise des

Kaffees, der Schokolade, des Wermuths einkalkuliert, kaum merkt er wie; wenn er es selbst bemerkt, fühlt er sich gehoben als Besucher der teuren Stätte. Die Musik gehört dazu; verscheucht zwar von der Straße, doch nicht weitab in der Distanz geprägter Kunst, sondern die Anwesenden begleitend, die Müden beim anspornenden Getränk, die Geschäftigen bei der Verhandlung, auch die Zeitungsleser; auch die Flirtenden, wenn es die noch gibt.

Vorab bezeichnet es die Hintergrund-Musik, daß man nicht zuzuhören braucht. Keine Stille legt sich als Isolierschicht darum; sie sickert ins Gesumm der Gespräche. Schmettert ein unseliger Tenor seine italienischen Kanzonetten, empfindet man ihn als zudringlich. Das Schweigen hält nur die paar Sekunden bis zur nächsten Bestellung. Kunstverständige, die pst rufen – hier enthüllen sie unerbittlich sich als komisch.

Im Piano will die Musik ganz verschwinden. Dann wird das Klappern der Löffel und Tassen vernehmbar, verschmilzt mit dem Glokkenspiel, vielleicht dem hohen Klavier; verloren fallen die Phrasen des Cellos herab. Im Forte steigt die Musik als Rakete hoch, und ihre Bögen überglänzen die Zuhörer, ehe sie wieder verlassen dasitzen, im Grau ihrer Zigarettenwolken. Sie sind kein Publikum. Kaum je wird einer über die Qualität der gebotenen Musik urteilen. Sie sind auch nicht musikalisch gestimmt. Die Musik trifft kaum ihre inwendigen Regungen. Vielmehr: sie ist ein objektiver Vollzug zwischen, über ihnen. Die Kälte von Tisch zu Tisch; die Fremdheit zwischen dem jungen Herrn und dem unbekannten Mädchen gegenüber, das auf seine Blicke wartet, um beleidigt sein zu dürfen: das wird von der Musik beileibe nicht aufgehoben, aber aufgefangen und gebunden. Der Herr wird gewiß nicht wagen, das Mädchen anzusprechen, hier, in der teuren Vergnügungsstätte. Aber Kälte, Begier, Fremdheit der Nähe zwischen den beiden, die Musik versetzt es mit jäher Geste in die Sterne, wie den Namen der verlassenen Ariadne. Die Angeredeten selber brauchen keine Notiz davon zu nehmen. Sobald es zu laut wird, entziehen sie ihre Leiber dem astralen Vollzug mit dem Ruf: Kellner, zahlen! und schlagen ans Glas mit dem Löffel. Das ist aber zugleich der Klang der Café-Musik.

Hat einmal einer diesen Klang abgehört? Kenner wissen zu unterscheiden zwischen Pariser Besetzung, Salonbesetzung und mancher anderen. Die Unterschiede sind recht interner Art. Der Klang ist gemeinsam: Hindemith hat ihm in der ersten Donaueschinger Kammermusik sein würdiges Denkmal gesetzt. Von Orchester kann keine Rede sein; die Unendlichkeit der chorischen Streicher, die Holzbläserfarben, die Resonanz des Blechs fehlen. Also Kammermusik, denkt man und wird sofort der Unmöglichkeit inne. Hier gibt es nicht das verschlungene Spiel wechselnd hervortretender Instrumente. Es gibt bloß Oberstimmenmelodik: der Solist präsentiert sich als ›Stehgeiger‹. Das Klavier ist nicht kammermusikalisch als Klavier gesetzt; es ist der ›Conductor‹, mit Fundament und Harmonie, vielleicht der letzte Erbe des ausgeführten Generalbasses in der europäischen Musik. Dieser aufgemachte Klang hat etwas glanzvoll Schäbiges. Er ist bunt wie Flitter; aber er zerreißt in der Hand. Er will Orchester vorstellen und ist doch vom Klavier beherrscht; kaum anderswo wird der Forderung des ›Materialgerechten‹ heute noch so unbedenklich gespottet wie hier. Er posiert, als Stefanie-Gavotte, kammermusikalische Finessen: und meint doch nur den Stehgeiger, denn die Pizzicati gehen verloren. Nirgends ist die Musik so ganz Schein geworden wie im Café. Aber im Schein wird sie bewahrt. So emanzipiert von allem menschlichen Ernst und aller Echtheit der künstlerischen Gestalt muß sie wohl sein, um von den Menschen inmitten ihrer täglichen Verrichtung noch geduldet zu werden, ohne sie zu erschrecken; ihr Schein aber ist es, der ihnen leuchtet. Nein: der sie beleuchtet. Sie werden nicht anders darin, aber ihr Bild ändert sich. Es ist heller, schärfer, konturierter. Schweigt die Caféhausmusik, dann klingt es, wie wenn ein geiziger Kellner ein paar elektrische Birnen auslöscht. Die Hintergrund-Musik ist eine akustische Lichtquelle.

Für das Unechte, Scheinhafte an ihr ist das zuständige technische Wort: Arrangement. Es werden keine Originalkompositionen gespielt; kein Stück so, wie es gedacht ist; alles in Einrichtungen fürs Salonorchester, das sie verfälscht und verändert; das groß Geplante ins Intime mildert, das Zarte mit Tremolo und Vibrato aufbläht. Die Werke zerfallen darin, und zerfallene Werke, solche ehemals berühmter, dann abgesunkener Meister, sind zur Hintergrund-Musik die rechten. Frage nur, ob es beim Zerfall bleibt. Im Zerfall verstummen die Werke. Hier werden sie nochmals laut. Nicht freilich sie selber, in der gefügten Gestalt. Aber die Trümmer ihres Klanges sind aneinandergefügt zu einer zweiten, sonderbar transparenten Form. Das Klavier ersetzt nicht einfach die fehlenden Hörner; die Fülle von ehemals selber ist schäbig geworden und wird darum dem Klavier überantwortet. Der Primgeiger macht nicht die edle Melodie ordinär mit seiner solistischen Aufdringlichkeit; sie hat ihr Edles verloren und gibt darum dem Stehgeiger sich preis. Die wahrhaft Edle wird wie ein Stern aus dem Hintergrund herausleuchten: man hört sie als Musik.

Sonst aber arrangiert das Caféhaus Buketts aus toten Blumen. Die Fugen zwischen dem brüchigen Klang, zu dem sie geschichtet wurden, sind nicht fest geschlossen. Durch sie dringt der rätselvolle, allegorische Schein, der aufgeht, wann immer Fragmente des Gewesenen zur unsicheren Oberfläche sich vereinen. Was für den vertikalen Klang gilt, gilt nicht anders horizontal, für den Zeitverlauf. Die Cafés sind der Ort der Potpourris. Sie sind aus den Scherben des Werkes: ihren beliebtesten Melodien gebildet. Aber sie erwecken die Trümmer zum zweiten, schemenhaften Leben. Verharrt unsere Kunstmusik im tröstenden Reiche des Orpheus – hier tönt ihr Echo aus Eurydikens Trauerregion. Ihr Glanz ist unterweltlich. Sie darf unbemerkt bleiben, weil sie unwirklich ist. Aber es ist kein schwarzer Schatten, sondern ein heller; wie Milchglas. Es läßt sich durch diese Musik gleichsam vag hindurchhören, hinüber in den nächsten Saal. Darum leuchtet sie.

Man sollte denken, Musik im Hintergrund, unbemerkte Musik müsse nicht anders sich geben denn als Begleitung: wie die guten Ballettmusiken, im Gegensatz zu Pantomimen, Rhythmen, Farben, Klänge beistellen und die Melodie aussparen für den Tanz oben auf der Szene. Aber weit gefehlt. Da im Café ja die Melodien als Gespenster umgehen, ist von ihnen keine Störung zu befürchten, und sind sie noch so sehr da; denn sie werden zitiert aus der unbewußten Erinnerung der Hörer, nicht ihnen vorgestellt. Je größer die Ekstasen, um so vollkommener die Seelenruhe derer, über denen sie verpuffen. Es gibt Meister – wahrhaft Meister –, deren Größe erst in dieser sonderbaren Versetzung des leidenschaftlichen Scheins ins kalte Behagen der Wirklichkeit ganz offenbar wird. Puccini ist der vornehmste von ihnen; man könnte glauben, Bohème, Butterfly, Tosca seien im Gedanken an imaginäre Potpourris entworfen, die erst aufstehen, wenn die letzte Träne vor den Opernkatastrophen versiegte. Aber auch Grieg ist mit Stücken wie »An den

Frühling« nicht zu verachten. Tschaikowsky ist geeignet; natürlich Mignon und Margarete; Carmen spottet aller Gespensterei; vor Schubert wird die Caféhausmusik blasphemisch. Merkwürdig, daß auch die neuen Tänze nicht hinpassen wollen; ihre Funktion ist zu frisch, um zum Hintergrund schon sich herzugeben. Die besten sind die Melodien der großen, undurchbrochenen Bögen, wie die Arien der Butterfly und des Rodolfo. Wer, betroffen, doch aus Gespräch oder Gedanken aufschreckt und hinblickt, verwandelt sich in Georg Heyms Vorstadt-Zwergen; »er schaut hinauf zur grünen Himmelsglocke, wo lautlos ziehn die Meteore weit«.

1934

Warum ist die neue Kunst so schwer verständlich?

Meine Damen und Herren, die Frage, warum die neue Kunst so schwer verständlich sei, habe ich in einer Allgemeinheit gestellt, die sogleich zur Erklärung und Rechtfertigung zwingt. Sie können mir entgegenhalten: weder gebe es eine ›Neue Kunst‹ schlechtweg, in einer geistigen Lage, in der künstlerische Bestrebungen jeglicher Art sich überschneiden, noch könne gar von dieser neuen Kunst, die es als solche nicht gibt, behauptet werden, daß sie schwer verständlich sei. Ich rede also nur von jener Kunst, die Sie alle als spezifisch modern in jenem Sinne empfinden, dem eben der Choc über die Fremdheit und Rätselgestalt beigesellt ist, welcher aller Rede von Schwerverständlichkeit eigentlich zugrunde liegt. Die Schlagwörter Expressionismus, Konstruktivismus, Futurismus, Kubismus, Atonalität, Surrealismus, so leer und banal programmatisch sie daherkommen, mögen Sie an den Choc erinnern, wie er zur Ursprungszeit jener Kunstrichtungen deutlich fühlbar war. Zum anderen möchte ich – und darum eben habe ich die Frage so vag und allgemein gestellt – nicht innerlich von den Bedingungen der Schwerverständlichkeit reden, wie sie in jeder einzelnen dieser Richtungen vorliegen. Das erforderte nicht bloß große Ausführlichkeit, sondern müßte auch tief in die Erörterung fachlicher Probleme leiten, an denen viele von Ihnen gewiß nicht interessiert sind – ohne daß dafür eine schlagende und einheitliche Antwort überhaupt zu gewinnen wäre. Ich stelle also die Frage von Anbeginn nicht für die Kunst selber und ihre konkrete Gestalt, sondern für das Publikum, das ihr gegenüber sich findet; ich frage soziologisch, nicht ästhetisch; ich möchte fast an Sie selber die Frage richten, warum Sie, wie ich annehmen darf in Ihrer überwiegenden Mehrheit, die neue Kunst schwer verstehen. Auf diese Frage will ich eine Antwort versuchen. Argumente wie das Cliché, die neue Kunst wende sich an den Verstand, während die alte es auch mit dem Gefühl zu tun habe, dem sie etwas ›gebe‹, nehme ich dabei als Symptom des bestehenden Zustandes, keinesfalls als dessen

Erklärung. Denn abgesehen davon, daß die Begriffe Gefühl und Verstand, Abfallsprodukte der großen Philosophie von ehemals, nicht passieren dürften, ohne daß man ihnen ihr Visum abverlangt – hier sagen sie nichts anderes, als daß der älteren Kunst eine gewisse Unmittelbarkeit der Wirkung zukomme, die sie verständlich mache, während diese Unmittelbarkeit bei neuer Kunst nicht mehr vorliege, so daß es irgendwelcher Hilfsoperationen bedürfe, um in ihr Zentrum zu dringen. Die Unmittelbarkeit ist dabei eine solche der Wirkung, nicht des Gehaltes – also die Verständlichkeit selber. Die Phrase von Gefühl und Verstand ist allein ein unerhellter und schiefer Ausdruck für die Grunderfahrung der Schwerverständlichkeit von neuer Kunst: nämlich die, daß die Produktion von Kunst, also das Material, die Forderungen und Aufgaben, die der Künstler bei seiner Arbeit vorfindet, prinzipiell sich geschieden hat von der Konsumtion, also den Voraussetzungen, Ansprüchen und Auffassungsmöglichkeiten, die der Leser, Betrachter oder Zuhörer den Kunstwerken entgegenbringt. Wenn man vom befangenen Spezialistentum der modernen Künstler redet, oder wenn man, philiströs, gegen das Ideal des l'art pour l'art wettert – ein Ideal, das stets irgendwie mit Dekadenz und Entartung und anderen lästerlichen Dingen zusammenhängen soll –, so meint man nichts anderes als jene Entfremdung zwischen Produktion und Konsumtion; jene heute vollends radikale Verdinglichung aller Kunst, die sie dem unmittelbaren Gebrauch und damit der unmittelbaren Verständlichkeit entzieht. Aber während die landläufige Kritik dieses Zustandes dabei meist eine isolierte und darum, etwa durch sogenannte ›Gesundung‹, widerrufliche Fehlentwicklung der Kunst annimmt, die mit irgendwelchen Mängeln in der Seelenverfassung der modernen, angeblich wurzellosen und naturentfremdeten Künstler zusammenhängen soll, kommt es darauf an, zunächst die Notwendigkeit des Zustandes selber zuzugestehen, zu begreifen, daß nirgends die Wurzeln tiefer in den gesellschaftlichen Zusammenhang hinabreichen als bei der sogenannten Wurzellosigkeit. Die Verdinglichung der Kunst ist das Resultat einer gesellschaftlich-ökonomischen Entwicklung, die alle Güter in Waren verwandelt, abstrakt tauschbar gemacht und sie damit von der Unmittelbarkeit des Gebrauchs losgerissen hat. Die Autonomie der Kunst: ihre Eigengesetzlichkeit; die Unmöglichkeit, sie nach Forderungen des Gebrauchs beliebig einzurichten, ist, gegenüber der kultischen und zeremonialen Funktion früherer Kunstübung, der Ausdruck jener Verdinglichung; einer Verdinglichung, die wir dort mehr oder minder leichten Herzens in den Kauf nehmen, wo auch die Waren etwas von ihrem Gebrauchswert behalten haben; die aber tief beunruhigt und den gesamten Zustand denunziert, sobald die Gebrauchsmöglichkeit ganz schwindet; sobald statt dessen Kunst allein noch als eine geheimnisvolle Sonnenuhr sich darstellen will, von der man den Stand des Bewußtseins meint ablesen zu können, ohne daß man selber mehr Macht hätte darüber. Darstellen, wie es zu dieser Entfremdung kam, hieße nicht weniger als die Geschichte unserer Gesellschaft entwerfen. Zumindest aber läßt sich der Zwangscharakter der Situation daran einsehen, daß sie der Korrektur von der Kunst aus spottet – eben weil sie gesellschaftlich produziert ist. So wenig eine hochrationalisierte Gesellschaft selber sich in eine naturwüchsige zurückführen läßt, so wenig ihre künstlerischen Produkte. Die Forderung, Kunst allgemeinverständlich anzulegen, ist aber mit der nach einer solchen Rückverwandlung identisch. Daß eine solche Rückverwandlung ihrem Wahrheitsgehalt nach fragwürdig bleiben muß – daß etwa der Rückgang auf Bauern- und Volkskunst in einem Lande, das mitten im Industrialisierungsprozeß steht, zu Kostümierungen und Verhüllungen aller Art, nie aber zu verbindlicher Produktion führt, versteht sich – versteht sich um so besser, als vor dem Stand eines freigesetzten, emanzipierten Bewußtseins Bindungen zerfallen, als scheinhaft kennbar werden, auch wo sie als solche noch vorliegen; sie schrumpfen ein, auch ohne daß sie ausdrücklich angegriffen werden. Wenn Kunst den verlorenen Charakter der Unmittelbarkeit nicht wieder erobern kann, so folgt das nicht aus der allgemeinen kulturphilosophischen Besinnung – die ja schließlich von der Wirklichkeit je und je widerlegt werden könnte –, sondern aus dem Ansatz der Produktionsprobleme in der Kunst selber. Denn der Prozeß der Differenzierung, die fortschreitende Schwierigkeit der künstlerischen Lösungen kommt nicht aus dem intellektuellen Privatzustand der einzelnen Künstler; es setzt sich auch nicht der gesellschaftliche Zustand mystisch in der Unverständlichkeit der Kunstwerke durch. Sondern die technische Differenzierung und damit die wachsende Schwierigkeit entspringt der Rationalisierung des künstlerischen Produktionsprozesses selber: daß nämlich, aller vorgegebenen Normen beraubt, der Künstler bei jedem

Takt, den er schreibt, jedem Quadratzentimeter Farbe, den er setzt, fragen muß, ob er hier und so zu Recht steht. Die Antwort auf dies stete Fragen ist aber – im Material und ganz unabhängigkeit vom Seelenzustand des Künstlers – mit der Differenzierung und damit Erschwerung gleichbedeutend. Ich darf Ihnen das vielleicht an dem mir nächstliegenden Material, der Musik, erläutern. Die Versuche, die Kunstmusik zu vereinfachen, charakterisieren sich nicht darum als schlecht, weil sie irgendeiner allgemeinen ›Situation‹ irgendwie nicht entsprechen, sondern darum, weil sie zu dem Material in Widerspruch stehen; weil etwa Akkorde, die vielschichtig gebaut und nicht innerhalb einer bestimmten Tonart mit einer bestimmten Funktion versehen sind, sich nicht ebenso beliebig wiederholen lassen wie die alten; oder weil Rhythmen, die in sich selbst, als Modelle, unregelmäßig gebaut sind, sich nicht in regelmäßige, symmetrische Formen zusammenfassen lassen. Diese Differenzierung gilt nun freilich nicht im leeren Raum, sondern nur relativ auf das Material. Aber das Material ist selbst geschichtlich produziert, und vom Material läßt sich nicht beliebig abgehen. Sonst müßten die Künstler, die der Differenzierung entgehen wollen, ungebrochen und unmittelbar mit einem älteren Material schalten. Es läßt sich aber überall feststellen, daß ihnen das nicht möglich ist; daß sie es kaum versuchen; daß, wo tatsächlich mit altem Material geschaltet wird, weniger die Intention der neuen Vereinfachung als eine alte und überholte Primitivität am Werke ist. So sind die Künstler zwangsläufig auf eine Schwierigkeit, Differenziertheit und damit zunächst Unverständlichkeit verwiesen, der sie nur abstrakt, nämlich programmatisch-literarisch, entgehen können.

Sie können dagegen nun einen gewichtigen Einwand geltend machen. Wenn der Grund für die Schwerverständlichkeit der neuen Kunst in den gesellschaftlichen Verhältnissen selber gelegen ist, dann, so werden Sie argumentieren, muß er sich selber aufheben. Dann nämlich müßte die Gesellschaft, die die Differenzierung der künstlerischen Mittel durch ihre eigene Struktur notwendig macht, selber so differenziert sein, daß das Verständnis auch der kompliziertesten Kunst ihr keine Schwierigkeiten bereitet. Der Einwand, so plausibel er klingt, ist im leeren Raume gedacht, vor allem, er ist undialektisch gedacht – das will sagen, er ist gedacht, ohne daß die realen Widersprüche der Wirklichkeit eingerechnet wären, in der wir leben. Die Trennung von Produktion und Konsumtion hat für die Kunst gerade die Konsequenz, daß eine solche Angemessenheit nicht vorliegen kann, wie der Einwand sie formuliert. Weil einmal die Kunst die Fesseln des unmittelbaren Gebrauchs gesprengt hat, darum setzen in ihr Entwicklungen sich zwangsläufig, auch gesellschaftlich zwangsläufig durch, ohne daß sie mehr in Zusammenhang kämen mit dem in der Gesellschaft tatsächlich herrschenden Bewußtsein. Ähnlich mag etwa einmal die Entwicklung der Mathematik gesellschaftlich durch die bürgerliche Autonomie, durch die technischen Naturwissenschaften produziert worden sein und hat doch gerade in der Konsequenz des Autonomieprinzips sich immer weiter vom gesellschaftlichen Verständnis gesondert, ist immer ›spezieller‹ geworden. Diese Dialektik ist der eigentliche Grund der Unwiderruflichkeit der artistischen Schwierigkeiten. Gerade eine Auffassung, die Kunst in ihrer gesellschaftlichen Bedingtheit radikal versteht, darf nicht glauben, daß ein Phänomen wie die Verdinglichung und Schwerverständlichkeit der Kunst isoliert aufhebbar sei, sondern muß wissen, daß eine ernsthafte Änderung hier allein von den gesellschaftlichen Verhältnissen ausgehen kann. Kunst aber, die auf Grund der gegebenen Realität Allgemeinverständlichkeit und Gemeinschaftsmäßigkeit unmittelbar beansprucht, besitzt notwendig ideologische, verhüllende Funktion. Der gesellschaftliche Sachverhalt läßt sich noch konkreter formulieren. Zwar verhält sich die *Produktion* weithin geschichtlich-dialektisch, insoweit sie Spannungen und Widersprüche der bestehenden Verhältnisse ausspricht, unter ihrem Zwang ihr eigenes Schicksal erleidet und durch ihr Schicksal, das nicht bemäntelt werden darf, zur Änderung aufruft. Die *Konsumtion* jedoch beharrt weithin im Bestehenden, weil ihr nicht die Produktivkraft eignet, die über das Bestehende hinauswiese; sie ist gesellschaftlich lediglich produziert, ohne selber ernstlich mitzuproduzieren – jedenfalls im ästhetischen Bereich – und spiegelt allein Verhältnisse wider, deren oberstes Bedürfnis die Erhaltung ihrer selbst ist. Die Schwerverständlichkeit der neuen Kunst hat ihren spezifischen Grund in dieser notwendigen Rückbezogenheit des Konsumentenbewußtseins auf eine geistige und gesellschaftliche Lage, in der jedes Hinausgehen über die Gegebenheiten, jedes Aufdecken ihrer Widersprüche einer Bedrohung gleichkommt. Darum ist notwendig die wahre Gebrauchskunst, die der

Zerstreuung dient, Unterhaltungslektüre und Kitschdrucke, Tonfilm und Tanzschlager historisch unberührt und bei aller scheinhaften stofflichen Aktualität der Form nach auf längst überholtem technischem Niveau. Man mag hier vorbringen, die negative Ewigkeit des Kitschs entspreche einer ebensolchen des Konsumentenbewußtseins; so und nicht anders sei es stets gewesen, stets halte die Produktion weiter als die Konsumtion. Man kann zwischen beiden die Spannung getrost zugeben. Trotzdem ist ein Unterschied der Situation der gegenwärtigen Kunst etwa von den Schwierigkeiten, die die Musik Wagners oder die Malerei des Impressionismus zu ihrer Entstehungszeit bereiteten, unverkennbar. Damals waren gleichsam die Verbindungsdrähte zwischen Produzenten und Konsumenten noch nicht durchschnitten, sondern einzig komplizierter geschaltet. Aber das Bild der gegenständlichen Wirklichkeit, das der Impressionismus schließlich hervorbrachte, war nicht prinzipiell von dem unterschieden, in welchem die Menschen alltäglich existierten, und das bei Wagner vorgegebene Schema einer Harmonie, die je und je aus Spannung und Lösung wächst, ging nicht aus dem Werke selber erst hervor, sondern wurde von der gesellschaftlichen Tradition noch getragen. Darum ist der Choc der Unverständlichkeit, der vor 20 Jahren von Expressionismus und Kubismus und gar von den futuristischen Manifesten ausging, etwas qualitativ anderes als die Aufregung über Wagners angebliche Mißtöne, die angeblichen Kleckse der Impressionisten. Der Choc, der die neue Kunstbewegung unmittelbar vor dem Kriege begleitete, ist der Ausdruck dafür, daß der Sprung zwischen Produktion und Konsumtion radikal ward; daß darum der Kunst nicht mehr die Aufgabe zufällt, eine allen gemeinsam vorgegebene Wirklichkeit abzubilden, sondern in ihrer Isoliertheit eben die Risse aufzudecken, die die Wirklichkeit verdekken möchte, um sicher bestehen zu können; und daß sie dadurch die Wirklichkeit von sich abstößt. Hier könnte die psychologische Frage mit Aussicht auf Erfolg einsetzen. Das Unverständnis gegenüber der neuen Kunst dürfte – wie vielleicht jegliche Dummheit – wesentlich auf einem Verdrängungsmechanismus beruhen. Die neue Kunst geht geschichtlich über eine Wirklichkeit hinaus, die sie doch von sich aus nicht zu verändern die Macht hat, während die Wirklichkeit selber ideologisch auf einem bestimmten Punkte ihrer eigenen Entwicklung beharren muß, um sich nicht zu gefährden. Ihre unbewußten

Instanzen, die in den neuen Phänomenen die Bedrohung wahrnehmen, sichern sich, indem sie das Verständnis verbieten und ein Halt gebieten, das sich nachträglich maskiert als Widerstand gegen Intellektualisierung, Abstraktheit, Experiment und wie alle die schönen Worte lauten mögen.

Aus dieser dialektischen Lage hat die Erkenntnis Konsequenzen zu ziehen. Es kann, trotz der Einsicht in die Zwangsläufigkeit, nicht bestritten werden, daß die Abspaltung der Kunst von der Wirklichkeit die Kunst selbst gefährdet. Denn auch wenn die Kunst bei sich ausharrt, droht sie ideologisch zu werden: kleinbürgerlich dumpf sich selber genug zu sein, ihre tragende menschliche Funktion zu vergessen, endlich in schlechter Zünftigkeit zu versteinen. Aber die Gefahr ist nicht durch die beliebige Angleichung an den Stand des gesellschaftlichen Bewußtseins um den Preis der ästhetischen Qualität zu bannen. Solche Angleichung ist, wie angedeutet, stets praktisch-künstlerisch gleichbedeutend mit einem Rückgriff auf ältere, ausgelebte und überholte Verfahrungsweisen, den zu unternehmen die Kunst das Opfer des Bewußtseins ihrer selbst bringen müßte – ein Opfer, das ihr nicht zugemutet werden kann. So wenig etwa die ökonomische Produktion der Zukunft auf primitive, vorarbeitsteilige Produktionsformen zurückgehen kann, um der Entfremdung des Menschen von der Ware zu entgehen, so wenig kann die Kunst das gleiche, einerlei, ob man romantisch den Rückgang auf alte Gemeinschaftsformen von ihr verlangt oder, konsequenter, ihr das Aufsichtsrecht über sich selber entzieht. Denn auch dem Radikalismus solchen Verfahrens scheinen Grenzen gesetzt. Die Spannung zwischen zünftlerisch verkapselter Kunst einerseits und andererseits einer Gebrauchskunst, die ihre Leichtverständlichkeit nur dadurch sich erwirbt, daß sie auf die rationale Durchbildung ihres Produktionsverfahrens verzichtet – diese Spannung ist innerkünstlerisch nicht zu lösen und durch die Verhältnisse gesetzt, in denen wir existieren. Aber auch in anderen Lebensformen verschwindet das Problem keineswegs automatisch. In Rußland dachte man zunächst es durch Primitivismus bäuerlicher Haltung zu lösen und lehnte alle nicht unmittelbar gebrauchsfähige Kunst als bürgerlich ab. Heute scheint man erkannt zu haben, daß hier ein Zurückführen der Produktion auf einen überholten Standard der Gesellschaft vorlag, wie er freilich durch das Überwiegen des agrarischen Volksteils in

Rußland nahegelegt ward; man beginnt, die bäuerlich-folkloristischen Bestrebungen einzustellen und Arbeit an aktuellem, nämlich im rational-europäischen Sinne aktuellem Material zu verlangen. Bislang machten die Versuche, die Schwierigkeit der neuen Kunst zu beseitigen, durchwegs einen Fehler: sie erkannten zwar manchmal den dialektischen, geschichtlich in Widersprüchen bewegten Charakter der Produktion an, denken aber allemal noch die Konsumtion in weitem Umfang als statisch und unbewegt. Obwohl diese Statik in der gegenwärtigen Situation gewiß nicht bestritten werden kann, darf sie doch keinesfalls als ewiges Naturgesetz gefaßt werden. Wenn etwa die Disposition von Arbeitszeit und Freizeit anders wäre als heute; wenn die Menschen, gelöst vom Bildungsprivileg, in ihrer Freizeit sich sachlich und ausgiebig mit Dingen der Kunst befassen könnten; wenn nicht mehr ein dämonisch präziser Mechanismus von Reklame und Betäubung jeglicher Art sie in jedem Augenblick ihrer Freizeit von der Beschäftigung mit eigentlicher Kunst geflissentlich fernhielte – dann wäre prinzipiell das Bewußtsein der Konsumierenden so zu verändern, daß sie neue Kunst verstehen könnten, ohne daß die neue Kunst darum verdummen müßte. Das Argument, das Publikum wolle den Kitsch, ist verlogen; das, es habe Entspannung nötig, zumindest unvollständig. Das Bedürfnis nach den schlechten, scheinhaften, betrügerischen Dingen wird durch den übermächtigen Propagandaapparat im Publikum erst hervorgebracht, jedes andere übertönt; das Entspannungsbedürfnis aber, soweit es real – und heute berechtigt – vorliegt, ist selber auch Produkt eines Zustandes, der Kraft und Zeit von Menschen derart absorbiert, daß sie zu anderen Dingen nicht mehr fähig sind. Man antworte nicht mit der trägen Menschennatur. Denn der Verdacht ist nicht von der Hand zu weisen, daß das Bewußtsein dessen, der so antwortet, träger ist als das derer, für die er antwortet.

1931

Verbindlichkeit des Neuen

Die Denkgewohnheit, die eine Kunstrichtung damit diffamiert, daß sie nicht echt, sondern gemacht sei, geht aus von der fiktiven Annahme einer Art natürlicher Kunstsprache. Die Tonalität, an die in der Musik dabei gedacht wird, ist selbst geschichtliches Produkt, geworden und vergänglich. Spielte man den Echtheitsaposteln des seit 350 Jahren eingeschliffenen Materials ein Stück der Florentiner Ars nova vor, so klänge es ihnen vermutlich genauso gekünstelt wie etwas von Schönberg oder Boulez. Nicht durch den Gewaltakt jener ist die Tonalität abgeschafft worden, die, wie der alte Riemann es sich vorstellte, »Unerhörtes leisten« wollten. Sie fiel einem immanenten Prozeß der Dekomposition zum Opfer, dessen Dynamik solchen vertraut ist, die nicht ihr Urteil darauf stützen, daß sie von der Sache nichts verstünden. Die Resultate dieses Prozesses aber sind verbindlich: wer heute Musik schreiben wollte, als wäre nichts geschehen, der bewahrte nicht seine Integrität, sondern würde zum Imitator von Veraltetem; etwa so wie ein Banause, der ohne Kenntnis der modernen Literatur seine Liebesgedichte schmiert, keinen Neuschnee betritt, sondern Modelle von Heine aufwärmt, selbst wenn er sie gar nicht kennt. Die Rede vom Mitläufertum ist eine bloße Phrase; die ungezählten angeblichen Meister des siebzehnten oder achtzehnten Jahrhunderts, gegen welche die Entrüsteten so wenig einzuwenden haben, benutzten ganz gewiß nicht weniger Schablonen als selbst der Untalentierteste, der heutzutage glaubt, daß ihm die Reihen seine Noten lieferten. Wird aber den Exponenten der konsequenten Neuen Musik vorgeworfen, daß sie sich von öffentlichen Institutionen, vor allem dem Radio finanzieren ließen, anstatt zu singen, wie der Vogel singt, so ist die Reinheit der Gesinnung, die man von ihnen verlangt, nur ein Vorwand, sie abzuwürgen. Heute kann produktiv Neues gar nicht gedeihen ohne das Mäzenatentum öffentlicher Einrichtungen. Übrigens pflegt man Beethoven selten vorzuhalten, daß ihm ein Konsortium adeliger Freunde eine Apanage aussetzte, die ihn der Rücksicht auf den Markt enthob. Daß es schlechte Neue Musik gibt, unterscheidet sie keineswegs von der älteren, schlecht freilich ist meist die gemäßigte, kompromißlerische, nicht die extreme. Noch die sogenannten Mitläufer aber zeigen, indem sie sich ans Unbequeme halten und nicht ans Eingespielte, immer noch mehr Kraft und Zivilcourage als die Hüter eines längst ausgelaufenen Grals. Die Frage nach der Qualität ist auch bei den avanciertesten Dingen weithin entscheidbar. Die Fälle, bei denen es schwerfällt, sollten erst recht gehört werden. Ich habe einmal vom Altern der neuen Musik gesprochen. Aber selbst wo sie Alterssymptome zeigt – in Wahrheit also nicht neu genug ist – taugt sie immer noch tausendmal mehr als jene Rauschebärte, die aus ihren Kyffhäusern kriechen, weil sie solche Kritik mit Morgenmief verwechseln.

1960

Widerspruch

Die »Ost-Probleme« von 26. Oktober 1956 veröffentlichen die deutsche Übersetzung eines Aufsatzes von Georg Lukács, der nachdrücklich Bezug auf meine Arbeiten nimmt. Da ich des Ungarischen nicht mächtig bin, so kann ich nicht beurteilen, was sich bei der zweimaligen Übersetzung einzelner Zitate ereignet hat; einiges klingt sehr sonderbar. Fraglos aber hat Lukács mich positiv genannt.

Seine früheren Werke haben einmal auf mich, wie auf andere Intellektuelle meiner Generation, großen Eindruck gemacht. Während aber Lukács sein geistiges Prestige heute noch im wesentlichen jenen früheren Arbeiten verdankt, hat er sie längst feierlich widerrufen und die kulturelle Generallinie der Sowjetrussen befolgt. Es ist möglich, daß er nun mich heranzieht, um davon sich zu lösen oder wenigstens in den Augen freiheitlich Gesinnter die bislang von ihm gebilligten Thesen – solche einer durch den »sozialistischen Realismus« gegängelten Kultur – als von unabhängigen westlichen Theoretikern bestätigt hinzustellen. So froh ich indessen wäre, wenn Lukács der Zerstörung seiner eigenen Vernunft endlich sich widersetzte, so wenig kann ich es dulden, daß er den Inhalt meiner Musikphilosophie auf den Kopf stellt.

Er behauptet, ich hätte einen Aufsatz über den Verfall der dekadenten Musik geschrieben. Den widerlichen Ausdruck »dekadente Musik« – oder »dekadente Kunst« überhaupt – habe ich niemals in den Mund genommen; vielmehr habe ich in dem in dem Band »Prismen« enthaltenen Spengler-Essay den Begriff der Dekadenz aufs schärfste kritisiert und habe dann in der Arbeit »Die gegängelte Musik«, die erst im »Monat« veröffentlicht war und jetzt in die »Dissonanzen« aufgenommen ist, die Musikpolitik des Ostblocks samt der Gesamtanschauung, welche die Phrasen von Dekadenz und dekadenter Kunst zeitigt, unmißverständlich zergliedert.

Der Aufsatz, den Lukács im Sinn hat, ist offenbar »Das Altern der

Neuen Musik«*. Er gilt gewissen Erstarrungsphänomenen der radikalen neuen Musik, Anzeichen eines inneren Spannungsverlustes, des beginnenden Konformismus. Was aber der Aufsatz vertritt, ist nicht ein Zurück zur Natur, zum Kollektiv, zur Primitivität, sondern im Gegenteil eine Radikalisierung des Musikstils, vor der den Verwaltern der gegängelten Musik Angst und Bange würde. Was immer mir als Musik heute möglich scheint, würde von ihnen als dekadent gebrandmarkt werden.

Lukács zitiert einen angeblichen Satz von mir: »Die Musik, d.h. die dekadente avantgardistische Musik, ist in unserer Epoche zum Untergang verurteilt, weil in den Komponisten die Authentizität, die Aufrichtigkeit dieser Furcht und dieses Schreckens im Aussterben begriffen ist.« Diesen Satz – oder irgendeinen auch nur entfernt ihm ähnlichen – habe ich niemals geschrieben, weder in der »Philosophie der neuen Musik«, noch im »Altern der Neuen Musik«. Er ist nichts als Galimathias und frei erfunden.

1956

* *Vgl. jetzt Gesammelte Schriften, Bd. 14, 2. Aufl., Frankfurt a.M. 1980, S. 143ff.*

Erwiderung

Während ich hoffe, auf die Kritik an einigen musiksoziologischen Texten von mir – oder an einzelnen musiksoziologischen Aspekten anderer – durch Alphons Silbermann[1] bald angemessen, nämlich in positiver Darstellung zu antworten, möchte ich heute nur einige Sätze berichtigen, die meine Intention mißverstehen. Fruchtbar diskutieren läßt sich erst, wenn man die Gegenposition wirklich präzis aufgefaßt hat. Silbermann erklärt, er könne mit allem guten Willen sich nicht dazu bringen »anzuerkennen, daß sich der der Musik innewohnende gesellschaftliche Sinn von der Stellung und der Funktion, welche die Musik in der Gesellschaft einnimmt, trennen läßt«. Das habe ich nie behauptet. Bei den äußerst subtilen und schwierigen Fragen, um die es bei der gesellschaftlichen Dechiffrierung von Musik, der ungegenständlichen Kunst, geht, kommt alles auf Nuancen an. Daß der gesellschaftliche Gehalt mit Stellung und Funktion nichts zu tun habe, wäre Unsinn. Wohl aber geht beides nicht ineinander auf. Der zuständige Passus aus dem einleitenden musiksoziologischen Kapitel der »Klangfiguren« lautet: »Was der Musik an sich als gesellschaftlicher Sinn innewohnt und welche Stellung und Funktion in der Gesellschaft sie einnimmt, ist nicht identisch. Beides braucht nicht einmal zu harmonieren, ja widerspricht heute sich wesentlich. Große, integre Musik, einst richtiges Bewußtsein, kann zur Ideologie werden, zu gesellschaftlich notwendigem Schein. Noch die authentischesten Kompositionen von Beethoven, wahrhaft, nach Hegels Wort, Entfaltung der Wahrheit, sind im Musikbetrieb zu Kulturgütern erniedrigt worden und beliefern die Konsumenten, außer mit Prestige, mit Emotionen, die sie selbst nicht enthalten; und dagegen ist ihr eigenes Wesen nicht indifferent. Widersprüche wie der zwischen dem gesellschaftlichen Gehalt der

1 Vgl. Alphons Silbermann, Schriften zur Kunstsoziologie, in: Kölner Zeitschrift für Soziologie und Sozialpsychologie 13 (1961), S. 345 ff. (Heft 2).

Werke und dem Wirkungszusammenhang, in den sie geraten, prägen den gegenwärtigen Zustand von Musik.«* Das scheint mir pure Vernunft, keine frappante Intuition. Solche Gedanken lassen sich nicht nur theoretisch begründen, sondern auch dort einsichtig machen, wo Musiksoziologie, wenn sie nicht bei äußerlichen Zurechnungen stehen bleiben will, ihren Ort hätte, nämlich in der musikalischen Gestalt selbst.

1961

* *Vgl. jetzt Gesammelte Schriften, Bd. 16: Musikalische Schriften I-III, Frankfurt a. M. 1978, S. 10.*

Vorbemerkung zu »Dogmatismus, Intoleranz und die Beurteilung moderner Kunstwerke« von Christian Rittelmeyer

Institutionell habe ich kein Recht, den Bericht von Christian Rittelmeyer über seine Studie in die Öffentlichkeit zu geleiten*. Sie ist im Marburger Institut für Psychologie entstanden, völlig unabhängig von mir und ohne daß ich auch nur von dem Plan Kenntnis gehabt hätte; Herr Rittelmeyer ist nicht mein Schüler. Wenn ich gleichwohl auf seine Studie aufmerksam mache, so ist der unmittelbare Anlaß, daß er eine von mir verschiedentlich in theoretischem Kontext geäußerte These empirisch überprüft hat: die vom Zusammenhang zwischen autoritärer Charakterstruktur und Feindschaft gegen moderne Kunst, insbesondere Musik. Rittelmeyer hat dabei besonderen Wert auf die von meiner verstorbenen Kollegin Else Frenkel-Brunswik in der »Authoritarian Personality« entwickelte Kategorie der »intolerance of ambiguity« gelegt.

Die Absicht, Feindschaft gegen moderne ästhetische Ausdrucksformen soziologisch zu untersuchen, hegte ich bereits, als wir vor 24 Jahren die Authoritarian Personality konzipierten. Ich sah davon, auch bei der Wiederaufnahme der einschlägigen Untersuchungen am Frankfurter Institut für Sozialforschung, ab, weil die Problemstellung, und die aus ihr gewonnenen Fragebogen-items, sich als zu ›bildungsanfällig‹ erwiesen; bei einer einigermaßen repräsentativen Stichprobe fehlte es so sehr selbst an der oberflächlichsten Bekanntschaft mit moderner Kunst, daß Trennschärfe kaum zu erzielen gewesen wäre. Durch die Konstruktion seiner Stichprobe ist Rittelmeyer dieser Schwierigkeit entgangen und hat eine, wie immer auch einstweilen bescheidene, empirische Bestätigung der These gewonnen.

Nicht darum jedoch geht es mir, sondern um etwas Grundsätzlicheres. Die Studie ist eine der ersten, in denen ernsthaft und unter

* *Vorbemerkung und Bericht erschienen in: Kölner Zeitschrift für Soziologie und Sozialpsychologie 21 (1969), S. 93ff. (Heft 1).*

strikten Bedingungen versucht wird, von mir entfaltete Theoreme, wie sie insbesondere die »Einleitung in die Musiksoziologie« enthält, zu Gegenständen empirischer Forschung zu machen. Die gern verbreitete Behauptung von deren Inkommensurabilität mit jenen Theoremen ist dadurch widerlegt. Es könnte, anschließend an Rittelmeyer, eine ganze Reihe ähnlicher ›testbarer‹ Thesen aus meinen musiksoziologischen Abhandlungen auskristallisiert und überprüft werden. Unmittelbar anschließen ließe sich etwa das zugespitzte Thema, daß Feindseligkeit gegen moderne Kunst zusammenzugehen pflegt mit mangelnder Kenntnis des abgelehnten Materials und mit mangelndem Verständnis seiner Implikationen. Aus der »Einleitung in die Musiksoziologie« könnte eine Liste derartiger Thesen ausgezogen werden, die systematisch in Forschungen umzusetzen wären. Dabei müßte freilich die Aufmerksamkeit ebenso dem Zusammenhang der einzelnen Thesen wie der Verifizierung oder Falsifizierung jeder einzelnen zugekehrt werden. Im Rahmen des Instituts für Sozialforschung habe ich Versuche in dieser Richtung deshalb bisher nicht unternommen, weil sie so eng mit meinen sehr persönlichen Sachinteressen zusammenhängen, daß sie leicht als den Forschungszwecken fremd angesehen werden könnten, denen das Institut gewidmet ist, obwohl ihr Bezug auf die Erforschung weit über das Ästhetische hinausgehender Ideologien nicht zu übersehen ist.

Wo ich die gängigen musiksoziologischen und musikpsychologischen Untersuchungen kritisierte, wollte ich nicht die Empirie diskreditieren, mit deren wissenschaftlicher Behandlung meine eigene Arbeit jahrzehntelang verknüpft war und es heute noch ist. Vielmehr handelt es sich um den Unterschied administrativer und kritischer Sozialforschung; weiter um den zwischen lediglich auf subjektive Meinungen gerichteten Untersuchungen und solchen, in welche die qualitative Bestimmung dessen mit eingeht, was einer bereits veralteten Anschauungsweise als bloßer ›Stimulus‹ gilt. Der Untersuchung von Rittelmeyer messe ich darum erhebliche Tragweite bei, weil sie dartut, daß prinzipiell empirische Methoden auf Fragestellungen anwendbar sind, die einer kritischen Theorie der Gesellschaft entspringen.

1969

Musiksoziologie

Musiksoziologie ist der Inbegriff der wissenschaftlichen Behandlung aller gesellschaftlichen Aspekte der Musik. Da Musik, als ein Medium des objektiven Geistes, in sich selbst gesellschaftliche Inhalte verkörpert; da der Produktionsprozeß von Musik gesellschaftlichen Bedingungen unterliegt; da Musik gesellschaftlichen Strukturen und Prozessen der verschiedensten Art angehört, und da sie innerhalb der Gesellschaft bestimmte Wirkungen und Funktionen ausübt, so sind die von der Musiksoziologie zu behandelnden Fragen nicht nur mannigfaltig und komplex, sondern liegen zum Teil auch derart weit auseinander, daß die als musiksoziologisch zu bezeichnenden Arbeiten nur verhältnismäßig äußerlich auf einen Generalnenner zu bringen sind. Eine theoretische Untersuchung über den gesellschaftlichen Sinn eines musikalischen Formtypus wie etwa der Fuge und eine Übersicht über die Symphonieorchester eines Landes und deren Finanzierung hängen kaum in etwas anderem zusammen als darin, daß in beiden Musik überhaupt irgendeine Rolle spielt – es sei denn, daß eine umfassende gesellschaftliche Theorie der Musik es vermag, zwischen derlei Untersuchungen eine tiefere Beziehung herzustellen. Das ist in der Breite der heute durchgeführten musiksoziologischen Untersuchungen nicht der Fall. Sie unterliegen weitgehend einer wissenschaftlichen Arbeitsteilung, welche die theoretische Besinnung, die Analyse von Gebilden des objektiven Geistes, das Studium der Bedingungen ihrer Erzeugung und insbesondere die empirischen Erhebungen über die Wirkung von Musik einigermaßen unverbunden nebeneinander stellt. Es kann daher von Musiksoziologie als einer inneren Einheit kaum die Rede sein: der Name bezeichnet ein Agglomerat von wissenschaftlichen Anstrengungen, die ihrem eigentlichen Sinn nach sich mehr oder minder an ganz anders geartete Disziplinen wie die musikalische Analyse, die Wissenssoziologie, die empirische Soziologie anschließen. Die Konstitution einer genuinen Wissenschaft

Musiksoziologie kann nicht von der Integration oder Synthese dieser ihrem Ursprung, ihrem Interesse und ihrer Technik nach höchst divergenten Bestrebungen erarbeitet werden, sondern einzig dadurch, daß es gelingt, von einer durchgebildeten Theorie der Gesamtgesellschaft her all jene Momente aufzuhellen, und umgekehrt, in jeder einzelwissenschaftlichen Untersuchung die Kraft der gesellschaftlichen Reflexion so fruchtbar zu machen, daß die Daten zu sprechen beginnen. Dem mögen monographische, streng umgrenzte Arbeiten besser dienen als sogenannte Gesamtdarstellungen des Gebiets. Hinzuzufügen ist, daß Musiksoziologie überhaupt eine junge Disziplin ist: der Name dürfte kaum hinter Max Weber zurückgehen. Das bedeutet nicht, daß es früher an Überlegungen gefehlt hätte, die für musiksoziologisch gelten könnten. Insbesondere ist die Behandlung der Musik in der Philosophie von jeher sehr stark gesellschaftlich akzentuiert gewesen, vermutlich veranlaßt durch den Platonischen Staat, der eine Kritik der Musik unter dem Gesichtspunkt ihres Wertes oder Unwertes für die ideale Republik enthält. Die Platonische gesellschaftlich-disziplinäre Auffassung der Musik ist dann durch Augustin zur Grundlage der christlichen Musikbetrachtung geworden. Auch die Schriften der Musiker, insbesondere die auf Reform abzielenden, enthalten sehr viel Soziologisches: an erster Stelle die von Richard Wagner. Paul Bekkers vor dem ersten Weltkrieg erschienene Schrift über das deutsche Musikleben würde man heute zu den musiksoziologischen Untersuchungen vom Typus der institutionellen Analyse rechnen. Schließlich sei hier noch an die zahlreichen musikalischen Studien des Lorenz von Stein-Schülers Wilhelm Heinrich Riehl erinnert. Musiksoziologie als Spezialwissenschaft jedoch ist ein Spätprodukt der geistigen Arbeitsteilung und hat an deren Folgen zu laborieren. Insbesondere die Vorstellung, durch empirisch soziologische Methoden irgendwelche auf Musik bezogene Sachverhalte zu erfassen, gehört erst den letzten Dezennien an. Zwischen solchen Versuchen und den älteren, am Sinn von Musik als solcher orientierten herrscht einstweilen ein Bruch, und es ist aus erkenntniskritischen Gründen recht fraglich, ob er sich schließen läßt. Eine Vorstellung von dem, was unter dem Namen Musiksoziologie geht, wird am ehesten vermittelt durch Beispiele ihrer weit voneinander entfernt liegenden Problembereiche.

1955

Theodor W. Adorno
im Suhrkamp Verlag

Gesammelte Schriften in zwanzig Bänden. Herausgegeben von Rolf Tiedemann unter Mitwirkung von Gretel Adorno, Susan Buck-Morss und Klaus Schultz.

- Band 1: Philosophische Frühschriften. stw 1701. 384 Seiten
- Band 2: Kierkegaard. Konstruktion des Ästhetischen. stw 1702. 266 Seiten
- Band 4: Minima Moralia. Reflexionen aus dem beschädigten Leben. stw 1704. 303 Seiten
- Band 5: Zur Metakritik der Erkenntnistheorie. stw 1705. 386 Seiten
- Band 6: Negative Dialektik. Jargon der Eigentlichkeit. stw 1706. 531 Seiten
- Band 7: Ästhetische Theorie. stw 1707. 582 Seiten
- Band 8: Soziologische Schriften I. stw 1708. 587 Seiten
- Band 9: Soziologische Schriften II. Zwei Bände. stw 1709. 924 Seiten
- Band 10: Kulturkritik und Gesellschaft. Prismen. Ohne Leitbild. Eingriffe. Stichworte. Anhang. Zwei Bände. stw 1710. 843 Seiten
- Band 11: Noten zur Literatur. stw 1711. 708 Seiten
- Band 12: Philosophie der neuen Musik. stw 1712. 206 Seiten
- Band 13: Die musikalischen Monographien. stw 1713. 521 Seiten
- Band 14: Dissonanzen. Einleitung in die Musiksoziologie. stw 1714. 449 Seiten
- Band 15: Komposition für den Film (gemeinsam mit Hanns Eisler). Der getreue Korrepetitor. stw 1715. 406 Seiten
- Band 16: Musikalische Schriften I-III. Klangfiguren (I). Quasi una fantasia (II). Musikalische Schriften (III). stw 1716. 683 Seiten
- Band 17: Musikalische Schriften IV. Moments musicaux. Impromptus. stw 1717. 349 Seiten

NF 138/1/8.09

- Band 18: Musikalische Schriften V. stw 1718. 841 Seiten
- Band 19: Musikalische Schriften VI. stw 1719. 665 Seiten
- Band 20: Vermischte Schriften. Zwei Bände. stw 1720. 877 Seiten

Nachgelassene Schriften
Herausgegeben vom Theodor W. Adorno Archiv

Abteilung I: Fragment gebliebene Schriften
- Band 2: Zu einer Theorie der musikalischen Reproduktion. Herausgegeben von Henri Lonitz. stw 1750. 399 Seiten
- Band 3: Current of Music. Elements of a Radio Theory. Herausgegeben von Robert Hullot-Kentor. 690 Seiten. Gebunden

Abteilung IV: Vorlesungen
- Band 4: Kants »Kritik der reinen Vernunft«. Herausgegeben von Rolf Tiedemann. 440 Seiten. Gebunden
- Band 7: Ontologie und Dialektik. Herausgegeben von Rolf Tiedemann. 448 Seiten. Gebunden
- Band 10: Probleme der Moralphilosophie. Herausgegeben von Thomas Schröder. 318 Seiten. Gebunden
- Band 12: Philosophische Elemente einer Theorie der Gesellschaft. Herausgegeben von Tobias ten Brink und Marc Phillip Nogueira. 278 Seiten. Gebunden
- Band 13: Zur Lehre von der Geschichte und von der Freiheit. Herausgegeben von Rolf Tiedemann. stw 1785. 491 Seiten
- Band 14: Metaphysik. Begriff und Probleme. Herausgegeben von Rolf Tiedemann. 320 Seiten. Gebunden
- Band 15: Einleitung in die Soziologie. Herausgegeben von Christoph Gödde. 330 Seiten. Gebunden
- Band 16: Vorlesung über negative Dialektik. Herausgegeben von Rolf Tiedemann. 464 Seiten. Gebunden

NF 138/2/8.09

Briefe und Briefwechsel
Herausgegeben vom Theodor W. Adorno Archiv

- Band 1: Theodor W. Adorno – Walter Benjamin. Briefwechsel 1928-1940. Herausgegeben von Henri Lonitz. 501 Seiten. Gebunden
- Band 2. Theodor W. Adorno – Alban Berg. Briefwechsel 1925-1935. Herausgegeben von Henri Lonitz. 380 Seiten. Gebunden
- Band 3: Theodor W. Adorno – Thomas Mann, Briefwechsel 1943-1955. Herausgegeben von Christoph Gödde und Thomas Sprecher. 179 Seiten. Gebunden
- Band 4.1: Adorno – Max Horkheimer. Briefwechsel I. 1927-1937. Herausgegeben von Christoph Gödde und Henri Lonitz. 612 Seiten. Gebunden
- Band 4.2.: Adorno – Max Horkheimer. Briefwechsel II. 1938-1944. Herausgegebenvon Christoph Gödde und Henri Lonitz. 662 Seiten. Gebunden
- Band 4.3.: Adorno – Max Horkheimer. Briefwechsel III. 1945-1949. Herausgegeben von Christoph Gödde und Henri Lonitz. 589 Seiten. Gebunden
- Band 4.4 Adorno – Max Horkheimer. Briefwechsel IV. 1950-1969. Herausgegeben von Christoph Gödde und Henri Lonitz. 1078 Seiten. Gebunden
- Band 5: Briefe an die Eltern. 1939-1951. Herausgegeben von Christoph Gödde und Henri Lonitz. Mit einem vierfarbigen Bildteil. 576 Seiten. Gebunden
- Band 7: Adorno – Siegfried Kracauer. Briefwechsel 1923-1966. "Der Riß der Welt geht auch durch mich...". 772 Seiten. Gebunden

»So müßte ich ein Engel und kein Autor sein«. Adorno und seine Frankfurter Verleger. Der Briefwechsel mit Peter Suhrkamp und Siegfried Unseld. Herausgegeben von Wolfgang Schopf. 650 Seiten. Gebunden

NF 138/3/8.09

Einzelausgaben. Eine Auswahl

Beethoven. Philosophie der Musik. Fragmente und Texte. Herausgegeben von Rolf Tiedemann. stw 1727. 392 Seiten

Einleitung in die Soziologie. Herausgegeben von Christoph Gödde. stw 1673. 336 Seiten

Erziehung zur Mündigkeit. Voträge und Gespräche mit Hellmut Becker 1959 bis 1969. Herausgegeben von Gerd Kadelbach. st 11. 148 Seiten

Jargon der Eigentlichkeit. Zur deutschen Ideologie. es 91. 139 Seiten

Minima Moralia. Reflexionen aus dem beschädigten Leben. BS 236. 339 Seiten

Negative Dialektik. stw 1706. 531 Seiten

Studien zum autoritären Charakter. Übersetzt von Milli Weinbrenner. stw 1182. 483 Seiten

Traumprotokolle. Herausgegeben von Christoph Gödde und Henri Lonitz. Mit einem Nachwort von Jan Philipp Reemtsma. BS 1385. 122 Seiten

Zu einer Theorie der musikalischen Reproduktion. Herausgegeben von Henri Lonitz. stw 1750. 400 Seiten
Zur Lehre von der Geschichte und von der Freiheit. stw 1785. 491 Seiten

NF 138/4/8.09